中国检察年鉴

PROCURATORIAL YEARBOOK OF CHINA

最高人民检察院《中国检察年鉴》编辑部 编

2011

中国检察出版社

图书在版编目（CIP）数据

中国检察年鉴.2011/最高人民检察院《中国检察年鉴》编辑部编.
—北京：中国检察出版社，2012.11
ISBN 978 - 7 - 5102 - 0691 - 7

Ⅰ.①中…　Ⅱ.①最…　Ⅲ.①检察机关 - 工作 - 中国 - 2011 - 年鉴
Ⅳ.①D926.3 - 54

中国版本图书馆 CIP 数据核字（2012）第 134234 号

中国检察年鉴（2011）

最高人民检察院《中国检察年鉴》编辑部　编

出版发行：中国检察出版社
社　　址：北京市石景山区鲁谷东街 5 号 （100040）
网　　址：中国检察出版社（www.zgjccbs.com）
电　　话：（010）68658769（编辑）　68650015（发行）　68636518（门市）
经　　销：新华书店
印　　刷：北京品墨缘彩色印刷有限公司
开　　本：787 mm × 1092 mm　16 开
印　　张：47 印张　插页 12
字　　数：1485 千字
版　　次：2012 年 11 月第一版　2012 年 11 月第一次印刷
书　　号：ISBN 978 - 7 - 5102 - 0691 - 7
定　　价：188.00 元

《中国检察年鉴》联系人名单

马含序	北京市人民检察院
徐 健	天津市人民检察院
肖 蘅	河北省人民检察院
尹桂珍	山西省人民检察院
武天舒	内蒙古自治区人民检察院
牛凤祥	辽宁省人民检察院
栾海燕	吉林省人民检察院
吴春波	黑龙江省人民检察院
丁 雁	上海市人民检察院
马 融	江苏省人民检察院
曹晓静	浙江省人民检察院
唐一哲	安徽省人民检察院
陈国枝	福建省人民检察院
黎 娟	江西省人民检察院
朱会民	山东省人民检察院
周登敏	河南省人民检察院
徐泽坤	湖北省人民检察院
欧春燕	湖南省人民检察院
孙玉萍	广东省人民检察院
岑昭娴	广西壮族自治区人民检察院
高 峰	海南省人民检察院
陈玮煌	重庆市人民检察院
赵秉恒	四川省人民检察院
马 涛	贵州省人民检察院
聂荣发	云南省人民检察院
廖红荣	西藏自治区人民检察院
刘池阳	陕西省人民检察院
陶 星	甘肃省人民检察院
何育秀	青海省人民检察院
任 茹	宁夏回族自治区人民检察院
张 艺	新疆维吾尔自治区人民检察院
王晓国	中国人民解放军军事检察院
贺胤应	新疆生产建设兵团人民检察院

2010年9月26日，中共中央政治局常委、全国人大常委会委员长吴邦国参观"法治与责任——全国检察机关惩治和预防渎职侵权犯罪展览"。

新华社记者 兰红光 摄

2010年5月7日，中共中央政治局常委、中央纪委书记贺国强在最高人民检察院参观检察机关自身反腐倡廉教育展览。

新华社记者 李学仁 摄

　　2010年9月26日，中共中央政治局常委、中央政法委书记周永康，参观"法治与责任——全国检察机关惩治和预防渎职侵权犯罪展览"。

新华社记者　鞠鹏　摄

　　2010年7月14日，张章宝同志先进事迹报告会在北京人民大会堂举行。报告会前，中共中央政治局常委、中央政法委书记周永康亲切会见内蒙古自治区默特右旗人民检察院控申科科长张章宝和报告团全体成员。

肖杰　摄

2010年3月11日，最高人民检察院检察长曹建明向第十一届全国人民代表大会第三次会议作《最高人民检察工作报告》。

肖杰 摄

2010年7月1日，最高人民检察院举行检察官宣誓仪式。

徐伯黎 摄

2010年7月20日，全国检察长座谈会在江西省井岗山召开。

徐伯黎 摄

2010年12月22日，最高人民检察院召开部分省级人民检察院检察长述职述廉报告工作会。

徐伯黎 摄

2010年12月20日，最高人民检察院召开专家咨询委员、特约检察员座谈会。

肖杰 摄

2010年10月22日，第八次上海合作组织成员国总检察长会议在福建省厦门市闭幕。

徐伯黎 摄

2010年11月5日，国际反贪局联合会第四次年会暨会员代表大会在中国澳门闭幕。中国首席大检察官、最高人民检察院检察长曹建明当选国际反贪局联合会新任主席。

肖杰 摄

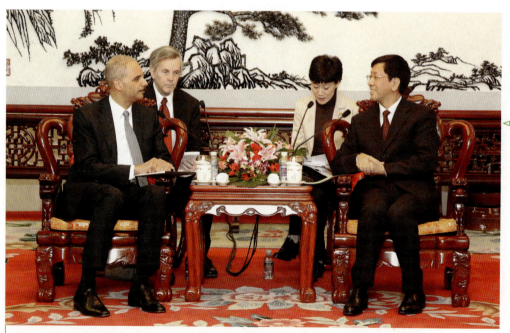

2010年10月20日，最高人民检察院检察长曹建明会见美国司法部部长埃里克·霍尔德一行。

徐伯黎 摄

　　2010年4月26日，最高人民检察院检察长曹建明及其他最高人民检察院领导同志与检察系统18位全国先进工作者合影。

徐伯黎　摄

　　2010年9月3日，最高人民检察院党组书记、检察长曹建明及其他最高人民检察院领导亲切会见全国检察机关教育培训讲师团赴西藏、新疆巡讲团成员。

徐伯黎　摄

2010年5月28日，最高人民检察院首次举行"检察开放日"活动。

2010年12月6日，全国检察机关优秀公诉人电视论辩大赛在中央电视台举行。

编辑说明

一、《中国检察年鉴》是记载中国检察工作情况、及时反映检察工作全貌和各个年度的新发展、新成就的大型资料性年刊。年鉴以法律赋予检察机关的任务为轴心,收集了来自检察工作实践丰富、翔实的信息、数据和第一手资料。年鉴所采用的资料均由最高人民检察院各业务部门和省、自治区、直辖市人民检察院,军事检察院,新疆生产建设兵团人民检察院组织专业人员撰写和提供,具有权威性和准确性。

二、《中国检察年鉴》从 1988 年创刊开始,每年编辑出版一期。《中国检察年鉴》2011 年刊反映的是 2010 年的情况,内容包括 12 个部分。

三、《中国检察年鉴》收录的资料,均未包括台湾省和香港、澳门特别行政区。

四、《中国检察年鉴》收录的资料,均截止到当年 12 月 31 日。

五、《中国检察年鉴》的编辑工作,得到各省、自治区、直辖市人民检察院,军事检察院,新疆生产建设兵团人民检察院和最高人民检察院有关业务部门的大力支持和协助,谨在此表示衷心的感谢。《中国检察年鉴》在编辑工作中存在的缺点和不足,恳请读者提出宝贵意见。

中国检察年鉴编辑部

2011 年 9 月

目 录

· 第 三 部 分 ·
省、自治区、直辖市人民检察院工作报告

· 第 四 部 分 ·
检 察 工 作 概 况

全国检察工作

· 第 五 部 分 ·
最高人民检察院重要文件选载

· 第 六 部 分 ·
最高人民检察院司法解释选载

· 第 七 部 分 ·
案例选载

第十二部分
名　录

第一部分

特　　载

第十一届全国人民代表大会第三次会议
关于最高人民检察院工作报告的决议

(2010 年 3 月 14 日第十一届全国人民代表大会第三次会议通过)

第十一届全国人民代表大会第三次会议听取和审议了曹建明检察长所作的最高人民检察院工作报告。会议对最高人民检察院过去一年的工作表示满意,同意报告提出的 2010 年工作安排,决定批准这个报告。

会议强调,要高举中国特色社会主义伟大旗帜,以邓小平理论和"三个代表"重要思想为指导,深入贯彻落实科学发展观,牢固树立社会主义法治理念,切实履行宪法和法律赋予的职责,坚持服务大局、执法为民,继续深化司法改革,全面加强队伍建设,着力提高执法水平,深入推进社会矛盾化解、社会管理创新、公正廉洁执法三项重点工作,更好发挥检察机关职能作用,为夺取全面建设小康社会新胜利提供有力的司法保障。

最高人民检察院工作报告

——2010 年 3 月 11 日在第十一届全国人民代表大会第三次会议上

最高人民检察院检察长 曹建明

各位代表:

现在,我代表最高人民检察院向大会报告工作,请予审议,并请全国政协各位委员提出意见。

2009 年工作回顾

2009 年,在以胡锦涛同志为总书记的党中央正确领导下,在全国人大及其常委会有力监督下,最高人民检察院认真贯彻落实党的十七大、十七届三中、四中全会和十一届全国人大二次会议精神,深入贯彻落实科学发展观,坚持"强化法律监督,维护公平正义"的检察工作主题,紧紧围绕保增长、保民生、保稳定这一全党全国工作大局,忠实履行宪法和法律赋予的职责,不断强化法律监督、强化对自身执法活动的监督、强化检察队伍建设,各项检察工作取得新进展。

一、坚持围绕中心、服务大局,保障经济平稳较快发展

面对严峻复杂的国内外经济形势,最高人民检察院及时研究检察工作中遇到的新情况新问题,制定出台服务经济平稳较快发展的司法文件,指导各级检察机关为经济建设提供司法保障。

着力维护市场经济秩序、保障政府投资安全。依法打击破坏市场经济秩序的犯罪,起诉走私、金融诈骗、非法经营等犯罪嫌疑人 42473 人。根据去年各级政府较大幅度增加公共支出、加大投资力度的情况,配合有关部门加强对民生工程、地震灾区灾后恢复重建等重大建设项目资金使用的监督,积极预防和依法查办贪污贿赂、失职渎职犯罪。会同有关部门开展工程建设领域突出问题专项治理,严肃查办发生在土地出让、规划审批、招标投标等环

节的职务犯罪案件 6451 件。深入推进治理商业贿赂工作，在资源开发和经销、产权交易、政府采购等领域，立案侦查涉及国家工作人员的商业贿赂犯罪案件 10218 件。对造成国有资产流失等涉及公共利益的民事案件，督促、支持有关部门和单位履行职责、提起诉讼。

着力加强对能源资源、生态环境和知识产权的司法保护。围绕促进能源资源节约和生态文明建设，依法打击破坏环境资源犯罪，起诉非法采矿、盗伐滥伐林木、造成重大环境污染事故等犯罪嫌疑人 15137 人；深入开展查办危害能源资源和生态环境渎职犯罪专项工作，立案侦查非法批准征用土地、环境监管失职等渎职犯罪案件 2966 件。围绕鼓励和保护自主创新，加大知识产权司法保护力度，起诉假冒专利、注册商标等犯罪嫌疑人 2695 人。

着力保障企业正常经营发展。从有利于维护企业正常生产经营、有利于维护企业职工利益、有利于维护经济社会秩序稳定出发，依法妥善处理涉及企业特别是中小企业的案件，平等保护各类市场主体和中外当事人的合法权益。正确适用法律，严格区分民事纠纷与经济犯罪、合法收入与犯罪所得、企业不规范融资与非法吸收公众存款的界限。在坚持严格依法办案的同时，注意改进办案方式方法，慎重使用强制措施，慎重扣押企业涉案款物，最大限度避免给企业正常生产经营带来影响，保障企业健康发展。

着力服务农村改革发展。高度重视涉农检察工作，探索设立乡镇检察室、检察联系点和聘请检察联络员等机制，把检察工作深入到农村和农民中去。开展查办涉农职务犯罪专项工作，重点查办发生在征地补偿、粮食直补、退耕还林和农村基础设施建设等环节的职务犯罪案件，立案侦查涉嫌职务犯罪的农村基层组织人员 7175 人。依法严厉打击农村黑恶势力、"两抢一盗"犯罪，打击制售伪劣农药、化肥、种子等坑农害农的犯罪，维护农民权益，促进农业发展，保障新农村建设。

二、坚持执法为民，扎实做好保障民生、服务群众工作

坚持把执法为民作为检察工作的根本出发点和落脚点，着力解决司法实践中涉及群众利益的热点难点问题。

坚决惩治损害民生的犯罪。重视打击和查办发生在社会保障、劳动就业、征地拆迁、移民补偿、抢险救灾、医疗卫生、招生考试等民生领域的犯罪。积极参与食品药品安全专项整治，起诉制售有毒有害食品、药品的犯罪嫌疑人 507 人。依法同步介入重大事故调查，立案侦查严重失职渎职造成国家和人民利益重大损失的国家机关工作人员 1075 人。加强对人权的司法保障，立案侦查涉嫌利用职权实施非法拘禁、报复陷害、破坏选举等犯罪的国家机关工作人员 478 人。会同有关部门及时研究完善相关司法解释，坚决依法打击人民群众反映强烈的利用手机网站传播淫秽电子信息、手机短信诈骗等犯罪。

加强对特殊群体的司法保护。推行未成年人犯罪案件专人办理、品行调查、分案起诉等制度，加强教育、感化和挽救。坚决打击侵害农村留守老人、妇女、儿童的犯罪。严厉打击拐卖妇女儿童的犯罪，起诉拐卖、收买妇女儿童的犯罪嫌疑人 4017 人。会同有关部门制定关于残疾人法律援助工作的意见，加强残疾人控告、申诉等权利的保护。依法妥善处理涉军案件，切实维护国防和军队利益及军人军属合法权益。高度重视涉港澳、涉台、涉侨案件，依法维护港澳同胞、台湾同胞和归侨侨眷的合法权益。

完善和落实司法为民措施。开通全国统一的 12309 举报电话，实行 24 小时接听，畅通群众举报渠道，提高处理举报效率。加快检察门户网站建设，推行网上受理信访、法律咨询、案件查询。开展检察官"进农村、进社区、进企业、进学校"活动，深化文明接待室创建活动，推行下访巡访、预约接访、民生热线等措施，认真听取、及时受理群众诉求，为群众排忧解难。

三、认真履行批捕、起诉等职责，全力维护社会和谐稳定

坚持把维护社会和谐稳定放在首位，正确把握宽严相济刑事政策，在依法打击犯罪的同时，更加注重化解社会矛盾。

依法打击各类刑事犯罪。严厉打击境内外敌对势力的渗透颠覆破坏活动，依法办理乌鲁木齐打砸抢烧严重暴力犯罪案件，坚决维护社会稳定、人民利益、民族团结、国家安全。配合有关部门加强国庆安保工作，集中整治治安混乱地区和突出治安问题，严厉打击黑恶势力犯罪、严重暴力犯罪、多发性侵财犯罪和毒品犯罪，增强人民群众安全感。全年共批准逮捕各类刑事犯罪嫌疑人 941091 人，提起公诉 1134380 人，分别比上年减少 1.2% 和 0.8%。

对轻微犯罪落实依法从宽处理政策。坚持当严则严、该宽则宽，既有力打击犯罪，又减少社会对抗。对主观恶性较小、犯罪情节轻微的初犯、偶犯、过失犯和未成年人、老年人犯罪案件，以及因家庭邻里纠纷引发、犯罪嫌疑人真诚悔过、赔偿损失并取得被害人谅解的轻微犯罪案件，依法决定不批捕或不起诉，以体现司法人文关怀，实现法律效果与社会效果相统一。

加大化解涉检信访积案力度。高度重视群众信访反映的问题，完善信访工作程序，推行信访督查专员等制度，办理群众信访 421306 件次，其中涉检信访 15159 件次。开展化解涉检信访积案专项活动，对排查出的 1395 件重点、疑难信访积案，逐案分析症结，综合采取释疑解惑、教育疏导、救助救济等措施，已化解息诉 1269 件。最高人民检察院还向部分省区派出巡回接访工作组，就地接待来访、督办案件，使一些疑难积案得到有效化解。

重视建立社会矛盾化解机制。建立执法办案风险评估机制，对执法中可能引发的不稳定因素加强分析，及时把问题解决在萌芽状态。推行检察文书说理制度，对不批捕、不起诉、不抗诉案件加强释法说理，做好息诉工作。积极开展刑事被害人救助工作，共救助生活确有困难的刑事被害人及其近亲属 285 人。在办理民事申诉等案件时，配合支持人民法院、基层调解组织依法进行调解，努力促成当事人双方自愿和解。

四、深入查办和预防职务犯罪，积极促进反腐倡廉建设

坚决贯彻党中央关于推进新形势下反腐倡廉建设的决策部署，把查办和预防职务犯罪工作放在更加突出的位置来抓。

依法严肃查办职务犯罪。全年共立案侦查各类职务犯罪案件 32439 件 41531 人，件数比上年减少 3.3%、人数增加 0.9%。突出查办大案要案，立案侦查贪污贿赂大案 18191 件、重特大渎职侵权案件 3175 件；查办涉嫌犯罪的县处级以上国家工作人员 2670 人，其中厅局级 204 人、省部级 8 人。着力加强渎职侵权检察工作，立案侦查失职渎职、侵犯人权涉嫌犯罪的国家机关工作人员 9355 人。加大惩治行贿犯罪力度，对 3194 名行贿人依法追究刑事责任。加强境内外追逃追赃工作，会同有关部门抓获在逃职务犯罪嫌疑人 1129 人，追缴赃款赃物计 71.2 亿元。

努力提高侦查水平和办案质量。修订举报工作规定，加强举报线索管理，强化举报人权益保护，完善鼓励群众实名举报的制度。健全与执法执纪部门的情况通报、案件移送等机制，完善检察机关侦查办案机制，不断增强发现犯罪、侦破案件的能力。上级检察院带头查办大案要案，最高人民检察院直接办理重特大职务犯罪案件 26 件。严格规范侦查活动，加强办案监督管理，完善落实讯问职务犯罪嫌疑人全程同步录音录像等制度，对立案与不立案、逮捕与不逮捕、起诉与不起诉严格把关。去年全国检察机关起诉的职务犯罪案件，有罪判决率为 99.8%。

更加注重职务犯罪预防。按照惩防并举要求，全面部署检察机关预防职务犯罪工作，明确新形势下预防工作职能定位、基本要求和预防重点。加强与行政执法等部门的协作，建立健全信息共享、同步介入等预防工作机制。坚持预防关口前移，结合办案强化犯罪分析、预防建议和预防咨询工作，在重大建设项目中推广开展职务犯罪预防，向有关单位和部门提出预防建议 15149 件。通过以案说法等形式，对国家工作人员进行警示教育 418 万余人次。完善行贿犯罪档案查询系统，将查询范围从工程建设、政府采购等 5 个领域扩大到所有领域的行贿犯罪，向工程招标单位等提供查询 48238 次。

五、强化对诉讼活动的法律监督，努力维护社会公平正义

顺应人民群众对司法公正的新要求新期待，突出监督重点，完善监督机制，切实履行对诉讼活动的法律监督职责。

加强立案监督和侦查监督。重点监督有案不立、有罪不究、以罚代刑，以及刑讯逼供、暴力取证、动用刑事手段插手民事经济纠纷等问题。对应当立案而不立案的，督促侦查机关立案 19466 件，比上年减少 3.6%；对不应当立案而立案的，督促撤案 6742 件，同比减少 0.5%。对应当逮捕而未提请逮捕、应当起诉而未移送起诉的，决定追加逮捕 21232 人、追加起诉 18954 人，同比分别增加 2.6% 和 13.6%。对不符合逮捕、起诉条件的，决定不批准逮捕 123235 人、不起诉 33048 人，同比分别增加 14.3% 和 10.6%。对侦查活动中的违法情况提出纠正意见 25664 件次，同比增加 16.4%。

加强审判监督。认真落实全国人大常委会对2008年最高人民检察院专项报告的审议意见，开展刑事审判法律监督专项检查，着力解决监督不到位等问题，提高监督水平。对认为确有错误的刑事裁判提出抗诉3963件，对刑事审判活动中的违法情况提出纠正意见4035件次，分别比上年增加22%和34.7%。在民事行政检察工作中，重点监督虚假诉讼、违法调解和其他显失公正，严重损害国家利益、公共利益和案外人合法权益的裁判，依法提出抗诉11556件、再审检察建议6714件，同比分别增加0.9%和28.6%。

加强刑罚执行和监管活动监督。针对在押人员非正常死亡事件暴露的问题，会同公安机关开展全国看守所监管执法专项检查，清理发现有"牢头狱霸"行为的在押人员2207人，对其中涉嫌犯罪的123人依法提起公诉；会同司法行政机关开展全国监狱清查事故隐患、促进安全监管专项活动，认真解决安全措施、监管工作不到位等问题。依法维护刑罚执行的严肃性，监督纠正减刑、假释、暂予监外执行不当9883人，比上年增加98.1%。注重保障被监管人合法权益，对超期羁押提出纠正意见337人次，同比增加86.2%。对监管活动中的其他违法情况提出纠正意见22268件次，同比增加91%。

严肃查处司法工作人员职务犯罪。坚决惩治司法领域中的腐败行为，纯洁司法队伍，维护司法廉洁和公正。立案侦查涉嫌贪赃枉法、徇私舞弊等犯罪的司法工作人员2761人。

六、强化对自身执法活动的监督，确保检察权依法正确行使

突出强调把强化自身监督放在与强化法律监督同等重要的位置，自觉接受外部监督，进一步加强内部监督。

自觉接受人大监督。十一届全国人大二次会议闭幕后，最高人民检察院立即召开全国检察机关电视电话会议，对贯彻落实全国"两会"精神作出全面部署；系统梳理研究全国人大代表的建议、批评和意见，要求各级检察机关逐项整改落实。主动向人大常委会报告工作，积极配合常委会开展专题调研和执法检查。最高人民检察院就加强渎职侵权检察工作情况向全国人大常委会作了专项报告，并根据常委会审议意见逐条研究落实整改措施。北京、四川、湖北、辽宁、上海、黑龙江、江西、山东、宁夏等省（自治区、直辖市）人大常委会先后作出关于

加强检察机关法律监督工作的决议或决定，检察机关认真学习，全面贯彻落实。重视与人大代表的经常性联系，通过召开座谈会、邀请参加专项检查等形式认真听取意见。全国人大代表提出的92件议案、建议全部办结。

自觉接受民主监督和社会监督。主动向政协通报检察工作情况。加强与各民主党派、工商联和无党派人士的联络，坚持和完善特约检察员、专家咨询委员制度，邀请他们视察检察工作、旁听出庭公诉，自觉接受监督。最高人民检察院经常听取政协委员、社会各界对检察工作的意见，并通报各级检察机关要求认真研究落实。全国政协委员提出的26件提案全部办结。推进人民监督员制度试点工作，强化人民监督员对查办职务犯罪的监督。大力推行"阳光检务"，完善和落实不起诉，申诉案件公开审查等机制，探索设立检务公开大厅和服务窗口，开展检察开放日等活动，增强检察工作透明度，保障人民群众的知情权、参与权、表达权、监督权。完善检察环节保障律师执业权利的工作机制，注重听取律师意见，促进自身公正执法。重视接受舆论监督，把互联网等媒体作为听民声、察民意的重要渠道，建立涉检舆情收集、研判机制，主动回应社会关切。

大力加强内部监督。深化检察改革，紧紧抓住容易发生问题的关键环节和重点岗位，切实加强对自身执法活动的监督制约。一是健全查办职务犯罪工作监督制约机制。对省级以下检察院办理职务犯罪案件，在继续实行撤案、不起诉报上一级检察院批准制度的基础上，又实行逮捕报上一级检察院审查决定制度，强化上级检察院对下级办案工作的监督。加强同级内部分工制约，规定负责抗诉工作的部门不承担职务犯罪侦查工作。二是深入推进执法规范化建设。制定检察建议工作规定、检察委员会议事和工作规则等规范性文件。完善办案规则等规范，进一步统一执法尺度，规范裁量权行使。加强规范的执行检查，强化对执法办案的流程管理、动态监督、质量考评。三是着力解决违纪违法办案的突出问题。认真开展直接立案侦查案件扣押、冻结款物专项检查，对2004年以来全国检察机关扣押、冻结款物情况进行全面清理，重点纠正违规扣押、冻结涉案款物问题，该上缴的坚决上缴，该清退的坚决清退。加大检务督察力度，最高人民检察院直接派员赴13个省份的123个检察院，对

执法办案、出庭公诉、警车使用、接待群众来访等情况进行暗访,对发现的问题及时通报、限期整改。严格落实执法过错责任追究条例,对有执法过错的98名检察人员严肃追究责任。

七、强化检察队伍建设,努力提高整体素质和执法水平

坚持以领导干部和执法办案一线人员为重点,严格教育,严格管理,严格监督,努力造就高素质检察队伍。

深入开展学习实践科学发展观活动。立足检察实际,突出实践特色,把开展学习实践活动与全面贯彻胡锦涛总书记等中央领导同志对检察工作的一系列重要指示紧密结合起来,与深化社会主义法治理念教育紧密结合起来,引导检察人员坚持中国特色社会主义检察制度,牢固树立严格、公正、文明、廉洁执法观念,集中解决了一批影响和制约检察工作科学发展以及群众反映强烈的突出问题。

突出抓好领导班子建设。加强领导干部思想政治教育和素质能力培训,对省级检察院领导班子成员和基层检察长普遍轮训。积极配合地方党委考察调整检察机关领导班子,加大异地任职交流力度。强化领导班子民主集中制建设和监督管理,认真落实任职前廉政谈话、任期经济责任审计、巡视等制度,推行下级检察院向上级检察院报告工作、下级检察院检察长向上级检察院述职述廉制度。最高人民检察院首次听取、评议省级检察长述职述廉报告,派员参加省级检察院领导班子民主生活会,对省级检察院领导班子全面深入巡视,对发现的问题及时督促整改。

大规模推进教育培训。把教育培训作为加强队伍建设的重要抓手,全面部署大规模推进检察教育培训工作,积极推进分级分类全员培训和岗位练兵活动。开通中国检察官教育培训网,推行检察官教检察官、案例教学和在线学习等培训方式。以业务骨干和执法办案一线检察官为重点,培训检察人员10.8万余人次,最高人民检察院直接培训4541人。大力实施西部检察教育培训工程,加大政策倾斜、经费支持、对口支援和直接培训力度,指导开展民族地区“双语”检察人才培训。最高人民检察院为西藏、新疆等民族地区直接培训中青年检察业务骨干410人。

更加重视自身反腐倡廉建设。制定实施检察官职业道德基本准则,弘扬忠诚、公正、清廉、文明的检察职业道德。检察队伍中涌现出喻中升、罗东宁、陈海宏、杨竹芳、张章宝等一批清正廉洁、执法为民的新典型。严格执行党风廉政建设责任制,最高人民检察院普遍签订党风廉政建设责任书,强化责任分解、责任考核、责任追究,努力做到自身正、自身硬、自身净;认真督促检查地方检察机关落实党风廉政建设责任制情况,重视运用检察人员违纪违法反面典型进行警示教育。坚持从严治检,认真核查群众举报、媒体反映的问题,严肃查处违纪违法的检察人员247人,其中追究刑事责任25人。

全面加强基层检察院建设。坚持抓基层、打基础,制定实施2009—2012年基层检察院建设规划,深入推进基层检察院执法规范化、队伍专业化、管理科学化、保障现代化建设。新增政法专项编制全部充实到基层检察院和办案任务重的检察院。为中西部基层检察院定向招录近2000名检察人员,缓解人才短缺,确保招录质量。紧紧依靠中央和各级党委、政府支持,重点解决中西部和贫困地区基层检察院经费困难,基层执法保障状况得到明显改善。不断提高检察技术和信息化水平,加快实施科技强检战略。落实领导干部联系基层制度,最高人民检察院领导带头坚持深入基层调研,认真研究解决基层检察工作面临的突出问题。全国基层检察院共有724个集体和1035名个人受到省级以上表彰。

过去一年检察工作的成绩,是在以胡锦涛同志为总书记的党中央正确领导下,在各级党委领导、人大监督和政府、政协及社会各界关心支持下取得的。在此,我们代表最高人民检察院表示衷心感谢!

我们清醒地认识到,检察工作还存在不少问题:一是法律监督职能作用发挥得还不充分,不敢监督、不善监督、监督不到位的现象仍然存在,对民事审判、行政诉讼的法律监督与人民群众的要求仍有差距。二是一些检察机关和检察人员不能正确处理执法办案与服务大局、法律效果与社会效果等关系,执法办案观念陈旧、方式方法简单,不善于从深层次分析、把握和化解矛盾,不善于做新形势下的群众工作,不适应信息化条件下执法办案的新要求。三是少数检察人员包括个别领导干部法治意识、宗旨意识淡薄,极少数检察人员目无法纪,特权思想、霸道作风严重,以案谋私、滥用职权、执法犯法甚至贪赃枉法,严重损害检察机关的形象和执法公信力。四是制约检察工作的体制性、机制性、保障性障碍正在逐步得到解决，但尚未从根本上消除，执法规范化建设、队伍管理监督机制建设、基层基础建设有待进一步加强。对这些问题，最高人民检察院将采取有效措施，认真解决。

2010 年工作安排

2010 年，检察机关要全面贯彻党的十七大，十七届三中、四中全会和本次全国人大会议精神，紧紧围绕党和国家工作大局，突出抓好社会矛盾化解、社会管理创新、公正廉洁执法三项重点工作，统筹做好各项检察工作，为全面实现"十一五"时期经济社会发展目标提供有力的司法保障。

一、充分发挥检察职能作用，保障经济社会又好又快发展。 根据中央关于加快转变经济发展方式、调整经济结构、加强"三农"工作、保障和改善民生、发展社会事业等重大决策部署，进一步加强、完善和落实检察机关服务经济社会发展的措施。坚持把抓好执法办案作为服务大局的基本途径，进一步更新执法观念，改进执法方式，注重执法效果，充分运用打击、预防、监督、保护等职能，努力在整顿规范市场经济秩序、保障政府投资安全和民间投资合法权益，推进创新型国家建设、保护资源环境、维护人民权益等方面发挥积极作用。

二、深入推进社会矛盾化解，积极参与社会管理创新，切实维护社会和谐稳定。 坚决依法打击危害国家安全犯罪、黑恶势力犯罪、严重暴力犯罪、多发性侵财犯罪、"黄赌毒"犯罪、拐卖妇女儿童犯罪和利用网络实施的犯罪，加大打击严重经济犯罪特别是涉众型经济犯罪、侵犯知识产权犯罪力度。对轻微犯罪落实依法从宽处理政策，完善未成年人、老年人犯罪检察制度，积极推进刑事和解、量刑建议等改革。健全检察环节社会矛盾排查化解、执法办案风险评估等机制，坚持息诉与抗诉并重，把化解矛盾贯穿于执法办案始终。继续开展化解涉检信访积案专项活动，建立健全涉检信访工作长效机制，切实增强群众工作能力，引导群众依法表达利益诉求。配合有关部门加强刑满释放、解除劳教人员帮教管理和违法犯罪青少年教育挽救，积极参与社区矫正工作。支持和参与上海世博会、广州亚运会和亚残运会安保工作，保障社会安定有序。

三、依法查办和积极预防职务犯罪，促进惩治和预防腐败体系建设。 严肃查办发生在领导机关和领导干部中滥用职权、贪污贿赂、失职渎职犯罪案件；商业贿赂犯罪案件和严重侵害群众利益的犯罪案件；群体性事件。重大责任事故背后的犯罪案件；工程建设、房地产开发、土地管理和矿产资源开发等领域的犯罪案件；为黑恶势力充当"保护伞"的犯罪案件。进一步加大查办行贿犯罪力度。认真落实全国人大常委会对 2009 年最高人民检察院专项报告的审议意见，全面加强和改进渎职侵权检察工作，着力解决渎职侵权犯罪发现难、查证难、处理难的问题。坚持依法文明办案，保障涉案人员合法权益，落实举报人和证人保护制度。高度重视职务犯罪预防，加强犯罪分析，对策研究、预防建议、警示教育和预防调查、宣传、咨询等工作，推进侦防一体化机制建设和预防工作规范化建设。

四、进一步加强对诉讼活动的法律监督，促进公正廉洁执法。 把人民群众的关注点作为诉讼监督的着力点，努力做到敢于监督、善于监督、依法监督、规范监督。坚持打击犯罪与保障人权并重，加强对有罪不究、以罚代刑等违法问题的监督，对刑讯逼供、超期羁押等侵权行为的监督，对刑事审判特别是有罪判无罪、量刑畸轻畸重的监督。加强刑罚执行和监管活动监督，促进监管场所依法管理。加强民事审判和行政诉讼监督，继续探索开展对民事执行活动的监督和督促起诉、支持起诉等工作。严肃查处司法工作人员贪赃枉法等犯罪，切实加强对司法不公不廉的监督。正确处理政法各部门之间协调配合与监督制约的关系，改进监督方法，增强监督实效，共同维护司法公正和法制权威。

五、深化检察改革，着力加强自身监督制约机制建设。 认真贯彻中央关于深化司法体制和工作机制改革的部署，坚持以强化法律监督和加强对自身执法活动的监督制约为重点，深入推进检察改革。深化人民监督员制度改革，改进人民监督员选任管理方式，完善监督范围和程序，强化人民群众对检察机关执法办案的监督；深化审查逮捕机制改革，健全、规范听取犯罪嫌疑人申辩和律师意见制度；深化侦查办案机制改革，完善和落实讯问职务犯罪嫌疑人全程同步录音录像、逮捕职务犯罪嫌疑人报上一级检察院审查决定等制度；深化检务公开，健全办案公开机制，推行网上办案，规范完善当事人权利义务告知制度；制定统一的执法规范，按照全国人大常委会要求做好司法解释集中清理工作，建立健全案例指导制度和案件管理、执法监督、执法考评机制。

六、加强检察队伍建设,切实提高执法公信力。巩固深入学习实践科学发展观活动成果,广泛开展创建学习型检察院活动,着力加强队伍的思想政治建设和法律监督能力建设。从今年4月起,用一年时间在全国检察机关集中开展"恪守检察职业道德、促进公正廉洁执法"主题实践活动。以领导干部和执法办案一线检察官为重点,全面推进全员培训。在对基层检察长普遍轮训的基础上,今年着力抓好对地方三级检察机关领导班子成员和业务部门负责人的集中轮训。狠抓纪律作风建设和反腐倡廉建设,强化内部监督,健全落实领导干部问责、廉政档案和检察人员执法档案、执法过错责任追究等制度。加大查办检察人员违纪违法案件工作力度,决不护短,决不手软。推进基层检察院建设,加大对中西部和贫困地区特别是西藏、新疆检察机关的支持力度,积极探索检察机关深入基层、联系群众的新形式,更好发挥基层检察院服务发展、保障民生、化解矛盾、维护稳定的职能作用。

各位代表,在新的一年里,全国检察机关要紧密团结在以胡锦涛同志为总书记的党中央周围,高举中国特色社会主义伟大旗帜,以邓小平理论和"三个代表"重要思想为指导,深入贯彻落实科学发展观,更加自觉地接受人大监督、政协民主监督和社会各界监督,不断加强和改进检察工作,不断满足人民群众的新期盼,努力为推动科学发展、促进社会和谐作出新的贡献!

最高人民检察院关于改进渎职侵权检察工作情况的报告

——2010年10月27日在第十一届全国人民代表大会常务委员会第十七次会议上

最高人民检察院检察长 曹建明

全国人民代表大会常务委员会:

现在,我代表最高人民检察院报告研究落实全国人大常委会审议意见、改进渎职侵权检察工作的情况,请予审议。

一、认真学习贯彻全国人大常委会审议意见,明确改进渎职侵权检察工作的思路和措施

2009年10月,十一届全国人大常委会第十一次会议听取和审议了《最高人民检察院关于加强渎职侵权检察工作、促进依法行政和公正司法情况的报告》。常委会组成人员在审议中,既肯定了渎职侵权检察工作取得的成绩,又指出了存在的问题和不足,提出了许多重要的富有建设性的意见。最高人民检察院高度重视,多次学习研究,认为全国人大常委会审议意见实事求是,中肯、务实、全面,具有很强的针对性和指导性,全国人大内务司法委员会的调研报告提出了许多重要、具体的意见和建议,为进一步加强和改进渎职侵权检察工作指明了方向。一年来,全国检察机关把研究落实审议意见作为一项重要任务,并以此为契机和动力,努力把渎职侵权检察工作提高到新水平。

(一)认真传达学习,研究落实措施。最高人民检察院深入研究讨论,明确加强和改进渎职侵权检察工作的思路,系统提出7个方面30项工作任务;将审议意见印发全国检察机关,要求深入学习讨论,对照查摆工作中存在的问题,认真整改落实;先后派出多个工作组深入调研,征求地方人大代表和有关方面意见,制定了《关于加强和改进新形势下惩治和预防渎职侵权犯罪工作若干问题的决定》。

(二)加强对下指导,不断推动落实。最高人民检察院还先后在全国检察长会议、学习贯彻全国"两会"精神电视电话会议上,对落实全国人大常委会审议意见、加强和改进渎职侵权检察工作全面部署。今年7月又召开查办和预防职务犯罪工作会议、全国检察长座谈会,进行再部署、再推动。各级检察机关认真落实全国人大常委会审议意见,着力在加大办案力度、健全办案机制、重视犯罪预防、加强工作协调、强化队伍建设、推动完善法制上下工夫，取得了积极成效。

（三）争取重视支持，解决突出问题。去年年底，最高人民检察院向中央政法委专题报告了落实常委会审议意见的措施和需要解决的问题，中央领导同志和中央政法委高度重视。周永康同志作出重要批示，要求进一步加强渎职侵权检察工作，不断提高执法水平，切实维护法制权威。在全国人大内司委、全国人大常委会法工委的大力支持下，最高人民检察院会同中央纪委、中央政法委、中央组织部、最高人民法院、公安部、监察部、司法部、国务院法制办公室，于今年9月联合签署《关于加大惩治和预防渎职侵权违法犯罪工作力度的若干意见》，对严肃查办和积极预防渎职侵权违法犯罪提出明确要求，特别是针对查办渎职侵权案件发现难、立案难、查证难、处理难等问题，统一思想认识，强化职能部门之间的协调配合，建立健全重大复杂案件专案调查、行政执法与刑事司法相衔接、国家机关工作人员非法干预办案情况沟通和处理等工作机制，为依法惩治和有效预防渎职侵权违法犯罪提供有力的政策支持和制度保障。

二、切实加大办案力度，依法严肃查处渎职侵权犯罪

常委会组成人员在审议中明确要求，进一步加大渎职侵权案件的查办力度，坚决遏制一些领域腐败现象易发多发势头，确保犯罪行为依法受到追究。最高人民检察院把加大办案力度作为首要任务，针对一些地方检察机关不敢办案、不善办案等问题，明确责任，加强督导，强化举报宣传、线索管理、内外协作和指挥协调，进一步加大办案力度。去年11月至今年8月，共立案侦查渎职侵权犯罪案件6375件8840人，同比分别增加6%和10.6%，其中重特大案件3019件，同比增加9%；查处县处级以上国家机关工作人员298人，同比增加8%；通过办案，为国家和集体挽回经济损失11.2亿元。

（一）着力查办重点领域渎职侵权犯罪案件。坚持围绕党和国家工作大局，紧紧抓住渎职侵权犯罪多发的重点领域，切实加大查办案件力度，保障和促进中央关于转变经济发展方式、保持经济平稳较快发展等重大决策部署的落实。一是深入开展工程建设领域突出问题专项治理，以政府投资和使用国有资金、城乡基础设施建设特别是扩大内需项目为重点，严肃查办国家机关工作人员在项目决

策、规划审批、招标投标、质量安全管理中滥用职权、玩忽职守，以及严重浪费造成国有资产重大损失等渎职犯罪案件997件1262人。二是针对国土资源领域腐败现象易发多发状况，加大查办这一领域渎职犯罪案件力度，共立案侦查国家机关工作人员在国土资源管理和执法监察中不作为、乱作为等渎职犯罪案件590件781人。今年8月，最高人民检察院又与中央纪委、监察部、国土资源部联合部署开展了国土资源领域腐败问题专项治理工作。三是认真总结近两年开展查办涉农职务犯罪、查办危害能源资源和生态环境渎职犯罪专项工作的经验，要求进一步做到专项工作常态化，并继续列为办案重点，立案侦查涉农渎职侵权犯罪案件1448件1950人，破坏能源资源和生态环境的渎职犯罪案件1730件2206人。四是针对去年以来地震等重特大自然灾害频发的情况，积极预防和依法查办在救灾款物管理使用、恢复重建工程建设中严重失职渎职的犯罪案件，保障抢险救灾和灾后恢复重建的顺利进行。

（二）突出查办侵害群众切身利益、影响社会和谐稳定的渎职侵权犯罪案件。加强与行政机关在重大事故调查处理中的协调配合，同步介入1657起重大安全生产事故、重大食品药品安全事件调查，立案侦查事故涉及的渎职等职务犯罪案件707件944人。加强对公民人身权利，民主权利的司法保护，立案侦查国家机关工作人员利用职权实施的非法拘禁、报复陷害、破坏选举等侵权犯罪案件212件459人。认真贯彻中央关于深入推进三项重点工作的部署，针对一些渎职侵权犯罪直接给人民群众生命财产造成重大损失、容易引发社会矛盾的特点，高度重视、坚决查办企业改制、征地拆迁、招生考试等领域严重侵害群众利益案件和群体性事件背后的案件。注意改进执法方式方法，加强法制宣传、释法说理等工作，努力使执法办案过程成为化解矛盾纠纷、理顺群众情绪、促进和谐稳定的过程。

（三）严肃查办司法工作人员渎职侵权犯罪案件。坚决惩治司法领域中的腐败，立案侦查涉嫌渎职侵权犯罪的司法工作人员1651人。会同最高人民法院、公安部、国家安全部、司法部制定《关于对司法工作人员在诉讼活动中的渎职行为加强法律监督的若干规定（试行）》，明确规定检察机关对诉讼中的违法行为可以进行调查，进一步完善发现和查处司法不公背后渎职犯罪的工作机制。针对社

会各界特别是媒体高度关注的重大冤错案件和在押人员非正常死亡事件，检察机关及时介入调查，在查明事实、分清责任的基础上，对涉嫌刑讯逼供、玩忽职守等犯罪的司法工作人员依法严肃查处。

三、更加重视犯罪预防，努力从源头上减少渎职侵权犯罪

常委会审议意见突出强调，加强预防是有效遏制渎职侵权犯罪的治本之策。各级检察机关更加自觉地把预防渎职侵权犯罪工作纳入党委领导下的惩治和预防腐败体系建设，努力提高预防工作水平、增强预防犯罪实效。

（一）紧密结合办案加强预防。各级检察机关注意从查办的渎职侵权犯罪案件入手，帮助发案单位开展警示教育，完善制度，堵塞漏洞。共提出预防渎职侵权犯罪的检察建议10650件，向有关单位提供预防咨询20434次，对国家机关工作人员进行警示教育248万余人次。最高人民检察院还制定了《关于推进职务犯罪侦查和预防一体化工作机制建设的指导意见》，加强侦查部门与预防部门的协作配合，建立侦查和预防信息交流共享、预防部门介入侦查活动等机制，促进预防工作与侦查工作紧密衔接。

（二）集中开展专项预防活动。根据中央关于开展工程建设领域突出问题专项治理和深入推进三项重点工作的决策部署，最高人民检察院于今年7月部署开展"预防工程建设领域职务犯罪、推进社会管理创新"专项工作，要求各级检察机关结合查办的案件，综合运用个案预防、类案预防、行业预防、制度预防等方式，推动建立健全工程建设领域信用机制和管理制度。截至8月底，已在3298个工程建设项目中开展预防。

（三）建立职务犯罪预防年度报告制度。为拓展预防工作的广度和深度，最高人民检察院要求各级检察机关在广泛搜集职务犯罪信息、积极开展预防调查、深入剖析典型案件的基础上，对辖区内渎职侵权等职务犯罪总体形势、规律特点、演变趋势等进行全面分析，提出防范对策和建议，每年形成职务犯罪预防年度综合报告，为党委、政府和有关部门决策提供参考。

四、健全工作机制，提高渎职侵权检察工作水平

坚持改革创新，是推动渎职侵权检察工作发展的必由之路。最高人民检察院认真落实常委会审议意见，结合深化司法体制和工作机制改革，积极创新和完善执法办案机制，努力破解渎职侵权犯罪发现难、立案难、查证难、处理难等问题。

（一）完善犯罪信息收集和线索管理机制。拓展群众举报渠道，建立健全电话、信访、网络"三位一体"的举报平台。探索建立侦查信息数据库。推动完善与行政执法机关的联网互查、信息共享机制。规范举报线索受理、移送、审查、交办程序，实行案件线索价值评估、初查管理制度，严格执行不立案报上一级检察院审查制度，完善督察、反馈等机制，防止线索积压、有案不办。

（二）完善上下级检察院之间、本院不同职能部门之间办案一体化机制。规范案件管辖制度，强化上下级检察院之间办理重大复杂案件、跨地区案件的指挥协调，完善上下级检察院之间交办、提办、参办、异地办理等办案模式。健全检察机关本院内部协作机制，建立渎职侵权检察、控告申诉、侦查监督、公诉等部门协作会议制度，落实线索移送、介入侦查、情况通报、结果反馈等衔接措施，探索建立渎职侵权犯罪专门公诉人制度，增强办理渎职侵权案件的合力。

（三）完善对执法办案活动的监督制约机制。加强内部执法监督，落实立案报上一级检察院备案、省级以下检察院逮捕职务犯罪嫌疑人报上一级检察院审查决定、讯问犯罪嫌疑人全程同步录音录像、撤案和不起诉报上一级检察院批准制度。落实人民监督员制度，完善选任方式，扩大监督范围，规范监督程序，强化人民群众对执法办案活动的监督。大力推行"阳光执法"，公开执法办案流程，解读渎职侵权犯罪案件立案标准，完善和落实当事人权利义务告知、法律文书说理等制度，增强执法透明度。

（四）完善以办案力度、侦查效率、案件质量效果和办案规范为主要内容的考核评价机制。最高人民检察院统一制定考核评价各省（自治区、直辖市）检察业务工作规范，把渎职侵权检察工作作为业务考评的重要内容，科学综合考评办案数量、质量、效率和效果，促进公正执法、文明办案。

五、加强队伍建设，提升队伍素质和反渎职侵权能力

最高人民检察院专门制定《关于加强职务犯罪侦查队伍执法公信力建设、确保公正廉洁执法的意见》，认真落实《关于加强反渎职侵权能力建设的决定》，要求各级检察机关按照全国人大常委会审议意见，不断加强渎职侵权检察队伍的思想政治建设、能力建设和反腐倡廉建设，努力提高队伍的综合素质。

（一）切实加强思想政治建设。加强中国特色社会主义理论体系，社会主义法治理念、检察职业道德教育，认真开展创先争优等活动，引导检察人员牢记法律赋予的职责，深刻认识渎职侵权犯罪的危害性和加强渎职侵权检察工作的重要性，不断增强敢于办案、秉公办案、依法办案的勇气和信心。

（二）大力开展能力建设。强化岗位素能全员培训，在全国检察机关渎职侵权检察部门开展为期一年，以侦查取证、组织指挥、文书制作等为主要内容的岗位练兵和业务竞赛活动，不断提高检察人员主动发现线索、侦查突破案件、收集固定证据、运用法律政策等能力。加强专项业务培训，重点对省市两级检察院反渎局长、新任反渎局长、西部地区渎职侵权检察业务骨干进行了集中培训。健全全国和省、市三级侦查人才库，加强针对性的培训和动态管理，着力培养业务精通、经验丰富、善于攻坚克难的侦查专家和办案能手。

（三）深入推进反腐倡廉建设。举办全国检察机关自身反腐倡廉教育展览，集中开展"反特权思想、反霸道作风"专项教育活动，加强对检察人员特别是职务犯罪侦查等重点岗位人员的纪律作风和反腐倡廉教育。深刻吸取近年来侦查人员违法违纪案件的教训，明确提出"十个严禁"的要求。实行反渎局长重大事项报告制度，全面推行领导干部廉政档案制度和干警执法档案制度，对不适合从事侦查工作的人员坚决予以调整。健全违法办案投诉、督察、查究、反馈机制，强化上级检察院对侦查人员违法违纪行为的调查处理，有效遏制了违法违纪行为发生。

六、紧紧依靠党委领导、人大监督和社会各界支持，推动渎职侵权检察工作深入开展

渎职侵权检察工作难度大、困难多，离不开社会各方面的关心和支持。各级检察机关坚持在党委领导和人大监督下，加强工作协调，推动完善法制，大力开展宣传，促进形成全社会支持、参与惩治和预防渎职侵权犯罪的工作格局。

（一）积极争取党委、人大、政府的重视和支持。最高人民检察院组织开展渎职侵权检察机构和办案保障建设专题调研，推动解决机构、编制、保障等

方面的实际困难。在各级党委、人大、政府的关心支持下，全国已有94.8%的渎职侵权检察部门更名设局，一年来共新增编制311名、新增人员947名。坚持把渎职侵权检察工作置于人大监督之下，许多地方人大常委会专门听取渎职侵权检察工作专项报告，有的作出关于加强渎职侵权检察工作的决定。全国检察机关普遍开展了邀请人大代表、政协委员视察渎职侵权检察工作的活动，诚恳听取建议、批评和意见。

（二）完善渎职侵权检察工作协调机制。检察机关与纪检监察、行政执法和公安、法院等部门的协调配合得到加强。行政执法与刑事司法相衔接、检察机关同步介入重特大事故事件调查、重大复杂案件专案调查等逐步形成制度。最高人民检察院与国务院17个部（委、局）相关部门建立起联席会议、信息共享、办案协作、专案调查、共同预防等工作机制。

（三）推动完善反渎职侵权法律制度。按照全国人大常委会组成人员提出的渎职罪定罪量刑标准、徇私舞弊及其损失后果认定、侦查管辖、刑罚结构、缓刑免刑适用条件、侦查手段、渎职侵权犯罪案件轻刑化等问题，最高人民检察院单独或与中央纪委、最高人民法院联合组成调研组，深入基层调研，研究制定相关司法解释，论证完善立法的建议，有针对性地解决问题。

（四）加大反渎职侵权宣传力度。更加重视运用广播、电视、报刊、互联网等传播手段，深入开展各种形式的宣传活动，提高渎职侵权检察工作的社会认知度。为宣传党和国家惩治和预防渎职侵权犯罪的方针政策、法律法规，教育国家机关工作人员依法履职、勤政廉政，进一步争取全社会支持，今年9月13日至27日，最高人民检察院在北京首次举办以"法治与责任"为主题的全国检察机关惩治和预防渎职侵权犯罪展览，吴邦国、贺国强、周永康、王乐泉、张德江等中央领导同志和部分在京全国人大代表、全国政协委员以及中央和北京市国家机关、军队、国有企事业单位等共1000多家单位10万多人次参观了展览。展览选用62个典型案例，以大量图片、视频、文字资料，充分揭示了渎职侵权犯罪的严重危害性，受到中央领导和社会各界的肯定与好评。目前展览正准备在全国巡回展出。

委员长、各位副委员长、秘书长、各位委员，在各级党委领导、人大监督和社会各方面的关心、支

持下，一年来渎职侵权检察工作取得了新进展，一些影响和制约工作开展的突出问题正在逐步得到解决。同时，我们也清醒地认识到，我们的工作与常委会的要求和人民群众的期待还有不小的差距。一是办案力度有待进一步加大。查办案件工作存在不平衡、不平稳的问题，一些地方不敢办案、不善办案的现象依然存在，对滥用职权造成国家、集体重大经济损失和资源浪费的渎职案件的查处仍是薄弱环节。有的不能正确处理办案数量、质量、效率、效果的关系，执法办案水平仍然不高。二是内外部工作机制有待进一步完善。有的机制尚处于探索创建阶段，实际成效还未显现。有的机制涉及部门较多，认识上仍存在差距，需要做大量协调工作。破解渎职侵权犯罪案件发现难、立案难、查证难、处理难的难题，还需作长期不懈的努力。三是渎职侵权检察队伍的整体素质和办案能力有待进一步提高。一些检察人员对渎职侵权犯罪特点把握不准，对办案规律研究不够，侦查取证、突破案件的能力不强，对免刑、缓刑适用比例较高现象的法律监督能力不强。人员力量不足和保障不够有力与办案任务繁重的矛盾比较突出。队伍中执法不规范、不公正、不文明、不廉洁以及违法办案、以案谋私等现象仍时有发生，严重损害了检察机关的执法形象和公信力。

依法惩治和有效预防渎职侵权犯罪，是全面落实依法治国基本方略，深入推进反腐倡廉建设和深入推进三项重点工作的必然要求。检察机关要全面贯彻党的十七大和十七届四中、五中全会精神，深入贯彻落实科学发展观，继续认真落实全国人大常委会对渎职侵权检察工作报告的审议意见和内务司法委员会调研报告要求，始终坚持司法为民，提高队伍素质，加强制度建设，规范执法行为，不断改进工作，努力取得新的明显成效。

第一，忠实履行职责，不断加大惩治和预防渎职侵权犯罪力度。认真落实《关于加大惩治和预防渎职侵权违法犯罪工作力度的若干意见》，紧紧抓住群众反映强烈的突出问题，严肃查办发生在领导机关和领导干部中滥用职权、失职渎职的案件，严肃查办严重侵害群众利益案件，严肃查办群体性事件和重大责任事故背后的案件，积极参与工程建设、土地管理和矿产资源开发等领域专项治理。针

对一些地方不敢办案的问题，加大指导、督办和考核力度。坚持把化解社会矛盾贯穿于执法办案始终，认真贯彻宽严相济刑事政策，改进办案方式方法，注重做好群众工作，大力开展渎职侵权犯罪预防，努力实现法律效果、政治效果、社会效果的有机统一。

第二，深化改革创新，积极推进惩治和预防渎职侵权犯罪机制制度建设。进一步完善检察机关上下一体、区域联动、指挥有力、协调高效的工作机制，健全内部分工协作机制，加强侦查和预防一体化机制建设。加强与纪检监察机关、行政执法机关、其他司法机关的协调配合，健全和落实信息共享、行政问责与司法追究相互衔接等机制。继续加强渎职侵权犯罪法律政策研究，做好司法解释和立法建议工作，推动反渎职侵权法制建设。

第三，狠抓自身建设，进一步提高反渎职侵权能力和水平。加强思想政治教育，牢固树立社会主义法治理念，增强做好新形势下渎职侵权检察工作的责任感。扎实推进渎职侵权检察队伍专业化建设，加强素能培训、岗位练兵和实战训练，完善侦查人员交流、侦查人才培养等机制，提高整体素质和执法水平。高度重视对自身执法活动的监督制约，完善执法规范和规章制度，建立健全权责明确、行为规范、监督有效的工作机制，加强检务督察等内部执法监督，自觉接受人大监督、政协民主监督、人民群众监督和新闻舆论监督。严明办案纪律，坚持从严治检，严肃整治执法中的不正之风，坚决清除队伍中的害群之马，树立公正廉洁执法、人民群众满意的良好形象。

委员长、各位副委员长、秘书长、各位委员，十一届全国人大常委会连续两年听取和审议渎职侵权检察工作专项报告，是对渎职侵权检察工作的高度重视和有力监督，也是对检察机关的有力支持和极大鞭策。我们真诚希望全国人大常委会继续给予重视和关心，进一步完善相关立法，加强对司法解释工作的监督，督促落实行政执法与刑事司法相衔接工作机制，帮助解决渎职侵权检察工作面临的突出困难和问题。全国检察机关将更加自觉地接受人大及其常委会监督，忠实履行宪法和法律赋予的职责，不断提高渎职侵权检察工作水平，为推进依法治国、全面建设小康社会作出新的更大贡献！

第 二 部 分

最高人民检察院负责人
重要报告和讲话选载

在全国检察机关党的建设工作电视电话会议上的讲话

最高人民检察院检察长　曹建明

（2010 年 1 月 19 日）

这次全国检察机关党的建设工作电视电话会议,是最高人民检察院党组决定召开的一次重要会议。会议的主要任务是:深入贯彻落实党的十七大、十七届四中全会和十七届中央纪委五次全会等重要会议精神,回顾总结近年来检察机关党的建设工作,研究部署当前和今后一个时期加强和改进检察机关党的建设的主要任务和措施,不断提高检察机关党的建设科学化水平。

近年来,各级检察机关党组织高举中国特色社会主义伟大旗帜,深入贯彻落实科学发展观,认真贯彻落实党的路线、方针、政策,紧紧围绕检察中心工作,全面推进检察机关党的建设,在思想理论、组织保障、党员管理、作风建设和反腐倡廉建设等方面做了大量卓有成效的工作。检察机关党的建设水平不断提高,党组领导核心作用、基层党组织战斗堡垒作用和党员队伍先锋模范作用充分发挥,保证了党中央重大决策部署在检察工作中的贯彻落实,保证了各项检察工作的深入开展和检察队伍建设的全面加强,为全面推进中国特色社会主义检察事业发挥了不可替代的重要作用。

下面,我就加强和改进新形势下检察机关党的建设问题,讲几点意见。

一、认真学习贯彻党的十七届四中全会等重要会议精神,充分认识加强和改进新形势下检察机关党的建设的重要意义

党的十七届四中全会审议通过的《中共中央关于加强和改进新形势下党的建设若干重大问题的决定》,认真总结新中国成立 60 年特别是改革开放 30 年来我们党加强自身建设的宝贵经验,深入分析党的建设面临的新情况新问题,进一步研究部署了以改革创新精神推进党的建设新的伟大工程,是指导当前和今后一个时期党的建设的纲领性文件。为全面贯彻落实十七大、十七届四中全会精神,中央相继召开了全国政法工作电视电话会议、全国组织部长会议、全国宣传部长会议和贯彻落实干部人事制度改革《规划纲要》座谈会等一系列重要会议,对新形势下党的政法、组织、宣传工作作出了新部署、提出了新要求。最近,中央纪委召开了第五次全会,胡锦涛总书记发表了重要讲话,要求全党以更加坚定的信心、更加坚决的态度、更加有力的措施、更加扎实的工作,坚定不移地把党风廉政建设和反腐败斗争推向前进。各级检察机关要把深入学习贯彻十七届四中全会和十七届中央纪委五次全会等重要会议精神作为当前的头等大事,从全局和战略的高度,深刻认识加强和改进新形势下检察机关党的建设的重要意义,不断增强加强和改进检察机关党的建设的责任感和紧迫感。

第一,从检察事业所处的时代背景出发,深刻认识加强和改进新形势下检察机关党的建设的重要性。党的十七届四中全会对加强和改进新形势下党的建设进行了科学分析、作出了战略规划。我们必须把思想统一到中央对形势的分析判断上来,既充分认识检察机关党的建设面临的难得机遇和有利条件,又清醒认识形势发展变化对检察机关党的建设提出的新挑战和新任务。一方面,我们党执政 60 年来在党的自身建设中积累了丰富经验,特别是进入新世纪新阶段以来,以胡锦涛同志为总书记的党中央高度重视党的建设,提出了一系列重大战略思想,作出了一系列重大决策部署,为我们加强和改进新形势下检察机关党的建设指明了方向、增添了动力。另一方面,随着我国经济体制深刻变革,社会结构深刻变动、利益格局深刻调整和思想观念深刻变化，随着依法治国进程加快推进，党和人民对强化法律监督提出了新的期望，检察机关保障社会公平正义、维护社会和谐稳定、服务经济社会发展的任务越来越繁重、要求越来越高，检察机关党员干部队伍面临着长期的、复杂的、严峻的考验。各级检察机关特别是党员领导干部必须更加重视党的建设这个重要法宝，更加重视提高检察机关党的建设科学化水平，把检察机关的政治优势和组织优势切实转化为推动检察工作科学发展的强大力量。

第二，从确保全面正确履行法律监督职能出发，深刻认识加强和改进新形势下检察机关党的建设的必要性。坚持把推进党的建设新的伟大工程同推进党领导的检察事业紧密结合，用党的坚强领导保证检察权的正确行使，保证各项检察工作的顺利开展，是中国特色社会主义检察制度的重要特征和政治优势。总结检察工作发展经验，最根本的一条，就是我们始终把检察工作置于党的绝对领导之下，坚持用中国特色社会主义理论体系武装检察队伍，毫不放松地加强检察队伍的教育、管理和监督。面对当代中国正在发生的广泛而深刻的变革，面对政法意识形态领域尖锐复杂的斗争，面对长期持续的执法考验、社会变革考验、市场经济考验，检察机关要确保检察工作发展的正确方向，党的建设只能加强，不能削弱。要紧紧围绕党和国家工作大局和全面正确履行法律监督职能加强和改进检察机关党的建设，教育引导广大党员干部始终保持清醒头脑，增强政治意识、大局意识、责任意识和忧患意识，在履行职能、推进经济社会科学发展和检察工作科学发展中充分发挥捍卫者、建设者作用，用党的建设成效带动和促进以强化法律监督为核心的各项任务完成，促进公正廉洁执法。

第三，从不断强化检察机关党组织战斗堡垒作用和党员队伍先锋模范作用出发，深刻认识加强和改进新形势下检察机关党的建设的紧迫性。检察队伍是以党员为主体的队伍，抓好党的建设，就抓住了队伍建设的根本。多年来，各级检察机关党组织紧紧围绕中心工作，大力推进检察机关党的建设和队伍建设，逐步形成了具有检察特色的以党建带队建的工作格局，党的建设和队伍建设互相促进，总体上呈现出良好的发展态势。但也要清醒看到，检察机关党的建设还有许多与新形势新任务不适应的方面，少数检察院党组的领导核心作用发挥得还不够好，个别基层党组织软弱涣散。特别要看到，检察干部队伍思想、能力、作风等方面出现许多新情况，尤其是党员队伍中存在一些不符合党的性质和宗旨的突出问题。中央《决定》中列举的六个方面问题，在检察机关都有不同程度的表现。这些问题严重削弱检察机关党组织的凝聚力和战斗力，严重损害检察机关同人民群众的血肉联系，严重影响检察机关的执法形象和公信力。我们必须有针对性地加强和改进检察机关党的建设，切实解决党员干部党性党纪党风等方面存在的突出问题，推动检察队伍建设不断取得新成效。

面对新的形势，各级检察机关要坚持以邓小平理论和"三个代表"重要思想为指导，深入贯彻落实科学发展观，认真落实党的十七大、十七届四中全会和十七届中央纪委五次全会等一系列重要会议关于党的建设的部署要求，以思想理论建设为根本，以民主集中制建设为重点，以领导班子和领导干部队伍建设为龙头，以法律监督能力建设为核心，以基层党组织建设为基础，以作风建设和反腐倡廉建设为保障，把全面加强和改进检察机关党的建设同全面推进中国特色社会主义检察事业紧密结合起来，以党的建设带动和推进检察队伍建设，带动和推进各项检察工作。

二、全面加强和改进新形势下检察机关党的建设，不断开创检察机关党的建设新局面

各级检察机关要按照中央部署要求，密切结合检察工作和检察队伍实际，紧紧围绕领导、监督和保障以执法办案为中心的检察工作，全面加强和改进党的建设，努力在思想建设、组织建设、基层建设、作风建设等方面取得新成效、开创新局面。

（一）大力推进思想理论建设，不断提高检察队伍思想政治水平。强化科学理论武装，提高党员干部用马克思主义指导检察实践的能力和水平，是保证检察工作正确政治方向、推动检察工作科学发展的决定性因素。要按照十七届四中全会部署和建设马克思主义学习型政党的要求，在全国检察机关广泛开展"建设学习型党组织、创建学习型检察院"活动，努力营造重视学习、勤于学习、善于学习、不断学习的浓厚氛围，不断提高检察工作水平。一要进一步强化理论武装。要健全理论学习机制，完善党组中心组学习和检委会学习制度，完善领导干部政治轮训制度，加强对全局性、战略性、系统性问题的学习研究，牢固树立符合科学发展观要求的发展理念和执法理念,不断提高思想理论政策水平,不断提高服务经济社会科学发展和实现自身科学发展的能力。二要进一步强化思想教育。深入开展以理想信念教育为重点的社会主义核心价值体系学习教育,深化社会主义法治理念教育,打牢服务工作大局、强化法律监督的思想基础,始终坚持"三个至上",切实做到"四个在心中"。三要进一步强化理论运用。大力弘扬理论联系实际学风,带着问题学习,围绕工作钻研,使工作的过程成为不断学习、增长才干的过程,切实提高学习能力和实践能力,不断增强检察工作的原则性、系统性、预见性和创造性。

(二)大力推进民主集中制建设,积极发展党内民主。民主集中制是我们党的根本组织制度和领导制度。要按照十七届四中全会要求,坚持民主基础上的集中和集中指导下的民主相结合,切实推进检察机关党内民主,把推进党内民主、促进党内和谐与维护党的纪律、增进党的团结有机统一起来。一要以明确权责为重点,完善检察机关党的领导体制和工作机制,坚持党对检察工作绝对领导的根本原则和制度,充分发挥党组的领导核心作用,确保党的路线方针政策在检察工作中不折不扣地贯彻落实。二要尊重和保障党员主体地位和民主权利,完善和落实党务公开、党内情况通报、党内选举、党内民主监督、党员评议基层党组织领导班子等制度,发挥党员在党内事务中的参与、监督、管理作用,使党员在党内生活中真正发挥主体作用。三要健全党内民主决策机制,加强领导班子制度建设,落实完善集体领导和个人分工负责相结合的制度。完善党组和检察委员会议事规则和决策程序,充分发挥党组和检察委员会对检察工作重大问题的决策作用。班长要善于总览全局、管好大事,又要尊重班子成员、虚心听取意见、善于进行正确的集中。班子成员要认真履行职责、抓好分管工作,又要关心全局工作、服从集体决定、维护班子团结。加强党组决策咨询工作,建立领导班子务虚制度,做好重大问题前瞻性、对策性研究,广泛听取党员群众、基层干部、专家学者的意见建议,提高科学决策、民主决策、依法决策水平。四要严格落实民主生活会和专题组织生活会制度,建立民主生活会情况通报制度,坚持和完善上级检察院派员列席下级检察院党组民主生活会制度,开展对下级检察院党组民主生活会质量测评。建立健全领导班子和领导干部年度考核和述职述廉报告制度。

(三)大力推进领导班子和领导干部队伍建设,不断深化检察干部人事制度改革。培养造就高素质干部队伍,关键在于坚持党管干部原则,坚持正确的用人导向,努力形成充满活力的选人用人机制,全面贯彻干部队伍革命化、年轻化、知识化、专业化的方针。按照德才兼备、以德为先,注重实绩、群众公认的原则,坚持民主、公开、竞争、择优,坚持五湖四海、拓宽视野选拔干部,把广大干部群众满意的干部选拔上来,提高选人用人公信度。一要进一步健全检察干部选拔任用机制。完善公开选拔、竞争上岗等竞争性选拔干部办法。增强民主推荐、民主测评的科学性和真实性。建立干部初始提名情况和推荐、测评结果在领导班子内部公开制度。优化领导班子配备,选好配强正职领导干部,增强领导班子的整体功能和合力。加大领导干部交流力度,继续推行新任检察长异地交流制度,推动领导干部多岗位锻炼提高。合理使用不同年龄段的干部。健全和推行检察官逐级遴选制度。二要强化对领导班子和领导干部特别是"一把手"的监督。认真抓好任职前双重谈话和诫勉谈话、下级院向上级院报告工作、下级院检察长向上级院述职述廉等制度的落实。建立调整不适宜担任现职干部制度。落实领导干部问责制,探索建立干部选拔任用追究制度。三要加强后备干部队伍建设。建立和落实后备干部名单管理和备案制度,抓好正职后备干部队伍建设。坚持把年轻干部放到基层、放到有利于其成长和发挥作用的工作岗位上进行培养和锻炼。重视来自基层一线检察领导干部的培养选拔。四要健全检察人员管理机制。坚持严格要求与关心爱护相结合,完善干部激励保障措施,积极稳妥地推进检察人员分类改革,建立检察官和其他检察人员职务序列,逐步形成符合检察工作实际和司法规律的检察人员管理机制。

(四)大力推进法律监督能力建设,全面提高检察队伍公正廉洁执法的本领。强化法律监督、强化自身监督、强化高素质检察队伍建设,必须大力加强法律监督能力建设,不断提高做好检察工作的本领。一要大规模推进正规化岗位培训。按照树立正确执法理念、提高法律监督能力、形成规范执法良好作风的要求,开展各级各类检察人员的全员培训和岗位练兵,最高人民检察院将制定下发岗位练兵和业务竞赛指导意见。二要加强领导干部素能培训。当前要紧紧围绕提高法律监督能力、群众工作能力、突发事件处置能力、舆情应对和引导能力，强化领导干部素能培训。三要大力培养选拔检察人才。要完善具有检察特色的人才培养、选拔、使用、管理、考核、激励机制，加快培养检察业务专家，各类业务尖子、办案能手和检察理论研究人才、检察管理人才。

（五）大力推进检察机关基层党组织建设，进一步夯实检察事业发展根基。检察机关党的基层组织，是贯彻党的路线方针政策和完成各项检察工作任务的战斗堡垒，基层党组织建设必须持之以恒地抓紧抓好、抓出成效。一要高度重视机关党委建设，充分发挥机关党委在加强基层党组织中的职能作用，推进检察机关党组织思想观念、工作方法、活动方式的改进和创新。二要重视加强检察机关基层党组织建设。研究完善基层党支部工作规则，定期了解分析基层党组织建设情况和党员干部思想状况，及时发现解决党的建设和党员干部中存在的倾向性问题，把围绕大局、服务中心、建设队伍贯穿检察机关基层党组织活动的始终。大力加强业务部门基层党组织和办案一线党组织建设，充分发挥其对执法办案等业务工作的领导、监督和保障作用。三要着力抓好基层党员队伍建设这一基础工程。着眼全面提高素质，加强对党员的教育和动态管理，健全落实党支部"三会一课"制度和基层党员轮训制度，完善基层党员服务体系，建立健全教育、管理、服务党员长效机制，不断增强基层党员队伍的生机活力。

（六）大力推进检察机关作风建设，进一步提升检察机关的执法公信力。大兴理论联系实际、密切联系群众、求真务实、艰苦奋斗、批评和自我批评之风，以思想教育、完善制度、集中整顿、严肃纪律为抓手，深化讲党性、重品行、作表率教育活动，继续下大力气解决检察机关党员干部党性党风党纪和检察队伍执法行为作风方面存在的突出问题，加大对检察机关作风方面突出问题的监督、整顿力度，以优良党风促进检风的转变，以党员领导干部作风的改进来促进全体检察人员执法行为、执法作风的转变。坚持密切联系群众，坚持和完善领导干部联系基层、领导干部接访和下访等制度，建立健全通过民意调查等征求群众意见制度，不断改进服务群众的工作，努力提高群众工作能力。坚持求真务实，坚决克服形式主义，注重转变文风会风，不做表

面文章，讲真话、做实事，恪尽职守，重在落实，努力创造经得起实践、人民、历史检验的业绩。坚持批评和自我批评，增强党内生活的原则性和实效性，反对和克服"好人"主义。把加强检察机关作风建设与加强执法规范化建设和职业道德建设紧密结合起来。整合检察业务工作流程和执法行为规范，构建以规范执法为核心的检察机关规范化管理体系，通过科学管理提升检察机关作风建设水平。广泛开展"恪守检察职业道德、促进公正廉洁执法"主题教育活动。大力开展具有检察特色的新闻宣传和重大典型宣传，树立和展示检察机关良好的社会形象。

三、大力推进反腐倡廉建设，确保全体检察人员公正廉洁执法

胡锦涛总书记在十七届中央纪委五次全会上的重要讲话，从党和国家事业发展全局和战略的高度，全面、科学地分析了当前的反腐倡廉形势，明确提出了今年党风廉政建设和反腐败工作的总体要求和主要任务，着重阐述了加强反腐倡廉制度建设的重要性、紧迫性和基本要求，强调要以建立健全惩治和预防腐败体系各项制度为重点，以制约和监督权力为核心，以提高制度执行力为抓手，逐步建成内容科学、程序严密、配套完备、有效管用的反腐倡廉制度体系，切实提高制度执行力、增强制度实效。胡锦涛总书记的重要讲话，是指导当前和今后一个时期反腐倡廉建设的纲领性文献，对于进一步统一思想认识，坚定工作信心，全面贯彻党的十七大和十七届四中全会精神，深入开展党风廉政建设和反腐败斗争，加强和改进新形势下党的建设，具有重大而深远的意义。各级检察机关一定要认真学习、深刻领会胡锦涛总书记的重要讲话精神，切实把思想和行动统一到中央的决策部署上来，紧密结合检察机关实际，努力把检察机关党风廉政建设和自身反腐败工作提高到一个新的水平。

（一）深入开展反腐倡廉教育，筑牢拒腐防变的思想道德防线。要以党性党风党纪教育为重点，加强对检察人员特别是领导干部的理想信念教育和廉洁从检教育，引导党员领导干部讲党性、重品行、作表率。今年下半年在全国检察机关集中开展一次"反特权思想、反霸道作风"专项教育活动，教育和引导检察人员牢固树立宗旨意识和正确的执法观，坚决纠正特权思想、霸道作风和损害人民群众利益的行为。把廉政教育列入检察干部教育培训

规划,贯穿干部培养、选拔、管理、使用全过程,深入开展示范教育、警示教育、岗位廉政教育,丰富教育内容,改进教育方式,切实提高教育实效。筹办全国检察机关自身反腐倡廉警示教育图片展,运用检察人员违纪违法反面典型进行警示教育。大力推进检察机关廉政文化建设,营造以廉为荣、以贪为耻的良好氛围。

(二)推进反腐倡廉制度创新,从源头上防治腐败。胡锦涛总书记强调,反腐倡廉制度建设是惩治和预防腐败体系建设的重要内容,是加强反腐倡廉建设的紧迫任务。各级检察机关要以建立健全惩治和预防腐败体系各项制度为重点,以制约和监督检察权为核心,以提高制度执行力为抓手,紧紧围绕教育、制度、监督、改革、纠风、惩治等工作,加强调查研究,及时研究新情况、解决新问题、总结新经验,把实践中一些好的经验做法用制度的形式固定下来,推进反腐倡廉制度建设创新,努力形成一套用制度管权、按制度办事、靠制度管人的有效机制,提高自身反腐倡廉制度化、规范化、科学化水平。各级检察机关要认真研究如何着重抓好四个方面的制度建设:一是如何进一步加强检察机关自身反腐倡廉教育制度建设,提高对领导干部和广大检察人员反腐倡廉教育的科学性、规范性、有效性。二是如何进一步加强检察机关自身监督制度建设,健全对各项权力运行的监控机制特别是对重点人员、重点岗位、重要职能、重要事项的全方位全过程监督,加大监督制度创新力度。三是如何进一步加强检察机关预防制度建设,推进检察人员廉政风险防控机制建设,形成有效预防腐败的长效机制。四是如何进一步加强检察机关惩治制度建设,建立健全检察人员违纪违法及时揭露、发现、查处机制,健全党风廉政建设责任制及其配套制度。各级检察机关全体检察人员特别是领导干部都要牢固树立制度面前没有特权、制度约束没有例外的意识。

(三)切实加强内部监督工作,确保检察权的正确行使。加强反腐倡廉,监督是关键。必须坚持把强化自身监督放在与强化法律监督同等重要的位置,用比监督别人更严的要求来监督自己。一是加强对领导班子和领导干部的监督。把领导班子执行党的路线方针政策特别是贯彻落实科学发展观、严格遵守党的政治纪律,领导干部廉洁自律、贯彻执行民主集中制和干部选拔任用制度、遵守最高人民检察院"十个严禁"规定以及配偶子女从业等情

况作为监督重点。积极探索对领导干部工作圈、生活圈、社交圈加强监督的渠道和方式。进一步加强和改进巡视工作,修改完善《人民检察院巡视工作条例》,发挥巡视制度对加强领导班子和领导干部的监督作用。二是加强对执法办案活动的监督。以执法监督为平台,重点强化对重点执法岗位、执法环节、执法人员的监督。加大对执法过错责任追究的力度,进一步规范检察人员执法办案行为,促进严格、公正、文明、廉洁执法。三是加强对干部选拔任用工作的监督。严肃组织人事纪律,坚决防止和纠正干部选拔任用工作中跑风漏气、跑官要官等不正之风。四是加强对重大经费开支、政府采购、重大工程建设项目的监督。严格执行"收支两条线"和扣押、冻结款物管理规定,严肃查处违反财经纪律的行为。五是加强对最高人民检察院重大决策部署、决议决定、规章制度执行情况的监督,强化检务督察力度和权威性,坚决纠正有令不行、有禁不止的现象,确保检令畅通、令行禁止。

(四)着力解决群众反映强烈的不正之风,维护人民群众的合法权益。要认真回应社会关切,抓紧解决检察机关自身反腐倡廉建设中人民群众反映强烈的突出问题,以端正执法作风为重点,坚决纠正损害群众利益的不正之风。一是着力纠正任意侵犯案件当事人人身权、财产权的突出问题;二是着力纠正特权思想、霸道作风的突出问题;三是着力纠正对人民群众冷硬横推的突出问题;四是着力纠正对涉案单位、当事人和有关企业吃拿卡要的突出问题;五是着力纠正有令不行、有禁不止、检令不畅的突出问题。积极推进检务督察制度,加大明察暗访和突击检查的力度。继续下大力气抓好检察机关直接立案侦查案件扣押、冻结、处理涉案款物专项检查工作,认真查找和坚决纠正存在的突出问题,完善规范扣押、冻结、处理涉案款物长效机制。

(五)加大查办检察人员违纪违法案件工作力度,维护党纪检纪的严肃性。坚持从严治检,坚决查处检察机关自身违法违纪案件,重点查处检察机关领导干部违反"十个严禁"规定的案件,利用检察权以案谋私、贪赃枉法的案件,检察人员滥用职权违法违规办案、侵犯当事人人身权、财产权的案件,充当黑恶势力保护伞的案件,渎职失职导致案件当事人脱逃、自杀、死亡的案件,以及跑官要官、买官卖官、违反规定提拔任命干部等违反组织人事纪律的案件。同时,注重发挥办案的治本功能,完善重

大案件剖析制度和通报制度,加大预防检察人员违纪违法工作力度。针对办案中发现的薄弱环节,提出完善规章制度的监察建议,做到查处一批案件,教育一批干部,完善一套制度。

四、加强和改进对党建工作的领导,确保检察机关党的建设工作取得实效

加强和改进新形势下检察机关党的建设,关键在于领导。各级检察院党组要按照党要管党、从严治党的要求,始终把党的建设放在突出位置来抓,确保党的建设各项工作落实到位。

(一)全面落实党建工作责任制,增强党建工作整体合力。各级检察院党组和党员领导干部要切实增强抓党建工作的意识,牢固树立"抓好党建是本职,不抓党建是失职,抓不好党建是不称职"的理念,自觉履行党要管党责任,认真解决党建工作中的突出问题,深入研究推进党建工作的措施。党组书记要切实履行好抓党建第一责任人的职责,党组成员要自觉落实"一岗双责",既以普通党员身份积极参加单位党组织和所在支部的活动,又切实加强对分管部门党建工作的领导。业务部门党员负责人在抓好本部门工作的同时,也要结合业务职能,重视研究和推动本部门党的建设工作。要完善党建工作责任制,充分发挥党建工作领导小组职能作用,加强各级党组织、各有关部门之间的沟通和配合,努力形成党组统一领导、部门齐抓共管、职责分工明确、人人积极参与的检察机关党建工作新格局。

(二)进一步完善抓党建带队建促工作的良性机制,提高党建工作科学化水平。一要着力推进党建工作理念思路创新。准确把握党建工作的新任务、新要求,围绕解决党建工作中的突出问题,不断创新工作思路、完善工作理念。二要着力推进党建工作体制机制创新。建立和完善符合检察机关实际的党建工作体制和工作机制,不断健全检察机关党的领导制度、党务公开制度、党内民主决策机制、领导班子定期务虚制度、联系群众制度、党建工作责任制等制度,建立完善民主评议党员、党员思想定期分析等日常性管理制度,健全让党员经常受教育、永葆先进性的长效机制,推进检察机关党的建设科学化、制度化、规范化。三要着力推进党建工作方式方法创新。既要坚持运用、不断发展多年来探索形成的行之有效的经验,又要加强对新情况新问题的研究,把握特点规律,创新方式方法,增强党建工作的吸引力和生命力。进一步探索建立抓党建带队建促工作机制,建立健全党员队伍建设与检察队伍建设相结合、党的组织建设与检察机关组织建设相结合的工作制度,形成党的建设与检察业务工作相辅相成、互相促进的良好导向。要创建检察系统党建工作交流平台,加强党建工作理论研讨和经验交流,开拓视野,互相学习,共同提高。

(三)着力建设高素质党务工作干部队伍,为党建工作提供有力组织保障。加强党务工作干部队伍建设,是做好新形势下检察机关党建工作的重要保证。各级检察院党组要把建设政治强、业务精、作风好的党务干部队伍作为重要任务来抓,坚持德才兼备、以德为先标准,配齐配强党务工作干部,注重把优秀干部包括优秀业务干部选拔充实到党建工作队伍中来。要加强对政工、纪检监察、机关党委和基层党组织专职干部四支队伍的教育管理,努力造就既懂党务又懂业务的复合型党务干部队伍。重视"两委"专职书记的选配和基层党支部书记的选拔、培训、使用、交流,为不断提高检察机关党的建设科学化水平提供人才支撑。

新形势新任务对检察机关党的建设提出了新的更高要求。让我们高举中国特色社会主义伟大旗帜,在以胡锦涛同志为总书记的党中央坚强领导下,认真贯彻党的十七届四中全会精神,创造性地做好新形势下检察机关党的建设各项工作,为推进党的建设新的伟大工程、推进中国特色社会主义检察事业作出新的更大贡献!

在学习贯彻全国"两会"精神
电视电话会议上的讲话

最高人民检察院检察长 曹建明

(2010 年 3 月 23 日)

这次电视电话会议的主要任务是,深入学习贯彻全国"两会"精神,按照会议要求和人大代表、政协委员的意见建议,自觉接受人民监督,更好发挥检察职能,不断提高执法水平,维护社会公平正义。下面,我讲三点意见。

一、认真学习贯彻全国"两会"精神,进一步增强做好检察工作的责任感和紧迫感

十一届全国人大三次会议和全国政协十一届三次会议,是在我国继续应对国际金融危机、保持经济平稳较快发展、加快经济发展方式转变的关键时期召开的重要会议。会议审议并批准了政府工作报告和其他重要报告,通过了选举法修正案,圆满完成了各项任务。这是一次民主、求实、团结、奋进的大会,对全面贯彻党的十七大和十七届三中、四中全会精神,进一步把全党全国各族人民的思想和行动统一到中央对形势的分析判断和对工作的决策部署上来,扎实做好今年各项工作,推动经济社会又好又快发展,具有十分重要的意义。

"两会"开幕前,胡锦涛总书记在"两会"党员负责同志会议上发表重要讲话,对开好大会提出了明确要求。讲话充分肯定了去年的检察工作,指出十一届全国人大二次会议以来,全国检察机关坚持围绕中心、服务大局,认真履行宪法和法律赋予的职责,着力保障中央关于保增长、保民生、保稳定决策部署贯彻落实,着力解决司法实践中人民群众反映强烈的突出问题,深化司法体制和工作机制改革,加强法律监督,强化对自身执法活动的监督,提高队伍素质,维护司法公正廉洁,各项工作取得了新的进步,为推动科学发展、促进社会和谐稳定、保障社会公平正义作出了积极贡献。在最高人民检察院工作报告送审过程中,胡锦涛总书记和周永康

等中央领导同志亲自审阅报告稿并作了多处重要修改。这些都充分体现了党中央对检察工作的高度重视和亲切关怀,是对全体检察人员的巨大鼓舞和有力鞭策。

十一届全国人大三次会议审议和批准了最高人民检察院工作报告,对过去一年的检察工作表示满意,同意报告提出的 2010 年工作安排,强调要高举中国特色社会主义伟大旗帜,以邓小平理论和"三个代表"重要思想为指导,深入贯彻落实科学发展观,牢固树立社会主义法治理念,切实履行宪法和法律赋予的职责,坚持服务大局、执法为民,继续深化司法改革,全面加强队伍建设,着力提高执法水平,深入推进社会矛盾化解、社会管理创新、公正廉洁执法三项重点工作,更好发挥检察机关职能作用,为夺取全面建设小康社会新胜利提供有力的司法保障。这为做好今年的检察工作指明了方向,提出了新的更高要求。

党中央对学习贯彻全国"两会"精神高度重视。昨天上午,中央政法委召开全体会议,听取了中央政法各部门关于学习贯彻全国"两会"精神情况和打算的汇报。周永康同志在会议上充分肯定了去年政法工作取得的成绩,要求各级政法机关认真学习贯彻全国"两会"精神,更加自觉地把政法工作放到党和国家事业发展全局中谋划和推进,更加积极地回应人民群众的新要求新期待,进一步加强政法工作、政法队伍建设,更好地维护社会公平正义、维护社会和谐稳定,为加快转变经济发展方式、保持经济平稳较快发展、全面实现"十一五"时期经济社会发展目标提供有力保障。各级检察机关要认真落实周永康同志的讲话要求,把学习贯彻全国"两会"精神作为当前的一项重要任务,加强领导,精心

23

部署，切实抓紧抓好。特别是要组织广大检察人员认真学习胡锦涛总书记等中央领导同志在"两会"期间的重要讲话，学习全国人大常委会工作报告、政府工作报告、政协全国委员会常委会工作报告和最高人民检察院工作报告等重要文件，切实用会议精神统一思想、指导实践、推动工作。

一是要通过学习，准确把握我国经济社会发展全局，进一步增强大局意识、责任意识、服务意识。要深刻认识加快经济发展方式转变、实现经济平稳较快发展的重大意义，全面把握党和国家关于今年工作的重大战略决策、部署和要求，进一步明确检察机关在推动科学发展、促进社会和谐中的重大责任，进一步找准检察工作服务大局的切入点、结合点、着力点，为保持经济平稳较快发展创造良好社会环境。

二是要通过学习，进一步增强接受人大监督和政协民主监督的自觉性、坚定性。要充分认识人民代表大会制度是适合我国国情的根本政治制度，是实现人民当家做主的根本途径和最高实现形式，人大监督是代表国家和人民进行的具有法律效力的监督；充分认识人民政协这一中国特色政治组织和民主形式，是我国社会主义民主政治建设的伟大创造，加强政协民主监督是发展社会主义民主政治、实现社会主义政治文明的必然要求；充分认识检察工作接受人大监督和政协民主监督的必要性、重要性，正确处理依法履行职责与接受监督的关系，更加自觉地把检察工作置于人大、政协和社会各界的监督之下，确保人民赋予的检察权始终用来维护群众的合法权益、维护社会的公平正义。

三是要通过学习，准确把握检察工作面临的新形势新任务。既要看到随着党和国家事业发展，检察工作的外部环境和执法条件不断改善，检察机关在经济社会发展中的作用越来越重要，又要看到检察机关在执法办案中深入推进三项重点工作，维护社会和谐稳定、保障社会公平正义、促进经济社会发展的任务十分繁重，还要看到人民群众对检察机关公正廉洁执法还有不少不满意的地方，进一步增强责任感和紧迫感，以更加坚定的信心、更加务实的作风、更加有力的措施，不断开创检察工作的新局面。

二、高度重视、认真落实人大代表、政协委员的意见和建议，回应人民群众对检察工作的新要求新期待

全国人大代表、全国政协委员在审议和讨论最高人民检察院工作报告时认为，过去的一年，全国检察机关坚持围绕中心、服务大局，忠实履行宪法和法律赋予的职责，着力保障经济平稳较快发展，扎实做好保障民生、服务群众工作，全力维护社会和谐稳定，为保增长、保民生、保稳定作出了积极贡献；坚持"强化法律监督，维护公平正义"的工作主题，深入查办和预防职务犯罪，加大对诉讼活动的法律监督力度，促进了反腐倡廉建设，维护了社会公平正义；坚持把强化自身监督放在与强化法律监督同等重要的位置，不断完善内外部监督机制，强化对自身执法活动的监督，进一步提高了执法公信力；坚持把队伍建设放在突出位置，加强检察教育培训，狠抓反腐倡廉建设，注重抓基层、打基础，检察队伍的整体素质和执法水平进一步提高；坚持自觉接受人大监督和政协民主监督，加强与人大代表、政协委员的联系，努力改进工作，人民群众对检察工作的满意度不断提升。

在肯定成绩的同时，代表和委员们对进一步做好检察工作提出了许多中肯、宝贵的意见、建议，归纳起来主要有：一是进一步做好保障经济社会发展工作。紧紧围绕中央关于加快经济发展方式转变等重大决策部署，完善为经济社会发展服务的措施。加大对短信诈骗、网络赌博、非法吸收公众存款等经济犯罪的打击力度。加强对生态环境和知识产权的司法保护。深入调研企业的司法需求，依法保护企业合法权益，保障企业正常经营发展。强化涉农检察工作，依法打击涉农犯罪，促进农村改革发展。二是进一步做好保障民生、服务群众工作。加大对制假售假、制售有毒有害食品药品等损害民生犯罪的打击力度，加强征地拆迁、教育、医疗等民生领域的犯罪预防和案件查处工作。完善便民利民措施，畅通有利于民意表达的司法渠道，妥善解决群众利益诉求。三是进一步做好维护社会和谐稳定工作。全面贯彻宽严相济刑事政策，保证执法尺度的统一性。继续推进打黑除恶等专项斗争，在严厉打击严重犯罪的同时，加强对新类型犯罪的研究，探索对未成年人等特殊群体加强教育、感化、挽救的有效措施。把执法办案与化解矛盾有机结合，建立健全检调对接等工作机制。改进涉检信访工作，注重从源头上减少信访。积极参与社区矫正、社会治安综合治理、网络虚拟社会管理等工作，促进社会管理创新。四是进一步加强查办和预防职务犯罪工作。加大对重点领域职务犯罪、侵害群众切身利益的犯罪、渎职犯罪、行贿犯罪的查处力度,重视查办一些社会热点问题背后的职务犯罪。改进办案方式方法,切实保障涉案人员合法权益,重视和保护犯罪嫌疑人的人权,保障律师的执业权利,加强举报人权益保护。更加注重职务犯罪预防,立足职能强化警示教育、预防建议等工作。五是进一步加强对诉讼活动的法律监督。要找出不敢监督、不善监督、监督不到位的原因,尽快探索解决办法,提高监督能力。加强侦查监督,切实监督纠正执法不严、侵犯人权的问题。加强对审判活动的监督,尤其要强化对民事审判包括立案、执行活动的监督。加强刑罚执行和监管活动监督,有效预防在押人员非正常死亡、超期羁押等问题。六是进一步深化检察改革。加大检察改革推进力度,注重从体制和机制上保障检察机关依法独立行使检察权。加强立法研究,完善法律监督的手段和程序。七是进一步加强检察队伍建设。加强思想政治教育和职业道德建设,抓好全员培训和人才培养,提高队伍素质和执法能力。严格人员招录,推进分类管理,加大干部交流力度。强化执法监督管理,加强自身反腐倡廉建设,确保公正廉洁执法,提高执法公信力。加强基层检察院建设,认真解决中西部、边远贫困以及民族地区人才短缺、编制不足、基建欠债等问题和困难。八是进一步强化自身监督。加强与人大代表、政协委员的联络,自觉接受人大监督和政协民主监督。完善人民监督员制度,深化检务公开,更好地接受人民群众监督、新闻舆论监督及社会各界监督。加强对自身执法活动特别是查办职务犯罪工作和基层执法办案工作的监督,切实纠正自身执法犯法特别是有的检察院仍存在的刑讯逼供、违法取证、粗暴执法、吃请受礼等问题,确保检察权依法正确行使。这些意见和建议,符合实际,非常中肯,集中反映了人民群众的愿望和呼声,为我们加强和改进检察工作指明了努力方向。

从今年对最高人民检察院工作报告决议草案的表决情况看,赞成率比上年有所上升。这充分说明,我们去年全年工作的指导思想和整体工作部署是符合中央要求、符合人民愿望的,只要我们统一思想、坚定信心,坚持围绕中心、服务大局、执法为民,坚持不断强化法律监督、强化对自身执法活动的监督、强化检察队伍建设,坚持不懈地整改自身问题,忠实履行宪法和法律赋予的职责,就一定能

得到人大代表、政协委员和广大人民群众的认可和支持。同时也要看到,仍有不少代表对检察工作不满意,一些代表和委员提出了中肯的严肃的批评意见,说明我们的工作与党和人民的要求还有不小差距,还有许多需要改进的地方。我们必须始终保持清醒的头脑,对代表、委员的肯定,要总结经验、不断提高,决不可沾沾自喜、骄傲自满;对代表、委员的批评,一定要高度重视,深刻反思,查找原因,抓好整改;对代表、委员的建议,要积极研究吸纳。尤其是对代表、委员反映比较集中的意见建议,比如加大对行贿犯罪的查办力度,强化对民事诉讼活动的法律监督,从源头上减少涉检信访,加强网络舆情应对引导工作,切实加强自身监督、提高执法公信力等等,必须研究采取扎实有效的具体措施,一项一项地抓好落实,真正从人民满意的地方做起,从人民不满意的地方改起,确保取得人民满意的成效。

"两会"闭幕后,最高人民检察院党组立即召开扩大会议,逐一听取各旁听小组关于代表和委员审议、讨论最高人民检察院工作报告的情况汇报,研究贯彻落实"两会"精神的意见。最高人民检察院还对代表、委员的发言进行了全面综合梳理,将印发机关各部门和各省级检察院。各级检察院要组织检察人员认真学习讨论。各省级检察院和高检院机关各部门要在年初工作计划的基础上,进一步研究提出贯彻全国"两会"精神,落实代表、委员意见的工作方案,认真抓好整改落实。

三、认真落实会议要求,扎实做好今年的各项检察工作

学习贯彻全国"两会"精神,关键是要落实到进一步做好今年各项检察工作上来。要把贯彻落实"两会"精神与贯彻落实党的十七大和十七届三中、四中全会精神结合起来,与贯彻落实中央领导同志新年对检察工作的重要指示特别是周永康同志在与检察英模代表座谈时的重要讲话精神结合起来,在已经作出的今年工作部署基础上,紧围绕深入推进三项重点工作和"三个强化"的总体工作要求,进一步完善、细化今年的工作思路,突出重点,强化措施,推动各项检察工作取得新的更大成效。

(一)更加注重服务党和国家工作大局,切实保障经济平稳较快发展

今年是继续应对国际金融危机、加快转变经济发展方式、保持经济平稳较快发展的关键一年。各

级检察机关要始终坚持把检察工作放在党和国家工作大局中谋划和推进，紧紧围绕中央关于"五个更加注重"的要求和政府工作报告关于今年工作的主要任务，认真总结经验，深入调查研究，进一步加强、完善和落实各项服务措施，更好发挥打击、预防、监督、保护等职能作用，努力为经济社会又好又快发展提供强有力的司法保障。要依法坚决打击严重破坏市场经济秩序、危害政府投资安全和民间投资合法权益、破坏能源资源和生态环境、侵犯知识产权等犯罪活动，加大预防和查办重点领域职务犯罪力度，深入推进工程建设领域突出问题专项治理和治理商业贿赂等专项工作，继续大力加强涉农检察工作。要坚持把执法办案作为服务大局的基本途径，切实在更新执法观念、改进执法方式、提升执法效果上下工夫。特别是要按照代表、委员的意见和建议，坚持理性、平和、文明、规范执法，坚持慎重使用强制措施、慎重扣押企业涉案款物，坚持依法平等保护各类市场主体的合法权益，切实解决执法方式简单粗暴等突出问题，保障企业合法权益和正常经营发展。上海、广东及周边地区检察机关要把支持和参与世博会、亚运会、亚残运会安保工作作为维护社会和谐稳定的重中之重的任务，加强领导，周密部署，落实责任，确保这三项重大活动安全顺利举行。

（二）更加注重深入推进三项重点工作，切实提高检察工作能力和水平

这次全国"两会"上，不少代表、委员指出，检察机关要按照中央的决策部署，着力把深入推进三项重点工作的要求贯彻好、落实好，并提出了不少富有建设性的意见。各级检察机关要结合学习贯彻全国"两会"精神，进一步深化对深入推进三项重点工作重大意义的认识，进一步深化对三项重点工作与检察工作密切关系的认识，切实把三项重点工作摆在突出位置，积极主动地抓紧抓好、抓出实效。一要进一步细化措施。根据中央关于深入推进社会矛盾化解、社会管理创新、公正廉洁执法的要求，最高人民检察院已经制定下发了检察机关推进三项重点工作的实施意见。各级检察机关要结合本地实际和人大代表、政协委员的意见建议，进一步研究具体方案和措施，切实抓好落实。二要进一步加强领导。最高人民检察院成立了领导小组及办公室，具体负责三项重点工作的组织领导、统筹协调、督办指导等工作。各级检察院主要领导要负总责，院领导要共同抓，各有关部门密切配合，形成分工负责、齐抓共管的工作格局。上级检察院要加强对下指导和督促检查，一级抓一级，确保三项重点工作不折不扣地落实到基层，落实到每个执法环节和执法岗位。三要着力加强涉检信访工作。党中央对涉法涉诉信访工作高度重视，要求采取有力措施，依法按政策解决好涉法涉诉信访问题。各级检察机关要按照中央的要求，坚持一手抓源头治理，一手抓积案化解，继续深入开展集中清理涉检信访积案活动，教育全体检察人员坚持理性、平和、文明、规范执法，不断提高执法能力和水平。对于因执法不公不廉引发的涉检信访问题，要坚决纠正，严肃查处。要着力健全信访工作长效机制，引导群众依法表达利益诉求，更好地维护群众合法权益，维护正常社会秩序。

（三）更加注重保障民生、服务群众，切实体现人民检察为人民

周永康同志在与检察英模代表座谈时指出，检察机关要切实做到人民检察为人民，不断提高联系群众、服务群众的能力和水平，认真解决人民群众的司法诉求。"两会"上，人大代表、政协委员充分肯定了检察机关为维护人民权益所做的工作，同时对检察机关进一步做好保障民生、服务群众工作提出了更高要求。各级检察机关要牢固树立以人为本、执法为民的观念，认真研究人大代表、政协委员的意见建议，更加积极回应人民群众的新要求新期待。一要坚决打击和查办损害民生的犯罪。依法严厉打击黑恶势力犯罪、严重暴力犯罪、多发性侵财犯罪特别是拐卖妇女儿童、制售有毒有害食品药品和"黄赌毒"等犯罪，突出查办发生在社会保障、劳动就业、征地拆迁、移民补偿、抢险救灾、医疗卫生、招生考试等领域严重侵害群众利益的职务犯罪，严肃查办侵权犯罪和重大责任事故背后的职务犯罪。二要加强涉及民生的法律监督工作。今年"两会"上，代表、委员对民事和行政案件中的司法不公以及刑讯逼供、被监管人非正常死亡事件等执法司法中的突出问题仍然反响强烈，要求检察机关切实加强法律监督。我们一定要按照代表、委员的意见，认真研究解决不敢监督、不善监督、监督不到位的问题，不断提高监督能力和水平。要始终把人民群众的关注点作为诉讼监督工作的着力点，认真贯彻落实最高人民检察院《关于进一步加强对诉讼活动法律监督工作的意见》，大力巩固去年的成果，

坚持专项监督与经常性监督相结合,完善监督机制,改进监督方式,努力在解决人民群众反映强烈的执法不严、司法不公问题上取得新的明显成效。三要加强对特殊群体的司法保护。要高度重视、认真研究和改进涉军、涉港澳、涉台、涉侨检察工作,更好维护军人军属、港澳同胞、台湾同胞和归侨侨眷的合法权益。特别是要进一步加强对农民工、妇女儿童等的司法保护,完善未成年人检察等制度,切实体现对弱势群体和困难群众的司法关爱。四要进一步完善和落实司法为民措施。认真总结、规范和推广各级检察机关司法为民的好经验、好做法,积极创新便民利民措施,更好地依靠群众、贴近群众、服务群众。

(四)更加注重深化检察改革,切实强化法律监督和自身监督

"两会"上,代表、委员提出了不少建议、议案和提案,希望检察机关进一步加大检察改革力度。我们要进一步坚定信心、攻坚克难,积极稳妥地推进改革。一要牢牢把握检察改革的正确方向。坚持从满足人民的司法需求出发,既要着眼于强化检察机关法律监督职能,研究完善法律监督范围、程序、手段、机制等改革措施,不断增强法律监督实效,又要高度重视加强对自身执法活动的监督制约,加快推进检务公开,进一步完善内外部监督制约机制,确保检察权依法正确行使。二要加大改革组织实施力度。既要抓紧完成去年还没有完成和今年计划完成的检察机关牵头改革项目,又要切实抓好完善职务犯罪案件审查逮捕程序等已出台改革措施的落实,认真开展检查评估等工作,及时研究解决改革实施中遇到的问题,确保取得人民满意的改革效果。三要加强理论研究、立法研究,并按照全国人大常委会的要求,认真做好司法解释集中清理工作。

(五)更加注重公正廉洁执法,切实维护执法公信力

检察队伍建设始终是代表、委员高度关注、意见集中的问题。我们要以公正廉洁执法为核心,坚持不懈地加强队伍建设,努力造就人民群众更加满意的高素质检察队伍。今年,除抓好思想政治建设、领导班子建设、大规模教育培训等工作以外,要着重抓好以下工作:

一要扎实开展"恪守检察职业道德、促进公正廉洁执法"主题实践活动。从今年4月起开展为期一年的主题实践活动,这是最高人民检察院党组为加强检察队伍建设作出的重大部署,也是深入推进三项重点工作的重要举措。最高人民检察院将制定下发具体实施方案,并召开会议进行专门部署。各级检察院一定要高度重视,按照最高人民检察院的要求,精心组织,周密安排,扎实推进。要突出实践特色,注重实际效果,通过开展主题实践活动,大力弘扬忠诚、公正、清廉、文明的检察职业道德,切实解决执法思想、执法行为、执法作风方面的突出问题,真正把主题实践活动作为带动和推进检察队伍建设的重要抓手,真正使检察职业道德的要求转化为广大检察人员的自觉行动,进一步树立检察队伍的良好形象。

二要切实加强纪律作风和反腐倡廉建设。去年,检察人员因违纪违法被查处的人数有所下降,但是仍然存在一些值得重视的问题:领导干部违纪违法问题比较突出,执法办案部门的违纪违法案件明显增加,执法不严格、不文明、不规范的现象时有发生。我们必须警钟长鸣,始终坚持从严检不放松,正视并认真解决队伍中、执法中存在的突出问题。明天,最高人民检察院将召开全国检察机关纪检监察工作会议。各级检察机关要坚决贯彻落实胡锦涛总书记在中央纪委五次全会上的重要讲话精神,坚决贯彻执行《中国共产党党员领导干部廉洁从政若干准则》,按照最高人民检察院的要求和部署,深入推进反腐倡廉制度建设,扎实抓好教育、监督、预防、查处等各项工作,认真开展扣押冻结款物专项检查"回头看"和"反特权思想、反霸道作风"专项教育等活动,努力实现队伍纪律作风有新的转变,公正廉洁执法水平有新的提高。

三要大力加强执法公信力建设。今年"两会"上,代表和委员对执法公信力问题十分关注。一些代表指出,维护执法公信力至关重要,公信力丧失是最大的危机,一定要下力气解决,让公信力体现在严格、公正、文明、廉洁执法上。应当看到,尽管这几年检察机关的执法形象和公信力不断提升,但与人民群众的要求相比还有不小的差距,必须把提高执法公信力作为一项重大课题研究,作为一项系统工程来抓。要坚持眼睛向内,认真分析制约执法公信力的关键因素,着力查找自身影响执法公信力的不公不廉等突出问题,有针对性地采取措施加以解决。要按照最高人民检察院的要求,在坚持执法为民宗旨、树立正确执法理念、努力提高执法能力、

强化执法监督管理、改进执法考评工作等方面下工夫，特别是要着力加强自身监督制约建设，不断完善人民群众监督、评价执法办案活动的机制，不断强化对执法办案全过程的动态管理和实时监督，切实以监督促公正、保廉洁、赢公信。

最后，我再强调几点：一要加强与人大代表、政协委员的经常性联系。要注意征求代表、委员的意见，不断畅通联络渠道、改进联络方式，使代表、委员能够方便、快捷地了解检察工作。要坚持"请进来"与"走出去"相结合，通过召开座谈会、上门征求意见、邀请参加专项检查等各种形式，虚心听取意见，诚恳接受监督。要高度负责地办理议案、建议和提案。一些代表、委员提出，希望有的检察院对代表、委员反馈意见不要应付，不要走过场，对此我们要引起重视。要改变单纯的文来文往，多增加人来人往，不仅要按时办结、及时答复，而且要尽可能当面听取对办理结果的意见。对代表、委员不满意的，要耐心细致地做好解释工作，努力赢得代表、委员更多的理解、关心和支持。二要加强检察宣传工作。要重视加强与新闻媒体的联系和合作，充分利用网络等媒体宣传检察机关的性质和职能，宣传检察工作的新进展、新成效，宣传检察队伍中的先进典型。要完善新闻发言人制度，主动发布涉检重大信息，及时回应社会关注的问题，形成规范、权威、高效的检察新闻发布平台。三要加强涉检网络舆情应对引导工作。随着信息技术特别是互联网的发展，网络舆情对检察工作的影响越来越大，既为检察机关听民声、察民意提供了重要渠道，也给检察机关执法办案和队伍建设带来严峻挑战。各级检察机关特别是领导干部，一定要充分认识做好网络舆情应对引导工作的极端重要性，切实加强学习、提高认识、转变观念、规范管理、创新机制、妥善应对，不断提高应对引导能力和水平，为检察工作发展营造良好的舆论氛围。

今年检察工作的任务繁重而艰巨。我们要紧密团结在以胡锦涛同志为总书记的党中央周围，深入贯彻全国"两会"精神，再接再厉，开拓进取，努力把检察工作提高到新水平，为夺取全面建设小康社会新胜利作出新的更大贡献！

在全国检察机关深入开展 "恪守检察职业道德、促进公正廉洁执法" 主题实践活动电视电话会议上的讲话

最高人民检察院检察长　曹建明

（2010 年 4 月 2 日）

这次会议的任务是：全面贯彻党的十七大、十七届四中全会和十一届全国人大三次会议、全国政协十一届三次会议精神，对全国检察机关深入开展"恪守检察职业道德、促进公正廉洁执法"主题实践活动进行动员和部署。

检察职业道德是检察人员必须具备的职业操守，是履行检察职责和从事职务外活动都必须遵循的行为规范，也是检察人员崇高的价值追求，对促进公正廉洁执法具有十分重要的作用。最高人民检察院党组高度重视检察职业道德建设，在去年制定实施《检察官职业道德基本准则（试行）》的基础上，根据检察工作面临的新形势和中央关于深入推进三项重点工作的新要求，决定从今年4月起，在全国检察机关深入开展"恪守检察职业道德、促进公正廉洁执法"主题实践活动。中共中央政治局常委、中央政法委书记周永康同志对开展主题实践活动给予充分肯定，指出这项活动很有针对性、十分必要，希望下大力气抓出成效。我们一定要认真贯

彻落实周永康同志的重要指示,高度重视,精心组织,周密部署,扎实推进,确保主题实践活动取得实实在在的成效。

下面,我讲三点意见:

一、统一思想,提高认识,切实增强开展主题实践活动的自觉性和主动性

开展"恪守检察职业道德、促进公正廉洁执法"主题实践活动,是检察机关适应新形势新任务新要求,深入推进三项重点工作,强化检察队伍建设,推动检察工作深入健康发展的重大举措。各级检察机关和广大检察人员要从检察工作和检察队伍建设全局和战略高度出发,深刻认识开展主题实践活动的重大意义,积极认真地开展好主题实践活动。

第一,开展主题实践活动,是贯彻党中央加强干部思想道德建设的要求,强化高素质检察队伍建设的重大举措。我们党历来十分重视加强干部思想道德建设。党的十七大明确提出要加强思想道德建设,强调全党同志特别是领导干部要讲党性、重品行,作表率。党的十七届四中全会进一步提出把干部的德放在首要位置,坚持德才兼备、以德为先的用人标准。这些重要论述,对我们加强检察队伍建设具有很强的针对性和指导意义。思想道德素质是检察队伍综合素质的灵魂。强化高素质检察队伍建设,不仅要重视提高法律专业素质,而且要下大力气提高思想道德素质。《检察官职业道德基本准则(试行)》既反映了社会主义核心价值体系和社会主义道德的本质要求,又体现了鲜明的时代精神和检察官职业特征。检察机关作为国家法律监督机关,承担着打击犯罪、惩治腐败、诉讼监督等重要职责,决定了对检察人员的思想道德素质必须要有更高标准和更严要求。检察机关要全面贯彻中央的要求,把开展这次主题实践活动、加强检察职业道德建设摆在突出位置,切实抓紧抓好,促进检察队伍思想道德素质不断提升,更好地担负起维护社会公平正义、维护社会和谐稳定的神圣使命。

第二,开展主题实践活动,是强化法律监督,服务大局、执法为民的重要载体。服务大局、执法为民,是我们强化法律监督的根本目标,也是检察职业道德的本质要求。当前,党和人民对检察机关的法律监督工作提出了不少新要求新期待,不仅要求依法履行法律监督职责,而且要求克服就案办案、就事论事的思想和做法,把执法办案向化解矛盾延伸;不仅要求依法解决法律纠纷,而且要求妥善解决法度之外、情理之中的合理诉求;不仅要求严格、公正、廉洁执法,而且要求理性、平和、文明、规范执法,等等。周永康同志深刻指出,做好这些工作,"光凭法律赋予的监督职责是不够的,还必须有人格的力量"。这种"人格的力量",说到底就是来源于思想道德修养,来源于高尚的检察职业道德。张章宝、杨竹芳等先进典型的执法工作得到群众的广泛认可和赞誉,很重要的原因在于他们能自觉践行检察职业道德,把忠诚、公正、清廉、文明的要求真正落实到了自己日常工作和生活的一言一行、一举一动中。实践证明,检察人员职业道德水准的高低,直接影响到检察机关执法质量和效果,直接关系到法律监督工作的成效。各级检察机关要扎实抓好主题实践活动,教育和引导检察人员自觉加强职业道德修养,为强化法律监督提供强大精神动力,为服务大局、执法为民奠定坚实思想基础。

第三,开展主题实践活动,是提升检察机关执法公信力的有效途径。胡锦涛总书记指出,政法机关的执法能力集中体现在执法公信力上,执法公信力来源于严格、公正、文明执法,来源于全心全意为人民服务的良好形象。周永康同志强调,政法干警要做到严格、公正、文明、廉洁执法,首先必须有基本的职业素养和价值追求。在今年全国"两会"上,不少人大代表、政协委员要求检察机关进一步加强职业道德建设,确保公正廉洁执法、提高执法公信力。如何在加强执法公信力建设中高度重视检察职业道德建设,是检察机关必须认真解决的一项重大而紧迫的课题。当前,极少数检察人员出现执法不公正、不严格、不廉洁问题,并非是因为不懂法律、不知纪律,很重要的一个原因就是职业良心缺失、职业道德失范。有的案件只要凭着普通人的良知就可以明辨是非,但有的检察人员就是办成了冤案错案;网络舆情反映的有些事件,其实我们只要按照一般的道德标准去做就能避免发生,但有的检察人员恣意妄为、执法犯法,造成恶劣社会影响。由此可见,促进公正廉洁执法必须以恪守检察职业道德为保障,提高执法公信力必须以加强检察职业道德建设为基础。各级检察机关一定要在这次主题实践活动中,着力增强检察人员的职业道德意识,筑牢公正廉洁执法的道德底线;着力解决执法不公、不廉等影响检察机关执法公信力的突出问题,维护和树立忠诚、公正、清廉、文明的检察职业形象。

二、明确任务，把握要求，深入扎实地开展主题实践活动

最高人民检察院《关于深入开展"恪守检察职业道德、促进公正廉洁执法"主题实践活动的实施方案》已经下发，各地要结合实际，认真抓好落实。这里，我强调几点：

（一）正确把握主题实践活动的指导思想。按照《实施方案》的要求，把握和贯彻好这次主题实践活动的指导思想，关键是要做到"坚持一条主线、突出一个主题、围绕一个总要求、明确四个着力点"。"坚持一条主线"，就是要坚持中国特色社会主义理论体系这条主线，以邓小平理论和"三个代表"重要思想为指导，深入贯彻落实科学发展观，深入学习贯彻胡锦涛总书记等中央领导同志关于检察工作的一系列重要指示，确保主题实践活动的正确方向。"突出一个主题"，就是要始终突出恪守检察职业道德、促进公正廉洁执法这个主题，做到终身学习、终身实践，不断提高执法公信力。"围绕一个总要求"，就是要通过开展主题实践活动，达到牢固树立和自觉弘扬忠诚、公正、清廉、文明的检察职业道德，更好履行法律监督职责，深入推进三项重点工作和各项检察工作的目的。"明确四个着力点"，就是要深入学习贯彻和实践《检察官职业道德基本准则（试行）》，着力培育检察人员的职业道德意识和素养，着力转变检察人员不适应、不符合检察职业道德要求的思想观念和执法理念，着力解决检察人员执法方式、执法行为和执法作风方面存在的突出问题，着力构建检察职业道德建设的长效机制，全面推进检察队伍建设和检察工作。

（二）正确把握主题实践活动的目标要求。要紧紧围绕以下四个方面的目标，有针对性地扎实开展主题实践活动：一是进一步铸造"忠诚"品格，坚定理想信念。忠诚，是检察官职业道德的本质要求。广大检察人员要通过参加主题实践活动，不断深化对中国特色社会主义理论体系特别是科学发展观的理解和把握，自觉践行社会主义核心价值体系，牢固树立社会主义法治理念，始终坚持"三个至上"，永葆忠于党、忠于国家、忠于人民、忠于宪法法律的政治本色。二是进一步强化"公正"理念，维护司法公正。公正，是检察官职业道德的核心内容。要始终坚持"强化法律监督，维护公平正义"的检察工作主题，牢固树立忠于职守、崇尚法治、秉公执法、维护公平正义的理念，坚持法律面前人人平等，

努力提高法律监督能力，自觉做到实体公正、程序公正、形象公正，切实履行好社会公平正义守护者的责任。三是进一步树立"清廉"意识，确保廉洁从检。清廉，是检察官职业道德的职业本色。要牢固树立正人先正己、监督者必须接受监督的意识，用比监督别人更严的要求来监督自己。要模范遵守法纪特别是严格遵守《中国共产党党员领导干部廉洁从政若干准则》和廉洁从检各项纪律规定，保持清正廉洁，淡泊名利，不徇私情，自尊自重，切实做到自身正、自身硬、自身净。四是进一步提升"文明"素养，坚持文明执法。文明，是检察官职业道德的必然要求。要结合创建学习型检察院和反特权思想、反霸道作风专项教育活动，积极实施文化育检工程，倡导检察礼仪规范，坚持理性、平和、文明、规范执法，切实做到以法服人，以理服人，以情待人，切实做到执法理念文明、执法行为文明、执法作风文明、执法语言文明，树立文明执法的良好形象。这"四个进一步"的目标要求是互相联系、互相促进的有机整体，各级检察机关和广大检察人员要准确理解、全面把握、抓好落实。

（三）正确把握主题实践活动的实践特色。加强职业道德建设，重在实践。突出实践特色，是这次主题实践活动的显著特点，也是确保主题实践活动取得实效的关键所在。各级检察机关和广大检察人员一定要注重联系实际，切实做到查找问题从自身实践入手、解决问题靠自身实践推动、制定措施以自身实践为基础、完善制度以自身实践为依据、检验成效以自身实践作标准，使广大检察人员内心树立的职业道德真正体现和落实到日常工作和言行之中，使开展主题实践活动的过程真正成为全面加强和改进检察工作的过程。

一要在解决突出问题上下工夫。解决突出问题，是突出实践特色的关键。要紧紧围绕"四个进一步"的目标要求，认真对照忠诚、公正、清廉、文明的基本要求，深入查找、系统梳理、集中整改本单位、本部门以及个人在践行检察职业道德方面存在的突出问题。要突出重点，着重查找和解决党员意识不强，宗旨意识淡薄，精神状态不佳，工作标准不高，敷衍了事的问题；着重查找和解决原则性不强，不能秉公执法，不敢监督、不善监督、监督不规范、监督不到位以及违法违纪的问题；着重查找和解决不能廉洁从检，受利益驱动，借办案插手经济纠纷，利用检察权为自己、家人或者他人谋取不正当利益

的问题;着重查找和解决执法简单粗暴、不规范、不文明,特权思想、霸道作风严重,侵犯当事人合法权益的问题,切实促进队伍建设明显加强、检察工作明显改进。

二要在推动法律监督工作上见实效。开展主题实践活动,加强检察职业道德建设,说到底是为了提高检察队伍素质,推动执法办案工作,促进全面正确履行法律监督职能。当前,检察机关,法律监督工作的任务非常繁重,一定要着眼贯彻落实最高人民检察院关于今年的各项工作部署,把深入开展主题实践活动与抓好各项执法办案工作紧密结合起来,切实加大法律监督工作力度,做到敢于监督、善于监督、依法监督、规范监督;切实改进执法办案工作,注意办案方式方法,坚持办案力度、质量、效率、效果有机统一,把法律监督工作提高到一个新水平。特别是要把开展主题实践活动与深入推进三项重点工作有机结合起来,既要通过开展主题实践活动,促进公正廉洁执法,又要把检察人员在主题实践活动中焕发出来的热情引导到积极主动地做好社会矛盾化解、促进社会管理创新等工作上来,提高推进三项重点工作的能力和水平。

三要在体现岗位特色上出实招。立足本职岗位、加强实践锻炼,是加强职业道德修养的重要途径。要结合岗位实际,丰富实践载体,完善活动方式,教育和引导广大检察人员在本职岗位上加强职业道德修养、落实职业道德要求,增强职业荣誉感和工作责任心。要根据不同岗位特点,细化主题实践活动方案,特别是要认真分析执法关键岗位、重点部门人员在践行检察职业道德、促进公正廉洁执法中可能遇到的问题,提出恪守检察职业道德的具体要求和措施,使主题实践活动的要求落实到每个部门、每个岗位和每个人员,使检察职业道德建设贯穿于队伍建设全过程和执法工作各环节。

四要在建立长效机制上求突破。良好的职业道德,既要通过自律机制逐步培养,又要高度重视他律机制的强化。要结合深化检察体制和工作机制改革,及时将主题实践活动的成功做法和有效经验制度化,形成有利于树立和弘扬检察职业道德的长效机制,推动检察职业道德建设深入开展。要重点研究建立三个方面的机制:一是建立检察职业道德教育培训机制,把检察职业道德作为日常教育的重要内容和检察培训的必修课,切实强化检察职业道德教育。二是建立检察职业道德奖惩机制,完善

正面引导、反面警示、自我约束、外部监督相结合的检察职业道德建设制度体系,促进形成以恪守检察职业道德为荣、违背检察职业道德为耻的良好风气。三是建立健全检察职业道德考核评价机制,将检察人员践行职业道德情况纳入考核评价体系,作为执法考评的重要内容,完善和落实德才兼备、以德为先的用人标准和干部选拔任用机制,树立正确导向。最高人民检察院将制定出台《检察职业行为规范》、《检察机关文明用语规范》和《检察人员廉洁从检若干规定》等,进一步完善检察人员行为规范,深入推进检察职业道德建设。

(四)正确把握主题实践活动的方法步骤。这次主题实践活动从今年4月开始,到明年1月结束,分为动员部署、学习教育、集中整改、总结验收四个阶段进行。各级检察机关要把握好每一阶段的时间、任务、要求和方法步骤,扎实抓好各阶段工作。

一要扎实抓好动员部署阶段的工作。要抓好层层动员,搞好思想发动,提高认识,统一思想,协调行动。要按照高检院的部署要求,结合各地实际,深入调查研究,认真制订实施方案,做到早计划、早安排、早行动,确保主题实践活动开好局、起好步。

二要扎实抓好学习教育阶段的工作。要明确学习的基本内容,重点组织学习胡锦涛总书记等中央领导同志对检察工作的一系列重要指示、《检察官职业道德基本准则(试行)》和《检察职业道德基本准则读本》,使每个检察人员都能熟练掌握检察职业道德的基本要求。同时结合学习贯彻全国"两会"精神,从本地实际出发,选择中央和最高人民检察院有关文件作为辅导学习资料,增强学习内容的针对性和实效性。要明确学习的主要方式,坚持自学与集中教育相结合,采取专题培训、座谈交流、辅导报告等多种形式加强学习教育。最高人民检察院将适时举办全国检察机关"恪守检察职业道德、促进公正廉洁执法、提高执法公信力"主题论坛。

三要扎实抓好集中整改阶段的工作。要坚持内部检查与开门检查相结合,认真查找和梳理本单位、本部门和个人存在的突出问题。特别是要自觉接受监督,通过召开座谈会、登门走访等形式广泛征求意见,主动邀请人大代表、政协委员、人民监督员等参加检查,主动听取公安机关、人民法院和律师的意见。要坚持边学边改、边查边改、集中整改,

对查找出来的突出问题和需要完善的制度，逐一分析深层原因，逐项提出整改方案，明确整改落实的具体措施、时间安排和责任人员，确保整改落实到位。特别是对群众反映强烈的问题，要坚决及时整改。要把查找问题与党风廉政警示教育结合起来，与开展案件质量评查检查结合起来，与开展"反特权思想、反霸道作风"专项教育结合起来，增强集中整改的针对性和实效性。

四要扎实抓好总结验收阶段的工作。主题实践活动基本结束时，要采取考核检查、抽查考核、满意度测评等形式，对开展主题实践活动情况进行检查验收，并对全体检察人员是否掌握廉洁从政规定和检察官职业道德准则进行考核。检查验收的重点，是看坚定理想信念是否有新收获，公正执法是否有新成效，清正廉洁是否有新作为，文明执法是否有新气象，执法公信力是否有新提高。同时，要根据检查验收情况，认真开展"回头看"活动，巩固主题实践活动的成果。各省级检察院要认真做好检查验收和工作总结，并形成书面报告，于明年1月前报最高人民检察院。

需要强调的是，这次主题实践活动时间长、内容多、任务重，工作中要注意把握以下几点：一是注意掌握进度，对各阶段的工作任务尽可能做到提前谋划安排、抓紧落实到位，确保主题实践活动扎实、有序、高效开展；二是注意保证质量，坚持进度服从质量，前一阶段的任务没有完成的要适当调整时间保证落实任务到位，防止走过场；三是注意突出重点，既要做到全员参与、普遍受教育，又要突出执法办案一线、领导干部这个重点，着力解决队伍中、执法中的突出问题，提高检察机关执法公信力。

三、加强领导，狠抓落实，确保主题实践活动取得实效

开展主题实践活动，是今年检察机关的一件大事，是一项全局性的工作。各级检察院一定要高度重视，切实加强组织领导，周密部署安排，确保这项活动扎实开展并见到实效。

一要切实加强领导，精心组织实施。要及时向地方党委、人大专题汇报开展主题实践活动的情况，积极争取支持和监督。要把开展主题实践活动摆上各级检察院党组的重要议事日程，切实加强统筹规划、组织协调和督促检查。要成立由各级检

察院主要领导任组长的领导小组及其工作机构，形成检察长负总责、分管领导各负其责、政工部门统一协调、各业务部门对口指导和抓落实的工作格局。上级院要加强工作指导，深入了解主题实践活动开展情况，认真研究解决遇到的实际困难和问题，及时总结推广好的经验和做法，积极探索有效形式，增强主题实践活动的吸引力、凝聚力。

二要坚持领导带头，发挥表率作用。各级检察院领导不仅要认真组织开展主题实践活动，而且要带头参加主题实践活动，带头深入学习、带头调查研究、带头查摆问题、带头整改落实，从我做起，以自身的模范行动带动和影响其他同志，努力做恪守检察职业道德的先行者、促进公正廉洁执法的带头人。

三要加大宣传力度，营造良好氛围。要高度重视对主题实践活动的宣传报道，充分利用各类新闻媒体和宣传手段，大力宣传开展主题实践活动的重大意义，大力宣传开展主题实践活动的新举措、新进展、新成效，大力宣传恪守检察职业道德、公正廉洁执法的先进典型，树立正确的舆论导向，为深入推进主题实践活动营造浓厚氛围。

四要注重统筹兼顾，做到相互促进。当前，各项检察工作任务繁重。要正确处理好开展主题实践活动与做好各项检察工作的关系，决不能把两者割裂开来甚至对立起来。要坚持统筹兼顾、合理安排，真正做到两手抓、两不误、两促进。要把开展主题实践活动作为深入推进三项重点工作、统筹做好各项检察工作的重要抓手，着力抓好今年各项检察业务工作、检察改革和队伍建设任务的落实，用检察工作的实际成果来衡量和检验主题实践活动的效果。

最后，我要强调的是，检察职业道德建设是检察队伍建设的一项基础性、根本性工程。良好检察职业道德的养成是一项长期的任务，重在警钟长鸣，始终做到自重、自省、自警、自励；重在自觉实践，从点滴做起，从细节做起，从自己做起；重在坚持不懈，持之以恒，几十年如一日。可以说，这次主题实践活动意义重大，影响深远。我们一定要不辜负党和人民的殷切期望，奋发进取，严于律己，扎扎实实开展好主题实践活动，努力把检察队伍的职业道德素质提高到一个新水平，不断强化高素质检察队伍建设，不断开创检察工作新局面！

在第十一届全国检察理论研究年会上的讲话

最高人民检察院检察长　曹建明

（2010 年 4 月 25 日）

我们这次会议既是检察理论研究年会，也是一次全面部署和推动检察理论研究工作的重要会议。会议的主要任务是：全面贯彻党的十七大和十七届四中全会精神，深入贯彻落实科学发展观，加强对检察工作重大理论问题的研究和学术交流，部署当前和今后一个时期检察理论研究工作的主要任务，进一步繁荣我国检察理论研究，推动检察理论发展和创新。

最高人民检察院党组历来高度重视检察理论研究工作。近年来，各级检察机关积极建立和落实课题制、奖励激励、交流合作、成果转化等各项工作机制，检察理论研究人才队伍不断壮大，基础理论和应用理论研究不断加强，形成了一大批优秀检察理论研究成果，深化了对检察工作重大理论和实践问题的认识，发展和完善了中国特色社会主义检察理论体系，为推进中国特色社会主义检察事业发挥了十分重要的作用。这些成绩的取得，是从事检察理论研究的广大检察人员辛勤工作、无私奉献的结果，也与法学专家和社会各界的大力支持密不可分。在此，我代表最高人民检察院，向长期以来辛勤耕耘在检察理论研究领域的专家学者和检察人员，向关心、支持检察理论研究和检察工作的各界人士，表示衷心的感谢！

下面，我讲三点意见。

一、进一步提高对检察理论研究工作重要意义的认识

理论是实践的先导、行动的指南，理论创新引领工作创新、制度创新、体制机制创新。胡锦涛总书记在党的十七大报告中指出，改革开放以来我们取得一切成绩和进步的根本原因，归结起来就是开辟了中国特色社会主义道路，形成了中国特色社会主义理论体系。周永康同志明确要求，要从我国的实际出发，不断总结新经验、开拓新思路、探索新领域，为构建中国特色社会主义法学理论体系作出积极贡献。检察事业是党和国家事业的重要组成部分，中国特色社会主义检察理论体系是中国特色社会主义理论体系的重要组成部分，检察事业的发展进步同样离不开科学理论的指引。面对新形势新任务新要求，加强检察理论研究，建设和完善中国特色社会主义检察理论体系，对于我们更好地运用科学理论指导和推动检察工作创新发展，开创中国特色社会主义检察事业新局面，具有十分重要的意义。

第一，加强检察理论研究，是深入贯彻落实科学发展观的必然要求。科学发展观不仅是我国经济社会发展而且是检察工作的重要指导方针。深入贯彻落实科学发展观，就必须对涉及检察事业科学发展的全局性、战略性重大问题，从理论上进行基础性、系统性、前瞻性的深入研究，为推动科学发展奠定坚实的理论基础。近年来，我们围绕如何更好地推动检察工作科学发展和服务经济社会科学发展，进行了许多有益的理论思考和探索，形成了不少新思想、新观点和新认识，有力地指导了检察实践、推动了检察工作科学发展。我们也要清醒地看到，检察工作还有许多不适应、不符合科学发展观要求的问题，如何进一步树立科学发展理念，把握科学发展规律，探索科学发展道路，仍然需要我们在新的伟大实践中，不断解放思想，从理论上作出新的回答；不断与时俱进，形成新的更加深刻的理性认识。特别是深入推进三项重点工作，既对检察机关服务经济社会科学发展提出了新的更高要求，也为检察工作自身科学发展提供了难得机遇，是当前检察机关一项重大而紧迫的课题。如何正确处理三项重点工作与检察工作的关系，把三项重点工作落实到检察机关强化法律监督的各个方面，需要我们认真开展调查研究，切实加强理论分析、概括和提炼。我们只有首先从理论上加强研究，才能形成正确的认识并统一认识，才能指导广大检察人员增强做好三项重点工作的主动性、预见性和创造性，才能真正找到和准确把握科学方法，在深入扎实推进三项重点工作的同时，深入扎实推进检察工作科学发展。

第二，加强检察理论研究，是坚持和完善中国特色社会主义检察制度的客观需要。坚持和完善中国特色社会主义检察制度，必须构建中国特色社会主义检察理论体系。伴随着新中国检察制度的曲折发展，经过几代人的不懈努力，中国特色社会主义检察理论体系逐步建立，初步回答了什么是中国特色社会主义检察制度、为什么要坚持中国特色社会主义检察制度、怎样坚持和发展中国特色社会主义检察制度等基本问题，为我国检察制度的建设和发展提供了有力的理论支持和科学指引。但是，中国特色社会主义检察理论体系还只是初步建立起基本框架，还有许多亟待完善的地方，还有许多关于我国检察制度建设和发展的深层次问题需要我们进一步作出科学回答。我们只有坚持以中国特色社会主义理论体系为指导，努力构建科学完备的中国特色社会主义检察理论体系，才能毫不动摇地坚持中国特色社会主义检察事业的正确道路，才能真正经受风浪，站稳脚跟，顶住压力，克服困难，保证中国特色社会主义检察制度不断巩固、发展和完善。

第三，加强检察理论研究，是深入推进检察改革的重要前提。从实际出发，为实践服务，是马克思主义法学理论研究的基本方法和根本要求，也是理论研究的价值和生命力所在。如何按照党的十七大的要求，深化司法体制改革，优化司法职权配置，规范司法行为，建设公正高效权威的社会主义司法制度，保证检察机关依法独立公正行使检察权，不仅是全党、全社会的一件大事，更是我们检察理论研究的中心任务。检察改革是一项涉及面广而又影响深远的创新工作，我们既要勇于冲破传统观念的束缚，勇于从那些不合时宜的思想观念、发展理念和执法理念中解放出来，更要有对司法工作和检察工作发展规律的科学认识和准确把握。只有以正确理论为引领和指导，检察改革才能始终保持正确方向，取得预期效果。因此，加强检察理论研究，既是检察改革的重要任务，也是重要前提。深化对检察改革重大理论和实践问题的研究，以理论创新带动体制、机制创

新，既是新形势新任务的迫切需要，也是我们庄严的历史责任。当前，我国司法体制改革正处在关键时期，深入落实中央确定由最高人民检察院牵头的改革任务，全面实施最高人民检察院关于2009—2012年检察改革规划，意义重大，任务繁重。要完成好这些改革任务，必须对每项改革都进行深入研究和科学论证，增强改革的系统性、预见性和创造性；必须对检察制度基本原理和法律监督运行机理进行全面系统研究，对现行检察体制和工作机制中的问题进行科学分析，努力认识和把握规律性，为推进改革提供科学的决策依据；必须对各项正在进行的改革成效跟踪调查，对改革经验认真总结，不断作出新的理论概括，推动新的发展。

二、进一步明确新形势下检察理论研究的主要任务

新形势下检察事业发展面临的机遇前所未有，面对的挑战也前所未有。我们必须适应形势的发展变化，大力加强检察理论研究，推进检察理论创新，努力以理论创新推动检察事业创新发展。当前和今后一个时期，要坚持以中国特色社会主义理论体系为指导，深入贯彻落实科学发展观，紧紧围绕党和国家工作大局，紧紧围绕检察制度建设和检察改革重点任务，紧紧围绕检察工作重大理论和实践问题，加强调查研究、理论研究和规律探索，努力构建科学完备的中国特色社会主义检察理论体系，为完善检察制度、强化法律监督、推动检察工作科学发展，提供强有力的理论支持。重点要抓好以下研究工作：

（一）着力加强对检察机关如何更好地服务党和国家工作大局的研究。检察理论研究只有紧紧围绕党和国家工作大局来思考，紧扣检察机关中心工作来展开，才能找准研究的聚焦点，增强理论的指导性。要根据检察机关服务党和国家工作大局的现实任务，特别是根据中央关于转变发展方式、调整经济结构、加强"三农"工作、保障和改善民生、发展社会事业等重大决策部署，紧紧围绕检察机关如何进一步更新执法观念，充分运用打击、预防、监督、保护等职能，努力在整顿规范市场经济秩序、保障政府投资安全、推进创新型国家建设、保护资源环境、维护人民权益等方面取得新成效，突出服务大局中的重点、难点问题，确定检察理论研究的课题，集中力量攻关，拿出一批有针对性、有说服力的研究成果，为充分发挥检察职能，维护社会和谐稳定和公平正义，保障经济社会又好又快发展，提供

科学的理论参考和决策依据。

当前,深入推进三项重点工作是检察机关服务党和国家工作大局重中之重的任务。为此,各级检察机关要把如何深入推进三项重点工作作为一项重大而紧迫的课题,扎实开展调查研究和理论研究。要深刻把握深入推进三项重点工作对检察工作提出的新要求,从理论上阐明三项重点工作与法律监督工作的关系,切实防止和克服"无关论"、"等同论"、"替代论"等片面模糊认识,充分认识检察机关深入推进三项重点工作的重大战略意义和对强化法律监督的深远影响。要紧紧抓住检察机关推进三项重点工作遇到的现实问题,认真研究如何着力解决检察环节维护社会和谐稳定的源头性、根本性、基础性问题;如何坚持以充分履行法律监督职能为立足点,以执法办案为中心,找准切入点、结合点;如何改进执法办案方式,注重执法办案效果,坚持把化解矛盾纠纷贯穿执法办案的始终;如何建立健全检察环节化解社会矛盾的工作机制,提高化解社会矛盾的能力和水平;如何强化法律监督职能,积极参与社会管理创新,促进提高社会管理水平;如何强化对自身执法活动的监督,促进公正廉洁执法,等等,努力为深入推进三项重点工作提供有力的理论指导。

(二)着力加强对检察工作规律的研究。正确认识和掌握检察工作规律,是检察工作科学发展的必然要求,也是检察理论研究的重要任务。要着眼推动检察工作科学发展,着重从以下几方面深化对检察规律的研究和认识:

一是深化对检察活动基本规律的研究和认识。检察活动的根本属性、检察活动的价值目标及其所要求的运行机制,决定了检察体制的设定、检察职权的配置乃至检察制度的发展模式。我们在从事检察理论研究时,必须把检察活动放在国家经济社会发展进程、民主法制进程和整个司法活动过程中来定位、来观察,既深入分析检察权对加强权力监督制约、推进法治建设所发挥的职能作用,又在清醒认识和深刻把握检察权在国家权力体系中的地位、自身必须受到的约束监督以及司法机关相互配合制约关系等重大问题的基础上,准确认识和把握检察活动基本规律,为客观、公正、理性、平和地开展检察活动提供理论指引。

二是深化对检察制度发展规律的研究和认识。我国检察制度创新发展,必须遵循内在规律。既要把检察制度放在整个人类社会发展规律、人类法治文明的一般规律中去研究,寻找其产生、发展、演变的一般规律;又要把它与本国的国家政治制度紧密联系起来,在正确认识和把握党的执政规律、社会主义建设规律的基础上,准确认识和把握我国司法制度特别是检察制度发展规律,通过我国检察制度与西方国家检察制度的比较研究,深刻把握我国检察制度的根本属性,深入探索中国特色社会主义检察制度建设和发展的特殊规律。

三是深化对检察职权配置规律的研究和认识。检察职权的科学配置,关系到检察职能的有效发挥。要着眼检察职权配置的价值目标,从我国基本政治制度和检察机关基本职能出发,深入探索检察机关的职权配置规律。要把检察职权配置放在司法职权配置的整体框架下审视和研究,深刻阐明检察职权配置与检察活动的法律监督属性之间的密切关联,深入探索检察职权与侦查职权、审判职权的分工协作、配合制约机制,全面揭示我国检察职权配置的发展轨迹,从而发现和把握检察职权配置的规律。

四是深化对检察管理规律的研究和认识。要加强检察管理与行政管理、其他司法活动管理的比较研究,加强检察管理与检察活动价值目标逻辑关联的研究,加强检察管理历史变迁的理论分析,探索检察管理的客观规律,认清其根本属性和基本内容。要加强对现行检察管理制度的实证分析,研究检察管理中存在的问题,努力探索科学的检察工作考评机制、内设机构设置、案件管理制度和检察人员分类管理制度,扎实推进检察管理科学化。

(三)着力加强对检察工作和检察改革中现实问题的研究。理论研究的目的是为了更好地解决问题。深化对现实问题的研究,必须以检察工作在我国改革开放和现代化建设中面临的实际问题,以我们正在做的事情为中心,着眼于马克思主义法学理论的运用,着眼于对实际问题的理论思考,着眼于新的实践和新的发展。随着检察实践的发展和检察改革的深入,我们遇到不少新情况新矛盾新问题,归根结底,就是我们如何认识和解决在改革发展中遇到的重大理论和实践问题,不少问题我们无法回避而又牵一发而动全身,要求我们必须加强调查研究、理性思考、科学决策,努力在正确解决这些问题方面迈出新的步伐。

一是亟须加强对检察工作热点、难点和重点问题的研究。检察理论研究要紧密结合推进检察改革，紧紧围绕实践中制约和影响检察工作科学发展的突出问题来开展，及时从理论上指明破解难题、深化改革的方向和途径。一要着眼于强化法律监督职能，认真研究如何改革和完善职务犯罪侦查措施和程序，特别是提出解决查办渎职侵权犯罪发现难、取证难、处理难、干扰大等难点问题的可行建议，提高攻坚克难的能力和水平；如何改革和完善对侦查活动的法律监督，包括加强对立案、不立案以及搜查、扣押、冻结等措施的法律监督，完善非法证据排除规则，健全对公安派出所、看守所的法律监督机制；如何改革和完善刑事审判监督特别是对职务犯罪案件的审判监督；如何改革和完善对刑罚执行的法律监督，建立检察机关同步监督制度；如何建立和完善对民事执行工作的法律监督；如何改革和完善上下级人民检察院领导关系，完善检察一体化工作机制，完善专门检察制度，等等。二要着眼于强化自身监督，认真研究如何完善对自身执法活动的监督制约机制，努力从体制机制制度上保证依法独立公正行使检察权；如何从涉检信访中反思工作，总结教训，强化责任，提高执法办案等工作的质量和水平；如何推进人民监督员制度法制化，充分发挥人民监督员的监督作用，强化人民群众对检察机关执法办案的监督。三要着眼于强化高素质检察队伍建设，认真研究加强队伍教育、管理、监督的措施，加强对检察职业道德和执法公信力建设的理论探索。四要着眼于抓基层、打基础，认真研究解决基层检察院人才短缺、案多人少等现实困难的措施，提出加强检务保障、深入实施科技强检战略的方案，为解决检察工作的重点、难点、热点问题提供科学方法。

二是亟须加强对检察实践经验的理论概括。对实践中行之有效的经验及时进行提炼总结和归纳概括，既是检察理论研究的重要方法，也是检察理论研究的重要任务。当前，各级检察机关为强化法律监督，维护社会和谐稳定和公平正义，探索了许多新的措施。特别是一些检察机关积极探索检调对接、刑事和解等机制，充分发挥检察职能化解社会矛盾；探索附条件逮捕、附条件不起诉等贯彻宽严相济刑事政策的制度，最大限度促进社会和谐；探索侦防一体化以及行政执法与刑事司法衔接工作机制，增强惩治和预防商业贿赂等犯罪、维护市场经济秩序的能力；探索对重大环境污染、国有

资产流失等案件的公益诉讼、督促起诉，服务和保障经济平稳较快发展；探索同步介入重大安全事故调查，促进保障民生；探索下访巡访、民生热线等司法为民措施，热情服务群众；探索设立乡镇检察室、检察联络站、聘请检察联络员和巡回检察等新形式，把法律监督触角延伸到基层；探索涉检网络舆情研判和应对机制，推行"阳光检务"，等等，创造了不少好经验、好做法。对这些经验做法，如何从理论上概括和升华，特别是有些经验做法既有过去的经验教训，也有今天的创新发展，如何正确科学认识和判断，大有文章可做。只要我们坚持解放思想、实事求是、与时俱进，坚持理论联系实际，以科学理论为指导，真正在实践中研究新情况，回答新问题，总结新经验，就一定能不断获得检察理论研究的新成果，更加有力地推动检察实践。

（四）着力加强对检察学的研究。检察学是研究检察制度、检察活动及其规律的科学，是指导检察工作的理论体系。构建科学完备的检察学体系，对于加强检察理论研究、繁荣发展检察理论具有十分重要的作用。2007年5月，中国法学会检察学研究会成立，标志着检察学作为一个独立的法学学科建立起来。但作为一门新兴学科，相比其他比较成熟、完善的学科而言，检察学的理论体系还不完整，基本范畴还不规范，研究方法比较单一，这种状况不仅影响了检察理论研究的深入，也制约了其理论指导作用的发挥。因此，加强检察学体系建设和研究，是当前检察理论研究必须完成的基础性工作和重大课题。

一要明确检察学体系建设和研究的基本思路。加强检察学体系建设和研究，要坚持以全面落实依法治国基本方略、建设公正高效权威的社会主义司法制度为总体目标，以推动检察工作发展和检察制度完善、遵循检察工作规律为原则要求，打破部门和学科界限，全力做好检察理论的开拓研究与学术创新工作，深入探索检察理论的研究对象、范围和基本范畴，正确处理检察理论研究与法学相关学科研究的关系，科学构建中国特色社会主义检察理论研究的科学体系，为丰富中国特色社会主义理论体系作出应有贡献。

二要大力加强检察学理论体系建设和研究。形成科学完备的理论体系，是检察学作为一门独立学科成熟的重要标志。要加强对检察制度的内涵、类型、起源、本质、功能、特征和检察活动基本原理的研究，探索检察制度发展演变规律和检察活动规

律。尤其要系统回答我国检察机关的性质、地位、主要职能、工作原理、自身建设等基本问题，深刻阐明我国检察制度政治属性、人民属性和法律监督属性有机统一的根本特性，深刻揭示我国检察制度建设和发展及检察权运行的特殊规律性，努力形成内容科学完备、形式协调统一、对我国检察实践具有指导意义的检察学理论体系。要注意广泛学习、借鉴法学各学科和社会科学各领域的研究成果，高度重视检察学理论体系的法理学研究，增强检察学理论体系的科学性、系统性和开放性。

三要规范和完善检察学的基本范畴及研究方法。坚持把检察学作为一门独立学科和有机整体，进行系统研究，加强学科建设。加强对检察学的性质、范围、对象和基本框架的研究，规范和完善检察学基本范畴体系，统一对检察学基本问题的认识。要丰富和完善检察学研究方法，积极采用比较研究、历史分析、实证分析等多种方法进行研究，形成科学的检察学研究方法体系。

三、进一步加强对检察理论研究工作的组织领导

检察理论研究工作是一项关系检察制度的前途发展、关系检察工作全局、关系检察事业根本的基础性工作，必须摆上各级检察院党组的重要议事日程，切实力口强组织领导，确保抓出更大成效。

第一，各级检察院领导要重视、关心、支持检察理论研究工作，带头开展检察理论研究。思想理论素质是领导素质的灵魂，提高理论素质是提高其他素质的前提和基础。特别是检察工作是专业性很强的工作，各级检察机关领导干部要比过去任何时候都更加重视理论学习和研究，加强理论修养，提高理论思维能力和水平。要切实加强对检察理论研究工作的领导，加强理论务虚，及时解决工作中的实际困难和问题，亲自担纲重大课题的研究，努力成为检察理论研究工作的直接领导者、积极推动者和模范实践者。要完善领导工作机制，形成检察长负总责，分管院领导具体抓，上级检察机关和检察理论研究职能部门加强督促指导和组织协调，业务部门积极配合，检察人员广泛参与的检察理论研究工作格局。要结合"建设学习型党组织、创建学习型检察院"活动，在全系统大力倡导钻研理论、思考问题的风气，努力建设一支宏大的检察理论研究队伍。

第二，要切实加强检察理论研究的内部协调和外部合作。检察理论研究是一项系统工程，不是检察机关一个部门的事情，需要各部门、各方面共同参与、密切协作，走开放式研究道路。一要进一步整合检察机关内部的研究力量，增强工作合力，围绕重点课题集体攻关，集中研究解决检察工作的重大理论与实践问题。二要进一步加强与法学教学科研单位的交流与合作，通过选聘法学专家到检察机关挂职、选派优秀检察官到高校兼职任教、建立研究基地、召开专题座谈会、共同承担课题、对社会发布和招标课题等多种形式，充分利用和依托外部力量，形成法学研究和检察理论研究上的强大合力。三要加强与法院、公安和律师等部门以及其他学会、协会、研究会的学术交流和理论探讨，通过各种平台广泛吸收法学理论界和法律实务界开展理论研究的成果和经验，增强理论认同，共同繁荣检察理论研究，推进检察事业发展。

第三，要进一步完善检察理论研究工作机制。要坚持和完善年会制、课题制、激励机制、合作机制和成果转化机制，为检察理论研究工作提供可靠制度保障。着力健全检察学研究会组织体系和工作机制，高度重视、大力加强专业委员会建设，以专业委员会建设推动检察机关专业化建设，使检察学研究会在繁荣检察、理论、服务检察工作方面发挥更大的作用。完善与法学、法律报纸期刊和主流媒体的联系工作机制，推进检察理论的宣传和普及。坚持以改革创新精神推进检察理论研究工作，各级检察机关特别是省级检察院要在举办学术年会、进行专题研讨、组织特色活动、开展学术交流、配置研究资源、转化研究成果与吸引理论研究人才等方面大胆创新，不断增强检察理论研究工作的生机与活力。

第四，要高度重视检察理论研究人才培养和队伍建设。繁荣检察理论，人才是关键。各级检察机关都要重视培养检察理论研究人才，为提高检察理论研究水平提供组织和人才保障。要坚持把思想政治建设放在首位，保证检察理论研究工作的正确方向。要着力加强检察理论研究人才培养，通过学习培训、调研考察、挂职锻炼、优秀成果评选等形式，为检察人员加强研究提供广阔舞台，使优秀检察理论研究人才脱颖而出。要清醒认识我们检察理论研究人才的不足和差距，加大高层次理论研究人才特别是基础理论研究人才培养力度，着力造就一批在法学界具有重要影响力的检察理论研究带头人。要认真把握理论研究人才的特殊需求，注重内在激励，有针对性地提供学术交流、成果转化等方面的服务，多为他们搭建平台、创造条件，鼓励他们潜心钻研、多出精品，为繁荣发展检察理论发挥更大的作用。

加强检察理论研究，事关长远，意义重大。我们要以邓小平理论和"三个代表"重要思想为指导，深入贯彻落实科学发展观，锐意进取，扎实工作，奋力开创检察理论研究工作新局面，为全面推进中国特色社会主义检察事业作出新的更大贡献！

在全国检察机关查办和预防职务犯罪工作会议上的讲话

最高人民检察院检察长　曹建明

（2010 年 7 月 13 日）

这次全国检察机关查办和预防职务犯罪工作会议是一次十分重要的会议。会前，最高人民检察院党组专题研究，考虑到反贪、反渎、预防工作关联性强，决定将这三项工作一并部署，并请铁路运输检察院一起参加，这有利于从整体上加强、改进查办和预防职务犯罪工作。会议的主要任务是，全面贯彻落实党中央关于推进反腐倡廉建设和三项重点工作的重大决策部署，深入分析查办和预防职务犯罪工作面临的形势，总结近年来的工作，部署当前和今后一个时期的主要任务，进一步开创检察机关查办和预防职务犯罪工作新局面。学强同志还要讲话，下面，我先讲几点意见。

一、深刻把握形势，统一思想认识，进一步增强做好查办和预防职务犯罪工作的责任感和紧迫感

查办和预防职务犯罪是我国检察机关的重要职能，是党风廉政建设和反腐败斗争的重要组成部分。近年来，各级检察机关认真贯彻落实党中央关于反腐倡廉建设的决策部署，坚持以执法办案为中心，突出重点，强化措施，特别是紧紧围绕推动科学发展、促进社会和谐，针对影响国计民生、群众反映强烈的职务犯罪开展一系列专项工作，依法严肃查办贪污贿赂、渎职侵权犯罪案件；坚持标本兼治、惩防并举，立足职能加强预防职务犯罪工作，努力从源头上减少职务犯罪发生；坚持监督者更要自觉接受监督，深化检察改革，强化对查办和预防职务犯罪的内外部监督制约，规范执法行为，加强队伍建设，不断提高执法水平和执法公信力，为推动反腐倡廉建设、促进经济社会发展作出了积极贡献。长期以来，从事职务犯罪侦查和预防工作的广大检察人员恪尽职守、任劳任怨，为人民检察事业付出了大量心血，为党风廉政建设和反腐败斗争作出了重要贡献。在此，我代表最高人民检察院，向同志们致以崇高的敬意和诚挚的慰问！

党的十七大以来，以胡锦涛同志为总书记的党中央深入贯彻落实科学发展观，围绕建立健全惩治和预防腐败体系，不断加大教育、制度、监督、改革、纠风、惩治等工作力度，推动反腐倡廉建设取得新的明显成效。同时，我们必须清醒地看到，由于我国正处于经济体制深刻变革、社会结构深刻变动、利益格局深刻调整、思想观念深刻变化和各种社会矛盾凸显的历史时期，滋生腐败现象的土壤和条件难以在短期内消除，当前反腐倡廉形势依然严峻、任务依然繁重。从检察机关办案情况看，职务犯罪在一些领域仍然易发多发，并呈现出一些新情况、新特点：一是大案要案突出。领导干部特别是高中级领导干部腐败犯罪案件时有发生，且涉案金额越来越大，有的贪污受贿动辄上千万元，甚至上亿元，社会危害性越来越严重；一些国家机关工作人员严重失职渎职，造成房塌、桥垮、火灾、矿难等重特大责任事故，致使国家利益和人民群众生命财产遭受重大损失。二是重点领域和环节案件频发。工程建设、房地产开发、土地管理和矿产资源开发、国有资产管理、金融、教育、社保、医疗、环保、司法等领域职务犯罪易发多发，商业贿赂犯罪在一些行业和领域蔓延势头尚未得到根本遏制；涉农职务犯罪突出，特别是国家加大投入力度的农村基础设施建设、生态环境保护等领域，土地出让、征地补偿、移民拆迁等资金密集、监管难度大的环节犯罪高发，贿选和黑恶势力采用恐吓甚至暴力手段破坏选举等现象在一些地方农村"两委"选举中有所抬头。三是案件结构发生明显变化。企业工作人员所占比例下降，国家机关工作人员和农村基层组织人员所占比例上升；贪污、挪用公款犯罪案件有所减少，贿赂犯罪案件大幅增加，行贿犯罪日趋严重；贪污贿赂犯罪与渎职侵权犯罪相互交织，一人犯数罪现象突出。四是犯罪类型和手段出现新变化。贪污贿赂、渎职侵权犯罪行为日趋复杂化、隐蔽化、智能化，新兴经济领域案件和运用高新技术手段作案呈上升趋势，窝案、串案、案中案明显增多，利用职权为特定关系人谋取非法利益问题突出，跨地区、跨国境及涉外案件增加，取证、追逃、追赃难度增大。五是职务犯罪日益成为影响经济发展和社会和谐稳定的重要因素。职务犯罪作为最严重的腐败现象，不仅直接损害民生民利，破坏市场经济秩序，危害改革措施的实施，对经济发展和社会进步具有很大的侵蚀性和破坏性；而且严重损害党群干群关系，危害党的执政基础，尤其是在国际金融危机影响尚未消退、经济发展面临诸多困难的情况下，更容易成为引发群众上访和群体性事件的导火索。

当前，随着社会主义民主法治建设和司法改革的深入推进，对执法办案的监督制约越来越严，特别是在开放、透明、信息化条件下执法办案的难度也越来越大。与党和人民的要求相比，我们在办案力度、执法理念、队伍素质、工作机制、执法保障等方面不适应的问题愈加凸显。一是工作发展不平衡。有的地方检察院缺乏敢于碰硬的勇气，办案工作长期打不开局面，特别是渎职侵权检察工作相对薄弱的状况尚未从根本上改变。二是执法理念不适应。有的不能正确处理执法办案与服务大局、加强执法办案与强化自身监督以及办案力度、质量、效率、效果等一系列关系，存在顾此失彼现象；孤立办案、就案办案、受利益驱动办案、办案下指标等思想观念和习惯做法仍然存在。三是队伍素质不适应。一些检察人员发现犯罪、侦破案件、收集固定证据、运用法律政策特别是做好群众工作、化解社会矛盾等能力有待提高。少数检察人员特权思想、霸道作风严重，执法不规范、不公正、不廉洁、不文明，有的

甚至违法办案、以权谋私，严重损害检察机关的执法形象和公信力。四是工作机制不适应。案件线索管理机制、侦查办案工作机制、自身监督制约机制需要进一步完善，尤其是侦防一体化机制还不健全，影响了查办和预防职务犯罪的整体效能。五是执法保障不适应。办案力量不足，侦查手段缺乏，侦查、预防工作的科技含量特别是信息化程度不高，制约了查办和预防职务犯罪工作的深入发展。

党的十七大深刻指出，坚决惩治和有效预防腐败，关系人心向背和党的生死存亡，是党必须始终抓好的重大政治任务。党的十七届四中全会明确要求加大查办违纪违法案件工作力度，保持惩治腐败高压态势，坚决遏制一些领域腐败现象易发多发势头，决不让任何腐败分子逃脱党纪国法惩处。胡锦涛总书记在十七届中央纪委五次全会上强调指出，要清醒看到当前反腐败斗争的严峻形势，深刻认识反腐败斗争的长期性、复杂性、艰巨性，抓紧解决反腐倡廉建设中人民群众反映强烈的突出问题，以党风廉政建设的新成效取信于民。去年底召开的全国政法工作电视电话会议，强调要深入推进社会矛盾化解、社会管理创新、公正廉洁执法三项重点工作，着力解决影响社会和谐稳定的源头性、根本性、基础性问题。这些都对做好查办和预防职务犯罪工作提出了新的更高要求。加强查办和预防职务犯罪工作，是推进新形势下党风廉政建设和反腐败斗争的必然要求，是保障和改善民生、实现经济社会又好又快发展的有力举措，是深入推进三项重点工作、维护社会和谐稳定的迫切需要，是强化法律监督职能、维护社会公平正义的重要手段。面对严峻复杂的形势、繁重艰巨的任务、更高更严的要求，我们务必保持清醒的头脑，既要充分看到成绩，认真总结经验，又要充分看到差距，高度重视问题，切实增强使命感、责任感、紧迫感，以更加昂扬的斗志、更加坚定的信心、更加有力的措施、更加务实的作风，努力把查办和预防职务犯罪工作提高到新水平。

二、落实中央要求，顺应人民期待，全面加强和改进查办和预防职务犯罪工作

做好新形势下的查办和预防职务犯罪工作，最根本的是必须以科学发展观为指导，在更好服务经济社会科学发展、更好推动自身工作科学发展上下工夫。要认真贯彻落实中央的决策部署，紧紧围绕经济社会发展大局，进一步明确工作重点、提升执法水平，特别是要积极适应新形势新任务新要求，

着力更新执法理念，着力加强薄弱环节，着力解决反腐倡廉建设中群众反映强烈的突出问题，推动查办和预防职务犯罪工作取得新的明显成效。这里，我强调几点：

第一，始终把服务经济社会科学发展作为查办和预防职务犯罪工作的出发点和落脚点。近年来，面对严峻复杂的国内外经济形势，我们认真贯彻落实中央的重大决策部署，制定服务经济平稳较快发展的意见，组织开展治理商业贿赂、查办涉农职务犯罪、查办危害能源资源和生态环境渎职犯罪等专项工作，取得了明显成效，得到各级党委、政府和社会各界的充分肯定。实践充分证明，查办和预防职务犯罪工作只有服从、服务于大局，才能把握工作方向，提高工作水平，推动工作发展。一要把查办和预防职务犯罪工作放在经济社会发展全局中谋划和推进。认真研究新形势下职务犯罪的新特点，紧紧围绕党和国家的重大决策部署，适时调整工作重点，增强服务发展的针对性和实效性。当前，要根据中央关于转方式、调结构、自主创新、"三农"工作、保障和改善民生、节能减排和环境保护、地震灾区恢复重建、铁路大建设等重大决策部署，抓住职务犯罪易发多发的重点领域、部位和环节，积极预防和依法查办贪污贿赂、失职渎职犯罪，深入推进治理商业贿赂、工程建设领域突出问题专项治理等工作，为加快转变经济发展方式、保持经济平稳较快发展提供有力的司法保障。二要把服务大局落实到执法办案中。要善于把具体案件置于大局中审视和判断，注意把握办案时机，讲求政策策略，改进方式方法，最大限度减少执法办案可能带来的负面影响，最大限度发挥执法办案保障发展的积极作用，真正做到办案不忘发展、办案服务发展、办案促进发展。三要正确处理执法办案与服务大局的关系。既要增强大局意识、服务意识，防止孤立办案、就案办案、机械执法，又要坚持严格依法办案，决不能借口保护地方经济发展而放弃职责、不敢办案，甚至人为设置职务犯罪办案禁区。

第二，切实把查办和预防职务犯罪工作纳入深入推进三项重点工作的总体格局。深入推进三项重点工作是当前检察机关重中之重的任务，与各项检察工作都具有密切关系。要从深入推进三项重点工作出发，准确把握查办和预防职务犯罪面临的新要求，有针对性地加大工作力度、改进办案方式、完善执法机制，更好地把查办和预防职务犯罪同解

决影响社会和谐稳定的源头性、根本性、基础性问题结合起来。特别要看到，腐败犯罪与社会矛盾相伴而生，许多大规模信访和群体性事件背后往往隐藏着严重腐败，这就要求我们在查办和预防职务犯罪工作中必须更加注重、切实做好化解社会矛盾工作。一要密切关注转型时期我国社会矛盾的发展态势，有针对性地加强查办和预防职务犯罪工作。当前，要重点查办和预防征地拆迁、医疗卫生、社会保障、环境保护、安全生产、铁路安全建设等民生领域的职务犯罪案件，促进解决涉及群众利益的热点难点问题，努力从源头上消除社会不稳定因素。特别是要把有力惩治和有效预防涉农职务犯罪摆在重要位置来抓，进一步加大查处涉农职务犯罪力度，加强涉农职务犯罪预防，努力保障社会主义新农村建设顺利进行，切实维护亿万农民切身利益。二要善于从群众的举报中分析、把握社会矛盾。对每一份群众举报都要高度重视，不仅要审查举报线索是否具有可查性，还要认真分析举报所反映社会矛盾的性质及程度。对群众反映强烈的线索，一定要坚决、果断、及时调查，决不能久拖不决甚至压案不查。对举报线索虽然质量不高，但反映的问题值得重视的，也要主动进行必要的调查，做好反馈、解释工作，防止因群众多次举报得不到及时妥善处理而激化矛盾。三要把执法办案活动主动向化解矛盾延伸。不仅要坚持依法文明办案，还要充分考虑化解矛盾的需要，认真研究案件处理方式，慎重采取强制措施，重视加强法制宣传等工作。对不立案、撤案、不批捕、不起诉等案件，要认真听取有关方面意见，深入细致做好解释工作。对与案件有关的群众诉求，必要时应主动提出检察建议，督促发案单位和有关部门依法解决，力争使矛盾及时得到化解。四要完善化解矛盾工作机制。建立健全反腐倡廉网络舆情收集、研判和处置机制，适时公布办理的重大职务犯罪案件，及时回应网络舆论反映的腐败热点问题；建立健全信访风险评估预警机制，加强对办理重大复杂案件和关键环节的风险评估和预警，切实防止和减少涉检信访发生。

同时，要着眼于促进社会管理创新，依法查办发生在社会管理活动中的职务犯罪，促进有关部门和国家工作人员依法正确履行社会管理职责；围绕促进公正廉洁执法，把监督纠正诉讼中的违法情况与查办司法人员职务犯罪结合起来，注意透过有案不立、有罪不究、重罪轻判等现象特别是冤错案件，

深挖严查背后的贪赃枉法、徇私舞弊等职务犯罪，切实解决人民群众反映强烈的执法不严、司法不公问题。要更加充分地发挥职务犯罪预防在推进惩防腐败体系建设和社会管理创新中的作用，针对执法办案中发现的社会管理问题及时提出检察建议，推动完善社会管理体系，促进提高社会管理水平。当前，要切实抓好全国检察机关集中开展的"预防工程建设领域职务犯罪、促进社会管理创新"专项预防工作，带动职务犯罪预防工作全面深入发展。

第三，坚持办案力度、质量、效率、效果的有机统一。这是我们深入学习实践科学发展观，系统总结以往检察工作经验教训得出的规律性认识，也是实现查办职务犯罪工作平稳健康发展的必然要求，必须始终不渝地遵循并落实到执法办案中去。

一要进一步加大办案力度。这是党中央的明确要求，也是深入推进反腐败斗争的客观需要。在当前反腐倡廉形势依然严峻的情况下，加大办案力度，必然要体现在一定的办案规模和总体办案数量上。具体到每个地方，并不是要求办案数量每年都大幅上升，最关键的是必须坚决防止人为地放松办案，甚至有案不办、压案不查。各级检察机关都要以对党、对人民、对法律高度负责的态度，认真履行查办职务犯罪职责，毫不放松地抓好办案工作，特别是要按照中央的要求，严肃查办发生在领导机关和领导干部中的职务犯罪等五类案件，使办案力度真正符合反腐倡廉的客观形势，符合人民群众愿望和要求。在严肃查办受贿犯罪的同时，要认真贯彻执行高检院下发的《关于进一步加大查办严重行贿犯罪力度的通知》，坚决查办社会各界反映强烈的行贿犯罪。针对一些地方举报数量下降的问题，要深入开展举报宣传，加强和改进12309举报电话和网络举报工作，不断完善举报线索督察、反馈等机制。要进一步加强举报线索管理，强化对线索流转的监督，防止线索积压、有案不办；进一步完善侦查办案一体化机制，统一规范侦查指挥中心设置、职责和工作程序，更好发挥这一机制在突破大案要案等方面的作用；进一步加强与纪检监察、行政执法部门的协调配合，完善信息共享、执法执纪与刑事司法相衔接等机制，拓宽案件线索渠道来源，增强查办职务犯罪合力。

二要切实提高办案质量。办案质量是检察工作的生命线，对查办职务犯罪工作而言更是如此。近年来，我们在提高办案质量上下了很大工夫，取

得了明显成效，但是职务犯罪案件尤其是渎职侵权犯罪案件撤案、不起诉和无罪判决的比例仍然较高。随着修改后律师法、国家赔偿法的逐步实施，尤其是最近最高人民法院、最高人民检察院等五部门联合发布了《关于办理死刑案件审查判断证据若干问题的规定》和《关于办理刑事案件排除非法证据若干问题的规定》，对检察机关办理刑事案件包括职务犯罪案件提出了更高的标准、更严的要求。各级检察机关要认真贯彻落实，从最初的立案环节就把好关，既要对符合条件的及时立案，又要严格掌握立案标准，防止草率立案、立"凑数案"和超越管辖立案。要进一步强化证据意识、程序意识，真正把侦查工作的重心放在依法、全面收集和固定证据上，坚决杜绝一切不符合法定程序的取证方式和手段。要进一步完善和落实检察机关内部工作衔接机制，对办理的重大、疑难、复杂案件，侦查监督和公诉部门要适时介入，引导取证，加强制约，做到事实清楚、证据确凿，确保办理的每一起职务犯罪案件都能经得起法律和历史的检验。

三要高度重视办案效率。司法效率是司法活动必须追求的价值目标之一。就查办职务犯罪工作而言，效率不高不仅削弱办案力度，而且影响执法效果。今年全国"两会"上，代表和委员对检察机关办理一些职务犯罪案件久拖不决提出了批评，对此我们必须高度重视。在保证办案质量的同时，一定要加快办案进度，避免不必要的拖延。要切实遵守法定办案期限，落实检察环节纠防超期羁押的制度措施，严格延长侦查羁押期限审批。要进一步规范取保候审、监视居住的适用，加强对犯罪嫌疑人不在押案件的监督管理，防止案件久侦不结。要建立健全防止形成积案的机制，完善各项办案制度和保障措施，保证案件能够及时侦查终结。

四要着力增强办案效果。效果不好，案件办得越多，负面影响越大。检察机关办理职务犯罪案件，必须坚持法律效果与政治效果、社会效果有机统一。法律效果是基础，任何时候都不能忽视法律效果甚至违法办案。但仅有法律效果还不够，还必须充分考虑执法办案所带来的政治和社会影响，切实从有利于维护党和政府形象、有利于保障经济社会发展、有利于维护人民群众权益、有利于促进社会和谐稳定出发，正确运用宽严相济刑事政策，坚持理性平和文明规范执法，确保取得良好的政治效果、社会效果。检察机关的各项执法活动、检察人

员执法中的一言一行都会对办案效果产生影响,这就要求我们必须时刻注意严格依法办案,讲求办案方式方法。要探索建立办案效果评估机制,通过问卷调查、走访发案单位、征求当事人和群众意见等形式,充分了解社会各方面对检察机关执法办案活动的评价,及时发现存在的问题,有针对性地进行整改。要大力加强侦防一体化机制建设,促进侦查工作与预防工作紧密有效衔接,扩大执法办案的效果。

办案力度、质量、效率、效果作为衡量检察机关执法办案活动的四个要素,是密切联系、相辅相成的。其中,办案力度是前提,办案质量是核心,办案效率是保证,而办案效果则是根本,是力度、质量、效率的综合反映。在查办职务犯罪工作中,要全面、辩证地看待四者的关系,防止相互割裂、顾此失彼,防止以一个倾向掩盖另一个倾向,防止从一个极端走向另一个极端。特别是要处理好办案力度与办案质量的关系,真正走出一强调办案质量办案力度就下滑、一强调办案力度办案质量就下降的怪圈。要注重发挥考评机制的作用,促进形成办案力度、质量、效率、效果有机统一的正确执法导向。同时,一定要高度重视办案安全工作。进一步端正执法思想,坚决克服麻痹、侥幸心理,扎实抓好各项制度措施的落实,加强对事故易发环节的监控和管理,坚决防止办案安全事故的发生。

第四,着力加强和改进渎职侵权检察工作。查办和预防渎职侵权犯罪是检察机关的重要职责,社会各界对这项工作越来越关注。去年全国人大常委会专门听取和审议了最高人民检察院关于加强渎职侵权检察工作的专项报告,今年还要跟踪听取最高人民检察院关于落实审议意见、切实改进工作的情况报告。贺国强、周永康等中央领导同志先后作出重要批示,要求我们进一步改进渎职侵权检察工作,研究解决渎职侵权犯罪轻刑化等问题,不断提高执法水平,切实维护法制权威。最近,在中央领导同志的关心、支持下,最高人民检察院已经会同中央有关部门起草了《关于加大惩治和预防渎职侵权违法犯罪工作力度的若干意见》。这些都充分体现了党和国家对渎职侵权检察工作的高度重视。我们一定要抓住机遇,乘势而上,加强与有关部门的沟通协商,建立健全与纪检监察机关的配合协作、重大复杂案件专案调查、司法与行政执法的协作等工作机制,着力破解制约渎职侵权检察工作发展的发现难、查证

难、处理难和阻力大等难题,尽快扭转渎职侵权检察工作的薄弱状况。要认真贯彻落实全国人大常委会审议意见,按照最高人民检察院即将下发的加强渎职侵权检察工作的决定要求,进一步在加大办案力度、健全办案机制、重视犯罪预防、加强工作协调、强化队伍建设上下工夫,特别是要认真落实党的十七届四中全会和中央纪委五次全会要求,集中力量查办一批有影响的渎职侵权犯罪案件,向党和人民交出一份满意的答卷。要充分运用广播、电视、报刊、网络等媒体加强反渎职侵权宣传,积极主动邀请人大代表、政协委员视察渎职侵权检察工作,提高渎职侵权检察工作的社会认知度,激发全社会参与、支持查办和预防渎职侵权犯罪的积极性,为渎职侵权检察工作营造良好的社会环境。

三、加强队伍建设,强化自身监督,切实提高公正廉洁执法水平

职务犯罪侦查和预防队伍处在反腐败斗争的第一线,不仅任务重、要求高,面临的腐蚀和考验也更多,抓好自身建设尤为重要。要坚持以公正廉洁执法为核心,毫不放松地加强对职务犯罪侦查和预防队伍的教育、管理和监督,不断提高整体素质和执法水平,确保自身正、自身硬、自身净,为有效惩治和预防腐败提供有力的组织和纪律保证。最高人民检察院将制定下发加强职务犯罪侦查队伍建设的意见,文件下发后,各级检察机关要认真抓好贯彻落实。当前,要突出抓好以下几个方面工作:

一要大力加强思想政治建设。查办和预防职务犯罪是政治性很强的工作,这就决定了从事这项工作的检察人员必须首先在政治上过得硬。要始终把思想政治建设放在首位,坚持不懈地加强中国特色社会主义理论体系教育、社会主义法治理念教育,深入开展忠于党、忠于国家、忠于人民、忠于宪法和法律的忠诚教育,确保检察人员始终坚持"三个至上"、"四个在心中",确保查办和预防职务犯罪工作始终把握正确的政治方向。

二要大力加强执法能力建设。按照最高人民检察院关于大规模推进检察教育培训的部署,有计划地组织各级侦查、预防人员的全员轮训,特别是要针对侦查工作实践性强的特点,围绕提高发现犯罪、侦破案件、收集证据、运用法律、把握政策等能力,开展岗位练兵,强化实战训练,加快培养一批具有精深法律功底、丰富工作经验的业务尖子和办案能手。要重视侦查队伍专业化建设,努力培养金

融、证券等不同领域的侦查专家。同时，适应新形势新任务新要求，加强法学理论和经济、科技等方面新知识的学习，加强群众工作能力、信息化应用能力、突发事件处置能力的培训，促进检察人员的执法办案本领不断提高。加快实施科技强检战略，加强现代化侦查装备配备，加强信息共享平台、办案指挥系统建设，加强科技手段在办案中的运用，切实依靠科技提高检察机关的执法办案能力。

三要大力加强监督制约机制建设。对查办和预防职务犯罪工作的监督，始终是检察机关强化自身监督的重点。要深入推进人民监督员制度改革，进一步完善办案公开机制，建立健全对群众投诉的受理、查究、反馈机制，不断强化人民群众对检察机关执法办案活动的监督。认真执行各项备案、审批制度，完善和落实对立案、逮捕、撤案等关键环节的监督制约机制。特别是讯问全程同步录音录像制度是规范执法行为、防止刑讯逼供的重要举措，必须不折不扣地坚决执行，决不能随意变通、敷衍了事，确保侦查活动严格依法进行。认真落实职务犯罪案件审查逮捕程序改革，严格执行逮捕职务犯罪嫌疑人上提一级的规定，正确处理上下级检察机关职务犯罪侦查部门与侦查监督部门之间横向纵向的监督配合关系，共同研究解决改革实施中出现的新情况新问题，防止自行其是、消极应付、擅自简化、弱化改革措施要求。最高人民检察院和省级检察院要抓紧开展调研，全面掌握改革落实情况，针对存在的突出问题提出加强和规范相关工作的措施，做到既强化监督，又提高办案质量和效率。进一步加强侦查、预防工作规范化建设，并把规范化建设与信息化建设紧密结合起来，充分运用信息化手段加强对执法办案等活动的规范管理，不断增强内部监督的实效。

四要大力加强纪律作风和反腐倡廉建设。近年来，职务犯罪侦查部门一直是检察人员违纪违法的多发领域，预防干警的违纪违法行为也时有发生。如果反腐败的队伍违法办案，不廉洁执法，社会影响更为恶劣。要紧密结合侦查、预防队伍的实际，认真解决执法行为、执法作风方面存在的突出问题，坚决反对特权思想和霸道作风，坚决查处金钱案、关系案、人情案，严禁违法违规扣押、冻结涉案款物，严禁索贿受贿、徇私舞弊、刑讯逼供，严禁以各种名义借占用发案单位车辆等财物，严禁私自会见当事人、接受吃请、泄露案情。要结合开展"恪守检察职业道德、促进公正廉洁执法"主题实践活动，加强示范教育、警示教育和岗位廉政教育，切实筑牢拒腐防变的思想道德防线。广大侦查、预防人员要增强廉洁自律意识，不仅在执法办案中要严守纪律，在八小时以外也要加强自我约束，时时刻刻珍惜职业荣誉、维护职业形象。

四、加强组织领导，狠抓工作落实，确保查办和预防职务犯罪工作取得新的更大成效

查办和预防职务犯罪事关反腐倡廉建设，事关党和国家事业发展全局。各级检察机关一定要高度重视，切实把这项工作摆在更加突出的位置来抓。

一要始终坚持中央确定的反腐败领导体制和工作机制。各级检察机关要毫不动摇地坚持党的领导，认真贯彻落实中央关于反腐倡廉建设的决策部署，紧紧依靠党委领导解决遇到的困难和问题，排除办案中的阻力和干扰。要积极争取各级党委、政府在机构编制、侦查装备、办案经费等方面的支持，为加强查办和预防职务犯罪工作创造良好的条件。

二要切实加强对查办和预防职务犯罪工作的组织领导。检察机关查办和预防职务犯罪工作政治敏感性强、社会关注度高，必须纳入各级检察院党组的重要议事日程，加强统筹规划、组织协调和检查指导。检察长和分管院领导要切实负起责任，不仅要把好方向、做好部署，还要靠前指挥、亲自办案。高度重视侦查、预防部门领导班子建设，选好配强领导班子，加强监督、管理和考察，对不适合的领导干部要及时果断调整。加强人员配备，充实办案力量，稳定业务骨干，确保队伍具有较强的战斗力。尤其是当前渎职侵权检察工作和预防职务犯罪工作还相对薄弱，要给予更多的关心和支持，抓好反渎、预防机构和队伍建设。上级检察院特别是省级检察院和地市级检察院，要发挥带头办案的示范作用，在抓好自身办案等工作的同时，要加强对下指导，注意掌握情况，及时解决问题，帮助排除干扰阻力，保证查办和预防职务犯罪工作健康深入发展。

三要关心、爱护职务犯罪侦查和预防队伍。查办和预防职务犯罪的任务比较繁重，许多干警长期处于高度紧张、疲劳的工作状态。对这支队伍在严格管理的同时，要在政治上、工作上、生活上给予实实在在的关心、爱护，特别是要关注干警的身心健康，想方设法减轻他们的工作压力和心理负荷。要把开展深入细致的思想政治工作与解决干警的实际困难结合起来，解除他们的后顾之忧，激发他们的工作热情。对因依法履职受到打击报复或其他不公正待遇的,要旗帜鲜明、态度坚决地予以保护;对作出突出成绩的,要及时给予表彰和奖励。

查办和预防职务犯罪工作责任重大,使命崇高。我们要更加紧密地团结在以胡锦涛同志为总书记的党中央周围,坚定信心,开拓进取,扎实工作,为深入推进党风廉政建设和反腐败斗争,为推动科学发展、促进社会和谐作出新的更大贡献!

在全国检察机关第二次
民事行政检察工作会议上的讲话

最高人民检察院检察长　曹建明

（2010 年 7 月 21 日）

这次会议的主要任务是:深入贯彻落实胡锦涛总书记等中央领导同志对检察工作的一系列重要指示,以科学发展观为指导,全面总结近年来的民事行政检察工作,分析面临的形势和任务,研究部署当前和今后一个时期的工作,努力开创检察机关民事行政检察工作新局面。

2001 年第一次民事行政检察工作会议以来,全国检察机关紧紧围绕党和国家工作大局,坚持以执法办案为中心,忠实履行宪法和法律赋予的职责,不断强化对民事审判、行政诉讼活动的法律监督,依法办理了一大批民事行政申诉案件,为维护司法公正和法制统一、维护社会和谐稳定、促进经济社会又好又快发展作出了重要贡献。民事行政检察工作在克服困难中前进,在改革创新中发展,指导思想更加明确,办案规模逐步扩大,办案机制趋于健全,监督方式日益丰富,监督质量和效果不断提升,社会影响力不断增强,整体工作水平不断提高。这些成绩来之不易,是各级民行检察部门和广大民行检察人员团结一心、顽强拼搏、积极探索、开拓进取的结果。在此,我代表最高人民检察院,向广大民行检察人员表示崇高的敬意和亲切的慰问!

下面,我讲几点意见。

一、充分认识新形势下大力加强和改进民事行政检察工作的重要性和紧迫性

党的十七大以来,以胡锦涛同志为总书记的党中央对新时期检察工作作出一系列重要指示,突出强调要加强对诉讼活动的法律监督,切实解决执法不严、司法不公问题。2008 年,周永康同志在深入贯彻党的十七大精神、全面加强和改进检察工作座谈会上指出:"对于民事、行政诉讼进行法律监督是国家法律赋予检察机关的重要职能,要维护民事、行政裁判的严肃性,使公正的判决裁定得到有效执行,使显失公平的判决裁定得到及时纠正。"去年,周永康同志又两次作出重要批示,要求检察机关充分发挥民事行政检察职能作用,主动服务民生,全力化解矛盾纠纷。这些都充分体现了党中央对民事行政检察工作的高度重视,为加强和改进民事行政检察工作指明了方向。各级检察机关一定要把思想和行动统一到中央的要求上来,从全局和战略的高度,充分认识新形势下大力加强和改进民事行政检察工作的重大意义,进一步增强做好这项工作的责任感和紧迫感。

（一）加强和改进民事行政检察工作,是维护社会主义市场经济秩序、保障经济又好又快发展的需要。没有完备的法治保障就没有成熟的市场经济。随着社会主义市场经济不断发展,检察机关法律监督的地位和作用更加突出,不仅要依法打击经济犯罪,还要加强民事、行政领域的法律监督,切实维护良好的市场经济法律秩序。特别是要按照党中央关于完善社会主义市场经济体制、完善基本经济制度、健全现代市场体系的要求,更加重视做好民行检察工作,通过强化对民事行政诉讼活动的法律监督,促进依法调节民事、行政关系,促进建立完善市场经济的诚信机制和依法管理的有效机制,促进形成统一开放竞争有序的现代市场体系,为加快转变经济发展方式、实现经济又好又快发展提供有力的司法保障。

(二)加强和改进民事行政检察工作,是深入推进三项重点工作、维护社会和谐稳定的需要。民行检察工作与三项重点工作具有十分密切的关系。检察机关要通过开展民事行政诉讼监督,并针对发现的社会管理漏洞提出检察建议,促进依法行政,促进社会建设和社会管理创新;通过依法纠正司法不公等问题,严肃查处司法人员贪赃枉法、徇私舞弊等犯罪,促进公正廉洁执法。特别是民事行政申诉案件直接关系群众切身利益,如果群众的合理诉求得不到依法公正解决,被错误裁判扭曲的民事行政法律关系得不到及时有效矫正,就容易转化为影响社会和谐稳定的消极因素。因此,办理民事行政申诉案件既是维护司法公正的过程,也是解决群众诉求、促进定分止争、化解社会矛盾的过程。在当前各种民事、行政矛盾纠纷凸显,民事行政申诉居高不下,民商事利益冲突协调难度不断加大的情况下,民行检察工作在维护社会和谐稳定方面的责任更加重大、作用更加重要。

(三)加强和改进民事行政检察工作,是关注和保障民生、维护社会公平正义的需要。随着我国经济社会发展和民主法制建设进程加快,人民群众对在物质文化生活上公平正义的要求越来越高,不仅要求权利和机会公平,而且要求规则和结果公平;不仅要求人身、财产权利得到平等保护,而且要求权利被侵害后得到公正的司法救济。由于民事行政法律调整范围之广,民事行政案件数量之大,民事行政案件裁判结果与当事人切身利益密切相关,特别是法官在审理民事行政案件中的自由裁量权相对较大,人民群众对社会公平正义和司法公正的要求也更多地集中在民事行政诉讼领域。每年全国"两会"期间,都有不少人大代表和政协委员提出意见和建议,要求检察机关加大民事行政诉讼法律监督力度。我们一定要从检察工作的人民性出发,不断加强和改进民行检察工作,坚持执法为民、关注和保障民生,更好地维护人民权益,更好地满足人民群众对公平正义的司法需求。

(四)加强和改进民事行政检察工作,是坚持和完善中国特色社会主义检察制度、推动检察工作科学发展的需要。检察机关作为国家法律监督机关,依法对刑事诉讼、民事审判、行政诉讼活动实行法律监督,是我国检察制度的重要特色。其中民行检察承担了两大诉讼监督职责,决定了民行检察制度是中国特色社会主义检察制度不可或缺的重要组成部分,决定了大力加强和改进民行检察工作对坚持和完善中国特色社会主义检察制度,提升检察机关法律监督的全面性、权威性,具有十分重要的政治和法律意义。这项工作开展得如何,直接关系到中国特色社会主义检察制度的优越性能否充分发挥,关系到检察工作能否实现科学发展。

二十多年来,民行检察工作取得了长足发展,但由于各种因素的影响,仍然是检察工作相对薄弱的环节,存在不少亟待解决的问题:一是办案的数量、质量、效率和效果与人民群众的司法需求还有差距,一些地方对民事审判、行政诉讼不敢监督、不善监督、监督不到位,一些案件办案周期长、质量和效率不高。二是队伍结构和整体素质还不能适应工作发展需要。各级民行检察部门人员分布与办案工作任务"倒三角"的结构性矛盾还没有从根本上解决。民行检察队伍的专业素质与履行职责的需要还有差距,审查判断证据、适用法律、发现和纠正违法、群众工作等能力有待提高,有影响的高层次、专家型人才严重缺乏。三是理论研究、机制创新亟待加强。对民行检察工作规律还缺乏深入把握,一些重大理论和实践问题还存在较大争议,检察系统内部思想认识也不够统一。民行检察工作机制还不够完善,执法规范化水平需要进一步提高。各级检察机关一定要从检察事业发展全局出发,高度重视、认真解决这些问题,下决心扭转民行检察工作相对薄弱的状况,努力推动民行检察工作创新发展。

民行检察工作起步相对较晚,相关法律规定又比较原则,客观上存在监督范畴不明确、监督手段不完善、监督环境不理想等问题。但我们更要看到,经过二十多年的不懈努力,民行检察工作已积累了不少行之有效的实践经验,培养了一批素质较高的业务骨干,为推进民行检察工作创新发展奠定了坚实基础。随着司法体制和工作机制改革不断深化,民事行政诉讼法律监督制度逐步完善,一些制约民行检察工作开展的深层次问题正在得到解决,民行检察工作面临前所未有的发展机遇。特别是党中央、全国人大和各级党委、人大以及社会各界对民行检察工作高度重视、大力支持,为民行检察工作创新发展提供了强大动力和根本保证。我们一定要增强信心和决心，以高度的责任感、紧迫感和攻坚克难的勇气，把握机遇，迎接挑战，努力实现民行检察工作跨越式发展。

二、准确把握民事行政检察工作的法律监督属性、职能定位和基本要求

民事行政检察工作的基本职责是对民事审判、行政诉讼活动进行法律监督。民行检察工作在改革发展中必须立足并坚持法律监督属性。一是，民行检察监督作为检察机关法律监督的重要组成部分，在性质上是对公权力的监督，监督对象是民事审判、行政诉讼活动；二是，民行检察监督是居中监督，检察机关代表国家行使法律监督权，在当事人之间保持客观、中立、公正立场，不代表任何一方当事人；三是，在对民事审判、行政诉讼的多元化监督体系中，民行检察监督发挥着其他监督不可替代的重要作用，与其他监督相辅相成、分工制约；四是，民行检察监督的范围、方式和方法有待进一步探索完善，但其基本要求仍然是：在法律授权范围内对发生的违法情形或生效的错误裁判进行监督；五是，在现行法律框架下，民行检察监督的效力主要是依法启动相应的法律程序、提出相应的司法建议或意见，促使人民法院启动再审程序和纠正违法情形，既不代行审判权，也不代行行政权；六是，民行检察监督的基本目标是通过依法监督纠正诉讼违法和裁判不公问题，维护司法公正，维护社会主义法制统一、尊严、权威。与此同时，在开展民行检察监督的过程中，检察机关还承担着维护人民权益、维护社会和谐稳定、服务经济社会发展的重大责任。

面对新形势新任务新要求，各级检察机关必须站在党和国家事业发展全局的高度，深刻认识、全面把握民行检察工作的法律监督属性和基本职能，始终坚持以科学发展观为指导，认真总结实践经验，不断探索工作规律，努力在更高水平上推动民行检察工作健康深入发展。为此，要牢牢把握以下几点：

一要始终把民行检察工作放在党和国家工作大局中谋划和推进。民行检察工作与改革发展稳定大局密切相关，必须始终围绕大局来开展，从服务大局出发明确加强和改进工作的切入点和着力点。当前，要重点围绕加快转变经济发展方式、保持经济平稳较快发展服务，密切关注热点领域的经济纠纷和司法状况，综合运用抗诉、督促起诉、支持起诉等手段，加强对国有资产、知识产权、环境资源、新农村建设等方面的司法保护，保障中央关于转方式、调结构、自主创新、环境保护、"三农"工作等重大决策部署的落实。要认真贯彻中央关于深入推进三项重点工作的决策部署，深入研究在民行检察工作中化解社会矛盾、推动社会管理创新、促进公正廉洁执法的有效途径，着力转变执法观念、完善执法机制、改进执法方式，更加注重发挥民行检察工作在促进经济社会又好又快发展、维护社会和谐稳定中的职能作用。

二要切实从人民群众的新要求新期待出发加强和改进民行检察工作。民行检察通过对公权力的监督，间接具有权利救济的作用。人民群众提出申诉，就是要通过检察机关的监督，在实现公平正义中维护自身的合法权益。要大力推进"亲民检察"、"民生检察"，关注群众的诉求，切实把加强法律监督同维护人民权益紧密结合起来。坚持把民行检察监督的重点放在人民群众反映强烈的突出问题上，特别是加强对审判人员徇私舞弊、枉法裁判和其他严重违反法定程序、严重侵害当事人及案外人利益的行为的监督。像张章宝同志那样，以对群众高度负责的态度，热情接待来访，认真听取诉求，及时审查办理每一起申诉案件。注意倾听群众意见，不断改进办案方式方法，完善和落实便民措施，耐心为群众明法析理、释疑解惑，切实把执法为民体现到执法态度、行为、作风等各个方面。

三要不断深化对民行检察工作规律性的认识。民行检察工作起步较晚，国内外可供借鉴的经验不多，需要在实践中不断探索。我们既要推动民行检察监督的范围、手段、机制、方式逐步完善，不断强化民行检察监督职能，又要准确把握民行检察监督的特点和规律，保证法律监督权依法正确行使，保证民行检察工作的正确发展方向。特别是民行检察监督主要是对诉讼活动的监督，要坚持遵循司法规律，符合诉讼原理，有利于民事、行政诉讼活动有序高效运行，实现办案数量、质量、效率、效果有机统一；坚持遵循当事人意思自治原则，尊重当事人在法律规定范围内的处分权，除损害国家利益、社会公共利益和以违法犯罪损害司法公正的以外，一般应以当事人申诉作为审查案件、提出抗诉的前提和基础；坚持遵循当事人平等原则，保障双方当事人平等对抗的权利，维护诉讼结构的平衡；坚持遵循民事审判和行政诉讼的不同规律,尊重审判机关根据双方举证和证据的证明力依法作出的裁判;坚持正确处理加强法律监督与维护裁判稳定性的关系,既反对把裁判的既判力绝对化,又充分考虑维护生效裁判判力的需要,准确行使抗诉等监督权,努力寻求公正与效率的合理平衡。

四要坚持把改革作为推动民行检察工作创新发展的动力。解决民行检察工作面临的困难与问题,实现民行检察工作科学发展,根本出路在于改革。二十多年来,各级检察机关不断深化民行检察改革,探索开展再审检察建议、调解监督、执行监督、督促起诉、支持起诉等一系列工作,从理论与实践的结合上为发展和完善民行检察制度奠定了重要基础。要继续按照中央关于深化司法体制和工作机制改革的部署,紧紧围绕强化法律监督和加强自身监督,推动完善民行检察监督范围和程序,不断创新民行检察监督机制和方式。高度重视民行检察理论研究,深入回答民行检察工作面临的重大理论和实践问题,加强对改革实践的理论概括与立法推动。正确处理深化检察改革与做好当前工作的关系,既要着眼长远,稳步开展改革试点,着力研究解决民行检察监督面临的体制性、机制性障碍,又要立足当前,把主要精力放在履行法律赋予的监督职责、用好用足现有法律监督手段上,毫不放松地抓好各项民行检察工作。

五要加强与人民法院的沟通协调。在民事行政诉讼中,检察机关与审判机关承担的职责不同,但都是为了实现司法公正,保障国家法律的统一正确实施。检察机关开展民事行政诉讼监督,对人民法院既是监督,又是支持。从这个意义上讲,两者之间不是互相掣肘,不是唱对台戏,而是在各自职权范围内依法独立公正行使检察权和审判权,共同维护司法公正和司法权威。检察机关既要敢于监督、善于监督、强化监督,忠实履行宪法和法律赋予的职责,又要依法监督、规范监督、理性监督,积极营造与审判机关的和谐关系。要主动加强与人民法院的沟通,树立共同的司法理念和司法价值观。要善于换位思考,既把握检察权运行的内在规律,又尊重审判权运行的内在规律,不断改进监督方式和方法,建立健全正常有序的工作机制,在依法监督纠正错误裁判的同时,积极做好正确裁判的服判息诉工作,实现良性互动,保障检察机关与审判机关协调有序有效地开展工作。

三、紧紧围绕强化法律监督职能、推进三项重点工作,进一步加强和改进民事行政检察工作

大力加强和改进民事行政检察工作,首先必须立足于现行法律规定,切实履行好法律赋予检察机关的监督职责。要坚持把工作的重点放在依法办理民事行政申诉案件上,在加大监督力度的同时,进一步提高办案质量;特别是要从深入推进三项重点工作出发,更加注重化解社会矛盾、推动社会管理创新、促进公正廉洁执法,努力实现数量、力度、质量、效率、效果有机统一。

(一)着力加大办理民事行政申诉案件力度。办理民事行政申诉案件,是检察机关对民事审判、行政诉讼实施法律监督的主要途径。因此,强化民行检察监督,关键是要进一步采取有效措施,逐步扩大办案规模,提高办案质量和效率,形成更加有力的监督态势。一要进一步畅通申诉渠道。民行检察工作虽已开展多年,但社会认知度还不高。要大力开展各种形式的宣传活动,广泛宣传检察机关的民行检察监督职能,宣传检察机关办理的典型抗诉案件,增进社会各界和人民群众对民行检察工作的了解。加强和改进相关信访工作,加强和改进与司法行政机关、律师事务所、法律服务所、乡镇司法所、企事业单位的联系,充分发挥民生热线、派出检察室等新平台的作用,落实便民措施,方便群众申诉,不断拓宽案件来源。对受理的民事行政申诉,要进一步建立健全相关程序和工作制度,严格审查时限和工作责任,明确通知、告知当事人和送达法律文书期限,切实做到有诉必理、有案必办、及时答复。二要重点加大办理不服二审生效裁判的申诉案件力度。目前检察机关办理的抗诉案件中,针对一审生效裁判的抗诉占有相当比例。我国民事诉讼法和行政诉讼法均规定了两审终审制,当事人不服一审判决应当先行上诉,如果怠于或规避行使上诉权而转向检察机关动用抗诉权,不仅耗费有限、宝贵的司法资源,也使两审终审制失去应有的作用。各级检察机关要逐步调整抗诉案件结构,把办案重点放在不服二审生效裁判的申诉上。当事人在一审判决生效前到检察机关申诉的,应当明确告知其依照法律规定的程序提出上诉。三要大力推进检察一体化办案机制建设。近年来,各地积极探索建立上下级检察院一体化办案机制,取得了良好效果。要认真总结实践经验,进一步明确职责分工,加强协作配合,整合检察资源,提高办案效率。

特别是要高度重视发挥基层检察院在执法办案中的基础性作用，努力实现工作重心下沉，增强办案工作合力，努力解决"倒三角"问题。今后，最高人民检察院和省级检察院除办理不服生效裁判的申诉案件外，要重点加强对下工作指导，加强民行检察理论研究和立法调研，加强民行检察工作规范化建设和制度建设；地市级检察院在抓好自身办案的同时，要加强民行检察工作调研，加强本地区案件的协调办理，采取交办、转办等方式统一组织基层院办案工作；基层检察院除受理民事行政申诉外，要积极开展再审检察建议和执行监督、督促起诉、违法调查等工作，还要认真办理上级检察院交办、转办的案件，负责审查提出意见以及受上级院指派出庭等工作，逐步形成各级检察院各有侧重、各负其责、密切配合的工作格局。四要加快推行网上办案。通过推进检察信息化建设，实现办案信息网上录入、办案流程网上管理、办案时限网上预警、办案质量网上考核，加强网络视频系统在汇报、研究案件和指导办案中的运用，切实依靠科技提高办案效率、加大办案力度。

（二）着力构建以抗诉为中心的多元化监督格局。抗诉是法律明确赋予检察机关对民事审判和行政诉讼实施法律监督的主要手段，具有直接启动人民法院再审程序的效力。要坚持把抓好抗诉工作作为民行检察监督的中心任务，充分运用抗诉手段监督纠正确有错误的裁判。同时，注意抗诉与再审检察建议、纠正违法通知书、检察建议等其他监督手段的综合运用和有效衔接，注意发挥各种监督手段的整体效能。一要把抗诉与再审检察建议有机结合起来。根据案件的实际情况，灵活运用抗诉和再审检察建议两种手段，既保证监督力度，又争取好的监督效果。要认真总结再审检察建议工作经验，进一步规范适用范围、标准和程序，充分发挥再审检察建议在提高司法效率、节约司法资源、强化同级监督等方面的积极作用。要加强对再审检察建议落实情况的跟踪监督，特别是对法院不采纳再审检察建议的，要及时查研究，必要时提出抗诉，促使错误裁判依法得到纠正。二要把纠正错误裁判与纠正违法行为有机结合起来。在民行检察工作中，既要监督纠正错误裁判，又要监督纠正法院和法官在诉讼中的违法行为。按照中央批准的《关于对司法人员在诉讼活动中的渎职行为加强法律监督的若干规定（试行）》（正在会签），对在办理

民事行政申诉案件中发现的审判人员、执行人员渎职行为，要通过发出纠正违法通知书、更换办案人建议书，及时纠正违法，保障诉讼活动依法进行。对于审判人员在审理案件时有贪污受贿、徇私舞弊、枉法裁判或者其他严重违反法定诉讼程序的行为，可能影响案件正确判决、裁定的，要坚决依法提出抗诉。认真研究对诉讼违法进行调查的具体方式和程序，确保依法、有效地监督纠正民事行政诉讼中的违法行为。三要把办理民事行政申诉案件与发现、移送司法不公背后的职务犯罪线索有机结合起来。根据中央关于司法体制和工作机制改革的部署，去年最高人民检察院下发了《关于完善抗诉工作与职务犯罪侦查工作内部监督制约机制的规定》，实行抗诉工作、侦查工作由不同业务部门负责。必须指出，这项改革不是仅仅针对民行检察工作提出的。通过改革，既有利于规范侦查权的行使，也有利于民行检察部门集中精力办理申诉案件，总体上是对民行检察工作的加强而不是削弱。实行这项改革后，民行检察部门不再自行初查或侦查职务犯罪案件，但仍然承担着发现和移送职务犯罪线索的任务。民行检察部门在办好申诉案件的同时，要加强与侦查、控申等部门的协作配合，注意发现隐藏在司法不公背后的司法人员职务犯罪线索，移送并配合侦查部门依法查处；职务犯罪侦查部门在办案中发现民行案件存在司法不公问题的，也要及时移送民行检察部门，充分发挥检察机关整体监督的优势、合力与实效。

（三）着力提高抗诉案件质量。办案质量是取得良好监督效果的前提和基础，无论是提出抗诉、再审检察建议还是纠正违法意见，都应当做到事实清楚、观点正确、说理充分、适用法律正确。特别是抗诉案件，如果事实不清、观点不正确、理由不充分、适用法律错误甚至不该抗诉而抗诉，不仅难以取得预期效果，而且浪费司法资源、损害司法权威。要牢固树立办案质量是生命线的意识，进一步建立健全办案质量保障机制。一要探索实行合议制度，完善专家咨询制度，加强对抗诉案件特别是重大疑难复杂案件的集体研究；进一步规范检察委员会研究讨论民行抗诉案件制度，明确抗诉案件提交检委会讨论的范围，充分发挥检委会的审查把关作用。二要全面推行抗诉书说理制度，提高抗诉书的说理性，增强抗诉观点的说服力，促进法院依法改判。三要完善跟踪监督机制，加强与再审法院各环节的

联系沟通,认真履行出席再审法庭的监督职责,充分发挥检察长、副检察长列席审委会的监督作用,对再审结论确属错误的视情启动后续监督程序。四要健全办案质量评查机制,定期对抗诉案件进行复查,重点加强对再审维持原判案件的质量评查,认真分析原因,重视查找自身不足,有针对性地改进工作。五要建立民事行政诉讼监督案例指导制度,高检院将对重大典型抗诉案例进行分类汇编,加强类案研究,总结成功经验,指导各级检察院正确掌握抗诉标准,提高整体工作水平。

(四)着力加强和改进对行政诉讼的法律监督。由行政诉讼"民告官"的特点所决定,行政诉讼监督具有较强的政策性、复杂性和社会性,办理相关申诉案件的难度大、要求高。近年来,随着人民群众法律意识不断增强,进入司法领域的行政争议持续上升。依法妥善处理这些行政争议案件,不仅事关当事人合法权益,也事关社会公共利益和社会和谐稳定。各级检察机关要积极适应形势变化,高度重视行政申诉案件办理,认真总结经验,深入研究规律,不断提高行政诉讼监督能力和水平,更好地维护司法公正、促进依法行政。要看到,人民法院审理的行政案件总量虽然不大,但这些案件所反映的社会矛盾比较特殊。特别是因征地拆迁、企业改制、社会保障、资源利用、环境保护等社会热点问题引发的群体性行政争议,往往情况复杂、矛盾尖锐,对社会和谐稳定影响很大。检察机关在办理行政申诉案件的过程中,必须正确处理维护司法公正与维护社会稳定的关系,既要认真履行监督职责,该抗诉的依法抗诉,又要注意发现政府在行政行为中存在的问题并提出检察建议,对行政机关工作人员在执法中的失职渎职和侵权行为加强监督,还要深入分析行政争议涉及的矛盾和成因,做好化解矛盾工作。对裁判确有错误的,要配合人民法院和有关部门尽可能先采取协调方式处理,帮助政府改进工作作风、完善管理方式,促进问题依法及时解决,促进社会建设,推进社会管理创新。

(五)着力发挥民行检察工作化解社会矛盾的职能作用。检察机关办理民事行政申诉案件,最终都要落实到:不仅要纠正错误裁判、维护司法公正,而且要按照深入推进三项重点工作的要求,把化解矛盾贯穿于执法办案的始终,特别是要克服孤立办案、机械执法的思维和做法,牢固树立抗诉与息诉并重的观念,对所受理的申诉案件既不一抗了之,也不一推了之,在民行检察工作各个环节,重视做好深入细致的化解矛盾工作,促进社会和谐稳定。一是从受理、立案到审查终结各个环节,都要坚持实事求是、客观公正的立场,依法告知申诉人可能出现的各种情况和诉讼风险,始终注意加强法制宣传和释法说理。尤其对不立案、不提请抗诉、不抗诉、终结审查等案件,要采取当面和书面答复告知相结合的方式,充分说明理由和依据,耐心释疑解惑,加强心理疏导,引导当事人服判息诉。二是要认真总结一些地方的成功经验,探索依托"大调解"工作体系,建立健全民事申诉案件检调对接机制,加强与人民调解、司法调解和行政调解的衔接、配合。对当事人双方有和解意愿、符合和解条件的,要积极引导和促使当事人达成和解,配合人民法院及相关部门做好有关工作。三是要探索将息诉、和解工作纳入民行检察工作考评范围,进一步规范息诉、和解工作程序和要求,引导各级检察机关和广大检察人员更加自觉地做好化解社会矛盾、维护社会稳定工作。

四、加强改革探索和理论研究,不断完善民行检察体制和工作机制

党中央对民行检察改革高度重视。中央政法委《关于深化司法体制和工作机制改革若干问题的意见》指出,要"完善检察机关对民事、行政诉讼实施法律监督的范围和程序","明确对民事执行工作实施法律监督的范围和程序"。我们要紧紧抓住这一契机,以中央确定的改革任务为重点,继续深化各项改革论证和试点,稳妥推进民行检察体制和工作机制改革。

(一)继续推进强化民事行政检察监督的改革探索。通过改革强化民行检察监督,关键是完善监督范围,创新监督方式,增强监督效力。中央《意见》明确了改革的主要任务,但具体如何完善法律监督的范围和程序,还有待我们深入研究。各级检察机关要围绕中央确定的改革任务,在过去工作的基础上,继续加强改革探索,为最高人民检察院制定改革方案提供实践依据。要注意根据民行诉讼规律和检察监督职能定位探索监督的范围、程序和手段,充分考虑检察监督对诉讼进程和审判活动的影响,认真研究不同情况下检察监督的合理、有效方式,积极探索开展类案监督等新举措,保证检察机关的监督既有利于维护司法公正,又有利于诉讼的顺利进行。要继续开展督促起诉、支持起诉等改革探索，总结经验，加强规范，特别是要准确把握督促起诉、支持起诉的条件，确保这些改革举措取得良好效果。

（二）高度重视民行检察工作监督制约机制建设。强化自身监督是检察工作健康发展的重要保证，民行检察工作也不例外。要牢固树立监督者更要接受监督的观念，在强化法律监督的同时，始终把强化自身监督放在同等重要的位置来抓，坚决克服只重视监督别人、不重视自身监督的倾向。一要大力加强执法规范化建设，抓紧修订完善办案工作规则，健全受理、立案、审查和抗诉等各个环节的制度规范，细化工作流程，明确执法标准，强化办案责任，建立健全立审分离、案件审批等制度。二要加强检察机关各部门之间的相互制约，认真落实抗诉工作与职务犯罪侦查工作内部监督制约机制，坚持实行民行申诉案件分别由控申部门负责受理、民行部门负责审查制度。三要强化上级检察院对下级检察院办案工作的监督，进一步完善抗诉案件备案制度，注意加强对申诉人不服下级院不立案、不提请抗诉等决定的复查。四要重视征求人民法院对监督工作的意见、建议，完善和落实听取各方当事人及律师意见、回访当事人等制度。五要把民行检察工作作为深化检务公开的重要内容，除执法依据、办案程序要全部公开以外，还要实行审查结果、法律文书公开，接受社会各界和人民群众监督。

（三）大力加强民事行政检察理论研究。各级检察机关都要把民事行政检察理论作为检察理论研究工作的重点，加强对民行检察工作、民行检察改革中重大理论和实践问题的研究，特别是要深入研究民行检察制度的理论基础、发展规律及方向；深入研究民行检察监督的性质、特点、范围、方式；深入研究检察机关在民事行政诉讼中的职能定位、职权配置；深入研究在民行检察工作中如何更好地遵循司法规律，更好地贯彻民事、行政诉讼的基本原则，更好地协调与审判机关和诉讼当事人的关系。高度重视民事行政诉讼立法研究，积极提出落实司法体制改革、完善民行检察制度的立法建议，推动民行检察监督的范围和程序不断完善。加强与法学界的交流和合作，加强与专家学者的共同研究，努力增强民行检察理论研究成果的科学性、创造性和说服力，为深化民行检察改革、推动民行工作发展提供强有力的理论支持。

五、切实加强领导，推动民事行政检察工作取

得更大成效

大力加强和改进民行检察工作，不仅需要民行检察部门付出不懈努力，更重要的是各级检察院党组必须切实加强领导，着力解决存在的突出困难和问题，着力改变民行检察工作相对薄弱的状况。

（一）把民行检察工作放在更加突出的位置来抓。各级检察院党组特别是检察长要把民行检察工作摆上重要议事日程，首先争取党委领导和人大监督、支持，经常听取汇报，研究解决问题，认真谋划加强民行检察工作的思路和措施，从各方面给予高度重视和大力支持，努力形成民事审判监督、行政诉讼监督与刑事诉讼监督协调发展的工作格局。检察委员会要加强对民商事和行政法律法规的学习，加强对重大疑难复杂案件的讨论，切实发挥好集体决策、审查把关作用。要配强各级院民行检察部门负责人，符合条件的应当任命为检察委员会委员。检察机关法律政策研究、检察理论研究等部门要与民行检察部门密切配合，共同加强对民行检察工作有关问题的研究。上级检察院要加强调研，及时解决带有普遍性的问题，指导下级检察院打开工作局面、提高办案水平。

（二）进一步加强民行检察机构建设和人员配备。要适应工作发展需要，健全民行检察机构，有条件的省、市级检察院可以增设机构，逐步实行民事检察部门、行政检察部门分设。牢固树立人才是第一资源的观念，采取充实、调整、引进并举的办法，增加办案力量，改善队伍结构。适当增加地市级以上检察院民行检察部门人员编制，新增政法专项编制要向民行检察部门倾斜，提高民行检察人员的比例。注重内部挖潜，把具有较强民行法律功底的人员调整、安排到民行检察部门工作。招录新进检察人员时，要把熟悉民商事和行政法律专业的人员作为招录、引进重点之一。积极创造条件，选派民行检察业务骨干到法院挂职办案。加强与法院系统的人员交流，争取从法官和律师队伍中引进一批政治素质好、精通民行业务、理论水平较高、办案经验丰富的骨干。在政治上、工作上、生活上关心爱护民行检察人员，完善激励表彰机制，保持民行检察队伍特别是业务骨干的相对稳定。

（三）大力提高民行检察队伍的整体素质。解决民行检察部门人员少、任务重的矛盾，不能简单依靠增加办案力量，还要坚持不懈地在提高队伍素质上下工夫。民行检察业务涉及的法律法规范广,遇到的新类型案件多,对检察人员的专业素养要求很高。要高度重视民行检察队伍专业化建设,把思想政治建设与业务能力建设结合起来,把教育培训与实践锻炼结合起来,把培养人才与引进人才结合起来,着力提高队伍的法律监督能力。不断深化社会主义法治理念教育,深入开展创先争优活动和"恪守检察职业道德、促进公正廉洁执法"主题实践活动,教育和引导检察人员牢固树立正确的执法理念,增强政治意识、大局意识、责任意识和职业道德意识。加强与民行检察业务密切相关的新知识、新技能的培训,开展形式多样、贴近实际的岗位练兵活动,提高民行检察人员适用法律能力、证据审查能力、文书说理能力、再审出庭能力以及做好群众工作、化解社会矛盾等能力。积极选调下级院业务骨干到上级院挂职锻炼,推动东、中、西部检察院互派民行检察干部挂职锻炼。加强民行检察业务专家评审工作,建立全国和省级民行检察人才库,努力培养造就一批在司法界、法学界有影响的高层次专家型人才。毫不放松地抓好反腐倡廉建设。民行申诉案件大多直接关系当事人的经济利益,检察人员在办案中经常与当事人、律师打交道,容易受到各种腐蚀和诱惑。因此,对民行检察队伍的反腐倡廉建设必须高度重视,始终做到防微杜渐、警钟长鸣。在加强反腐倡廉教育的同时,要严明办案纪律,强化监督管理,严格规范检察人员与当事人、律师、法官的关系,及时发现和纠正影响公正执法的苗头性问题,坚决查处人情案、关系案、金钱案,树立公正廉洁执法的良好形象。

(四)自觉接受党的领导和人大监督。做好民行检察工作,离不开党委领导、人大监督和有关方面的支持。各级检察机关要坚持主动向党委、人大报告民行检察工作的重大部署、重大事项和重大案件办理情况,紧紧依靠党委、人大的重视和支持,协调解决监督工作中的困难和问题。要深入学习贯彻人大常委会关于加强法律监督工作的决议、决定,认真研究落实人大代表提出的意见和建议,不断加强和改进民行检察工作。要加强与人民法院的经常性联系,健全和落实联席会议、联合调研、联合发文等机制,主动加强办案中的沟通,协商解决工作中的问题,相互理解,相互支持,相互配合,共同维护司法公正和法制权威。

民事行政检察工作使命光荣,任务艰巨,大有可为。让我们以这次会议为新的起点,始终保持高度的事业心和责任感,始终保持奋发有为的精神状态和求真务实的工作作风,开拓创新,锐意进取,努力开创民事行政检察工作新局面,为推进依法治国、全面建设小康社会作出新的更大贡献!

在全国检察机关第二次
民事行政检察工作会议结束时的讲话

最高人民检察院检察长　曹建明

(2010年7月23日)

刚才姜建初副检察长对会议进行了总结,下面,我再补充谈一些想法。昨天参加了一天的分组讨论,今天又听了八位省级检察院院领导的交流发言,很受启发。对一些问题,又有新的认识。

这次民事行政检察工作会议是一次非常重要的会议,达到了统一思想、深化认识、团结鼓劲、明确方向的目的。我认为,我们民行检察工作二十年来走过了不平凡的发展道路,并取得了历史性进步。尽管我们讲,民行检察工作相对其他检察工作还比较薄弱,还存在这样那样的困难和问题,为什么仍然要评价为:二十年来走过了不平凡的发展道路并取得了历史性进步?最重要的标志是,我们民行检察工作从无到有、逐步发展,已成为中国特色社会主义检察制度不可或缺的重要组成部分,而且在今后的发展过程中,将越来越显示出、发挥出更加重要的作用,我想用这个评价是不为过的。当然,民行检察工作在发展过程中,有成绩,有创新,也有教训,有挫折,但不管怎么样,我们是在困难中发展,是在挫折中探索,是在改革中创新。这二十年尤其是最近十年的发展,所取得的成绩来之不易,所积累的经验弥足珍贵,今天我再补充作这样一个评价,相信这也是我们参加会议所形成的一个共识。

当然,我们也必须非常冷静、客观地看到,民行检察工作起步较晚,相对于其他检察工作而言还比较薄弱,队伍整体素质也有待进一步提高。我们这次会议安排在井冈山召开,就是希望我们在检察工作包括民行检察工作中,大力弘扬伟大的井冈山精神。胡锦涛总书记曾经说过:"中国革命的胜利离不开井冈山精神,实行改革开放,建设有中国特色的社会主义,同样需要发扬井冈山精神。"坚定信念、艰苦奋斗、实事求是、敢闯新路、依靠群众、勇于胜利,中央领导同志归纳的这一井冈山精神,同样也激励着我们开创民行检察工作的新局面。

民行检察工作要大力弘扬井冈山精神,最关键的就是要在困难中坚持正确的发展道路。民行检察工作遇到的困难很多,在新的起点上要实现健康良性发展、创新发展、跨越式发展、可持续的发展,至关重要的一点就是要按照中央的要求,坚持解放思想、实事求是、与时俱进,最终落实到科学发展,这是我们学习实践科学发展观首先必须解决的一个重大问题。为什么加强和改进民行检察工作也要解放思想?解放思想最基本的要求就是要转变观念,民行检察工作在转变观念上大有文章可作。转变观念讲到底,就是民行检察工作也要不断摒弃与科学发展不相适应的理念,树立更加正确、更加符合科学发展的理念。为什么加强和改进民行检察工作要实事求是?因为我们面临一系列亟须解决的重大问题:如何正确理性看待我国立法目前存在的不足;如何正确理性看待目前存在的体制机制障碍;如何正确理性看待目前我们队伍的总体状况,我们必须在此基础上实事求是地提出加强和改进民行检察工作的思路和措施。如果我们能够比较正确、理性地看待这些问题,就能够比较好地做到在民行检察工作中,既不悲观失望、无所作为,又

不急于求成,超越现阶段、脱离现阶段提出发展的思路。大家的干劲很足,希望民行检察工作实现大发展、跨越式发展,认为立法问题、体制机制问题、很多障碍性问题现在都应该尽快解决。我想和大家讲的是,一些问题肯定不是一个月、两个月,甚至不是一两年能够解决的。在这些问题上,我们必须有十分清醒的认识,我们既要有只争朝夕的精神,又要有长期奋斗的思想准备,否则最后仍然会是信心动摇、无所作为。为什么讲加强和改进民行检察工作要坚持与时俱进?就是说,不管面临怎样的困难,我们绝不放弃今天的努力,而且要通过不懈的努力,使民行检察工作在现有基础上再上一个新台阶。总之,联系民行检察工作的实际,突出强调坚持解放思想、实事求是、与时俱进显得更加重要。

民行检察工作要大力弘扬井冈山精神,始终坚持正确发展道路,关键是要解决好民行检察工作发展理念和发展模式的问题。听了大家的讨论,我有一些不成熟的想法与大家交流。发展理念和发展模式涉及三个重大问题:

一是坚持并立足于民行检察工作的法律监督属性问题。在我的讲话中有两个基本概念,一个是民行检察工作,一个是民行检察监督。这两个概念关系非常密切,但它们不是两个等同的概念。民行检察工作的范围很大,民行检察监督则是民行检察工作一个很重要的部分。民行检察人员走进农村、走进工厂、走进社区、走进基层,都属于民行检察工作的一个方面。但我要提醒大家高度关注的是,民行检察工作的核心是民行检察监督,加强和改进民行检察工作必须坚持其法律监督属性。我在讲话中反复强调,民行检察工作无论怎么发展,其本质属性仍然是法律监督。离开了法律监督的本质属性,民行检察工作就会异化,就会偏离正确的发展方向。检察机关恢复重建三十年来所有的争论,几乎都集中在这个问题上。所以,在推进民行检察工作科学发展的进程中,坚持法律监督属性至关重要。

二是民行检察监督的范围问题。我们必须坚持这样一个理念,就是任何权力都有边际,任何权力都有范围,民行检察权也好,法律监督权也好,同样都是有范围的。当然我在讲话中也提到,现在法律规定不明确,我们要在实践中积极探索。但是不管怎么探索,任何权力都有边际、有范围。我们在探索过程中,不能把民行检察权设计成为一种无所

不包、无所不能的权力。如果把我们的权力无限扩大，把它理解成可以横向到边、纵向到底，无所不包、无所不能，按这种思路发展会是怎样的状况和结果呢？现在基层检察院案件少，法院每个案件开庭，不管有没有事情，我都进去提前坐在那里盯着你；法院执行每个案件，不管有没有事情，我都紧紧跟着、盯着你。检察机关的能力是有限的，资源也是有限的，如果按照这个方向去发展，如何使我们的法律监督真正强化、真正到位？我们能监督得了吗？不说法律有无授权、其他政法部门是否赞成我们这样做的问题，就说人员力量的问题，现在全国每年有民行案件 800 多万件，民行部门的同志非常辛苦，再怎么增加编制，如果所有案件都去听、都去跟踪，我想把全国检察机关 22 万干警全部用上都解决不了问题。相反，只有牢牢把握监督的范围和监督的重点，检察机关的法律监督才会是真正有效的。所以，我们必须高度重视监督范围的问题，尽管现行法律对监督范围规定得还不够明确，但是我们在推进改革中提出的建议、措施必须符合法理，符合诉讼的基本规律。

三是民行检察工作发展的模式和结构问题。发展的模式和结构也是一个很重要的问题。过去民行检察监督的手段主要是抗诉，这次会议提出构建以抗诉为中心的多元化监督格局。多元化的监督如何真正体现在民行检察工作中，特别是如何真正加强和改进基层民行检察工作，需要我们深入研究。现在民行检察工作最突出的问题是"倒三角"问题，难点就是基层院干什么、怎么干的问题。我在前天的讲话中，提出重点加大办理不服二审生效裁判的申诉案件力度。讨论中有些同志担心，这样一来基层院不是更没事可干了吗？"倒三角"的问题不是更严重了吗？其实，我在讲话中强调的是逐步调整抗诉案件结构，并不是说对一审生效裁判的抗诉案件一律不办，在某些情况下该办的必须办。比如，一审法官、二审法官互相勾结、贪赃枉法；一审法院法官和一方当事人勾结故意欺骗另一方当事人，不经通知就开庭，应当送达不送达，甚至连判决书都不给，使当事人丧失了诉权，对这样的一审裁判提出抗诉是完全应该的。但如果当事人怠于或规避行使上诉权，而我们基层检察院又把一审抗诉作为办案的唯一来源，而且一讲解决这个问题，就认为基层院今后没有办法发展了，问题更严重了，这就涉及一个重大而严肃的话题：我们民行检

察工作到底应该坚持什么样的发展理念和发展模式？中央突出强调，必须转变经济发展方式、调整经济结构，我们同样面临如何转变发展方式、调整结构的问题。民行检察工作尤其是基层民行检察工作要发展，必须转变观念，必须创新发展模式，必须走出一条新的发展道路。前天我对基层院如何发展提出了初步设想。今天我感到高兴的是，有好几位领导同志在大会发言中，介绍了如何转变发展谋略，探索基层民行检察工作新的发展模式和发展道路，总结了许多很好的经验。我们一定要上下齐心，下大力气解决好这个问题。

关于会议精神的传达贯彻，刚才姜建初副检察长已经讲了。我相信大家都会高度重视，许多省级检察院领导在会议期间就已经与分管副检察长、民行检察处长一起研究，并且提出不能简单地传达贯彻，而是要结合本地实际，认真研究提出具体思路来加以推进，希望各地都这么做。贯彻落实好会议精神，加强和改进民行检察工作，关键是最高人民检察院、各省级检察院要明确下一步工作的思路，坚持不懈地狠抓落实。就最高人民检察院而言，一是请民行厅、办公厅和其他相关部门抓紧提出落实这次会议的整体思路和措施。需要强调的是，抓好这次会议精神的贯彻落实，不是民行厅一个部门的事情，而是各部门的共同责任。民行厅要牵头认真研究，结合大家在这次会议中提出的意见，提出贯彻落实会议精神的方案，提请院党组讨论。二是在这次会议的基础上，尽快形成加强和改进民行检察工作的决定。三是进一步加强民行检察理论研究。加强民行检察工作，理论是先导，必须先行。对许多重大理论问题，我们还需要进一步深入研究，以统一思想、提高认识、凝聚人心。民行厅要会同理论所、研究室提出一批有针对性的重大研究课题，约请检察系统的专家和法学领域的专家共同开展研究，为民行检察工作的改革发展提供有力的理论支持。四是要积极稳妥地推进司法体制改革。要把中央确定的两项改革任务作为重中之重，一方面要完善检察机关对民事行政诉讼实施法律监督的范围和程序，另一方面要明确对民事执行工作实施法律监督的范围和程序。对这两项重大课题，民行厅、司改办和其他相关部门要以强烈的责任感，高度重视，尽快完成，8 月份要拿出初步成果向党组报告。改革的实施方案要科学、严谨、富有操作性，尽可能得到中央各政法部门的支持。除此之外，最高

人民检察院提出的民行检察改革都要进一步明确项目、明确责任、明确时间、明确要求,抓紧拿出成果。五是抓紧研究如何推进民行检察工作的制度建设、规范化建设、人才队伍建设、专业化建设。其中,重中之重的是制度建设和规范化建设,人才队伍建设、专业化建设也要通过制度建设、规范化建设来推进。要区分轻重缓急,提出当前和今后一个时期加强民行检察工作制度建设、规范化建设的要求,明确任务、责任和时间来完成。

我们正站在一个新的起点上。希望最高人民检察院、各省级检察院共同抓好这次会议精神的贯彻落实。我相信,在全国检察机关的共同努力下,民行检察工作一定能在现有基础上再上一个新的台阶。

在全国检察机关检察委员会工作会议上的讲话

最高人民检察院副检察长　胡泽君

(2010 年 11 月 23 日)

这次全国检察机关检察委员会工作会议是最高人民检察院党组决定召开的一次重要会议。会议的主要任务是:深入贯彻落实党的十七大和十七届五中全会精神,紧紧围绕服务经济社会又好又快发展和检察工作科学发展,总结交流近年来检察委员会工作经验,研究部署进一步加强和改进工作的措施,努力开创检察委员会工作新局面。

最高人民检察院党组历来十分重视检察委员会工作。早在 1999 年,就将改进检察委员会工作作为贯彻落实党的十五大精神、推进检察改革的一项重要任务来抓。2008 年以来,曹建明检察长多次强调要把检察委员会建设放在突出位置。在最高人民检察院第十一届检察委员会第三次会议上,曹检察长专门就加强和改进检察委员会工作,进一步完善规章制度、规范工作流程、发挥职能作用提出了明确要求。考虑到检察委员会工作在整个检察工作中的重要地位,最高人民检察院党组又决定专门召开这次会议进行研究和部署。

下面,受最高人民检察院党组和曹建明检察长的委托,我讲几点意见。

一、充分认识加强检察委员会工作的重要意义

检察委员会是我国检察机关的业务决策机构,是中国特色社会主义检察制度的重要内容和鲜明特色。加强检察委员会建设是检察工作的重要环节,关系到检察工作的科学发展。各级检察机关一定要从战略和全局的高度,深刻认识新形势下加强和改进检察委员会工作的重要性和必要性。

第一,加强检察委员会工作,是检察机关贯彻民主集中制、实现科学民主决策的必然要求。民主集中制是我们党和国家机关的根本组织制度和领导制度,是党内生活必须遵循的基本准则,也是实现决策科学化、民主化必不可少的制度保证。《人民检察院组织法》规定,"各级人民检察院设立检察委员会。检察委员会实行民主集中制,在检察长主持下,讨论决定重大案件和其他重大问题。"按照民主集中制建立并运行的检察委员会,实行少数服从多数的原则,对检察工作中的重大、疑难、复杂案件和重大事项作出决策,是检察机关贯彻民主集中制的重要组织形式。这一领导方式与检察长负责制相结合,既保证了效率又强调了责任,同时也确保了检察业务工作中重要问题、重大案件决策的正确性,符合我国根本政治制度、司法体制和基本国情的要求。各级检察机关领导干部特别是检察长,要切实增强民主决策意识、权力监督制约意识,坚持民主基础上的集中和集中指导下的民主相结合,集中集体智慧,努力提高检察工作决策的科学化水平。

第二,加强检察委员会工作,是深化检察改革、不断发展完善中国特色社会主义检察制度的必然要求。检察委员会制度是我国检察史上的一项制度创举,是中国特色社会主义检察制度的重要内容。抗日战争时期,山东省抗日民主政府决定建立各级检察委员会,领导和加强检察工作,这是检察委员会制度的开端。新中国成立以来,检察委员会制度先后经历了从检察长担任检察委员会主席、到检察长领导检察委员会、再到检察长主持检察委员会的重大转变,逐渐形成了具有鲜明中国特色的检察决策机制。实践证明,检察委员会制度根植于我国社会主义建设特别是法制建设的实践,与西方国家在"三权分立"政治体制下形成的检察决策机制有着本质区别,具有鲜明的中国特色和明显的优越性。各级检察机关一定要从发展和完善中国特色社会主义检察制度的高度,继续深化检察委员会改革,加强检察委员会建设,用新的业绩进一步体现和证明我国检察委员会制度的合理性和优越性。

第三,加强检察委员会工作,是适应新形势新要求、提高检察工作水平的必然要求。党的十七大对全面落实依法治国基本方略、加快建设社会主义法治国家作了专门部署,并明确提出要推进决策科学化、民主化。刚刚闭幕的十七届五中全会确定了"十二五"时期我国经济社会发展的指导思想、总体思路、目标任务、重大举措,为检察机关服务经济社会科学发展和实现自身科学发展指明了方向。"十二五"时期既是我国全面建设小康社会的关键时期,又是深化改革、加快转变经济发展方式的攻坚时期,社会管理任务十分繁重。在新的形势下,检察工作面临的新情况新问题越来越多,执法能力和执法水平面临的要求越来越高。检察委员会作为检察机关业务决策机构,作出的决定具有法定效力和相对稳定性,一经作出必须执行,非经一定程序不得变更。因此,检察委员会的决策质量,直接影响着检察工作水平。近年来,各级检察院检察委员会坚决贯彻党的路线方针政策和重大决策部署,认真总结检察工作经验,加强宏观决策指导,讨论决定重大、疑难、复杂案件和其他重大问题,统一执法办案标准和尺度,促进了检察工作的健康发展。但也要清醒地看到,有的地方对检察委员会地位和作用认识不到位,不能很好把握检察委员会、党组会、检察长办公会和院务会的职责;有的地方检察委员会制度化规范化水平不高,现有制度没有得到较好落实,检察委员会工作不够经常化和正常化;有的地方检察委员会委员的素质不适应检察委员会工作要求,检察委员会办事机构职能需要进一步加

强。面对新的形势,各级检察机关要切实增强责任感和使命感,把检察委员会工作摆在更加突出的位置来抓,不断提高检察委员会的决策水平,不断提高工作质量和效率,更好地为检察工作科学发展和经济社会科学发展服务。

二、充分发挥检察委员会的职能作用,切实推进检察工作科学发展

从《人民检察院组织法》和最高人民检察院制定的检察委员会组织条例、议事和工作规则看,检察委员会的职能主要体现在宏观指导、讨论决定重大案件和内部监督三大方面。各级检察机关一定要从推动检察工作科学发展的高度,更加全面、充分地发挥检察委员会的职能作用,不断增强检察委员会决策的科学性,进一步运用好检察委员会这个决策平台,推动检察工作科学发展。

第一,要更加充分地发挥检察委员会对检察业务工作的宏观指导作用。宏观性是检察委员会决策的一个重要特征。检察委员会审议的10个方面议题中,涉及贯彻执行国家法律、政策的重大问题和宏观业务工作研究部署的就占到6个方面。这也充分说明了宏观业务决策在检察委员会决策中的分量和比重。总的看,当前各级检察委员会普遍存在审议案件多、审议重大事项少的问题,一些地方甚至把检察委员会等同于办案机构,只研究案件不研究其他重大检察业务事项,导致检察委员会的宏观指导作用发挥不充分。这不利于检察工作的科学发展。各级检察机关要把宏观业务决策摆在更加突出的位置,全面发挥检察委员会既议案又议事的职能,加强对在检察工作中贯彻执行国家法律、政策等重大问题的审议,加强对贯彻执行本级人民代表大会及其常务委员会决议等重大问题的审议,加强对贯彻执行上级人民检察院工作部署、决定的重大问题的审议,加强对重要业务规范性文件的审议,加强对重大专项工作和重大业务工作部署的审议。当前,特别是要紧紧围绕贯彻落实党的十七届五中全会精神,紧密结合本地区、本单位实际,认真审议和研究制定检察机关服务加快转变经济发展方式、推进三项重点工作的有效措施,切实增强检察机关推动经济长期平稳较快发展和社会和谐稳定的能力;认真审议和研究制定检察工作中长期发展规划,确定符合实际的发展战略、发展目标、发展重点,切实增强检察工作的系统性、前瞻性、创造性。

第二,要更加充分地发挥检察委员会研究决定

重大案件的作用。检察机关是国家司法机关，检察职能要通过办理具体的案件来体现。审议重大案件是各级检察委员会的又一项重要职责。在检察机关整个执法办案过程中，从承办人、业务部门负责人，到分管副检察长、检察长、检察委员会，一个环节有一个环节的职责和权限，各自都要依法履行职责，不应相互代替，也不能互相推诿。检察委员会讨论决定的受案范围，有关文件作了原则性与灵活性相结合的规定，有的案件必须经检察委员会讨论决定才能定案；有的案件则可以由检察长依法决定；有的案件虽然在法律适用方面不一定十分复杂，但涉及问题重大，社会影响广泛，也应当通过检察委员会的集体讨论来慎重决断。因此，在落实办案责任，充分发挥承办人、有关部门作用的同时，更要注意通过检察委员会集中集体智慧，全面考量各种因素，确保案件得到依法正确处理。检察委员会要加强对上级交办的重大案件、有关部门组织协调的案件、社会广泛关注的热点敏感案件、相关办案部门有重大意见分歧的案件等的集体讨论决定。各级检察院领导干部特别是检察长一定要增强检察委员会集体决策的意识和能力，善于通过检察委员会正确处理重大疑难复杂案件，防止冤错案件发生，排除干扰阻力，提高办案质量，增强办案效果。

第三，要更加充分地发挥检察委员会的内部监督作用。按照民主集中制原则建立的检察委员会制度，是对检察长负责制必不可少、十分有益的补充，是对检察长以及检察机关内部各部门和检察人员的有力监督制约。近年来最高人民检察院党组高度重视强化对自身执法活动的监督制约，强调必须把强化自身监督放到与强化法律监督同等重要的位置，用比监督别人更严的要求来监督自己。检察委员会制度通过加强集体领导和集体监督，在有效防止个人独断专行，防止案件处理中的不正之风和违纪违法行为，保证严格公正执法等方面发挥着其他监督手段无法替代的重要作用。各级检察委员会要切实发挥监督制约的职能作用，尤其是对领导干部的监督制约作用，加强对检察权行使的监督，确保检察权依法正确行使。特别是在实践中，要合理界定、正确把握党组会、检察长办公会与检察委员会的职责，防止以党组会、检察长办公会代替检察委员会行使职权，对应当提交检察委员会讨论的事项必须经检察委员会讨论才能作出决定，同时要严格坚持"两个过半数原则"，做到召开检察委员会会议必须有全体组

成人员过半数出席方能召开，必须有全体组成人员过半数同意才能作出决定。

三、进一步加强检察委员会建设，切实提高检察委员会民主科学决策的能力和水平

各级检察机关要紧紧抓住当前检察委员会工作中存在的突出问题，统筹抓好检察委员会组织建设、制度建设、能力建设、理论建设，推动检察委员会工作上一个新台阶。

第一，要进一步加强检察委员会组织建设。要按照专业化要求，选好配强检察委员会委员，注意把那些政治素质好、检察工作经验丰富，专业水平高的检察官充实到各级检察委员会中来。要高度重视专职委员的选配工作，严格按照中发〔2006〕11号文件精神要求，真正把业务素质好、议事能力强的资深检察官和优秀检察官选配为专职委员。专职委员工作经验丰富，是检察机关的宝贵财富，各级检察院一定要明确他们的职责，切实发挥好他们的作用，同时保障他们相应的政治和生活待遇。已配备专职委员的检察院，要有一名专职委员具体分管检察委员会建设和检察委员会办事机构工作；配备多名专职委员的，要合理分工，让专职委员都有"职"有"权"。要进一步抓好检察委员会办事机构建设，注意挑选政治坚定、业务精通、作风优良、工作细致、善于沟通的同志从事这项工作，并完善相关工作机制，支持办事机构切实履行职责，真正发挥桥梁纽带作用，促进检察委员会提高议事质量和效率。

第二，要进一步加强检察委员会制度建设。近年来，最高人民检察院就加强检察委员会建设陆续制定出台了一些制度规范，检察委员会工作基本上做到了有制度可依。但一些制度落实不到位、执行不严格，特别是在委员组成、议题范围、议题提起、开会程序、工作文书等方面仍不够规范，影响了检察委员会职能作用的发挥。各级检察院在进一步健全检察委员会制度规范的同时，要认真执行好现有的制度规范。

这里，我要特别强调一下检察委员会会议制度化、规范化的问题。检察委员会会议是检察委员会开展工作的法定方式。不开会，不研究案件和问题，检察委员会就形同虚设，职能作用就无从发挥。这方面我们是有深刻教训的，一些地方的检察长习惯于个人说了算，搞"家长制"、"一言堂"，有的甚至滑向了腐败犯罪的泥潭，其教训是十分深刻的。

从调查了解的情况看,有的地方,包括一些省级检察院,检察委员会开会太少,有的半年只开一两次会,有的基层检察院甚至一年都不开一次检察委员会会议。这种局面必须尽快扭转。要严格执行检察委员会组织条例、议事和工作规则的规定,确保属于议事范围的事项都提交检察委员会讨论决定。省级检察院要带头落实,检察长要负起责任,亲自主持检察委员会会议,坚决防止和纠正忽视检察委员会作用,甚至在重大案件、重大问题上个人说了算的做法。检察长主持会议要充分发扬民主,鼓励、保障每个委员独立、平等、充分地发表意见包括不同意见,引导他们充分讨论,按照少数服从多数的原则形成决定。上级检察院要把落实检察委员会制度情况作为考察领导干部法治意识、民主作风的重要内容,切实加强监督检查。

第三,要进一步加强检察委员会能力建设。检察委员会委员的能力,直接影响着议事议案的质量,影响着检察工作决策的水平。要加强对检察委员会委员的教育培训,特别是要加强对检察事业发展中一系列重大理论和实践问题的学习培训,引导检察委员会委员不断拓展视野,提升综合素质,提高从战略和全局的角度思考和分析问题的能力,增强领导检察工作科学发展的本领。要坚持检察委员会集体学习制度,结合形势特点、工作重点和办案难点,加强对新颁布的法律法规、司法解释的学习,加强对重大检察业务问题特别是民事行政检察业务的学习,提高检察委员会委员的业务素质。要更好地发挥专家咨询委员协助检察委员会民主科学决策的作用,有条件的地方,可以探索设立检察委员会专业研究小组,把有关部门同志和部分专家学者吸纳进来,按照专业领域事先对检察委员会审议的重大案件和重要问题进行研究论证、提出意见,增强检察委员会的议事能力和决策水平。

第四,要进一步加强检察委员会理论建设。这些年来,在深化司法体制和工作机制改革的过程中,对检察委员会制度正当性、合理性的检讨和质疑时消时长,取消检察委员会制度的呼声至今仍然不绝于耳。如何解决实践中存在的问题,回应来自各方面的质疑,不断发展完善中国特色的检察委员会制度,始终是摆在我们面前的一个重大课题。这就迫切需要从理论上作出科学的概括和回答,为深化检察委员会制度改革,推动检察委员会工作创新发展提供有力的理论支撑。一方面,要深化基础理论研究,阐明检察委员会制度的价值目标、基本属性,检察委员会制度的合理性、优越性以及与我国检察制度的契合性。另一方面,要加强应用理论研究,系统总结实践经验,深刻把握工作规律,不断推动检察委员会工作机制创新。同时,要高度重视理论研究成果的转化和应用,发挥理论对深化检察委员会制度改革的支撑和引领作用,使中国特色的检察委员会制度更加完善,优越性得到更加充分的发挥。

最后特别需要强调的是,加强和改进检察委员会工作,必须始终坚持党的领导,自觉接受人大监督。依据党章规定,党组是中央和地方党委设在国家机关、人民团体、有关组织中的党的领导机构,在本单位发挥着领导核心作用。各级检察机关党组的任务,主要是负责贯彻执行党的路线方针政策和同级党委的决策部署,讨论和决定检察工作的重大问题,按照职责权限管理干部,指导本机关党组织的工作。各级检察机关检察委员会要在党组的领导下,认真履行职责,确保党对检察业务工作的领导,确保党的路线方针政策在检察工作中得到不折不扣地贯彻执行。同时,讨论司法解释或其他规范性文件,也要事先征求人大和有关部门的意见,使检察委员会作出的各项决定充分体现人民的意愿。

检察委员会工作责任重大、使命光荣。让我们以这次会议为新的起点,开拓创新,扎实工作,进一步加强和改进检察委员会工作,为发展完善中国特色社会主义检察制度,为强化法律监督、维护公平正义、推动科学发展、促进社会和谐作出新的更大的贡献!

在检察机关"打击侵犯知识产权和制售假冒伪劣商品专项行动"电视电话会议上的讲话

最高人民检察院副检察长　胡泽君

（2010 年 12 月 1 日）

为加大知识产权保护力度,维护公平有序的市场环境,国务院决定,2010 年 10 月至 2011 年 3 月,在全国集中开展为期半年的打击侵犯知识产权和制售假冒伪劣商品专项行动。11 月 5 日,国务院召开了全国知识产权保护与执法工作电视电话会议,温家宝总理发表了重要讲话,对打击侵犯知识产权和制售假冒伪劣商品专项行动进行了动员部署,提出了明确要求。最高人民检察院党组高度重视,曹建明检察长作出重要批示,要求全国检察机关积极参加国务院部署的这次专项行动。11 月 11 日,最高人民检察院下发了《关于积极参与"打击侵犯知识产权和制售假冒伪劣商品专项行动"的通知》。今天我们召开电视电话会议,主要任务是认真贯彻温家宝总理的重要讲话精神,对全国检察机关参加专项行动进行再动员、再部署、再推动。下面,我讲几点意见。

一、统一思想,充分认识开展打击侵犯知识产权和制售假冒伪劣商品专项行动的重大意义

知识产权保护是建设法治国家和诚信社会的重要内容,是促进科技创新的一项十分重要的工作。党的十七届五中全会提出,"十二五"时期要以科学发展为主题,以加快转变经济发展方式为主线,坚持把科技进步和创新作为加快转变经济发展方式的重要支撑。新形势新任务对加强知识产权保护提出了新的要求。近年来,在党中央、国务院的高度重视和全社会的共同努力下,我国知识产权保护工作取得积极成效。但是受各种因素的影响,侵犯知识产权、制售假冒伪劣商品的现象仍时有发生,在一些地区和领域还相当严重,不仅干扰了企业正常的生产经营秩序,损害了企业竞争力和创造积极性,甚至威胁到人民群众生命财产安全,同时,

也影响了国家整体投资环境和国际形象。开展这次专项行动,一方面有利于规范社会主义市场经济秩序,加快发展方式转变和经济结构调整,加快创新型国家建设进程;另一方面也向国际社会昭示我国保护知识产权、打击制售假冒伪劣商品违法犯罪行为的坚定决心,树立负责任大国的国际形象,为扩大对外开放营造良好氛围。各级检察机关一定要充分认识开展这次专项行动的重大意义,深刻领会国务院电视电话会议精神,坚决把思想和行动统一到党中央和国务院的决策部署上来,进一步树立政治意识、大局意识,增强责任感、使命感,把参加这次专项行动作为当前检察工作的一项重要任务,作为检察机关贯彻落实党的十七届五中全会精神,服务党和国家工作大局,保障民生,维护社会和谐稳定,深入推进三项重点工作的重要举措,在各级党委的领导下,按照国务院办公厅印发的专项行动方案的要求,充分发挥检察职能,与有关部门密切协作,扎实开展工作,确保专项行动取得实效。

二、认真履行法律监督职责,依法严厉打击侵犯知识产权和制售假冒伪劣商品犯罪活动

在专项行动中,各级检察机关要认真履行批捕、起诉、诉讼监督和查办职务犯罪职责,依法严厉打击侵犯知识产权和制售假冒伪劣商品犯罪,推动建立健全行政执法与刑事司法相衔接机制,进一步加强对知识产权的刑事保护工作。

（一）突出重点,加大打击力度。今年 1 至 10 月,全国检察机关批捕侵犯知识产权和制售假冒伪劣商品犯罪案件 2185 件 4104 人,起诉 2144 件 4328 人,有力打击了犯罪分子的嚣张气焰。但是,侵犯知识产权、制售假冒伪劣商品行为仍呈现出犯罪案件高发、侵害领域广泛、涉案地区增多、作案方式隐

蔽、跨国犯罪凸显等特点。因此,各级检察机关一定要保持打击的高压态势,依法及时批捕、起诉侵犯知识产权和制售假冒伪劣商品的犯罪案件。要按照专项行动方案的要求,重点打击在新闻出版、文化娱乐、高新技术和农业领域侵犯著作权、商标权、专利权以及植物新品种权的犯罪活动;突出打击印刷复制盗版图书、音像制品、软件以及假冒国际国内知名品牌和制售假冒伪劣药品、食品、农资等侵害民生民利的犯罪;严厉打击互联网侵权盗版和利用互联网、通信网络、电视网络销售假冒伪劣商品的侵权犯罪行为。案件高发地区的检察机关,要坚决排除地方保护主义等干扰,加强与公安机关、人民法院的联系与配合,加大打击力度,对重大、有影响的案件,要适时介入侦查、引导取证,最高人民检察院院和省级检察院要挂牌督办。

(二)强化监督,形成工作合力。要充分发挥法律监督职能,对涉嫌犯罪案件不依法移送或者有案不立、有罪不究、以罚代刑、重罪轻判的,要依法予以监督纠正。要积极走访工商、海关、农业、文化、新闻出版、知识产权、食品药品监督等有关行政执法机关,通过联席会议、情况通报、查阅行政执法案件台账和案卷等方式,摸排一批涉嫌犯罪的案件线索,督促行政执法机关向公安机关移送。对该立案而不立案的,应及时启动立案监督程序,并强化跟踪监督工作,确保案件及时捕、诉、判,防止案件流失。要把国务院部署的这次专项行动与最高人民检察院会同公安部、监察部、商务部开展的"对行政执法机关移送涉嫌犯罪案件专项监督活动"紧密结合起来,以侵犯知识产权和制售假冒伪劣商品犯罪案件为重点,切实加强对行政执法机关移送涉嫌犯罪案件的监督,依法督促相关部门移送并立案侦查一批人民群众反映强烈、国内外广泛关注的犯罪案件。

要加强对国家工作人员为侵犯知识产权和制售假冒伪劣商品犯罪活动充当"保护伞"和徇私舞弊不移交刑事案件、帮助犯罪分子逃避处罚等职务犯罪行为的监督,严肃查办相关执法、司法人员贪污受贿、滥用职权、玩忽职守、徇私舞弊等职务犯罪行为,促进公正廉洁执法。在专项行动中,检察机关侦查监督、公诉、反贪、渎职侵权检察等职能部门要加强衔接配合和统筹协调,整合办案力量,形成工作合力,共同推动专项行动顺利开展。

(三)加强调查研究,建立健全知识产权保护长效机制。各级检察机关在专项行动中,要结合办案加强调查研究,通过对类案和典型个案的剖析,掌握侵犯知识产权和制售假冒伪劣商品犯罪的特点和规律,积极向当地党委、政府和相关企业提出强化管理、消除隐患、预防犯罪和建章立制的检察建议,促进企业管理和社会管理创新。要以开展专项行动为契机,进一步推进行政执法与刑事司法相衔接工作,推动"网上衔接、信息共享"机制建设。已经建立"网上衔接、信息共享"机制的地方,要督促有关部门严格按照规定录入案件信息,确保信息畅通,实现案件的网上移送、网上监督;尚未建立这项机制的地方,要积极向地方党委、政府提出建议,争取尽快建立这一机制,以提高行政执法透明度,切实防止有案不移、以罚代刑。检察机关要通过专项行动,与公安机关、监察机关以及其他行政执法机关研究建立知识产权保护的长效机制。最高人民检察院要对办理侵犯知识产权和制售假冒伪劣商品犯罪案件中的法律适用、证据采信等问题,积极开展调查研究,会同最高人民法院研究制定司法解释,加强工作指导。

三、加强领导,确保专项行动取得实效

开展打击侵犯知识产权和制售假冒伪劣商品专项行动是党中央、国务院的重大决策部署。最高人民检察院已经成立领导小组及其办公室开展工作。各省级检察院也要高度重视,成立相应的领导小组和办公室,周密安排,明确分工,加强指导,确保专项行动顺利进行并取得实效。

(一)加强领导,提供组织保障。这次专项行动时间紧、任务重,各级检察机关务必按照国务院专项行动方案提出的工作要求和时间步骤,制定具体工作方案,突出本地特点,明确目标任务和责任,抓紧组织实施。要把这次专项行动与深入推进三项重点工作有机结合起来,通过开展专项行动,推进社会矛盾化解、社会管理创新和公正廉洁执法。

(二)密切协作,强化工作指导。上级检察机关要加强业务指导和督导检查,全面掌握工作动态,及时研究解决工作中遇到的新情况、新问题。对重大疑难复杂或干扰阻力大的案件,要挂牌督办,限期办结,必要时直接赴当地督导办理。下级检察机关要加强请示汇报。对专项行动的进展情况、重要信息、重大案件和问题以及相关数据,要按照最高人民检察院的要求及时上报。

(三)大力宣传,营造良好氛围。打击侵犯知识产权和制售假冒伪劣商品犯罪是一项利国利民的好事实事,也是国内外和社会各界关注的大事,因此应当加大宣传力度。各级检察院要加强与新闻媒体的联系沟通,通过《人民日报》、《法制日报》、《检察日报》等主流媒体和各大新闻网站,积极宣传检察机关开展专项行动的重要部署、阶段成果、典型案件和经验做法,宣传要有声势、有力度,营造良好的舆论氛围。同时,也要把握好宣传尺度,对于有较大社会影响的案件,要做好宣传计划,统一宣传步骤。对于在全国有重大影响的案件,特别是涉外案件、事关广大人民群众切身利益的敏感案件,要制定好宣传方案,事先报最高人民检察院专项行动领导小组审定,避免因宣传报道不当而产生负面影响。要结合办案开展知识产权普及性宣传和教育,促使公众不断提高保护知识产权意识,自觉抵制假冒盗版商品,把知识产权保护推向更高层次和水平。

深入实施科教兴国战略和人才强国战略,加快建设创新型国家,对知识产权保护工作提出了新的更高要求。检察机关要紧紧围绕党和国家大局,充分发挥法律监督职能,积极参加这次专项行动,努力把我国知识产权刑事保护工作提高到一个新水平,为推动科学发展、建设创新型国家、加快转变经济发展方式作出新的更大贡献。

在全国铁路检察院管理体制改革工作会议上的讲话

最高人民检察院副检察长　胡泽君

（2010 年 12 月 21 日）

这次会议的主要任务是:认真学习中央关于深化司法体制和工作机制改革的精神,贯彻落实中央有关部门将铁路公检法纳入国家司法管理体系的具体安排,对铁路检察院管理体制改革和移交工作以及今后一个时期的铁路检察工作进行研究和部署,推动铁路检察事业健康发展。

受最高人民检察院党组和曹建明检察长的委托,下面,我讲三点意见。

一、充分认识深化铁路检察院管理体制改革的重大意义

铁路检察院是根据宪法和法律的规定,为保障铁路运输安全的需要,在铁路运输系统设立的专门法律监督机关,是我国检察体系中特殊而重要的组成部分。深化铁路检察院管理体制改革,将铁路检察院纳入国家司法管理体系,对于全面落实依法治国基本方略、发展和完善中国特色社会主义检察制度、促进经济社会科学发展,具有十分重要的意义。

（一）深化铁路检察院管理体制改革,是贯彻落实中央决策部署,深化检察体制和工作机制改革的重大任务。中央对建设公正高效权威的中国特

色的社会主义司法制度高度重视,将深化铁路检察院管理体制改革纳入了中央司法体制和工作机制改革的总体部署。2004 年中央文件明确提出,要改革有关部门、企业管理“公检法”的体制,纳入国家司法管理体系。为落实这一重大决策,2009 年 7 月,经中央编委批准,中央编办下发了《关于铁路公检法管理体制改革和核定政法专项编制的通知》,提出铁路运输检察分院和运输检察院与铁路企业全部分离,一次性整体纳入国家司法管理体系,移交给驻在地省（区、市）党委和省级人民检察院,实行属地管理。最近,中央编办、最高人民法院、最高人民检察院、财政部、人力资源和社会保障部、铁道部又联合下发了《关于铁路法院检察院管理体制改革若干问题的意见》,对管理体制改革后干部管理、法律职务任免、业务管辖、资产移交、经费保障等做出了具体规定。中央这些重要指示和要求,为深化铁路检察院管理体制改革指明了方向,明确了任务,提供了动力。各级检察机关特别是各级铁路运输检察院,要把思想和行动统一到中央的决策部署上来,以改革创新的精神和求真务实的态度,认真做

好深化铁路检察院管理体制改革的各项工作,确保改革顺利推进。

(二)深化铁路检察院管理体制改革,是完善中国特色社会主义检察制度的重大举措。铁路检察制度是中国特色社会主义检察制度的重要组成部分。我国铁路网体系庞大复杂,呈现相对独立运行状态,犯罪流动性、跨区域性、专业性、关联性等特征明显,需要一支职业化、专门化的政法队伍,需要一套专门的法律监督体系。建国初期,我们党从巩固新生人民政权、保卫国家经济命脉出发,决定建立铁路检察系统。1979年铁路运输检察院恢复重建,实行最高人民检察院和铁道部双重领导的管理模式。铁路检察院承担着宪法和法律赋予的法律监督职责,履行批捕起诉、查办职务犯罪和诉讼监督等职能,依法打击和防范铁路运输系统所辖区域发生的各种犯罪活动,是维护铁路运输秩序、维护铁路安全稳定的一支重要力量。铁路检察院建立五十七年特别是恢复重建三十年来,中国特色社会主义铁路检察制度随着人民铁路事业的兴盛不断发展,积累了比较完善的专门检察经验,打造了一支比较成熟的专门检察队伍。但随着社会主义市场经济的发展,政府职能逐步转变,政企分离,这种由部门或企业管理司法机关人财物的体制,与铁路检察工作的司法属性不相适应,与社会主义法治建设的要求不相协调。将铁路检察机关纳入到国家司法管理体系,理顺了法律关系,有利于建立健全公正高效的专门检察制度,有利于保证铁路检察院依法独立公正行使检察权,也有利于维护国家法制的统一。

(三)深化铁路检察院管理体制改革,是更好地发挥铁检职能,服务新时期铁路建设和经济社会科学发展的必然要求。铁路是国民经济的基础产业,是国家重要的经济命脉,也是重要的交通工具,在经济社会发展中具有特殊的保障、促进、控制功能和地位。目前我国铁路网运营里程居世界第二,高速铁路里程世界第一,拥有一流的高速铁路技术,还有数万公里铁路正在建设。铁路事业的快速发展,对惩治和预防犯罪、维护铁路安全稳定提出了新的更高要求。这次深化铁路检察院管理体制改革,将铁路检察院的人财物纳入国家司法管理体系,有利于强化对铁路运输领域的法律监督和法律服务,维护国家法律在铁路运输系统的统一正确实施;有利于驻在地省级党委和省级检察院加强对铁

路检察工作的领导,强化铁路检察院与地方检察院的协调配合和沟通交流;有利于更好地发挥铁路检察职能,为铁路稳定发展创造良好的法治环境;有利于建立高度集中统一的铁路管理体制,使铁路在国际国内市场竞争中处于更加有利的位置,更好地服务国家经济建设、社会稳定和国家安全。

各省级检察院和铁路检察机关,要充分认识深化铁路检察院管理体制改革的重要意义,从政治和全局的高度,切实增强责任感和使命感,坚决贯彻落实中央关于推进铁路公检法体制改革的决策部署和最高人民检察院党组的要求,与铁路等有关部门密切配合,及时高效、积极稳妥地推进铁检改革、做好移交工作,使铁路检察管理体制机制更加科学完善,为新时期铁路检察工作的科学发展打下坚实基础。

二、明确工作要求,加强组织领导,积极稳妥推进铁检管理体制改革和移交工作

铁路检察管理体制改革是一项复杂的系统工程,牵扯面广,涉及利益较多。为确保铁路检察改革和移交工作顺利进行,以及移交后铁路检察业务和队伍建设平稳发展,最高人民检察院即将下发《最高人民检察院关于铁路检察院管理体制改革的实施意见》,各省级检察院和铁路检察分院要结合实际,认真贯彻落实,确保明年6月前基本完成移交工作。

(一)关于改革后铁路检察院管理体制有关问题的说明。按照中央和最高人民检察党组的统一部署,这次铁路检察管理体制改革的主要任务是,铁路检察分院和基层院与铁路企业全部分离,一次性移交给驻在地的省(区、市)党委和省级检察院。理顺铁路检察管理体制是这次改革的重点,要注意把握以下几点:一是铁路检察院移交后,两级铁路检察院均作为省级院派出机构,由省级检察院直接管理。省级检察院领导设置在本省区域内的铁路运输检察分院或基层铁检院;铁路检察分院领导设置在本省(区、市)区域内的基层铁检院,同时依法领导属于本铁路局域范围但设置在外省(区、市)区域内的基层铁检院的检察业务工作。移交后的铁路检察院拟变更为市级党委和人民检察院管理的或者对其政法专项编制、设置名称拟作作变更的,要报经最高人民检察院审批。基层铁路检察院接受省级人民检察院和铁检分院的双重领导。这种省直管的体制,是最高人民检察院党组基于铁路检察

院法律监督对象跨行政区划的特点作出的决策，符合宪法和法律的规定，也符合中央关于铁路法院、检察院管理体制改革的精神。各省级检察院要牢固树立大局意识和责任意识，本着对党和国家负责、对检察工作负责的态度，加强协调配合，建立健全经常性的联系协调机制，共同做好铁路检察机关的移交、接收和管理工作。二是在铁检业务管理方面，最高人民检察院党组的意见是铁路检察院业务管辖范围、办案体制机制和司法程序等暂时保持不变。这有利于保持铁路检察队伍和业务的健康稳定。改革后，最高人民检察院铁路运输检察厅和分院所在的省级检察院负责铁检业务的指导和领导工作。各铁路检察机关之间、铁路检察机关与地市县检察机关之间要互相支持、互相配合、加强协调。在执法办案等检察业务工作中遇到重大分歧，协调不成的，向所在地省级检察院请示协调，必要时向最高人民检察院请示报告。三是在队伍管理和建设方面，省级检察院要加强对铁检分院和基层铁检院队伍建设的领导。建立健全基层铁检院检察长向上级铁路检察分院述职述廉和同时向所在省级检察院述职述廉制度。铁路检察分院检察长每年要向所在省级检察院述职述廉，将述职述廉报告抄报最高人民检察院有关部门。四是建立适合铁路检察工作特点的考核机制。铁路检察机关具有跨地域设置和相对独立的特点，最高人民检察院将抓紧制定符合铁路检察工作实际的考核办法和考核标准，引导铁路检察业务和队伍建设科学发展。

需要强调的是，这次改革主要是对铁路检察管理体制进行调整，并没有改变铁路检察机关的法律监督属性和打击犯罪、保护人民、维护公平正义的职责任务。移交省级检察院管理后，铁路检察机关仍然是国家依法设置的专门检察院，行使对铁路领域的专门法律监督职责，其职能管辖、审级、办案程序、法律监督范围等检察业务，仍然按照刑事诉讼法和最高人民检察院有关规定执行；铁路检察工作的基本目标仍是通过履行对铁路领域司法活动的法律监督，维护铁路安全稳定和正常的铁路管理秩序，保护人民生命财产，国家铁路资产和建设资金的安全，促进铁路领域的公平与正义；铁路检察机关的监督和服务对象仍主要是铁路运输和管理领域的各项活动，以及涉及铁路建设的各项活动。各省级检察院和铁检机关对此要统一思想和认识，认真做好新形势下的铁检工作。

（二）着力抓好"两房"和基础设施的移交工作。按照中央有关部门的要求，铁路检察院现有全部资产一并移交。目前，铁路检察机关"两房"建设、办公办案用车及信息技术设备等基础设施建设相对比较滞后，有的铁路检察分院甚至没有办公用房，更谈不上办案和技侦用房。各省级检察院要抓紧与铁路检察机关共同做好基础设施清理和统计工作，坚持原则性和灵活性相结合，认真做好检察基础设施接收工作。特别是对办公用房、办案用房和专业技术用房、网络、车辆及其他办公办案装备、设施等尚未达到国家规定标准的，要尽快与所在铁路局协商解决拖欠问题，争取通过移交使铁路检察机关检务保障有大的发展。铁道部对移交工作非常支持，多次表示要保质保量地做好"两房"和检察装备的移交工作，相关铁路局也态度明确，保证给予完全支持。最高人民检察院和各省级检察院要进一步加强与铁路部门的沟通协调，积极争取支持，帮助解决具体问题。移交地方后，最高人民检察院要与铁路部门及时脱钩，严格遵守检察机关计划财务、技术装备、工资待遇等规章制度。各级铁路检察机关领导要以身作则，严格管理，全体干警都要严守法纪。各省级检察院要抓紧与有关部门协商，将铁路检察院的经费列入省级地方财政预算予以保障，并研究制定落实铁检机关各项经费、干警待遇、检务保障等方面的相关制度。

（三）着力维护铁检队伍的稳定。队伍稳定既是铁路检察管理体制改革的重要内容，也是改革成功的重要保障。各省级检察院和铁路检察机关要切实维护铁路检察队伍的稳定。一是要保持铁路检察院干部的配备规格不变。铁路检察分院领导班子副职和基层院级别略高于同级地方检察机关——这是铁路检察特色和行业特点，也是多年来开展铁路领域法律监督工作的需要。移交省级检察院管理后，要保持铁路检察机关的原配备规格、职级职数。二是要抓好铁检人员过渡工作。严格按照中央六部门《关于铁路法院检察院管理体制改革若干问题的意见》规定的条件和程序，使用政法专项编制做好铁检相关人员的身份转换。对于不符合法律规定条件或者考核、考试不合格的人员，由所在铁路局妥善安置。三是要抓好改革时期铁检干警的思想政治工作。改革必然会触及部分人的切身利益。要注意倾听干警的意见和呼声，教育和引导干警深刻认识铁路检察管理体制改革的重大意义,把自身利益放到党和国家工作大局中去思考,增强党性观念和政治意识、大局意识、责任意识,正确对待个人进退得失。铁路检察机关的领导同志一定要发挥模范带头作用,以身作则,不利于改革的话不说,不利于改革的事不做,深入细致地做好干警的思想政治工作。要敢于坚持原则,弘扬正气,确保思想不散、工作不断、秩序不乱。

(四)着力加强对铁路检察管理体制改革的组织领导。深入推进铁路检察体制改革、做好移交工作,事关铁路检察事业的长远发展,事关中国特色社会主义检察制度的完善,不仅是铁路检察机关的任务,更是各省级检察院党组的责任。相关省级检察院党组要做到认识到位、态度明确、措施得力,确保移交过程中和移交后队伍不混乱、业务不松懈。省级院检察长要亲自抓,分管领导具体负责,及时研究提出落实意见,制定具体的工作方案,有计划、有步骤地抓好各项工作,确保改革任务如期完成。要抓紧向党委作专题汇报,尽快与编办、组织、财政等部门沟通,争取理解支持。要加强横向协调,主动与所在铁路局和相关省级检察院联系,对目前尚不明确和有争议的问题,要抓紧协商解决。最高人民检察院有关部门要加大对铁路检察移交工作的指导,特别是铁路运输检察厅作为最高人民检察院领导全国铁检工作的部门,对移交过程和移交后管理中可能出现的问题要早思考、早判断、早谋划,做到有预案、有措施,加强对下检查指导,促进各项改革任务的落实。需要强调的是,在铁路检察体制改革过程中,必须严明纪律,不准在移交期间突击提拔干部,不准超编配备干部,不准弄虚作假,不准违规处置资产,违反规定的要严肃追究主要负责人、直接责任人及经办人的责任。

三、以改革创新的精神,加强和改进新时期的铁检工作

铁路检察院恢复重建以来,在最高人民检察院和铁道部党组的领导下,紧紧围绕党和国家中心工作,与铁路公安、法院密切配合,在确保铁路大动脉畅通、维护国家安全和社会稳定、促进社会公平正义等方面发挥了十分重要的作用。恢复重建以来,全国铁检机关共依法批准逮捕和提起公诉各类犯罪嫌疑人 24 万余人,立案查办贪污贿赂、渎职等职务犯罪案件 13094 件 15245 人,挽回经济损失近 25 亿元,受到了党中央、国务院和铁道部的充分肯定。

当前,铁路检察工作面临难得的机遇。十七届五中全会强调,要推进国家运输通道建设,基本建成国家快速铁路网,发展高速铁路,构建便捷、安全、高效的综合运输体系。"十二五"时期将是我国铁路改革和发展的关键时期,如何维护铁路特别是高速铁路的安全稳定,依法打击危害铁路犯罪,维护铁路安全,直接关系到党和国家工作大局,关系社会治安稳定。作为一支在铁路领域开展法律监督和法律服务的专门力量,铁路检察机关责任重大。各省级检察院和铁路检察机关对新时期铁路检察工作面临的形势和任务要有清醒地认识和判断,紧紧围绕铁路改革发展稳定大局,以强化法律监督职能为立足点,以执法办案为依托,突出执法办案重点、延伸执法办案职能、改进执法办案方式,为构建和谐铁路和平安铁路作出更大的贡献。

(一)紧紧围绕铁路发展稳定大局履行专门法律监督职能。服务党和国家的大局是社会主义法治的重要使命,也是检察机关充分发挥职能作用和有效履行职责的必然要求。各省级检察院和铁路检察机关一定要站在党和国家事业发展全局的高度,认真总结多年来成功经验,不断探索工作规律,健全完善工作措施,不断提升铁路检察工作围绕中心、服务大局的能力和水平。一是要围绕平安铁路建设,研究制定铁路检察机关在国家和铁路领域重要时期、重大活动期间,参与和开展铁路维稳安保工作的长效机制;配合有关部门认真做好铁路治安重点地区集中整治行动,认真做好"春运"和"两会"期间铁路维护安保工作,积极参与铁路社会管理工作;坚持把化解矛盾贯穿于铁路检察办案的全过程,抓紧建立健全铁路检察环节矛盾排查化解、执法办案风险评估和检调对接机制。二是要继续加大对涉及铁路职务犯罪的打击力度。严厉打击铁路运输和管理领域职务犯罪,铁路建设领域侵吞铁路建设资金的职务犯罪,继续抓好在跨省市铁路建设项目中的职务犯罪预防工作,全力维护正常的铁路管理秩序和国家建设资金的安全。三是要强化诉讼监督工作。全面加强对铁路公安、法院的刑事立案、侦查、审判活动的监督,特别是加强对站车交接等流动性案件的监督,进一步拓宽民事案件监督工作渠道。四是要注意建立和完善铁路检察机关与铁路局、站段联系的长效机制。始终把为铁路企业服务作为铁路检察工作的重要出发点和落脚点,不断强化为企业服务的意识,认真研究铁路建设和铁路运输面临的新情况、新问题,热情为铁路企业提供法律服务,继续在铁路局和站段干部职工中开展法制教育和宣传活动,为铁路企业的稳定发展提供法制保障。

(二)大力加强铁路检察队伍建设。铁路检察队伍长期隶属于铁路,是一支准军事化队伍,组织纪律性强,整体素质高,但也普遍存在队伍年龄偏大、专业结构不合理、视野较窄等问题。各省级检察院要高度重视新时期铁检队伍建设,把这支队伍管理好、使用好。要根据最高人民检察院关于检察机关内部机构设置的有关规定,进一步健全铁检机关内设机构,以确保铁路检察业务和相关管理工作顺利开展。要配齐配强铁路检察机关的班子,加强对各级铁路检察院领导班子和领导干部的管理,加强铁路检察队伍与地方检察队伍的交流,把短期岗位锻炼与长期任职交流结合起来,开阔铁路检察干部视野,优化铁检队伍结构。要高度重视铁路检察队伍的专业化建设,把思想政治建设与业务能力建设结合起来,把教育培训与实践锻炼结合起来,着力提高队伍的法律监督能力。要坚持从严治检,强化铁路检察队伍的廉政建设和执法规范化建设,确保铁路检察机关公正廉洁执法。在严格要求的同时,要从政治上、工作上、生活上关心帮助铁路检察干部,使他们尽快融入省级检察院这个大家庭。

(三)深入研究铁检工作面临的新情况新问题。当前,铁路检察工作面临很多新情况、新问题,如监督对象单一,案件日益减少;铁路单位公司化和股份制改造导致铁路干部身份发生变化;高速铁路开通运营后盗窃破坏高速铁路线路设备、危害高速铁路安全的犯罪增多等,要认真研究解决这些问题。要充分利用铁检机关以期来一体化管理的优势,积极探索铁路检察机关执法办案一体化机制建设,加大铁路检察分院对基层院业务工作的领导力度。要加强铁路检察理论研究工作,充分发挥中国检察官协会铁路检察分会的作用,加强与法学界的交流与合作,重点研究铁路检察制度的理论基础、发展规律及方向,铁路检察法律监督的性质、特点、范围、方式,铁路检察机关的职权配置、业务管辖、队伍建设和装备建设,以及铁路检察机关与地方检察机关的协作配合等问题,为铁路检察工作的创新发展提供理论支撑。

铁路检察体制改革任务艰巨,铁路检察工作大有可为。我们要始终保持高度的事业心和责任感,始终保持奋发有为的精神状态和求真务实的工作作风,开拓创新,锐意进取,不折不扣地把中央部署的铁路检察体制改革任务完成好,为推进依法治国方略、全面建设小康社会作出新的更大贡献。

在全国检察机关查办和预防职务犯罪工作会议上的讲话

最高人民检察院副检察长　邱学强

(2010 年 7 月 15 日)

全国检察机关职务犯罪侦查预防工作会议今天就要结束了。这次会议围绕深入推进反腐倡廉建设和三项重点工作,统筹研究部署职务犯罪侦查预防工作,曹建明检察长出席会议并作重要讲话,充分体现了最高人民检察院党组的高度重视。

下面,我围绕贯彻落实曹建明检察长重要讲话精神、做好当前和今后一个时期的工作讲几点意见。

一、深入学习领会会议精神,全面加强和改进新形势下的职务犯罪侦查预防工作

坚决惩治和有效预防腐败,是关系党的生死存亡的重大政治任务,检察机关肩负着重要责任。曹建明检察长的重要讲话,从高举中国特色社会主义民主法制伟大旗帜、依法履行职务犯罪侦查预防职责、建立富有公信力的专门队伍、坚持服务大局和执法为民根本宗旨的高度,对加强和改进新形势下的职务犯罪侦查预防工作作出了全面部署，为我们在推动经济社会科学发展中实现自身科学发展指明了根本走向。这次会议精神集中体现在曹建明检察长的重要讲话中，各级检察机关一定要深入学习领会，准确理解把握，认真抓好贯彻落实。

第一，要从职务犯罪侦查预工作的历史经验与根本走向上深刻理解和准确把握。检察机关恢复重建后特别是近几年以来，最高人民检察院对职务犯罪侦查预防工作作出了一系列重大部署，要求各级检察机关坚持以执法办案为中心，紧紧围绕党和国家工作大局开展职务犯罪侦查预防工作；坚持办案力度、质量、效率、效果相统一，保障查办职务犯罪工作平稳健康发展；认真贯彻宽严相济刑事政策，努力实现办案法律效果、政治效果和社会效果的有机统一；坚持把强化自身监督放到与强化法律监督同等重要的位置，不断健全完善职务犯罪侦查工作监督制约机制；坚持惩防并举、注重预防，从源头上遏制职务犯罪；坚持从严管理侦查预防队伍，加强专业化建设，提高执法公信力，等等。曹建明检察长的重要讲话，集中体现了这些宝贵历史经验，并顺应新的形势发展，遵循侦查预防工作规律，对进一步加强和改进职务犯罪侦查预防工作提出了新的更高的要求。我们既要坚持用好历史经验，更要承前启后、继往开来，站在新的起点上继续开拓创新，使职务犯罪侦查预防工作更好地体现时代性，把握规律性，富于创造性。

第二，要从职务犯罪侦查预防工作的历史方位与根本走向上深刻理解和准确把握。当今世界正处在大发展大变革时代，我国经济持续快速发展，改革开放不断深化，民主法制建设日益完善，同时也面临着刑事犯罪高发、对敌斗争复杂、人民内部矛盾凸显等各种风险和挑战。受多方面因素影响，当前职务犯罪等腐败现象依然易发多发，一些国家工作人员特别是少数领导干部滥用职权、贪污受贿、腐化堕落、失职渎职，严重损害国家和人民利益，影响经济发展、社会稳定乃至党的执政地位和基础。曹建明检察长站在全局和战略的高度，全面深入分析当前形势，准确把握检察机关的历史方位，深刻阐明了职务犯罪侦查预防工作在服务经济社会发展、加强反腐倡廉建设、推进三项重点工作和强化法律监督中的历史使命，为我们指明了前进方向。这就要求我们必须进一步强化大局意识、忧患意识和责任意识，深刻认识反腐败斗争的长期性、复杂性和艰巨性，切实增强使命感和紧迫感，旗帜鲜明地加大办案力度，保持惩治腐败高压态势，有力遏制和预防职务犯罪，为巩固党的执政地位、实现党的执政使命作出新的贡献。

第三，要从职务犯罪侦查预防工作的历史机遇与根本走向上深刻理解和准确把握。当前，职务犯罪侦查预防工作机遇与挑战并存，最大的机遇就是党中央提出科学发展观，党的这一最新重大理论成果为检察工作科学发展奠定了最重要的一块基石。曹建明检察长的重要讲话，通篇贯穿了科学发展观，明确提出了新形势下加强和改进职务犯罪侦查预防工作的指导思想、目标任务和实现途径，要求我们在更好服务经济社会科学发展、更好推动自身工作科学发展上下工夫。而要贯彻落实这样的要求，一个首要的前提，就是我们一定要辩证清醒地认识我们在思想观念、执法能力、队伍建设、体制机制等方面不适应不符合科学发展观要求的问题，正确处理全局与局部、当前与长远、重点与一般、业务与队伍、数量与质量、打击与保护、内因与外因等若干重大关系，这些都是事关职务犯罪侦查预防工作全局而又必须下大力气解决的重大课题。我们必须倍加珍惜学习实践科学发展观这个重大历史机遇，牢牢把握住科学发展观中的"科学"二字，切实增强战略思维、创新思维、辩证思维，自觉运用学习实践科学发展观的认识成果、实践成果和制度成果解决工作中的矛盾和问题，努力做到主观与客观的统一、理论与实践的统一、知与行的统一。唯有如此，我们才能确保侦查预防工作和队伍建设全面健康协调发展，把职务犯罪侦查预防工作提到一个新的历史高度。

第四，要从职务犯罪侦查预防工作的精神状态与根本走向上深刻理解和准确把握。曹建明检察长指出，当前职务犯罪侦查预防工作面临着新形势、新机遇和新挑战，我们在办案力度、执法理念、队伍素质、工作机制、执法保障等方面不适应的问题愈加凸显。这就要求我们决不能因循守旧、故步自封，更不能精神萎靡、怨天尤人、停滞不前，而是要振奋精神、迎难而上，紧紧抓住实事求是这个党的思想路线的精髓，进一步解放思想、更新观念，辩证清醒地看待以往的历史成就和历史经验，辩证清醒地看待当前正在实行的一些政策和措施，防止把历史经验和历史成就神圣化、简单化和绝对化，防止在破除旧的束缚的同时发生新的思想僵化、坠入新的思维定式，努力推动从深层次上实现理念、机制、方法、职能、作风等方面的变革，促进执法能力、执法水平和执法公信力都有一个质的提高，不断把职务犯罪侦查预防工作推向前进。

总之，各级检察机关要按照这次会议确定的主题和在一些重大原则上形成的共识，坚持以科学发展观为指导，认真贯彻中央反腐败方针政策，坚持历史经验，明确历史方位，抓住历史机遇，始终保持良好的精神状态，解放思想，转变观念，深化改革，在保持办案工作平稳健康发展的前提下，既着眼长远，着力解决体制机制等方面制约侦查预防工作和队伍建设发展的根本性问题，又立足当前，突出重点，着力解决提高执法公信力和加大惩治预防腐败力度等重大紧迫性问题，最大限度地发挥职务犯罪侦查预防工作在反腐倡廉建设、三项重点工作和强化法律监督中的职能作用，在服务经济社会发展中努力实现自身工作全面健康协调发展，不断开创职务犯罪侦查预防工作新局面。

二、始终坚持以执法办案为中心，推动查办职务犯罪工作深入健康发展

近年来，各级检察机关认真贯彻中央反腐败总体部署，依法查办了一大批贪污贿赂、渎职侵权犯罪案件，为反腐倡廉建设和经济社会发展作出了重要贡献，得到了社会各界的充分肯定。今年1—6月，全国检察机关立案侦查职务犯罪案件办案件数和人数与去年同期相比都有所上升。办案质量都有新的提高，总体发展态势良好。但是我们必须清醒地看到，当前工作中还存在不少突出问题：一是办案工作虽然全国总体平稳，但从局部看不平稳、不平衡的问题比较突出，特别是渎职侵权战线办案空白院仍然大量存在，有的三年甚至五年没办一起反渎案件。二是办案力度、质量、效率、效果不够协调统一的问题仍然是自侦工作中的突出矛盾。反渎案件起诉、判决比例虽较上年有所提高，但总体看提升质量的空间还很大。三是办案安全事故和干警违法违纪仍然时有发生。各级检察机关必须正确判断估计形势，大力加强宏观指导和分类指导，采取切实有效措施，把工作抓上去。

第一，要振奋精神、强化措施，积极加大办案力度。加大查办职务犯罪力度，保持惩治腐败高压态势，是党的十七届四中全会的明确要求，是人民群众的强烈呼声和愿望，更是检察机关的职责和使命。近年来，一些地方查办职务犯罪案件数量大幅下降，侦查职能不断弱化，甚至导致侦查工作逐步被边缘化，这种状况必须坚决改变。一是要统一思想，树立正确的政绩观，正确对待业务考评，坚决防止片面追求工作平稳，人为调控办案数量。二是要突出办案重点。要按照中央"五个严肃查办"的要求，紧紧抓住职务犯罪多发领域和重点部位，集中力量查办贪污贿赂、渎职侵权犯罪大案要案，严肃查办行政执法、司法人员职务犯罪案件，切实解决人民群众反映强烈的执法不严、司法不公问题。要以专项工作带动全局，突出抓好治理商业贿赂、治理工程建设领域突出问题、严厉整治买官卖官行为三个专项工作，特别是要加大对行贿犯罪的打击力度。这里要强调，对黑恶势力"保护伞"及其他相关职务犯罪，要加大深挖力度，尤其要重点查处公共管理、经济管理、政法等部门国家工作人员与黑恶势力权钱交易、滥用职权包庇纵容黑恶势力的职务犯罪。三是要适应职务犯罪日趋隐蔽化、智能化、复杂化的新形势和规范执法、保障人权要求不断提高的新挑战，着力提高职务犯罪侦查能力。要大力加强侦查信息工作，努力发挥信息引导侦查、服务侦查的功能作用。要进一步强化侦查办案一体化机制，健全、理顺侦查指挥中心设置，强化上级检察院对办案工作的组织指挥协调，有效整合侦查资源，提升办案整体效能。四是要抓住司法改革机遇，破解难点问题。我们越是在工作中遇到困难和挑战，越要解放思想、开拓创新，只要不违背法律和规定都可以积极探索、大胆尝试，通过改革寻求出路。当前制约检察机关查办职务犯罪工作开展的许多问题，如完善贪污贿赂犯罪立法、适当延长传唤和拘传时间、技术侦查权问题、信息查询问题、执法保障问题等，都已经列入中央司法体制和工作机制改革，最高人民检察院承担了其中一些改革任务，有关工作正在积极推进。这些改革的逐步落实，必将有力促进职务犯罪侦查工作的发展。各地要不等不靠，积极协调解决有关问题，推动执法办案工作创新发展。

第二，要保证办案质量，努力提高办案效率。质量是办案工作的生命线，效率是办案工作的价值追求之一。各级检察机关必须把公正与效率作为司法活动的基本价值目标，严格保证办案质量，努力提高办案效率。要正确处理办案数量与质量、质量与效率的关系，既要充分发挥职能，积极加大办案力度，又决不能以牺牲办案质量为代价盲目追求办案数量;要在保证办案质量的前提下努力提高办案效率,加快办案进度,防止案件久侦不结、长期积压。要进一步健全完善职务犯罪案件质量、效率保障监控体系,侦查、侦查监督、公诉和案件管理等部门要各负其责,加强协作配合和监督制约,严把立案、批捕、起诉关口,确保案件质量。对于过去积存的案件,今年已纳入考评基数,各地要抓紧组织清理消化。去年我们部署实施了职务犯罪案件审查逮捕上提一级改革,今年全国人大常委会对国家赔偿法作了重大修改,今后刑事拘留超过法定时限和捕后撤案、不诉等都要引起国家赔偿;最近"两高"、三部又联合出台了《关于办理死刑案件审查判断证据若干问题的规定》和《关于办理刑事案件排除非法证据若干问题的规定》,严格排除非法证据,并实行举证责任倒置,这些都对查办职务犯罪工作提出了更高的要求。各级检察机关必须积极适应形势发展,切实强化质量、效率、证据、程序意识,进一步转变侦查模式,严格规范执法,提高办案质量和效率,特别是要认真落实讯问职务犯罪嫌疑人全程同步录音录像制度,保证录制资料的完整性,坚决杜绝一切不符合法律规定的取证方式和手段。

第三,要更加注重办案效果,努力实现"三个效果"的有机统一。注重办案法律效果与政治效果、社会效果的有机统一,是司法活动的更高价值追求,也是我国社会主义司法制度的重要特色。查办职务犯罪工作具有很强的政策性和敏感性,要求我们必须更加注重办案效果。各级检察机关要牢固树立社会主义法治理念,坚决克服就案办案、机械执法的观念,把办案与服务、严格执法与贯彻宽严相济刑事政策、办案与预防等有机结合起来,努力提升执法水平和办案效果。要自觉围绕党和国家工作大局、坚持执法为民宗旨谋划和开展查办职务犯罪工作,善于从宏观上把握任务和重点,找准服务经济社会科学发展的结合点,提升办案与服务的整体效果。要始终坚持理性、平和、文明、规范执法,确保办案质量和安全,并建立办案风险评估制度,有效防止因执法不当引发社会矛盾。要认真贯彻宽严相济刑事政策,讲究办案的方法策略,对犯罪嫌疑人加强教育挽救。慎重使用羁押强制措施,慎重扣押、冻结涉案款物,依法保障公民、法人的合法权益和企业正常经营。

这里我重点强调一下反渎职侵权工作。渎职侵权犯罪严重危害经济社会科学发展,侵犯公民合法权益,惩治和预防渎职侵权犯罪是检察机关的一项重要任务。去年以来,中央领导同志多次就加强反渎职侵权工作作出重要批示,全国人大常委会连续两年审议检察机关反渎职侵权工作,充分体现了对这项工作的高度重视。近几年,检察机关反渎职工作逐步加强,但总体上仍然比较薄弱,为此最高人民检察院正在制定《关于加强和改进新形势下惩治和预防渎职侵权犯罪工作若干问题的决定》,并正在会同中央有关部门制定《关于加大惩治和预防渎职侵权违法犯罪工作力度的若干意见》,重点解决执法环境等制约反渎职侵权工作发展的突出问题。各级检察机关要抓住这个重大机遇,切实在思想、观念和作风上有更大转变,努力推动反渎职侵权工作跨越式发展。当前要重点抓好以下工作:一是按照全国人大常委会的审议意见,进一步加大反渎职侵权工作力度,确保查办渎职侵权犯罪案件数量有较大幅度的增长,质量有较大幅度的提升,以良好工作业绩迎接今年10月全国人大常委会的再次审议。二是全面抓好《若干意见》和最高人民检察院《决定》的贯彻落实。在充分发挥主观能动性、立足全面加强自身工作的同时,要围绕解决"三难一大"等制约反渎职侵权工作开展的突出问题,健全完善行政执法与刑事司法衔接、检察机关同步介入重大事故事件调查、重大复杂案件专案调查等工作机制,强化检察机关与纪检监察、行政执法机关的协作配合,推动完善反渎职侵权法制建设,为反渎职侵权工作创造良好的执法环境。三是进一步加强反渎职侵权机构建设,充实人员力量,大规模开展业务培训和岗位练兵,提高队伍的整体素质和执法水平。四是成功办好全国检察机关惩治和预防渎职侵权犯罪成就展。各地要配合这次成就展加大反渎宣传力度,为反渎职侵权工作创造良好舆论氛围,扩大检察机关反渎工作的社会影响力。五是主动邀请人大代表、政协委员视察反渎职侵权工作,自觉接受人大、政协监督,虚心听取意见建议,认真改进自身工作,积极争取社会各界对反渎工作的理解和支持。

三、充分发挥职务犯罪预防职能,积极推动惩防腐败体系建设和社会管理创新

职务犯罪预防工作是惩防腐败体系建设的重要组成部分,在推进三项重点工作中同样有着不可替代的重要作用。目前,这项工作依然是一个薄弱环节,重办案、轻预防的问题在一些地方比较突出。

各级检察机关要深刻认识到，惩治和预防职务犯罪相辅相成、同等重要，必须坚持惩防并举，两手抓、两手硬。没有两手硬，就不能很好地贯彻落实中央从源头上、根本上治理腐败、维护稳定的战略思想和方针政策；没有两手硬，就难以充分发挥办案的治本功能，实现反腐败成果的最大化；没有两手硬，在顺应惩防腐败体系建设新要求上就难以把握规律性、富有创造性，不断丰富具有中国特色的反腐倡廉制度。各级检察机关要切实把职务犯罪预防工作摆到更加重要的位置，着力推动反腐倡廉制度建设和社会管理创新，为加快推进惩防腐败体系建设、维护社会和谐稳定作出积极贡献。

第一，充分发挥职务犯罪预防工作在化解社会矛盾中的重要作用。大量事实表明，腐败与矛盾是一个共生体，有腐败的地方必定有矛盾，矛盾背后往往深藏腐败，腐败问题成为诱发社会矛盾、影响社会稳定的重要因素。近年来，一些地方干群矛盾突出，社会治安状况恶化，集体上访和群体性事件多发，重大安全生产事故频发，市场经济秩序混乱，在其背后都有职务犯罪和其他腐败问题。要从深层次解决腐败引发的社会问题，从根本上化解社会矛盾，就必须把预防职务犯罪作为一个重要抓手。当前，各级检察机关要高度重视把职务犯罪预防与深入推进三项重点工作有机结合起来，密切关注社会转型时期社会矛盾的发展态势，注意从群众举报中分析把握社会矛盾，紧紧围绕化解社会矛盾加强职务犯罪预防，特别是要抓住引发大量社会矛盾和严重社会冲突的职务犯罪案件，深入剖析原因、总结教训，有针对性地提出预防职务犯罪、化解社会矛盾的对策建议，积极推动社会管理创新和体制机制完善，最大限度地消除不稳定因素，促进社会和谐稳定。

第二，进一步明确职务犯罪预防工作的重点。胡锦涛总书记在中央纪委五次会议上指出，反复发生的问题要从规律上找原因，普遍发生的问题要从机制上找原因。各级检察机关要在坚持"一案一预防"的基础上，把职务犯罪预防工作的重点放在深入分析研究职务犯罪规律及深层原因，推动完善反腐倡廉制度、体系建设上，有效从源头上防治腐败。要抓住工程建设、土地和矿产资源管理、房地产开发等职务犯罪易发多发领域，深入分析体制机制制度缺陷，推动完善有关体制机制制度；抓住商业贿赂等职务犯罪易发多发类型，深入分析总结犯罪规律特点，提出源头治理防范的对策建议；抓住司法、行政执法、教育、卫生等职务犯罪易发多发的重点行业和部门，深入剖析犯罪原因，加强警示教育，推动完善权力监督制约机制。要尽快全面实现行贿犯罪档案查询系统全国联网，强化市场廉洁准入，促进诚信体系建设。要充分发挥职务犯罪预防在推进惩防腐败体系建设和社会管理创新中的职能作用，在制度建设、法制完善和"阳光"政务、"透明"执法、加强监督上下工夫，促进依法行政，公正司法。当前，尤其是要围绕工程建设领域突出问题专项治理，重点搞好工程建设领域职务犯罪预防专项工作，确保取得良好成效。

第三，加强侦防一体化机制建设，形成职务犯罪预防合力。职务犯罪预防是办案工作的重要延伸，办案是预防工作的坚实基础和有力支撑，职务犯罪侦查预防工作必须紧密结合，才能更好地发挥治本功能。要特别强调，职务犯罪预防绝不仅仅是预防部门的工作，侦查部门同样有预防职责。各级检察机关必须加强侦防一体化机制建设，侦查部门要结合办案重点搞好个案预防，积极支持配合预防部门开展工作；预防部门要发挥专业优势，深入剖析典型案件，系统分析职务犯罪规律，从宏观层面、体制机制制度层面加强预防对策研究；对重大课题，侦查、预防部门要发挥各自优势，相互配合、联手合作。最高人民检察院将就加强职务犯罪侦防一体化机制建设出台意见，各地要认真贯彻执行。

第四，建立职务犯罪预防年度报告制度，积极推进预防工作创新。要进一步增强预防工作的主动性、系统性、前瞻性，在做好预防宣传、预防调查、预防咨询、警示教育等工作的基础上，不断创新预防工作机制和方式，拓展预防工作的广度和深度，提高职务犯罪预防专业化水平和社会影响力。各级检察机关要普遍建立职务犯罪预防年度报告制度，广泛搜集职务犯罪信息，深入开展预防调查，深刻剖析典型案件，加强预防对策研究，在此基础上形成年度综合报告，对辖区内职务犯罪总体形势、规律特点、演变趋势等作出深度分析，集中展示检察机关职务犯罪侦查预防工作成果，针对职务犯罪易发多发领域和部位等提出预警和预防对策建议，提交党委政府及有关部门作为决策参考，增强职务犯罪预防工作的综合效应。上级检察机关要把这项工作纳入考评，定期组织优秀预防年度报告评选，切实把预防年度报告制度落到实处，把职务犯罪预防工作提升到更高层次。

四、努力建设高素质侦查预防队伍,提高执法公信力

检察机关的职务犯罪侦查预防队伍,肩负着反腐败的重要职责,同时也经受着腐蚀与反腐蚀的严峻考验。我们不仅要做到恪尽职守,依法履行好职责,而且必须以更高更严的标准加强自身建设,确保公正廉洁执法,决不辜负党和人民的信任与期待。提交这次会议讨论的《关于加强职务犯罪侦查队伍执法公信力建设确保公正廉洁执法的意见》,充分体现了从严管理自侦队伍的精神,要求和措施具有很强的针对性,对于保障公正廉洁执法、提升执法公信力具有重要意义,文件印发后各级检察机关要认真抓好贯彻落实。

第一,要切实加强思想政治教育,强化队伍管理。要紧密联系侦查预防工作和队伍建设实际,深入开展中国特色社会主义理论体系教育、社会主义法治理念教育和"恪守检察职业道德、促进公正廉洁执法"主题实践活动、"反特权思想、反霸道作风"专项教育,打牢忠实履行职责、正确行使权力、公正廉洁执法的思想基础。要认真贯彻落实中央关于进一步从严管理干部的意见、党员领导干部廉洁从政基本准则以及《关于领导干部报告个人有关事项的规定》,强化对职务犯罪侦查预防队伍的严格要求和管理,用严密的制度和严明的纪律保证公正廉洁执法。要重点解决执法办案和队伍建设中存在的人民群众反映强烈的突出问题,严禁插手干预工程建设、企业经营谋取私利;严禁或明或暗入股参与经商办企业;严禁受利益驱动,超越检察机关案件管辖范围违法插手经济纠纷;严禁违法侵犯被调查对象、犯罪嫌疑人和证人的人身权利,刑讯逼供、非法取证;严禁违法扣押、冻结和处置涉案款物,侵犯当事人合法权益;严禁滥用职权、贪赃枉法、以案谋私;严禁违法违规办案、玩忽职守,造成涉案人员非正常死亡事故。要严格落实党风廉政建设责任制,逐级签订责任状,建立健全干警执法档案、廉政档案,切实加强对自侦干警特别是领导干部的监督,凡是不适合从事职务犯罪侦查工作的要坚决调整岗位,发生违法违纪坚决严肃追究,绝不养痈遗患。

第二,要大力加强专业化建设,提高业务素质和执法水平。要适应反腐败斗争和民主法制建设的新形势,积极推进职务犯罪侦查预防队伍专业化建设,全面提高发现犯罪、突破案件、收集固定证据能力,正确适用法律、运用政策能力,有效预防职务犯罪能力,以及做好群众工作能力、信息化应用能力、突发事件处置能力和舆论应对引导能力。要着眼执法办案实战,大规模开展业务培训和岗位练兵,在实践中锻炼队伍,提高执法水平和实际工作能力。要改变干部队伍的知识结构,根据业务需要引进经济金融、财会审计、信息网络、侦查技术等方面的专业人才,拓宽干警的知识面,努力培养一专多能的复合型人才。高度重视高水平人才队伍建设,联合有关院校培养高层次职务犯罪侦查人才,注重在办案实践中培养选拔办案能手和业务专家,尽快打造出一支高水平侦查预防专家、骨干队伍,并以此带动职务犯罪侦查预防队伍整体能力和水平的提高。

第三,要进一步加强职务犯罪侦查专门机构建设。检察机关设立反贪污贿赂总局、反渎职侵权局,有力促进了职务犯罪侦查工作的发展。但我们也要清醒地看到,当前反腐败的任务繁重而艰巨,侦查与反侦查的对抗日趋激烈,办案的难度越来越大,检察机关职务犯罪侦查专门机构建设落后于形势发展的需要,各地普遍反映办案力量紧张、侦查装备落后、侦查手段不足、队伍缺乏活力,严重影响和制约了查办职务犯罪工作的发展,必须引起高度重视。要重点加强地市级以上检察院和铁路检察分院反贪污贿赂、反渎职侵权机构建设,适应查办职务犯罪大案要案和侦查一体化的需要增加人员编制,充实办案力量;没有设立反渎职侵权局的地方,要积极争取地方支持尽快设立。反贪污贿赂、反渎职侵权局长和预防部门负责人空缺的要抓紧配备,各级检察院党组要切实把德才兼备、能力出众、堪当重任的优秀干部放到这些重要岗位,并努力解决好他们的职级待遇,根据工作需要和个人德才条件,该高配的要高配,该进检委会的要进检委会。要全面加强职务犯罪侦查机构正规化建设,规范机构设置,改善办案装备,完善工作机制,理顺和强化上下级侦查指挥体系,真正将其建设成为机构设置科学、人员力量充足、装备手段先进、反应快速灵敏、有权威、高效率、富有公信力的中国检察特色反腐败专门机构,为有效惩治职务犯罪提供强有力的组织保障。

第四,要进一步强化对自侦工作的监督制约,增强执法透明度。严格接受监督制约,增强执法透明度,是提高执法公信力的重要途径。各级检察机关要按照曹建明检察长的要求,真正把强化自身监督放到与强化执法办案同等重要的位置,进一步加强执法规范化建设,明确业务标准,细化办案规程,规范操作程序,落实执法责任,提高制度执行力;进一步强化接受监督制约的自觉性,不断完善和认真落实各项监督制约机制,建立健全多层次、多渠道的监督制约体系,保障职务犯罪侦查权依法正确行使。职务犯罪案件审查逮捕上提一级,是强化职务犯罪侦查权上下制约的重大改革,各级检察机关必须不折不扣严格执行,防止用改变管辖规避监督制约。要进一步深化检务公开,积极推进"阳光"执法,在不违背保密规定的前提下,最大限度地公开执法信息,接受社会监督,以公开促公正,树立执法公信力。

五、坚持党的领导,争取各方支持,积极营造良好执法环境

检察事业的发展,需要良好的执法环境,这是检察机关重建三十多年来的一条重要历史经验。当前,职务犯罪侦查预防工作面临着不少困难和挑战,各级检察机关必须紧紧依靠党的领导,积极争取各方支持,努力营造良好的执法环境。

第一,要坚持和依靠党的领导,形成反腐败合力。坚持党的领导是中国特色社会主义司法制度的根本原则和最大优势,检察机关职务犯罪侦查预防工作只有始终坚持党的领导,才能确保正确的政治方向;只有紧紧依靠党的领导,才能营造良好的执法环境,解决工作中遇到的困难和问题。要正确处理坚持党的领导与依法独立行使职权的关系,严格执行要案请示报告制度,依靠党委排除办案的干扰阻力。要加强与纪检监察、公安、法院、审计和行政执法部门的协调配合,健全完善情况通报、信息共享、线索移送等制度,形成反腐败大合力。要紧紧围绕党和国家工作大局开展侦查预防工作,在服务大局中体现自身价值,靠工作上有作为、有成绩赢得党委政府及有关部门的重视和支持,不断强化执法保障,改善执法条件,促进工作发展。

第二,要坚持群众路线,广泛赢取各界支持和参与。坚决反腐败是人民群众的强烈呼声和愿望,检察机关职务犯罪侦查预防工作必须破除神秘主义,相信群众、依靠群众、服务群众,把专门工作与群众路线更好地结合起来。要走进社区、走进企业、走进农村,广泛收集社情民意,准确把握职务犯罪动态,把人民群众反映强烈、集中的腐败问题作为侦查预防工作的着力点和切入点。要进一步加强和改进举报工作,扩大12309举报电话的社会影响,健全完善网络举报机制,落实举报反馈、举报奖励、举报人保护制度,充分调动人民群众举报犯罪的积极性。要强化亲民、爱民、为民意识,坚决克服特权思想、霸道作风,根据人民群众的新要求、新期待,不断加强和改进自身工作,以查办和预防职务犯罪的实际成果取信于民,赢得社会各界的拥护和支持。

第三,要不断提高开放、透明、信息化条件下应对网络媒体、强化舆论引导的能力。当前,随着信息网络的迅猛发展,查办职务犯罪工作面临着新兴网络媒体的全方位监督和考验。同传统媒体相比,网络媒体更具开放性、实时性、辐射性和互动性,有关案件一经网络披露,很容易引起社会关注和舆论炒作。各级检察机关特别是领导干部要适应形势发展,充分认识做好网络舆情应对引导工作的重要性,对网络舆情高度重视,妥善应对,因势利导,积极营造于我有利的舆论氛围。要坚持正面宣传为主,充分利用各类媒体,加强对职务犯罪侦查预防工作的正面宣传,正确引导舆论导向。要严格检察宣传纪律,规范信息发布程序,防止办案人员随意发表与案件有关的不当言论。要建立健全网络舆情监控、应对机制,发现重要舆情要在第一时间快速反应,积极妥善应对,把握主动权。对检察机关查办的重大敏感案件,要按照有关规定适时披露信息,增强办案工作透明度;对网络媒体披露、引起社会关注的腐败事件,如果涉及职务犯罪,检察机关要及时介入调查,适时向公众公布调查结果;对涉及检察机关的负面舆情,要尊重客观事实,果断作出处置,及时发布权威消息,加强正面引导,尽快平息舆论炒作,努力把负面影响降到最低程度。

第四,要进一步加强反腐败国际合作。要适应腐败犯罪跨国化的趋势,广泛开展反腐败国际交流与合作。最高人民检察院作为我国在《联合国反腐败公约》框架下开展国际司法协助的中央机关,要依照《公约》与缔约国在反腐败情报信息交流、案件调查取证、境外追逃、涉案资产返还等方面加强司法协作,携手打击跨国腐败犯罪。要加强与有关国家的司法协助,借助国际刑警组织、国际反贪局联合会等国际组织,积极拓宽境外取证、追逃、追赃的途径,努力取得更大成效。要借鉴国外反腐败有益经验,完善中国特色职务犯罪侦查预防制度,向世界展示我国反腐败取得的成就和经验,树立我们党和国家坚决惩治和有效预防腐败的高大形象。

六、加强理论研究和建设,为职务犯罪侦查预防工作发展提供理论支撑

职务犯罪侦查和预防是中国检察制度的重要特色。检察机关恢复重建三十多年来,职务犯罪侦查预防工作取得了长足发展和显著成绩,但是理论研究始终处于薄弱状态,严重滞后于工作实践和形势发展。当前,检察机关职务犯罪侦查预防工作面临着新的发展机遇,同时在理论上和实践中也存在众多困扰和挑战,迫切需要通过加强理论研究,系统总结实践经验,深刻把握自身工作科学发展规律,指导推动职务犯罪侦查预防工作改革创新,不断丰富和完善中国特色职务犯罪侦查预防制度。各级检察机关特别是领导干部必须深刻认识加强职务犯罪侦查预防理论研究的战略意义,切实增强理论思维,重视理论研究,加强理论建设,以坚实的理论支撑,引领职务犯罪侦查预防工作科学发展。

职务犯罪侦查预防理论研究,必须坚持正确的指导思想和原则,明确目标方向,突出研究重点。要坚持以中国特色社会主义理论为指导,坚持中国特色社会主义检察制度,坚持理论联系实际、解放思想、改革创新,既要立足中国国情,着眼于当前检察机关职务犯罪侦查预防工作实践,又要拓宽视野,借鉴和吸收外国的有益经验。在研究方向和重点上,一是要加强基础理论研究,全面构建职务犯罪侦查预防理论体系;二是要加强应用理论研究,系统总结职务犯罪侦查预防工作的实践经验,深刻把握自身工作科学发展的内在规律,及时研究解决改革发展和实际工作中遇到的理论与实践问题;三是要加强前沿理论研究,及时跟踪法学理论研究、国外检察制度改革、反腐败立法和国际司法合作的最新动态,增强改革发展的前瞻性和主动性。当前,要着重研究职务犯罪侦查预防工作如何在三项重点工作中充分发挥职能作用,更好地服务经济社会科学发展;如何正确处理工作中的各种辩证关系和复杂矛盾,实现自身工作科学发展;如何推进司

法体制和工作机制改革,完善查办职务犯罪的程序和措施,保障职务犯罪侦查权依法正确行使;如何加强国际反腐败交流与合作,有效打击跨国腐败犯罪,等等。最高人民检察院要制定课题研究计划,组织力量重点攻关,不断推出有价值的研究成果。各级检察机关要切实加强组织领导,为职务犯罪侦查预防理论研究创造条件、提供保障,积极营造重视、关心、支持理论研究的氛围。要加强理论研究队伍建设,在检察系统培养出一批既精通职务犯罪侦查预防实务,又具有较高理论研究水平的高层次专家人才队伍。要高度重视理论研究成果的转化和应用,积极推动完善我国反腐败法制建设,促进职务犯罪侦查预防工作不断创新发展。

最后,我要强调,职务犯罪侦查预防工作在检察工作全局中地位重要,当前面临的困难和挑战也比较多。各级检察院党组特别是检察长要切实加强对这项工作的领导,既要把好方向,配好班子,管好案件,同时也要认真研究解决办案中遇到的实际问题,在政治上、工作上、生活上关心支持爱护干警,对德才兼备的干部要果断提拔重用,成绩突出的及时表彰奖励,尤其是对由于依法办案受到打击报复、诬告陷害或其他不公正待遇的,各级检察院特别是上级检察院要旗帜鲜明地坚决予以支持和保护,这不仅是维护干警个人合法权益的客观需要,更是推进整个党风廉政建设和反腐败斗争全局深入健康发展的内在要求。总之,各级检察院党组在严格管理侦查预防队伍的同时,一定要切实关心爱护侦查预防干警,真正做到用事业留人、用感情留人、用适当的待遇留人,充分调动广大干警的工作积极性,使他们更加爱岗敬业,全身心地投身工作,为反腐败斗争和检察事业奉献全部力量。

惩防腐败任务艰巨,检察机关责任重大。让我们更加紧密地团结在以胡锦涛同志为总书记的党中央周围,振奋精神,恪尽职守,积极进取,开拓创新,努力开创职务犯罪侦查预防工作新局面,为深入推进反腐倡廉建设和三项重点工作、保障经济社会科学发展作出新的更大贡献!

在全国检察长座谈会上的讲话

最高人民检察院副检察长　邱学强

（2010 年 7 月 20 日）

根据会议安排,下面我就职务犯罪侦查预防工作讲几点意见。

一、上半年工作的主要情况

今年以来,全国检察机关认真贯彻落实中央反腐倡廉建设总体部署,自觉服务党和国家的中心工作,职务犯罪侦查预防工作取得明显成效。一是查办职务犯罪案件力度加大。1 至 6 月,共立案侦查职务犯罪案件 20200 件 26793 人,同比分别上升 5.4%、9.4%,其中大案、要案同比分别上升 5.7%、5.2%;提起公诉 11885 人,法院判决有罪 9693 人,同比分别上升 5.5%、5.9%;查办行贿案件同比上升 19.5%。上半年工作的另一个显著特点是,在办案力度加大的同时,各项案件质量都有新的提高。二是专项治理工作成效明显。立案查办工程建设和商业贿赂犯罪案件 11547 件 13214 人,最高人民检察院先后对 67 件重大案件挂牌督办,各地集中力量突破了一批有影响的大案要案,有力保障了中央扩大内需等重大决策部署的实施。三是认真贯彻去年 10 月全国人大常委会审议要求,反渎职侵权工作明显加强。立案查办渎职侵权案件 4372 件 6032 人,同比分别上升 14.2%、18.5%。四是围绕扩大内需、配合专项治理,在重大工程建设项目中积极开展专项预防,促进了惩防腐败体系建设。

7 月中旬,最高人民检察院召开全国检察机关职务犯罪侦查预防工作会议,对侦查预防工作作出了全面部署,就加强反渎职侵权工作作出决定,对加强职务犯罪侦查队伍建设制定了意见,在中央领导的关心支持下,会同中央纪委、中央政法委等有关部门起草了《关于加大惩治和预防渎职侵权违法犯罪工作力度的若干意见》抓住中央司法改革机遇,着力破解制约工作发展的难题,完善查办职务犯罪案件的程序和措施。这些重大部署和措施,对职务犯罪侦查预防工作长远发展具有重要而深远的影响。

同时,我们对当前形势必须有清醒的认识,对自身工作也要正确分析估价。从职务犯罪情况看,当前职务犯罪依然易发多发,并且逐步向关键领域渗透、向社会领域扩散,犯罪类型和手段日趋复杂化、隐蔽化、智能化,查办和预防职务犯罪的任务更加繁重和艰巨。从民主法治建设看,保障人权、规范执法的标准更加严格,律师法、国家赔偿法的修订实施、职务犯罪案件审查逮捕上提一级和最近公布的两个证据规定等都对执法办案提出了更高要求,而侦查预防工作在执法能力、体制机制和执法保障等方面存在的突出问题则亟待研究解决。从工作发展看,执法办案工作虽然全国总体平稳,但局部不平稳、不平衡的问题还比较突出;办案力度、质量、效率、效果不够协调统一仍然是当前自侦工作面临的一个突出矛盾;办案事故和干警违法违纪仍然时有发生,对于这些问题,我们要高度重视,切实采取措施加以认真解决。

二、下半年工作的主要安排

今年下半年,职务犯罪侦查预防工作要以科学发展观为指导,坚定不移地贯彻中央反腐败方针政策,坚定不移地抓好高检院各项既定部署的落实,解放思想,转变观念,深化改革,进一步加强宏观领导和分类指导,在保持办案工作平稳健康发展的前提下,既着眼长远,着力解决体制机制等方面制约侦查预防工作和队伍建设发展的根本性问题;又立足当前,突出重点,着力解决提高执法公信力和加大惩治预防腐败力度等重大紧迫性问题,最大限度地发挥职务犯罪侦查预防工作在反腐倡廉建设、三项重点工作和强化法律监督中的职能作用,更好地服务党和国家工作大局,努力实现自身工作全面健康协调发展。

第一，进一步加强执法办案工作。要继续加大办案力度，保持惩治腐败高压态势，集中力量查办大案要案，严肃查办发生在领导机关和领导干部中的职务犯罪案件，坚决查处征地拆迁、医疗卫生、社会保障、安全生产等领域侵害民生的案件。要重点抓好治理商业贿赂和工程建设领域突出问题两个专项工作，以专项工作推动办案全局。要围绕强化法律监督，深入查办司法不公背后的职务犯罪和黑恶势力"保护伞"犯罪。要正确把握政策和策略，认真解决执法不规范、办案质量效率不高、安全防范不严等突出问题，推动工作健康协调发展。

第二，着力加强反渎职侵权工作。一是要认真贯彻全国人大常委会的审议意见，进一步加大执法办案工作力度，确保查办渎职侵权犯罪案件数量、质量都有较大提升。二是要抓好中央九部委《关于加大惩治和预防渎职侵权违法犯罪工作力度的若干意见》的落实，着力在加大办案力度、健全办案机制、加强工作协调、完善法制建设和加强队伍建设上下工夫，在解决查办渎职侵权犯罪发现难、查证难、处理难等突出问题上迈出实质性步伐。三是要成功办好今年9月在北京举办的全国检察机关惩治和预防渎职侵权犯罪成就展览，集中展示党和国家反腐败的成果和决心，为反渎工作创造良好的社会环境和舆论氛围。四是各级检察机关要认真贯彻最高人民检察院的部署，主动邀请人大代表、政协委员视察反渎工作，自觉接受人大、政协监督，虚心听取意见建议，认真改进工作，积极争取社会各界对反渎工作的理解和支持。

第三，深入推进改革，严格规范执法办案工作。要适应国家赔偿法的修订实施和两个证据规定的出台，以强化自身监督制约为重点，进一步改进和规范办案工作。要进一步推动落实同步录音录像制度，保证录制资料的完整性，坚决杜绝一切不符合法律规定的取证方式和手段。认真落实职务犯罪审查逮捕程序改革，防止用改变管辖规避监督制约。严格规范涉案款物的冻结、扣押和处理，避免因侵犯当事人合法财产权益导致国家赔偿。坚持人民监督员制度，积极推进"阳光执法"，增强执法办案的透明度。今年是最高人民检察院对检察业务工作统一进行考评的第一年，各地要认真落实考

评办法和实施细则，推动领导、指导和管理工作的科学化。

第四，切实加强职务犯罪预防工作。要高度重视发挥职务犯罪预防在三项重点工作中的重要作用，抓住引发大量社会矛盾，特别是涉及民生、民主、民权的职务犯罪案件，深入剖析原因，有针对性地提出预防对策建议，最大限度地从源头上消除社会矛盾，推动社会管理体制和机制进一步健全完善。要扎实开展预防工程建设领域职务犯罪专项工作，全面推行行贿犯罪档案查询在全国联网，强化市场廉洁准入，促进诚信体系建设。要切实增强预防工作的综合效应，从今年起全面推行职务犯罪预防年度报告制度，各级检察机关要在整体研判本地区职务犯罪演变趋势的基础上，着重从完善体制机制制度角度，提出职务犯罪防范对策和建议，形成年度报告，提交党委、人大和政府作为决策参考，促进社会经济发展。

第五，加强侦查预防队伍建设，努力提高执法公信力。要进一步加强思想政治建设，深入开展"恪守检察职业道德、促进公正廉洁执法"主题实践活动和"反特权思想、反霸道作风"专项教育，始终坚持对侦查预防队伍从严教育、从严管理、从严监督。要高度重视引进经济、金融、审计、科技等专业人才，改善侦查预防队伍的人才和知识结构，大规模开展岗位练兵和专项业务培训，努力提高整体执法能力和水平。要坚持科技强侦，进一步提高办案工作的科技含量，在有效应对开放、透明、信息化条件下职务犯罪日趋复杂化、智能化和隐蔽化能力建设上迈出更大步伐。

最后，我要特别强调，职务犯罪侦查预防工作的重要性、特殊性和敏感性，要求我们必须始终坚持党的领导，重大问题、重要案件要及时向党委请示报告，主动争取领导和支持。各级检察院党组特别是检察长要高度重视职务犯罪侦查预防工作，切实履行好抓班子、建队伍、把方向的职责，着力提高新形势下领导侦查预防工作的能力和水平，要按照反腐败工作的客观要求和侦查预防规律，努力建造具有中国检察特色、惩防手段齐全、技术装备先进、专业素质过硬、反应快速灵敏，有权威、高效率和富有公信力的专门机构和队伍，为深入推进反腐败斗争、保障经济社会科学发展作出新的更大贡献！

充分发挥公诉职能作用　深入推进三项重点工作
维护社会和谐稳定和公平正义

——2010 年 6 月 30 日在全国检察机关第四次公诉工作会议上的讲话

最高人民检察院副检察长　朱孝清

这次会议是最高人民检察院党组决定召开的，主要任务是总结全国第三次公诉工作会议以来的工作，分析形势，贯彻落实党中央关于维护社会和谐稳定的决策部署，紧紧围绕深入推进社会矛盾化解、社会管理创新、公正廉洁执法三项重点工作，研究部署进一步加强和改进公诉工作，努力开创公诉工作新局面。最高人民检察院党组对这次会议高度重视，曹建明检察长亲临会议作了重要讲话。下面，我根据曹检察长重要讲话精神，围绕会议主题，讲四个问题。

一、五年来公诉工作的回顾

2005 年全国检察机关第三次公诉工作会议以来，各级公诉部门紧紧围绕党和国家工作大局，切实践行"强化法律监督，维护公平正义"的检察工作主题，按照依法指控犯罪、强化诉讼监督、提高办案质量的工作思路，进一步加大工作力度，提高公诉队伍执法水平，职能定位更加科学、职能发挥更加充分、职能效果更加突出，公诉工作取得了显著成绩。

（一）强化工作主题，职能定位的认识有了新提高

"三公"会议紧紧把握检察机关是国家法律监督机关的宪法定位，切实践行检察工作主题，明确提出我国的公诉权从属于检察机关的法律监督权，在公诉工作中，无论是指控犯罪还是诉讼监督，都属于法律监督的范畴，并确立了"依法指控犯罪，强化诉讼监督，提高办案质量"的公诉工作思路，为公诉工作的科学发展奠定了坚实的思想基础。

（二）强化指控犯罪，维护社会稳定作出新贡献

五年来（2005 年至 2009 年，下同），全国检察机关受理移送审查起诉案件件数和人数比前五年分别上升 23% 和 29%；提起公诉件数和人数比前五年分别上升 26% 和 32.6%；出席法庭件次比前五年上升 28.8%。工作中坚持严厉打击危害国家安全的犯罪、严重破坏社会秩序的刑事犯罪、严重破坏市场经济秩序的经济犯罪，从严惩治贪污贿赂、渎职侵权等职务犯罪，成功办理了拉萨"3·14"、乌鲁木齐"7·5"等严重暴力犯罪案件、三鹿集团生产销售有毒有害食品等严重经济犯罪案件，陈良宇、郑筱萸、陈同海等国家工作人员职务犯罪案件，文强等包庇纵容黑社会性质组织犯罪案件等一大批重特大刑事犯罪案件。同时，积极参加打黑除恶、禁毒禁赌、"扫黄打非"等专项斗争和社会治安重点地区综合治理以及北京奥运会、国庆六十周年庆典、上海世博会等重大活动和敏感时期安保工作，督促有关单位堵塞漏洞建制，有力维护了社会稳定。

（三）强化政策落实，促进社会和谐取得新成效

认真贯彻宽严相济刑事政策，在严厉打击严重犯罪的同时，坚持对轻微刑事案件依法从宽处理，积极探索刑事和解、轻微刑事案件快速办理、不起诉、不抗诉说理等制度，完善未成年人犯罪案件公诉办案机制，全力化解社会矛盾，最大限度地消除不和谐因素。五年来，在依法不起诉人数中相对不起诉人数占 74.85%，共发出检察建议书 68296 份，取得了较好的社会效果。

（四）强化诉讼监督，维护司法公正实现新突破

强化侦查监督，五年来，纠正侦查机关（部门）漏移送起诉的件数和人数，比前五年分别上升 185% 和 139%，向侦查机关发出书面纠正违法通知的件数和人数，比前五年分别上升 218% 和 269%。强化刑事审判监督，提出刑事抗诉后法院采纳率为 69.4%，比前五年上升 11.9 个百分点；提出纠正审

判活动违法意见,比前五年上升173%;列席人民法院审判委员会会议讨论公诉案件数年均增长70.73%。在全国深入开展了刑事审判法律监督专项检查活动。强化死刑案件审判监督和死刑执行监督,克服困难、争取支持,省级院共增设死刑二审办案机构48个,增加人员728人,认真落实死刑二审案件出庭工作,制定《关于加强死刑案件办理和监督工作的指导意见》《关于死刑第二审案件开庭审理若干问题的规定(试行)》等文件;下发《人民检察院临场监督执行死刑工作规则(试行)》,促进了死刑执行监督的规范化。

(五)强化机制管理,办案质量有了新提高

五年来,在受理和审结案件数量大幅攀升的情况下,撤回起诉件数和人数,比前五年分别下降18.8%和17.8%;发生无罪判决人数,比前五年下降60.4%。

(六)强化改革和规范化建设,公诉工作发展注入新动力

推行未成年人与成年人犯罪案件分案起诉、办案繁简分流、刑事和解、职务犯罪不起诉报上一级审批、人民监督员制度、量刑建议等改革;着力加强执法规范化建设,最高人民检察院先后制定《关于进一步加强公诉工作强化法律监督的意见》《关于在公诉工作中全面加强诉讼监督的意见》等规范性文件,促进了公诉工作创新发展。

(七)强化队伍建设,执法形象展现新面貌

强化思想政治建设,深入开展社会主义法治理念教育等活动;强化专业化建设,广泛开展业务培训、庭审观摩、论辩对抗等岗位练兵活动,开展第三届全国十佳公诉人暨全国优秀公诉人评选、全国十佳诉讼监督案例暨优秀诉讼监督案例评选以及十佳公诉庭评选等活动;强化纪律作风建设,加强对公诉人员自身监督制约,先后涌现出彭燕、张林等一批先进模范人物和郝静、幺宁等一大批优秀公诉人,大大提升了公诉队伍执法水平和执法形象。

(八)强化基础研究,公诉理论得到新发展

先后开展了公诉理论研究年、公诉理论宣讲和公诉理论征文等活动,产生了一批较高质量的理论研究成果,一些公诉人员被评为全国检察业务专家和全国检察理论研究人才,促进了公诉理论与公诉实践的互动发展。

总结五年来公诉工作的成功经验,主要有:必须坚持中国特色社会主义的政治方向,始终围绕党和国家工作大局推进公诉工作;必须坚持执法为民,把维护和保障人民群众根本利益作为出发点和落脚点;必须坚持检察机关职能定位,突出强化公诉工作的法律监督属性;必须坚持数量、质量、效率、效果的统一,确保执法办案效果;必须注重公诉理论研究和工作机制改革创新,确保公诉工作更加充满生机与活力;必须注重公诉队伍建设,切实提高公诉队伍法律监督能力。

在肯定成绩的同时,也要清醒地看到存在的问题,主要表现在:在执法办案与为大局服务的关系上,既有执法不严的问题,也有就案办案的问题,致使某些案件的办理未能实现法律效果、社会效果和政治效果的有机统一;少数案件质量不高,甚至出现个别冤错案件,严重影响了司法公信力与党和政府形象;少数案件出庭效果不佳,诉讼监督存在不少薄弱环节,工作开展也不平衡,人民群众反映强烈的一些突出问题没能得到有效监督纠正;队伍中违法违纪时有发生;一些地方公诉部门案多人少的矛盾突出,公诉人员长期超负荷工作,影响了队伍稳定和身心健康。对上述问题,我们要高度重视,努力加以解决。

二、认清形势,迎接挑战,明确公诉工作的总体思路

公诉是检察机关核心的标志性的职能,检察机关的职能基本上是由其向前向后拓展延伸而成。它担负着指控犯罪与诉讼监督(侦查监督、审判监督和死刑执行监督)的职能,既处在同犯罪直接较量的第一线,又处于诉讼监督的第一线;既是侦查程序的审查把关者,又是审判程序的启动者和诉讼程序的纠错匡正者,对于打击犯罪,保障人权,保证法律在诉讼中得到正确实施,维护社会和谐稳定和公平正义,都具有重要意义。公诉又是极具挑战性的工作:作出的所有决定都要接受审判机关、侦查机关以及案件当事人的制约,质量高低与对错往往立见分晓;监督的对象是司法工作人员,其违法犯罪行为往往和正常的执法办案活动交织且高度隐蔽,行为人大多精通法律并具有很强的抗监督能力,对其实施监督既要坚决和搞准,又要有高度的智慧并讲究策略方法;公诉人在法庭上与辩方激烈对抗,其观点和意见要接受律师的辩驳、公众的评论、媒体的监督和法院的裁判,不仅关系到指控犯罪的效果,而且关系到检察机关的形象,人民群众也往往通过公诉人在法庭上的表现来判断检察人

员综合素质和能力水平；公诉人将被告人诉到法院并出庭与犯罪分子进行面对面交锋，容易被一些犯罪分子及其家属忌恨和报复；办案中说情干扰多，且呈半公开化趋势，腐蚀与反腐蚀的斗争也很尖锐复杂。因此，公诉工作已成为高危职业。公诉还是很有利于干部成才的工作，它为干部提供了有利于优秀人才脱颖而出的舞台，又促使干部提高综合素质，积累和炼就深厚的法学功底、广博的知识、敏捷的思维和雄辩的口才，从而为各级检察机关乃至有关部门培养输送了大批优秀人才。我们要充分认识公诉工作的地位、作用和特点，进一步增强使命感、责任感和光荣感。

当前，公诉工作面临着一系列新的挑战。主要表现为：一是工作任务越来越重。我国在相当长的时间内都将处于"人民内部矛盾凸显、刑事犯罪高发、对敌斗争复杂"的时期，公诉案件将持续增加；刑事诉讼中不公不廉仍然是人民群众反映强烈的问题，需要我们进一步加大诉讼监督的力度，以满足人民群众的期待；中央提出"三项重点工作"，要求我们结合执法办案深入推进社会矛盾化解、社会管理创新和公正廉洁执法。因此，当前和今后一个时期，公诉部门的工作量将是不断增加的趋势。二是工作要求越来越高。随着全社会民主意识、法治意识、权利意识的增强，随着社会开放度、透明度的提高和网络媒体的发展，人民群众和媒体对公诉工作不仅十分关心，而且要求和期待也越来越高，既要有力惩治犯罪，又要有效保障人权；既要实体公正，又要程序公正、开放透明；既要办准案件、避免冤错，又要辨法析理、释疑增信；既要及时审结案件，又要事了心服、不留后遗症；既要自身合法公正，又要监督其他诉讼环节合法公正，等等。近年来经公诉环节审查的深圳机场金首饰案、杭州飙车案、湖北邓玉娇案、福建范艳琼等人诽谤案等等，都引起了社会广泛的关注。可以预见，今后公诉工作仍将是社会关注的热点。三是工作难度越来越大。当前，维稳形势呈现出境内因素与境外因素相互作用、人民内部矛盾与敌我矛盾相互交织、传统安全因素与非传统安全因素相互影响、"虚拟社会"与现实社会互相渗透的复杂局面，诉讼监督也出现执法不公不廉引发上访与少数人闹访及别有用心者插手利用相互交织的复杂情况；境内外敌对势力和极少数别有用心者通过插手群体性事件和社会热点问题，炒作敏感事件和司法个案，来策划实施渗透

破坏活动、制造社会事件的情况已不鲜见。同时，犯罪的种类、手段、方式"传染"速度加快，新类型案件、涉众型案件、群体性事件、网络媒体高度关注的案件明显增多。它要求公诉工作在执法办案中统筹国际、国内两个大局，兼顾案件本体与源头、案内与案外等各种因素，平衡不同地区、群体之间的利益，回应不同层次人们的关切，协同检察机关内外多部门间的行动，实现"四个要素"（力度、质量、效率、效果）、"三个效果"（法律效果、社会效果和政治效果）的有机统一。而我们在思想观念、知识储备、能力水平等方面还不完全适应形势发展的需要。

在看到新挑战的同时，我们也要看到有利条件。在以胡锦涛同志为总书记的党中央正确领导下，社会主义民主法治建设稳步推进，广大人民群众对法律监督工作的支持力度不断加大，司法体制机制逐渐完善，中国特色社会主义公诉制度日益健全，公诉队伍综合素质整体提高，这些都为公诉工作提供了良好环境和有利条件。

根据公诉工作的地位、作用、特点和面临的形势，当前和今后一个时期公诉工作的总体思路是：以邓小平理论和三个代表重要思想为指导，深入贯彻落实科学发展观，以依法指控犯罪和强化诉讼监督为抓手，以提高办案质量为核心，以加强公诉人建设为保障，深入推进社会矛盾化解、社会管理创新、公正廉洁执法三项重点工作，努力开创公诉工作新局面，维护社会和谐稳定和公平正义。

落实上述工作思路，在思想认识上要把握以下几点：

（一）要充分认识深入推进三项重点工作的重大意义

三项重点工作是党中央根据我国经济社会发展的阶段性特征，总结治国理政规律和维稳经验提出的战略性决策，它意味着维稳方式的重大转变，即从过去的偏重于治标和被动应对，转到标本兼治、更注重抓源头、抓根本、抓基础上来。周永康同志指出，"面对形势的深刻变化，政法工作还存在诸多不适应，特别是一些理念、机制、方法、作风滞后于经济社会发展，很多方面、很多时候仍然处在应急、应对的被动状态。"因此，着力解决影响社会和谐稳定的源头性、根本性、基础性问题显得非常重要和十分迫切。深入推进三项重点工作，紧紧抓住了维护社会和谐稳定的关键，是更好地掌握政法工

作主动权,下大气力整改不符合、不适应科学发展观要求的实际问题,维护我国重要战略机遇期社会稳定的必然要求和重要举措,体现了新形势下对政法工作规律性的认识。各级公诉部门和全体公诉人员一定要把思想统一到中央决策部署上来。

(二)要正确认识三项重点工作与公诉工作的关系

一方面,公诉工作是公诉部门推进三项重点工作的基本途径和载体。因为犯罪是社会矛盾的产物,只有办准办好审查起诉案件,准确有力地指控犯罪,才谈得上化解因犯罪造成的社会矛盾,修复被犯罪破坏的社会关系,促进社会管理,维护社会和谐稳定;只有强化诉讼监督,才能促进侦查机关、审判机关公正廉洁执法,减少因执法不公不廉引发的社会矛盾。另一方面,公诉部门落实三项重点工作又不能是以往公诉工作的简单重复,在做好以往公诉工作的基础上,还要延伸职能、深化内涵,结合执法办案认真推进三项重点工作。既要防止将以往的公诉工作等同于三项重点工作的"等同论",也要防止离开公诉职能去搞三项重点工作的"另起炉灶论"。要把公诉工作纳入到深入推进三项重点工作的总体格局,坚持通过深化公诉工作来推进三项重点工作,以推进三项重点工作的成效来检验公诉工作的新发展,开创公诉工作的新局面。

(三)要注重公诉理念的与时俱进

除了牢固树立社会主义法治理念,坚持打击犯罪与保障人权相统一、实体与程序相统一、数量、质量、效率、效果相统一、监督制约与支持配合相统一以及理性、平和、文明、规范执法等理念之外,还要强化以下理念:第一,在执法思想上,强化服务大局的理念。要把公诉工作放到党和国家工作大局中去谋划和推进,把具体案件放到大局中去权衡和把握,在大局中找准公诉工作的位置,使公诉工作与大局合心、合力、合拍,通过做好公诉工作更好地为大局服务。第二,在执法目的上,强化公诉为民的理念。公诉权是人民赋予的,人民是我们的衣食父母。为了人民、服务人民,是所有公诉工作的出发点和归宿。要心里始终装着人民,怀着对人民深厚的感情执法办案,不断满足人民群众对公诉工作的新要求、新期待。第三,在执法要求上,强化自觉接受监督的理念。监督者更要接受监督,"打铁先要自身硬"。只有自觉接受监督,做到自身正、自身净、自身硬,才能更好地开展法律监督。第四,在执

法方式上,强化恢复性司法和源头治理的理念。公诉工作不仅要对案件(包括公诉案件和诉讼监督案件)作出正确处理,而且要努力化解案中矛盾,恢复被损害的权利,修复被违法犯罪破坏的社会关系,进而分析造成违法犯罪的原因,促进社会管理,从源头上预防和减少违法犯罪。要防止和克服"就案办案、孤立办案"的思想,做好办案的"后半篇文章",促进影响社会和谐稳定的源头性、根本性、基础性问题的解决。第五,在执法标准上,强化"三个效果"相统一的理念。维护法制的统一、尊严和权威,是办案的法律效果;创造和谐稳定的社会环境和公正高效的司法环境是办案的社会效果;巩固党的执政地位,服务党和国家大局,维护人民群众的根本利益,是办案的政治效果。"三个效果"相辅相成,不可或缺。要将三者统一起来加以理解和把握,在法律范围内最大限度地扩大办案的社会效果和政治效果,既要防止只讲法律效果不讲社会效果和政治效果的偏向,又要防止突破法律底线去追求所谓社会效果和政治效果,从而实现"三个效果"的有机统一。

三、立足职能,深化内涵,深入推进三项重点工作

根据上述工作思路,当前和今后一个时期,公诉工作要着力在六个"更加注重"上下工夫:

(一)更加注重指控犯罪和诉讼监督职能的发挥

1. 强化指控犯罪工作。一要坚持"严打"方针不动摇,保持对严重犯罪的高压态势。要坚持运用起诉、追加起诉、抗诉等法律措施,严厉打击境内外敌对势力策划实施的分裂国家、颠覆国家政权、间谍、资敌等犯罪,维护国家安全,特别是要认真贯彻中央第五次西藏工作座谈会和中央新疆工作座谈会精神,依法严厉打击境内外敌对势力、民族分裂势力、宗教极端势力的犯罪活动,切实维护国家统一民族团结和社会稳定;严厉打击杀人、抢劫、绑架、强奸、涉恐涉黑、涉枪涉暴、侵害儿童和师生、多发性侵财等严重影响群众安全感的刑事犯罪和黄赌毒等犯罪,维护社会治安秩序;严厉打击金融诈骗、证券内幕交易、制假售假、非法传销、破坏环境资源等严重经济犯罪,维护社会主义市场经济秩序;从重从严惩处贪污贿赂、渎职侵权等严重职务犯罪,促进反腐倡廉。同时,积极参加打黑除恶、禁毒禁赌等专项斗争和严打整治行动,切实维护上海

世博会、广州亚运会等重大活动的安全。具体工作中，要强化对重点地区、重点案件的指导，健全重大案件介入侦查引导取证、挂牌督办等工作制度，始终保持对严重刑事犯罪的高压态势。二要在更大范围调配公诉人，强化出庭公诉工作。出庭公诉是指控犯罪的载体，是教育感化被告人认罪服法的重要途径，是展现公诉人乃至检察机关执法形象的重要窗口。当前，公诉人岗位流动、在分割的地域中配置资源与辩护律师终生任职、在全国范围配置资源的反差甚大，双方在能力、水平、资历、经验方面的差距在一些案件中表现得较为明显，特别是大案要案和其他有影响案件，当事人聘请的往往是本省区乃至全国的知名律师，这就需要我们发挥一体化的体制优势，凡在什么范围有影响的案件，就要在什么范围调配优秀公诉人来办理。因此，对于社会影响大、媒体关注度高的案件，各地要高度重视，由检察长、公诉处（科）长亲自出庭或在更大范围选配优秀公诉人出庭，务必把庭出好、出漂亮。要认真、全面审查案件，围绕认定重点和争议焦点，扎实做好各项准备工作；要加强出庭前的模拟演练，充分考虑可能出现的各种情况，完善出庭预案，增强应变能力；要充分利用多媒体示证系统，增强庭审效果。公诉厅今年将组织编写出庭公诉疑难问题答辩指南，以加强对出庭工作的指导。三要认真总结办理新类型犯罪案件的经验。当前，新类型犯罪如股票证券、金融、网络、电信、知识产权等新领域的犯罪，集资诈骗、非法吸收公众存款、非法传销等涉众型犯罪，群体性事件中的犯罪，媒体关注度高的犯罪等明显增多，它们或因我们对该领域专业知识研究不深、或因统筹各方关系协调各方利益难度较大等原因而成为办理的难点。因此，对这些案件要认真研究规律和特点，总结办理经验，培养专业人才，切实提高审查起诉和出庭公诉水平。

2. 加大诉讼监督力度。一要增强监督意识。监督是公诉部门肩负的两大职能之一，无论是审查起诉还是出庭都负有监督职责，其中审查起诉侧重于侦查监督（它处于三角形诉讼关系的顶端，站在中立的立场上，在全面审阅案卷材料、听取犯罪嫌疑人及律师意见的基础上，对侦查机关移送起诉的案件分别作出起诉、不起诉、退查等决定），出庭则侧重于审判监督。至于提前介入侦查、列席法院审委会会议、对法院裁判提出抗诉、死刑执行临场监督等则更是突出了法律监督的属性。因此，要增强

监督意识，防止和克服"监督是软任务"等错误观念，认真贯彻落实最高人民检察院《关于进一步加强对诉讼活动法律监督工作的意见》，采取切实有效的措施，把诉讼监督工作进一步加强起来。二要遵循监督原则。"坚决、准确、及时、有效"的原则体现了监督力度、质量、效率、效果的有机统一，是诉讼监督必须坚持的原则，要把四者统一起来加以把握，防止监督工作的片面性。三要突出监督重点。周永康同志指出，"法律监督工作只有突出重点，才能取得事半功倍的效果。"诉讼监督的经验也表明，突出重点是社会主义初级阶段法律监督工作必须坚持的重要策略原则，是确保监督质量和效率的重要一环。因此，要始终把监督的重点放在社会各界反映强烈的司法不公案件上，放在容易产生司法人员执法不严、违法犯罪的薄弱环节上，放在严重侵犯诉讼当事人权利的突出问题上。其中侦查监督（包括对自侦的监督）要重点开展对刑讯逼供、暴力取证、滥用刑事手段插手经济纠纷等问题的监督；审判监督要重点开展对有罪判无罪、无罪判有罪、判刑畸轻畸重以及审判中徇私枉法等行为的监督，并用好刑事审判法律监督专项检查活动的成果。特别是要注意发现执法不严、司法不公背后的司法人员职务犯罪线索，及时移交自侦部门立案查处。四要注重监督实效。要把监督所取得的实际效果作为衡量诉讼监督成效的主要依据，例如，纠正违法和错漏要重点看实际得到纠正的数量；抗诉要重点看被法院采纳的数量；发现司法人员职务犯罪线索要重点看移送线索后成案的数量特别是大要案的数量，等等。这就要求我们加大力度、准字当头、跟踪监督、一抓到底，务使违法和不公得到纠正，错案得到改判，职务犯罪得到查处。当前，在诉讼监督中，既有监督不力的问题，也有片面追求数量的问题，还有为转移矛盾乱监督的问题，例如有的检察院为转移案件被害人一方缠访、闹访等矛盾，对明知不符合抗诉条件的案件提出抗诉。这种做法违反了"以事实为根据、以法律为准绳"的办案原则和三项重点工作的精神，不仅把矛盾推诿到更高层次、更高审级，而且加剧了当事人一方对司法的不信任心理，增加了解决问题的难度，影响社会的和谐稳定和司法权威的树立。各地要采取措施，坚决杜绝类似问题的发生。五要完善监督机制。要把日常监督与专项监督结合起来，重视对类案和突出问题的定期分析与研究，及时提出针对性的监督意

见;把事后监督与事前引导结合起来,加强与公安、法院的沟通,落实接受监督的各项制度;把诉讼结果监督与诉讼过程监督结合起来,重视从案件受理、补充侦查、延期审理等环节把好监督关口;把对外监督与对检察机关自侦工作监督放在同等重要的位置,促进自侦工作公正廉洁;把跟踪监督与争取支持结合起来,在监督的同时,加强与被监督单位的联系,必要时向同级党委、人大报告或向被监管单位的上级通报,务使诉讼监督落到实处。

(二)更加注重办案质量的提高

1. 进一步提高对办案质量极端重要性的认识。办案质量是公诉工作的生命线。案件质量不高甚至办了错案,不仅严重侵害当事人的权利,而且严重损害司法机关公信力,严重影响党和政府形象,还容易成为敌对势力用来攻击我国司法制度的口实。近年来先后发生的一些涉及公民人身权利乃至生命的几件重大冤错案件,在社会上造成了恶劣影响,人民群众反映强烈。我们一定要从中汲取深刻教训,认真总结反思,进一步提高对办案质量极端重要性的认识,无论审查起诉还是诉讼监督,都要树立"准"字当头、质量第一的观念,以更高的标准、更严的要求,精心办好每一起案件,确保经得起法律和历史的检验。

2. 严格证据标准。刑事证据是刑事诉讼的基础和核心,必须严格证据标准,凡案件事实不清的不能定案,凡证据不确实充分的不能起诉。特别是死刑案件,人命关天,必须实行最严格的证据标准,真正做到不枉不纵、不错不漏。近日,"两高"和公安部、国家安全部、司法部专门印发了《关于办理死刑案件审查判断证据若干问题的规定》和《关于办理刑事案件排除非法证据若干问题的规定》,最高人民检察院正在制定检察机关贯彻落实"两个规定"的指导意见。各地要认真学习这两个《规定》,切实贯彻执行。在提前介入重大案件侦查、引导取证,审查起诉、出庭公诉、审查抗诉时,都要根据这两个《规定》审查、判断、运用证据,排除非法证据。对于审查起诉中犯罪嫌疑人以受到刑讯逼供为由推翻原来供述的,应当要求其提供受到刑讯逼供的证据或线索;对确有刑讯逼供嫌疑的,应当要求侦查机关(部门)就侦查行为的合法性提供相关证明,侦查机关(部门)不能提供,而其他证据又不能充分证明犯罪嫌疑人实施犯罪行为的,可以将案件退回侦查机关(部门)。必要时,可建议渎职侵权检察部门介入调查。发现犯罪嫌疑人(被告人)编造刑讯逼供事实,诬告陷害的,建议有关部门依法追究责任。

3. 强化责任,认真审查把关。案件承办人、公诉部门负责人、分管检察长都要高度负责地对待每一起案件,并对案件的事实证据、定性、适用法律和诉或不诉意见负全部责任,其中承办人侧重于对事实证据负责,部门负责人侧重于对关键性证据、承办人提出的问题和是否起诉等意见负责,分管检察长侧重于对部门负责人提出的问题和是否起诉等决定负责。"基础不牢,地动山摇",承办人必须把好第一道关,特别要认真审查、鉴别、分析证据,正确认定案件事实,及时发现并提出案件中存在的问题;部门负责人和分管检察长要对下属提出的问题和是否起诉等意见认真审查把关,对案件中关键性证据、承办人提出增减犯罪事实的部分以及重大疑难复杂案件,要亲自审阅有关案卷材料,予以认真把关。承办人对案件中的问题未予发现,或虽已发现但未引起重视,因而造成错案的,承办人负主要责任;部门负责人、分管检察长对下属提出的问题未予重视,或对是否起诉等决定不认真审查把关,因而造成错案的,部门负责人或分管检察长负主要责任。一旦发现错案,要实行责任倒查,并严肃追究存在过失的有关责任人的责任。

4. 严格落实协调案件、事项报告制度。对有关部门组织协调的案件、事项,要坚持原则,严格依照事实、证据和法律发表意见。正确意见不被采纳的,要及时向上级院报告。明知事实不清、证据不足而不提出意见或协调后不及时向上级院汇报,造成冤错案件或者某一事项(某一类问题)处理错误的,要按照"谁决定谁负责、谁办案谁负责"的原则,严肃追究有关人员的责任。

5. 强化业务指导。要严格执行行之有效的办案机制和制度尤其是备案审查制度。上级院要将备案情况列入定期考核通报的内容,并对报备案件及时进行审查,提出处理意见,切实解决有些地方有案不备、备而不审的问题。要强化上级院对重大疑难复杂案件、敏感案件、有较大影响案件和新类型案件的指导,主动帮助下级院解决问题。下级院对上述案件要敢于负责,依法独立履行职责,但对确需请示的,应及时向上级院请示。要建立和健全案例指导制度,遇有典型案例,下级院要及时整理上报,上级院要精心筛选下发,以指导和规范办案工作,提高办案质量和水平。

6. 认真开展案件评查。要认真贯彻中央政法委关于开展"百万案件评查"活动的部署，抓好公诉环节的自查和评查工作，重点要做好对不诉后经复议或复核被上级院决定起诉或被害人向法院起诉后被判刑的案件、诉后判无罪的案件、起诉、审判后发现被错诉、错判的案件、案件作出处理后当事人非正常上访或矛盾激化等案件的评查。通过评查总结经验教训，解决突出问题，纠正错误案件，完善办案机制，提高办案质量和水平；发现有违法违纪的，严格查究责任。要认真贯彻有错必纠原则，任何时候发现冤错案件，都要坚决及时纠正，并做好善后工作。

（三）更加注重公诉职能的延伸和内涵的深化

深入推进三项重点工作，要求公诉工作不能仅仅满足于对案件依法作出法律处理，而是要延伸职能、深化内涵，促进源头性、根本性、基础性问题的解决。

1. 向修复社会关系延伸职能、深化内涵。要把化解矛盾纠纷贯穿于公诉工作始终，在审查起诉、出庭公诉、抗诉等各个环节，采取多种形式化解矛盾，解决合理诉求，切实做到案结事了。要认真落实刑事被害人救助制度，对不起诉案件中符合救助条件的被害人，要配合有关部门落实救助工作。要积极配合有关部门做好息诉罢访工作，化解涉检上访积案，消除矛盾隐患。

2. 向预防和减少犯罪延伸职能、深化内涵。要在办案中加强对被告人认罪服法教育，充分发挥公诉的教育感化功能，努力促使其认罪服法，弃旧图新。要确定专人办理未成年人审查起诉案件，有条件的要成立专门的办案机构，加强教育感化，帮助树立信心，推进未成年人犯罪公诉工作专业化；要对相对不起诉对象做好与社区矫正机构的衔接，督促落实帮教措施，使其尽早回归社会。

3. 向防范办案风险延伸职能、深化内涵。要加强释法说理工作，对作出不起诉、不抗诉、变更强制措施等决定的，要对被害人方强化释法说理，促进释疑增信；要建立办案风险评估机制，对群体性事件中的案件、涉众型案件、网络媒体关注的案件、各方严重对立的案件以及缠访闹访等案件，决策前要进行风险评估。对于可能引发非正常上访及其他风险的，要先落实稳控、疏导、化解矛盾等措施，后对案件作出处理。

4. 向社会治安综合治理延伸职能、深化内涵。

要认真学习贯彻中央政法委近日召开的全国社会治安综合治理工作会议的精神，结合办案认真落实公诉环节的社会治安综合治理措施，积极参加社会治安重点地区整治，通过典型个案和类案，深入分析犯罪态势、特点和规律，积极提出强化特殊人群管理、"两新组织"（新经济组织、新社会组织）管理、网络虚拟社会管理等社会管理的检察建议，推动社会治安防控体系建设，促进提高社会管理水平。同时，还要结合诉讼监督，注意分析研究诉讼过程中违法犯罪的态势、特点和规律，提出预防建议，促进诉讼管理和司法管理。

需要强调的是，公诉部门推进三项重点工作应当坚持三个原则：一是要积极探索，开拓创新；二是要立足职能，结合执法办案；三是要严格依法，坚守法律底线。

（四）更加注重宽严相济刑事政策的贯彻

贯彻宽严相济刑事政策，除了坚持依法严厉打击严重刑事犯罪之外，着重强调如下几点：

1. 认真贯彻"两减少、两扩大"原则。根据中央政法委、中央维稳工作领导小组的要求，对初犯、偶犯、未成年犯、老年犯中犯罪情节轻微的人员，依法减少判刑，扩大非罪处理；非判刑不可的，依法减少监禁刑，扩大适用非监禁刑和缓刑。审查起诉中，对上述人员符合非羁押强制措施条件的已捕人员要尽量变更为取保候审或监视居住，可诉可不诉的尽量不起诉。对必须起诉但具有从宽情节的，可建议法院从宽判处；符合条件的，可提出判处非监禁刑、缓刑的建议。

2. 促进刑事和解。对以私益为侵害对象的轻微刑事案件，特别是因邻里、亲友、同事、同学纠纷而引发的案件，要本着"冤家宜解不宜结"的精神，建议或促进当事人双方和解，并建立检调对接机制，使其在有关部门的主持下依法进行和解。对双方达成和解的，公诉部门要认真审查，认为符合自愿、合法原则的，应依法从宽处理，可诉可不诉的不诉，必须起诉的建议法院从宽处理。

3. 注意把握众多嫌疑人案件的政策。对众多嫌疑人案件，如群体性事件、聚众打砸抢烧、非法传销等案件，要坚持打击少数，教育挽救多数，最大限度地减少定罪判刑的人数。根据涉案人员的参与程度和作用大小，重点打击组织、策划、指挥者和骨干分子，对一般参与者和被裹挟、蒙蔽者，重在教育挽救，以分化瓦解违法犯罪。

4. 准确把握死刑案件的政策。对于死刑案件,要贯彻少杀、慎杀的原则。在一、二审出庭和办理抗诉案件中,要认真贯彻这一原则。要正确把握法定从重、从轻情节。对罪行非常严重且具有法定从重情节的,要坚决依法判处死刑;而对具有法定从轻情节的,则要综合全案事实、情节进行衡量。既要充分考虑犯罪的手段是否特别恶劣、后果是否特别严重,也要注意犯罪后的认罪态度和悔罪表现。要区分案件类型实行区别对待。对严重危害国家安全和社会治安,严重影响人民群众安全感的犯罪案件,特别是其中主观恶性深、人身危险性大的,要依法严惩;对于因民间矛盾纠纷激化导致的犯罪,事后真诚悔罪,主观恶性较小的,判处死刑要慎重。结合实践,对于人民法院判处被告人死刑缓期二年执行的案件,有下列情形之一的,除原判认定事实、适用法律确有严重错误或者罪行极其严重、必须判处死刑立即执行的以外,一般不宜按照审判监督程序提出抗诉:一是被告人有自首、立功等法定从轻、减轻处罚情节的;二是因婚姻家庭、邻里纠纷等民间矛盾激化引发的故意杀人案件,被害人一方有明显过错或者对矛盾激化负有直接责任的,或者被告人真诚悔罪、赔礼道歉、赔偿损失,被害方要求从轻判处的;三是在共同犯罪案件中,数人共同致一人死亡,法院已对一人判处死刑立即执行的,或者多人致二人以上死亡,法院判处死刑立即执行人数与死亡人数不完全对等的;四是被判处死刑缓期二年执行的罪犯入监后表现较好,考验期将满的。

(五)更加注重公诉制度机制的改革完善

改革是公诉工作不断发展的动力。当前,司法体制和工作机制改革正在深入进行,我们要抓住机遇改革完善公诉制度和机制。重点强调如下几个方面:

1. 认真落实检察长列席审委会会议制度。检察长列席法院审判委员会会议,是中国检察制度的重要特色,是检察机关实施审判监督的重要途径,也是各级检察长的法定职责。"两高"已就此会签下发文件,各地要认真落实,特别是对一些重点案件,要主动提出列席。要对列席检察长的角色正确定位,检察长不能仅仅以指控犯罪者而应以法律监督者的角色列席,坚持中立立场,认真履行客观公正义务,该有罪、罪重的就主张有罪、罪重,该无罪、罪轻的就主张无罪、罪轻。列席前,要认真熟悉案情,精心准备意见;列席时,要充分阐述意见和理由,确

保列席质量。

2. 深化量刑建议工作。量刑建议对制约法院自由裁量权、促进量刑公正、加强审判监督都有重要意义,但也给检察机关带来严峻挑战,对公诉人的业务能力提出了更高的要求。近年来,一些检察院开展了量刑建议试点,配合法院进行量刑规范化改革。据悉,最高人民法院拟于今年9月1日起在全国法院全面试行量刑规范化工作,并着手研究、修改常见罪名量刑指导意见。各级检察院要积极配合法院做好这一改革工作。要按照"积极稳妥、循序渐进、注重质量"的原则,根据《人民检察院开展量刑建议工作的指导意见(试行)》的要求,进一步深化量刑建议工作,并不断总结经验,提高质量和水平。

3. 对职务犯罪案件一审判决实行两级检察院同步审查。当前,职务犯罪轻刑化问题在一些地方相当突出。出现这种情况的一个重要原因就是说情干扰多,明知法院判刑畸轻,也不敢抗诉、不想抗诉或不好意思抗诉。为此,最高人民检察院将于近期下发《人民检察院审查职务犯罪案件第一审判决的若干规定(试行)》,对人民法院作出的职务犯罪案件第一审判决实行上下两级人民检察院同步审查制度。届时,各地要认真贯彻执行。

4. 完善考评机制。考评机制贵在科学,能对公诉工作产生正确的激励。当前,一些地方的考评机制还存在某些不够科学的方面,如有的片面重视数量而不重视质量,有的片面重视过程而不重视结果,有的分值不够协调合理,等等。各地要对考评机制进行一次检查,并根据有利于办准办好审查起诉和出庭公诉案件、有利于体现诉讼监督实效、有利于推进三项重点工作的原则,加以修改完善,以促进公诉工作科学发展。

(六)更加注重涉诉舆情的研判、应对和运用

1. 高度重视涉诉舆情。舆情是社会和谐稳定的晴雨表。在信息技术高度发达的当今社会,舆情越来越成为影响社会生活和人们思维的重要因素,传播舆情的媒体则越来越成为我们党治国理政的重要手段。舆情就是检情。就公诉工作来说,舆情为我们了解社会,感知民众呼声、愿望和要求,正确办理案件,捕捉诉讼监督案源,都具有重要作用。同时,舆情也给公诉工作带来新的挑战,特别是当某些不够客观、理性的涉案舆情被网络、媒体迅速传播和无限放大时,就会给公诉工作带来很大的压

力。而我们在公开、透明、信息化的条件下执法办案有时还不够习惯，运用和应对舆情的能力还不强。因此，要充分认识舆情在新形势下的地位、作用，高度重视和关注舆情特别是网络舆情，充分发挥舆情在公诉工作中的作用。

2. 认真做好涉诉舆情的收集、研判和应对工作。各级院要指定专人负责对涉及公诉舆情的检索收集，并及时进行分析研判。对舆情关注的案件，一是检察长要靠前指挥，安排精兵强将及时正确办理，必要时要报告党委和上级院，上级院要加强具体指导；二要及时回应舆论关切，准确披露案情，强化释法说理和答疑解惑，抢占舆论制高点，同时严格遵守宣传纪律，做到既不失语又不乱语；三要积极引导，使舆论向理性和法治方向发展。

3. 正确处理接受舆论监督与依法独立行使检察权的关系。办理舆情关注的案件，既要以开放、包容、虚心、坦诚的态度对待和接受舆论监督，充分吸纳舆情中的合理成份，又要不被舆情左右，坚持依法独立行使检察权。对于办案中遇到的重大问题及需要有关部门协同解决的问题，要及时报告党委。

四、加强领导，完善服务，为公诉工作创新发展提供有力保障

公诉工作地位重要，岗位特殊，其作用发挥得如何，直接关系到检察机关的声誉和形象。各级检察院党组和检察长要充分认识到公诉工作的地位作用，切实加强领导，完善服务，为新时期公诉工作创新发展提供强有力的保障。

（一）围绕中心，理清思路

要根据一个时期的形势和中心工作以及检察机关的总体部署，指导公诉部门找准在党和国家大局中的位置，将公诉工作放到大局中去谋划和推进，帮助明确工作思路和重点，为公诉工作把好方向。当前，特别要指导公诉部门将公诉工作纳入深入推进三项重点工作的总体格局去谋划，找准切入点、着力点。要经常听取公诉部门的汇报，了解一个时期的苗头性、倾向性问题及困难，共同研究解决的办法。要选好配强公诉部门的领导班子，尽快落实公诉部门的主要负责人担任检委会委员的规定，其中有数名主要负责人的，至少有一名进检委会。要探索公诉工作规律，研究公诉理论，加强调查研究，增强工作的科学性和预见性。

（二）靠前指挥，亲自办案

各级检察长都要亲自办案，除对案件逐案审查把关、逐案审定签发法律文书外，还要对重要案件亲自指挥办理，特别对重大、疑难、复杂案件以及各方关注的敏感案件，更要亲自组织指挥。检察长出庭公诉，有利于提高领导能力，增强出庭效果，鼓舞士气，各级检察长都要选择当地有影响的案件亲自出庭。从今年起，省、市、县三级分管检察长出庭每年应分别不少于一、二、三件。要以抽查案件、案件评查、审定"三纲一书"、跟庭旁听等形式，对公诉人的办案活动进行监督、检查，针对发现的问题，提出改进意见，促进执法水平和办案质量的提高。

（三）加强建设，打造队伍

公诉人是公诉队伍的主体和核心，是指控犯罪和诉讼监督职责的直接承担者。特别是其出庭公诉工作，要接受被告人和律师的辩驳、公众的评论、媒体的监督和法院的裁判，对个人综合素质和独立作战能力要求很高。但是，面对经济社会的发展变化，由于工作责任重、办案风险高、精神压力大等原因，公诉人队伍不稳、业务骨干流失等问题日趋突出。加强公诉人建设，是直接关系到检察机关形象的一项战略工程。为此，最高人民检察院起草了《关于加强公诉人建设的决定（稿）》，提交此次会议讨论，待吸收大家意见后下发执行。要以公诉人建设为重点带动整个公诉队伍建设，使公诉队伍成为政治坚定、业务精通、执法公正、作风优良、特别能战斗的队伍。

关于加强公诉人建设，着重强调以下几点：一要加强思想政治建设。通过深化学习实践科学发展观和社会主义法治理念教育活动、"恪守检察职业道德、促进公正廉洁执法"主题实践活动、创先争优活动等，努力提高政治素质，坚定理想信念，坚定不移地坚持中国特色社会主义理论道路和理论体系，忠实于案件事实真相、忠实于宪法法律、忠实于党和人民的利益，确保公诉人员始终坚持"三个至上"，切实做到"四个在心中"。二要加强职业能力建设，切实提高公诉人的审查判断运用证据能力、指控犯罪能力、诉讼监督能力、化解矛盾能力和做群众工作的能力。要深入推进学习型公诉部门建设，营造钻研业务、互帮互学、共同提高的良好氛围。要有计划开展多种形式的教育培训和岗位练兵活动，确保每名公诉人每年不少于15天的业务培训时间，并完成规定的开观摩庭、考核庭等任务。今年下半年，最高人民检察院将利用视频系统对全国公诉人进行全员业务培训，还将举办第二期优秀公诉人高级研修班和第四届全国十佳公诉人暨优秀公诉人业务竞赛活动。要深入开展公诉理论研究，着力形成一批高质量的研究成果，并强化研究成果的运用，用公诉理论最新成果推动公诉工作实践。三要加强专业化建设。推进公诉人才库建设，实行动态管理；根据工作需要和个人特长，按照案件类型实行专业化再分工，着力培养办理各种类型特别是新类型案件的专家；加大对典型事例和先进人物的宣传力度，积极开展十佳、优秀公诉人巡讲和社会宣讲活动，突出打造品牌公诉人；完善主诉检察官办案责任制，着力解决主诉检察官责权利不统一的突出问题，鼓励有条件的地方实行职业公诉人制度。四要加强纪律作风建设。公诉权和诉讼监督权是重要的权力，容易成为腐蚀的重点，特别是随着公诉裁量权的加大，反腐蚀的任务就更为艰巨。严峻的事实警示我们必须坚持不懈地抓纪律作风建设。要进一步加强思想政治工作，提高针对性和有效性，筑牢拒腐防变的思想防线；落实一岗双责制度以及办案说情报告、诫勉谈话、专项检查等制度，用制度规范行为；探索建立公诉、政工、纪检监察部门加强公诉队伍党风廉政建设联系与协调机制，严肃查处违纪违法案件；加强对自身监督制约，主动接受公安、法院等政法机关和院内自侦、监所检察、控申检察等部门的监督，深化检务公开，探索建立人大代表、政协委员、人民监督员旁听公诉人出庭制度，总结推广"阳光公诉"经验做法；积极推行网上办案，充分运用科技手段对公诉活动进行动态管理与实时监督；认真落实执法档案制度，并将其作为提拔任用、评优评先的重要依据。

（四）完善服务，强化保障

在严管的同时，还要充分体现对公诉人的厚爱。一要缓解案多人少矛盾。当前，不少地方公诉部门案多人少矛盾非常突出，已经到了非解决不可的地步。2009年全国受理审查起诉数比2004年增加了28.3%，但2009年底全国公诉人员数只比2004年增加不到3%。死刑二审的增编指标还有很大一部分人员没有到位，致使部分省份死刑二审案件严重积压。特别是浙江、广东、河南、江苏、福建、云南等地案多人少矛盾尤为突出，有些公诉人年均办案高达200件以上，"五加二"、"白加黑"已成为常态，周末休息、按时下班已成为奢望，严重影响了工作的正常开展和干部身心健康。为此，要根据"精简后方，保障一线"的原则，加强对公诉部门的力量配备，使办案力量与办案任务相适应；要争取地方党委、政府的支持，为公诉部门招录速录员等办案辅助人员；要进一步深化案件的繁简分流，依法适用简易程序，进一步落实认罪案件简化审理，并简化简单案件和认罪案件的文书制作；要加强侦诉、捕诉衔接和电子文档移送，减少重复劳动。同时，要保持公诉骨干的相对稳定。二要拴心留人。当前，一些地方的公诉部门难以留住骨干，人才流失严重，年轻化趋势明显。2009年全国从事公诉工作三年以下人员占34.41%，比2004年上升2.8个百分点；从事公诉工作十年以上的占8.95%，比2004年下降12.1个百分点。这既有公诉岗位锻炼人、干部提拔较快的原因，也有公诉工作辛苦、责任重、风险大等原因，尤其是在一些重大复杂案件中，公诉人常常要面对数名甚至数十名辩护律师，有的案件要连续几天几夜开庭，特别是他们要站在指控犯罪的第一线，与犯罪分子面对面交锋，容易被一些犯罪分子及其家属忌恨、报复，全国已发生多起公诉人被殴打致伤的事件。迫于压力和风险，一些公诉人不得不带着眷恋的心情离开公诉岗位；有的地方在竞争上岗中，公诉部门的正副职岗位竟没人报名。各级检察院党组和检察长对此要高度重视，采取必要的措施拴心留人。要加强对公诉干部的培养，在晋职晋级、评先评优、学习考察等方面向公诉骨干倾斜；要根据多劳多得、待遇与责任、风险相适应的原则，在政策允许的范围内，想方设法给公诉人一定的出庭补贴，使他们透支的脑力、体力得到恢复；要为公诉人的人身安全采取必要的保护措施，特别是要协调法院强化出庭安全保障措施，确保公诉人安全。三要加强科技装备建设。为公诉部门配备必要的交通工具、多媒体示证、案卷传输、远程讯问、信息化等设备，以提高工作质量和效率。

新形势下的公诉工作任务繁重，使命光荣。让我们进一步发扬忠于职守、敢打硬仗、开拓进取、与时俱进的精神，充分发挥公诉职能作用，深入推进三项重点工作，不断开创公诉工作的新局面，为维护社会和谐稳定和公平正义、促进经济平稳较快发展再立新功！

当前侦查监督工作需要重点把握的几个问题

——2010 年 8 月 3 日在全国检察机关侦查监督改革工作座谈会上的讲话

最高人民检察院副检察长　朱孝清

这次座谈会是落实中央确定的有关司法改革措施的动员部署会,也是贯彻全国检察长座谈会精神,做好下半年侦查监督工作的部署会。昨天,万春同志(最高人民检察院侦查监督厅厅长——编者注)作了报告,通报了职务犯罪审查逮捕程序改革的落实情况和上半年全国侦查监督工作主要情况,对进一步深化职务犯罪审查逮捕程序改革、落实四项新的司法改革措施以及做好下半年侦查监督工作,作出了全面的安排部署。报告讲得很好,思路清晰,措施明确具体,我都同意,请各地结合实际认真贯彻落实。下面,我根据全国检察长座谈会精神特别是曹建明检察长在会上的重要讲话,围绕这次会议的主题,就当前侦查监督工作需要重点把握的几个问题讲点意见。

一、关于深入推进三项重点工作问题

深入推进社会矛盾化解、社会管理创新、公正廉洁执法三项重点工作,是党中央根据我国经济社会发展的阶段性特征,总结治国理政规律和维稳工作经验提出的重大战略性决策,体现了党中央维护社会和谐稳定的战略性思维和对新时期政法工作的根本要求;标志着维稳方式的重大转变,即从过去偏重于治标和被动应对,转到标本兼治、更注重抓源头、抓根本、抓基础上来,对于保障政法机关公正廉洁执法,维护社会和谐稳定,实现国家长治久安,具有重大而深远的意义。各级检察机关侦查监督部门要充分认识深入推进三项重点工作的重大意义,切实把思想和行动统一到中央的决策部署上来,积极适应维稳方式的这种转变,自觉把侦查监督工作纳入三项重点工作的总体格局中去谋划和推进,下大力气深入推进三项重点工作。

首先要切实履行好侦查监督三项职能,把它作为侦查监督部门推进三项重点工作的基本途径和载体。犯罪是社会矛盾的产物,只有依法履行好审查逮捕职责,办准办好审查逮捕案件,准确有力地打击犯罪,才谈得上化解因犯罪造成的社会矛盾,修复被犯罪破坏的社会关系,促进社会管理,维护社会和谐稳定;只有强化立案监督和侦查活动监督,才能促进侦查机关(部门)公正廉洁执法,减少因执法不公不廉引发的社会矛盾。

与此同时,要延伸职能、深化内涵,认真做好执法办案的“后半篇文章”,深入推进三项重点工作,促进源头性、根本性、基础性问题的解决,并把它作为新形势下检验侦查监督工作成效的重要方面。

一是要向修复社会关系延伸职能,深化内涵。要切实克服机械执法、就案办案的思想观念,把化解矛盾纠纷贯穿于侦查监督工作始终。在依法履行审查逮捕职责和开展立案监督、侦查活动监督过程中,采取多种形式化解社会矛盾,解决合理诉求,维护人民群众合法权益。要更加注重提高办案质量,确保办案社会效果、政治效果和法律效果的有机统一,努力做到案结事了,最大限度地减少社会不和谐因素,最大限度地增加和谐因素。

二是要向预防和减少犯罪延伸职能,深化内涵。要结合办案加强对犯罪嫌疑人认罪服法教育,特别是要加强对未成年犯罪嫌疑人的教育、感化、挽救工作,努力促使其认罪服法,弃旧图新,减少社会对抗性因素。对没有逮捕必要的犯罪嫌疑人,要做好相关衔接工作,督促落实帮教措施,防止其实施新的危害社会的行为。

三是要向防范办案风险和次生矛盾延伸职能,深化内涵。要建立健全侦查监督环节执法办案风险评估机制,对群体性事件中的案件、涉众型案件、媒体关注的案件、相关方严重对立的案件以及缠访闹访等案件,作出逮捕或者不捕等决策前,要进行风险评估,确保所办案件不会引发新的矛盾和问题。特别是对涉及群众利益的案件、当事人双方尖锐对立的案件,要尽可能平衡各方诉求,依法审慎做出决定。要进一步加强和规范不捕说理、不监督说理工作,不捕不仅要依法向侦查机关说明理由,必要时还应当向被害方释法说理;不监督要对投诉人说明理由,以强化释疑增信。

四是要向社会治安综合治理延伸职能,深化内涵。要认真贯彻落实最近召开的全国社会治安综合治理工作会议精神,立足于自身职能,认真落实侦查监督环节社会治安综合治理措施,积极参加由党委和政府统一领导开展的对社会治安重点地区的大排查、大整治工作。要结合执法办案工作,通过对类案和典型个案的剖析,探索犯罪态势、特点和规律,分析社会治安形势,积极提出强化特殊人群管理、"两新组织"(新经济组织、新社会组织)管理、网络虚拟社会管理等社会管理的建议,推动社会治安防控体系建设,促进社会管理创新。要积极参与平安创建活动,广泛开展进社区、进企业、进学校、进农村活动,加强法制宣传教育,预防和减少违法犯罪。同时,还要深入推进行政执法与刑事司法衔接,促进有关单位案件管理;结合侦查监督,分析侦查中违法犯罪的特点和规律,提出防范建议,促进侦查管理。

需要强调的是,侦查监督部门深入推进三项重点工作应当坚持三个原则:一是要积极探索,开拓创新;二是要立足职能,结合执法办案;三是要严格依法,坚守法律底线。

二、关于落实侦查监督四项改革规定,强化侦查监督问题

根据中央关于深化司法体制和工作机制改革的部署,最高人民检察院在有关部门的配合下,就完善刑事立案监督、侦查活动监督、搜查、扣押、冻结等侦查措施的监督以及审查逮捕阶段讯问犯罪嫌疑人和听取律师意见等四个改革项目,起草了《关于刑事立案监督有关问题的规定(试行)》《关于侦查活动监督有关问题的规定》《关于人民检察院对搜查、扣押、冻结等侦查措施进行法律监督的规定(试行)》和《关于审查逮捕阶段讯问犯罪嫌疑人的规定(试行)》(以下简称"侦查监督四项改革规定"或"四项改革规定"),已经最高人民检察院检察委员会通过,并报经中央政法委批准,现正在抓紧同有关部门会签下发。各地要认真学习领会,

精心组织实施。

(一)统一思想,充分认识"四项改革规定"的重要意义

1."四项改革规定"完善了中国特色侦查监督制度,为强化侦查监督提供了难得的历史机遇。"四项改革规定"对侦查监督制度的完善主要体现在以下五个方面:(1)拓展了监督范围。如明确规定了对不该立案而立案的监督,对搜查、扣押、冻结等强制性侦查措施的监督。(2)增加了知情渠道。知情是监督的前提。关于立案监督和侦查活动监督的三个规定分别建立了当事人对违法行为投诉机制以及公安机关和人民检察院刑事案件信息通报制度,增加了检察机关开展侦查监督工作的知情渠道。(3)丰富了监督手段。如赋予了检察机关对涉嫌违法行为的调查权,包括可以要求侦查机关说明有关情况和理由,询问有关办案人员和其他知情人员,查阅、复印相关案卷材料等具体措施;对立而不侦、久侦不结的情形可以发催办函;对违法采取搜查、扣押、冻结等侦查措施的,可以发出纠正违法侦查措施通知书,提出解除扣押、冻结措施、返还被扣押的款物、完善相关法律手续的纠正意见,等等。(4)完善了监督程序。"四项改革规定"对侦查监督所涉问题从线索发现、调查核实、作出监督决策,到侦查机关(部门)应尽的配合监督义务和提请复议复核权利等,都作出了较为具体的规定,为侦查监督工作提供了可操作的程序规程。(5)增强了监督刚性。如明确规定了侦查机关对检察机关纠正违法意见的处理期限和反馈期限等,使监督由软变硬,有利于增强监督的实效。以上这些规定,为检察机关更好地履行侦查监督职责提供了有力的制度保障,为完善刑事诉讼立法奠定了重要基础,也为侦查监督工作的发展提供了难得的历史性机遇。

2."四项改革规定"顺应了人民群众的要求和期待,是促进公正廉洁执法、强化人权保障的有力措施。在侦查活动中,侦查人员同犯罪分子开展激烈的攻防,工作难度大,加上我国侦查资源保障不足,侦查装备落后,侦查工作又具有隐蔽、动态、灵活等特点,因而侦查中比较容易发生违法违规问题。对侦查中出现的刑讯逼供、暴力取证、徇私枉法以及违法采取搜查、扣押、冻结措施等现象,人民群众反映强烈,社会各界要求检察机关加强侦查监督的呼声较高。最近披露的赵作海冤错案,再次引

起公众对刑讯逼供的强烈不满和对检察机关强化侦查监督的热切期待。"四项改革规定"顺应了人民群众的期待和要求，对于强化侦查监督，促进侦查程序的合法公正，防止侦查权的滥用，保障诉讼当事人和其他人的合法权益，提高执法办案的公正性和司法机关的公信力，必将发挥积极的作用。

3. "四项改革规定"贯彻了中央的决策部署，是深入推进三项重点工作的重要途径。强化对司法权的监督制约是中央确定的本次司法体制和工作机制改革的一个重点；深入推进三项重点工作是中央的重要决策部署。"四项改革规定"既是本次司法体制和工作机制改革的一个重要成果，又是深入推进三项重点工作的重要途径，因为侦查活动中如果不能公正廉洁执法，甚至违法犯罪，不仅不能发挥侦查活动惩恶扬善、扶正祛邪、恢复被破坏的社会秩序的功效，还有可能引发新的社会矛盾。因此，落实"四项改革规定"，加强侦查监督，不仅是促进侦查机关（部门）公正廉洁执法的重要措施，而且是防止和化解因侦查活动中执法不公、执法违法问题所引发的社会矛盾的重要措施。我们要从落实中央决策部署，深入推进三项重点工作的高度，充分认识实施四项改革措施的重大意义。

4. "四项改革规定"完善了诉讼结构，为增强审查逮捕机制的科学性、提高逮捕质量提供了重要保障。对强制性侦查措施实施司法审查，经过由控、辩、裁三方所组成的"三角形诉讼结构"的诉讼、充分听取犯罪嫌疑人的供述或辩解后，才作出逮捕（羁押）的决定，是世界多数国家的普遍做法。我国刑诉法规定逮捕权主要由检察机关行使，但法律并无关于检察机关审查逮捕时可以（或者"应当"）讯问犯罪嫌疑人、听取所委托律师意见的规定，致使我国法律层面的审查逮捕程序不具有诉讼色彩而更像"行政审批"，这不仅影响了审查逮捕制度的科学性，更重要的是难以保证逮捕的质量。《审查逮捕阶段讯问犯罪嫌疑人的规定》规定了审查逮捕时对五类案件应当讯问犯罪嫌疑人，其余的应当送达听取犯罪嫌疑人意见书，并认真审查其所委托律师的书面意见，必要时可以当面听取律师的意见。这就在审查逮捕环节形成了由控（侦查机关或部门）、辩（犯罪嫌疑人及律师）、裁（检察机关）三方参与，控辩对抗、检察机关居中裁判（作出是否逮捕的决定）的三角形诉讼结构，从而不仅使审查逮捕机制符合诉讼规律，更加科学合理，而且有利于检察机关通过讯问犯罪嫌疑人和听取律师意见，正确审查判断案件事实和证据，及时发现侦查中的违法行为，排除非法证据，从而提高逮捕质量。

（二）认真做好实施前的各项准备工作

"四项改革规定"拟在今年10月1日起实施，这两个月要认真做好实施前的各项准备工作。一要加强学习培训，熟悉"规定"的条文，掌握精神实质，以便熟练运用。二要加强人员和装备的配备。实施"四个规定"将给各个检察院增加不少工作量，各地要给侦查监督等部门增配必要的力量和交通工具等装备。最高人民检察院也将向国家有关部门争取编制。三要进一步学习侦查知识。只有懂得侦查，熟悉侦查，才能监督侦查，才能处理好监督制约与支持配合的关系。随着侦查监督的深入开展，学习侦查知识的任务显得尤为迫切。因此，要认真学习刑事侦查学和职务犯罪侦查学，懂得各类案件的侦查特点和技能，为实施"四项改革规定"做好充分的知识准备。

（三）正确把握职能授予的特点和职责履行的要求

1. 在职能授予上，侦查监督是全面监督与有限监督的统一。一方面，根据刑事诉讼法第八条、第三十七条、第七十六条等规定，检察机关对侦查活动的监督是全面的监督，贯穿从立案到侦查终结的全过程，没有也不应该有检察监督不能涉及的禁区。另一方面，法律赋予检察机关的侦查监督权，主要是起司法救济作用，加上侦查活动本身所具有的面广线长、隐蔽、动态、灵活、全天候等特点以及侦查监督资源的有限性，要进行全覆盖、无遗漏、试图"把整个侦查活动都管起来"的监督，是非常困难的，也是不现实的，故侦查监督又是有限监督。因此，刑事诉讼法和司法改革规范性文件没有也不可能对所有侦查监督事项都作出明确具体的规定，即使有授权规定，有的在范围上也作了一些限定，如对不该立案而立案的监督范围，主要限于有证据证明公安机关可能存在插手经济纠纷、办案人员利用立案实施报复陷害、敲诈勒索或者牟取其他非法利益等而违法立案的情形；有的则在检察监督前规定了前置程序，如对搜查、扣押、冻结等侦查措施的监督，除几种特定的严重违法情形外，规定将"当事人投诉和侦查机关先行处理"设置为检察机关启动监督的前置程序。基于侦查监督职能授予的以上特点，在监督工作中，对于有明确授权或规定的，必须认真履行监督职责,否则就有愧职守;对于法律虽然有概括性授权但缺乏明确具体规定的,则应抓住突出问题,有重点地开展监督,不能有"包打天下"的思想。

2.在职责履行上,侦查监督除了要正确处理监督与配合的关系,监督力度、质量、效率、效果的关系,对内监督和对外监督的关系等三个关系以外,还必须注意以下两点:

一要坚持全面履行与重点履行(突出重点)相统一。一方面,对法律和"四项改革规定"所赋予的侦查监督职责,要全面、不折不扣地履行。要抓住改革带来的历史性机遇,拓展监督范围,完善监督机制,打开工作局面,促进侦查监督工作取得新的进步、新的发展。另一方面,侦查活动中存在的问题,其性质有轻重之分,其危害有大小之别,在社会主义初级阶段,在侦查活动中的违法违规问题较多而监督资源又十分有限的条件下,我们不宜事无大小不加区别地都启动监督程序,而必须突出重点,找准突出问题一抓到底,抓出成效。周永康同志指出:"法律监督工作只有突出重点,才能取得事半功倍的效果"。侦查监督实践也表明,突出重点是社会主义初级阶段侦查监督工作必须坚持的重要策略原则,是确保监督质量和效果的重要一环。因此,要把监督的重点放在刑讯逼供、暴力取证、滥用刑事手段违法插手经济纠纷、违法采取搜查、扣押、冻结等侦查措施以及其他违法办案、严重侵犯当事人人身和财产权利等突出问题上,特别是要放在执法不公背后的职务犯罪上。

二要坚持尽力而为与量力而行相统一。一方面,要充分发挥主观能动性,充分挖掘潜力,以强烈的事业心和责任感去履行监督职责;另一方面,又要根据侦查监督工作实际和监督资源配备状况,把有限的司法资源集中用于解决突出问题,以点带面,促进侦查监督工作的发展。

(四)强化内部沟通协调,形成监督合力

侦查监督是一项系统工程,除侦查监督部门外,公诉、监所检察、控告申诉检察、职务犯罪侦查等部门都负有侦查监督的职责。本次"四项改革规定"中的不少内容,就是根据案件所在的环节和问题性质来确定主办部门的。因此,要强化内部沟通协调,建立信息畅通、衔接紧密、配合默契、协调高效的工作机制,把各管一段的"铁路警察"整合成侦查监督的有机整体,形成监督合力。各级检察长要做好统筹协调工作。特别是要根据"四项改革规定"确定的各部门职责,做好办理投诉的流转衔接、调查违法与纠正违法的配合、监督违法与查办职务犯罪的结合等方面的协调工作。

三、关于深化职务犯罪案件审查逮捕程序改革问题

去年9月部署实施职务犯罪案件审查逮捕上提一级改革以来,各级检察机关高度重视,精心组织,克服各种困难,想尽各种办法,确保了改革的顺利实施。这项改革已初见成效,它强化了对职务犯罪侦查活动的内部监督制约,促使侦查部门进一步规范了侦查行为,提高了办案质量,而且有力支持了下级院排除干扰阻力,保障了职务犯罪侦查工作平稳健康发展。与此同时,在落实这项改革中也还存在一些问题,如"重配合、轻监督",不少地方对职务犯罪侦查活动监督没有什么开展;一些地方采取"立案下沉"的办法规避上级院的监督;对超范围管辖的案件是否批捕以及应否实施监督较难把握;办案期限不够;网络及其他设施建设还未完全到位,等等。这些问题应当引起高度重视,认真加以解决。针对实施这项改革中出现的问题,这里我强调四点:

(一)要根据职务犯罪案件的特点,准确把握逮捕条件

法律关于逮捕条件的规定,体现了打击犯罪与保障人权的平衡和统一。要根据不同类型职务犯罪的不同特点,准确把握逮捕条件,从而使逮捕的适用既能最大限度地保证侦查工作需要,又能最大限度地保障人权。从侦查的角度看,职务犯罪案件大体可分为三类:第一类是贿赂等主要依据言词证据定案的案件。这类案件提请逮捕时定罪的证据往往还没有完全到位(离"构成犯罪"还有距离),而言词证据又具有易变性,犯罪嫌疑人容易串供、翻供。对这类案件如何把握逮捕条件值得我们斟酌,如果因证据离构成犯罪尚有距离就一概不予逮捕,不仅与逮捕的第一个条件不符(逮捕的第一个条件是"有证据证明有犯罪事实",而不是"有证据证明构成犯罪"),而且不捕后串供、翻供势所难免,侦查就难以进行下去。因此,对其中符合附条件逮捕条件的(一是证据所证明的事实已接近构成犯罪;二是根据现有证据和相关情况综合分析判断,捕后经过进一步侦查,能够取到构成犯罪的相关证据;三是案情重大确有逮捕必要。这三个条件其实

是法律规定的逮捕的三个条件易于理解和把握的另一种表述，其中第一、第二个条件相当于逮捕的第一个条件，第三个条件相当于逮捕的第二、第三个条件，故符合附条件逮捕的三个条件，也就符合逮捕的三个条件），应当予以逮捕。同时，捕后要注意跟踪监督，对于难以收集到定罪所必需的证据的，要及时撤销逮捕。第二类是贪污、挪用和侵权犯罪案件。这类案件一般有书证和侵害结果作为证据，侦查重点是查明行为人及行为人的行为与结果之间的因果关系。这类案件提请逮捕时定罪证据已基本到位，审查逮捕主要是看犯罪的严重程度和逮捕必要性情况。第三类是渎职类的过失犯罪案件。对于这类案件，要少用慎用逮捕措施，充分考虑是否有逮捕的必要。

总的来讲，我们要严格按照逮捕的法定条件办案，既要防止重打击轻保护、重配合轻监督，把关不严，不该捕而捕；又要防止片面强调保障人权而把关过严，该捕不捕，影响侦查破案和打击犯罪的力度。对不符合逮捕法定条件的，既要坚持原则，依法办案，坚决不捕，又要讲究方法，多做沟通，充分说理，争取侦查部门的理解支持。此外，侦查监督部门还要处理好依法履行职责与服从组织决定的关系，既要严格按照案件的事实证据和逮捕法定条件提出自己的意见；又要在检察长不同意所提意见时，坚决服从检察长的决定。

（二）规范向下级检察院交办案件工作

当前，一些地方将本属于本院管辖的案件交下级检察院立案侦查的情况比较突出，这种做法有的是为了规避上级检察院的监督，有的则是工作需要。对此，要区分情况，客观对待。最高人民检察院的基本要求是：职务犯罪案件原则上应当按分级管辖的规定进行立案侦查，对少数确需交由下级检察院立案侦查的，有管辖权的检察院应当出具书面交办函。据此，侦查监督部门对于有上级检察院书面交办函交办的案件，符合逮捕条件的，要依法予以逮捕，同时要将决定逮捕案件报省级检察院备案审查。省级检察院经审查，如发现确属刻意规避监督而把案件"立案下沉"到县级检察院的情况，要报告检察长予以纠正。目前，湖南、吉林省检察院通过建立交办案件的审批机制和逮捕备案审查机制，有效防止和纠正了"立案下沉"不当的问题，效果很好，值得借鉴。各地要会同侦查部门积极建章立制，靠制度规范侦查办案行为。

（三）正确处理"超范围管辖"问题

一些检察院侦查部门对不属于检察机关管辖的案件进行立案侦查，这种做法有的是为了突破职务犯罪案件所实行的牵连管辖，有的是为完成办案指标或者追赃，对此要区分不同情况进行处理。最高人民检察院经研究认为，对确实为了侦查职务犯罪大要案的需要而牵连管辖的，在征求有管辖权的单位同意并报上级检察院书面批准后，可以立案侦查，但在职务犯罪侦查目的实现（也包括职务犯罪侦查目的难以实现）后，应当立即将其移送有管辖权的单位。对牵连管辖的案件应当另行统计，不能作为考核职务犯罪侦查工作成绩的依据。据此，侦查监督部门对经上级检察院书面批准牵连管辖的案件，符合逮捕条件的，应当予以逮捕；同时，要对侦查部门对牵连管辖案件的移送和统计等情况实施监督。

（四）认真开展对职务犯罪立案和侦查活动的监督

根据曹建明检察长关于既要强化法律监督又要强化对自身监督的指示，对职务犯罪侦查工作除加强对审查逮捕的监督外，还要加强对立案和侦查活动的监督。要切实把职务犯罪立案和侦查活动监督列入视线和工作计划，防止对人严、对己宽和"灯下黑"。要重点加强对应当立案而不立案、用刑事手段插手经济纠纷、刑讯逼供、暴力取证、贪赃枉法、徇私舞弊、在高层讯问、在检察院办案区超时限讯问以及"四项改革规定"所列问题的监督。上级检察院在审查逮捕中发现侦查活动有违法行为的，应抓住不放，直接通知下级检察院纠正；对职务犯罪侦查活动存在问题的投诉要认真办理、及时回复，发现问题的要坚决依法纠正。对职务犯罪立案和侦查活动的监督除上级检察院审查逮捕中发现的问题外，主要由同级检察院侦查监督部门负责，监督工作要在检察长领导下开展，遇有重要情况和问题要及时向检察长汇报，由检察长作出决定。

四、关于贯彻落实宽严相济刑事政策问题

深入推进三项重点工作，要求在侦查监督工作中更加注重全面贯彻宽严相济的刑事政策。

一方面，要坚持"严打"方针不动摇，保持对严重刑事犯罪的高压态势。在社会主义初级阶段，特别是在刑事犯罪高发、对敌斗争复杂的形势下，"严"的这一手任何时候都不能有丝毫的放松。要充分运用批捕、追加逮捕、立案监督等法律措施，依法严厉打击境内外敌对势力、敌对分子实施的危害国家安全的犯罪，维护国家安全；认真贯彻中央第五次西藏工作座谈会和中央新疆工作座谈会精神，依法严厉打击境内外敌对势力、民族分裂势力、宗教极端势力的犯罪活动，维护国家统一、民族团结和社会稳定；严厉打击杀人、抢劫、绑架、强奸、涉恐涉黑、涉枪涉暴、侵害儿童和师生、多发性侵财等严重影响群众安全感的刑事犯罪和"黄赌毒"等犯罪，维护社会治安秩序；严厉打击金融诈骗、证券内幕交易、制假售假、非法传销、破坏环境资源等严重经济犯罪，维护社会主义市场经济秩序；从严从重打击贪污贿赂、渎职侵权等严重职务犯罪，促进反腐倡廉。要积极参加打黑除恶、"扫黄打非"、禁毒禁赌等专项斗争和严打整治行动，配合有关部门切实维护上海世博会、广州亚运会等重大活动的安全。工作中，要坚持对重大案件介入侦查、引导取证、挂牌督办等制度，依法从快批捕，确保从重从严予以打击。

另一方面，在严厉打击严重刑事犯罪的同时，对符合从宽条件的要贯彻依法从宽的政策，特别是对轻微犯罪更要依法从宽处理。

一要认真贯彻"两减少、两扩大"原则。中央政法委、中央维稳工作领导小组要求，对初犯、偶犯、未成年犯、老年犯中犯罪情节轻微的人员，依法减少判刑，扩大非罪处理；非判刑不可的，依法减少监禁刑，扩大适用非监禁刑和缓刑。根据这一政策原则，在侦查监督工作中，对上述人员符合非罪处理情形的，不应监督刑事立案，有关部门已经立案的，可以建议撤案；符合非羁押强制措施条件的，应当依法不予批捕。

二要注重刑事和解的适用。对于以私益为侵害对象的轻微刑事案件，特别是因邻里、亲友、同学、同事纠纷而引发的案件，要本着"冤家宜解不宜结"的精神，促使双方达成和解，并建立检调对接机制，使其在有关部门的主持下依法进行和解。审查批捕案件时，对双方达成和解、经审查认为符合自愿、合法原则的，应依法从宽处理，一般可不予批捕。公安机关对双方和解案件已作不立案决定的，一般不应再监督立案。

三要高度重视对逮捕必要性的审查。对于严重犯罪案件特别是其中社会危险性大的案件，只要犯罪事实和证据符合逮捕条件，就应坚决依法批捕。对于轻罪案件，既要审查犯罪的事实与证据，又要注重审查逮捕的必要性，从行为的社会危害性、犯罪嫌疑人的人身危险性、保证诉讼的条件等方面，综合判断是否有逮捕的必要，坚持少捕慎捕；对侦查机关（部门）没有提供证明"有逮捕必要"的证据的，一般不予批捕。要积极建议侦查机关（部门）扩大取保候审等强制措施的适用，减少不必要的羁押。要转变对外来人员"构罪即捕"的观念和做法，不能因其是外来人员而一律批捕，要全面考虑是否有逮捕的必要，平等保护公民的合法权益。

四要深化未成年人检察工作。要认真落实《未成年人保护法》和《人民检察院办理未成年人刑事案件的规定》，进一步完善适合未成年人特点的办案工作制度。对涉罪未成年人，要坚持"教育、感化、挽救"的方针和"教育为主、惩罚为辅"的原则，坚持少捕慎捕，能不捕的尽量不予逮捕羁押，防止未成年人再次受到不良因素的"感染"。审查批捕未成年犯罪嫌疑人，不仅要审查犯罪的事实证据，而且要注重审查逮捕必要性的事实证据。要根据实际工作需要，设立专门工作机构或者确定专人办理未成年人刑事案件，此类案件较多、办案任务较重的地方检察院，应当成立专门机构办理未成年人刑事案件。

五要注意把握涉及众多嫌疑人案件的政策。对于有众多嫌疑人的案件，如群体性事件、聚众打砸抢烧、非法传销等案件，要坚持打击少数、教育挽救多数的原则，尽最大限度减少逮捕人数。要根据涉案人参与程度和作用大小，重点打击极少数组织、策划、指挥者和骨干分子，对一般参与者和被裹挟、蒙蔽者，重在教育挽救，以分化瓦解违法犯罪，减少社会对抗性因素。

五、关于进一步提高办案质量问题

办案质量是侦查监督特别是审查逮捕工作的生命线。批捕案件质量不高甚至错捕，不仅严重侵犯当事人的权利，而且严重损害检察机关公信力，严重影响党和政府形象，有的成为敌对势力攻击我国司法制度的口实。近年来先后发生佘祥林、赵作海等重大冤错案件，在社会上造成了恶劣影响。我们一定要从中汲取深刻教训，进一步提高对办案质量极端重要性的认识，在审查逮捕环节真正起到严格把关的作用。

（一）认真执行两个证据规定

最近，最高人民检察院会同有关部门联合下发了《关于办理死刑案件审查判断证据若干问题的规定》和《关于办理刑事案件排除非法证据若干问题的规定》。这两个证据规定是根据中央关于司法改革的总体部署制定的，对办理刑事案件特别是死刑案件提出了更高的标准、更严的要求，各级检察院侦查监督部门要认真组织学习培训，在工作中认真贯彻执行。在介入侦查、引导取证、审查批捕和诉讼监督等工作中，严格按照两个证据规定的要求审查、判断、运用证据，排除非法证据。批捕案件必须以证据为依据，凡证据与证据之间、证据与案件事实之间存在不能得到合理排除的矛盾的不能批捕；凡犯罪事实缺乏必要证据证明的不能批捕。审查逮捕时犯罪嫌疑人反映受到刑讯逼供的，应当要求其提供相关证据或者线索；对确有刑讯逼供嫌疑的，应当要求侦查机关（部门）就侦查行为的合法性提供相关证明，侦查机关（部门）不能提供，而其他证据又不能证明犯罪嫌疑人实施犯罪行为的，应当依法作出不批捕决定。必要时，可建议渎职侵权检察部门介入调查。

（二）严格落实协调案件和事项的报告制度

有关部门组织协调案件或者事项时，要坚持原则，坚守法律底线，严格依照事实、证据和法律发表意见。正确意见不被采纳的，要及时向上级检察院报告。明知事实不清、证据不足而不提出意见或者协调后不及时向上级检察院报告，造成冤错案件或者某个事项（某类问题）处理错误的，要按照"谁决定谁负责、谁办案谁负责"的原则，严肃追究有关人员的责任。

（三）以贯彻修改后的国家赔偿法为契机，促进办案质量的提高

国家赔偿法的修改，有两处与逮捕工作直接相关：一是将错捕赔偿修改为无罪结果赔偿，据此，捕后只要作撤案、绝对或者存疑不诉、判无罪，无论逮捕时是否符合法定条件，除有法定免赔情形之外，检察机关都要承担赔偿责任；二是取消了赔偿义务机关"确认"的前置程序，"确认"不再是赔偿请求人申请赔偿的必经程序。因此，修改后的国家赔偿法实施后，可能出现针对逮捕提出赔偿请求的案件数量大幅增加的态势，逮捕赔偿的风险进一步加大，对审查逮捕工作提出了更高要求。我们要以贯彻修改后的国家赔偿法为契机，进一步规范办案工作，提高执法水平和办案质量，减少逮捕赔偿案件的发生。同时，要注意分析修改后的国家赔偿法的实施可能给审查批捕工作带来的影响，正确认识赔偿与错捕的关系，不能简单地认为赔偿就是错捕，实事求是地评价逮捕办案质量，防止出现因怕承担赔偿责任而该捕不捕，影响对犯罪打击力度。

（四）建立批捕诽谤案件报上一级检察院审批的制度

近年来，一些地方批捕的诽谤案件办案质量不高，有部分属于不该捕而批捕，捕后案件不能起诉和定罪，严重侵犯了当事人的合法权益，有的被网络媒体曝光炒作，社会反响强烈。鉴于过去的深刻教训，今后办理此类案件要严格审查把关：一要准确把握诽谤罪与非罪的界限，不能把对个别领导干部的批评、指责乃至过激的言语当作诽谤犯罪来办。二要严格把握诽谤案件自诉与公诉的界限。根据刑法第二百四十六条规定，诽谤案件原则上属于自诉案件，只有"严重危害社会秩序和国家利益"的，才属于公诉案件，才能运用公权力展开侦查、批捕、起诉。属于自诉的，应当建议侦查机关撤回或者作出不予批捕决定。三要建立批捕诽谤案件报上一级检察院审批的制度。今后一段时间内，对于公安机关提请逮捕的诽谤案件，受理的检察院经审查认为属于公诉情形并有逮捕必要的，在作出批捕决定之前应报上一级检察院审批，以便帮助基层检察院排除干扰，确保办案质量。

（五）认真开展案件评查

要认真贯彻中政委关于开展"百万案件评查"活动的部署，抓好侦查监督环节的自查和评查工作，重点是对捕后撤案、不诉、判无罪、不批捕经复议复核被纠正的以及当事人非正常上访或者矛盾激化等案件的评查。通过评查总结经验教训，解决突出问题，纠正错案，完善办案机制，提高办案质量和水平。发现因故意或者重大过失而办错案的，要倒查追究责任。

（六）注重涉及侦查监督舆情的收集、研判和应对

舆情就是民情，对于我们了解民意、感知民众呼声、找准侦查监督工作着力点、正确办理案件、捕捉侦查监督案源等，都具有重要作用。同时，舆情也给侦查监督工作带来新的挑战，在公开、透明、信息化环境下执法办案，工作压力增大。因此，必须充分认识在新形势下舆情的地位和作用，高度重视和充分发挥舆情特别是网络舆情在侦查监督工作中的作用。各级检察院要指定专人负责对涉及侦查监督舆情的检索收集，并及时进行分析研判。办

理媒体舆论关注的案件，检察长要靠前指挥，上级检察院要加强具体指导，既要虚心接受舆论监督，又不能被舆论所左右，坚持严格依法办案，遇到重大问题要向党委和上级检察院报告。要及时回应舆论关注，准确披露案情，强化释法说理和答疑解惑，积极引导舆论向理性和法治方向发展。同时要严格遵守宣传纪律。

六、关于加强对侦查监督工作的领导问题

侦查监督工作处于检察机关打击犯罪的第一线，又处于诉讼监督的前沿阵地，任务重、责任大、工作难，新的司法改革措施实施后任务将更加繁重。各级检察院领导要始终把侦查监督工作摆在重要议事日程，切实加强领导。

（一）把侦查监督工作与党和国家工作大局紧密结合起来

要根据新形势下党和国家中心工作和检察工作的总体部署，指导侦查监督部门找准在大局中的位置，把侦查监督工作放到大局中去谋划和推进，为侦查监督工作把好方向，理清思路。当前要指导侦查监督工作纳入深入推进三项重点工作的总体格局中谋划，明确任务和措施，找准切入点和着力点。即将出台的四项司法改革措施，是深化司法体制和工作机制改革的重要内容，落实好这几项改革是摆在各级院侦查监督部门面前的重大任务，各级院领导对此要进行专题研究，帮助解决人员编制、物质保障等实际问题，保证改革工作顺利开展。网络等设备不仅是职务犯罪案件审查逮捕程序改革所急需，也是办理其他案件所需，凡未建设到位的，要克服困难继续抓紧建设，为网上办案、网上传输、远程讯问等工作创造条件。

（二）把抓业务与抓队伍紧密结合起来

要认真落实"一岗双责"制，抓业务和抓队伍两手都要硬起来。要探索侦查监督规律，指导侦查监督部门明确阶段性工作思路、重点和措施，使侦查监督工作有计划、有步骤地开展。要及时了解当地集中打击、重点整治的部署，组织侦查监督人员积极参与，充分发挥作用。要经常听取侦查监督工作情况汇报，及时掌握薄弱环节和倾向性问题，提出强化和改进工作的措施。检察长、分管检察长要亲自办案，特别是对在当地有重大影响或者疑难复杂敏感的审查逮捕、侦查监督案件，要亲自审查把关或直接指挥办理。要大力加强侦查监督队伍的思想政治建设、纪律作风建设和专业化建设，采取集中培训、案例研讨、岗位练兵、业务竞赛等形式，全面提高队伍的专业化能力和水平。要积极建设学习型侦查监督部门，下半年要着重组织学习"两个证据规定"和"四项改革规定"，使侦查监督人员对具体规定能熟练掌握运用。年底最高人民检察院将开展全国侦查监督十佳检察官暨优秀检察官业务竞赛活动，请各地在全员参与、层层选拔的基础上产生参赛人选，以此为契机掀起全员岗位练兵、岗位技能竞赛的热潮。

（三）把从严治检与关心爱护紧密结合起来

要结合当前正在深入开展的创先争优活动和"恪守检察职业道德、促进公正廉洁执法"主题实践活动以及"反特权思想、反霸道作风"专项教育活动，加强对侦查监督人员的职业道德教育、纪律作风教育和反腐倡廉教育，使侦查监督人员牢固树立正确的执法思想和执法理念，始终坚持"三个至上"，牢记"四个在心中"自警自律，筑牢拒腐防变的思想道德防线。在贯彻宽严相济刑事政策中，侦查监督环节自由裁量权增大，必须加强对权力行使的监督，确保公正廉洁执法。要坚持并完善不私自会见案件当事人及其委托的人，遇有说情请客送礼情况及时报告，严禁向下级、同事打听案情及为他人说情等制度建设，严密内部监督制约机制，用制度规范执法、约束干部。发现违法违纪，要坚决从严查处，决不姑息迁就。在严格要求、严格管理的同时，要关心爱护干部，力所能及地帮助干部解决工作和生活中的实际困难，解除后顾之忧。要关心干部的进步和成长，加强对优秀干部的培养，对在工作中表现突出、实绩优异的，如发现并纠正重大冤错案件的，追加逮捕、立案监督重大案犯成案的，监督纠正侦查中严重违法行为或发现并提供重大职务犯罪线索的，推进三项重点工作成绩突出的，要给予表彰奖励，该提拔重用的要提拔重用，努力营造拴心留人、激励优秀人才脱颖而出的环境。当前一些地方检察机关侦查监督部门案多人少矛盾十分突出，四项改革措施实施后，这一矛盾将更加突出，这不仅严重影响干部身心健康，而且难以保证案件质量。各级检察长要根据工作任务的需要适当充实侦查监督部门的力量，并争取当地党委、政府支持，招录一些速录员，以缓解案多人少矛盾；要采取必要措施保持侦查监督队伍的相对稳定。

新形势给侦查监督工作带来新的机遇和挑战。我们要振奋精神，抓住机遇，迎接挑战，以落实新的司法改革措施为契机,在深入推进三项重点工作中,努力开创侦查监督工作新局面,为维护社会和谐稳定和公平正义,促进经济社会科学发展作出新的贡献!

在第十一届全国检察理论研究年会结束时的讲话

最高人民检察院副检察长　孙　谦

（2010 年 4 月 27 日）

为期两天半的第十一届全国检察理论研究年会就要结束了。在大家的共同努力下,会议圆满完成了各项议程。下面,我对会议作简要总结,并就学习贯彻曹建明检察长在这次年会上的重要讲话精神,进一步做好 2010 年的检察理论研究工作讲几点意见。

一、会议的基本情况和特点

这次会议是在全国检察机关积极围绕深入推进三项重点工作,认真履行法律监督职能,不断开创新时期人民检察事业新局面的重要时期召开的一次会议。最高人民检察院党组对这次会议非常重视,会前院党组专门听取了会议筹备情况的汇报,曹建明检察长亲自出席会议开幕式并作了重要讲话,对新时期的检察理论研究工作提出了明确的希望和要求。中央编译局衣俊卿局长围绕新时期的检察理论研究如何坚持马克思主义方法论以及中西法律文化对法治建设的影响等问题给大家作了一场精彩的学术报告。会议对 2009 年度检察基础理论优秀成果进行了表彰,公布了调整后的全国检察理论研究人才名单。与会代表围绕"遵循司法规律,推进检察改革"的主题进行了学术交流和研讨,四位法学专家到会作了点评。2009 年度检察理论研究重点课题的负责人汇报了研究进展情况。会议期间,大家围绕曹建明检察长的讲话,就新时期检察理论研究工作的重要意义、主要任务和组织领导三方面的问题进行了深入讨论。会议开得很好,达到了预期效果。这次会议的成功召开,山东省人民检察院的领导和同志们付出了辛勤劳动。在此,请允许我代表最高人民检察院和全体与会同志向他们表示衷心的感谢!

曹建明检察长的讲话,充分肯定了近年检察理论研究工作取得的成绩,深刻分析了当前检察工作和理论研究面临的形势,部署了今后一个时期检察理论研究工作的任务,并就进一步加强检察理论研究工作提出了明确的要求。讲话内容丰富,立意深远,特别是关于理论上的成熟是政治上成熟的前提,法律职业共同体,加强与其他社团组织包括审判理论研究会、法官协会、警察学会、律师协会的联系,加强检察学研究会各专业委员会建设,并以此推动检察机关的专业化建设等重要论述,对于深化检察理论研究、构建中国特色社会主义检察理论体系、促进中国特色社会主义检察制度的科学发展,具有重要的指导意义。

与会同志深入学习、认真领会曹建明检察长讲话精神,并结合检察工作就深入推进检察理论研究工作展开了热烈的讨论。大家一致认为,近年来,在各级检察机关的共同努力下,检察理论研究紧紧围绕服务检察机关的中心工作,取得了显著的成效,较好地发挥了指导检察实践和检察改革的功能,推动了检察工作的科学发展。与会代表深感责任重大,任务艰巨,认为新时期的检察理论研究,更要从国际国内的大背景、大趋势中把握形势,从我国社会主义检察制度的中国特色中把握方向,感到新形势下的检察理论研究工作机遇与挑战同在、有利条件与不利因素并存,必须始终保持清醒的头脑,增强忧患意识,牢牢掌握检察理论研究工作主动权。大家反映,参加本次会议收获很大,进一步统一了检察理论研究的思想认识,明确了深化检察理论研究的方向,交流了经验,振奋了精神。会议深入探讨了检察理论前沿问题,特别是检察工作规律及其对检察改革的意义，提出了许多真知灼见。大家表示，新形势下的检察理论研究工作责任重大，一定要把思想和行动统一到这次会议精神上来，统一到最高人民检察院的部署上来，统一到发展完善中国特色社会主义检察制度的目标上来，以良好的精神状态抓好各项工作部署的贯彻落实。

这次会议的安排比较紧凑，内容也比较丰富，研讨的气氛热烈，效果良好，呈现出三个结合：一是以"遵循司法规律，推进检察改革"为研讨主题，实现了理论与实践的紧密结合。司法规律理论性较强，检察改革实践特色突出，将这两个问题结合起来研究，既抓住了检察机关理论建设的核心，又紧贴检察实践和检察改革的中心问题，既有理论价值，又对当前的检察工作具有较强的指导意义。二是专家学者与检察人员的紧密结合。这次邀请著名的马克思主义研究专家给大家讲授马克思主义前沿问题，开拓了研究视野，丰富了研究思维，启迪了研究方法。10位检察人员紧紧围绕检察制度和检察理论体系构建中的重大问题作了主题发言，与会代表围绕检察工作的基本规律、检察权配置和深化检察改革的着力点等问题进行了较为深入的研讨，提出了不少有价值的意见和建议。三是学术研讨与工作部署有机结合。曹建明检察长就如何做好新时期的检察理论研究工作作了全面部署，与会代表围绕"遵循司法规律，推进检察改革"的主题以及新时期检察理论研究的主要问题进行了深入的学术研讨。通过部署新形势下的检察理论研究工作，明确了新时期检察理论研究的重点问题，也使会议的中心和主题更加突出。通过大家的深入讨论和相互交流，更进一步地认清了新时期检察机关理论建设面临的形势和发展机遇。

二、深刻领会讲话精神，坚定不移地搞好检察机关的理论建设

曹建明检察长在讲话中强调指出，加强检察理论研究，是深入贯彻落实科学发展观的必然要求，是坚持和完善中国特色社会主义检察制度的客观需要，是深入推进检察改革的重要前提。曹建明检察长对检察理论研究工作的重要意义的科学阐述，是统一思想认识、扎实推进检察理论研究工作的思想基础。

第一，要切实抓住检察理论研究工作的良好发展机遇。曹建明检察长强调指出，新时期的检察工作如何进一步树立科学发展的理念，把握科学发展的规律，探索科学发展的道路，特别是如何深入推进三项重点工作，需要我们从理论上作出新的回答。这对新形势下检察机关服务经济社会科学发展提出了新的更高要求，为检察工作自身科学发展提供了难得机遇，也为丰富检察理论提供了难得机遇。因此，必须下大力气，把检察理论研究工作抓紧抓好。

这些年来，检察理论研究工作取得了长足发展，但是我们也要清醒地看到，所取得的成果离检察工作对检察理论的需求，离发展完善我国检察制度的目标，还有一定的距离。一些地方的检察院，包括一些领导同志对检察理论研究的重视程度还不够，思想上还存在一些模糊认识。这在一定程度上制约了检察理论的繁荣发展，但也说明，检察机关的理论研究工作还有很大的发展空间。各级检察院要以这次会议为契机，把思想认识统一到最高人民检察院的要求和部署上来，澄清模糊认识，找出差距不足，走出理论研究是软任务、搞不搞无所谓的认识误区，防止思想上的松懈，克服理论研究中的迷茫。

要把检察理论研究与执法理念更新和当前检察中心任务紧密结合起来，切实增强工作责任感和紧迫感，抓住机遇，乘势而上，真正重视检察机关的理论研究工作，拿出过硬措施，切实抓出成效，在多出精品上狠下工夫。要把抓检察理论研究，作为提升检察队伍素质，提升检察官职业操守，提升法律监督能力的一个重要手段，切实把理论研究放在检察工作的重要位置抓紧抓实，真正实现检察理论研究为检察改革和检察实践提供科学的引导。

第二，要正确把握不断深化检察理论研究的方向。曹建明检察长在讲话中指出，中国特色社会主义检察理论体系的基本框架已经形成，为我国检察制度的建设和发展提供了有力的理论支持和科学指引，但是还有许多亟待完善的地方，还有许多关于我国检察制度建设和发展的深层次问题需要作出科学回答。这一论述，是实事求是的，是客观清醒的。我们要看到，由于中国检察制度相对于其他多数国家检察制度存在的特殊性，加上其本身还存在一些不完善之处，使其一度受到种种质疑。另外，我国还将长期面对西方国家传播其政治主张、进行文化扩张和思想渗透的压力，世界范围内围绕发展模式和价值观的争论也必然影响到我国的法学领域。西方国家对我国进行思想渗透和文化输出一刻也不会消停，以西方政治观点和司法制度模式评价我国政治、司法制度，否定中国特色社会主义检察制度、主张取消法律监督的思想和理论观点还将不同程度地存在。

我们必须深刻认识我国检察制度的中国特色，全面阐述其始终坚持中国共产党领导的政治特色、"一府两院"架构内独立机构的体制特色、国家法律监督机关的功能特色、与时俱进的时代特色，真正用中国特色社会主义检察制度的基本原理武装当代检察人的头脑，为检察工作的科学发展提供良好的舆论环境。这是我们从事检察理论研究必须始终不渝坚持的立场。检察理论研究必须立足中国的国情，紧密结合我国的传统文化、宪政体制和法治现状来开展，确保检察工作在依法治国、建设社会主义法治国家的进程中发挥应有的作用。

第三，要正确认识检察理论研究和检察工作全面发展的辩证关系。理论是实践的引领，是实践的总结和升华。曹建明检察长多次强调指出，中国特色社会主义检察理论是中国特色社会主义理论体系的重要组成部分，植根于中国特色社会主义检察实践，又反过来指导、引领检察实践和检察改革，维系检察制度前途和检察工作全局，与检察制度的创新发展是相辅相成、相互促进的辩证关系。各级检察院特别是领导干部，不仅要善于运用检察理论指导检察工作和检察改革，引领检察工作向更广阔的方向发展，还要善于运用检察理论破解检察实践和检察改革中的具体问题。不仅要通过检察理论研究，提高检察人员在法学理论特别是检察学方面的理论素养，还要通过检察理论研究，宣传我国检察制度的合理性和必然性，宣传检察工作的实绩，让社会各界了解、关注和支持检察工作。要围绕最高人民检察院的重大决策，围绕检察改革中的突出问题和社会关注、群众关心的热点难点问题来推动检察理论研究深入开展。要特别注意优秀理论成果的宣传、运用，使其转化为实际的法律监督能力，而不是为了完成任务而完成任务，切忌把检察理论研究搞成脱离实际工作的纯粹理论说教。研究成果对指导实践、转变理念、提高认识一定要有用，才会被认可，被接受，才会有生命力。

三、全面落实讲话要求，实现检察理论研究的新突破

曹建明检察长在讲话中充分肯定了近年来在构建检察理论研究工作奖励激励机制上所做的有益探索。这是对我们具体从事理论研究工作同志的激励，我们应当以此为动力，在现有基础上再接再厉，奋发有为。在看到成绩的同时，也应当清醒地认识到，检察理论研究还存在着一些突出问题，如重复性研究突出，高质量、有影响的研究成果少，理论研究与检察工作结合不够紧密，配套奖励激励机制不够完善，检察理论研究人才使用、培养机制不健全，地区间发展不平衡等。我们一定要按照曹建明检察长的讲话要求，在实践中不断探索促进检察理论研究工作的新机制新办法，推动检察理论研究与时俱进，不断取得新的突破。

第一，要在重点问题的研究上下工夫。曹建明检察长指出，当前和今后一个时期检察理论研究的主要任务，就是要紧紧围绕党和国家的工作大局、紧紧围绕检察制度建设和检察改革重点任务，紧紧围绕检察工作重大理论和实践问题，努力构建科学完备的中国特色社会主义检察理论体系，为完善中国特色社会主义检察制度、强化法律监督、推进检察工作科学发展提供有力的理论依据。为了完成好这个任务，各级检察机关和广大检察人员要密切关注当前的检察工作，抓住当前迫切需要研究的重点问题，扎实开展调查研究，缜密进行理论论证，拿出有价值、有深度、有分量的成果来。

研究检察职能为党和国家中心工作服务的问题，要始终把检察工作放在党和国家中心工作的大局去思考，围绕党和国家的中心工作去谋划，这是各级检察机关全面提升检察工作水平、充分发挥法律监督职能的重心所在。检察理论研究也必须紧紧围绕这一定位来开展，围绕检察职能服务中心工作的主题开展调查研究，制定研究方案，拟定研究课题，集中力量攻关。不但要深刻阐述检察机关依法办案与服务大局的辩证关系，更要随时预测和跟踪新情况、新问题，拿出相应的对策。当前，围绕中心开展检察理论研究，就是要深刻阐述如何运用检察职能深入推进社会矛盾的化解，推进社会管理机制的创新，推进公正廉洁执法。各地要在这些问题上拟定具体的课题，深入进行理论研究，推出建设性的成果。

研究检察实践，就是要围绕检察实践中的难点热点问题开展理论研讨。各地要根据本地区检察工作的具体情况，梳理出制约本地区检察工作发展的重大问题，一个一个组织攻关，紧密结合实际，确保拿出的成果和方案能够解决实践中的问题,发挥检察理论对检察实践的引领作用。研究检察改革,就是要围绕新一轮的改革方案,尤其是具体改革项目推进中的问题,开展调研论证,既要从法学基本理论上论证改革方案,又要从检察权运行的基本原理上阐述其理论根据,使我们研究改革的成果,具有科学性、先进性、可操作性和针对性。

检察规律的研究,涉及检察职权配置、检察活动的价值定位、检察管理的价值取向乃至司法机制的方方面面,既需要我们对整个检察制度的发展历程、检察活动价值目标及检察职权运行的内在机制,以及检察权与侦查权、审判权配置和运行之间的互动关系等问题,有一个宏观层面的把握,又需要我们对其中的每个具体问题都有深刻的了解。对这个问题的研究,最高人民检察院理论所与国家检察官学院要联合组成课题组,请一些专家和各地的同志参加,集中一批研究能力强,有开拓精神的人员攻关,真正拿出一些能够解答检察规律内涵和基本内容的成果来。对检察理论体系的研究,则要着眼于宏观,从体系构建和服务实践的角度,弄清楚完备的中国特色检察理论体系究竟应当由哪些内容组成,在哪些问题上还应当继续进行理论上的论证,把需要研究的课题列出来,一个一个攻关,确保我们所构建的理论体系既符合中国特色社会主义理论体系的要求,又具有先进性和很强的实践性。

第二,要在抓好各项工作机制落实上下工夫。要继续坚持以往的成功经验和做法,努力探索新思路、新办法和新途径。要继续坚持好现有的工作机制,切实把年会制、课题制、奖励机制等,作为推动检察理论研究工作深入发展的有效手段。同时要因地制宜,积极拓展新的工作机制。检察理论研究既要立足检察系统各部门的支持,立足广大检察人员的积极参与,也要走出检察,积极联系审判理论研究会、法官协会、警察学会、律师协会等兄弟单位,积极动员各地的检察官协会、检察学研究会与这些兄弟协会、学会合作开设论坛,共同开展课题研究。要通过这些工作机制把公安、法院、律师等联系在一起,既搞理论研究,又开展实践调研,通过建立长期的研讨工作机制共同促进检察理论乃至法学理论的繁荣发展。

要继续建立并完善各项奖励激励措施。各地要制定自己的理论研究成果奖励制度,对获得最高

人民检察院奖励的成果,要加大奖励力度。对于在检察理论研究方面确有建树的同志,该表彰的要表彰,该记功的要记功。对于有研究兴趣和专长的同志,要在时间、经费等方面予以支持,通过对他们的关心爱护,营造尊重理论研究的氛围。

要充分培养使用检察理论研究人才。最高人民检察院调整了全国检察理论研究人才名单,各地也要对省一级、市一级的检察理论研究人才进行考评与增选。要充分发挥这些人才的作用,对每一位人才,都要大力培养,大胆使用。要把他们组织起来,通过课题攻关的形式、有重点地下任务的方法,形成一个有效的研究人才网络。要多推荐这些人才参加学术活动,多提供各类学习提高的机会,多动员他们投身理论研究,以点带面,促进整个地区的检察理论研究工作。

要继续加强与法学界的交流。与法学界的交流合作方式很多。"请进来"是前些年我们构建与学界合作工作机制的重心所在,请专家学者到检察机关来挂职,请他们来指导我们的课题研究,与高校共同建立教学研究基地,共同举办研讨会等等,都是我们主动邀请他们参与我们的研究活动,这些方式方法都很好,要继续坚持。同时我们也要注重"走出去",派出优秀的检察官到高校作讲座、授课,积极参加法学界的各类研讨活动。这就要求我们要有意识地提高自己的学术修养,努力争取与法学界对话的机会,这样才能在交流中合作,通过交流合作提高检察理论的影响,促进检察理论研究的繁荣发展。

第三,要做好会议精神的传达贯彻。这次会议的精神,主要体现在曹建明检察长的重要讲话上,一定要传达好、贯彻好。一要及时汇报。大家回去后要尽快将会议精神向院党组进行汇报,着重汇报曹建明检察长重要讲话中提出的各项要求和具体部署,以及本地区贯彻落实本次会议精神的安排打算。二要抓紧传达。尽快将曹建明检察长的讲话传达到各级检察机关,并选择适当的时候,召开各地的检察理论研究年会,切实把思想和行动统一到最高人民检察院的部署上来。三要认真贯彻。各地要按照曹建明检察长在讲话中提出的各项要求,一项一项抓好落实。各地传达贯彻会议精神的情况,要在7月底前报最高人民检察院。

让我们进一步振奋精神,迎难而上,锐意进取,扎实工作,积极投身检察理论研究,努力完成这次

会议提出的各项任务,努力为检察工作科学发展和检察职能的充分发挥提供有力的理论支撑,为坚持好发展好完善好中国特色社会主义检察制度作出新的更大贡献!

在全国检察长座谈会上的讲话

最高人民检察院副检察长　孙　谦

（2010 年 7 月 20 日）

根据会议安排,下面我就监所检察、法律政策研究以及检察官教育培训和检察理论研究工作讲几点意见。

一、关于监所检察工作

今年上半年,全国检察机关监所检察部门紧紧围绕深入推进三项重点工作,认真履行刑罚执行和监管活动监督职责,积极妥善应对监管场所重大突发事件,推动监所检察工作取得了新的进展。一是全国监狱“清查事故隐患,促进安全监管”专项活动取得良好成效,对安全生产、戒具使用、非正常死亡调查处理和检察监督等方面存在的突出问题进行了集中整改,依法惩治了一批“牢头狱霸”。二是检察纠正刑罚执行和监管活动各类违法情况 30149 件(次),同比上升 174.8%,其中检察纠正违法减刑、假释、暂予监外执行 7784 件,同比上升173.5%。纠正超期羁押案件 198 件。查办刑罚执行和监管活动中职务犯罪案件 250 件 286 人。依法妥善调查处理被监管人非正常死亡等重大监管事故,着力提高应对能力和水平。三是监所检察基层基础工作有了新的加强,推进执法规范化建设,推行统一的监所检察“四个办法”工作软件,1252个驻所检察室实现了与看守所监控联网。当前监所检察工作仍然比较薄弱,监督不到位、队伍整体素质不高、派驻机构发挥作用不充分等问题不同程度存在,特别是监督能力和力度亟待提高。

当前,社会各界对监管场所执法状况和监所检察工作的关注程度很高,媒体网络对被监管人死亡事件报道和炒作显著增多,社会公众持续关注,人民群众要求检察机关加强监督的呼声强烈。同时,监管场所发生重大事故后检察机关应对能力还有待提高。检察机关依法妥善处理突发事件的难度和压力都是空前的。去年到今年上半年,周永康同志针对监管工作和监所检察工作作了十余次重要批示。这些批示精神概括起来有四点:第一要研究治本之策,解决在押人员死亡问题,杜绝非正常死亡;第二要加强监管事件应对工作;第三要认真总结经验教训,加强监所的管理和监督;第四是检察机关要积极与公安、司法行政机关沟通,监督一定要到位。这些都对监所检察工作提出了新的更高的要求。

各级检察机关要充分认识监所检察工作面临形势的严峻性,变压力为动力,切实改变一些地方重视不够、工作薄弱的状况,下半年要重点抓好以下几项工作:

(一)高度重视做好监管场所被监管人死亡的防范和应对工作。从今年以来一些地方对监管事故检察处理的情况看,仍然存在对监管安全防范和事故应对工作重视不够,工作不深入、调查不细致、处理不妥当的问题。一些地方驻所检察室或监所部门未做认真调查,就草率下结论,轻易表态,随意对外发布信息,有的甚至帮助监管单位或侦查机关隐瞒真相,给工作造成很大被动。各地一定要把监管场所在押人员死亡事件的防范和应对工作作为监所检察的一项重要任务,树立维护监管安全是检察机关和监管部门共同责任的意识,加强事故防范检察工作,及时督促监管单位解决安全隐患,有效预防和减少监管安全事故的发生。一旦发生监管安全事故,要立足职能,认真、妥善地做好应对工作。一是反应要敏感,行动要迅速。做到第一时间到达现场,第一时间向上级报告,第一时间开展调查工作。二是上级检察机关要及时介入。监管场所发生被监管人死亡的，除派出检察院负责检察任务的外，原则上由地市级以上检察院负责调查和相关处理工作。重大、敏感、社会关注的案件，省级检察院要直接调查或组织调查。三是要实事求是，客观公正。坚持依法独立行使检察权，查明事实和原因，分清责任，依法处理，不能轻易认同有关部门的结论或草率下结论，不能帮助或掩盖事实真相。四是要慎重地应对媒体。对外表态、发布消息一定要严谨、妥当。既欢迎媒体监督，又要防止炒作。对外发布信息，原则上由担负调查任务的市级检察院发布调查情况，而且发布内容要事先经省级检察院审查。

（二）巩固两个专项活动成果。去年以来，最高人民检察院分别会同公安部、司法部开展了看守所监管执法专项检查和监狱"清查事故隐患，促进安全监管"专项活动，解决了一些突出问题。下一步要在巩固两个专项活动成果上下工夫。一方面，要针对检查发现的问题，加大监督力度，继续督促和配合监管单位落实整改措施；另一方面，要针对专项活动中查摆出来的检察机关监督工作中存在的问题，切实整改到位。特别是要着力研究解决如何使监所检察监督由软变硬和如何充分发挥派驻检察室职能作用两个问题，有针对性地加强派出、派驻检察机构建设，提高派驻检察人员的工作水平，真正做到敢于监督，善于监督。

（三）积极查办刑罚执行和监管活动中的职务犯罪案件。查办刑罚执行和监管活动中的职务犯罪案件，是监所检察的一项重要内容，也是使监督工作由软变硬的重要手段。一些重大事故背后往往都存在渎职犯罪问题。因此，各地一定要重视这类案件的查办工作，重点查办办理刑罚变更执行案件过程中收受贿赂、徇私舞弊的案件，监狱布局调整和监管场所改扩建过程中发生的职务犯罪案件，以及监管活动中玩忽职守、滥用职权和刑讯逼供、私放罪犯等犯罪案件。省级检察院要发挥主导作用，统筹组织指挥办案工作。同时，一定要严格办案纪律，依法文明办案，确保办案安全和办案质量。

（四）加强羁押期限监督，解决案件久押不决问题。羁押期限监督始终是检察机关的重要任务，也是保障被监管人合法权益的重要工作。这几年，我们在纠防超期羁押方面下了很大工夫，目前显性的超期羁押明显少了，但隐性超期羁押问题还比较突出。当前，要做好三项工作：一是对目前掌握的久押不决案件，分级负责，逐件清理。羁押八年以上的，由最高人民检察院挂牌督办；羁押八年以下的，由省级检察院负责清理和督办。各省在此基础上还可以进一步进行分级清理。这项工作力争在今年10月底前完成。二是建立防止和解决久押不决问题的长效机制。重点是建立久押不决案件报告和备案审查制度、分级督办制度、办理在押人员及其家属申诉制度等。最高人民检察院正在起草相关文件，争取年内印发施行。三是探索对羁押必要性进行检察监督。实践中，有些案件确实羁押的必要性不大或根本没有羁押的必要性，派驻检察机构对这类情况要注意掌握和提出意见。

（五）进一步做好刑罚执行监督上作。一是继续推进刑罚变更执行同步监督机制建设；二是结合全面推行社区矫正试点工作，进一步贯彻中央五部门《关于加强和规范监外执行工作的意见》，防止脱管漏管；三是加强对保外就医情况的监督。适时对保外就医情况进行集中清理，重点是涉黑罪犯、职务犯罪罪犯等，对已经失去保外条件的建议及时收监。同时，也要坚持宽严相济，公平公正，对一些老病残犯，符合变更执行条件的，要建议有关部门依法办理保外就医和假释。

二、关于法律政策研究工作

上半年，根据最高人民检察院党组的部署，围绕检察工作大局，努力加强专题调研和法律适用研究、解释工作。一是就"轻微刑事案件适用刑事和解"、"建立检察机关案例指导制度"和"贪污贿赂和渎职犯罪定罪量刑标准"等，提出了研究论证报告；二是单独或与有关部门联合制定了"惩治淫秽电子信息犯罪的司法解释（二）"、"扣押、冻结涉案款物工作规定"、"惩治拐卖妇女儿童犯罪的若干意见"等6件司法解释和规范性文件；三是积极推动省级检察院通过省级人大常委会出台加强检察机关法律监督或诉讼监督的地方立法，进一步加强和规范检察机关法律监督工作。

今年下半年，各级检察机关一定要切实重视法律政策研究工作，增强主动性和敏锐性，紧紧围绕推进三项重点工作，紧贴检察工作主题、紧贴领导决策、紧贴检察业务工作中的热点难点问题，研究新情况、解决新问题，更好地为检察决策服务，为检察业务工作服务。

（一）紧紧围绕推进三项重点工作，大力加强专题调研和法律适用研究与指导工作。要对《最高人民检察院关于深入推进社会矛盾化解、社会管理创新、公正廉洁执法的实施意见》的贯彻落实情况进行深入调研，及时了解和掌握推进三项重点工作的情况，总结好的经验和做法，对实践中遇到的困难和问题，要认真加以研究和分析。要结合检察职能和检察工作实际，加强对检察机关参与社会建设和社会管理规律特点的研究，深入分析检察机关参与社会建设和社会管理面临的形势，认真找准工作中存在的薄弱环节和难点、重点，积极推动检察机关参与社会建设和社会管理的理念、机制、方法创新。对于检察机关在推进三项重点工作中遇到的具体法律政策问题，以及宽严相济刑事政策在一些具体罪名中的掌握尺度，侵犯计算机信息系统犯罪、网络赌博犯罪和毒品犯罪追诉标准等，要加强研究，最高人民检察院也将适时出台相关规定。

（二）积极配合有关部门研究起草好《刑法修正案（八）》。按照全国人大常委会立法计划，有关部门已经启动了《刑法修正案（八）》的研究起草工作，这是1997年刑法修订以来对刑法进行的一次较为全面的修改，以落实中央司改任务、全面贯彻宽严相济刑事政策。刑法修改与检察工作密切相关，这就要求我们转变思想观念，贯彻科学发展观，注重保障民生、保护人权，更好地贯彻宽严相济刑事政策。各地检察机关要高度重视这项工作，按照部署积极开展调查研究，认真分析近年来检察机关在查办职务犯罪案件中存在的法律适用方面的新情况、新问题，积极提出修改完善刑法的意见和建议。

（三）认真做好案例指导工作，保障法律统一正确实施。检察机关建立案例指导制度，是中办发文件提出的一项工作要求，也是在深刻把握我国司法工作规律和总结司法管理经验基础上，在坚持我国现有的立法体制、司法体制的前提下，以正确理解和适用法律、维护国家法制统一和司法公正为目的的一项制度创新，是中国特色司法制度的新发展。建立案例指导制度对检察工作意义重大：一是有利于促进检察权的正确行使，有效防止司法腐败，化解社会矛盾，维护社会公平正义。二是充分发挥指导性案例具有的针对性、便捷性特点，统一法律适用标准，有利于强化工作指导。三是通过对指导性案例的分析、参考，有利于提高工作效率，提高检察

官法律素养和理论水平。指导性案例的产生是法律与实践相结合的产物，有利于总结检察工作经验，提高法律监督工作水平。最高人民检察院研究室在调研的基础上，就检察机关建立案例指导制度制定了工作方案，待中央司法改革领导小组批准后，最高人民检察院将及时作出部署。

（四）进一步推动检察机关法律监督的立法工作。近年来，北京、河南、四川、湖北、上海、黑龙江、辽宁、山东、江西、宁夏、山西、福建等十多个省级人大常委会通过了有关加强检察机关法律监督工作的决议、决定。这些地方立法的通过不仅充分体现了地方人大加强监督工作和推动制度完善的决心，实现了权力机关依法监督和支持人民检察院依法履职的有机统一，而且对于强化、规范检察监督也具有深远意义。这些地方将近几年来推行的改革措施和机制创新以地方立法的形式肯定下来，为在国家立法上完善相关制度作了有益的探索。各省、自治区、直辖市检察机关一定要从思想上加强对此项工作重要性的认识，提升工作的积极性、主动性，通过进一步加强对法律监督的理论研究和探索创新，为人大常委会通过相关决议、决定提供更多、更有说服力的理论和实践依据，积极配合和推动人大常委会通过相关立法。

三、关于教育培训、检察理论研究和检察对台工作

关于检察官教育培训工作。国家检察官学院香山校区和沙河校区已全面投入使用，总占地400亩、总建筑面积7.5万平方米的学院建设，使教育培训规模实现了跨越式发展，同时培训人数达到800至1000人；历时一年的全国基层检察长轮训已于近期完成，这样的培训是检察历史上第一次；检察官国际交流培训平稳起步；中国检察官教育网开通；"西部检察官培训工程"启动，今后五至八年，将有5000名西部地区检察官到国家检察官学院培训。国家检察官学院今后的主要任务是，切实提高培训质量，努力实现教育培训正规化、标准化，努力实现检察官教检察官体制，创造优秀科研成果，打造实用先进精品课程，发挥检察教育龙头作用，使国家检察官学院不仅在规模而且在教育培训水平方面，都能实现跨越式发展。

关于检察理论研究工作。围绕"三项重点工作"、围绕中国特色社会主义检察制度的完善，检察理论研究涌现了一批优秀成果；通过课题制、奖励

机制和人才培训计划的实施,各地理论研究的自觉性、积极性不断提高。4月份召开了第十一届全国检察理论研究年会,曹建明检察长作了重要讲话,对检察理论研究的任务、方向、目标作了深刻阐述,并提出了具体要求。下一步检察理论研究,要在坚持以往好的经验做法的基础上,重点做好两方面工作:一是在与院校结合、联系上下工夫,争取支持,开拓理论视野,实现理论与实践的紧密结合;二是建立检察学会的专业委员会,深化对检察机关各项法律监督工作的研究。

关于检察机关对台工作。做好对台工作是检察机关为大局服务的重要方面。近年来,各级检察机关从讲政治、讲大局的高度充分认识新时期检察机关对台工作的重要性,检察机关各项对台工作取得新突破,在推动两岸关系健康发展中发挥了积极作用。今后要进一步规范检察机关对台交流工作。在两岸检方和法律界的交流迅速发展的形势下,要根据党和国家对台工作政策、方针,加强工作力度,注重实效。检察机关工作人员赴台和邀请台方重要人员来访,目的必须是进行法学学术和司法实务方面的交流活动,并经由省级检察院报最高人民检察院审核批准。各省级检察院要严格审查,认真把关。要积极落实两岸司法互助协议。2009年签订的《海峡两岸共同打击犯罪及司法互助协议》,对两岸检方建立直接联系机制以及双方送达文书、调查取证、协助侦查,罪赃移交、判决认可、罪犯移管、人道探视等方面开展司法合作作了明确规定,两岸检方已达成工作安排,各级检察机关一定要高度重视,按照最高人民检察院要求和部署,积极做好海峡两岸司法互助工作。

认清形势　明确任务　大力加强民事行政检察工作

——2010年7月21日在全国检察机关第二次民事行政检察工作会议上的讲话

最高人民检察院副检察长　姜建初

这次会议是在检察机关强化法律监督、深入推进三项重点工作的新形势下召开的。最高人民检察院党组对这次会议高度重视,多次听取汇报。刚才,曹建明检察长作了重要讲话,从全局和战略的高度,深入分析了民事行政检察工作的重要性,全面阐述了民事行政检察工作的法律监督属性、职能定位和基本要求,强调大力加强和改进民事行政检察工作,努力实现民事行政检察工作跨越式发展。下面,我对九年来的工作进行回顾,对今后一个时期的工作进行部署。

一、九年来民事行政检察工作回顾

在检察机关各项业务工作中,民事行政检察工作起步较晚。1988年4月,最高人民检察院决定成立民事行政诉讼监督研究小组;1988年9月,设立民事行政检察厅。1990年9月,"两高"联合发出《关于开展民事、经济、行政诉讼法律监督试点工作的通知》,在四川、河南等六省开展民事行政诉讼监督试点工作。《行政诉讼法》和《民事诉讼法》施行后,民事行政检察工作在全国逐步开展起来。

2001年8月,最高人民检察院召开全国检察机关第一次民事行政检察工作会议,总结了工作经验,提出了"维护司法公正,维护司法权威"的工作方针。九年来,各级检察机关认真贯彻落实会议部署,紧紧围绕经济社会发展大局,深入实践"强化法律监督,维护公平正义"的检察工作主题,以办理民事行政申诉案件为中心,不断强化对民事审判和行政诉讼活动的法律监督,促进了社会公平正义与和谐稳定,开创了民事行政检察工作新局面。特别是近三年来,各级检察机关认真贯彻曹建明检察长关于"要进一步加强和改进对民事审判和行政诉讼的法律监督,探索对民事执行进行监督的有效途径,着力改变民事行政检察工作长期薄弱局面"的指示精神,狠抓思想认识的统一和各项措施的落实,克服诸多困难,进一步巩固和发展民事行政检察工作,取得了显著成绩。

(一)以办案为中心,促进司法公正,维护社会稳定

1. 加大抗诉力度,稳定办案数量。各级检察机关认真履行法律赋予的监督职责,通过抗诉形式依法纠正错误判决、裁定。山东、浙江、安徽、河南、河北、广东、黑龙江、辽宁等省结合本地实际,采取案件会审、网上办案、上下一体化办案、上级检察院巡回指导办案等工作机制,挖掘潜力,提高效率,始终保持了稳定的办案规模和较强的监督态势。新疆、西藏、青海、新疆建设兵团等西部地区的办案工作也取得了长足进步。2001 年至 2010 年 6 月,全国检察机关共受理民事行政申诉案件 66 万余件,向人民法院提出抗诉 12 万余件,其中民事抗诉 11.6 万余件,行政抗诉 4000 多件。

2. 创新再审检察建议,提高办案效率。2001 年,最高人民检察院开始推行再审检察建议,对原判决、裁定符抗诉条件的,作出生效裁判的人民法院的同级人民检察院可以提出再审检察建议,建议法院启动再审程序。再审检察建议监督方式的创新运用,简化了办案程序,缩短了办案周期,增加了办案数量,在一定程度上实现了对法院生效裁判的同级监督。2001 年至 2010 年 6 月,全国检察机关共向人民法院提出再审检察建议 4.5 万余件,人民法院采纳 2.7 万余件,采纳率为 59.4%。

3. 狠抓办案质量,突出办案效果。最高人民检察院总结浙江、山西等地经验,加强抗诉书说理工作,建立抗诉案件跟踪监督机制,切实提高抗诉案件质量。2001 年至 2010 年 6 月,人民法院共再审审结民事行政抗诉案件 7.6 万余件,其中维持原判 1.9 万余件,占 25.4%;以其他方式处理 2000 多件,占 3.5%;改判、撤销原判发回重审、调解结案共计 5.4 万余件,再审改变率为 71.1%,取得了良好的监督效果。

4. 强化制度建设,加大指导力度。九年来,最高人民检察院相继制定了《人民检察院民事行政抗诉案件办案规则》等一系列规范性文件,规范执法行为,严格办案程序,完善案件管理,使办案工作既有法可依又有章可循,为指导和推动全国民事行政检察工作,针对民事行政检察工作的弱点和重点,先后召开了加强抗诉书说理工作座谈会、加强指导调研和信息工作座谈会、加强直辖市、中心城市、西部地区和基层检察院民事行政检察工作座谈会等,

分析和研究问题,提出改进措施。民事诉讼法修改后,2008 年在中山市召开贯彻民事诉讼法座谈会,分析民事行政检察工作面临的形势和任务,对贯彻实施民事诉讼法做出部署。九年来,各省级检察院也都先后召开了民事行政检察工作会议,结合本地实际提出加强工作的措施,广东、云南、宁夏、甘肃等省区的民事行政检察工作在短时间内有了较大发展。最高人民检察院每年编辑《民事行政检察工作情况》,编纂出版《民事行政检察指导与研究》、《人民检察院民事行政抗诉案例选》,充分发挥了对下指导作用。

5. 注重息诉工作,促进和谐稳定。九年来,全国检察机关民事行政检察部门始终坚持"两个维护",在工作中抗诉与息诉并重,对大量不立案、不抗诉案件认真开展服判息诉工作。江苏省率先实行检调对接工作机制,天津、吉林、湖北、江西、广西、陕西等省制定了办理和解案件的规定。民事行政检察部门推行和解优先,对当事人有和解意愿、案件具备和解条件的,引导、促成当事人达成和解,最大限度化解矛盾纠纷,消除社会不稳定因素。对一些可能引起矛盾激化、影响社会稳定的案件,各地检察机关主动与法院、政府相关部门沟通,共同做好息诉工作,维护了社会和谐,维护了司法权威,得到了中央领导同志和社会各界的充分肯定。

6. 发现移送线索,发挥整体职能。2004 年 9 月,最高人民检察院下发《关于调整人民检察院直接受理案件侦查分工的通知》。民事行政检察厅在长沙召开座谈会专门研究部署,提出了规范性意见。贵州、河南、福建、广东、湖南、内蒙古等地民事行政检察部门办理了一批审判人员和执行人员职务犯罪案件,并向有关部门移送合同诈骗,抽逃注册资金等犯罪线索。2009 年 9 月以来,各级民事行政检察部门严格执行最高人民检察院《关于完善抗诉工作与职务犯罪侦查工作内部监督制约机制的规定》,在办理民事行政申诉案件过程中,注意发现司法不公背后的职务犯罪线索,按照规定要求及时移送职务犯罪侦查部门,为增强检察机关法律监督的整体合力与实效发挥了积极作用。

(二)以改革为动力,加强实践探索,推动立法完善

1. 落实中央司法体制和工作机制改革方案。2004 年中央有关文件下发后,最高人民检察院就民事行政检察体制和工作机制改革做了大量调研工

作,提出了初步方案。2008年中央文件对强化民事、行政诉讼监督提出了更力明确的要求,按照最高人民检察院的分工方案,民事行政检察厅负责承办"完善检察机关对民事、行政诉讼实施法律监督的范围和程序"、"完善检察机关对民事执行工作实施法律监督的范围和程序"等改革任务,并协办其他有关司改项目。两年来,最高人民检察院在地方各级检察院的全力配合下,分若干专题进行了深入调研,数次组织专家论证会,与协办单位联合调研、座谈,广泛听取各方意见,抓紧制定改革方案,已取得阶段性成果。

2. 探索民事行政检察监督的范围和方式。一是探索督促起诉、支持起诉等工作、重庆、安徽、河南、四川、湖南等地积极探索,大胆尝试,对防止国有资产流失、遏制环境污染、维护国家和社会公共利益起到了积极作用。特别是在当前社会转型时期,针对一些行政机关、企业单位怠于行使诉权,致使国家、集体财产遭受严重损失的情况,浙江、江苏、宁夏等地研究和探索督促起诉的监督方式,收到了明显效果,得到当地党委、人大和政府的支持与认可。二是探索对民事执行和调解活动的监督工作。按照中央政法委的要求和中央关于司法体制和工作机制改革的精神,广东、黑龙江、辽宁、四川、福建、河南、河北等地检察机关克服认识分歧和手段缺乏等困难,依法采取抗诉、检察建议、提出监督意见等方式对民事执行活动以及虚假调解、恶意诉讼进行监督,在人民法院的积极配合下,取得一定成效,社会反响良好。三是探索对非讼程序进行监督。重庆对一起违法宣告公民无民事行为能力案件进行监督,发出检察建议后又多方协调,使这一案件得以纠正,申诉人在被宣告无民事行为能力8年后恢复民事行为能力。

3. 积极参与民事诉讼法和行政诉讼法的修改。2007年的民事诉讼法修改主要是针对"申诉难"和"执行难"问题。最高人民检察院主动参与,认真提出方案,细化了抗诉事由,规定了再审期限,明确了"上级抗上级审"的原则,限制了交下一级法院再审的范围等。因这次修改是局部修改,本届人大已将民事诉讼法和行政诉讼法的全面修改列入五年立法规划,中政委也要求提出完善这两部法律相关内容的意见,最高人民检察院有计划、分步骤地开展、部署相关工作,各级检察机关提供实践经验,为完善立法做出了应有的贡献。

(三)以队伍为根本,提升整体素质,提高监督能力

九年来,全国检察机关民事行政检察部门始终坚持队伍建设与业务工作两手抓,全面加强队伍的思想、组织、作风和能力建设。深入开展各种形式的教育活动,注重引导民事行政检察人员牢固树立社会主义法治理念,增强政治意识、责任意识、大局意识和宗旨意识;把加强廉洁自律、弘扬职业道德、严守职业纪律作为经常性工作常抓不懈,建立了民事行政检察人员违法违纪情况通报制度;坚持选好、配强民事行政检察部门负责人,建立健全干部奖惩机制,保持民事行政检察队伍的相对稳定;海南、吉林、山东、辽宁等省增设了民行机构,配强了办案力量。各地采取业务培训、实战练兵、理论研讨等措施,努力提高队伍的法律监督能力,培养了一批民事行政检察业务专家。最高人民检察院每年举办专题培训班,就新颁布的民事、行政法律法规及办案实务等内容进行专题培训,省级检察院和市级检察院也开展了培训工作。目前,民事行政检察队伍已逾万人,政治素质和业务素质不断加强,执法水平和监督能力逐步提高。

(四)以理论为支撑,转变思想观念,提高认识水平

九年来,全国检察机关十分注重结合办案实践,开展民事行政检察理论研究,积极争取学术界的支持。2003年,最高人民检察院与中国法学会诉讼法学研究会民事诉讼法专业委员会联合举办第七届民事诉讼法学研究会年会,专题研究"民事诉讼法修改与民事检察监督制度的完善"。2005年和2007年,最高人民检察院先后组织召开了"民事行政诉讼中检察权的配置问题"、"民事执行监督问题"专家研讨会。河南、四川、北京、上海等地组织的民事行政检察工作论坛也都办得有声有色。一大批学有专长的民事行政检察人员积极撰写文章,参加各类学术研讨会议,担任学术研究机构职务,深化了与学术界的沟通和交流,扩大了民事行政检察工作的影响,在民事行政检察监督的意义、性质和地位等方面形成了重要共识:认识到民事行政检察制度是中国特色社会主义检察制度的重要组成部分;认识到民事行政检察监督的目的是为了保障国家法律的统一正确实施;认识到民事行政检察监督的性质是对公权力是否依法,公正行使的监督,而不是对私权利的干预;认识到民事行政检察监督

的范围不应仅限于生效裁判,监督的方式也不应仅限于抗诉等。正是这些理论共识,推动了民事行政检察工作的发展。

以上成绩的取得,是各级检察院党组高度重视、正确领导的结果,是各兄弟单位和部门大力支持的结果,更是广大民事行政检察人员恪尽职守、顽强拼搏、勇于开拓、无私奉献的结果。在此,我代表最高人民检察院,向大家表示崇高的敬意、亲切的慰问和衷心的感谢!

九年来,民事行政检察工作在艰难中前行,在探索中发展,积累了不少宝贵经验,主要是:必须有正确的认识,充分认识民事行政检察工作的性质、任务、意义和作用;必须有领导的重视,特别是各级检察院党组和一把手的高度重视;必须以办案为中心,努力追求办案力度、质量、效率和效果的有机统一;必须有理论的创新,坚持理论与实践相结合,用科学的理论指引民事行政检察工作的发展;必须有一支专业化的队伍,这是做好民事行政检察工作的组织保证;必须坚持党的领导,接受人大监督,争取法院的配合和社会各界的支持,这是开展民事行政检察工作的重要保障。

在充分肯定成绩的同时,也要清醒地认识到,民事行政检察工作仍然是法律监督工作中相对薄弱的方面,还面临着不少突出困难和问题。上要表现在以下六个方面:一是立法不够完善。现行民事诉讼法、行政诉讼法对民事行政检察监督的规定比较原则,监督程序不够完善,监督手段单一,导致实践中产生不少问题,检法两院意见不尽一致,开展工作的难度较大。二是认识不够统一。对于民事行政检察监督的范围、程序和方式等重要问题的认识,长期以来存有争议。三是社会满意度还不够高。每年全国和地方"两会"上,人大代表和政协委员要求检察机关加强对民事行政审判和执行活动监督的呼声十分强烈,但社会公众对民事行政检察工作普遍认知度不高。四是队伍结构和整体素质与职责任务不相适应。各级检察院民行检察人员分布与办理抗诉案件任务呈"倒三角"状况,最高人民检察院和省级检察院办案力量不足,人员少、任务重的矛盾比较突出。民事行政检察队伍知识结构不够合理,流动性较大,专业化水平有待提高。五是工作机制不够健全。民事行政检察部门内部的办案机制,与控告申诉、侦查等部门的案件移送反馈机制,与人民法院的协调配合机制等,都需要

进一步健全和完善。六是工作发展不平衡,既有不同地区之间的不平衡,也有上下级检察院之间的不平衡,还有下同监督手段之间的不平衡:这些问题,都需要继续深入研究,努力加以解决。

二、认清形势,统一思想,明确任务,努力实现民事行政检察工作的跨越式发展

当前,在党中央关于深入推进三项重点工作等一系列指示精神的指导下,进一步加强和改进民事行政检察工作已成为形势所需。刚才,曹建明检察长深刻分析了新形势下大力加强和改进民事行政检察工作的重要性和必要性,我们一定要认真学习贯彻,深刻领会精神实质。

第一,加强民事行政检察工作是党中央的明确要求。近几年来,胡锦涛、周永康等中央领导同志对检察工作作出了一系列重要指示,其中的内容就包括检察机关要强化民事行政法律监督,切实维护社会公平正义。在中央关于深化司法体制和工作机制改革的方案中,很重要的一方面内容就是要完善民事行政检察监督制度、明确对民事执行工作实施法律监督的范围和程序。因此,如何加强和改进民事行政检察工作,充分发挥其监督作用和司法效能,是中央对检察机关提出的新要求。

第二,加强民事行政检察工作是广大人民群众的强烈呼声。近年来,随着经济社会的发展和人民群众民主法治意识的提高,社会、公民对公平正义的要求越来越强烈,对民商事审判和执行工作越来越关注。近几年,人大、政府信访部门及检察机关受理的控告申诉案件中,反映法院民商事审判和执行方面问题的占了较大比例,直接反映了人民群众的司法诉求。

第三,加强民事行政检察工作是推动检察工作协调发展的迫切需要。强化法律监督,维护公平正义,是我们做好各项检察工作必须牢牢把握的主题。但是,民事行政检察监督的现状,与党中央的要求和人民群众的期望相比,还有相当大的差距。近年来,新闻媒体报道了许多民事审判和执行的错案,也披露了一些司法腐败问题,在社会上引起反响,成为舆论关注的焦点。面对民事行政诉讼领域的司法不公和司法腐败问题,负有监督职责的检察机关,应当有所反思,有所认识、有所作为。

推动民事行政检察工作健康发展,首先必须进一步统一思想,坚持立足于检察机关的法律监督属性。应当认识到:检察权介入民事行政诉讼的必要

性是基于对审判权的监督,主要功能是为了维护司法公正,防止审判权行使过程中的恣意和失范。同时,监督与支持又是统一的,检察权的行使应当有利于审判活动的正常进行,有利于审判权的依法运行,有利于维护司法权威。

不容忽视的是,检察机关内部对民事行政检察工作仍然存在一些认识上的分歧。在多年来的现行工作格局下,形成了一些固有观念和思维定式,民事行政检察工作在一些地方还没有真正摆上应有的位置。因此,必须把思想认识问题作为首要问题切实解决好。各级检察机关一定要认清形势的发展,把思想认识统一到党中央和中央领导同志关于加强民事行政检察工作的一系列重要指示精神上来,统一到曹建明检察长关于民事行政检察工作的重要讲话精神上来,统一到发挥法律监督职能、服务经济建设的大局上来,统一到深入推进三项重点工作上来,统一到推动检察工作全面发展的部署和要求上来,真正从思想上充分认识加强和改进民事行政检察工作的重要性和紧迫性,真正从行动上把如何加强和改进民事行政检察工作列入重要议事日程。

当前和今后一个时期,民事行政检察工作的主要任务是:认真学习贯彻胡锦涛总书记等中央领导同志对检察工作的一系列重要指示精神,深入贯彻落实科学发展观,始终坚持"强化法律监督,维护公平正义"的检察工作主题,准确把握民事行政检察工作的法律监督属性、职能定位和基本要求,积极构建以抗诉为中心的多元化监督格局,不断深化民事行政检察体制和工作机制改革,努力探索完善中国特色民事行政检察监督理论与实践,使监督范围更加明确,监督措施更加有效,监督程序更加规范,监督机制更加科学,监督效果更加明显,推动民事行政检察工作实现新的跨越式发展。

三、充分发挥民事行政检察职能,深入推进三项重点工作

中央提出深入推进社会矛盾化解、社会管理创新、公正廉洁执法三项重点工作,是事关党和国家事业发展全局的重大战略部署,是集中力量解决影响社会和谐稳定的源头性、根本性、基础性问题的重要举措。民事行政检察工作与三项重点工作息息相关、密不可分。充分发挥民事行政检察职能,深入推进三项重点工作,是当前和今后一个时期民事行政检察工作的重中之重,各级检察机关要把民

事行政检察工作纳入到深入推进三项重点工作的总体格局,批准切入点、结合点,切实按照推进三项重点工作的要求加强和改进民事行政检察工作,努力在履行民事行政检察职能中深入推进三项重点工作。

(一)着力发挥民事行政检察工作化解社会矛盾的职能作用

1. 把化解社会矛盾贯穿于办理民事行政申诉案件的始终。办理民事行政申诉案件,就是化解矛盾纠纷、协调利益关系的工作。一要着眼于方便群众依法行使申诉权,认真落实便民利民措施,进一步畅通申诉渠道,健全公开办案、文明接待等制度,改变推诿扯皮、久拖不决、不负责任、冷硬横推等不良作风,加大对特殊群体的司法服务力度,最大限度地预防和化解矛盾冲突,最大限度地满足人民群众申诉的司法诉求,切实做到有诉必理、有案必办、有办必果。二要坚决防止和克服机械执法、就案办案,主动把执法办案工作向化解社会矛盾延伸,在办案的全过程注意发现和解因素,积极引导和促成当事人达成和解,把执法办案的过程变成化解矛盾的过程。三要充分发挥民事行政检察调节民事行政法律关系的作用,依法妥善处理在调结构、促转变、扩内需中发生的各类社会矛盾。要通过抗诉、再审检察建议、息诉和解、纠正违法等多种途径,使大量案件得到及时公正解决,促进社会和谐稳定。四要充分发挥民事行政检察监督维护司法公正的职能作用,注重监督纠正涉及民生的企业改制、征地拆迁、环境资源等案件以及审判人员贪赃枉法、徇私舞弊导致的错误裁判,从源头上预防和减少因司法不公引发的各类矛盾。检察机关通过加强对民事审判和行政诉讼的法律监督,既要化解当事人之间的矛盾纠纷,又要化解当事人与司法机关之间的矛盾冲突,以有效防止矛盾叠加、矛盾升级,消除当事人对司法机关的不满和抵触情绪。

2. 建立健全检调对接机制和风险评估预警机制。一要建立检调对接机制。树立监督与支持并重、抗诉与息诉并重的观念,必须像做好抗诉工作一样,把息诉工作做细、做好。要建立健全息诉工作机制,树立"和解优先"的理念,把息诉和解纳入到考评范围。对于不立案、不抗诉的案件,要认真开展释法说理、心理疏导工作,真诚倾听当事人的诉求。要主动融入"大调解"格局,注重借助外部力量,主动与人民调解、行政调解和司法调解相衔接,

把和解协议以有效形式固定下来,使其具有法律约束力。同时,要把握好检察机关的职能定位,既要履行监督职责,又要积极促成当事人达成和解,该抗则抗,能和则和,做到案结、事了、人和,努力实现法律效果、政治效果和社会效果的有机统一。二要建立风险评估预警机制。在处理社会矛盾纠纷的过程中,要注意防止和避免激化矛盾或引发新的矛盾。要把风险评估作为办理民事行政申诉案件的重要环节,及时对各类案件可能导致的社会稳定风险进行评估,科学制定处理预案,妥善采取应对措施,防止因执法办案不当引发涉检信访。在受理、立案、提请抗诉、抗诉等各个环节,都要充分考虑双方当事人、利害关系人等各方面情况,关注案件的法律效果和可能引发的社会风险,并做好应对准备。同时要重视类案的风险评估预警,对某一领域存在的普遍性问题和风险,要进行深入分析,提出对策建议,切实把不稳定因素消除在萌芽状态。

(二)着力发挥民事行政检察工作推动社会管理创新的职能作用

民事行政检察部门要增强把握大局、服务全局的自觉性,积极推进社会管理创新,一要通过办理民事行政申诉案件,分析案件发生的深层次原因,注重发现普遍性、倾向性、事关全局的社会管理问题,及时向党委、政府和有关部门提出完善制度、加强管理的建议,促使相关部门不断提高社会管理水平。二要加强对行政诉讼的监督,深入研究行政诉讼的特点和规律,积极探索行政诉讼监督的方式和途径,重点解决行政诉讼中有案不立、有法不依等问题,畅通行政诉讼渠道,保障行政诉讼依法进行。三要探索建立民事行政检察与行政执法相衔接的机制,不断促进社会管理体系的完善。在办理申诉案件中发现行政机关及其工作人员有违法行为、严重侵害或影响社会公共利益、人民群众合法权益的,应与有关部门及时联系、沟通,共同分析问题、查找原因,并提出检察建议,帮助建章立制、堵塞漏洞,促进形成有利于社会管理的政务环境。

(三)着力发挥民事行政检察工作促进公正廉洁执法的职能作用

民事行政检察工作的基本目标是通过依法监督纠正诉讼违法和裁判不公问题,维护司法公正,维护社会主义法制统一、尊严、权威。各级检察机关要充分发挥民事行政检察对促进公正廉洁执法的职能作用,通过依法纠正司法不公,解决影响执法公信力建设的突出问题,促进司法机关和行政机关公正廉洁执法。一要通过办理民事行政申诉案件促进公正廉洁执法。办理民事行政申诉案件的过程中,对确有错误的裁判提出抗诉或再审检察建议,启动再审程序,既是解决群众诉求,促进定分止争的过程,也是维护司法公正、提高司法机关执法公信力的过程。二要通过监督纠正违法行为促进公正廉洁执法。要把程序公正放在与实体公正同等重要的位置,高度关注程序上的违法,切实纠正诉讼过程中的腐败和不公。对在办案过程中发现的审判人员、执行人员渎职、违法行为,及时发出纠正违法通知书、更换办案人建议书。三要通过发现和移送司法不公背后的职务犯罪线索促进公正廉洁执法。发挥专业优势,透过司法不公现象发现背后隐藏的职务犯罪线索,促进司法机关公正司法、行政机关依法行政。

民事行政检察部门自身必须不断加强公信力建设,真正做到公开、公正、高效执法。一要公开执法。在开放、透明、信息化条件下,司法机关的执法活动越来越受到社会各界和新闻媒体的关注。各级民事行政检察部门必须牢固树立以公开促公正、以透明保廉洁、以阳光防腐蚀的思想,大力推行执法公开,切实保证人民群众的知情权、参与权和监督权。二要公正执法。随着社会主义民主法制建设不断发展进步,人民群众对社会公平正义的要求越来越高。检察机关作为法律的守护者、公平正义的保障者,一定要崇尚法治,秉公执法,用检察官的忠诚和公正来保障社会公平正义的实现。三要高效执法。要在办案的效能、效率、效果上下工夫,切实保证办案质量、提高办案效率、增强办案效果。办案质量是核心和基础,办案效果是根本,办案效率是保证。

四、强化办案,积极探索,提高能力,进一步发展民事行政检察事业

(一)立足法律监督职能,大力加强办案工作

1. 加大办案力度,突出办案重点。现阶段,抓好抗诉工作仍然是民事行政检察监督的中心任务。民事行政检察部门要切实履行职责,充分运用抗诉这一法定监督方式,加大监督力度,保持抗诉案件的规模效应。对抗诉后法院再审维持原判的案件要进行综合分析,总结经验教训,确属错误明显、维持不当的,可以再次提出抗诉。对符合抗诉条件的再审检察建议法院不采纳的,应当及时提出抗诉,

保障监督的有效性。各地要结合实际情况,突出监督重点,加强对审判工作中容易发生问题的环节的监督力度,加强对国有资产、知识产权、环境资源、涉农利益、企业改制等类案件的监督力度。

2. 提高办案质量,增强办案效果。要高度重视办案质量、办案效率和办案效果,严格执行《办案规则》确定的办案时限,防止案件长期积压。特别是提高上级院抗诉的案件,更要严格掌握办案期限,提高办案效率。要积极推进一体化办案机制,逐步实现网上办案。要加强法律文书的说理性,增强抗诉效果。要强化对抗诉和再审检察建议案件的跟踪监督,积极推广检察长列席法院审判委员会制度,提高抗诉案件改变率和再审检察建议采纳率。

3. 拓宽办案思路,提升监督层次。要善于总结办案经验,研究监督方法和规律,针对民事审判和行政诉讼中适用法律不统一,同案不同判等问题,积极开展类案监督研究,使民事行政检察监督由个案监督向类案监督拓展,由点向面延伸,提升法律监督层次,扩大法律监督效果。要对在本地区产生重大影响的司法问题、行政执法问题以及由此产生的社会问题,提出改进意见,促进公正司法和依法行政。

4. 健全联动机制,形成监督合力。抗诉权与侦查权分开行使,是检察机关完善内部监督制约机制的重要举措,但并不意味着民事行政检察部门不再承担反腐职能。很多民事行政案件司法不公背后都隐藏着违法违纪问题和涉嫌职务犯罪问题,部门联动是增强法律监督效果的必然要求,民行检察部门仍然承担着发现和移送职务犯罪线索的任务。民事行政检察部门要统一思想认识,认真贯彻落实最高人民检察院有关规定,切实发挥在查办司法人员职务犯罪中的作用:一要增大发现职务犯罪犯罪线索的力度,二要及时移送线索并配合侦查部门依法查处,三要督促有关按时反馈,四要对反馈结果进行登记、备案。需要强调的是,民事行政检察部门要与职务犯罪侦查部门建立健全双向移送、双向反馈的联动机制,职务犯罪侦查部门在办案中发现民事、行政案件存在司法不公问题的,要及时移送民事行政检察部门,增加检察机关自我发现民事行政错误裁判案件的来源,真正实现民事行政检察监督与惩治司法腐败的有机结合,充分发挥检察机关整体监督的优势与合力。

(二)深化司法体制和工作机制改革,不断强化民事行政检察监督职能

第一,明确监督范围,深化探索工作。按照中央的要求,最高人民检察院正在研究制定进一步明确民事行政检察监督范围的实施意见。各级检察机关要积极探索开展以下工作:一是对民事执行的监督。要认真贯彻落实中央司法体制改革的要求,对人民群众反映强烈的、确有问题的民事执行活动进行监督,发现执行人员涉嫌违法犯罪的,应及时向有关部门移送线索,配合做好查处工作。二是对调解的监督。在"大调解"的格局下,调解已经成为审判机关结案的主要形式,所占比例越来越高。对虚假调解、恶意调解以及违反自愿、合法原则的调解案件,检察机关要通过抗诉、再审检察建议等方式加强监督。三是对民事诉讼中各个环节和各种程序的监督。对诉讼过程中立案、诉讼保全等环节存在的违法行为,以及依照特别程序、督促程序、公示催告程序审结的案件,严重违反法定程序、严重侵害当事人及案外人合法权利的,检察机关要探索监督的方式与程序,为修改法律积累实践经验。

第二,丰富监督方式,构建以抗诉为中心的多元化监督格局。根据现行法律规定,民事行政检察监督的主要手段是抗诉。但不能把监督等同于抗诉,抗诉不是唯一的监督手段。要在着力抓好抗诉工作的同时,继续推行再审检察建议,强化下级院尤其是基层院的民行法律监督职能。要善于运用调查违法行为、纠正违法通知书、更换办案人建议书等监督方式,继续进行探索创新,以有效纠正审判、执行活动中的违法行为。对国有资产或社会公共利益遭受损害而监管部门或国有单位不行使或怠于行使监管职责的,检察机关可以督促和指导有关部门或单位提起诉讼。要不断创新工作方法,增强监督实效,切实维护司法公正。

第三,健全监督程序,规范执法行力。民事行政检察要严格遵守法律规定,建立规范的工作机制和监督程序,才能保证监督效果。要严格办案程序,加强对抗诉案件尤其是重大、复杂、疑难案件的集体研究,进一步规范检察委员会研究讨论民行案件制度,充分发挥检委会的审查把关作用。最高人民检察院拟对民事行政申诉案件办案程序进行全面规范,待《办案规则》修改通过后,各地可结合实际制定实施细则,进一步细化办案流程,提高执法规范化水平。

第四,改革监督机制,优化资源配置。要继续

深化办案机制改革，不断提高办案效率。要大力推行检察一体化办案机制，积极整合检察资源，实现工作任务和工作重心下沉，加强上下级检察院之间的协作配合，增强办案合力。要大力推行网上办案机制，逐步实现办案信息网上录入、办案流程网上管理、办案活动网上监督、办案质量网上考核，依靠科技提高民事行政检察工作整体水平。

第五，完善监督体系，加强基层工作。各级民事行政检察部门职能虽大致相同，但要根据民事行政诉讼规律，各有侧重，各负其责。最高人民检察院和省级院要注重发挥指导作用，除依法办理案件外，应当在理论研究、立法调研、业务指导上投入更多精力，对工作进行宏观分析，制定规范性文件，加强制度建设，创造良好的执法环境。地市级检察院除承担大部分办案任务外，还要加强民事行政检察工作调研，加强案件协调办理，切实发挥承上启下的作用。基层检察院虽然不能直接对民事行政裁判提出抗诉，但绝不是无事可做，而是大有可为。基层检察院在工作中发挥着不可替代的基础作用，在营造良好司法环境、遏制司法不公、探索监督方式、完善监督程序等方面具有天然优势。基层检察院民事行政检察部门要积极开展最高人民检察院部署的十项工作任务，同时要针对当地司法状况和群众的司法诉求，认真研究容易产生司法不公的重点环节和重点程序，努力开展工作，创新监督方式，真正扭转基层检察院工作不力的局面。上级检察院对所辖地区工作薄弱的下级检察院，要采取分片包干等多种形式加强指导，促进工作均衡发展。

（三）加强理论研究，完善民事行政检察理论体系

民事行政检察制度是中国特色社会主义检察制度不可或缺的重要组成部分，可资借鉴的经验很少，因此，必须加强理论研究，构建科学的民事行政检察理论体系，这是坚持和完善民事行政检察制度的重要依据和基础。

要按照曹建明检察长讲话的要求，把民事行政检察理论研究作为检察理论研究工作的重点，紧紧围绕民行检察工作面临的重大理论和实践问题，大力加强民事行政检察理论研究，加强民事、行政诉讼立法修改与完善方面的研究，加强与专家学者的共同研究，力推动民事行政检察工作改革发展、完善民事行政检察制度提供有力的理论支持。在开展民事行政检察理论研究中，一定要注意两点：一

是必须根植于中国土壤，坚持从我国国情出发，可以借鉴国外有益的做法，但必须以我为主、力我所用，做到不排外、不媚外、不照搬。二是必须以宪法和法律为基础，把民事行政检察制度放到政治制度、司法制度和社会经济变革的总体框架中来研究和认识。设计新时期民事行政检察制度，不能仅从民事行政检察本位出发，而要从我国司法制度的科学设计，检察权的合理配置出发，既立足当前，有现实性，又放眼长远，有一定前瞻性。要从更高起点、更高层次、更高目标上谋划全局，思考问题要深远一点，分析问题要高远一点，解决问题要长远一点。

（四）加强队伍建设，提高整体监督能力

一要科学设置机构。长期以来，民事检察与行政检察在机构设置上合二为一，影响和制约了行政检察工作的深入开展。为进一步加强行政检察工作，有条件的省、市级检察院可以遵循诉讼规律和业务特点，逐步实现民事检察、行政检察机构分设。

二要合理配备人员。各级检察机关要按照当前法律赋予的监督任务配足配强民事行政检察人员。民事行政检察部门负责人应是业务专家，符合条件的应当任命为检察委员会委员。在招录新进检察人员时，应当吸收一定比例的民商事、行政法律和民事、行政诉讼法专业人才。要适当增加地市级以上检察院民事行政检察部门人员编制，新增政法专项编制要向民事行政检察部门适当倾斜，提高民事行政检察人员在检察队伍中所占的比例。

三要加强思想政治和反腐倡廉建设，建立健全监督制约机制。最高人民检察院党组十分重视加强自身监督和内部监督制约。在去年查处的检察人员违法违纪案件中，民事行政检察人员的比例有所上升，一定要引起高度重视。要对民事行政检察人员违法违纪案件进行认真剖析和深刻反思，做到警钟长鸣。民事行政检察部门要深入开展创先争优活动和"恪守检察职业道德、促进公正廉洁执法"主题实践活动，牢固树立社会主义法治理念。民事行政检察人员要守得住清贫，经得起诱惑，耐得住寂寞，不徇私情，秉公办案，增强防腐蚀、拒拉拢、抗干扰的意识和能力，提高遵纪守法、廉洁从检的自觉性。

四要加强专业化建设，不断提高业务水平。加强民事行政检察队伍的专业化建设，是一项根本性任务。民事行政检察人员必须苦练"内功"，在提升自身能力上狠下工夫。一要加强学习。树立终身学习的观念，不断充实法律知识、科技知识和经济

知识等。学习形式要多样化，可以采用自学、互学、传帮带等方式，也可以到法院挂职办案，还可以通过竞赛、评选等活动提高业务水平。二要抓好培训。培训主体要多级化，最高人民检察院要重点围绕新颁布的法律法规、司法解释和民行业务工作中的重要问题，继续坚持每年开展专题；省级院、市级院也要积极组织培训，不断扩大民事行政检察人员受训面，逐步实现全员培训。三要培养和引进人才。专业人才要层次化，既要有一批在司法界、法学界有影响的检察业务专家，也要有一批办案能手、业务骨干，不同梯队之间形成接力，避免专业人才的青黄不接。四要建立激励奖惩机制。表彰奖励要经常化，对表现突出的民事行政检察人员要及时给予立功、嘉奖等表彰。

（五）强化对外联系，主动接受监督，营造和谐司法环境

一要自觉接受党委领导。民事行政检察工作起步晚、难度大，法律规定不够完善。各级检察机关不能等靠，在忠实履行监督职责的同时，要主动向党委和政法委汇报工作情况和工作部署，及时报告重大事项，请求协调重大、疑难、复杂案件。针对重大司法、社会问题提出建设性意见，以取得重视和支持。

二要积极争取人大监督和支持。近几年来，北京、四川、湖北、江西、黑龙江、福建等地人大常委会相继出台了关于加强检察机关诉讼监督工作的决议或决定，有力促进了检察机关诉讼监督工作的深入开展。自觉、主动接受人大的监督，不仅仅是加强和改进民事行政检察工作的现实需要，也是履行宪法、法律规定的义务。检察机关要认真落实人大的决议、决定，对落实过程中遇到的问题及时总结上报。要坚持和完善工作报告制度、备案审查制度、代表联系制度等，使接受人大监督经常化、制度化。对人大交办的申诉案件，要认真办理并及时反馈，做到事事有回音，件件有结果。

三要加强与审判机关的沟通、协调，促进和谐司法。在民事行政诉讼中，检察机关与审判机关分工不同、职责不同，但最终目标都是为了维护司法公正和司法权威，为经济社会发展提供司法保障。在工作中，既要坚持依法监督，也要讲究方式方法，注意多协商、多沟通，善于换位思考，增进互相理解，加强互相支持。要继续坚持与同级法院人来人往、定期座谈、文件互换、会议互邀，建立健全多层次工作联系机制。

四要加强与学术界的交流和沟通。各级检察院尤其是最高人民检察院和省级检察院，要积极加强与当地法学会和法学院校的联系，共同举办学术研究活动，鼓励学者关注、研究和完善民事行政检察理论，为民事行政检察工作发展营造良好的理论氛围。邀请专家为培训班授课和参与案件咨询、听证等工作。民事行政检察人员要注意增加理论积累，关注学术动态，参加学术活动，进行学术研究，努力提高专业素养和理论水平。

五要加强舆论宣传，接受社会各界监督。检察机关要以更加开放和积极的姿态，面向社会，服务大众，塑造民事行政检察亲民、为民的良好形象。要主动将民事行政检察工作置于社会监督之下，全面推行"阳光检务"，公开执法依据、办案程序、审查结果和法律文书等。重视运用报刊、电视、电台、网络等媒体，介绍民事行政检察职能，宣传典型案例，提高检察机关执法透明度和公信力，扩大民事行政检察工作的社会认知度和影响力，最大限度地接受监督。要重视对涉法涉诉舆情的研判，主动回应社会关切，正确引导舆论。

民事行政检察工作是一项富有特色、充满挑战、前景光明、大有可为的工作。我们要始终牢记肩负的神圣使命，知难而上，奋发有为，把握机遇，开拓进取，忠实履行宪法和法律赋予的职责，努力实现民事行政检察工作的跨越式发展，为维护社会公平正义、维护社会和谐稳定、促进经济社会又好又快发展作出新的更大的贡献！

在全国铁路检察院管理体制改革工作会议结束时的讲话

最高人民检察院副检察长　姜建初

（2010 年 12 月 21 日）

推进和落实铁路检察体制改革,是中央确定的司法体制改革任务中一项重要工作。这次会议是贯彻落实中央关于铁路检察体制改革工作精神的具体举措,十分重要,也非常及时。胡泽君常务副检察长亲自到会并作重要讲话,充分体现了最高人民检察院党组对铁路检察和铁路检察体制改革工作的关心和重视,对我们下一步顺利推进铁路检察体制改革工作意义重大。吉林、四川、湖北、甘肃四个省级检察院检察长和上海铁路检察分院检察长的表态发言也非常好,进一步增强了我们做好铁路检察体制改革工作的信心和决心。最近,最高人民检察院党组还专门讨论并原则通过了《最高人民检察院关于铁路检察院管理体制改革的实施意见(稿)》,正在征求意见。最高人民检察院将根据大家反馈的意见抓紧修改下发。

下面,结合会议主要精神,我再讲几点意见。

一、要进一步统一思想,认真抓好这次会议精神的贯彻落实

这次会议,是最高人民检察院首次就铁路检察工作召开的一次省级检察院检察长参加的会议。胡泽君常务副检察长所作的重要讲话,以科学发展观为指导,站在建立健全中国特色社会主义检察制度的高度,充分肯定了铁路检察工作所取得的成绩,深刻阐述了新形势下深化铁路检察管理体制改革的重要意义和作用,对铁路检察体制如何改、怎么改及今后如何完善和发展提出了明确要求,指明了工作的方向,对于我们做好今年和今后一个时期的铁路检察体制改革工作和铁路检察工作都具有十分重要的指导意义。各级检察院一定要认真学习、深刻领会、坚决落实,把思想行动统一到中央要求和最高人民检察院党组的决定精神上来。

统一思想,领导是关键。各省级检察院党组和

检察长要认真学习领会胡泽君常务副检察长的讲话精神,充分认识铁路检察工作在全国检察工作全局中的地位和作用,牢固树立政治意识、大局意识、责任意识,进一步增强做好铁路检察体制改革工作和加强铁路检察工作的责任感和使命感。要及时把中央和最高人民检察院的部署、要求以及胡泽君常务副检察长的讲话精神传达到各级检察机关特别是各级铁路检察机关每一名干部,统一思想、凝聚人心、鼓舞士气,从而使大家主动服从铁路检察体制改革部署,支持改革,参与到改革中来。

会后,各省级检察院要结合本次会议精神和当地实际尽快提出铁路检察体制改革整体工作方案,制定具体实施意见,按照中央六部门联合下发的《关于铁路法院检察院管理体制改革若干问题的意见》(下简称《意见》)和这次会议的部署,保质保量、不折不扣地完成好铁路检察体制改革各项工作任务,使铁路检察机关能更好地为建设和完善具有中国特色的检察制度,维护铁路改革、发展和稳定大局服务。要进一步理顺和完善铁路检察工作各项工作体制和机制,全面提高铁路检察工作水平。要按照胡泽君常务副检察长的要求,根据铁路检察工作的特殊性,采取有针对性的措施,在铁路检察机关管理、队伍建设上加大探索和创新力度,为铁路检察工作今后的发展提供有力的组织保障。

这次会议结束后,各省级检察院要抓紧向党委、政府和分管领导同志汇报会议精神,积极争取党委、政府的重视和支持,解决好铁路检察管理体制改革中存在的困难和问题,使铁路检察体制改革工作能够及时纳入党委、政府的重要议事日程,全面推进和落实铁路检察体制改革任务。要积极主动向省委组织部门汇报,推动铁路检察体制改革方案实施,要建立铁路部门、地方财政、编制等部门的

联系沟通机制,及时协调解决移交过程中出现的各种问题。

二、正确理解改革精神,把握好铁路检察体制改革的方向

这次铁路检察体制改革方案和《意见》的出台不容易,但落实好这些文件更不容易。各地要按照会议的要求,抓住主要矛盾,通过这次改革,着力解决对铁路检察工作有重大影响的一些深层次问题,为铁路检察机关今后发展提供良好的空间。为此,我再着重强调几点。

一是铁路检察体制改革后的管理模式问题。中央编办15号文件和中央六部门《意见》,都强调了"现有铁路法院、检察院一次性移交给驻在地的省、自治区、直辖市党委和高级人民法院、省级人民检察院,实行属地管理。"最高人民检察院党组认为,铁路检察体制改革最核心的内容是解决铁路企业办司法的问题,将其纳入国家司法管理体系,不是要否定铁路司法管理体系存在的合理性。在充分考虑到铁路检察机关管辖跨地域的特点(每个铁路检察机关的管辖都涉及多个地市甚至覆盖全省、区、市,如果将铁路检察机关交由某个地市级检察院管辖,其执法上就会存在很多困难)以及为了与铁路公安机关相对应(铁路检察院的职能与公安相似,具有侦查、监督等一系列职能,工作主动性强,不同于法院坐堂办案。铁路公安体制改革除身份转变外,其管理体制基本与过去一样,仍然维持过去的三级体制不变),提出了铁路检察机关由省级检察院直接管理,不再往下移交的意见。这也符合当前铁路管辖的特点和铁路司法的特点。

二是铁路检察体制改革后的业务管辖关系问题。铁路管理有不同于地方的特点(实行垂直领导,全国铁路是一个完整的路网管理体系),铁路案件也具有其自身的特点,铁路司法机关有自己的司法管辖区域。多年的实践也证明,目前铁路检察机关的业务管辖、案件管理对打击犯罪、维护铁路安全稳定是非常有效的,也符合铁路实际需要。基于铁路管辖和铁路案件的特点,同时也为避免铁路司法体制改革给我国正在快速发展的铁路安全稳定带来不利影响,中央六部门的《意见》明确提出"铁路法院和检察院的业务管辖范围由最高人民法院、最高人民检察院另行规定。新规定出台前按照原规定执行。"最高人民检察院党组也原则同意,铁路检察机关业务管辖仍然维持现有分院对基层铁

检察院管辖模式。这也是为了防止出现同一铁路局辖区范围内发生的案件会经常出现两种诉讼模式(一种是一审、二审都是铁路司法机关管辖,而另一种是一审由铁路司法机关管辖,二审却由地方司法机关管辖)带来执法不统一的弊端。各省级检察院特别是只有铁路基层检察院,没有铁路检察分院的省级检察院要从检察工作的大局出发,充分理解和支持最高人民检察院党组的决定,切实加强对铁路检察机关的领导和管理力度,确保铁路检察体制改革后,铁路检察各项业务工作的正常开展和队伍的稳定。在业务工作上,相关省级检察院之间要建立协调联系机制,共同协调解决铁检业务工作中存在的一些问题;分院也要积极向相关省级检察院汇报工作,取得支持。铁路检察厅要加强对全国铁路检察业务工作的指导,及时建立健全新形势下铁路检察业务规章制度,保证全国铁路检察工作一盘棋,促进铁路检察工作科学发展。

三是要解放思想,创新发展。铁路检察体制改革和铁路检察工作,只有解放思想,改革创新,才能有所发展。要站在全局的高度来认识铁路检察体制改革,不断研究和解决改革中遇到的新情况、新问题。既然是改革,就不可避免地涉及权力的重新配置和利益的重新调整。改革是为了更好地发展,无论是整个司法体制改革还是铁路检察体制改革,其目的都是发展和完善中国特色社会主义检察制度和司法制度,更好地服务党和国家的工作大局,更好地维护社会的公平正义,更好地推进建设社会主义法治国家的进程。只有明确这一点,我们才能站得高、看得远,我们的各项改革才能摆脱各种自身利益、眼前利益和局部利益的羁绊,出台的改革措施才能思路清晰,措施明确,执行坚决,成效显著。因此,需要大家有大局观念、继承和发扬铁路检察机关的好传统、好作风,解放思想、实事求是、齐心协力,确保铁路检察体制改革顺利进行。

三、切实抓好铁路检察体制改革各项工作任务的落实

铁路检察体制改革的原则和各项工作部署已经明确。要顺利完成铁路检察体制改革工作目标和任务,领导是关键。各级领导干部要进一步振奋精神,勇于克服工作中的困难和问题,创造性地开展工作,切实把各项工作落到实处,抓出成效。

一是要把思想认识统一到中央和最高人民检察院党组的决定上来。深化铁路检察管理体制改

革，是全面落实依法治国方略、发展和完善中国特色社会主义检察制度一项重要举措。相关省级检察院和各铁路检察分院要充分认识铁路检察管理体制改革的重要意义，迅速传达、学习贯彻好会议精神，明确工作目标和任务，统一思想、提高认识，切实增强责任感、使命感，坚决把会议提出的铁路检察体制改革各项工作任务落到实处。

二是要正视改革中的困难和问题，知难而进。这次改革面临着旧的管理模式被打破，新的管理模式还在探索建立的过程中，很多新的问题和困难将会接踵而至。同时，由于历史原因，铁路检察机关在"两房"建设、装备建设和队伍建设上与上级检察机关的要求还存在很大差距。对此，我们应有一个清醒的、客观的认识。铁路检察管理体制改革是一项复杂系统工程，牵扯面广，涉及的各方利益也比较多，大家既要看到困难，更要以对党的事业高度负责的精神，敢于迎难而上，不畏难、不回避，发挥主观能动性和创造性，竭尽全力去解决问题，推动铁路检察体制改革工作顺利进行。各省级院党组要把铁路检察体制改革提到重要议事日程，检察长要亲自抓、负总责。

三是要认真做好铁路检察干部队伍思想稳定工作。关于铁路检察体制改革，目前铁路检察干部议论较多，思想比较复杂，有一些传言和小道消息，势必影响队伍思想稳定，少数同志甚至个别领导干部，对铁路检察机关和个人的前途命运悲观失望。这种消极情绪，对于做好铁路检察工作，保证铁路安全稳定影响较大。对此大家要高度重视。要通过传达学习贯彻这次会议精神澄清一些模糊认识，通过深入细致的思想工作调整干部的精神状态。全体干警尤其是领导干部要讲党性、顾大局、守纪律，在改革的关键时期经得起组织的考验。各省级检察院要加强与组织人事、编制部门的沟通协调，及时解决铁路检察改革中的实际困难和问题。铁路检察体制改革工作情况复杂、涉及面广，加强上下沟通、搞好部门协作十分重要。各省级检察院党组和主要领导要加强对铁路检察体制改革工作指

导和监督检查，确保铁路检察体制改革工作顺利实施。要进一步主动加强与省内有关部门的协调、沟通和配合，顾全大局，求大同，存小异，共同研究解决改革过程中出现的问题，形成上下联动、相互配合、齐抓共管的工作格局，确保改革顺利进行。要多为铁路检察干部办好事、做实事、解准事，不断增强铁路检察的凝聚力和向心力，把广大干部的积极性、主动性、创造性调动起来，积极为铁路检察机关今后的发展献计献策。

四是要统筹做好铁路检察各项工作。年末岁初将至，各项工作任务十分繁重。在抓铁路检察体制改革的同时，各省级检察院和铁路检察厅还要督促铁路检察机关继续抓好铁路检察各项业务工作，确保最高人民检察院工作部署全面实现，铁路检察职能有效发挥，以维护铁路安全和稳定。

五是要加强指导和检查，抓好工作任务的落实。最高人民检察院和省级检察院要加强对铁路检察体制改革工作的指导和检查工作，上下一心，努力把铁路检察体制改革任务落到实处，如期高质量地完成。各省级检察院的领导同志，要以高度负责的精神，抓好铁路检察体制改革工作任务的具体落实。对工作中出现的问题和困难要多想办法，积极克服；对于自身解决不了的问题，要及时向党委政府和最高人民检察院汇报，提出建议和意见，确保铁路检察体制改革的顺利进行。会后，各省级检察院要尽快将落实铁路检察体制改革工作方案报最高人民检察院。

铁路检察体制改革意义重大，影响深远，这一历史性的任务已经落到了大家的肩上。我们一定要以科学发展观为指导，本着对检察事业高度负责的精神，全身心地投入到这项改革中来，加强领导和协调，充分依靠广大铁路检察干部，坚持解放思想，实事求是，一切从实际出发，大胆探索，勇于创新，切实把这项事关检察工作全局的大事做好，不辜负党和人民对我们的期望，为中国特色的社会主义检察制度的发展作出积极的贡献。

在全国检察长座谈会上的讲话

最高人民检察院副检察长　张常韧

（2010 年 7 月 20 日）

根据会议安排,下面我就计财装备工作讲几点意见。

一、前一段工作的主要情况

今年以来,计财装备工作以深入贯彻中办国办《关于加强政法经费保障工作的意见》(以下简称两办文件)为主线,突出重点,统筹兼顾,各项检务保障工作有序推进。

(一)召开全国检察经费保障工作会议。以两办文件为标志,政法经费保障体制改革取得突破性进展。最高人民检察院党组抓住机遇,结合实际,召开全国四级检察长参加的电视电话会议,曹建明检察长围绕落实经费保障体制改革任务,全面做好检务保障工作进行部署。半年来,各地认真贯彻落实会议精神,在争取各方支持、落实改革政策措施、加强计财装备机构和队伍建设等方面都取得了明显成效。中央财政转移支付资金比上年增加 7 亿元,增长 20.27%。有 8 个省区出台了新的市县级检察院公用经费保障标准,地方各级财政对检察机关投入有新增加。

(二)开展检察经费专题调研。全国“两会”之后,按照最高人民检察院党组和曹建明检察长批准的工作方案,在全系统组织开展了为期一个半月的经费保障专题调研。最近,最高人民检察院党组专门听取汇报,对充分运用调研成果,争取中央财政对检察机关的更大支持,提高保障水平提出了新措施。

(三)修改完善装备配备标准。会同财政部广泛征求地方财政和检察机关意见,提出了县级人民检察院基本业务装备配备的指导标准(征求意见稿),为中央和省级财政安排装备专款和分配使用提供了新的依据。

(四)修订编制“两房”建设标准和国家检察官

分院建设标准。在去年工作的基础上,经过修改完善,4 月底组织召开专家论证会,5 月初报送住建部。之后,联合国家发展改革委、住建部开展调研。近日通过了三部门联合组织的专家评审,将由住建部和国家发展改革委联合发布。

(五)编制《电子检务工程需求分析报告》。在原来工作基础上,经过评审,已报送国家发展改革委,为争取国家对检察信息化建设批复立项奠定了基础。

(六)编制检察机关“十二五”期间科技发展规划纲要。在拟定“十二五”期间国家科技支撑科研项目建议书,并报送科技部之后,编制完成《检察机关“十二五”期间科技发展规划纲要(草案)》,力争纳入国家“十二五”科技发展规划。

(七)落实《人民检察院 2008—2010 年科技装备发展规划纲要》。今年是落实《规划纲要》的最后一年,是落实信息化建设五年规划的重要一年,按照两个规划纲要确定的目标,加强对科技装备建设和应用情况的调研,总结推广典型经验,新增项目投入,进一步提高了检察工作的科技含量。

(八)组织开展援藏援疆和青海玉树抗震救灾工作。认真贯彻落实中央关于援藏援疆工作的部署,对西藏检察机关“两房”建设和新疆及兵团检察院经费保障工作进行调研,参与筹备召开援藏援疆工作座谈会,进一步理清项目和资金援助的工作思路和措施。青海玉树地震发生后,最高人民检察院迅速向财政部报告检察机关受灾情况,并及时拨付专项救灾资金。各地检察机关响应最高人民检察院号召,积极捐助款物;灾区检察机关积极抗灾自救,恢复重建工作有力有序推进。

总的看,今年时间过半,年初确定的各项任务目标取得阶段性成果。但各地之间、各项工作之间发展不平衡，要全面完成今年的工作任务不能有丝毫松懈。

二、下一步工作的主要任务和措施

下半年，计财装备工作要以继续推进司法保障体制改革为主线，统筹经费保障、科技装备建设、"两房"建设和信息化建设协调发展，努力实现服务保障能力、基础设施建设、管理制度建设与自身建设有新进步。

（一）进一步抓好全国检察经费保障工作会议精神的贯彻，推动两办文件精神的落实。紧紧围绕两办文件和曹建明检察长讲话精神，研究制定《最高人民检察院关于深入贯彻中央〈关于加强政法经费保障工作的意见〉的意见》，进一步落实改革措施、明确各级检察院责任、加强计财装备机构和队伍建设。

（二）加大争取支持力度，努力增加中央和省级财政转移支付资金。今年的中央财政转移支付资金已经下拨，各省级检察院要积极争取省级财政部门支持，努力增加省级财政转移支付资金，并抓好督促检查，确保各项经费及时足额到位，提高使用效益。

（三）配合国家发展改革委，做好规范政法基础设施建设投资保障机制的相关工作。一是要共同做好全国检察机关基建欠款的统计调查，摸清底数。二是配合研究制定《关于进一步加强地方政法基础设施建设规范投资保障机制的意见》，明确建设任务和投资分担比例。三是开展检察机关基础设施建设情况的调研，加强工作指导。

（四）继续抓好政法经费保障体制改革相关配套措施的制定工作。一是加强与财政部的沟通协调，完善县级人民检察院业务装备配备指导标准。二是会同财政部制定人民检察院财务管理办法，修订检察业务费开支范围和管理办法。三是指导省级检察院会同省级财政部门，加快制定和完善市县级院公用经费保障标准。

（五）全面推进检察机关科技装备建设。一是继续加大科技装备建设投入，努力提高办公办案现代化水平。二是加强对科技装备建设和应用情况的调研，抓好典型经验的总结推广，推动先进科技装备的应用。三是举办全国检察机关业务器材设备展示暨研讨会，推广应用先进、适用的科技装备。

（六）继续抓好检察机关科研成果推广应用工作。继续做好《检察机关"十二五"科技强检发展规划纲要》的修改完善工作。同时，根据科技部的意见，进一步做好"十二五"期间国家科技支撑项目可行性研究报告的编制工作。

（七）指导县市级检察院做好2011年预算编制和落实工作。编制和执行预算，是经费保障的基础工作。各省级检察院要加强指导，帮助市县级检察院编制好预算。要特别注意充分反映新的需求，确保预算项目齐全完整，不缺项、不漏项，特别是要把教育培训经费、科技强检所需经费列入预算。要按照修订后的市县级检察院公用经费保障标准，切实落实和执行预算。

（八）加强财务和资产管理工作。加强对地方检察院财务管理、资产管理、政府采购管理等工作的指导，提高管理水平。继续做好计财装备信息系统建设，建立健全装备和资产管理系统，完善经费保障数据库，为加强检务保障建设奠定基础。强化器材设备管理、服装管理、车辆管理、枪支管理，做好《检察制服着装规范手册》的编印工作。

（九）积极做好经济援藏援疆及支持西部地区工作。认真贯彻全国检察机关援藏援疆工作座谈会的部署，落实援藏援疆的项目和资金。同时，积极支持西部地区检察事业发展。

做好下半年的计财装备工作，一要围绕中心、服务大局。把计财工作放在全局中谋划，始终把保障有力、干警满意作为工作目标和价值追求。二要研究政策，争取主动。计财要成为业务的先行者，一方面要积极主动争取各方面的支持，加大争取力度，广开财源，讲效率、重实效、办实事；另一方面要加强对全局性、长远性、政策性问题的研究和相关标准的制定，提升检务保障的可持续性。三要艰苦奋斗，厉行节约。始终树立过紧日子的思想，抓紧建立健全财务和资产管理制度，落实管理措施，建设节约型机关。特别要根据改革的要求，做好监督检查、建立经费保障数据库、绩效考评等工作，以良好的管理效益赢得各方面更大的支持。四要坚持党组领导，民主理财。重大项目、重要开支一定要党组集体讨论。财务管理要公开透明，接受干警的监督，以确保资金和人员的安全。五要苦练内功，提升素能。要按照两办文件的要求，健全机构，配备人员。结合正在开展的主题实践等活动，在建设思想过硬、业务精通、勤奋清廉的计财装备队伍上有新的进步。

在全国检察经费保障工作座谈会上的讲话

最高人民检察院副检察长　张常韧

（2010 年 12 月 29 日）

这次全国检察经费保障工作座谈会是最高人民检察院党组批准召开的。会议的主要任务是：全面贯彻落实党的十七大、十七届五中全会、全国政法工作会议和全国检察长会议精神，总结今年的检务保障工作，安排部署明年和今后一个时期的工作任务，全面提升检务保障水平。下面，我讲三个问题。

一、2010 年检察经费保障工作的简要回顾

今年以来，中央高度重视，政法经费保障体制改革深入推进，中央财政部门的资金和政策支持力度进一步加大。全国检察机关抓住机遇，结合实际，以深入实施经费保障体制改革为主线，突出重点，统筹兼顾，各项检务保障工作取得新成效。主要体现在：

——召开了一个"一竿子插到底"的会议。为贯彻落实中办、国办文件精神，2 月初召开了四级检察长参加的全国检察经费保障工作会议，曹建明检察长作了重要讲话，围绕落实检察经费保障体制改革任务、全面加强和改进检察经费保障工作作出了部署。

——组织了两次大调研。3 月和 11 月分别组织开展了检察经费保障情况大调研和中央财政转移支付资金管理使用情况大检查，全面掌握检察经费保障和中央专款管理使用情况。充分运用调研和检查成果，加大争取支持力度。

——制定实施了三个标准。修订《人民检察院办案用房和专业技术用房建设标准》，充实建设内容，增加建设面积指标，由住建部、国家发改委批准发布，为继续推进"两房"建设提供了新的政策依据；编制《国家检察官学院分院建设标准》，将由住建部、国家发改委批准发布，为推动检察教育培训基地规范化建设提供政策依据；会同财政部制定下发《县级人民检察院基本业务装备配备指导标准（试行）》，为分配使用中央和省级财政转移支付装备资金、加强检察科技装备建设提供了政策依据。成功举办首届检察科技装备展览，为推动装备配备标准的落实、引导装备资金投向、开阔视野、促进现代科技装备在执法办案活动中的应用起到了积极作用。

——组织开展了四项援助。落实全国检察机关援藏援疆工作座谈会和两个《意见》精神，争取中央财政安排西藏、新疆检察机关转移支付资金比上年增长 20% 以上；争取国家发改委安排西藏、新疆、兵团检察机关中央补助投资比上年增长 50% 以上。指导支援与受援方编制援助计划，争取纳入本地党委、政府援助"大盘子"，帮助西藏、新疆和兵团检察机关解决实际困难。同时，也加大了对西部地区检察机关的帮扶力度。加大对青海玉树地震灾区、甘肃舟曲泥石流灾区检察机关的支持力度，促进了灾区检察工作的恢复和发展。

——总结推进了五项机制建设。配合国家发改委研究提出《关于进一步加强地方政法基础设施建设规范投资保障机制的意见》；指导内蒙古等 8 个省区检察院配合财政部门制定实施新的市县级检察院公用经费保障标准，初步建立了公用经费正常增长机制；会同财政部制定《人民检察院财务管理暂行办法》，修订《检察业务费开支范围》，加强了管理机制建设；指导江苏、山西等省检察院制定对市县级检察经费保障的考核办法，初步建立了考评机制；总结甘肃省检察院会同省财政厅制定实施《甘肃省检察机关涉案款物管理办法（试行）》的做法，在建立涉案款物管理机制上进行了新的探索。

一年来，各级检察机关坚持"保障"和"管理"两手抓，严格管理措施，财务和资产管理工作进一步加强。制定检察服技术标准，顺利完成第二次全面换发检察制服。组织开展了枪支安全大检查，进一步强化了安全管理措施。认真贯彻落实部门预算、国库集中支付、"收支两条线"、政府收支科目分类等改革措施，严格执行预算、财务和资产管理、政府采购、招投标等各项规章制度，严格规范各项工作程序，强化管理措施，进一步提高了经费和物资装备的使用效益。落实改革要求，计财装备机构和队伍建设也有了新的加强。

在充分肯定成绩的同时，也要看到，检察经费保障总体水平还不能满足检察事业发展的需要，我们自身工作中也还存在一些不足和问题，主要是：有的对经费保障体制改革重视不够，对改革政策学习不够、研究不深、执行力不强；有的工作不主动，责任不落实，措施不得力，工作成效不明显；计财装备机构不健全、专门人才短缺、整体力量不强，与工作的要求还不相适应。这些问题和不足需要在今后的工作中认真加以改进。

二、认清形势，明确任务，全面提高检务保障水平

2011年是全面实施"十二五"规划的开局之年，是中国共产党成立九十周年，也是政法经费保障体制改革全面深化的关键一年。刚刚召开的全国检察长会议认真贯彻党的十七大、十七届五中全会和全国政法工作会议精神，深刻分析了检察工作面临的形势，全面部署了2011年和今后一个时期的检察工作，对推进检察事业的科学发展提出了明确要求。财政部谢旭人部长、李勇副部长在听取最高人民检察院工作汇报和来最高人民检察院机关及到桂林调研时，都明确提出要继续增加财政转移支付资金对检察经费的保障力度，更好地保证检察机关履行法律监督职能的经费需要，并要求地方各级财政部门特别是市县级财政对检察机关的投入不得低于改革前的水平，不得截留、挪用，不仅要充分保证检察机关执法办案所需办案业务经费和业务装备经费，还要适当加大检察教育培训等经费的保障力度，加强绩效管理。同时，也要求检察机关坚持"两个务必"，进一步树立"过紧日子"思想，严格经费管理，提高科学化、精细化管理水平。

当前，检务保障工作既面临难得的机遇，又有新的挑战，机遇大于挑战。随着经费保障改革措施的落实，经费短缺的"瓶颈"制约得到了缓解，但随着司法改革的深化和办案成本的增加，经费供给不足仍然是主要矛盾；随着"两房"建设的加强，各级检察院的办公办案条件明显改善，但按照新的标准，既要完成上一轮建设难啃的"硬骨头"，又面临科学规划、积极争取新的基础设施建设的任务；随着科技强检战略的实施，信息化水平普遍提高，但按照2012年全面信息化办案的要求，投入缺口进一步凸显；2011年全国人大常委会将听取和审议最高人民检察院关于基层基础工作的专项报告，检务保障是其中的一项内容，既要抢抓机遇，开好局、起好步，又要谋划好今后五年的检务保障工作，交一份合格的答卷。下一步，检务保障工作的总体思路是：以邓小平理论和"三个代表"重要思想为指导，深入贯彻落实科学发展观，以推进经费保障体制改革为主线，以建立健全保障机制为重点，大力加强资金资产管理，大力加强装备基础建设，大力加强科技强检战略，努力提升检务保障水平，为检察工作科学发展夯实物质基础。

根据上述总体思路，吴松寿局长（最高人民检察院计划财务装备局局长——编者注）将结合大家讨论情况对2011年工作进行具体部署。我这里强调要着力完成好以下六个方面的目标任务：一是以完善检察经费保障机制为重点，加快制定完善市县级检察院公用经费保障标准，在完善经费保障稳定增长机制上有新进步；二是以大力争取中央和省级财政转移支付资金为重点，加大各级经费投入，在检察经费保障总体水平上有新提高；三是以认真落实新的政法基础设施投资保障机制为重点，严格执行修订后的各项建设标准，在检察业务基础设施建设上有新加强；四是以制定"十二五"计财装备规划、深入实施科技强检战略为重点，在装备现代化上有新发展；五是以强化管理为重点，狠抓精细化、科学化、规范化，在财务管理、资产管理和后勤管理水平上有新提升；六是以加强教育培训为重点，深入开展主题教育实践活动，进一步加强计财装备队伍的能力建设和专业化建设，努力打造一支讲大局、善协调、会管理、业务精、律己严、作风硬的计财装备队伍。

三、始终坚持"十个统筹"，推动检务保障科学发展

做好2011年和今后一个时期的检察经费保障工作，需要我们进一步牢固树立机遇意识、大局意识、服务意识、创新意识、责任意识，增强主动性，把握规律性，发挥创造性，牢牢把握并始终坚持"十个统筹"。

（一）统筹处理好检务保障与检察业务、队伍建设的关系，在树立科学发展理念上下工夫。曹建明检察长在 2010 年初全国检察经费保障工作会议上深刻指出，在检察工作总体格局中，业务工作是中心，队伍建设是根本，检务保障是基础，三者相辅相成，相互促进，密不可分。实现检察工作科学发展，必须正确处理三者的关系，始终坚持业务工作、队伍建设和检务保障全面协调发展。各级检察院党组要始终坚持用科学发展观统领检察工作，切实把经费保障工作纳入重要议事日程、摆在突出位置来抓，高度重视，加强领导，落实责任，抓出成效，实现"办案子、抓班子、过日子"的统一。各级检察机关计财装备部门要自觉围绕中心，服务大局，从确保检察事业全面协调可持续发展的高度，充分认识检务保障的基础地位，切实增强责任感、使命感和紧迫感，紧紧围绕检察工作中心任务编预算、做规划、抓落实，实现保障有力、干警满意的目标，更好地保障检察业务和队伍建设，服务检察工作的科学发展。

（二）统筹处理好抓好当前工作与做好长远规划的关系，在理清工作思路上下工夫。最近，最高人民检察院党组就检察机关如何认真学习贯彻党的十七届五中全会精神、检察工作为如何实施"十二五"规划服务、如何规划新时期检察工作自身发展进行了反复研究，决定 2011 年召开第十三次全国检察工作会议，全面规划今后一个时期检察工作的科学发展。同时，又要以向全国人大常委会报告基层基础工作为契机推动工作。检务保障作为其中的一个重要组成部分，必须认真谋划，既要抓好2011 年各项任务落实、开好局、起好步，又要规划好"十二五"的保障工作。2011 年第一季度我们将重点围绕如何深化和推进经费保障体制改革，提高整体保障水平，以及如何规划"十二五"期间的基础设施建设和科技装备建设进行深入调研，把调研的过程作为理清思路、推动工作的过程。各级检察院要在抓好当前各项工作的同时，认真组织开展调查研究。

（三）统筹处理好全面推进与重点突破的关系，在解难题、求实效上下工夫。做好检务保障工作，既需要总览全局、统筹规划，全面推进各项工作，又需要抓住主要矛盾和矛盾的主要方面，突出重点，以点带面，达到纲举目张的效果。在全部检务保障工作中，经费保障是核心；在经费保障工作中，当前

争取中央和省级财政转移支付资金、落实市县级财政投入是重点；在科技装备建设上，经费投入是关键。各级检察机关都要善于抓住牵动全局的重点工作，力求在解决制约检察事业全面发展的关键问题上求突破、见实效。

（四）统筹处理好贯彻执行中央政策与结合本地实际的关系，在提高政策执行力上下工夫。中央关于政法经费保障体制改革的方针政策十分明确，但各地的具体情况千差万别，只有充分结合本地实际贯彻落实中央政策，才能实现政策效益的最大化。为此，必须做到"两个吃透"：一方面要吃透中央政策，准确把握精神实质，全面掌握具体要求。特别是要全面把握"明确责任"的要求和"分类负担"的原则，抓住重点，选准突破口；另一方面要吃透本地实际，把中央政策要求与本地实际相结合，增强工作的针对性和有效性。改革后，不同地区享受不同的政策，同一政策执行力度不同，效果也不相同。今后一个时期，各级检察机关都要不断提高执行和运用政策的能力和水平，以国家政策为依据，把握执行政策的着力点，争取更高标准的政策空间、更大范围的政策支持、更高比例的资金份额。甘肃省检察院采取集中管理涉案款物的探索，是一条有效途径。要坚决破除"等、靠、要"思想，充分发挥主观能动性，共同做好经费保障工作。

（五）统筹处理好争取上级更大支持与争取同级财政更多投入的关系，在做大"蛋糕"上下工夫。根据中央的政策要求，在中央和省级财政不断增加转移支付资金的同时，市县级财政应确保本级投入不减少并有所增加。但从今年大调研和大检查情况看，存在两个突出问题：一是部分省级财政为检察机关安排的转移支付资金在政法部门总盘子中比例小、资金少；二是不少市县级财政出现"上进下退"的问题，使一些地方检察经费总量增加不明显。这既有一些主管部门政策不落实的问题，更主要的是我们没盯住的问题。下一步，要进一步落实责任，确保上级给的没有"跑冒滴漏"，同时要做大"蛋糕"。最高人民检察院要大力争取中央财政更大支持；省级检察院要切实落实好省级财政转移支付资金，增加份额；市县级检察院要在落实好、使用好上级资金的同时，通过编制预算等工作落实好本级投入，防止出现"挤出效应"。

（六）统筹处理好抓本院保障与抓系统保障的关系，在整体提升保障水平上下工夫。加强对经费

保障工作的领导，既是上级检察院应尽的责任，也是体现领导能力的重要方面。最高人民检察院、省级检察院和分州市检察院在做好本院经费保障工作的同时，更要眼睛向下、工作下沉，把更多的精力放在帮助基层检察院解决问题上。特别是在经费保障体制改革以后，省级检察院责任更重，必须面向基层，既从宏观上研究涉及全局、事关长远的措施，又要帮助解难题、办实事。市县级检察院要及时反映新情况新问题，扎实做好基础工作，为上级检察院制定政策、争取资金和项目提供依据。几年来的实践证明，上级检察院领导力度不一样，工作成效也大不一样。只有切实帮助基层检察院解决问题，才能真正树立上级检察院的威信，也才能齐心协力，形成一体化格局，提升检察经费保障的整体水平。

（七）统筹处理好贯彻政策原则与制定具体标准的关系，在细化深化实化上下工夫。目前，中央层面关于政法经费保障体制改革的政策已基本出台，但这些政策只确定了大原则和总目标，执行好这些政策需要各地进一步细化相关标准，增强可操作性。下一步，省级检察院要抓紧研究制定三个方面的具体标准：一是要尽快配合财政部门制定完善市县级检察院公用经费保障标准，建立公用经费正常增长机制。目前只有8个省级检察院完成了这项工作，其他省区市检察院要在2011年内抓紧完成。二是要制定县级检察院业务装备配备的具体标准，并制定配备规划和计划。同时，指导市县级检察院将规划和计划列入年度预算，结合中央和省级财政转移支付资金，加大投入，把握投向，向业务工作倾斜。三是要按照新的投资保障机制和修订后的"两房"建设标准，抓紧制定本地区检察机关"两房"建设的规划和计划，做好新建"两房"项目的立项、落实建设用地和本级投资、申报中央和省级补助投资等工作。下一步，要根据中央关于化解政法基础设施债务的意见，配合各级财政、发展改革等部门做好清欠原有基建债务工作。

（八）统筹处理好开源与节流的关系，在创建节约型机关上下工夫。最近，周永康同志和曹建明检察长就加强政法经费及基层建设项目管理多次作出重要指示，财政部领导在表示加大支持力度的同时，也提出了厉行节约的要求。我们要认真学习领会，全面贯彻落实。在加大争取力度、增加经费来源的同时，要采取更加有力的措施做好"节流"工作，进一步提高经费使用效益。一是要围绕精细化的目标，加强预算管理工作。各级检察院党组要高度重视预算编制和执行工作，纳入重要议事日程，加强经费使用的科学性、民主性、合理性、计划性，切实强化预算刚性约束。二是要完善监管制约机制。坚持依法、科学理财，实行财务公开，自觉接受内外部监督，主动接受纪检、监察及审计等部门的检查。上级检察院要加大监管力度，建立自上而下的监督机制，力求经费管理的每个环节都做到权责明确、要求具体、相互衔接、相互制约，形成纵横结合的监管体系。三是要加强后勤管理。坚持以人为本，按照后勤改革的方向，完善体制机制，加强相互交流，取长补短，实现服务有力、管理有序、和谐文明、风清气正、干警满意的目标。四是要增强勤俭节约意识。始终保持艰苦奋斗的作风，树立"过紧日子"的思想，坚持厉行节约，与当地经济社会发展水平相适应，严禁大手大脚、贪大求洋、盲目攀比、铺张浪费。

（九）统筹处理好落实责任与考评考核的关系，在创新保障工作评价体系上下工夫。目前，全国检察机关已经建立起了各项检察业务工作的考评体系，经费保障工作任务重、难度大，也必须在落实各级院、各部门、各岗位责任的基础上，通过建立科学合理的考评考核机制检验工作成效。为此，首先要落实责任，这是前提。各级检察院要切实承担起各自职责。同时，要建立考评考核和奖惩办法，依据考评考核的结果，奖励先进，督促后进，确保各项责任落实，不断提高检务保障水平。

（十）统筹处理好抓检务保障工作与加强自身建设的关系，在内强素质上下工夫。长期以来，广大计财装备工作人员恪尽职守、辛勤工作、默默奉献，为服务和保障检察工作作出了重要贡献。但从总体上看，机构不健全、专业人员短缺、业务素质参差不齐等问题还比较突出，少数同志工作责任心不强，个别地方还出了违法违纪问题。因此，必须按照两办《意见》的要求，进一步加强自身建设。一是要深入开展主题教育实践活动，在坚定理想信念、牢记宗旨意识、转变工作作风上有新的进步，做到带着感情为基层、为干警服务，真抓实干办实事、解难事、干成事；二是要进一步健全计财装备机构，确保经费保障工作有人抓、有人管；三是要配齐配强领导班子，特别是要选配好分管检察长和计财装备部门负责人，把那些政治强、业务精、善协调、会管理、自身干净、有开拓精神的干部充实到计财装备部门,优化人员结构;四是要加强能力建设。把计财装备人员纳入检察教育培训的整体格局,加强方针政策和新知识的学习,不断拓宽工作思路,创新工作方法,增强做好本职工作的能力;五是要毫不放松地抓好党风廉政建设。计财装备部门和分管领导管钱管物,必须在党风廉政建设和廉洁自律上有

更高的标准、更严的要求,从我做起,从小事做起,着力营造风清气正、干净干事的氛围。对违法违纪要"零容忍",一经发现就要严肃查处,决不手软。

新的一年即将到来,新的任务催人奋进。让我们振奋精神,坚定信心,开拓进取,真抓实干,努力推动检察经费保障工作迈上新台阶,为促进检察事业科学发展作出新的更大的贡献。

在中国 2010 年检察举报工作论坛上的讲话

最高人民检察院副检察长　柯汉民

(2010 年 6 月 11 日)

这次论坛是经最高人民检察院党组和曹建明检察长同意举办的。举办这次论坛,主要是为了深入推进三项重点工作,总结回顾近年来检察举报工作的制度创新和实践创新成果,进一步推动检察举报理论研究的深入和检察举报制度的发展完善,促进举报工作科学、顺利、健康发展。论坛时间虽短,但大家从工作实际出发,对检察举报工作如何发展充分表达了观点,交流了思想,提出了很好的建议,达到了预期的效果。下面,我谈四个问题,和大家共同探讨。

一、我国举报制度的宪法定位及其重要性

我国宪法第四十一条规定:"中华人民共和国公民对于任何国家机关和国家工作人员,有提出批评和建议的权利;对于任何国家机关和国家工作人员的违法失职行为,有向有关国家机关提出申诉、控告或者检举的权利,但是不得捏造或歪曲事实进行诬告陷害。对于公民的申诉、控告或者检举,有关国家机关必须查清事实,负责处理。任何人不得压制和打击报复。"这个规定从国家根本法的地位确立了公民举报的权利,从而奠定了检察机关建立公民举报制度的宪法基础。

宪法里的"检举"一词在 1996 年《刑事诉讼法》修改中,被"举报"一词所代替,主要是因为在 1988年检察举报制度实施数年后,"举报"概念更为广大人民群众所熟悉,更适应依法治国的需要。举报权

是宪法赋予公民的一项基本权利。举报制度是中国特色社会主义法律制度的重要组成部分。作为我国民主政治的一项重要内容,举报制度的完善,尤其是检察举报制度的完善,对于发扬社会主义民主,加强社会主义法制,推进反腐败斗争,搞好党风廉政建设有不可替代的作用,有利于从根本上促进改革开放、促进社会主义市场经济以及和谐社会建设的顺利进行。

第一,完善举报制度,有利于保障公民民主监督权的实现。民主作为一种国家制度,体现了国家的一切权力属于人民,人民有权决定和管理国家事务和社会事务。现代执政理念认为,必须将权力运行纳入法治的轨道,在法律上赋予公民充分的监督权。在我国,人民群众对国家工作人员滥用职权、以权谋私损害国家和人民利益的行为进行监督,既是宪法赋予的一项神圣的民主权利,也是人民当家做主地位的表现。建立完善的举报制度,对举报人的法律地位、合法权益、举报程序以及侵害公民举报权的打击报复行为应承担的法律责任等作出明确的规定,当然有利于保障公民民主权利的实现。

第二,完善举报制度,有利于强化检察机关的法律监督职能。检察机关作为国家的法律监督机关,承担着查办国家工作人员贪污贿赂和国家机关工作人员渎职侵权犯罪的重要职能。周永康同志指出:"法律监督工作的根本出路就在于专群结合、

依靠群众。群众的举报、申诉，是社会问题的'风向标'。检察监督难，依靠群众就不难。"检察举报制度诞生和存在的核心价值，就在于它创造了依靠群众反腐败，并使国家机关的专门法律监督与群众监督结合起来的新的监督机制。只有把群众监督与法律监督有机结合在一起，加强检察监督与群众举报监督的合力，才能不断强化检察机关的职能作用，实现检察机关维护公平正义的工作宗旨。

第三，完善举报制度，有利于惩治和遏制腐败。公民举报是社会公众监督最有效的形式。据统计，自2007年至2009年，全国检察机关共受理群众首次举报各类犯罪线索481087件，其中属于检察机关管辖的职务犯罪线索276616件，经初查后立案36073件。检察机关侦查部门通过其他途径获得的案件线索，大部分也来源于群众的举报。根据举报线索立案的案件数占全部立案总数的70%左右。举报制度的建立，不仅密切了广大群众同党和政府的联系，而且也有效地揭露和威慑了腐败分子，成为遏制腐败的有力手段。

第四，完善举报制度，有利于深入推进三项重点工作。一是有利于及时解决公民的合理诉求，推进社会矛盾化解。目前，我国改革开放已进入关键期，社会结构深刻变革，社会关系深刻调整，人们的思想观念发生了深刻变化，大量的社会矛盾纠纷以案件的形式汇集到政法机关。举报工作作为涉检信访工作的一部分，通过畅通渠道，文明规范服务，解答了大量群众的法律疑难问题，消除了群众疑虑，可以防止社会矛盾的升级和转移。通过完善机制，强化受理、审查处理工作，及时办理举报案件，惩治违法犯罪，可以有力地保护群众的合法权益，减少矛盾的激化和对抗，最大限度地减少不稳定、不和谐因素，进而促进社会矛盾化解，推动和谐社会建设。二是有利于推动社会管理创新。举报中心作为职务犯罪线索的管理部门，通过对职务犯罪情报信息深入分析研究，可以准确把握职务犯罪发生的特点规律，为科学决策提供参考和依据；同时，对相关部门或单位在管理中存在的漏洞，也可以提出改进和加强工作的检察建议或意见，从而有效地发挥检察机关法律监督职能，推进整个社会管理方式的创新与管理水平的提高。三是有利于加强检察队伍建设，促进公正廉洁执法。通过健全和完善检务公开以及答复反馈等制度，强化内、外部监督制约机制，可以有效促进检察人员严格执法、廉洁

自律，堵塞违法违纪的漏洞。

二、检察举报制度的创新与发展

1988年12月26日《人民检察院举报工作若干规定（试行）》的正式颁布，是我国检察举报制度创建的重要标志。1996年9月4日《人民检察院举报工作规定》正式施行，标志着我国基本建立起了具有中国特色的检察举报制度。2009年《人民检察院举报工作规定》的修订，以及《关于进一步加强和改进举报线索管理工作的意见》等文件的制定，标志着我国检察举报制度逐步走向成熟。

近几年来，面对复杂、严峻的信访形势，各级人民检察院认真贯彻落实中央和最高人民检察院关于反腐败工作的部署，始终把举报工作作为检察机关的一项重要业务工作来抓，不断探索工作思路，创新工作方法，完善工作机制，改进工作作风，大胆实践，开拓创新，完善并发展了举报制度，为维护人民群众合法权益和社会公平正义，促进社会和谐稳定发挥了重要作用。

第一，畅通举报渠道，扩大线索来源。各级检察机关克服人员紧张、资金短缺、设备落后的困难，适应群众要求，不断拓展举报渠道。除坚持原来行之有效的书面、口头、电话等举报方式外，增加了通过网站和传真举报的渠道，并实行检察长和侦查部门负责人定期接待、预约接待群众举报以及下访巡访等制度。不少地方还开通视频接待、设立民生检察联系点，为群众就地反映涉检诉求提供了便捷高效的服务平台。最高人民检察院为了增加信访渠道，减少群众信访的奔波劳累之苦，及时化解社会矛盾，开通了12309举报受理电话平台。自去年6月22日至今年5月底，共受理举报、申诉和法律咨询等172798件。其中属于检察机关管辖的约占9%左右，属于土地纠纷、违法行政、拆迁补偿、不服法院判决、不服公安机关决定等其他来电约占91%。经过举报中心工作人员耐心细致的工作，解答了一大批法律咨询，为群众正确反映问题提供指引；及时化解了大量矛盾，有效劝阻了一批扬言进京上访的群众；转办、交办、督查了一批举报线索，移送侦查部门初查10500件，举报中心初核2850件，已立案3480件，部分案件已被法院定罪判刑。12309举报电话的开通，极大地激发了群众的举报热情。2009年，全国检察机关共受理首次举报职务犯罪案件线索159822件，同比上升4.6%。其中举报县处级以上干部7074人，同比上升了7%，扭转

了 2002 年以后举报线索持续下降的局面。今年 1 至 4 月,受理首次举报职务犯罪案件线索 46160 件,同比上升 2.4%。其中举报县处级以上干部 2098 人,同比上升 7.5%。

第二,强化了内部制约制度。一是科学设置举报中心,坚持举报中心与侦查部门分开设置,各司其职,为实行在举报线索处理问题上的内部制约提供体制保障。二是坚持举报线索统一管理制度,避免造成线索失散、多头管理、多头交办、统计数据不准、监督不到位等多种弊端。各地认真执行最高人民检察院关于举报中心统一管理举报线索的规定,防止线索处理的随意性。一些地方还进行了有益探索,如对未按规定期限初查的线索,由举报中心负责收回、定期检查清理等制度,防止线索散落在个人手中。三是改进目前的举报线索分流方式,与侦查一体化工作机制的要求相适应。对属于检察机关管辖的举报线索,由过去举报中心完全按照管辖权分流的做法,改为根据线索所涉及的被举报人的干部级别和管辖权进行先横后纵、上管一级、双向分流。四是探索完善举报线索评估机制。各地在执行最高人民检察院有关线索审查协调试行办法的基础上,针对出现的新问题进行了有益的探索。北京、河北等地对线索实行分级分类管理,按可查性和缓急分成几大类,区别不同情况分别移送侦查部门初查、举报中心初核、存查、缓查或者转送相关职能部门处理,提高了线索初次分流的质量和成功率。广东省深圳市检察院为改变传统举报线索管理模式中存在的跟踪督办难、情况掌握难、缺乏横向纵向的联系机制以及无法有效利用线索资源等种种弊端,成立了线索评估小组,实行线索的分类管理,建立刚性的跟踪督办机制。将个人审批改为集体审查评估,将分散的粗放式管理改为统一的集约型管理,将闭合型管理模式改为开放型管理模式,将静态的制度管理改为动态的机制管理,促进了线索管理的科学化和规范化。五是推行不立案审查制度。针对举报线索利用率低、侦查部门初查缺乏实体制约、自侦监督有空白点、内部制约手段疲软且不足等情况,一些检察机关从有利于内部制约的规范运作,促进职务犯罪的查办工作,彰显举报权益的角度出发,对不立案线索进行审查,发现问题及时纠正,进一步提高了举报线索的成案率,减少了违规执法办案,防止了不立案信访矛盾发生。上海市检察机关从 2007 年至 2009 年共审查

不立案线索 602 件,其中移送自侦部门重新初查后作出立案决定 42 件,占自侦部门举报立案总数的 11%,促进了自侦部门举报初查成案比例上升,不服不立案决定的信访量逐年降低,发挥了不立案审查机制的制约、协调、服务、稳定功能,开创了举报工作新局面。

第三,举报初核制度更加科学。把举报初核工作与提高线索质量、消化积案,取信于民结合起来,明确了举报初核"立足于消化积压线索、着眼于社会稳定大局、服务于查处和预防职务犯罪工作"的工作定位,确立了"规范、提高、制约、服务"的整体工作思路,提出了"举报线索件件审查、署名举报件件初核、实名举报件件答复"的工作目标,改变了举报初核工作受政绩考核和"经济利益"影响片面追求初核数量的倾向,使举报初核工作步入正轨。广东省珠海市检察院拓展举报初核的社会服务功能,针对群众反映因行政机关及其工作人员违法失职致使群众的合法权益受到侵犯且得不到有效救济等问题,不断创新举报监督工作机制,积极探索对行政执法活动的监督,有效地纠正了一些行政执法人员违法失职案件,维护了人民群众的合法权益,促进了严格执法和依法行政,提升了检察机关法律监督的公信力。

第四,保护举报人的合法权益,调动公民参与社会管理的积极性。首次将保护举报人合法权益写入《人民检察院举报工作规定》,作为开展举报工作的重要原则,完善了事前、事中保护措施,充实了举报保护的内容。对举报人因受打击报复,造成人身伤害或者名誉损害、财产损失的,检察机关支持其依法提出赔偿请求。重庆等地探索对举报人实行 24 小时贴身保护机制,有效防范了打击报复的风险。丰富了举报奖励制度。贯彻"有功必奖"原则,扩大了奖励范围,将奖励条件由原来规定的"举报大案要案,被举报人被依法追究刑事责任"变更为"举报线索经查证属实,被举报人构成犯罪的",使更多举报人能够得到奖赏。适当提高了举报奖金的数额,规定对举报有功人员可在举报所涉事实追缴赃款的百分之十以内发给奖金,每案奖金数额可达十万元,甚至二十万元。有特别重大贡献的,经最高人民检察院批准,不受上述数额的限制。

第五,修订了《人民检察院举报工作规定》。为了维护好、保障好、实现好人民群众的合法权益,维护宪法法律尊严,切实做到党的事业至上、人民利

益至上、宪法法律至上，最高人民检察院在充分调研的基础上，适应我国经济社会的深刻变化和反腐倡廉工作出现的新特点，结合举报工作的最新创新和理论成果，对《规定》进行了修订。修订后的《规定》体系更加完整，内容更加科学，更具有可操作性，是目前检察举报工作最完善、最权威的规定，能够更好地满足人民群众的司法需求，起到方便群众，规范工作，强化制约，提高效率的重要作用。

三、检察举报制度的主要研究成果和理论构想

近年来，广大专家学者和实务工作者从健全我国法治的角度，充分运用中国特色社会主义理论，立足中国国情，借鉴国外先进经验，对检察举报制度进行了大量的研究和探索，产生了一批科研成果，解决了一些重要理论问题。一是论证了举报制度的宪法定位及在刑事诉讼过程中的地位和作用。二是研究了举报人权利的内容。认为举报人的权利就是国家应当承担的义务。国家应制定具体的实施细则，保证举报人的权利落到实处。三是研究了举报受理机构的科学设置及运作机制问题。认为目前举报中心设在控申部门有利有弊。四是研究了保护举报人合法权益的方法、措施和程序，提出了保护举报人的制度设计，建议国家制定《举报法》，切实保护举报人。五是对举报人的举报行为、举报动机和举报心理进行了研究，从道德、经济等角度提出了鼓励潜在举报人举报的方法，等等。尤其令人欣喜的是，专家学者和实务工作者在许多方面的成果趋于相同，在一定程度上体现了举报工作的规律，说明了检察举报理论的成熟。同时，广大理论研究者也提出了许多很好的意见和建议：

一是将举报制度引入刑事诉讼法。增设举报受理程序、调查程序等立案前程序的规定，设定这一阶段举报人及受理举报机关的法律权利与义务，防止因举报受理机关及其工作人员的故意或疏忽使举报事项得不到准确查处而引发的举报程序的终结，保障举报人的举报权。

二是设置完整的举报程序，详细规定举报的具体环节。包括举报的提出和受理，举报材料的审查和处理，对举报人的答复以及办理的期限等等，并严格执行。赋予举报人调查程序启动权和参与调查权，确保举报事项落到实处。

三是建立科学的受理、分流和督办机制。改变坐等举报线索的做法，主动出击，不断拓展举报线索来源。强化内部制约管理，保证每一条举报线索

都能发挥应有的价值。

四是切实保护举报人的合法权益。提倡网上举报和密码举报，注重事前、事中、事后保护，解除举报人的后顾之忧。建立举报人作证豁免制度。严厉打击报复行为。实行对国家工作人员打击报复举报人的零容忍制度。一经调查核实有打击报复行为的，从严惩处。

五是建立健全对举报人的奖励和保障制度。学习国外重奖举报人的办法，加大奖励力度，鼓励举报人积极举报。通过重奖来培育职业举报人或团体举报人，加大举报人抗衡被举报人的能力，等等。

以上研究成果十分珍贵。各级检察机关，特别是控申检察部门和举报中心，都要认真研究、参考和借鉴。

四、完善举报制度，推动工作发展

检察举报制度的发展与完善，是深入贯彻落实科学发展观的必然要求，是坚持和完善中国特色社会主义检察制度的客观需要，是深入推进检察举报工作改革的重要前提。新时期的检察举报制度的发展与完善，要从国际国内的大背景、大趋势中把握形势，从我国社会主义检察制度的中国特色中把握方向，准确把握新形势下检察举报工作面临的机遇与挑战、有利条件与不利因素，始终保持清醒的头脑，推动检察举报工作的发展。

第一，坚持理论研究的正确方向。检察举报理论研究要把握正确的政治方向。检察举报工作的研究必须立足中国国情，紧密结合我国的传统文化、宪政体制和法治现状开展，同时不排除借鉴国外先进经验。特别要自觉抵制不加批判地用西方政治观点和司法制度模式来评价我国政治、司法制度、检察举报制度的错误做法。要正确认识检察举报工作理论完善和检察举报工作全面发展的辩证关系。理论是实践的总结和升华。中国特色社会主义检察举报工作理论植根于中国特色社会主义检察举报实践，又反过来指导、引领检察举报实践和检察举报改革，这是一种相辅相成、相互促进的辩证关系。各级检察机关特别是领导干部，不仅要善于运用检察举报理论指导检察举报工作，还要善于运用检察举报理论破解检察工作中的具体问题。要特别注意优秀理论成果的宣传、运用，使其转化为实际的法律监督能力。

第二，坚持既有的举报制度。经过二十多年的

探索,检察举报制度已日臻完善,尤其是去年出台的《人民检察院举报工作规定》和《关于进一步加强和改进举报线索管理工作的意见》,科学地反映了举报工作的规律,确立了举报工作的原则,规范了举报工作的程序,应当认真贯彻执行,加强制度执行力。要统一规范举报中心的设置,严格执行举报线索统一管理的规定,严格规范举报初核工作,严格执行举报线索转办交办制度和保密制度,认真做好署名举报的答复工作,提升举报工作的效能和社会公信力。要增强内部制约的意识,加强对侦查部门处理举报线索的监督制约,促进侦查权力的正确高效行使。举报中心要加强监督能力建设,既要敢于监督,又要善于监督,把监督制约纳入侦查一体化的各个环节,建立严格、实用、有效的管理制度,提高举报中心的整体运作水平。

第三,坚持运用科学理论指导实践创新。这次论坛,大家交流了对检察举报制度的研究成果,这是推动检察举报工作的有利措施和创新方式。目前,无论是理论工作者还是实务工作者,对举报制度的研究仍然不够,主要表现为研究成果少,指导性不强,没有系统化、规范化、经常化。许多同志对举报工作仍很生疏。没有科学的理论指引,举报工作就容易失去方向,就不能得到健康发展。因此,我们要珍惜今天论坛交流的成果,要对这些成果进行深加工,运用到我们的工作之中,推动实践创新,推动举报工作的与时俱进。

第四,狠抓人才培养,促进队伍建设。各级检察机关的举报中心担负着重要职责,要完成各项工作任务,开创举报工作新局面,必须加强队伍建设,努力把举报队伍建设成为服务大局、忠诚可靠、联系群众、精通业务、纪律严明,作风过硬,秉公执法的队伍。举报队伍建设的关键是要抓好人才建设。举报中心要加大培养高层次的专门人才工作的力度。要建立举报人才库,要将在举报线索管理、初核、化解矛盾、理论研究等方面有特长、有贡献的专家、能手纳入人才库进行培养、锻炼、使用,为举报工作的发展提供强有力的人才支撑。

在全国检察长座谈会上的讲话

最高人民检察院副检察长　柯汉民

(2010 年 7 月 20 日)

根据会议安排,下面我就控告检察、刑事申诉检察和检察技术信息工作讲几点意见。

一、关于控告检察工作

(一)上半年主要抓了如下工作

1. 集中清理和化解涉检信访积案。全国检察机关共清理涉检信访积案 2545 件,已化解 566 件。

2. 扎实开展案件评查工作。最高人民检察院控告检察厅已筛选出 25 件重大疑难复杂的涉检信访案件进行评查,全国各级检察院共确定了 19830 件评查案件,评查工作已全面展开。

3. 积极推行信访便民利民措施。一是开展大接访、大走访活动。"两会"期间,最高人民检察院先后派出 3 个接访组赴河北等五省,接访 73 件 107 人,化解涉检信访案件 34 件。二是继续抓好 12309 举报电话和举报网站建设。目前,全国所有省级检察院、700 多个分市级检察院和 1300 多个县级检察院已开通举报电话,检察机关受理首次举报线索同比上升了 5.3%。三是开展举报宣传周活动,共接受群众咨询 239507 人次,受理群众举报 4394 件。四是"民生检察服务热线"开始在山东、江西等省辐射推广。

4. 加强工作规范化建设。一是制定下发了检察机关贯彻中办发 22 号文件的实施意见。二是涉检信访风险评估预警机制建设全面展开。大部分省级检察院制定了实施办法并已按计划逐步推进。三是初步建立起信访督查专员制度和新提任干部到控告检察部门锻炼机制。四是修改了文明接待室评比标准。五是举办了中国检察举报工作论坛，积极探索举报工作科学发展之路。

（二）下半年的主要任务

1. 继续狠抓涉检信访积案化解。为圆满完成中央提出的信访积案力争在今明两年基本消化的任务，各级检察机关要坚持边清理、边化解、边息诉、边防范的工作方针，主动深入基层预防和消除涉检信访隐患，确保在年底前化解70%以上的涉检赴省进京访案件，同时遏制涉检信访新案的发生。

2. 切实抓好案件评查活动。必须把案件评查作为深入推进三项重点工作的突破口和着力点，抓好评查结论的跟踪和落实，坚决依法纠正错案、瑕疵案，严肃查究违法违纪问题，巩固和深化案件评查工作成果。最高人民检察院将加强对省级检察院案件评查工作的抽查指导，推进案件评查工作平衡发展。

3. 进一步加大举报工作力度。一是做好举报宣传周期间举报线索的分流、初核及答复工作；二是推进不立案线索的审查工作，逐步健全和完善对不立案线索的复核机制；三是制定和完善12309举报电话接听受理、审查分流、交办督办、线索管理、答复反馈等各流程的规范管理措施。

4. 全面推行涉检信访风险评估预警机制。未建立该机制的地方要抓紧建立，已建立的要抓好落实。最高人民检察院将择时召开现场会，研究出台检察执法环节信访可能性预测及处置预案的具体办法，促进提高执法规范化和执法公信力。

二、关于刑事申诉检察工作

（一）上半年主要抓了如下工作

1. 办理申诉案件工作成效明显。今年1至6月，全国检察机关受理刑事申诉案件数量，立案复查数，息诉数，提出抗诉意见数，同比分别上升20%、37%、26.5%和97.3%。

2. 注重办案机制改革创新。最高人民检察院刑事申诉检察厅起草了《最高人民检察院关于办理不服人民法院生效刑事裁判申诉案件若干问题的规定（征求意见稿）》和《刑事申诉案件息诉标准的意见》，指导各地围绕"刑事申诉案件公开审查程序的完善"等新课题展开了深入调研。积极推行对不服检察机关处理决定申诉案件的答疑说理、公开答复、公开听证等制度。

3. 积极开展刑事赔偿和刑事被害人救助工作，今年1至6月，全国给予刑事赔偿数量，同比上升

9%；办理刑事被害人救助案件数量，予以救助人数，发放救助金金额，与去年同期相比有所上升。

（二）下半年的主要任务

1. 深入推进刑事申诉环节的社会矛盾化解工作。各地要进一步加大对重大疑难和久诉不息的申诉案件的办理力度，高度重视案件的善后息诉工作，着力提高结案率、息诉率，全力维护社会稳定。

2. 不断深化工作机制创新。争取尽快下发《最高人民检察院关于办理不服人民法院生效刑事裁判申诉案件若干问题的规定》，改革和完善刑事申诉案件办理程序和工作机制。继续修改和规范刑事申诉案件公开审查程序，通过公开公正审查增强刑事申诉检察监督实效。

3. 认真做好修改后国家赔偿法实施的衔接工作。要下大气力对本地区、本单位尚未结案的赔偿案件和涉财申诉、信访案件进行全面清理。最高人民检察院针对赔偿程序的修改变化，将于11月底前颁布新的《人民检察院赔偿工作规定》。各地也要加大对新法规的学习贯彻力度，积极协调组织人事部门完善赔偿工作机构，充实人员编制，配齐配强业务骨干。

4. 继续做好刑事被害人救助工作。下半年，最高人民检察院将适时召开全国检察机关刑事被害人救助工作座谈会，肯定成绩，交流经验，研究问题。各地要深入抓好《关于开展刑事被害人救助工作的若干意见》的贯彻落实，推进刑事被害人救助工作再上新台阶。

三、关于检察技术信息工作

（一）上半年主要抓了如下工作

1. 司法鉴定实验室建设及检察技术办案工作取得新进展。目前，已有包括最高人民检察院司法鉴定中心在内的4个司法鉴定实验室通过国家认可，4个省级检察院和18个地市级检察院启动了司法鉴定实验室建设工程；上半年全国检察机关共办结技术检验鉴定案件4034件，审查技术性证据材料24760件，开展技术协助25735件，现场勘验305件，妥善解决了"贵州安顺案"、河南平顶山"喝水死案"等一批有较大影响案件的检验鉴定问题；针对监管场所非正常死亡案件成为网络炒作热点的情况，及时下发《关于进一步做好监管场所非正常死亡法医鉴定有关工作的通知》，规范了对非正常死亡案件的法医鉴定以及相关涉检网络信息的收集研判机制。

2. 检察信息化工作稳步推进。一是加快信息化应用网络平台建设步伐。组织实施了一级专线网线路扩容工程,启动了一级网高清视频会议系统建设工程。目前,全国二、三级专线网覆盖率达到98.2%,二、三级局域网覆盖率达到98.9%,比去年分别提高3%和3.2%。二是扎实做好信息化"四统一"及应用软件统一工作。对电子检务工程进行了需求分析论证;通过深入调查研究,进一步明确了信息化工作目标和任务;完成了检察业务考评软件的研发并已交付使用。

(二)下半年的主要任务

1. 进一步强化办理司法鉴定案件工作。尽快制定下发《关于对死刑案件中涉及专门技术问题证据材料进行审查的若干规定》,研究制定检察技术工作为职务犯罪侦查提供技术协助的意见。各地要充分发挥检察技术工作在证据收集、审查、鉴别,特别是在办理死刑案件和排除非法证据中的职能作用,积极探索技术部门同业务部门的协作配合机制,推动技术办案工作的规范化、常态化。

2. 确保司法鉴定实验室建设进度和建设质量。

有建设任务的省级检察院和18个地市级检察院要按照年度任务、认可标准的要求,加大司法鉴定实验室建设力度。最高人民检察院将在9至10月组织全面检查,促进实现年度建设目标。

3. 全面加强信息化基础建设。要继续推进全国检察机关二、三级专线网、局域网、分支网和视频会议系统的建设,力争年内完成一级专线网高清晰视频会议系统建设任务;加快非涉密信息系统等级保护建设步伐。要大力推进电子检务工程立项工作,组织好《电子检务工程项目建议书》和《国家重点信息化工程建设规划检察系统(2011—2015年)》的编制及申报工作,为检察信息化发展提供政策和资金保障。

4. 全力以赴做好检察信息化应用软件统一工作。最高人民检察院已经下发《全国检察机关信息化应用软件统一实施方案》,各地要对方案的实施予以高度重视,落实组织保障、人才保障和经费保障,认真完成各阶段的任务,确保信息化"四统一"和软件统一工作有序推进。

在全国省级检察院纪检组长座谈会上的讲话

中央纪委驻最高人民检察院纪检组组长　莫文秀

(2010 年 5 月 11 日)

这次省级检察院纪检组长座谈会是经最高人民检察院党组批准召开的一次重要会议。会议的主要任务是:深入学习贯彻全国纪检监察系统主题实践活动暨加强自身建设电视电话会议精神和贺国强、周永康等中央领导同志在参观检察机关自身反腐倡廉教育展览时的重要指示,研究部署检察机关开展反特权思想、霸道作风专项教育方案、自身反腐倡廉教育巡回展览和纪检监察队伍自身建设等重点工作。上午大家观看了检察机关自身反腐倡廉教育展览,围绕如何做好当前几项重点工作进行了认真的讨论,提出了很好的意见和建议。对这些意见和建议,会后我们将认真进行研究,在下一

步的工作部署中吸收采纳。

下面,我讲四个问题。

一、精心组织,周密安排,确保检察机关自身反腐倡廉教育巡回展取得实效

为深入贯彻落实党的十七届四中全会和中央纪委五次全会精神,进一步加强对检察人员的廉洁从检教育,推进检察机关党风廉政建设和自身反腐败工作,促进严格、公正、廉洁、文明执法,最高人民检察院党组决定举办检察机关自身反腐倡廉教育展览。在各级检察机关纪检监察部门的大力支持下,在最高人民检察院机关相关部门的共同努力下,经过几个月的紧张筹备,展览于4月27日开始

在最高人民检察院机关西大厅正式展出。

5月7日，贺国强、周永康、王乐泉、何勇、孟建柱等中央领导同志观看了这个展览，对展览给予高度评价。认为展览主题鲜明，内容丰富，形式多样，充分展示了检察机关狠抓队伍建设、强化自身监督所付出的努力和取得的成效，是一次集示范教育、警示教育和岗位廉政教育于一体的反腐倡廉教育，具有很强的针对性和感染力。要求检察机关以此为契机，进一步加大教育力度，提高教育实效，带动和推进自身反腐倡廉建设各项工作。

连日来，最高人民检察院领导及全体干部职工、离退休干部，在检察官学院参加培训的学员和北京、天津、河北等省市检察院的代表分期分批参观了展览。大家普遍反映，展览是反腐倡廉的大课堂，看了以后很受教育，很受启发，很受鞭策。

按照最高人民检察院党组的要求，今年6月，检察机关自身反腐倡廉教育展览将在全国各省市区检察机关巡回展出。各地要把这次巡回展作为"恪守检察职业道德、促进公正廉洁执法"主题实践活动学习教育阶段的重要内容，集中开展"廉政教育月"活动。要精心组织，周密安排，高质量、高效率、高水平地完成好巡展任务，确保展览取得实实在在的效果，扎实推进检察机关自身反腐倡廉教育工作。

（一）提高认识，统一思想。举办检察机关自身反腐倡廉教育展览，是最高人民检察院深入贯彻落实中央反腐倡廉决策部署、加强检察机关党风廉政建设和自身反腐败工作的一项重要举措，是主题实践活动的重要内容，对于进一步提高检察人员廉洁从检意识，强化检察机关自身反腐倡廉建设，解决检察机关队伍中、执法中的突出问题，促进公正廉洁执法，具有十分重要的作用。巡回展是检察机关自身反腐倡廉教育展的重要组成部分，各省级检察院一定要高度重视，把办好巡回展作为当前工作的一件大事来抓，保证巡回展的顺利进行。

（二）精心组织，加强协调。请各位组长回去后抓紧向院党组汇报，尽快研究制定展览的实施方案。各地要以这次展览图册为脚本，也可以结合实际，选择本地正反典型充实展览内容，真正做到用身边人、身边事来教育检察人员。要加强领导，明确任务，落实责任。纪检监察部门要牵头组织协调，整合各方面的力量，保证展览效果。要分期分批地组织各级检察机关的干部职工参观展览，也可

安排反贪、渎检、侦监、公诉等业务部门检察人员的家属进行观看。参观后，要组织大家认真讨论，谈参观后的感想、受到的教育、今后怎么办。请各地选择一批优秀的观后感及人生格言报送最高人民检察院纪检组监察局，我们将汇编成书，作为自身反腐倡廉教材印发各级检察机关学习借鉴。各地开展巡回展的情况和意见、建议也请及时层报最高人民检察院。

（三）以正面宣传为主，防止炒作。这次展览选择了检察机关近年来违纪违法的一些典型案例进行了剖析，是一个内部展览，因此必须坚持正面宣传为主，防止网上炒作、避免在社会上造成负面影响，实现净化思想、受到教育、加油鼓劲，有利于强化业务工作、强化内部监督、强化高素质检察队伍的目标。要重点宣传检察机关自身反腐倡廉工作做法和成果，宣传检察机关检察人员的反映、反响，各业务部门、各个岗位检察人员的认识、体会和感想。总之，宣传一定要正面、适度，不能给个别媒体炒作提供口实。

二、加强调研，理清思路，为扎实开展"反特权思想、反霸道作风"专项教育活动做好准备

针对今年全国"两会"期间人大代表和政协委员反映集中的问题，为进一步加强检察队伍纪律作风建设，最高人民检察院党组决定，今年8月至11月在全国检察机关开展"反特权思想、反霸道作风"专项教育活动。开展"反特权思想、反霸道作风"专项教育活动，是贯彻全国"两会"精神的重要措施，是"恪守检察职业道德、促进公正廉洁执法"主题实践活动的重要内容，是有效解决检察队伍纪律作风方面存在的突出问题，提升检察机关执法公信力的现实需要。各级检察机关要充分认识深入开展"反特权思想、反霸道作风"专项教育活动的重要意义，把思想和行动统一到最高人民检察院党组的决策和部署上来，采取有效措施，确保专项教育活动取得实效。

在今天的座谈会上，大家对组（局）起草的专项教育活动实施方案提出了很好的修改意见和建议。会后我们将抓紧修改完善，在广泛征求意见的基础上形成送审稿，提请最高人民检察院党组审后下发各地执行。为切实搞好这次专项教育活动，请各省级检察院纪检监察部门认真做好以下几项工作：

（一）深入调研，摸清情况。"反特权思想、反霸道作风"专项教育能否取得实效，关键在于能否找

准存在的问题。因此,从现在起到7月底,各地要组织力量广泛开展调查研究,认真查找、分析和梳理检察人员特权思想、霸道作风的突出表现、主要原因和治理对策。要通过召开座谈会、发放征求意见函、登门走访和开设网络信箱等形式,广泛征求人大代表、政协委员和与行使检察权有关的执法机关、律师、案件当事人以及社会各界的意见和建议,切实找准需要着力解决的突出问题,使专项教育活动有的放矢,提高针对性和有效性。

(二)讲究方法,注重效果。各省级检察院要在充分调研的基础上,结合本地实际,制定"反特权思想、反霸道作风"专项教育活动实施方案。要把专项教育活动与正在开展的"恪守检察职业道德、促进公正廉洁执法"主题实践活动紧密结合起来,与贯彻执行《中国共产党党员领导干部廉洁从政若干准则》紧密结合起来,与推进检察机关惩治和预防腐败体系建设和落实党风廉政建设责任制紧密结合起来,突出工作重点,创新方式方法,有什么问题就解决什么问题,什么问题突出就重点解决什么问题,力求在教育的方式、方法、形式和内容上有创新、求突破。

(三)主动汇报,争取支持。"反特权思想、反霸道作风"专项教育活动事关检察工作全局。各级检察机关纪检监察部门要及时主动向本院党组汇报最高人民检察院关于开展"反特权思想、反霸道作风"专项教育活动的部署要求,提出贯彻落实的具体意见措施,争取院党组的重视和支持。要加强组织领导和协调沟通,充分调动各部门特别是业务部门的积极性,形成工作合力。上级检察机关要加强对下指导,及时总结、推广好的经验和做法。最高人民检察院纪检组、监察局将编发专项教育活动简报,及时刊登各地的经验做法,并适时对各地开展专项教育活动情况进行检查通报。

三、注重质量,严格把关,认真做好全国检察机关内部监督工作经验交流会筹备工作

去年7月全国检察机关内部监督工作座谈会召开以来,各级检察机关认真贯彻曹建明检察长的重要讲话精神,切实把强化内部监督放在与强化法律监督同等重要的位置来抓,取得了明显的成效。最高人民检察院纪检组、监察局会同检察日报社开辟了"检察长谈内部监督"栏目,已刊发32个省级检察院及市(县、区)检察院检察长谈内部监督工作理论文章50余篇。这些文章结合各地实际,从不同侧面、不同角度对检察机关内部监督的重要性、目标要求、工作重点进行了阐述,反映了各地检察机关强化内部监督工作的新思路、新经验、新特点,达到了统一思想、交流经验、推动工作的效果。

为总结交流检察机关贯彻落实曹建明检察长的重要讲话精神,强化内部监督工作的成果和经验,深入推进检察机关内部监督工作,根据全国检察机关纪检监察工作会议部署,最高人民检察院拟于今年7月召开全国检察机关内部监督工作经验交流会,各省级检察院纪检监察部门要紧紧围绕健全监督制度、明确监督重点、创新监督方法等方面内容,总结具有鲜明特色和借鉴意义的成功经验,精心准备,严格把关,确保经验材料的质量。

(一)推进内部监督制度创新。强化内部监督,制度建设至关重要。制度建设是强化内部监督的基础性工作,要注重总结在内部监督制度建设方面的好经验、好做法,不断健全发现问题的机制、纠正错误的机制、追究责任的机制,通过逐步建立健全内部监督长效机制,实现检察机关内部的有效监督,实现内部监督实践创新、理论创新、制度创新的有机统一。

(二)突出内部监督工作重点。强化内部监督,必须围绕重点,针对容易发生问题的部位和环节,不断强化监督措施,加大监督力度,才能取得实效。要围绕监督工作的五个重点,注重总结各地对领导班子领导干部、执法办案活动、干部选拔任用工作、重大经费开支、政府采购、重大工程建设项目监督方面的经验做法,不断推动内部监督工作向深度和广度发展。

(三)创新内部监督方式方法。强化内部监督,要注意方式方法创新。既要坚持运用在长期实践中积累的成功方式方法,又要不断拓宽监督渠道。要注重总结各地积极探索运用信息技术手段创新监督工作机制的经验做法,把科技手段融入制度设计之中,不断提高内部监督工作的科技含量。

关于内部监督工作经验交流会的筹备工作,最高人民检察院还将下发通知,提出明确要求。各地接到通知后,要认真准备,报送的材料纪检组长要亲自把关。报送的材料要注意从一个侧面反映检察机关强化内部监督工作的新做法、新经验,力戒面面俱到,泛泛而谈。哪个单位工作好、材料质量高,哪个单位就作大会发言。组(局)要会同检察日报社继续做好"检察长谈内部监督"栏目的组稿编辑工作。专栏工作结束后，要编辑出版《检察长谈内部监督文集》一书，扩大宣传教育的效果。

四、加强学习，严格管理，切实加强检察机关纪检监察队伍自身建设

最近，中央纪委监察部制定下发了《关于进一步加强和改进纪检监察干部队伍建设的若干意见》。贺国强同志在4月23日召开的全国纪检监察系统主题实践活动总结暨加强自身建设电视电话会议上的讲话中强调指出，各级纪检监察机关要不断巩固和扩大学习实践活动和主题实践活动成果，把纪检监察机关自身建设提高到一个新水平。曹建明检察长近日在中央政法委《关于同意"建立与社会主义司法制度相适应的政法机关纪检监察工作体制机制"改革项目作阶段性了解的复函》上批示指出，请组（局）和政治部注意了解改革项目的进展，配合、支持中央纪委和有关部门进一步健全和完善政法机关纪检监察工作体制机制。各级检察机关纪检监察部门要认真贯彻落实贺国强同志重要讲话精神和《关于进一步加强和改进纪检监察干部队伍建设的若干意见》，按照曹建明检察长的批示要求，以思想建设为根本、能力建设为关键、组织建设为基础、作风建设为重点、制度建设为保证，全面提高纪检监察干部履行职责的能力和水平。

（一）要在全系统开展创建学习型纪检监察组织的活动。要以提高纪检监察干部政治业务素质、推动纪检监察工作科学发展为基本目标，大力营造重视学习、崇尚学习、坚持学习的浓厚氛围，牢固树立全员学习、终身学习的理念。要认真组织学习马克思列宁主义、毛泽东思想、邓小平理论和"三个代表"重要思想以及科学发展观，认真学习法律业务、检察业务和纪检监察业务知识，广泛学习经济、文化、科技、社会等方面知识。要建立健全集体学习、个人自学、学习考核等制度，组织开展岗位练兵和技能竞赛。通过开展创建学习型组织活动，使纪检监察干部的学习能力不断提升，知识素养不断提高，进一步增强服务大局能力、组织协调能力、有效监督能力、执法办案能力和应对网络舆情能力、调研综合能力，把纪检监察部门建设成为勤于学习、善于学习、勇于创新的学习型组织。

（二）切实加强纪检监察组织机构和干部队伍建设。要继续加强纪检监察机构建设，健全和完善

检察机关纪检监察工作体制机制。对一些地方在纪检监察体制改革试点中撤并检察机关纪检监察机构的问题，最高人民检察院纪检组、监察局将向中央纪委专题报告，建议统一规范派驻检察机关纪检机构设置工作。各级检察机关尤其是上级检察院要加强与地方党委党委的沟通协调，及时解决纪检监察部门机构设置、干部配备存在的问题。要注重选拔优秀年轻干部充实纪检监察队伍，优化队伍年龄、知识和专业结构。要按照曹建明检察长在全国检察机关纪检监察工作会议上的讲话要求和《人民检察院监察工作条例》的规定，落实纪检监察干部的政治、工作、生活待遇，对符合条件的纪检监察干部要依法任命法律职务，监察部门正职领导人员应当参加检察委员会，不是检察委员会委员的，可以列席检察委员会会议。

（三）建立健全纪检监察部门自身建设长效机制。要建立和完善信访举报、案件监察、案件审理、执法监察、巡视督察等工作规范，建立科学严密的工作程序和业务流程，健全岗位责任制，提高纪检监察工作的制度化、规范化水平。要严格执行制度，自觉维护制度，切实提高制度执行力，增强制度实效。对纪检监察干部要严格要求、严格教育、严格管理、严格监督，切实做到"五严守、五禁止"，即严守政治纪律，禁止发表与党的路线方针政策和决定相违背的言论；严守工作纪律，禁止越权批办、催办或干预有关单位的案件处理、干部人事等事项；严守办案纪律，禁止以案谋私、违纪违法办案；严守保密纪律，禁止泄露信访举报内容、案件情况等秘密；严守廉政纪律，禁止利用职权和职务上的影响谋取不正当利益。

最高人民检察院将在今年7月召开的全国检察机关内部监督工作经验交流会上，隆重表彰一批纪检监察工作先进集体和先进个人。各地要按照最高人民检察院的《通知》要求，严格执行评比标准、条件和程序，组织开展好评选活动，并结合评选活动对纪检监察部门自身建设情况进行专项检查。

当前检察机关纪检监察的工作任务十分繁重。希望大家进一步统一思想，振奋精神，开拓进取，扎实工作，不断提高纪检监察队伍自身建设水平，全面完成今年的各项工作任务，为检察事业的科学发展提供强有力的政治纪律保证！

在全国检察机关廉政风险防控机制建设座谈会上的讲话

中央纪委驻最高人民检察院纪检组组长　莫文秀

（2010 年 12 月 16 日）

这次全国检察机关廉政风险防控机制建设座谈会，主要任务是以党的十七大、十七届四中、五中全会精神为指导，总结交流各地检察机关加强廉政风险防控机制建设的做法和经验，研究探讨进一步推进检察机关廉政风险防控机制建设的思路和举措，不断提高检察机关党风廉政建设和反腐败工作水平，促进公正廉洁执法，推动检察工作科学发展。

会议期间，大家听取了山东省即墨市检察院构建岗位廉政风险防控体系的经验介绍，观摩了该院内部监督管理系统演示和规范化建设情况。山东青岛、北京顺义、辽宁沈阳、江苏常州等 11 个单位的代表介绍了加强廉政风险防控机制建设工作的经验。大家反映，这些经验，重点突出，内容丰富，充分反映和展示了各地结合实际推进廉政风险防控机制建设的有益实践和丰硕成果，特别是即墨市检察院探索创建的"六个一"廉政风险防控体系，程序严密，机制健全，运转协调，监督有力，保障到位，值得各地学习借鉴。在大家的共同努力下，在山东省检察院、青岛市检察院和即墨市检察院的精心安排下，会议开得很好，达到了预期目的。

今年 3 月全国检察机关廉政风险防控机制建设现场会以来，各级检察机关按照中央的要求和最高人民检察院的部署，积极探索建立廉政风险防控机制，健全防范检察人员违纪违法的有效措施，不断完善具有检察特色的惩治和预防腐败体系，取得了阶段性成果。从各地介绍的情况看，总体感到有以下三个特点：一是精心组织，扎实推进。山东省青岛市检察院把廉政风险防控机制建设摆在重要位置。在先行试点的基础上，全市两级检察院全面建立了岗位风险防控机制，构建了队伍建设、业务建设、检务管理的全方位动态监管网络。河南省安阳市检察机关从风险排查、风险监控、风险预防三

方面入手，探索建立全方位、立体化的廉政风险防控体系。辽宁省沈阳市检察院以查找岗位廉政风险点为重点，以建立防控措施体系为关键，整体推进廉政风险防控机制建设。二是结合紧密，重点突出。各地针对检察权运行的"关节点"，内部管理的"薄弱点"，问题易发的"风险点"，建立健全防控措施和制度规范。湖南省长沙市、海南省海口市、浙江省东阳市等地检察院把廉政风险防控与内部监督、绩效考核、检务公开、责任追究等制度机制相结合，与领导班子建设、落实党风廉政建设责任制、执法规范化建设、检务督察相结合，与专项治理工作、规范化建设相结合，取得了很好的效果。江苏省常州市检察院积极构建以加强领导干部和执法办案监督制约以及落实党风廉政建设为重点的廉政风险防控机制。福建省三明市检察院把"班子、案子、车子、杯子"作为风险防范重点，拓展了从源头上防治腐败的工作领域，促进了自身反腐倡廉各项工作。三是开拓创新，注重实效。广东省广州市检察院以信息化为依托，对重点风险环节实施严密监督，有效地推进了岗位风险防控机制建设。北京市顺义区检察院通过建立思想、制度、警示三大防线，使防控意识"内化于心"、防控举措"固化于制"、防控机制"外化于行"。陕西省西安市雁塔区检察院综合运用教育、预防、监督、惩处等措施，突出抓好查找、防控、问责、机制建设等重点环节，成效明显。

在肯定成绩的同时，我们也应看到，廉政风险防控机制建设对检察机关来说还是个新课题，各地工作进展还不平衡，一些地方和部门的思想认识还有待提高，工作方式方法有待改进，监督制约和考核问责机制有待完善。这些问题，需要我们在今后的工作中认真加以解决。各级检察机关要深入学

习贯彻中央精神和最高人民检察院的部署要求，进一步在提高认识、统一思想上下工夫，在健全制度、强化监督上下工夫，在探索规律、提高实效上下工夫，推动廉政风险防控机制建设取得更大成效。

下面，我就深入推进检察机关廉政风险防控机制建设讲几点意见。

一、从全局和战略高度认识廉政风险防控机制建设的重大意义，切实增强做好工作的责任感和自觉性

胡锦涛总书记在十七届中央纪委五次全会上明确指出，要推进廉政风险防控机制建设，从重点领域、重点部门、重点环节入手，排查廉政风险，健全内控机制，构筑制度防线，形成以积极预防为核心、以强化管理为手段的科学防控机制。各级检察机关要认真学习领会胡锦涛总书记的指示精神，深刻认识廉政风险防控机制建设的重要性和紧迫性，切实增强做好这项工作的主动性和自觉性。

（一）推进廉政风险防控机制建设，是落实中央"三个更加注重"要求、拓展预防腐败工作领域的有效措施。党的十七大报告强调，在坚决惩治腐败的同时，更加注重治本，更加注重预防，更加注重制度建设，拓展从源头上防治腐败工作领域。推进廉政风险防控机制建设，就是坚持预防为主，防范在先，分析、研判权力运行过程中可能发生的腐败风险，化解和消除容易诱发腐败的隐患，使腐败行为不发生或者少发生，实现预防腐败的目标；就是要把更多的精力用在预防腐败的环节上，健全防范腐败的制度和措施，最大限度地降低腐败和不正之风的发生。

（二）推进廉政风险防控机制建设，是建立健全具有检察特色的惩治和预防腐败体系的有效途径。加强反腐倡廉制度建设，完善对权力运行的监控机制，是惩治和预防腐败体系的重要内容。廉政风险防控机制的核心是防范，是落实预防腐败工作的重要抓手，是从源头上治理腐败，最大限度地减少检察人员违纪违法现象的重要举措。推进廉政风险防控机制建设，对于加强以完善惩治和预防腐败体系为重点的反腐倡廉建设，提高检察机关自身反腐倡廉建设科学化水平，服务保障检察工作大局具有十分重要的意义。

（三）推进廉政风险防控机制建设，是加强高素质检察队伍建设的迫切需要。近年来，各级检察机关在加强队伍建设方面做了大量工作，队伍的整体素质不断提高，执法形象明显改观。但我们也要清醒地看到，检察机关反腐倡廉建设中仍然存在不少薄弱环节，特别是在纪律作风方面还存在一些不容忽视的问题。少数检察人员包括个别领导干部执法不公、为检不廉、贪赃枉法、道德败坏等严重违纪违法案件仍有发生；一些执法办案的重点岗位、关键环节违纪违法问题易发多发；少数检察机关和检察人员不严格执行法律和办案规范，随意侵犯当事人合法权益。检察队伍仍然存在突出问题，其中一个重要原因就是风险防控监督不力。各地的经验说明，推进廉政风险防控机制建设，有利于增强检察人员拒腐防变和抵御风险能力，进一步加强自身反腐倡廉建设，全面提高队伍整体素质和执法水平，促进公正廉洁执法，提高执法公信力。

（四）推进廉政风险防控机制建设，是创新反腐倡廉工作方式的有益探索。廉政风险防控机制建设，将"风险管理"理念和方法引入检察机关自身反腐倡廉工作实践，加强对多发易发问题的重点人员、核心部位和关键环节的监督制约，把廉政风险防控落实到检察权运行的全过程，体现了检察机关反腐倡廉建设与检察业务建设、检察队伍建设的有机结合，为强化检察机关内部监督、有效预防检察人员违纪违法行为提供了新的视角，为加强自身反腐倡廉建设提供了科学机制和有效载体，具有较强的针对性和可操作性。

二、抓住关键环节，稳步推进检察机关廉政风险防控机制建设

廉政风险防控机制建设，是一项涉及检察机关各个部门、各个岗位和全体检察人员的系统工程，各地的实践证明，推进廉政风险防控机制建设，必须紧密结合检察权运行的特点和规律，遵循科学评估、超前预防、实事求是、改革创新、务求实效等基本原则，重点抓好三个关键环节，才能有效提高工作的针对性和实效性。

（一）切实批准廉政风险。查找廉政风险，是建立廉政风险防控机制的前提和基础。要准确、具体、全面查找廉政风险，风险点找得越准、越具体、越全面，制定的防控措施就越有针对性、可操作性，才能真正落到实处。要针对检察权的配置和运作特点，以检察权、人财物管理权相对集中的领导干部和重要执法岗位作为重点，通过梳理办案流程，查找每个办案环节的风险点；通过梳理检察事务工作流程，查找检察事务环节的风险点。要真查、善查、细查,通过自己找、群众提、领导点、集体议等办法,认真分析、仔细查找自身在岗位职责、思想道德和外部环境等方面存在或潜在的廉政风险及表现,使查找廉政风险的过程成为对检察人员进行廉政教育的过程。

(二)严密防范廉政风险。有效防范廉政风险是防控机制建设的关键。防范廉政风险,必须坚持教育、制度、监督并重,点线面结合,构建起严密的防范网络,保证检察权的规范运行。一是要深入开展廉洁从检教育。要采取多种形式,开展示范教育、警示教育和岗位廉政教育,使广大检察人员特别是领导干部牢固树立廉政风险防控意识,主动参与廉政风险防控工作。二是要针对风险发生概率和危害程度,有针对性地制定防控措施,做到岗位职责明确、廉政风险清楚、防控措施得力。要适时对落实防控措施的效果进行评估,总结推广经验,把一些成功的做法上升为制度规范,着力形成以岗位为点、以程序为线、以制度为面的防控体系。三是要强化制度的执行和责任追究,加强督查,强化追责,确保各项制度执行到位,维护制度的严肃性和约束力。

(三)有效监控廉政风险。对廉政风险实施有效监控,确保检察人员公正廉洁执法,是廉政风险防控机制建设的最终目标。一是要定期汇总风险防控情况,研究风险防控任务,及时整改存在的问题,不断完善风险防控措施。二是要强化对撤案、不捕不诉、无罪判决等风险集中的重点环节的监控,认真落实备案审查、"一案三卡"、重点案件跟踪回访等行之有效的制度。三是积极运用现代信息技术等手段,建立廉政风险预警信息网络平台,对执法办案流程实行网络化监督,提升廉政风险防控工作的科技含量。四是强化监督考核,实行问责监控。加强对风险防范承诺、防控措施落实情况的监督检查,不定期开展专项检查,对制度落实不力、防控措施不到位的,责成限期整改;对失职造成严重后果的,依纪依法追究责任。五是对可能出现或发生的问题及时进行纠错和提醒。对有轻微违纪行为的,采取批评教育、诫勉谈话、责令整改等方式超前防范和动态监督,努力做到早防范、早发现、早纠正、早查处。

三、坚持创新发展,不断健全和完善检察机关廉政风险防控机制建设

廉政风险防控机制建设是一项前瞻性、探索性和创新性的工作。各级检察机关要紧密结合工作实际,突出重点,推进制度创新,不断健全和完善廉政风险防控机制的有效途径和方法,努力提高对廉政风险的预判、防范和化解能力。

(一)突出防控重点,强化对领导干部和执法办案活动的监管。要始终坚持把检察机关领导干部作为廉政风险防控的重中之重,科学配置权力,防止权力失控、决策失误、行力失范。要认真落实巡视、上级检察院派员参加下级检察院党组民主生活会、下级检察院主要领导到上级检察院述职述廉、上级检察院主要负责人和下级检察院主要负责人谈话、领导干部个人有关事项报告、任期经济责任审计等制度,积极探索建立领导干部廉政档案制度。要以实施《中国共产党党员领导干部廉洁从政若干准则》和《检察机关领导干部廉洁从检若干规定(试行)》为重点,加强宣传教育,适时组织专项检查,促进检察机关领导干部廉洁自律。要进一步强化对检察机关自身执法活动的监督制约,紧紧抓住执法办案的重点岗位和关键环节,紧紧抓住社会关注度高、群众反映强烈的突出问题,紧紧抓住容易发生问题的自侦案件,加大执法监督的力度。对初查后决定不立案的职务犯罪案件,犯罪嫌疑人变更强制措施的职务犯罪案件,侦查机关或侦查部门对不逮捕、不起诉提出不同意见的案件,当事人长期申诉上访的案件,人民监督员提出不同意见的案件,都应当作为监督防控的重点,着力防止滥用检察权、以案谋私、贪赃枉法等问题的发生。要加强对检察人员违纪违法情况的分析研判,密切关注执法中值得注意的问题,研究提出加强和改进内部执法监督的对策措施,增强风险防控工作的前瞻性和预见性。

(二)加强制度机制建设,使廉政风险防控有章可循。要以建立健全惩治和预防腐败体系各项制度力重点,以制约和监督检察权运行为核心,以提高制度执行力为抓手,加大制度机制创新力度,推进检察机关廉政风险防控机制建设。明年最高人民检察院将认真总结各地推进廉政风险防控机制建设的经验,探索建立检察机关统一的廉政风险防控制度机制。要加强调查研究,大胆探索,对基层创造的好的经验和做法,条件成熟时要及时总结并形成新的制度。对带有普遍性、全局性的重大问题,上级检察院要及时研究,制定相应的制度或工作规范。要加强对制度执行情况的监督检查,及时发现和纠正违反制度的行为,确保各项制度不折不扣地得到落实。近期最高人民检察院将陆续出台《检察机关领导干部廉政档案实施办法》、《检察机关领导干部问责制》、《关于强化上级检察院对下级检察院执法活动监督的若干意见》、《关于全面推行检察人员执法档案制度的意见》、《关于规范检察官与律师交往行为的暂行规定》等一系列制度规定，各级检察机关要结合健全和完善检察机关廉政风险防控机制建设，认真组织学习，严格贯彻执行。

（三）建立健全考核问责机制，不断巩固防控效果。要把廉政风险防控机制建设同领导班子年度考核、目标考核、党风廉政建设责任制等紧密结合起来，纳入惩治和预防腐败体系检查考核的范围，通过定期自查、上级检查，群众评议等方式，对廉政风险防范措施落实情况进行考核，将考核结果作为评价一个单位或部门落实党风廉政建设责任制的重要依据，作为评价领导班子和领导干部的重要依据。对不执行、不落实廉政风险防控任务的，要严肃追究责任；对因失职而导致发生严重违纪违法等腐败问题的，对相关责任人员要依纪依法追究责任。

（四）坚持从严治检，发挥查办案件的促进作用。惩治是预防腐败最直接、最有效的手段，也是廉政风险防控机制建设必不可少的重要环节。各级检察机关纪检监察部门要正确处理廉政风险防控机制建设与查办案件的关系，坚持把查办案件工作放在更加重要的位置，以查办案件促教育感化、促制度落实、促风险防控。对检察人员特别是领导干部违纪违法案件，要严肃查处，绝不允许有案不查、压案不办、瞒案不报，坚决维护党的纪律和检察纪律的严肃性。要加强对违纪违法案件易发多发领域和岗位的调查分析，及时发现廉政风险，查找漏洞，完善防控措施。

四、切实加强组织领导力度，把廉政风险防控机制建设的任务落到实处

廉政风险防控机制建设是一项艰巨而重大的任务。工作的力度大小，进展快慢、成效如何，关键在组织领导，明确责任，抓好落实。

（一）切实加强对廉政风险防控机制建设工作的领导。各级检察院党组要高度重视廉政风险防控机制建设，把这项工作纳入重要议事日程，精心组织，周密安排，确保廉政风险防控机制建设扎实开展并见到实效。要按照"一岗双责"要求，形成党组统一领导、主要领导亲自抓、分管领导具体抓、纪检监察部门组织协调、有关部门分工负责、全体检

察人员积极参与的廉政风险防控体制和工作机制。检察机关各级组织、各个部门和广大检察人员尤其是领导干部要增强廉政风险防控意识，积极查找风险，制定防控措施，营造人人参与防控的良好氛围。

（二）注重廉政风险防控机制建设与反腐倡廉各项工作的紧密结合。廉政风险防控机制建设是反腐倡廉工作的重要组成部分。各级检察机关要把廉政风险防控机制建设作为推进自身反腐倡廉建设的重要抓手和重要措施，融入检察工作、检察改革。队伍建设的各个方面，贯穿于执法办案的各个环节，切实抓好各项任务的落实。要不断完善廉政风险防控措施，健全内控机制，加快推进惩治和预防腐败体系建设，着力解决检察队伍存在的突出问题，促进检察事业科学发展。

（三）切实加强对廉政风险防控机制建设工作的调研。要把调查研究作为提高认识、总结经验、查找问题、改进工作的有效手段，深入了解和掌握基层实际情况，及时发现和总结基层创新做法和鲜活经验，认真查找和整改工作中存在的问题，不断巩固和提高工作质量。要注意研究新形势下廉政风险防控机制建设工作的特点、规律和发展趋势，增强工作的前瞻性、主动性和创造性。要开阔工作思路，创新工作举措，丰富形式载体，不断完善检察机关廉政风险访控机制建设。

（四）充分发挥纪检监察部门的职能作用。纪检监察部门是专司内部监督工作的职能部门，对深入推进廉政风险防控机制建设负有重要责任。各级检察机关纪检监察部门要以对检察事业高度负责的态度，理直气壮地履行组织协调和监督职责，充分引用巡视、执法监察、检务督察、纪律检查等监督平台，健全监督机制，拓展监督领域，创新方式方法，大力加强廉政风险防控机制建设，有效预防和查处检察人员违纪违法行为，确保检察权的正确行使。同时，要把廉政风险防控机制建设融入纪检监察队伍自身建设之中，对纪检监察干部从严要求，不断增强风险防控意识，自觉做到清正廉洁，一尘不染。

再过十几天，我们将迎来新的一年。最高人民检察院近期将召开全国检察长会议，部署明年的检察工作。纪检组、监察局也正在抓紧筹备全国检察机关纪检监察工作会议，研究谋划明年的自身反腐倡廉工作。希望各地结合实际，加强调查研究，为部署好明年的反腐倡廉任务提出意见和建议。在

新的一年里,各级检察机关要勇于探索,善于创新,积极实践,扎实工作,大力推进廉政风险防控机制建设,进一步加大从源头上预防和治理腐败的力度,不断开创检察机关反腐倡廉建设的新局面,为检察事业科学发展提供强有力的保证。

在全国检察机关政治部主任座谈会上的讲话

最高人民检察院政治部主任　李如林

(2010 年 2 月 25 日)

经最高人民检察院党组同意,在全国检察机关第七次先进集体、先进个人表彰电视电话会议期间,套开全国检察机关政治部主任座谈会。会议的主要任务是:深入学习贯彻党的十七大、十七届四中全会和全国政法工作电视电话会议精神,认真研究落实全国检察机关学习贯彻全国政法工作会议精神电视电话会议部署,总结去年检察政治工作,部署今年任务。

昨天下午,最高人民检察院隆重召开了全国检察机关第七次先进集体、先进个人表彰电视电话会议。会前,中共中央政治局常委、中央政法委员会书记周永康同志亲切接见了出席会议的英模代表,并与部分代表进行座谈,发表了重要讲话。周永康同志的重要讲话,立足于党和国家工作全局,充分肯定了近年来检察工作和队伍建设取得的成绩,深刻分析了当前形势,就检察机关切实做到人民检察为人民,忠实履行法律监督职能,加强检察队伍建设作出了重要指示,充分体现了党中央对检察工作的高度重视和对检察队伍的亲切关怀,使我们备受鼓舞和鞭策。曹建明检察长在表彰会上作了重要讲话,就全国检察机关深入学习贯彻周永康同志的重要讲话精神,全面推进检察工作和队伍建设,提出了明确要求。我们一定要认真学习,深刻领会,认真贯彻落实。

去年以来,全国检察机关政工部门认真学习贯彻党的十七大、十七届四中全会精神,深入贯彻落实科学发展观,紧紧围绕中央和最高人民检察院党组的决策部署,认真履行检察政治工作职责,各项工作迈出了新步伐。始终坚持把思想政治建设放在首位,善始善终抓好深入学习实践科学发展观活动,不断加强和改进检察机关党的建设,深入推进职业道德建设,检察队伍思想政治素质进一步提高,大力加强领导班子建设,认真落实领导干部政治轮训制度,积极主动做好干部协管工作,领导班子整体素质进一步增强;认真落实司法体制和工作机制改革任务,林业检察体制改革顺利实施,干部人事制度改革进一步深化;召开全国检察机关教育培训工作会议,大规模培训干部,深入开展正规化分类培训和岗位练兵,检察队伍法律监督能力进一步提升;不断加强检察宣传文化建设,深入宣传检察工作新成就和重大先进典型,组织庆祝建国六十周年系列文化活动,检察事业发展环境进一步改善;召开全国基层检察院建设工作会议,颁布基层检察院建设规划,大力推进基层检察院"四化"建设,基层基础工作进一步夯实。通过卓有成效的工作,为检察事业科学发展提供了有力保障、作出了重要贡献。这些成绩的取得,是最高人民检察院和地方各级检察院党组正确领导的结果,也是全国检察政工部门共同努力、真抓实干的结果。在这里,我代表最高人民检察院党组向全国检察政工部门的同志们表示诚挚的问候和衷心的感谢!

根据党的十七届四中全会精神和全国政法工作电视电话会议、全国检察机关学习贯彻全国政法工作会议精神电视电话会议部署,最高人民检察院政治部下发了 2010 年检察政治工作要点。今年检察政治工作的总体思路是:坚持以邓小平理论和"三个代表"重要思想为指导,深入贯彻落实科学发展观,认真落实党中央和最高人民检察院党组的部署，以保障服务社会矛盾化解、社会管理创新、公正廉洁执法三项重点工作和各项检察工作为目标，以加强和改进检察机关党的建设为主线，以加强领导班子建设和领导干部管理监督为重点，以提高法律监督能力和执法公信力为核心，以深化干部人事制度改革和队伍管理改革为动力，以抓好基层检察院"四化"建设为基础，统筹推进各项检察政治工作，加强检察政工部门自身建设，努力提高检察机关党的建设和队伍建设科学化水平，为检察工作科学发展提供有力的思想政治保证、组织人才保证、基层基础保证和舆论文化保证。下面，我重点就贯彻落实好总体思路，做好今年工作，讲几点意见。

一、深刻认识和把握新形势，进一步增强做好检察政治工作的责任感和紧迫感

当前，检察政治工作发展态势良好。但也要清醒地看到，检察政治工作面临着新的形势和任务，面对着新的机遇和挑战，需要我们进一步增强责任感和紧迫感，牢牢把握工作主动权，推动检察政治工作在新的一年取得更大发展。

从检察工作大局来看，当前要全力推进社会矛盾化解、社会管理创新、公正廉洁执法三项重点工作。这是中央为解决影响社会和谐稳定的源头性、根本性、基础性问题作出的战略部署。完成好三项重点工作，是检察机关的职能要求和政治责任，也对检察队伍建设提出了新的更高要求，必须牢固树立与推进三项重点工作要求相适应的思想观念和执法理念，努力提高推进三项重点工作的能力和水平，大力转变工作方式和工作作风。这就要求我们积极主动适应新形势新任务新要求，从更高起点、更高层次、更高水平上思考和改进检察政治工作，大力加强检察队伍建设，深入探索服务保障三项重点工作开展的有效途径和方式，促进检察机关三项重点工作的顺利推进。

从检察政治工作任务来看，最高人民检察院党组对检察政治工作高度重视，先后召开了一系列重要会议，出台了一系列重要文件，对检察政治工作全局和教育培训、基层检察院建设等重要工作作出了规划部署。落实这些会议和文件精神的任务繁重。同时，涉及检察政治工作的司法体制和工作机制改革任务艰巨，很多项目要求在今年完成，其中一些如改革完善人民检察院机构设置、推进检察人员分类管理、完善人民检察院编制管理制度等，都是涉及面广、敏感棘手且协调难度很大的问题。这

就要求我们牢记职责，以强烈的事业心和责任感，扎实工作，攻坚克难，确保圆满完成中央和最高人民检察院党组交办的各项任务。

从检察队伍建设和检察政治工作现状来看，随着经济社会的深刻变化，检察队伍的人员构成、思想观念、价值取向、利益需求、能力素质也在发生深刻变化，队伍教育管理的难度进一步加大。一些老问题尚未得到根本解决，如法律监督能力、群众工作能力和拒腐防变能力等有待进一步提高，少数检察人员执法不规范、不严格、不文明、不廉洁的问题严重影响检察机关的执法公信力，需要继续下大工夫努力解决。检察政工部门和政工干部的知识结构和思想观念需要更新，思想政治工作能力需要加强，工作方式方法需要丰富拓展，工作预见性、创造性和实效性需要增强。这就要求我们直面现实，提高本领，改革创新，推动检察队伍建设和检察政治工作不断取得新成效。

二、高度重视加强和改进检察机关党的建设，扎实抓好检察机关党的建设各项任务落实

加强和改进新形势下党的建设，是党的十七届四中全会作出的重大决定。为深入贯彻落实十七届四中全会精神，加强和改进检察机关党的建设，最高人民检察院党组最近召开了全国检察机关党的建设工作电视电话会议，印发了《最高人民检察院关于加强和改进新形势下检察机关党的建设的意见》。各地要认真按照中央要求和最高人民检察院部署，以加强和改进党的建设作为检察队伍建设和政治工作的主线，进一步提高认识，抓紧抓好，务求实效。

把加强和改进党的建设作为头等大事来抓。各级检察政工部门特别是领导干部要清醒认识抓好党的建设的重大意义，牢记政工部门抓党的建设的责任，牢固树立"抓好党建是本职，不抓党建是失职，抓不好党建是不称职"的理念，真正在思想和行动上高度重视党的建设，切实做到在研究、部署和开展工作时首先想到党的建设、优先部署党的建设、率先推进党的建设、重点检查党的建设，真正使党的建设始终成为贯穿检察政治工作的一根红线，充分发挥党的建设对检察工作和队伍建设的领导、保障和监督作用。

认真落实检察机关党的建设各项部署。对中央和最高人民检察院党组提出的加强和改进党的建设的部署要求，要认真研究，制定贯彻措施并认

真抓好落实。要进一步统一思想,组织全体检察人员深入学习中央关于加强和改进党的建设的文件精神,切实把思想和行动统一到中央的决策部署上来。要抓好重点工作,集中力量认真落实思想理论建设、民主集中制建设、领导班子和领导干部队伍建设、法律监督能力建设、基层党组织建设、作风建设、反腐倡廉建设七个方面的任务。要明确落实责任,对党的建设任务特别是具体目标和措施要求,明确责任单位和责任人,明确完成时限,加强督促检查,切实把党的建设任务落到实处。

突出抓好检察队伍思想政治建设。始终把思想政治建设放在党的建设首位,不断提高检察队伍思想政治水平。深入开展社会主义核心价值体系学习教育,深化社会主义法治理念教育。认真开展"建设学习型党组织、创建学习型检察院"活动,在全国检察机关营造崇尚学习的浓厚氛围。抓好领导班子和领导干部思想教育和理论武装,健全落实领导干部政治轮训制度。最高人民检察院组织省级检察院检察长政治轮训,省级检察院开展市、县两级检察院领导班子成员政治轮训。教育引导领导班子和领导干部加强对检察工作全局性、战略性问题的研究,不断增强懂全局、谋大事、抓方向、促发展的能力水平。

三、认真开展"恪守检察职业道德、促进公正廉洁执法"主题实践活动,大力弘扬检察职业道德

检察职业道德是检察事业发展和检察队伍建设的内在动力和精神支撑。要以开展"恪守检察职业道德、促进公正廉洁执法"主题实践活动为载体,掀起检察职业道德建设新热潮,凝聚和激发检察队伍忠诚、公正、清廉、文明的精神力量,不断提升检察机关的执法公信力。

大力抓好"恪守检察职业道德、促进公正廉洁执法"主题实践活动。开展主题实践活动,是最高人民检察院党组为弘扬检察职业道德而作出的重大部署。主题实践活动时间为一年,拟从今年4月持续到明年3月。最高人民检察院近期将下发实施方案,明确提出主题实践活动的指导思想、目标任务、工作步骤和相关要求。各地要结合实际,认真贯彻落实主题实践活动实施方案要求,切实把开展主题实践活动作为加强检察职业道德建设的主要任务抓好,确保主题实践活动有声势、有力度、有影响、有效果,在整个检察系统叫响,在全社会叫响,形成恪守检察职业道德、公正廉洁执法的良好氛围。

深入学习宣传《检察官职业道德基本准则(试行)》。把学习、践行和宣传《基本准则》贯穿主题实践活动始终,采取专门培训、主题报告、座谈交流、以案析理、知识竞赛等多种形式,教育引导广大检察人员自觉把《基本准则》作为思想和行动指南。加大对《基本准则》的宣传力度,增进人民群众对检察职业道德的了解。最高人民检察院组织编写检察官职业道德基本准则读本。探索建立检察职业道德激励约束和检查督促机制,督促检察人员自觉接受社会监督和舆论监督,提高职业道德修养。

大力加强以职业道德建设为核心的检察文化建设。把坚定法律信仰、弘扬检察精神、提升职业素质、促进公正廉洁作为检察文化建设的重要任务,深入推进文化育检工程,构建检察队伍共同理想和精神支柱。加强检察文化理论研究,总结探索检察文化建设经验和规律,颁布实施《加强检察文化建设纲要》。充分发挥文化建设的熏陶、渗透作用,把职业道德建设融入丰富多彩的检察文化建设,积极开展文艺汇演、书画展览、体育比赛等群众性文体活动,推动检察文化繁荣发展,引导检察人员提高素养、追求高尚、升华境界。

四、加强制度建设和管理监督,建设坚强有力的各级检察院领导集体

推动检察事业科学发展,领导班子和领导干部是关键。要以加强制度建设和管理监督为重点,突出抓好领导班子和领导干部队伍建设,努力把各级领导班子建设成为坚定贯彻党的路线方针政策、忠实履行宪法法律、善于领导检察事业科学发展的坚强领导集体。

加强以民主集中制为核心的制度建设。按照民主集中制原则完善领导班子和检察委员会议事决策规则和决策程序,确保领导班子在重大决策、干部任免等方面必须经过集体研究。建立和落实领导班子定期务虚研究制度,加强对重大问题的前瞻性、对策性和规律性研究,不断提高科学决策水平。认真落实民主生活会制度,充分发扬党内民主。坚持上级检察院派员列席下级检察院党组民主生活会制度,建立民主生活会情况分析和通报制度,切实提高民主生活会质量。最高人民检察院将对部分省级检察院党组民主生活会情况进行重点了解并通报。

加强对领导班子和领导干部的管理监督。切

实履行干部协管职责，积极配合地方党委做好领导班子考察工作，选好配强检察长和调整补充其他班子成员。研究建立与检察机关体制相适应的领导干部管理监督制度，探索建立检察机关领导班子和领导干部综合考核考评办法。认真贯彻《中国共产党党员领导干部廉洁从政若干准则》，进一步加强党风廉政建设、反腐倡廉建设和作风建设，完善廉洁自律制度规范，从体制和机制上防范违法违纪和腐败问题发生。认真落实巡视、任职前双重谈话和诫勉谈话、下级检察院向上级检察院报告工作、领导干部个人重大事项报告等制度，强化对下级检察院领导班子和领导干部特别是"一把手"的监督。去年年底，3个省级检察院检察长到最高人民检察院述职述廉报告工作，反响很好。今年将继续安排部分省级检察院检察长到最高人民检察院述职述廉报告工作。各省级检察院也要安排市级检察院检察长到省级检察院述职述廉报告工作，并形成制度，长期坚持。

加强后备干部队伍建设。认真贯彻落实《2010—2020年全国检察机关领导班子后备干部队伍建设规划》，突出抓好正职后备十部队伍建设、后备干部基础工作和选拔培养年轻干部工作。落实后备干部名单管理和备案制度，建立后备干部信息库。统筹安排后备干部理论学习、实践锻炼和业务培训，加强考察考核，实行动态管理。重点加强对素质好、潜力大的年轻后备干部的培养锻炼，有计划地把他们放到基层，放到条件艰苦、环境复杂、关键岗位上锻炼成长。坚持重在培养、同等使用的原则，充分发挥后备干部和其他干部的工作积极性。

五、深化检察干部人事制度改革，健全完善具有检察职业特点的队伍管理制度

健全完善符合检察工作实际和司法规律的检察队伍管理制度，是检察队伍专业化建设的重要任务。要紧紧抓住中央推进干部人事制度改革的有利时机，进一步深化检察干部人事制度改革，着力在健全完善检察队伍管理制度上见成效。

推进检察人员分类管理和招录制度改革。要积极主动与有关部门沟通协商，深入开展分类管理改革试点，修改完善检察人员分类改革框架方案和人民检察院检察官、检察辅助人员职务序列设置暂行规定，推动尽早出台相关文件。规范检察机关进人制度，加大检察官逐级遴选工作力度，开展公开选拔初任检察官任职人选试点工作。认真贯彻中

办发文件精神，到2012年，最高人民检察院和各省级检察院机关除部分特殊职位外，均不再直接招录大学毕业生。继续配合政法院校定向招录改革，建立西部贫困地区基层检察院定向进人补员制度，从根本上解决西部贫困地区基层人才紧缺、检察官断档等问题。

改革完善干部选拔任用机制。坚持党管干部原则，坚持正确用人导向，坚持民主、公开、竞争、择优，形成充满活力的选人用人机制。规范干部选拔任用提名制度，做到没有经过民主推荐不提名，没有经过组织考察不上会。推广竞争性选拔干部方式，完善公开选拔、竞争上岗等制度。实行"赛场选优"，让干得好的考得好，能力强的选得上，作风实的出得来。推行差额推荐、差额考察、差额酝酿、差额表决，逐步实行决定任用重要干部票决制。健全干部选拔任用监督机制和责任追究制度，定期开展选人用人满意度调查，坚决防止和整治跑官要官、买官卖官、拉票贿选等问题。

健全完善检察队伍管理制度。认真执行中央《关于进一步从严管理干部的意见》，坚持从严治检。深入推进干部交流工作，坚持新任检察长异地交流制度，继续推行轮岗、上挂、下派东西部地区互派及援疆、援藏等干部锻炼工作机制。强化干部经常性教育管理，建立健全多层次、多渠道管理约束制度，不断完善强化预防、及时发现、严肃纠正的有效机制，加强对不胜任、不称职干部的组织调整工作。严格落实编制管理规定，切实把有限的编制用在执法办案任务重的地方。深化司法警察管理体制和工作机制改革，规范执法办案、安全防范、编队管理，切实提高警务保障水平，真正发挥司法警察的应有作用。

六、着眼提高岗位履职能力，深入推进大规模教育培训

岗位履职能力是检察队伍的立身之本，教育培训是提高岗位履职能力的基础工程。要把提高检察人员岗位履职能力摆在教育培训的突出位置，大规模培训干部，不断增强教育培训的针对性和实效性。

进一步开展大规模正规化培训。认真贯彻全国检察教育培训工作会议精神，紧紧围绕提高法律监督能力、群众工作能力、突发事件处置能力、舆情应对引导能力，开展全员培训。加大对执法办案一线人员培训力度，加强对业务骨干的高层次、正规

化专门技能培训。最高人民检察院完成基层检察院检察长轮训任务,启动全国检察业务专家和省级检察院业务部门负责人轮训。省、市两级检察院抓好下级检察院领导班子成员和业务部门负责人轮训。强化任职培训、岗前培训和晋升资格培训,非经培训不任职、不晋升。积极做好晋升高级检察官资格网络培训试点,发挥现代科技在教育培训中的重要作用。认真落实最高人民检察院关于岗位练兵和业务竞赛指导意见,广泛开展岗位练兵和业务竞赛。最高人民检察院将对业务培训和岗位练兵情况进行抽查。

进一步做好检察人才培养选拔工作。抓好以高层次人才为重点的检察人才队伍建设,组织评审第二批全国检察业务专家,对首批全国检察业务专家进行复审。加大省级检察业务专家、业务尖子、办案能手等培养选拔力度。认真落实西部和基层人才培养措施,加强基层急需人才特别是西部贫困地区基层检察院各类专业人才培养工作,重点为西藏、新疆和其他西部少数民族地区培养一批中青年检察业务骨干和"双语"检察人才。健全检察人才培养、使用、管理和激励机制,充分发挥人才在检察工作中的示范引领作用。

进一步强化教育培训基础建设。加快培训基地建设步伐,形成分工明确、优势互补、布局合理、管理科学的教育培训基地体系,重点抓好首批侦查监督、公诉、职务犯罪侦查业务技能实训基地建设。开展检察业务精品课程建设,编写适合不同类型、不同层次培训需要的教学大纲和培训教材。推进专兼结合、以兼为主的师资队伍建设,更好地探索检察官教检察官制度。加强中国检察官教育培训网建设,推动优质培训资源延伸基层、覆盖全员。深化教育培训改革,创新培训内容,改进培训方法,整合培训资源,完善培训机制,健全培训制度,不断提高培训效果。

七、加强正面引导和典型宣传,牢牢把握正确的检察宣传舆论导向

在社会多元和开放、透明、信息化条件下,检察机关的执法活动日益成为社会和媒体关注的焦点,加强舆论宣传引导尤为重要。要积极应对新形势新情况,大力加强检察宣传工作,唱好主旋律,打好主动仗,掌握话语权,积极维护和宣传检察机关的良好形象。

大力宣传检察机关的职能作用。群众对检察机关职能作用不够了解是制约法律监督工作的重要因素。同时,一些地方涉检上访增多、涉检负面舆情增加,也与群众不了解检察机关职能作用有很大关系。要广泛宣传中国特色社会主义检察制度的历史必然性、优越性和科学性,大力宣传检察机关的性质、地位、职能、作用,深入宣传中央和最高人民检察院对检察工作的重大决策部署,积极宣传检察机关履行职责服务大局的新成绩、强化法律监督维护公平正义的新成效和从严治检加强队伍建设的新举措。不断丰富创新宣传形式,灵活运用各种宣传媒介、宣传方式开展全方位、立体式宣传,增进人民群众对检察机关的了解,赢得人民群众对检察工作的理解和支持。

大力培养宣传检察先进典型。一个先进典型就是一面旗帜。要高度重视培养、发现和宣传先进典型,持续加大先进典型培养和宣传工作力度,深入探索新形势下加强先进典型宣传、发挥先进典型作用的新思路新方法,不断推出体现检察精神、反映时代风貌、具有人格魅力的全国重大先进典型和地区模范人物,挖掘宣传广大检察人员身边可见、可学、可亲、可敬的先进典型。注重先进典型的规模宣传,形成正面舆论强势。建立先进典型培养机制,健全先进典型宣传机制,完善先进典型表彰激励机制,形成先进典型不断涌现的良好局面。

大力提高涉检网络舆情应对能力。随着信息网络技术的发展,网络舆情对检察工作的影响明显加大。一些个案在开放的网络环境下,容易产生聚合效应和放大效应。去年发生的几起与检察工作有关的事件成为社会关注、网络炒作的热点问题,充分说明了加强网络舆情应对工作的极端重要性与紧迫性。要切实转变思想观念,加强和改进舆论引导工作,牢牢把握网络宣传主动权和正确舆论导向。做好涉检网络舆情的搜集、掌握、引导与监控,积极应对网络涉检热点舆情。建立健全新闻发布制度和网络舆情应对处置规程,建立健全与新闻宣传部门和主流媒体沟通机制、网上舆情监测研判机制、重大事件快速反应机制、网上舆论引导机制,提高对司法个案和突发事件的网上舆论引导能力。加强网络宣传队伍建设,提高网络舆情处置应对能力。

八、深入推进"四化"建设,大力提升基层检察院建设水平

基层检察院建设是全部检察工作的基础。要

以加强执法规范化、队伍专业化、管理科学化、保障现代化建设为方向，统筹抓好基层检察院建设各项措施要求的落实，不断提高基层检察院建设水平。

加大基层检察院建设规划落实力度。深入贯彻全国基层检察院建设工作会议精神，认真落实《2009—2012年基层人民检察院建设规划》。组织开展对《规划》贯彻落实情况的专项检查，总结推广经验，督促指导工作。各地要结合实际，对"四化"建设工作任务进行分解，逐项制定落实措施，确保取得实效。把加强基层检察院建设考核作为推动基层检察院建设的重要抓手，颁布《基层人民检察院建设考核办法》，建立引导基层检察院科学建设，规范建设的考核评价模式。充分发挥各级检察院各部门在加强基层检察院建设中的职责作用，落实和完善上级检察院领导干部联系基层、业务部门对口指导和基层检察院结对共建等制度。领导机关要关心爱护基层，尊重基层首创精神，切实帮助基层检察院解决编制不足、人才短缺、保障滞后等突出困难和问题。大力支持西部贫困地区基层检察院建设，推进基层检察院建设均衡发展。

广泛开展争创先进基层检察院活动。把开展争先创优活动作为加强基层检察院建设的重要载体，以思想政治坚定、执法能力过硬、领导班子坚强、队伍素质精良、管理机制健全、检务保障有力、社会形象良好为主要内容，广泛开展争创先进基层检察院活动。启动第四届全国先进基层检察院评选表彰工作，推出一批"四化"建设示范院，充分发挥先进典型的示范激励效应，不断提高基层检察院建设整体水平。

深化基层检察院科学管理机制试点。深入推进以现代管理理论为基础的基层检察院科学管理机制试点工作，加强对试点工作的指导和审核，培训管理骨干，总结试点经验。探索建立人民检察院科学管理指标体系，研究制定涵盖全部检察工作的管理标准。把深化基层科学管理机制试点与创新基层管理模式、途径、方式结合起来，整合管理力量，明确管理责任，不断提高管理科学化水平。最高人民检察院政治部将就此问题组织专门研讨。

九、大力加强政工部门自身建设，打造模范部门和过硬队伍

建设高素质政工队伍是做好检察政治工作的前提和保证。要切实按照建设模范部门、打造过硬队伍的要求，全面加强政工部门自身建设，做到政治坚定、素质过硬、正气在身、从检以廉。

树立十个意识，建设模范部门。教育引导检察政工干部牢固树立政治意识、全局意识、服务意识、团队意识、表率意识、法纪意识、责任意识、创新意识、学习意识和廉洁意识，以这十个意识为标准做好工作，使这十个意识内化为检察政工部门和政工干部的自觉行动和自律准则。继续深化讲党性、重品行、作表率活动，总结经验，表彰先进，建立长效机制，树立政工部门最忠诚、最可亲、最清廉、最务实的良好形象。

强化能力素质，打造过硬队伍。大力提高检察政工干部准确把握党的干部方针政策和上级指示精神，严格执行落实的能力；深入研究新情况解决新问题，创造性开展工作的能力；善于化解矛盾，理解人，尊重人，关心人，做思想工作的能力；准确考察识别干部，选贤荐能的能力；正确宣传检察工作，应对引导舆情的能力；加强组织协调，教育管理队伍的能力。加强检察政工干部轮训和实践锻炼，广泛开展岗位练兵，不断提高服务检察工作科学发展和推动检察政治工作自身科学发展的本领。最高人民检察院政治部将举办省级检察院政治部中层领导干部培训班。

弘扬优良作风，营造和谐环境。深入开展学习型部门创建活动，树立终身学习理念，完善学习研制度，形成勤奋学习、善于思考的好风气。坚持求真务实，坚决克服形式主义，反对做表面文章。坚持艰苦奋斗，坚决抵制铺张浪费、奢靡享乐之风。坚守党的原则，知人善任，公道正派，淡泊名利，甘为人梯，坚决刹住说情风、关系风、跑要风。坚持从严治部，以身作则，开展警示教育和岗位廉政教育，严肃查处违反制度纪律的行为。坚持严格要求与关心爱护相结合，努力营造风清气正、公正平等、团结和谐的良好工作氛围。

新的繁重任务摆在我们面前。让我们以邓小平理论和"三个代表"重要思想为指导，深入贯彻落实科学发展观，进一步解放思想，改革创新，开拓进取，扎实完成各项检察政治工作任务，为检察工作科学发展作出新的更大贡献！

大力加强检察文化建设　促进检察事业科学发展

——在全国检察文化建设工作座谈会上的讲话

最高人民检察院政治部主任　李如林

（2010 年 10 月 26 日）

这次会议是最高人民检察院党组决定召开的，是大力加强检察文化建设，推动检察工作和队伍建设科学发展的一次重要会议。会议的主要任务是，深入学习贯彻党的十七届五中全会精神，回顾总结党的十七大以来检察文化建设的成果和经验，对当前和今后一个时期的检察文化建设进行部署，兴起检察文化建设新高潮，促进检察工作科学发展。对这次会议，最高人民检察院党组非常重视，曹建明检察长专门听取会议筹备及召开会议的形式、指导思想、主要任务的情况汇报并作出重要批示，为我们加强检察文化建设指明了方向。

刚刚闭幕的党的十七届五中全会是在全面建设小康社会的关键时期，在深化改革开放、加快转变经济发展方式的攻坚时期召开的一次十分重要的会议，是总结过去、规划未来、明确发展方向和奋斗目标的一次重要会议，全会通过的《中共中央关于制定国民经济和社会发展第十二个五年规划的建议》，是未来五年经济社会发展的基本遵循和行动纲领。深入学习贯彻十七届五中全会精神是当前和今后一个时期检察机关的一项重要政治任务。学习贯彻五中全会精神的一个重要方面，就是要贯彻落实中央对繁荣发展社会主义文化提出的新要求新任务。全会强调指出，文化是一个民族的精神和灵魂，是国家发展和民族振兴的强大力量。要推动文化大发展大繁荣、提升国家文化软实力，坚持社会主义先进文化前进方向，提高全民族文明素质，推进文化创新，深化文化体制改革，增强文化发展活力，繁荣发展文化事业和文化产业，满足人民群众不断增长的精神文化需求，基本建成公共文化服务体系，推动文化产业成为国家经济支柱产业，充分发挥文化引导社会、教育人民、推动发展的功能，建设中华民族共有精神家园，增强民族凝聚力和创造力。我们一定要认真学习、深刻领会五中全会关于加强文化建设的重要精神，结合检察工作实际认真抓好落实。

下面，我就深入学习贯彻党的十七届五中全会精神，进一步加强检察文化建设，促进中国特色社会主义检察事业科学发展，讲几点意见。

一、党的十七大以来全国检察文化建设工作回顾

党的十七大以来，全国检察机关坚持以科学发展观为指导，按照"全国检察文化建设巡礼"会议的总体部署，着眼于检察事业的科学发展，以提高检察人员政治素质、业务素质和职业道德素质为目标，大力实施"文化育检"战略，充分发挥检察文化教育、规范、约束、导向、凝聚的特殊作用，在突出抓好坚定理想信念、规范执法行为、强化职业道德和廉政意识、提升执法公信力、创新活动载体上下工夫，检察文化建设呈现出蓬勃发展的良好态势，促进了各项检察工作的健康发展。

——坚持以坚定理想信念为核心，充分发挥检察文化的教育作用，促进了检察队伍思想政治建设。始终把强化理论武装作为文化建设的首要任务，坚持"政治建检"的工作方针，认真落实"党建带队建"的要求，深入学习贯彻中国特色社会主义理论体系，学习实践社会主义核心价值体系，切实用马克思主义中国化的最新成果武装头脑。深入学习贯彻落实胡锦涛总书记等中央领导同志对检察工作的重要指示精神，广泛开展深化社会主义法治理念教育、"大学习、大讨论"、学习实践科学发展观等主题实践活动,加强党情国情教育和理想信念教育,检察队伍的思想素质和理论水平有了明显提高。

——坚持以规范执法行为为重点,充分发挥检察文化的规范作用,促进了各项检察工作的科学发展。始终把规范检察人员执法行为作为文化建设的重要内容,坚持把文化建设融入各项检察业务工作,强化规范执法意识,提升规范执法能力。最高人民检察院制订下发了《检察职业行为基本规范(试行)》《检察机关文明用语规范》,还要出台《检察机关执法工作规范》,努力形成体系完备、务实管用的执法规范制度。各地认真查找执法中的薄弱环节和制度漏洞,进一步完善了执法规范和行为规范。同时,加强执法行为规范培训,普遍开展"建设学习型党组织,创建学习型检察院"活动,把执法行为规范作为业务培训和岗位练兵的重要内容,推动规范学习的制度化、常态化。注重提高执法行为规范的执行力,及时纠正不规范执法行为,有效提高了检察人员执法办案的能力和水平,促进了各项检察业务工作的科学发展。

——坚持以强化职业道德和廉政意识为着力点,充分发挥检察文化的约束作用,促进了检察机关纪律作风建设。始终把促进公正廉洁执法作为检察文化建设的基本要求,制定出台了《检察官职业道德基本准则(试行)》,建立检察官宣誓制度,深入开展"恪守检察职业道德、促进公正廉洁执法"主题实践活动,使"忠诚、公正、清廉、文明"的检察职业道德在广大检察人员中内化于心,外践于行。以强化自身监督为抓手,坚持和完善巡视、执法监督、检务督察等内部监督,举办检察机关自身反腐倡廉教育展览并在各地巡展,广泛开展"反特权思想、反霸道作风"专项教育活动,开展惩防体系建设检查,推广廉政风险防控机制建设,建立经常性以案析理、警示教育长效机制,强化了检察队伍公正廉洁执法意识,有效提升了检察机关执法公信力。

——坚持以加强舆论宣传为抓手,充分发挥检察文化的导向作用,促进了检察机关形象建设。始终把加强舆论宣传,弘扬检察职业精神,扩大社会影响力,作为推进检察文化建设的重要手段,充分发挥检察新闻宣传主阵地作用,积极争取中央和地方主流媒体的支持,特别是运用互联网等新兴媒体,通过联合打造《大检察官访谈》、《聚焦公诉》等精品栏目,大力宣传检察机关的性质、职能以及在维护公平正义、促进社会和谐稳定方面的措施和重要成果,营造良好的社会舆论氛围。扎实开展并集中宣传报道检察机关第七次"双先"表彰会以及"十大杰出检察官"、"十佳基层检察院"、"全国先进基层检察院"等创先争优活动,涌现出张章宝、杨竹芳、陈海宏、罗东宁、张敬艳等一批心系群众、恪守公正、廉洁执法的重大先进典型人物。多次组织检察英模先进事迹报告团,到各地巡讲,在社会各界产生良好反应,树立了检察机关严格、公正、文明的执法形象。

——坚持以创新活动载体为有效途径,充分发挥检察文化的凝聚作用,促进了检察机关精神文明建设。始终把创新作为深入推进检察文化建设的动力源泉,坚持因地制宜,依托当地历史和文化特点,在创新活动载体上下工夫。最高人民检察院以纪念改革开放三十周年暨检察机关恢复重建三十周年、新中国成立六十周年暨人民检察院成立六十周年等重大节日、纪念日为契机,举办了"祖国颂、检察情"文艺演出,"辉煌历程"——全国检察机关摄影、书法、绘画作品比赛等系列活动,受到普遍欢迎。积极筹备全国检察机关文学艺术联合会,各地普遍成立各类文艺团体、兴趣小组,建立和完善了检察博物馆、荣誉室、文化长廊等一批检察文化场地,建成了一批电子阅览室、图书室、警示教育基地等文化设施。大力加强检察影视和文学艺术作品创作,推出了《远山》、《神圣的职责》等一批精品力作。有的发挥地域文化优势,推出了一批品位高、反映检察工作和检察生活实际的戏剧、话剧、歌舞剧等作品。有的还定期举办"检察文化节",对文化建设成果进行集中展示和检验,确保文化育检制度化、文化活动经常化、文化建设特色化。通过开展丰富多彩的文化活动,凝聚了人心,鼓舞了斗志,促进了检察机关精神文明建设。

三年来,检察文化建设取得丰硕成果,检察文化建设思路更加清晰、载体更加丰富、措施更加有力,呈现出勃勃生机。这些成绩的取得,离不开最高人民检察院党组的正确领导,离不开各级检察机关的高度重视、齐抓共管,离不开全国检察宣传部门和全体检察文化工作者的辛勤努力、共同奋斗。在这里,我代表最高人民检察院党组和曹建明检察长向同志们表示亲切的慰问和崇高的敬意!

三年来检察文化建设的实践,使我们深刻认识到:加强检察文化建设,必须坚持以中国特色社会主义理论体系为指导,深入贯彻落实科学发展观,学习践行社会主义核心价值体系,牢固树立社会主义法治理念,大力加强理论武装,强化理想信念教育,确保检察文化建设正确的政治方向;必须坚持服务检察中心工作,切实把文化建设融入检察工作和队伍建设的方方面面,努力提高法律监督能力和水平,促进检察事业科学发展;必须坚持以人为本,贴近检察人员思想、工作和生活实际,突出检察官的主体地位,尊重基层的首创精神,增强文化建设的针对性和实效性;必须坚持加强检察文化工作者自身建设,加大文化建设投入,为繁荣发展检察文化提供有力的组织保证和物质保障;必须坚持与时俱进、改革创新,不断创新工作思路、活动载体、工作机制,努力提高检察文化建设的科学化水平。这些体会和经验,是我们对检察文化建设规律性的认识和总结,需要在今后的实践中不断丰富和发展。

在肯定成绩的同时,我们也要清醒地看到,当前检察文化建设与党和人民的要求、与新时期检察工作发展的需要相比,还有不少差距,主要表现在:一是对检察文化的基本理论、基本内涵、基本规律缺乏系统研究;二是工作发展不平衡,许多地方对文化建设作了很好探索,积累了丰富经验,形成了良好发展态势,但也有些地方对文化建设重视不够,工作缺乏主动性;和检察业务工作结合不紧密,实效性不强;有些地方投入不足,文化基础设施建设比较薄弱;三是缺乏创新精神,有的地方思想不够活跃,活动载体还比较单一,有的还局限于传统活动形式等。这些问题的存在,在一定程度上制约了检察文化建设的进一步繁荣,应当引起我们的高度重视,在今后的工作中采取措施加以解决。

二、站在时代发展的高度,深刻认识新形势下加强检察文化建设的重要意义

检察文化是检察机关在长期法律监督实践和管理活动中逐步形成的与中国特色社会主义检察制度相关的思想观念、职业精神、道德规范和行为方式以及相关载体和物质表现的总和,是社会主义先进文化的重要组成部分,是社会主义法治文化的重要内容。检察文化建设是检察事业的重要组成部分,对于转变执法理念,加强内心修养,提高思想素质,树立良好形象,推进检察工作科学发展具有十分重要的意义。

(一)大力加强检察文化建设,是服务社会主义文化大发展大繁荣战略目标的重要措施

当今世界正处在大发展大变革大调整时期,文化越来越成为民族凝聚力和创造力的重要源泉,成为综合国力竞争的软实力,成为经济社会发展的重要支撑。国家的富强必然伴随着文化的繁荣,大国的崛起必将伴随着文化的昌盛。我们党历来高度重视文化建设,特别是在重要历史转折关头,总是以思想文化上的觉醒和觉悟,来把握前进方向、凝聚奋斗力量、推动事业发展。毛泽东同志在革命战争年代,曾把革命战线形象地划分为文化战线和军事战线,强调有文化作支撑的军队是团结人民、战胜一切敌人必不可少的军队。邓小平同志在改革开放新形势下,非常重视文化建设,深刻指出"我们要在建设高度物质文明的同时,提高全民族的科学文化水平,发展高尚的丰富多彩的文化生活,建设高度的社会主义精神文明"。江泽民同志把"代表中国先进文化的前进方向"作为"三个代表"重要思想的重要组成部分,强调全面建设小康社会,必须大力发展社会主义文化,建设社会主义精神文明。胡锦涛总书记特别强调,要从战略高度深刻认识文化的重要地位和作用,以高度的责任感和紧迫感,顺应时代发展要求,深入推进文化体制改革,推动社会主义文化大发展大繁荣。这些重要论述,充分反映了我们党对文化重要性的清醒认识和文化发展方位的准确把握,体现了高度的文化自觉,是我们加强文化建设的重要思想指导。推动社会主义文化大发展大繁荣,是一个宏大的系统工程,需要全党全社会的共同参与和共同努力。检察机关作为国家法律监督机关,在推动经济社会发展和文化繁荣方面肩负着重要职责。各级检察机关要从讲政治、讲大局的战略高度,把加强检察文化建设作为提升软实力的一项重要任务,科学谋划,有序推进,为推动社会主义文化大发展大繁荣做出积极贡献。

(二)大力加强检察文化建设,是深入践行"强化法律监督,维护公平正义"工作主题,推动检察工作科学发展的重要保障

当前,我国正处在经济转轨、社会转型的关键时期,检察机关的任务越来越繁重,责任越来越重大。党中央对做好新形势下的检察工作高度重视,胡锦涛总书记等中央领导同志今年以来多次作出重要批示,对检察机关忠实履行法律监督职责,统

筹协调做好各项检察工作,提出了殷切希望和新的更高要求。落实中央领导同志的重要指示精神,关键是要在强化法律监督、维护公平正义上下工夫。检察文化作为一种意识形态,产生和发展于检察实践,必将能动地推动和指导检察实践。各级检察机关要把强化法律监督、维护公平正义作为检察文化的核心价值,作为检察文化建设的重要使命,通过广泛开展独具特色的检察文化活动,春风化雨、潜移默化,引领广大检察人员真正把强化法律监督、维护公平正义作为立身之本和价值追求,不断深化对检察工作规律性的认识,进一步增强法律监督的意识,提高法律监督的能力,注重法律监督的实效,深入推进社会矛盾化解、社会管理创新、公正廉洁执法三项重点工作,努力把中国特色社会主义检察事业推向前进,为开创中国特色社会主义事业新局面提供强有力的司法保障。

(三)大力加强检察文化建设,是提高检察队伍整体素质,提升检察机关执法公信力的重要途径

胡锦涛总书记深刻指出,政法机关的执法能力集中体现在执法公信力上,执法公信力来源于严格、公正、文明执法,来源于全心全意为人民服务的良好形象。周永康同志强调,政法干警要做到严格、公正、文明、廉洁执法,首先必须有基本的职业良心和价值追求。长期以来,最高人民检察院党组始终坚持把造就一支高素质检察队伍,作为推动检察事业科学发展的根本保证,先后组织开展了一系列主题实践活动,大力加强职业道德建设,深入推进执法规范化建设,检察队伍的综合素质有了明显提高。但我们必须清醒地看到,受多元化思想和复杂执法环境的影响,极少数检察人员执法不严格、不公正、不文明、不廉洁,甚至执法犯法、贪赃枉法等问题仍时有发生,在社会上产生不良影响,损害了检察机关的形象。这些问题的发生,从根本上讲是个别检察人员政治素质不高、业务素质不过硬、职业道德意识不强造成的。"腹有诗书气自华",要切实解决好这些问题,关键是要坚持文化育检,提高检察队伍的文化素质和道德修养。实践证明,通过文化的作用影响检察人员的思想和行为,更具渗透力和感召力,更具持久性和实效性。各级检察机关要充分发挥文化的独特功能,大力推进文化建设,全面提高检察人员的思想境界、职业操守、法律素养,提升检察机关执法形象和执法公信力,切实担负起中国特色社会主义建设者、捍卫者和公平正义守护者的神圣职责。

三、准确把握检察文化建设的目标和任务,抓住根本,突出重点,扎实推进检察文化建设

最近,周永康同志、曹建明检察长就检察文化建设分别作出重要批示。周永康同志在批示中强调,检察文化建设是检察队伍建设的一个重要方面,要坚持中国先进文化的前进方向,在凝聚警心警力,推动检察工作,营造氛围,更好履行法律赋予的职责上下工夫见成效。曹建明检察长在批示中要求,要坚持社会主义先进文化的前进方向,从检察事业发展的本质要求出发,准确把握文化工作的规律和特点,以改革创新的精神,认真研究和采取建设、发展、繁荣检察文化的新思路、新举措、新办法。这些重要批示,为我们大力加强检察文化建设提出了新的更高要求,指明了文化建设的努力方向。

检察文化集中体现了检察职业特点和精神内涵,既是推动检察工作和队伍建设发展的重要手段,又是检察事业发展进步的重要目标。检察文化建设涵盖检察思想政治建设、执法理念建设、行为规范建设、职业道德建设、职业形象建设等方面,对检察工作起着基础性、长期性的推动作用。各级检察机关要认真贯彻落实中央领导同志和曹建明检察长的重要批示精神,把文化建设摆在更加突出的位置,切实抓紧抓好抓实抓出成效。

当前和今后一个时期,检察文化建设的总体目标和任务是:高举中国特色社会主义伟大旗帜,深入贯彻落实科学发展观,坚持党的事业至上、人民利益至上、宪法法律至上,以社会主义核心价值体系为指导,以牢固树立社会主义法治理念为根本,紧紧围绕"强化法律监督,维护公平正义"的工作主题,以坚定职业信仰、培育职业精神、提高职业素质、规范职业行为、塑造职业形象为目标,以群众性文化活动为载体,以改革创新为动力,坚持以人为本,紧贴检察工作和检察队伍建设实际,求真务实,勇于开拓,全面推进检察文化建设,逐步探索建立起中国特色社会主义检察文化理论体系,为推动中国特色社会主义检察事业科学发展提供精神动力、舆论支持、文化保障。各地检察机关要紧紧围绕这一总体目标和任务,结合自身实际,因地制宜,对检察文化建设作出长远规划、整体布局和科学安排,创造性地推进检察文化建设。具体来讲,要重点抓好以下几项工作:

（一）深入学习践行社会主义核心价值体系，坚定检察职业信仰。社会主义核心价值体系是社会主义制度的内在精神之魂，是社会主义文化建设的根本。在当前各种文化思潮大交流大融合大碰撞的新形势下，检察文化建设必须坚持以社会主义核心价值体系为引领，否则就会迷失方向，成为无本之木、无源之水。各级检察机关要把社会主义核心价值体系融入文化建设的全过程，在增强说服力、凝聚力和感召力上下工夫，坚持用马克思主义中国化最新成果武装头脑，用中国特色社会主义共同理想凝聚力量，用以爱国主义为核心的民族精神和以改革创新为核心的时代精神鼓舞斗志，用社会主义荣辱观引领风尚，真正使马克思主义价值观成为广大检察人员的主导意识和精神支柱，进一步坚定走中国特色社会主义法治道路的信心和决心。

（二）牢固树立社会主义法治理念，培育检察职业精神。社会主义法治理念是社会主义核心价值体系在法治建设中的具体体现，是社会主义法治的精髓和灵魂。多年来，全国检察机关和广大检察人员牢固树立和自觉践行社会主义法治理念，忠实履行法律监督职责，为维护改革发展大局作出了重要贡献。在火热的检察实践中，铸就了以围绕中心、服务大局，心系群众、执法为民，尊崇法律、忠于职守，秉公办案、刚正不阿，勇于担当、争创一流，清正廉洁、甘于奉献为主要内容的检察职业精神。检察职业精神以忠诚为基石，以为民为宗旨，以公正为核心，以服务大局为使命，以清廉为操守，是检察人员共同的人生追求、价值取向、发展目标和执法理念的集中体现，是人民检察政治性、人民性、法律监督属性的有机统一，是检察文化的精髓和灵魂。各级检察机关要把弘扬和培育检察职业精神作为文化建设的首要任务，加强对检察职业精神的研究、探求、阐述检察职业精神的科学内涵、重要意义和实践要求，不断总结提炼富有时代气息、具有检察特质、社会普遍认同的检察职业精神；将检察职业精神纳入各类教育培训的内容体系，确保检察职业精神进教材、进课堂，入心入脑；坚持知行合一、学用相长，把检察职业精神融入到各项检察工作中，推动检察工作不断科学发展。

（三）强化法律监督能力建设，提高检察职业素质。坚持以队伍专业化推动能力建设，继续推进大规模教育培训，有针对性地加强专门培训和实践锻炼。要认真贯彻落实全国人才会议精神，切实加强

检察业务专家、业务尖子、办案能手和高层次法律人才培养。广泛开展"建设学习型党组织、创建学习型检察院"活动，大兴学习之风，引导广大检察人员树立终身学习理念，建立长效学习机制，积极营造浓厚的学习氛围，不断更新知识结构，提高法律监督能力。

（四）深入推进执法规范化建设，规范检察职业行为。抓好已经出台的《检察职业行为基本规范（试行）》、《检察机关文明用语规范》和即将出台的《检察机关执法工作规范》的贯彻实施，注重规范检察执法礼仪，突出重点岗位和关键环节，把各种规范要求融入执法办案流程、岗位职责和办案质量标准之中，以信息化为手段，通过细化执法标准、严密执法程序、加强执法监督、完善执法考评，实现对执法办案的动态管理、实时监督和科学考评，促进公正规范执法。

（五）深化职业道德和廉政教育，塑造检察职业形象。以学习贯彻《检察官职业道德基本准则（试行）》为契机，以深入推进"恪守检察职业道德、促进公正廉洁执法"主题实践活动为抓手，以推广实施检察官宣誓制度为载体，大力加强职业道德建设，建立健全教育、宣传、自律、监督、考核并重的职业道德实施机制。要坚持典型引路，深入开展创先争优活动，大力宣传推出一批恪守检察职业道德、公正廉洁执法的重大先进典型。要深入开展"反特权思想、反霸道作风"专题教育活动，大力加强廉政文化建设，制订出台《检察机关领导干部廉洁从检若干规定》，建设科学严密、完备管用的检察机关惩治和预防腐败体系。广泛开展岗位廉政教育、纪律作风教育等，筑牢检察人员拒腐防变、廉洁从检的思想防线。大力推行"检务公开"、"阳光检察"、"检察开放日"活动，切实以公开促公正、保廉洁、赢公信。

四、坚持以创新文化载体和工作机制为动力，努力提升检察文化建设的科学化水平

创新是文化的本质特征，开展文化建设，不仅要有满腔的热情，更要有理性的思考，对文化建设发展规律的科学把握。推动检察文化建设繁荣发展，关键在于创新文化活动载体和机制。

要加强检察文化建设的理论研究。应当说，经过多年的实践，检察文化建设有了长足发展，取得了明显成效，积累了丰富经验。但是对加强检察文化的基本理论问题的研究还需要进一步加强，特别

是对检察文化的基本内涵、基本范畴、基本特征、基本规律，以及检察文化建设与检察工作、队伍建设的关系和相互作用等研究，在探索中很好地回答"什么是检察文化"、"为什么开展检察文化建设"、"怎么样开展检察文化建设"等重要命题，逐步探索建立起科学完善的中国特色社会主义检察文化理论体系，为推动检察文化建设由自发到自觉提供科学指导。这次座谈会将安排专门时间讨论修改最高人民检察院《关于加强检察文化建设的意见》，希望大家畅所欲言，提出建议性意见和建议，进一步完善《意见》，使之真正成为今后推进检察文化建设发展的纲领性文件。

要丰富文化活动载体。坚持把服务检察人员的文化需求作为基本出发点和落脚点，积极开展形式活泼、寓教于乐、深受检察人员喜闻乐见的经常性书画、摄影、文艺表演、球类、棋类等文化活动，特别要倡导开展不受环境条件和时间限制，便于组织安排、便于检察人员参与、适合机关工作特点的文体活动，既为广大检察人员展示才华提供平台，也使大家通过参加活动放松身心、陶冶性情、获得精神上的满足和依归。要加强检察机关办公场所法治文化建设，组织检察人员用身边人、身边事、自己的语言精心打造"文化长廊"、"文化墙"，营造浓厚的文化氛围。要建立检察博物馆、荣誉室等，不断激发检察人员的集体荣誉感、归属感和使命感。要充分发挥检察文化在改善队伍管理、激发活力等方面的重要作用，坚持以人为本的管理理念和管理模式，注重人文关怀，加强心理健康教育和疏导，帮助解决实际困难，积极营造和谐健康的人际关系和工作氛围。

要繁荣检察文艺创作。我们正处在一个大改革大开放大发展的时代，检察工作的生动实践，为繁荣检察文艺提供了丰富的内容、题材和主题。各级检察机关要整合检察系统文艺人才、社会资源和社会文艺人才，进行检察文艺作品创作，打造检察文化精品。适时邀请和组织检察文艺工作者、专业作家、文艺创作者深入深入基层、深入办案一线，体验生活，吸取养分，创作出主题鲜明、内涵深刻、表现形式新颖、感召力强的优秀检察文艺作品。继续发挥检察报刊、杂志、影视中心在文化建设中的重要作用，积极利用电视、电台等文化传媒，进一步加强检察题材影视作品的创作和宣传，弘扬主旋律，扩大检察机关的影响力和受众面。

要重视运用高科技推进文化创新。充分认识科技进步对检察文化发展的重要作用，自觉站在科技发展的前沿，不断丰富文化载体。要通过移动电视、数字电视、手机报纸、短信、网络出版、博客、微博、播客等拓展检察文化传播渠道，丰富传播手段，提高传播能力。加强检察网络文化建设，建立网络交流平台和联动机制，加强与人民网、新华网等主流网站的联系，实现互通信息、共享资源，不断为检察文化注入新内容、构建新平台、创造新形式，进一步拓展检察文化发展空间。

要注重文化建设工作机制建设。检察文化建设是一项全局性、战略性的工作，领域宽、涉及面广，必须加强工作机制建设，整合资源，形成合力。各级检察机关政工部门是文化建设的牵头部门和责任部门，要坚持检察长亲自抓，分管领导重点抓，政工部门具体抓，相关部门协作抓，一级抓一级，层层抓落实，形成职责明晰、分工负责、齐抓共管的工作格局。检察文联、工会、妇委会、共青团等党群组织要发挥各自优势，积极参与组织开展各项特色活动。

五、加强领导，加大投入，为检察文化建设提供有力的组织保证和物质保障

繁荣和发展检察文化是当前检察机关面临的一项重要任务，是在新的历史起点上推动检察工作上层次、上水平的重要措施。各级检察机关要进一步深化认识，加强领导，加大投入，加强文化人才队伍建设，推动检察文化建设健康发展。

一是切实强化领导责任。各级检察机关要把检察文化建设纳入检察工作整体部署来思考和筹划，摆上重要议事日程，统筹兼顾检察工作、队伍建设和文化发展。上级检察院要加强对下指导，及时总结推广经验，把加强检察文化建设作为考核的重要内容，建立健全目标管理、考核评价和激励机制。要把检察文化建设的重点放在基层，注重从基层实践的发展进步和人民检察的优良作风中汲取新鲜养分。各级检察院领导干部要率先垂范，做好表率，推动检察文化建设整体发展。

二是切实加大物质保障。物质保障既是检察文化建设的物质基础，也是检察文化的有形载体。各级检察机关要按照规模适当、庄重实用、布局规范、功能齐全的总体要求，在"两房"建设中，加强检察机关公用区域的文化设施建设。要把文化建设经费纳入年度预算，积极争取财政支持，确保逐步提高对文化建设的投入,为检察文化的繁荣发展提供有力的物质保障。

三是切实加强文化建设队伍。要把政治思想坚定、组织协调能力强、具有开拓精神、懂检察业务、熟悉文化工作的优秀干部和文艺人才挑选到文化建设岗位。加强检察文化工作者专业化培训,不断提高做好文化工作的能力和水平。要及时帮助解决文化工作中遇到的实际困难,支持文化工作者大胆开展特色文化活动。要善于发现和利用本系统、本单位、本部门的检察文化资源,发掘各类检察文艺人才,引导他们积极投身检察文化建设。要加强与文化界等社会各界的沟通联系,主动邀请文化界知名人士参加检察文化活动,参与检察文艺创作,凝聚各方面人才共同推动检察文化事业繁荣发展。

四是切实发挥典型示范作用。这次文化建设工作座谈会,将专门安排近年来在检察文化建设方面取得明显成效的 13 个先进单位作经验发言,目的是分享总结这些单位推进检察文化发展的好经验好做法,为全国检察文化建设树立标杆和榜样,以点带面推动全国检察文化建设。最高人民检察院将适时推出一批全国检察文化建设示范单位,充分发挥先进典型的示范作用。各级检察院要认真学习借鉴示范单位的有效措施和先进经验,研究检察文化建设的规律,积极探索适合自身发展的文化建设之路,不断提高文化建设水平。

检察文化建设常抓常新,充满活力,大有可为。这次全国检察文化建设座谈会,是对检察文化建设活动成果的一次集中展示和总结,是深入推进检察文化建设的重要措施。希望同志们珍惜机会,在会议期间,集中精力,认真思考,互相交流,深入研讨,进一步统一思想,坚定信心,明确思路,使这次活动收到实效,达到预期目的。我们要以这次座谈会为新起点,以更加深刻的认识,更加开阔的思路,更加有力的措施,全面兴起检察文化建设新高潮,努力开创检察文化建设新局面,为全面推进中国特色社会主义检察事业科学发展提供强有力的精神动力、舆论支持和文化保障!

第三部分

省、自治区、直辖市
人民检察院工作报告

北京市人民检察院工作报告(摘要)

——2010 年 1 月 28 日在北京市第十三届人民代表大会第三次会议上

北京市人民检察院检察长　慕　平

(2010 年 1 月 30 日北京市第十三届人民代表大会第三次会议通过)

2009 年,北京市检察机关在市委、最高人民检察院的领导和市人大及其常委会的监督下,深入贯彻落实科学发展观,紧紧围绕"保增长、保民生、保稳定"和"平安国庆"工作,全面履行各项检察职能。

一、全力维护首都稳定,努力服务经济社会发展

面对去年国际金融危机蔓延、国内经济运行困难、国庆维稳压力明显增大的严峻形势,全市检察机关始终把维护稳定作为首要责任、把服务发展作为第一要务,充分发挥打击、预防、监督、保护等职能作用,努力为北京经济平稳较快发展、社会和谐稳定创造良好的法治环境。

严厉打击影响稳定和发展的刑事犯罪。充分履行审查批捕、审查起诉等法定职责,全年共批准逮捕各类刑事犯罪 22272 人、提起公诉 27383 人。严厉打击境内外敌对势力的分裂破坏活动,突出打击严重影响群众安全感的暴力犯罪和多发性侵财犯罪,深入推进"打黑除恶"专项斗争,依法批捕、起诉了一批恶势力犯罪案件。坚决打击破坏经济秩序和损害群众利益的经济犯罪,依法及时批捕、起诉手机电信诈骗等新类型犯罪案件,特别是加大打击非法吸收公众存款、合同诈骗等涉众型犯罪力度,依法起诉了涉案群众达 9000 余人次的杨红丽等 38 人非法传销案件。

认真落实宽严相济的刑事政策。在严厉打击各类刑事犯罪的同时,依法对轻微犯罪从宽处理,对没有逮捕必要的不予批准逮捕 880 人,对情节轻微的决定不起诉 325 人。切实贯彻"教育、感化、挽救"的方针,积极探索未成年人犯罪案件办理机制,采取法律援助、社会调查、分案起诉等举措,不断完善符合未成年人身心特点的办案方式。推行轻微刑事案件快速办理机制,积极探索刑事和解办案方式,促进社会和谐稳定。

努力化解矛盾纠纷。高度重视群众举报、控告和申诉,开通统一的 12309 举报电话,完善信访接待工作机制,积极探索公开审查、公开听证等办案方式,办理群众信访 10091 件。深入排查化解涉检信访,健全首办责任制,综合运用联合接访、带案下访、救助救济等手段,扎实开展释法说理工作,努力平息社会矛盾。

积极参与社会治安综合治理。开展"听呼声、走百家、送服务"为民实践活动,深入重点工程和开发区为企业提供法律服务。深化送法进学校、进社区、进农村工作,各区县检察院积极探索检察官担任法制村长、驻乡镇检察室、社区检务工作站等机制,把法律监督延伸到基层。针对办案中发现的问题,及时发出检察建议,督促有关部门健全制度、堵塞漏洞,努力营造良好的社会环境。

二、深入查办和预防职务犯罪,积极促进反腐倡廉建设

查办职务犯罪是检察机关的重大政治责任,也是中国特色司法制度关于检察职权配置的重要特点。全市检察机关始终把查办职务犯罪放在突出位置来抓,努力以查办和预防职务犯罪的实际成效服务发展、取信于民。

切实加大查办贪污贿赂犯罪力度。强化举报宣传和线索管理,加强与纪检监察、国资委等部门的联系,大力提升发现犯罪的能力,集中优势力量突破案件。全年共立案侦查贪污贿赂犯罪 319 件 369 人,同比分别上升 13.1% 和 10.8%,为国家挽

回经济损失 6.2 亿多元。突出查办有影响、有震动的大案要案，共立案侦查贪污贿赂百万元以上大案 47 件，县处级以上要案 85 人，其中厅局级 19 人。一是依法查办了一批中央、最高人民检察院交办的大案要案。依法办理了中国石油化工集团公司原总经理陈同海受贿案，铁道部原党组成员、政治部主任何洪达受贿、巨额财产来源不明案，国家开发银行原副行长王益受贿等案件。二是依法查办人民群众关注、涉及民生和发展的案件。深入开展查办城镇建设领域商业贿赂和涉农职务犯罪专项工作，分别立案侦查 31 件 31 人、21 件 28 人。三是突出查办重点行业职务犯罪。在工程建设、税务、司法等重点领域加大了办案力度，依法查办了税务系统 14 人涉嫌职务犯罪案件。

严肃查办渎职侵权职务犯罪。国家机关工作人员滥用职权、玩忽职守等犯罪，以及利用职权实施的侵犯公民人身权利、民主权利的渎职侵权犯罪，不仅使公共财产、国家和人民利益遭受重大损失，而且严重损害党和政府的形象。全市检察机关紧紧抓住影响发展的突出问题和人民群众关注的热点问题，健全举报宣传、线索管理、内外部协作等机制，不断加大办案力度，努力推动反渎职侵权工作取得新进展。共立案侦查渎职侵权犯罪 49 件 54 人，其中重特大案件 21 件，县处级以上要案 11 人。严厉打击责任事故背后的渎职犯罪，积极介入事故调查 30 余起，立案侦查 5 件 5 人。依法查办涉及民生领域的渎职犯罪，先后在人防工程、社会保障、医药卫生等领域取得新突破。

深入开展职务犯罪预防工作。按照党的十七大提出的"更加注重治本、更加注重预防、更加注重制度建设"的要求，积极探索侦防一体化机制，在重点领域和行业推行预防介入侦查工作，增强查办和预防职务犯罪的效果。加强重点工程职务犯罪预防工作，坚持预防关口前移，主动与发改委、财政局等部门联系，对全市 30 个重点工程开展预防调查，提出预防建议；围绕重点工程拆迁，探索流程风险防控办法，确保政府投资重大项目专项资金"阳光运行"。注重抓好系统预防，在金融、医药卫生、教育等领域搭建预防网络，与市教委联合开展预防职务犯罪警示教育展。完善行贿犯罪档案查询系统，共向工程招标等单位提供查询 237 件。

三、着力强化诉讼监督，切实维护司法公正

市人大常委会通过的《关于加强人民检察院对诉讼活动的法律监督工作的决议》，为推进诉讼监督工作提供了重要机遇。全市检察机关采取有力措施，不断推动诉讼监督工作取得新进展。

切实抓好《决议》的贯彻落实。专门成立贯彻落实《决议》工作领导小组，制定了《关于加强对诉讼活动的法律监督工作的意见》，进一步统一思想，切实找准强化诉讼监督的着力点。去年 9 月，市检察院向市人大常委会做了贯彻落实《决议》的专题报告，委员和代表对《决议》实施一年来取得的成效给予了充分肯定，同时对进一步加强诉讼监督工作提出了新的要求。各区县检察院及时向党委、人大汇报落实《决议》的情况，17 个区县人大常委会听取并审议了检察院开展诉讼监督的专题报告，为全面贯彻落实《决议》奠定了坚实的基础。

不断完善诉讼监督机制。着眼于发挥中国特色司法制度的内在优势，加强监督机制建设，确保司法公正。一是建立诉讼监督程序规范。制定了立案监督、侦查监督、刑事审判监督、刑罚执行和监管活动监督、民事审判和行政诉讼活动监督五项实施细则，努力解决诉讼监督工作程序不严密、操作性不强的问题。二是完善内部联动机制。针对上下级检察院、各业务部门之间诉讼监督职责分散、协作配合不够紧密的现状，完善向上级院报告和备案、线索移送和工作衔接等制度，整合监督资源，形成监督合力。三是健全延伸监督机制。针对实践中监督意见回复反馈少、监督效果不明显的情况，加强跟踪监督，采取口头纠正、发出检察建议书或纠正违法通知书等多种方式，有效监督纠正各类违法情形。

不断加大诉讼监督力度。以人民群众反映强烈的突出问题为重点，努力增强诉讼监督实效。一是加强刑事诉讼监督。在刑事立案监督方面，不断拓宽监督渠道，监督侦查机关立案 28 件 31 人。在侦查活动监督方面，依法纠正漏捕漏诉、违法侦查，追加逮捕 101 人、追加起诉 142 人，对发现的违反法律规定的侦查活动提出书面纠正意见 72 件。在刑事审判监督方面，扎实开展刑事审判监督专项检查工作，对认为确有错误的刑事判决提出抗诉 76 件。在刑罚执行和监管活动监督方面，认真开展看守所监管执法专项检查等活动，及时向监管机关和有关单位发出纠正意见 660 件次，建立监管场所重大事故调查、被监管人死亡事件检察工作制度，维护监管场所的安全和在押人员的合法权益。二是加强民事审判和行政诉讼监督。重点办理群体申诉、劳动争议等涉及社会稳定和民生的案件,切实提高办案质量和效率,对认为确有错误的民事行政判决提出抗诉54件、发出再审检察建议25件。同时,坚持息诉与抗诉并重,认真细致地做好不予抗诉案件的息诉服判工作,努力维护司法公正和社会稳定。

三是严肃查办执法不严、司法不公背后的职务犯罪。加大查办司法人员职务犯罪力度,共立案侦查30人,同比上升30.4%,依法查办了市公安局网监处原处长于兵涉嫌贪污、受贿、徇私枉法犯罪等案件。

四、切实加强基层基础建设,夯实全面发展的根基

检察机关最艰巨、最繁重的任务在基层,80%的案件和80%的人员集中在基层。因此,加强基层检察院建设极为重要。去年6月,市检察院专题向市委常委会汇报了基层检察院建设情况,常委会高度重视并作出重要指示。按照中央、市委要求和最高人民检察院部署,市检察院制定了《关于进一步加强北京市基层检察院建设的意见》,努力提升基层检察工作水平。

进一步加强队伍建设。按照严格、公正、文明执法的要求,努力建设高素质检察队伍。一是坚持抓好思想政治建设。认真开展深入学习实践科学发展观活动,集中解决了一些影响和制约检察工作科学发展的突出问题。深化大学习大讨论活动和社会主义法治理念教育,确保检察人员始终坚持"三个至上",做到执法办案法律效果、政治效果和社会效果的有机统一。大力加强检察职业道德建设,认真实践忠诚、公正、清廉、严明的检察官职业道德,积极宣传全国模范检察官张京文、北京市人民满意的政法干警标兵彭燕等先进典型,努力营造奋发向上的氛围。二是突出抓好领导班子建设。进一步优化领导班子结构,调整交流领导干部37名,增强班子创造力、凝聚力和战斗力。积极组织领导干部素能培训、研修等活动,提高各级领导干部推动检察工作科学发展的能力。加强对领导干部的监督和管理,认真落实述职述廉、个人有关事项报告等制度,促进领导干部清正廉洁。三是扎实抓好业务培训和人才培养。坚持面向基层、面向一线,开展大规模教育培训,采取在线学习、岗位练兵等措施,努力提高检察人员执法办案能力和水平。加快高层次人才培养步伐,评选出第二届"北京市检察业务专家"20名,充分发挥业务专家、骨干人才的示范引领作用。

进一步把工作重心放在基层。优化检力资源配置,新增政法专项编制全部充实到基层检察院,协调市编办解决业务部门级别相对偏低等问题,切实做到人员编制向基层倾斜、向办案任务重的单位倾斜。加强对基层检察院的指导力度,完善市检察院领导联系基层、业务部门对口指导、考核评价机制。按照最高人民检察院的要求,对8个基层检察院开展了巡视,切实提升基层整体工作水平。

进一步推进信息化和科技装备建设。在各级党委、政府的大力支持下,全面推进科技强检战略,健全信息化业务系统、综合考评系统、政法部门之间信息资源共享等平台,不断提高检察工作信息化水平。加大侦查指挥、检验鉴定等科技装备建设,逐步建立适应检察工作发展需要的现代化装备体系。

五、主动接受人大及社会各界监督,确保检察权依法正确行使

牢固树立监督者必须自觉接受监督的意识,把强化自身监督与强化法律监督放到同等重要的位置,不断完善内外部监督制约机制,努力保障执法办案严格依法进行。

自觉接受人大监督。认真贯彻落实第十三届人大二次会议决议,对学习贯彻会议精神、加强和改进工作作出部署。主动向人大及其常委会报告工作10次,积极配合人大常委会组织的专题调研和检查,认真研究人大代表提出的建议、批评和意见。主动邀请人大代表参与重大工作部署和执法活动,努力为人大代表履行职责、了解检察工作提供便利。

广泛接受民主监督和社会监督。严格执行人民监督员制度,对职务犯罪案件中拟作撤案、不起诉处理和犯罪嫌疑人不服逮捕决定的"三类案件",人民监督员参与监督32件。不断完善特约监督员和专家咨询监督员制度,认真听取政协委员、社会各界对检察工作的意见和建议。深入推进检务公开,健全新闻发布工作机制,加强网上信息发布、案件查询、意见反馈,依法保障人民群众的知情权、参与权和监督权。完善保障律师执业权利的工作机制,注重听取律师意见,促进自身公正执法。

健全内部监督制约机制。继续推进执法规范化建设,完善案件流程管理、动态监督、质量考核机制。加强职务犯罪侦查的监督制约，严格执行立案、决定逮捕案件备案制度和撤案、不起诉案件报批制度，实行职务犯罪案件审查决定逮捕上提一级改革。认真落实执法过错责任追究制，建立检察官执法档案，全面推进廉政风险防范建设。加大督察力度，先后开展执行"禁酒令"、办案安全等专项督察4次。坚持从严治检，严肃查处违纪人员3人，努力做到自身正、自身硬、自身净。

在总结工作成绩的同时，我们也清醒地看到，北京检察工作与当前经济社会发展的新形势和人民群众的新要求相比，还存在一些不足：一是履行法律监督职责的能力需要进一步增强。惩治犯罪、化解矛盾与构建和谐社会首善之区的要求还有差距，查办和预防职务犯罪工作与人民群众的期待还有差距，亟须在腐败案件易发多发的领域、人民群众反映强烈的热点问题上取得新突破。诉讼监督工作与维护司法公正的要求还有差距，民事审判等监督工作仍然比较薄弱，还存在监督水平不够高、监督机制不太健全等问题，诉讼监督工作的力度和社会效果有待增强。二是队伍的素质能力需要进一步提升。高层次、领军型、骨干型人才数量不足。新形势下做群众工作的能力还不强，不能完全适应开放、透明、信息化条件下执法办案的新要求。检察官职业道德、队伍纪律作风仍需加强，个别检察人员违纪行为仍有发生。三是基础工作需要进一步加强。业务、队伍、保障等工作机制还不尽完善，基层检察院发展还不均衡。这些问题的存在，既与市检察院领导班子认识把握检察工作规律的能力有关，也与部分检察人员社会主义法治理念树立得还不牢固有关。对此，我们将高度重视，以求真务实的精神，切实加以解决。

2010年是全面推动"人文北京、科技北京、绿色北京"建设的重要之年。北京检察机关服务经济平稳较快发展、维护社会和谐稳定面临新的挑战。我们的总体工作思路是：以党的十七大、十七届四中全会精神为指导，认真贯彻落实科学发展观，牢固树立社会主义法治理念，深入实践"强化法律监督、维护公平正义"的工作主题，紧紧围绕推进"社会矛盾化解、社会管理创新、公正廉洁执法"三项重点工作，切实发挥检察职能，努力为首都经济社会发展提供更加有力的司法保障。

（一）紧紧围绕首都工作大局，主动服务经济平稳较快发展。把贯彻落实中央、市委部署同检察工作实际紧密结合起来，努力找准服务经济平稳较快发展的切入点和结合点。围绕转变经济发展方式、优化经济结构调整，认真研究检察工作服务和保障经济发展的措施。进一步发挥检察职能作用，依法查办重大工程建设、社会保障等领域发生的破坏市场经济秩序和侵害民生的各类犯罪，依法惩治侵犯知识产权犯罪，努力服务首都经济发展。

（二）加强社会矛盾化解，积极推进平安北京建设。依法惩治刑事犯罪，积极配合公安等部门严厉打击恶势力犯罪、严重暴力犯罪和多发性侵财犯罪，突出打击金融诈骗、非法吸收公众存款等涉众型经济犯罪，维护治安大局稳定，保护人民群众生命财产安全。把化解矛盾贯穿执法办案的全过程，集中开展"清理化解涉检信访积案专项活动"，全面推进释法说理工作，健全矛盾纠纷排查化解、执法办案风险评估等机制，切实从源头上预防和减少涉检信访。努力服务社会管理创新，积极参与城乡结合部、治安重点地区的集中整治，深化送法进农村、进学校、进社区、进企业等活动，努力营造良好的社会法制环境。

（三）加大查办和预防职务犯罪力度，扎实推进反腐败工作。深入查办有影响、有震动的大案要案、窝案串案，重点查办发生在领导机关和领导干部中的贪污贿赂、失职渎职案件，大力开展治理工程建设领域突出问题、查办涉农职务犯罪等专项工作，依法查办人民群众反映强烈、社会影响恶劣的职务犯罪案件。坚持办案数量、质量、效率和效果的统一，推动查办职务犯罪工作平稳健康发展。结合办案深化预防工作，完善侦防一体化工作机制，积极向党委、政府、行业主管部门提出预防对策建议，努力从制度上、源头上减少职务犯罪的发生。

（四）深入推进检察改革，确保公正廉洁执法。把推进检察改革与贯彻落实市人大常委会《决议》结合起来，紧紧抓住影响公正廉洁执法的突出问题和诉讼监督的薄弱环节，认真落实中央、最高人民检察院部署的各项改革任务，不断完善抗诉、检察建议、行刑衔接等工作机制。进一步加大监督力度，重点监督纠正有罪不究、违法侦查、量刑畸轻畸重、违法减刑假释等问题，对正确裁判做好息诉服判等工作，深化诉讼监督工作效果，努力维护司法公正。

（五）强化内外部监督，不断提高执法公信力。牢固树立执法为民的宗旨，扎实做好保障民生、服务群众的工作,努力以强化法律监督的成效赢得群众信任。深化执法规范化建设,完善执法管理机制,实现对执法办案过程的动态监督。大力推进检务公开,切实增强检察工作的透明度。健全接受人大监督、民主监督、社会监督机制,严格执行执法办案内部监督、执法过错责任追究等制度,确保严格、规范、文明执法。

(六)大力加强以党建带队建工作,全面提升队伍素质和能力。深入贯彻落实党的十七届四中全会精神,不断加强和改进检察机关党的建设,深化社会主义法治理念教育,确保队伍政治方向坚定。

开展创建学习型领导班子、学习型检察院和学习型检察官活动。切实抓好领导班子建设,进一步优化班子结构,努力提升把握检察工作规律和科学决策的能力。组织开展大规模教育培训,加快队伍专业化建设。大力加强职业道德建设,开展"恪守检察职业道德、提升执法公信力"主题教育活动。切实加强基层检察院建设,推动首都检察工作创新发展。

在新的一年里,全市检察机关将在市委和最高人民检察院的领导下,在市人大及其常委会的监督下,认真贯彻落实本次会议精神,锐意进取,扎实工作,努力为首都经济社会发展作出新的贡献!

天津市人民检察院工作报告(摘要)

——2010年1月18日在天津市第十五届人民代表大会第三次会议上

天津市人民检察院检察长 于世平

(2010年1月21日天津市第十五届人民代表大会第三次会议通过)

2009年,是全市积极应对经济发展面临的困难和挑战,团结奋进、真抓实干,各项工作取得显著成效的一年。全市检察机关紧紧围绕保增长、渡难关、上水平的全市工作重心和市十五届人大二次会议关于检察工作的决议要求,坚持以邓小平理论和"三个代表"重要思想为指导,深入贯彻落实科学发展观,依法充分履行法律监督职能,努力为滨海新区开发开放和全市科学发展和谐发展率先发展提供有力的司法保障。

一、坚持把保障发展作为首要任务,努力提高服务大局水平

全市检察机关始终坚持把为"保增长、渡难关、上水平"创造有利司法环境作为重要任务,调整思路,改进方式,研究举措,努力保障和促进经济社会又好又快发展。

深入开展走访"双百"司法调研服务活动,努力增强服务发展的实效。全市检察机关牢固树立大局意识,全力服务第一要务,不断增强服务、促进和保障发展的自觉性。各级检察长带头深入调研,直接听取各方意见,努力转化成为滨海新区和全市经济社会又好又快发展服务的新举措。年初,及时组织开展了走访"百家企业和百个村镇"司法调研服务活动,深入工业、城建、滨海新区、民营企业等重点行业、企业和农村基层村镇,了解司法需求,提供法律服务,共走访大型企业212家、重点村镇173个,解决典型问题135件。在深入调查研究的基础上,市人民检察院及时制定出台了《关于发挥检察职能作用,为"保增长、渡难关、上水平"服务的意见》,就全市检察机关进一步端正执法思想、把握法律政策、提高执法水平以及确保实现"三个效果"有机统一等问题提出了具体要求。两个分院和各区、县检察院也都紧密结合辖区实际制定了多项具体服务措施。市人民检察院还统一公布了全市三级检察机关24小时服务电话,就涉及检察工作的问题给予指导解读,受到社会各界的普遍好评。

不断更新执法理念,努力实现"三个效果"的有机统一。全市检察机关坚持把抓好执法办案作为保障经济社会发展的重要途径,努力更新执法理念,改进办案工作,确保最佳效果。强调既要坚持严格依法办案,又要注重把握时机和方式方法,尽最大努力减少实际影响,支持和保障企业集中精力发展经济。提出在维护社会和谐稳定工作中,要处理好打击犯罪与保障人权的关系,理性、平和、文明、规范执法,耐心听取诉求,诚心接受监督,切实维护当事人人格尊严。在查办职务犯罪工作中,要处理好惩治犯罪与预防犯罪的关系,既坚决依法查办案件,又及时澄清事实,切实做到惩治犯罪者、教育失误者、保护无辜者、支持改革者,努力实现法律效果、政治效果和社会效果的有机统一。在诉讼监督工作中,要处理好监督纠正违法与维护司法权威的关系,在监督中配合、在配合中监督,努力做到敢于监督、善于监督、依法监督、规范监督,有效维护法律的统一、尊严和权威。

深入推进检察体制和工作机制改革,为履行职能服务发展提供制度保障。全市检察机关根据上级部署和天津检察实际,积极稳妥地推进检察改革,为实现检察工作创新发展、更好地服务第一要务提供制度和机制保障。市人民检察院按照国务院关于《天津市滨海新区综合配套改革试验总体方案》的批复精神和市委的部署要求,紧密结合滨海新区体制改革的实际,提前开展调查研究,积极做好滨海新区人民检察院的筹建工作,努力使滨海新区检察机关的机构设置和各项工作更好地适应为滨海新区开发开放服务的需要。认真落实推进职务犯罪案件审查逮捕程序改革的各项要求,进一步理顺职务犯罪侦查部门与侦查监督部门之间的监督配合关系,全面实行了职务犯罪案件审查逮捕上提一级,使检察职权配置更为优化,查办职务犯罪工作得到明显加强。同时,针对市公安局看守所职责分工调整,及时明确两个分院在法律监督方面的管辖范围和监督职责,使各项工作有效衔接、及时跟进,有力保障了法律的统一和正确实施,为检察工作的深入发展增添了新的动力。

深入开展"争创"活动,努力提高检察工作整体水平。去年,是全市检察机关根据市委提出的天津政法工作要走在全国前列的工作要求,深入开展为期五年的争创全国先进检察院活动的第二年。市人民检察院加大推动力度,集中开展了"看亮点、学先进"活动,组织全市各级检察长深入河西、河北、南开、河东等区县检察院实地学习考察,通过互看互比互学,现场交流经验体会,促使各单位进一步

查找工作差距,挖掘自身潜力,争创一流业绩。特别是注重发挥市检察院机关的领导和监督作用,通过加强严格管理、改进工作作风、加强业务指导、开展案件评查等活动,较好地起到了示范和带头作用。去年,市人民检察院检察委员会研究制定的《刑事立案监督工作细则》等11份规范性文件,为统一全市检察系统的执法尺度、规范业务工作、提高司法水平发挥了重要作用。经过努力,全市检察工作整体水平有了显著提高。

二、坚持以依法办案为中心,充分发挥法律监督职能作用

全市检察机关忠实履行宪法和法律赋予的各项职责,自觉把人民群众关注的稳定、廉政、民生和公正等问题作为检察工作的重点,不断加大法律监督工作力度,推进各项检察工作取得新进展。

坚持依法严厉打击刑事犯罪,全力维护社会和谐稳定。全市检察机关针对刑事犯罪的新情况和社会矛盾的新特点,依法履行批准逮捕、提起公诉等职能,与有关司法机关密切配合,依法打击杀人、抢劫等严重暴力犯罪,盗窃、抢夺等多发性侵财犯罪,贩卖毒品和走私、骗税等犯罪活动,全力维护社会治安秩序和市场经济秩序的稳定。全年共批准逮捕各类刑事犯罪嫌疑人10268人,提起公诉14423人,决定不批捕382人,不起诉162人,办理刑事申诉案件87件。深入贯彻宽严相济的刑事政策,积极推进量刑建议、刑事和解、轻微刑事案件快速办理等工作,完善未成年人犯罪案件办案机制,该严则严,当宽则宽,宽严适度,促进社会和谐稳定。认真落实社会治安综合治理措施,积极参与平安天津创建活动,全力维护国庆六十周年期间社会大局稳定。坚持以对人民高度负责的精神做好涉检信访工作,各级领导一线接访,亲自包案,采取依法处理、教育疏导、救助救济等有效措施,实现案结事了、息诉止访。全年共办理群众来信来访5678件。

坚持依法查办和预防职务犯罪,促进党风廉政建设和反腐败斗争深入开展。全市检察机关坚决贯彻落实中央、市委和最高人民检察院关于加大查处违纪违法案件力度的总体部署,把查办和预防职务犯罪始终放在突出位置来抓,推动查办职务犯罪工作的平稳健康发展。全年共初查贪污贿赂、渎职侵权等职务犯罪案件线索659件,立案358件425人,其中处级以上干部和数额在五万元以上的大案要案255件295人,大要案率69.4%,对于涉嫌渎

职犯罪的重大安全事故及时派员参与调查和处理工作。所有这些都有力地震慑了犯罪，促进了国家机关工作人员依法廉政勤政履行职责，并为国家挽回经济损失 5110 万元。在依法办案的同时，主动加强与行政管理、执法执纪和其他司法机关的沟通协作，建立健全情况通报、信息共享、线索移送、协助调查、联手预防等制度，定期与市纪检委等 26 家预防职务犯罪成员单位召开联席会议，构建共同惩治和预防职务犯罪的工作格局。针对职务犯罪发案原因、特点、规律和管理的薄弱环节，共提出预防犯罪的检察建议 133 件，被采纳 129 件，促使有关单位和部门建立内控机制，堵塞了漏洞。为进一步扩大预防效果，在全市检察系统成立了预防职务犯罪百人宣讲团，各级检察长带头开展法制宣传教育，共举办预防职务犯罪法制教育宣讲 234 场次，受教育干部人数近 3 万人。推行使用新版行贿犯罪档案查询系统，向社会提供查询服务 534 次，为从源头上治理腐败发挥了应有作用。

坚持强化对诉讼活动的法律监督，切实维护司法公正和法制统一。全市检察机关组织开展了刑事审判法律监督专项检查活动，着力解决滥用强制措施等问题。全年要求公安机关说明不立案理由 121 件，公安机关共立案 72 件 120 人，对侦查活动中的违法情况提出纠正意见 108 件，对应当逮捕而未提请逮捕、应当起诉而未移送起诉的，决定追捕犯罪嫌疑人 84 人、追诉犯罪嫌疑人 56 人。坚持把量刑畸轻畸重和严重违反法定程序影响公正审判的案件作为监督重点，对认为确有错误的刑事判决、裁定提出抗诉 58 件，认真做好死刑第二审案件的审查和出庭工作。加强民事审判和行政诉讼活动法律监督，重点解决裁判不公等问题。全年受理案件 1290 件，立案 459 件，对认为确有错误的民事、行政判决和裁定提出抗诉 88 件，提出再审检察建议 8 件，法院已改变原判决和裁定 56 件。对法院裁判正确的，重视做好申诉人的服判息诉工作，有力维护了司法权威。加强刑罚执行和监管活动法律监督，配合有关部门开展看守所监管执法专项检查、全国监狱清查事故隐患、促进安全监管等专项活动，重点解决违法减刑、假释、保外就医等刑罚变更执行问题。对监管改造执法活动违法情况提出书面纠正意见 48 件次，对监外执行犯监管活动提出书面纠正 13 件次，有效维护了监管秩序和被监管人的合法权益。同时，坚持把监督纠正违法与查办职务犯罪结合起来，依法受理司法工作人员贪赃枉法、徇私舞弊等犯罪案件 28 件。

三、切实加强检察队伍建设，确保检察权依法公正干净行使

做好检察工作，抓好队伍是根本，加强自身监督是关键。全市检察机关按照严格、公正、文明、廉洁执法的要求，着力加强检察队伍建设和监督制约机制建设。

着力提高检察队伍的执法能力和整体素质。全市检察机关深入学习贯彻党的十七届四中全会和市委九届六次全会精神，认真开展学习实践科学发展观和社会主义法治理念教育活动，学习胡锦涛总书记关于做好政法和检察工作的重要讲话和批示，引导检察干警牢固树立保障发展、促进和谐的大局观，以人为本、司法为民的执法观，依法履职、接受监督的权力观，自觉坚持党的事业至上、人民利益至上、宪法法律至上，努力争做中国特色社会主义事业的建设者、捍卫者和社会公平正义的守护者。注重以党的建设带动和推进检察队伍建设，深入开展创建学习型检察院和学习型党组织活动。坚持大规模推进检察教育培训工作，深入开展岗位练兵、业务竞赛活动，加强检察业务专家评审工作和与高等院校的人才培养协作，鼓励在职人员参加攻读硕士学位的继续教育。全年共举办各类检察业务培训班 19 期，培训干警 3060 人次。结合新中国成立六十周年纪念活动，深入开展爱国主义和集体主义教育，举办了第三届天津检察论坛和天津检察讲坛及其他检察文化活动，积极营造追求进步、崇尚学习的浓厚氛围。坚持从严治检，强化纪律要求，通过明察暗访等形式，加大对履行职责、遵章守纪、检风检容等情况的督察力度，全年受理举报 21 件，查处违法违纪干警 4 人。

积极推进以领导班子建设为重点的干部管理机制改革。市人民检察院坚持把领导班子建设作为重中之重的任务来抓，在市委和有关部门的大力支持下，面向全市检察系统公开选拔 3 名副局级领导干部，全面启动各级检察委员会专职委员配备工作，优化领导班子配备，充实领导班子力量。为进一步激发领导班子活力，市人民检察院 90% 内设部门的领导干部进行了轮岗交流。坚持正确的选人用人导向，不断完善领导干部选拔任用机制，建立干警"逢晋必考"职级晋升机制，大力培养中青年干部，注重多岗位锻炼人才，营造了良好的选人用人

环境和氛围。同时,突出抓好领导班子民主集中制建设,严格执行领导干部述职述廉等制度,切实加强对领导干部的监督,不断提高领导干部的综合素质和表率作用。

自觉接受人大和社会各界对检察工作的监督。全市检察机关坚持接受人大的监督就是接受人民的监督,对人大负责就是对人民负责,牢固树立法律监督者必须自觉接受监督的观念。认真负责地向人大及其常委会报告工作,积极配合开展执法检查活动,依法办理人大交办的案件,切实加强与人大代表的联系工作。去年,配合市人大常委会对民事行政检察工作进行执法检查,主动邀请人大代表、政协委员和特约检察员、特邀监督员、人民监督员参与检察机关开展的有关专项检查活动,收到了很好效果。深化检务公开,通过做客人民网"强国论坛"与网友在线交流、召开新闻发布会等形式,及时向社会各界公布检察工作重要部署和进展情况,增强检察工作透明度,保障人民群众的知情权、参与权和监督权。认真执行修订后的律师法,保障律师依法执业权利,注意听取律师意见,促进自身公正执法。

切实加强对自身执法办案活动的监督制约。全市检察机关坚持把强化自身监督放在与强化法律监督同等重要的位置,根据检察工作的特点,加强内部分工和相互制约。通过逐级签订廉政责任状、建立执法业绩档案制度,加强对执法办案活动的监督,绝不允许以检察权谋私、以案谋钱和以检察官身份谋利,努力做到自身正、自身净、自身硬。严格落实人民监督员制度,对查办职务犯罪案件中犯罪嫌疑人不服逮捕和拟作撤案、不起诉决定的案件按规定交由人民监督员监督,全年人民监督员共监督案件78件83人。在全市检察机关组织开展了直接立案侦查案件扣押冻结款物专项检查,重点解决超范围处理扣押、冻结涉案款物和侵犯当事人合法财产权等问题,有力促进了严格、公正、廉洁、文明执法。

回顾去年的检察工作,也存在一些问题和不足,主要表现在:根据天津加快发展的新形势,检察机关服务和保障滨海新区和天津经济社会又好又快发展的思路、招法和能力还有许多不适应的地方;根据社会各界对依法治国、依法治市和公平正义的新要求,检察机关法律监督工作的措施还不够有力,有的工作还比较薄弱;根据建设公正、高效、廉洁司法制度的新任务,检察机关在推进检察改

革、建立完善机制方面,工作力度还不够大,效果还不够好;根据人民群众对检察工作的新期待,检察队伍的整体素质和执法水平还不够高,个别干警违法违纪的问题仍有发生。对于这些问题,我们将高度重视,采取有力措施,认真加以解决。

2010年是实施"十一五"规划的最后一年,是推动天津在高起点上实现新发展、再上新水平的关键一年。我们必须清醒地认识到,当前我国正处于深刻变革之中,面对人民内部矛盾凸显、刑事犯罪高发、对敌斗争复杂的严峻形势,保障天津又好又快发展的任务十分艰巨。市委九届七次全会就全市新的一年工作进行了总体部署,按照"调结构、促转变、增实力、上水平"的总体要求,强调要着力构筑"三个高地"、全力打好"五个攻坚战",所有这些都对检察工作提出了新的更高的要求。全市检察机关要认真贯彻落实党的十七届四中全会,全国政法工作会议,市委九届六次、七次全会,全国检察机关电视电话会议和全市政法工作会议精神,坚持以邓小平理论和"三个代表"重要思想为指导,深入贯彻落实科学发展观,以深入推进社会矛盾化解、社会管理创新、公正廉洁执法三项工作为重点,以深入开展争创全国先进检察院活动为载体,以强化法律监督、自身监督和高素质检察队伍建设为主要任务,努力把检察工作提高到新水平,为推进滨海新区开发开放、实现我市科学发展和谐发展率先发展提供更加有力的司法保障。做好新一年检察工作,要突出抓好五个方面:

(一)要紧紧围绕服务经济社会发展大局,努力提高司法服务和保障水平。要正确认识和深刻分析全市经济社会发展的新形势,切实增强为大局服务、为发展服务的自觉性和坚定性,真正把强化法律监督与服务经济社会又好又快发展紧密结合起来,找准工作切入点和着力点,积极主动地提供司法服务和保障。要根据市委的决策部署、重大发展战略的实施和重点领域工作的落实,进一步调整、完善和落实为经济社会发展服务的措施,充分发挥打击、预防、监督、保护等职能作用,努力为调结构、促转变、增实力、上水平,实现经济社会又好又快发展服好务。

(二)要紧紧围绕推进"三项重点工作",充分发挥检察机关职能作用。要深入实践"强化法律监督、维护公平正义"的检察工作主题,依法打击刑事犯罪、查办和预防职务犯罪、强化各项诉讼监督,统

筹抓好各项检察工作,切实发挥好法律监督职能作用。特别是要深入推进社会矛盾化解、社会管理创新、公正廉洁执法,着力做好涉检信访工作,配合有关部门加强社会管理和社会治安综合治理,促进社会和谐稳定。大力加强监督机制建设和执法规范化建设、检察信息化建设,进一步深化检务公开,不断提高公开、透明、信息化条件下的执法公信力。

(三)要紧紧围绕争创全国先进检察院活动,继续提升执法能力和水平。今年,为期五年的争创全国先进检察院活动进入第三年,正处在从夯实基础向夺取更多单项工作先进过渡的关键阶段。要采取有力措施加强对下指导,采取多种形式予以组织推动,促进各项检察工作出亮点、创特色、上水平。要认真落实实施方案,严格各级领导责任,确保争创活动有序开展、不断深入。要坚持重点推动与普遍推进相结合,抓住工作亮点,勇夺单项先进,不断提高法律监督水平,推动全市检察工作实现新跨越。

(四)要紧紧围绕深化检察工作改革,大力强化法律监督和自身监督。要认真贯彻落实中央和市委关于深化司法体制和工作机制改革的部署,对已经出台的完善抗诉工作和职务犯罪侦查工作内部监督制约机制、检委会议事规则等检察改革措施,要切实抓好落实。要继续抓好职务犯罪案件审查逮捕程序改革,正确处理上下级检察机关职务犯罪侦查部门与侦查监督部门之间横向纵向的监督配合关系,明确职责分工,完善工作机制,确保各项改革措施得到全面落实。要通过深化改革和机制创新,不断增强检察工作发展的动力和活力,确保取得人民群众满意的效果。

(五)要紧紧围绕公正廉洁执法,着力建设高素质检察队伍。要着力提高检察机关党的建设科学化水平,深入开展创建学习型检察院活动,切实加强思想政治建设和检察职业道德建设。坚持正确的选人、用人导向和用人标准,进一步健全领导干部选拔任用和轮岗交流机制,优化班子结构,激发班子活力,提高领导水平。坚持大规模推进检察教育培训工作,统筹开展各级各类检察人员的教育培训。坚持从严要求,深化检务督察,探索建立巡视制度,扎实推进执法规范化、队伍专业化、管理科学化、保障现代化建设,不断提高检察队伍的整体素质。

做好新一年的检察工作任务艰巨,责任重大。我们决心在市委和最高人民检察院的正确领导下,在市人大及其常委会的监督支持下,真抓实干,埋头苦干,干出水平,不断开创全市检察工作新局面,努力为加快推进滨海新区开发开放、实现我市经济社会又好又快发展作出新贡献!

河北省人民检察院工作报告(摘要)

——2010 年 1 月 14 日在河北省第十一届人民代表大会第三次会议上

河北省人民检察院检察长 张德利

(2010 年 1 月 16 日河北省第十一届人民代表大会第三次会议通过)

2009 年,全省检察机关在省委和最高人民检察院的正确领导下,在各级人大及其常委会的监督支持下,深入贯彻落实科学发展观,坚持"强化法律监督、维护公平正义"的工作主题,紧紧围绕"保增长、保民生、保稳定",全面履行法律监督职责,依法严厉打击影响经济发展、破坏和谐稳定、损害民生民利、危害公平正义的犯罪活动,强化各项诉讼监督工作,推动检察工作科学发展,更好地为经济社会科学发展服务。

一、着力促进全省经济平稳较快发展

围绕促进经济发展这个首要任务,积极参加整顿和规范市场经济秩序专项行动,依法打击金融诈骗、偷税骗税、非法集资、非法经营等犯罪活动,共批准逮捕破坏社会主义市场经济秩序犯罪案件

1297 人，起诉 1293 人。深化治理商业贿赂工作，查办商业贿赂犯罪案件 463 人。开展"查办危害能源资源和生态环境渎职犯罪"专项工作，查办危害土地、林业、矿产资源和破坏生态环境的滥用职权、玩忽职守犯罪案件 200 人。认真落实中央、省委开展工程建设领域突出问题专项治理工作的部署，依法查办和预防工程项目立项审批、招标投标、政府采购、资金管理使用等环节的职务犯罪。在工作中，依法保护各类市场主体和企业家、创业者、投资者的合法权益，正确把握法律政策界限，严格区分民事纠纷与刑事犯罪的界限，工作失误与渎职犯罪、正常收入与贪污受贿、资金合理流动与徇私舞弊造成国有资产流失等罪与非罪的界限。注重转变执法作风，改进办案方式方法，慎重选择办案时机和方式，慎重使用强制措施，慎重扣押冻结相关账目和银行账户，既依法办案，又最大限度地避免给项目建设、企业发展带来负面影响。

二、全力做好维护社会和谐稳定工作

以新中国六十周年国庆安保工作为中心，认真做好维护稳定工作。深入开展严打整治专项斗争，加大对黑恶势力犯罪、严重暴力犯罪、多发性侵财犯罪、涉众型经济犯罪和毒品犯罪的打击力度，共批捕各类刑事犯罪嫌疑人 42334 人，起诉 47125 人。其中批捕黑恶势力犯罪案件 583 人，现已起诉 283 人。全面贯彻宽严相济刑事政策，既注重发挥刑法对刑事犯罪的惩治功能，确保严打力度和效果，又注重对不同性质、不同情节的犯罪区别对待，依法纠正漏捕漏诉 2144 人，不捕不诉 3234 人。健全快速办理轻微刑事案件和办理未成年人犯罪案件工作机制，积极探索当事人达成和解的轻微刑事案件办理机制，与共青团、学校、未成年人保护组织密切配合，强化"青少年维权岗"建设。全省检察机关抽调数千名干警参加国庆安全保卫工作，参加省委部署的"干部下访接访"活动。依法妥善处理了一批涉检信访案件，排查信访积案 46 件，化解息诉 41 件，没有发生新的涉检进京上访。

三、深入查办和预防职务犯罪

按照中央和省委关于反腐败斗争的部署，突出查办发生在领导机关和领导干部中的职务犯罪，查办发生在社会保障、征地拆迁、食品销售、医疗卫生等民生领域的职务犯罪，查办危害社会和谐稳定和公平正义的职务犯罪。共立案侦查各类职务犯罪案件 1938 人，其中贪污贿赂案件 1302 人，渎职侵权案件 636 人；大案 697 件，要案 47 人；为国家和集体挽回直接经济损失 2.81 亿元。为加大办案力度和规范执法行为，省、市两级检察院开通了 12309 举报电话，及时受理群众举报；省检察院制定了《关于加强侦查协作合力查处司法领域职务犯罪案件的工作意见》，完善检察机关内部反贪污贿赂部门、反渎职侵权部门、监所检察部门的侦查协作机制；积极推行同步录音录像、电子笔录、多媒体示证等措施，增加办案工作的科技含量；实行办理重大敏感职务犯罪案件风险评估预警机制，进一步规范指定管辖工作。结合办案加强职务犯罪预防工作，开展预防教育 1669 次、预防调查 386 次、预防咨询 1940 次，接受行贿犯罪档案查询 426 次，提出检察建议 656 件。根据我省加大政府投资力度的新情况和实施城镇面貌"三年大变样"的决策部署，省检察院制定了《关于加强重大项目建设中职务犯罪预防工作保障政府投资安全的意见》，各级检察机关与有关部门配合，对 465 个重大项目实行了预防工作责任制，派出检察人员全程跟踪，有效预防职务犯罪，保障项目建设顺利进行，保障政府投资安全。

四、全面加强诉讼监督工作

围绕保障民生和促进司法公正加强诉讼监督工作，共监督侦查机关刑事立案 2313 件，监督撤案 389 件；向侦查机关、审判机关提出纠正违法意见 3098 件次；对认为确有错误的判决和裁定，提出刑事抗诉 226 件，提出民事行政抗诉 778 件、再审检察建议 780 件；对减刑、假释、暂予监外执行不当的提出纠正意见 698 人次，监督纠正监外执行罪犯脱管、漏管问题 381 件次。开展刑事审判法律监督专项检查活动，对 2003 年以来执行刑事审判监督制度情况、2008 年办理的刑事审判监督案件进行检查，进一步完善了刑事审判法律监督工作制度；开展看守所监管执法专项检查活动，对全省 152 个看守所的在押人员逐所、逐人进行检查，对 2006 年以来发生的在押人员非正常死亡情况进行专项调查，对 7 个存在严重问题的看守所进行监督整治，对 19 名涉嫌玩忽职守的监管干警立案侦查，监督司法机关对 28 名"牢头狱霸"严加惩戒。依法开展死刑二审出庭公诉工作，既注意保障被害人合法权益，又注意保障被告人合法权益，维护司法公正。

五、实行涉农检察工作新机制

为贯彻党的十七届三中全会和省委七届四次全会精神，把法律监督的触角延伸到农村，省检察院制定了《关于充分发挥检察职能服务农村改革发展的意见》和《关于实行涉农检察工作新机制的指导意见》，把涉农检察工作作为 2009 年的一项重点工作。全省三级检察机关都成立了涉农检察工作办公室，辖区有农村的基层检察院由院领导、业务骨干组成农村检察工作队，深入到乡镇、重点村和人口多的大村，用农民听得懂的语言、容易接受的方式开展工作，宣传法制、受理举报、接待来访、查办案件，把检察工作做到农村和农民中去。全省基层检察院抽调 2190 名检察官，组建了 537 支农村检察工作队，深入乡镇 5755 次、重点村 16876 次，宣传法制 13502 次，接待来访 6694 人次，受理举报 1158 件，查办涉农职务犯罪案件 663 人，办案追缴的赃款 1857.9 万元全部返还给农民。农村检察工作队对农民反映强烈的问题加强法律监督，配合有关部门组织开展了涉农资金专项监督活动，依法查办发生在征地补偿、粮食直补、退耕还林、农村基础设施建设和农机具补贴发放等环节的职务犯罪案件，结合办案帮助有关单位整章建制，规范管理，促进了中央和我省各项惠农政策的落实。

六、进一步加强检察队伍建设

以学习实践科学发展观活动和干部作风建设年活动为载体，全面推进检察队伍建设。加强思想政治和职业道德建设，教育广大检察人员保持正确的政治方向，深入实践社会主义法治理念，坚持党的事业至上、人民利益至上、宪法法律至上；开展了以社会主义核心价值体系为主要内容的文化育检活动和以"忠诚、公正、清廉、文明"为基本内容的检察职业道德建设。加强法律监督能力建设，开展大规模教育培训，举办了 171 期 5700 余人次参加的检察业务培训班；推进高层次检察人才建设，从全省业务尖子中评选出 15 位检察业务专家；面向社会公开招录工作人员 208 名，充实基层执法力量。加强纪律作风建设，在全国检察系统率先开展扣押、冻结、处理涉案款物专项清理工作，共清理涉及扣押款物案件 8436 件，对涉案款物该返还的返还、该移交的移交，同时进一步完善了规范扣押、冻结、处理涉案款物的长效机制；开展检务督察工作，省检察院组织检务督察 31 次，各市、县区院组织检务督察 248 次，发现和纠正检容风纪、执法办案和来访接待、警车使用等方面的问题 360 件。积极开展争先创优活动，全省检察机关有 90 个集体、140 名个人受到省级以上表彰。承德市检察院副检察长李

永志被授予"全国模范检察官"和"河北省优秀共产党员"称号，石家庄市裕华区检察院被授予第五届河北省"人民满意的公务员集体"称号，3 名检察官被省委、省政府授予"人民满意的公务员"称号。

七、坚持党的领导，接受人大监督，强化内部监督制约

全省检察机关牢固树立监督者也要接受监督的意识，自觉坚持党的领导、接受人大的监督、接受人民政协和社会各界的监督。对检察工作中的重大部署、重要改革措施和重大问题，及时向党委请示汇报。认真贯彻监督法，依法向人民代表大会及其常委会报告工作。省检察院向省人大常委会报告了开展渎职侵权检察工作、促进依法行政和公正司法的情况，根据审议意见制定了全面加强和改进渎职侵权检察工作的决定。认真办理省十一届人大二次会议交办的 2 件代表建议，向省人大常委会作了报告，向代表作了答复。主动接受人民监督员对相关案件的监督；组织召开了由各民主党派、工商联、无党派人士代表参加的座谈会；从金融证券、工程建设、国土资源、医疗卫生等领域聘请专家咨询委员 19 名，请他们为检察工作提供智力支持，接受来自各方面的监督。

进一步加强对自身执法活动的监督制约。突出加强对领导班子和领导干部的监督。各市检察院巡视基层检察院 31 个，上级检察院负责人与下级检察院负责人谈话 85 人次，诫勉谈话 20 人次。深入推进检察工作机制改革，重点加强对执法办案活动的监督。严格执行《最高人民检察院关于完善抗诉工作与职务犯罪侦查工作内部监督制约机制的规定》，对职务犯罪侦查权实行归口管理；坚持撤案、不起诉报上一级检察院批准制度；去年 9 月起实行市、县（区）检察院立案侦查的案件由上一级检察院审查决定逮捕的制度。不断完善责任追究制度，及时发现和纠正问题，追究了 4 名检察人员的执法过错责任。

全省检察工作存在的主要问题和不足：一是对经济社会发展面临困难的情况下如何更好地服务大局，调查研究不够，理性思考不足，更好地为经济社会科学发展服务的新举措还不多。二是创新工作机制，既充分发挥检察职能，又防止检察权滥用，推动检察工作科学发展的能力需要进一步提高。三是对诉讼活动中执法不严、司法不公的问题，少数检察人员缺少监督的勇气，法律监督的力度、质

量和效果同人民群众的期待还有差距。四是对自身执法活动的监督制约还需要进一步加强,一些检察人员业务水平不高,个别检察人员利用职权谋取私利,伤害群众利益和感情。对这些问题,我们将采取措施,认真加以解决。

2010 年,全省检察机关将认真贯彻落实党的十七大精神和省委、最高人民检察院的决策部署,深入贯彻落实科学发展观,紧紧围绕全省工作大局,忠实履行法律监督职责,大力推进社会矛盾化解,大力参与社会管理创新,大力加强公正廉洁执法,不断强化法律监督、强化自身监督、强化高素质检察队伍建设,努力把检察工作提高到新水平,为我省经济社会又好又快发展提供更加有力的司法保障。

一是依法维护市场经济秩序,保障政府投资安全。围绕保持经济平稳较快发展、转变经济发展方式,依法打击危害市场经济秩序的犯罪,打击危害经济发展的犯罪,打击危害能源资源和生态环境的职务犯罪,积极参加工程建设领域突出问题专项治理工作,深化重大项目建设预防工作责任制。正确把握法律政策界限,依法妥善处理涉及企业的案件,坚持理性、平和、文明、规范执法,精确打击,有效服务。

二是大力推进社会矛盾化解,积极参与社会管理创新。依法严厉打击黑恶势力犯罪、严重暴力犯罪、多发性侵财犯罪、涉众型经济犯罪。对因经济纠纷、邻里纠纷、家庭婚恋纠纷引发的轻微犯罪和未成年人犯罪,更多地采取轻缓的办法处理。积极参加涉法涉诉联合接访服务中心工作,完善首办责任制和领导接访、下访、巡访、信访督查专员等制度,形成解决涉检访的长效机制。积极参与社会管理创新,加强社会治安动态及对策研究,加强对社区矫正各执法环节的法律监督,促进社会治安防控体系建设。依法打击利用网络实施的犯罪,促进网络虚拟社会管理。

三是加强查办和预防职务犯罪工作,促进反腐倡廉建设。依法严肃查办发生在领导机关和领导干部中的贪污贿赂、渎职侵权犯罪案件,严肃查办商业贿赂犯罪案件和严重侵害群众利益案件,严肃查办群体性事件和重大责任事故背后的职务犯罪案件,积极参与工程建设、房地产开发、土地管理和矿产资源开发、国有资产管理、金融、司法等领域专项治理。结合办案加强犯罪分析、对策研究、预防建议、警示教育和行贿犯罪档案查询等工作,深化预防职务犯罪工作的效果和影响。

四是抓好对诉讼活动的法律监督,促进公正廉洁执法。在刑事诉讼监督中,重点监督纠正有罪不究、以罚代刑和动用刑事手段插手经济纠纷等问题,监督纠正违法采取强制措施和刑讯逼供、暴力取证等问题,监督纠正有罪判无罪、无罪判有罪、量刑畸轻畸重以及严重违反法定程序等问题。加强民事审判和行政诉讼监督,对涉及民生和损害国家利益、社会公共利益,以及因严重违反法定程序导致的错误裁判,加大提出抗诉、再审检察建议的力度,积极探索对民事执行活动的法律监督。进一步加强刑罚执行和监管活动监督,推动建立刑罚变更执行同步监督机制,保障减刑、假释、暂予监外执行案件的依法办理,维护刑罚的严肃性。

五是大力推进、逐步规范涉农检察工作。坚持以业务工作为中心,以服务农村改革发展为己任,利用农村检察工作队等形式,深入田间地头、农家院舍,及时排查、化解社会矛盾,依法处理涉检访,严肃查办侵害农民利益的职务犯罪案件,强化涉农诉讼监督工作,切实把法律监督职能落实到基层,维护农村稳定,促进农业发展,保障农民权益。

六是加强检察队伍建设,提高公正廉洁执法水平。更加注重思想政治和检察职业道德建设,深入学习实践科学发展观,深入开展中国特色社会主义理论体系和社会主义法治理念教育,开展"恪守检察职业道德、促进公正廉洁执法"主题教育活动,弘扬以忠诚、公正、清廉、文明为核心的检察官职业道德。更加注重法律监督能力建设,搞好教育培训工作,引导各级检察院争创学习型检察院,鼓励广大检察干警争当学习型检察官。更加注重强化执法监督管理,坚持把强化自身监督放在与强化法律监督同等重要的位置,进一步深化检务公开,完善和落实内外部监督制约机制。更加注重基层检察院建设,认真解决影响基层检察工作发展的突出问题。更加注重纪律作风建设,巩固和发展干部作风建设年活动成果,坚持求真务实、埋头苦干,坚持从严治检,严肃查处违法违纪行为,以严格的纪律和良好的作风确保检察权的正确行使。

在新的一年里,全省检察机关将在省委和最高人民检察院的正确领导下,在各级人大及其常委会的有力监督下,认真贯彻本次会议精神,全面加强和改进各项检察工作,为促进我省经济平稳较快发展、社会和谐稳定作出新的贡献!

山西省人民检察院工作报告（摘要）

——2010 年 1 月 28 日在山西省第十一届人民代表大会第三次会议上

山西省人民检察院代检察长 王建明

（2010 年 1 月 31 日山西省第十一届人民代表大会第三次会议通过）

2009 年，全省检察机关认真学习贯彻党的十七大、十七届三中、四中全会，省委九届十次全会和省十一届人大二次会议精神，深入贯彻落实科学发展观，坚持"强化法律监督，维护公平正义"检察工作主题，认真履行法律监督职责，各项检察工作取得了新的进展。

一、充分发挥检察职能，主动服务全省工作大局

为进一步提高服务大局的能力和水平，省检察院出台了《山西省人民检察院关于充分发挥检察职能，为全省转型发展、安全发展、和谐发展服务的意见》，提出了 7 个方面 30 条意见和要求，得到了省委、省人大、省政府、省政协的充分肯定和人民群众的广泛好评。开展了为期两个多月的"深入农村、深入企业、深入社区"实践活动共有 453 名检察长、副检察长，3100 多名检察人员参加了调研，走访干部群众 11000 多人次，邀请各级人大代表、政协委员、企业负责人和基层群众参加座谈 800 余次。坚决查办危害"三个发展"的犯罪，批捕破坏社会主义市场经济秩序犯罪 484 件 768 人，起诉 539 件 894 人；查办煤焦领域职务犯罪 140 件 149 人，查办重大工程建设等领域的职务犯罪 62 件 73 人，查办危害能源资源和生态环境渎职犯罪 180 件 185 人。在执法办案中严格区分罪与非罪的"六个界限"，特别是在办理涉及企业的案件时，严格做到"六个不轻易"和"六个严禁"，尽可能减少不利影响，促进企业健康发展。

二、依法打击各类刑事犯罪，全力维护社会和谐稳定

认真贯彻落实中央、省委关于国庆安保和维护社会和谐稳定的安排部署，依法履行批捕起诉职责，共批捕各类刑事犯罪 14136 件 23572 人，起诉 18626 件 29696 人。批捕严重暴力犯罪、"两抢一盗"等多发性侵财犯罪和涉枪涉爆犯罪 9040 件 15095 人，起诉 11030 件 17526 人；批捕黑恶势力犯罪 6 件 70 人，起诉 5 件 55 人。依法适用宽严相济刑事司法政策，对 3096 人作出不批捕决定，对 1290 人作出不起诉决定。采取检察长接访、下访寻访、定期走访等形式，依法妥善处理涉检信访问题，共受理涉检信访案件 2530 件，办结 2329 件。开展"信访积案化解年"活动，排查出 2004 年以来涉检信访积案 54 件，办结 45 件。做好国庆期间涉检信访工作，采取派员驻京接访、领导直接包案等措施，实现了涉检进京非正常零上访目标。

三、依法查办和预防职务犯罪，扎实推进反腐倡廉建设

认真贯彻中央和省委关于反腐败工作的总体部署，积极查办和预防职务犯罪，推动了反腐败斗争的深入开展。共查办职务犯罪 1226 件 1414 人，其中大案 789 件，县处级以上干部要案 68 人（厅级干部 2 人），挽回经济损失 2.4 亿元。积极保障和改善民生，查办重大安全生产责任事故背后的职务犯罪 153 件 156 人，查办社会保障、招生考试等民生领域的职务犯罪 155 件 165 人，查办涉农职务犯罪 227 件 272 人。省市两级检察院受理下一级检察院提请逮捕的职务犯罪 82 件 93 人，决定逮捕 73 件 82 人，不捕 9 件 11 人。加强人民监督员试点工作，人民监督员共监督"三类案件"222 件 237 人。法院已审结的职务犯罪案件，有罪判决率达到 99.82%，为五年来最高。高度重视职务犯罪预防工作，会同省人大内司委召开座谈会,启动了"五个一"宣传活动。召开第一次预防职务犯罪工作会议,明确了重点、目标和措施。开展警示教育103次。提出检察建议151件,受理行贿犯罪档案查询662件。

四、加大诉讼监督力度,努力维护和促进司法公正

加强刑事立案和侦查活动监督,监督纠正侦查机关应当立案而不立案940件,不应当立案而立案269件,提出纠正意见和检察建议2874件,依法追加逮捕716人。依法追加起诉742人。加强刑事审判监督,对213件认为确有错误的刑事判决、裁定提出了抗诉;开展刑事审判法律监督专项检查活动,发现并纠正存在问题的案件41件。加强民事审判和行政诉讼监督,对认为确有错误的民事行政判决、裁定提出抗诉233件,提出再审检察建议121件。办理督促起诉、支持起诉等案件1209件。加强对刑罚执行和监管活动的监督,提出纠正意见1160人次,纠正1144人次;查办监管干警职务犯罪19件19人;开展看守所监管执法、监狱"清查事故隐患、促进安全监管"和监外执行专项检查工作。

五、全面加强检察队伍建设,不断提高法律监督能力

加强思想政治建设。开展深入学习实践科学发展观活动,深化社会主义法治理念教育和"大学习、大讨论"活动。省检察院出台了加强思想政治建设的意见,明确了思想政治建设的指导思想、基本要求和具体措施。

加强纪律作风建设。开展"加强领导干部党性修养,树立和弘扬良好作风"活动,大力践行《检察官职业道德基本准则》。全省检察机关共有15个先进集体、7名先进个人受到国家有关部门的表彰,省检察院连续五年荣获省直机关文明和谐单位标兵。对2004年以来检察机关立案侦查案件涉案款物处理情况逐案检查,发现并纠正172件。省检察院开展大规模督察3次,查处检察人员违法违纪案件7件11人,给予党政纪处分10人,其中追究刑事责任2人。

加强领导班子建设。省检察院突出抓好领导班子和中层干部队伍建设,提出了明确的整改措施。对市级检察院开展巡视2次,上级检察院列席下级检察院领导班子民主生活会138次。认真落实党风廉政建设各项制度,加强了对领导班子和领导干部的监督。

加强队伍专业化建设。推行大规模检察教育培训,广泛开展岗位练兵等活动,组织职务犯罪侦查、司法考试等培训班534期,培训1万余人次,233人通过了国家司法考试。配合省委组织部做好检察机关公务员招录工作。

加强基层基础建设。省检察院出台了《山西检察工作科学发展五年规划(2010—2014年)》,从服务大局、执法办案、队伍建设等10个方面提出了77条任务和措施。下发了基层检察院建设实施意见,确立了22个基层检察院为执法规范化、队伍专业化、管理科学化、保障现代化建设试点单位。加大经费保障力度,80.5%的基层检察院落实了公用经费保障标准。省检察院为基层检察院发放了一批办案设备和业务用车。

同时,全省检察机关自觉接受人大及其常委会的监督,主动报告重要工作,认真执行各级人大及其常委会的决议和决定。共向各级人大常委会报告工作460次,召开人大代表座谈会360次,邀请人大代表视察工作260次,对各级人大及其常委会转办交办的340件案件全部办结。

我们清醒地认识到,全省检察工作还存在许多问题和不足。一是服务大局与履行检察职责结合得不够紧密,存在孤立办案、机械执法现象;二是法律监督能力与人民群众对公平正义的需求还有差距,监督不力、监督不规范等问题依然存在;三是查办职务犯罪的力度、质量和效果与反腐败斗争的形势还不相适应,尤其是查办人民群众反映强烈的有影响、有震动的大要案还不够多;四是队伍整体素质与公正廉洁文明执法的要求还有差距,个别检察人员执法不规范不文明,甚至以权谋私、执法犯法;五是科技强检步伐较慢,信息化建设相对滞后;六是基层基础建设亟待加强,部分基层检察院还存在检察官断档、经费保障不足等问题。对此,我们要采取有力措施加以解决。

2010年全省检察机关要全面贯彻党的十七大、十七届四中全会和中央、全省经济工作会议以及政法工作会议精神,以邓小平理论和"三个代表"重要思想为指导,深入贯彻落实科学发展观,以执法办案为中心,以提升执法公信力为目标,以深入推进社会矛盾化解、社会管理创新、公正廉洁执法为载体,强化法律监督,强化自身监督,统筹检察业务、检察队伍、检务保障建设,努力把全省检察工作提高到新水平,为我省转型发展、安全发展、和谐发展提供坚强的司法保障。要突出抓好以下五方面工作：

一是坚持服务大局，为经济社会又好又快发展提供司法保障。要紧紧围绕党和国家的工作大局来谋划和推进检察工作，深入贯彻落实服务"三个发展"的《意见》，探索建立服务"三个发展"的长效机制。充分发挥检察职能，促进经济平稳较快发展。积极服务和保障民生，促进解决涉及群众利益的难点热点问题。加强涉农检察工作，开展设立乡镇检察室试点。深入推进社会矛盾化解，积极参与社会管理创新，维护社会和谐稳定。认真贯彻宽严相济刑事司法政策，积极改进执法办案方式方法，努力实现办案的法律效果和政治效果、社会效果的有机统一。

二是以执法办案为中心，推动法律监督工作深入开展。始终把强化法律监督、维护公平正义作为根本任务，坚持以执法办案为中心，努力提高法律监督能力。认真履行批捕、起诉职责，依法严厉打击危害国家安全、严重影响社会治安和破坏市场经济秩序的犯罪活动。加强与其他政法机关的联系、协调，形成维稳工作合力。加大查办和预防职务犯罪力度，重点查办发生在领导机关和领导干部中危害严重、影响恶劣的职务犯罪，煤焦、民生、涉农、重大工程建设等重点领域的职务犯罪，资源开发、审批、整合过程中的职务犯罪，严肃查办重大安全生产责任事故和群体性事件背后的职务犯罪。推进侦查工作机制建设，实行职务犯罪侦查资格认证制度。认真贯彻预防职务犯罪工作条例，积极构建党委领导下的职务犯罪大预防格局。围绕人民群众反映强烈的执法不严、司法不公等突出问题，加大诉讼监督力度，以监督促公正。

三是强化高素质检察队伍建设，提高公正廉洁执法水平。坚持以党建带队伍，加强中国特色社会主义理论体系、社会主义法治理念教育。扎实推进"建设学习型党组织、学习型检察院"活动，实施"351"人才培养工程，开展大规模检察教育培训。着力提高执法能力、群众工作能力、舆论引导能力和突发事件处置能力。深入开展"恪守检察职业道德，促进公正廉洁执法"主题教育活动，大力弘扬忠诚、公正、清廉、文明的检察职业道德。坚持执法为民，始终把维护人民权益作为根本出发点和落脚点，大力推行便民利民措施，建立健全由人民群众评判检察工作的机制。坚持理性、平和、文明、规范执法，最大限度兼顾各方面利益诉求，最大限度兼顾法、理、情。始终保持执法者应有的理性，始终以平和的态度对待群众，始终尊重当事人人格尊严，始终遵循执法办案程序和执法行为规范。完善内外监督制约机制，除法律规定保密的以外，能够公开的一律向社会公开。改进执法考评工作，形成办案力度、质量、效率、效果有机统一的执法导向。严格遵守最高人民检察院"十个严禁"的规定，对违法违纪的检察人员坚决依法查处，决不姑息。

四是深化检察改革，增强检察工作科学发展的动力。根据最高人民检察院总体部署，扎实推进各项检察改革。加快完善职务犯罪案件审查逮捕权上提一级工作机制，省市两级检察院要确定专门机构办理职务犯罪审查逮捕案件。认真落实抗诉工作与职务犯罪侦查工作内部监督制约机制。完善检察建议制度，严格按照规定的发送对象、适用范围、制发主体和程序提出检察建议。完善上级领导下级工作的程序、方式，建立全省三级检察院相互支持、相互配合、相互协调的检察工作机制。

五是加强基层基础建设，筑牢检察工作的发展根基。制定《山西省基层检察院"四化"建设标准》，抓好"四化"建设示范院的培养、管理和推广，切实发挥基层检察院服务发展、保障民生、化解矛盾、维护稳定的一线平台作用。积极配合省委组织部做好招录检察机关公务员工作，努力解决基层检察人员短缺问题。认真落实全国检察信息化发展规划，加快基础网络和应用平台建设，完成12309电话举报系统建设。加强经费保障和科技装备建设，为基层检察院履行法律监督职责提供坚实的物质保障。

面对新形势、新任务，我们深感责任重大。全省检察机关将深入贯彻落实科学发展观，在省委和最高人民检察院的正确领导下，在省人大的有力监督下，认真贯彻落实本次大会精神和决议，坚定信心，迎难而上，真抓实干，开拓创新，积极履行法律监督职责，为实现我省经济社会又好又快发展作出新的更大的贡献！

内蒙古自治区人民检察院工作报告(摘要)

——2010 年 1 月 23 日在内蒙古自治区第十一届人民代表大会第三次会议上

内蒙古自治区人民检察院检察长 邢宝玉

(2010 年 1 月 25 日内蒙古自治区第十一届人民代表大会第三次会议通过)

2009 年,全区检察机关以邓小平理论和"三个代表"重要思想为指导,深入学习实践科学发展观,全面贯彻党的十七大和十七届四中全会精神,围绕全区工作大局,坚持"强化法律监督,维护公平正义"的检察工作主题,全面履行法律监督职责,为自治区经济发展、社会和谐稳定作出了贡献。

一、紧紧围绕"保增长、保稳定、保民生",全面履行法律监督职责

深入学习实践科学发展观,着力保障经济平稳较快发展。全区检察机关围绕自治区党委确定的"科学发展、富民强区、构建和谐"的主题,全面开展了学习实践科学发展观活动。通过开展解放思想、执法为民的讨论,深入基层调查研究,了解经济社会发展对检察工作的新要求,倾听社会各界的意见和人民群众的呼声,解决了一批影响检察工作科学发展、群众反映强烈的突出问题,提高了服务经济社会发展、推进检察工作科学发展的能力。面对国际金融危机冲击下的经济形势,全区检察机关以自治区检察院制定的《为全区经济平稳较快发展服务的十四项措施》为指导,充分发挥打击、保护、监督、预防等职能作用,努力维护市场经济秩序,保障政府投资安全,维护企业合法权益,促进农村牧区改革发展,为保障我区经济平稳较快发展发挥了积极的作用。

以做好新中国成立六十周年安全保卫工作为重点履行检察职责,着力维护国家安全、社会和谐稳定。全面贯彻宽严相济刑事政策,认真履行批捕、起诉等职责。与有关部门密切配合,依法从重从快严厉打击危害国家安全犯罪和黑恶势力犯罪、严重暴力犯罪、严重影响群众安全感的多发性侵财犯罪以及严重破坏社会主义市场经济秩序的犯罪,保持了对严重刑事犯罪的高压态势。着眼于化解社会矛盾,减少对抗,对青少年犯罪和初犯、偶犯以及其他轻微刑事犯罪,依法从宽处理。全年批准逮捕刑事犯罪嫌疑人 15963 人,提起公诉 20012 人,同比上升 3.8% 和 2.0%;对涉嫌犯罪但无逮捕必要的,依法决定不批捕 886 人,对犯罪情节轻微、依照刑法规定不需要判处刑罚或者免除刑罚的,依法决定不起诉 715 人。深入开展打黑除恶专项斗争,依法起诉黑社会性质组织犯罪 5 件 65 人。其中乌兰察布市检察院起诉的和林县云鹏清等 26 人涉黑案被评为 2009 年度"百姓关注的内蒙古十大法治事件"。加强控告申诉检察工作,努力化解矛盾纠纷。举全系统之力开展了"迎国庆、保稳定"信访百日攻坚和涉检信访积案化解专项活动,确保国庆期间我区未发生涉检进京上访事件。认真做好释法说理、心理疏导等工作,把化解矛盾贯穿于执法办案始终。进一步畅通信访渠道,及时解决群众合法合理诉求,努力从源头上减少涉检信访案件的发生。积极参加社会治安综合治理,推进平安建设,促进了社会稳定。

坚持以人为本、执法为民,着力服务和保障民生。抓住关系民生的突出问题加大法律监督力度。严肃查办社会保障、劳动就业、征地拆迁、移民补偿、抢险救灾、医疗卫生、招生考试等涉及民生领域的职务犯罪案件 89 件 114 人。积极参加食品药品安全专项整治等活动,批准逮捕制售伪劣产品、假药和有毒有害、不符合卫生标准的食品等危害人民群众生命财产安全的犯罪嫌疑人 97 人,起诉 96 人。严厉打击涉案金额巨大、人数众多的非法吸收公众存款、非法经营等涉众型经济犯罪，批准逮捕91人，起诉81人。依法介入重大责任事故调查，严肃查办严重失职渎职造成国家和人民利益重大损失的国家机关工作人员33人。加强对困难群众和弱势群体的司法保护，立案审查拖欠农民工工资、劳动争议、保险纠纷等方面的民事申诉案件92件，及时执行已作出复查处理决定的刑事申诉案件65件，办理刑事赔偿案件9件。加强对人权的司法保障，严肃查办利用职权实施非法拘禁、刑讯逼供等侵权犯罪的国家机关工作人员12人。开通12309举报电话，完善检察长接待日制度，推行便民利民措施，积极采取下访巡访、预约接待、探索设立检察联络员、开通民生服务热线等方式，努力为群众排忧解难。推进对生活确有困难的刑事被害人救助工作，协调有关方面解决被害人、上访人生活救济、社会保险、补偿返还等资金248万余元。

积极查办和预防职务犯罪，促进反腐倡廉建设。继续把查办职务犯罪作为拉动各项业务工作发展的"火车头"，加大工作力度，提高执法水平和办案质量。加强举报工作，强化线索管理，畅通案件信息收集渠道，提高发现犯罪、侦破案件的能力。自治区检察院加强对办案工作的领导和指挥，带头查办大要案，依法查办了赤峰市原市长徐国元受贿、巨额财产来源不明案。充分发挥分市院的办案主体作用和基层检察院的基础作用。进一步完善侦查一体化机制，强化对重点案件的交办、督办、参办和提办。既集中力量查办有影响、有震动的大要案，又及时查办损害群众切身利益、社会反响强烈的小案。一年来，我区查办职务犯罪工作保持了持续平稳健康发展的势头。全年共立案侦查贪污贿赂、渎职侵权等职务犯罪案件673件916人，同比分别上升6.7%和15.1%。其中，贪污贿赂大案250件，渎职侵权重特大案件77件，涉嫌犯罪的县处级干部47人，厅级干部3人；大要案比例达到56%，同比上升10个百分点。通过办案为国家挽回经济损失1.17亿元，同比上升19.4%。

按照最高人民检察院的部署，结合我区实际，抓住关系国计民生的突出问题开展专项工作。开展了反渎职侵权检察专题宣传工作、查办危害能源资源和生态环境渎职犯罪专项工作，立案查办106件120人；开展了查办涉农涉牧职务犯罪、保障社会主义新农村新牧区建设专项工作，立案查办220件306人，其中，查办贪污挪用退耕还林还草及征

地补偿款的乡村干部119人；开展了查办工程建设领域职务犯罪专项工作，立案查办51件66人；开展了查办商业贿赂犯罪专项工作，立案查办108件124人。与有关部门联合开展了"高考移民"专项整治工作，立案查办职务犯罪案件22件31人。继续开展清理职务犯罪积案、追捕在逃职务犯罪嫌疑人专项工作，清理积案47件、抓捕16人。

围绕大局，结合办案，积极开展职务犯罪预防工作。建立完善侦防一体化工作机制，合理配置检察资源，形成合力，提高预防工作水平。与有关部门联合出台了《关于加强重大项目建设中职务犯罪预防工作保障政府投资安全的意见》《进一步推进阳光招生共同开展预防职务犯罪工作的实施办法》，在自治区预防工作联席会议80多个成员单位中开展了无职务犯罪单位创建活动，呼和浩特市等7个盟市地区也相继开展了这项活动，取得了良好的社会效果。抓住中央和自治区扩大内需的机遇，全区三级检察机关对205项重大建设项目实施了专项预防，提出预防建议690件次，帮助落实预防措施2600多条。盟市和基层检察院全年新建预防职务犯罪警示教育基地58个，全区开展预防法制宣传和警示教育1000余次，受教育人数达18万余人次。继续深入开展了预防调查、对策研究和行贿犯罪档案查询工作。

强化对诉讼活动的法律监督，维护司法公正。以自治区人大常委会听取、审议自治区检察院关于全区检察机关诉讼监督工作情况的报告为推动力，全面加强诉讼监督工作，在依法监督纠正人民群众反映强烈的执法不严、司法不公问题上下工夫，取得了明显成效。加强立案监督和侦查活动监督。对应当立案而不立案的监督立案515件，对不应当立案而立案的监督撤案224件。对应当逮捕而未提请逮捕、应当起诉而未移送起诉的，决定追捕356人、追诉413人。对侦查活动中的违法情况提出书面纠正意见835件次。加强刑事审判监督。对认为确有错误的刑事判决裁定提出抗诉71件，法院已审结39件，改判13件、发回重审13件。对刑事审判中的违法情况提出书面纠正意见63件次，已纠正41件。全区开展了刑事审判法律监督专项检查活动，有针对性地解决了一批群众不满意的问题，提高了诉讼监督的实效。加强刑罚执行和监管活动监督。依法监督纠正违法减刑、假释、保外就医446人。会同公安、司法行政机关开展了看守所

监管执法专项检查和监狱清查事故隐患、促进安全监管等专项活动,继续着力监督纠正超期羁押问题。与高级法院、公安厅、司法厅联合制定了《关于办理减刑案件的规定》、《关于办理假释案件的规定》,规范了减刑、假释工作,推进了对刑罚变更执行的同步监督。加强民事行政检察监督。对认为确有错误的民事、行政案件判决裁定提出抗诉203件,法院已审结155件,改判70件、发回重审11件、调解38件。对经审查认为法院裁判正确的大量民事行政申诉案件,坚持对申诉人依法进行说服教育,促进服判息诉,维护司法权威。严肃查办执法和司法不公背后的职务犯罪。共立案侦查涉嫌贪赃枉法、徇私舞弊等职务犯罪的公安、司法工作人员110人。

加强执法监督管理,提高执法水平和办案质量。自治区检察院制定并实施了《对分市院检察业务管理与实绩考核考评方案》,对重点办案指标运行情况实施监控和预警,坚持案件复查制度,继续开展查办职务犯罪"优质案件"和"优胜单位"评选活动,加大对下指导力度,树立了办案数量、质量、效率和效果有机统一的正确执法导向。全年起诉的刑事案件有罪判决率达99.98%、职务犯罪案件有罪判决率达99.86%,同比分别上升0.03个百分点和0.18个百分点;全年所办职务犯罪案件侦结率为87.7%、起诉率为93.6%,同比分别上升8.7个百分点和15.5个百分点。强化规范执法教育,加强各院的办案工作区建设,严格执行职务犯罪案件办案安全防范规程,充分发挥司法警察的警务保障作用,全年未发生办案安全事故。

二、深化检察改革,强化检务保障,促进检察工作科学发展

认真落实中央司法体制改革的精神和最高人民检察院检察改革的部署,从实际出发,建立健全促进检察工作科学发展的工作机制。对自治区检察院部分内设机构进行职能整合,加强侦查指挥中心实体化建设,优化了检察职权配置。在呼和浩特市检察院和所属9个基层检察院实行了职务犯罪案件审查逮捕决定权上提一级的改革,在包头、呼伦贝尔、鄂尔多斯、乌海、呼铁5个市(分)院和所属的18个基层检察院试行了这项改革。从自治区检察院入手,加强了检察委员会规范化建设,检察委员会决策水平和议事效率得到了提高。进一步规范量刑建议工作。全面实行讯问职务犯罪嫌疑人

全程同步录音录像制度,深入开展人民监督员制度试点工作,逐步健全查办职务犯罪内外部监督制约机制。积极探索对人民法院民事执行活动进行法律监督的机制。对铁路运输检察机关纳入国家司法管理体系改革进行了调研论证。围绕深化检察改革的重点、难点和工作中的新情况、新问题,加强检察理论研究,促进了检察工作的科学发展。

加快科技强检步伐,提高检务保障水平。继续推进检察信息化建设,全区三级检察院局域网实现互联互通并同步建成视频会议系统。在较好运用信息发布、电子邮件和法律法规查询等功能的同时,开展了视频培训、网上学习、业务竞赛、队伍管理等应用工作,继续试行网上办案。加强了交通通讯、侦查指挥、证据收集、检验鉴定等科技装备建设,开展电子证据检验鉴定技术引进及专业人员培训工作,提高了检察工作的科技含量。继续推进办案用房和专业技术用房建设,完善了功能,提高了保障水平。

三、加强队伍建设和基层检察院建设,提高法律监督能力

加强思想政治建设,提高队伍政治素质。认真学习贯彻党的十七届四中全会精神,坚持以党的建设带动队伍建设。深入开展中国特色社会主义理论、社会主义核心价值观和社会主义法治理念教育,确保检察人员始终坚持党的事业至上、人民利益至上、宪法和法律至上。加强检察机关党的建设,强化党员的主体意识,发挥院党组的领导核心作用、机关基层党组织的协助和监督作用、党员的先锋模范作用。认真学习宣传《检察人员职业道德基本准则(试行)》,把"忠诚、公正、清廉、文明"为核心的检察职业道德要求落实到各执法环节。加强检察人员的人民性和群众观教育,切实解决"为谁掌权、为谁执法、为谁服务"这一根本问题。大力宣传先进典型,树立执法为民的榜样,与自治区党委组织部、宣传部、政法委共同组织开展了全国模范检察官张章宝同志先进事迹巡回报告活动。

加强业务建设,提高队伍专业化水平。继续强化学历教育,全区检察官本科以上学历达到74.4%、研究生学历达到4%。利用视频网络进行全员培训,与举办领导骨干和业务骨干培训班相结合,加大培训力度。全年共举办各类培训班61期,培训9539人次,其中,网络培训6637人次。积极开展形式多样的岗位练兵活动。全区三级检察院共

同举办了以基层赛、全员赛、网络赛为特点,105个基层检察院的8个业务部门全员参与的第四届全区检察业务技能竞赛。实施查办职务犯罪人才专项建设,开展高层次人才评定和培养工作。选派41名领导和业务骨干在系统内上下互相挂职和到北京市检察机关、自治区内旗县挂职,联系高等院校4名法学教师到检察机关挂职。举办司法考试培训班,考试通过199人,通过率达39.9%,同比上升3个百分点。

强化自身监督制约,确保严格公正文明廉洁执法。牢固树立监督者必须接受监督的观念,把强化自身监督摆到与强化法律监督同等重要的位置。坚持队伍建设重点抓班子,班子建设突出抓廉政。落实上级检察院负责人与下级检察院负责人谈话、派员参加下级检察院党组民主生活会等制度,对呼和浩特市检察院和兴安盟检察分院的领导班子进行了巡视。自治区院检察长与盟市分院检察长和自治区检察院其他领导成员、院领导班子成员与分管部门负责人,分别签订了党风廉政建设责任状,组织盟市分院检察长和自治区检察院机关人员到自治区警示教育基地接受了廉政警示教育。狠抓队伍纪律作风建设,强化执法办案的内部监督。坚持在全区查办职务犯罪工作中推行"一案三卡"制度,在自治区检察院部分业务部门和部分分市院着手试行检察人员执法档案。全面推进检务督察工作,采取明查暗访与突击检查相结合的方式,对14个盟市分院、24个基层检察院的接待群众来访、办案安全防范、公诉人出庭、警车警械枪支管理以及遵守"禁酒令"等情况进行了督察,对发现的问题作出严肃处理并督促整改。开展了直接立案侦查案件扣押、冻结款物专项检查,开展了专项清理领导干部违反规定收送礼金工作、清理规范评比达标表彰活动和治理"小金库"专项工作,下力解决突出问题。坚持从严治检,严肃查处了违纪检察人员4人。自治区检察院对涉嫌滥用职权、贪污罪的乌兰察布市集宁区检察院原检察长付有强立案侦查。

推进基层检察院建设,筑牢执法为民的一线平台。深入开展了"基层检察院建设年活动"。认真落实上级检察院领导联系基层检察院制度,盟市分院有效发挥"一线指挥部"的作用,在各地党委、人大、政府的有力领导、监督和支持下,三级院合力推进,掀起了基层检察院建设新高潮。坚持以业务工作为中心,全面推进基层检察院执法规范化、队伍专业化、管理科学化、保障现代化建设。加大攻坚克难力度,继续下力解决基层检察院人才短缺、经费不足、装备条件差等实际困难。坚持人、财、物向基层倾斜,中央下拨的装备和办案补助经费主要支持基层检察院。积极协调各地党委政府,督促落实基层检察院经费保障标准。全区101个旗县中有68个按标准下达了预算,到年底实际支出已全部达标。认真做好考录补员工作,配合政法院校为基层检察院招录定向培养的法律人才115名。开展争创先进检察院活动,组织全区十佳检察官和十佳基层检察院的代表通过视频会议系统向全区检察人员进行了宣讲,充分调动基层检察院争先创优的积极性。适应强化政法基层基础工作的要求,部分基层检察院积极探索法律监督职能向乡镇延伸、做好农村牧区法律监督工作的机制,密切了与农牧民群众的联系,提高了为基层服务的实效。

四、坚持党的领导,自党接受监督

全区检察机关始终把检察工作置于各级党委领导之下,确保党的路线方针政策在检察工作中不折不扣地贯彻执行。认真贯彻监督法,自觉接受人大及其常委会的法律监督和工作监督。努力做好向人民代表大会报告工作的有关事项和大会决议的落实工作。自治区检察院向自治区人大常委会第十一次会议报告了关于诉讼监督工作的情况,按照常委会审议的意见,认真研究、落实了整改措施。积极邀请人大、政协领导参加检察机关的重要活动。密切与人大代表、政协委员的联系,及时通报检察工作情况,配合做好代表、委员视察的工作。高度重视人大、政协交办、转办的案件和代表、委员提出的建议、提案,及时办理,按期答复。全年共办理人大转办的信访案件38件、政协提案2件;受理人大交办案件31件,已办结答复27件。聘请部分人大代表、政协委员担任特约检察员和人民监督员,加强了对执法活动的监督。在学习实践科学发展观活动中,各级检察院检察长和班子成员走访代表、委员,召开座谈会,主动征求了意见和建议。

自觉接受群众监督和舆论监督。深化检务公开,加大检察宣传力度,积极推行电子检务。严格履行当事人及其他诉讼参与人权利义务告知制度,探索实行公开审查等办案机制,增加检察工作透明度,保障人民群众的知情权、参与权和监督权。坚持公开透明,理性对待,高度重视、认真做好涉检网络舆情引导和处置工作。认真执行修订后的律师法，逐步完善和落实保障律师执业权利的措施，促进自身公正执法。

在肯定成绩的同时，我们也清醒地认识到存在的问题和面临的困难。主要有：一是查办职务犯罪、诉讼监督等工作的力度和水平与党和人民的期望还有差距。二是检察队伍素质、执法能力与检察工作科学发展的新要求还有差距，建设高素质检察队伍的任务十分艰巨。三是部分检察院对自身监督制约的制度落实不到位，失之于软、失之于宽的问题依然存在，个别检察人员违法违纪问题仍有发生。四是一些检察院对党建工作重视不够，党的建设带动队伍建设的工作机制尚未完全形成，党员的先锋模范作用和基层党组织对执法办案的保障作用发挥不足。五是一些基层检察院执法不规范、办案力量不足、检察官特别是业务骨干断档等，仍然是影响办案和执法公信力的突出问题。这些问题在今后工作中我们要继续下力解决。

今年是实施"十一五"规划的最后一年，是夺取应对国际金融危机冲击全面胜利的关键之年。全区检察机关要全面贯彻党的十七大、十七届四中全会和全国全区经济工作会议、政法工作会议以及本次大会精神，以邓小平理论和"三个代表"重要思想为指导，深入贯彻落实科学发展观，坚持"强化法律监督，维护公平正义"的检察工作主题，围绕深入推进社会矛盾化解、社会管理创新、公正廉洁执法三项重点工作，统筹抓好各项检察工作，强化法律监督，强化自身监督，强化高素质检察队伍建设，强化基层检察院建设，推动我区检察工作科学发展，为自治区经济平稳较快发展与社会和谐稳定提供更加有力的司法保障。

一、围绕中心，服务大局，全面履行各项法律监督职责

坚持"发展是第一要务"的思想不动摇，继续把保障经济平稳较快发展作为服务大局的首要任务。紧紧围绕自治区党委政府确定的转变经济发展方式、推进工业化和城镇化进程、加强生态环境保护和建设、加强"三农三牧"工作、着力保障和改善民生等重大部署，继续以自治区检察院关于为全区经济平稳较快发展服务的十四项措施为指导，进一步调整、完善和落实服务措施，找准检察工作服务大局的切入点、结合点和着力点，把执法办案作为服务经济社会发展的根本途径，充分发挥打击、预防、监督、保护

等职能，为保障经济发展、富民强区作出新贡献。

深入推进社会矛盾化解，积极参与社会管理创新，加大维护社会和谐稳定工作力度。全面贯彻宽严相济刑事政策。依法严厉打击各种严重刑事犯罪，增强人民群众的安全感；落实轻微犯罪依法从宽政策，努力减少社会对抗。积极参与解决影响社会和谐稳定的源头性、根本性、基础性问题，全力做好检察环节各项维护稳定工作。下力抓好涉检信访工作，加强源头治理，完善工作机制，把化解矛盾贯穿于执法办案始终。积极参与社会管理创新。配合有关部门加强涉罪青少年、监外执行人员、"两劳"解教人员等特殊人群的帮教管理等工作，积极参与对重点地区的综合治理。加强网络舆情监测并积极做好应对、引导和处置工作，打击网络犯罪，促进网络虚拟社会建设和管理。积极探索社区矫正法律监督工作。

加大查办和预防职务犯罪工作力度，促进反腐倡廉建设。坚持"保持规模，突出重点，注重质量，提高效率，彰显效果，保证安全"的工作方针，严肃查办发生在领导机关和领导干部中的滥用职权、贪污贿赂、失职渎职犯罪案件，严肃查办商业贿赂犯罪和严重侵害群众利益的犯罪案件，严肃查办群体性事件和重大责任事故背后的职务犯罪案件，积极参与工程建设、房地产开发、土地管理和矿产资源开发、国有资产管理、金融、司法等领域的专项治理。全面加强和改进渎职侵权检察工作，推进解决社会公众特别是一些领导干部对渎职侵权犯罪的危害性认识不足和这类犯罪发现难、查证难、处理难的问题。进一步强化预防职务犯罪工作。采取多种措施加强预防职务犯罪宣传和警示教育，帮助国家工作人员特别是国家机关工作人员增强拒腐防变的能力，帮助国家行政和事业单位、国有资产运营监管部门和单位堵塞漏洞，最大限度地防止职务犯罪的发生，最大限度地保护国家工作人员、特别是国家机关工作人员。

加大诉讼监督力度，促进司法公正。抓住人民群众关注的热点问题，切实加强对司法不公不廉的监督。既要全面强化对刑事立案、侦查、审判、刑罚执行和监管活动的法律监督，又要突出监督重点，狠抓薄弱环节，增强监督实效。进一步加大对民事审判、行政诉讼活动的监督力度，积极探索对民事执行活动的监督，切实纠正裁判不公和违法执行等问题。积极探索贯彻调解优先原则的机制和方式，

努力做好法院正确裁判当事人的服判息诉工作。认真贯彻落实自治区人大常委会关于加强检察机关诉讼监督工作的意见，紧紧依靠党委、人大的领导和监督破解难题、推动工作。加强与政法各单位的联系沟通，改进监督方式和方法，共同维护司法公正和法制权威。

二、坚持公正廉洁执法，建设高素质检察队伍，进一步提高开放、透明、信息化条件下的执法公信力

深入贯彻落实四中全会精神，坚持以党的建设带动队伍建设，建设高素质检察队伍。深入开展中国特色社会主义理论体系、社会主义法治理念和人民性教育，确保检察人员始终坚持党的事业至上、人民利益至上、宪法和法律至上。认真开展"恪守检察职业道德、提升执法公信力"主题教育活动，树立、培养和宣传先进典型，大力弘扬以"忠诚、公正、清廉、文明"为核心的检察职业道德。加强自身反腐倡廉建设，确保自身正、自身硬、自身净。开展廉洁从检行为专项检查活动，加强对检察队伍特别是领导干部的严格要求、严格教育、严格管理、严格监督，坚决清除特权思想和霸道作风。加大检务督察力度，严肃查处检察人员违纪违法案件，不护短，不手软。大规模推进检察教育培训工作，一手抓全员素质的提高，一手抓骨干队伍的培养，大力提升队伍执法能力。树立正确的执法理念，坚持理性、平和、文明、规范执法，最大限度地兼顾法、理、情。深入推进执法规范化建设，强化执法监督管理，强化检察机关内部不同环节之间的相互制约，自觉接受人民法院、公安机关和司法行政机关在诉讼环节的制约，确保公正廉洁执法。深化检务公开，探索推行"阳光检务"，以公开促公正、保廉洁、赢公信。

三、深化检察改革，加强基层基础工作，促进检察工作科学发展

认真落实中央关于司法体制和工作机制改革的意见，按照最高人民检察院和自治区的部署，结合我区实际，积极稳妥地推进各项检察改革。以职务犯罪审查逮捕程序、抗诉工作与职务犯罪侦查内部监督制约机制、规范检察建议、检察委员会制度改革为重点，着力推进强化法律监督、强化自身监督制约等方面的改革。协调有关部门积极推进检察经费保障体制改革措施的落实。坚持强基固本，巩固和发展基层检察院建设年活动的成果，大力加强基层检察院建设。坚持把基层检察院建设的重心放在提高法律监督能力上，着力推进执法规范化、队伍专业化、管理科学化和保障现代化建设。继续下力解决基层检察院人才短缺、检察业务骨干断档等突出问题。稳步、扎实地将基层检察院的法律监督职能向乡镇地区延伸，切实发挥基层检察院服务发展、保障民生、化解矛盾、维护稳定的一线平台作用，更好地保障我区县域经济的发展。强化检务保障建设，继续推进检察信息化进程，提高检察工作的科技含量，为检察工作科学发展提供物质保证。

在新的一年里，全区检察机关要进一步坚持党的领导，认真贯彻本次大会的精神，自觉接受人民代表大会及其常委会的法律监督和工作监督，自觉接受人民政协的民主监督和社会、舆论监督，密切与人大代表、政协委员的联系，进一步加强和改进法律监督工作，为保障自治区经济社会科学发展、维护边疆稳定、促进民族团结作出新的更大的贡献！

辽宁省人民检察院工作报告（摘要）

——2010年1月24日在辽宁省第十一届人民代表大会第三次会议上

辽宁省人民检察院检察长　肖　声

（2010年1月26日辽宁省第十一届人民代表大会第三次会议通过）

2009年，省检察院在省委和最高人民检察院的领导下，在省人大及其常委会的依法监督、省政府的大力支持和省政协的民主监督下，带领全省检察机关以科学发展观为指导，深入践行"强化法律监督，维护公平正义"的工作主题，忠实履行宪法和法律赋予的职责，各项检察工作取得了新的进展。

一、全面履行法律监督职责，服务全省"保增长、保民生、保稳定"工作大局

（一）依法审查逮捕、审查起诉，维护社会和谐稳定。全年共批准逮捕各类刑事犯罪嫌疑人31935人，提起公诉46001人。坚持依法打击严重刑事犯罪。突出打击黑恶势力犯罪、严重暴力犯罪、多发性侵财犯罪和毒品犯罪，共批准逮捕此类犯罪嫌疑人15553人，提起公诉17822人。坚持严肃查处破坏市场经济秩序犯罪。严惩严重危害经济安全、扰乱市场秩序、损害人民群众生命健康的犯罪，批准逮捕走私、金融诈骗、偷税骗税、非法吸收公众存款等犯罪嫌疑人1395人，提起公诉1808人。坚持贯彻宽严相济的刑事政策。对涉嫌犯罪但无逮捕必要的，依法决定不批准逮捕3245人；对犯罪情节轻微，依照刑法规定不需要判处刑罚或者免除刑罚的，依法决定不起诉1826人；对轻微刑事案件快速办理；对因家庭或邻里纠纷引发、当事人达成和解的轻微刑事案件和未成年人犯罪案件，依法予以从宽处理。

（二）深入查办和积极预防职务犯罪，促进反腐倡廉建设。共立案侦查涉嫌贪污贿赂、渎职侵权职务犯罪的国家工作人员1936人，提起公诉1714人，通过办案为国家挽回直接经济损失1.33亿元。一是着力查办职务犯罪大案要案。立案侦查职务犯罪大案650件，查处涉嫌职务犯罪的县处级以上国家工作人员221人，其中厅局级以上8人。二是着力保障和优化经济发展环境。紧紧抓住商业贿赂犯罪易发、多发部位和人民群众反映强烈的问题，查办商业贿赂犯罪嫌疑人303人，查办工程建设领域职务犯罪嫌疑人198人；深入开展查办涉农职务犯罪专项工作，立案侦查发生在农村基础设施建设、支农惠农资金管理等领域和环节的职务犯罪嫌疑人563人；深入开展查办危害能源资源和生态环境渎职犯罪专项工作，立案侦查非法批准征用土地、违法发放林木采伐许可证、环境监管失职等国家机关工作人员渎职犯罪嫌疑人156人；深入开展依法同步介入安全生产责任事故专项调查工作，介入各类事故调查74件，立案侦查事故背后国家机关工作人员渎职犯罪案件14件。三是着力加强预防职务犯罪工作。围绕全省在工业固定资产、基础设施和农业、房地产等领域的重点项目投资，在资金使用、工程建设等可能发生犯罪隐患的环节和部位扎实有效开展专项预防，确保资金使用安全和工程建设优质高效。坚持依法介入沿海经济带开发建设、哈大和盘营铁路客运专线建设、高速公路建设等重大工程建设项目，深入开展工程建设领域突出问题专项治理。共开展重大工程专项预防390项，涉及工程资金2763亿元；完善和推行行贿犯罪档案查询，受理查询1091次；发出预防检察建议671件，采纳率达100%；帮助有关单位落实预防措施1352项，书面提出纠正违法218件。

（三）强化对诉讼活动的法律监督，维护司法公正。一是加强刑事诉讼法律监督。对侦查机关应当立案而不立案的刑事案件，督促立案1161件。

对应当逮捕而未提请逮捕、应当起诉而未移送起诉的，决定追加逮捕1189人、追加起诉950人。对不符合法定逮捕、起诉条件的，决定不批准逮捕3266人、不起诉395人。对侦查活动中滥用强制措施等违法情况提出纠正意见81件次。对认为确有错误的刑事判决、裁定提出抗诉172件。加强死刑第二审案件审查和出庭工作，确保对死刑案件质量的监督。二是积极开展民事审判和行政诉讼法律监督。对认为确有错误的民事、行政判决和裁定提出抗诉514件，提出再审检察建议721件。对认为裁判正确的，重视做好申诉人的服判息诉工作。三是强化刑罚执行和监管活动法律监督。依法监督纠正不当减刑、假释、暂予监外执行520人，监督纠正不按照规定将罪犯交付执行等违法问题518件次。会同公安机关联合开展了看守所监管执法专项检查活动，对全省20个市级看守所、53个县级看守所监管执法情况进行联合检查，严肃打击"牢头狱霸"，切实维护在押人员合法权益。四是严肃查处司法工作人员职务犯罪。注意在诉讼监督中发现执法不严、司法不公背后的职务犯罪线索，依法查处涉嫌贪赃枉法、徇私舞弊等犯罪的司法工作人员171人。

（四）加强控告申诉检察工作，努力化解矛盾纠纷。共妥善办理群众来信来访13472件次。一是不断完善控告申诉工作机制。制定《控告、申诉首办责任制实施细则》、《领导干部接访包案工作暂行办法》和《执法行为信访风险评估预警办法》等项制度，明确工作程序、方法和责任。二是深入开展排查化解涉检信访工作。开展"积案化解年"专项活动，共排查出133件涉检信访积案和存在赴省进京上访可能的重点涉检信访案件。省检察院对其中88件重大疑难信访案件进行督办，就地联合接访、组织复查。全省检察系统首次实现进京上访案件在最高人民检察院登记数全年保持为零的目标，受到最高人民检察院通报表彰。三是进一步畅通控告申诉渠道。开通"12309"受理职务犯罪举报电话，实现了受理举报方式上的转变和对原有举报电话系统性能的进一步提升。共受理群众举报贪污贿赂、渎职侵权信访7043件，控告信访2035件次。

二、大力加强检察机关自身建设，提高队伍整体素质和法律监督能力

一是狠抓思想政治建设。深入开展学习实践科学发展观活动，增强检察人员的党性观念、法治观念、宗旨意识、法律监督意识；深入开展中国特色社会主义理论体系、社会主义法治理念等教育，确保检察人员始终坚持"三个至上"，切实做到"四个在心中"。一年来，全省检察机关共有63个集体和220名个人受到省级以上表彰。二是强化业务能力建设。以领导干部、业务骨干和一线执法人员为重点，开展经常性的正规化分类业务培训。培训检察人员1640人。三是加强执法规范化建设。认真做好省级以下检察院直接受理侦查案件由上一级检察院审查逮捕改革的相关工作；开展直接立案侦查案件扣押冻结款物专项检查工作；加强对重点执法岗位和环节的监督，严明办案纪律。四是推进基层检察院建设。召开全省加强基层检察院建设工作电视电话会议和基层检察院建设工作现场会，制定并落实《关于进一步加强基层检察院建设的实施意见（五年规划）》。加大组织协调力度，积极争取有关部门支持，补充政法专项编制，将为全省检察系统增加的684个政法专项编制全部分配给基层检察院；为基层检察院选调优秀大学毕业生46名，并选派业务骨干到基层锻炼，缓解基层检察院办案力量不足、人才短缺等困难。加大对贫困地区检察院经费保障、装备建设的支持力度，帮助协调基层检察院偿还"两房"建设债务。

三、自觉接受监督，不断加强和改进检察工作

一是认真办理人大代表建议、批评和意见。全年共办理省人大代表建议、批评和意见17件，在规定期限内全部办复，与代表见面率和代表满意率均达100%。二是加强与人大代表联系工作。坚持定期向人大代表送阅《检察工作汇报》专刊，及时主动汇报工作情况。坚持人大代表联络制度，定期走访代表征求意见。三是认真贯彻省人大常委会《关于加强人民检察院对诉讼活动的法律监督工作的决议》。制定全面贯彻落实《决议》的实施意见。四是自觉接受政协的民主监督和社会监督。推进人民监督员制度改革，共提请人民监督员监督"三类案件"和"五种情形"案件195件。

2010年全省检察工作的总体思路是：深入贯彻党的十七届四中全会、中央经济工作会议、全国政法工作电视电话会议精神，按照全省政法工作会议和全国检察长会议部署，着力在促进转变经济发展方式和优化经济结构调整、服务经济平稳较快发展上下工夫，着力在加强诉讼法律监督、解决人民群众反映强烈的问题上下工夫，着力在加强检察队伍建设、提高法律监督能力上下工夫，着力在推进基层检察院建设、提升执法保障水平上下工夫，为实现辽宁全面振兴提供更加有力的司法保障。

（一）充分发挥检察职能作用，着力保障经济平稳较快发展。围绕我省老工业基地振兴中沿海经济带开发建设、推进经济结构调整等重大工作部署，认真研究制定打击预防犯罪，服务经济发展、促进辽宁全面振兴的新举措。继续严肃查办重大项目投资使用、重大工程建设过程中的职务犯罪案件和社会保障、劳动就业、征地拆迁、医疗卫生等领域的职务犯罪案件。积极做好公共资金使用、公共资源配置、公共项目实施等重点领域和环节的预防职务犯罪工作，保障和改善民生，促进经济发展。坚持服务发展与依法办案相统一、法律效果与社会效果相统一，使服务经济平稳较快发展真正落到实处、见到成效。

（二）加大打击严重刑事犯罪、化解矛盾纠纷力度，全力维护社会稳定。严厉打击境内外敌对势力的分裂渗透破坏活动，依法严厉打击黑恶势力犯罪、严重暴力犯罪、多发性侵财犯罪、涉众型经济犯罪，始终保持对严重刑事犯罪的高压态势。积极参与社会治安综合治理和平安建设。认真落实依法从宽的政策，最大限度减少社会对抗，最大限度促进社会和谐稳定。积极创新和完善检察环节维稳工作机制，深入开展刑事被害人救助、执法办案风险评估预警、检察环节矛盾纠纷排查化解等工作，提高预防、化解矛盾纠纷的水平。

（三）进一步加强查办和预防职务犯罪工作，推动反腐败斗争深入开展。严肃查办发生在领导机关和领导干部中滥用职权、贪污贿赂、失职渎职案件，严肃查处商业贿赂案件和严重侵害群众利益案件，严肃查办群体性事件和重大责任事故背后的腐败案件，积极参与工程建设、房地产开发、土地管理和矿产资源开发、国有资产管理、金融、司法等领域专项治理，全面加强反渎职侵权工作。加强查办案件的组织协调，坚持严格依法文明办案，正确把握办案力度、质量、效果、效率的关系，充分发挥查办职务犯罪案件惩戒功能和治本功能，加强职务犯罪预防工作，实现查办职务犯罪工作全面健康协调发展。

（四）全面加强诉讼监督工作，维护社会公平正义。认真贯彻落实省人大常委会《关于加强人民检察院对诉讼活动的法律监督工作的决议》，在全省检察机关积极开展"诉讼监督年"活动，突出监督重点，狠抓薄弱环节，进一步加强刑事诉讼监督、加强民事审判和行政诉讼监督、加强刑罚执行和监管活动监督，切实做到敢于监督、善于监督、依法监督、规范监督。坚持强化诉讼监督与查办职务犯罪相结合，坚决依法查办执法和司法不公背后的职务犯罪案件，加大查办司法人员职务犯罪案件力度，努力把公平正义真正体现在每一起案件上，落实到每一个办案环节上。

（五）坚持以党的建设带动队伍建设，为检察工作科学发展提供强有力的组织保障。深化学习实践科学发展观活动和社会主义法治理念教育活动。加强专业化建设，完善教育培训内容，突出抓好领导素能培训、执法办案人员专项业务培训和新录用人员任职资格培训。加强纪律作风和职业道德建设，改进执法作风，提高职业道德水平。加大对基层检察院特别是贫困地区基层检察院的支持力度，提高基层检察工作水平，筑牢执法为民的一线平台。

吉林省人民检察院工作报告(摘要)

——2010 年 1 月 21 日在吉林省第十一届人民代表大会第三次会议上

吉林省人民检察院检察长 张金锁

(2010 年 1 月 23 日吉林省第十一届人民代表大会第三次会议通过)

2009 年,全省检察机关在最高人民检察院和各级党委的正确领导、人大的有力监督、政府的大力支持和政协的民主监督下,深入贯彻落实科学发展观,依法履行宪法法律赋予的职责,认真践行"强化法律监督、维护公平正义"的工作主题,紧紧围绕"保增长、保民生、保稳定",高起点定位,高目标要求,全面推进各项检察工作,为吉林振兴发展作出了积极贡献。

一、立足全省大局,主动强化服务,努力促进经济平稳较快发展

2009 年,面对金融危机的严峻挑战、吉林振兴的关键阶段、维护稳定的重大考验,全省检察机关认真把握形势,主动把服务振兴发展摆在更加突出的位置,拓展服务领域,延伸服务触角,提高服务水平,努力做吉林振兴的建设者和捍卫者。

着力创建良好环境。坚持政策引导执法,省、市(州)两级检察院出台了服务经济平稳较快发展、农村改革发展、民营经济发展、生态环境保护等方面的 23 个工作指导意见,指导全省检察机关正确把握法律政策,稳妥办理改革发展中的各类案件,规范服务行为,为招商引资、项目建设、新农村建设、国企改革等全局工作注入法治力量,营造良好"软环境"。

着力推动投资拉动。省检察院带头、三级检察院联动,共联系服务重大项目 555 个。实行一个项目明确一位责任领导、成立一个工作小组、制定一套服务措施。按照"外创环境、内抓预防"的要求,帮助解决项目建设中的难题;依法打击妨害项目建设的刑事犯罪和经济犯罪;突出围绕大宗物资采购、大额资金使用、招投标等重点环节跟踪预防,提供行贿犯罪档案查询,帮助完善内部管理制度,建议一些项目实行"无标底合理低价评标",促进规范运作,提高建设效能。

着力维护保障民生。广泛深入乡村、工厂、社区、校园,开展法制宣传,提供法律咨询。依法保护弱势群体的合法权益,加大对困难被害人司法救助力度,优先办理涉及农民工、下岗职工、城乡低收入者的司法诉求。对泥草房、棚户区改造和廉租房建设等惠民政策的落实加强法律监督,提供法律支持。围绕涉及群众利益、关乎百姓生计的征地拆迁、教育医疗、劳动保障等领域,集中查办侵害民生的职务犯罪 485 人,其中贪占就业培训资金犯罪 56 人。通过民生检察,密切了党群关系和干群关系。

着力促进农村改革发展。设立乡镇检察室,建立便民"直通车"。严厉打击村匪屯霸,批捕涉农刑事犯罪嫌疑人 2399 人,提起公诉 2567 人,维护农村治安稳定。严肃惩治侵害农民利益的职务犯罪 275 人,其中侵吞"村村通"道路工程资金犯罪 138 人,确保"三农"补贴、补助、补偿落到实处。积极服务新农村建设,全省检察机关共包保 158 个乡镇村。省检察院成立专门工作队,持续四年重点包保一镇八村,帮助协调解决致富项目、河道改造、修路、供水、建校舍等难题。

着力服务依法科学决策。在执法办案和预防犯罪工作中,加强对重点领域中倾向性问题的调查研究,向省委、省人大、省政府报送了《基层涉农职务犯罪引发不稳定因素需要高度重视》等多篇报告,提供决策参考。建议党委将职务犯罪预防逐步纳入党校课程,由检察官走上讲台以案释法,开展警示教育,促进依法决策、依法办事。

二、认真履行法律监督职能，全力维护公平正义，努力促进和谐社会建设

有效运用检察手段，推进平安吉林建设。扎实开展"大调研、大排查、大调解、大整治"维稳专项行动，全面落实宽严相济的刑事政策，注重通过严打稳控社会治安大局，运用宽缓手段妥善处理轻微犯罪，做到"严到位、宽适度、重效果"。从增强群众安全感出发，严厉打击严重刑事犯罪。与公安机关、审判机关密切配合，依法严惩故意杀人、绑架、贩毒等重大刑事犯罪和"两抢一盗"等多发性犯罪。全年批捕各类犯罪嫌疑人17763人，提起公诉24956人。深入开展"打黑除恶"专项斗争，提前介入重大案件引导侦查取证，提起公诉涉黑犯罪150人，查处黑恶势力"保护伞"18人。从减少社会对抗出发，宽缓处理轻微犯罪。依法充分适用不批捕、不起诉，探索运用刑事和解等恢复性司法手段处理案件。对犯罪情节轻微、主观恶性不大、当事人和解的不批捕1813人，不起诉1369人。从化解社会矛盾出发，积极稳妥处理群众信访。坚持有访必接、快速办理、及时面复、责任倒查，着力在解决问题上下工夫，注重运用调解、和解手段理顺情绪、化解矛盾。坚持检察长接待日制度，实行约访巡访和下访，开展"信访积案化解提速年"活动，有效处理了一批重大疑难信访。紧紧依靠党政有关部门、积极借助社会团体力量解决信访申诉问题，省检察院深入8个市（州）邀请32位人大代表、政协委员，商调解决了40件民事行政申诉案件。实行执法办案风险评估，努力从源头防控涉检信访。

严肃查办职务犯罪，推进预防体系建设。针对职务犯罪易发多发的形势，保持惩治高压态势，正确处理办案与服务、惩治与预防、打击与保护的关系。坚决查办职务犯罪大案要案。全年立案查办职务犯罪1456人，为国家挽回直接经济损失1.1亿元。其中，大案669件，要案77人，涉案一百万元以上的40件。围绕重点领域开展专项工作，集中查办工程建设领域中的商业贿赂犯罪167人，集中查办破坏能源资源和生态环境的职务犯罪185人。坚持把保证质量作为办案的最根本要求。建立以质量为核心的业务综合考评机制，实行初查评估、看审分离、讯问同步录音录像、人民监督员监督等制度，全面推行职务犯罪案件逮捕、撤案、不起诉报上一级检察院批准的工作机制，强化对下级检察院办案的监督和指导。案件质量稳步提高，注重法律

效果、社会效果和政治效果的有机统一。准确把握法律政策界限，综合考量、区别对待改革发展中的职务犯罪，对数额大、危害大、影响大的坚决严查，对可能影响发展和引发不稳定的慎重办理，对因改革探索造成失误的落实宽缓政策，对被诬告错告的及时"正名"，既保持了打击力度，又维护了稳定、促进了发展。正确处理办案力度、质量、效率和效果的关系。

加大诉讼监督力度，推进司法公信建设。针对执法司法中存在的突出问题，加强对侦查、审判和刑罚执行活动的监督，全力维护法制的统一、尊严和权威。坚决纠正侦查活动中的执法不严问题。全年监督纠正侦查机关应当立案而未立的案件550件、不应当立案而立的案件393件，对侦查机关移送但不构成犯罪的不批捕165人、不起诉45人，对侦查机关漏捕、漏诉的追加批捕160人、追加起诉493人。坚决纠正审判活动中的裁判不当问题。开展刑事审判法律监督专项检查，发挥量刑建议的作用，坚持列席审判委员会制度，进一步提升审判监督质量。对刑事裁判抗诉136件、抗诉意见采纳率70.2%，对民事行政裁判抗诉369件、抗诉意见采纳率78.5%。坚决纠正刑罚执行和监管中的违法问题。为维护被监管人权益、打击"牢头狱霸"，开展看守所、监狱监管执法专项检查活动。共纠正超期羁押14人，纠正违法减刑、假释、保外就医40人，督促整改安全隐患295个。加强对社区矫正等监外执行活动的监督。向省委政法委报送了《关于假释罪犯监管工作的建议》，进一步规范假释工作。严肃查处司法腐败犯罪。查办执法不严、司法不公背后的职务犯罪113人。坚持惩治与预防相结合，向有关部门发检察建议125份，注重从源头上防止司法腐败，促进公正廉洁司法。正确处理与其他政法机关之间的制约、配合关系。对当事人上访申诉但裁判得当的案件，加大析法说理力度，共息诉877件；办理公安机关提请复议复核案件121件，接受审判机关司法建议36件，维护了司法权威，促进了司法和谐。

三、大力加强自身建设，不断提升队伍整体素质，努力夯实检察工作科学发展基础

深入开展学习实践科学发展观活动。以"服务振兴发展、公正为民执法"为主题，以提高领导班子决策力、推动力和执行力为重点，突出检察特色，持续开展全员走进农村、走进社区、走进企业、走进基

层活动,建立实践联系点 368 个,邀请专家学者作经济社会形势报告 156 场,举办检察工作科学发展理论研讨会、经验交流会 218 次。通过学习实践,进一步解放执法思想、转变执法观念、增进执法感情,增强忧患意识、责任意识和为民意识,破解了一些制约检察工作的突出问题,推进了执法规范化体系、队伍专业化体系、保障现代化体系和管理科学化体系建设。

着实提升检察专业化水平。在组织、人事、编制等部门的大力支持下,林业、铁路检察体制转轨、身份转换工作取得实质性进展;省、市(州)两级检察院在全国率先将侦查监督部门一分为二、民事检察与行政检察部门分设;选调招录 305 名大学生充实基层,改善了队伍结构。从下级检察院遴选 82 人,系统内上挂下派 112 人,系统外交流锻炼 90 人,形成了上下内外良性流动的人才培养机制。实施选拔 50 名专家、200 名尖子、300 名能手的"523"人才培养工程,建立了六类专业人才库。开展大规模正规化培训,共培训检察人员 6000 余人次。加大司法考试培训力度,通过率达到 51.6%。

切实加强检察内部监督制约。用比监督他人更严的要求监督自己。为确保公正、文明、规范、廉洁执法,制定了《网上办案同步监督工作办法》、《检察领导干部问责制》和《关于加强检察内部监督工作的意见》,加强对领导干部、重点岗位和执法环节的规范制约,形成了以执法监察、巡视和检务督察为支撑的内部监督制约体系。省检察院对 9 个市(州)检察院领导班子进行了巡视,对 62 个基层检察院进行了明察暗访。针对执法不规范、检务管理不严格等问题,集中开展重点案件评查、扣押冻结款物清查、警车使用管理检查等工作,取得了明显成效。对违法违纪检察人员不护短,共查处 8 人,其中追究刑事责任 3 人。

大力强化基层检察院建设。启动了新一轮基层检察院建设,制定了全省检察机关 2009 年至 2012 年《基层检察院建设实施意见》、《检察信息化建设规划》和《检察科技装备发展规划》。坚持"抓两头、带中间",开展"标准化示范院"创建活动,结对帮扶,典型带动。继续实行上级检察院领导联系基层检察院制度,加强调查研究,强化工作指导,帮助协调解决机构设置、人员交流、干部培养教育等方面的问题。在各级党委、政府高度重视,财政、发改委等相关部门大力支持下,基层检察院保障水平

又有了新的提高。

四、紧紧依靠党的领导,认真接受人大及各界监督,努力加强和改进检察工作

自觉坚持党的领导。坚持党的事业至上,认真执行党的路线方针政策,全面贯彻党委决议和决定,坚决落实党委政法委的要求部署,及时主动报告检察工作中的重要事项,在党委坚强领导下能动地解决班子配备、队伍建设、检察改革中的关键问题。认真落实省委巡视检察工作提出的意见和建议。与纪检委密切配合,形成反腐败合力。

认真接受人大监督。坚持宪法和法律至上,真心诚意接受人大监督。全年向各级人大常委会和专门委员会报告专项工作 298 次,接受代表视察、执法检查和评议 219 次,办理代表意见和建议 48 件,办理转办案件 27 件。为更好地接受人大监督,我们变联系代表为服务代表,成立服务代表工作办公室,创办《人大代表专刊》,多渠道、多形式、多举措地为代表依法履职创造条件。三级检察院检察长经常面对面向代表通报工作、征求意见,邀请各级代表列席检察委员会 70 次,召开座谈会 208 次,采纳代表合理化建议 500 余条,促进了检察工作健康发展。去年 5 月,省人大常委会听取全省反贪污贿赂工作专题报告前,主要领导亲自带队深入基层调研;听取报告后,在充分肯定工作的基础上,提出改进意见,促进我们进一步加强和改进检察工作。

主动接受社会各界监督。坚持人民利益至上,确保检察工作不断满足人民群众的新期待。进一步深化检务公开,开展检察开放日活动,加强门户网站建设,加大检察宣传力度,主动为各界监督、参与和支持检察工作提供平台。适时召开新闻发布会,通报工作部署和社会关注的重大案件。邀请政协委员、特约检察员、专家咨询委员参加检察工作恳谈会 86 次,参加案件公开听证会 102 次。自觉接受新闻媒体监督,密切关注网络舆情,始终把人民群众的关注点作为改进工作的切入点和推进工作的着力点。

一年来,全省检察机关有 60 个集体和 267 名个人受到表彰,其中省检察院反渎职侵权局荣获"全国五一劳动奖状",9 个检察院被评为"全国模范检察院"和"全国先进检察院",11 名检察官被授予"省劳动模范"、"省政法英杰"、"省十大杰出青年"等荣誉称号。

当前,检察工作中存在诸多不适应:一是有的

检察院服务理念和措施与吉林振兴发展的法治需求还不完全适应；二是法律监督力度和成效与人民群众的期待还有很大差距，诉讼监督还存在不少薄弱环节；三是队伍专业化水平还不适应新形势新任务的要求，个别检察人员存在特权思想、霸道作风，违法违纪现象还没有从根本上杜绝；四是检察信息技术还不能满足职务犯罪侦查工作需要，科技强检水平仍需进一步提高，等等。

2010 年是吉林振兴发展的关键一年，全省检察机关将紧紧围绕"科学发展、加快振兴、富民强省"，高度重视经济社会发展中的法律政策适用问题、民生民利保护问题和社会矛盾化解问题，把"服务发展、维护稳定、守护公正、化解矛盾"贯穿执法办案始终，全面做好各项检察工作。1. 坚持服务吉林振兴发展不动摇。切实把执法促进发展作为检察第一要务，把办案确保稳定作为检察第一责任，使检察工作更加融入发展、贴近民生。2. 全力化解社会矛盾。参与社会管理创新，全面贯彻宽严相济的刑事政策，建立检调对接机制，把调解、和解作为化解社会矛盾的有效手段，贯穿检察工作各个环节。

3. 保持查办和预防职务犯罪工作平稳健康发展。围绕工程建设、房地产开发、土地管理和矿产资源开发、国有资产管理、金融、司法等领域开展专项查办工作，更加科学地处理好办案力度、质量、效率和效果的关系，做到"力度大，质量高，效果好，重预防"。4. 强化诉讼监督。坚决纠正有罪不究、插手经济纠纷、刑讯逼供和量刑不当、裁判不公、程序违法，以及违法减刑、假释、保外就医和超期羁押、体罚虐待被监管人等问题，严肃查处司法腐败，促进公正廉洁司法。5. 深入推进检察体制机制改革。着力破解制约法律监督的体制性和机制性障碍，加快完成林业、铁路检察体制改革。深化检务公开，切实提高开放、透明、信息化条件下的法律监督水平。6. 大力加强检察队伍建设。抓党建带队建促业务，开展"恪守检察职业道德、公正廉洁为民执法"主题实践活动，继续推进"五职"教育和"四走进"活动，开展全员轮训，努力解决留人难和检察官断层的问题。进一步落实内部监督制约有关规定，加强自身反腐倡廉和纪律作风建设。

黑龙江省人民检察院工作报告（摘要）

——2010 年 1 月 27 日在黑龙江省第十一届人民代表大会第四次会议上

黑龙江省人民检察院检察长　姜　伟

（2010 年 1 月 29 日黑龙江省第十一届人民代表大会第四次会议通过）

一、2009 年检察工作的主要情况

2009 年，全省检察机关在省委和最高人民检察院的正确领导下，在人大、政府、政协和社会各界的监督和支持下，深入学习实践科学发展观，坚持社会主义法治理念，践行检察工作主题和总体要求，全面加强和改进检察工作，宗旨意识和大局观念、队伍素质和监督能力、执法水平和办案质量都取得了明显进步。

（一）全力服务工作大局，促进经济社会发展

全面贯彻保发展、保民生、保稳定、保中央方针政策贯彻落实的工作部署，积极开展"服务年"活动。共查办破坏经济秩序和政府投资安全的滥用职权、玩忽职守等渎职犯罪 53 件 61 人，查办危害能源资源和生态环境渎职犯罪 217 件 250 人，查办涉农渎职侵权犯罪 56 件 63 人，查办商业贿赂犯罪 122 件 136 人，查办工程建设领域职务犯罪 51 件 56 人。

（二）贯彻宽严相济政策，维护社会和谐稳定

依法严厉打击严重刑事犯罪，共批捕各类犯罪 15274 件 20641 人，提起公诉 18669 件 26610 人。其

中批捕杀人、爆炸、放火、抢劫、强奸、绑架等严重刑事犯罪2548件3502人,提起公诉2630件3729人;批捕盗窃、抢夺、诈骗等侵财犯罪4443件6031人,提起公诉4880件7131人;批捕破坏社会主义市场经济秩序犯罪429件600人,提起公诉424件681人。不批准逮捕3178人,不起诉433人,有效保障犯罪嫌疑人的合法权益。开展化解涉检信访积案专项活动,59起疑难涉检信访积案全部结案。

(三)积极惩防职务犯罪,加大反腐倡廉力度

共查办职务犯罪1296件1744人,其中大案819件,处级84人,厅级4人,为国家挽回经济损失14328万元。查办贪污贿赂案件953件1317人,其中大案648件,占立案数的68%,提起公诉率99.8%;查办渎职侵权案件343件427人,提起公诉率99.2%。追捕在逃职务犯罪嫌疑人168人。开展了以公路建设为代表的239个重点项目的专项预防,分析了246件典型职务犯罪案件的犯罪成因和特点,并提出检察建议396份。建立行贿犯罪档案查询系统140个,受理查询318次,涉及1348家单位、566人。

(四)加强诉讼活动监督,维护社会公平正义

着力解决群众反映强烈的执法不严、司法不公问题。在立案监督方面,办理案件474件541人。在刑事审判监督方面,提出抗诉133件,法院审结74件,其中改判33件,发回重审32件,采纳率为87.8%,同比上升5.6个百分点。在刑事审判法律监督专项检查活动中,共检查2008年以来的各类公诉案件10443件,发现问题337件,现已整改和纠正303件。在民事审判和行政诉讼监督方面,提出抗诉606件,法院再审结339件,改判139件,撤销原判发回重审37件,调解100件,改变率为81.4%,同比上升15.4%。制发再审检察建议427件,法院采纳356件,采纳率为83.4%。息诉613件。在刑罚执行和监管活动监督方面,查办职务犯罪案件48件51人。开展看守所监管执法专项检查,针对违法留所服刑、违禁品清查不到位等问题提出纠正意见432件次,已纠正398件次。开展清除安全隐患、监外执行和安全防范专项检查,清查12953人,纠正137人的脱管、漏管问题。

(五)强化监督制约机制,规范执法权力运行

加强执法规范化建设,省检察院编发《黑龙江省检察机关规范权力运行若干制度汇编》,有效规范执法行为。开展了对2004年至2008年办结的直

接立案侦查案件扣押冻结款物的专项检查活动,省检察院对16个分市院和48个基层检察院进行了抽查,共查阅卷宗1976册、查阅财务凭证1869本,发现问题50多个,现已基本纠正。自觉接受外部监督,人民监督员共监督"三类案件"13件13人,旁听职务犯罪案件庭审并评议公诉人396次,参与处理涉检信访案件15件,对人民监督员提出的57条意见和建议进行了整改。各级检察院向人大报告工作492次。2009年10月,省十一届人大常委会审议通过了《黑龙江省人民代表大会常务委员会关于加强检察机关法律监督工作的决定》,有效地推动了全省检察机关法律监督工作的开展。

(六)加强队伍素能建设,提高法律监督能力

以党建带队建,切实加强队伍的教育、监督和管理。一是深入开展学习实践科学发展观活动。坚持把查找和解决问题贯穿始终,集中解决了一批影响和制约检察工作科学发展以及人民群众反映强烈的突出问题。二是切实加强领导班子建设。调整充实省检察院领导班子,改进班子素能结构,加大查办职务犯罪力度,切实转变了工作作风。三是落实党风廉政建设责任制。开展以"讲党性、树新风、优环境、促发展"为主题的作风建设、集中治理司法领域突出问题活动。省检察院对绥化、牡丹江、大兴安岭和鸡西4个分市院领导班子进行了巡视,提出25条整改意见和建议。通过经常督察、重点督察、明察暗访,解决执法不规范的问题。查处违法违纪干警5件7人。四是大规模推进教育培训工作。以领导干部和一线检察官为重点,共举办各类岗位培训班110期,培训各级检察人员7000余人次。继续实施引进人才工程,京、津、沪检察机关的15名干部到基层院挂职。积极推进司法考试助学活动,2009年全省检察机关司法考试通过率再创新高,达56.2%。本科以上学历人员占87.3%,干警的综合素质有了新的提高。

面对社会发展的新要求和人民群众的新期待,我们的工作还存在一定的差距。一是服务意识不够强;二是监督水平不够高;三是群众工作不够到位;四是执法行为不够规范。

二、2010年检察机关的工作任务

面对复杂的经济发展状况、严峻的社会稳定形势、艰巨的反腐倡廉任务,2010年全省检察工作的总体要求是:以邓小平理论和"三个代表"重要思想为指导,深入贯彻落实科学发展观,全面贯彻落实

党中央、最高人民检察院、省委的有关会议精神和战略部署，坚持党的事业至上、人民利益至上、宪法法律至上，不断强化法律监督，不断强化自身监督，不断强化高素质检察队伍建设，深入推进社会矛盾化解、社会管理创新、公正廉洁执法，统筹兼顾各项检察工作，切实落实检察体制和工作机制改革措施，全面提升班子凝聚力、制度执行力、执法公信力、检务保障力，为我省经济社会更好更快发展提供法治保障和法律服务。

（一）紧紧围绕工作大局，不断推进三项重点工作

要把深入推进三项重点工作作为强化检察职能的重要载体，推动检察工作全面发展。一是深入促进社会矛盾化解，全力维护社会和谐稳定。坚持把社会矛盾化解贯穿服务发展的全过程，紧紧围绕省委提出的"五个着力"总体要求和建设"八大经济区"、实施"十大工程"的战略部署，充分发挥打击、预防、监督、保护等职能作用，积极改进办案方式方法，依法妥善处理涉及企业特别是涉及民生的案件，保护各类市场主体的合法权益和人民群众的切身利益。坚持把社会矛盾化解贯穿维护稳定的全过程，做到既依法惩治犯罪，又减少社会对抗。坚持把社会矛盾化解贯穿执法办案的全过程，加强源头治理，健全工作机制，融合法、理、情，统筹各方面利益诉求，真正使执法办案过程成为促进社会和谐稳定的过程。二是积极参与社会管理创新，努力提高社会管理水平。积极参与社会治安综合治理，密切配合有关部门深入开展重点地区的排查整治，促进社会治安防控体系建设。密切配合共青团、学校、未成年人保护组织，加强对违法犯罪青少年的教育挽救，做好预防未成年人犯罪工作。积极参与对特殊人群的帮教管理，不断提高教育改造质量。积极参与网络虚拟社会管理，加强检察机关网络阵地和网评队伍建设。三是切实强化公正廉洁执法，维护人民群众根本利益。坚持理性、平和、文明、规范的执法理念，始终保持执法者应有的理性，坚持客观公正，慎用执法权力；始终以平和的态度对待群众，善于运用群众语言和群众易于接受的方式，真心解决问题；始终尊重当事人人格尊严，做到语言文明、行为文明、作风文明；始终遵循执法办案程序，使每一项执法办案活动都严格依法，每一个执法办案环节都合乎规范。

（二）充分履行检察职能，不断提高法律监督水平

要加大探索强化法律监督、维护公平正义的有效途径。一是坚持打击犯罪和保障人权的有机统一，为维护社会和谐稳定作出新贡献。依法严厉打击黑恶势力犯罪、严重暴力犯罪、多发性侵财犯罪和毒品犯罪等严重刑事犯罪。加大打击走私、骗税、制售伪劣商品、非法集资等经济犯罪特别是涉众型犯罪的力度。认真贯彻宽严相济政策，坚持"全面把握、严格依法、区别对待、注重效果"的原则，对严重刑事犯罪依法快捕快诉，该严则严，对具有从轻、减轻、免除处罚情节的，可捕可不捕的不捕，可诉可不诉的不诉，当宽则宽，做到既有力打击犯罪，又切实保障人权。妥善化解社会矛盾纠纷，建立和推行派驻工作组巡回接访、信访督察专员制度，有效解决群众告状难、申诉难问题。对重大疑难涉检信访案件挂牌督办，定领导、定专人、定方案、定时限，力争两年内基本消化解决涉检信访积案。二是坚持惩治和预防职务犯罪的有机统一，为深入推进反腐倡廉作出新贡献。坚持查办职务犯罪数量规模与质量效果并重的工作思路，努力实现无错案、无违纪、无安全事故、无非正常上访的工作目标。省检察院带头查办厅级和有重大影响的职务犯罪案件，全省检察机关重点查办影响科学发展、损害民生民利、危害公平正义、破坏和谐稳定的案件。突出查办发生在领导机关和领导干部中的滥用职权、贪污贿赂、失职渎职案件和商业贿赂、严重侵害群众利益案件，以及群体性事件和重大责任事故背后的职务犯罪案件。深入查办危害政府投资安全、扰乱市场经济秩序和人民群众反映强烈的教育医疗、环境保护、安全生产、食品药品安全等方面的渎职侵权犯罪。严肃查办涉农职务犯罪、危害能源资源和生态环境的渎职犯罪。积极参与工程建设、房地产开发、土地管理和矿产资源开发、国有资产管理、金融、司法等领域专项治理。严格查封、扣押、冻结等强制性侦查措施和拘留、逮捕等强制措施的审批程序，最大限度地维护企业合法权益。坚持结合办案抓预防，围绕工程建设和民生问题推进预防工作，加强犯罪分析，完善行贿犯罪档案查询系统，帮助有关单位改进管理、堵塞漏洞、健全制度。三是坚持监督制约和协调配合的有机统一，为维护社会公平正义作出新贡献。以贯彻落实《黑龙江省人民代表大会常务委员会关于加强检察机关法律监督工作的决定》为契机，进一步健全"上下一

体、分工合理、权责明确、相互配合、相互制约、高效运行"的诉讼监督体制,把工作着力点放在增强监督实效上。刑事立案监督要重点纠正有案不立、有罪不究、以罚代刑和违法立案、动用刑事手段插手经济纠纷等问题。健全对立案后侦查工作的跟踪监督机制,防止和纠正立而不侦、侦而不结、立案后违法撤案等问题。加大对行政执法人员滥用职权、徇私舞弊和不移交涉嫌犯罪案件的监督查处力度。侦查活动监督要重点监督纠正违法采取强制性侦查措施和刑讯逼供、暴力取证,以及漏捕、漏诉等问题,健全调查、纠正违法行为的程序和方式。刑事审判监督要重点监督纠正有罪判无罪、无罪判有罪、量刑畸轻畸重以及严重违反法定程序等问题,对事实认定、证据采信、法律适用等方面确有错误的判决、裁定,以及因受贿、徇私舞弊而枉法裁判的案件,及时提出抗诉。刑罚执行和监管活动监督要重点监督纠正违法减刑、假释、暂予监外执行等问题,切实防止罪犯逃避刑罚执行。建立健全预防和纠正超期羁押、羁押期限告知、羁押情况通报、期限届满提示、刑罚变更执行同步监督等制度,切实保障被监管人员的合法权利。民事审判和行政诉讼监督要正确把握抗诉的条件和标准,着力提高抗诉书的说理性。重点加强和规范民事行政申诉案件受理、审查工作,建立健全上下级院协同办案机制。加强民事督促起诉、支持起诉工作。加大对民事执行裁定、执行行为进行法律监督的力度。积极探索对行政诉讼案件该受理不受理、该立案不立案、违反审理期限,侵害当事人诉讼权利的监督途径和措施。

(三)继续注重机制建设,不断增强法律监督能力

要用党的建设带动队伍建设,着力提高法律监督能力。一是完善干警培养机制。开展"建设学习型党组织、创建学习型检察院",争做"学习型、专家型、实干型、廉洁型"检察干警活动。以新进、新任人员为重点开展岗前、任前培训;以执法办案一线人员为重点开展专项业务和技能培训;以领导干部和业务部门负责人为重点,开展提高科学决策、民主决策、依法决策能力,增强群众工作能力,处置突发事件能力的培训,提高检察干警的综合素质和执法水平。二是完善党风廉政机制。全面落实党风廉政建设责任制,坚持领导干部"一岗双责",各级检察长要做勤政廉政的表率、公正执法的标兵。在此,我向全省人民承诺并向全省检察干警倡议,公正执法从我做起,勤政廉政向我看齐。大力弘扬忠诚、公正、清廉、文明的检察职业道德,广泛开展"恪守检察职业道德、促进公正廉洁执法"主题教育活动。三是完善检务保障机制。不断提高检察工作的科技含量,加强信息化建设和应用,逐步推进网上执法信息交换、网上执法流程控制、网上执法质量考评,实现对执法办案全过程的动态管理和实时监督。四是完善基层工作机制。省检察院已下发《关于加强和规范全省检察机关检察联络室建设的工作意见》,积极探索检察机关联系基层、服务群众的新形式,把法律监督的职能向基层延伸,及时受理公民的举报、控告和申诉,化解矛盾纠纷,参与社会治安综合治理,使检察联络室成为做好群众工作的桥梁和纽带。五是完善检察考评机制。进一步建立健全符合科学发展观要求的检察机关业绩考评机制,以目标考评、分类管理、绩效管理为载体,形成正确的执法导向。六是完善接受监督机制。全省检察机关要进一步增强党的观念,坚决贯彻执行党的路线方针政策。自觉接受人大监督,定期向人大报告工作,认真办理人大交办的案件,主动邀请人大代表视察检察工作并征求意见和建议。自觉接受政协、新闻媒体和人民群众的监督。

在新的一年里,我们要深入学习实践科学发展观,坚持"强化法律监督,维护公平正义"的工作主题,按照本次人民代表大会决议的要求,开拓进取,扎实工作,推动我省检察工作全面发展,为平安龙江、和谐龙江、幸福龙江建设,为促进龙江经济社会更好更快发展作出新的更大的贡献!

上海市人民检察院工作报告（摘要）

——2010 年 1 月 29 日在上海市第十三届人民代表大会第三次会议上

上海市人民检察院检察长　　陈　旭

（2010 年 1 月 31 日上海市第十三届人民代表大会第三次会议通过）

2009 年，全市检察机关在市委和最高人民检察院的领导下，依法接受人大及其常委会的监督，坚持以科学发展观为统领，忠实履行宪法和法律赋予的检察职责，加强法律监督，全力维护国家安全和社会和谐稳定，为保障经济平稳较快发展作出了贡献。

一、围绕中心，服务大局，为促进经济平稳较快发展和世博会筹备工作顺利进行提供司法保障

全市检察机关始终把服务党和国家工作大局作为检察工作的首要任务，围绕市委提出的"四个确保"总体目标和加快国际金融、航运中心建设的部署，制定出台了一系列工作意见，努力为应对国际金融危机、服务经济社会发展发挥检察职能作用。

着力保障经济平稳较快发展。为服务"四个确保"，市检察院下发了《充分履行检察职能积极贯彻"四个确保"的通知》，对发挥检察职能、维护经济金融秩序提出了明确要求。共对破坏社会主义市场经济秩序犯罪案件提起公诉 2049 件 2659 人，同比分别上升 19.7% 和 11.7%，其中金融诈骗犯罪 751 件 823 人，破坏金融管理秩序犯罪 113 件 170 人，危害税收征管犯罪 507 件 651 人，案件数同比分别上升 50.8%、52.7% 和 21.3%。对于办案中发现的侵吞失地人员社会保险金、骗取养老院专项补贴、骗取就业培训费、骗取动拆迁款等问题，通过《检察情况反映》、《职务犯罪大要案摘报》，及时向市委、市人大常委会和市政府报告，会同相关部门进行整改，取得了较好的社会效果。

努力为国际金融、航运中心建设提供司法保障。依法查办金融、航运领域职务犯罪案件 49 件

49 人。针对案件中反映出的制度漏洞、监管缺失等问题，及时提出检察建议，帮助有关单位堵漏建制。针对金融、航运、科教、卫生等系统专家人才相对集中的情况，会同市纪委通过开办法制讲座、开通热线电话、提供法律咨询等方法，提供法律服务。为适应服务国际金融、航运中心建设的需要，全市各级检察院均成立了金融、航运和知识产权类案件专业办案组；在金融、航运案件集中的浦东、黄浦、静安、虹口等区检察院设立专门部门；成立金融犯罪、航运领域犯罪等专业研究小组；通过专业培训、委托培养、挂职锻炼等途径，加快培养一批既懂法律业务，又懂金融、航运知识的人才。

全力保障世博会筹备工作顺利进行。全市检察机关把服务世博会筹备工作作为头等大事，协助世博局等 20 家主要参建单位建立廉政保障机制；选派 5 名检察干部到世博局参与重大投资监管、矛盾化解、法制宣传等工作；配合公安机关开展"迎世博、保平安"专项整治行动；与江苏、浙江省检察机关世博安保工作协作；在各级检察院成立维护世博会稳定领导小组，加强组织领导与指挥协调；明确世博案件统一归口浦东新区检察院办理，重大疑难和有影响的案件检察长亲自办理。

二、依法履行刑事检察职责，全力维护社会和谐稳定

依法打击各类刑事犯罪，全年共受理提请批准逮捕的犯罪嫌疑人 27603 人，受理移送审查起诉 22039 件 33870 人；经审查，批准逮捕 25922 人，提起公诉 20583 件 31213 人。

认真贯彻宽严相济的刑事司法政策。坚持把打击的重点对准暴力犯罪、黑恶势力犯罪和影响人

民群众安全感的严重刑事犯罪,确保社会治安稳定和人民群众生命财产安全,共批准逮捕故意杀人、绑架、抢劫、强奸等严重暴力犯罪嫌疑人4267人,提起公诉3631件5251人。对初犯、偶犯、未成年犯、老年犯中一些罪行较轻的人员,依法不捕不诉或提出非监禁的刑罚建议,积极推行轻微刑事案件和解制度,依法不批准逮捕445人,不起诉280人,未成年人犯罪批准逮捕数同比下降31.4%;积极支持和推进社区矫正工作,促使更多轻缓罪犯和假释罪犯在社会改造。

加强对未成年人的司法保护。立足教育、感化、挽救的方针,推进市政协社会和法制委员会对来沪未成年人犯罪预防调研成果的转化,在全市13个区推动建立了涉罪未成年人社会观护体系,与有关社会团体、企业、社区、学校等合作,组建了42个涉罪未成年人考察帮教基地,245名涉罪未成年人得到帮教,其中来沪未成年人98名。积极探索在校罪错未成年人刑事污点限制公开制度,深化未成年人的司法保护。在有关部门支持下,市、分院设置了未成年人刑事检察机构,率先在全国完善了未成年人刑事检察工作的组织体系。

深入开展涉检信访化解专项行动。把化解矛盾贯穿于执法办案活动中,全年共受理控告、申诉等来信来访11874件。对于人民群众反映强烈的问题,坚持检察长接待、领导包案化解制度。对一些当事人的实际困难,会同有关部门协调解决。配合法院对1397件民事行政申诉案件和187件刑事申诉案件做好当事人服判息诉工作。对12名当事人因财产扣押、强制措施使用不当等作出国家赔偿。

三、坚决查办和积极预防职务犯罪,促进反腐倡廉建设

坚决贯彻中央、市委关于党风廉政建设和反腐败斗争的总体部署,积极发挥检察机关在惩防体系建设中的作用。

坚决查办大案要案。共立案侦查贪污贿赂案件336件383人,其中大案314件,副处级以上要案57件58人,总案值2.79亿元,挽回经济损失1.67亿元。立案侦查渎职侵权案件27件31人,其中重特大案件16件,副处级以上要案5件5人。在坚决查办贪污受贿案件的同时依法打击行贿犯罪,共立案侦查行贿犯罪案件52件75人。

积极查办侵害群众利益的职务犯罪案件。坚持把维护人民群众利益作为反腐倡廉工作的重点,严肃查办发生在社会保障、劳动就业、征地拆迁等民生领域的职务犯罪案件49件55人;涉农职务犯罪案件42件46人;城镇建设领域商业贿赂案件59件62人;危害资源和生态环境渎职犯罪案件15件15人。依法查办重大安全生产责任事故背后的职务犯罪案件7件7人。

深入查办司法不公、执法不严背后的职务犯罪案件。坚决查办国家机关工作人员徇私枉法、滥用职权等违法犯罪案件,确保公正廉洁执法。查办司法领域职务犯罪案件17件17人。

加强职务犯罪预防工作。积极保障政府重大项目投资安全,在大型客机、世博工程、地铁等153个关系国计民生的重大项目建设中开展创"双优"专项预防工作;会同市建设交通委、市审计局等部门开展党风廉政建设专项检查,在重要工程建设单位完善廉洁保障机制。完善华东六省一市行贿犯罪档案查询系统,受理查询603次。会同市纪委开展职务犯罪风险预测预警工作,加强职务犯罪信息收集、分析评估和预警工作,努力提升预防职务犯罪的科学性和主动性。

四、依法开展对诉讼活动的法律监督,努力维护司法公正

坚持把人民群众的关注点作为监督工作的着力点,拓宽监督思路,突出监督重点,提升监督效果,努力维护社会公平正义。

加强和改进法律监督工作。以市人大常委会对本市检察机关开展法律监督工作专项审议为契机,总结了2006年以来依法履行法律监督职责的情况,广泛听取社会各界意见建议,认真查找差距;市人大常委会出台《关于加强人民检察院法律监督工作的决议》后,迅速研究工作意见,召开贯彻落实推进会。为进一步完善法律监督机制,与市高级法院、市公安局、市司法局分别签订了加强监督配合的工作意见,就加强立案监督、强制措施的监督、刑事和民事审判监督、刑罚变更执行监督、推进公安派出所执法活动监督等作出了规定。

依法开展刑事侦查、审判监督。重点纠正有案不立、有罪不究、违法办案等情形。对应当立案而公安机关不立案的,要求公安机关说明不立案理由236件,公安机关已立案159件。建议行政执法机关向公安机关移送涉嫌侵犯知识产权、危害公共卫生和食品安全、破坏环境资源、生产销售伪劣商品

等犯罪案件63件81人，公安机关均已立案。对应当逮捕而未提请逮捕、应当起诉而未移送起诉的，决定追加逮捕537人、追加起诉355人。对侦查活动中违法取证、不当采取强制措施等情形发出《纠正违法通知书》；对审判活动中违反法定程序和侵犯诉讼参与人合法权益的违法行为，提出纠正意见。对认为确有错误的刑事裁判，依法提出抗诉44件，同比上升41.9%，法院已审结34件，其中改判13件，发回重审7件。

依法开展民事审判和行政诉讼监督。对认为确有错误的民事行政裁判，向最高人民检察院提请抗诉5件，向法院提出抗诉90件，法院审结107件（含上年结转数），其中改判24件，发回重审15件，以调解等其他方式结案68件；向法院提出检察建议37件，法院采纳42件（含上年结转数）。进一步加强类案监督，对审理劳动争议、房地产纠纷案件中执法不统一等问题，建议法院统一执法标准。积极探索对民事执行的监督。对国家利益、社会公共利益遭受损失的，督促有关部门提起民事诉讼。

依法开展刑罚执行和监管活动监督。加强对刑罚变更执行的同步监督，对7069件提请减刑、假释等案件提出检察意见；纠正变更刑罚不当161件；建议司法机关对46名严重违反监管法规的监外罪犯予以收监。建立全市涉黑涉恶涉毒等重点罪犯信息库，对刑罚变更执行情况实行跟踪监督。开展对看守所执法专项检查活动，提出纠正违法和检察建议等275件，会同公安、法院、司法行政机关进行专项整改，取得了明显效果。

五、深化检察工作机制改革，强化内部监督

认真贯彻落实中央、最高人民检察院关于深化司法体制和工作机制改革的精神，坚持将强化自身监督放到与加强法律监督同等重要的位置，加强自身监督。

扎实推进职务犯罪案件逮捕权上提一级制度改革。省级以下检察院立案侦查的案件由上一级检察院决定逮捕，将侦查权与决定逮捕权分离，是完善检察机关自身监督制约的重要改革措施。根据最高人民检察院的部署，自2009年9月起，全市检察机关立案侦查的案件一律由上一级人民检察院审查决定逮捕，市检察院和各分院共受理下级检察院报请逮捕的职务犯罪案件54件58人，经审查，决定不予逮捕5人。

进一步完善人民监督员制度。针对上海检察工作实际，市检察院统一选任了市、分院人民监督员，实行下管一级的模式，加强对全市检察机关查办职务犯罪活动的监督。人民监督员监督评议案件52件，结案45件，同意办案部门拟处意见43件，不同意的2件，经检察委员会讨论，采纳人民监督员意见1件。

严格规范检察人员与律师的交往行为。为维护司法公正和检察公信力，制定了《规范检察人员在办案中与律师交往行为的试行规定》，禁止市、分院处级以上领导干部的配偶、子女在分管工作范围内从事涉检律师业务，禁止现任检察人员配偶、子女担任其所在检察机关的案件的辩护人和诉讼代理人，规范了离任检察人员从事涉检律师业务。对164名所涉检察人员的配偶、子女进行登记，严格按照《规定》实行回避。完善刑事诉讼法和律师法相衔接的工作制度，各级检察院建立了专门的律师接待室，保障律师依法行使执业权利。

六、加强检察队伍建设，不断提高队伍整体素质和法律监督能力

坚持把检察队伍建设作为基础性、全局性、战略性的重大任务，努力建设一支政治坚定、业务精通、作风优良、执法公正的高素质专业化检察队伍。

加强领导班子建设。深入开展学习实践科学发展观活动，结合市委对市检察院党组的巡视，制定了服务大局、保障民生，强化法律监督，提高法律监督能力等7个方面43项整改措施，认真抓好落实。切实转变领导方式和工作作风，市检察院党组成员牵头对领导干部能力建设、检察官遴选制度、案件管理等11个事关上海检察工作全局和长远发展的问题开展专题调研，认真抓好调研成果的转化落实。实行领导干部异地提任，加大交流力度，确保廉洁从检，对45名处以上领导干部进行了交流，其中区县检察院正副检察长23名。针对年轻干部缺乏基层工作经历、缺乏做群众工作的能力，选派68名优秀青年干部到基层进行跨部门、跨岗位挂职锻炼。

深入开展全员培训和"岗位练兵岗位成才"活动。积极构建正规化教育培训体系，制定三年培训规划，采取以检察官教检察官为主的研讨式、案例式培训方式，由市检察院对全市检察干警统一培训。围绕提高实务能力，将听庭评议、案件评析、一案一总结等作为岗位练兵的有效载体，增强了培训的针对性和实效性。全市检察干部参训人数6111

人次,406 名干警参加了社会学、心理学等专题培训班,22 名干警获得了国家二级心理咨询师资格证书。

高度重视廉政建设。对公正执法、办案作风、检风检纪、警车使用情况进行督察;开展对检察机关直接立案侦查案件扣押冻结款物专项检查,完善了管理制度。坚持从严治检,全年查处检察人员涉及办案安全事故、违反社会道德等违纪违规案件 3 件 7 人。

大力开展社会主义法治理念和检察职业道德教育。深入践行社会主义法治理念,严格遵守《检察官职业道德基本准则》,确保检察干部做到自身正、自身硬、自身净。组织开展"走进社区、走进企业、走进农村、走进基层,服务经济、服务社会、服务基层、服务群众"主题实践活动,努力贴近基层和群众的需求做好检察工作。组织开展"服务大局保障民生十佳案(事)例评选活动",宣传表彰服务港口建设、打击镇保领域犯罪、推动建立涉罪未成年人社会观护体系以及关爱老年人等 10 个案(事)例,以增强干警服务大局的意识,牢固树立社会主义法治理念。

七、依法自觉接受人大及社会各界监督

检察工作的发展离不开各级人大、政协和社会各界的关心、支持和监督。一年来,全市检察机关切实增强接受监督的自觉性,努力提升接受监督的实效。全市检察机关坚持向人大及其常委会报告工作部署、重要监督事项、重要检察建议等工作制度;认真落实人大及其常委会的各项工作要求;高度重视听取人大代表、政协委员的意见和建议,市检察院先后召开 18 次人大代表、政协委员座谈会,听取代表、委员的意见建议。邀请 68 名人大代表、政协委员等社会各界人士,参加听庭暗访、看守所监管执法检查等活动,听庭暗访公诉庭 125 个。办理市人大代表书面意见等 19 件,均已办结。完成了新一届特约检察员和廉政监督员的聘任工作,加强对上海检察工作的监督指导。

2010 年上海检察工作的思路是:坚持以邓小平理论和"三个代表"重要思想为指导,深入贯彻落实科学发展观,坚持把深入推进社会矛盾化解、社会管理创新、公正廉洁执法贯穿于各项检察工作始终,全力服务保障世博会,加强法律监督,加强自身监督,加强领导班子建设,为服务"五个确保"营造良好的社会环境和法治环境。

(一)以保障世博会顺利举办为重点,依法维护社会稳定。把服务平安世博作为首要政治任务,积极参与和配合公安、国家安全机关开展专项整治和打击刑事犯罪活动,确保社会秩序的稳定。坚决打击危害世博会举办、破坏世博场馆、扰乱世博会社会秩序,以及采用散布虚假恐怖信息等手段影响世博安全的各类犯罪。加大涉检信访工作力度,积极化解社会矛盾纠纷,有效解决群众反映突出的问题。密切关注社会治安动态,加强突发性、群体性事件和涉检舆情的预防和处置,有针对性地提出消除隐患、强化管理、预防犯罪的建议。

(二)以贯彻市人大常委会《决议》为重点,推动法律监督工作新发展。认真贯彻市委《关于进一步加强人大工作的若干意见》和市人大常委会《关于加强人民检察院法律监督工作的决议》,将人民群众反映强烈和法律执行中的突出问题作为监督重点,加强涉及执法指导思想、重要法律实施,以及执法不平衡等突出问题的监督,扩大法律监督的效果。加大对立案、强制措施执行、宽严相济刑事司法政策、行政执法与刑事司法相衔接工作机制落实等监督力度。加大对司法不公、执法不严背后徇私舞弊、贪赃枉法行为的查处,加大对重大责任事故背后渎职侵权犯罪的查处,切实加强对执法活动的监督。积极探索对公安派出所执法活动的监督。

(三)以加强检察机关自身监督为重点,促进公正廉洁执法。开展公正廉洁执法为主题的执法检查活动,在深入学习、提高认识的基础上检查清理在思想认识、司法理念、管理规范、执法方式等方面存在的问题,采取有力措施,增强检察工作透明度,自觉接受群众监督,提高执法公信力。严格执行职务犯罪案件审查逮捕权上提一级,强化对职务犯罪案件侦查活动的监督制约;严格工作制度和办案纪律,严格执行办案责任制和执法过错追究制。加强对案件的集中管理,完善内部监督制约机制。加强检务督察,坚决查处违法违纪行为。

(四)以加强领导班子建设为重点,进一步加强检察队伍建设。始终坚持党的事业至上、人民利益至上、宪法法律至上,提高全体检察干部政治素质。建立领导干部政治轮训制度,提升领导干部的政治理论水平。完善市检察院巡视区县检察院、区县检察院检察长向市检察院述职的工作制度,加强对领导干部的监督。实行基层检察院正副检察长异地提任,加大领导干部岗位交流力度,从制度上确保公正廉洁执法。组织年轻干部到基层检察院、外系统挂职锻炼，增强群众观念，提高社会工作经验。

继续深化全员培训和岗位练兵活动，提高队伍的专业化水平。

江苏省人民检察院工作报告（摘要）

——2010 年 1 月 28 日在江苏省第十一届人民代表大会第三次会议上

江苏省人民检察院检察长　徐　安

（2010 年 1 月 29 日江苏省第十一届人民代表大会第三次会议通过）

2009 年省检察院在省委、最高人民检察院的领导和省人大及其常委会的监督下，在省政府的支持和省政协的民主监督以及社会各界的关心支持下，带领全省检察机关，深入贯彻党的十七大和十七届四中全会精神，按照省十一届人大二次会议的要求，紧紧围绕"保增长、保民生、保稳定"的大局，全面履行检察职能，大力加强自身建设，努力为全省经济平稳较快发展提供司法保障。

一、积极采取应对措施，全力服务经济增长

2009 年 1 月，省检察院制定了保障和促进经济平稳较快发展的十四条意见；各市、县（区）检察院切实加强领导，创新机制，狠抓落实。全省检察机关普遍建立起社会风险排查研判机制，结合执法办案，加强个案研究和类案分析，深入排查可能影响经济发展和社会稳定的风险隐患，及时向党委、政府和有关部门提出对策建议，共报送风险排查研判报告 300 多份，有 120 多份经各级党政领导批示。省检察院先后向省委和最高人民检察院反映了全省集资诈骗和非法吸收公众存款犯罪、涉及企业犯罪、毒品犯罪、受经济危机影响返乡农民工犯罪等方面出现的新情况，引起省委、省政府、最高人民检察院和相关部门的高度重视。全年共批准逮捕各类破坏社会主义市场经济秩序犯罪嫌疑人 2052人，同比上升 35.7%；提起公诉 3799 人，同比上升 8.5%；其中批捕、起诉集资诈骗犯罪、非法吸收公众存款犯罪嫌疑人同比分别上升 87.2% 和 118.6%。主动为企业尤其是中小企业提供法律服务，帮助企业提高防范和应对经济风险、诉讼风险

的能力。对办理的涉及企业案件，准确把握法律政策界限，慎重选择办案时机，慎重使用强制措施，慎重查封、冻结企业账目和银行账户，慎重扣押企业涉案财物。

二、认真履行职能，着力维护社会稳定

依法、准确、有力地打击严重刑事犯罪。全年共批准逮捕各类犯罪嫌疑人 54113 人，提起公诉 81551 人，批准逮捕和提起公诉数同比分别下降 1.8% 和 4.2%。其中批准逮捕黑恶势力犯罪、故意杀人、抢劫等严重暴力犯罪嫌疑人 9933 人，提起公诉 13159 人，同比分别下降 9.9% 和 8.8%；批准逮捕抢夺、盗窃等多发性侵财犯罪 18252 人，提起公诉 25606 人，同比分别下降 15.8% 和 14.5%。

正确实施宽严相济的刑事司法政策。全年共不批准逮捕 12249 人，其中以无逮捕必要为由不批准逮捕 6385 人，同比上升 59.2%；决定不起诉 1969 人，同比上升 50.3%。对犯罪嫌疑人认罪的轻微刑事案件，推行快速办理机制。对没有逮捕必要但又不具备取保候审条件的外来犯罪嫌疑人实行管护教育。无锡、苏州市检察机关共对 237 名外来犯罪嫌疑人进行了管护教育。

积极有效地化解社会矛盾。省检察院出台了《关于建立完善"检调对接"工作机制的意见》，对轻微刑事案件和一些涉检信访案件、民事申诉案件，努力促成当事人以平和的方式解决纷争。共化解各类涉检信访案件 573 件，其中通过挂牌督办、检察长包案、巡回接访等方式，化解涉检信访积案 208 件。最高人民检察院等上级部门交办的涉检信

访案件全部息诉。对 1194 件轻微刑事案件促成加害人与被害方达成和解协议,对受理的 728 件民事申诉案件通过调解实现息诉。

三、坚持执法为民,切实保障民生

一是加大对侵害群众切身利益案件的查办力度。共查办发生在教育系统、卫生系统、土地管理、城市建设管理、环保部门等与民生相关领域的职务犯罪 259 人。立案查处国家工作人员与社会不法分子勾结、侵吞骗取补偿款等职务犯罪案件 123 件 146 人。二是通过延伸检察工作触角,更好地维护群众利益。省检察院制定了《关于积极稳妥地向农村延伸检察触角的意见》,各级检察院在农村乡镇共设立派驻检察室、检察工作联络站、服务点 900 多个,贴近群众了解社情民意,接待处理群众申诉来访 4238 件,发现案件线索 739 件,化解农村社会矛盾纠纷 1880 件。三是积极探索开展对特困刑事被害人的救助工作。在国家尚未统一立法的情况下,我省检察机关针对一些刑事案件给受害群众造成的危害,共向 47 件刑事案件的被害人发放救助金 30 余万元,缓解了部分被害人的医疗、生活困境。

四、依法惩治腐败,坚决查处职务犯罪

全省检察机关开通了"12309"统一举报电话。全年共受理群众举报 13582 件,同比上升 3.6%。根据群众举报和深挖窝案串案,共立案侦查贪污贿赂犯罪案件 1437 人,其中大案 1385 人,大案率 96.4%;涉案金额五十万元以上的大案 144 件;立案查处了县处级以上干部要案 76 人,其中包括 5 起厅级干部职务犯罪案件。立案侦查渎职侵权犯罪案件 311 人,其中重特大案件 85 件;移送起诉率达到 98.3%,比上年提高 3.6 个百分点。通过查办案件,为国家挽回直接经济损失 4.33 亿元。共立案侦查行贿犯罪案件 140 人。全省移送起诉的职务犯罪案件有罪判决率为 100%,对职务犯罪案件办案不规范的投诉大幅减少。

五、加强源头预防,努力遏制和减少职务犯罪

省检察院向省人大常委会专题报告了检察机关预防职务犯罪工作情况。共结合办案发出预防检察建议 774 份,配合案发单位建立和完善管理制度 3008 项。省检察院结合查处的环境污染事件中的渎职犯罪,向省有关部门专门发出检察建议,促进有关行业开展了专题教育和专项整改。部署开展了重大建设工程专项预防,先后对 4595 个在建

或已立项的工程项目开展预防调查,选择其中 693 个重点工程项目开展了以"工程优质、干部优秀"为主题的双优创建活动,努力保障政府投资安全。建立或协助有关单位建立各类预防示范和警示教育基地 724 个,开展法制宣传和警示教育 1276 场次,受教育人数达 17 万余人次。

六、强化诉讼监督,促进公正司法

加强对立案、侦查活动的监督。依法监督公安机关应当立案而未立案的案件 808 件 1091 人,对不应当立案而立案的,监督撤销立案 802 件 1106 人。对侦查工作中的违法取证、违法执行等提出书面纠正意见 2083 次,保障了犯罪嫌疑人的合法权益;对符合逮捕条件、应当提请逮捕而未提请的,依法追加逮捕 1414 人,对应当移送起诉而未移送的,追加起诉 964 人,促进了严格公正执法。加强对刑事审判活动的监督。对认为确有定性不准确和量刑畸轻畸重等错误的刑事判决、裁定共提出抗诉 149 件。加强对民事审判和行政诉讼活动的监督。全年共审查合同纠纷、侵权、劳动争议等各类民行申诉案件 2625 件,对认为确有认定事实或适用法律错误的民事、行政判决、裁定提出抗诉 434 件,提出再审检察建议 323 件。积极探索民行检察监督的新方式,共办理支持起诉、督促起诉案件 1445 件,帮助挽回国有资产损失 12.1 亿元,开展执行监督 281 件。加强对刑罚执行和监管活动的监督。对监外执行情况进行了执法检查,对刑罚执行、劳动教养执行和监管活动中存在的问题和违法违规情况提出检察建议 1149 份,提出书面纠正意见 150 人次,及时查处了少数监管场所工作人员受贿、徇私舞弊等职务犯罪案件。

七、强化队伍建设,努力做到自身过硬

突出抓好思想政治建设。省检察院切实加强对市县检察院开展深入学习实践科学发展观活动的指导,领导班子成员分别参加了各市级检察院党组专题民主生活会,帮助剖析问题、制定整改落实方案,强化检察机关服务保障科学发展、推动检察机关自身创新创优发展的措施,确保学习实践活动取得实效。认真贯彻最高人民检察院《检察官职业道德基本准则》,加强职业道德教育,开展检察人员宣誓活动,增强检察人员宗旨意识,教育检察人员牢记"忠诚、公正、清廉、文明"为核心的职业道德准则,恪守公平正义的司法防线。突出抓好各级检察院领导班子建设。健全理论中心组学习制度,完善

各级检察院党组议事规则，改进检察委员会的工作，提高领导班子科学决策、民主决策、依法决策的水平。省检察院举办了 10 期不同层次的领导干部教育培训班和专题研讨班，开展对部分市级检察院和基层检察院领导班子建设专项巡视活动，发现问题及时提醒纠正。试行省辖市检察长到省检察院述职报告工作制度，进一步发挥上级检察院的领导作用，推动了市级检察院领导班子建设。突出抓好检察能力建设。共举办各类业务培训班 432 次，举办全省检察机关八类法律文书评比、司法警察技能竞赛等业务竞赛活动 383 次；司法考试通过率达56.92%，使办案人员不足的压力有所缓解。突出抓好基层基础建设。制定了《2009—2012 年基层人民检察院建设规划》，加大上下级检察机关干部交流挂职锻炼力度，扎实开展对基层检察工作的综合绩效考评。突出抓好自身监督制约建设。深入开展直接立案侦查案件扣押、冻结款物的专项检查，对 2004 年以来全省检察机关办结的 11997 件涉及扣押冻结款物案件逐一排查，对发现的问题及时整改落实。全省检察机关从 2009 年 9 月 1 日起，全面实行了职务犯罪案件审查逮捕制度改革，省级以下检察机关立案侦查的职务犯罪案件由上级检察机关审查逮捕，推行网上办案监督，远程监控，严格实行讯问职务犯罪嫌疑人全程录音录像。严格落实党风廉政建设责任制，对违纪违规人员查处了 10 件 12 人。省检察院的党风廉政建设工作受到省党风廉政建设检查考核组的充分肯定。

八、依法接受监督，不断提高执法公信力

各级检察院共向同级人大常委会专项报告检察工作 170 余次。共邀请人大代表、政协委员视察检察工作 380 余次，召开座谈会 390 余次，办理意见和建议 596 件，办理转交的案件 210 件，切实做到件件有落实。组织开展人大代表联络月活动，主动向人大代表通报检察工作情况，诚恳征求人大代表对检察工作的批评、意见、建议，及时将人大代表提出的意见和建议汇总研究，将整改任务和责任分解落实到各有关业务部门和市检察院，加强和改进检察工作。对人大代表、政协委员反映的具体案件和事项，迅速组织调查核实，并限期反馈处理结果。深入推进人民监督员制度试点工作，196 件拟作撤案、不起诉处理和犯罪嫌疑人不服逮捕决定三类职务犯罪案件和违法搜查、扣押等"五种情形"案件全部进入了监督程序接受人民监督员监督。深化检

务公开，广泛接受社会各界监督。推进"阳光"检务，开展检察开放日等活动，召开新闻发布会、检察工作情况通报会 369 次，组织各界群众参观走访检察机关的执法办案场所。省检察院专门下发严格执行《律师法》的通知，保障律师执业权利，主动听取意见，自觉接受律师对执法办案的监督。为了更好地了解人民群众对检察工作的评价，2009 年省检察院再次委托国家统计局江苏调查总队开展了"人民检察院工作满意度"问卷调查，人民群众对检察工作的整体评价满意率和满意度进一步提升。

2010 年是"十一五"规划最后一年，做好今年的检察工作，具有十分重要的意义。全省检察机关将以党的十七大、十七届四中全会精神为指导，全面贯彻中央、省委和最高人民检察院对检察工作提出的一系列新要求，紧紧围绕社会矛盾化解、社会管理创新、公正廉洁执法三项重点工作，着力提高履职能力，统筹推进各项检察工作深入开展，以更高的起点、更实的措施、更大的力度，争创一流检察业绩，打造一流检察队伍，奋力开拓全省检察工作新局面，为江苏在加快转变经济发展方式中保持社会和谐稳定提供有力的司法保障。我们将着重抓好以下几方面工作：

（一）深入推进社会矛盾化解，积极参与社会管理创新。坚持依法打击各类刑事犯罪，进一步健全严打工作机制，始终保持对严重刑事犯罪的高压态势，依法严惩黑恶势力犯罪、严重暴力犯罪、多发性侵财犯罪，维护人民群众的生命财产安全。全面推进"检调对接"，认真开展涉检信访、轻微刑事案件和解、民事申诉案件执行和解工作，积极促成当事人以平和方式解决纷争，建立健全执法办案风险评估机制、矛盾纠纷排查化解机制、错案追究和责任倒查制度，切实把不稳定因素消除在萌芽状态，把矛盾纠纷化解在基层，努力避免新的涉检信访案件发生。坚持参与社会管理创新，正确贯彻宽严相济刑事政策，最大限度地减少社会对立面，增加社会和谐因素；不断拓宽工作领域，加强对重点人群的帮教管理，加强对重点地区的排查整治；加强对社区矫正工作的监督，确保刑罚正确有效地执行；加强对网络虚拟社会的建设管理，积极营造有利于社会稳定的舆论环境。

（二）深入推进查办和预防职务犯罪工作，为反腐倡廉建设多作贡献。进一步突出办案重点，坚决查办涉及工程建设、房地产开发、土地管理、环境保

护等领域关系民生、侵害群众切身利益的贪污贿赂案件和失职渎职犯罪案件。狠抓执法办案能力建设,提高对举报线索的核查能力、对重要案件的取证突破能力和深挖窝案、串案的能力,以更加有力的措施,达到办案力度、质量、效率、效果相统一,开创查办职务犯罪工作的新局面。按照省人大常委会专项审议意见,进一步加强和改进预防职务犯罪工作,加强犯罪分析、预防建议、警示教育和预防调查等工作,推行重点环节职务犯罪风险源点排查控制,努力从源头上预防遏制职务犯罪。

(三)深入推进诉讼监督工作,切实维护司法公正。加强对侦查活动的监督,重点监督纠正有罪不究、以罚代刑、违法采取强制措施、刑讯逼供、暴力取证、漏捕漏诉等问题。积极探索对公安基层单位执法活动进行法律监督的有效做法,使监督工作深入执法第一线,把好第一道关口。加强对刑事审判活动的监督,建立对刑事审判监督的长效工作机制,重点监督纠正有罪判无罪、无罪判有罪、重罪轻判、轻罪重判、量刑畸重畸轻等问题。加强对民事审判和行政诉讼活动的监督,加大抗诉和再审检察建议力度,积极开展支持起诉、督促起诉,认真做好息诉服判工作。加强对监狱、看守所、劳教所的执法监督,促进各类监管场所更加严格公正文明执法。

(四)深入推进对自身的监督制约,保障公正廉洁执法。深入开展社会主义法治理念、检察职业道德主题教育活动,引导广大检察人员牢记人民检察院的宗旨,恪守检察人员职业道德准则,把好司法公正防线。进一步强化对执法办案活动的监督,完善办案工作流程,加强检务督察和专项检查,实现对执法办案的动态监管和实时监督。深入推进检察改革,着重抓好今年最高人民检察院新推出的重要改革措施的落实工作,在强化对自身的监督制约中提升法律监督能力。

(五)深入推进检务公开,更加自觉地接受人大监督、政协民主监督和社会各界监督。进一步深化检务公开,加强检察宣传,增强执法透明度,更加广泛地接受监督,提升执法公信力。认真办理人大代表、政协委员建议、提案,及时反馈办理结果。在每年向各级人民代表大会报告工作的基础上,坚持向各级人大常委会报告专项工作,并通过开展人大代表联络月、邀请人大代表参与控告申诉案件接访、公开听证、集体答复和听庭评议等活动,主动将检察机关的执法办案、队伍建设情况置于人大的监督之下。广泛听取人大代表、政协委员对检察工作的意见和建议,不断加强和改进检察工作。

在新的一年里,我们将在省委和最高人民检察院的领导下,在省人大及其常委会的监督下,振奋精神,锐意进取,恪尽职守,扎实工作,为江苏经济的全面转型升级和全省经济社会的又好又快发展提供更加有力的司法保障!

浙江省人民检察院工作报告(摘要)

——2010 年 1 月 28 日在浙江省第十一届人民代表大会第三次会议上

浙江省人民检察院检察长 陈云龙

(2010 年 1 月 30 日浙江省第十一届人民代表大会第三次会议通过)

2009 年,全省检察机关在省委和最高人民检察院的领导下,在省人大及其常委会的监督下,以邓小平理论和"三个代表"重要思想为指导,深入贯彻落实科学发展观,紧紧围绕省委"创业富民、创新强省"总战略,认真履行宪法和法律赋予的职责,各项工作取得新进展。

一、围绕大局,积极服务经济平稳较快发展
面对国际金融危机的严重冲击,全省检察机关认真贯彻省委"标本兼治、保稳促调"的工作方针，以落实省检察院帮助企业解困服务经济平稳较快增长的"十五条意见"为重点，以开展服务企业专项行动为抓手，综合发挥打击、保护、监督、预防等职能作用，为我省经济企稳回升提供了有力的司法保障。

促进企业健康发展。积极参加整顿和规范市场经济秩序专项行动，依法打击各种破坏市场经济秩序犯罪，特别是侵犯知识产权、损害商业信誉等危害企业生产经营的犯罪活动。加强对企业经营人员挪用资金、商业贿赂等犯罪的打击和预防。严肃查办国家工作人员在项目审批、贷款发放、土地征用等环节索贿受贿和滥用职权、玩忽职守造成企业重大损失的职务犯罪。组织开展涉企案件侦查监督专项工作，对侦查机关在办理涉企案件中该立案不立案、非法插手经济纠纷以及对涉嫌犯罪的企业经营管理人员采取强制措施、查封、扣押和冻结企业财产不当等加强监督。加大追逃、追赃力度，尽可能挽回企业经济损失。全年共批捕各类破坏市场经济秩序犯罪嫌疑人2305人，起诉3641人，立案查处涉企职务犯罪261人，监督立案涉企案件69件，监督撤案27件。

提升办案综合效果。坚持从有利于维护企业正常生产经营、有利于维护企业职工利益、有利于促进社会和谐稳定出发，把握好办案重点、办案时机，慎重采取强制措施，正确处理依法独立办案与加强沟通协调的关系，在严格依法办案的同时提升办案综合效果。慎重对待改革发展中的新情况新问题，严格区分经济纠纷与经济诈骗、企业不规范融资与非法吸收公众存款、工作失误与渎职等罪与非罪的界限。对非法集资、偷税、行贿等涉企犯罪案件，把握执法导向，加强审查把关和案例指导，依法妥善予以处理。改进办案方式方法，坚决防止在办案中随意冻结企业账号、扣押企业款物、影响企业生产经营，在向企业人员调查取证时，注意把握取证时间、地点，最大限度地减少对企业的影响。

加强法律服务工作。组织全省检察机关深入开展"下基层、进企业"活动，广泛走访企业，听取企业意见，依法处理涉企案件，省检察院班子成员走访了26个市县党政机关、经济管理部门和企业，理出4大类21个问题，有针对性地采取措施予以解决。通过落实专人联系、制作发放"检企联系卡"、组织"讲师团"巡讲等方式，深入企业开展法制宣传、法律咨询，促进企业健全管理，帮助解决涉法涉诉问题。更加注重对民生诉求的司法保障和司法救济，对企业裁员、减薪等引发的群体性上访和告急访，积极配合有关部门做好群众安抚和善后工作。

二、认真履行批捕、起诉等职责，维护社会和谐稳定

针对刑事犯罪高发、社会矛盾凸显的严峻形势，全省检察机关认真贯彻"严打"方针和宽严相济刑事政策，积极应对影响社会稳定的各种问题和挑战，扎实做好检察环节维护社会和谐稳定工作。

依法打击刑事犯罪。把确保新中国成立六十周年庆祝活动安全顺利举行作为重中之重的任务，坚决打击危害国家安全犯罪；深入开展"打黑除恶"专项斗争，积极参加打击整治"两抢"犯罪大会战，在检察环节始终保持对严重刑事犯罪的高压态势；会同公安机关开展打击电信诈骗、假币、假发票、传销犯罪等专项行动，从重打击严重经济犯罪。全年共批捕各类刑事犯罪嫌疑人75009人，起诉94869人，其中批捕黑恶势力犯罪嫌疑人6613人，起诉8055人；批捕杀人、强奸、绑架等严重暴力犯罪嫌疑人17061人，起诉20445人；批捕抢夺、盗窃等多发性侵财犯罪嫌疑人33296人，起诉37892人。

深入化解矛盾纠纷。着眼于减少社会对抗，深入开展对轻伤害等四类轻微刑事犯罪案件的和解试点工作；探索建立外来犯罪嫌疑人适用非羁押措施风险评估和帮教机制，保障外来犯罪嫌疑人的合法权益；省检察院制定实施《关于办理未成年人轻微盗窃案件适用宽缓政策的意见》，进一步完善对犯罪未成年人贯彻宽严相济刑事政策的工作机制。全年共对2068人作出无逮捕必要不捕决定，其中未成年人281人，外来人员715人，对1829人作出相对不起诉决定。针对民事行政申诉案件办理紧密关系民生和稳定的情况，坚持调解优先、化解矛盾优先，省检察院制定规范性文件，在全国检察机关率先部署开展民事行政申诉案件调处工作，受到省委、最高人民检察院的肯定。坚持涉检信访积案化解与源头防范两手抓，深入开展重信重访专项治理和涉检信访集中攻坚活动，推行实名举报经初查不立案和不批捕、不起诉、不抗诉等案件的释法说理制度，健全涉检信访风险预警评估机制，努力从源头上减少信访问题的发生，全年共办结各类群众信访23539件次，其中信访积案174件，息诉131

件,息诉率达 75.3%。

妥善处置涉检网络舆情。把妥善处置网络舆情作为化解矛盾、维护稳定的重要内容和途径。建立健全重大事项报告、敏感案件审慎办理等机制,强化对涉检舆情的监测研判、应急处置和引导工作。对可能或已引起境内外媒体关注的涉检舆情信息,坚持快速反应,抓紧核查事实真相,及时、准确发布权威信息。杭州"5·7"交通肇事案发生后,省、市、区三级检察机关在党委统一领导下,坚持依法办案,密切关注舆情,积极疏导群众情绪,取得了良好效果。

三、深入查办和预防职务犯罪,促进反腐倡廉建设

认真贯彻落实中央、省委关于反腐败斗争的部署要求,把查办和预防职务犯罪工作摆在突出位置,加大力度,扎实推进。

突出查办大案要案。完善案件线索管理机制和侦查指挥协作机制,强化与执法执纪部门的配合,重点查办大要案,提升办案的效果。全年共立案侦查贪污贿赂犯罪案件 1095 件 1304 人,其中贪污贿赂大案 981 件,占 89.6%,大案数和大案比例同比分别上升 4% 和 11.4 个百分点;立案查处渎职侵权犯罪案件 242 件 293 人,同比上升 3.2% 和 6.5%,其中渎职侵权重特大案件 94 人,占 38.8%。在查处的贪污贿赂、渎职侵权犯罪案件中,处级以上领导干部犯罪案件 180 人,其中厅级 15 人。

加强对影响发展和关系民生案件的查处。围绕促进经济平稳较快发展,积极参加治理工程建设领域突出问题专项工作,深入开展集中查办城镇建设领域商业贿赂犯罪专项活动,立案侦查涉及国家工作人员的商业贿赂犯罪案件 615 件,涉案金额 2.7 亿余元。围绕服务农村改革发展,深入开展查办涉农职务犯罪专项工作,立案侦查发生在农村基础设施建设、支农惠农资金管理等领域的职务犯罪案件 265 件。围绕促进生态文明建设,深入开展查办危害能源资源和生态环境渎职犯罪专项工作,立案侦查非法批准征用土地、环境监管失职等渎职犯罪案件 112 件。围绕群众反映强烈的突出问题,在教育医疗、环境保护、安全生产、征地拆迁等领域立案侦查职务犯罪案件 202 件。

扎实推进职务犯罪预防工作。重点围绕事关国计民生的重大建设项目以及职务犯罪多发行业和领域开展预防工作,省检察院会同省发改委、省监察厅、省审计厅对"三个千亿"工程的职务违法犯罪预防工作作出部署,积极开展预防咨询和预防督导,组织所在地检察机关对工程项目实行全程跟踪、同步预防。认真落实一案一剖析制度,及时建议有关单位和部门堵塞漏洞、健全制度,共召开职务犯罪案例剖析会 191 次,提出检察建议 212 件,推动相关单位落实预防措施 408 项。将行贿犯罪档案查询范围由建设、金融等 5 个领域扩大到所有领域,向社会提供查询 3025 次。省检察院在省委的领导和重视下,积极推动建立党委领导,检察、监察、审计监督指导,相关职能部门密切配合的职务犯罪预防工作机制,推动开展我省预防职务犯罪条例颁布三周年宣传活动,预防工作的层次和水平有了新的提高。

四、强化对诉讼活动的法律监督,维护司法公正

围绕群众反映强烈的执法不严、司法不公问题,坚持经常性监督和专项监督相结合,完善监督机制,加大监督力度,促进公正廉洁执法。

强化对侦查活动的监督。重点监督有罪不究、违法办案、侵犯人权等问题。完善和落实行政执法与刑事司法相衔接的机制,督促行政执法机关向司法机关移送涉嫌犯罪案件 323 件,比上年增加 30.8%。健全立案监督案件跟踪监督机制,规范办理监督撤案案件,对侦查机关应当立案而不立案的刑事案件监督立案 839 件,对侦查机关不应当立案而立案的监督撤案 234 件。对应当逮捕而未提请逮捕、应当起诉而未移送起诉的,决定追加逮捕 607 人、追加起诉 1243 人。对不符合法定逮捕、起诉条件的,决定不批准 2578 人、不起诉 268 人。对侦查中滥用强制措施等违法情况提出纠正意见 286 件次。

强化对审判活动的监督。重点监督有罪判无罪、量刑畸轻畸重,以及因徇私枉法和严重违反法定程序影响公正审判的问题。以职务犯罪判缓刑、免予刑事处罚案件、判决改变定性案件和抗诉后维持原判案件为重点,深入开展刑事审判法律监督专项检查,对认为确有错误的 205 件刑事判决、裁定提出抗诉,法院已审结 167 件,改判和发回重审 96 件;对刑事审判活动中的程序违法情况提出纠正意见 361 件次。突出加强死刑案件的审查和出庭公诉工作,认真履行死刑裁判检察监督。制定下发民事行政抗诉裁量标准,对认为确有错误的 1227 件民事、行政判决和裁定提出抗诉，法院已审结 589 件，其中改判 175 件，调解结案 309 件，发回重审 14 件；提出再审检察建议 253 件。依法加强对损害公共利益、案外人利益的虚假诉讼的法律监督。对造成国有资产严重流失的民事案件，依法督促起诉 410 件，督促追回国有资产 8 亿余元。

强化对刑罚执行和监管活动的监督。重点监督违法减刑、假释和监管不当等问题。积极推进县级检察院派驻监狱、劳教所department检察室改由市级检察院派驻改革，全面推广使用监所检察信息管理系统，完善羁押期限届满提示、刑罚变更执行同步监督等制度，监督纠正减刑、假释、暂予监外执行不当 1086 人。加强对监外执行和社区矫正活动的监督，监督纠正脱管漏管罪犯 344 人。组织开展看守所监管执法专项检查和监狱"清查事故隐患、促进安全监管"专项活动，对"牢头狱霸"、安全隐患等突出问题提出纠正意见 991 件次。

五、加强检察自身建设，提高法律监督能力和执法公信力

按照严格、公正、文明、廉洁执法的要求，大力推进法律监督能力和执法公信力建设，着力造就一支高素质专业化的检察队伍，着力提高基层基础工作总体水平。

加强队伍建设。按照省委统一部署，各市、县检察院作为第二批单位开展了深入学习实践科学发展观活动，省检察院开展了学习实践活动整改落实"回头看"工作。全省检察机关把学习实践活动与践行社会主义法治理念、庆祝新中国成立六十周年暨人民检察成立六十周年活动紧密结合，努力解决我省检察工作中与科学发展观要求不相适应的突出问题，队伍执法思想进一步统一。制定实施全省检察队伍建设规划、检察文化建设意见和大规模推进检察教育培训工作的实施意见，增强了队伍建设的系统性、前瞻性。制定实施《加强领导干部监督管理工作若干意见》，健全党组成员参加下级检察院民主生活会制度，加强对市、县检察院班子成员政治素能轮训，着力提高领导班子建设水平。扎实推进业务培训、岗位练兵、高层次人才培养工作，省检察院培训干警 2000 多人次，评选出 10 名同志为第二批全省检察业务专家，干警业务技能和整体素质得到提升。狠抓自身反腐倡廉建设，严肃执纪执法，查处违纪的检察人员 3 人。

强化自身监督。把强化自身监督摆到与强化法律监督同等重要的位置来抓。重点加强办理职务犯罪案件内部监督，组织开展职务犯罪案件讯问全程同步录音录像、职务犯罪案件扣押、冻结、处理涉案款物以及办案工作区建设和办案安全防范等专项检查，深入查找解决办案中存在的问题。积极推进干警执法档案建设，落实执法过错责任追究制度，强化对检察人员执法办案活动的监督。全面推行检务督察制度，通过明察暗访等形式，对接待群众来访、警车警械管理以及执行"禁酒令"等情况进行监督检查。省检察院对 11 个市 42 个检察院进行了集中督察。

推进改革创新。全面实施职务犯罪案件审查逮捕程序改革，从 2009 年 9 月 20 日起，市、县两级检察院立案侦查的职务犯罪案件报请逮捕的，一律报上一级检察院审查决定，加强了对职务犯罪侦查权的监督制约。制定实施《加强和规范基层检察室建设的意见》，强化对基层执法司法活动的监督。着眼提升办案质量，探索构建法律效果、政治效果、社会效果有机统一的办案质量评价体系，确保案件办理实体正确、程序合法、行为规范、效果良好。深入开展认罪轻案办理程序改革，开展量刑建议改革试点，探索建立社区矫正信息联动管理机制，法律监督的手段、方法和途径进一步完善。

加强基层检察院建设。坚持把检察工作和队伍建设的重心放在基层，推进基层检察院执法规范化、队伍专业化、管理科学化和保障现代化建设。完善和落实上级检察院领导联系基层等制度，省检察院领导带头下基层蹲点调研，认真研究解决影响基层检察工作的突出困难和问题。积极争取有关部门支持，加大对贫困地区检察院经费保障、装备建设的支持力度，将新增的政法专项编制充实基层，缓解基层检察院办案力量不足、经费紧张等困难。完善基层检察院规范化建设分类考评办法，充分发挥考评机制的导向和激励功能，基层检察院的整体面貌发生新的变化，涌现出"全国十佳基层检察院"义乌市检察院、全国模范检察官金启和、"全国人民满意的公务员"沈亚平等先进典型，有 129 个集体和 55 名个人获得省级以上表彰。

接受人大监督是做好检察工作的重要保证。全省检察机关严格执行接受人大监督的各项制度，主动向人大及其常委会报告工作，积极配合人大常委会组织的专题调研和执法检查，认真办理人大代表、政协委员提出的议案、提案和建议。省检察院就侦查监督工作情况向省人大常委会作了专项工作报告，并根据常委会审议意见认真落实整改措施。同时，自觉接受政协民主监督，主动向各民主党派、工商联和无党派人士通报情况，深化人民监督员制度改革，完善特约检察员制度，在检察决策和执法办案过程中充分听取意见，接受监督。

同时，工作中还存在不少问题：一是法律监督职能作用发挥还不够充分，诉讼监督工作仍然比较薄弱；二是有的检察人员办案能力不强，执法不规范、不文明的问题仍有发生；三是检察改革的深度不够，业务工作、队伍建设、检务保障协调发展的机制还不完善；四是基层检察院案多人少、经费困难等问题仍不同程度存在。对这些问题，我们将以更加求真务实的态度，认真加以解决。

2010年是我省应对国际金融危机冲击、巩固和发展经济企稳回升势头的关键之年。全省检察工作的总体思路是：坚持以邓小平理论和"三个代表"重要思想为指导，深入贯彻落实科学发展观，紧紧围绕省委"创业富民、创新强省"总战略和"强化法律监督、维护公平正义"的检察工作主题，以提升"三个效果"有机统一的办案质量为抓手，扎实推进社会矛盾化解、社会管理创新、公正廉洁执法三项重点工作，全面加强和改进检察工作，为我省经济社会平稳较快健康发展提供更加有力的司法保障。

（一）着力提高服务经济发展的针对性、实效性。坚持把服务经济平稳较快健康发展作为首要任务，紧紧围绕省委调结构、促转型的经济工作主线，以深入开展服务企业专项行动为抓手，继续深入推进以落实"十五条意见"为重点的服务经济发展工作，突出加强对金融诈骗、非法吸收公众存款等严重破坏市场经济秩序犯罪活动的打击，突出查办损害企业合法权益的贪污贿赂、渎职侵权犯罪，深入推进保护知识产权、查办危害能源资源和生态环境渎职犯罪等专项行动，进一步强化检察环节法律服务工作，为我省经济平稳较快健康发展创造良好的法治环境。

（二）着力发挥好维护社会和谐稳定的职能作用。认真贯彻中央、省委深入推进三项重点工作的部署要求，以实施上海世博会"护城河"工程为重点，深入开展打黑除恶等专项斗争，严厉打击危害国家安全犯罪、黑恶势力犯罪、严重暴力犯罪、多发性侵财犯罪和毒品犯罪；积极推进量刑建议、刑事和解、轻微刑事案件快速办理等工作，完善未成年

人犯罪案件办案机制，探索附条件不起诉等办案方式，深入贯彻落实宽严相济刑事政策；大力加强涉检信访工作，完善落实检察环节社会矛盾排查化解、执法办案风险评估预警、民事案件检调对接等工作机制，把执法办案向化解矛盾延伸；积极参与社会管理创新，加强对刑释解教人员等特殊人群的帮教管理、对社会治安重点地区的综合整治和对网络虚拟社会的建设管理，保障社会安定有序。

（三）着力加大查处和预防职务犯罪力度。深入贯彻党的十七届四中全会精神，严肃查办发生在领导机关和领导干部中的贪污贿赂、滥用职权、失职渎职案件，严肃查办发生在医疗卫生、征地拆迁、社会保障、就业就学等民生领域的职务犯罪案件，严肃查办群体性事件和重大责任事故背后的职务犯罪案件，积极参与工程建设、房地产开发、土地管理、金融、司法等领域专项治理。坚持惩防并举、侦防一体，以贯彻落实《浙江省预防职务犯罪条例》为抓手，以抓好"三个千亿"工程职务违法犯罪预防为重点，强化对预防主体履职情况的督导，强化检察预防建议落实的监督，强化预防宣传和警示教育，全面落实行贿犯罪档案查询制度，推进反腐败斗争深入开展。

（四）着力维护司法公正。坚持把人民群众的关注点作为诉讼监督工作的着力点，进一步加强对侦查活动的监督，重点监督纠正有罪不究、以罚代刑、刑讯逼供、暴力取证以及错捕漏捕、错诉漏诉等问题；认真总结刑事审判法律监督专项检查工作，深入抓好整改，着力加强对职务犯罪案件、法院自行决定再审案件和死刑复核案件的监督；深入推进与监管场所信息联网，重点监督纠正违法减刑、假释、暂予监外执行以及超期羁押、体罚虐待被监管人等问题；对损害国家利益、社会公共利益以及因严重违反法定程序或审判人员贪赃枉法、徇私舞弊导致的错误民事行政裁判，切实加大提出抗诉、再审检察建议力度，同时深入抓好民事督促起诉工作和民事行政申诉案件调处工作，增强民事行政检察工作实效。注重维护国防利益，维护军人军属合法权益。

（五）着力提高检察机关自身执法公信力。坚持以党建带队建，认真组织开展"建设学习型党组织、创建学习型检察院"和"恪守检察职业道德、提升执法公信力"活动，推进大规模检察教育培训，强化检察自身监督，从严管理队伍特别是领导干部队

伍,着力推进以公正廉洁执法为核心的高素质检察队伍建设。积极构建法律效果、政治效果、社会效果有机统一的办案质量评价体系,完善执法考评机制,推进执法规范化建设,进一步提升办案质量。紧密结合检察改革,以深化职务犯罪案件审查逮捕

程序改革、推进基层检察室建设、规范检察建议等为重点,扎实推进创新强检工作。按照省委统一部署,扎实开展"基层基础建设年"活动,着力提升基层检察院执法办案的能力与水平,不断夯实检察工作科学发展的根基。

安徽省人民检察院工作报告(摘要)

——2010 年 1 月 27 日在安徽省第十一届人民代表大会第三次会议上

安徽省人民检察院检察长 崔 伟

(2010 年 1 月 29 日安徽省第十一届人民代表大会第三次会议通过)

过去一年的工作

2009 年,全省检察机关在中共安徽省委和最高人民检察院的坚强领导下,在省人大及其常委会的有力监督下,坚持以科学发展观为统领,认真贯彻党的十七大和十七届三中、四中全会精神,全面落实省十一届人大二次会议的决议,紧紧围绕"保增长、保民生、保稳定"的工作大局,深入践行检察工作主题,忠实履行法律监督职责,各项检察工作取得新进展。

一、依法打击犯罪,积极化解矛盾,全力维护社会和谐稳定

严厉打击严重刑事犯罪。坚持把打击锋芒指向黑恶势力犯罪、严重暴力犯罪、毒品犯罪以及多发性侵财犯罪,全年共批准逮捕刑事犯罪嫌疑人24833 人,提起公诉 33842 人。积极参加整顿和规范市场秩序专项行动,批准逮捕金融诈骗、偷税骗税、非法集资等经济犯罪嫌疑人 950 人,提起公诉1111 人。积极参加食品药品安全专项整治,批准逮捕制售有毒有害食品、假药劣药等犯罪嫌疑人 58人,提起公诉 77 人。

切实贯彻宽严相济刑事政策。按照"两扩大、两减少"的要求,正确把握宽严尺度,依法决定不批捕 3270 人、不起诉 1420 人。制定实施《关于依法快速办理轻微刑事案件的办法》,健全轻微刑事案件办理机制。坚持"教育、感化、挽救"方针,加强对

未成年人的司法保护。规范刑事和解工作,对达成和解的 1170 起因人民内部矛盾引起的轻微刑事案件,依法予以从宽处理。

大力化解社会矛盾纠纷。坚持公正规范执法,依法审慎处理涉众型犯罪和敏感案件。开展"涉检信访积案化解年"活动,加大涉检信访积案清理力度,有效预防和及时化解矛盾纠纷。去年,全年共办理群众来信来访 16018 件,其中各级检察长接待处理群众来访 2205 件,受理集体访、告急访同比分别减少 9.5% 和 9.6%,促进了社会和谐稳定。

二、加大惩治力度,更加注重预防,深入推进反腐倡廉建设

坚决查办贪污贿赂大案要案。全年共立案侦查贪污贿赂犯罪 1046 件 1358 人,其中五万元以上大案 740 件,百万元以上特大案件 50 件,县处级以上干部要案 91 人。围绕省委、省政府部署实施的28 项民生工程,立案侦查发生在民生领域的贪污贿赂犯罪 444 人,保障了各项惠民政策落到实处。

严肃查办渎职侵权犯罪案件。全年立案侦查渎职侵权犯罪 216 件 288 人,其中重特大案件 72件。依法介入重大安全生产事故调查,立案侦查国家机关工作人员严重失职渎职犯罪 42 件 53 人。紧紧抓住群众反映强烈的执法、司法不公问题,立案侦查执法、司法人员渎职侵权犯罪 131 件 155 人,促进了依法行政和公正司法。

深入推进预防职务犯罪工作。重点围绕事关发民和民生的重大决策部署，突出职务犯罪易发多发行业和领域，提出预防职务犯罪检察建议1174件。出台《关于在全省工程建设领域加强预防职务犯罪工作的意见》，对全省142个重大工程建设项目组织开展了专项预防。加强预防宣传和警示教育，促进了职务犯罪源头治理。

三、加强诉讼监督，解决突出问题，努力维护社会公平正义

强化刑事诉讼法律监督，重点解决有罪不究、违法办案和侵犯人权等问题。加强刑事立案监督和侦查活动监督，监督公安机关立案1576件，撤销不当立案439件；决定追加逮捕1018人、追加起诉853人。组织开展强制性侦查措施适用情况专项监督，纠正侦查机关违法拘传、搜查等侵犯人身权利和财产权利行为1187件次。强化刑事审判监督，提出刑事抗诉141件。积极开展刑事审判监督专项检查，进一步完善刑事审判监督工作机制。

强化民事审判和行政诉讼法律监督，重点解决裁判不公和不当执行、调解等问题。加强民事、行政抗诉工作，对认为确有错误的民事、行政判决、裁定提出抗议901件，提出再审检察建议280件。加强对国家和社会公益的保护，办理督促、支持起诉案件1560件。积极拓展民事行政法律监督领域，探索开展对民事执行和调解活动的法律监督。注重维护司法权威，认真做好当事人服判息诉工作。

强化刑罚执行和监管活动法律监督，重点解决社会关注的"前门进、后门出"和监管活动违法等问题。严格落实超期羁押届满提示和责任追究制度，着力纠正和防止超期羁押。加强对刑罚变更执行的同步监督，纠正不当减刑、假释、保外就医93人。加强对监外执行和社区矫正工作的监督，纠正监外执行罪犯脱管、漏管103人。开展监管执法专项检查和"清查事故隐患、促进安全监管"专项活动，确保了监管场所安全稳定。

强化控告申诉检察工作，重点解决控告难，申诉难和赔偿难等问题。全面开通12309举报电话，开设网上举报和信息查询系统，畅通群众举报渠道。加强举报线索管理，努力做到取信于民。加大刑事申诉复查力度，立案复查刑事申诉案件588件。依法办理刑事赔偿案件49件，保障了人民群众的合法权益。

四、强化大局意识，开展专项监督，主动服务经济社会发展

着眼于推动落实扩大内需政策、保障重大工程建设顺利实施，积极开展工程建设领域突出问题专项治理工作。立案侦查土地出让、规划审批、招标投标、质量监管等工程建设过程中贪污贿赂犯罪268件302人，渎职犯罪41件49人。

着眼于规范市场行为、净化市场环境，积极开展深化治理商业贿赂专项工作。立案侦查发生在医药购销、资源开发、出版发行、产权交易等领域的商业贿赂犯罪494件529人。

着眼于保护能源资源和生态环境、促进经济社会可持续发展，积极开展深入查办危害能源资源和生态环境渎职犯罪专项工作。立案侦查危害土地资源、森林资源、矿产资源等渎职犯罪87件106人。

着眼于保障农村改革发展、推进社会主义新农村建设，积极开展查办涉农职务犯罪专项工作。立案侦查发生在农村基础设施建设、支农惠农资金管理等领域和环节的涉农贪污贿赂犯罪459件621人，渎职侵权犯罪57件66人。

五、自觉接受监督，强化内部制约，确保严格公正文明执法

自觉接受人大依法监督和政协民主监督。主动向人大及其常委会报告工作，依法接受监督，争取工作支持。加强与人大代表、政协委员的联系，主动邀请代表、委员视察评议，认真办理代表、委员提出的意见建议和转交的案件。全年共办理人大代表、政协委员转交的案件80件，全部在规定期限内办结。

自觉接受人民群众监督和新闻舆论监督。推行"阳光检察"，深化检务公开，及时向社会公布重要检察工作部署和重大案件办理情况。深化人民监督员制度试点工作，注重发挥人民监督员在规范职务犯罪侦查工作中的作用。高度重视新闻舆论监督，加强对涉检舆情的收集、分析和研判，不断改进检察工作。

自觉加强内部监督制约。狠抓执法规范化建设，加强对执法办案的科学指导和动态监督。全面推行职务犯罪案件审查逮捕程序改革，严格落实讯问职务犯罪嫌疑人全程同步录音录像制度，积极开展直接立案侦查案件扣押冻结款物专项检查。深入开展检务督察，确保制度规范得到严格落实。坚持从严治检不动摇，加强自身廉政建设，严肃查处违法违纪行为。

六、加强队伍建设,提高监督能力,着力提升执法公信力

大力加强思想政治建设。坚持把思想政治建设放在首位,立足检察实际,突出实践特色,扎实开展深入学习实践科学发展观活动。制定实施《关于进一步加强和改进全省检察机关思想政治工作的意见》,大力加强中国特色社会主义理论体系、社会主义法治理念、检察职业道德等教育,引导广大检察干警坚定不移地做中国特色社会主义事业的建设者、捍卫者。

大力加强领导班子建设。坚持把领导班子建设作为队伍建设的重中之重,加强领导干部思想政治教育和素质能力培训。加强对领导干部的监督和管理,建立领导干部廉政档案,健全领导干部接受人民群众和检察干警监督的机制。加强上级检察院对下级检察院领导班子的监督,加大巡视工作力度。

大规模推进检察教育培训。加强以执法办案人员为重点的专项业务培训和以新进新任人员为重点的岗前任前培训。积极开展网络教育培训,组织检察业务讲师团赴全省巡回授课。注重在实践中培养干警,大力开展技能竞赛、岗位练兵,选派优秀年轻干警到信访接待等一线执法岗位接受锻炼。组织评审安徽省首届检察业务专家,加大高层次人才培养力度。

大力加强基层检察院建设,切实加强对基层检察院建设的组织领导,努力帮助基层解难题、办实事。加快检察信息化建设步伐,推动业务、队伍和信息化建设相结合的"三位一体"管理机制建设。主动争取党委、政府和有关部门支持,督促落实县级检察院公用经费保障标准。深入开展争先创优,涌现出"全国人民满意的公务员"陈方方、"全国模范检察官"刘擎等一批心系群众、公正执法的先进典型。

一年来,检察工作取得了较好的成绩,但是我们也清醒地认识到工作中还存在一些问题和不足:一是履行职责、服务大局的能力与经济社会发展的要求还不安全适应。二是法律监督的力度和效果与党和人民群众的要求还不完全适应。三是队伍的整体素质和执法水平与新形势新任务的要求还不完全适应。四是改革创新的思路和举措与中央推进司法改革的要求和检察工作科学发展的需要

还不完全适应。对于这些问题,我们将高度予以重视,积极采取措施,努力加以解决。

2010 年的工作任务

2010 年,全省检察机关将认真学习贯彻党的十七大、十七届四中全会和全国政法工作电视电话会认精神,以邓小平理论和"三个代表"重要思想为指导,深入贯彻落实科学发展观,紧紧围绕社会矛盾化解、社会管理创新、公正廉洁执法三项重点工作,统筹抓好各项检察工作,致力提升法律监督公信力,努力为加快经济发展方式转变、实现经济社会平稳较快发展提供有力的司法保障。

一、着力服务经济平稳较快发展。认真贯彻中央和全省经济工作会议部署,进一步完善检察工作服务和保障经济社会发展的新思路、新举措,充分发挥打击、保护、监督、预防等职能作用,努力在整顿规范市场秩序、确保政府投资安全、保障农村改革发展、促进企业发展、推进环境友好型和资源节约型社会建设等方面取得新成效。

二、着力推进社会矛盾化解。坚持在依法打击犯罪的同时,更加注重化解社会矛盾。深入开展打黑除恶等专项斗争,注重落实宽严相济刑事政策。坚持理性、平和、文明、规范执法,深入推进执法规范化建设,努力从源头化解矛盾。大力化解涉检信访积案,创新完善检察环节维稳工作机制,提高预防、化解社会矛盾的水平。

三、着力促进社会管理创新。主动参与对重点地区和重点治安问题的集中整治,推进平安安徽建设,积极参与社区矫正工作,加强对社区矫正各执法环节的法律监督。强化涉检网络舆情的掌握和应对引导工作,健全涉检日常舆情分析处理机制和突发事件舆论应对机制,着力营造有利于社会稳定的舆论环境。

四、着力惩治预防职务犯罪。严肃查办发生在领导机关、领导干部中的贪污贿赂、失职渎职案件,严肃查办商业贿赂案件和严重侵害群众利益案件,严肃查办群体性事件和重大责任事故背后的腐败案件,积极参与工程建设、房地产开发、国有资产管理、金融、司法等领域专项治理,坚决遏制职务犯罪易发多发势头。全面加强预防职务犯罪工作,推进反腐倡廉建设。

五、着力促进公正廉洁执法。坚持经常性监督和专项监督相结合,全面强化对刑事诉讼、民事审判和行政诉讼、刑罚执行和监管活动的法律监督。

坚决查办执法、司法不公背后的职务犯罪，维护司法公正和法制权威。

六、着力提高队伍整体素质。积极开展创建学习型检察院和学习型党组织活动，强化思想政治教育。坚持党抓建、带队建、促业务，加强检察机关党的建设。以领导干部和执法一线检察官为重点，继续推进大规模检察教育培训工作。加强自身反腐倡廉建设，自觉接受各方面监督。坚持固本强基，扎实推进基层检察院建设。

福建省人民检察院工作报告（摘要）

—— 2010年1月28日在福建省第十一届人民代表大会第三次会议上

福建省人民检察院检察长　倪英达

（2010年1月30日福建省第十一届人民代表大会第三次会议通过）

2009年，全省检察机关坚持以邓小平理论和"三个代表"重要思想为指导，深入贯彻落实科学发展观，认真学习贯彻党的十七大、十七届三中、四中全会和省委八届六次、七次全会精神，坚持党的事业至上、人民利益至上、宪法法律至上，坚持"强化法律监督，维护公平正义"检察工作主题，按照省十一届人大二次会议决议要求，认真履行法律监督职责，全面加强和改进检察工作，为保增长、保民生、保稳定作出了积极贡献。

一、深入学习实践科学发展观，服务经济平稳较快发展和海峡西岸经济区建设

2009年是新中国成立六十周年，也是我省经济社会发展既面临严峻挑战也面临难得机遇的一年。全省检察机关扎实开展深入学习实践科学发展观活动，进一步明确思路，强化措施，在服务经济社会科学发展中，努力实现检察工作科学发展。省检察院深入学习贯彻周永康同志"三个强化"重要批示要求，认真抓好学习实践活动整改方案的落实。市、县两级检察院坚持把学习实践科学发展观作为首要的政治任务，突出检察特色，深化学习教育，解决实际问题，努力提高坚持科学发展、促进社会和谐的能力和水平。各级检察机关坚持服务大局，认真实施最高人民检察院《关于促进经济平稳较快发展的指导意见》。2009年5月，国务院下发《关于支持福建省加快建设海峡西岸经济区的若干意见》

后，省检察院在2004年5月制定实施《关于为建设海峡西岸经济区服务的意见》基础上，重新修订下发《关于充分发挥检察职能为加快建设海峡西岸经济区服务的意见》。一方面，继续坚持执法办案要把握的"六条界限"、"五个不轻易"、"六个严禁"，依法平等保护各类市场主体合法权益，依法妥善处理涉及企业的案件。另一方面，顺应新形势新要求，立足检察职能，着力保障政府投资安全，着力维护市场经济秩序，着力保障和改善民生，着力促进农村改革发展和企业生存发展。省检察院设立涉台湾地区案件办公室，协调办理涉台案件个案协查，加强涉台法律研究和两岸检察官交流。各级检察机关结合实际，细化服务措施，制定并实施服务台资企业、保护民营经济、促进区域发展等意见措施，在执法实践中产生积极效应。

二、依法打击刑事犯罪，维护社会和谐稳定

全省检察机关切实履行批准逮捕、提起公诉等职责，依法打击刑事犯罪，积极化解矛盾纠纷。全年共批准逮捕各类刑事犯罪嫌疑人34845人，提起公诉46093人。

依法打击严重危害社会治安犯罪。突出打击严重暴力犯罪、黑恶势力犯罪和多发性侵财犯罪，对重大案件适时介入侦查、引导取证，提高办案质量。共批准逮捕故意杀人、放火、爆炸、强奸、绑架等严重暴力犯罪嫌疑人6154人，提起公诉7022人；

批准逮捕抢劫、抢夺、盗窃等多发性侵财犯罪嫌疑人 13493 人，提起公诉 15916 人。深入推进打黑除恶专项斗争，批准逮捕黑社会性质组织犯罪案件 28 件 306 人，提起公诉 26 件 350 人。配合有关部门，集中开展打击拐卖妇女儿童犯罪、淫秽色情网站犯罪、破坏森林资源犯罪等专项行动，共批准逮捕此类犯罪嫌疑人 766 人，提起公诉 1841 人。

依法打击破坏市场经济秩序犯罪。对非法集资、金融诈骗、非法传销等涉众型经济犯罪，依法妥善慎重处理，重点打击组织指挥者，共批准逮捕此类犯罪嫌疑人 184 人，提起公诉 260 人。积极参与食品药品安全专项整治及"质量和安全年"活动，批准逮捕生产销售伪劣产品、有毒有害食品等犯罪嫌疑人 151 人，提起公诉 226 人。加强对知识产权的司法保护，批准逮捕侵犯商标权、著作权、商业秘密犯罪嫌疑人 31 人，提起公诉 87 人。配合公安机关和有关部门开展打击假发票、反洗钱、反假币等专项整治行动，依法惩治欺行霸市、串通投标等严重破坏公平交易市场秩序的犯罪活动。

认真贯彻宽严相济刑事政策。坚持严格依法、区别对待、宽严适当。对初犯、偶犯、未成年犯和轻微刑事案件，依法认真审查，慎用逮捕措施，慎重作出起诉决定。共对 3000 名犯罪嫌疑人作出不批准逮捕决定，对 1420 名犯罪嫌疑人作出不起诉决定。对涉嫌犯罪的未成年人，采取适合其身心特点的办案方式，建立分案处理、跟踪帮教、亲情会见等制度。对轻微刑事案件依法快速办理，推行不捕直诉，或建议人民法院适用简易程序或简化审理程序，一些地方还积极探索非羁押诉讼工作机制，提高办案效率。

妥善化解社会矛盾纠纷。坚持把化解矛盾贯穿于执法办案中，依法妥善处理群众和案件当事人的合理诉求，共办理各类控告申诉案件 11953 件。开展信访积案化解专项活动，妥善解决了一批涉检信访案件。在检察办案环节开展刑事和解工作，加强释法说理、心理疏导等工作，促进定分止争、化解矛盾。配合有关部门开展社区矫正试点工作，协同做好刑释解教人员、未成年犯和监外执行人员的管理帮教工作。

三、依法查办和预防职务犯罪，推进反腐倡廉建设

全省检察机关坚决贯彻中央、省委关于建立健全惩治和预防腐败体系的总体部署，加大查办和预防职务犯罪力度。全年共立案侦查职务犯罪案件 1007 件 1262 人，其中贪污贿赂等犯罪案件 864 件 1089 人，渎职侵权犯罪案件 143 件 173 人。

集中力量查办大案要案。全省检察机关统一开通"12309"举报电话，完善侦查一体化工作机制，加强对查办职务犯罪的组织指挥和协调。共查办贪污贿赂五万元以上和挪用公款十万元以上案件 646 件，内有百万元以上案件 34 件。查办涉嫌职务犯罪的县处级以上国家工作人员 51 人，其中厅级干部 2 人。加强追逃、追赃工作，共抓获和敦促 61 名在逃职务犯罪嫌疑人归案。对重大责任事故，依法同步介入有关主管（监管）部门的调查 229 起，查办重大责任事故背后的渎职犯罪案件 29 件 31 人。省检察院及时派员介入重大事故的调查处理工作，及时查办事故背后的职务犯罪案件 16 件 16 人。

紧紧围绕保障和改善民生，开展查办职务犯罪专项工作。开展工程建设领域突出问题专项治理，立案侦查涉及土地出让、招标投标等领域职务犯罪案件 452 件 562 人，其中查办重点基础设施建设项目征地拆迁和工程建设相关责任人员贪污受贿、滥用职权职务犯罪案件 33 件 34 人。积极参加治理商业贿赂专项工作，立案侦查国家工作人员商业贿赂案件 523 件 558 人。深化查办涉农职务犯罪专项工作，立案侦查发生在农村基础设施建设、支农惠农资金管理等领域和环节的职务犯罪案件 494 件 636 人。宁德市检察机关在全市沿海县区开展专项行动，立案查办涉及渔业燃油补贴贪污贿赂等职务犯罪案件 40 件 57 人，涉案金额 800 多万元。继续抓好深入查办危害能源资源和生态环境渎职犯罪专项工作，立案侦查非法批准征用土地、环境监管失职等国家机关工作人员渎职犯罪案件 102 件 108 人。

加强预防职务犯罪工作。坚持查办和预防职务犯罪一体化，立足检察职能，结合执法办案，开展预防调查 302 件、典型案例剖析 585 件、预防咨询 330 件，提出预防建议 584 件，开展预防宣传和警示教育，我省职务犯罪预防网点击数达 200 多万人次。继续完善行贿犯罪档案查询系统，拓展查询范围，共向工程招标单位、建设主管部门等提供查询 6282 人次。

四、加强诉讼活动法律监督，努力维护司法公正

全省检察机关坚持把人民群众的关注点作为

诉讼监督工作的着力点,切实加强对执法不严、司法不公等问题的监督。

突出监督重点。加强刑事诉讼法律监督,对应当立案而不立案、不应当立案而立案的,依法监督侦查机关立案 423 件、撤案 262 件;对应当逮捕而未提请逮捕、应当起诉而未移送起诉的,决定追加逮捕 1094 人、追加起诉 870 人;对侦查活动中违法情况提出纠正意见 738 件次;对认为确有错误的刑事判决、裁定提出抗诉 111 件;对刑事审判活动中违法情况提出纠正意见 67 件次。认真做好死刑第二审案件审查和出庭工作。加强民事审判和行政诉讼法律监督,依法受理不服人民法院生效判决、裁定的民事行政申诉案件 1313 件,经审查提出抗诉 172 件,法院再审后已改判、调解、撤销原判发回重审 117 件;提出再审检察建议 46 件,法院已采纳 26 件。加强刑罚执行和监管活动监督,与有关部门密切配合,加强对减刑、假释、保外就医等工作的监督,依法监督纠正减刑、假释、暂予监外执行不当 86 人,对刑罚执行和监管活动中各类违法情况提出纠正意见 372 人次。一些地方针对刑事拘留未报捕、另案处理、批捕在逃等工作中存在的不规范问题开展专项监督活动,促进了严格执法。

完善监督机制。省检察院分别与省高级法院、省司法厅就民事抗诉案件调解、行政争议化解、量刑纳入庭审、罪犯保外就医等工作加强沟通,联合出台相关文件,进一步规范监督。福州市人大常委会审议通过《关于加强人民检察院对诉讼活动的法律监督工作的决议》,为检察机关开展诉讼监督工作提供有力支持。各地进一步完善和落实行政执法与刑事司法相衔接机制,督促行政执法机关向司法机关移送涉嫌犯罪案件 196 件。试行检察长列席审判委员会、量刑建议改革,各级检察长依法列席法院审判委员会 436 次;向法院提出量刑建议 7675 件,法院在审结案件中已采纳 6449 件,采纳率为 84%。加强检察机关司法鉴定机构建设,依法开展刑事案件技术性证据文证审查,共审查法医学鉴定 8215 件,发现和纠正存在各类问题的鉴定 582 件。

认真查办执法不严、司法不公背后职务犯罪。坚持强化诉讼监督和查办职务犯罪相结合,依法查办涉嫌贪赃枉法、徇私舞弊等犯罪的行政执法人员 236 人、司法人员 94 人。严格监督纠正个别地方存在的虚构事实起诉、制造伪证骗诉,依法维护国家利益、公共利益和案外人权益。共监督纠正虚假诉讼案件 18 件,查办虚假诉讼背后的职务犯罪案件 4 件 4 人。会同有关部门联合开展看守所监管执法专项检查和监狱"清查事故隐患、促进安全监管"专项活动,对社会关注的"牢头狱霸"等问题进行重点检查,发现并处理"牢头狱霸"116 人。

五、建立健全内部执法活动监督机制,保证检察权依法正确行使

全省检察机关坚持把加强内部监督制约放到与强化法律监督同等重要位置,深入推进检察体制和工作机制改革,落实规范执法要求。

加强对查办职务犯罪工作监督制约。根据最高人民检察院统一部署,从去年 9 月 1 日起,在全省检察机关实施职务犯罪案件审查逮捕改革措施,由上一级检察院对下一级检察院立案侦查的职务犯罪案件审查决定逮捕,加强内部监督制约,确保逮捕案件质量。截至 2009 年 12 月底,省、市两级检察院共受理上提一级审查逮捕职务犯罪案件 130 件 152 人,经审查,决定逮捕 125 件 147 人,决定不逮捕 5 件 5 人。深化人民监督员制度改革试点,人民监督员监督职务犯罪"三类案件"159 件。规范内部职责分工和协作配合,落实抗诉工作与职务犯罪侦查工作由不同内设机构承办,各司其职,互相制约。规范办案工作区设置和使用管理,推行讯问职务犯罪嫌疑人全程同步录音录像制度,保证依法规范办案。

进一步探索和完善检察机关接受监督制约机制。深化以纠正违法办案、保证案件质量为中心的检务督察机制,加强案件管理,重点抓好"八类案件"的督察,及时依法纠正程序和实体处理不当案件。开展检风检纪专项督察,严格执行最高人民检察院"禁酒令"和安全文明驾车等各项纪律规定。继续探索实行刑事申诉案件、不起诉案件公开审查和重大信访案件公开听证制度,对不服检察机关处理决定的 42 件申诉案件依法复查,决定纠正 5 件。深化检务公开,加强检察门户网站建设,及时向社会公开检察工作重大部署情况。认真执行修订后的律师法,保障律师依法执业,维护律师的合法权益。

着力解决突出问题,落实规范执法要求。在全省检察机关组织开展为期两个月的"规范执法、安全办案"专项检务督察,对全省设区市检察院、51个基层检察院和省检察院机关进行了督察,省检察院重申扣押冻结款物"五条规定"，对全省检察机关扣押冻结款物情况进行专项检查和清理。组织开展刑事审判法律监督专项检查，改进薄弱环节，增强监督效果。

六、加强检察队伍和基层检察院建设，提高法律监督能力

全省检察机关坚持把队伍建设作为事关检察工作全局的战略任务常抓不懈，进一步严格要求、严格教育、严格管理、严格监督，努力提高队伍的整体素质和法律监督能力。

加强领导班子建设。认真落实最高人民检察院关于加强领导班子思想政治建设的实施意见，加强党性修养和作风养成教育。选派省、市和基层三级检察院56名检察长参加最高人民检察院政治轮训和素能培训。加强和改进检察委员会工作，健全检察委员会机构，进一步完善议事和决策机制。加强上级检察院对下级检察院领导班子的管理和监督，推行巡视和上级检察院派员参加下级检察院民主生活会、上级检察院负责人与下级检察院负责人谈话等制度。省检察院接受最高人民检察院为期一个月的巡视，完成对全省9个设区市检察院的首轮巡视工作。

加强检察教育培训。坚持分级实施、分类培训，突出抓好以领导干部为重点的领导素能培训、以执法办案人员为重点的专项业务培训、以新进新任人员为重点的任职资格培训。省检察院先后举办16期全省性业务培训班和司法考试考前辅导班、晋升高级检察官资格培训班，培训干警1971人次。扎实抓好素质、能力、基本技能的训练与考核，加强与高等院校的人才培养协作，组织全省检察机关公诉人出庭行为评议、反渎职侵权部门岗位素能全员培训、优秀诉讼监督案件评比、案例研讨、业务技能竞赛等活动，促进提高执法水平。

加强党风廉政建设。坚持连续7年逐级签订党风廉政建设和队伍建设责任状，严格执行党风廉政建设责任制，推进检察机关惩治和预防腐败体系建设。坚持每年召开专题剖析会，针对个别地方检察机关出现执法办案问题，认真剖析，提出加强规范安全办案措施。认真落实述职述廉、诫勉谈话、个人有关事项报告、任前廉政谈话等制度。部署开展学习践行《检察官职业道德基本准则》活动，推进以"忠诚、公正、清廉、文明"为核心的检察职业道德建设。坚持从严治检，全省检察机关查处违纪违法

的检察人员9人。

加强基层检察院建设。完善和落实上级检察院领导联系基层检察院制度，调动和发挥市级检察院指导、协调和督促作用，增强基层基础工作合力。2009年中央新增559名政法编制和中央、省财政安排9447万元专项资金，全部分配落实到基层检察院。深入开展争创先进基层检察院活动，完善对基层检察院的分类指导和分类考核，深化跨地区基层检察院"结对子"活动。选调68名应届优秀法律本科生、研究生充实到基层检察院。福州市鼓楼区检察院等6个基层检察院被最高人民检察院评为全国先进基层检察院。全省共有37个集体和60名个人受到省级以上表彰，省检察院和石狮市检察院被评为全国精神文明建设工作先进单位。

坚持党的领导和人大监督是做好检察工作的根本保证。伴随着地方人大设立常委会三十周年，我省检察工作一路随行、健康发展。省十一届人大二次会议闭幕后，省检察院认真研究省人大代表提出的建议、批评和意见，逐项整改落实，并召开全省检察机关电视电话会议，对贯彻落实会议决议作出部署。各级检察机关认真贯彻监督法和我省实施办法，主动向人大及其常委会报告工作，积极配合开展专题调研和执法检查。省检察院就加强渎职侵权检察工作、维护司法公正情况向省人大常委会作专项报告，根据审议意见认真研究、落实整改措施。加强与人大代表、政协委员的联系，开展走访活动，邀请视察和评议检察工作。选（聘）350名人大代表、政协委员分别担任各级检察院人民监督员、特约检察员、专家咨询委员，主动接受监督。对人大代表、政协委员的建议和提案，实行统一管理，专项督查，专人负责，逐件反馈。省检察院共办理省人大、省政协交办事项3件，省人大代表建议3件，省政协委员提案1件，均已办结反馈。

同时，我们也清醒地看到，检察工作还存在不少问题和不足。一是法律监督职能发挥得还不够充分，不敢监督、不善监督、监督不到位的现象仍然存在。二是一些检察机关不能正确处理执法办案与服务大局、办案法律效果与社会效果等重要关系，少数检察人员结合执法办案推进社会矛盾化解、促进社会管理创新的意识和能力不强。三是检察队伍公正廉洁执法有待加强，执法不规范、不公正、不文明的问题仍有发生，个别检察人员甚至违法违纪。四是检察工作机制创新有待进一步深化，

执法规范化体系和自身监督制约机制建设仍需不断探索完善。对这些问题与不足，我们要高度重视，并采取有效措施认真加以解决。

今年是保持经济平稳较快发展、加快推进海峡西岸经济区建设的关键一年。我们要深入学习贯彻党的十七大、十七届四中全会精神，以邓小平理论和"三个代表"重要思想为指导，深入贯彻落实科学发展观，按照省委八届七次全会和省十一届人大三次会议的部署要求，凝心聚力，抓住机遇，深入推进社会矛盾化解、社会管理创新、公正廉洁执法三项重点工作，不断强化法律监督，强化自身监督，强化高素质检察队伍建设，不断提高检察工作水平，服务我省经济社会又好又快发展和海峡西岸经济区建设。

一要着力保障经济平稳较快发展。按照中央"五个更加注重"要求，紧紧围绕中央和省委关于转变经济发展方式、优化经济结构调整、保障和改善民生等重大决策部署，紧紧围绕国务院关于支持福建省加快建设海峡西岸经济区有关政策的实施，把握检察工作服务大局的结合点和切入点，进一步完善服务和保障经济发展的措施，发挥打击、预防、监督、保护等作用，为我省经济平稳较快发展创造良好环境。

二要深入推进三项重点工作。深入推进三项重点工作是党中央从改革发展稳定全局出发作出的重大战略部署。要坚持把化解社会矛盾贯穿于执法办案全过程，落实到检察工作的各个环节。全面贯彻宽严相济刑事政策，既依法严厉打击严重刑事犯罪，又认真落实依法从宽处理政策，努力减少社会对抗。着力做好涉检信访工作，两年内解决涉检信访积案。积极参与社会管理创新，配合有关部门加强特殊人群帮教管理，做好预防未成年人犯罪工作，促进提高社会管理水平。开展"恪守检察职业道德、提升执法公信力"主题教育活动，牢固树立"理性、平和、文明、规范"执法理念，落实执法规范化要求，促进公正廉洁执法。

三要充分履行法律监督职责。认真履行批捕、起诉职责，突出打击严重暴力犯罪、黑恶势力犯罪和多发性侵财犯罪，严厉打击境内外敌对势力捣乱破坏活动，积极参与社会治安综合治理，维护国家安全和社会稳定。加强查办和预防职务犯罪工作，严肃查办发生在领导机关和领导干部中滥用职权、贪污贿赂、失职渎职案件，严肃查办关系民生民利、严重侵害群众利益案件，严肃查办群体性事件和重大责任事故背后的腐败案件，严肃查办发生在工程建设、房地产开发、土地管理和矿产资源开发、国有资产管理、金融、司法等领域的案件。加大对诉讼活动的法律监督力度，加强对有案不立、有罪不究、以罚代刑、裁判不公等违法问题，以及刑讯逼供、超期羁押、体罚虐待被监管人等侵权行为的监督和查处。

四要加强内部执法监督。坚持以强化法律监督职能和加强对自身执法活动的监督制约为重点，积极稳妥推进检察体制和工作机制改革。加强与政法各部门的联系沟通，注意改进监督方式和方法，共同维护司法公正和法制权威。有效整合检察资源，充实一线办案力量，优化检察机关职权配置。深化人民监督员制度试点工作，健全检察委员会制度，完善检务督察制度，深化检务公开，不断提高检察机关执法透明度和公信力。

五要抓好基层基础工作。坚持以党建带队建，深入开展"建设学习型党组织、创建学习型检察院"活动，认真落实政治轮训制度，加强中国特色社会主义理论体系、社会主义法治理念等教育。开展大规模检察教育培训，切实抓好各级各类检察人员的全员培训，提高队伍整体素质。毫不放松地抓好自身反腐倡廉建设，深入开展反特权思想、反霸道作风专项教育。扎实推进基层检察院执法规范化、队伍专业化、管理科学化、保障现代化建设，切实发挥基层检察院服务发展、保障民生、化解矛盾、维护稳定的一线平台作用。

在新的一年里，全省检察机关要在省委和最高人民检察院的坚强领导下，求真务实，开拓进取，更好地履行宪法和法律赋予的职责，努力做好各项检察工作，为促进我省经济社会又好又快发展和海峡西岸经济区建设作出新的贡献。

江西省人民检察院工作报告(摘要)

——2010 年 1 月 28 日在江西省第十一届人民代表大会第三次会议上

江西省人民检察院检察长　曾页九

(2010 年 1 月 30 日江西省第十一届人民代表大会第三次会议通过)

2009 年全省检察工作的主要情况

2009 年,全省检察机关在中共江西省委和最高人民检察院的领导下,在省人大及其常委会的监督下,以邓小平理论和"三个代表"重要思想为指导,深入贯彻落实科学发展观,紧紧围绕保增长、保民生、保稳定,忠实履行宪法和法律赋予的职责,大力加强自身建设,各项检察工作取得了新进展。

一、积极主动服务经济平稳较快发展

全省检察机关紧紧围绕省委、省政府应对国际金融危机的决策部署,立足法律监督职能,制定和实施了一系列保增长的工作措施,为经济平稳较快发展提供了司法保障和法律服务。

保障政府投资安全。省人民检察院针对实施扩大内需政策下政府投资大规模增加的情况,制定了《关于充分发挥检察职能保障政府投资安全的意见》。坚持惩治与预防并举,严肃查办发生在政府投资和重大项目建设领域的职务犯罪案件 184 件;在高速公路、污水处理、城市道路改造与绿化等 181 个重大项目中实施职务犯罪预防,积极开展法制宣传、警示教育和法律咨询,针对项目审批、立项、资金拨付等环节存在的问题提出检察建议 293 件,为工程招投标提供行贿犯罪档案查询 1263 次。在鹰瑞高速公路、向莆铁路、九江长江大桥维修加固等工程建设中,与有关部门联合开展"工程优质、干部优秀"创建活动,为重大项目建设保驾护航。

服务企业改革发展。深入企业调研,了解企业所需,出台了为各类所有制企业服务的意见。积极参与江铜集团、新钢公司等大型国有企业周边治安环境整治,依法打击盗窃、诈骗企业财产和侵占、挪用企业资金等犯罪,加大对涉及企业的民事生效裁判和民事执行案件的监督力度,通过办案为企业挽回直接经济损失 2000 余万元。立案侦查利用国有企业改制之机,贪污、挪用、私分国有资产以及收受贿赂的国有企业人员 216 人,保障国有企业改革顺利进行。改进执法办案方式,查办涉及企业人员的职务犯罪案件时,严格把握法律政策界限,慎重采取查封、扣押、冻结和拘留、逮捕等措施,维护企业正常的生产经营秩序。

创优经济发展环境。积极参与整顿和规范市场经济秩序以及治理商业贿赂和工程建设领域突出问题等专项工作,依法批准逮捕生产销售伪劣商品、破坏金融管理秩序、危害税收征管等犯罪嫌疑人 863 人,提起公诉 761 人;立案侦查国家工作人员商业贿赂犯罪案件 301 件 325 人、工程建设领域职务犯罪案件 196 件 218 人,维护了公平竞争、规范有序的市场环境。继续开展查办危害能源资源和生态环境渎职犯罪专项工作,立案侦查土地、林业等管理部门工作人员玩忽职守、滥用职权犯罪案件 85 件 90 人;积极探索通过检察建议、公益诉讼等方式,对环境污染问题进行法律监督,促进了生态环境建设。

二、全力维护社会和谐稳定

全省检察机关始终把维护社会稳定作为第一责任,贯彻落实宽严相济刑事政策,依法履行批捕、起诉职责,认真排查调处矛盾纠纷,积极参与国庆六十周年安保工作,营造了安全、稳定、和谐的社会环境。

严惩严重刑事犯罪。全年共批准逮捕各类刑事犯罪嫌疑人 20293 人,提起公诉 22708 人,同比分别下降 2.1% 和 3.3%。重点打击危害公共安全犯罪、严重暴力犯罪、多发性侵财犯罪和毒品犯罪,批准逮捕此类犯罪嫌疑人12625人，提起公诉14039人。与有关部门密切配合，深化打黑除恶专项斗争，批准逮捕黑恶势力犯罪案件37件173人，提起公诉46件280人。

从宽处理轻微犯罪。着眼于促进社会和谐，对涉嫌犯罪但无逮捕必要的，依法决定不批准逮捕1155人；对犯罪情节轻微，依照刑法规定不需要判处刑罚或者免除刑罚的，决定不起诉959人。对轻微刑事案件适用快速办理机制；对家庭或邻里纠纷引发的刑事案件，促成当事人达成和解；对未成年人和在校学生犯罪案件，采取适合其身心特点的办案方式，在依法从宽处理的同时，与家长、学校、社区共同做好帮教工作。

妥善化解社会矛盾。进一步畅通控告申诉渠道，开通12309举报电话和网上举报系统，坚持和完善检察长接访、带案下访、定期巡访等工作机制，依法妥善处理群众来信来访8666件次。积极参与政法干警大走访爱民实践活动，组织开展检察官"进农村、进企业、进学校、进社区"和"检察开放日"等活动，延伸检察工作触角，努力为群众排忧解难。认真开展化解涉检信访积案专项活动，对排查出的11件积案实行检察长包案，加大督办和协调力度，已办结并息诉10件。加强释法说理工作，对不批准逮捕、不起诉、不抗诉案件，向当事人详细说明原因及法律依据。对法院裁判正确的申诉案件，积极做好教育疏导和息诉服判工作，已息诉535件。

三、坚决查办和预防职务犯罪

全省检察机关认真贯彻中央和省委关于党风廉政建设和反腐败工作的部署，始终把查办和预防职务犯罪摆在突出位置来抓，促进了反腐倡廉建设。

集中力量查办大案要案。全年共立案侦查贪污贿赂、渎职侵权等职务犯罪案件966件1190人，立案人数同比上升4.8%；已提起公诉1009人，法院作出有罪判决943人。其中，立案侦查贪污贿赂大案521件、重特大渎职侵权案件55件，查办县处级干部53人，厅级干部5人，大要案占立案总数的65.6%。

突出查办损害民生民利的案件。致力于保障惠民利民措施的落实，立案侦查发生在社会保障、劳动就业、征地拆迁、抢险救灾、医疗卫生等领域的职务犯罪案件202件。开展查办涉农职务犯罪专

项工作，立案侦查发生在农村基础设施建设、支农惠农资金管理等领域和环节的职务犯罪案件304件，为农民挽回损失1900余万元。严肃查办司法不公背后的职务犯罪案件，立案侦查涉嫌贪赃枉法、徇私舞弊、索贿受贿等职务犯罪的司法工作人员69人。

积极开展预防职务犯罪工作。结合办案，深入分析职务犯罪的特点和原因，重点针对犯罪易发多发环节，向有关单位和主管部门提出加强管理、健全制度的检察建议400多件。加强职务犯罪警示教育基地建设，开展预防宣传和警示教育700多场次，增强了国家工作人员廉洁从政意识。

四、着力强化对诉讼活动的法律监督

全省检察机关牢牢把握宪法定位，认真履行各项诉讼监督职责，抓住人民群众反映强烈的执法不严、司法不公问题，加大监督力度，增强监督实效，维护了司法公正。

加强刑事诉讼监督。监督侦查机关立案281件，同比上升9.8%。决定追加逮捕608人，同比下降19.9%；追加起诉1001人，同比上升48.7%。依法提出刑事抗诉102件，同比上升21.4%。针对刑事诉讼中的违法行为，依法提出纠正意见252件次，同比上升23.5%。推动完善检察长列席法院审判委员会制度，全省各级检察院检察长列席法院审判委员会252次，其中省检察院列席16次。

加强民事审判和行政诉讼监督。对认为确有错误的民事、行政判决和裁定提出抗诉144件，同比上升18%，法院审结115件，其中改判、撤销原判发回重审、调解结案共93件；提出再审检察建议66件，法院采纳61件。强化对困难群体的司法保护，办理涉及劳动争议、工伤保险、补贴救助等方面的民事行政申诉案件79件。探索对国有资产流失问题的法律监督，通过督促起诉方式，监督有关部门清缴土地出让金、企业排污费等2亿余元。

加强刑罚执行和监管活动监督。监督纠正减刑、假释、暂予监外执行不当633人次，同比上升76.3%；加大了对超期羁押的监督力度，监督纠正57人次；对监外执行罪犯脱管漏管、侵犯被监管人合法权益等问题提出纠正意见425件次，同比下降6.8%。与有关部门联合开展看守所监管执法专项检查和监狱"清理事故隐患，促进安全监管"专项活动，清理"牢头狱霸"42人，监督纠正违法留所服刑81人次，清除监狱安全隐患59处，对看守所和监狱

执法中的突出问题提出整改建议 137 件。

五、全面加强检察队伍建设

全省检察机关以公正廉洁执法为目标，以提升法律监督能力为核心，以基层基础建设为重点，坚持教育、管理、监督并重，队伍素质得到提高，执法形象明显改善，涌现出一批公正廉洁、执法为民的先进典型。去年全省检察机关有 35 个集体受到省级以上表彰，5 人受到最高人民检察院表彰。

大力加强思想政治和纪律作风建设。深入开展学习实践科学发展观活动，深化社会主义法治理念和检察职业道德教育，引领检察人员坚持正确的政治方向，做到理性、平和、文明、规范执法。认真开展机关效能年活动，深入查找和整改影响执法办案效能的突出问题，清理规范评比达标表彰活动，促进了机关作风的转变和工作效率的提高。开展巡视工作，省人民检察院对九江、赣州市人民检察院进行了巡视。认真落实党风廉政建设责任制，抓住责任分解、责任考核、责任追究三个关键环节，深入推进检察机关惩治和预防腐败体系建设，全省检察人员廉洁从检、公正执法的自觉性增强。

深入推进队伍专业化建设。省人民检察院制定了《关于加强全省检察队伍专业化建设的意见》，对检察官职业准入、检察官遴选、检察人员交流挂职锻炼等提出了明确目标和要求。加强教育培训工作，鼓励检察人员在职参加学历教育；以执法办案一线检察官为重点，开展业务培训 2200 人次；加大司法考试培训力度，全省检察人员司法考试通过率为 62.1%。广泛开展岗位练兵，举办全省检察机关业务技能竞赛和信息化应用竞赛，实行检察官教检察官、检察业务专家巡回讲学等制度，不断提高检察人员的实战能力。

突出抓好基层检察院建设。召开省、市、县三级检察长会议，专门研究部署基层检察院建设工作；制定下发指导意见和考核办法，组织开展结对帮扶和向先进基层检察院学习活动，落实上级检察院领导和部门挂点联系基层制度。着力解决实际问题，为基层检察院招录法律专业人才 360 人，争取办案和专业技术用房国债资金 2200 万元，加强检察技术和信息化建设，提升了全省基层检察院建设的整体水平。丰城市人民检察院被评为"全国十佳基层检察院"。

强化对自身执法办案的监督。全面推行检务督察制度，重点督察落实办案安全制度、警车警具和枪支管理等方面的问题。办理不服检察机关处理决定的刑事申诉案件 24 件，改变原决定 12 件；办理刑事赔偿案件 49 件，决定赔偿 44 件，支付赔偿金 28 万余元。开展扣押冻结款物专项检查，对近五年办理的职务犯罪案件逐案清理，向当事人返还扣押款 330 余万元。从去年 9 月起，实施职务犯罪案件审查逮捕权上提一级改革，省、市两级检察院受理下级检察院报请审查逮捕职务犯罪案件 84 件 95 人，其中决定逮捕 86 人，不予逮捕 8 人，建议撤案 1 人。

六、自觉接受人大及其常委会的监督

全省检察机关牢固树立监督者更要接受监督的观念，不断拓宽外部监督渠道，保障检察权依法正确行使。全省各级检察院向同级人大常委会专题报告工作 238 次。去年 11 月，省检察院专题报告了诉讼监督工作情况，省人大常委会作出了《关于加强检察机关对诉讼活动的法律监督工作的决议》，为更好地履行诉讼监督职能提供了制度保障。省检察院制定了学习贯彻《决议》的方案，正在逐项落实。主动向人大代表、政协委员通报工作情况、征求意见。去年 10 月，部分全国和省人大代表应邀视察了赣州市的检察工作。认真办理人大代表、政协委员的议案、提案和转办的案件 125 件，全部反馈了办理结果。继续推进人民监督员制度试点工作，人民监督员共监督拟作撤案、不起诉处理和犯罪嫌疑人不服逮捕决定的职务犯罪案件 65 件。深化检务公开，全省有 97 个检察院建立了互联网门户网站，及时向社会公布重要信息，保障人民群众的知情权、参与权和监督权。依法接受公安机关、人民法院的制约，完善和落实保障律师执业权利的措施，促进自身公正执法。

回顾过去的一年，我们深深体会到，做好检察工作必须牢牢把握以下几点：一是必须坚持党的领导，自觉接受人大监督。及时、主动向党委和人大报告检察工作的重大部署和重要情况，紧紧依靠党委的领导、人大的支持破解难题，推动工作。二是必须坚持把检察工作放在经济社会发展大局中来谋划和推进。牢固树立政治意识、大局意识和服务意识，切实做到执法想到稳定、办案考虑发展、监督促进和谐，实现法律效果与政治效果、社会效果的有机统一。三是必须坚持把强化法律监督、维护公平正义作为根本任务。努力提高法律监督能力，做到敢于监督、善于监督、依法监督、规范监督，履行好宪法和法律赋予的职责。四是必须坚持把维护人民群众利益作为根本出发点和落脚点。依法打击各种侵害民生民利的犯罪，加大对群众反映强烈的执法不严、司法不公问题的监督力度，完善便民利民的工作机制，不断满足人民群众的新要求新期待。五是必须坚持把检察工作的重心放在基层。做到精力向基层集中，力量向基层凝聚，政策向基层倾斜，着力解决制约基层检察工作发展的突出问题，努力夯实检察事业科学发展的根基。

我们也清醒地看到，与党和人民群众的要求和期待相比，全省检察工作还存在一些问题和不足，主要是法律监督职能作用发挥不够充分，特别是对诉讼活动的法律监督还有薄弱环节；少数地方仍然存在执法不规范、不文明的现象，执法规范化建设有待进一步加强；检察队伍素质不能完全适应新形势、新任务的需要，法律专业人员比例总体上还比较低，精通检察业务的专家型人才还比较少。我们的工作中也有一些困难，有的基层检察院存在检察官断档现象，人少案多的矛盾比较突出；检察工作的科技含量和信息化程度整体上还不高。对于这些问题和困难，我们将在各级党委的领导下，从实际出发，以改革的精神和发展的办法力求解决好。

2010年全省检察工作的主要安排

今年是实施"十一五"规划的最后一年，也是我省实现进位赶超、跨越发展的重要一年。面对新的形势和任务，全省检察机关要认真贯彻党的十七届四中全会和省委十二届十一次全会精神，坚持以科学发展观为统领，以服务全省发展大局为中心，以深入推进社会矛盾化解、社会管理创新、公正廉洁执法三项重点工作为载体，全面强化维护社会稳定、查办和预防职务犯罪、诉讼监督职能，继续加强检察队伍建设、基层检察院建设和信息化建设，努力把全省检察工作提高到新水平，为实现江西经济社会更好更快发展创造良好的法治环境和稳定的社会环境。重点做好以下四个方面的工作：

第一，以服务大局为中心，着力保障经济平稳较快发展。要紧紧围绕中央和省委的重大决策部署，进一步调整、完善和落实为发展服务的措施，发挥打击、预防、监督、保护等职能作用，坚定不移地服务鄱阳湖生态经济区建设，坚定不移地服务重大项目带动战略，坚定不移地服务保增长、保民生、保稳定，努力拓宽服务领域，提升服务水平。

第二，以深入推进三项重点工作为载体，全面强化检察职能。要全面贯彻宽严相济刑事政策，努力从源头上化解矛盾，探索建立执法办案风险评估、检调对接等矛盾排查化解机制，维护社会和谐稳定。积极参与对特殊人群的帮教管理、重点地区的综合治理和网络虚拟社会的建设管理，结合办案提出改进社会管理的检察建议，推进社会管理创新，保障社会安定有序。加大查办职务犯罪力度，积极参与工程建设、房地产开发、土地管理和矿产资源开发等领域突出问题的专项治理，更加注重职务犯罪预防工作，促进惩治和预防腐败体系建设。认真贯彻省人大常委会《关于加强检察机关对诉讼活动的法律监督工作的决议》，加大监督力度，完善监督机制，重点监督纠正有罪不究、裁判不公、侵犯人权等问题，严肃查处司法人员职务犯罪，努力维护司法公正和法制权威。

第三，以提高公正廉洁执法水平为根本，大力加强检察队伍建设。加强思想政治建设，深入开展"建设学习型党组织、创建学习型检察院"活动，深化中国特色社会主义理论体系和社会主义法治理念教育。加强职业道德建设，开展"恪守检察职业道德、提升执法公信力"主题教育活动，大力弘扬以忠诚、公正、清廉、文明为核心的检察职业道德。扎实推进大规模教育培训，重点抓好对下级检察院领导班子成员和业务部门负责人的轮训。认真落实党风廉政建设责任制，对检察人员特别是领导干部严格要求、严格教育、严格管理、严格监督，严肃查处检察人员违法违纪案件。自觉加强内部监督制约，更加主动地接受人大及其常委会和社会各界的监督，促进自身公正廉洁执法。

第四，以基层基础工作为重心，深入推进基层检察院建设。按照执法规范化、队伍专业化、管理科学化、保障现代化的要求，进一步完善基层检察院建设考核办法，落实领导干部挂点联系基层等制度，帮助解决人才缺编、检察官断档等实际困难，着力提高基层检察工作水平。积极探索法律监督职能向基层延伸的形式和措施，切实发挥基层检察院服务发展、保障民生、化解矛盾、维护稳定的一线平台作用。

在新的一年里，全省检察机关将在省委和最高人民检察院的领导下，在省人大及其常委会的监督下，认真贯彻本次会议的决议要求，忠实履职，扎实工作，为人民执法，让人民满意，为促进江西科学发展、进位赶超、绿色崛起作出新的贡献！

山东省人民检察院工作报告（摘要）

——2010 年 1 月 27 日在山东省第十一届人民代表大会第三次会议上

山东省人民检察院检察长　国家森

（2010 年 1 月 30 日山东省第十一届人民代表大会第三次会议通过）

2009 年，全省检察机关在省委、最高人民检察院的正确领导下，在省人大监督和省政府、省政协及社会各界的支持下，认真贯彻执行省委、最高人民检察院的决策部署和省十一届人大二次会议决议，深入贯彻落实科学发展观，努力把履行职责与应对金融危机、共克时艰相统一，用心把检察工作放在保增长、保民生、保稳定的大局中来谋划，调整工作重点，改进执法方式，提高执法水平，检察事业在服务大局中有了新发展。

一、服务于保增长，充分发挥检察职能，为促进经济平稳较快发展提供良好的司法保障

加强专项治理和风险化解，着力保障公共资金安全。紧紧围绕中央和省委扩内需、保增长决策部署的实施，及时制定了《服务和保障经济平稳较快发展的意见》，积极参与整顿规范市场经济秩序专项行动，深入开展治理商业贿赂、工程建设领域突出问题专项治理、查办危害能源资源和生态环境渎职犯罪专项工作。与此同时，加强对重大政府投资项目的监督，对 580 个投资 1 亿元以上的重点建设工程开展了职务犯罪同步预防，配合相关部门加强对招投标、物资采购、资金拨付等关键环节的监督，开展法律咨询 5726 次，与项目建设单位共同制定防范措施 7274 项，使 11.8 亿元建设资金避免了流失风险。积极主动防范化解经济风险，执法办案中对因政策调整导致与法律不协调的问题，注意运用政策指导执法；对政策法律界限不清的，慎重启动司法调查；对经济发展中出现的新问题，加强调查研究，依法妥善处理。

加大查办和预防职务犯罪力度，着力优化经济发展环境。全省检察机关坚决贯彻中央、省委的指示，加大办案力度，严惩腐败犯罪。全年共立查职务犯罪嫌疑人 2648 人，提起公诉 2417 人，法院已判决 2291 人。一是突出查办发生在领导机关和领导干部中的滥用职权、贪污贿赂、失职渎职犯罪案件 912 件，其中县处级干部 92 人，厅级干部 4 人。遵照中央纪委、最高人民检察院的指示，依法审查起诉了河南省政协原副主席孙善武特大受贿案；立查了济南市原副市长陶安岭、槐荫区委原书记朱玉臣（正厅级）等一批重大犯罪案件，有力地震慑了犯罪。二是严肃查办国家工作人员在项目审批、工程承揽、资金审核等领域，搞权钱交易、破坏发展的犯罪案件 264 件；查办国企人员损公肥私，造成国有资产严重流失的犯罪案件 427 件。三是强化惩治腐败是政绩、预防犯罪也是政绩的观念，把预防职务犯罪工作摆在突出位置，充分发挥教育的说服力、监督的约束力和惩治的警示力，构建"不想为、不敢为、不能为"的预防腐败机制，努力减少腐败犯罪，减少对经济发展的干扰。各级检察院普遍建立起了包括法律知识、典型案例、罪犯忏悔录音录像等内容的预防职务犯罪展览室，先后接待参观的党政干部及各界人士 55 万多人，使大家受到深刻教育和警示；推行了行贿犯罪档案查询制度，实现了华东六省一市查询系统的信息共享，建议取消了 14 个单位的市场准入资格；认真研究职务犯罪的特点规律，向党委、政府提出预防建议 1366 份；先后与海关、税务、交通等 15 个主管部门会签了预防工作意见，与省直 28 个部门建立预防协作机制，努力从源头上防范腐败现象的发生。

依法妥善处置涉及企业案件，着力保护企业健康发展。广泛开展"帮千企走千村访万户，服务'三保'任务"主题实践活动,对 2825 家企业进行了走访调查,与 2670 家企业建立了经常性联系机制,帮助解决了 2084 个困扰企业的涉法问题。在办理涉及企业的重大案件时,坚持做到一案一评估、一案一帮扶、一案一教育。办案前首先对可能产生的负面影响作出评估,制定防范应对预案;办案时慎重选择时机,慎重使用强制措施,正确把握法律政策界限,打击犯罪者,挽救失足者,保护无辜者;办案后积极追缴涉案款物,减少企业损失;深入发案单位开展警示教育,协助堵漏建制、改进管理,力求查一起案件,促一个企业发展。通过办案,为国家和企业挽回经济损失 6.5 亿元,使 48 家企业避免了倒闭的风险;为 128 名被不实举报的企业领导干部澄清了问题,依法对 148 名犯罪情节轻微的企业人员作了宽缓处理。

二、立足于保民生,加大法律监督力度,努力维护人民群众的合法权益

严肃查处危害民生民利的职务犯罪,依法解决群众反映强烈的问题。针对群众关注的上学贵、看病贵、购房贵和制假售假、环境污染等问题,认真查办教育、医疗卫生、房地产开发等领域的职务犯罪 460 件,查办国家工作人员放纵制售假农资和有毒有害食品药品,以及造成严重环境污染、重大责任事故等渎职犯罪 242 件。为维护人权,保障弱势群体和广大农民的利益,严肃查办国家工作人员非法拘禁、报复陷害、破坏选举等侵犯公民人身和民主权利的职务犯罪 121 人;查办劳动就业、社会保障、征地拆迁等领域,严重侵犯下岗职工、低保人员、伤残人员等弱势群体利益的职务犯罪 129 人;查办贪污、挪用惠农资金和征地补偿款的职务犯罪 503 人。

强化对执法和司法活动的法律监督,维护社会公平正义。加强对行政执法人员不作为、乱作为,以罚代刑、放纵违法犯罪问题的监督,完善行政执法与刑事司法相衔接机制,依法向有关部门提出纠正违法的检察建议 445 件,督促移交涉嫌刑事犯罪案件 135 件。围绕解决群众反映强烈的司法不公问题,深入开展刑事审判法律监督、看守所监管执法、监狱清理事故隐患等专项检查活动,加大对诉讼活动的监督力度,切实监督纠正不该立案乱立案,办关系案、人情案,粗暴搜查,刑讯逼供,体罚虐待被监管人和枉法裁判等案件,努力维护司法公正。依法监督纠正违法取证、滥用强制措施等案件

536 件,监督撤销案件 657 件,决定不捕不诉 10934 人;对监管活动中的违法行为提出纠正意见 2955 件,监督纠正违法减刑、假释、暂予监外执行等案件 1469 件,惩治"牢头狱霸"25 人;提出刑事抗诉 135 件,法院已改判和发回重审 42 件;提出民事、行政抗诉和再审检察建议 2103 件,法院已改判、发回重审、调解结案和采纳检察建议 1296 件。加大惩治执法和司法不公背后的腐败犯罪力度,严肃查处行政执法人员失职渎职、索贿受贿等职务犯罪 232 人;查办司法人员徇私舞弊、枉法裁判等职务犯罪 151 人。

构建服务民生新平台,努力为群众排忧解难。为进一步畅通群众诉求渠道,化解社会矛盾,全省检察机关广泛开展了向群众问计、问需、问效的"三问"活动,了解群众的意见和要求;在农村开展了"建立农村联系点,开展法制宣传,惠农资金专项调查,农民上访大息诉,坑农害农问题专项整治,查办涉农职务犯罪"六项活动,把法律监督的触角向农村延伸;用心创办民生检察服务热线,认真受理群众控告举报、解答法律咨询,满腔热情为群众排忧解难。对检察机关管辖的问题,坚持实事求是,依法公正处理,让群众满意;对管辖外的涉法问题,释法说理,解其心结,给群众一个明白;对群众的实际困难,跑跑腿,帮帮忙,给予力所能及的救助,努力做到有求必应、有问必答、有难必帮,不让求助者失望,不使受到不公正对待的群众长期受委屈。一年来,共解决群众各类诉求 5.4 万多件,提供维权救助 4936 件,化解矛盾纠纷上千起。省检察院热线办公室被授予"富民兴鲁劳动奖状"和"山东省职工职业道德建设十佳单位"称号,各级党委、人大领导 95 次作出批示予以肯定和表扬,群众送来感谢信、锦旗、牌匾等 2051 件,称赞热线是"民心线、和谐线"。

三、致力于保稳定,用心化解矛盾纠纷,努力维护社会安定和谐

深化严打整治工作,努力维护社会安全。积极投入平安山东建设,与公安、法院等部门密切配合,深入开展打黑除恶专项斗争,严厉打击严重破坏治安秩序、影响群众安全感的刑事犯罪活动。全年共批捕各类刑事犯罪嫌疑人 44753 人,起诉 65163 人,严惩黑恶势力犯罪团伙 140 个。依法监督立案 966 件,追捕追诉 2884 人,起诉后法院已判决 2793 人,其中判处十年以上有期徒刑 389 人、无期徒刑 9

人、死刑10人，切实防止和纠正了打击不力的问题。高度重视全运安保工作，集中开展了不稳定因素大排查活动，对排查出的矛盾问题，实行台账管理和领导责任制，做到问题不查清不放过、不化解不放过，圆满完成了全运安保任务。积极参与社会治安防控体系建设，建立综合治理联系点611个，配合有关部门深入开展了突出治安问题的集中整治；广泛开展法律服务进乡村、进社区、进学校和创建"青少年维权岗"等活动，加强未成年人犯罪预防，积极参与监外执行罪犯社区矫正工作，有效遏制和减少了违法犯罪的发生。

用心处理涉检上访，努力化解社会矛盾。坚持以公正、爱民之心对待上访群众，耐心听之诉求，诚心解之困难，依法还其公道。深入开展了"信访积案化解年"活动，对排查出的79起缠访缠诉案件，采取领导包案、公开听证答询、心理疏导、司法救助等方式，已全部办结息诉。集中开展了群众申诉案件专项治理和自侦案件扣押款物专项检查工作，对不服检察机关处理决定的194起申诉案件，逐案逐人进行清理核查，其中纠正原处理决定16件，支付当事人赔偿金和返还涉案款247万元。广泛开展了"信访到我这里停止"和"涉检进京零上访"活动，认真落实检察长接访、带案下访、定期巡访、预约接访、首办责任制等制度，努力把涉检上访处理在基层和初访、个访阶段。全年基层处理信访11384件，解决群众涉法问题3502个，到省进京涉检上访下降19%，有138个基层院实现了"涉检进京零上访"。

改革创新执法方式，努力促进社会和谐。积极探索融法、理、情于一体的和谐执法方式，把释法说理、疏导情绪、化解矛盾贯穿于办案全过程，努力实现定分止争、案结事了。为了从源头上预防和减少矛盾纠纷，探索建立执法办案风险评估预警机制，预先研判和应对办案各环节可能引发的矛盾纠纷和不稳定问题，共评估预警各类案件4590件，化解矛盾纠纷810起。完善贯彻宽严相济刑事政策的工作机制，全面推行了刑事和解、刑调对接等制度，对初犯、偶犯和未成年人犯，以及因邻里亲友纠纷引发的轻微刑事犯罪案件，依法促成刑事和解2916件，防止当事人结怨甚至仇恨社会。深化法律监督说理答疑工作机制，全面实行了不捕、不诉法律文书说理和刑事申诉案件公开听证等制度，用群众语言和公开方式，详细阐明案件的事实、证据和处理

依据，以公开求认同，以公正赢信任。从维护司法权威，促进社会和谐出发，对不服法院和公安机关正确裁判处理决定的5037起申诉案件，耐心做好服判息诉工作。

四、着眼于强素质，强化检察队伍的教育、管理和监督，努力提升自身科学发展水平

加强政治建设和业务培训，着力提高公正廉洁执法的素质和能力。认真学习贯彻党的十七届四中全会精神，深入开展学习实践科学发展观活动，着力在强化理论武装、解决突出问题、创新体制机制、抓党建带队建等方面下工夫，集中解决了一批影响科学发展和群众反映强烈的问题，进一步确立了"加强思想政治建设、业务建设、规范化建设、专业化建设、党风廉政建设和检察文化建设六项建设，推进思维方式和执法观念创新、法律监督机制创新、管理体制机制创新、人才选用培训创新、教育监督机制创新和检察文化发展模式创新六个创新"，推动检察工作科学发展的思路，检察人员的大局观念和责任意识明显增强，遵法、重效、理性、平和、文明、规范的执法理念深入人心。全面推进"素质工程"建设，广泛开展了争创学习型检察院、争当学习型检察官活动，组织业务培训班768期、培训5万人次，举办全省性专家讲座24期，开展岗位练兵506次；深入开展了以案析理活动，选择13起涉检上访典型案例，从执法思想、执法行为、执法作风等方面以事论理，总结经验教训，提升执法能力；在组织人事部门的支持下，选调招录了539名大学毕业生充实基层检察机关；积极建设突出检察特色、体现公平正义、反映和谐要求、融合齐鲁文化精髓的山东检察文化，增强检察机关的软实力。狠抓党风廉政建设，制定了党风廉政建设责任分解、责任考核、责任追究办法，坚持层层签订责任书、个人重大事项报告、述职述廉、诫勉谈话和电子执法档案等制度，开展了规范执法、整顿财务管理、落实禁酒令等六个专项检查活动，狠刹特权思想和霸道作风，集中整治执法不公正、不规范、不廉洁问题；加大巡视督察力度，省检察院对3个市级检察院进行了巡视，组织了8次明察暗访活动，对70个基层检察院执法办案、纪律作风等情况进行了认真督察；坚持从严治检，严肃查处违法违纪检察人员7人，维护了队伍纯洁。

创新监督制约机制，确保检察权依法公正行使。坚持把强化自身监督放在与强化法律监督同

等重要位置。进一步完善内部监督机制,全面落实了职务犯罪审查逮捕上提一级改革和抗诉工作与职务犯罪侦查工作监督机制改革,创建案件管理指挥中心,推行网上办案,实现了对执法过程的动态管理和实时监督。严格执行党内请示报告和向人大报告工作制度,自觉把检察工作置于党的绝对领导和人大监督之下。密切联系人大代表和政协委员,坚持党组成员到基层调研、对下级检察院考核、检察机关重大活动必请人大代表参加的"三必请"制度,召开了与各民主党派省委、省工商联负责人和无党派人士座谈会,各地先后671次邀请人大代表、政协委员视察工作,认真听取意见建议,不断加强和改进工作。充分发挥人民监督员在监督公正廉洁执法等方面的作用,共监督"三类案件"和"五种情形"352件。深化检务公开,认真执行阳光检务、检察开放日、案件办理情况公开查询、阳光鉴定等8个制度,以透明保廉明,进一步提高了执法公信力。

完善落实科学发展观绩效考核机制,推动检察工作科学发展目标任务的落实。根据省委和最高人民检察院关于业务、队伍和执法保障建设的要求,制定三级检察院科学发展的考核指标体系,认真抓好三类考核:一是日常网上考核,随时把执法办案的相关数据录入网上考核系统,随时进行考核;二是年度集中考核,通过考核目标任务完成情况,对班子进行民主测评、检察长向上级检察院述职述廉等,对各个单位的工作作出全面评价;三是重点考评。一年来,全省检察人员精神振奋,积极进取,涌现出一批先进集体和个人。全省有78个检察院、413名检察人员受到省级以上表彰;有74个市县党委作出向检察院或检察人员学习的决定。

过去的一年,各级党委和人大、政府、政协更加关心支持检察工作。省委高度重视领导班子建设和干部队伍建设,省委领导经常听取检察机关重要工作、重大案件的汇报并提出明确要求,先后26次作出重要批示,对检察工作给予鼓励和支持。省人大常委会加大监督支持力度,专门听取了全省检察机关开展法律监督工作情况的报告,作出了《关于加强人民检察院法律监督工作的决议》,为深入推进法律监督工作提供了有力的制度保障。省政府认真落实中央关于加强政法经费保障工作的意见,加大配套资金的支持力度,并在人员编制、科技强检等方面,帮助解决了大量实际问题。省政协领导

和各民主党派省委主委到省检察院视察,对制约检察工作的难点问题给予高度关注,加强了对检察工作的民主监督和关心支持。

我们也清醒地看到,工作中还存在不少问题和不足。一是法律监督职能发挥不够充分,不敢监督、不善监督、监督不到位的问题仍然存在,对一些群众反映强烈的民生问题监督解决得不够好。二是队伍整体素质还不适应,专业化水平不高,法律监督能力不强,少数检察人员仍然存有特权思想、霸道作风,执法不严格、不文明、不规范的问题,极个别人以案谋私、违法违纪,损害了检察机关的形象。三是改革创新的力度不够大,对一些制约检察工作发展的体制性、机制性障碍破解的办法不多。四是有些基层检察院案多人少的矛盾比较突出,检察官断档、经费困难等问题还没有解决好,依然是制约发展的重要因素。对这些问题,我们将积极开阔思路,探索办法,认真加以解决。

2010年,全省检察机关要认真学习贯彻党的十七大、十七届四中全会精神和省委、最高人民检察院的决策部署,深入贯彻落实科学发展观,以深入推进社会矛盾化解、社会管理创新、公正廉洁执法为载体,切实强化法律监督,强化自身监督,强化高素质检察队伍建设,强化基层基础建设,为我省经济平稳较快发展和经济文化强省建设提供更加有力的司法保障。

一是着力在服务经济平稳较快发展上下工夫、见实效。紧紧围绕中央、省委关于转方式、调结构及加快实施五个重点区域带动战略等一系列重大决策部署,进一步调整、完善服务经济发展的措施,充分发挥打击、预防、监督、保护等职能作用,为经济平稳较快发展创造良好的法治环境。

二是着力在关注保障民生,化解社会矛盾,促进社会和谐稳定上下工夫、见实效。抓住影响社会和谐稳定的源头性、根本性、基础性问题,创新完善民生检察服务机制、办案风险防范化解机制、涉检信访处置机制、宽严相济刑事政策落实机制和社会管理参与机制,把保护人民权益、化解矛盾纠纷、促进社会和谐贯穿办案始终,努力维护全省社会大局的持续稳定。

三是着力在查办和预防职务犯罪,促进反腐倡廉建设上下工夫、见实效。严肃查办发生在领导机关和领导干部中滥用职权、贪污贿赂、失职渎职案件,利用人事权、司法权、行政执法权、行政审批权

谋取非法利益的案件，以及商业贿赂和工程建设、能源资源、生态环境、社会保障、惠农资金落实、房地产开发等领域的案件，更加重视预防工作，积极推进惩防腐败制度建设。

四是着力在强化法律监督，维护公平正义上下工夫、见实效。认真贯彻省人大常委会关于加强法律监督工作的决议，坚决监督纠正执法不严、司法不公问题，严惩司法腐败犯罪。深化检察改革，积极推进法律监督工作机制创新，提升法律监督水平。

五是着力在加强自身建设，确保公正廉洁执法上下工夫、见实效。坚持抓党建带队建，广泛开展

"恪守检察职业道德、促进公正廉洁执法"主题教育活动，深入推进大规模教育培训和岗位练兵，狠抓党风廉政建设，大力推行阳光检务，自觉接受社会各界和人民群众的监督，切实做到公正执法，廉洁从检，让党和人民放心满意。

在新的一年里，我们决心在省委和最高人民检察院坚强领导下，认真落实本次大会决议，深入贯彻落实科学发展观，坚持党的事业至上、人民利益至上、宪法法律至上，忠于职守，锐意进取，为保障经济平稳较快发展，建设经济文化强省作出新贡献！

河南省人民检察院工作报告（摘要）

——2010 年 1 月 27 日在河南省第十一届人民代表大会第三次会议上

河南省人民检察院检察长　蔡　宁

（2010 年 1 月 30 日河南省第十一届人民代表大会第三次会议通过）

省十一届人大二次会议以来，全省检察机关紧紧围绕"保增长、保民生、保稳定"大局，认真履行宪法和法律赋予的职责，各项法律监督工作力度加大、质量提高、效果增强，为我省经济社会发展作出了积极贡献。

一、服务第一要务，促进经济平稳较快发展

我们自觉把促进经济平稳较快发展作为首要任务，紧紧围绕中央、省委保增长、扩内需、调结构重大政策措施的落实开展法律监督工作，增强服务第一要务的针对性和实效性。

认真做好服务企业发展工作。企业是经济发展的主体，服务发展重点就是要服务好企业。一是积极参与整顿和规范市场经济秩序、治理商业贿赂专项工作，保护和促进公平竞争。共立案侦查国家工作人员涉嫌商业贿赂职务犯罪案件 468 件 513人。二是严肃查办在项目审批、贷款发放、土地征用、税收征管等环节利用职务便利向企业索贿受贿的犯罪，监督纠正执法机关非法插手企业经济纠纷、违法查封、扣押、冻结和划拨企业财产、滥用强

制措施等行为，为企业发展营造良好环境。三是加大对国有企业中发生的贪污、贿赂、挪用公款、私分国有资产等职务犯罪的查处和预防力度，保护国有资产安全。四是依法打击侵占挪用企业资金、危害企业生产经营的犯罪活动，加大对侵犯知识产权、损害商业信誉、商品信誉犯罪的打击力度，配合有关部门加强对企业周边环境的治理，切实保障企业的合法权益。五是加强对企业债务纠纷等民事案件审理和执行活动的法律监督，防止违法侵害企业利益。六是积极做好对造成国有资产流失、国有企业重大利益损失的民商事案件的支持起诉、督促起诉工作，协助企业依法维护好自身权益。七是结合办案抓好预防，帮助企业堵漏建制，消除犯罪隐患。

着力保障政府投资安全、生态环境建设和农村改革发展。根据政府投资力度加大、公共支出大幅增加的新情况，配合有关部门加强对民生工程、基础设施等重大工程建设和项目资金使用的法律监督，积极参加工程建设领域突出问题专项治理工作，立案查处利用工程审批、招投标、资金拨付权贪

污受贿犯罪嫌疑人 131 人。继续推进查办危害能源资源、生态环境渎职犯罪专项工作，立案侦查国家机关工作人员环境监管失职、非法批准征用占用土地等破坏环境资源的渎职犯罪案件 430 件 528 人。深入开展查办涉农职务犯罪专项工作，依法查办涉农职务犯罪案件 477 件 691 人。

不断改进涉企案件执法方式方法。依法妥善处理涉及企业特别是中小企业的案件，从有利于促进企业生存发展、有利于保障员工生计、有利于维护社会和谐稳定出发，做到"四个把握"、"五个区分"、"六个不准"。坚持围绕促进企业发展谋划推进办案工作，克服就案办案、孤立办案等错误倾向，凡是有利于企业依法经营的案件坚决查办，凡是在查办案件后对企业有明显不利影响的慎办、缓办；坚持"一要坚决，二要慎重，务必搞准"的原则，严格区分罪与非罪界限，慎重对待改革中出现的新情况和新问题；坚持依法、规范、文明执法，慎用查封、扣押、冻结等措施，努力做到执法办案既符合法律要求，又促进企业发展。

二、牢记第一责任，扎实做好维护社会和谐稳定工作

2009 年维护国家安全、促进社会和谐稳定任务异常繁重而艰巨。全省检察机关始终把维护稳定作为第一责任，充分发挥批捕、起诉职能作用，依法打击各种刑事犯罪活动，共批准逮捕各类刑事犯罪嫌疑人 54653 人，提起公诉 76701 人。

依法严厉打击严重刑事犯罪和多发性犯罪。与公安、法院密切配合，突出打击黑恶势力犯罪，故意杀人、抢劫等严重暴力犯罪，盗窃、抢夺等多发性犯罪。依法快捕快诉，对重大案件挂牌督办。共批准逮捕上述刑事案件犯罪嫌疑人 31794 人，提起公诉 43113 人。

认真贯彻宽严相济刑事政策。省检察院制定《办理当事人达成和解刑事案件暂行规定》，与省公安厅研究推行轻微刑事案件逮捕必要性证明制度，与省司法厅联合下发《关于轻微刑事案件委托人民调解的暂行办法》，依法推进轻微刑事犯罪和解制度落实。对情节轻微、主观恶性较小的未成年人犯罪、老年人犯罪、轻伤害犯罪、过失犯罪，慎用逮捕措施和刑事处置方法。共对 5808 名涉嫌犯罪但无逮捕必要的犯罪嫌疑人作出不予批准逮捕决定，对 1529 名涉嫌犯罪但情节轻微、社会危害性较小的犯罪嫌疑人作出不起诉决定。全面推行轻微刑事案

件快速办理机制，建立不批捕、不起诉释法说理制度，探索试行量刑建议制度，增强执法效果。

主动配合有关部门推进社会管理。认真落实检察环节社会治安综合治理措施，参与社会治安防控体系建设，配合有关部门对治安重点地区进行集中整治。依法打击利用网络实施的犯罪活动，促进网络虚拟社会的建设管理。积极做好预防未成年人犯罪和失足青少年帮教工作，加强对社区矫正、暂予监外执行罪犯管理等各执法环节的法律监督，配合有关部门加强对刑释解教人员等特殊人群的帮教管理，促进提升服务管理水平。

三、推进反腐倡廉建设，加大查办和预防职务犯罪工作力度

坚决贯彻落实"标本兼治、综合治理、惩防并举、注重预防"的方针，把查办和预防职务犯罪工作摆上更加突出位置，充分发挥检察机关在惩防体系建设中的职能作用。共立案侦查职务犯罪案件 2837 件 3830 人，其中，贪污贿赂案件 1984 件 2581 人，渎职侵权案件 853 件 1249 人。通过办案为国家挽回直接经济损失 3.7 亿元。

集中精力查办大案要案。坚持全省检察机关侦查一体化机制，加强对重大复杂案件侦查工作的统一组织指挥，发挥省市两级检察院带头办案作用。共立案侦查涉嫌贪污贿赂五万元以上和挪用公款十万元以上大案 1452 件，占贪污贿赂案件总数的 73.2%；立案侦查渎职侵权重特大案件 592 件，占渎职侵权案件总数的 69.4%。立案侦查涉嫌职务犯罪的县处级以上国家工作人员 207 人，其中厅级干部 19 人。

着力提高办案质量。严格执行刑事诉讼法和最高人民检察院"十个严禁"等办案纪律规定，以规范办案行为确保程序公正，以程序公正保障实体公正。组织开展办案质量逐案考评和精品案件评选活动，促进办案质量进一步提高。在立案侦查案件中，已提起公诉 3384 人，法院已作出有罪判决 3163 人，分别占立案人数的 88.4% 和 82.6%。

积极开展预防工作。深化个案预防，结合办理的重大典型案件，提出检察建议 1714 件，帮助落实预防措施 6382 项。推进系统预防，省检察院与省纪委、教育厅组织召开了由 22 所省管高校党委书记参加的构建高校惩防体系工作座谈会；与省纪委、省卫生厅等部门配合，加强对全省药品统一采购招标工作监督。加强专项预防，组织开展了对南

水北调中线工程、郑西客运专线等重点工程项目的预防。开展预防警示教育和法制宣传，建立职务犯罪预防警示教育基地 171 个，38 万人次受到教育。

四、维护公平正义，强化对诉讼活动的法律监督和自身执法办案监督

我们自觉把维护公平正义作为价值追求，坚持强化法律监督与加强自身执法办案监督并重，努力以监督保公正、促廉洁。

加强刑事诉讼监督。在刑事立案和侦查活动监督中，对侦查机关应当立案而未立案的，依法监督立案 606 件；对不应当立案而立案的，监督撤案 389 件；对应当逮捕而未提请逮捕、应当起诉而未移送起诉的，依法追加逮捕 2044 人、追加起诉 1932人。在刑事审判监督中，对认为量刑畸轻畸重等确有错误的刑事判决、裁定依法提出抗诉 322 件，法院改判、发回重审 201 件。在刑罚执行和监管活动监督中，依法监督纠正违法减刑、假释、暂予监外执行、体罚虐待被监管人、超期羁押等问题 1215人次。

加强民事审判和行政诉讼监督。共对认为确有错误的民事行政判决、裁定提出抗诉 864 件，法院改判、发回重审和调解结案 547 件；依法提出再审检察建议 599 件，法院采纳 576 件。对经审查认为人民法院裁判并无不当的申诉案件，注意做好申诉当事人的服判息诉工作。积极探索民行裁判执行活动监督，依法促进执行公正。

加强对人民群众反映强烈问题的专项监督。全省检察机关在审判、公安机关支持配合下，认真组织开展了刑事审判法律监督、看守所监管执法、监狱清理事故隐患促进安全监管等专项活动，发现并纠正了一批错误裁判、超时限审理、违法违规监管等问题，从中立案查处涉嫌徇私舞弊、贪赃枉法等职务犯罪的司法人员 29 人。同时，对检查中发现的检察机关履行法律监督职责不到位、监督机制不健全等问题，积极进行整改，完善了相关工作机制。根据省委政法委的部署，2009 年 2 月至 7 月，省检察院组织开展了对郑州、南阳、周口、信阳四市政法工作的专项执法检查，发现并监督整改了一批执法工作中的突出问题。

加强对自身执法办案活动的监督制约。在接受外部监督方面，一是自觉接受党委领导、人大及其常委会的监督。坚持重要工作部署、重大工作情况向党委、人大及其常委会请示报告，省检察院就

查办涉农职务犯罪、推进预防职务犯罪社会化机制建设、开展刑事审判法律监督专项检查等工作分别向省委、省人大常委会作了书面报告，11 月向省人大常委会专题汇报了全省检察机关反渎职侵权工作情况。二是高度重视、依法办理人大代表建议、政协委员提案及人大常委会转交案事件，及时反馈情况。省检察院办理人大代表建议、政协委员提案、人大常委会及人大代表转办的案事件 31 件。办件工作在省人大代表建议办理工作会议上介绍了做法。三是加强与人大代表、政协委员的联系。主动邀请人大代表、政协委员视察检察工作，真诚接受批评，认真改进工作，全年共有 8500 余人次人大代表、政协委员视察检察工作；省检察院每季度编发一期《检察要况》，向人大代表、政协委员通报检察工作情况；邀请人大代表、政协委员参加精品案件评选、执法检查、疑难案件公开听证、公开答复等活动。四是严格落实人民监督员制度。检察机关拟作撤案、不起诉处理以及犯罪嫌疑人不服逮捕决定的职务犯罪案件全部交由人民监督员监督，人民监督员共监督上述三类案件 219 件。五是深化检务公开。通过落实权利义务告知制度、开展举报宣传周、召开新闻发布会、编印检务公开资料、组织"检察开放日"活动等形式，保障人民群众的知情权、参与权和监督权。六是依法接受有关方面的监督制约。认真执行修改后的律师法，依法保障律师执业权利；严格落实刑事诉讼原则，自觉接受人民法院和公安机关的制约。

在加强内部监督方面，一是建立办案流程监督管理机制，运用信息化手段对办案活动进行流程管理、过程控制和动态监督。二是重点加强对查办职务犯罪工作的监督制约，落实职务犯罪案件审查逮捕上提一级制度，根据最高人民检察院统一部署，从 2009 年 9 月起，全省市、县两级检察院立案侦查的职务犯罪案件，需要逮捕犯罪嫌疑人的，全部由上一级检察院审查决定；落实讯问职务犯罪嫌疑人全程同步录音录像制度，规范执法行为，保障当事人合法权益；落实对职务犯罪案件立案报上一级检察院备案，撤案、不起诉报上一级检察院批准等制度，加强对下级检察院办案工作的监督。三是建立检察人员执法档案制度、自侦案件跟踪回访制度和执法办案责任制、错案、安全事故、涉检信访案件责任倒查追究制度，加强对执法办案活动的事前、事中、事后监督和过错责任追究。四是开展检察机关

直接立案侦查案件扣押冻结款物专项检查活动,全省三级检察院集中七个月时间对 2004 年以来办结的 9525 件涉款涉物自侦案件逐案检查,对存在的一些违规扣押款物等问题进行了纠正。

五、坚持执法为民,全面打造"民生检察"

坚持从人民群众最关心、最直接、最现实利益问题入手,以抓好 2009 年省检察院向社会公开承诺为民办好的"八件实事"为载体,努力加强和改进检察工作,不断满足人民群众对检察工作的新要求新期待。

畅通民意表达渠道。在全省检察机关统一开通 12309 举报电话,推行网络举报、密码举报、预约上门接受举报等方式,方便群众反映问题。全年共受理群众举报 13131 件,已处理 13070 件。严格落实检察长接待日制度,广泛开展下访巡访、处理重大疑难涉检信访案件公开审查等活动,及时了解群众诉求,认真听取社会各界对检察机关的意见建议。

严肃查办各种侵害民生民权的案件。依法严厉打击涉及食品药品安全、劳动安全等危害群众生命健康的犯罪,严肃查办社会保障、征地拆迁、移民补偿、医疗卫生、教育、就业等领域发生的直接危害群众切身利益的职务犯罪案件,坚决查办国家机关工作人员利用职权侵犯公民人身权利和民主权利的犯罪案件。依法认真办理刑事申诉、赔偿案件,坚持有错必纠,当赔则赔。对不服检察机关处理决定的申诉经审查改变 29 件,立案办理刑事赔偿案件 82 件,决定给予赔偿 76 件,支付赔偿金 151.8 万元。

千方百计解决群众的合理诉求。认真开展涉检信访积案化解专项活动,把工作重点放在帮助群众解决实际问题上,确保"案结事了,息诉罢访"。共排查涉检信访积案 294 件,已办结 293 件。推行对生活确有困难的刑事不起诉案件被害人个案救助制度,共救助 160 人,发放救助金 130 余万元。

不断拓宽检察便民服务渠道。设立便民服务大厅,统一受理、转办群众的控告、申诉、举报,提供法律咨询。大部分市、县检察院建立检察专线网视频接访系统,群众在当地检察院就可以"面对面"地向省、市检察院反映情况。建立案件信息公开查询系统,方便群众随时查询案件进展情况。探索在重点乡镇建立检察工作站(检察室),已有 36 个县区检察院建立检察工作站(检察室)79 个,把检察工作向基层延伸,就近服务人民群众。

六、着眼公正廉洁执法,狠抓检察队伍建设

坚持把提高检察队伍整体素质和执法能力作为基础性和战略性任务来抓,不断加强检察队伍和基层检察院建设。

加强思想政治建设。认真组织开展深入学习实践科学发展观活动和"讲党性修养、树良好作风、促科学发展"教育活动,采取多种形式学习贯彻党的十七届四中全会精神,深入开展中国特色社会主义理论体系、社会主义法治理念教育,引导检察人员不断增强政治意识、大局意识、责任意识,始终坚持党的事业至上、人民利益至上、宪法法律至上,自觉做到公正执法。

加强领导班子建设。健全学习制度,强化领导素能培训,各级检察院领导班子运用科学理论指导实践、推动工作的能力进一步提高。积极发挥协管职能,省检察院配合省委组织部完成 10 个市级检察院检察长换届工作,研究下发了《基层检察院检察长任免备案暂行办法》。通过组织巡视、派员列席民主生活会、诫勉谈话、进行述职述廉考核等方式,加强了对市级检察院领导班子的监督。

加强职业道德和纪律作风建设。组织开展学习实践检察职业道德准则活动,教育引导干警牢固树立"忠诚、公正、清廉、文明"的检察职业道德。加强检务督察,省检察院先后组成 9 个督察组,对全省 19 个市分检察院、41 个基层检察院执行办案纪律、加强办案安全等工作进行了督察。建立实名举报投诉检察干警违法违纪案件限期答复制度,共收到实名举报、投诉检察干警违法、违纪案件 170 件,已答复举报、投诉人 153 件,35 名检察干警受到党政纪处分。

加强专业化建设。严格职业准入,实行凡进必考,省检察院通过考试考核从下级检察院公开遴选 12 名检察官,为贫困地区基层检察院定向招录培养 62 名法学第二学位人员。省检察院机关组织开展了部分缺位正副处长竞争上岗工作,通过笔试、面试、演讲、考核程序,36 名学历较高、年纪较轻、业务能力较强的同志走上正副处长岗位。深入推进大规模检察教育培训工作,省市两级检察院共举办各类培训班 166 期,培训检察人员 10052 人次。加强司法考试组织工作,有 623 人通过 2009 年度司法考试,通过人数连续三年居全国检察机关前列。

加强基层检察院建设。下发《2009—2013 年基层人民检察院建设规划实施意见》，召开全省基层检察院建设工作会议，对全面推进基层检察院建设作出部署，省检察院出台帮扶基层检察院六项措施，对评比达标表彰项目进行清理，引导基层检察院把主要精力用到执法办案上。积极争取党委政府支持，全省基层检察院办案用房和技术用房建设、信息化建设、经费保障等问题得到较好解决。深入开展争先创优活动，灵宝市检察院和11个基层检察院分别被评为"全国十佳基层检察院"和"全国先进基层检察院"，郸城县检察院反贪局原局长陈海宏被河南省委和最高人民检察院分别追授为"优秀共产党员"、"全国模范检察官"，南阳市宛城区检察院杜东翔被授予全国"人民满意的公务员"称号。

与新形势新任务的要求相比，与党和人民的期望相比，当前检察工作还存在一定差距。一是少数基层检察院围绕经济社会发展大局和当地中心工作谋划开展检察工作的水平不高，一些检察人员服务大局意识还不强，有的地方存在孤立办案、就案办案现象，影响了服务大局的成效；二是一些检察人员法律监督能力与人民群众日益增长的司法需求还不相适应，执法为民的意识不够牢固，不善于、不耐心做释法说理、理顺情绪、化解矛盾、服务群众的工作，致使一部分当事人对少数案件处理结果不理解、不满意；三是法律监督工作还存在薄弱环节，一些检察院查办职务犯罪大案要案的力度不够大，有的法律监督工作还不到位，少数案件质量不高、效果不好；四是一些检察人员理性、平和、文明、规范执法理念树立得还不够牢固，贯彻落实宽严相济刑事政策不够主动自觉，执法不文明、办案不规范，甚至违法侵害当事人和发案单位合法权益的现象仍时有发生；五是对检察队伍的严格教育、管理、监督，特别是对违法违纪的查究、防范机制还存在不严厉、不完善的问题，一些检察人员仍然存在特权思想、霸道作风，有的干警包括极个别领导干部以案谋私、执法犯法，造成极坏影响；六是一些基层检察院在经费保障、技术装备等方面还存在不少困难，法律监督工作量不断增大与检察官短缺的矛盾比较突出。对这些问题和困难，我们将紧紧依靠各级党委领导，人大、政协监督和政府支持，采取有力措施，努力加以解决。

根据中央、省委对政法工作的要求和最高人民检察院的部署，2010年全省检察机关将紧紧围绕中央"五个更加注重"和省委"四个重在"的要求，着眼于深入推进全国政法工作会议提出的"社会矛盾化解、社会管理创新、公正廉洁执法"三项重点工作，不断强化法律监督，强化自身监督，强化检察队伍建设，努力把检察工作提高到新水平，为经济社会又好又快发展提供更加有力的司法保障。

一是把全面充分正确履行法律监督职能作为做好三项重点工作的基本途径。进一步加强审查批捕、审查起诉工作，依法准确、有力地打击各类刑事犯罪，推进平安河南建设；进一步加强查办和预防职务犯罪工作，加大办案力度，特别是要在提高质量、增强效果上下工夫，推进惩防体系建设；进一步加强对刑事诉讼、民事审判活动和行政诉讼的法律监督以及对自身执法办案的监督，推进公正廉洁执法。

二是把改进执法方式、提高执法公信力作为推进三项重点工作深入开展的重要举措。坚持把化解社会矛盾贯穿于执法办案全过程，严格依法文明办案、公正廉洁执法，源头防范矛盾；认真贯彻宽严相济刑事政策，妥善处理各类刑事、职务犯罪和诉讼监督案件，有效化解矛盾；讲究办案方式方法，提高执法水平，避免引发矛盾；抓好涉检信访案件，切实解决矛盾。

三是把加强检察队伍建设、提高法律监督能力作为增强三项重点工作实效的重要基础。坚持抓党建带队建、抓班子带队伍、抓基层打基础。突出抓好思想政治建设和领导班子建设，深入推进大规模检察教育培训工作，努力提高法律监督能力；弘扬检察职业道德，严肃查处检察人员违法违纪案件，不断提高公正文明执法水平；以执法规范化、队伍专业化、管理科学化、保障现代化为目标，加强基层检察院建设，发挥好其服务大局的基础前沿作用、执法为民的一线平台作用和维护稳定的第一防线作用。

四是把自觉接受党的领导和人大监督作为做好三项重点工作的政治保证。坚决执行党委决策、人大决议和对检察工作的有关要求，主动向党委和人大常委会报告工作。认真贯彻落实监督法和省人大常委会实施办法，不断强化接受监督意识，拓宽接受监督渠道。进一步加强与人大代表、政协委员的联系，认真听取意见、建议和批评，依法负责地办好人大代表建议、政协委员提案和人大常委会转交的案事件，使检察工作更好地体现人民群众的愿望和要求。

在新的一年里,全省检察机关将按照本次大会确定的任务,在省委和最高人民检察院的领导下,更加自觉地接受人大及其常委会监督,依靠政府和社会各界的大力支持,认真履行法律监督职能,全力推进三项重点工作,努力开创检察工作新局面,为全省经济社会又好又快发展作出新贡献!

湖北省人民检察院工作报告(摘要)

——2010 年 1 月 28 在湖北省第十一届人民代表大会第三次会议上

湖北省人民检察院检察长　敬大力

(2010 年 1 月 31 日湖北省第十一届人民代表大会第三次会议通过)

2009 年,省人民检察院在省委和最高人民检察院领导下,在省人大及其常委会监督下,领导全省检察机关,全面贯彻党的十七大、十七届三中、四中全会精神,深入贯彻落实科学发展观,认真执行省十一届人大二次会议决议,紧紧围绕"保增长、保民生、保稳定"的经济社会发展大局,按照"六个坚持、六个着力"的总体部署,忠实履行宪法和法律赋予的职责,各项检察工作取得了新的进展。

一、依法履行批捕、起诉等职责,全力维护社会和谐稳定

全省检察机关针对社会稳定形势的新情况新特点,充分发挥批捕、起诉等职能作用,全力做好检察环节维护稳定的各项工作。

依法打击刑事犯罪。切实履行批捕、起诉职责,共批准逮捕各类刑事犯罪嫌疑人 30812 人,提起公诉 33081 人,同比分别上升 3.5% 和 7.9%。突出打击重点,严厉打击各类严重刑事犯罪,共批准逮捕、提起公诉黑社会性质组织犯罪嫌疑人 209人;批准逮捕故意杀人、放火、强奸、绑架等暴力犯罪嫌疑人 6447 人,提起公诉 6782 人;批准逮捕抢劫、抢夺、盗窃等"两抢一盗"犯罪嫌疑人 11421 人,提起公诉 12470 人,努力维护社会治安大局稳定。积极参与整顿和规范市场秩序专项行动,加大对制假售假、集资诈骗、非法传销、非法吸收公众存款、侵犯知识产权等犯罪的打击力度,共批准逮捕此类犯罪嫌疑人 1289 人,提起公诉 1192 人,努力维护良好市场经济秩序。

认真贯彻宽严相济的刑事政策。在严厉打击严重刑事犯罪的同时,立足于减少社会对抗、促进社会和谐,对主观恶性较小、犯罪情节轻微、社会危害较小的初犯、偶犯、过失犯、未成年人犯罪以及因婚姻家庭矛盾、邻里纠纷引发的轻微刑事案件,依法不批准逮捕 1628 人,不起诉 854 人,作出从宽处理。进一步建立健全快速办理轻微刑事案件、未成年人犯罪案件的工作机制,认真落实刑事被害人救助制度,从机制上保障宽严相济刑事政策的贯彻落实。

积极化解社会矛盾。加强控告申诉检察工作,共受理群众信访 10792 件次,依法全部进行了审查处理。制定实施《关于进一步加强涉检信访工作的意见》,加强源头治理,着力防止因执法不严不公不廉以及执法能力不强、效率不高、行为不文明成为引发矛盾事端的源头和"燃点";推行执法办案风险评估、分级预警机制,制定工作预案,增强化解矛盾的主动性和预见性;着力构建处理涉检信访的一体化工作格局,加强检察机关上下级之间、内部各职能部门之间协作配合,提升工作合力。认真开展涉检信访积案化解专项活动,共清理排查涉检信访积案 60 件,已妥善化解 56 件。不断提高突发性、群体性事件应对处置能力,积极参与邓玉娇案件、"石首事件"处置工作,依法公正办理相关案件。在全省各级检察院统一设立综合性受理接待中心,开通

"12309"电话，统一受理举报、控告、申诉、投诉、咨询、查询，实行信函受理、接待受理、网上受理、电话受理"四整合"，积极推行带案下访、定期巡访、联合接访，进一步畅通信访渠道。

积极参与社会治安综合治理。坚持打防结合，全力协同有关部门开展打黑除恶等专项斗争，积极参与对社会治安突出问题的整治；定期分析社会治安形势，及时提出消除隐患、强化管理、预防犯罪的建议，促进社会治安防控体系建设；与共青团、妇联、学校、街道、社区、农村基层组织等密切配合，广泛开展法制宣传教育、法律咨询等活动；以"青少年维权岗"为载体，突出抓好青少年犯罪预防及帮教转化工作。

二、依法惩治和预防职务犯罪，积极促进廉政建设

坚决贯彻中央、省委关于反腐倡廉工作的总体部署，切实履行查办和预防职务犯罪职责，促进反腐败斗争深入开展。共立案侦查职务犯罪1868人，同比上升3.3%，其中贪污受贿等犯罪1366人，行贿犯罪176人，渎职侵权犯罪326人。

认真组织开展专项工作。紧紧围绕中央、省委重大战略部署，突出查案重点，适时组织专项工作，着力服务经济社会发展。高度重视保障政府投资安全，组织开展严肃查办和积极预防国家投资领域职务犯罪专项工作，在重大基础设施建设、重点资金管理使用等领域和环节查办职务犯罪617人。继续开展查办涉农、民生领域职务犯罪及危害能源资源和生态环境渎职犯罪专项工作，严肃查办退耕还林、扶贫开发、教育就业、医疗卫生、社会保障、资源开发、环境保护等领域发生的职务犯罪。

依法查办大案要案。加强对查办重大复杂案件的统一组织、指挥和协调，集中力量查办了一批大案要案。立案侦查大案1050件，其中贪污、受贿、挪用公款百万元以上案件61件，重特大渎职侵权案件112件；立案侦查县处级以上干部职务犯罪要案153人，其中厅级干部16人。

注重提升执法办案效果。正确处理执法办案的数量、质量、效率、效果和规范的关系，坚持科学考评，保持执法办案工作平稳健康发展；在工作中认真贯彻"三个有利于"的要求，提出并落实坚决依法查办、坚持惩防并举、把握政策界限、掌握分寸节奏、注意方式方法"五条办案原则"，努力提升执法办案的法律效果、政治效果和社会效果。

积极预防职务犯罪。立足检察职能，积极开展预防职务犯罪工作，推进惩治和预防腐败体系建设。结合法律监督和执法办案工作，认真研究防范对策，提出检察建议1024件，帮助发案单位和行业主管部门完善制度、加强管理；会同有关部门、投资主体对140多个在建重点工程项目制定预防职务犯罪方案，采取相关防范措施，积极做好专项预防。开展法制宣传、警示教育活动1470次，向社会提供行贿犯罪档案查询881次。不断健全工作机制，制定实施全省检察机关内设机构加强预防协作配合的意见，坚持并完善预防职务犯罪工作联席会议制度，增强预防职务犯罪工作的整体合力。

三、依法对诉讼活动进行法律监督，努力维护司法公正

坚持检察机关宪法定位，认真贯彻落实省人大常委会《关于加强检察机关法律监督工作的决定》，强化法律监督职能，着力解决人民群众反映强烈的执法不严、司法不公问题。

强化刑事立案和侦查活动监督。依法监督纠正有案不立、有罪不究、以罚代刑等打击不力问题，监督侦查机关立案951件，同比上升7%，依法决定追加逮捕578人、追加起诉520人，同比分别上升3.4%和76.3%，督促有关行政执法机关向司法机关移送涉嫌犯罪案件357件；依法监督纠正违法立案等问题，监督侦查机关撤销案件216件，同比上升11.9%，对侦查活动中滥用强制措施等违法情形提出书面纠正意见426件次。

强化审判监督。在刑事审判监督中，以有罪判无罪、量刑畸轻畸重、严重违反法定程序等问题为重点，对认为确有错误的刑事判决和裁定提出抗诉118件，同比上升34.1%，法院审结79件，采纳意见率为70.9%，对刑事审判活动中的违法情形提出书面纠正意见95件次。组织开展刑事审判法律监督专项检查，查找和纠正监督工作中不作为、乱作为和监督不到位问题，提高刑事审判法律监督水平。加强死刑二审案件的审查、出庭和监督工作，确保死刑依法正确适用。在民事审判和行政诉讼监督中，高度重视涉及土地征用、土地承包经营权流转、房屋拆迁、劳动争议、医疗保险等案件的监督，切实维护人民群众利益。对认为确有错误的民事行政裁判提出抗诉409件，法院审结179件，综合改变率为73.2%向法院提出再审检察建议212件。积极探索开展民事执行监督，对造成国有资产严重流失等涉及公共利益的民事案件，通过检察建议督促有关单位及时提起诉讼。对不服法院正确裁判的827件申诉，认真做好当事人的服判息诉工作。

强化刑罚执行和监管活动监督。加强对刑罚变更执行的监督，依法监督纠正减刑、假释、暂予监外执行不当60人次；加强对监管活动的监督，会同公安、法院、司法行政等机关在全省组织开展监管场所监管执法专项检查和监狱"清查事故隐患、促进安全监管"等专项活动，依法监督纠正超期羁押、体罚虐待被监管人员等问题，加大对"牢头狱霸"、监管安全隐患等问题的排查处理力度，对各类违法情况提出书面纠正意见355人次；查办监管场所职务犯罪19人，维护正常监管秩序。

严肃查办执法不严、司法不公背后的职务犯罪。继续把查办执法不严、司法不公背后的职务犯罪作为重点专项工作，依法查办执法司法人员滥用职权、徇私枉法等职务犯罪363人。

积极推进省人大常委会《决定》贯彻落实。省人大常委会《关于加强检察机关法律监督工作的决定》颁行后，省检察院及时制定贯彻实施方案，召开全省全体检察人员电视电话会议，广泛宣传发动，研究制定19项配套制度和措施并进行责任分工，组织14个工作组赴各地检查督导，狠抓《决定》贯彻落实。各级检察院积极贯彻《决定》要求，切实强化监督意识，加大监督力度，完善监督机制，注重监督实效，全面提升法律监督工作水平。

四、深入推进检察改革，不断完善检察工作机制

认真贯彻中央、最高人民检察院新一轮司法体制和工作机制改革总体部署，以强化法律监督职能和加强对自身执法活动的监督制约为重点，积极稳妥地推进检察改革。

健全强化法律监督职能工作机制。积极参与最高人民检察院关于建立健全刑事立案、侦查措施、民事执行等法律监督制度的调研论证工作。深化检察工作一体化机制建设，及时总结推广经验，注重基础理论研究，就职务犯罪案件线索管理、部分基层检察院内部职能整合改革试点等制定配套制度，充分发挥检察工作一体化机制作用，增强法律监督合力。深化法律监督调查机制建设，加大对诉讼违法行为的发现、核实和监督纠正力度，开展刑事诉讼、民事审判和行政诉讼法律监督调查1236件，纠正诉讼违法1090件，增强了监督的针对性和

实效性。协同省法院在16个市县开展量刑规范化改革试点，加强和规范提出量刑意见工作。

健全对自身执法活动的监督制约机制。牢固树立监督者必须接受监督的观念，不断完善执法办案的内外部监督制约体系。从2009年9月起全面实行直接立案侦查案件由上一级检察院审查决定逮捕，切实加强对职务犯罪侦查工作的监督制约。修改完善《湖北省检察机关扣押、冻结款物及其处理办法》，进一步明确直接立案侦查案件扣押冻结款物及其处理的界限、程序和监督制约等，并根据最高人民检察院统一部署，对2004年以来扣押冻结款物情况进行全面清理，着力整治违规扣押、处理款物等突出问题。坚持做好讯问职务犯罪嫌疑人全程同步录音录像工作。深化人民监督员制度试点工作，对拟作撤销案件、不起诉处理和犯罪嫌疑人不服逮捕决定的213件"三类案件"全部纳入了监督程序。进一步深化检务公开，严格落实诉讼参与人权利义务告知等制度，及时向社会公开检察机关重大部署、重要情况，保障人民群众知情权、参与权和监督权。

五、大力加强自身建设，努力提升检察机关执法公信力

认真贯彻中央、省委、最高人民检察院关于提高执法公信力的明确要求，积极推进检察机关执法公信力建设，在全省检察机关部署开展执法公信力建设专项工作，确保严格、公正、文明、廉洁执法。

深入学习实践科学发展观。按照中央、省委统一部署，扎实开展深入学习实践科学发展观活动，认真抓好学习调研、分析检查、整改落实等各阶段工作。通过学习实践活动，进一步提高了思想认识，增强了贯彻落实科学发展观的自觉性和坚定性；进一步明确了检察工作思路，使工作决策做到"六个符合"，即符合法律、符合规律、符合大局、符合民意、符合理念、符合实际；进一步突出了实践特色，认真查找整改影响和制约检察工作科学发展的突出问题，建立健全长效机制，有效推动了全省检察工作全面、协调、可持续发展。

加强检察队伍建设。继续深入推进检察队伍建设"六项工程"，提高队伍整体素质和执法能力。狠抓领导班子建设。加强干部协管工作，依法选好配强各级检察院领导班子；加强对领导干部的教育，制定《关于进一步加强和改进全省检察机关领导班子思想政治建设的实施意见》，积极开展学习

型领导班子建设，举办领导素能培训班，努力提高各级检察领导干部的学习力、决策力、创新力、执行力、凝聚力和公信力，增强检察工作的原则性、系统性、预见性和创造性；加大监督管理力度，严格执行民主集中制，加强巡视工作，对3个市级检察院领导班子进行了巡视。狠抓素质能力建设。制定实施意见，统筹全员培训，改进培训方式方法，省、市两级检察院共举办各类培训班58期，培训检察人员5063人次，检察队伍专业化水平有新提升。狠抓作风纪律建设。深化反腐倡廉教育，严格执行党风廉政建设责任制，省检察院对26个下级检察院进行了检务督察，着力监督纠正检风检纪、办案安全、警车管理等方面存在的问题。

加强检察机关群众工作。坚持检察工作的人民性，认真贯彻群众路线，省检察院制定实施《关于加强检察机关群众工作的指导意见》，省委转发了该《意见》。全省检察机关深入贯彻省委"维护社会稳定的基点是做好群众工作，维护群众利益；提高执法能力，最核心的是提高群众工作能力"的要求，强化工作措施，完善工作机制，在检察工作中坚持紧紧依靠人民群众、提高群众工作能力、接受人民群众监督、落实便民利民措施，切实维护人民群众权益。

加强检察职业道德建设。认真贯彻《检察官职业道德基本准则（试行）》，组织开展"恪守检察职业道德、维护社会公平正义"主题实践活动，通过举办检察职业道德论坛、推出学习典型、开展宣誓活动等形式，大力弘扬忠诚、公正、清廉、文明的检察职业道德。在检察官协会中成立职业道德委员会，通过检察官自律的形式，健全检察职业道德建设长效机制。认真开展"提高公信力，我该做什么？"集中评查和争当"十型"检察官活动，推动职业道德建设深入开展，提升检察机关执法公信力。

加强基层基础工作。认真贯彻最高人民检察院《2009—2012年基层人民检察院建设规划》，全面推进基层检察院执法规范化、队伍专业化、管理科学化、保障现代化建设。专门召开全省基层检察院"四化"建设现场观摩暨经验交流会，结合实际部署基层检察院建设20件事项，认真抓好落实。坚持领导同志联系基层制度，在50个基层检察院之间开展结对共建，加强学习交流、促进共同提高。为基层补充编制738个、公开招录选调生和高等院校毕业生212名，努力缓解基层检察院检察官断

档、高素质人才缺乏的矛盾。加强检务保障，积极争取党委、政府支持，进一步落实县级检察院公用经费保障标准，加强基础设施和装备建设，加快科技强检项目建设及其应用进程，基层执法条件进一步改善。积极开展争先创优，共57个集体和130名个人受到省级以上表彰，125个检察院被评为文明单位，其中省级文明单位43个、省级最佳文明单位15个。

一年来全省检察工作取得的成绩，是在各级党委领导、人大监督和政府、政协以及社会各界的关心、支持下取得的。全省检察机关不断强化接受人大监督观念，认真贯彻执行人大决定、决议及工作要求，及时主动向人大及其常委会报告检察机关重大事项、重要情况，自觉接受人大执法检查。高度重视人大代表、政协委员意见建议办理工作，对"两会"期间代表、委员提出的意见建议，认真研究12个方面30条贯彻意见，并制定督办工作实施办法，实行责任分工，明确时限、质量及相关措施，狠抓督办落实；省检察院共承办人大、政协交办和代表、委员反映事项、案件17件，已办结回复14件，3件正在办理之中，并专门向省人大常委会报告了人大代表建议案办理情况。通过邀请代表、委员视察和评议检察工作、走访座谈、定期寄送《检察要况》等途径，切实加强与人大代表、政协委员的经常性联系，自觉接受监督。

2010年全省检察机关将认真贯彻中央、省委和最高人民检察院指示精神和工作部署，以邓小平理论和"三个代表"重要思想为指导，深入贯彻落实科学发展观，紧紧围绕深入推进社会矛盾化解、社会管理创新、公正廉洁执法三项重点工作，忠实履行法律监督职能，统筹抓好各项检察工作，推动检察工作全面发展进步，努力为全省经济社会又好又快发展创造和谐稳定的社会环境和公平公正的法治环境。

（一）积极维护社会和谐稳定。全面落实宽严相济刑事政策，严厉打击危害国家安全犯罪、黑恶势力犯罪、严重暴力犯罪、多发性侵财犯罪、涉众型经济犯罪、毒品犯罪等各类严重刑事犯罪，依法对轻微刑事案件落实从宽处理政策，全力维护社会和谐稳定。坚持把化解社会矛盾贯穿于执法办案始终，在审查批捕起诉、诉讼活动法律监督、职务犯罪立案侦查、控告申诉检察等各项工作中做好释疑解惑、化解矛盾、服判息诉等工作。强化涉检信访工

作，进一步加强源头治理，加强排查化解涉检信访积案工作，健全并落实执法办案风险评估预警、突发事件应急处置等机制，努力减少、化解社会矛盾，促进社会和谐稳定。

（二）积极服务经济平稳较快发展。紧紧围绕中央、省委关于构建中部崛起重要战略支点、推进"两圈一带"发展战略、建设武汉东湖国家自主创新示范区等重大决策部署，找准切入点和结合点，研究制定保障、服务、促进经济平稳较快发展的措施。坚持把执法办案作为检察机关服务大局最基本最直接的手段，加大对破坏社会主义市场经济秩序、危害企业正常生产经营、危害政府投资安全、危害新农村建设、侵犯知识产权、破坏生态环境和自然资源等违法犯罪行为的打击、预防、监督力度，适时组织开展专项工作，进一步提高检察机关服务大局的水平和实效。

（三）积极参与构建社会管理新格局。充分发挥检察职能作用，促进构建党委领导、政府负责、社会协同、公众参与的社会管理新格局。坚持以监督促管理，结合法律监督工作，针对社会管理中存在的问题及时向党委政府提出对策建议，促进管理创新、完善管理体系；向发案单位及主管部门提出检察建议，促进其堵塞漏洞、健全制度。加大对社会管理领域贪污贿赂、失职渎职等职务犯罪的查处力度，促进有关部门和国家工作人员依法履行管理职责。积极参与社会治安综合治理，与有关部门密切配合，深入开展打黑除恶等专项斗争，加强法制宣传教育，加强对刑释解教人员、违法犯罪青少年等特殊人群帮教管理以及社区矫正工作的法律监督。

（四）积极强化法律监督。深入贯彻落实省人大常委会《决定》和最高人民检察院《关于加强对诉讼活动法律监督工作的意见》，进一步提高法律监督工作水平。加大查办和预防职务犯罪工作力度。严肃查办大案要案和严重侵害群众利益的职务犯罪，积极参与工程建设、房地产开发等领域专项治理，把查办涉农职务犯罪、查办国家投资领域职务犯罪等专项工作常态化，继续重点推进；在严肃查办受贿犯罪的同时，加大对行贿犯罪的打击力度；深入开展预防职务犯罪工作。加强对诉讼活动的法律监督。紧紧抓住执法不严、司法不公等突出问题，进一步加大对刑事诉讼、民事审判和行政诉讼的法律监督力度，组织开展刑事立案、侦查活动专项监督，继续开展查办执法不严、司法不公背后的职务犯罪专项工作，严肃查办国家工作人员为黑恶势力犯罪、"黄赌毒"违法犯罪充当"保护伞"的职务犯罪案件，维护公平正义。

（五）积极加强检察机关执法公信力建设。着力解决影响检察机关执法公信力的突出问题，以"内强素质、外树形象"为重点，抓好检察队伍建设；以"培育良知、不越底线"为重点，抓好检察职业道德建设；以"贴近群众、提高群众工作能力"为重点，抓好检察机关群众工作；以"完善制度机制、强化信息化管理"为重点，抓好执法管理、执法考评、监督制约和执法规范化建设；以"夯实基层基础"为重点，抓好基层检察院建设。着力争取解决制约执法公信力的体制性、机制性、保障性障碍，立足于促进严格公正文明廉洁执法，切实加强检务保障；立足于提高法律监督能力，加快科技强检步伐；立足于坚持以人为本，加强队伍管理工作。着力研究和解决开放、透明、信息化条件下如何提高执法公信力问题，进一步健全完善检务公开制度，建立检察机关的和谐公共关系，建立同媒体的良性互动关系。

（六）积极推进检察改革。紧紧抓住司法体制和工作机制改革全面展开、深入推进的良好契机，结合我省实际，切实抓好抗诉工作与职务犯罪侦查工作内部监督制约机制、规范检察建议等改革措施的组织实施工作。围绕落实省人大常委会《决定》，进一步加强检察机关与公安、法院、司法行政机关的监督制约和协作配合，继续深化各项法律监督工作机制建设，加强制度规范的实施，确保落到实处、发挥实效。

在新的一年里，全省检察机关将在省委和最高人民检察院正确领导下，自觉接受各级人大、政协和社会各界监督，认真执行本次大会决议，以更加坚定的信心、更加有力的措施、更加务实的作风推动检察工作科学发展，为保障和促进湖北经济社会又好又快发展作出新的更大贡献！

湖南省人民检察院工作报告（摘要）

——2010 年 1 月 28 日在湖南省第十一届人民代表大会第三次会议上

湖南省人民检察院检察长　龚佳禾

（2010 年 1 月 30 日湖南省第十一届人民代表大会第三次会议通过）

2009 年，全省检察机关在中共湖南省委和最高人民检察院的领导下，在省人大及其常委会的监督下，在省政府的支持和省政协的民主监督以及社会各界的关心支持下，深入贯彻落实科学发展观，紧紧围绕"保增长、扩内需、调结构、促就业、强基础"的工作大局，始终坚持"强化法律监督，维护公平正义"的工作主题，忠实履行宪法和法律赋予的职责，为全省科学跨越、富民强省大业而不断加强和改进检察执法，各项检察工作均取得新的进步。

一、着眼社会和谐，全力做好检察环节的维稳工作

着眼于努力营造安定团结的治安环境和公平正义的法治环境，全力落实维护社会稳定第一责任。

一是与公安、法院密切配合，依法维护社会治安秩序。积极参与打黑除恶专项斗争和突出治安问题专项治理，严厉打击黑恶势力犯罪、严重暴力犯罪、多发性侵财犯罪、涉众型经济犯罪、毒品犯罪等严重刑事犯罪。全年共批准逮捕各类刑事犯罪嫌疑人 42931 人，提起公诉 45878 人，批捕、起诉人数分别上升 5.4%、3.4%。按照省委的部署，省检察院派出检察人员 100 余人次，在湘西自治州历时一年，依法妥善办理了湘西非法集资案，批准逮捕 113 人，起诉 63 人，在审查起诉环节追回损失 2000 多万元，取得了较好的办案效果，维护了湘西的大局稳定。积极参加整顿和规范市场秩序、保护知识产权、整治食品药品安全专项行动，依法批捕扰乱市场经济秩序、侵犯知识产权、生产销售伪劣商品、破坏金融监管秩序的犯罪嫌疑人 887 人、起诉 783 人。同时，开展社会治安形势调研，参与社会治安防控体系建设和平安创建活动，认真落实检察环节的综合治理措施。

二是贯彻宽严相济刑事政策，努力化解社会消极因素。依法对涉嫌犯罪但无逮捕必要的 3283 人决定不批准逮捕，对犯罪情节轻微、依法不需要判处刑罚或者免除刑罚的 3546 人决定不起诉。继续完善试用刑事和解办理轻微刑事案件工作机制，省检察院与省司法厅共同制定了《关于在全省建立刑事和解与人民调解衔接联动机制的实施意见》，将人民调解引入刑事和解机制。全省通过调解达成刑事和解的案件 1605 人。

三是加强信访工作，解决群众涉检诉求。开通 12309 统一举报电话，实行检察长接访约访制度，畅通控告申诉渠道。开展不捕、不起诉案件答疑说理工作，注重从源头上疏导和化解矛盾。实行涉检信访工作与干警执法档案、岗位目标考核、干部任用提拔、执法质量考评、先进检察院评比"五挂钩"，强化工作责任。开展涉检信访积案排查化解专项工作，加大领导包案、重点督导、督促检查力度。共受理涉检信访 1145 件，办结息诉 1087 件；复查刑事申诉案件 121 件，立案办理刑事赔偿案件 47 件。

二、紧扣大局要求，依法查办和预防职务犯罪

按照反腐败工作的总体部署，坚持法律、社会和政治效果的有机统一，依法查办和预防职务犯罪。

一是切实改进执法方式方法。根据检察执法面临的许多新情况，省检察院出台了《关于全面正确履行反贪职能服务经济社会发展大局的意见》，要求全省检察机关坚持"一要坚决，二要慎重，务必搞准"的方针，对涉及企业的职务犯罪案件，从有利于维护企业正常生产经营、维护企业职工利益、维护社会稳定出发，办案前认真分析和审查举报线索，慎重选择办案时机；办案中慎用拘留、逮捕等强制措施；办案后认真听取涉案单位的意见和建议，注意延伸服务。在坚决依法查办职务犯罪的同时，坚决依法保护公职人员的合法权益，保护公职人员勇于改革的积极性，对市场主体的创造性劳动和创新性探索，保持一定的宽容度。严格区分错与罪的界限。强化保障无罪的公民不受刑事追究是检察机关神圣的法定义务的理念，克服执法中重打击轻保护的片面性。

二是突出查办大案要案。发挥上级检察院的领导、引导、示范作用，完善侦查一体化办案机制，查办了一批大案要案。全年共立案侦查贪污贿赂、渎职侵权犯罪案件1566件1990人，其中贪污贿赂大案790件，渎职侵权重特大案249件，县处级以上干部要案122人（厅级干部11人），大要案占立案总数的74.1%。特别是立案查处省农业厅原厅长程海波，省体育局原局长傅国良，省安监局原局长谢光祥，省乡镇企业局原局长邓慈常，湖南工业大学原校长张晓琪等大要案，彰显了党和国家惩治腐败的坚定决心。

三是开展以保障民生为重点的专项工作。针对群众最关心、最直接、最现实的利益问题，开展了集中查办城镇建设领域商业贿赂犯罪、危害能源资源和生态环境渎职犯罪、涉农涉林职务犯罪等专项工作，严肃查办发生在安全生产、医疗卫生、社会保障、企业改制、征地拆迁、移民补偿、山林改革等民生领域的职务犯罪案件，促进各项保障和改善民生政策措施的落实。省检察院重点挂牌督办了永兴县青山背煤矿"4·17"火药爆炸、衡阳市国泰房地产公司非法拆迁等背后的渎职犯罪案件，岳阳县原副县长李石东等人利用管理国家生猪养殖补贴款的职务便利受贿案等。

四是深化职务犯罪预防工作。根据党的十七大提出的反腐败工作要更加注重治本、更加注重预防、更加注重制度建设的要求，立足检察职能，结合执法办案，加大职务犯罪预防力度，共开展个案预防791件、预防调查185件、系统预防和重点项目预防138件，提出检察建议和预防对策929份。省检察院在查办熊金香受贿案过程中，通过调查分析，针对移民资金管理中存在的漏洞，提出了"规范移民项目立项审批制度、依法依规分配拨付移民资金、加强移民工程项目招投标管理和监督"的检察建议，得到了省移民局的认同。

三、围绕公正司法，强化对诉讼活动的法律监督

针对群众反映强烈的司法不公问题，加大诉讼监督力度，增强监督实效。

一是加强对诉讼活动的日常性监督。对应当立案而未立案的，监督立案875件，对不应当立案而立案的，监督撤案680件；对应当逮捕而未提请逮捕、应当起诉而未移送起诉的，追捕1143人、追诉1168人；对侦查活动中的违法情况提出纠正意见1475件次。对刑事判决、裁定提出抗诉223件，法院已审结143件，其中改判和发回重审93件。认真做好死刑二审案件的审查、出庭和监督工作。对民事行政判决、裁定提出抗诉和再审建议420件，法院审结后改判、发回重审和调解结案173件，采纳再审检察建议81件；办理公益诉讼案件165件。依法纠正超期羁押87人次，重点加强了对违法减刑、假释、保外就医和监外执行罪犯脱管漏管问题的监督。

二是加强对突出问题的专项监督。针对监管场所存在的安全隐患和侵犯在押人员合法权益的问题，省检察院会同有关部门开展了看守所监管执法专项检查和全省监狱清查事故隐患、促进安全监管专项活动。针对刑事审判法律监督不到位的问题，开展了刑事审判法律监督专项检查，复查重点案件2071件，依法监督纠正案件105件，其中提起抗诉、提出再审检察建议31件。各地结合实际对一些突出问题开展了专项监督。永州市检察院开展了逮捕后随意变更强制措施情况的专项监督，取得良好效果。

三是加大对司法腐败案件的查处力度。把监督诉讼活动中的违法问题与查办司法人员职务犯罪结合起来，从执法不廉、司法不公的现象入手，抓住群众反映强烈的问题，依法查办省监狱管理局原局长刘万清滥用刑罚执行权贪赃枉法案，湘潭市中级人民法院原审判员郭进辉受贿、民事枉法裁判案，衡阳市石鼓区人民检察院干部蒋锦在办案中擅自对犯罪嫌疑人取保候审并收受贿赂案，永兴县公安局原党委委员朱文君徇私枉法、受贿案，德山监狱原监狱长向建春受贿、徇私舞弊暂予监外执行案等司法工作人员职务犯罪73人。

四、重视监督制约，规范检察权的运行

落实检察改革措施，增强接受监督意识，加强内部制约。

一是自觉接受人大监督。认真贯彻《中华人民共和国各级人民代表大会常务委员会监督法》，进一步强化向人大负责、受人大监督的意识。省检察院举办了学习贯彻"两会"精神专题学习班，并将其作为加强和改进工作的一项制度；向省人大常委会专题报告了全省检察机关查办和预防职务犯罪工作情况，根据审议意见研究制定了改进措施；邀请部分全国和省人大代表视察检察工作，通报情况，征求意见。认真办理省人大转交的案件和代表建议共13件，已全部办结并报告了结果。

二是主动接受民主监督和社会监督。注重向各民主党派、工商联和无党派人士代表通报检察工作情况，听取批评、建议。完善和落实特约检察员、专家咨询委员制度，发挥他们在检察决策中的重要作用。深化人民监督员制度试点工作，改进人民监督员选任程序。人民监督员共监督评议检察机关侦查的职务犯罪拟作撤案、不起诉和犯罪嫌疑人不服逮捕决定的"三类案件"345件。深化检务公开，扩大范围、完善方式、拓宽途径，增强检察工作透明度，方便人民群众和案件当事人了解、监督检察工作。

三是切实加强内部制约。认真落实各项检察改革措施，深入推进执法规范化建设。完善执法规范化体系，加强办案流程管理。省检察院出台了《反贪侦查流程与规范》、《控告申诉检察工作流程与规范》、《关于办理职务犯罪案件审查逮捕工作流程规定》。加强对职务犯罪侦查权行使的内部监督制约，完善和落实讯问职务犯罪嫌疑人全程同步录音录像、职务犯罪案件备案审查和撤案报批等制度；从9月1日起，实行职务犯罪案件逮捕权上提一级，下一级检察院在办理职务犯罪案件中需要采取逮捕措施的，报上一级检察院审查决定。加强对案件质量的动态监督，建立健全质量考评、科学化管理考核制度。开展自侦案件扣押冻结款物专项检查，着力解决利益驱动问题。加大检务督察力度，省检察院共督察督办重点案件和事项120件，及时纠正了一些执法不规范的突出问题。

五、狠抓队伍建设，不断提高执法能力和水平

坚持抓队伍、强素质，把队伍建设作为执法公信力建设的根本和保证。

一是树立正确的执法理念。坚持不断深入开展学习实践科学发展观活动，深化社会主义法治理念教育，紧密联系实际，认真查找在观念、机制、能力、作风上与科学发展观不相适应的问题，坚持党的事业至上、人民利益至上、宪法法律至上，培升理性、平和、文明、规范执法理念。进一步强化服务科学发展、促进社会和谐的大局观，以人为本、执法为民的执法观；坚决禁止下达办案指标等违背司法规律的做法，树立办案力度、质量、效率、效果相统一的政绩观。队伍的政治素质进一步提高，涌现出了蒋冬林、傅晓斌、周裕阳等一批新的执法为民典型。

二是加大教育培训力度。以领导素能培训、业务技能培训、司法考试培训、岗前任前培训为重点，启动新一轮大规模教育培训。省检察院共举办培训班19期，培训各类人员2718人次。鼓励干警参加继续教育、高学历教育。重视检察理论研究，与湖南大学、湘潭大学联手建立了检察理论研究基地，取得了一批有价值的理论成果。广泛开展岗位练兵和业务竞赛活动，选拔业务标兵，评选优秀案件和优秀理论、调研文稿，启动了全省首届检察业务专家评审，注重培养高素质专业人才。

三是加强作风纪律建设。省检察院党组切实改进领导作风，完善了党组议事规程，实行了干部选拔票决制，党组会议、检察长办公会议纪要在内网公布，接受群众监督。落实党风廉政建设责任制，加强对下级检察院领导班子的协管工作。开展执行政法干警"六个严禁"和"禁酒令"的专项检查，坚决纠正损害群众利益的行为和不正之风。严肃查处违纪违法的检察人员10人。

四是加强基层基础工作。动员和组织全省检察机关开展"文明单位"创建活动，把基层检察院建设融入社会建设大局。对基层检察院实行分类考核，引导理性执法。同时，采取领导重点联系、部门对口指导、基层院结对帮扶等措施，加大帮促力度。统一招录314名检察人员充实基层，为基层检察院定向招录大学生52名，选派业务骨干到基层挂职，加强对基层的人才支持。重视检察文化建设，培养中国特色社会主义核心价值理念，增强基层检察院科学发展的精神动力。在党委、人大、政府的高度重视支持下，基层检察院的"两房"建设和检务保障有了较大改善。

2009年检察机关取得的这些进步，既是全省广大检察干警忠诚履职的结果，更是各级党委坚强领导，人大有力监督，政府、政协和人民群众大力关心支持的结果。一年来，我们更加深切地体会到，做好检察工作,必须深入贯彻落实科学发展观,紧紧围绕科学跨越、富民强省的大局来谋划、来推进,自觉服从和服务于这个大局,努力使检察工作与富民强省大业相适应、相协调。在看到进步的同时,我们也清醒地看到检察工作中存在的问题与不足。一是法定职能的履行与人民群众的新期待新要求还有差距,法律监督仍然存在薄弱环节,对一些群众反映强烈的问题,有不敢监督、不善监督、监督不到位的问题。二是办案质量和效果离法律、社会、政治"三个效果"有机统一的要求还有差距,就案办案、简单执法等问题仍然存在。三是一些检察人员的执法能力与开放、透明、信息化条件下的执法办案要求不相适应。四是执法不规范尤其是狭隘功利驱动的问题在一些地方仍然没有根除。个别检察人员违纪违法,损害了检察形象和执法公信力。对于这些问题,我们将坚持不懈地去推进解决。

2010年是实施"十一五"规划的最后一年,努力加强和改进检察工作,对于保障全省工作大局意义重大。全省检察机关将按照中共湖南省委和最高人民检察院的部署,深入贯彻落实科学发展观,围绕"转方式、调结构、抓改革、强基础、惠民生,实现又好又快发展"的总体要求,以深入推进社会矛盾化解、社会管理创新、公正廉洁执法三项重点工作为载体,强化法律监督,强化自身监督,强化高素质检察队伍建设,努力适应经济社会发展的新要求和人民群众的新期待,在服务大局中推进检察工作的新进步。

一是着力保障全省经济社会又好又快发展,进一步强化法律监督。坚持把执法办案作为服务经济社会科学发展的根本途径,紧紧围绕富民强省战略,抓住人民群众反映强烈的问题,加大监督力度,维护公平正义,更加自觉地服务发展、保障民生、促进和谐。依法维护社会治安秩序,坚决惩治黑恶势力犯罪、严重暴力犯罪、多发性侵财犯罪、涉众型经济犯罪和毒品犯罪,保持对严重刑事犯罪的高压态势。认真贯彻省十一届人大常委会第十一次会议《关于全省检察机关查办和预防职务犯罪工作情况的报告》的审议意见,按照"坚决、慎重、搞准"的方针,进一步改进办案方式方法,坚持法律效果、社会效果、政治效果的有机统一,继续加大查办和预防职务犯罪力度。严肃查办发生在党政机关和领导干部中的滥用职权、贪污贿赂、失职渎职案件,严肃查办商业贿赂和严重侵害群众利益的犯罪案件,严

肃查办群体性事件和重大责任事故背后的职务犯罪案件,积极参与对工程建设、房地产开发、土地管理和矿产资源开发、国有资产管理、金融、司法等重点领域的专项治理。紧扣法律监督职能,结合执法办案,加强和改进职务犯罪预防工作,促进惩治和预防腐败体系建设。加强对诉讼活动的法律监督,坚持日常性监督与专项监督、纠正违法与查处司法腐败相结合,促进公正司法。

二是着力维护和谐稳定,积极化解社会矛盾、促进社会管理创新。在依法严厉打击严重刑事犯罪的同时,把化解社会矛盾贯穿于执法办案始终。依法公正办理案件,源头防范矛盾;贯彻宽严相济刑事政策,有效消除矛盾;改进办案方式方法,避免引发矛盾;结合办案延伸服务,积极调处矛盾;妥善处理涉检信访,切实解决矛盾,最大限度地增加和谐因素,最大限度地减少不和谐因素。发挥检察机关在社会管理中的职能作用,积极参与对特殊人群的帮教管理、重点地区的综合治理,促进社会管理创新。

三是着力推进公正廉洁执法,加强自身监督制约。认真落实各项检察改革措施,加强自身监督制约机制建设。加强对重点执法环节的监督,规范自由裁量权的行使。加快信息化办案步伐,健全案件管理机制,加强对执法办案活动的动态管理和监督。继续推进对执法不规范问题的治理整顿,增强制度规范的执行力。建立健全符合科学发展观要求、符合司法规律的考核评价机制,引导检察人员理性、平和、文明、规范执法。

四是着力提高法律监督能力,推进高素质检察队伍建设。贯彻落实省委九届八次全会精神,加强检察机关党的建设,以党建促队建。开展"恪守检察职业道德、提升执法公信力"主题教育活动,弘扬以忠诚、公正、清廉、文明为核心的检察职业道德。以市县两级检察院领导班子和一线执法骨干为重点,扎实推进大规模检察教育培训,提高队伍依法履职能力。以执法规范化、队伍专业化、管理科学化、保障现代化为目标,以创建文明单位为载体,深入推进基层检察院建设。

五是着力保证检察权的正确行使,坚持党的领导、自觉接受人大监督、民主监督和社会监督。认真贯彻党委的决策部署,坚持重要部署、重大问题、重要案件向党委请示报告,确保党的路线、方针、政策落实和体现到法律监督工作中。贯彻落实监督

法，认真执行人大的各项决议，依法办理人大转交的案件和代表建议，加强与人大代表的联系。完善听取人民政协和各民主党派、工商联、无党派人士意见的工作机制，增强接受民主监督的自觉性。继续探索完善人民监督员制度，增强外部监督效力；深化检务公开，注重执法过程的公开、透明，接受当事人和人民群众的监督。自觉接受舆论监督，完善新闻发言人制度，及时回应舆论意见，提高在开放、透明、信息化条件下的执法办案水平。

在新的一年里，全省检察机关将认真落实本次大会决议，牢记职责使命，扎实开展工作，服务科学跨越、富民强省大局，为湖南率先在中部地区崛起，忠实履行我们应尽的职责。

广东省人民检察院工作报告（摘要）

——2010年1月31日在广东省第十一届人民代表大会第三次会议上

广东省人民检察院检察长　郑　红

（2010年2月2日广东省第十一届人民代表大会第三次会议通过）

2009年，全省检察机关在省委和最高人民检察院领导下，在人大监督和政府、政协及社会各界支持下，坚持以邓小平理论和"三个代表"重要思想为指导，深入贯彻落实科学发展观，坚持"强化法律监督，维护公平正义"的工作主题，忠实履行宪法和法律赋予的职责，各项检察工作取得新的进展。

一、坚持服务大局，积极保障经济平稳较快发展

全省检察机关始终坚持把服务经济社会发展作为检察工作的首要责任，紧紧围绕中央"保增长、保民生、保稳定"和省委"三促进一保持"的决策部署，充分发挥检察职能作用，为经济社会发展提供有力的司法保障。

积极保障和促进企业发展。为应对国际金融危机的冲击，围绕省委促进中小企业平稳健康发展等决策部署，省检察院制定《关于帮助企业解困，促进企业发展，保障我省经济平稳较快增长的意见》，进一步增强服务经济发展的针对性和实效性。加大对破坏市场经济秩序犯罪的打击力度。全年共批捕妨害公司企业管理秩序、金融诈骗、生产销售伪劣商品、走私、侵犯知识产权等犯罪嫌疑人5254人，起诉4692人，分别比上年增加38.6%和25.9%。积极探索为企业提供法律保障和服务的新措施。建立检察环节快速办理侵犯企业合法权益案件机制；与其他司法机关联合防范与处置恶意"欠薪、欠债、欠贷"案件；发布涉企案件预警，提供法律咨询，提高企业自身防范能力。讲究办案方式方法。坚持从有利于维护企业合法权益、有利于维护职工利益、有利于促进稳定出发，依法妥善处理涉及企业特别是中小企业的案件，把握法律政策界限，慎重使用强制措施，慎重查封、扣押、冻结企业财产，实现服务发展与依法办案、法律效果与社会效果的有机统一。

积极保障和促进农村改革发展。围绕省委加快推进农村改革发展的决策部署，省检察院出台《关于充分发挥检察职能，为推动农村改革发展提供司法保障和服务的意见》，依法打击和预防涉农犯罪，维护农民合法权益，保障农业生产发展，促进农村和谐稳定。一年来，批捕非法占用农用地、非法采矿、盗伐滥伐林木等犯罪嫌疑人421人，起诉537人。立案侦查发生在农村基础设施建设、支农惠农资金管理等领域和环节的职务犯罪案件494件582人。

积极保障和服务珠江三角洲地区改革发展规划纲要顺利实施。围绕规划纲要提出的战略定位、发展目标和任务要求，我们召开珠三角地区九市检察长座谈会，制定了《广东省人民检察院关于服务和保障〈珠江三角洲地区改革发展规划纲要〉实施的指导意见》，充分发挥打击、保护、监督、预防等职能作用，切实做到支持改革者，宽容失误者，保护无辜者，打击犯罪者，最大限度地保护广大干部群众的积极性和创造性，努力为珠三角地区科学发展、先行先试创造良好的法治环境。

二、依法打击刑事犯罪，全力维护社会稳定

全省检察机关紧紧围绕维护国家安全和社会稳定，确保新中国成立60周年庆祝活动安全顺利举办，切实履行批捕、起诉等职责，有力地维护了社会和谐稳定。

坚持依法打击刑事犯罪。全年共批捕各类刑事犯罪嫌疑人115931人，起诉113641人，分别比上年增加6.5%和7.3%。始终保持对严重刑事犯罪的高压态势，依法快捕快诉，严厉打击黑恶势力犯罪、严重暴力犯罪、多发性侵财犯罪和毒品犯罪等危害人民群众人身及财产安全的犯罪活动。批捕黑恶势力犯罪嫌疑人237人，起诉631人；批捕故意杀人、放火、强奸、绑架等严重暴力犯罪嫌疑人4689人，起诉4534人；批捕抢劫、抢夺、盗窃犯罪嫌疑人50576人，起诉52691人。依法顺利办理了韶关市旭日玩具厂"6·26"聚众斗殴、故意伤害案和阳江市"3·26"黑恶势力犯罪案，有力地震慑了犯罪。认真落实宽严相济刑事政策，在依法严厉打击严重刑事犯罪的同时，加强与有关部门的沟通协调，推进轻微刑事案件和解、轻微刑事案件快速办理工作；坚持教育为主、惩罚为辅的原则，建立未成年人案件专人办理等制度，最大限度地减少社会对抗，促进社会和谐稳定。

坚持妥善化解社会矛盾。完善信访工作机制，坚持首办责任制、检察长接访和带案下访、定期巡访等制度，共办理群众来信来访17617件次，进京到省涉检信访案件比去年减少10%。省检察院制定《关于广东省检察机关领导干部接访工作的意见》，深入开展"全省检察机关领导干部下访周"和"信访积案化解年"活动，共接待信访群众4656人，督办信访案件646件，解决信访积案504件，努力实现案结事了、息诉罢访。审查刑事申诉案件365件，立案复查176件，办结158件。审结刑事赔偿案件57件，支付赔偿金199.6万元，维护了当事人的合法权益。进一步畅通信访渠道，设立了12309举报电话，探索网上举报、预约点名接访、视频接访和

邀请专家学者共同接访、释法说理等工作方式。认真落实检察环节的社会治安综合治理措施，积极参与全省镇街综治信访维稳中心建设，探索检察工作向基层延伸的措施，在中心镇派驻检察室，在社区设立检察联络站，发挥检察职能作用，促进平安建设。

三、深入查办和积极预防职务犯罪，促进反腐倡廉建设

认真贯彻中央和省委关于党风廉政建设和反腐败斗争的总体部署，把查办和预防职务犯罪摆在更加突出位置。

突出查办职务犯罪大案要案。坚持"一要坚决、二要慎重、务必搞准"的原则，加强与执法执纪部门的配合，提高发现犯罪、侦破案件的能力。全年共立案侦查贪污贿赂、渎职侵权等职务犯罪案件1720件1952人，分别比上年下降2.7%和上升4.2%，为国家挽回经济损失4.8亿元。其中立案侦查贪污贿赂十万元以上、挪用公款百万元以上案件763件836人，涉嫌犯罪的县处级干部105人，厅级干部14人。省检察院加强对重大复杂案件的指挥和协调，加大直接查办案件的力度，全年共立案查处职务犯罪案件19件20人，其中厅级干部9人。查办了韶关市原公安局长叶树养受贿案等一批社会影响较大的案件，有力地惩治了腐败。加强追逃和案件协查工作，共抓获在逃职务犯罪嫌疑人128人，协助兄弟省、市检察机关查办案件2901件。

严肃查办群众反映强烈、社会普遍关注的案件。深化治理商业贿赂工作，立案侦查商业贿赂犯罪案件647件671人。积极参与工程建设领域突出问题专项治理，立案侦查工程建设领域职务犯罪案件335件358人。积极开展查办危害能源资源和生态环境渎职犯罪专项工作，立案侦查非法批准征用土地、违法发放林木采伐许可证、环境监管失职等渎职犯罪案件89件94人。坚决查办重大安全责任事故背后的渎职犯罪，立案侦查此类案件31件29人，促进职能部门认真履行职责，防止事故发生。抓住群众反映强烈的执法不严、司法不公和司法腐败问题，立案侦查司法工作人员贪污贿赂、渎职侵权等案件139件152人。

深入开展职务犯罪预防工作。积极开展"职务犯罪预防年"活动，立足检察职能，重点加强对政府投资安全的司法保护。省检察院与省发改委等部门联合制定了《关于加强重点建设项目预防职务犯

罪工作,保障政府投资安全的意见》和《广东省重点建设项目预防职务犯罪工作指引》,协助有关方面加强对重大工程建设项目资金使用的监督,对工程建设领域职务犯罪易发多发的岗位和环节提出预警。全年共对政府投资的 326 个重大工程建设项目开展专项预防。综合运用检察建议、警示教育、预防咨询和宣传等措施,抓好源头治理,推进廉政文化建设。全年共提出预防检察建议 500 件,开展警示教育 598 场次,接受预防咨询 5600 余次,印发预防宣传手册 10 万余册,发布廉政短信 900 万余条,提供行贿犯罪档案查询 3031 次。

四、强化对诉讼活动的法律监督,维护司法公正

认真履行对诉讼活动的法律监督职责,突出监督重点,加大监督力度,增强监督实效。

加强刑事诉讼法律监督。对侦查机关应当立案而不立案的刑事案件,督促侦查机关立案 202 件。对应当逮捕、起诉而未提请逮捕和移送起诉的,决定追加逮捕 150 人、追加起诉 69 人。对不符合法定逮捕、起诉条件的,决定不批准逮捕 10116 人、不起诉 2686 人。开展刑事审判法律监督专项检查,重点监督纠正重罪轻判、轻罪重判、有罪判无罪等问题,对认为确有错误的刑事判决、裁定提出抗诉 198 件。

加强民事审判和行政诉讼监督。对认为确有错误的民事、行政判决和裁定提出抗诉 652 件,提出再审检察建议 124 件。对裁判正确的,做好申诉人的服判息诉工作,维护法律权威。对造成国有资产严重流失等涉及公共利益的民事案件,通过检察建议督促有关单位及时提起诉讼。依法加强对损害国家利益、公共利益、案外人利益的虚假诉讼的法律监督。

加强刑罚执行和监管活动监督。探索刑罚变更执行同步监督,共审查减刑、假释、保外就医案件60317 件,对 79 件提请不当案件提出纠正意见。与公安机关联合开展看守所监管执法专项检查,共发现并纠正看守所执法活动中出现的违法问题 487件次,完善看守所事故报告制度和事故调查机制,促进监管执法及监督工作规范化。

五、完善监督制约机制,确保检察权依法正确行使

切实增强监督者必须接受监督的观念,不断完善内外部监督制约机制,保障检察机关执法办案活动严格依法进行。

自觉接受人大、政协和社会监督。进一步健全接受人大监督、政协民主监督和社会监督的经常性工作机制,认真落实《广东省人民检察院关于加强与人大代表联络自觉接受监督的意见》和《广东省人民检察院与省各民主党派、省工商联和无党派人士联络工作办法》,做到联络经常化、规范化、制度化。全省检察机关及时向各级人大常委会专题报告检察工作重要部署以及履行检察职权中依法需要报告的重大事项,全年共专题报告 349 次。定时编发《人大代表联络专刊》,及时通报检察工作情况。认真办理并全部办结省人大代表提出的建议 5件,代表均表示满意。走访各级人大代表 6467 人次,邀请人大代表 1660 人次观摩 160 个公诉出庭活动,邀请人大代表、政协委员、各民主党派人士视察和参加座谈会 643 场次,听取意见建议,改进检察工作。坚持和完善特约检察员、专家咨询委员制度,邀请特约检察员参与专项执法检查、参加案件听证会、列席检委会会议,增强监督实效。积极推进人民监督员制度试点工作,人民监督员监督职务犯罪案件中拟作撤案、不起诉处理和犯罪嫌疑人不服逮捕决定的"三类案件"共 424 件 462 人,不同意检察机关拟定意见的 9 件,检察机关采纳的 3 件。

加强执法办案内部监督制约。根据省人大常委会对省检察院《关于完善检察机关监督机制,促进公正执法情况报告》的审议意见,认真落实整改措施。建立案件管理中心,构建案件统一管理网络平台,加强了对办案的流程管理和动态监督。深入开展直接立案侦查案件扣押、冻结款物专项检查工作,共对 2004 年以来全省检察机关 6388 件涉及扣押冻结款物案件进行检查,纠正存在问题,进一步规范执法办案行为。从 2009 年 9 月起,全省全面落实职务犯罪案件审查逮捕上提一级的改革措施,加强了对下级检察院职务犯罪案件的侦查监督。严格执行职务犯罪案件立案报上一级检察院备案和撤案、不起诉报上一级检察院批准制度,有效防范和减少了立案、撤案、不起诉不规范的问题。完善讯问职务犯罪嫌疑人全程同步录音录像制度,推行查办职务犯罪案件"一案三卡"制度、"三书一制度"和"一案一评估、一案一建议、一案一教育"机制,强化执法内部监督,确保严格公正执法。

深入推进阳光检务。牢固树立阳光执法的理念,认真落实《广东省人民检察院关于进一步解放思想积极推行阳光检务的决定》，积极推行依法告知权利制度、案件办理进程查询答复制度、检察文书说理制度、依法通报制度和"检察开放日"制度，进一步深化阳光检务的内容和形式。省检察院制定了《关于在公诉工作中全面推行阳光检务的若干意见》、《关于刑事案件不抗诉说理、不起诉说理工作的规定》、《关于民事行政检察息诉工作的指导意见》以及《关于监狱检察、看守所检察、劳教检察阳光检务的实施办法》，将检务依法公开和释法说理落实到诉讼监督的每个环节，进一步提高执法透明度和公信力。

六、大力加强队伍建设，提高队伍整体素质和法律监督能力

我们始终抓住队伍建设这一根本，以开展深入学习实践科学发展观活动为载体，以加强领导班子建设为关键，以加强基层基础建设为重点，以提高整体素质为目标，全面加强检察队伍建设。

突出抓好领导班子建设。强化上级检察院对下级检察院领导班子的管理和监督，省检察院派出巡视组对全省22个市、分院领导班子进行了巡视检查，部分基层院检察长到上级检察院进行年度述职述廉，落实新任检察长任前廉政谈话制度。加强领导干部思想教育和素质能力培训，省检察院对地市级检察院领导班子成员和新任基层检察院检察长普遍进行了轮训。加大干部协管力度，选好配强领导班子，与地方党委沟通协商，调整了24名市、分院班子成员，一批德才兼备的干部被充实到检察机关的领导岗位。

认真抓好纪律作风建设。坚持从严治检，落实党风廉政建设责任制，加强检察人员纪律教育，对违纪违法行为不护短，共查处检察人员违纪违法案件9件9人。开展检察机关作风建设年活动，全面推行检务督察制度，省市两级检察院全年共组织检务督察56批次，提出督察建议183条，促进了检察干警执法作风的转变；认真开展检察官下基层、进社区走访活动，全省检察机关有5599名检察官共30600人次走访了机关、企业、学校、社区、农村，广泛征求社会各界和广大群众对检察机关的意见建议，进一步改进检察工作，认真解决群众反映的问题，密切了检民关系。

积极推进队伍专业化建设。突出抓好专业培训，省检察院制定了《2009—2012年大规模推进检察教育培训工作实施意见》，着力开展以业务一线检察官为重点的培训，共举办各类培训班26期，培训人员3003人次，提高了检察人员的法律监督能力和水平。全省具有检察员、助理检察员法律职称的共8022人，占检察人员总数66.8%；本科以上文化程度的检察人员比例从2003年的40.9%上升到目前的77.8%，队伍专业化水平有了新的提高。

进一步加强基层基础建设。实行全省统一招考、调配录用检察人员，全年共公开招考检察干警601名，其中经济欠发达地区254名，案多人少和检察官断层问题有所缓解。建立和落实上级检察院领导联系基层检察院、业务部门对口指导、基层检察院结对帮扶等制度，继续推进基层检察院最低经费保障标准的落实，基层工作中一些突出困难得到解决。积极开展争先创优活动，一年来，全省检察机关共有69个集体和52名个人受到省级以上表彰，涌现出一批清正廉洁、执法为民的先进典型。

2009年我省检察工作取得的成绩，是省委、最高人民检察院和各级党委加强领导的结果，是各级人大加强监督的结果，是政府、政协和全省人民大力支持的结果。

我们也清醒地看到，我省的检察工作与党和人民要求相比，与全面履行法律监督职责相比，还有不少不适应的地方：一是检察职能的发挥与服务大局、保障民生的要求还有一定差距，一些检察院结合办案化解矛盾纠纷、促进社会和谐的工作做得还不够好。二是法律监督能力和水平还不够高，对诉讼活动的法律监督仍然存在不善监督和监督不到位的问题。三是一些地方检务保障水平还不高，粤东、粤西和粤北基层检察院经费保障、基础设施、装备建设和信息化水平有待提高。四是检察队伍整体素质还不能完全适应新形势新任务的要求，检察管理水平还不够高，绩效考核和内部监督制约机制还不够完善。经济欠发达地区检察院招不进人、留不住人的现象仍然存在。队伍纪律作风建设还有薄弱环节，少数检察人员特别是个别领导干部严重违纪违法现象仍有发生。对此，我们将高度重视，采取有力措施加以解决。

全省检察机关将深入学习贯彻党的十七大、十七届四中全会精神，认真学习贯彻省委十届六次全会和本次人大会议精神，以邓小平理论和"三个代表"重要思想为指导，深入贯彻落实科学发展观，以深入推进社会矛盾化解、社会管理创新、公正廉洁执法为载体，不断强化法律监督，强化自身监督，强

化高素质检察队伍建设，全面提高检察工作水平，为我省当好推动科学发展、促进社会和谐的排头兵提供更加有力的司法保障。为此，我们将重点做好以下工作。

第一，着力服务大局，保障我省经济平稳较快发展。紧紧围绕中央和省委关于加快经济发展方式转变和经济结构调整、保障和改善民生等重大决策部署，围绕服务和保障珠三角地区改革发展规划纲要顺利实施，充分发挥检察职能作用，进一步完善和落实为经济社会发展服务的措施，为我省经济平稳较快发展提供更加有力的司法保障。

第二，着力推进社会矛盾化解和社会管理创新，全力维护社会和谐稳定。全面贯彻宽严相济的刑事政策，依法打击各类刑事犯罪。积极参与广州亚运会安保工作，确保亚运会安全顺利举办。坚持把妥善化解矛盾贯穿于执法办案的始终，强化检察环节的社会治安综合治理措施，努力从源头上化解矛盾纠纷。积极参与社会管理创新，促进提高社会管理水平。

第三，着力查办和预防职务犯罪，推进惩治和预防腐败体系建设。严肃查办发生在领导机关和领导干部中滥用职权、贪污贿赂、失职渎职案件，严肃查办群体性事件和重大责任事故背后的腐败案件。注重发挥检察职能保障和改善民生，突出查办侵害群众利益的职务犯罪案件。强化预防措施，注重预防实效，不断提高预防职务犯罪工作水平，积极推进广东廉政文化建设。

第四，着力强化诉讼监督，促进司法公正。始终把群众反映强烈的问题作为监督重点，全面加强对刑事诉讼、民事审判、行政诉讼和刑罚执行活动的法律监督，更加有效地维护和保障司法公正。把经常性监督与专项监督、诉讼监督与查办职务犯罪有机结合起来，进一步提高监督水平和实效。

第五，着力推进检察改革，增强检察工作发展动力和活力。认真贯彻中央和最高人民检察院关于深化检察体制和工作机制改革的部署，进一步解放思想，改革创新，强化法律监督和加强自身监督，不断提高法律监督能力和检察管理水平。继续深入推进阳光检务工作的制度化、规范化，最大限度地保障人民群众对检察工作的知情权、参与权、监督权，确保检察权正确行使。

第六，着力加强高素质检察队伍建设，切实提高公正廉洁执法水平。切实加强检察机关党的建设，以党建带队建促发展。围绕执法规范化、队伍专业化、管理科学化和保障现代化的目标，扎实推进基层基础建设。针对内部个别领导干部违纪违法问题，深入开展警示教育。进一步加强对检察领导干部、一线执法办案人员、重点执法岗位和重点环节的监督制约。开展"恪守检察职业道德，争当人民满意检察官"主题教育活动，努力建设一支忠诚、公正、清廉、文明的高素质检察队伍。

接受监督是检察工作健康发展的重要保证。在新的一年里，全省检察机关将更加自觉地接受人大及其常委会的监督，更加自觉地接受政协民主监督、人民群众监督和新闻舆论监督，不断加强和改进检察工作，不断强化法律监督，开拓创新，扎实工作，为保障我省经济社会又好又快发展作出新的贡献！

广西壮族自治区人民检察院工作报告（摘要）

——2010年1月29日在广西壮族自治区第十一届人民代表大会第三次会议上

广西壮族自治区人民检察院检察长 张少康

（2010年1月31日广西壮族自治区第十一届人民代表大会第三次会议通过）

2009年工作主要情况

2009年是我区经济社会发展异常艰难、极为不易的一年，也是我区在应对国际金融危机中保持经济平稳较快发展的一年。全区检察机关在自治区党委和最高人民检察院的坚强领导下，在自治区人大及其常委会的有力监督和自治区人民政府、政协的大力支持下，以邓小平理论和"三个代表"重要思想为指导，贯彻落实科学发展观，贯彻中央和自治区党委的各项决策部署，按照自治区十一届人大二次会议关于自治区人民检察院工作报告决议的要求，忠实履行职责，为保增长、保民生、保稳定、保持广西发展良好势头提供司法保障。

一、坚持围绕中心、服务大局，着力服务经济平稳较快发展

围绕实现"四保"目标任务，全区检察机关立足检察职能，着力保障经济平稳较快发展。

开展"服务企业年"、服务"项目建设年"活动。自治区人民检察院及时出台了《关于充分发挥检察职能为我区经济平稳较快发展服务的意见》《关于建立促进民营企业健康发展工作机制的意见》，组织全区检察机关开展"服务企业年"活动，4月份为"全区检察长服务企业集中行动月"，全区各级检察院400多位正副检察长统一行动服务企业，开通服务企业"热线电话"，建立联系企业"绿色通道"，深入项目建设工地，及时帮助企业、在建项目解决发展中的涉检涉法问题。围绕北部湾经济区、桂西资源富集区、西江经济带建设，跟踪掌握、依法办理重点企业、项目建设中的涉检涉法问题，主动为"两区一带"建设提供司法保障和法律服务。

保障政府投资安全。为配合我区6000亿元固定资产投资的推进，自治区人民检察院主动与经济主管部门和重点企业一起，联合调研检察工作服务经济平稳较快发展的切入点和结合点，一手抓治理工程建设领域突出问题，一手抓建立健全职务犯罪风险预警机制，运用预防咨询、检察建议等帮助堵塞制度和监管漏洞，确保"工程优质，干部廉洁，资金安全"。

改进执法办案方式方法。全区检察机关坚持执法想到稳定，办案考虑发展，监督促进和谐，在处理因经济运行困难引发的案件中，努力寻找各方利益的平衡点，最大限度地化解矛盾。在查办涉及企业的职务犯罪案件中，把握办案时机，讲求办案策略，加强与主管部门的沟通，加强办案效果评估，不仅看是否查处了犯罪行为，而且看是否促进了企业健康发展。正确把握法律政策界限，认真贯彻宽严相济的刑事政策，慎重采取强制措施，严格区分工作失误与渎职犯罪、经济纠纷与经济诈骗、正当合法收入与贪污贿赂所得、资金合理流动与徇私舞弊造成国有资产流失、依法融资与非法吸收公众存款等罪与非罪的界限，依法惩治犯罪者，挽救失足者，教育失误者，保护无辜者，支持改革者，努力实现法律效果与政治效果、社会效果有机统一。

二、坚持以人为本、执法为民，着力服务和保障民生

全区检察机关坚持人民检察为人民，心系群众，情系民生，把帮助改善民生放到更加突出的位置，根据新形势下人民群众对司法的需求，认真做好检察环节中关系民生的工作。

多渠道听民声。广大检察人员特别是领导干部深入到1100多家企业调查研究，带案下访，征集社情民意,释法说理。开设网上举报、申诉和信息查询系统,开通12309举报专线电话,受理群众控告申诉8889件、举报4391件,听取群众意见,解答群众的法律咨询。苍梧、平南、北流、岑溪、阳朔5县(市)在乡镇派驻检察联系点,建立听取和受理基层群众涉检诉求机制,畅通基层群众反映涉检诉求。

多途径解民忧。抓住关系民生的突出问题加大法律监督力度,依法严厉打击危害人民群众生命财产安全的制售伪劣食品药品犯罪活动,增强人民群众对社会治安和食品药品的安全感。对生活确有困难的被害人探索实行个案救助,尽量解决他们生活的困难。对被检察机关起诉后判刑的罪犯家属子女失业失学的,尽量协调有关部门帮助他们就业上学。积极探索未成年人犯罪检察工作机制,试行未成年人犯罪案件诉前调查办案方式,用法律和真情来关爱青少年特别是偶然失足的在校学生健康成长。加强对人权的司法保障,严肃查办涉嫌利用职权实施非法拘禁、报复陷害等犯罪行为。

多领域保民利。严肃查办事关民生的教育医疗、环境保护、企业改制、征地拆迁、社会保障、劳动就业等方面的涉检案件,严肃查办重大安全生产事故和群体性事件背后的渎职犯罪,维护人民群众根本权益。深入查办涉农职务犯罪,保障中央、自治区各项支农、强农、惠民政策资金能惠及农民群众。强化对涉及劳动争议、保险纠纷、人身损害赔偿、补贴救助等活动的法律监督,依法监督纠正显失公正的裁判。

三、坚持依法打击刑事犯罪、积极化解矛盾纠纷,着力维护国家安全和社会和谐稳定

全区检察机关把确保新中国成立六十周年庆祝活动顺利进行、确保自治区党委、政府"四保"决策部署贯彻落实、确保人民群众安居乐业作为重中之重的任务,根据国家安全面临的新形势、刑事犯罪的新情况和社会矛盾的新特点,认真贯彻宽严相济刑事政策,依法履行批捕、起诉和控告申诉检察等职责,妥善化解矛盾纠纷,维护社会和谐稳定。

依法打击刑事犯罪。进一步增强维护国家安全和人民群众安居乐业的意识,坚决打击境内外敌对势力、暴力恐怖势力、"法轮功"等邪教组织的破坏活动。深入开展打黑除恶等影响社会稳定的专项斗争,严厉打击黑恶势力犯罪、严重暴力犯罪、多发性侵财犯罪、涉众型经济犯罪。共批捕各类刑事犯罪嫌疑人41767人,起诉37859人。其中批捕涉黑涉恶犯罪案件35件226人,起诉34件327人(含上年结转);批捕个案犯罪嫌疑人10人以上的涉众型犯罪案件72件994人,起诉99件1355人(含上年结转)。极大地震慑了犯罪,增强了人民群众的安全感,创造了和谐稳定的社会治安环境。

对轻微犯罪落实依法从宽政策。着眼于加强教育转化、促进社会和谐,对涉嫌犯罪但无逮捕必要的,依法决定不批准逮捕;对犯罪情节轻微,依照刑法规定不需要判处刑罚或者免除刑罚的,依法决定不起诉。对轻微刑事案件快速办理,并建议人民法院适用简易程序或简化审理程序。对因家庭或邻里纠纷引发、当事人达成和解的轻微刑事案件,依法予以从宽处理。在检察环节和解轻微刑事案件392件,分别不批捕、不起诉涉嫌犯罪但无逮捕必要或者不需要判处刑罚的犯罪嫌疑人6535人和1382人,努力减少社会对抗。

积极化解社会矛盾。坚持把化解社会矛盾贯穿于执法办案始终,制定民事行政检察办案和解制度,规范和促进在民事行政检察环节以和解方式解决矛盾纠纷,对民事申诉等案件坚持调解优先原则,在查明事实、分清是非基础上,加强释法说理、心理疏导、法制教育,认真做好2143件立案后不提请抗诉、不抗诉和终止审查的案件当事人服判息诉工作。扎实开展"信访积案化解年"活动,下大力气排查信访积案,共办理群众来信来访13591件,基本做到事事有着落,件件有回音。针对检察诉讼环节可能引发的不稳定因素加强风险评估,防止因执法不当引发涉检信访特别是群体性事件和突发性事件。积极参与党委、政府组织开展的专项打击、集中整治严重影响社会稳定的违法犯罪行动,提前介入引导侦查有重大影响的案件,依法快捕快诉。结合办案加强法制宣传,增强公民法制观念,预防和减少违法犯罪,夯实社会治安综合治理的基础。

四、坚持反腐倡廉不松懈,着力推动查办和预防职务犯罪工作平稳健康发展

全区检察机关认真贯彻中央和自治区党委关于党风廉政建设和反腐败斗争的总体部署,一手抓查办,一手抓预防,推动查办和预防职务犯罪工作平稳健康发展。

加大执法办案力度。加强与执法执纪部门的沟通协作,依法开展治理商业贿赂、查办涉农职务犯罪、查办危害能源资源和生态环境渎职犯罪三项专项活动,集中力量查办影响经济社会发展和侵害群众切身利益、群众反映强烈的案件,严肃查办发生在领导机关和领导干部中滥用职权、贪污贿赂、失职渎职案件,积极参与工程建设、房地产开发、土地管理和矿产资源开发、国有资产管理、金融、司法等领域专项治理。共立案查办贪污贿赂犯罪案件951件1276人、渎职侵权犯罪案件217件224人,其中贪污贿赂十万元以上、挪用公款百万元以上的案件272件,重特大渎职侵权案件86件,县处级以上国家工作人员47人。

提高执法办案质量。始终坚持"一要坚决、二要慎重、务必搞准"的原则,注重把握好度,正确处理执法办案与服务大局、执法办案与强化监督、办案力度与办案质量、效果等关系,促进法律效果与政治效果、社会效果的有机统一。进一步加强执法办案内部监督制约,完善侦查一体化机制,市、县两级检察院立案侦查的职务犯罪案件报请逮捕的,一律报上一级检察院审查决定,从制度上保障了对职务犯罪侦查权的依法正确行使。严格规范执法行为和落实办案安全制度,执法办案水平和办案质量有新的提高。

抓好职务犯罪预防工作。坚持把预防职务犯罪摆在与查办职务犯罪同等重要的位置,从查办案件向预防犯罪延伸,从事后预防向事前预防延伸,从个案预防向制度和机制建设延伸,完善侦防一体化工作机制。向党委、政府及相关职能部门提出预防职务犯罪的检察建议222件,帮助建立完善制度和落实预防措施566项,不少检察建议被转化为地方党委、政府管理经济社会的决策。与一批部门、企业建立共同预防职务犯罪机制。积极开展重大建设项目专项预防,在一批重点工程项目的招标投标、材料采购、施工验收等重要环节进行了监督,推动了预防职务犯罪工作深入开展,取得一定成效。

五、坚持经常性监督与专项监督相结合,着力维护司法公正和法制统一

全区检察机关按照"坚决、慎重、准确、及时"的要求,切实加强诉讼监督,以办案促监督,以监督促公正,有力地维护了司法公正和法制统一。

扎实开展专项法律监督。认真落实十一届全国人大常委会第五次会议的审议意见和最高人民检察院的统一部署,组织开展刑事审判法律监督专项检查,共排查案件23517件35823人,重点检查了不服人民法院生效判决的申诉案件295件和超期羁押、减刑、假释、暂予监外执行的13131人,发现并整改问题案件120件,针对存在问题进一步完善了刑事审判法律监督工作机制;先后与公安机关和司法行政机关联合开展看守所监管执法专项检查活动和监狱"清查事故隐患、促进安全监管"专项活动。对全区103个看守所在押的28856人进行了体检,对19个监狱的监管情况进行了检查。依法查办执法司法不公背后的职务犯罪,立案侦查涉嫌贪赃枉法、失职渎职等职务犯罪的司法工作人员48人,推动了专项法律监督工作的深入开展。

开展民事审判和行政诉讼法律监督。规范和加强民事行政申诉案件受理、审查工作,建立健全上下级检察院协同办案机制,突出监督纠正涉及民生和损害国家利益、社会公共利益的案件,对认为有错误的民事、行政判决和裁定提出抗诉337件、再审检察建议93件。对裁判正确的,重视做好申诉人员的服判息诉工作。积极探索开展对民事执行活动的法律监督和督促起诉、支持起诉等工作,督促和支持国有资产监管部门依法清收被拖欠的国有资产,防止国有资产流失和国家公职人员失职渎职,共办理支持起诉案件148件、督促起诉案件156件,起诉标的4796万余元,挽回经济损失4086万余元。

开展刑事诉讼和刑罚执行法律监督。重点监督纠正有罪不究、以罚代刑、违法采取强制性措施和有罪判无罪、量刑畸轻畸重等问题,依法监督侦查机关立案1528件、撤案162件,纠正漏捕1629人,纠正漏诉1374人;对侦查活动和刑事审判活动中的违法情况提出纠正意见570件次,对认为有错误的刑事判决裁定提出抗诉159件,对刑罚执行中的不合法、不规范的行为提出建议纠正632件,纠正超期羁押61人。

六、坚持从严治检、规范建检,着力加强检察机关自身建设

全区检察机关始终坚持从严治检、规范建检,努力造就一支严格、公正、文明、廉洁执法的高素质检察队伍,保障检察权依法正确行使。

着力提高检察队伍的整体素质和能力。一是加强思想政治建设。认真贯彻落实科学发展观和社会主义法治理念,使广大检察人员树立正确的政治方向,自觉坚持党的事业至上、人民利益至上、宪法法律至上,自觉坚持党的领导、人民当家做主和依法治国的有机统一;树立推动科学发展、促进社会和谐的大局观，自觉把检察工作放到全区工作大局中去谋划和推进；树立"以人为本、执法为民"的执法观，充分发挥检察职能维护人民群众的根本利益；树立办案的力度、质量、效果和效率相统一的政绩观，既注重法律效果，又注重政治效果和社会效果。2009年2月，自治区党委书记、自治区人大常委会主任郭声琨同志和自治区党委副书记、自治区主席马飚同志分别对做好检察工作作出重要批示，全区检察机关迅速组织学习，认真贯彻落实。二是加强领导班子建设。对南宁、柳州、贵港市检察院领导班子建设情况进行巡视，对14个市检察院和南宁铁路运输检察分院领导班子建设情况进行调研，针对存在问题及时提出整改意见。通过政治轮训、业务培训、专案专题研讨等形式，进一步加强思想、能力和作风建设，各级检察院领导班子和领导干部把握方向、服务大局、依法办案、科学管理的能力和水平有较大提高。三是加强执法能力建设。以开展大规模教育培训为抓手，以岗位练兵为载体，开展优秀公诉人评选、精品案件评比、检察官辩论赛等业务活动，建立检委会分析案件质量制度，提高检察队伍为大局服务为民执法能力、运用刑事政策指导执法统筹办案能力和做群众工作、化解矛盾能力，逐步适应新时期检察工作的要求。四是加强执法公信力建设。严格遵守以"忠诚、公正、清廉、文明"为核心的检察官职业道德规范，开展扣押、冻结款物专项检查活动，对2004年以来已办结的直接立案侦查的案件3487件以及2004年以前尚未解决的扣押、冻结款物遗留问题进行逐案检查，该上缴的上缴，该清退的清退。五是加强廉政建设。建立党风廉政建设考评机制，落实违法办案责任追究制度，层层签订党风廉政建设责任状。强化内部监督制约，强化执法监督管理，强化对领导干部和关键岗位执法人员的监督。加强警示教育，建立举报电话，设立举报信箱，开展明察暗访，确保廉洁执法，依法办案，确保自身正、自身硬、自身净，提高执法公信力，树立法律监督权威。

自觉接受监督。一是及时下发《关于认真做好贯彻实施〈广西壮族自治区各级人民代表大会常务委员会听取和审议专项工作报告条例〉〈广西壮族自治区各级人民代表大会常务委员会执法检查条例〉工作的通知》，要求全区各级检察院认真按照"两个条例"的规定，主动向同级人大常委会提出年度专项工作报告和执法检查项目建议，积极配合人

大常委会开展视察、专题调研和执法检查等各项工作。二是认真贯彻落实人大及其常委会的决议和要求。自治区十一届人大二次会议闭幕后，自治区人民检察院及时召开检委会专题研究贯彻这次会议精神，对人大会议通过的关于检察工作报告的决议，各级检委会认真学习贯彻，按照决议的要求，进一步加强了诉讼监督，维护公平正义工作。自治区十一届人大常委会第十次会议审议了检察机关开展反渎职侵权工作情况的汇报后，我们按照委员们提出的建议，切实加强和改进了反渎职侵权工作。三是拓宽联系人大代表渠道，主动邀请人大代表视察检察工作，开辟联系人大代表、政协委员网上专栏，建立联络人大代表"绿色通道"。一年来，全区检察机关共向各级人大常委会报告工作247次，召开人大代表座谈会209次，邀请人大代表视察、评议检察工作178次；办理各级人大代表的建议、批评和意见146件，办理各级人大常委会转办的案件143件，均在规定时间内办结并及时汇报了办理结果。四是主动接受政协民主监督、人民群众及社会各界的监督。继续深化人民监督员制度试点工作，人民监督员共对全区检察机关立案查办的130件162人"三类案件"进行了监督，没有发现执法办案中的"五种情形"。大力推行"阳光检务"，检察长与网民在线交流，回答网民关心的问题。检察机关工作除法律规定保密的以外，能够公开的一律向社会公开。主动与人民法院、公安、司法行政机关沟通协调，既加强法律监督，又目标一致地做好工作。

扎实推进建设社会和谐稳定模范区活动。认真贯彻中共中央政治局常委、中央政法委书记周永康同志提出的广西要成为"四个模范"的重要指示和自治区党委、政府《关于创建社会和谐稳定模范区的决定》及"四个配套文件"精神，在深入分析全区各项检察工作在全国的位置、找准优势和差距的基础上，制定了《关于把全区检察工作和检察队伍建设成为民族地区模范、进入全国先进行列的意见》，把争创工作目标任务、工作措施具体化。扎实推进基层检察院执法规范化、队伍专业化、管理科学化、保障现代化建设，打牢了争创工作的基础。

回顾过去一年来的工作，我们清醒地认识到，全区检察工作与党和人民群众的期望相比，还存在不少问题和差距，主要表现在：法律监督职能发挥得还不够充分，仍存在许多薄弱环节，与全社会对执法公平正义的需求还有差距；少数检察机关和检

察人员存在单纯办案思想,不能正确处理办案力度、质量、效率、效果的关系;做好新形势下群众工作、化解矛盾纠纷的能力还有待提高;检察队伍的思想作风、职业道德建设还有待加强;制约检察工作科学发展的一些体制性、机制性的障碍还没有完全消除。对于这些问题,我们将采取措施,努力加以解决。

2010 年工作主要任务

根据自治区党委和最高人民检察院的工作部署,结合实际,2010 年我区检察工作的总体要求是:全面贯彻落实党的十七大、十七届四中全会和自治区党委九届十次全会、中央和自治区经济工作会议、全国和全区政法工作电视电话会议精神,认真贯彻落实最高人民检察院的工作部署,以邓小平理论和"三个代表"重要思想为指导,深入贯彻落实科学发展观,贯彻落实国务院关于进一步促进广西经济社会发展的若干意见,切实抓好社会矛盾化解、社会管理创新、公正廉洁执法三项重点工作,不断强化法律监督、自身监督制约和高素质检察队伍建设,深入推进建设社会和谐稳定模范区活动,努力把检察工作和队伍建设提高到新水平,为我区经济社会又好又快发展提供更加有力的司法保障。重点做好以下七个方面工作:

第一,积极服务经济社会发展大局。保增长、保民生、保稳定、保持和扩大我区经济社会发展良好势头,是今年全区工作的总体目标,也是检察机关服务大局的首要任务。按照自治区党委、政府提出的继续坚持"四个非常"、"三个优先发展"、"六个更加着力"的要求,围绕经济发展方式转变和经济结构调整,扩大内需,固定资产投资目标实现和政府投资安全,围绕工业化、城镇化建设和加强"三农"工作,围绕"两区一带"建设和生态文明示范区建设的推进,围绕保障和改善民生工作的落实等,充分发挥检察职能作用。坚持把抓好执法办案作为检察机关服务"四保"的根本途径,确保服务"四保"的效果。

第二,深入推进社会矛盾化解,切实维护社会和谐稳定。建立健全社会矛盾排查化解机制、执法风险评估预警机制、检调对接机制,对民事申诉案件坚持调解优先原则。推行领导接访、带案下访、巡访制度,面对面倾听群众诉求,确保矛盾纠纷发现得早、控制得住、处置得好。突出加强和改进涉农检察工作,加强与基层党政组织、行业管理组织、群众自治组织协调配合,共同及时有效化解社会矛盾。全面贯彻宽严相济刑事政策,对初犯、偶犯、未成年人和老年人犯罪以及因邻里、亲友纠纷引发的轻伤害等案件依法从宽处理。

第三,积极参与社会管理创新,促进提高社会管理水平。积极参与对特殊人群的帮教管理,加强和改进监所检察工作,促进监管场所依法、文明、科学管理。积极参与对社会治安重点地区的排查整治。

第四,切实抓好查办和预防职务犯罪工作,促进反腐倡廉建设。坚决贯彻中央和自治区党委关于反腐败斗争的总体部署,加大办案力度,重点查办发生在领导机关和领导干部中滥用职权、贪污贿赂、失职渎职案件,严肃查办商业贿赂案件和严重侵害群众利益案件等。在办案中要严格掌握法律政策,正确处理办案力度、质量和效果关系,确保执法办案工作平稳健康发展。切实加强和改进职务犯罪预防工作,与相关部门、单位共同建立健全预防机制,协助建立各种制度,深化预防宣传、警示教育、行贿犯罪档案查询等工作,促进惩治和预防腐败体系建设。

第五,切实抓好诉讼监督,维护社会公平正义。加强对有案不立、有罪不究、以罚代刑、裁判不公等违法问题的监督,加强民事审判和行政诉讼法律监督,对认为有错误的判决、裁定,依法提出抗诉和再审检察建议,对符合法律规定、当事人愿意的民事行政申诉案件,能调解的尽量作调解处理。

第六,以加强公正廉洁执法、提高执法公信力为重点,切实抓好队伍建设。坚持把思想政治建设放在首位,进一步增强政治意识、大局意识、责任意识,弘扬"忠诚、公正、清廉、文明"的检察职业道德。切实加强领导班子建设,努力把各级检察院领导班子建设成为政治坚定、业务熟练、廉政勤政的坚强领导集体。继续开展大规模教育培训,进一步提高专业化水平。切实加强廉政建设,把加强自身内部监督摆在与接受外部监督同等重要位置抓紧抓好,严格要求、严格管理、严格监督、严格纪律,确保廉洁执法。树立和弘扬优良作风,戒骄、戒躁、戒空、戒虚、戒假、戒奢,干干净净做事,兢兢业业工作,不辜负党和人民的期望。

第七,扎实推进创建社会和谐稳定模范区活动。认真贯彻落实中共中央政治局常委、中央政法委书记周永康同志的重要指示和自治区党委、政府

"一个决定、四个配套文件"精神,结合具体实际,进一步细化创建目标任务,落实措施,落实任务,落实责任,使创建工作扎实推进。

全区检察机关要始终坚持党的领导,确保党的路线方针政策和自治区党委的决策部署在检察工作的贯彻落实。自觉接受各级人大及其常委会的监督,贯彻执行各项决议决定,办理好人大代表的建议、批评和意见。紧紧依靠各级人民政府的支持帮助,主动接受政协民主监督、群众监督和舆论监督。虚心听取各方面的意见,从人民满意的地方做起,从人民不满意的地方改起,把立检为公、执法为民的宗旨落到实处。

在新的一年里,我们将更加紧密地团结在以胡锦涛同志为总书记的党中央周围,高举中国特色社会主义伟大旗帜,以邓小平理论和"三个代表"重要思想为指导,深入贯彻落实科学发展观,根据本次会议确定的任务和要求,进一步加强和改进工作,为把我区建设成为国际区域合作新高地、中国沿海经济发展新一极作出检察机关应有的贡献。

海南省人民检察院工作报告（摘要）

——2010 年 1 月 27 日在海南省第四届人民代表大会第三次会议上

海南省人民检察院检察长　马勇霞

（2010 年 1 月 29 日海南省第四届人民代表大会第三次会议通过）

2009 年,全省检察机关在省委和最高人民检察院的正确领导下,在各级人大及其常委会的监督和各级政府、政协及社会各界的支持下,认真贯彻落实省委、最高人民检察院的工作部署和省四届人大二次会议精神,求真务实,开拓进取,各项检察工作取得了新进展。

一、牢固树立大局观念和责任意识,保障和促进全省经济社会健康发展

全省检察机关紧紧围绕"保增长、保民生、保稳定"中心大局,努力在应对困难、完成重大任务中发挥积极作用。

坚持把服务发展作为首要任务,完善保障措施。省检察院及时制定为海南经济社会大局服务和查办与预防涉农职务犯罪两个指导意见、发挥职能作用服务企业经营发展 20 条措施和服务农村"强核心工程"16 条措施,引导全省检察机关执法想大局,同心克时艰。着力保障政府投资安全,着力维护市场经济秩序,着力保障和改善民生,着力促进企业生存发展和农村改革发展。在查办涉及企业的职务犯罪案件时,慎重使用强制措施,准确把握法律界限,讲究执法方式方法,为 28 名企业经营管理人员依法澄清问题或作宽缓处理,保护了企业发展和职工利益。

坚持打击犯罪与化解矛盾并举,扎实做好维护稳定工作。与公安、法院等部门密切配合,开展侦破处置积压命案专项行动和打黑除恶专项斗争,严厉惩治各类刑事犯罪。共批准逮捕各类刑事犯罪嫌疑人 8016 人,提起公诉 7687 人,其中批捕积压命案犯罪嫌疑人 301 人,提起公诉 132 人;批捕黑恶势力犯罪嫌疑人 281 人,提起公诉 206 人;批捕严重暴力犯罪、"两抢一盗"等多发性侵财犯罪和毒品犯罪嫌疑人 5253 人,提起公诉 5247 人。正确适用宽严相济刑事政策,依法对 260 名未成年人、初犯、偶犯等轻微犯罪人员作不捕不诉决定,对 40 起因亲友邻里纠纷引发的轻微刑事案件调解处理,既打击犯罪,又减少对抗。强化定分止争理念,把执法办案变成化解消极因素、促进和谐的过程,共受理来信5342 件次,接待来访群众 3157 人次,妥善化解各类重大矛盾纠纷 152 件,平息上访 550 件 2197 人次。受理不服法院和公安机关正确裁判与处理决定的申诉案件 347 件，耐心做好服判息诉工作。以查办集体上访和群体性事件背后的腐败问题为突破口，化解平息已发生和可能发生的集体上访和群体性事件 121 件。

坚持惩治腐败，为改革发展净化环境。坚决贯彻中央、省委的反腐败斗争部署，始终把惩治腐败的重点指向对改革发展破坏大、对群众利益损害大的大案要案，深入推进治理商业贿赂、工程建设领域突出问题专项治理、查办涉农职务犯罪、查办危害能源资源和生态环境渎职犯罪等专项工作。共立案查办贪污贿赂、挪用公款等职务犯罪案件 147 件 214 人，徇私枉法、玩忽职守、滥用职权等渎职犯罪 28 件 47 人。查办有影响、有震动的大案要案 100 件。其中，100 万元至 1000 万元案件 12 件 15 人，1000 万元以上案件 2 件 3 人；副厅级干部 4 人，县处级干部 23 人；行政执法、司法人员职务犯罪案件 51 件 71 人，农村基层组织人员职务犯罪案件 65 件 113 人。抓获在逃犯罪嫌疑人 12 人，共挽回经济损失 5640.62 万元。

坚持注重司法保护，促进重点项目建设顺利实施。各级检察院积极作为，主动介入重点开发项目，针对建设中的热点、难点问题，拓展法律服务途径。共介入 36 个重点项目建设，提供 1369 次法律咨询，解决 15 起土地纠纷问题，帮助政府及有关部门收回非法占地 16 万多亩。

坚持抓好源头治理，把预防职务犯罪摆上更加突出的位置。职务犯罪预防工作结合办案进行，才能充分发挥警示教育作用。一年来，共向发案单位发出检察建议 108 份，形成 28 份调研报告，得到各级党委的肯定和采用，促进了相关行业整改防范。开展警示宣传教育 111 场次 79000 余人次，制作播出《检察视窗》28 集。深入东环铁路、文昌航天发射基地、昌江核电站等 12 个重点建设项目开展同步预防，解决隐患问题 15 件。进一步拓展行贿犯罪档案查询领域，受理查询 85 次。以派驻乡镇检察室为平台开展农村基层组织人员职务犯罪预防教育 147 次，受教育的乡镇、村及农场干部 8000 余人次，从源头上防止干部犯错误、群众受侵害、事业受损失。

二、坚持履行职责与人民群众的期待相符合，高度关注保障民生

全省检察机关始终把维护人民群众根本利益作为出发点和落脚点，深入乡村、社区、企业开展调查研究，问需于民，求计于民，在执法办案中回应人民群众的要求和期盼。

用心体察，依法解决群众最直接、最现实的利益问题。围绕群众反映强烈的教育、医疗、住房保障等问题，查办教育、城建、医疗等领域职务犯罪案件 16 件 20 人。抓住农民群众关注的土地承包、财务管理、支农惠农资金补贴等问题，查办涉农职务犯罪案件 100 件 167 人，追缴被侵吞的支农惠农资金 160.82 万元，发还给受侵害的 468 名农民群众。加强涉及劳动就业、社会保险、医疗事故、农民工权益等民事案件的监督。

真情诚意，依法有序地畅通群众诉求渠道。通过派驻乡镇检察室、检察长接待日、便民服务大厅、下乡巡回接访等措施，畅通便民利民的"绿色通道"。坚持有诉必接，有怨必释，不让求助的人失望，不让心存委屈的群众结怨。凡是申诉合法的，坚决纠正；合理不合法而确有实际困难的，解人之难，慰人之心；属无理要求的，释法说理，消除心结；对不属检察机关管辖的，不期受理，及时转办，跟踪督促，反馈结果。共受理群众申诉案件 2222 件，逐件审查处理，纠正原处理决定 54 件；转办不属检察机关管辖事项 352 件；为 10 名困难群众申请涉法涉诉救助金共 53.71 万元；为 420 名受到不公正对待的群众讨回公道。

尽心尽力，满腔热情为群众办实事、做好事、解难事。组织检察人员深入 133 个乡镇、588 个村委会、46 个农场和 138 家企业，向群众提供法律咨询 15000 多人次，为贫困村、困难学校协调资金 26.3 万元，帮助失学儿童和困难学生 9 名，联系困难家庭 209 户，为群众解决实际困难 150 余件。

三、忠实履行法律监督职责，努力守护社会公平正义

全省检察机关始终坚持党的事业至上、人民利益至上、宪法法律至上，坚定不移地践行"强化法律监督，维护公平正义"的检察工作主题。

强化诉讼活动监督，维护司法公正。开展刑事审判专项监督，共审查公诉案件 5153 件 7312 人，对确有错误的刑事判决、裁定提出抗诉 33 件，对刑事审判活动中的程序违法情况提出纠正意见 23 件。加大侦查活动监督力度，监督公安机关立案 157 件，纠正不应当立案而立案 2 件 2 人，依法决定追加逮捕 169 人，追加起诉 46 人，纠正违法取证、违法适用强制措施等 207 件次。开展监狱清查事故隐患促进安全监管专项活动和看守所监管执法、突击清仓、通风报信违法情况等专项检查，向监管单位发出检察建议 41 份，发出纠正违法通知书 90 份，预警提示超期羁押 1296 人次，纠正不当减刑、假释、暂予监外执行 22 人，纠正 3 起刑期计算错误案件。受理不服人民法院生效民事行政裁判的申诉案件 642 件，抗诉、提请抗诉 44 件，提出再审检察建议 5 件，抗诉案件再审改变率 71%，有力地保证了法律的统一正确实施。

强化行政执法监督，促进依法行政。以保障民生和维护稳定为着力点，用法律监督促进行政执法的公平公正。健全与省级行政执法单位的联席会议制度，完善行政执法与刑事司法相衔接的工作机制。依法查办群体性事件和重大责任事故背后的滥用职权、徇私枉法、玩忽职守等犯罪案件 10 件 15 人，查办侵害公民人身民主权利的非法拘禁、刑讯逼供犯罪案件 2 件 3 人，警示教育手中掌握国家权力的公职人员勤政廉政、依法行政、依法办事。依法查办群众反映强烈的官商勾结，不给钱不办事、给了钱乱办事，严重损害国家和公众利益，破坏市场公平竞争秩序，败坏社会风气的贪污贿赂犯罪 33 件 46 人，促进党风、政风和社会风气好转，优化投资发展环境。结合查办地税人员案件发出了 5 条检察建议，省地税局党委高度重视，坚决整改，堵塞漏洞，规范税收执法行为和征管秩序，在全省地税人员的辛勤努力下，2009 年地税收入同比增长 28.7%，为全省经济平稳较快增长作出了重要贡献。

强化自身监督制约，确保检察权依法公正行使。充分发挥人民监督员作用，共监督检察机关侦查的拟作撤案、不起诉处理和犯罪嫌疑人不服逮捕决定的职务犯罪案件 17 件。全面推行"阳光检察"，认真执行对案件当事人、参与人的告知制度，实行民事行政申诉案件公开听证审查，建立互联网检察网站，开通"12309"全省统一举报电话，以公开促公正，以公正求公信。严格执行党内请示报告、向人大报告工作制度，自觉接受新闻媒体和社会舆论监督，把检察权的行使置于党的绝对领导和人民群众的有效监督之下。

四、创新工作机制，推进检察工作科学发展

坚持以强化法律监督职能和加强自身监督制约为重点，突出实践特色，优化配置资源，创新工作机制。

进一步健全接受人大、政协监督的经常性工作机制。及时向人大及其常委会报告检察工作的重要部署、重大事项。省检察院向省四届人大常委会第九次、第十二次会议作了《关于行政诉讼法律监督专项工作报告》和《关于加强反渎职侵权工作促进依法行政和公正司法情况的报告》，得到了充分肯定，并按照省人大常委会提出的审议意见认真研究，组织整改。共向各级人大及其常委会报告工作81 次，邀请人大代表、政协委员视察工作 135 人次、听取汇报 588 人次、列席各级检察院检察委员会讨论案件 21 人次、观摩评议出庭公诉 87 人次，强化民主监督，改进检察工作。对人大代表、政协委员提出的 83 件建议和提案，转交的 64 件案件，均在规定期限内办结。

探索建立涉农检察工作新机制。基层检察工作重心下移、检力下沉，把法律监督的触角向广大农村延伸。由各基层检察院在距离市区（县城）较远、人口较多、信访总量较大、矛盾纠纷和治安问题突出的乡镇设置派驻检察室，巡回管辖周边若干乡镇、农场。在省委和各级党委的正确领导以及全省干部群众的大力支持下，共设置 36 个派驻乡镇检察室，覆盖 153 个乡镇、55 个农场、14300 多个自然村，为 500 多万农村群众提供及时便捷的法律服务。一年来，在加强基层政权建设，畅通群众诉求渠道，化解各种矛盾纠纷，维护群众合法权益，促进农村和谐稳定，推动农村民主法治建设等方面发挥了积极作用。最高人民检察院充分肯定了这项工作创新。

民事督促起诉制度初见成效。积极探索依法监督保护国有、集体、公共利益不受侵害的新途径，共受理民事督促起诉案件 109 件，立案 96 件，涉案金额 13306.8 万元，向被督促单位发出民事督促起诉书 81 份，发出检察建议 10 份。被督促单位积极自行解决 33 件，向法院提起民事诉讼 16 件，法院审结 10 件，其中作出一审生效判决 2 件，调解结案 8 件。共为政府、国企、集体挽回直接经济损失 5510.4 万元。

强化法律监督的各项改革措施落实到位。按照中央司法改革统一部署，实施职务犯罪案件审查决定逮捕上提一级制度改革，已对 19 件 19 人职务犯罪案件上提一级审查决定逮捕。开展量刑建议试点工作，共向法院提出量刑建议 299 件 342 人，已判决的 231 人中，218 人量刑建议被采纳，采纳率达

94.3%，促进了审判活动公平公正。开展检察机关直接立案侦查案件扣押冻结款物专项检查，对1300余万元涉案款和129件涉案物品依法进行了处理，办结相关申诉案件25件。制定了《关于进一步加强和改进检察委员会工作的意见》，促进各级检察院检察委员会在研究重大案件和重大工作事项中科学、民主、依法决策。

五、全面加强检察队伍建设，不断提高执法能力水平

全省检察机关深入开展"大学习、大讨论"和学习实践科学发展观活动，大力推进思想、作风、能力和机制建设。

坚持把思想政治建设放在首位。查摆整改与科学发展观不符合、不适应的问题，开展"忠诚、感情、责任"主题教育活动，引导广大检察干警把学习成果转化为对党的忠诚、对人民群众的感情、对检察事业的责任。强化了对中国特色社会主义的政治认同、理论认同、感情认同，增强了做中国特色社会主义事业建设者、捍卫者和社会公平正义守护者的坚定性、自觉性，牢固树立了服务科学发展、促进社会和谐的大局观，以人为本、执法为民的执法观，统筹兼顾、全面协调的发展观，监督者更要自觉接受监督的权力观。

建立健全检察管理制度体系。强力推进信息化建设，检察业务、队伍建设、检务保障、信息化"四位一体"管理和运行机制初步形成，建成案件管理和政务管理两大系统，实现了执法办案、政务信息全部网上录入运行，办案流程管理、质量、监控全程网上处理，提高了检察工作质量和效率，以程序公正确保实体公正。健全检察岗位工作目标绩效考核机制，制定检察人员职位说明书，形成分工明确、责任清晰的目标任务和考核标准，考核结果作为评先评优、晋升提拔的重要依据，促使全体检察干警自觉增强履职意识，整体执行力明显提高。

抓班子、带队伍、强素质。全面加强各级检察院领导班子的思想作风建设，实行各级检察院检察长、省检察院各处室负责人述职述廉和德、能、勤、绩、廉民主测评制度，落实任职、廉政、诫勉谈话和巡视制度，进行明察暗访7次，提出整改建议措施17条，增强了各级检察院领导班子的工作水平与合力。强化全员岗位练兵和培训，组织各类业务培训班24期，参训干警1406人次，检察干警参加司法考试通过率达到53.2%（全省通过率为21%）。选

调招录人员143名，选派25名年轻干警到乡镇检察室实践锻炼。认真落实检务督察和受理群众投诉检察人员制度，严肃查处6名违法违纪干警。开展以"忠诚、公正、清廉、文明"检察职业道德为核心、突出海南特色、体现公平正义、反映和谐要求、融合人文精神的检察文化建设，增强了队伍的向心力、凝聚力和战斗力，共有117个集体和191名个人受到省级以上表彰。

基层基础工作得到加强。把检察工作和队伍建设的重心放在基层，以派驻乡镇检察室为总抓手，采取上级检察院领导联系基层检察院、业务部门对口指导、基层检察院结对帮扶等措施，开展争创先进基层检察院活动。各基层检察院基础设施建设任务基本完成，公用经费保障标准全部达标，执法办案工作中的一些突出困难得到缓解，法律监督能力水平进一步提升。

一年来，各级党委、人大、政府、政协高度重视和关心支持检察工作。省委主要领导先后9次对检察工作作出重要批示，给予充分肯定和支持；分管领导经常听取重要工作、重大案件汇报，协调解决制约检察工作的难点问题。省人大常委会不断加大监督力度，省政府支持解决编制、经费等保障问题，省政协联系带动和影响社会各界对检察机关进行民主监督。各级人大代表、政协委员在加强监督的同时，对检察工作给予了更多的理解和关心支持。

我们也清醒地看到，全省检察工作与科学发展观的要求，与党和人民的要求相比还有差距：一是服务能力与经济社会发展的要求还不适应，少数检察干警服务的主动性、自觉性不强，服务的措施办法不多。二是法律监督的力度效果与人民群众的期盼还有差距，不善监督、监督不到位的问题依然存在，群众反映的一些民生问题监督解决得不够。三是检察队伍的整体素质还有待进一步提高，少数基层检察院招不进人、留不住人的现象仍然突出，队伍中特权思想和执法不规范、不文明问题时有表现。四是检务保障还不能适应检察工作科学发展的新要求，体制机制还不完善，基层基础工作仍然比较薄弱。对这些问题，我们将继续认真解决。

2010年是我省推进国际旅游岛建设开局之年。全省检察机关将认真贯彻党的十七大、十七届四中全会和省委五届五次、六次全会精神，认真落实省

委省政府贯彻实施《国务院关于推进海南国际旅游岛建设发展的若干意见》的决定，坚持科学发展观，紧紧围绕中心大局，深入推进社会矛盾化解、社会管理创新、公正廉洁执法、严打整治斗争四项重点工作，强化法律监督，关注保障民生，全力维护稳定，狠抓检察队伍建设，努力为建设国际旅游岛提供强有力的司法保障。

（一）更加注重检察环节维护社会和谐稳定的源头性、根本性、基础性问题，积极投入海南国际旅游岛建设环境综合整治活动。充分发挥打击、预防、保护、监督的职能作用，严厉打击各类刑事犯罪，维护社会治安持续稳定。严肃查办贪污贿赂、渎职侵权等职务犯罪，紧密配合纪检监察机关，保持惩治腐败的高压态势。着力抓好社会矛盾化解，提高参与社会管理创新水平。为海南国际旅游岛建设创造和谐稳定的社会环境、良好的投资环境和公平正义的法治环境。

（二）更加注重服务全省经济平稳较快发展，积极提供法律支持和保障。紧紧围绕海南国际旅游岛建设的战略部署和省委省政府各项重点工作任务，拓展服务途径，做到理性、平和、文明、规范执法，努力在规范市场经济秩序、保障政府投资安全、保护企业合法利益、推进创新型社会建设等方面取得新成效。

（三）更加注重保障民生，切实维护人民群众合法权益。依法打击侵害民生民利的犯罪，加强涉及民生问题的法律监督和司法保护，依法保障人民群众共享改革发展成果。建立由人民群众评判检察工作的机制，从人民群众的新需求新期待出发，不断加强和改进检察工作。

（四）更加注重加强涉农检察工作，深入推进派驻乡镇检察室建设。基层安，则社会安。派驻乡镇检察室是新时期检察工作与群众路线相结合的有效载体，是服务大局、执法为民的一线平台。要从政策、制度、机制方面形成"人往基层走、劲往基层使、干部从基层出"的工作格局，加强检察室规范化建设，充分发挥法律监督触角作用，更好地服务新农村建设。

（五）更加注重机制创新，为检察工作科学发展注入新的生机与活力。深刻领会党中央关于深化司法体制和工作机制改革的指导思想、根本原则和主要任务，结合实际，有力有序地推进各项改革措施，树立正确的执法理念，适应执法环境的变化，改进执法方式方法，不断提高检察机关的法律监督效能。

（六）更加注重加强检察队伍建设，切实提高公正廉洁执法水平。坚决执行省委《贯彻落实〈中共中央关于加强和改进新形势下党的建设若干重大问题的决定〉的实施意见》，开展"建设学习型党组织、创建学习型检察院"、以执法一线检察官为重点的大规模教育培训和"规范从检行为，反特权思想、反霸道作风"专项教育整顿三项活动。突出加强各级检察院领导班子建设和队伍的职业道德、思想作风建设，抓好后备干部教育管理和培养锻炼，加大从基层一线选拔干部力度，落实从优待检措施，加强自身监督制约，确保检察队伍公正廉洁执法。

在新的一年里，我们决心在省委和最高人民检察院的坚强领导下，认真落实本次大会决议，牢记职责，不负重托，积极作为，勤奋努力，全面履行宪法和法律赋予的职责，为海南国际旅游岛建设作出新的更大贡献！

重庆市人民检察院工作报告(摘要)

—— 2010 年 1 月 22 日在重庆市第三届人民代表大会第三次会议上

重庆市人民检察院检察长 余 敏

(2010 年 1 月 26 日重庆市第三届人民代表大会第三次会议通过)

2009 年主要工作

2009 年,市检察院在市委和最高人民检察院正确领导下,在市人大及其常委会有力监督下,带领全市检察机关以科学发展观为统领,认真贯彻市三届人大二次会议精神,紧紧围绕"保增长、保民生、保稳定"和"五个重庆"建设,全面履行法律监督职能,切实加强检察队伍建设,各项工作取得新的成效。

一、以"打黑除恶"为重点,全力推进"平安重庆"建设

全市检察机关按照维护稳定是第一责任的要求,依法履行批准逮捕、提起公诉等职责,充分发挥"平安重庆"建设主力军作用。共批准逮捕各类刑事犯罪嫌疑人 21723 人、起诉 28839 人,同比分别上升 16.7% 和 7.4% 。

(一)依法严厉打击黑恶势力犯罪。根据中央总体部署和市委工作要求,全市检察机关将打黑除恶作为推动平安建设的重要抓手,全力以赴参与专项斗争。一是精心组织、周密部署。为了稳、准、狠打击黑恶犯罪,市检察院及时出台专项斗争工作意见和打击"保护伞"、确保案件质量、严格工作纪律"1 +3"措施,提出了"坚决果敢、严谨周密、准确指控"的工作要求,与公安机关、人民法院相互配合、相互制约。对重大涉黑案件,市检察院统筹协调、挂牌督办,分院牵头主办,三级检察院协同配合。二是严格依法、不枉不纵。相继抽选 300 余名侦查监督和公诉骨干组成检察机关打黑专案组,提前介入、引导侦查。数月来,参战干警发扬团队精神,夜以继日、连续奋战,审查案卷 1376 册,准备法律文书和出庭预案 970 余万字。办案中,坚持以事实为

依据、法律为准绳,正确区分罪与非罪、"黑"与"恶"、黑恶犯罪与其他刑事犯罪、"保护伞"和一般职务犯罪的界限,不拔高不压低。三是打黑反腐同步推进。在打黑除恶斗争中,市检察院专门设置职务犯罪信息情报组,汇集分析办案中发现的职务犯罪线索,指定管辖、异地办案,确保打"保护伞"、查办职务犯罪与摧毁黑恶势力同步推进。2009 年 6 月深入开展专项斗争以来,批准逮捕涉黑涉恶犯罪嫌疑人 1176 人,起诉 78 件 782 人。对陈明亮、陈坤志、龚刚模、王天伦、岳村等 30 个涉黑团伙依法批捕起诉,有力地整治了社会治安,促进了社会管理,提升了人民群众安全感。立案查办打黑除恶斗争中揭露出来的职务犯罪 87 人。市司法局原局长文强、市公安局原副局长彭长健等 12 名厅级干部涉嫌犯罪落入法网,彰显了市委市政府强力反腐的决心。

(二)正确把握宽严相济刑事政策。坚持该严则严、当宽则宽,既有力打击犯罪,又减少社会对抗。积极投入打击街面犯罪、缉枪治爆、破案攻坚综合整治等专项行动。批准逮捕杀人、强奸、绑架等严重暴力犯罪,抢劫、盗窃、抢夺等多发性侵财犯罪,毒品犯罪嫌疑人 11090 人,起诉 13691 人。对银河电子游戏城聚众斗殴致 5 人死亡案,罗登贵连环抢劫强奸案,"兰源"洗脚城拐骗迫害 36 名少女案等重大恶性案件,组织精干力量快速办理、及时惩处,打击了犯罪分子嚣张气焰。在依法严惩严重刑事犯罪的同时,对初犯、偶犯、未成年人的轻微犯罪和民间纠纷引发的轻微犯罪依法实行宽缓刑事政策。对涉嫌犯罪但无逮捕必要的,决定不批捕 1747人;对犯罪情节轻微,依照刑法规定不需判处刑罚

的，决定不起诉1147人。对482件因邻里亲属纠纷引发、嫌疑人真诚悔罪、积极赔偿损失、取得受害人谅解的轻微刑事案件，促进双方自愿和解后，依法不起诉，确需起诉的建议法院从轻判处，努力修复社会关系。

（三）认真处理涉法涉检信访。着眼于维护社会和谐稳定，深入开展"信访积案化解年"和"干部大走访"活动，组织干警走村进户，贴心听诉求、尽心解难忧、倾力化矛盾，息诉涉法申诉1749件。姜某不服法院正确判决，反复申诉长达44年，第一分院办案检察官多次到福利院答疑解惑、心理疏导，最终使其服判息诉。对清理出的120件重点涉检信访案件，逐案落实包案领导、责任部门、调处方案、办结时限，现已息诉118件。对重大刑事申诉、刑事赔偿、重点信访案件，上级检察院下沉一级研究定案，有错必纠、该赔就赔，受理不服检察机关不捕不诉决定的刑事申诉案件32件，依法纠正9件，对错误逮捕的8名当事人给予国家赔偿。建立检察环节司法救助制度，协调有关方面对35名生活确有困难的当事人予以救助，体现司法人文关怀。

（四）扎实开展社会治安综合治理。为营造知法守法的社会环境，积极投入"百镇千村平安建设示范工程"，主动送法进乡村、进社区、进工厂、进学校。依法保障未成年人权益，对748名未成年被告人分案起诉，深入学校、家庭回访帮教，大渡口区检察院开设电话热线和谈心室，帮助失足青少年改过自新、回归社会。为遏制再犯罪、防止脱漏管，扎实开展监外执行和社区矫正检察工作，监督纠正脱漏管监外执行罪犯507人，建议收监执行129人。注意分析治安舆情和犯罪动态，向党委政府和有关部门提出防控建议，促进增强社会治安稳控能力。

二、主动服务发展第一要务，着力保增长保民生

全市检察机关紧紧围绕"保增长、扩内需、调结构、惠民生"等重大政策措施，综合运用打击、保护、监督、预防等职能，积极主动为经济社会发展提供司法保障。

（一）切实维护市场经济秩序。为促进内陆开放高地建设，批准逮捕非法吸收公众存款、合同诈骗、非法经营、逃税骗税等破坏市场经济秩序犯罪嫌疑人755人，起诉673人。张忠文等人以高息为诱饵，非法吸收公众存款8600余万元，梁平县检察院依法批捕起诉，使其受到了法律惩处。针对非法

制售发票犯罪多发问题，配合有关部门开展专项打击，批准逮捕113人、起诉112人。为促进解决执行难问题，对16名拒不执行法院裁判、情节严重的被告人依法提起公诉。进一步加强与工商、税务、质监等行政执法部门的衔接，建议向公安机关移送涉嫌犯罪人员593人，同比上升58.1%。

（二）努力促进各类企业创业发展。着眼于维护企业合法权益、促进内部管理，查办国有企业改制和生产经营活动中损公肥私、中饱私囊的职务犯罪124人；起诉民营企业员工职务侵占、收受回扣等犯罪162人；对135件盗割电线电缆等国家财产遭受重大损失的案件在公诉时提起附带民事诉讼。从有利于企业生存发展、有利于保障员工生计出发，慎重适用拘留、逮捕和扣押、冻结等措施；办理企业经营管理者或关键岗位人员犯罪案件，及时与主管部门或企业领导沟通。

（三）倾力服务和保障民生。紧紧抓住关系民生的突出问题，加大执法办案力度，依法保护群众合法权益。一是坚决惩治危害群众切身利益的犯罪。着眼于让群众吃得放心、用得安全，坚决打击制售有毒有害食品药品等直接危害群众生命健康的犯罪。着眼于促进惠民利民政策的落实，在医疗、教育、后期移民安置补偿等民生领域查办职务犯罪161人；坚决打击侵吞骗取医保、低保、养老保险等社保资金的犯罪。二是加强对群众的法律服务。办理侵害农民工和农村留守妇女儿童人身财产权利的犯罪案件960件。对涉及农民工的"欠薪"案件，依法支持提起民事诉讼并胜诉463件，追回工资556万余元。通过民事行政检察与法律援助衔接机制，各级检察机关和法律援助中心共同为493名打不起官司的困难群众提供了法律帮助。三是不断丰富便民利民措施。建设以法律监督网为支撑的三级检察院门户网站，搭建"阳光检务"平台，推行网上举报申诉、网上法律咨询、网上案件查询，保障群众知情权、参与权和监督权。开通"12309"举报电话，统一受理举报、控告、申诉、投诉、咨询和查询；城口县、武隆县、綦江县、荣昌县检察院探索建立乡镇、社区检察服务站，延伸法律监督触角，方便群众反映诉求。

三、坚决惩治和积极预防职务犯罪，切实推进反腐倡廉建设

全市检察机关坚持反腐败斗争工作格局，与有关部门紧密配合，强力推进反腐倡廉建设。立案查

办国家工作人员职务犯罪 1027 人，同比上升 29.2%。其中贪污贿赂案 828 人，渎职侵权案 199 人；贪污贿赂十万元以上、挪用公款一百万元以上的 451 人；处级干部 178 人，厅级干部 20 人。

（一）围绕重点热点领域开展专项查处活动。按照最高人民检察院部署，继续推进查办涉农职务犯罪、治理商业贿赂、查办危害能源资源和生态环境渎职犯罪三个专项行动。在农村征地拆迁、高山移民、退耕还林、种粮直补以及农村社会事业建设等涉农领域查办职务犯罪 313 人，其中村社干部 104 人；在工程建设、商业购销等领域查办商业贿赂犯罪 369 人；在能源资源和生态环境保护领域查办非法批准征用土地、违法发放林木采伐许可证等渎职犯罪 71 人。加大打击司法腐败的工作力度，根据有关部门移送、群众举报、检察机关案中挖案，严肃查办了市高法院原副院长张弢等涉嫌职务犯罪的司法人员 107 人，其中公安机关 66 人、审判机关 19 人、司法行政机关 10 人、检察机关 9 人、国家安全机关 3 人。

（二）着力加强渎职侵权检察工作。认真负责地向市人大常委会专题报告了渎职侵权检察工作情况，全面落实审议意见要求，从提高认识、健全机制、加强协调等方面狠抓整改，渎职侵权犯罪立案人数同比上升 49.6%。为促进依法行政，在国土、林业、税务等部门查办不作为或乱作为的行政执法人员 75 人。为促进安全生产，主动配合监察、安监、煤监等部门，同步介入重大事故调查，在依法批捕起诉煤矿、非煤矿山、交通运输、建筑施工等领域重大责任事故犯罪的同时，查办事故背后涉嫌玩忽职守、纵容违法违规生产等渎职犯罪 41 人。新闻媒体报道奉节"楼裂裂"事件后，检察机关及时跟进调查，立案查处了 2 名国家工作人员涉嫌滥用职权、玩忽职守案。

（三）深入推进职务犯罪预防。加强对重点领域的职务犯罪预防，与 31 个市级部门召开联席会议，共商预防措施。积极参与工程建设领域突出问题专项治理，普遍推行"行贿犯罪档案查询"，提供查询 1036 次，其中有行贿犯罪记录的 20 个单位被招标单位取消投标资格，促进工程优质、干部优秀、资金安全。强化预防法制宣传教育，市检察院从全系统选拔 50 名检察官，组建预防职务犯罪宣讲团，围绕"五个重庆"建设中工程招投标、物资采购、资金管理使用等重点环节，到有关部门举办法制讲座，主动跟进预防。促进发案单位建章立制、堵塞漏洞，结合办案提出检察建议 244 件，得到采纳 221 件，渝中区、云阳县、酉阳自治县检察院关于加强对医疗设备采购、新农合资金、涉农资金监管的建议，得到当地党委政府采纳。

四、切实强化诉讼监督，努力维护司法公正

全市检察机关针对群众反映强烈的执法不严、司法不公问题，不断加大诉讼监督力度，切实增强司法公信力。

（一）加强刑事诉讼法律监督。对侦查机关应当立案而未立案的督促立案 240 件，不应当立案而立案的督促撤案 129 件，应当逮捕而未提请逮捕的追捕 357 人，应当起诉而未移送起诉的追诉 410 人，同比分别上升 71.4%、148%、104% 和 36.2%。立案监督、追捕追诉人员中，被判处十年以上有期徒刑的 18 人，无期徒刑 3 人，死缓 1 人。对依法不应当追究刑事责任的，决定不批捕 905 人、不起诉 107 人。对 2007 年以来存疑不捕案件专项清理，督促公安机关补充证据后重新提请逮捕 289 人。扎实开展刑事审判法律监督专项检查，对认为确有错误的刑事裁判提出抗诉 90 件，同比上升 45.2%，法院审结 62 件，其中改判 34 件、发回重审 13 件。对 135 件刑期折抵计算有误的刑事案件提出纠正意见被法院采纳。为加强对司法裁量权监督，积极探索量刑建议制度，起诉时根据犯罪情节、悔罪表现提出刑罚适用建议。

（二）加强民事审判和行政诉讼法律监督。对认为确有错误的民事行政裁判提出抗诉 221 件，同比上升 20.1%，法院审结 172 件，其中改判 62 件、撤销原判发回重审 4 件、调解结案 78 件。提出再审检察建议 187 件，法院启动再审 155 件，改变原审裁判 114 件。对 180 件执行超期、执行对象错误、超出标的执行或违反法定程序执行的案件提出纠正意见得到法院采纳，促进解决执行乱问题。

（三）加强刑罚执行和监管活动法律监督。为切实防止罪犯逃避刑罚执行，维护被监管人合法权益和监管秩序，会同有关部门开展看守所监管执法专项检查、监狱"清查事故隐患、促进安全监管"专项活动，监督纠正减刑、假释、暂予监外执行不当的 429 人，监督纠正刑罚执行和监管活动中的违法违规行为 1018 件；督促处理在监室内恃强凌弱、寻衅滋事的"牢头狱霸"，消除监管安全隐患 146 起。

五、大力加强检察队伍建设，不断提高法律监督能力

全市检察机关坚持把队伍建设作为战略任务常抓不懈，按照严格、公正、文明、廉洁的要求，努力造就高素质的检察队伍。

（一）强化思想政治教育。各区县检察院扎实开展学习实践科学发展观活动，深入开展"西部领先、全国一流，我怎么做"大讨论，进一步明晰了检察工作科学发展的思路。涌现出一批先进模范人物，树立了"全国模范检察官"、"重庆市优秀共产党员"、"中国五四青年奖章"获得者、巫山县检察院职务犯罪侦查局侦查一科原科长罗东宁这个全国政法系统的先进典型，大力弘扬"不怕苦、勤学习、拒腐蚀、敢碰硬"的罗东宁精神；深入开展"唱读讲传"活动；通过大讨论提炼出"忠诚廉明、守护正义"的重庆检察精神，进一步提振了队伍精气神。

（二）深化检察业务大练兵。着眼于优化知识结构、提升专业化水平，市检察院举办了16期培训班，对领导干部、业务骨干和新进人员集中培训1814人次。依托检察视频专线网络，对职务犯罪侦查和公诉干警进行了岗位素能培训。按照检察业务门类，建立了6类业务人才库，在全市检察机关选拔了233名业务骨干入库，有重点地进行培养和使用，着力打造业务带头人。紧贴办案实践，通过案件研讨、庭审观摩、法律文书评析、组织专案攻坚等实战练兵活动，持续加强能力建设，案件质量进一步提高，公诉案件无无罪判决，撤回起诉率、职务犯罪案件撤案率、刑事抗诉改变率、民事行政案件抗诉改变率和再审检察建议采纳率等主要业务质量指标均进入全国前七位。

（三）狠抓纪律作风和自身反腐败建设。坚持从严治检，全面落实党风廉政建设责任制。加强廉洁从检教育，开展"廉政文化示范院"创建活动。突出重点，在职务犯罪侦查部门开展"严格执法、规范办案"专项活动，着力解决扣押处理涉案款物、办案安全等环节不规范的问题。坚持内部审计和巡视制度。对群众举报和办案中暴露出的检察人员职务犯罪，坚决依法查处。共查处违纪违法干警17人，其中9人被追究刑事责任、3人被调出检察机关。如第一分院原副检察长毛建平涉嫌受贿犯罪被依法查处。认真吸取深刻教训，围绕立与不立、捕与不捕、诉与不诉、涉案关键数额确定等检察权运行环节，制定了《关于对执法办案重点环节进一步加强内部监督的规定》，规范检察官自由裁量权。

（四）深入推进基层检察院建设。牢固树立固本强基、面向基层的思想，围绕执法规范化、队伍专业化、管理科学化、保障现代化，扎实开展规范化检察院创建活动。争取区县党委支持，对24个区县检察院50名班子成员进行了交流。统一招录159名大学生充实基层，选派17名业务骨干上挂下派。狠抓执法保障建设，将国家和市级财政提供的1.19亿元专项资金用于基层检察院建设，重点配置办案装备和信息化设备等。建立结对共建机制，强化"一圈两翼"检察院的互助合作，促进区域协调发展。全市基层检察院有17个集体和26名个人受到市委、最高人民检察院和国家部委的表彰，渝北区、沙坪坝区和巫山县检察院被评为全国先进基层检察院。

六、加强对自身执法活动的监督制约，确保检察权正确行使

全市检察机关牢固树立监督者更应接受监督的意识，不断完善内外部监督制约机制，保障执法办案活动严格依法进行。

（一）自觉接受人大及其常委会的监督。深入贯彻监督法及实施办法，市委第三次人大工作会议后，市检察院制定了进一步强化接受人大监督工作的实施意见。全市检察机关向各级人大常委会报告专项工作78次，召开代表座谈会121次，邀请代表视察71次。市检察院党组成员到基层调研邀请当地人大领导和人大代表座谈，将区县人大的评价作为考核基层检察院的重要指标，还通过邀请区县人大常委会主任座谈、向代表送阅资料、书面汇报情况、邀请观摩出庭公诉等方式，虚心听取意见，切实改进工作。市检察院办理市人大代表书面建议6件、口头反映事项2件，满意率100%；办理市人大有关部门交办信访案件2件；依法提请市人大任免检察官74人次。

（二）自觉接受政协民主监督和社会监督。认真落实市委第三次政协工作会议精神，完善特约检察员、专家咨询委员制度，邀请政协委员和民主党派、工商联、无党派人士座谈，在检察决策和执法办案中充分听取意见、接受监督。市检察院办理市政协提案5件、口头建议1件，满意率100%。将新闻媒体作为倾听民声的重要渠道，主动接受舆论监督，对网民提出的500多个问题及时处理回复，积极回应社会关切。深化人民监督员制度试点，将犯

罪嫌疑人不服逮捕、拟不起诉和撤案的 59 件职务犯罪案件全部提交监督,其中 3 件案件人民监督员不同意拟处理意见,检察机关予以采纳,外部监督作用得到有效发挥。

(三)自觉完善内部监督制约机制。坚持把加强内部监督放在与强化法律监督同等重要的位置来抓。通过网上办案系统加强流程管理和动态监督。严格执行职务犯罪案件立案报上一级检察院备案和撤案、不起诉报上一级检察院批准制度,完善讯问职务犯罪嫌疑人全程同步录音录像制度。推行检务督察制度,对 17 个区县检察院履行职责、执行纪律、接待来访等进行明察暗访,检查结果全市通报、责令整改。建立对分院的年度目标考核制度,坚持分院检察长向市检察院述职述廉,强化对分院的监督管理。按照最高人民检察院司法改革要求,从 2009 年 7 月起,全市检察机关在全国率先开展职务犯罪案件审查逮捕上提一级改革试点,促进了规范执法,加强了质量监管。

我们清醒地认识到,检察工作还存在一些突出问题:一是有的检察机关落实科学发展观、践行社会主义法治理念的自觉性不强,在创新检察工作、适应人民群众新需求、全面认识和把握理性平和文明规范的执法理念等方面存在明显差距。二是有的检察机关不敢监督、不善监督、监督不到位的问题还未得到根本解决。三是少数检察人员存在特权思想、霸道作风,个别领导干部和执法干警以权谋私、索贿受贿。四是边远贫困地区检察院在稳定人才资源等方面存在困难。这些问题我们将认真加以解决。

2010 年工作思路

2010 年,全市检察机关将以邓小平理论和“三个代表”重要思想为指导,深入贯彻落实科学发展观,紧紧围绕“稳增长、调结构、惠民生”,以深入推进社会矛盾化解、社会管理创新、公正廉洁执法为载体,强化法律监督,强化对检察权运行的监督,强化高素质检察队伍建设,努力为落实“314”总体部署和“五个重庆”建设提供强有力的司法保障。

第一,着力维护社会和谐稳定。依法严厉打击危害国家安全犯罪、严重暴力犯罪、多发性侵财犯罪和毒品犯罪;把打黑除恶作为常态工作任务,坚持“露头就打、打早打小”,打黑反腐同步推进,促进构建长效机制,始终保持对黑恶势力的高压态势。全面贯彻宽严相济刑事政策,把社会矛盾化解贯穿

执法办案始终。坚持理性平和文明规范执法,从源头上防止和减少涉检信访。积极参与社会管理创新,配合有关部门加强对特殊人群的帮教管理,进一步加强监外执行和社区矫正检察监督,探索建立普通刑事犯罪微罪不起诉与社区帮教衔接机制,加强未成年人犯罪和刑满释放人员再犯罪预防工作;依法打击利用网络实施的犯罪,促进网络虚拟社会的管理;加强社会治安动态及对策研究,推动社会治安防控体系建设。

第二,着力保障经济平稳较快发展。围绕城乡统筹、打造内陆开放高地、改善民生和发展社会事业等部署,更加注重维护市场经济秩序,进一步密切与行政执法部门的工作衔接,坚决打击走私、骗税等经济犯罪,特别是传销、集资诈骗等涉众型经济犯罪;更加注重保障政府投资安全,依法查处危旧房和棚户区改造、康居工程、园区建设、房地产开发、招商引资、银行信贷审批等资金、项目密集领域的职务犯罪;更加注重保障民生,严厉打击制售有毒有害食品药品犯罪,严肃查办社会保障、劳动就业、移民补偿、抢险救灾、医疗卫生、招生考试、安全生产等民生领域的职务犯罪,加强弱势群体合法权益保护;更加注重“司法护农”,切实加强涉农检察工作,加大村镇干部职务犯罪预防工作力度;更加注重改进执法方式方法,妥善处理涉及企业特别是中小企业的案件,为经济建设提供良好法律服务。

第三,着力保持惩治腐败工作力度。反腐倡廉关系发展稳定和人心向背。按照中央和市委的部署,严肃查办领导干部贪污贿赂、滥用职权、失职渎职案件,严肃查办商业贿赂案件,严肃查办严重侵害群众利益的案件、群体性事件和重大责任事故背后的腐败案件,严肃查办工程建设、房地产开发、土地管理和矿产资源开发等领域的案件,严肃查办为黑恶势力充当“保护伞”的案件。加强职务犯罪预防,认真研究职务犯罪发案规律,推动形成检察预防与纪检监督、组织监督、群众监督的合力。

第四,着力促进公正廉洁执法。公正廉洁是司法公信力的生命线。坚持打击犯罪与保障人权并重,加强对立案、侦查、刑事审判活动的监督,防止放纵犯罪和冤及无辜;进一步加大民事审判法律监督力度,重点监督纠正涉及民生和损害国家利益、社会公共利益的错误裁判;加强对侵犯在押人员合法权益和减刑、假释、暂予监外执行不当的监督,促进刑罚执行和监管活动依法进行。根据中央司法

体制改革部署和最高人民检察院工作要求，探索建立对公安派出所的监督机制；继续探索对民事执行、司法调解的法律监督和督促起诉、民事公益诉讼等工作；强化对立案监督、存疑不捕、抗诉案件和检察建议的跟踪监督，增强监督实效。

第五，着力加强检察队伍建设。认真落实市委三届六次全委会精神，以领导班子建设为核心、党的基层组织建设为重点、"西部领先、全国一流"争创活动为载体，努力建设一支管得住自己、镇得住坏人、帮得了百姓、人民信任的检察队伍。深入开展"恪守检察职业道德、提升执法公信力"和"忠诚为民"主题教育活动，大力弘扬重庆检察精神，把领导班子思想政治建设作为重中之重，制定进一步加强对领导干部监督的若干规定，提高推动科学发展的能力；持续开展岗位练兵和分类培训，提升检察队伍的法律监督能力，注重从司法实践中发现和培养业务领军人物；严格执行"十条禁令"，对自身队伍中的腐败行为绝不护短、绝不手软，强化自我排毒功能。坚持严管厚爱，关心干警身体健康。完善结对帮扶、示范带动等措施，加大对贫困地区基层检察院的支持力度，筑牢执法为民的一线平台。

第六，强化对检察权运行的内外监督。针对2009年查处检察人员违纪违法案件发现的监督管理薄弱环节，探索建立不批捕案件、有认识分歧的不抗诉案件、变更强制措施、出具自首立功证明材料、起诉环节不予认定的犯罪事实等审查审批制度。严格规范检察官与律师和当事人的关系，严禁为案件当事人推荐、指定律师，严禁接受案件当事人及其委托人的吃请、钱物、娱乐性消费，办关系案、人情案、金钱案，危害司法公正。坚持涉检信访责任倒查，落实执法过错责任追究制度。更加自觉接受人大及其常委会监督，认真落实监督法及实施办法，完善代表工作联系人、分院接受监督、代表约见负责人等制度；更加自觉接受政协民主监督，认真听取民主党派、工商联、无党派人士的意见建议；更加自觉接受社会公众和新闻舆论监督，充分发挥人民监督员的外部监督作用。

新的一年，全市检察机关将认真贯彻本次会议精神，牢记使命、锐意进取，努力做好各项检察工作，为重庆社会和谐稳定、经济持续发展、人民安居乐业作出更大的贡献。

四川省人民检察院工作报告（摘要）

——2010年1月28日在四川省第十一届人民代表大会第三次会议上

四川省人民检察院检察长　邓　川

（2010年1月31日四川省第十一届人民代表大会第三次会议通过）

2009年，全省检察机关在省委和最高人民检察院的坚强领导下，在人大及其常委会的监督、人民政府的支持和政协的民主监督下，以邓小平理论和"三个代表"重要思想为指导，深入贯彻落实科学发展观，紧紧围绕保增长、保民生、保稳定和我省"两个加快"的大局，全面强化法律监督，不断深化检察改革，狠抓班子队伍建设，各项检察工作全面健康发展。

一、围绕服务发展第一要务，依法履职保增长

立足检察职能，及时出台服务发展的措施。省检察院结合四川实际，制定服务全省"止滑提速，加快发展"的二十二项措施、服务农村改革发展的八条意见，指导全省检察机关综合运用检察职能做好服务发展的各项工作。

依法打击经济犯罪，为发展营造规范有序的市场环境。共批捕破坏社会主义市场经济秩序犯罪1240人，起诉1317人。依法打击金融诈骗、破坏金融管理秩序犯罪，批捕299人，起诉313人；依法打击扰乱市场秩序犯罪，批捕546人，起诉521人；依法打击妨害对公司、企业管理秩序犯罪，批捕 53 人，起诉 92 人；依法打击侵犯知识产权犯罪，批捕 95 人，起诉 139 人；依法打击危害税收征管犯罪，批捕 93 人，起诉 115 人。对破坏社会主义市场经济秩序的犯罪监督立案 128 件，纠正不当立案 29 件。

严肃查办和预防职务犯罪，为发展营造廉洁高效的政务环境。共查办 1504 件 2024 人，其中，贪污贿赂犯罪 1616 人，渎职侵权犯罪 408 人。突出查办大案要案，查办大案 926 件、县（处）级以上职务犯罪要案 104 人，其中厅级干部 12 人。抓获在逃职务犯罪嫌疑人 41 人。为国家挽回直接经济损失 2.14 亿元。加强对发展重点领域和关键环节的法律监督。开展工程建设领域突出问题专项治理，全年查办 652 人。深化治理商业贿赂专项工作，查办 599 人。深化查办涉农职务犯罪专项工作，查办 805 人。深化查办危害能源资源和生态环境渎职犯罪专项工作，查办 153 人。查办行政执法人员职务犯罪 393 人。查办妨害灾后恢复重建的职务犯罪 120 人。围绕省委、省政府确定的重大建设项目、灾后恢复重建项目和地方重大投资项目建设、资金的管理和使用，开展全程预防跟踪服务，得到省委、省政府领导和各级党委、政府的肯定。强化职务犯罪预防工作，开展预防咨询 1696 次、警示教育 1122 次，提出的预防建议被党委、政府及有关单位采纳 579 件。提供行贿犯罪档案查询 760 次。省检察院在全国检察机关第三次预防职务犯罪工作会上介绍了经验。

强化民事行政检察职能，依法保护各类市场主体的合法权益。依法提出民事行政诉抗 341 件，法院审结 268 件，改判 219 件；提出再审检察建议 525 件，法院采纳 393 件。与相关部门建立中介机构监管协作机制、国有资产保护协作机制，办理督促、支持起诉 473 件，依职权提起刑事附带民事诉讼 266 件，追回流失的国家、集体资产 4000 余万元。监督民事执行、调解案件 281 件，法院采纳 261 件。

二、围绕落实维稳第一责任，充分履职保稳定

坚决打击敌对势力渗透、破坏活动。省检察院制定实施意见，加强办案指导，坚决打击危害国家安全的犯罪。藏区检察机关按照党委的统一部署，积极参与藏区维稳防控工作，全力维护藏区稳定。

依法打击各类刑事犯罪。共批捕 40006 人，上升 8%；起诉 46716 人，上升 0.9%。突出打击黑恶势力犯罪，批捕 738 人，起诉 872 人。突出打击故意

杀人、爆炸、绑架、强奸等暴力犯罪，批捕 2083 人，起诉 1975 人。突出打击抢劫、抢夺、盗窃、诈骗、毒品、赌博等多发性犯罪，批捕 22400 人，起诉 24291 人。

全面落实宽严相济刑事政策。对没有逮捕必要的，依法不捕 1808 人；对犯罪情节轻微的，决定不诉 894 人，并对其中的 493 人实施了社区矫正。对涉嫌轻微犯罪的未成年人，依法不捕 693 人、不诉 134 人。对轻微刑事案件，引导刑事和解 816 件。

依法妥善处理涉灾案件。省检察院与相关部门会签文件，进一步明确涉灾案件的法律适用问题。灾区六个市州检察机关加大对侵害灾区群众利益、影响灾区稳定等刑事犯罪的打击力度，共批捕 17257 人，起诉 20741 人。开辟灾区群众涉法涉检信访"绿色通道"，共办理各类信访 5296 件。针对部分重灾区涉灾案件增多、法律适用存在盲区的情况，省检察院组织深入调研，及时反映灾区群众普遍关注的法律问题，提出妥善处理涉法法律问题的 5 点建议，引起省委、省政府主要领导的高度重视。

三、围绕践行执法为民宗旨，履职尽责保民生

着力惩治侵害民生的犯罪。积极参加食品药品安全专项整治，批捕生产、销售有毒有害食品、药品等伪劣商品的犯罪 153 人，起诉 126 人。依法打击非法吸收公众存款、集资诈骗、传销等涉众型经济犯罪，批捕 102 人，起诉 98 人。依法打击拐卖妇女儿童犯罪，批捕 257 人，起诉 259 人。突出查办社会保障、劳动就业、征地拆迁、移民补偿、扶贫优抚、医疗卫生、招生考试等领域的职务犯罪 429 人。依法介入重大责任事故调查，查办背后的失职渎职犯罪 76 人。

着力解决司法不公问题。省检察院向省人大常委会专题报告了五年来开展诉讼监督工作的情况。省人大常委会通过了《关于加强人民检察院对诉讼活动的法律监督工作的决议》。全省检察机关认真贯彻落实《决议》，以开展刑事审判法律监督专项检查、看守所监管执法专项检查和监狱"清查事故隐患、促进安全监管"专项活动为重点，全面强化诉讼监督。监督侦查机关立案 899 件，监督撤案 345 件；追捕 1104 人，追诉 569 人；纠正刑事诉讼中的违法行为 576 件（次）；提出刑事抗诉 145 件；纠正刑罚执行和监管活动中的违法行为 1947 人（次）。立案查办司法不公背后的职务犯罪 99 人。

全省检察机关开展刑事审判监督专项检查的做法被最高人民检察院推广。

着力排查化解社会矛盾。在部分乡镇（街道）建立涉检事务联系点，进一步延伸群众的诉求表达渠道。开通举报网站和"12309"举报电话，对举报线索进行统一、规范管理。落实检察长接待来访和控告申诉案件首办责任制，扎实开展涉检案件"零上访"争创活动，实行联合接访、带案下访、定期巡访，办理各类举报告申诉16167件。开展涉检信访积案化解专项活动，积极促进社会矛盾化解。成功办理支持农民工讨薪、工伤赔偿等起诉案件54件，涉案标的240余万元。

着力保护公民的司法权益。通过审查（办理）案件，对不构成犯罪的939人依法不批准逮捕，对不应当追究刑事责任的51人决定不起诉，对举报失实的43名被举报人予以公开正名。落实刑事案件被害人救助机制，救助27人。完善刑事诉讼中接待律师的规定。认真落实犯罪嫌疑人、被告人和罪犯的权利义务告知制度，健全监管场所投诉信箱、约见检察官等制度。

四、围绕深化检察工作改革,强化监督保活力

完善强化法律监督机制。建立健全引导"命案"侦查、逮捕案件双向说理和监督捕后变更强制措施、刑事案件另案处理等制度。探索完善刑事审判监督方式，规范检察长列席法院审判委员会相关程序，制定非抗诉刑事审判监督工作办法和量刑意见实施办法，开展量刑纳入庭审试点和简易程序监督试点工作。完善监管场所被监管人非正常死亡事故处理等制度。与相关部门建立减刑、假释、暂予监外执行同步监督制度。稳步推进铁路检察、林业检察改革。

完善接受外部监督机制。制定《关于进一步加强和规范全省检察机关人民监督工作的意见》，统筹接受人大监督、政协民主监督以及社会监督工作。完善人大代表网络联络系统和人大代表联络员制度，健全办理反馈人大代表、政协委员意见建议的机制。邀请人大代表、政协委员、人民监督员、特约检察员等参与检务督察、专项检查、案件听证、公诉观摩等活动3511人（次）。检察机关提出的刑事、民事、行政抗诉和民事、行政再审检察建议全部报同级人大常委会备案。对292件犯罪嫌疑人不服逮捕、检察机关拟作撤案或不起诉决定的职务犯罪案件,25件"五种情形"案件,全部提交人民监

员监督。进一步深化检务公开。

完善内部监督制约机制。全面实施省级以下检察院立案侦查的案件由上一级检察院审查决定逮捕的程序改革，规范讯问职务犯罪嫌疑人全程同步录音录像，加强对职务犯罪侦查工作的监督。完善办案事故责任追究、执法过错责任追究等制度，健全案件质量监控制度，开展案件质量评查，加强对办案的监督制约。

五、围绕加强班子队伍建设,提升能力保公正

坚持政治建检，确保检察工作的政治方向。全省检察机关始终坚持用中国特色社会主义理论体系武装干警头脑、指导检察工作。深化学习实践科学发展观活动、社会主义法治理念教育、"大学习、大讨论"和"素质大培训、技能大练兵、作风大转变"活动。扎实推进以忠诚、公正、清廉、文明为核心的检察职业道德建设。

坚持班子带检，引领检察工作科学发展。制定下发加强市级检察院领导班子建设、加强全省检察机关后备干部队伍建设的意见。坚持派员参加市级检察院领导班子民主生活会制度。坚持民主集中制，重大事项由集体研究决定，完善巡视、述职述廉、个人有关事项报告等制度。开展领导干部任前廉政谈话483人（次）、诫勉谈话147人（次）、述职述廉1862人（次）。省检察院被省委评为落实党建工作责任制先进单位，获省级机关开展"四好"活动先进班子称号。

坚持素质兴检，不断提高队伍专业化水平。新补充检察人员1033人。推进大规模检察教育培训，举办了首届川渝公诉人辩论赛，组织各类培训班476期，培训干警14000余人（次）。

坚持从严治检，确保检察权依法正确行使。加强廉洁从检教育，健全领导干部廉政档案，开展年度财务检查，专项治理"小金库"。加强执法规范化建设，完善检察干警执法档案，开展直接立案侦查案件扣押冻结款物、办案安全专项检查。加强纪律作风建设，专项治理酒后驾车等违规行为。

坚持基础固检，夯实检察工作发展根基。深入推进基层检察院业务、队伍、保障和信息化相结合的规范化管理机制建设。什邡市检察院被评为全国十佳基层检察院，12个检察院被评为全国先进基层检察院。加强检务保障建设，经费保障能力进一步提高。加强检察信息化建设，全省所有市级检察院、176个基层检察院建成局域网、专线网，并开展

了网上办公办案应用。

2010年全省检察工作的总体思路是:深入学习贯彻党的十七大、十七届四中全会,中央、省委经济工作会议,全国、全省政法工作会议和省委九届七次全会精神,以邓小平理论和"三个代表"重要思想为指导,深入贯彻落实科学发展观,坚持社会主义法治理念,坚持党的事业至上、人民利益至上、宪法法律至上,坚持"强化法律监督,维护公平正义"的检察工作主题,紧紧抓住影响社会和谐稳定的源头性、根本性、基础性问题,紧紧围绕社会矛盾化解、社会管理创新、公正廉洁执法三项重点工作,以执

法办案为中心,全面加强和改进检察工作,为推进四川"两个加快"提供更加有力的司法保障。第一,自觉坚持服务大局,全力保障经济平稳较快发展。第二,深入推进社会矛盾化解、社会管理创新,全力维护社会和谐稳定。第三,加大查办和预防职务犯罪力度,全力推进反腐倡廉建设。第四,加强和规范诉讼监督工作,全力促进公正廉洁执法。第五,深入推进检察工作体制和机制改革,切实增强生机与活力。第六,加强班子队伍建设和基层基础工作,切实打牢检察工作科学发展的根基。

贵州省人民检察院工作报告(摘要)

——2010年1月22日在贵州省第十一届人民代表大会第三次会议上

贵州省人民检察院检察长 陈俊平

(2010年1月24日贵州省第十一届人民代表大会第三次会议通过)

2009年,全省检察机关以邓小平理论和"三个代表"重要思想为指导,深入贯彻落实科学发展观,认真学习贯彻党的十七大和十七届三中、四中全会精神,省委十届五次、七次全会精神以及省十一届人大二次会议精神,紧紧围绕保增长、保民生、保稳定,坚持"强化法律监督,维护公平正义"的检察工作主题,忠实履行法律监督职责,深化检察改革,狠抓检察队伍建设,各项检察工作都取得了新进展。

一、认真履行检察职责,服务经济社会发展

全省检察机关紧紧围绕全省工作大局,充分发挥打击、监督、预防、保护的职能作用,积极主动地做好服务经济社会发展的各项工作。省检察院制定了《关于充分发挥检察职能促进经济平稳较快发展的意见》和《关于保障和促进非公有制经济又好又快发展的意见》,指导全省检察机关正确把握法律与政策的界限,妥善处理打击与保护的关系,切实改进办案方式方法,着力维护市场经济秩序,着力保障政府投资安全,着力促进农村改革发展,着力促进非公有制经济发展,着力保障和改善民生,

努力为我省经济社会发展营造公正的法治环境。

(一)加强和改进批捕起诉工作,维护社会和谐稳定

全省检察机关把确保新中国成立六十周年庆祝活动安全顺利进行作为重中之重的任务,与审判、公安等机关密切配合,充分发挥批捕起诉职能作用,依法打击各类刑事犯罪,重点打击危害国家安全犯罪、黑恶势力犯罪、严重暴力犯罪和"两抢一盗"等影响群众安全感的犯罪,以及拐卖妇女、儿童犯罪,全力维护社会稳定。全年共批准逮捕各类刑事犯罪嫌疑人32974人,提起公诉34521人。其中,批准逮捕抢劫、抢夺、盗窃犯罪嫌疑人15030人,提起公诉14868人;批准逮捕毒品犯罪嫌疑人2834人,提起公诉2868人;批准逮捕拐卖妇女、儿童犯罪嫌疑人263人,提起公诉200人。深化"打黑除恶"专项斗争,批准逮捕黑恶势力犯罪嫌疑人540人,提起公诉1330人。积极参加整顿和规范市场经济秩序工作,批准逮捕制售伪劣商品、金融诈骗、逃税骗税、侵犯知识产权等犯罪嫌疑人719人,提

起公诉645人。

在履行批捕起诉职责中,正确处理批捕起诉工作中的质量、效率、政策、效果的关系,贯彻执行宽严相济刑事政策,努力做到执法办案的法律效果、政治效果和社会效果的有机统一。强化审查逮捕和审查起诉的措施,加强和改进批捕起诉工作,提高死刑第二审案件审查和出庭公诉工作能力,确保办案质量和效率。

积极参加社会治安综合治理,防范和减少违法犯罪。在打击犯罪的同时,积极参与平安创建活动,妥善处理群体性上访33件;继续开展创建"青少年维权岗"活动,加强对社区矫正工作的法律监督,定期组织回访565人(次)。

加强涉检信访工作。积极开展涉检信访分析、研判和排查工作,探索建立信访督查专员制度,认真落实自办责任制和检察长接访、定期巡访制,组织开展化解信访积案专项活动,切实解决涉检信访问题。全省检察机关共办理群众来信来访11024件,排查信访积案38件,已化解息诉31件。开通"12309"举报电话,畅通控告申诉举报渠道,努力从源头上减少涉检信访问题的发生,最大限度地促进社会和谐稳定。

(二)加大查办和预防职务犯罪工作力度,促进反腐倡廉建设

全省检察机关按照中央和省委关于党风廉政建设和反腐败工作的总体部署,加大工作力度,严肃查处了一批职务犯罪案件。全年共立案侦查职务犯罪案件1002件1248人,侦查终结提起公诉1198人,法院已作有罪判决858人。在立案侦查的职务犯罪案件中,贪污贿赂犯罪案件785件995人,其中大案686件;渎职侵权犯罪案件217件253人,其中重大特大案件93件。查办涉嫌犯罪的县处级以上国家工作人员76人,其中地厅级6人。加大追赃工作力度,通过办案为国家挽回直接经济损失7.3亿元。

积极开展查办职务犯罪专项工作。一是开展工程建设领域突出问题专项治理工作,立案查办发生在工程建设领域中的职务犯罪案件157件181人。二是深入推进查办涉农职务犯罪专项工作,立案查办发生在农村危房改造、农民工就业培训等过程中的职务犯罪案件175件235人;立案查办发生在农村"四改一气"(以沼气池建设为纽带,配合改厕、改圈、改厨和进户路改造)工程中的职务犯罪案

件48件69人。三是深化治理商业贿赂专项工作,立案查办涉及国家工作人员的商业贿赂犯罪案件356件393人。四是深入推进查办危害能源资源和生态环境渎职犯罪专项工作,立案查办此类案件94件109人。五是开展查办司法不公渎职侵权犯罪专项工作,立案查办此类案件57件65人。六是依法打击利用经济调节、市场监管、社会管理等行政职权,危害非公有制经济正常发展的职务犯罪,立案查办此类案件127件145人。

在办案中依法保障国家工作人员的合法权益,对经查确属错告诬告的3名被举报人,及时予以正名。正确处理办案的数量、质量、效率、安全和规范的关系,完善办案工作责任制,强化办案措施,加强执法规范化建设,推进办案工作平稳健康发展。

立足检察职能,积极开展预防职务犯罪工作。结合办案广泛开展预防职务犯罪宣传和咨询,加强职务犯罪典型案例剖析,对国家工作人员进行警示教育。重点围绕事关国计民生的重大建设项目以及职务犯罪多发行业和领域开展预防,分析职务犯罪发案原因、特点和规律,及时建议有关单位和部门健全制度、堵塞漏洞,共提出检察建议197件。完善和推行行贿犯罪档案查询制度,共向工程招标单位、建设主管部门等提供查询1418次。

(三)强化对诉讼活动的法律监督,维护司法公正

全省检察机关切实履行对刑事诉讼、民事审判和行政诉讼的法律监督职责,着力提高敢于监督、善于监督、依法监督的能力,努力做到有罪追究、无罪保护、严格依法、客观公正。一是在刑事立案和侦查监督中,对应当立案而不立案的,依法监督侦查机关立案835件;对不应当立案而立案的,提出纠正意见469件;对应当提请逮捕而未提请逮捕的,追加逮捕988人;对不符合法定逮捕条件的,决定不批捕4716人,其中不构成犯罪的1100人,没有逮捕必要的1695人,退回补充侦查的1921人;对应当起诉而未移送起诉的,追加起诉426人;对不符合法定起诉条件的,决定不起诉1147人,其中绝对不诉68人,相对不诉806人,存疑不诉273人。二是在刑事审判监督中,对认为确有错误的刑事判决、裁定提出抗诉140件;对刑事审判中的违法情况提出监督纠正意见355件(次)。三是在民事审判和行政诉讼监督中,对认为确有错误的生效民事行政判决、裁定提出抗诉87件;对一些案件建议法

院自行启动再审程序,共提出再审检察建议 95 件。对法院正确的裁判,注意做好申诉人的服判息诉工作,共息诉 803 件。四是在刑罚执行监督和刑事羁押期限监督中,对超期羁押和违法减刑、假释、保外就医、不按规定交付执行以及监管活动中的违法情况提出纠正意见 225 件(次)。

在做好常规监督的同时,认真开展专项监督。一是积极开展看守所监管执法专项检查活动。采取有效措施,强化对看守所监管执法的法律监督,督促看守所严格执法、依法管理,切实维护在押人员合法权益。二是积极开展刑事审判法律监督专项检查活动。认真查找和解决刑事审判法律监督工作中存在的问题和薄弱环节,开展专项检查和重点案件复查。发现在刑事审判环节中存在问题的案件 66 件,已监督整改 54 件,进一步提高了刑事审判法律监督能力。三是积极开展保护生态环境、国有资产等方面的公益诉讼工作。共办理此类案件 1355 件,其中刑事附带民事诉讼 230 件,督促起诉 767 件,支持起诉 358 件,注重维护公共利益和弱势群体的合法权益。

坚持以办案促监督。严肃查办司法人员职务犯罪案件,促进公正司法,共立案侦查司法人员涉嫌职务犯罪 108 人;严肃查办行政执法人员职务犯罪案件,促进依法行政,共立案侦查行政执法人员涉嫌职务犯罪 212 人。

二、深化检察改革,完善检察体制和工作机制

全省检察机关按照中央批准的《关于深化司法体制和工作机制改革若干问题的意见》和最高人民检察院的《实施意见》、《工作方案》,切实推进检察改革。

一是推行职务犯罪案件审查逮捕程序改革。为了加强上级检察院对下级检察院直接受理案件侦查工作的监督制约,确保逮捕案件质量,促进严格执法,最高人民检察院决定从 2009 年 9 月 2 日起,省级以下检察院立案侦查的案件需要逮捕犯罪嫌疑人的,由上一级人民检察院审查决定。全省检察机关在总结贵阳、黔西南两个市、州检察院和部分县级检察院试点工作的基础上,按期全面推行。二是完善刑事立案、侦查监督和刑事审判法律监督机制。建立健全对适用搜查、扣押、冻结等侦查措施以及刑事立案、刑罚变更执行的法律监督机制;会同有关部门建立健全证人、鉴定人出庭制度;完善检察长列席同级人民法院审判委员会会议制度

等。三是健全内外监督制约机制。深入推进人民监督员制度改革,人民监督员监督职务犯罪案件中拟作撤案、不起诉处理和犯罪嫌疑人不服逮捕决定的"三类案件"73 件 83 人。坚持和完善特约检察员、专家咨询委员制度,在检察决策和执法办案过程中充分听取意见,自觉接受监督。深化检务公开,增加检察工作透明度,保障人民群众的知情权、参与权和监督权。建立健全执法办案内部监督制约制度,切实开展检务督察,对检察机关和检察人员履行职责、遵章守纪、检风检容等情况进行监督检查。四是完善检务保障机制。完成了检察公用经费正常增长机制基础数据的调研工作,推动落实检察公用经费保障标准,执法条件进一步得到改善。

三、加强检察队伍和基层检察院建设,提高法律监督能力

全省检察机关坚持以执法规范化、队伍专业化、管理科学化和保障现代化为目标,狠抓检察队伍和基层检察院建设。

一是坚持把思想建设放在首位。认真开展深入学习实践科学发展观活动,深化社会主义法治理念教育和"大学习、大讨论"活动,以坚定理想信念为重点,引导广大检察人员坚定政治方向,统一执法思想,牢固树立推动科学发展、促进社会和谐的大局观,以人为本、执法为民的执法观,办案力度、质量、效率、效果相统一的政绩观,监督者更要接受监督的权力观。

二是突出抓好领导班子建设。以民主集中制建设为重点,加强全省各级检察院领导班子建设。组织市州分检察院和基层检察院检察长参加了最高人民检察院的轮训,省检察院对基层检察院副检察长及其他班子成员进行了培训。继续加强巡视工作,省检察院对贵阳市检察院、六盘水市检察院和黔西南州检察院进行巡视,督促整改存在的问题,强化了对领导班子和领导干部的监督。

三是推进队伍专业化建设。以造就高素质检察队伍为目标,认真执行检察官法,严格职业准入,规范初任检察官选拔工作。省检察院完善了检察人员遴选办法,规范上级检察机关从下级检察机关遴选检察官的工作。全省检察机关共招录检察人员 140 人,遴选检察官 34 人。加大业务培训力度,省检察院制定了《关于 2009—2012 年大规模推进检察教育培训工作的实施意见》,从检察队伍的实

际出发,广泛开展业务培训和岗位练兵,提高检察队伍执法办案的综合素质和专业技能。共举办各类培训班12期,培训检察人员2197人(次)。组织758人参加国家司法考试,其中340人通过考试,取得初任检察官任职资格。

四是开展创先争优活动。加强检察文化建设,开展社会主义核心价值体系学习教育。大力表彰检察队伍中涌现出来的先进集体和优秀人物,激励检察人员创先争优、建功立业。有45个集体、18名个人受到省级以上机关表彰。

五是加强纪律作风建设和自身反腐倡廉建设。认真落实中央《建立健全惩治和预防腐败体系2008—2012年工作规划》,严格执行党风廉政建设责任制。加强职业道德、党纪检纪和反腐倡廉教育。以坚持立检为公、执法为民为根本,紧紧抓住人民群众反映强烈的执法不严、不公、不廉的问题,加大专项治理力度,开展了规范安全文明执法专项检查工作、检察机关直接立案侦查案件扣押冻结款物专项检查工作,切实维护检察机关执法公信力。坚持从严治检,有8名检察人员受到党政纪处分。

六是加强基层检察院建设。坚持把检察工作和队伍建设的重心放在基层,完善和落实上级检察院领导联系基层等制度,认真研究解决影响基层检察工作的困难和问题。积极争取有关部门支持,补充政法专项编制278人,重点充实基层,为基层检察院定向委托培养135名优秀应届高校毕业生,安排32名西部志愿者到基层检察院服务。基层检察院的侦查、技术用房和信息化建设取得阶段性成果,85个基层检察院已建成"两房"并投入使用,86个基层检察院建成计算机局域网,86个基层检察院开通三级专线网。省检察院召开了全省基层检察院建设工作会议,制定了《2009—2012年基层人民检察院建设规划》,全面部署当前和今后一个时期基层检察院建设工作,积极推进基层检察院建设。

自觉接受人大及其常委会的监督。省十一届人大二次会议结束后,省检察院召开全省检察机关电视电话会,学习贯彻会议精神,针对人大代表提出的检察机关要进一步加大法律监督力度、加强执法规范化建设等意见和建议,认真制定整改措施,并以文件形式下发全省检察机关,对照检查,切实整改,及时反馈,接受监督。省检察院向在黔全国人大代表书面汇报了开展直接立案侦查案件扣押冻结款物专项检查工作情况。认真办理人大及其常委会交办的案件和事项,已办结31件,及时报送了办理情况和结果。

一年来检察工作的成绩,是在各级党委领导、人大监督和政府、政协以及社会各界的关心、支持下取得的。同时,我们清醒地认识到,检察工作还存在一些问题和不足:一是有的检察院履行法律监督职责还不够到位,服务经济社会发展的能力还有待进一步提高;二是执法不严格、不规范的问题仍有发生;三是有些检察人员的素质和执法能力还不能完全适应法律监督工作的需要。针对这些问题,我们将继续采取有效措施,认真加以解决。

2010年,是实施"十一五"规划的最后一年,也是为"十二五"规划启动实施创造良好条件至关重要的一年。全省检察机关将按照全国全省政法工作会议精神和最高人民检察院的工作部署,认真履行法律监督职责,深入推进社会矛盾化解、社会管理创新、公正廉洁执法三项重点工作,切实维护社会和谐稳定,为我省经济社会又好又快发展提供更加有力的司法保障。

一是认真履行批捕起诉职责。坚决打击危害国家安全犯罪,严惩黑恶势力犯罪、严重暴力犯罪、多发性侵财犯罪、涉众型经济犯罪和毒品犯罪,维护国家安全和社会稳定;依法惩治破坏社会主义市场经济秩序犯罪,维护市场经济秩序。全面贯彻宽严相济的刑事政策,最大限度地增加社会和谐因素。切实加强涉检信访工作,化解社会矛盾。认真做好检察环节维护社会和谐稳定工作,积极参与社会管理创新,促进社会治安防控体系建设。

二是严肃查办和积极预防职务犯罪。严肃查办发生在领导机关和领导干部中贪污贿赂、渎职犯罪案件,严肃查办商业贿赂犯罪案件和严重侵害群众利益的职务犯罪案件,严肃查办群体性事件和重大责任事故背后的职务犯罪案件。在坚决惩治腐败的同时,认真开展预防职务犯罪工作,促进惩治和预防腐败体系建设。

三是切实加强对诉讼活动的法律监督。继续抓住影响司法公正的突出问题,切实加强刑事诉讼监督、民事审判和行政诉讼监督,监督纠正执法不严、司法不公的行为;坚决查办司法不公背后的职务犯罪案件,维护社会公平正义。

四是深入推进检察改革。继续落实中央、省委关于深化司法体制和工作机制改革的意见和要求,按照最高人民检察院、省委政法委的部署和省检察院实施方案,积极稳妥地推进我省检察改革。进一步完善检察机关法律监督的范围、内容、程序和措施,规范执法行为;深化检务公开,正确把握检察工作面临的新情况新问题,切实加强网络舆情的掌握和应对引导工作,不断提高检察机关执法的透明度和公信力。

五是大力加强检察队伍建设。以推进公正廉洁执法为重点,贯彻落实《中共贵州省委关于认真学习贯彻党的十七届四中全会精神大力加强干部队伍建设的意见》,坚持把检察队伍思想政治建设放在首位,突出抓好各级检察院领导班子建设,深入开展"忠诚、公正、清廉、文明"检察职业道德教育,全面推进思想建设、组织建设、作风建设、制度

建设和反腐倡廉建设。加强学习型机关建设和教育培训工作,进一步提高法律监督能力。

六是扎实推进基层检察院建设。继续落实最高人民检察院关于基层人民检察院建设的规划,切实做好抓基层、打基础工作。认真解决基层检察院面临的问题和困难,提高基层检察工作和队伍建设水平,进一步夯实检察事业科学发展的基础。

在新的一年里,全省检察机关要紧密团结在以胡锦涛同志为总书记的党中央周围,高举中国特色社会主义伟大旗帜,坚持以邓小平理论和"三个代表"重要思想为指导,深入贯彻落实科学发展观,振奋精神,扎实工作,为保障我省经济社会发展、促进社会和谐稳定作出新的贡献。

云南省人民检察院工作报告(摘要)

——2010 年 1 月 24 日在云南省第十一届人民代表大会第三次会议上

云南省人民检察院检察长 王田海

(2010 年 1 月 26 日云南省第十一届人民代表大会第三次会议通过)

2009 年全省检察工作主要情况

2009 年,全省检察机关在省委、最高人民检察院的领导下,在各级人大、政府、政协和社会各界的监督支持下,深入贯彻党的十七届三中、四中全会和胡锦涛总书记等中央领导同志对检察工作的一系列重要指示精神,认真落实省十一届人大二次会议决议,坚持走科学发展之路,不断强化法律监督职能,大力推进自身建设,各项检察工作取得了新成绩。

一、法律监督职能在服务经济社会平稳较快发展中得到充分发挥

全省检察机关按照"保增长、保民生、保稳定"的总体要求,紧紧围绕省检察院年初制定的服务经济平稳较快发展的十六条意见和保障民生的九条措施,进一步加强和改进法律监督工作,在办案中促进发展,在执法中保障民生,在监督中维护稳定,为全省经济社会平稳较快发展提供了有力的司法保障。

(一)坚持打防结合,注重源头治理,维护社会和谐稳定工作成效明显。全面贯彻宽严相济刑事政策,依法惩治刑事犯罪。始终保持对严重刑事犯罪的高压态势。以开展"打黑除恶"、打击严重暴力犯罪和"两抢一盗"犯罪等专项斗争为重点,依法严厉打击严重刑事犯罪,共批捕各类刑事犯罪嫌疑人 35200 人、起诉 40309 人。其中,批捕毒品犯罪嫌疑人 7918 人、起诉 7758 人;批捕破坏社会主义市场经济秩序犯罪嫌疑人 1424 人、起诉 1572 人。依法对轻微刑事犯罪适用从宽政策。共对 1872 名无逮捕必要的犯罪嫌疑人决定不批捕,对 215 名不需要判处刑罚的犯罪嫌疑人决定不起诉,建议法院对 6301 件被告人认罪案件适用简易程序或简化审理程序。

着力化解社会矛盾,依法处理涉检信访案件。畅通信访渠道,认真开展网上接访、领导接访和下访巡访,开通"12309"举报电话,共受理群众来信来

访和控告举报 11605 件,依法妥善进行了处理。深入开展涉检重信重访积案化解专项活动,落实领导包案责任,全部办结省委政法委交办的 44 件重信重访积案。

积极参与综治维稳工作,夯实社会稳定的基础。积极开展平安创建活动,95 个检察院被评为先进单位。在党委的统一领导下,配合有关部门处置群体性事件,排查整治治安混乱地区及突出治安问题,提出检察建议 105 件。加强法制宣传教育,进一步增强群众知法、守法的意识。

(二)坚持标本兼治,注重协调发展,查办和预防职务犯罪工作全面推进。突出重点,办案力度稳步加大。严肃查办破坏改革发展、侵犯群众利益的职务犯罪大案要案。立案侦查职务犯罪案件 1341 件 1406 人,其中,贪污贿赂案件 1097 件 1149 人,渎职侵权案件 244 件 257 人;查办贪污贿赂大案、重特大渎职侵权案件 886 件,同比上升 9.4%;查办县处级以上领导干部 95 人(厅级 5 人),同比上升 8%。查办商业贿赂职务犯罪案件 597 件,查办涉农职务犯罪案件 445 件,查办工程建设领域职务犯罪案件 396 件,查办危害能源资源、生态环境渎职犯罪案件 162 件,查办重大安全责任事故背后的职务犯罪案件 32 件。加强边境协查站建设,开展协查 2332 件,抓获和劝返在逃职务犯罪嫌疑人 93 名。通过办案为国家挽回经济损失 2.83 亿余元。

规范执法,办案质量持续上升。职务犯罪案件侦查终结率为 91.7%,同比上升 10.2 个百分点;起诉率为 96.5%,同比上升 6.1 个百分点;有罪判决率为 100%,同比上升 5.3 个百分点。办案质量进入全国先进行列。

服务发展,办案效果明显改善。慎重办理企业人员职务犯罪案件,注意维护企业形象、维护企业产品信誉、维护企业正常生产经营秩序、维护企业合法权益,不轻易查封企业产品设备、不轻易冻结企业账户、不轻易扣押企业营业执照、不轻易对企业法人代表和业务骨干采取强制措施。依法为 287 名受到不实举报的领导干部和企业负责人澄清了问题,依法支持他们干事创业。

强化职能,预防职务犯罪专业化水平不断提高。加快"侦防一体化"建设,结合执法办案对 362 件典型案件开展立项预防调查,发出检察建议 220 件,促成行业系统整改。深入 162 个在建国家级、

省级重大工程建设项目开展预防工作,确保政府投资安全。受理行贿犯罪档案查询 894 次,开展预防宣传和警示教育 606 次。省检察院在全国检察机关第三次预防职务犯罪工作会议上交流了工作经验。

(三)坚持整体推进,注重执法效果,诉讼监督工作进一步加强。明确监督方向,认真履行监督职责。监督侦查机关立案 572 件、撤案 122 件,监督立案后法院作出有罪判决 169 件,同比上升 168.3%。对违法侦查行为提出书面纠正意见和检察建议 429 件,纠正漏捕 82 人、漏诉 197 人。提出刑事抗诉 213 件,法院审结 98 件,改判或发回重审 78 件;提出民事行政抗诉 464 件,法院审结 178 件,改变原决定 88 件;对 516 名申诉人做好服判息诉工作,切实维护正确裁判决。监督纠正超期羁押、监外执行罪犯脱管漏管以及违法减刑、假释、暂予监外执行 1352 人。

抓住薄弱环节,全面提升监督水平。针对监督工作中存在的问题,完善刑事司法与行政执法相衔接机制,深入开展刑事审判法律监督专项检查活动,集中开展了看守所监管执法专项检查活动和监狱清查事故隐患促进安全监管专项活动,积极与省法院、司法厅协商解决民事行政申诉案件调卷难、再审检察建议启动程序难等问题。

严查司法腐败,切实增强监督权威。坚持把查办司法不公背后的职务犯罪作为加强诉讼监督、增强监督实效的重要措施。查办涉嫌徇私枉法、失职渎职、索贿受贿犯罪的司法人员 37 人。

二、检察工作机制在改革创新中得到逐步完善

(一)改革和完善执法办案工作机制。一是积极开展审查逮捕程序改革。省检察院及时制定并全面推行市、县两级检察院职务犯罪案件审查逮捕权上提一级制度。检察官派驻侦查机关制度、"逮捕必要性"证明制度试点工作正在部分基层检察院有序开展。二是稳步推进公诉工作改革。省检察院与省法院、司法厅联合制定改革意见,确保了检察长列席同级法院审判委员会和检察机关对量刑审理实施法律监督改革措施的顺利实施。三是优化检察职权配置。在监管场所较为集中的昆明、曲靖设立城郊地区监所检察院,规范监狱、劳教所检察室派驻工作。省检察院组织了全国第一个改革办案程序刑事申诉案件抗诉观摩庭。继昆明、玉溪之后,怒江州两级检察机关设立了环境资源检察

机构。

（二）改革和完善检察机关进人机制。大力推行检察人员招录、遴选制度，共招录、遴选检察人员825人，其中少数民族403人，占48.9%。招录82名不限专业的少数民族大学生和81名熟悉本民族语言的高中毕业生到指定高校定向培养。按照严格公正的程序，从下级检察院遴选检察人员169名。

（三）改革和完善接受外部监督机制。普遍建立人大代表、政协委员联络制度，认真办理并全部办结人大代表、政协委员的议案、提案183件。各级检察院共向人大常委会报告工作211次。深化检务公开，完善检察文书说理制度和当事人权利义务告知制度，进一步增强检察工作的透明度。制定检察机关贯彻落实《律师法》的意见，保障律师在检察环节依法执业，并自觉接受律师监督。深入开展人民监督员制度试点工作，人民监督员共监督"三类案件"和"五种情形"案件186件。主动接受舆论监督，吸纳合理建议，提高检察机关的执法公信力。

三、队伍整体素质在严格教育、严格管理、严格监督中得到全面提升

（一）大力加强思想政治建设。认真开展深入学习实践科学发展观活动和社会主义法治理念教育活动，集中查找和解决了一批影响、制约检察工作科学发展的突出问题，引导检察人员进一步增强贯彻落实科学发展观的自觉性，坚持"三个至上"，做到"四个在心中"。

（二）大力加强领导班子建设。制定《关于加强检察机关领导班子思想政治建设的实施意见》，扎实开展"三个一"主题实践活动。加强上级检察院对下级检察院领导班子的监督管理，省检察院组织17个分、州、市院检察长进行了视频述职述廉，对3个州、市检察院领导班子进行了巡视和回访。省、市两级检察院派员列席下级检察院党组民主生活会160次。

（三）大力加强队伍专业化建设。制定并实施全省检察机关2009—2012年大规模推进教育培训工作规划和学历教育工作实施意见。坚持司法考试考前培训向贫困地区和少数民族倾斜，全省471名检察人员通过国家司法考试，其中国家级贫困县检察人员183人，少数民族检察人员125人。省检察院选聘了4名高等院校法学专家到业务处室挂职，有效促进了法学理论研究与检察实践的有机结合。

（四）大力加强纪律作风建设。集中开展纪律作风教育整顿、职务犯罪案件扣押冻结款物专项检查、群众评议机关作风等活动，严肃查处7名违法违纪检察人员。以"忠诚、公正、清廉、文明"为核心的检察职业道德大力得到进一步弘扬。

（五）大力加强基层检察院建设。强化基层检察院建设措施，基层检察院整体面貌发生了积极变化，67个基层单位、72名检察人员受到省级以上表彰。1个检察院被评为全国模范检察院，8个检察院被评为全国先进基层检察院，5个检察院被最高人民检察院记一等功，西山区检察院杨竹芳同志被最高人民检察院、全国妇联、云南省委分别授予"全国模范检察官"、"全国三八红旗手"、"云南省优秀共产党员"荣誉称号。

全省检察工作还存在一些问题和不足：一是法律监督的力度与人民群众的期盼还有差距，不善监督、监督不到位的问题在一些基层检察院还不同程度地存在。二是执法理念还不能完全适应经济社会发展的要求，服务大局的能力还有待进一步提高。三是队伍整体素质与新形势新任务还不完全适应，执法水平不够高，执法不规范、不文明的现象时有发生。四是执法保障机制不够健全，人员编制、经费保障与工作任务之间的矛盾仍然存在，边远贫困地区检察机关的困难尤为突出。

2010年全省检察工作主要任务

2010年，全省检察机关将以邓小平理论和"三个代表"重要思想为指导，深入学习实践科学发展观，认真贯彻党的十七届四中全会和省委八届八次全会精神，紧紧围绕"社会矛盾化解、社会管理创新、公正廉洁执法"三项重点工作，全面履行法律监督职能，大力加强自身建设，努力推动各项工作科学发展，为云南经济社会又好又快发展提供更加有力的司法保障。

一、努力服务全省经济平稳较快发展。按照中央"五个更加注重"的要求，紧紧围绕省委、省政府扩大内需、调整结构等十项重点工作，认真研究服务和保障经济发展的措施，充分发挥打击、预防、监督、保护等职能作用，努力在整顿规范市场秩序、保障政府投资安全、促进资本市场健康发展、推进生态文明建设等方面取得新成效。

二、深入推进社会矛盾化解工作。积极研究制定在执法办案中化解矛盾纠纷的意见，坚持涉检信访风险评估预警机制，建立和完善涉检信访督查专员等制度，落实首办责任制，推广公开听证、调解和解等方法，增强化解矛盾纠纷的能力。坚持把贯彻宽严相济刑事政策作为化解矛盾、促进和谐的重要途径，依法严厉打击危害国家安全和社会治安的犯罪；同时，积极建立、完善相关制度，确保轻微犯罪依法得到从宽处理。

三、更加重视反腐倡廉建设。严肃查办发生在领导机关和领导干部中的职务犯罪案件，严肃查办商业贿赂和严重侵害群众利益的职务犯罪案件，严肃查办群体性事件和重大责任事故背后的职务犯罪案件，严肃查办工程建设、房地产开发、金融等领域的职务犯罪案件，严肃查办涉农职务犯罪案件、危害能源资源和生态环境渎职犯罪案件。进一步规范工作程序，突出检察预防特色，努力在提升预防职务犯罪实效上取得新突破。

四、积极推动社会管理创新。主动参与重点地区的治安排查和重点整治工作，促进社会治安防控体系建设。配合有关部门加强对特殊人群的帮教管理，妥善安置刑释解教人员，做好预防未成年人犯罪工作。明确检察机关参与社区矫正工作的职责任务，加强对社区矫正的监督。积极探索参与网络虚拟社会管理的途径，继续做好涉检网络舆情监测、研判和应对工作。

五、全力促进公正廉洁执法。加强对有案不立、有罪不究、以罚代刑、裁判不公等违法问题的监督，加强对刑讯逼供、超期羁押、体罚虐待被监管人等侵权行为的监督，适时开展专项活动，集中解决群众反映强烈的执法不严、司法不公问题。坚持把强化自身监督放在与强化法律监督同等重要的位置，建立案件集中管理等机制，完善检务督察、执法档案等制度，确保检察权的正确行使。

六、大力加强检察队伍建设。全面开展"恪守检察职业道德、提升执法公信力"主题教育活动，深入开展"建设学习型党组织、创建学习型检察院"活动，推进大规模教育培训。认真落实党风廉政建设责任制，加大问责和查处违法违纪检察人员力度。切实加强基层基础工作，改进和完善基层检察院建设联系、帮扶等制度，进一步解决制约基层发展的问题。

七、扎实推进检察改革。积极配合最高人民检察院推动铁路检察机构改革，建立健全符合铁路检察工作规律的管理体制。进一步深化人民监督员制度、审查逮捕制度改革，强化对自身执法活动的监督。不折不扣落实好已经出台的改革措施，做到思想统一、领导有力、保障到位，确保取得预期效果。

西藏自治区人民检察院工作报告（摘要）

——2010 年 1 月 12 日在西藏自治区第九届人民代表大会第三次会议上

西藏自治区人民检察院检察长　张培中

（2010 年 1 月 15 日西藏自治区第九届人民代表大会第三次会议通过）

2009 年检察工作的主要情况

2009 年，全区检察机关高举中国特色社会主义伟大旗帜，坚持以邓小平理论和"三个代表"重要思想为指导，深入贯彻落实科学发展观，全面贯彻党的十七大和十七届三中、四中全会精神，按照自治区党委七届四次、六次全委会的部署，在自治区党委和最高人民检察院的坚强领导下，在各级人大及其常委会和广大代表的有力监督下，在各级政府、政协及社会各界的大力支持下，认真贯彻自治区九届人大二次会议的决议，忠实履行宪法和法律赋予的职责，全面加强和改进检察工作，为保增长、保民生、保稳定作出了积极贡献。

一、着力强化法律监督，维护社会公平正义

一年来，全区检察机关始终坚持"一个中心、两件大事、三个确保"的新时期西藏工作指导思想，着力强化法律监督，维护社会公平正义，不断提高执法水平和办案质量，为我区经济社会实现更好更快更大发展营造了良好的法治环境。

（一）依法打击各类刑事犯罪活动，全力维护国家安全和社会和谐稳定。一年来，全区检察机关严厉打击各种危害国家安全犯罪活动，严密防范达赖集团的分裂破坏活动，依法妥善处置涉及2008年拉萨"3·14"事件的案件。严厉打击了各种危害国家安全犯罪活动。与公安、法院等部门密切配合、通力协作，在全社会范围内深入开展打黑除恶专项斗争，沉重打击了黑恶势力犯罪、严重暴力犯罪、多发性侵财犯罪和毒品犯罪，增强了广大人民群众的安全感。按照自治区党委的决策部署，积极协助民宗统战等部门深入寺庙开展法制宣传教育工作；对边境通道实施严密防控、对铁路线进行安全守护；圆满完成敏感节点和重大活动的维稳任务。

（二）依法查办职务犯罪案件，全力维护党的良好形象和国家的经济利益。一年来，全区检察机关把反腐败的重点放在对党的形象、对改革发展稳定、对人民群众利益影响大、损害大的案件上，做到了发现一起、查处一起、决不手软。全年共立案侦查职务犯罪案件40件43人，其中大案28件，要案8人。侦查终结30件31人，移送起诉25件25人，为国家挽回直接经济损失1131万元。在查办案件时，我们始终坚持慎重选择办案时机、慎重使用拘留、逮捕等强制措施的原则，不轻易查封企业账目，不轻易扣押企业款物，不轻易冻结企业银行账户，尽量不影响企业生产经营，尽量不损害企业市场声誉，严格区分执行政策偏差与违法犯罪、工作过失与渎职犯罪、经济往来与经济犯罪的界限，既严格执法，又热情服务，维护了党政干部在人民群众中的良好形象和国家经济利益。

（三）依法监督诉讼活动，全力维护司法公正和社会公平正义。一年来，全区检察机关以对党、对人民、对法律高度负责的精神，切实履行法律监督职能，有力维护了法律的统一和正确实施。一是着力强化立案监督。办理立案监督案件15件，向侦查机关发出《要求说明不立案理由通知书》15份，通知侦查机关立案7件13人。二是着力强化侦查活动监督。对侦查机关提请逮捕的案件，不符合逮捕条件的不捕，共97件205人；对侦查机关移送审查起诉案件，不符合起诉条件的不起诉，共61件

110人；提前介入侦查94件次，参与重大案件讨论34件次，参与现场勘验10件次；向侦查机关提出纠正意见150件次。三是着力强化刑事审判监督。对确有错误的刑事判决、裁定提出抗诉5件，对刑事审判活动中的违法情况提出纠正意见17件次。四是着力强化民事行政审判监督。认真审查办理群众申诉的民事行政案件44件，对确有错误的民事行政判决、裁定提出抗诉8件。五是着力强化对刑罚执行和监管活动的监督。审查减刑1777人、假释9人、保外就医54人。认真落实羁押期限届满提示、超期羁押责任追究等制度，通过对5个地市看守所和21个重点县看守所的检查，依法纠正超期羁押22人。

二、着力关注民生，维护群众合法权益

一年来，全区检察机关努力践行执法为民宗旨，不断改进检察工作，自觉把维护人民群众合法权益作为检察工作的出发点和落脚点，深入基层回访调查、明察暗访、排查息诉，问需于民、求计于民、服务于民。

（一）全心全意践行"执法为民"宗旨，努力维护人民群众的合法权益。一是集中开展群众申诉案件专项清理工作。对排查出来的9件案件逐一进行研究、提出处理办法，纠正原处理决定5件，办理刑事赔偿案件3件，支付当事人赔偿金和返还涉案款147.39万元，为3名受到不公正对待和含冤受屈的群众伸张正义、讨回公道。二是深入推行信访接待首办责任制。变上访为下访，变等访为巡访，共巡访、下访、回访531次，向群众提供法律咨询4560次，向国家工作人员进行法制宣传教育145次，受教育干部群众达22582人。三是认真落实检察长接待、预约接访制度。全区各级检察长共接待群众164次，纠正处理社会影响大、关系人民群众切身利益的案件5件。四是积极完善便民利民措施。适应形势需要，在全区检察机关开通了"12309"职务犯罪举报电话和网上举报、申诉、信息查询服务，通过电话和网络共接访163件182人次，做到了有问必答，有难必帮。

（二）千方百计关注民生，努力维护人民群众最关心、最直接、最现实的利益问题。认真制定并实施了服务"保增长、保民生、保稳定"的指导意见，在全区各级检察机关形成了执法保大局、同心克时艰的强大合力，为"三保"提供了有效的法律支持。围绕保障人民群众生命健康安全，依法办理制假售假

案件 4 件 7 人；围绕农牧民群众普遍关注的土地草场承包、财务管理、惠农资金落实等问题，查办涉农职务犯罪案件 10 件 11 人；围绕以安居乐业为突破口的社会主义新农村建设，立案侦查职务犯罪案件 3 件 4 人；围绕维护职工利益，严肃查办国有企业工作人员贪污、挪用、私分国有资产的职务犯罪 9 人；围绕危害能源资源、生态环境，查办渎职案件 2 件 3 人；围绕重大安全生产事故责任追究，直接介入 5 起重特大安全事故调查，并对存在的突出问题依法提出检察建议。此外，还协助发案单位落实预防职务犯罪措施 7 项；配合金融、交通、水电等重要部门建立了预防职务犯罪的工作机制；与企业联手对 7 个重大项目的建设进行了全程监督。

（三）真心实意接受监督，努力改进检察工作。全区各级检察机关坚持主动向党委请示汇报工作，争取各级党委的重视和支持；全面落实人大及其常委会的决议、决定，及时向人大及其常委会报告重大工作开展情况，认真办理人大常委会交办的事项；积极加强与人大代表和政协委员的联系，认真研究落实人大代表和政协委员提出的意见、批评和建议；大力推行阳光检务，积极深化人民监督员制度改革，选任人民监督员 291 名，建立健全了检务公开和刑事申诉案件公开审查制度，加强信息发布，有效改进检察工作，把检察权的行使置于党的绝对领导和人大监督、政协民主监督、新闻媒体和社会舆论监督之下，保证了检察权的正确行使。在自觉接受人大监督方面，全区三级检察机关向人大代表寄送材料 2800 份，汇报工作 270 次，走访 680 人次，邀请人大代表视察检察工作 390 人次，有效保障了人大代表的监督权。

三、着力强化队伍建设，提高法律监督能力

一年来，全区检察机关全面加强检察队伍建设，着力解决影响严格、公正、文明、廉洁执法的突出问题，队伍整体素质和执法水平有了新提高。

（一）切实巩固和扩大学习实践活动成果。全区检察机关按照党的十七大关于严格、公正、文明执法的要求，认真贯彻中央的重要指示和自治区党委、最高人民检察院的部署要求，坚持把思想政治建设放在首位，坚持把巩固和扩大学习实践活动成果与深化社会主义法治理念教育有机统一起来，突出实践特色和机制创新，集中开展了对影响检察工作科学发展的制度机制梳理活动，共梳理规范性文件 150 个、制度机制 124 项，废止文件 6 个、修订完

善 27 项。制定出台了创新服务大局、创新法律监督、创新完善检务保障等规章制度，检察队伍的社会主义法治理念，"立检为公、执法为民"的执法观念和办案力度、质量、效率、效果相统一的政绩观，以及监督者更要接受监督的权力观进一步巩固，检察人员的执法水平进一步提高，学习实践活动成果进一步扩大。

（二）切实加强领导班子建设。认真落实领导班子、领导干部政治学习、业务学习等制度，在各级检察机关广泛开展"讲党性、重品行、作表率"活动，加强对领导干部的教育、监督和管理。狠抓党风廉政建设，在全区检察系统开展了层层签订党风廉政建设责任书、纪律条规学习和以案析理活动。积极争取各级党委和人大的支持，调整充实了各级检察院领导班子，加强了后备干部队伍建设，经民主推荐共产生 120 名正副处级后备干部，提请人大常委会任命 31 名检察委员会委员，有 72 个基层检察院建立了党组，全区 81 个检察院成立了检察委员会。在自治区党委和最高人民检察院的坚强领导下，在自治区人大的大力支持下，自治区检察院领导班子得到进一步充实和加强。

（三）切实加强自身监督机制建设。全区各级检察机关高度重视加强自身执法监督制约机制建设，不断完善执法规范，健全管理机制，推行了讯问职务犯罪嫌疑人全程同步录音录像和查办职务犯罪案件立案、撤案、逮捕、不起诉报上一级检察院备案批准等制度，建立重大案件挂牌督办、"一案三卡"、纪检监察部门跟踪监督等制度，实现了对办案各个环节的动态监督，规范了自身执法行为。

（四）切实加强检察作风建设。按照自治区党委的统一部署，在各级检察机关深入开展了"领导干部作风建设年"活动，并结合检察工作实际，组织开展了"创建学习型检察院、培养学习型检察官"活动，切实提高了检察机关的执法能力、执法水平和执法公信力。深入开展了直接立案侦查案件扣押冻结款物专项检查活动，共检查案件 186 起，涉案金额达 4300 万元。自治区检察院党组成员以身作则，率先垂范，按照分片负责的原则，深入基层、深入实际、深入群众开展调查研究，为基层和群众协调解决了一系列的实际困难和问题，得到了自治区党委和最高人民检察院的肯定，受到了广大群众的欢迎。

（五）切实加强能力素质建设。按照中央和自

治区党委、最高人民检察院关于提高队伍素质、推进大规模教育培训的要求，积极推进了检察教育培训工作，适时出台了《西藏自治区人民检察院关于2009—2012年大规模推进检察教育培训工作的实施意见》，努力培养复合型、专门型人才，培训检察人员2300人次。采取走出去与请进来、短期培训与长期培训、专业培训与学历教育相结合的方式，不断加大检察队伍的培训力度，去年有114人通过了司法考试，是司法考试实施八年以来我区检察系统通过人数最多的一年。出台了《关于开展学习藏汉双语活动的方案》，要求检察系统45岁以下藏汉干部加强"双语"学习，将"双语"学习情况纳入年度考核内容，在西藏大学开设了每期一年的2期检察系统藏语培训班。去年还与北京师范大学签订了以业务培训、人才培养、专家咨询为主要内容的长期全面合作协议，为全面加强检察队伍的能力素质建设奠定了坚实基础。

（六）切实加强基层基础建设。针对基层检察院基础建设滞后的问题，在各级政府的支持下，去年共投入资金5698.42万元。其中，投入资金1594.42万元，解决了21个县检察院、6个分市检察院交通工具，实施了全区检察干警"人手一机"工程；投入资金1071.8万元，解决了警械装备和检察服装；下拨办公、办案及维稳经费3032.2万元；争取援藏资金645万元，进一步缓解了基层检察院在办公、办案和经费装备等方面的严重不足。与此同时，国家检察官学院西藏分院筹建工作和樟木、亚东、吉隆、双湖4个派出检察室建设进展顺利。

回顾2009年的工作，也使我们清醒地看到，我区检察工作与科学发展观的要求、与人民群众的期望还存在着一定的差距，主要表现在：执法机制、执法水平和执法作风还有待进一步改进和加强；法律监督的力度和效果与党的要求、与人民的期盼还有一定差距，不想监督、不会监督的问题依然存在；检察队伍的整体素质和依法监督的能力还不能完全适应新形势新任务的要求；基层检察院人员不足、基础设施建设滞后、装备短缺等问题依然突出。对此，我们必须采取有效措施，认真加以解决。

2010年检察工作的主要安排

2010年是我区实施"十一五"规划的决战之年，也是我区社会局势由基本稳定迈向长治久安的关键之年，做好今年的检察工作事关全局、意义重大。自治区党委书记张庆黎同志指出："检察机关

是西藏政治建设和民主法治建设的中坚力量、是西藏改革发展稳定的坚强柱石。"我们要继续落实好自治区党委特别是张庆黎书记关于加强检察工作的重要指示精神。根据中央和自治区党委、最高人民检察院的决策部署，今年全区检察工作的总体思路是：高举中国特色社会主义伟大旗帜，以邓小平理论和"三个代表"重要思想为指导，深入贯彻落实科学发展观，全面贯彻落实中央和自治区党委、最高人民检察院的决策部署，以维护国家安全和社会稳定为第一责任，以深入推进社会矛盾化解、社会管理创新、公正廉洁执法为重要载体，不断强化法律监督，强化自身监督，强化基层基础建设，强化高素质检察队伍建设，努力把全区检察工作提高到一个新水平，为走有中国特色、西藏特点的发展路子，全面建设小康西藏、平安西藏、和谐西藏、生态西藏提供有力的司法保障和服务。根据上述总体思路，我们将不遗余力地做好以下五个方面的重点工作。

第一，不遗余力地维护社会稳定。坚持把反对分裂、维护稳定、促进发展置于检察工作的最高位置，牢固树立政治意识、大局意识、责任意识、忧患意识，按照自治区党委和最高人民检察院的决策部署，主动加强与有关部门的沟通配合，深入开展反分裂斗争和反恐怖斗争，严密防范、严厉打击敌对势力实施的分裂破坏活动，依法果断有效地处置危害国家安全的各种犯罪活动，努力实现政治效果、法律效果和社会效果的有机统一，确保全区社会大局持续稳定。依法打击各种刑事犯罪，深入推进社会矛盾化解，创新完善维稳工作机制。积极参与社会管理创新，促进提高社会管理水平。

第二，不遗余力地服务经济建设。坚持把实现我区经济更好更快更大发展作为法律监督和服务的首要任务，深入贯彻落实全区经济工作会议精神，按照自治区党委、政府关于"七个大力抓好"的工作部署和要求，紧紧围绕推动科学发展、促进社会和谐稳定这个主题，依法严厉打击经济领域的犯罪，依法打击制售假冒伪劣食品药品和农资等坑民害民的犯罪，依法打击重大环境污染、严重破坏生态环境的犯罪，严肃查处、积极预防民生工程、基础设施、扶贫赈灾等建设项目审批和资金管理使用中的职务犯罪，查办和预防涉农职务犯罪，充分发挥打击、预防、监督、保护等职能作用，为全区经济跨越式发展提供良好的司法保障。

第三，不遗余力地强化法律监督。坚持把强化

法律监督、维护公平正义作为根本任务，努力提高法律监督能力，突出监督这个重点，切实加强刑事诉讼监督、民事审判监督、行政诉讼监督和刑罚执行、监管活动的监督，狠抓薄弱环节，加大工作力度，着力解决人民群众反映强烈的执法不严、司法不公等问题，做到敢于监督、善于监督、依法监督、规范监督。积极稳妥地推进检察工作改革，科学配置检察资源，健全法律监督机制，确保各级检察机关依法公正地行使检察权。

第四，不遗余力地提高队伍素质。坚持把思想政治建设放在首位，牢固树立社会主义法治理念，始终做到党在心中、人民在心中、法律在心中、正义在心中，不断加强领导班子建设，扎实推进大规模检察教育培训，不断加强检察队伍的职业道德建设，狠抓各级检察机关的纪律作风和自身反腐倡廉建设，不断提高检察队伍的执法能力、执法水平和执法公信力，努力在全区建设一支严格、公正、文明、廉洁执法的检察队伍，为检察工作科学发展提供坚强有力的政治保障和组织保障。

第五，不遗余力地加强基层基础建设。坚持把加强基层检察院建设作为一项基础性工作来抓，积极争取各级党委、政府的支持，严格执行地县两级

人民检察院公用经费保障标准，不断增强中央政法专款的使用效益，继续推进办案用房、技术用房和周转房建设，加快科技强检步伐，提高科技装备水平，强化检察技术和信息化建设，以基础设施和装备的不断改善，促进基层检察院法律监督能力的不断提高。

当前，我区已经站在全面建设小康社会新的更高的历史起点上，正处于顺利完成"十一五"规划目标、实现经济社会更好更快更大发展的紧要关头，处于反分裂斗争新的尖锐复杂期，面对新形势、新任务、新要求，全区检察机关要更加紧密地团结在以胡锦涛同志为总书记的党中央周围，在自治区党委和最高人民检察院的坚强领导下，在各级人大及其常委会和广大代表的有力监督下，在各级政府、政协及社会各界的大力支持下，按照本次会议的决议，以更加良好的精神状态、更加扎实的工作作风、更加积极的进取精神，认真履行宪法和法律赋予的职责，以新思路催生新举措、以新举措实现新发展、以新发展创造新辉煌，不断把我区检察工作提高到一个新的更高的水平，为努力建设团结、民主、富裕、文明、和谐的社会主义新西藏作出新的更大的贡献！

陕西省人民检察院工作报告（摘要）

——2010年1月27日在陕西省第十一届人民代表大会第三次会议上

陕西省人民检察院检察长　胡太平

（2010年1月29日陕西省第十一届人民代表大会第三次会议通过）

2009年，面对国际金融危机的严重冲击，全省检察机关在省委和最高人民检察院的正确领导下，在省人大及其常委会的监督下，紧紧围绕保增长保民生保稳定的工作部署，更加自觉地把检察工作放在全省的工作大局中谋划和推进，更加主动地担负起服务和促进经济平稳较快发展的责任，以全面履行法律监督职责为根本途径，着力维护市场经济秩序，着力保障和改善民生，着力维护社会和谐稳定，

各项检察工作取得了新成绩。

一、全力维护社会和谐稳定

全省检察机关始终把维护社会和谐稳定，促进经济平稳较快发展作为首要任务，依法打击各类刑事犯罪，坚持宽严相济刑事司法政策，加强涉检信访工作，落实综合治理各项措施，积极为和谐社会建设服务。

（一）依法打击各类刑事犯罪，维护社会稳定。

坚持与侦查机关、审判机关分工负责、互相配合、互相制约，及时准确地打击犯罪。共批准逮捕各类刑事犯罪嫌疑人19996人，提起公诉20541人，同比分别上升2.7%和2.9%。围绕维护社会政治稳定和增强人民群众安全感，依法严厉打击危害国家安全犯罪、黑恶势力犯罪、严重暴力犯罪、多发性侵财犯罪和毒品犯罪，共批捕上述犯罪嫌疑人15593人，起诉15845人。围绕保障和改善民生，积极参加整顿和规范市场经济秩序工作，重点打击扰乱市场秩序、破坏金融管理秩序、侵犯知识产权、制售假冒伪劣商品等经济犯罪特别是涉众型犯罪，共批捕上述犯罪嫌疑人532人，起诉508人。同时，围绕促进农村改革发展，重点打击侵害农民利益、危害农业生产、影响农村稳定的犯罪活动，维护农民合法权益，保障农业生产发展，促进农村和谐稳定。

（二）坚持宽严相济，促进社会和谐。认真贯彻宽严相济的刑事司法政策，坚持区别对待，对严重刑事犯罪坚决打击，依法快捕快诉。对主观恶性较小、犯罪情节轻微的未成年人、初犯、偶犯和过失犯，贯彻"教育、感化、挽救"的方针，慎重逮捕和起诉。对187名涉嫌犯罪但无逮捕必要、可以采取取保候审等其他强制措施的，依法不批准逮捕；对405名涉嫌犯罪情节轻微、社会危害较小的，依法不起诉，提出检察意见并移送有关机关处理。积极推进未成年人与成年人共同犯罪案件分案起诉、轻微刑事案件简化程序快速处理工作机制，以及当事人达成和解的轻微刑事案件办理机制，努力减少社会不和谐因素。

（三）加强涉检信访工作，化解社会矛盾。积极推行涉检信访风险评估预警和化解工作机制，加大排查力度，落实化解措施，对536件案件进行了评估，对65件有群体访或越级访苗头的案件，及时采取了预警、化解和稳控措施。进一步畅通信访渠道，坚持检察长接待日制度，各级检察院检察长共接待群众1442人次。积极推行上下级检察院联合接访、带案下访、定期巡访，共处理群众来信来访4309件。2009年，继续深入开展"基层检察院涉检赴省进京零上访"活动，全省涉检赴省进京访同比下降47.1%；全省111个基层检察院中，有100个基层检察院无涉检进京访，90个基层检察院无涉检赴省访，实现了年初确定的80%以上基层检察院无涉检赴省进京访的工作目标。

（四）坚持打防结合，落实综治措施。在全省基层检察院开展了以"工作重心下移，工作力量下移，贴近乡村、贴近社区、贴近群众"为主要内容的"两下移三贴近"活动，在乡镇、社区设立工作站或联络室564个，基层检察院主动深入乡村、深入社区、深入群众，立足检察职能，服务人民群众。积极参与社会治安防控体系建设，协同有关部门集中整治突出治安问题和治安混乱地区。认真分析研判金融危机对社会稳定的影响和冲击，及时提出预防犯罪、防范风险的对策建议，结合办案开展法制宣传教育。继续深化"青少年维权岗"创建活动，依法维护青少年的合法权益。积极参加新中国成立六十周年安保工作，努力促进和谐社会建设。

二、积极查办和预防职务犯罪

全省检察机关坚持把查办和预防职务犯罪作为促进经济平稳较快发展和反腐倡廉建设的重要途径，不断加大执法办案力度。共查办贪污贿赂、渎职侵权等职务犯罪嫌疑人1404人，同比上升1.5%。查办职务犯罪工作平稳健康发展，案件质量进一步提高。

（一）严厉打击危害政府投资安全的职务犯罪。各级检察机关始终把保障政府投资安全作为服务扩大内需一系列政策措施顺利实施的重中之重，紧紧围绕基础设施、生态环境建设和灾后重建等领域的公共资金使用、公共资源配置、公共项目实施，加大查办案件力度，共查处此类案件133件212人；坚决贯彻中央关于开展工程建设领域突出问题专项治理工作的部署，严肃查办工程建设领域发生的贪污贿赂、渎职侵权等职务犯罪案件，共查处此类案件110件132人。

（二）依法严惩破坏市场经济秩序的职务犯罪。各级检察机关紧紧抓住关系经济发展的突出问题，深入开展治理商业贿赂专项工作，重点查处城镇建设领域商业贿赂犯罪案件，共查处商业贿赂犯罪案件247件290人，其中城镇建设领域商业贿赂犯罪案件79件104人；开展查办涉农职务犯罪专项工作，保障各项支农惠农政策的有效实施，共查处此类案件304件469人；继续深入开展查办危害能源资源和生态环境渎职犯罪专项工作，依法打击造成重大环境污染、严重破坏生态环境的犯罪，共查处此类案件51件62人；依法惩治金融行业从业人员职务犯罪，共查处此类案件26件31人。

（三）认真查处侵害群众利益的职务犯罪。各级检察机关始终坚持充分发挥检察职能，维护群众切身利益，积极参与食品药品安全专项整治及"质量和安全年"活动，坚决查办重大食品药品安全事件和重大安全事故背后的贪污贿赂、失职渎职等职务犯罪案件，严肃查办社会保障、劳动就业、征地拆迁、移民补偿、医疗卫生、招生考试等领域的职务犯罪案件，共查处此类案件162件234人；严肃查办国家机关工作人员利用职权实施的侵权犯罪案件，共查处此类案件12件25人。

（四）不断深化预防职务犯罪工作。各级检察院结合办案，对各级政府投资的155项重点工程项目进行了专项预防，帮助有关单位堵漏建制，开展犯罪调查182项，提出检察建议211件。加强行贿犯罪档案查询工作，全省已有27个检察院建成行贿犯罪档案查询系统，接受各类查询506件次。协助省委召开了全省预防职务犯罪工作联席会议，进一步明确了预防工作的职能定位、基本要求和预防重点。加强预防宣传和警示教育，推动了廉政文化建设。

三、切实加强对诉讼活动的法律监督

全省检察机关坚持把加强诉讼监督，维护司法公正作为促进经济平稳较快发展的有效手段，突出监督重点，强化监督措施，努力增强监督实效。

立案监督方面，要求侦查机关说明不立案理由1291件，侦查机关已立案侦查1273件；对侦查机关不应当立案而立案的案件提出纠正意见161件，已纠正160件。侦查活动监督方面，对发现的漏罪漏犯，追捕957人、追诉514人；对不应当追究刑事责任或证据不足的，依法决定不批准逮捕355人、不起诉40人。刑事审判监督方面，开展了刑事审判法律监督专项检查活动和"提高刑事案件质量、维护社会公平正义"专项活动，发现并纠正了一些突出问题，对认为确有错误的判决、裁定抗诉75件，法院改判、撤销原判发回重审的案件占已审结案件的80.5%。刑罚执行监督方面，在看守所开展了监管执法专项检查活动，在监狱开展了"清查事故隐患、促进安全监管"专项活动，共对刑罚执行和监管活动的违法情况提出纠正意见1326人次，对超期羁押问题随时发现随时监督纠正，共纠正64人，保持了各个诉讼环节期末无超期羁押。民事审判和行政诉讼监督方面，对认为确有错误的生效民事行政判决、裁定依法抗诉232件，法院改判、撤销原判发回重审、调解的案件占已审结案件的75.3%。向法院提出再审检察建议173件，法院已采纳150

件。对不服法院生效的正确裁判，注重做好当事人的服判息诉工作，维护法律权威。

坚决查办执法不严、司法不公背后的职务犯罪案件。在工作中，注意发现职务犯罪案件线索，对涉嫌贪污贿赂、徇私枉法、玩忽职守、滥用职权等职务犯罪的司法人员进行了严肃查处，共查处上述犯罪嫌疑人90人，促进了司法公正。

四、努力加强检察队伍建设

全省检察机关以深入学习实践科学发展观为主线，以提高法律监督能力为核心，以严格、公正、文明、廉洁执法为目标，努力造就一支素质高、能力强、作风硬的检察队伍。

（一）加强思想政治建设。按照省委的统一部署，认真开展了深入学习实践科学发展观活动和大学习大讨论活动，各级检察机关高度重视，周密部署，精心组织，把学习实践活动与大学习大讨论活动、深化社会主义法治理念教育相结合，与学习贯彻十七届四中全会精神相结合，认真落实省委书记赵乐际同志在听取省检察院工作汇报时重要讲话精神，努力把科学发展观的要求转化为谋划检察工作的正确思路、领导检察工作的实际能力和促进检察工作发展的有效措施。通过学习讨论，广大检察干警贯彻落实科学发展观的自觉性和坚定性进一步增强，有力推动了各项检察工作的深入健康发展。

（二）加强领导班子和队伍执法能力建设。坚持以提高领导检察工作科学发展的能力为重点，着力加强各级检察院领导班子建设。协助党委充实调整了部分市级检察院领导班子，建立了领导干部廉政档案，举办了市、县级检察院领导干部素能培训班，坚持上级检察院负责人与下级检察院负责人谈话、上级检察院派员参加下级检察院民主生活会、领导干部述职述廉等制度，加强和改进了巡视工作，省检察院对2个市级检察院进行了巡视，完成了对市级检察院的第一轮巡视。

坚持以推进大规模教育培训工作为重点，着力加强队伍执法能力建设。省检察院制定实施了《关于2009—2012年大规模推进检察教育培训工作的实施意见》，积极开展各种形式的专项培训和岗位练兵活动，先后举办了全省侦查监督、公诉、职务犯罪侦查等检察业务骨干培训班11期，培训干警1000余人；利用检察局域网开办了《陕西检察讲堂》，提高检察干警的法律理论素养。强化学历教育,继续协助西北政法大学在全省检察系统开办法律硕士研究生班,有190名检察干警经过考试参加了学习。继续抓好司法考试的组织指导工作,去年,通过司法考试的检察干警人数达到315名,通过人数创司法考试开考以来的新高,通过率超过全省平均数27个百分点,并超过全国检察机关平均水平。

(三)加强内外部监督制约机制和纪律作风建设。强化内部监督制约,实行了省级以下人民检察院立案侦查的职务犯罪案件由上一级人民检察院审查决定逮捕的规定;深入开展了检察机关直接立案侦查案件扣押冻结款物专项检查活动,对存在的问题及时进行了督促整改。完善接受外部监督制约机制,深入推进检务公开工作,增强了检察工作的透明度;继续深化人民监督员制度试点工作,2009年,人民监督员共对40件职务犯罪案件进行了监督。

加强纪律作风建设,认真贯彻落实全省检察机关《建立健全惩治和预防腐败体系2008—2012年工作规划》的实施意见,严格执行党风廉政建设责任制,深入推进检察机关惩治和预防腐败体系建设;省检察院制定了《职务犯罪侦查人员十条禁令》,严格执法过错责任追究;深化检务督察工作,加大明察暗访力度,重点对检风检纪、警车管理使用、执行禁酒令等情况进行了督察;坚持从严治检,严肃查处检察干警违法违纪问题,2009年,共查处违法违纪干警9人。

(四)加强基层检察院建设。召开了全省基层检察院建设工作会议,制定了《2009—2012年陕西省基层人民检察院建设实施意见》,明确了新形势下基层检察院建设的指导思想、目标任务、工作要求和具体措施。继续坚持省、市检察院领导干部联系基层检察院制度,进一步加强了对基层检察院建设的领导和指导。积极帮助基层检察院解决实际问题,在前三年组织实施"4321千名人才工程",为基层检察院招录检察人员、补充检察官共1272名的基础上,2009年又为89个基层检察院招录检察人员160名;积极申请基层检察院专项经费补助7950万元,同比大幅增长;为基层检察院配发交通通讯、侦查指挥、检验鉴定等装备2685台(套)。加快推进信息化建设,完成了三级侦查指挥系统建设、网络安全系统建设,逐步推广网上办公办案。继续推进"两房"建设,2009年又有15个检察院完

成建设任务,完成"两房"建设的检察院占总数的76.7%。深入开展争先创优活动,涌现出了一批公正执法、为民执法的先进集体和先进个人。2009年,全省有40个集体、96名个人受到省级以上表彰奖励。

五、自觉接受人大监督

全省检察机关坚持把自觉接受人大及其常委会和人大代表的监督作为坚持宪法原则的具体体现,认真贯彻省十一届人大二次会议精神,进一步增强人大意识,不断改进主动接受人大监督的方式方法,努力加强和改进各项检察工作。一是认真向人大及其常委会报告工作。对检察工作的全局安排、重大问题和重要事项,及时向人大及其常委会报告;认真执行人大及其常委会的决议决定。2009年8月,接受了省人大内司委对全省反渎职侵权工作的评议检查。二是不断加强与人大代表的经常性联系。省检察院向人大代表通报检察工作重要情况和检察机关重大活动4次,送阅检察刊物和工作资料,认真接待人大代表来信来访,主动走访各级人大代表近1000人次,对征得的批评、意见和建议都认真进行了研究,并在工作中努力改进。三是认真办理交办案件和事项。2009年,省检察院先后接到人大交办的案件7件,到期办结率为100%,做到了件件有回音。

同时,我们也清醒地认识到,检察工作中还存在一些问题和不足:一是法律监督工作还存在薄弱环节,不敢监督、不善监督、监督不到位的问题依然存在。二是有的检察机关通过执法办案服务经济平稳较快发展的意识和能力还需进一步提高,服务措施还需进一步加强,服务领域还需进一步拓宽。三是一些检察人员维护社会和谐的能力还不强,有的不善于从深层次分析和把握矛盾,不善于做新形势下的群众工作,不能适应开放、透明、信息化条件下执法办案的新要求;有的执法不规范、不文明、不公正,个别检察人员甚至违法违纪,损害了检察机关的执法形象;四是一些基层检察院检察官短缺和经费保障不到位的问题还没有从根本上得到缓解。对工作和队伍中存在的问题,我们将在今后的工作中认真加以解决。

今年是实施"十一五"规划的最后一年。全省检察机关要全面贯彻党的十七大、十七届四中全会,省委十一届四次、五次全会和全省政法工作会议精神,认真贯彻胡锦涛总书记等中央领导同志对

检察工作的一系列重要指示，以邓小平理论和"三个代表"重要思想为指导，深入贯彻落实科学发展观，以深入推进社会矛盾化解、社会管理创新、公正廉洁执法为载体，不断强化法律监督、强化自身监督，强化高素质检察队伍建设，努力把检察工作提高到新水平，为我省经济平稳较快发展提供更加有力的司法保障。为此，我们将认真做好以下工作：

（一）坚持围绕大局开展检察工作，把服务全省经济平稳较快发展作为首要任务。全省检察机关要切实增强政治意识、大局意识和服务意识，紧紧围绕省委、省政府重大决策部署，进一步调整、完善和落实为经济发展服务的措施，更新执法理念、改进执法方式，为我省加快经济发展方式转变、实现经济平稳较快发展提供良好的司法保障。

（二）依法打击各类刑事犯罪，深入推进社会矛盾化解和社会管理创新。要牢固树立国家安全意识，坚决打击境内外敌对势力的渗透颠覆破坏活动。依法严厉打击各类刑事犯罪，重点打击黑恶势力犯罪、严重暴力犯罪、多发性侵财犯罪和毒品犯罪，加大打击走私、骗税、制售假冒伪劣商品等经济犯罪特别是涉众型犯罪力度。要坚持把化解矛盾贯穿于执法办案始终，建立健全检察环节社会矛盾排查化解、执法办案风险评估、检调对接等工作机制，做好涉检信访工作。要积极参与社会管理创新，配合有关部门加强特殊人群帮教管理，做好预防未成年人犯罪工作；依法打击利用网络实施的犯罪，促进对网络虚拟社会的规范管理。要依法办理涉军案件，切实维护国防利益、维护军人军属合法权益。

（三）加强查办和预防职务犯罪工作，促进反腐倡廉建设。要进一步加大执法办案工作力度，严肃查办国家工作人员滥用职权、贪污贿赂、失职渎职

案件，严肃查办商业贿赂犯罪案件和严重侵害群众利益案件，严肃查办群体性事件和重大责任事故背后的职务犯罪案件，积极参与工程建设、土地管理和矿产资源开发等领域专项治理，继续抓好查办涉农职务犯罪、查办危害能源资源和生态环境渎职犯罪专项工作。要立足检察职能，加强预防职务犯罪工作。

（四）全面加强对诉讼活动的法律监督，促进司法公正。要始终把人民群众的关注点作为诉讼监督工作的着力点，进一步加强对刑事诉讼、民事审判和行政诉讼的法律监督。要紧紧依靠党委领导、人大监督，主动争取有关方面支持，积极营造良好的监督环境。在强化法律监督的同时，着力抓好强化自身监督制约各项改革措施的落实，深化检务公开，拓宽监督渠道，确保检察权的依法正确行使。

（五）强化高素质检察队伍建设，确保公正廉洁执法。要深入贯彻落实省委关于抓党建的一系列重大部署，坚持以党建带队建，坚持把思想政治建设放在首位，加强领导班子和检察队伍建设，加强执法能力建设、职业道德建设和执法公信力建设，狠抓纪律作风和自身反腐倡廉建设。深入推进基层检察院建设，继续开展"两下移三贴近"活动，努力满足人民群众的司法需求。加快实施科技强检战略，加强检务保障工作，推动检务保障措施在基层得到落实，不断提高检察工作的整体水平。

我们决心在省委和最高人民检察院的领导下，在省人大及其常委会的监督下，认真贯彻落实这次会议精神，求真务实，开拓进取，更好地履行宪法和法律赋予的职责，为坚持科学发展、促进社会和谐、保障全省经济平稳较快发展作出新的更大的贡献！

甘肃省人民检察院工作报告(摘要)

——2010 年 1 月 27 日在甘肃省第十一届人民代表大会第三次会议上

甘肃省人民检察院检察长 乔汉荣

(2010 年 1 月 29 日甘肃省第十一届人民代表大会第三次会议通过)

2009 年全省检察工作情况

2009 年,全省检察机关在省委和最高人民检察院的领导下,在各级人大、政府、政协和人民群众的监督、支持下,深入践行科学发展观,着力强化法律监督和内部监督制约,大力加强队伍建设和基层基础建设,各项工作有了新的发展。

一、进一步强化法律监督,为经济社会发展提供司法保障

全省检察机关紧紧围绕省委提出的"保增长、强基础、调结构、促和谐"的主线,立足法律监督职能,积极为我省经济平稳较快发展和社会和谐稳定服务,发挥了应有的职能作用。

一是依法打击刑事犯罪,全力维护社会和谐稳定。全面贯彻宽严相济刑事政策,积极履行审查逮捕和公诉职责。共批准逮捕各类刑事犯罪嫌疑人 11288 人,提起公诉 9475 件 14766 人。其中批准逮捕危害国家安全的犯罪、黑恶势力犯罪、严重暴力犯罪、毒品犯罪以及"两抢一盗"等多发性犯罪嫌疑人 6813 人,提起公诉 7843 人。批准逮捕破坏市场经济秩序犯罪嫌疑人 274 人,提起公诉 301 人。批准逮捕制售伪劣食品、药品、农资及侵犯商标权、著作权和商业秘密的犯罪嫌疑人 40 人,提起公诉 43 人。批准逮捕造成重大环境污染事故、非法采矿等破坏环境资源的犯罪嫌疑人 39 人,提起公诉 81 人。认真落实甘肃省检察机关便民维权十二条和涉检信访风险评估预警办法,依法妥善处理涉检信访案件。共处理群众来信来访 1352 件次,接待群众 846 人次,立案复查刑事申诉案件 39 件。

二是积极查办和预防职务犯罪,促进党风廉政建设。共立案侦查职务犯罪案件 576 件 839 人,同比案件数基本持平,人数上升 16.5%。其中,大案 274 件,查处县处级以上干部 68 人,同比分别增长 28.9% 和 4.6%。所立案侦查案件中,贪污贿赂案 488 件 716 人,渎职侵权案 88 件 123 人。共立案侦查职务犯罪查办商业贿赂犯罪案件 83 件 97 人,查办涉农职务犯罪案件 216 件 359 人,查办危害能源资源和生态环境的渎职犯罪案件 30 件 39 人。抓获潜逃的职务犯罪嫌疑人 35 人。通过办案,为国家挽回直接经济损失 1.29 亿元。

工作中,正确处理查办案件与预防职务犯罪的关系,深化预防措施,增强工作实效。制定实施《甘肃省检察机关实施侦防一体化工作机制的意见》,以办案促预防,以预防促办案。突出预防重点,认真落实预防措施,及时建议有关行业和单位堵塞漏洞、健全制度。广泛开展预防宣传和教育,向有关单位和领导赠阅《甘肃预防职务犯罪专刊》4.2 万余册,6 万余名各级国家工作人员接受了警示教育。省检察院牵头制定《甘肃省市场廉洁准入规定》,向社会提供行贿犯罪档案查询 4100 余次。

三是加强诉讼监督,促进依法行政和公正司法。认真落实周永康同志"把工夫下在监督上"的要求,强化监督意识,创新监督措施,着力推动解决执法不严、司法不公和诉讼违法等问题。共监督侦查机关立案 232 件,纠正不当立案 106 件,同比分别上升 45% 和 152%。追加逮捕犯罪嫌疑人 257 人,追加起诉被告人 75 人。对认为确有错误的刑事判决裁定抗诉 117 件;法院已审结 73 件,采纳抗诉意见 43 件。开展刑事审判法律监督专项检查,对刑事审判中存在问题的 179 起案件作了监督纠正。组织开展看守所监管执法活动专项检查和清查监狱事故隐患、促进安全监管专项活动，纠正违法留所服刑、混管混押等问题 148 人次；监督纠正违法减刑、假释、暂予监外执行等问题 107 人次。共审查办理民事行政申诉案件 1197 件，提出抗诉 171 件，同比分别上升 32.6% 和 11%，法院已审结 117 件，改变原裁判 81 件；提出再审检察建议 107 件，法院采纳 40 件。省检察院会同省高级法院联合制发《关于加强民事行政执行工作检察监督的意见》，在全国率先为开展这项探索性工作提供了政策依据。注意在诉讼监督中发现执法不严、司法不公背后的问题，依法查处涉嫌滥用职权、贪赃枉法等犯罪的行政执法和司法人员 42 人。

二、大力加强内部监督制约，确保检察权依法正确行使

一是进一步完善和落实检察工作领导机制。加强各级检察院领导班子民主集中制建设，健全完善集体领导和个人分工负责相结合的制度，坚持重大事项和案件由党组会、检委会集体讨论决定。制定了加强市级检察院检察长管理、上级检察院检察长与下级检察院检察长谈话和领导干部问责等制度；认真落实派员参加下级检察院党组民主生活会、巡视等制度。继续推行上级检察院领导干部联系基层、定期督导调研、市级检察院检察长向省检察院述职等制度。进一步修订《甘肃省检察机关绩效考评办法》，引领各项工作全面协调发展，有力地促进了工作质量和效率提高。

二是进一步完善和落实执法监督制约机制。建立了全省统一的开展和规范不批捕案件答疑说理、逮捕必要性证明、案件质量评查等工作的一系列制度规范。组织扣押冻结款物专项检查，推行涉案款物处理由检察委员会集体决定并向上级检察院备案制度。严格落实职务犯罪案件线索由上级检察院统一管理、发挥检委会审查把关作用、拟不起诉报省检察院批准等规定，强化了对检察权运行的监督制约。

三是进一步完善和落实队伍管理监督机制。省检察院出台了严格队伍管理规范执法行为的九条规定、与干警谈心谈话制度、检察人员异常行为管理办法等制度规范，加强对干警的日常教育、管理和监督。严格落实党风廉政建设责任制，通过逐级签订党风廉政建设责任书和队伍建设责任状，加重领导责任，强化责任查究。加大检务督察力度，对各级检察院履行职责、接访群众、检容风纪、执行

"禁酒令"等方面的情况进行督察，促进检风好转。

三、加强检察队伍和基层基础建设，不断提升法律监督能力

一是着力加强思想政治建设。紧密联系检察工作实际，开展深入学习实践科学发展观活动。通过学习研讨、召开民主生活会、开门纳谏等方式，深入查找执法思想、执法观念和执法作风等方面存在的与科学发展要求不相符合的问题；发动干警出"金点子"、提合理化建议，对征求到的意见建议及时研究，认真整改，为加强和改进各项工作奠定了坚实的思想基础。

二是着力加强专业化建设。在全省检察机关开展"提高素质年"活动，省、市两级检察院共举办各类业务培训班 168 期，培训干警 5484 人次。加强专门人才库建设，有 333 名业务骨干录入各项检察工作人才库。组织干警到发达地区学习培训，更新执法理念，拓宽工作视野。加大高层次人才培养力度，选送业务骨干在职攻读硕士、博士学位。建立了全省检察业务专家评审制度。加强司法考试组织工作，137 人通过考试，通过率达到 40.2%。省、市两级检察院从下级检察院遴选了 51 名优秀检察官，分别组织 33 名和 48 名干部进行了挂职锻炼。

三是着力加强基层基础建设。制定实施了《2009—2012 年全省基层检察院建设规划》。对工作绩效突出的基层检察院，用以奖代补的办法进行激励。深入开展争先创优活动，有 4 个基层检察院分别被推选为全国模范检察院和先进集体。为基层检察院招录、选调大学生 308 人。制定《2009—2011 年全省检察信息化建设指导意见》，省检察院统一研发电子辅助办公办案系统软件将在全省推广，实现网上办公办案。加大经费争取和保障力度，大部分县级检察院落实了公用经费保障标准，为基层检察院增配了一批办案办公设备。

四是着力加强检察宣传工作。建立了新闻发言人制度和全省检察新闻稿件通报、奖励制度。组成了 297 人的兼职通讯员队伍和 21 人的网络评论员队伍。组织检察宣传活动，共有 3300 多篇宣传稿件在市级以上新闻媒体刊发。加快省检察院互联网门户网站的更新速度。加强涉检网络舆情研判，重视接受舆论监督，吸纳合理建议，进一步深化了与舆论监督的良性互动。

2010 年全省检察工作的主要任务

全省检察机关要深入贯彻落实党中央、省委和

最高人民检察院的一系列指示精神，深入推进社会矛盾化解、社会管理创新和公正廉洁执法，转变执法观念、完善工作机制、加强自身建设、打牢基层基础，努力为全面实现"十一五"经济社会发展目标和启动实施"十二五"规划创造良好的法治环境。

一、用党的建设推动检察队伍建设

正确处理好抓检察机关党的建设、领导班子建设、队伍建设和抓业务工作的关系，着力加强检察机关党的建设，着力提高贯彻党的路线方针政策的能力，着力增强履行法律监督职责的能力。进一步加强各级检察院党组和检委会民主集中制建设，完善集体领导与个人分工负责相结合的制度，规范决策行为，狠抓决策落实，努力提高科学决策、民主决策、依法决策水平。全面开展大规模检察教育培训工作，不断提高检察人员业务素质和执法技能。大力加强基层基础工作，加大对贫困地区和民族地区基层检察院的扶持力度，促进检察工作全面协调发展。认真贯彻检察官职业道德基本准则，推进检察文化建设，营造奋发向上的氛围。加强自身反腐倡廉建设，坚持从严治检，严明执法纪律，改进执法作风，强化执法监督，促进廉洁执法，提高执法公信力。

二、更加积极主动地服务全省工作大局

一是要及时准确地履行审查逮捕和公诉职责，依法打击各类刑事犯罪；与有关部门密切配合，深入推进社会管理创新，落实检察环节社会治安综合治理措施，积极参与矛盾纠纷排查调处，坚持"严到位、宽适度、求精准、重化解、讲效果"，下大力气化解涉检信访案件，全力维护社会和谐稳定。二是要深入贯彻惩防腐败体系 2008—2012 年工作规划，围绕加大办案力度、健全办案机制、注重犯罪预防、加强工作协调和强化队伍建设，全面加强和改进查办和预防职务犯罪工作，促进反腐倡廉建设。三是要不断加强对诉讼活动的法律监督，着力加强对立案、侦查、审查逮捕、审查起诉、审判、执行等重点环节和关键岗位的监督，增强监督工作的针对性和时效性。

三、积极推进检察工作机制改革

认真贯彻落实中央《关于深化司法体制和工作机制改革若干问题的意见》，按照最高人民检察院和省司法体制改革领导小组的部署要求，紧紧抓住影响司法公正的突出问题和薄弱环节，重点完善法律监督工作机制和检察权运行的内外部监督制约机制，完善队伍管理和执法保障机制，从工作机制上保证依法独立公正地行使检察权，使检察工作更加符合司法规律、符合党的要求、符合人民群众的期待。

四、提高检察工作精准化管理水平

学习现代管理理论，树立科学管理理念，根据检察工作的规律和特点，从现有工作基础和条件的实际出发，研究对检察业务、队伍建设和检务保障等工作进行精准化管理的思路和措施，健全完善各项工作规程，重程序、重细节，抓过程、抓规范，切实强化对执法办案和检察政务事务的流程管理和过程控制，努力形成程序严密、标准具体、责任明确、考评科学、奖惩合理的工作管理体系，促进严格公正执法，提高工作质量和效率。高度重视现代科技特别是信息技术对提高管理水平的作用，大力实施电子检务工程，以信息化促进执法规范化和管理科学化，推动检察工作科学发展。

青海省人民检察院工作报告(摘要)

——2010年1月27日在青海省第十一届人民代表大会第三次会议上

青海省人民检察院检察长　王晓勇

(2010年1月30日青海省第十一届人民代表大会第三次会议通过)

一、2009年全省检察工作情况

2009年,全省检察机关在省委和最高人民检察院的领导下,在人大及其常委会的监督下,在政府支持和政协关心下,以科学发展观统领检察工作,按照省十一届人大二次会议的决议要求,坚持"强化法律监督,维护公平正义"的工作主题,紧紧围绕全省工作大局,忠实履行法律监督职责,各项检察工作取得新进展、新成效。

(一)着力服务大局

1. 主动服务经济平稳较快发展。全省检察机关坚持把保持经济平稳较快发展作为服务大局的第一要务,认真贯彻中央、省委关于保增长、保民生、保稳定的重大部署,及时制定出台了青海省人民检察院关于充分发挥检察职能,为全省经济平稳较快发展服务的二十二条意见,要求各级检察院坚持围绕中心,服务大局,依法妥善处理涉及企业案件,维护企业正常经营和职工利益。深入推进治理商业贿赂、工程建设领域突出问题专项治理工作。立案查处国有企业人员职务犯罪案件33件40人、商业贿赂犯罪案件33件33人。继续抓住关系民生的突出问题强化法律监督,着力保障政府投资安全、着力保障改善民生各项政策措施的落实。

2. 积极促进社会主义新农村建设。进一步加强涉农涉牧检察工作,依法坚决打击侵害农牧民利益、危害农牧业生产、影响农牧区稳定的犯罪活动。深入开展查办涉农涉牧职务犯罪专项工作,查处涉农职务犯罪案件32件48人。将预防工作关口前移,实行检力下沉,湟源县检察院实行检察官挂职村委会法制副主任制度,海东地区检察机关推行了乡镇检察工作联络员制度。探索实行对生活确有

困难的被害人司法救助制度,积极协调有关部门帮助解决法度之外、情理之中的问题,体现司法的人文关怀。

3. 认真贯彻省委常委会议精神。2009年8月,省委常委会议听取了全省检察机关工作情况的汇报,并从始终坚持党的领导、始终坚持公正司法、始终坚持司法为民、始终抓好队伍建设四个方面对进一步加强和改进检察工作提出了新的更高的要求。省检察院专门研究制定了贯彻意见,各级检察院认真学习,深刻领会,进一步用会议精神统一执法思想,理清工作思路,明确努力方向,狠抓工作落实,增强了做好检察工作的自觉性和坚定性。

(二)着力维护社会稳定

1. 全力维护藏区和谐稳定。全省检察机关始终把维护社会和谐稳定作为检察工作的第一责任,把反分裂、反渗透作为维护国家安全的重要职责,始终保持对敌斗争的高度警惕性,加强领导、精心组织、周密部署、强化措施、务求实效。进入敏感时期以后,针对维稳工作出现的新情况、新特点,省检察院迅速研究下发了《关于进一步加强维稳工作的通知》,并召开专门会议进行了具体安排。省检察院主要领导及时带领工作组赴玉树地区督导维稳工作,党组成员分地区加强联系,全省藏区检察机关的干警全力投入维稳工作,确保了检察环节维稳工作的及时到位。共批准逮捕此类案件1件10人,对8人提起公诉后,均被判处有期徒刑。

2. 严厉打击严重刑事犯罪活动。坚持严打方针,始终把打击锋芒对准严重暴力犯罪、黑恶势力犯罪、涉枪涉毒犯罪以及抢劫、抢夺、盗窃等多发性侵财犯罪,加强与公安、法院等机关的协同配合,保

持了对严重刑事犯罪的高压态势。2009 年，共受理各类提请批准逮捕犯罪嫌疑人 4122 人，经审查批准逮捕 3683 人。共受理移送起诉 4741 人，经审查提起公诉 4398 人。出席一、二审法庭 2146 次，各级法院对 3803 人作了有罪判决，有罪判决率为 99.79%，案件质量明显提高。

3. 认真贯彻宽严相济刑事政策。坚持严格依法、区别对待、注重效果，防止片面强调从严或从宽两种倾向。对无逮捕必要的犯罪嫌疑人决定不批准逮捕 201 人，同比上升 47.8%；对情节轻微、社会危害小的 199 名犯罪嫌疑人决定不起诉，不诉率为 4.2%。依法扩大简易程序适用，健全快速办理轻微刑事案件机制和办理未成年人刑事案件工作机制，探索建立当事人达成和解刑事案件办理机制。提升了执法效果，促进了社会和谐。

4. 积极参加社会治安防控体系建设。致力平安青海建设，结合办案，通过普法宣传、专题报告、担任法制副校长等形式，落实检察环节的各项综合治理措施。加强对未成年违法犯罪人员的教育、感化和挽救，积极配合有关部门开展社区矫正试点工作，努力预防和减少重新犯罪。

（三）着力推进执法办案

1. 集中力量查办大案要案。全省检察机关认真贯彻省委、最高人民检察院关于惩治腐败的总体部署，切实加大执法办案力度，加强与执法执纪部门的联系配合，突出查办大案要案和严重损害群众利益、群众反映强烈的案件。共立案侦查贪污贿赂等职务犯罪案件 138 件 176 人。其中，立案侦查贪污贿赂大案 71 件，县处级以上领导干部职务犯罪要案 17 人（厅级 2 人），同比都有了较大幅度的上升。有力促进了经济建设。

2. 切实加强反渎职侵权检察工作。严肃查办国家机关工作人员利用职权实施的渎职侵权犯罪案件，深入开展查办危害能源资源和生态环境渎职犯罪专项工作。共立案侦查国家机关工作人员滥用职权、徇私舞弊等渎职侵权犯罪案件 22 件 25 人，同比上升 22.2% 和 8.7%。特别是严肃查处了受到最高人民检察院高度关注的全国首例在审理知识产权领域商标侵权案件中的法官渎职犯罪案，原海东中级法院民三庭庭长许士福受贿、民事枉法裁判及律师行贿、帮助伪造证据案，提起公诉后，法院依法判处该许有期徒刑十二年，取得了良好的社会反响。

3. 努力提高执法办案质量。我们始终把办案质量作为检察工作的生命线抓紧不放。2009 年 9 月，在全省检察机关组织开展了自侦案件"质量月"专项检查活动。所立查案件的大案要案比例、侦结率、起诉率和有罪判决率与去年同比有了新的提高，办案质量和工作效率明显提升。

4. 不断加大预防职务犯罪力度。在查办案件的同时，我们把更多的精力放在加强预防工作上。一是在"共和—茶卡"高速公路项目、农村初中校舍改造项目、"三江源"生态保护和小城镇建设项目中深入开展职务犯罪预防工作。二是不断深化国有企业职务犯罪预防，与省国资委联合召开了西钢集团、西部矿业集团、盐湖集团等省属十六家国有重点企业主要领导参加的职务犯罪警示教育会。健全和完善了与审计、教育、工商、水电等单位和企业的联席会议制度。三是把预防工作的触角向农村牧区延伸，及时针对"家电下乡"、农村危房改造、农机补贴等支农惠农政策的实施，省检察院在西宁、海东地区分别召开了由当地纪委、监察、司法、民政、乡镇、农村干部共 600 多人参加的预防乡村干部职务犯罪警示教育工作会议，各级检察院也分别组织召开不同形式的预防乡村干部职务犯罪警示教育工作会议，用身边的事教育身边的人，产生了积极反响。四是突出预防重点，制作了预防职务犯罪警示教育光盘。开展警示教育 67 次，提出检察建议 25 件，提供行贿犯罪档案查询 62 次，推动预防工作健康深入发展。

（四）着力维护司法公正

1. 深入开展刑事审判法律监督工作。全省检察机关突出监督重点，增强监督实效，在敢于监督、善于监督、规范监督上下工夫、求实效。2009 年 5 月，省检察院向省十一届人大常委会九次会议专题报告了全省检察机关关于加强刑事审判法律监督工作情况，结合贯彻省人大常委会的审议意见，按照最高人民检察院的工作部署，组织全省检察机关深入开展刑事审判法律监督专项检查活动。与省高法协调，制定了《关于人民检察院检察长列席同级人民法院审判委员会会议的若干规定》，进一步健全工作机制，强化了刑事审判法律监督工作。

2. 全面加强对诉讼活动的法律监督。把依法监督有案不立、有罪不究、以罚代刑作为重点，对应当立案而未立案的，要求侦查机关说明不立案理由 54 件，侦查机关主动立案 19 件 29 人，通知侦查机关立案 11 件 18 人。对认为确有错误的刑事判决、裁定提出抗诉 25 件，同比上升 25%，法院采纳率为 62.5%。共受理不服民事行政裁判的申诉案件 332 件，同比上升 8.9%，立案审查 107 件，同比上升 21.6%，提请提出抗诉 24 件，发出检察建议 15 件。对 221 件不符合抗诉条件的民事行政申诉案件，做好当事人的服判息诉和疏导化解工作。不断加大对刑罚执行和监管活动的监督力度，与公安、司法部门联合开展了看守所监管执法专项检查和监狱清查事故隐患、促进安全监管专项活动，监督和纠正了存在的突出问题。

3. 切实做好控告申诉检察工作。在全省组织开展了举报宣传周活动，开通了"12309"统一举报电话。通过坚持检察长接待日制度、认真落实首办责任制、推行上级检察院与下级检察院、控申部门与其他业务部门联合接访，畅通群众信访渠道。认真落实国庆安保信访责任制，深入开展涉检信访积案化解专项活动，办结省委政法委交办的 13 件重信重访责任倒查案件。采取领导包案、经济救助等多种措施，千方百计解决涉检信访问题，取得了积极成效。

（五）着力推进检察体制和工作机制改革

1. 有效推进新一轮检察改革。根据最高人民检察院《关于贯彻落实〈中央政法委员会关于深化司法体制和工作机制改革若干问题的意见〉的实施意见》，结合我省实际，制定了具体落实措施。深入对职务犯罪案件逮捕权上提一级、规范检察机关调阅民事审判卷宗材料和提出检察建议等七项重点改革任务和 32 项具体改革任务的调查研究。《实施意见》规定的年度改革任务得到很好落实。

2. 大力推进侦查一体化机制建设。省检察院党组在深入调研、考察学习、分析检情的基础上，制定下发了《青海省检察机关职务犯罪侦查一体化工作规定》。各州市分院充分发挥"一线指挥部"作用，形成了由省检察院统一领导、以州市分院为主体、基层检察院为基础的侦查一体化工作格局和纵向指挥有力、横向协作紧密的侦查工作机制，检察机关突破职务犯罪案件的能力有了明显提高。

3. 重点推进检察信息化网络建设。按照统一规划、统一标准、统一设计、统一实施的原则，省检察院制定了《青海省检察机关二、三级专网及应用建设总体技术方案》。并在省委、省政府高度重视和财政部门的大力支持下，投资 4700 万元全面完

成了检察机关二、三级网络数据中心等基础设施建设，开通了青海省检察机关对外门户网站和 30 个检察院的高清视频会议系统，达到了最高人民检察院规定的年度目标要求。检察信息化网络建设取得了突破性的进展。我们还完成了省检察院机关加密系统建设和 10 个基层检察院同步录音录像系统建设，为提高现代化办案、办公水平提供了有力的技术支持。

（六）着力加强检察队伍建设

1. 扎实开展学习实践科学发展观活动。省检察院认真进行整改落实"回头看"工作，进一步落实整改措施，巩固和拓展学习实践活动成果。地县两级检察院提高思想认识，突出实践特色，深入解决在执法思想、执法作风、执法实践等方面存在的不符合、不适应问题。省检察院确定了党组成员指导第二批学习实践科学发展观活动的联系点，分头参加了州市分院专题民主生活会，促进基层检察院边学边改，集中解决了一批影响和制约检察工作科学发展以及群众反映强烈的突出问题。

2. 切实加强领导班子建设和作风建设。我们坚持把队伍建设作为检察机关的永恒主题，召开了全省检察机关第五次政治工作会议，研究采取了一些新的举措。一是坚持把思想政治建设放在领导班子建设的首位，认真学习贯彻党的十七届四中全会精神，制定了《青海省人民检察院关于进一步加强检察队伍建设若干问题的意见》，建立了领导干部廉政档案和检察人员执法档案制度。二是深化检务督察工作。组织开展直接立案侦查案件扣押冻结款物专项检查和治理"小金库"专项工作，堵塞了漏洞，完善了规章制度。把加强对自身的监督制约放在与强化法律监督同等重要的位置，采取制作警示卡片、签订承诺书、手机短信提醒、明察暗访等有效措施，深入推进检务督察，防止了检察人员违法违纪现象的发生。最高人民检察院曹建明检察长对我省检察机关检务督察工作作出重要批示，给予了充分肯定。三是认真落实党风廉政建设责任制和惩防体系建设。把贯彻落实《建立健全惩治和预防腐败体系 2008—2012 年工作规划》同部署年度工作任务结合起来，层层签订责任书，大力推进教育、监督、改革、纠风、惩治等方面的工作，进一步推进检察机关党风廉政建设和惩防体系建设。

3. 大规模推进检察教育培训工作。制定下发了《青海省人民检察院关于开展"大学习、大培训、

大练兵"活动的实施意见》。共举办反贪污贿赂、反渎职侵权等各类培训班 61 期,培训人员 1583 人(次),占全省检察干警的 85.6%。选派 30 名同志到北京、上海、浙江等地检察机关挂职锻炼,安排青南地区 27 名业务骨干到海东、西宁检察机关以案代训。组织参加了甘青宁三省区公诉业务辩论赛,取得优异成绩。编发了《检察机关刑事案件办案手册》,全省检察干警人手一册,规范了办案工作。举办了 105 人参加的封闭式司法考试培训班,43 人通过司法考试,通过率为 40.9%。司法考试连续三年保持了较高的通过率。

4. 进一步加强基层检察院建设。专门召开了基层检察院建设会议,制定了《青海省 2009—2012 年基层检察院建设实施意见》,对加强和改进基层检察院建设作出了全面部署;制定了《青海省检察机关州市分院业务工作和队伍建设目标管理考评办法》,为构建标准具体、责任明确、考评科学、统一实用的检察业务工作考评机制进行了积极探索。增加了检察队伍专项编制,启动了检察干警全省统一招录工作。开展了检察干警双向交流工作,选派优秀干警到基层检察院任职,遴选基层检察官到省检察院机关工作。积极推进检察文化建设,举办了全省检察机关首届体育运动会和庆祝新中国成立六十周年文艺汇演,激发了检察干警的工作热情,展示了检察机关的良好形象。

(七)着力坚持党的领导和人大监督

全省检察机关把绝对服从党的领导、自觉接受监督与依法独立行使检察权有机统一起来,把落实代表意见建议作为加强和改进检察工作的重要途径,常抓不懈。进一步完善重大事项向党委、政法委请示和向人大报告制度,紧紧依靠人大监督支持协调解决检察工作发展的重大问题。省十一届人大二次会议后,省检察院逐条研究省人大代表和政协委员的意见和建议,认真对照检查存在的问题,从维护社会稳定、查办和预防职务犯罪、诉讼监督、队伍建设、基层基础建设和检察宣传等方面,制定了分工落实方案,明确了责任部门、责任人、完成时限。采取邀请人大代表和政协委员以及人民监督员视察检察工作、开展专项检查、评议执法活动等形式,多渠道听取人大代表和政协委员对检察工作的意见建议。认真办理人大交办的事项和人大代表的意见建议。各级人大及其常委会的有力监督,人大代表、政协委员的关心、支持和帮助,对我们加

强和改进检察工作起到了强有力的促进作用。

在总结成绩的同时,我们也清醒地认识到,全省检察工作与党和人民群众的新要求、新期待相比,还存在不少差距。一是检察机关落实科学发展观,为促进和谐社会建设提供司法保障的能力和水平有待进一步提高。二是一些干警的执法理念、法律监督能力还不完全适应新形势新任务要求,实现敢于监督、善于监督、监督到位的任务还比较艰巨。三是法律监督工作机制、检察经费保障机制、检察队伍管理机制还不完善,执法规范化体系和自身监督制约机制建设有待进一步加强。四是全省检察队伍结构不够合理,专业化水平不高,一些基层检察院办案力量不足、检察官断档等问题仍然突出,在一定程度上影响检察工作的正常开展。对这些问题,我们将高度正视,努力加以解决。

二、2010 年主要工作安排

2010 年,全省检察机关将认真贯彻落实省委和最高人民检察院工作部署,以邓小平理论和"三个代表"重要思想为指导,深入贯彻落实科学发展观,以深入推进社会矛盾化解、社会管理创新、公正廉洁执法为载体,不断强化法律监督、强化自身监督,努力把检察工作提高到一个新的水平。

更加注重保障经济平稳较快发展。坚持不懈地抓好《青海省人民检察院关于充分发挥检察职能,为全省经济平稳较快发展服务的意见》的落实工作。按照省委十一届七次全委会提出的六项任务,切实转变传统的执法理念、工作方法和办案习惯,充分发挥打击、预防、监督、保护等职能作用,进一步完善落实为经济发展服务的措施,为加快经济发展方式转变、实现经济平稳较快发展提供良好的司法保障。继续强化涉农涉牧检察工作,着力促进企业生存发展,努力在规范市场经济秩序、保障政府投资安全,推进全省跨越发展、绿色发展、和谐发展和统筹发展上取得新成效。

更加注重维护社会和谐稳定。坚持把维护社会稳定作为压倒一切的中心任务,高度重视检察环节维护社会和谐稳定的源头性、根本性、基础性问题,着力创新和完善维稳机制,推动维稳工作从应急状态向常态建设转变,全力落实维稳工作的各项措施。坚持依法严厉打击各类刑事犯罪,深入推进社会矛盾化解,下大力气解决涉检信访积案。积极参与社会治安综合治理和平安建设,积极参与对特殊人群的帮教管理和对网络虚拟社会的建设管理,

建立健全执法办案风险评估预警机制,促进形成有序表达诉求、及时有效解决问题的社会环境,提高检察机关参与社会管理创新的水平。

更加注重推进执法办案。切实把查办和预防职务犯罪工作放在更加突出的位置来抓,坚持在保证办案质量、遵守法定程序、注重办案效果的前提下加大办案力度,确保办案工作平稳健康发展。认真做好向省人大常委会汇报检察机关开展反渎职侵权情况的各项准备工作,全面加强和改进渎职侵权检察工作。在全省检察机关组织开展"执法办案质量年"专项活动。重视和加强职务犯罪预防工作,深化犯罪分析、对策研究、预防建议、警示教育和预防调查、宣传、咨询等工作,完善行贿犯罪档案查询系统,推进侦防一体化机制建设和预防工作规范化建设。

更加注重强化诉讼监督。全面加强对立案、侦查、审判、刑罚执行和监管活动的法律监督,突出监督重点,狠抓薄弱环节,着力解决人民群众反映强烈的执法不严、司法不公问题。加大对民事审判和行政诉讼的法律监督力度,积极探索和不断完善监督的范围、程序和措施,推动民事行政检察工作深入开展。抓住影响司法公正的突出问题适时开展专项法律监督,坚决查处执法不严、司法不公背后的职务犯罪,依法监督纠正执法司法中的问题,努力提高执法的公信力。

更加注重深化检察改革。坚持以强化法律监督和加强对自身执法活动的监督制约为重点,积极稳妥地推进检察体制和工作机制改革,继续抓好最高人民检察院《实施意见》的贯彻落实工作。深入推进执法规范化建设,健全完善业务工作考评机制,加速形成符合科学发展观和正确政绩观的执法导向。深化检委会制度改革。坚持不懈地推进侦查一体化机制建设和检察信息化建设。

更加注重加强检察队伍建设。坚持以党的建设带动队伍建设,深入开展"建设学习型党组织、创建学习型检察院"活动。坚定不移地推进"大学习、大培训、大练兵"活动,重点抓好对州市分院领导班子成员和业务部门负责人的轮训工作。大力加强以忠诚、公正、清廉、文明为核心的检察职业道德建设,开展"恪守检察职业道德、提升执法公信力"的主题教育活动,确保检察人员始终坚持"三个至上",切实做到"四个在心中"。进一步落实党风廉政责任制,加大检务督察力度,抓好检察机关惩防体系建设工作。扎实推进基层检察院执法规范化、队伍专业化、管理科学化和保障现代化建设,切实发挥基层检察院服务发展、保障民生、化解矛盾、维护稳定的一线平台作用。

在新的一年里,全省检察机关将在省委和最高人民检察院的正确领导下,在省人大及其常委会的有力监督下,求真务实,锐意进取,更好地履行宪法和法律赋予的职责,为建设富裕文明和谐的新青海作出新的贡献!

宁夏回族自治区人民检察院工作报告(摘要)

——2010年2月4日在宁夏回族自治区第十届人民代表大会第三次会议上

宁夏回族自治区人民检察院检察长　王雁飞

(2010年2月6日宁夏回族自治区第十届人民代表大会第三次会议通过)

2009年的检察工作

2009年,全区检察机关深入贯彻落实科学发展观,紧紧围绕"保增长、保民生、保稳定"的工作大局,努力践行"强化法律监督,维护公平正义"的检察工作主题,以打造"民生检察、阳光检察、活力检察、素质检察、数字检察"为目标,以"关注民生,走近群众"主题实践活动为载体,认真履行检察职能,为维护我区社会和谐稳定、保持经济平稳较快发展发挥了应有作用。

一、充分发挥检察职能,推进"民生检察"

依法履行批捕、起诉职能。重点围绕新中国成立六十周年和自治区一系列重要活动,严厉打击破坏社会稳定和侵犯人民群众生命财产安全的各类严重刑事犯罪。贯彻宽严相济的刑事政策,结合执法办案积极化解社会矛盾。全年共受理审查批捕3486件5540人,批捕3073件4813人,不捕389件689人。受理移送审查起诉4479件7355人,提起公诉3726件6025人,不诉458件681人。

深入推进查办和预防职务犯罪工作。全年共立案查办贪污贿赂犯罪案件209件302人,同比分别上升7.7%和17.1%,其中大案75件,要案17人。向法院提起公诉186人,法院已作有罪判决143人。立案查办渎职侵权犯罪案件49件71人,同比分别上升19.5%和26.8%,其中重特大案件7件,要案3人。通过办案挽回直接经济损失3258万元,同比上升22.5%。扎实开展查办涉农职务犯罪专项工作,共立案95人,同比上升69.6%。各级检察院紧紧围绕国家和自治区重点投资领域、重点项目,加大对扩大内需专项资金使用的监督力度,认真开展职务犯罪预防工作。加强职务犯罪调查分析,积极向地方党委、政府提出预防检察建议48件。

进一步强化诉讼监督。刑事立案监督共受理案件108件,同比上升96.4%。刑事审判监督共提出抗诉37件,同比上升27.5%,法院审结15件,改判9件,占审结数的60%。纠正漏捕72人,漏诉32人。加大民事行政案件的检察监督力度,提请和提出抗诉84件,同比上升236%。监督法院执行案件467件。督促有关单位向法院起诉146件,共追回国有土地出让金等国有资产3800万元。发现审判人员及其他国家工作人员职务犯罪线索21件,已立案侦查4件4人。加强刑罚执行监督,会同有关部门深入开展看守所监管执法专项检查和全区监狱清查事故隐患、促进安全监管专项活动,加强对"减、假、保"案件的监管,发现问题67件,及时向有关单位发出检察建议66份,依法纠正66件。

二、扩大深化检务公开,推进"阳光检察"

加强涉检信访和举报工作。开通了全区检察机关"12309检察服务热线",进一步畅通了人民群众表达诉求和举报职务犯罪的渠道。完善检察长接访制度、巡回接访制度和领导包案责任制,化解了一批信访积案。设立了全区统一的举报奖励金,

目前已奖励举报有功人员26名。2009年以来,全区检察机关共受理控告申诉举报案件线索2877件,同比上升11.6%,其中署名举报占信访总量的52%,反映出人民群众对检察机关的了解度和信任度有所增加。

加大检务公开力度。坚持对社会影响大的不服逮捕、作出不捕、不起诉决定和申诉的案件实行公开听证、公开审查。完善人民监督员制度试点工作,有118件职务犯罪案件交人民监督员监督。全区检察机关普遍开展了"检察开放日"活动,邀请各级人大代表、政协委员及社会各界人士到检察机关实地考察检察工作,增进了人民群众对检察机关和检察工作的了解。继续深入开展"关注民生,走近群众"主题实践活动,采取在乡镇、街道建立检察工作联络站、聘请检察联络员、开展巡回检察、设立"阳光检察服务中心"等措施,延伸法律监督触角,保持与人民群众的密切联系,促进了检察工作发展。

三、积极探索检察改革,推进"活力检察"

在自治区人大的大力支持下,自治区第十届人大常委会第十五次会议通过了《关于加强检察机关法律监督工作的决定》。进一步完善职务犯罪侦查一体化机制,2009年查办的职务犯罪大案要案全部运用了侦查一体化机制,有力推动了办案工作。积极开展职务犯罪案件审查逮捕决定权上提一级程序改革,此项措施实行以来,共受理报请逮捕职务犯罪案件22件23人,审查后决定逮捕20件21人,不批准逮捕2件2人,提高了批捕质量。积极推行"刑事和解"和不批、不起诉案件答疑说理制度,通过对80余起"刑事和解"案件犯罪嫌疑人不批捕、不起诉,有效化解了社会矛盾。探索开展量刑建议,目前正在试点的基础上逐步规范。

四、加强检察队伍建设,推进"素质检察"

扎实开展学习实践科学发展观活动。认真学习贯彻党的十七届四中全会精神,大力加强检察机关党的建设。深化"业务大学习、素质大培训、岗位大练兵"活动,全年共举办各类培训班38期,培训人员1848人次。成功举办了首届宁夏检察官与律师电视论辩赛和首届宁夏、甘肃、青海三省区公诉人论辩赛,以赛促练,锻炼了队伍。采取上下交流的方式开展岗位培训,并形成了工作机制。面向社会公开招录了139名检察业务人员,检察官短缺问题得到进一步缓解。积极推进检察文化建设,成功

举办了全区检察系统第二届体育运动会。树立先进典型，开展了向马俊同志学习活动，发挥引领示范效应。加强巡视和检务督察工作，加大对违法违纪人员的查处力度，全年有9人受到党、政纪处理，1人涉嫌犯罪已被移送审查起诉。

五、建设与应用相结合，推进"数字检察"

按照"推进建设、突出应用、加强管理"的工作思路，全年共投入资金1500余万元用于检察机关信息化建设。加强基层基础工作，全年共投入资金3326.8万元，用于加强交通通讯、侦查指挥、检验鉴定、涉密网等科技装备建设，努力建设适应检察工作需要的现代化科技装备体系。自主研发了监所检察管理系统软件，并开始试运行。

过去的一年，全区各级检察机关始终把坚持党的领导、自觉接受人大及其常委会的依法监督以及政协的民主监督，作为改进和加强检察工作的有效途径和重要保障，坚定不移地一以贯之。检察工作的重大部署、重大问题和重要事项及时向党委、人大常委会报告，争取领导和支持。2009年3月，自治区人大常委会专门听取了自治区检察院关于全区检察机关查办和预防贪污贿赂犯罪工作情况的报告，首次进行满意度测评，满意度为97.5%。下半年，自治区检察院还向自治区政协常委会通报了检察工作情况。对人大代表、政协委员提出的意见、建议和转交的案件高度重视，认真办理，及时反馈办理情况，进一步密切了与人大代表、政协委员的联系，同时有力地促进了检察工作。

2010年主要工作任务

2010年，全区检察工作的总体思路是：以邓小平理论和"三个代表"重要思想为指导，以科学发展观为统领，认真贯彻落实自治区党委十届十次全会、全区政法工作电视电话会议和最高人民检察院电视电话会议精神，以深入推进社会矛盾化解、社会管理创新、公正廉洁执法三项重点工作为目标，以继续深化"关注民生，走近群众"主题实践活动、打造"五个检察"为载体，不断强化法律监督，强化自身监督，强化高素质检察队伍建设，努力实现我区检察工作创新发展，为全区经济社会又好又快发展提供更加有力的服务和保障。重点做好以下六个方面的工作：

一、坚持服务大局，保障经济社会又好又快发展

紧紧围绕自治区党委十届十次全会提出的目标任务，继续深入贯彻自治区检察院关于充分发挥检察职能为经济平稳较快发展服务的意见，拓展检察工作服务大局的工作思路和内容方式，主动把检察工作融入发展大局，充分发挥打击、预防、监督、保护等职能，更加有效地服务经济发展方式转变，服务经济社会又好又快发展，切实提高检察机关服务大局的水平。

二、立足检察职能，积极参与矛盾化解和社会管理创新

强化批捕、起诉职能，依法严厉打击危害社会稳定和影响人民群众安全的严重刑事犯罪，始终保持高压态势。准确把握宽严相济的刑事政策，依照法律规定，探索建立检察环节运用和解等方式解决问题的机制，最大限度地化解矛盾，促进社会和谐。积极参与社会管理创新，帮助刑释解教人员妥善安置、融入社会。结合执法办案，加强对本地区突出社会治安问题的分析研究，推动社会治安防控体系建设。配合有关部门加强对特殊人群的帮教管理，探索适应社区矫正特点的检察方式，加强对社区矫正各个执法环节的法律监督。依法打击利用网络实施的犯罪，高度重视网络涉检舆情，建立应对引导机制，努力提高分析研判能力和处置突发事件的能力。

三、加大查办和预防职务犯罪工作力度，推进反腐败斗争

要突出重点，严肃查办涉及国家重点投资领域、重大工程、社会保障、劳动就业、征地拆迁、安全生产、食品药品安全等领域的职务犯罪；坚决查办司法人员、行政执法人员的职务犯罪。继续抓好治理商业贿赂犯罪、工程建设领域突出问题、查办涉农职务犯罪和危害能源资源、破坏生态环境渎职犯罪等专项工作，以专项工作推动查办职务犯罪的深入开展。正确处理查办职务犯罪案件数量、质量、效率和效果的关系，确保办案工作健康发展。在抓办案的同时，要更加注重预防，特别是要按照中纪委十七届五次全会的要求，积极配合参与推进反腐倡廉机制建设。要推行侦防一体化工作机制，结合办案，加强对职务犯罪特点的分析，查找管理中的漏洞，积极向有关单位和主管部门提出检察建议，增强预防职务犯罪工作针对性。充实行贿犯罪档案内容，强化查询功能，向社会提供查询服务。通过建立职务犯罪警示教育基地、加强预防职务犯罪宣传等方式，充分发动群众，依靠社会力量加强预防工作。

四、强化诉讼监督职能，促进公正廉洁执法

自治区检察院确定今年为"诉讼监督年"。全区检察机关将以贯彻落实《决定》为契机，强化检察机关法律监督工作。刑事立案监督要重点加强对以罚代刑、漏罪漏犯、另案处理、刑讯逼供、暴力取证等案件以及强制措施使用情况的监督，今年将部署开展对公安机关另案处理案件专项监督活动。刑事审判监督要重点监督有罪判无罪、无罪判有罪、量刑畸轻畸重以及严重违反法定程序等问题。继续落实自治区高级法院和自治区检察院联合制定的民事案件审判和执行监督衔接机制，增加民事案件的办案数量，提高监督质量。开展民事督促起诉专项活动，重点对土地出让金、排污费欠缴问题，督促有关部门依法起诉，防止国有资产流失和滋生腐败。加强对刑罚执行和监管活动的监督，促进监管场所依法、文明、科学管理。积极开展对刑罚变更执行的同步监督，组织开展保外就医专项检查活动。

五、继续深化检察改革，强化自身监督制约

牢固树立监督者更要受到监督的理念，把强化自身监督摆在与强化法律监督同等重要的位置上，保证检察机关公正廉洁执法。一要深入推进检察委员会制度改革，提高检察委员会议事、决策水平。二要完善内部监督制约机制。继续推进职务犯罪逮捕权上提一级改革，准确把握逮捕条件，保障当事人合法权利。探索建立对搜查、查封、扣押、冻结等侦查强制措施的监督机制。三要建立健全检务督察、执法档案等制度，开展廉政风险点评估工作，

建立和完善业务考核评价体系，实现对执法办案过程的动态管理和实时监督，确保检察权运行程序化和公开透明。

六、坚持固本强基，努力建设高素质检察队伍

突出抓好检察队伍思想政治建设和领导班子建设，制定下发《关于加强和改进新形势下全区检察机关党的建设的意见》，深入开展"建设学习型党组织、创建学习型检察院"活动。加强和改进领导班子和领导干部考评管理，推行领导干部问责、廉政档案制度，加强巡视、督察工作。加强正规化岗位培训工作。组织开展"恪守检察职业道德、提升执法公信力"主题教育活动，弘扬以忠诚、公正、清廉、文明为核心的检察职业道德。加快推进检察机关惩治和预防腐败体系建设，落实党风廉政建设责任制，今年下半年集中开展一次"反特权思想、反霸道作风"专项教育活动。坚持从严治检，继续严肃查处检察人员违法违纪案件。以执法规范化、队伍专业化、管理科学化、保障现代化为目标，加强基层检察院建设，更好地发挥基层检察院在化解矛盾纠纷、社会管理创新、公正廉洁执法方面的基础作用。继续加大投入，加强领导，推进信息化建设与应用，全面推行网上办案，切实把信息化融入检察机关执法办案的各个环节，转化为法律监督的实际功效。

在新的一年里，我们将按照本次会议的要求，进一步解放思想，开拓进取，真抓实干，更好地履行宪法和法律赋予的职责，为维护全区社会和谐稳定、促进经济社会发展作出新的更大的贡献！

新疆维吾尔自治区人民检察院工作报告（摘要）

——2010 年 1 月 14 日在新疆维吾尔自治区第十一届人民代表大会第三次会议上

新疆维吾尔自治区人民检察院检察长　哈斯木·马木提

（2010 年 1 月 16 日新疆维吾尔自治区第十一届人民代表大会第三次会议通过）

2009 年检察工作的主要情况

2009 年，全区检察机关在自治区党委和最高人民检察院的坚强领导下，在自治区人大及其常委会

的监督下，在自治区人民政府、政协的关心支持下，按照自治区十一届人大二次会议关于检察工作的决议要求，坚持党的事业至上、人民利益至上、宪法

法律至上,认真履行法律监督职责,全面加强和改进检察工作,各项工作取得新进展。

一、牢固树立稳定压倒一切的思想,坚定不移地维护新疆社会大局稳定

面对非比寻常的社会稳定形势,全区检察机关始终把维护社会稳定作为首要任务,依法履行批捕、起诉等职责,妥善化解矛盾纠纷,维护了国家安全、社会稳定、民族团结和人民群众根本利益。依法严厉打击"三股势力"实施的危害国家安全犯罪。乌鲁木齐"7·5"打砸抢烧严重暴力犯罪事件发生后,7月6日,自治区检察院迅速召开全院干部大会,传达贯彻中央和自治区党委的决策部署,要求各级检察机关和全体检察人员切实把思想统一到中央、自治区党委对形势的分析判断和决策部署上来,把办理"7·5"案件作为全区检察机关的首要政治任务,竭尽全力维护自治区的社会政治稳定。迅速建立指挥协调机制,成立领导小组和办事机构,制定指导意见,有效指导办案。及时召开全疆检察机关办理"7·5"案件座谈会,进一步提高认识,统一思想,统一办案尺度,完善工作机制,严格把握政策法律界限,坚持法律效果、政治效果和社会效果的有机统一。先后从全区抽调200余名政治素质高、业务能力强的各族检察人员全力投入案件的甄别、审讯、审查批捕、起诉等工作。下拨200余万元专项经费,为办案提供保障。全区各级检察机关和全体检察人员积极参与恢复社会秩序,安抚各族受害群众。各族检察人员克服困难,全力以赴办理案件,依法快捕、快诉了一批打砸抢烧严重暴力恐怖犯罪分子,震慑了敌人,鼓舞了群众,为夺取这场斗争的阶段性胜利发挥了重要作用。突出打击严重暴力犯罪、黑恶势力犯罪、多发性侵财犯罪、毒品犯罪和严重危害经济安全、扰乱市场秩序的犯罪。积极参加各项专项整治行动。全年共依法批准逮捕各类刑事犯罪嫌疑人18527人,提起公诉22677人。

坚持对轻微犯罪落实依法从宽政策。着眼于加强教育转化、促进社会和谐。进一步畅通控告申诉渠道,完善信访工作机制。开展"涉检不稳定因素大排查化解"和"信访积案化解年"活动,通过依法处理、教育疏导、救助救济,千方百计解决群众的合法合理诉求。办理群众信访3098件次,其中涉检信访86件,努力实现案结事了、息诉罢访。

二、深入查办和预防职务犯罪,保障经济社会又好又快发展

认真贯彻自治区党委关于党风廉政建设和反腐败工作的总体部署,突出查办和预防职务犯罪。全年共立案侦查贪污贿赂、渎职侵权等职务犯罪案件558件621人,其中大案236件,县处级以上干部35人(其中厅局级干部2人)。抓获在逃职务犯罪嫌疑人17人。通过办案为国家挽回经济损失8588万余元。

着力服务于经济社会科学发展。深化治理商业贿赂工作,立案侦查涉及国家工作人员的商业贿赂犯罪案件177件188人。开展查办涉农职务犯罪专项工作,立案侦查118件143人。开展工程建设领域突出问题专项治理工作,立案侦查44件44人。开展查办危害能源资源和生态环境渎职犯罪专项工作,立案侦查34件35人。

着力加强预防职务犯罪工作。落实自治区建立健全惩治和预防腐败体系的要求,重点围绕重大建设项目、职务犯罪多发行业和领域开展预防,分析职务犯罪发案原因、特点和规律,及时建议有关单位和部门堵塞漏洞、健全制度,共提出预防建议335件。坚持预防并举,举办预防职务犯罪专题讲座,开展警示教育活动,参加人员近10万人。向社会公开提供行贿犯罪档案查询18次。

三、强化对诉讼活动的法律监督,维护司法公正和法制统一

坚持检察机关的宪法定位,认真履行对诉讼活动的法律监督职责,抓住群众反映强烈的执法不严、司法不公问题,加大监督力度,增强监督实效。加强刑事诉讼法律监督。对侦查机关应当立案而不立案的刑事案件,督促立案207件;对公安机关不应当立案而立案的督促撤案45件。对侦查活动中的违法情况提出纠正意见171件(次),同比上升41%。对应当逮捕而未提请逮捕、应当起诉而未移送起诉的,决定追加逮捕88人、追加起诉125人。对不符合法定逮捕、起诉条件的,决定不批准逮捕1828人、不起诉1183人。认真开展刑事审判法律监督专项检查活动。对认为确有错误的刑事判决、裁定提出抗诉76件,同比上升17%。对刑事审判活动中的程序违法情况提出纠正意见22件次。积极开展民事审判和行政诉讼法律监督。对认为确有错误的民事、行政判决和裁定提出抗诉202件,同比上升26%;发出再审检察建议50件。对涉及民生、弱势群体及公共利益的民事案件,通过检察建议督促有关单位及时提起诉讼。对裁判正确的,重视做好申诉人的服判息诉工作。强化刑罚执行和监管活动法律监督。会同有关部门,认真开展看守所监管执法专项检查和全区监狱清查事故隐患、促进安全监管专项活动。加强派驻检察规范化建设。对超期羁押、减刑、假释、暂予监外执行不当、侵犯被监管人合法权益等问题提出纠正意见65件次。强化控告申诉检察工作。完善举报工作制度,加强举报中心建设。全区116个检察院用维、汉两种语言率先开通了全国统一的"12309"举报电话。自举报电话开通以来,共受理举报或提供咨询470余件(次)。积极开展"举报宣传周"活动。办理刑事申诉案件145件、刑事赔偿案件13件。

四、加强对自身执法活动的监督制约,保障检察权依法正确行使

增强正人先正己、监督者必须接受监督的观念,不断完善内外部监督制约机制,保障检察机关执法办案活动严格依法进行。自觉接受人大监督。全区各级检察机关共向人大及其常委会报告工作242次,自治区检察院向自治区人大常委会作了办理危害国家安全犯罪案件情况报告;接受人大代表视察检察工作120次;有44个检察院与当地人大常委会(法工委)建立了联席会议制度,召开联席会议74次;认真办理人大代表、政协委员的意见和建议47件。推进人民监督员制度改革。人民监督员监督职务犯罪案件中拟作撤案、不起诉处理和犯罪嫌疑人不服逮捕决定的"三类案件"69件。自觉加强内部监督。完善职务犯罪审查逮捕程序,实行立案侦查的职务犯罪案件由上一级人民检察院审查逮捕制度;严格执行立案报上一级检察院备案,撤案、不起诉报上一级检察院批准制度;健全抗诉工作与职务犯罪侦查工作内部监督制约机制。规范办案工作区设置和管理,完善办案安全防范工作、讯问职务犯罪嫌疑人全程同步录音录像和责任追究制度。扎实开展直接立案侦查案件扣押冻结款物专项检查工作。按照"不走过场、不留死角、不留后遗症"的要求,对2004年以来全区检察机关办理的职务犯罪案件扣押冻结款物进行了逐案清理,已全部清理完毕,得到了最高人民检察院的充分肯定。全面推行检务督察制度。通过明察暗访等形式,对检察机关和检察人员履行职责、遵章守纪、检风检容等情况进行监督检查。

五、大力加强检察队伍建设,提高整体素质和法律监督能力

坚持把思想政治建设放在首位。深入学习贯彻党的十七届四中全会、胡锦涛总书记在新疆干部大会上的重要讲话和十七届四中全会闭幕后关于新疆形势和新疆工作的重要讲话、中央领导同志对检察工作重要批示和自治区党委七届八次全委(扩大)会议精神。深入开展社会主义法治理念教育、反分裂斗争再教育和民族团结教育,引导广大检察人员坚定政治方向,强化政治标准和政治纪律,紧紧围绕自治区党委确定的"谁是我们的敌人、谁是我们的兄弟姐妹"这一主题,切实做到"五个认清、五个深刻",牢固树立维护社会稳定、维护祖国统一和民族团结、促进社会和谐的大局观,以人为本、执法为民的执法观,办案力度、质量、效率、效果相统一的政绩观,监督者更要接受监督的权力观。涌现出了在"7·5"事件中,不顾个人安危,勇救受害群众的艾合买提·艾力、吴洪等模范检察官。按照统一部署,以"检察人员受教育、法律监督上水平、执法为民显成效"为目标,地县两级检察院扎实开展深入学习实践科学发展观活动,进一步明确检察工作服务经济社会科学发展和实现自身科学发展的思路及措施。认真实施忠诚、公正、清廉、文明的检察官职业道德基本准则。

突出抓好领导班子建设。认真落实加强领导班子思想政治建设的各项措施。加强领导干部思想教育和素质能力培训。认真落实述职述廉、个人有关事项报告、任前廉政谈话等制度。加强对领导班子的巡视工作,自治区检察院共派出13个工作组对分州市院党组民主生活会和落实党风廉政建设责任制情况进行了监督指导。认真贯彻检察委员会组织条例及议事和工作规则,检察委员会规范化、专业化建设取得新进展。

推进队伍专业化建设。根据我院2009—2012年检察教育培训工作实施意见。选派217名领导干部和业务骨干到国家检察官学院、清华大学等中央院校进行领导素能培训。继续选派50名业务骨干到内地五省区挂职锻炼。广泛开展岗位练兵和业务竞赛活动。举办各类培训班14期,培训检察人员1021人次。与新疆大学联合举办2期"双语"及检察业务培训班,培训少数民族检察骨干98名。继续加大司法考试培训力度,在全疆14个分州市院进行司法考试试点,参加人员625人。

扎实推进基层检察院建设。制定2009—2012年新疆基层检察院建设规划实施意见和分州市级检察院推进基层检察院建设工作意见。坚持基层检察院结对帮扶制度，完善落实领导干部联系基层制度。继续加大增编补员工作。为基层增编437名，通过公开招录为基层检察院充实检察人员323名。深入开展争创先进基层检察院活动。推荐4个先进集体、4名先进个人参加全国检察机关第七届先进集体、先进个人评选。基层基础建设取得新进展。全疆各分州市院和县级检察院公用经费保障标准全部得到落实，交通、办案装备不断得到更新，"两房"建设和信息化建设继续推进，基层检察院执法条件和工作环境进一步得到改善。

加强检察理论研究，举办以"新疆检察工作的科学发展·稳定·和谐"为主题的检察理论研究年会。检察文化、检察信息、检察宣传、检察资料编译等各项工作进一步加强。

狠抓纪律作风建设和自身反腐倡廉建设。全面落实党风廉政建设责任制，扎实推进检察机关惩治和预防腐败体系建设。注重运用正反两方面的典型，加强反腐倡廉教育。深入剖析检察人员违纪违法案例，通报各级检察院进行警示教育。强化纪律要求，坚持从严治检，严格执行禁酒令，严肃查处违纪违法的检察人员6人。

在全区检察机关和广大检察人员的共同努力下，各项检察工作取得了新的成绩，但是也存在一些问题：一是检察职能的发挥与经济社会发展的要求和人民群众的期望还有差距；二是检察队伍的整体素质还不完全适应新形势下履行法律监督职责的需要；三是一些基层检察院办案力量不足、检察官断档等问题仍然突出。对这些问题，我们高度重视，将继续采取措施，认真加以解决。

2010年检察工作的主要安排

2010年，检察机关要全面贯彻党的十七届四中全会、全国政法工作会议、中央和自治区经济工作会议、自治区党委七届八次全委（扩大）会议和本次人大会议精神，认真落实胡锦涛总书记重要讲话精神，紧紧围绕坚定不移推动新疆经济社会又好又快发展、坚定不移维护新疆社会大局稳定、坚定不移巩固和发展各民族大团结、坚定不移抓好党的建设这一自治区工作大局，以深入推进社会矛盾化解、社会管理创新、公正廉洁执法为载体，始终坚持以执法办案为中心，不断强化法律监督，努力把检察

工作和队伍建设提高到新水平，为经济社会又好又快发展提供更加有力的保障。

第一，深入推进社会矛盾化解，积极参与社会管理创新，切实维护社会和谐稳定。一要坚决维护社会稳定。牢固树立稳定压倒一切的思想不动摇，始终坚持把依法严厉打击"三股势力"危害国家安全犯罪放在各项检察工作首位。按照中央和自治区党委的部署，高举维护国家利益和法律尊严的旗帜，始终保持严打高压态势，突出重点，加大力度，继续做好"7·5"案件的批捕、起诉和刑罚执行监督工作，严厉打击打、砸、抢、烧严重暴力恐怖犯罪分子，做到让党放心，让人民满意。二要深入推进社会矛盾化解。坚持把化解社会矛盾贯穿于执法办案始终，使执法办案过程成为促进社会和谐稳定的过程。三要全面贯彻落实宽严相济刑事政策。坚持该严则严，当宽则宽，做到既有力打击犯罪，又促进社会和谐。四要积极参与社会管理创新。做好预防未成年人犯罪工作。积极参加对社会治安重点地区的排查整治。依法打击利用网络实施的煽动分裂国家、诈骗、盗窃和"黄赌毒"等犯罪活动。

第二，加强查办和预防职务犯罪工作，促进反腐倡廉建设。进一步加大执法办案工作力度，严肃查办发生在领导机关和领导干部中的滥用职权、贪污贿赂、失职渎职案件，严重侵害群众利益案件和群体性事件、重大责任事故背后的职务犯罪案件。继续深入推进治理商业贿赂、查办涉农职务犯罪、查办危害能源资源和生态环境渎职犯罪和工程建设领域突出问题专项治理工作。加强和改进渎职侵权检察工作。加强预防职务犯罪工作，促进惩治和预防腐败体系建设。

第三，加强对诉讼活动的法律监督，促进公正廉洁执法。加强对有案不立、有罪不究、以罚代刑、刑讯逼供以及动用刑事手段插手民事经济纠纷等问题的监督，防止放纵犯罪和冤枉无辜。进一步加大对民事审判、行政诉讼的法律监督力度，探索开展对民事执行活动的监督，切实纠正裁判不公等问题。加强对超期羁押和减刑、假释、暂予监外执行不当的监督。继续抓好全区监狱清查事故隐患、促进安全监管专项活动。

第四，坚持执法为民宗旨，进一步提高执法公信力。一要树立正确执法理念，提高执法能力，完善内部监督制约，改进执法考评工作，促进公正廉洁执法。二要坚持以党的建设推进队伍建设。开

展"建设学习型党组织、创建学习型检察院"和"恪守检察职业道德、提高执法公信力"主题教育活动。大力加强民族团结教育,不断提高广大检察人员维护祖国统一、维护民族团结、反对民族分裂的自觉性和坚定性。加强廉洁从检教育,加大检务督察力度,努力做到自身正、自身硬、自身净。三要突出加强领导班子和干部队伍建设。加强和改进对领导班子和领导干部的教育、管理、选拔、任用、监督、考评工作。以领导干部和执法一线检察官为重点,加强正规化岗位培训,着力提高法律监督能力和群众工作、舆论引导等能力。四要切实抓好基层基础工作。切实推进基层检察院执法规范化、队伍专业化、管理科学化、保障现代化建设。加快推进检察信息化建设。进一步解决人才短缺、检察官断档等实际困难,着力提高检察工作能力和水平。

接受监督是检察工作健康发展的重要保证。我们将更加自觉地接受人大及其常委会的监督,接受人民政协和民主党派、工商联、无党派人士的民主监督,接受人民群众监督和新闻舆论监督,不断加强和改进检察工作。

在新的一年里,全区检察机关将在自治区党委和最高人民检察院的领导下,在各级人大的监督支持下,深入贯彻落实科学发展观,振奋精神,扎实工作,为建设更加繁荣富裕和谐的社会主义新疆作出新的贡献。

第四部分

检察工作概况

全国检察工作

综述 2010 年,全国检察机关在以胡锦涛同志为总书记的党中央正确领导下,在全国人大及其常委会有力监督下,认真贯彻党的十七大和十一届全国人大三次会议精神,深入贯彻落实科学发展观,紧紧围绕经济社会发展大局,忠实履行宪法和法律赋予的职责,扎实推进社会矛盾化解、社会管理创新、公正廉洁执法三项重点工作,加大执法办案力度,深化检察改革,加强队伍建设,各项检察工作取得新进展。

一、充分发挥检察职能作用,保障经济社会发展。适应经济社会发展的新形势新要求,进一步完善、落实服务大局的措施

(一)依法维护市场经济秩序。全年共批准逮捕破坏社会主义市场经济秩序犯罪嫌疑人 37532 人,提起公诉 50775 人,分别比上年增加 4.6% 和 19.5%。着眼于促进形成统一开放竞争有序的市场体系,加大打击非法集资、金融诈骗、传销等严重经济犯罪力度,督促行政执法机关依法移送涉嫌犯罪案件 3448 件;积极参与打击侵犯知识产权和制售冒假伪劣商品专项行动,协同开展对产品制造集中地、商品集散地、侵权案件高发地的重点整治,起诉侵犯知识产权、制售伪劣商品等犯罪嫌疑人 5642 人,同比增加 14.1%。

(二)深入开展查办重点领域职务犯罪专项工作。深化治理商业贿赂工作,在房地产开发、产权交易、医药购销等领域,立案侦查涉及国家工作人员的商业贿赂犯罪案件 10533 件。深化工程建设领域突出问题专项治理,立案侦查项目审批、招标投标、物资采购等环节的职务犯罪案件 8584 件。会同有关部门开展国土资源领域腐败问题治理工作,立案侦查土地和矿产资源审批出让、开发利用、征地补偿等环节的职务犯罪案件 1248 件。在近年查办涉农职务犯罪、查办危害能源资源和生态环境渎职犯罪专项工作基础上,建立常态化机制,及时依法查办相关犯罪。

(三)积极参与应对重大突发事件、完成重大任务。青海玉树强烈地震、甘肃舟曲特大山洪泥石流等重大自然灾害发生后,检察机关积极救助受灾群众,依法打击影响灾区稳定、侵害受灾群众利益的刑事犯罪,注重预防和查办侵吞、挪用救灾款物等职务犯罪,全力保障抢险救灾和灾后恢复重建。上海、广东及周边地区检察机关建立联动机制,积极投入世博会和亚运会、亚残运会安保工作,会同有关部门在场馆和配套设施建设中同步开展职务犯罪预防,保障平安世博、平安亚运和廉洁办会。

(四)保障和服务区域协调发展。各级检察机关围绕西部大开发、振兴东北地区等老工业基地、促进中部地区崛起、支持东部地区率先发展等区域发展战略的实施,结合本地区实际,深入调研,改进工作,提供更加有力的司法保障。最高人民检察院制定充分发挥检察职能为深入实施西部大开发战略服务的意见,努力促进西部地区经济社会发展;制定加强和推进检察援藏、援疆工作的意见,完善对口援助机制,从业务、人才、资金等方面加大对西藏、新疆检察机关的支持力度,服务西藏、新疆跨越式发展和长治久安。

二、深入推进社会矛盾化解、社会管理创新,维护社会和谐稳定。加强和改进批捕、起诉等工作,在依法打击犯罪的同时,重视化解社会矛盾,推动完善社会管理

(一)依法打击各类刑事犯罪。全年共批准逮捕各类刑事犯罪嫌疑人 916209 人,同比减少 2.6%;提起公诉 1148409 人,同比增加 1.2%。深入开展反渗透、反颠覆、反分裂斗争,坚决打击危害国家安全犯罪。积极参与对学校、幼儿园及周边治安秩序的专项整治,严厉打击侵害幼儿园儿童和学校师生生命安全的犯罪。会同有关部门开展打黑除恶专项斗争和打击涉枪涉爆犯罪、扫黄打非等专项行动,努力遏制严重刑事犯罪,增强人民群众安全感。最高人民检察院举办第八次上海合作组织成员国总检察长会议,加强打击恐怖主义、分裂主义、极端主义和跨国有组织犯罪的国际合作。

(二)注重结合办案化解社会矛盾。在坚持严格公正执法的前提下,倡导理性、平和、文明、规范

执法，注意统筹兼顾各方利益诉求，最大限度化解矛盾、促进和谐。认真落实宽严相济刑事政策，对涉嫌犯罪但无逮捕必要的，依法决定不批捕 64195 人，同比增加 20.7%；对犯罪情节轻微、依照刑法规定不需要判处刑罚或者免除刑罚的，决定不起诉 29898 人，同比增加 16.9%。推进刑事和解、检调对接机制建设，对民事申诉案件和轻微刑事案件，积极促成当事人达成和解。加强不批捕、不起诉、不抗诉等环节的释法说理工作，促进案结事了人和。

（三）积极参与社会管理创新。配合有关部门加强对城中村、城乡接合部等治安重点地区的排查整治，推动完善社会治安防控体系。规范和强化社区矫正法律监督，协助基层组织加强对社区服刑人员的矫正帮教。完善适合未成年人身心特点的办案方式及制度，加强教育、感化、挽救，对涉嫌轻微犯罪的未成年人依法决定不批捕 13080 人、不起诉 3114 人，同比分别增加 10.1% 和 1.8%。依法打击利用互联网传播淫秽信息、实施赌博等犯罪，净化网络环境。针对执法办案中发现的社会管理问题，及时向有关地方和部门提出消除隐患、完善制度的检察建议。

三、加大查办和预防职务犯罪力度，促进反腐倡廉建设。坚持把严肃查办、积极预防职务犯罪摆在突出位置，充分发挥检察机关在反腐倡廉建设中的职能作用

（一）依法严肃查办贪污贿赂等职务犯罪。全年共立案侦查各类职务犯罪案件 32909 件 44085 人，同比分别增加 1.4% 和 6.1%。其中，立案侦查贪污贿赂大案 18224 件，同比增加 0.2%；查办涉嫌犯罪的县处级以上国家工作人员 2723 人（其中厅局级 188 人、省部级 6 人），同比增加 2%。加大查办行贿犯罪力度，立案侦查行贿犯罪嫌疑人 3969 人，同比增加 24.3%。健全境内外追逃追赃机制，会同有关部门抓获在逃职务犯罪嫌疑人 1282 人，追缴赃款赃物计 74 亿元。坚持依法文明办案，正确区分合法收入与违法所得、工作失误与失职渎职等界限，注意维护企业正常经营发展，注意保障涉案人员合法权益，注意为国家、集体挽回经济损失。规范侦查办案活动，慎重使用强制性措施，严格执行举报人和证人保护、讯问职务犯罪嫌疑人全程同步录音录像以及逮捕职务犯罪嫌疑人报上一级检察院审查决定等制度，进一步提高办案质量。最高

人民检察院和澳门检察院联合举办国际反贪会议，与 150 多个国家和地区的反贪机构深入探讨反腐败国际司法合作。

（二）大力加强渎职侵权检察工作。认真落实全国人大常委会审议渎职侵权检察工作专项报告的意见，加大办案力度，健全办案机制，立案侦查渎职侵权犯罪案件 7349 件 10227 人，同比分别增加 4.5% 和 9.3%。其中，立案侦查重特大渎职侵权案件 3508 件，同比增加 10.5%。会同有关部门建立健全行政执法与刑事司法衔接等工作机制，着力解决渎职侵权犯罪发现难、立案难、查证难、处理难等问题。党中央高度重视反渎职侵权工作，中共中央办公厅、国务院办公厅转发了最高人民检察院等九部门联合制定的关于加大惩治和预防渎职侵权违法犯罪工作力度的文件。在京举办惩治和预防渎职侵权犯罪大型展览，并陆续在全国各地巡展，已有 55.5 万名国家工作人员参观。

（三）更加重视职务犯罪预防。结合办案加强犯罪分析和对策研究，向有关单位和部门提出预防建议 55628 件，对国家工作人员进行警示教育 964 万人次。开展预防工程建设领域职务犯罪专项工作，以政府主导投资的重大工程建设项目和灾后恢复重建项目为重点，协助建设单位和主管部门同步开展职务犯罪预防。完善行贿犯罪档案查询系统，最高人民检察院成立行贿犯罪档案查询中心，推动实现全国范围联网查询。建立职务犯罪预防年度报告制度，及时研究职务犯罪发案态势和预防对策，每年形成综合报告提交党委、人大、政府和有关部门参考。

四、全面强化对诉讼活动的法律监督，促进执法司法公正。制定实施《关于进一步加强对诉讼活动法律监督工作的意见》，着力解决执法司法中人民群众反映强烈的突出问题

（一）强化刑事诉讼监督。坚持惩治犯罪与保障人权并重，重点加强对有案不立、刑讯逼供、违法取证、量刑畸轻畸重等问题的监督。一是加强立案监督。最高人民检察院会同公安部制定《关于刑事立案监督有关问题的规定》，进一步明确检察机关对刑事立案的监督职责及程序，建立公安机关与检察机关互相通报刑事案件情况等机制。对应当立案而不立案的，督促公安机关立案 31203 件；对不应当立案而立案的，督促撤案 10702 件。二是加强侦查监督。与有关部门联合出台《关于办理刑事案

件排除非法证据若干问题的规定》和《关于办理死刑案件审查判断证据若干问题的规定》,并制定检察机关适用两个规定的指导意见,强化对侦查取证活动的监督,确保依法全面客观收集证据,有效提高办案质量。会同公安部制定《关于审查逮捕阶段讯问犯罪嫌疑人的规定》,完善检察机关听取犯罪嫌疑人申辩和律师意见、保障律师执业权利等机制。对侦查活动中的违法情况提出纠正意见33836件次。三是加强刑事审判监督。积极支持人民法院量刑规范化改革,起诉时依法提出量刑建议,促进量刑公开公正。加强对职务犯罪案件裁判的监督,建立一审判决两级检察院同步审查机制。对认为确有错误的刑事裁判提出抗诉5425件。

(二)强化刑罚执行和监管活动监督。会同司法行政机关深入开展全国监狱清查事故隐患、促进安全监管专项活动,重点排查解决"牢头狱霸"问题,对87名严重破坏监管秩序的在押罪犯依法追究刑事责任。推进与监管场所的监控联网,完善和落实收押检察、巡视检察等工作机制。加强对刑罚变更执行的监督,纠正减刑、假释、暂予监外执行不当10813人。开展保外就医专项检察活动,纠正不符合保外就医条件、程序或脱管漏管555人。加大清理久押不决案件力度,依法纠正超期羁押525人次。

(三)强化民事审判和行政诉讼监督。制定实施《关于加强和改进民事行政检察工作的决定》,坚持依法监督、居中监督等原则,对认为确有错误的民事行政裁判提出抗诉12139件。坚持抗诉与息诉并重,对认为裁判正确的44021件申诉,耐心做好当事人的服判息诉工作。对涉及国家和社会公共利益的案件,督促起诉33183件,支持起诉21382件,防止侵害国有资产和公共利益。

(四)强化对司法工作人员渎职行为的监督。会同最高人民法院等部门制定《关于对司法工作人员在诉讼活动中的渎职行为加强法律监督的若干规定》,明确对司法工作人员徇私枉法等12种渎职行为,可以通过调查核实违法事实、提出纠正违法意见、建议更换办案人等措施进行监督。坚决惩治利用司法权贪赃枉法的行为,查办涉嫌犯罪的司法工作人员2721人。

五、坚持执法为民宗旨,维护人民群众权益。立足检察职能加强和改进群众工作,努力做到贴近群众、依靠群众、服务群众

(一)拓展联系和服务群众的平台。加强接待窗口建设,推行民生服务热线和全国统一的12309举报电话,推行"一站式"受理接待中心和网上查询平台,进一步畅通群众控告申诉渠道。深入开展文明接待室创建活动,推广"融入群众、公正执法、情理兼容、促进和谐"的张章宝工作模式。推进检力下沉,延伸检察工作触角,在乡镇、社区探索建立派出检察室,开展巡回检察,就地受理群众诉求、提供法律服务、化解矛盾纠纷。

(二)依法惩治严重危害民生的犯罪。坚决打击抢劫、抢夺、盗窃、利用电信网络实施诈骗、制售有毒有害食品和伪劣农药、化肥、种子等侵害群众权益的犯罪,严肃查办征地拆迁、社会保障、劳动就业、医疗卫生、招生考试等民生领域的职务犯罪。贯彻尊重和保障人权的宪法原则,立案侦查涉嫌非法拘禁、报复陷害、破坏选举等侵权犯罪的国家机关工作人员524人。依法同步介入重特大事故调查,严肃查办火灾、矿难等事故背后涉嫌职务犯罪的国家工作人员1037人,最高人民检察院直接参与9起重特大事故调查。

(三)加强对特殊群体和困难群众的司法保护。高度重视涉军案件和涉港、澳、涉台、涉侨案件,健全沟通协作机制,切实维护国防、军队、武警部队利益和军人军属合法权益,维护香港同胞、澳门同胞、台湾同胞、归侨侨眷合法权益。坚决打击侵害残疾人和农村留守老人、妇女、儿童的犯罪,会同有关部门制定《关于依法惩治拐卖妇女儿童犯罪的意见》,起诉拐卖妇女儿童犯罪嫌疑人4422人。对拖欠农民工工资等案件,开展支持起诉工作。重视刑事被害人权利保护,推进刑事被害人救助工作,对6280名生活确有困难的被害人或其近亲属提供救助救济。

(四)依法妥善解决涉及群众利益的信访问题。完善控告申诉、涉检信访工作制度,开展带案下访、定期巡访、联合接访等活动,共办理群众信访439750件次。高度重视、妥善化解涉检信访积案3959件。最高人民检察院派出8个工作组赴16个省、自治区、直辖市进行了督查。认真贯彻修订后的国家赔偿法,制定《人民检察院国家赔偿工作规定》,依法自觉履行赔偿义务,加强对赔偿案件的法律监督,切实保障赔偿请求人的合法权益。

六、加强检察队伍建设和内部监督制约,提高自身公正廉洁执法水平。切实加强对检察人员的

教育、管理和监督,努力提高队伍整体素质,保障自身公正廉洁执法

（一）加强思想政治建设和职业道德建设。深化社会主义核心价值体系和社会主义法治理念教育,开展创先争优活动,引导检察人员坚定理想信念、端正执法思想。深入开展"恪守检察职业道德、促进公正廉洁执法"主题实践活动,制定检察官职业行为基本规范和检察机关文明用语规则,表彰宣传张章宝、李彬、刘宝瑞、王世杰、杜云、张敬艳、龚勇等先进典型,建立检察官宣誓制度,大力弘扬忠诚、公正、清廉、文明的检察职业道德。

（二）加强执法能力建设。以领导干部和执法办案一线检察官为重点推进全员培训,共培训检察人员11.9万人次。最高人民检察院完成对基层检察长的普遍轮训,开展对省级检察院业务部门负责人的普遍轮训。强化基层教育培训工作,建立市级检察院普遍轮训基层检察人员、省级检察院重点培训基层骨干机制,开展远程教育培训。大规模推进岗位练兵,广泛开展公诉、侦查监督、反渎职侵权等部门的业务竞赛活动。加大对西部地区检察教育培训和人才培养支持力度。

（三）加强执法规范化和内部监督制约机制建设。全面整合规范执法办案各环节的流程及细则,首次颁布检察机关执法工作基本规范。建立案例指导制度,最高人民检察院公开发布首批具有普遍指导意义的案例,指导检察机关统一执法。建立案件评查机制,以涉检信访案件为重点,全面评查各类案件42229件,对其中确有错误的163件依法予以纠正,对存在执法过错的91名检察人员严肃追究责任。完善检务督察制度,加大对执法行为、检风检纪的督察力度,最高人民检察院对10个省市检察机关进行了专项督察,组织6个省部分检察院开展了交叉督察。

（四）狠抓纪律作风和反腐倡廉建设。制定《检察机关领导干部廉洁从检若干规定》。严格规范检察人员对外交往行为。专项治理违规使用警车问题。在开展扣押冻结款物专项检查的基础上,进一步完善扣押冻结款物管理制度。注重运用自身反面典型进行警示教育,最高人民检察院深入剖析40名检察人员违纪违法案例,举办检察机关自身反腐倡廉教育展览并在各地巡展。严格落实领导干部述职述廉、巡视等制度。最高人民检察院听取和评议11个省级检察长述职述廉报告,对3个省级检察院领导班子进行巡视并回访检查。开展"反特权思想、反霸道作风"专项教育活动,严肃查处违纪违法检察人员267人,其中追究刑事责任38人。

（五）扎实推进基层基础建设。全面规划和落实基层检察院执法规范化、队伍专业化、管理科学化、保障现代化建设。会同有关部门从制度上解决基层检察官提前离岗离职问题,落实政法干警招录培养体制改革试点工作,选派业务骨干到基层挂职锻炼,进一步解决基层办案力量不足、人才短缺等困难。坚持领导干部联系基层、业务部门对口指导等制度。落实政法经费保障体制改革,会同有关部门完善市县级检察院公用经费保障标准等配套制度。中央财政增加了转移支付和补助投资,加大对中西部和贫困地区特别是革命老区、民族地区、边疆地区检察机关支持力度。

七、自觉接受监督,保障检察权依法正确行使。牢固树立监督者更要接受监督的意识,完善和落实自觉接受监督的机制和措施,保证把人民赋予的检察权真正用来为人民谋利益

（一）自觉接受人大监督。十一届全国人大三次会议闭幕后,最高人民检察院全面梳理审议意见,逐条研究整改措施。按照全国人大要求,完成对现行司法解释的集中清理任务,宣布废止63件。坚持经常主动向人大常委会报告重要工作,积极配合人大常委会开展专题调研和执法检查。最高人民检察院向全国人大常委会专题报告了改进渎职侵权检察工作的情况。对22个省、自治区、直辖市人大常委会作出的关于加强检察机关诉讼监督工作的决议或决定,检察机关认真学习贯彻落实。加强与人大代表的经常性联系,主动通报检察工作情况,诚恳听取意见。最高人民检察院开通全国人大代表联系专网和专线电话,协调江苏、广东检察机关做好香港、澳门部分全国人大代表视察的有关工作。全国人大代表提出的79件议案、建议全部办结。

（二）自觉接受民主监督。主动向政协通报检察工作情况,邀请政协委员座谈、视察、专题调研。健全与各民主党派、工商联和无党派人士的联系机制,推进联系工作制度化、规范化。最高人民检察院经常听取各民主党派、全国工商联和无党派人士对检察工作的意见、建议并通报各级检察机关。切实发挥特约检察员的咨询、监督作用。全国政协委员提出的21件提案全部办结。

（三）自觉接受社会监督。人民监督员制度经7年试点，在全国检察机关全面推行。最高人民检察院制定《关于实行人民监督员制度的规定》，改进人民监督员选任方式，扩大监督范围，增强监督效果。深化检务公开，推行阳光检务，完善和落实公开审查、案件信息查询等制度，提高检察工作透明度。最高人民检察院首次举办检察开放日活动，邀请来自高校、社区、媒体的公众代表参观，并与检察官面对面交流。完善检察机关新闻发布制度，注意听取公众意见和建议，及时回应社会关注的问题。

（最高人民检察院办公厅 马 骏）

最高人民检察院学习贯彻十一届全国人大三次会议精神电视电话会议 2010年3月23日，最高人民检察院召开学习贯彻十一届全国人大三次会议精神电视电话会议。会议的主要任务是，深入学习贯彻全国"两会"精神，按照会议要求和人大代表、政协委员的意见建议，自觉接受人民监督，更好发挥检察职能，不断提高执法水平，维护社会公平正义。最高人民检察院检察长曹建明出席会议并讲话，副检察长张耕主持会议，副检察长朱孝清、孙谦、姜建初、柯汉民，中央纪委驻最高人民检察院纪检组组长莫文秀，最高人民检察院政治部主任李如林，检察委员会专职委员童建明、杨振江出席会议，军事检察院领导和内设机构负责人，最高人民检察院机关各内设机构副厅长以上干部、各直属事业单位主要负责人在最高人民检察院主会场参加会议；各省、自治区、直辖市人民检察院，新疆生产建设兵团人民检察院领导和内设机构、直属事业单位负责同志，省会市、自治区首府市人民检察院检察长，直辖市人民检察院分院党组成员、各大军区检察院检察长，铁路运输检察分院检察长在各地分会场参加会议。

会议认为，十一届全国人大三次会议和全国政协十一届三次会议，是在我国继续应对国际金融危机、保持经济平稳较快发展、加快经济发展方式转变的关键时期召开的重要会议。会议审议并批准了政府工作报告和其他重要报告，通过了选举法修正案，圆满完成了各项任务。这是一次民主、求实、团结、奋进的大会，对全面贯彻党的十七大和十七届三中、四中全会精神，进一步把全党全国各族人民的思想和行动统一到中央对形势的分析判断和对工作的决策部署上来，扎实做好今年各项工作，推动经济社会又好又快发展，具有十分重要的意义。

会议指出，十一届全国人大三次会议审议和批准了最高人民检察院工作报告，对过去一年的检察工作表示满意，同意报告提出的2010年工作安排，强调要高举中国特色社会主义伟大旗帜，以邓小平理论和"三个代表"重要思想为指导，深入贯彻落实科学发展观，牢固树立社会主义法治理念，切实履行宪法和法律赋予的职责，坚持服务大局、执法为民，继续深化司法改革，全面加强队伍建设，着力提高执法水平，深入推进社会矛盾化解、社会管理创新、公正廉洁执法三项重点工作，更好发挥检察机关职能作用，为夺取全面建设小康社会新胜利提供有力的司法保障。这对做好今年的检察工作指明了方向，提出了新的更高要求。

会议要求，各级检察机关要认真学习贯彻全国"两会"精神，进一步增强做好检察工作的责任感和紧迫感，把学习贯彻全国"两会"精神作为当前的一项重要任务，加强领导，精心部署，切实抓紧抓好。特别是要组织广大检察人员认真学习胡锦涛总书记等中央领导同志在"两会"期间的重要讲话，学习全国人大常委会工作报告、政府工作报告、政协全国委员会常委会工作报告和最高人民检察院工作报告等重要文件，切实用会议精神统一思想、指导实践、推动工作。一是要通过学习，准确把握我国经济社会发展全局，进一步增强大局意识、责任意识、服务意识。深刻认识加快经济发展方式转变、实现经济平稳较快发展的重大意义，全面把握党和国家关于今年工作的重大战略决策、部署和要求，进一步明确检察机关在推动科学发展、促进社会和谐中的重大责任，进一步找准检察工作服务大局的切入点、结合点、着力点，为保持经济平稳较快发展创造良好社会环境。二是要通过学习，进一步增强接受人大监督和政协民主监督的自觉性、坚定性。充分认识人民代表大会制度是适合我国国情的根本政治制度，是实现人民当家作主的根本途径和最高实现形式，人大监督是代表国家和人民进行的具有法律效力的监督；充分认识人民政协这一中国特色政治组织和民主形式，是我国社会主义民主政治建设的伟大创造，加强政协民主监督是发展社会主义民主政治、实现社会主义政治文明的必然要求；充分认识检察工作接受人大监督和政协民主监督的必要性、重要性，正确处理依法履行职责与接受监督的关系，更加自觉地把检察工作置于人大、政协和社会各界的监督之下，确保人民赋予的检察权始终用来维护群众的合法权益、维护社会的公平正义。三是要通过学习，准确把握检察工作面临的新形势新任务。既要看到随着党和国家事业发展，检察工作的外部环境和执法条件不断改善，检察机关在经济社会发展中的作用越来越重要，又要看到检察机关在执法办案中深入推进三项重点工作，维护社会和谐稳定、保障社会公平正义、促进经济社会发展的任务十分繁重，还要看到人民群众对检察机关公正廉洁执法还有不少不满意的地方，进一步增强责任感和紧迫感，以更加坚定的信心、更加务实的作风、更加有力的措施，不断开创检察工作的新局面。

会议要求，各级检察机关要高度重视、认真落实人大代表、政协委员的意见和建议，回应人民群众对检察工作的新要求新期待。对代表、委员的肯定，要总结经验、不断提高；对代表、委员的批评，要高度重视，深刻反思；对代表、委员的建议，要积极研究吸纳，采取有效措施，抓好落实，真正从人民满意的地方做起，从人民不满意的地方改起，确保取得人民满意的成效。一要更加注重服务党和国家工作大局，切实保障经济平稳较快发展。要始终坚持把检察工作放在党和国家工作大局中谋划和推进，紧紧围绕中央关于"五个更加注重"的要求和政府工作报告关于今年工作的主要任务，认真总结经验，深入调查研究，进一步加强、完善和落实各项服务措施，更好发挥打击、预防、监督、保护等职能作用，努力为经济社会又好又快发展提供强有力的司法保障。要依法坚决打击严重破坏市场经济秩序、危害政府投资安全和民间投资合法权益、破坏能源资源和生态环境、侵犯知识产权等犯罪活动，加大预防和查办重点领域职务犯罪力度，深入推进工程建设领域突出问题专项治理和治理商业贿赂等专项工作，继续大力加强涉农检察工作。要坚持把执法办案作为服务大局的基本途径，切实在更新执法观念、改进执法方式、提升执法效果上下工夫。特别是要按照代表、委员的意见和建议，坚持理性、平和、文明、规范执法，坚持慎重使用强制措施、慎重扣押企业涉案款物，坚持依法平等保护各类市场主体的合法权益，切实解决执法方式简单粗暴等突出问题，保障企业合法权益和正常经营发展。上海、广东及周边地区检察机关要把支持和参与世博会、

亚运会、亚残运会安保工作作为维护社会和谐稳定的重中之重的任务，确保这三项重大活动安全顺利举行。二要更加注重深入推进三项重点工作，切实提高检察工作能力和水平。要结合学习贯彻全国"两会"精神，进一步深化对深入推进三项重点工作重大意义的认识，进一步深化对三项重点工作与检察工作密切关系的认识，切实把三项重点工作摆在突出位置，积极主动地抓紧抓好、抓出实效。要着力加强涉检信访工作，坚持一手抓源头治理，一手抓积案化解，继续深入开展集中清理涉检信访积案活动，教育全体检察人员坚持理性、平和、文明、规范执法，不断提高执法能力和水平，对于因执法不公不廉引发的涉检信访问题，要坚决纠正，严肃查处，给人民群众一个满意的答复。要着力健全信访工作长效机制，引导群众依法表达利益诉求，更好地维护群众合法权益，维护正常社会秩序。三要更加注重保障民生、服务群众，切实体现人民检察为人民。要牢固树立以人为本、执法为民的观念，认真研究人大代表、政协委员的意见建议，更加积极回应人民群众的新要求新期待。要坚决打击和查办损害民生的犯罪，依法严厉打击黑恶势力犯罪、严重暴力犯罪、多发性侵财犯罪，特别是拐卖妇女儿童、制售有毒有害食品药品和"黄赌毒"等犯罪，突出查办发生在社会保障、劳动就业、征地拆迁、移民补偿、抢险救灾、医疗卫生、招生考试等领域严重侵害群众利益的职务犯罪，严肃查办侵权犯罪和重大责任事故背后的职务犯罪。要加强涉及民生的法律监督工作，始终把人民群众的关注点作为诉讼监督工作的着力点，认真贯彻落实最高人民检察院《关于进一步加强对诉讼活动法律监督工作的意见》，大力巩固去年的成果，坚持专项监督与经常性监督相结合，完善监督机制，改进监督方式，努力在解决人民群众反映强烈的执法不严、司法不公问题上取得新的明显成效。要加强对特殊群体的司法保护，高度重视、认真研究和改进涉军、涉港澳、涉台、涉侨检察工作，更好维护军人军属、港澳同胞、台湾同胞和归侨侨眷的合法权益，特别是要进一步加强对农民工、妇女儿童等的司法保护，完善未成年人检察等制度，切实体现对弱势群体和困难群众的司法关爱。要进一步完善和落实司法为民措施，认真总结、规范和推广各级检察机关司法为民的好经验、好做法，积极创新便民利民措施，更好地依靠群众、贴近群众、服务群众。四要更加注重深化检

察改革,切实强化法律监督和自身监督。要牢牢把握检察改革的正确方向,坚持从满足人民的司法需求出发,既要着眼于强化检察机关法律监督职能,研究完善法律监督范围、程序、手段、机制等改革措施,不断增强法律监督实效,又要高度重视加强对自身执法活动的监督制约,加快推进检务公开,进一步完善内外部监督制约机制,确保检察权依法正确行使。要加大改革组织实施力度,及时研究解决改革实施中遇到的问题,确保取得人民满意的改革效果。要加强理论研究、立法研究,并按照全国人大常委会的要求,认真做好司法解释集中清理工作。五要更加注重公正廉洁执法,切实维护执法公信力。要扎实开展"恪守检察职业道德、促进公正廉洁执法"主题实践活动,突出实践特色,注重实际效果,通过开展主题实践活动,大力弘扬忠诚、公正、清廉、文明的检察职业道德,切实解决执法思想、执法行为、执法作风方面的突出问题,真正把主题实践活动作为带动和推进检察队伍建设的重要抓手,真正使检察职业道德的要求转化为广大检察人员的自觉行动,进一步树立检察队伍的良好形象。要切实加强纪律作风和反腐倡廉建设,坚决贯彻落实胡锦涛总书记在中央纪委五次全会上的重要讲话精神,坚决贯彻执行《中国共产党党员领导干部廉洁从政若干准则》,深入推进反腐倡廉制度建设,扎实抓好教育、监督、预防、查处等各项工作,认真开展扣押冻结款物专项检查"回头看"和"反特权思想、反霸道作风"专项教育等活动,努力实现队伍纪律作风有新的转变,公正廉洁执法水平有新的提高。要大力加强执法公信力建设,坚持眼睛向内,认真分析制约执法公信力的关键因素,着力查找自身影响执法公信力的不公不廉等突出问题,有针对性地采取措施加以解决,在坚持执法为民宗旨、树立正确执法理念、努力提高执法能力、强化执法监督管理、改进执法考评工作等方面下工夫,特别是要着力加强自身监督制约建设,不断完善人民群众监督、评价执法办案活动的机制,不断强化对执法办案全过程的动态管理和实时监督,切实以监督促公正、保廉洁、赢公信。

会议强调,各级检察机关要加强与人大代表、政协委员的经常性联系,注意征求代表、委员的意见,不断畅通联络渠道、改进联络方式,使代表、委员能够方便、快捷地了解检察工作,并要虚心听取意见,诚恳接受监督。要高度负责地办理议案、建议和提案,不仅要按时办结、及时答复,而且要尽可能当面听取对办理结果的意见,对代表、委员不满意的,要耐心细致地做好解释工作,争取代表、委员更多的理解、关心和支持。要加强检察宣传工作,重视加强与新闻媒体的联系和合作,完善新闻发言人制度,主动发布涉检重大信息,及时回应社会关注的问题,形成规范、权威、高效的检察新闻发布平台。要加强涉检网络舆情应对引导工作,充分认识网络舆论的开放性、实时性和辐射性,充分认识做好网络舆情应对引导工作的极端重要性,切实加强学习、提高认识、转变观念、规范管理、创新机制、妥善应对,不断提高应对引导能力和水平。

(最高人民检察院办公厅 贝金欣)

全国检察长座谈会 2010年7月20日至21日,最高人民检察院在江西召开全国检察长座谈会。会议的主要任务是,深入贯彻党的十七大、十七届四中全会和十一届全国人大三次会议、全国政法工作电视电话会议精神,回顾总结2010年上半年工作,研究部署2010年下半年任务,进一步推动2010年的各项检察工作。最高人民检察院检察长曹建明出席会议并讲话,副检察长胡泽君主持会议,副检察长邱学强、朱孝清、孙谦、姜建初、张常韧、柯汉民,中央纪委驻最高人民检察院纪检组组长莫文秀,最高人民检察院政治部主任李如林,检察委员会专职委员童建明,各省、自治区、直辖市人民检察院检察长,军事检察院检察长,新疆生产建设兵团人民检察院检察长,铁路运输检察院检察长,最高人民检察院机关各内设机构、直属事业单位负责人出席了会议。江西、江苏等8个省级人民检察院检察长作了大会交流发言。北京、天津等25个省级人民检察院(包括军事检察院、新疆生产建设兵团人民检察院)检察长提交了书面交流材料。

会议认为,2010年上半年,全国检察机关坚决贯彻胡锦涛总书记等中央领导同志对检察工作的一系列重要指示,深入贯彻落实科学发展观,紧紧围绕经济社会发展大局,以深入推进三项重点工作为载体,不断强化法律监督、强化自身监督、强化高素质检察队伍建设,各项检察工作取得新的成绩和进步。特别是充分发挥检察职能作用,服务党和国家工作大局;深入推进三项重点工作,带动提高检察工作水平;加强批捕、起诉等工作,维护国家安全和社会稳定;严肃查办和积极预防职务犯罪,促进反腐倡廉建设；强化对诉讼活动的法律监督，维护和促进司法公正；坚持执法为民，注重保障民生、服务群众；深化检察改革，完善检察体制和工作机制；强化队伍建设，提高队伍素质和执法公信力；坚持抓基层打基础，夯实检察事业发展根基，使2010年上半年各项检察工作保持了良好发展态势，为全面完成2010年工作任务奠定了坚实基础。

会议指出，面对深刻变化的国际国内形势，检察机关2010年下半年要继续深入贯彻落实党中央的决策部署和中央领导同志对检察工作的一系列重要指示，进一步深化细化实化突出抓好三项重点工作、统筹抓好各项检察工作的思路措施，狠抓落实，坚持不懈地强化法律监督，强化自身监督，强化高素质检察队伍建设，努力把检察工作提高到新水平。

第一，坚持围绕中心、服务大局，着力保障经济社会又好又快发展。面对复杂多变的经济社会形势，要增强大局意识、责任意识、忧患意识，紧紧围绕中央关于加快转变经济发展方式等重大决策部署，紧紧围绕深入推进西部大开发等区域战略实施，紧紧围绕上海世博会、广州亚运会、灾后恢复重建等重大任务，进一步加强、完善和落实服务大局的措施。继续广泛开展进农村、进社区、进企业、进基层等活动，认真研究检察工作面临的新情况新问题，深入了解人民群众的新要求新期待，不断强化执法为民意识，始终把保障和改善民生作为检察工作的重要出发点和落脚点。探索建立和完善派出检察室等新平台新机制，立足检察职能努力延伸法律监督触角，增强服务大局的针对性和有效性。

第二，突出抓好三项重点工作，着力解决影响社会和谐稳定的源头性、根本性、基础性问题。深入贯彻落实全国政法工作电视电话会议和全国社会治安综合治理工作会议精神，坚持把深入推进三项重点工作作为重中之重的任务来抓，并与各项检察工作更好地结合起来。高度重视机制创新和制度建设，及时把深入推进三项重点工作、强化法律监督、促进社会和谐稳定的好做法好经验上升为制度规范。最高人民检察院2010年下半年将重点制定或修订25项制度，各地也要认真总结实践经验，积极探索建立刑事和解、民生热线、检调对接、廉政风险防控等机制，不断拓展推进三项重点工作的广度和深度，不断提高检察机关强化法律监督、维护社会和谐稳定的能力和水平。

第三，进一步加大执法办案力度，着力提高执法水平和办案质量。坚持以执法办案为中心，全面正确履行批捕、起诉、查办和预防职务犯罪、诉讼监督等职责，充分发挥检察机关在维护社会和谐稳定、维护社会公平正义、推进反腐倡廉建设中的职能作用。依法严厉打击严重刑事犯罪，加大查办和预防职务犯罪力度，着力加强和改进渎职侵权检察工作。正确处理办案力度、质量、效率、效果的关系，始终把办案质量作为检察工作的生命线，全面正确把握宽严相济刑事政策，规范执法办案行为，完善办案质量保障机制。始终坚持理性、平和、文明、规范执法，严明办案纪律，强化执法管理，改进办案方式，提高执法水平，努力实现法律效果与政治效果、社会效果有机统一。

第四，进一步加强对诉讼活动的法律监督，着力促进公正廉洁执法。认真贯彻落实最高人民检察院《关于进一步加强对诉讼活动法律监督工作的意见》，继续在加大监督力度、改进监督方式方法、提高监督水平、增强监督实效上下工夫，切实维护司法廉洁和公正。进一步强化刑事诉讼监督，重点加强对有罪不究、以罚代刑、超期羁押、量刑畸轻畸重等问题的监督。大力加强和改进民事行政检察工作，稳妥推进民事行政检察体制和工作机制改革。自觉接受人大监督，认真学习贯彻省级人大常委会关于加强检察机关法律监督工作的决议、决定。正确处理同其他司法机关之间协调配合与监督制约的关系，共同维护司法公正和法制权威。

第五，深入推进检察改革，着力增强检察工作发展活力和动力。按照中央的部署，坚持以强化法律监督职能和加强对自身执法活动的监督制约为重点，一手抓好拟出台改革措施的研究论证，一手抓好已出台改革措施的贯彻落实，积极稳妥推进检察体制和工作机制改革。继续抓好今年的各项检察改革项目研究，落实好今年已出台和即将出台的各项改革措施，进一步抓好去年出台的完善职务犯罪案件审查逮捕程序、完善抗诉工作和职务犯罪侦查工作内部监督制约机制等改革措施的落实。

第六，坚持不懈地强化自身监督，着力提升执法形象和公信力。法律监督机关如何抓好自身监督，始终是社会各界高度关注的问题，必须始终保持清醒的头脑，坚持不懈地把强化自身监督放在突出的位置来抓。进一步加强执法规范化建设，扎实开展涉检信访积案排查化解和案件评查等工作，认真查找执法中的薄弱环节和制度漏洞,不断完善执法规范和行为规范,努力做到每一个执法环节、每一项执法活动都有章可循。进一步强化内外部监督制约,坚持和完善巡视、执法监察、检务督察等内部监督制度,深化检务公开,完善人民监督员制度,健全和落实当事人权利义务告知、不起诉不抗诉案件答疑说理、重信重访案件公开听证及检察文书说理制度,探索建立对群众投诉及时受理、查究、反馈的机制,完善接受人大监督、政协民主监督的机制,自觉接受舆论监督,切实以监督促公正、保廉洁、赢公信。

第七,毫不放松地抓好队伍建设和基层检察院建设,着力造就高素质检察队伍。坚持以公正廉洁执法为核心,以领导班子和基层为重点,全面加强思想、组织、作风和反腐倡廉等建设,不断提高检察队伍的整体素质。把思想政治建设放在首位,深化中国特色社会主义理论体系、社会主义法治理念教育,加强国情党情教育和理想信念教育,深入开展忠于党、忠于国家、忠于人民、忠于宪法和法律的忠诚教育。加强和改进检察机关党的建设,扎实开展创先争优活动和"建设学习型党组织、创建学习型检察院"活动。切实以专业化建设推动能力建设,着力提高检察人员的执法能力和业务水平。深入推进"恪守检察职业道德、促进公正廉洁执法"主题实践活动。继续加强反腐倡廉建设,开展"反特权思想、反霸道作风"专项教育活动和警车违规问题等专项治理,着力纠正群众反映强烈的不正之风。加强基层检察院建设,大力提高检务保障水平,加快推进检察信息化建设,切实加强检察机关特别是基层检察机关安全保卫工作。

会议强调,做好下半年的检察工作,关键在于领导。各级检察院领导干部都要严格要求自己,始终把心思和精力放在做好工作上,始终保持昂扬向上的精神状态、严谨务实的工作作风。要大力弘扬井冈山精神,坚定不移做中国特色社会主义事业的建设者、捍卫者,团结带领广大检察人员恪尽职守、锐意进取,为维护社会公平正义和社会和谐稳定,促进经济社会又好又快发展、开创检察事业新局面作出新的更大的贡献。

（最高人民检察院办公厅　余双彪）

全国检察长会议　2010 年 12 月 20 日至 21 日,最高人民检察院在北京召开了全国检察长会议。会议的主要任务是,全面贯彻党的十七届五中全会、中央经济工作会议和全国政法工作会议精神,总结 2010 年检察工作,部署 2011 年和今后一个时期检察工作。最高人民检察院检察长曹建明出席会议并讲话,副检察长胡泽君主持会议,副检察长朱孝清、孙谦、姜建初、张常韧、柯汉民,中央纪委驻最高人民检察院纪检组组长莫文秀,最高人民检察院政治部主任李如林,检察委员会专职委员童建明、杨振江出席会议,各省、自治区、直辖市人民检察院检察长,军事检察院、新疆生产建设兵团人民检察院检察长,解放军各大单位检察院检察长,各铁路运输检察分院检察长,以及最高人民检察院各内设机构、直属事业单位的负责人参加会议。中央国家机关有关部门的负责同志,最高人民检察院专家咨询委员会委员、特约检察员应邀出席会议。吉林、广东、山东、湖南、上海、贵州、北京、福建、安徽、甘肃省(市)人民检察院检察长在大会上作了交流发言。

会议认为,2010 年,各级检察机关全面贯彻落实中央领导同志对检察工作的一系列重要指示,深入贯彻落实科学发展观,紧紧围绕党和国家工作大局,以深入推进社会矛盾化解、社会管理创新、公正廉洁执法三项重点工作为载体,不断强化法律监督、强化自身监督、强化高素质检察队伍建设,检察工作取得新进展。一是服务保障经济社会发展的能力增强。调整、完善和落实为经济发展服务的措施,加大打击破坏市场经济秩序、危害政府投资安全、危害能源资源和生态环境等犯罪的力度,治理商业贿赂和工程建设领域突出问题专项治理工作深入推进,国土资源领域腐败问题专项治理工作取得初步成效;制定为深入实施西部大开发战略服务的意见;全方位加强和推进检察援藏援疆工作。二是三项重点工作深入推进。全面部署和落实检察机关深入推进三项重点工作的实施意见;深入开展矛盾纠纷排查,推进检调对接,加强释法说理等工作;积极参与重点地区、重点领域社会治安综合治理,加强对刑释解教人员、涉案未成年人等特殊人群的帮教管理,改进对社区矫正和监外执行的法律监督;积极探索建立执法办案风险评估预警等新机制。三是打击刑事犯罪工作进一步加强。举办第八次上海合作组织成员国总检察长会议,深入探讨打击"三股势力"、跨国有组织犯罪的国际合作;积极参加打黑除恶专项斗争和打击拐卖儿童妇女等专项行动,参与对学校、幼儿园及周边治安秩序的专项整治；积极参与上海世博会和广州亚运会、亚残运会安保工作。四是查办和预防职务犯罪工作力度加大。成功举办惩治和预防渎职侵权犯罪大型展览，建立职务犯罪预防年度报告制度，积极开展工程建设领域职务犯罪专项预防活动，在澳门成功举办国际反贪局联合会第四次年会暨会员代表大会，加强反腐败国际合作。五是诉讼监督工作全面强化。主动争取人大支持，已有21个省级人大常委会作出关于加强检察机关诉讼监督工作的决议；召开第二次全国检察机关民事行政检察工作会议，明确职能定位和基本要求，强化民事行政检察监督；巩固刑事审判法律监督专项检查成果，重点加强对职务犯罪轻刑化问题的监督，建立一审判决两级检察院同步审查的新机制。六是保障民生取得新成效。深入开展涉检信访积案排查化解活动，广泛开展大接访、大走访活动，完善12309举报电话，加强文明接待室建设，推行民生热线等便民措施，积极推进刑事被害人救助工作；制定《人民检察院国家赔偿工作规定》，切实维护当事人合法权益。七是检察体制和工作机制不断完善。认真落实中央关于司法改革的部署，中央确定由最高人民检察院牵头的7项司法改革任务已有5项基本完成，检察改革规划确定的87项任务已累计完成50项。八是对自身执法活动的监督制约切实加强。开通全国人大代表、全国政协委员联络专网和专线电话，制定检察新闻发布制度，举办检察开放日活动，推广廉政风险防控等机制，开展扣押冻结款物专项检查"回头看"，加强巡视、检务督察工作。九是检察队伍整体素质有了新的提高。认真开展创先争优活动和"建设学习型党组织、创建学习型检察院"活动，深入开展"恪守检察职业道德、促进公正廉洁执法"主题实践活动，建立检察官宣誓制度，制定检察官职业行为基本规范、检察机关执法工作基本规范和检察机关文明用语规则；开展大规模检察教育培训，研究制定检察人才队伍建设中长期规划，组织开展全国公诉人、侦查监督检察官业务竞赛活动，评审了第二批全国检察业务专家；制定检察机关领导干部廉洁从检若干规定，举办自身反腐倡廉教育展览，推行省级院检察长述职述廉和报告工作制度；开展"反特权思想、反霸道作风"专项教育；专项治理违规使用警车。十是基层基础工作更加扎实。深入推进基层检察院执法规范化、队伍专业化、管理科学化、保障现代化建设，探索开展派出检察室、巡回检察工作，促进法律监督触角向基层延伸。

会议指出，当前我国经济平稳较快发展，社会大局和谐稳定，检察工作面临许多有利条件和机遇。同时，国际国内形势正在发生新的深刻复杂变化，检察工作也面临许多新情况新问题。从检察工作自身看，有的思想观念还不适应时代发展进步的要求，服务经济社会发展、服务人民群众的认识和能力还有待进一步提高；法律监督职能发挥得仍不够充分、正确和有效，不敢监督、不善监督、监督不规范等问题不同程度存在；检察工作发展还不平衡，一些检察机关办案指导思想、执法理念存在偏差，有的业务工作相对薄弱、水平较低，办案数量、质量、效率、效果还不够协调统一；一些制约检察工作自身科学发展的体制性、机制性、保障性障碍尚未从根本上消除，基层基础工作急需加强；检察队伍整体素质有待进一步提高，执法能力和作风还不完全适应维护社会公平正义的要求，执法犯法甚至贪赃枉法的严重问题仍时有发生，严重损害检察机关公信力。

会议强调，2011年是中国共产党成立九十周年，也是"十二五"时期开局之年。各级检察机关要认真学习、深刻领会周永康同志在全国政法工作会议上的重要讲话，把思想和行动统一到党中央对形势的科学判断上来，统一到紧紧围绕科学发展这个主题和加快转变经济发展方式这条主线上来，统一到党中央对政法工作的重大决策部署上来，全面把握检察工作面临的新形势新任务新要求，既要增强信心、乘势而上，又要增强政治意识、大局意识、忧患意识、风险意识、责任意识，科学把握发展规律，主动适应环境变化，更加奋发有为地做好各项检察工作。

会议要求，2011年，全国检察机关要全面贯彻落实党的十七大和十七届三中、四中、五中全会以及中央经济工作会议、全国政法工作会议精神，以邓小平理论和"三个代表"重要思想为指导，深入贯彻落实科学发展观，认真学习贯彻胡锦涛总书记等中央领导同志对检察工作的一系列重要指示，以深化三项重点工作为着力点，以"三个强化"为总体要求，以深化检察体制和工作机制改革为动力，以加强检察机关党的建设和队伍建设为保证，全面履行法律监督职责，不断提高检察工作科学发展水平，更好维护社会和谐稳定、维护人民群众权益、维护社会公平正义,为实现"十二五"时期经济社会发展良好开局提供有力的司法保障。

会议要求,要更加注重围绕中心、服务大局,依法保障和促进经济平稳较快发展。坚持把检察工作摆到经济社会发展全局中来谋划和推进,要紧紧围绕中央关于加强和改善宏观调控、推进发展现代农业、加快经济结构战略性调整、推动经济发展方式转变和完善基本公共服务、进一步改善民生等重大决策部署,进一步加强、完善和落实服务大局的措施,充分发挥打击、监督、教育、预防、保护等职能作用,促进经济平稳较快发展,促进社会和谐稳定。一要依法严厉打击走私、偷税骗税、操纵股市、非法买卖土地等严重经济犯罪,继续推进治理商业贿赂专项工作,深化工程建设领域突出问题专项治理、国土资源领域突出问题专项治理和相关预防职务犯罪专项工作,扎实开展行政执法机关移送涉嫌犯罪案件专项监督,规范市场经济秩序,保障政府投资安全,平等保护非公有制经济发展,在执法办案中注意防范和化解经济运行风险。二要依法打击侵害农民权益、危害农业发展、影响农村稳定的犯罪活动,继续加大查办涉农职务犯罪力度,突出查办支农惠农资金管理使用、农村基础设施建设和公共服务以及农村基层政权建设中的职务犯罪,依法妥善办理涉及农民工权益保护、土地承包经营权流转、林权改革、农村金融服务等领域的民事行政申诉案件,促进农村改革发展。三要依法打击造成重大环境污染以及严重破坏生态、浪费资源的犯罪,严肃查办危害能源资源和生态环境特别是生态修复工程、防灾减灾体系建设背后的职务犯罪,探索通过督促起诉、支持起诉等方式加强对各类公害污染案件的法律监督,促进绿色经济发展。四要切实加大知识产权司法保护力度,深入开展打击侵犯知识产权和制售假冒伪劣商品专项行动,积极参与对产品制造集中地、商品集散地、侵犯知识产权案件高发地的重点整治,突出打击新闻出版、文化娱乐、高新技术和农业领域侵犯著作权、商标权、专利权和植物新品种权的犯罪,促进创新型国家建设。

会议要求,要更加注重维护社会和谐稳定,着力深化三项重点工作。紧紧抓住影响人民群众生命财产安全的突出治安问题,加大对黑恶势力、涉枪涉爆、"两抢一盗"等犯罪的惩治力度。坚持把三项重点工作摆在突出位置,继续在各项检察工作中深化、细化、实化措施,着力建立健全检察机关深入

推进三项重点工作的科学有效工作机制:一要建立健全群众诉求表达机制,畅通控告申诉渠道;二要建立健全执法办案风险评估预警机制,认真评估、妥善处置执法办案中可能存在的不稳定因素;三要建立健全贯彻宽严相济刑事政策的工作机制,提高运用法律政策化解社会矛盾、促进社会和谐的水平;四要建立健全社会矛盾化解机制,做好检调对接、释法说理、刑事被害人救助等工作;五要建立健全涉检舆情汇集分析和应对机制,完善与新闻宣传部门沟通机制,规范和改进检察工作新闻宣传和案件报道工作;六要建立健全检察机关参与社会管理创新的机制,及时提出健全制度、强化管理的检察建议,促进提高社会管理水平。

会议强调,要更加注重群众工作,切实维护人民群众权益。深入研究检察机关群众工作的新情况新问题,深刻领会检察机关做好新形势下群众工作的重大意义和基本要求,更好地联系群众、依靠群众、服务群众。一要牢固树立群众观点,真正明确"为谁掌权、为谁执法、为谁服务"的根本问题。二要着力保障民生,继续突出打击严重侵害群众利益、影响群众安全感的刑事犯罪,严肃查办教育、就业、社会保障、医药卫生、住房保障、征地拆迁、环境保护、安全生产等民生领域的职务犯罪,依法监督纠正群众反映强烈的执法不严、司法不公问题。加大涉检信访积案化解力度,依法妥善解决群众的合理诉求,维护群众合法权益。三要提高群众工作能力,加强实践锻炼和教育培训,提高掌握群众心理、使用群众语言、疏导群众情绪、处理群众诉求等能力。四要不断探索新形势下专群结合的新途径新机制,建立健全民意收集、研究和转化机制,加强执法办案中的专群结合,实现检察机关与人民群众的良性互动。

会议要求,要更加注重促进反腐倡廉建设,加大查办和预防职务犯罪工作力度。认真贯彻中央关于加强新形势下反腐倡廉建设的决策部署,充分发挥检察机关在建立健全惩治和预防腐败体系中的职能作用。一要突出办案重点,严肃查办发生在领导机关和领导干部中以权谋私、失职渎职犯罪案件,重点领域和关键环节中的职务犯罪案件,重大责任事故和群体性事件涉及的职务犯罪案件,发生在基层政权组织和重点岗位贪污贿赂、滥用职权的犯罪案件,地方换届选举中的破坏选举、买官卖官犯罪案件,以案谋私、贪赃枉法和为黑恶势力充当

"保护伞"等案件，继续加大对行贿犯罪的打击力度。二要加强和改进渎职侵权检察工作，认真贯彻中央办公厅、国务院办公厅转发的《关于加大惩治和预防渎职侵权违法犯罪工作力度的若干意见》，全面落实十一届全国人大常委会两次审议专项工作报告的意见，加强与纪检监察、行政执法和其他司法机关的协作配合，进一步解决渎职侵权案件发现难、立案难、查证难、处理难等问题。三要在加大办案力度的同时，更加注重办案质量和效果，更加注重坚持理性平和文明规范执法。四要进一步加强预防职务犯罪工作，完善侦查和预防一体化工作机制，加强预防宣传和警示教育，落实预防职务犯罪年度报告制度，促进从源头上遏制和减少职务犯罪发生。

会议要求，要更加注重维护司法公正廉洁，进一步强化对诉讼活动的法律监督。着力抓好强化诉讼监督一系列改革规定的落实，加大诉讼监督力度，增强诉讼监督实效。一要进一步加强刑事诉讼监督，规范和改进立案监督，强化侦查监督措施，完善审判监督机制和量刑建议制度。二要进一步加强民事行政检察工作，准确把握职能定位，坚持依法监督、居中监督、有限监督、事后监督等原则。三要进一步加强刑罚执行和监管活动监督，健全同步监督机制，规范监外执行检察工作，认真开展专项检察活动。四要进一步加大查处司法人员违法犯罪力度，切实加强对司法工作人员在诉讼活动中渎职行为的法律监督。五要坚持依法监督、规范监督，做到监督力度与监督质量、效果并重，抗诉与息诉并重，监督与支持并重。六要自觉接受人大监督，继续推动省级人大常委会出台关于加强检察机关法律监督工作的决议，在人大的监督、支持下，进一步加强和改进对诉讼活动的法律监督工作。

会议要求，要更加注重改革创新，不断完善检察体制和工作机制。按照中央的部署，加大工作力度，狠抓改革落实，确保检察体制和工作机制改革依法有序推进并取得预期效果。一要抓紧完成各项检察改革任务，对尚未完成的牵头改革任务，要加强沟通协调，力争尽快出台实施意见；对协办的司法改革项目，要配合牵头部门做好相关工作；对检察改革规划确定的其他改革项目，要加快进度、积极推进，推动检察改革任务全面落实。二要切实抓好已出台改革措施的贯彻落实，加大培训力度，提高广大检察人员执行改革措施、履行检察职责的

能力和水平；进一步加强督促检查，强化调研指导，确保改革既坚持正确方向，又切合实际、取得实效；积极推进铁检管理体制改革，加强组织领导，确保铁检机关顺利移交、铁检工作健康平稳发展。三要大力推进检察管理机制改革，探索引进现代管理理念、方法和技术，以检察信息化建设为依托，以完善组织结构体系为保障，建立健全检察机关政务管理、执法管理、后勤管理、队伍管理机制，促进检察管理科学化。

会议要求，要更加注重强基固本，大力加强基层基础建设。要充分认识基层基础工作的重要战略地位，以迎接全国人大常委会明年听取和审议专项报告为契机，狠抓各项基层基础建设，全面提升检察工作水平。一要深入抓好基层检察院建设，广泛开展"创先争优在基层"活动，全面推进执法规范化、队伍专业化、管理科学化、保障现代化建设；加大对中西部地区和贫困地区特别是革命老区、边疆地区、民族地区基层检察院支持力度，进一步解决人才短缺、检察官断档、科技装备落后等问题，促进基层检察院建设协调发展。二要深入延伸法律监督触角，规范和加强派出检察室建设，积极开展巡回检察等工作，努力延伸法律监督触角，实现检察工作重心下移、检力下沉。三要深入实施科技强检战略，制定检察机关"十二五"科技发展规划纲要，认真落实全国检察信息化发展规划纲要和国家"十二五"重大科技支撑计划，扎实推进信息化应用软件统一工作，不断提高检察工作科技含量。四要深入推进检务保障和职业保障建设，推动检察经费保障政策措施全面落实，建立与检察干警职业特点相适应的职业保障制度。

会议要求，要更加注重加强党的建设和队伍建设，切实提高公正廉洁执法水平。坚持把党的建设与队伍建设结合起来，努力建设公正廉洁执法的高素质检察队伍。一要以党的建设带动和促进队伍建设。认真开展"发扬传统、坚定信念、执法为民"主题教育实践活动，着力解决在理想信念、宗旨意识、执法理念和执法行为等方面存在的突出问题。二要突出抓好领导班子建设。着力加强领导班子自身建设，提高统筹谋划检察工作、协调解决重大问题的能力；认真做好地方检察长换届准备工作，选好配强各级检察院领导班子；完善干部选拔任用机制，规范公开选拔、竞争上岗等制度；加强检察委员会组织建设和专业化、规范化建设。三要积极推

进队伍专业化建设。推进检察人员分类管理改革，完善检察官遴选制度，做好政法干警招录培养体制改革试点工作；制定"十二五"时期检察教育培训规划，落实新一轮大规模检察教育培训，健全岗位练兵长效机制，广泛开展业务竞赛等活动；深入实施人才强检战略，加强检察业务专家、业务尖子和办案能手培养选拔；完善检察理论研究工作机制，加强检察理论研究人才培养，推动检察理论发展和创新。四要着力加强内部监督制约机制建设。坚持以领导干部为重点，以执法监督为核心，以制度建设为关键，不断加大内部监督工作力度，探索对领导干部工作圈、生活圈、社交圈加强监督的途径和方式，突出抓好对检察机关自身执法办案的内部监督制约，切实加强上级院对下级院的领导与监督。五要毫不松懈地抓好自身反腐倡廉建设。严格执行检察机关领导干部廉洁从检若干规定，着力解决和防止以权谋私、以案谋私、违反规定办案等突出问题；深入开展示范教育、岗位廉政教育，建立廉政风险防控机制，紧密结合检察业务开展检务督察，建立健全督察整改情况报告和责任追究制度；坚决执行中央政法委提出的"四个一律"要求，以"零容忍"的态度严肃查处违法违纪问题，坚决遏制检察人员特别是领导干部消极腐败行为，促进自身公正廉洁执法。

（最高人民检察院办公厅　邱景辉）

检察队伍建设　2010年，全国检察机关深入贯彻落实科学发展观，紧紧围绕深入推进三项重点工作，全面履行政治工作职责，检察队伍建设取得了明显成效。

一、着力在推进思想政治和职业道德建设上下工夫，检察队伍思想道德素质有了新进步

认真落实党的十七届四中、五中全会精神，深入研究加强和改进检察机关党建工作措施，制定实施《最高人民检察院关于加强和改进新形势下检察机关党的建设的意见》，组织召开全国检察机关党的建设工作电视电话会议，全面部署和推进检察机关党的建设工作。深入开展创先争优活动和"建设学习型党组织、创建学习型检察院"活动，制定下发专门通知，大力组织全国检察机关党的基层组织和党员深入开展创先争优活动。组织召开全国检察机关深入开展主题实践活动电视电话会议和深入推进主题实践活动电视电话会议，全面部署和扎实

推进主题实践活动。大力宣传和践行《检察官职业道德基本准则（试行）》，编发《检察官职业道德读本》和《检察机关文明用语规则（试行）》。建立和落实检察官初任、晋升宣誓制度，首次组织了最高人民检察院机关检察官宣誓活动。组织编纂《检察机关执法工作基本规范（2010年版）》，颁布实施《检察官职业行为基本规范（试行）》，着力规范检察官执法行为。加强主题实践活动指导，深入研究部署，加强交流督导，及时进行专项验收，先后组织召开11次专题会议，组织4次大型专题调研，编辑110期工作简报，确保了主题实践活动的声势、力度和效果。

二、着力在加强领导干部选任管理上下工夫，领导班子和领导干部队伍建设有了新进展

深化检察干部人事制度改革，制订实施方案，修订完善最高人民检察院机关厅处级领导干部和非领导干部选拔任用两个办法，完成了选拔检委会委员人选3人，厅处级领导干部53人，晋升厅处级非领导干部职务45人等各项工作，经验做法受到中组部肯定并转发。认真履行干部协管职责，先后两次与有关部门一道组织11个省级检察院检察长到最高人民检察院述职述廉报告工作。起草了《关于省级人民检察院领导班子和领导干部综合考核评价实施办法》，组织对湖南、新疆等省级检察院领导班子的深度考察，配合地方党委考察任免18个省级检察院的副检察长和党组副书记48名，省级检察院领导班子结构进一步改善。加强检察后备干部队伍建设，制定实施《2010—2020年全国检察机关领导班子后备干部队伍建设规划》。建立完善检察后备干部培养机制，组织最高人民检察院机关14名干部到地方以及地方检察机关20名干部到最高人民检察院挂职锻炼。

三、着力在深化检察队伍管理制度机制建设上下工夫，检察队伍专业化建设有了新加强

推进检察队伍管理制度改革，制定印发《最高人民检察院机关贯彻中央〈2010—2020年深化干部人事制度改革规划纲要〉的意见》。通过制订干部选任的具体方案，完善领导干部选任办法，广泛征求机关干部意见，进一步扩大干部工作民主，大力推行竞争性选拔干部制度，切实提高干部选任工作的公信力和满意度。进一步深化事业单位改革，完成了事业单位岗位设置改革、检察出版社转制改革、信息中心参公管理、机关后勤服务改革、国家检

察官学院组织员改革。完善检察人员职业保障制度，研究制定检察官职务序列设置暂行规定、检察官职级比例暂行规定、检察官等级与级别升降办法。改革和完善人民检察院机构设置，起草了基层人民检察院机构设置工作的指导意见和派出检察室设置管理暂行办法。与有关部门研究加强检察委员会建设的意见，制定印发了检察委员会专职委员选任及职责规定。密切配合铁路运输检察厅等有关部门推进铁路检察院管理体制改革，与中央六部门联合下发铁路检察院管理体制改革若干问题的意见。规范检察人员退休工作，与中央四部门联合下发切实解决检察官提前离岗、离职问题的通知。加强与人力资源和生活保障部、财政部协调，检察官津贴标准由人均 44 元提高到 220—240 元。为 352 名因公牺牲检察官、34 名因公牺牲司法警察申报发放特别补助金和特别慰问金近 500 万元，办理首评、晋升检察官等级 11974 名，授予、晋升三级警督以上警衔人员 1915 名。进一步加强司法警察工作规范化管理。

四、着力在推进检察援藏援疆和服务西部大开发工作上下工夫，检察机关对口援藏援疆和服务西部大开发工作有了新突破

制定印发加强和推进新形势下检察援藏援疆工作和充分发挥检察职能为深入实施西部大开发战略服务等三个意见，筹备召开检察援藏援疆工作座谈会和协调推进会议。抓好对口支援措施落实，组织对口单位签订责任书。重视抓好检察干部、人才对口支援工作，选派最高人民检察院机关 4 名干部、内地检察机关 22 名干部到西藏、新疆和兵团检察机关挂职锻炼；组织西藏、新疆 69 名干部赴内地检察机关实践锻炼。创办《全国检察机关援藏援疆工作简报》，交流经验做法，加强工作指导，检察援藏援疆工作开局良好，中央新疆工作协调小组办公室转发了我们的做法。扎实推进援助灾区工作，组织青海省玉树地震灾区 80 名检察人员到上海、江苏、浙江、山东四省市疗养学习，收到良好效果。

五、着力在加强正规化培训和人才培养上下工夫，检察队伍法律监督能力有了新提高

大力推进各级各类检察人员全员培训和岗位练兵，最高人民检察院对全国基层检察长的轮训圆满完成，对省市级检察院部门负责人轮训扎实推进。全国共培训各类检察人员 10.3 万人次。广泛开展岗位练兵、业务竞赛和学习创建活动，重点推

进公诉、侦查监督、渎职侵权、铁路检察等部门的岗位练兵和业务竞赛，领导素能和业务素质明显提升。研究制定检察人才队伍建设中长期规划，组织召开全国检察机关人才工作会议，全面部署新形势下检察人才队伍建设，科学规划了六项检察人才重点工程。加强高素质人才培养，完成对首批 50 名全国检察业务专家复审、第二批 82 名全国检察业务专家评审，与公诉、侦监部门联合组织全国公诉人、侦查监督检察官业务竞赛活动。完善和落实西部巡回讲师团、流动课堂和以挂代训等制度，最高人民检察院直接培训西部检察人员 1010 人次。积极参与研究制定和推动西部地区和少数民族地区司法考试改革试点工作，检察机关司法考试通过率明显持续上升。积极推进教育培训改革，大力加强培训课程体系、师资队伍、培训基地、教材资料等基础建设，开展网络培训工作，检察教育培训基础建设得到加强。

六、着力在加强和改进检察舆论宣传和文化建设上下工夫，检察机关社会形象有了新改善

围绕宣传党中央和最高人民检察院党组的重大决策部署、宣传检察机关推进三项重点工作的新成绩、宣传检察队伍中的重大先进典型，大力加强和改进检察宣传工作。组织召开全国检察机关第七次先进集体和先进个人表彰大会，对 141 名先进集体和 181 名先进个人进行了表彰，推出了全国重大先进典型张章宝，重点宣传和推出李彬、杜云等一批恪守检察职业道德、公正廉洁执法的先进典型，组织召开了身边典型刘宝瑞同志命名表彰大会和先进事迹报告会，在检察机关营造出学习先进、争当先进、赶超先进的浓厚氛围。研究制定《最高人民检察院关于加强检察文化建设的意见》，组织召开全国检察文化建设工作座谈会，部署和推进检察文化建设工作。广泛开展群众性文化活动，制作发放检察礼仪宣传教育片和职业道德宣传画，隆重主办《为了正义的誓言》全国检察系统迎新年主题晚会。通过这些重大举措，进一步提高了检察人员文化素养和道德情操。

七、着力在加强基层检察院建设上下工夫，基层检察院建设指导有了新发展

深入研究推进基层检察院"四化"建设的办法措施，完善体现科学发展观要求的基层人民检察院建设考核评价体系，颁布实施《基层人民检察院建设考核办法（试行）》。认真落实《2009—2012 年基

层人民检察院建设规划》,加强对《规划》落实情况专项检查,并向全国通报。探索完善基层检察院业务、队伍、保障和信息化相结合的管理机制建设,深化基层检察院管理科学化试点工作,举办规范化管理体系审核员培训班,组织编写规范化管理体系教材。认真落实和推进上级院领导干部联系基层、基层检察院结对共建、基层示范院建设等制度,基层检察院建设整体水平有了新的提高。

八、着力在加强政工部门自身建设上下工夫,检察政工部门服务保障能力和水平有了新提升

在全国检察机关政工部门深入开展"讲党性、重品行、作表率"教育和创先争优活动。坚持从严治部,加强内部约束,建立完善自身建设各项制度,认真落实不断增强"十个意识"要求和《最高人民检察院政治部关于进一步加强和改进自身建设的意见》《最高人民检察院政治部党总支关于进一步加强党组织建设的意见》,严格遵守最高人民检察院政治部干部从事公务活动八不准、日常管理九条要求和部风建设十项准则。举行全体人员廉政承诺仪式,建立廉政档案,开展谈心和廉政谈话。发挥"政治部党总支联络党员手机热线"作用,举办金点子和优秀调研论文评选活动,加强与全体党员的互动沟通,充分发挥党组织在凝聚队伍、鼓舞士气、推进发展中的核心领导作用。

(最高人民检察院政治部办公室综合调研处)

全国检察机关人才工作会议 最高人民检察院于2010年11月29日至30在北京召开了全国检察机关人才工作会议。最高人民检察院在京领导、检察委员会专职委员,机关各内设机构和直属事业单位主要负责人;各省、自治区、直辖市人民检察院,军事检察院,新疆生产建设兵团人民检察院政治部主任;第二批全国检察业务专家出席了大会。会议分别由最高人民检察院副检察长孙谦、政治部副主任王少峰主持,最高人民检察院常务副检察长胡泽君、政治部主任李如林分别讲话。出席会议的最高人民检察院领导和检察委员会专职委员为第二批"全国检察业务专家"颁发了证书。会议期间,分组讨论了胡泽君同志的讲话和《检察人才队伍建设中长期规划(2011—2020年)(讨论稿)》,召开了第二批全国检察业务专家座谈会;北京、山西、黑龙江、江苏、广东、云南、西藏、甘肃8个单位的与会人员在大会上发言。

此次会议是最高人民检察院为深入贯彻十七届五中全会精神和全国人才工作会议精神而召开的一次重要会议。会议认为,2004年以来,检察机关紧紧围绕检察工作主题,大力推进检察人才队伍建设,取得显著成绩。检察人才工作得到高度重视;高层次人才队伍建设成效明显,2009年全国高层次检察人才达11000余人,比2004年增长6000余人;检察人才资源总量稳步增长,2009年全国检察人才资源总量比2004年增长了9.8%;检察人才素质大幅提升,本科以上文化程度人才所占比例由2004年的53.9%上升到2009年的75.4%,2009年具有研究生学历的11149人,比2004年增加6132人;检察人才成长环境不断改善,具有检察特色、符合人才工作规律的体制机制初步建立。会议要求,深入贯彻党的十七届五中全会精神,进一步贯彻落实全国人才工作会议部署,全面实施人才强检战略,大力推进新时期检察人才工作,为检察事业科学发展提供强有力的人才保证和智力支持。会议对新时期检察人才工作的总体思路、目标任务、具体措施作出了明确部署。会议要求,要深入贯彻党的十七届五中全会精神,进一步贯彻落实全国人才工作会议部署,全面实施人才强检战略,大力推进新时期检察人才工作,为检察事业科学发展提供强有力的人才保证和智力支持。

胡泽君同志强调,检察人才工作在推进人才强国战略、检察事业科学发展、解决检察人才队伍建设的突出问题中具有十分重要的作用,各级检察机关要切实增强做好检察人才工作的使命感、责任感和紧迫感,开创检察人才工作新局面。要正确把握新时期检察人才工作的指导思想、发展目标和总体要求。要牢固树立人才是第一资源、人才优先发展、以用为本、人人都能成才等科学人才发展理念。要提高检察人才工作水平,不断扩大检察人才资源总量;不断改善检察人才队伍结构;不断提升检察人才队伍整体素质;不断优化人才发展环境。要着眼检察人才工作科学发展,以科学的理论作指导,树立正确的人才观、发展观、政绩观;以法律监督能力为核心,提高检察人才队伍的能力水平;以高层次人才和基层各类专门人才为重点,造就一批高素质检察人才;以改革创新为动力,建立完善检察人才工作体制机制。要大力推进检察人才重点工程,以重点工程突破带动检察人才工作全面发展。一要大力推进高层次人才铸才工程;二要大力推进基

层检察院聚才工程;三要大力推进青年检察官育才工程;四要大力推进西部和贫困地区检察院扶才工程;五要大力推进检察人才素质提升优才工程;六要大力推进急需紧缺专门人才引才工程。

胡泽君同志指出,要着力创新人才工作体制机制,激发检察人才活力与热情。要建立健全检察人才培养开发机制、评价发现机制、选拔任用机制、资源流动配置机制和激励保障机制,为用好用活人才提供有力保障。各级检察院要切实加强对检察人才工作的领导,确保检察人才工作各项任务落到实处。

李如林同志讲话强调,各级检察机关要认真学习,统筹推进,务求实效。要切实抓好检察人才工作各项任务的落实。一要抓认识,在树立科学的人才观上见成效。要坚持人才是第一资源,人才优先发展和以用为本,人人都可以成才的理念,准确把握检察人才工作发展的战略方向、战略重点和战略思路。二要抓规划,在构建人才规划体系上见成效。各省级检察院要根据最高人民检察院规划,结合本地区实际,深入开展调查研究,准确掌握基础数据,科学规划预测,抓紧制定本地区检察人才工作规划。三要抓重点,在推进人才重点工程上见成效。各级检察机关要对照会议提出的检察人才工作六项重点工程的主要任务和基本要求,逐项细化分解,制定具体落实措施,上下联动,共同推进,努力把重点工程办成"龙头"和示范工程。四要抓使用,在增强人才规模效益上见成效。要把盘活现有人才与培养后备人才结合起来,充分发挥各个年龄层次和各类人才的积极性和创造性,形成人才队伍合理的梯次配备结构和合理的人才资源布局。五要抓创新,在完善人才工作机制上见成效。要加强对检察人才工作机制配套政策的研究,加大对检察人才工作机制重点、难点问题的攻坚力度,逐步建立和完善符合司法工作规律、检察职业特点和检察人才成长的机制。要把实施检察人员分类管理改革和干部人事制度改革作为检察人才工作机制创新的重点内容,争取尽早有所突破。六要抓组织领导,在优化人才环境上见成效。

（最高人民检察院政治部干部部地方干部处）

追授刘宝瑞"全国模范检察官"荣誉称号命名表彰大会暨先进事迹报告会　2010年12月29日,最高人民检察院召开命名表彰大会暨先进事迹报告会,追授最高人民检察院反贪污贿赂总局大要案指挥

中心原副厅级检察员刘宝瑞同志"全国模范检察官"、"中央国家机关优秀共产党员"荣誉称号。最高人民检察院检察长曹建明号召全体检察人员深入学习宣传刘宝瑞同志的先进事迹,大力弘扬刘宝瑞同志的崇高精神,立足岗位,开拓进取,踏实干事,创先进、争优秀、作表率,努力创造无愧于党、无愧于人民、无愧于时代的一流业绩。

中央国家机关工委常务副书记杨衍银,中央政法委副秘书长王其江出席会议。最高人民检察院副检察长胡泽君主持会议。

刘宝瑞同志出生于1954年,1980年2月从北京大学经济学系毕业后分配到最高人民检察院工作。2010年11月8日,因罹患食道癌医治无效去世,时年56岁。刘宝瑞同志从事反贪污贿赂工作三十年,对法律忠诚执著,对工作恪尽职守,对自己严格要求。他先后参与办理在全国有影响的大案要案数十起,审查督办疑难复杂案件数百起,依法处理了许多重大案件线索,没有出现差错和纰漏,在平凡的工作岗位上作出了不平凡的业绩。他先后荣立二等功、三等功和嘉奖各一次,2002年荣获最高人民检察院机关党委"优秀共产党员"称号。

在命名表彰大会上,曹建明、杨衍银分别向刘宝瑞同志的家属颁发了"全国模范检察官"、"中央国家机关优秀共产党员"荣誉证书、证章。

曹建明在讲话中指出,刘宝瑞同志是新时期共产党员的优秀代表,是检察机关创先争优活动中涌现出的模范检察官,是最高人民检察院机关继喻中升后的又一个先进典型。他从事检察工作三十年来,兢兢业业、任劳任怨、勤恳奉献,在平凡的岗位上工作到生命的最后一刻,以自己的模范行动生动诠释了人民检察官的价值追求,书写了一个普通共产党员的壮丽华章,为全体检察人员树立了光辉榜样。

曹建明要求,全体检察人员要深入学习刘宝瑞同志坚定信念,忠诚履职,秉公办案的崇高品格。像刘宝瑞同志那样,始终把个人理想信念与做好本职工作紧密结合起来,自觉锤炼政治品格,模范践行社会主义法治理念,视秉公执法、依法办案为天职,以维护法律尊严、伸张公平正义为己任,忠实履行法律监督职责,努力肩负起中国特色社会主义事业建设者、捍卫者和社会公平正义守护者的神圣使命。要深入学习刘宝瑞同志严于自律、一尘不染、清正廉洁的职业操守。像刘宝瑞同志那样,牢固树

立正确的世界观，严格遵守廉洁从检各项规定，始终做到自身正、自身硬、自身净，努力维护检察机关的良好形象和执法公信力。要深入学习刘宝瑞同志不计得失、淡泊名利、谦和低调的优秀品质。像刘宝瑞同志那样，不管在什么岗位，不论职务高低，始终保持忠诚敬业的志向，宁静淡泊的心态，严于律己，在平凡的岗位上作出不平凡的业绩。要深入学习刘宝瑞同志恪尽职守、勤勉敬业、忘我工作的奉献精神。像刘宝瑞同志那样，生命不息，奉献不止，为人民检察事业矢志不渝、奋斗终生。

命名表彰大会上，王其江宣读了《中央政法委员会关于开展向刘宝瑞同志学习活动的通知》；杨衍银宣读了中央国家机关工委《关于追授刘宝瑞同志"中央国家机关优秀共产党员"荣誉称号的决定》；最高人民检察院政治部主任李如林宣读了最高人民检察院《关于追授刘宝瑞同志"全国模范检察官"荣誉称号的决定》。

命名表彰大会开始前，曹建明、杨衍银、胡泽君、王其江等领导同志亲切接见了刘宝瑞同志的家属及先进事迹报告团成员。表彰大会后，刘宝瑞同志先进事迹报告团4名成员饱含深情地追忆了刘宝瑞同志的模范事迹，缅怀了他的高尚品格。

最高人民检察院副检察长孙谦、姜建初、柯汉民，中央纪委驻最高人民检察院纪检组组长莫文秀，最高人民检察院检察委员会专职委员童建明等出席会议。

（最高人民检察院政治部宣传部）

最高人民检察院、广西壮族自治区党委联合召开追授杜云荣誉称号命名表彰大会　2010年11月26日，最高人民检察院、中共广西壮族自治区党委隆重召开大会，追授广西壮族自治区桂林市秀峰区人民检察院反渎职侵权局原副局长杜云"全国模范检察官"、"广西壮族自治区优秀共产党员"荣誉称号。最高人民检察院检察长曹建明号召广大检察人员认真学习杜云同志的先进事迹，始终坚持"立检为公、执法为民"宗旨，始终坚持"强化法律监督，维护公平正义"检察工作主题，为保障社会公平正义、维护社会和谐稳定、促进经济社会又好又快发展作出新的更大贡献。

杜云同志生前是广西壮族自治区桂林市秀峰区人民检察院反渎职侵权局副局长。1998年由部队转业，从检十二年，他坚持奋战在执法办案第一线，严格履行法律监督职责，忠实践行"立检为公、执法为民"宗旨，成功办理公诉案件200多件，自侦案件20多件，无一差错，件件办成铁案，先后荣立个人一等功一次、个人三等功二次。2010年6月23日，杜云同志因患肺癌医治无效去世，时年48岁。

曹建明指出，杜云同志是新时期共产党员的优秀代表，是检察机关深入学习实践科学发展观、深入推进三项重点工作、积极服务经济社会又好又快发展过程中涌现出来的先进典型，是扎根基层、恪尽职守、执法为民的模范检察官。他在有限的生命中做到了无限地为人民服务，在平凡的岗位上作出了不凡的工作业绩。全国检察机关和广大检察人员要以杜云同志为榜样，认真学习和发扬他的崇高精神，为维护社会公平正义，促进社会和谐稳定作出新的贡献。

曹建明要求，要深入学习杜云同志始终以强化法律监督、维护公平正义为己任，公正执法、刚正不阿的崇高品德，立足检察职能，恪守公平正义，全面正确履行宪法和法律赋予检察机关的法律监督职责，办经得起历史检验的案子，做让党和人民满意的事情；深入学习杜云同志始终紧跟时代步伐、苦练为民执法本领，孜孜不倦、与时俱进的好学精神，始终坚持与时俱进、开拓创新的进取精神，勤于学习，刻苦钻研，熟练掌握检察业务，善于总结和积累工作中的新鲜经验，始终走在时代前列；深入学习杜云同志始终保持旺盛的工作热情，奋发进取、忘我奉献的精神状态，热爱检察工作，视检察事业如生命，爱岗敬业，无私奉献，把有限的生命投入到无限的为人民服务中；深入学习杜云同志始终坚持淡泊名利、清正廉洁，拒腐蚀永不沾的高尚情操，恪守信仰，甘于清贫，始终做到自身正、自身硬、自身净，努力维护检察机关的良好形象和执法公信力。

曹建明强调，各级检察机关要紧密结合十七届五中全会精神的学习贯彻，紧密结合创先争优活动、"恪守检察职业道德、促进公正廉洁执法"主题实践活动，广泛开展向杜云同志学习的活动，教育和引导广大检察人员始终坚持用最新理论成果武装头脑，始终坚持"立检为公、执法为民"宗旨，始终坚持"强化法律监督，维护公平正义"检察工作主题，不断增强检察队伍的创造力、凝聚力、战斗力。

广西壮族自治区党委书记郭声琨指出，杜云同志是我区近年来深化"科学发展先锋行"、深入开展创先争优活动中涌现出来的先进典型，是推进科学发展、自觉践行社会主义法治理念的时代先锋，是新时期人民检察官的优秀代表。他从检十二年来，始终对人民无限深情，牢记党的宗旨，坚持真心为民执法、真诚服务群众、真情关爱民生，为检察事业鞠躬尽瘁、死而后已，不愧是社会和谐的好卫士、人民群众的好公仆、共产党员的好楷模。

郭声琨要求，在全区广大党员干部中大张旗鼓地开展向杜云同志学习活动，以此作为开展创先争优活动的重要内容。特别是全区各级政法部门要把学习杜云同志先进事迹作为推进政法工作的重要举措，高举中国特色社会主义伟大旗帜，切实履行好党和人民赋予的神圣职责，以深入推进"三项重点工作"为目标，全面提升政法机关服务经济社会发展的能力和水平，为推动我区科学发展、和谐发展、跨越式发展建功立业。

会前，曹建明、郭声琨亲切接见了杜云同志的亲属和杜云同志先进事迹报告团成员。

广西壮族自治区党委副书记、自治区主席马飚参加接见并主持会议。最高人民检察院政治部主任李如林，广西壮族自治区党委常委、政法委书记温卡华，党委常委、纪委书记石生龙，人大常委会副主任吴恒，政协副主席彭钊，检察院检察长张少康等参加接见并出席会议。李如林宣读了《最高人民检察院关于授予杜云同志"全国模范检察官"荣誉称号的决定》。自治区党委组织部长周新建宣读了《关于追授杜云同志自治区优秀共产党员荣誉称号的决定》。

表彰大会后举行了杜云同志先进事迹主题情景报告会。会上，报告团成员声情并茂的讲述、案件当事人饱含深情的回忆，再现了英模感人至深、催人泪下的先进事迹和投身检察、忘我奉献的崇高精神。

广西壮族自治区各市检察院检察长、分院检察长，自治区区直机关党员干部、政法干警及南宁市、桂林市政法干警一千多人参加了会议。

（最高人民检察院政治部宣传部）

全国检察机关模范践行检察职业道德先进事迹报告团赴湖南等省巡回报告 为扎实推进"恪守检察职业道德、促进公正廉洁执法"主题实践活动，营造浓厚的学习先进、争做先进的良好氛围，最高人民检察院政治部组织全国检察机关模范践行检察职业道德先进事迹报告团，于2010年7月21日至29日先后赴湖南、山西、山东、吉林四省检察机关作巡回报告。

巡回报告团由最高人民检察院政治部副主任胡尹庐任团长，"全国先进工作者"、"全国模范检察官"、"全国五一劳动奖章"获得者、"内蒙古自治区优秀共产党员"、包头市土默特右旗人民检察院控告申诉检察科科长张章宝，"全国先进工作者"、"全国模范检察官"、"全国三八红旗手"、"云南省优秀共产党员"、昆明市西山区人民检察院侦查监督科科长杨竹芳，"全国模范检察官"、"山东省优秀共产党员"、菏泽市牡丹区人民检察院检察长张敬艳，"全国模范检察官"、"河南省优秀共产党员"、周口市郸城县人民检察院原反贪局局长陈海宏（已病故）生前同事陈小丽，"全国模范检察官"、安徽省淮南市人民检察院控申处检察员王世杰（已病故）生前同事张滢五位同志为团员组成。

报告会采取了报告人主讲并辅以多媒体演示的办法，形式新颖，生动直观，互动性强。五位报告人从不同角度、不同侧面向大家讲述了检察英模们于平凡之中彰显伟大、于质朴之中体现操守、用生命书写忠诚的先进事迹和崇高精神，生动诠释了检察人员恪守"忠诚、公正、清廉、文明"检察职业道德的重要性、必要性，集中展示了当代人民检察官忠于职守、公正执法、廉洁奉公、无私奉献的职业精神和风貌。

报告会受到各地听众的由衷欢迎和高度评价。每一场报告，从各级领导到普通检察人员，无不为英模们刚正不阿、公正执法、热忱为民、顽强拼搏、锐意创新和默默奉献的精神所打动。报告会感人肺腑、催人奋进。

巡回报告活动得到了当地政法委和四省检察院党组的高度重视。山西省委常委、省政法委书记、省人大常委会副主任杜玉林，山东省委常委、政法委书记柏继民，吉林省委常委、政法委书记李申学，亲切接见了报告团一行，对报告活动给予高度评价，要求全省政法干警认真学习模范人物的先进事迹和高贵品质，深入推进社会矛盾化解、社会管理创新、公正廉洁执法三项重点工作。中央主流媒体网站及当地主流媒体对报告会进行了宣传报道，检察日报对每次报告会均作了头版报道，新华网、光明网、中国新闻网、中国法制网、正义网等及时刊发报告会消息，在检察系统和社会各界产生强烈反响。

（最高人民检察院政治部宣传部）

最高人民检察院组织全国检察机关第十三期先进工作者集体休假活动 2010 年 8 月 22 日至 30 日，最高人民检察院政治部组织全国检察机关第十三期先进工作者休假活动。来自 23 个省、自治区、直辖市检察机关和军事检察机关的 24 名先进工作者和 1 名先进工作者家属，到福建省漳州市东山岛和厦门市，进行了为期九天的集体休假活动。

休假期间，全国检察机关先进工作者参观了古田会议旧址、东山县委老书记谷文昌同志纪念馆；游览了风动石景区、红树林保护区、南靖土楼、东山县文博馆等自然、历史、文化景观；与福建省东山县检察院、云霄县检察院、南靖县检察院和上杭县检察院部分检察人员代表交流了工作和学习体会；开展了游泳健身、电影观赏、与东山县有关部门联欢等丰富多彩的文体活动；考察了东山岛旗滨玻璃厂等现代企业。

2010 年 8 月 29 日，最高人民检察院政治部主任李如林到休假团驻地，看望和慰问了休假团成员。30 日上午，李如林主任和全体休假团成员座谈。24 名先进工作者，结合参加"恪守检察职业道德、促进公正廉洁执法"主题实践活动，汇报了自己的思想、工作和学习，对进一步加强新形势下检察工作和队伍建设提出了意见和建议，畅谈了参加休假活动的感受，表达了对最高人民检察院党组和曹建明检察长的谢意。

李如林主任充分肯定了先进工作者爱岗敬业、争创一流、顽强拼搏、公正执法、甘于奉献的精神，高度评价了他们为检察事业作出的重大贡献。他指出，检察英模立足本职作出了不平凡的业绩，为促进检察工作科学发展、社会和谐稳定作出了突出贡献，树立了新时期人民检察官的良好形象，是全体检察人员学习的榜样；希望各位英模回到工作岗位后再接再厉，从四个方面发挥先锋模范作用。一要在创建学习型党组织和学习型检察院活动中发挥模范带头作用。进一步加强学习，引领全体检察人员不断提高法律监督能力和驾驭错综复杂问题能力，切实履行好中国特色社会主义事业建设者、捍卫者和社会公平正义守护者的职责。二要在创先争优活动中发挥模范带头作用。进一步改进工作作风，树立为人民服务的良好形象，推动检察机关创先争优活动取得良好效果。三要在主题实践活动中发挥模范带头作用。要带头坚定忠诚品质，牢固树立公正廉洁执法意识，真正做到严格、公正、

文明、规范执法。四要在深入推进三项重点工作中发挥模范带头作用。要带头依法履行法律监督职责，深入推进社会矛盾化解，全力维护社会和谐稳定；积极参与社会管理创新，促进提高社会管理水平；严格公正廉洁执法，进一步提高执法公信力。

（最高人民检察院政治部宣传部）

张章宝工作模式研讨会 2010 年 9 月 26 日至 27 日，最高人民检察院在内蒙古自治区包头市召开"张章宝工作模式研讨会"。最高人民检察院副检察长柯汉民，政治部主任李如林，内蒙古自治区党委常委、政法委书记邢云，内蒙古自治区副主席、包头市委书记郭启俊到会致辞并讲话。

柯汉民同志在讲话中指出，张章宝工作模式是新时期以科学发展观为指导，按照社会主义法治理念的要求，贴近基层社会实际、体现基层检察工作规律、有效化解矛盾纠纷的工作方法。"融入群众，公正执法，情理兼容，促进和谐"是张章宝工作模式的主要内容；坚持人民性是张章宝工作模式的核心内容；公平正义是张章宝工作模式的价值追求；以人为本是张章宝工作模式的鲜明特色；恪守职业道德是张章宝工作模式的基本要求。张章宝工作模式不仅仅是一种执法方式和操作技术，更是有正确理念支撑和健全机制保障的系统工程，是由先进的执法理念、高超的执法能力、严格的职业操守和良好的执法作风有机组成的统一体。学习实践张章宝工作模式，要在准确理解和正确把握其思想精髓上下工夫。

柯汉民强调，学习实践张章宝工作模式，是当前检察机关加强队伍建设、推动各项工作科学发展的一项重要任务。各级检察机关要迅速行动起来，采取有效措施，深入开展学习实践张章宝工作模式活动。要把张章宝工作模式的精神实质体现落实到具体行动中去，努力开创各项检察工作新局面。

李如林同志对研讨会进行了总结。他指出，张章宝工作模式源自基层，来自张章宝多年来的检察工作实践，是以张章宝为典型代表的当代基层检察人员群体经验的归纳提炼；是全体检察人员集体智慧的结晶；是一套体现执法为民要求、贴近农村社会实际、符合基层检察工作规律、有效化解矛盾纠纷的行之有效的工作方法。它既继承了检察工作的优良传统，又反映了检察工作贯彻落实科学发展观的时代要求，蕴涵着党的根本宗旨、"三个至上"

要求、社会主义法治理念、检察工作主题和"忠诚、公正、清廉、文明"检察职业道德等检察工作和检察队伍建设最核心、最本质、最关键的要素。

李如林强调，学习推广张章宝工作模式必须在深入上下工夫，在结合上做文章。他要求全国检察机关把学习和推广张章宝工作模式作为深入推进"建设学习型党组织、创建学习型检察院"活动的重要内容，作为深入推进创先争优活动的重要抓手，作为深入推进"恪守检察职业道德、促进公正廉洁执法"主题实践活动的重要牵引，作为深入推进"反特权思想、反霸道作风"专项教育活动的重要途径，作为深入推进三项重点工作的重要举措，切实抓紧抓好，务求取得实效。要通过认真学习和推广张章宝工作模式，使广大检察人员在思想上有新境界、理念上有新突破、素质上有新增强、能力上有新提高，全面提升检察工作水平。

李如林指出，张章宝工作模式作为控告申诉检察工作一种好的工作方法和经验，还需要不断地深入研讨和总结提高。要坚持改革创新精神，深入研究、完善、发展和丰富张章宝工作模式，认真研究工作规律，积极探索工作方法，进一步归纳提炼检察实践中更多更好的经验，为推动检察工作机制创新，丰富和发展中国特色社会主义检察制度，更好地服务经济社会和谐稳定、科学发展作出新的更大的贡献。

本次研讨会共有与会人员248人。内蒙古自治区院检察长邢宝玉等自治区检察院领导到会作主旨发言和综述；4位知名法学专家和社会学家，6名"模范检察官"代表和山西、上海、江苏等部分省市的17名控申处（科）长与会研讨；内蒙古自治区党委政法委、宣传部，自治区高级法院、公安厅、司法厅和自治区检察院，包头市委、政府、人大、政协等单位有关领导和人员55人参加会议；包头市人民检察院120余名检察人员全程旁听研讨会；人民日报、中央电视台、中央人民广播电台、新华社等中央主流媒体和内蒙古日报、内蒙古电视台等地方媒体共18名记者驻会作深入宣传报道。

（最高人民检察院政治部宣传部）

张章宝同志先进事迹报告会　2010年7月14日，中共中央宣传部、中央政法委、最高人民检察院、中共内蒙古自治区党委在北京人民大会堂联合举行张章宝同志先进事迹报告会。最高人民检察院检察长曹建明，中共内蒙古自治区党委书记、自治区人大常委会主任胡春华，中央政法委秘书长周本顺，最高人民检察院副检察长胡泽君、政治部主任李如林，中央纪委驻最高人民法院纪检组组长张建南，中共中央宣传部副部长翟卫华，司法部副部长陈训秋，中共内蒙古自治区党委常委、宣传部部长乌兰，国家安全部政治部主任刘莉，内蒙古自治区副主席郭启俊，自治区人民检察院检察长邢宝玉出席报告会。来自中央政法委系统、检察院系统的干部职工代表，北京市各区县干部代表，中央国家机关干部代表，内蒙自治区干部代表以及社会各界代表共800余人聆听了报告。

报告会由中共中央宣传部副部长翟卫华主持。包头市土默特右旗人民检察院控告申诉检察科科长张章宝、包头市土默特右旗人民检察院公诉检察科副科长马文萍、包头市土默特右旗招商局副局长刘利文、包头市土默特右旗沟门镇北只图村村民贾丽春、内蒙古日报社社会新闻部主任武彦敏分别在会上作了报告。报告从不同侧面讲述了张章宝同志的先进事迹和崇高精神。

张章宝同志是包头市土默特右旗人民检察院控告申诉检察科科长，他在基层检察岗位上工作了二十九年，从事控告申诉检察工作十五年。由于工作成绩突出，他被授予"全国模范检察官"和内蒙古自治区"优秀共产党员"等荣誉称号，他所带领的科室连续十多年保持了"全国文明接待室"荣誉称号。

报告会前，中共中央政治局常委、中央政法委书记周永康亲切接见了张章宝和报告团全体成员。中共中央政治局委员、中央政法委副书记王乐泉，国务委员、中央政法委副书记孟建柱等参加接见。最高人民检察院检察长曹建明主持接见活动。

在听取中共内蒙古自治区党委书记胡春华的介绍后，周永康强调，广大政法干警要积极开展创先争优活动，向张章宝同志学习，牢记宗旨、忠诚履职，扎根基层、奉献人民，化解矛盾、促进和谐。

周永康说，张章宝同志作为一名从解放军大学校培养出来的党员干部，从事基层检察工作29年，在控告申诉岗位上一干就是14年。他生长在农村、常年奉献在农村，为维护农民兄弟合法权益，一次次走进田间地头，一次次深入农家院落，走遍了全旗298个行政村，是个深受农民爱戴的"乡村检察官"；他千方百计为群众排忧解难，接待来访群众4300多人次，办理各类上访案件460多件，件件案结事了人和，没有发生一起重复访、越级访，实现了法律效果与社会效果、政治效果的有机统一，被群众称为化解矛盾的"灭火器"、打开百姓心锁的"钥匙"；他坚持从实际出发，把法律法规与乡规民约、民风民俗有机结合起来，探索总结出一整套行之有效的办案新方法，既维护了法律的权威，又架起了党群关系的"连心桥"；他坚持公正廉洁执法，在法律面前不徇私情，以自身正、自身硬、自身净的好作风，把社会公平正义送到了百姓身边。张章宝同志几十年如一日，默默奉献在土默特这片热土上，在平凡的岗位上做出了不平凡的业绩，以实际行动树立了一个党员检察官的光辉形象，赢得了基层群众的信任信赖，是全国政法干警学习的榜样。周永康强调，当前，全国政法机关正在按照中央部署，深入推进社会矛盾化解、社会管理创新、公正廉洁执法。做好三项重点工作，重点在基层，难点在基层，关键在基层。广大政法干警要向张章宝同志学习，积极主动地投身基层、扎根基层、服务基层，到执法办案的第一线去为党和人民建功立业；要坚持执法为民，同群众融入在一起，及时了解掌握他们在想什么、盼什么，有针对性地做好执法便民利民工作；要坚持公正廉洁文明规范执法，以过硬的执法素质、良好的工作业绩取信于民，真正使执法办案的过程成为密切联系群众、夯实党的执政根基的过程，成为化解矛盾纠纷、促进社会和谐稳定的过程。

周永康希望张章宝同志保重身体，在荣誉面前不停顿，继续为党和人民多做工作。各级党委、政府和政法机关要更多地关心像张章宝这样安心基层一辈子、勤勤恳恳奉献一辈子的优秀党员干部和政法干警，培养更多的张章宝式好党员、好干警，努力造就一支人民群众信得过的政法队伍。

（最高人民检察院政治部宣传部）

最高人民检察院、内蒙古自治区党委授予张章宝同志"全国模范检察官"、"自治区优秀共产党员"命名表彰大会　2010年2月1日，最高人民检察院、中共内蒙古自治区党委隆重召开大会，授予内蒙古自治区土默特右旗人民检察院控告申诉检察科科长张章宝同志"全国模范检察官"、"自治区优秀共产党员"荣誉称号。最高人民检察院检察长曹建明，中共内蒙古自治区党委书记、人大常委会主任胡春华出席会议并讲话。

命名表彰大会由中共内蒙古自治区党委副书记、自治区主席巴特尔主持。最高人民检察院政治部主任李如林宣读了最高人民检察院《关于授予张章宝同志"全国模范检察官"荣誉称号的决定》。中共内蒙古自治区党委常委、组织部部长李佳宣读了内蒙古自治区党委《关于授予张章宝同志"优秀共产党员"荣誉称号的决定》。张章宝作了题为《甘做维护基层群众切身利益的"乡村检察官"》的事迹报告。中共内蒙古自治区党委副书记、常务副主席任亚平，自治区党委常委邢云、乌兰，自治区人大常委会副主任雷·额尔德尼，自治区政协副主席娜仁，最高人民检察院检委会专职委员童建明，内蒙古自治区高级法院院长王维山，自治区检察院检察长邢宝玉出席会议。内蒙古自治区直属机关干部、政法干警代表及呼和浩特市、包头市政法干警代表等参加了会议。表彰会开始前，曹建明、胡春华等领导亲切接见了张章宝。

曹建明检察长在讲话中指出，张章宝同志是新时期共产党员的优秀代表，是当代人民检察官深入学习实践科学发展观、自觉践行社会主义法治理念的杰出楷模。他始终牢记宗旨，心系群众，恪尽职守，秉公执法，无私奉献，清正廉洁，为全体检察人员树立了榜样。我们要深入学习宣传张章宝同志的先进事迹，大力弘扬张章宝同志的崇高精神，更好地履行宪法和法律赋予的职责，为推动科学发展、促进社会和谐作出积极的贡献。

曹建明检察长强调，要深入学习和大力弘扬张章宝同志扎根基层的高尚品质，全力维护社会和谐稳定。从巩固党的执政地位、维护国家长治久安、保障人民安居乐业、促进经济社会发展的高度，充分认识检察机关在维护社会和谐稳定中的重大责任，积极投身基层，努力扎根基层，把工作做到第一线，把矛盾纠纷化解在萌芽状态，履行好维护稳定这个第一责任，服务好发展这个第一要务。要深入学习和大力弘扬张章宝同志一心为民的宗旨意识，不断提高服务群众的水平。牢固树立"立检为公、执法为民"的执法观，积极探索联系群众的新途径，改进执法方式方法，完善便民利民措施，大力提高群众工作能力，扎实做好保障民生、服务群众工作，不断满足人民群众的新期待。要深入学习和大力弘扬张章宝同志开拓创新的进取精神，积极探索促进社会管理创新的有效措施。深刻认识、准确把握新形势对检察机关提出的新要求，从更好地维护社会和谐稳定出发，不断探索发挥检察职能作用、促进社会管理创新的途径和方式，积极参与特殊人群帮教管理、重点地区排查整治等工作，加强对有关执法环节的法律监督，在加快构建社会管理新格局中发挥检察机关的应有作用。要深入学习和大力弘扬张章宝同志公正廉洁的职业操守，切实提高检察机关执法公信力。始终坚持党的事业至上、人民利益至上、宪法法律至上，大力弘扬忠诚、公正、清廉、文明的检察职业道德，切实做到自身正、自身硬、自身净，确保人民赋予的检察权始终为人民服务，树立检察机关严格、公正、文明执法的良好形象，进一步提升检察机关的执法公信力。

曹建明检察长号召各级检察机关深入开展学习张章宝同志先进事迹活动，把学习活动与深入学习贯彻全国政法工作电视电话会议精神、突出做好三项重点工作、统筹做好各项检察工作结合起来，不断开创检察工作新局面。

胡春华书记在讲话中指出，作为基层优秀人民公仆，张章宝同志二十多年来扎根基层，以高度的政治责任感和执著的敬业精神，立足本职，无私奉献，在平凡岗位上创造了不平凡的业绩，为全区广大党员干部树立了学习榜样。全区各地各部门要按照自治区党委的通知要求，紧密联系各自的工作实际和党员干部的思想实际，广泛开展好向张章宝同志学习的活动。要学习他立足本职、服务大局的政治意识；学习他心系群众、践行宗旨的公仆本色；学习他求真创新、爱岗敬业的职业操守；学习他始终克己奉公、清正廉洁的崇高境界。

胡春华书记强调，全区检察战线要以学习张章宝同志先进事迹为契机，深入贯彻落实全国政法工作电视电话会议和曹建明检察长重要讲话精神，紧紧围绕推进社会矛盾化解、社会管理创新、公正廉洁执法三项重点工作，充分发挥法律监督职能，着力解决影响社会和谐稳定的源头性、根本性、基础性问题，努力把检察工作提高到一个新水平，为经济社会又好又快发展提供更加有力的法治保障。

（最高人民检察院政治部宣传部）

全国检察机关深入推进主题实践活动电视电话会议 2010 年 8 月 3 日，最高人民检察院召开全国检察机关深入推进"恪守检察职业道德、促进公正廉洁执法"主题实践活动电视电话会议。最高人民检察院检察长曹建明出席会议，副检察长胡泽君代表最高人民检察院主题实践活动领导小组，回顾总结

了前一阶段开展主题实践活动的经验和做法，对进一步深入扎实推进该项活动提出了要求。最高人民检察院副检察长邱学强、孙谦、姜建初、张常韧、柯汉民出席了会议，会议由最高人民检察院政治部主任李如林主持。吉林、江苏、河南、四川、广西、云南等省、自治区检察院检察长，最高人民检察院渎职侵权检察厅负责人作了汇报发言。

胡泽君说，全国检察机关在主题实践活动中坚持领导重视，在强化组织领导、深化思想认识上下工夫，为深入推进该项活动提供了有力的思想和组织保障；坚持抓好学习，在强化理论武装、增强职业素养上下工夫，提高了检察队伍的政治素质和法律监督能力；坚持创新载体，在增强吸引力和凝聚力上下工夫，推动了主题实践活动的深入扎实开展；坚持突出实践特色，在解决突出问题、加强规范化建设上下工夫，促进了各项检察工作的健康发展；坚持正面舆论引导，在营造浓厚氛围、树立良好形象上下工夫，有效提升了检察机关的执法公信力；坚持两手抓，在激发工作热情、促进工作科学发展上下工夫，检察工作取得了明显成效。

胡泽君指出，自 4 月 2 日全国检察机关开展"恪守检察职业道德、促进公正廉洁执法"主题实践活动以来，各地检察机关根据最高人民检察院统一部署，紧紧围绕实践主题，严格按照实施方案的安排，坚持高标准、高起点、高质量，立足于真学，着眼于实效，精心组织，扎实推进，顺利完成了动员部署、学习教育阶段的各项任务。各地前一段的主题实践活动健康有序、成效明显，但这些成果还是初步的、阶段性的，还存在工作发展不够平衡的问题。个别地方和人员对开展主题实践活动的认识不到位，存在一些消极应付的错误思想和不良情绪；学习缺乏主动性，学习进度、深度等方面还有较大差距；工作创新不足，方式方法不多，停留在照抄照搬上，缺乏切实可行的措施；工学关系处理不够好，主题实践活动与检察业务工作结合得不够紧密，等等。这些问题将在集中整改阶段加以解决，集中整改阶段是集中时间、集中精力解决检察机关和检察人员在思想、工作和作风等方面存在问题，并最终体现主题实践活动实效的关键阶段。

胡泽君强调，各级检察机关要认真贯彻落实曹建明检察长在全国检察长座谈会上的讲话精神，坚持做到五个"贯彻始终"，把抓好学习教育贯彻始终，把突出实践特色贯彻始终，把搞好结合贯彻始

终,把强化领导、落实责任贯彻始终,把统筹兼顾、促进工作贯彻始终,确保主题实践活动实现预期目的。

(最高人民检察院政治部宣传部)

全国检察机关深入开展"恪守检察职业道德、促进公正廉洁执法"主题实践活动电视电话会议 2010年4月2日,最高人民检察院召开全国检察机关深入开展"恪守检察职业道德、促进公正廉洁执法"主题实践活动电视电话会议。最高人民检察院检察长曹建明出席会议并讲话,副检察长张耕主持会议,副检察长邱学强、朱孝清、孙谦、姜建初,中央纪委驻最高人民检察院纪检组组长莫文秀,政治部主任李如林,检察委员会专职委员童建明、杨振江,军事检察院、最高人民检察院各内设机构全体人员、直属事业单位负责人在最高人民检察院机关主会场出席会议。各省级检察院领导班子成员、内设机构负责人在各省、自治区、直辖市检察院分会场出席会议。

曹建明检察长在讲话中指出,检察职业道德是检察人员必须具备的职业操守,是履行检察职责和从事职务外活动都必须遵循的行为规范,也是检察人员崇高的价值追求,对促进公正廉洁执法具有十分重要的作用。最高人民检察院根据中央关于深入推进三项重点工作等新任务的要求和检察工作面临的新形势,决定从2010年4月起,在全国检察机关深入开展"恪守检察职业道德、促进公正廉洁执法"主题实践活动。

曹建明检察长强调,开展"恪守检察职业道德、促进公正廉洁执法"主题实践活动,是贯彻党中央加强干部思想道德建设、强化高素质检察队伍建设的重大举措,是强化法律监督,服务大局、执法为民的重要载体,是提升检察机关执法公信力的有效途径,对检察机关适应新形势新任务新要求,深入推进三项重点工作,强化检察队伍建设,推动检察工作深入健康发展具有重要意义。各级检察机关和广大检察人员要从检察工作和检察队伍建设全局和战略高度出发,切实增强开展主题实践活动的自觉性和主动性,全面贯彻中央的要求,把加强检察职业道德建设摆在突出位置,积极认真地开展好主题实践活动。

曹建明检察长表示,检察机关承担着法律监督的重要职责,决定了对检察人员的思想道德素质必须有更高的标准和更严的要求。实践证明,检察人员职业道德水准的高低,直接影响到检察机关的执法质量和效果,直接关系到法律监督工作的成效。各级检察机关要扎实抓好主题实践活动,教育和引导检察人员自觉加强职业道德修养,为强化法律监督提供强大精神动力,为服务大局、执法为民奠定坚实思想基础,着力增强检察人员的职业道德意识,筑牢公正廉洁执法的道德底线;着力解决执法不公、不廉等影响检察机关执法公信力的突出问题,维护和树立忠诚、公正、清廉、文明的检察职业形象,切实提高检察机关执法公信力。

曹建明检察长指出,开展主题实践活动,是今年检察机关的一件大事,是一项全局性的工作。各级检察机关要正确把握主题实践活动的指导思想,正确把握主题实践活动的目标要求。忠诚,是检察官职业道德的本质要求。要进一步铸造"忠诚"品格,坚定理想信念,牢固树立社会主义法治理念,始终坚持"三个至上",永葆忠于党、忠于国家、忠于人民、忠于宪法法律的政治本色。公正,是检察官职业道德的核心内容。要进一步强化"公正"理念,维护司法公正,牢固树立忠于职守、崇尚法治、秉公执法、维护公平正义的理念,坚持法律面前人人平等,自觉做到实体公正、程序公正、形象公正。清廉,是检察官职业道德的职业本色。要进一步树立"清廉"意识,确保廉洁从检,牢固树立正人先正己、监督者必须接受监督的意识,用比监督别人更严的要求来监督自己,保持清正廉洁,淡泊名利,不徇私情,自尊自重。文明,是检察官职业道德的必然要求。要进一步提升"文明"素养,坚持文明执法,坚持理性、平和、文明、规范执法,切实做到执法理念文明、执法行为文明、执法作风文明、执法语言文明。

曹建明检察长要求,要在解决突出问题上下工夫,深入查找、系统梳理、集中整改本单位、本部门以及个人在践行检察职业道德方面存在的突出问题。要在推动法律监督工作上见实效,把深入开展主题实践活动与抓好各项执法办案工作结合起来,将法律监督工作提高到一个新水平。特别是要把开展主题实践活动与深入推进三项重点工作有机结合起来,提高推进三项重点工作的能力和水平。要在体现岗位特色上出实招,使主题实践活动的要求落实到每个部门、每个岗位和每个人员,使检察职业道德建设贯穿于队伍建设全过程和执法工作各环节。要在建立长效机制上求突破,重点研究建立检察职业道德教育培训机制、建立检察职业道德奖惩机制、建立健全检察职业道德考核评价机制,进一步完善检察人员行为规范。

曹建明检察长强调,职业道德建设是队伍建设的一项基础性、根本性工程。良好检察职业道德的养成是一项长期的任务,重在警钟长鸣,始终做到自重、自省、自警、自励;重在实践,从点滴做起,从细节做起,从自己做起;重在坚持不懈,持之以恒,几十年如一日。可以说,这次主题实践活动意义重大,影响深远。各级检察院一定要高度重视,加强组织领导,周密部署安排,精心组织实施,确保这项活动扎实开展并见到实效。要正确处理好开展主题实践活动与做好各项检察工作的关系,把深入开展主题实践活动作为做好检察工作的重要抓手,着力抓好今年各项检察业务工作、检察改革和队伍建设任务的落实,用检察工作的实际成果来衡量和检验主题实践活动的效果。

（最高人民检察院政治部宣传部）

全国检察机关第七次"双先"表彰电视电话会议

2010年2月24日,最高人民检察院召开全国检察机关第七次先进集体、先进个人表彰电视电话会议。会前,中共中央政治局常委、中央政法委书记周永康同志亲切接见与会代表并和大家座谈。最高人民检察院检察长曹建明出席电视电话会议并讲话,副检察长张耕主持会议,副检察长邱学强宣读《最高人民检察院关于表彰141个先进集体和181名先进个人的决定》,副检察长朱孝清、孙谦、姜建初、张常韧、柯汉民,中央纪委驻最高人民检察院纪检组组长莫文秀,政治部主任李如林,检察委员会专职委员童建明、杨振江出席会议。

会上,最高人民检察院授予北京市顺义区人民检察院等38个集体"模范检察院"荣誉称号,授予彭燕等59名个人"模范检察官"荣誉称号;为北京市西城区人民检察院等103个集体记一等功,为樊小光等122名个人记一等功。

周永康同志在座谈会上讲话指出,当前大量社会矛盾进入司法程序,其中绝大多数是人民内部矛盾,反映的主要是利益诉求。检察机关作为法律监督机关,要不断提高联系群众、服务群众的能力和水平,在执法办案中找准矛盾在哪里、源头在哪里,带着对人民群众的深厚感情认真加以解决,维护人民群众的合法权益,使人民群众真切感受到公平和正义就在身边。检察机关要强化监督意识,突出监督重点,加强对侦查工作、审判工作和执行工作的监督,严格执法、敢于碰硬,切实保障当事人合法权益,防止执法不公不当,促进司法公正。要把法律监督延伸到社会管理创新,检察机关的同志们要通过执法办案及时了解、认真研究社会管理中出现的新情况新问题,通过法律监督来推动和改进社会管理创新。检察机关作为法律监督机关,要比其他执法机关有更严、更高的要求,使"忠诚、公正、清廉、文明"真正成为每个检察干警恪守的职业道德和自觉行动,使我们这支队伍真正担负起确保法律正确实施的神圣职责。

曹建明检察长在讲话中指出,周永康同志的重要讲话,充分体现了党中央对检察工作的高度重视和关心,是对全国检察机关和全体检察人员的极大鼓舞和有力鞭策,明确指出检察机关在深入推进三项重点工作中的重要责任,对检察机关如何充分履行好法律监督职能提出明确要求,为我们认真落实中央一系列重要部署,贯彻全国政法工作电视电话会议精神,全面加强和改进检察工作指明了方向。全国检察机关和广大检察人员一定要认真学习、深刻领会、坚决贯彻周永康同志与英模代表座谈的重要讲话精神,以先进典型为榜样,大力宣传和弘扬他们的先进事迹,在全系统形成崇尚先进、学习先进、争当先进的浓厚氛围,努力把检察工作提高到一个新的水平。要坚持围绕中心、服务大局,坚持人民检察为人民,忠实履行法律监督职责,结合检察工作实际创造性地推进三项重点工作,切实维护社会公平正义,努力为经济社会又好又快发展创造和谐稳定的社会环境。

座谈会上,先进集体和先进个人代表河北省石家庄市裕华区人民检察院检察长臧玉平、内蒙古自治区包头市土默特右旗人民检察院控告申诉检察科科长张章宝、云南省昆明市西山区人民检察院侦查监督科科长杨竹芳作了发言。

表彰大会上,受到表彰的先进集体和先进个人代表还宣读了《倡议书》。

（最高人民检察院政治部宣传部）

全国检察文化建设工作座谈会

2010年10月26日,为期两天全国检察文化建设工作座谈会在山东省济宁市召开。

最高人民检察院检察长曹建明对本次会议作出批示,要求全国检察机关要从社会主义事业兴旺发达和民族振兴的高度,充分认识文化建设的重要意义,坚持把检察文化建设摆到更加重要的位置,更加积极、更加主动、更加自觉地加强和改善检察文化建设。

最高人民检察院政治部主任李如林出席会议并讲话。他强调,各级检察机关要深入学习贯彻党的十七届五中全会精神,认真贯彻周永康同志、曹建明检察长关于推进检察文化建设的重要批示精神,大力加强检察文化建设,促进检察队伍整体素养的不断提高,为推动检察事业科学发展提供精神动力、舆论支持、文化保障。他强调,检察文化建设是检察事业的重要组成部分,对于转变执法理念、加强内心修养、提高思想素质、树立良好形象、推进检察工作科学发展具有十分重要的意义。各级检察机关要准确把握检察文化建设的目标和任务,结合实际,因地制宜,对检察文化作出长远规划、整体布局和科学安排,创造性地推进检察文化建设。一要深入学习践行社会主义核心价值体系,坚定检察职业信仰。二要牢固树立社会主义法治理念,培育检察职业精神。三要强化法律监督能力建设,提高检察职业素质。四要深入推进执法规范化建设,规范检察职业行为。五要深化职业道德和廉政教育,塑造检察职业形象。他要求,要坚持以创新文化载体和工作机制为动力,积极探索检察文化建设的工作规律,努力提升检察文化建设的科学化水平。要加强检察文化建设的理论研究,丰富文化活动载体,繁荣检察文艺创作,重视运用高科技推进文化创新,注重文化建设工作机制建设。要加强领导,加大投入,为检察文化建设提供组织保证和物资保障。

山东省人民检察院检察长国家森出席会议并致辞。来自全国检察机关的 13 个单位在会上作典型经验交流。

(最高人民检察院政治部宣传部)

全国检察机关网络宣传和舆论引导专题培训班

2011 年 4 月 25 日至 28 日,全国检察机关网络宣传和舆论引导专题培训班在北京举办。最高人民检察院副检察长邱学强出席开班仪式并讲话。全国各省级人民检察院和副省级城市人民检察院分管宣传工作的院领导和宣传职能部门负责人参加了

培训。中央宣传部、中央对外宣传办公室、公安部等部委有关部门负责人以及中国人民大学、海南大学、西安政治学院等院校从事新闻传播研究的专家学者分别作了专题讲座。

邱学强副检察长在开班仪式上强调,各级检察机关要认真学习贯彻中央关于宣传工作的方针政策,坚持以中国特色社会主义理论为指导,深刻认识加强和改进网络宣传和舆论引导工作的极端重要性,切实增强责任感和紧迫感,强化措施,完善机制,不断提高开放、透明、信息化条件下的网络宣传和舆论引导能力,努力开创检察宣传工作新局面,为服务党和国家改革发展稳定大局、推动检察事业科学发展提供强有力的舆论支持。

邱学强指出,网络宣传和舆论引导工作是党的新闻舆论工作的重要组成部分,也是当前检察工作面临的一个重大课题。党中央高度重视网络宣传和舆论引导工作,中央领导同志明确要求加强网上思想舆论阵地建设,掌握网上舆论主导权,提高网上引导水平,讲求引导艺术,积极运用新技术,加大正面宣传力度,形成积极向上的主流舆论。各级检察机关特别是领导干部要进一步增强政治意识、责任意识、忧患意识和阵地意识,从战略和全局的高度,高度重视网络宣传和舆论引导工作,牢牢把握主动权,努力为促进经济社会科学发展和实现检察工作自身科学发展营造良好的网络舆论环境。

邱学强强调,加强和改进检察机关网络宣传和舆论引导工作,是深入推进三项重点工作、维护社会和谐稳定的迫切需要,是维护和提升检察机关执法公信力的迫切需要,也是强化检察机关自身建设的重要手段。各级检察机关必须全面加强和改进网络宣传和舆论引导工作,加大正面宣传力度,保持昂扬向上的舆论主流;必须改进方式方法,增强网络宣传和舆论引导的亲和力、吸引力、感染力,赢得人民群众的认同和支持;必须主动回应社会关切和质疑,不断提高网络宣传和舆论引导的针对性、实效性,积极运用网络等新兴媒体自觉接受舆论监督,进一步强化法律监督、强化自身监督制约、强化高素质检察队伍建设,有效维护和提升执法公信力,在深入推进三项重点工作、维护我国重要战略机遇期社会和谐稳定中发挥出应有的作用。

邱学强要求,要强化措施,完善机制,切实提高检察机关网络宣传和舆论引导能力。一要坚持把正确的舆论导向放在首位,坚持以中国特色社会主

义理论为指导,深入贯彻落实科学发展观,紧紧围绕党和国家工作大局,紧紧围绕检察中心工作,加大网络宣传力度,发挥网络宣传优势,积极宣传党的路线方针政策,宣传政法机关深入推进三项重点工作的新举措,宣传检察机关法律监督工作的新成效,当前尤其是要做好青海玉树抗震救灾、上海世博会等重大事件和重大活动的宣传工作,加强正面宣传,唱响唱好主旋律。二要建立健全网络宣传、舆论引导工作机制,加强与党委宣传部门和新闻媒体的沟通协调,建立健全网络舆情预警机制,舆情监测、研判机制和重大舆情快速反应机制,探索完善新闻发言人制度,树立检察机关的良好形象。三要切实加强对网络宣传、舆论引导工作的组织领导,做到上级检察机关与下级检察机关相结合、宣传部门与业务部门相结合,真正把住方向、把住关键,形成工作合力,增强工作实效。

（最高人民检察院政治部宣传部 郭文梅）

全国检察机关"为了正义的誓言"迎春主题晚会
2010 年 12 月 22 日晚,由最高人民检察院政治部主办、中国检察官教育基金会承办的全国检察系统迎新年主题晚会《为了正义的誓言》拉开帷幕。最高人民检察院检察长曹建明,副检察长胡泽君,全国政协教科文卫体委员会副主任张耕,中央政法委副秘书长王其江,最高人民法院副院长江必新,公安部政治部主任蔡安季,司法部政治部主任张彦珍,最高人民检察院副检察长邱学强、朱孝清、孙谦、张常韧、柯汉民,中央纪委驻最高人民检察院纪检组组长莫文秀,最高人民检察院政治部主任李如林,检察委员会专职委员童建明、杨振江,最高人民检察院老领导胡克惠、王振川、冯锦汶、王克、熊传震观看了演出。

整台晚会检察特色鲜明,艺术效果突出,充满了辞旧迎新的喜庆氛围。由全国检察机关选送的节目,尽情展现了检察官的才艺。北京市检察官合唱团的诗朗诵《为了正义的誓言》,铿锵有力地表达了人民检察官维护公平正义的庄严承诺;山东省济宁市检察院自编自演的音乐快板《竹板声声检察情》,欢快的节奏中展现了各地检察机关近年来所取得的喜人成绩;由佳木斯市检察机关原创、北京市女检察官深情合唱的《前进！中国女检察官》,展现了中国女检察官的巾帼风采。

参加全国检察长会议的部分代表,最高人民检

察院机关内设机构、直属事业单位的有关人员,部分离退休干部,北京市检察机关、军事检察院、在国家检察官学院学习的部分检察官等近万人观看了演出。

（最高人民检察院政治部宣传部）

全国检察教育培训工作座谈会暨检察教育培训改革专题培训班 全国检察教育培训工作座谈会暨检察教育培训改革专题培训班于 2010 年 11 月 16 日至 20 日在国家检察官学院上海分院举行。会议由最高人民检察院政治部主办,上海市人民检察院承办,全国各省级检察院教育培训部门主要负责人和教育培训机构负责人参加会议。会议和培训的目的是学习十七届五中全会精神,贯彻落实《2010—2020 年干部教育培训改革纲要》和中组部干部教育培训改革工作视频会议的各项要求,推动检察教育培训工作的改革和创新发展。最高人民检察院政治部副主任胡尹庐作了讲话,提出要进一步解放思想,牢固树立和强化五种教育培训理念;深刻领会《改革纲要》的总体要求,全力推进检察教育培训改革创新;进一步增强责任感和使命感,切实抓好各项措施的落实。大会组织了多次交流和座谈,山东等 9 个地方就检察教育培训工作情况尤其是检察教育培训改革的探索尝试和成功经验作了大会交流发言;分专题对检察教育培训工作中存在的问题及原因进行了充分深入的探讨,为推动教育培训改革提出了意见和建议。会议期间还组织参会代表听取了《培训理念创新》、《培训的组织与管理》与《培训方法选择与运用》三次教育培训专题讲座。

（最高人民检察院政治部教育培训部）

第二批全国检察业务专家评审和首批全国检察业务专家复审 2010 年最高人民检察院组织了第二批全国检察业务专家评审和首批全国检察业务专家复审。第二批全国检察业务专家评审于 2009 年底启动,至 2010 年 11 月底结束。全国检察机关按要求认真组织了申报推荐工作,共推了 200 名候选人。根据《全国检察机关检察业务专家评审和复审办法》,此次评审严格设计、组织考评程序,各个环节全部以匿名方式进行,确保了评审的公平公正。经过资格审查、书面评审、现场评审、测评考察、公示等环节,经全国检察业务专家评审委员会

研究决定,授予王新环等82名同志全国检察业务专家称号。

　　按照《全国检察机关检察业务专家评审和复审办法》和《全国检察业务专家管理规定》的要求,首批全国检察业务专家复审工作于2010年1月启动,11月底结束。全国检察业务专家评审委员会办公室结合对首批全国检察业务专家日常管理工作中所了解和掌握的情况,对全国检察业务专家履职情况进行了认真审核。从审核情况看,首批全国检察业务专家都较好地履行了专家职责,在检察理论和实务研究、检察教育培训、检察业务工作、业务咨询等方面较好地发挥了专家引领示范作用。2010年11月26日,经全国检察业务专家评审委员会研究决定,保留苗生明等50名同志全国检察业务专家称号。

(最高人民检察院政治部教育培训部)

全国基层检察院检察长轮训　2010年7月中旬,历时一年半的全国基层检察院检察长轮训工作全部结束。此次轮训共举办25期轮训班,培训全国基层检察院检察长3500名左右。培训主要有以下几个方面的成效:一是通过学习培训,基层检察长加深了对科学发展观和党的十七大、全国政法工作会议精神以及中央领导对检察工作的一系列批示精神的理解,对检察制度和法学理论前沿问题、司法及检察体制改革的基本内容和方向、检察业务工作的热点问题,以及推进三项重点工作的理论与实践问题都有了比较系统的了解,对如何用科学发展观统领检察工作有了全局性的、战略性的认识。二是基层检察长加深了对最高人民检察院决策和部署的理解,及对检察工作重大理论与实践问题的思考,进一步增强了做好检察工作的责任感和紧迫感;加深了对新形势下基层检察长肩负的职责和使命的认识,进一步坚定了抓好班子、带好队伍、干好工作的信心和决心,进一步提高了基层检察长推动检察工作科学发展、促进社会和谐稳定的能力和水平。

(最高人民检察院政治部教育培训部)

全国检察机关教育培训讲师团赴西藏、新疆巡讲支教　为进一步贯彻落实中央关于大规模培训干部、大幅度提高干部素质的要求,落实中央和检察机关援藏援疆工作任务,2010年9月3日至20日,最高人民检察院从本院和各地检察机关选拔了11名具有良好政治素质、较高法学理论水平和较强检察业务能力的检察人员组成讲师团,奔赴西藏、新疆,开展巡讲支教工作。

　　巡讲的半个月中,讲师团深入2个自治区检察院、9个地市检察院、9个基层检察院,采取现场与远程相结合、集中与巡回相结合、讲解与答疑相结合的培训方法,累计授课116课时,为当地培训干警4770余人次,解答各类疑难问题130多个,答疑记录近万字。讲师们坚持"结合案例讲法律,结合实务讲理论,结合问题讲规定"的授课方式,选取贴近基层工作实际,针对性强、关注度高的授课内容,深入细致地进行分析和解答,受到了西藏、新疆干警的普遍欢迎。

　　讲师团不仅为西藏、新疆边远地区基层干警送教上门,提升了受援地区基层干警的业务水平,而且加强了东西部地区检察干警之间的工作交流,培养锻炼了师资队伍。巡讲取得了良好的效果。

(最高人民检察院政治部教育培训部)

全国检察机关学习实践《检察官职业道德基本准则(试行)》主题现场会　2010年1月26日,全国检察机关学习实践《检察官职业道德基本准则(试行)》主题现场会在河南省禹州市召开。最高人民检察院政治部主任李如林出席会议并讲话,河南省人民检察院检察长蔡宁、许昌市委书记毛万春致辞,最高人民检察院政治部副主任胡尹庐、许昌市长李亚、各省级检察院政治部负责同志及许昌市政法系统领导同志出席现场会。会议围绕"大力弘扬检察官职业精神,促进公正廉洁执法"主题,总结交流了前一阶段各地学习实践《基本准则》的情况,研究了下一步开展"恪守检察职业道德、促进公正廉洁执法"主题教育活动的具体措施。北京、上海、安徽、福建、江西、湖北、湖南、广东、重庆、四川、云南等省级检察院政治部负责同志在会上发言。河南省检察院政治部主任李自民介绍了河南省人民检察院充分发挥先进典型示范引领作用,努力建设公正廉洁执法检察队伍的经验。与会代表还参观考察了禹州市人民检察院队伍建设情况。

　　李如林在主题现场会上指出,要充分认识学习实践《基本准则》的重要意义,切实增强恪守检察职业道德的责任感和自觉性,在认真总结前一阶段工作的基础上,切实在搞好"六个结合"上下工夫,把学习实践检察官职业道德基本准则活动不断引向深入。他强调，各地检察机关要按照全国政法工作电视电话会议的要求，积极推进社会矛盾化解、社会管理创新、公正廉洁执法三项重点工作，特别是要围绕促进公正廉洁执法，将学习实践活动与检察机关党的建设相结合，夯实检察人员忠实履行职责的思想根基；要将学习实践活动与执法规范化建设相结合，把学习实践活动融入业务管理；要将学习实践活动与纪律作风和自身反腐倡廉建设相结合，强化检察人员廉洁从检信念；将学习实践活动与检察文化建设相结合，倡导文明执法新风；要将学习实践活动与培养和宣传先进典型相结合，充分发挥先进典型的示范引领作用；要将学习实践活动与制度建设相结合，建立健全学习实践基本准则长效机制。

（最高人民检察院政治部宣传部）

全国检察机关党的建设工作电视电话会议 2010年1月19日，最高人民检察院在北京召开全国检察机关党的建设工作电视电话会议。会议的主要任务是：深入学习贯彻党的十七届四中全会精神，回顾总结近年来检察机关党的建设工作，交流检察机关党的建设和队伍建设经验，按照十七大、十七届四中全会的总体部署和要求，研究以党的建设带动队伍建设、推进业务建设的基本思路，部署当前和今后一个时期加强和改进检察机关党的建设的任务，不断提高检察机关党的建设水平。最高人民检察院检察长曹建明讲话，副检察长张耕主持会议，副检察长孙谦、姜建初、柯汉民，中央纪委驻最高人民检察院纪检组组长莫文秀，最高人民检察院政治部主任李如林，检察委员会专职委员童建明、杨振江出席主会场会议。最高人民检察院机关各内设机构、直属事业单位主要负责同志和专职书记，军事检察院负责同志参加主会场会议。各省级人民检察院检察长在各地分会场参加会议。北京市人民检察院检察长慕平、山东省人民检察院检察长国家森、浙江省人民检察院检察长陈云龙、新疆维吾尔自治区人民检察院党组书记杨肇季通过视频系统分别作了大会发言。

会议认为，各级检察机关党组织高举中国特色社会主义伟大旗帜，深入贯彻落实科学发展观，认真贯彻落实党的路线方针政策，紧紧围绕检察中心工作，全面推进检察机关党的建设做了大量卓有成效的工作。检察机关党的建设水平不断提高，党组领导核心作用、基层党组织战斗堡垒作用和党员队伍先锋模范作用充分发挥，保证了党中央重大决策部署在检察工作中的贯彻落实，保证了各项检察工作的深入开展和检察队伍建设的全面加强，为全面推进中国特色社会主义检察事业发挥了不可替代的重要作用。

会议指出，各级检察机关要把深入学习贯彻十七届四中全会、十七届中央纪委五次全会和全国政法工作电视电话会议等重要会议精神作为当前的头等大事，认真落实中央关于党的建设的部署要求，从检察事业所处的时代背景出发，深刻认识加强和改进新形势下检察机关党的建设的重要性；从确保全面正确履行法律监督职能出发，深刻认识加强和改进新形势下检察机关党的建设的必要性；从不断强化检察机关党组织战斗堡垒作用和党员队伍先锋模范作用出发，深刻认识加强和改进新形势下检察机关党的建设的紧迫性，在全局和战略高度上深刻认识加强和改进新形势下检察机关党的建设的重要意义。面对新的形势，要不断增强加强和改进检察机关党的建设的责任感和紧迫感，以思想理论建设为根本，以民主集中制建设为重点，以领导班子和领导干部队伍建设为龙头，以法律监督能力建设为核心，以基层党组织建设为基础，以作风建设和反腐倡廉建设为保障，把全面加强和改进检察机关党的建设同全面推进中国特色社会主义检察事业紧密结合起来，以党的建设带动和推进检察队伍建设，带动推进各项检察工作。

会议强调，各级检察机关要大力推进思想理论建设，进一步强化理论武装，进一步强化思想教育，进一步强化理论运用，不断提高检察队伍思想政治水平；大力推进民主集中制建设，按照十七届四中全会要求，坚持民主基础上的集中和集中指导下的民主相结合，切实推进检察机关党内民主；大力推进领导班子和领导干部队伍建设，按照德才兼备、以德为先，注重实绩、群众公认的原则，把广大干部群众满意的干部选拔上来，提高选人用人公信度，不断深化检察干部人事制度改革；大力推进法律监督能力建设，大规模推进正规化岗位培训，加强领导干部素能培训，大力培养选拔检察人才，全面提高检察队伍公正廉洁执法的本领；大力推进检察机关基层党组织建设，进一步夯实检察事业发展根基；大力推进检察机关作风建设，进一步提升检察机关的执法公信力,按照中央部署要求,紧密结合检察工作和检察队伍实际,全面加强和改进各级检察机关党的建设,努力在思想建设、组织建设、基层建设、作风建设等方面取得新成效,开创新局面。

会议指出,一要大力推进反腐倡廉建设,确保全体检察人员公正廉洁执法。各级检察机关要认真学习、深刻领会胡锦涛总书记在十七届中央纪委第五次全会上的重要讲话精神,切实把思想和行动统一到中央的决策部署上来,努力把检察机关党风廉政建设和自身反腐败工作提高到一个新的水平。深入开展反腐倡廉教育,筑牢拒腐防变的思想道德防线。二要推进反腐倡廉制度创新,从源头上防治腐败。各级检察机关要认真研究如何着重抓好四个方面的制度建设:进一步加强检察机关自身反腐倡廉教育制度建设、进一步加强检察机关自身监督制度建设、进一步加强检察机关预防制度建设、进一步加强检察机关惩治制度建设。三要切实加强内部监督工作,确保检察权的正确行使。坚持把强化自身监督放在与强化法律监督同等重要的位置,用比监督别人更严的要求来监督自己。四要着力解决群众反映强烈的不正之风,维护人民群众的合法权益。认真回应社会关切,抓紧解决检察机关自身反腐倡廉建设中人民群众反映强烈的突出问题。五要加大查办检察人员违纪违法案件工作力度,维护党纪检纪的严肃性。

（最高人民检察院政治部办公室综合调研处）

全国检察机关援藏工作协调推进会　2010年12月9日至10日,全国检察机关援藏工作协调推进会在西藏林芝召开。会议深入贯彻中央第五次西藏工作座谈会和全国检察机关援藏援疆工作会议精神,重点协调推进新一轮检察援藏工作的步骤和进度,进一步细化和明确结对援助的关系,研究解决遇到的困难和问题,确保新一轮检察援藏工作全面启动、顺利推进、取得实效。

会议要求充分运用前两轮检察援藏工作成功经验,全面启动新一轮检察援藏工作。2011年检察援藏工作总的要求是:始终坚持以检察业务援藏为中心,紧紧围绕提高西藏检察机关法律监督能力,全面启动检察干部人才援藏、教育援藏、科技援藏、资金和项目援藏工作,集中力量办大事办实事,确保各项援助工作取得实质性进展,见到明显成效。要紧紧围绕西藏检察工作发展要求,紧紧围绕维护

国家安全和西藏和谐稳定,紧紧围绕深入推进三项重点工作,开展业务援藏。要抓紧选拔援藏干部人选,重点选拔优秀干部特别是优秀业务干部、优秀年轻干部。无论是选派挂职干部、帮助工作干部,还是选派岗位实践锻炼干部、学习锻炼干部,都要切实把好政治关、能力关、廉政关、身体关,优先选派那些适应能力强、身体素质好、有发展前途的干部。要按照统筹考虑、规模管理、分批组织、务求实效的原则,认真制订代培代训方案,进一步明确培训目标、培训任务和培训要求,把培训规模、质量和效益统一起来,增强代培代训的实际效果。要按照最高人民检察院统一要求,协助完成二、三级网、分支网、本级院局域网和涉密信息系统分级保护建设,以及电子检务信息化密码保障基础设施建设。要积极适应国家新一轮援藏政策调整,以检察援藏资金项目纳入地方大盘子作为主攻方向,想尽办法将检察援建项目挤进西藏当地受援大盘子,挤进对口省市总体援助大盘子。

会议进一步细化和明确了检察援藏结对关系。对于中央确定由省市和计划单列市对口支援的57个县,各援藏省市检察院要加强与本省市党委、政府沟通,了解掌握本地党政口援藏结对情况,按照与中央和各省市确定的援藏结对关系保持一致的原则,确定本省市检察机关结对关系。对于中央确定由大型国企对口支援的16个县,其检察院由所属地区的对口支援省市检察院安排本省市检察机关与之结对。会议要求各级检察机关尽快完成援藏规划的编制工作,切实加大组织领导力度,建立健全长效机制。要区分省级检察院、市级检察院、基层检察院三个层级,支、受援双方逐院编制援助规划,确保规划覆盖全部支、受援检察机关,覆盖全部援助工作。要按照整体规划、分步实施、细化当前的原则,统筹现有条件和长远发展,区分轻重缓急,编制好中长期规划、短期规划以及年度计划。要大力发扬前两轮检察援藏工作的好思想、好作风、好传统,始终保持旺盛的工作热情,始终保持有所作为的精神状态,始终保持开拓进取的锐气,不断强化责任意识、使命意识、争先意识,积极主动抓好各项工作任务落实,争当检察援藏工作的排头兵。

9个支、受援检察院作了大会交流发言。全国对口援藏的22个省市检察院和5个计划单列市检察院,以及西藏自治区检察院和西藏7个分市检察

院负责同志参加了会议。

西藏自治区党委常委、秘书长公保扎西，自治区检察院检察长张培中，最高人民检察院援藏援疆工作领导小组办公室负责同志，林芝地委书记赵合出席会议。

（最高人民检察院政治部办公室综合调研处）

全国检察机关政治部主任会议 2010 年 2 月 25 日，最高人民检察院在全国检察机关第七次先进集体、先进个人表彰电视电话会议期间，召开全国检察机关政治部主任座谈会。会议的主要任务是：深入学习贯彻党的十七大、十七届四中全会和全国政法工作电视电话会议精神，认真研究落实全国检察机关学习贯彻全国政法工作会议精神电视电话会议部署，总结 2009 年检察政治工作，部署 2010 年任务。最高人民检察院政治部主任李如林讲话。最高人民检察院政治部处长以上干部和各省级检察院政治部主任出席会议。

会议认为，2009 年，全国检察机关政工部门认真学习贯彻党的十七大、十七届四中全会精神，深入贯彻落实科学发展观，紧紧围绕中央和最高人民检察院党组的决策部署，认真履行检察政治工作职责，各项工作迈出了新步伐。始终坚持把思想政治建设放在首位，善始善终抓好深入学习实践科学发展观活动，不断加强和改进检察机关党的建设，深入推进职业道德建设，检察队伍思想政治素质进一步提高；大力加强领导班子建设，认真落实领导干部政治轮训制度，积极主动做好干部协管工作，领导班子整体素质进一步增强；认真落实司法体制和工作机制改革任务，林业、铁路检察体制改革顺利实施，干部人事制度改革进一步深化；召开全国检察机关教育培训工作会议，大规模培训干部，深入开展正规化分类培训和岗位练兵，检察队伍法律监督能力进一步提升；不断加强检察宣传文化建设，深入宣传检察工作新成就和重大先进典型，组织庆祝建国六十周年系列文化活动，检察事业发展环境进一步改善；召开全国基层检察院建设工作会议，颁布基层检察院建设规划，大力推进基层检察院"四化"建设，基层基础工作进一步夯实。通过卓有成效的工作，为检察事业科学发展提供了有力保障、作出了重要贡献。

会议指出，2010 年检察政治工作的总体思路是：坚持以邓小平理论和"三个代表"重要思想为指导，深入贯彻落实科学发展观，认真落实党中央和最高人民检察院的部署，以保障服务社会矛盾化解、社会管理创新、公正廉洁执法三项重点工作为目标，以加强和改进检察机关党的建设为主线，以加强领导班子建设和领导干部管理监督为重点，以提高法律监督能力和执法公信力为核心，以深化干部人事制度改革和队伍管理改革为动力，以抓好基层检察院"四化"建设为基础，统筹推进各项检察政治工作，加强检察政工部门自身建设，努力提高检察机关党的建设和队伍建设科学化水平，为检察工作科学发展提供有力的思想政治保证、组织人才保证、基层基础保证和舆论文化保证。

会议要求，2010 年要重点做好以下几项工作：一是高度重视加强和改进检察机关党的建设，坚持把加强和改进党的建设作为头等大事来抓，认真落实检察机关党的建设各项部署，突出抓好检察队伍思想政治建设。二是认真开展"恪守检察职业道德、促进公正廉洁执法"主题教育活动，深入学习宣传《检察官职业道德基本准则（试行）》，大力加强以职业道德建设为核心的检察文化建设，大力弘扬检察职业道德。三是着力加强以民主集中制为核心的制度建设，着力加强对领导班子和领导干部的管理监督，着力加强后备干部队伍建设，努力建设坚强有力的各级检察院领导集体。四是进一步推进检察人员分类管理和招录制度改革，不断完善干部选拔任用机制，健全完善检察队伍管理制度，逐步建立起具有检察职业特点的队伍管理制度。五是着眼提高岗位履职能力，进一步开展大规模正规化培训，进一步做好检察人才培养选拔工作，进一步强化教育培训基础建设，深入推进大规模教育培训。六是加强正面引导和典型宣传，大力宣传检察机关的职能作用，大力培养宣传检察先进典型，大力提高涉检网络舆情应对能力，牢牢把握正确的检察宣传舆论导向。七是深入推进"四化"建设，加大基层检察院建设规划落实力度，广泛开展争创先进基层检察院活动，深化基层检察院科学管理机制试点，大力提升基层检察院建设水平。八是切实按照建设模范部门、打造过硬队伍的要求，全面加强政工部门自身建设，教育引导检察政工干部牢固树立政治意识、全局意识、服务意识、团队意识、表率意识、法纪意识、责任意识、创新意识、学习意识和廉洁意识，不断强化能力素质，弘扬优良作风。

（最高人民检察院政治部办公室综合调研处）

全国检察机关援疆工作协调推进会 2010年11月24日至25日,最高人民检察院在新疆维吾尔自治区喀什市召开全国检察机关援疆工作协调推进会,要求全面启动检察干部人才援疆、教育培训援疆、科技信息援疆、资金和项目援疆工作,确保各项援疆工作收到预期成效。

会议要求,支受援检察机关按照先易后难、急事先办、特事特办的原则,围绕检察援疆工作部署要求,重点协调推进援疆工作的步骤、进度,协调确定援疆结对关系,协调解决援疆工作中出现的困难和问题,确保援疆工作全面启动、顺利推进、取得实效,并提出明年要着力抓好五件大事:

一是尽快编制规划。支受援双方要逐院编制援助规划,确保规划覆盖全部支受援检察机关。按照省级院、市级院、基层院三个层级,支、受援双方逐院编制援助规划,确保规划覆盖全部支、受援检察机关,覆盖全部援助工作。要充分考虑新疆检察机关实际需要,兼顾支援检察院的实际能力,保证规划符合实际、能够真正落实。没有编制规划的,支、受援检察院要认真协商,尽快完成;已经编制了规划的,要按照上述要求对规划进行修改完善。

二是重点抓好选派干部人才工作。从2011年起,选派5名后备干部到兵团垦区检察院担任为期三年的检察长,每年选派50名检察专门人才到新疆检察机关帮助工作,选派100名新疆检察业务骨干到对口支援检察机关进行岗位实践锻炼,最高人民检察院每年为新疆检察机关招录15名法律硕士,接受5名新疆检察业务骨干到最高人民检察院挂职。无论是选派挂职干部、帮助工作干部,还是选派岗位实践锻炼干部、学习锻炼干部,都要切实把好政治关、能力关、廉政关、身体关,优先选派那些适应能力强、身体素质好、有发展前途的干部。

三是把组织开展培训作为援疆工作重要基础抓好。从2011年起,最高人民检察院每年将在国家检察官学院举办四期新疆检察机关中青年领导干部和业务骨干培训班,各对口支援省市检察院要全面启动为新疆代培代训业务骨干工作。对口支援检察机关开展各类人才代培代训工作,要按照统筹考虑、规模管理、分批组织、务求实效的原则,认真制订代培代训方案,进一步明确培训目标、培训任务和培训要求,把培训规模、质量和效益统一起来,增强代培代训的实际效果。

四是完善信息科技配套建设。检察科技援疆工作必须始终在全国检察机关信息化建设整体规划内统筹考虑,始终坚持"四个统一"的原则,支、受援双方要按照最高人民检察院统一部署,做好各项配套工作。认真做好需求分析、总体设计、软件测试、试点运行和全面推广等工作,按期完成二、三级网、分支网、本级院局域网和涉密信息系统分级保护建设。

五是想方设法将检察援建项目挤进地方大盘子,积极争取中央有关部门支持,将"两房"等基础设施建设纳入地方总体规划,争取增加对新疆、兵团检察机关的中央财政转移支付资金和中央补助投资,推进资金项目援疆工作取得实质性进展。各对口援疆检察机关要认真做好开源节流工作,千方百计筹集资金,保障援助资金落实到位。争取理顺兵团检察机关经费保障体制,帮助解决兵团检察机关基础设施建设历史欠账问题。要严格执行援助资金管理的有关政策、规定,合理、合规、合法管理、使用援助资金。

新疆维吾尔自治区检察院检察长哈斯木·马木提,新疆维吾尔自治区党委副秘书长、政法委秘书长郭永辉,最高人民检察院政治部有关负责人在会上讲话。

吉林省检察院、新疆维吾尔自治区检察院喀什分院等11个单位参加大会交流发言。会议分组对口协商讨论了援疆方案。全国对口援疆的19个省市检察院领导和新疆受援的12个地州检察院、兵团各师分院主要负责人参加会议。

(最高人民检察院政治部办公室综合调研处)

全国检察机关党的建设理论研讨会 2010年8月24日至26日,全国检察机关党的建设理论研讨会在黑龙江省哈尔滨市召开。会议围绕"充分发挥检察机关基层党组织对执法办案等业务工作领导、监督和保障作用"主题,集中研讨如何提高检察机关党的建设科学化水平,以党的建设带动和推进检察队伍建设,带动和推进执法办案等各项检察业务工作。最高人民检察院政治部主任、机关党委书记李如林出席开幕式并讲话。黑龙江省委常委、政法委书记黄建盛,黑龙江省人民检察院检察长姜伟分别致辞。中央国家机关工委委员、党建理论研究会会长张德成应邀参加会议,并作了关于《中国共产党党和国家机关基层组织工作条例》专题辅导。最高人民检察院机关党建工作负责人,各省、自治区、直辖市和新疆生产建设兵团检察院政治部和机关党委负责同志共80余人参加了研讨会。

会议指出，要勇于创新，有效推进检察机关党建理论研究工作。更加突出研究针对性，重点抓住"如何不断创新检察机关党建工作体制机制、改进方式方法"、"如何全面加强和改进检察机关党的建设"等重大课题，进行针对性研究；更加突出创新性，紧紧抓住"提高党的建设科学化水平"这条主线，创新研究观念，创新研究内容，创新研究方法，创新研究机制，着力提升党建理论研究水平；更加突出实践性，把服务于检察实践的要求贯穿于学习调研、确定课题、开展研究、形成成果、抓好转化的全过程，着力抓好研究成果的转化和应用；更加重视整体性，树立大党建、大循环、大系统意识，坚持党建工作与业务工作相结合，积极吸纳优秀的社会研究力量和专家学者，加强横向联系，加强上下级党组织之间的配合，着力抓好"大党建"系统建设。

会议要求，各级检察院党组务必高度重视党建工作，尤其要重视党的理论建设。要牢牢抓住思想建设这个首要任务，从深入推进学习型党组织建设入手，进一步夯实检察机关高举旗帜、忠诚于党的思想政治基础；要牢牢抓住能力建设和先进性建设这个核心内容，从深入推进创先争优活动入手，不断提高检察机关各级党组织抓科学发展的素质能力；要牢牢抓住制度建设这个重要保证，从深入推进检察机关党的基层组织工作创新入手，努力增强党内生活和党建制度的严密性和科学性；要牢牢抓住作风建设和反腐倡廉建设这个治本之举，从深入推进主题实践活动和"反特权思想、反霸道作风"专项教育活动入手，着力在树立良好形象、提高执法公信力上取得新成效；要牢牢抓住围绕中心、服务大局抓党建这个基本原则，从深入推进三项重点工作入手，着力推动检察机关各项工作任务的完成。

（最高人民检察院政治部办公室综合调研处）

全国检察机关援藏援疆工作座谈会 2010年6月28日至29日，最高人民检察院在北京召开全国检察机关援藏援疆工作座谈会。会议的主要任务是：全面贯彻中央第五次西藏工作座谈会和新疆工作座谈会精神，总结近年来检察机关援藏援疆工作，研究部署当前和今后一个时期的援藏援疆任务，大力加强西藏、新疆检察工作，为推进西藏、新疆跨越

式发展和长治久安服务。最高人民检察院检察长曹建明讲话，副检察长邱学强进行大会总结，最高人民检察院全体领导同志和检察委员会专职委员出席会议，最高人民检察院各内设机构、直属事业单位负责人，各省、自治区、直辖市检察院和新疆生产建设兵团检察院负责人等出席会议。西藏自治区党委常委、秘书长公保扎西，新疆维吾尔自治区党委副书记、政府常务副主席杨刚，新疆生产建设兵团党委副秘书长、政法委副书记孙振同先后在会议上发言。

会议认为，2010年1月和5月中央分别召开的第五次西藏工作座谈会和新疆工作座谈会，不仅对做好西藏、新疆工作具有重大意义，也对做好检察机关援藏援疆工作，推动西藏、新疆检察工作科学发展提出了新的更高要求。各级检察机关要紧密结合实际，认真学习贯彻中央会议精神，坚持以业务工作援助为中心，以干部人才援助为根本，以教育和科技援助为动力，以资金和项目援助为保障，把检察机关援藏援疆工作和西藏、新疆检察工作提高到新水平。

会议指出，最高人民检察院党组始终重视检察机关援藏援疆工作，2005年以来制定一系列指导意见和政策措施，全力支援西藏、新疆检察工作。各级检察机关坚决贯彻中央和最高人民检察院部署，高度重视、积极开展对口支援工作，拓展援助领域，完善援助机制，加大援助力度，推动检察机关援藏援疆工作取得新的明显成效。五年来，通过扎实开展援藏援疆工作，西藏、新疆检察机关办公办案条件不断改善，人员和工作交流不断扩大，队伍素质不断提高，有力地促进了西藏、新疆检察工作发展。西藏、新疆检察机关把中央的关怀、最高人民检察院和内地检察机关的支援作为做好工作的强大动力，在自治区及兵团党委的领导下，忠实履行宪法和法律赋予的职责，自觉服从和服务于中心工作，为维护国家安全、社会稳定、民族团结和推进西藏、新疆经济社会发展作出了重要贡献。

会议强调，西藏、新疆工作在党和国家工作全局中具有特殊重要的战略地位，加强和改进西藏、新疆检察工作是做好西藏、新疆工作的重要方面。近年来，西藏、新疆检察工作取得了长足发展和进步，但与新形势新任务特别是推进西藏、新疆跨越式发展和长治久安的要求相比还有不小差距。解决工作中的困难和问题，既要依靠西藏、新疆检察

机关自身努力，又要全国检察机关大力支援。各级检察机关要充分认识新形势下加强检察机关援藏援疆工作的重要性、紧迫性，坚决贯彻中央要求，积极主动、扎实有效做好援藏援疆各项工作，帮助西藏、新疆检察机关破解难题、发挥潜能，推进西藏、新疆检察工作跨越式发展。

会议要求，要牢牢把握对口支援的目标任务和措施要求，扎实做好检察机关援藏援疆工作，突出抓好以下四个方面的工作：一要以业务工作援助为中心，促进西藏、新疆法律监督工作水平的全面提高。加强业务工作宏观指导和援助，及时研究解决西藏、新疆检察机关履行法律监督职能遇到的疑难复杂问题，切实加强对办理重大疑难案件的业务指导；积极开展业务支持和经验交流。二要以干部人才援助为根本，促进西藏、新疆检察队伍素质结构的全面改善。继续认真做好援藏援疆干部选派工作，加强西藏、新疆检察机关与对口援助检察院互派干部挂职锻炼工作，进一步解决政法专项编制不足的问题，加强专业人才支持。三要以教育和科技援助为动力，促进西藏、新疆检察机关执法能力的全面提升。注重"造血型"援助，强化西藏、新疆检察队伍教育培训，进一步加大代培代训力度；着力加强"双语"人才培养和司法考试培训工作；加快推进培训基础设施和师资队伍建设；抓好科技援藏援疆工作。四要以资金和项目援助为保障，促进西藏、新疆检察机关执法保障的全面增强。抓好援藏援疆资金和项目的落实；进一步加强对西藏、新疆检察机关的经费支持；切实加强资金项目的管理和监督。

会议指出，检察机关开展援藏援疆工作的根本目的，是加强和改进西藏、新疆检察工作，更好地保障和服务西藏、新疆跨越式发展和长治久安。西藏、新疆检察机关要认真贯彻中央西藏工作座谈会和新疆工作座谈会精神，紧紧围绕中央关于推进西藏、新疆跨越式发展的各项决策部署，充分运用打击、预防、监督、保护等检察职能，为西藏、新疆加快发展、科学发展提供有力保障。要坚持把反分裂斗争作为首要任务，充分发挥检察职能，全力维护社会稳定、维护社会主义法制、维护人民群众根本利益、维护祖国统一、维护民族团结。要把中央关于深入推进三项重点工作的部署要求与推进西藏、新疆跨越式发展和长治久安的部署要求有机统一起来，着力解决影响西藏、新疆社会和谐稳定的源头

性、根本性、基础性问题。要着眼全面提升检察工作水平，高度重视、切实加强西藏、新疆检察机关党的建设和队伍建设，教育和引导检察人员在特殊环境、艰苦条件下，忠诚事业，恪尽职守，团结一致，艰苦奋斗，为推进西藏、新疆发展稳定贡献力量。

（最高人民检察院政治部办公室综合调研处）

侦查监督工作　2010 年，全国检察机关侦查监督部门深入贯彻落实科学发展观，以深入推进三项重点工作为载体，扎实稳妥推进侦查监督工作改革，进一步狠抓审查逮捕质量，切实加强刑事立案监督和侦查活动监督，广泛开展岗位练兵和业务竞赛活动，大力推进学习型组织建设，在业务工作、队伍建设和机制改革上取得了新的进展。

一、深入推进社会矛盾化解，全力维护社会和谐稳定

全国检察机关侦查监督部门紧紧围绕党和国家工作大局，依法认真履行侦查监督职责，全面贯彻宽严相济刑事政策，结合办案积极化解社会矛盾，为经济社会平稳较快发展，世博会、亚运会安全成功举办，青海玉树、甘肃舟曲抗震救灾顺利进行营造了和谐稳定的社会环境。

依法严厉打击严重刑事犯罪，维护社会稳定。充分发挥审查逮捕职能，坚决打击危害国家安全犯罪，依法妥善办理乌鲁木齐"7·5"事件后续案件。深入开展打黑除恶、扫黄打非、打击网络赌博、打击拐卖妇女儿童等专项斗争，突出打击黑恶势力犯罪、严重暴力犯罪、多发性侵财犯罪以及"黄赌毒"等犯罪。针对上半年发生的严重影响学校、幼儿园安全的恶性案件，积极参与对学校、幼儿园及周边地区治安秩序的专项整治。上海、广东及周边地区检察机关建立联动机制，积极参与世博会、亚运会安保工作，保障了上海世博会、广州亚运会等重大活动的安全。按照中央关于"五个更加注重"的要求，加大打击破坏市场经济秩序、危害政府投资和金融安全等犯罪力度。配合相关部门，深入开展反洗钱、反假币、打击侵犯知识产权和制售假冒伪劣商品、非法证券期货经营等专项活动，维护了良好的市场经济秩序和人民群众切身利益。2010 年，全国检察机关批准（决定）逮捕各类犯罪案件 627642 件 931494 人，同比分别下降 0.9%、2.8%。

全面贯彻宽严相济刑事政策，对轻微犯罪慎用逮捕措施。在依法严厉打击严重犯罪的同时，对轻

微犯罪、未成年人犯罪、老年人犯罪、亲友邻里犯罪以及主观恶性不大的初犯、偶犯，坚持逮捕必要性审查，可捕可不捕的不批捕。2010 年，全国检察机关不批捕和决定不捕 145337 人，同比上升 17.2%；不捕率 13.5%，同比增加 2.0 个百分点。积极推进刑事和解、轻微刑事案件快速办理等有效工作机制。建立批捕诽谤案件报上一级审批制度，逮捕质量进一步提高。2010 年，全国捕后判无罪 87 人，同比下降 11.2%。

结合办案化解矛盾纠纷，促进社会和谐。积极推行不批捕说理、不监督说理工作，通过释法说理，积极化解矛盾纠纷，修复受损的社会关系。探索建立侦查监督环节执法办案风险评估预警机制，及时发现和防范侦查监督工作中可能存在的风险隐患，防止因执法不当激化矛盾或引发新的矛盾。

二、积极参与社会管理创新，促进提高社会管理水平

按照最高人民检察院关于深入推进三项重点工作的实施意见要求，立足侦查监督职能，拓展工作领域，积极参与社会管理创新，着力促进加强社会建设、完善社会管理体系。

积极开展未成年人权益保护和青少年犯罪预防工作。健全完善符合未成年人特点的办案机制，推动建立专门办案机构。会同最高人民法院、共青团中央等部门联合下发《关于进一步建立和完善办理未成年人刑事案件配套工作体系的若干意见》，加强对涉罪未成年人的帮教管理，积极探索预防青少年违法犯罪的有效机制。2010 年，全国检察机关批准逮捕未成年犯罪嫌疑人 68461 人，同比下降 10.3%。

积极参加社会治安重点地区排查整治，落实检察环节综合治理措施。全国检察机关深入贯彻落实全国社会治安综合治理工作精神，积极参与对重点地区、重点领域的大排查、大整治工作，推进社会治安防控体系建设。广泛开展法制宣传教育进社区、进企业、进学校、进农村活动，预防和减少违法犯罪。按照中央综治委的要求，加强对综治联系点的指导，认真落实综治联系点工作制度。

延伸办案职能，充分利用检察建议促进社会管理创新。结合办案，加强社会治安动态研究，通过典型个案、类案剖析，及时发现特殊人群、"两新"组织、网络虚拟社会管理中存在的问题，积极向有关部门提出改进社会管理、防范违法犯罪的建议，促进社会管理创新。

三、全面落实侦查监督改革，促进公正廉洁执法

按照中央关于司法改革的要求和最高人民检察院的统一部署，全面落实侦查监督改革任务，并以改革为契机，进一步强化立案监督和侦查活动监督，促进公正廉洁执法。

严格执行职务犯罪审查逮捕程序改革规定，强化自身监督制约。2009 年 9 月最高人民检察院部署实施职务犯罪案件审查逮捕程序改革以来，各级检察机关高度重视，采取增设办案机构、制定实施细则、建立健全工作机制等有力措施，切实抓好改革实施工作。最高人民检察院侦查监督厅加强对改革实施效果的总结和评估，针对实践中的新情况、新问题，强化工作指导，研究制定了相关问题解答，编写了培训教材；针对办案时限紧张的问题，提出了修改刑事诉讼法的建议，推广了远程视频讯问经验；及时发现了一些地方以"立案下沉"规避上级检察院监督制约的问题，会同反贪污贿赂总局等部门进行了专题调研，提出工作意见。改革实施一年多来，自侦案件监督制约进一步加强，侦查部门办案更加规范，职务犯罪案件审查逮捕质量明显提高，改革取得了积极成效。

认真落实侦查监督四项改革任务。加强对完善刑事立案监督、侦查活动监督、建立强制性侦查措施监督机制、建立健全讯问犯罪嫌疑人和听取律师意见制度四项改革任务的沟通协调和文件会签工作。其中，《关于审查逮捕阶段讯问犯罪嫌疑人的规定》《关于刑事立案监督有关问题的规定（试行）》已正式下发实行，《关于侦查活动监督有关问题的规定》和《关于人民检察院对搜查、扣押、冻结等侦查措施进行法律监督的规定》正在会签中。2010 年 8 月，最高人民检察院在宁夏召开全国检察机关侦查监督改革工作座谈会，对职务犯罪审查逮捕上提一级改革进行了总结评估，对侦查监督其他四项改革进行了全面部署。此外，积极配合相关部门做好对公安派出所刑事执法的监督、建立完善刑事司法与行政执法执纪有效衔接机制等改革项目的调研论证和起草相关规范性文件。

以改革为契机，进一步强化立案监督和侦查活动监督。各地认真执行最高人民检察院《关于进一步加强对诉讼活动法律监督工作的意见》和侦查监督改革的规范性文件，以改革为契机，进一步强化

立案监督和侦查活动监督,完善和细化了信息共享、情况通报、案件移送等相关制度和措施,重点监督纠正了有罪不究、以罚代刑、徇私舞弊违法立案、刑讯逼供、暴力取证以及违法采取搜查、扣押、冻结等强制性侦查措施的行为。2010年,全国检察机关监督公安机关立案31203件,同比上升60.3%;监督后有罪判决15623人,同比上升28.6%。书面纠正侦查活动违法18880件次,同比上升32%。进一步推动"两法衔接"工作,建立健全"网上衔接,信息共享"机制。2010年4月,最高人民检察院侦查监督厅在广东省东莞市和湖北省武汉市分别举办了"知识产权培训班暨行政执法与刑事司法衔接工作现场经验交流会"。配合国家知识产权局、公安部等部门,联合开展了世博会、亚运会知识产权保护专项行动,检察系统共有90个先进集体和个人获得表彰。2010年10月,最高人民检察院联合公安部、商务部、监察部下发通知,部署开展为期9个月的"对行政执法机关移送涉嫌犯罪案件专项监督行动";11月,按照国务院的要求,最高人民检察院下发通知,召开电视电话会议,部署开展了"打击侵犯知识产权和制售假冒伪劣商品专项行动"。

四、广泛开展岗位练兵活动,不断提高队伍整体素质

全国检察机关侦查监督部门以深入开展"创先争优"主题教育活动和"恪守检察职业道德、促进公正廉洁执法"主题实践活动为载体,加强队伍的思想政治建设、党风廉政建设和职业道德建设,切实提高公正廉洁执法的能力,提升执法公信力。最高人民检察院侦查监督厅对2009年检察机关侦查监督人员违法违纪情况进行了分析通报,推进了队伍的廉洁公正执法和党风廉政建设。加强岗位练兵和业务培训,各地根据最高人民检察院的统一部署,按照"全员参与、贴近实战、规范提高、激励先进"的原则,结合本地实际,开展了内容丰富、形式多样的岗位练兵活动,评选出了本地的侦查监督十佳检察官和优秀检察官。2010年12月,最高人民检察院在北京举办"第二届全国侦查监督业务竞赛活动",经过公开、公平、公正的激烈角逐,产生了"全国侦查监督十佳检察官"和33名"全国侦查监督优秀检察官",授予河北省人民检察院等5个单位"组织奖",业务竞赛活动取得圆满成功。通过加大岗位练兵力度等方式,各级检察机关侦查监督人员的业务素质和岗位技能得到了普遍提高,执法行

为更加规范,形成了努力学习、创先争优的良好氛围,树立和展示了侦查监督队伍的良好形象。

(最高人民检察院侦查监督厅 黄 琳)

全国检察机关侦查监督改革工作座谈会 2010年8月2日至3日,最高人民检察院在宁夏回族自治区银川市召开全国检察机关侦查监督改革工作座谈会。会议的主要任务是:对职务犯罪案件审查逮捕程序改革实施情况进行回顾总结,交流经验,研究贯彻落实改革中遇到的问题;对建立审查逮捕讯问犯罪嫌疑人和听取律师意见制度,完善刑事立案监督机制,完善侦查活动监督机制,建立对搜查、扣押、冻结等强制性侦查措施的监督机制等改革任务进行部署、培训;根据全国检察长座谈会精神,研究部署下半年侦查监督工作。最高人民检察院副检察长朱孝清出席会议并讲话。

会议指出,2009年9月最高人民检察院部署实施职务犯罪案件审查逮捕程序改革以来,全国检察机关高度重视,精心组织,周密安排,采取有力措施,克服种种困难,切实抓好改革实施工作。一是通过增设办案机构,充实人员装备,加强网络建设,组织开展培训等,为改革的顺利实施奠定扎实基础;二是结合本地实际,对最高人民检察院下发的《关于省级以下人民检察院立案侦查的案件由上一级人民检察院审查决定逮捕的规定(试行)》的内容予以进一步细化,增强可操作性,确保改革措施落实到位;三是针对改革实施中出现的新情况、新问题,加强调查研究,创新完善工作制度,建立了侦捕衔接、与公安机关协作、逮捕必要性双向说明以及附条件逮捕等工作机制,保证改革实施的效果。改革实施一年来,各级检察机关侦查监督部门认真执行审查逮捕上提一级的程序规定,注重处理好监督与配合、实施改革与强化办案的关系,既加大对自侦工作的监督制约,规范执法行为,又积极引导自侦部门强化收集、固定证据,提高办案质量,保证侦查活动依法、顺利进行,改革工作整体上平稳有序,扎实推进,取得了初步成效。针对落实改革中遇到的办案时限紧张、侦捕衔接不够顺畅、检察信息化建设相对滞后、同级审查在一些地方流于形式等问题,会议提出了进一步深化改革的意见:一是进一步提高思想认识,转变执法观念,强化监督制约;二是健全侦捕衔接工作机制,加强内外部协作配合;三是多措并举,通过建议修改刑事诉讼法延长自侦

案件刑事拘留期限、加强检察专网建设等措施，积极解决办案时限紧张的难题。四是不断研究新情况、解决新问题，进一步探索和细化改革措施，集全国各级侦查监督部门的智慧和力量，确保中央确定的改革任务不折不扣落到实处。

会议对建立审查逮捕讯问犯罪嫌疑人和听取律师意见制度、完善刑事立案监督机制、完善侦查活动监督的程序和措施、建立对搜查、扣押、冻结等强制性侦查措施的监督机制等其他各项侦查监督改革任务进行了部署。一是要充分认识四项改革对于新形势下满足人民群众司法需求、加强检察机关法律监督工作、促进公正廉洁执法的重大意义，切实统一思想，抓住机遇，迎接挑战，克服一切困难，保证各项改革措施落到实处；二是要正确处理监督与配合，监督力度与监督质量、效率、效果，全面监督与有限监督，对内监督与对外监督等几个重要关系；三是要认真组织学习培训，增强落实改革的能力和自觉性；四是要加强办案力量和物质保障；五是要加强调查研究和经验总结，在现有法律框架下，积极创新工作机制，制定完善实施细则，使改革不断深化。

会议总结了上半年全国侦查监督工作，根据全国检察长座谈会精神，对抓好下半年工作提出了明确要求：一是切实把侦查监督工作纳入深入推进三项重点工作的总体格局，进一步深入贯彻宽严相济刑事政策，依法严厉打击严重刑事犯罪，依法从宽处理轻微犯罪，结合办案落实社会治安综合治理措施，积极促进社会矛盾化解、社会管理创新；二是认真学习和落实修改后的国家赔偿法，严格执行两个证据规定，健全完善逮捕必要性证明、逮捕风险评估、不捕说理、个案分析评查、优秀案例评选等工作制度，不断提高审查逮捕办案质量；三是以落实改革为契机，进一步加强立案监督和侦查活动监督，推动行政执法与刑事司法相衔接工作机制建设；四是以"恪守检察职业道德、促进公正廉洁执法"主题实践活动为抓手，进一步加强侦查监督队伍建设，组织开展好第二届全国侦查监督十佳检察官暨侦查监督优秀检察官业务竞赛活动。

（最高人民检察院侦查监督厅 黄 琳）

第二届全国检察机关侦查监督业务竞赛 为进一步提高侦查监督队伍的整体素质和业务水平，规范执法行为，展示侦查监督检察官风采，培养优秀人才，2010年12月1日至3日，最高人民检察院在北京举办第二届全国侦查监督十佳检察官暨优秀检察官业务竞赛活动。来自全国33个省级检察院和铁路检察系统的69名选手参加了比赛。经过公开、公平、公正的激烈角逐，产生了张春丽等10名"全国侦查监督十佳检察官"、赵叶红等33名"全国侦查监督优秀检察官"和河北省人民检察院等5个"组织奖"，业务竞赛活动取得圆满成功。

一、领导高度重视。最高人民检察院党组对此次活动高度重视，曹建明检察长等院领导作出重要批示，并成立了以副检察长朱孝清为主任、政治部主任李如林为副主任的业务竞赛活动组织委员会和评审委员会。竞赛期间，检察委员会专职委员杨振江到赛场巡视指导。竞赛成绩揭晓后，朱孝清副检察长主持颁奖会，李如林主任发表讲话，充分肯定了竞赛活动取得的成果，对加强侦查监督队伍建设提出了明确要求。颁奖结束后，曹建明检察长，胡泽君、朱孝清、孙谦、姜建初、张常韧、柯汉民副检察长，中央纪委驻最高人民检察院纪检组长莫文秀，政治部主任李如林，检察委员会专职委员杨振江接见了全体参赛选手并合影。

二、组织保障有力。一是成立工作机构。在组委会办公室下设规则程序、宣传联络、后勤保障、案例编审四个工作组，分工明确，责任到人。二是严格选手条件。69名参赛选手政治素质优良，业务成绩突出，均系各省级检察院（含军事检察院）和铁路运输检察系统经过全员参与、层层选拔产生的侦查监督十佳检察官，保证了竞赛质量。三是精心设计考题。竞赛采取制作审查逮捕案件意见书和案件汇报与答辩的方式，考题设计紧扣侦查监督工作实际，涵盖侦查监督三项职责，体现侦查监督改革的精神，注重全面性、实用性和开放性，全面考察了选手的业务素质、理论功底和审查阅卷、证据分析、法律应用、文书制作、案件汇报、临场应变、电脑操作等综合能力。四是规则程序严谨。根据活动内容制定了严密的日程安排和科学的竞赛规则，使得每一环节都井然有序。制作审查逮捕案件意见书环节突出实务能力考察，聘请了18位来自全国各地的侦查监督业务骨干担任评委。案件汇报与答辩环节重点考察选手的逻辑思维、综合归纳、现场应变能力，聘请了宋英辉、张建伟等知名刑事法学专家和公安部刑侦局、最高人民检察院机关厅局的负责同志，确保了竞赛质量和权威性。

三、确保公平公正。一是严把试题保密关。组委会按照绝密件对案卷进行保管,确定专人全程负责案例和评分标准的编审,监督案件卷宗的印制、保管,确保试题不外泄。二是严把考试过程的公正关。制作审查逮捕案件意见书和多媒体汇报课件环节,选手抽签分为 A、B 两个组,同一省份的选手分组就考,在指定的时间内独立完成。案件汇报与答辩环节,选手根据抽签顺序进行汇报,未汇报的选手封闭在候考室自行准备,不得交流讨论。通讯工具统一管理,主考场和候考场均设立技术屏蔽系统。三是严把评分公正关。选手制作的《审查逮捕案件意见书》统一字体字号,不允许留姓名等相关标记,并指定专人对《审查逮捕案件意见书》重新编号。案件汇报与答辩阶段,选手按抽签号出场,评委不知道选手的姓名和单位。四是严把监督关。整个竞赛活动过程均由最高人民检察院监察局派员进行监督。

四、宣传有声有色。宣传媒体上,以检察日报、正义网为主要宣传阵地,新华社、人民网、法制日报、中国妇女报等中央媒体积极配合,对竞赛活动进行了多角度的宣传报道,展示了检察机关侦查监督优秀检察官的风采。

第二届业务竞赛活动,在充分总结第一届竞赛活动经验的基础上,更加注重检察人才的培养规律,更加注重竞赛的客观性和实效性,根据侦查监督业务的发展变化和侦查监督工作改革的新要求,对竞赛内容、评审规则、奖项设置等进行了认真的研究论证和改进创新。参加这次业务竞赛的选手普遍取得了较好的成绩,特别是中西部地区检察机关选手的成绩有明显进步,这表明,各级检察机关通过加大岗位练兵力度,侦查监督人员的业务素质和岗位技能得到了普遍提高,执法行为更加规范,形成了努力学习、创先争优的良好氛围,树立和展示了侦查监督队伍的良好形象。

第二届"全国侦查监督十佳检察官"名单

张春丽(女)	山东省人民检察院
颜煜群	福建省厦门市思明区人民检察院
钟 颖(女)	上海市宝山区人民检察院
唐晓军	江西省玉山县人民检察院
王建安(女)	河南省郑州市管城区人民检察院
龚 波	云南省人民检察院
修 养	山东省烟台市人民检察院
贾 俊	湖北省襄樊市人民检察院
刘捷扬	北京市人民检察院
井 澈	天津市河北区人民检察院

第二届"全国侦查监督十佳检察官提名"名单

赵叶红(女)	陕西省西安市未央区人民检察院
高 娟(女)	安徽省合肥市人民检察院
张 俐(女)	湖南省人民检察院
胡海舟	江西省吉安市人民检察院
刘 民	江苏省常州市新北区人民检察院
王茉莉(女)	辽宁省沈阳市铁西区人民检察院
何小航	浙江省义乌市人民检察院
李 媛(女)	湖北省武汉市人民检察院
蔡兆伟	福建省厦门市人民检察院
朱 滨(女)	安徽省淮北市相山区人民检察院

第二届"全国侦查监督优秀检察官"名单(23名)

胡葵阳(女)	浙江省杭州市江干区人民检察院
孙雪丽(女)	北京市人民检察院第二分院
黄运湘	广州军区军事检察院
汪宗明	云南省人民检察院
宋立刚	天津铁路运输检察院
门 丽(女)	重庆市渝北区人民检察院
杨玉明	宁夏回族自治区银川市兴庆区人民检察院
李 岩	河北省唐山市路北区人民检察院
王海东	江苏省昆山市人民检察院
李 磊	上海市人民检察院第二分院
魏 鸾(女)	黑龙江省集贤县人民检察院
潘文磊	上海市闸北区人民检察院
戴晓洁(女)	广东省中山市第二市区人民检察院
王中胜	海南省人民检察院第二分院
李 冰	辽宁省大连市人民检察院
王 瀛(女)	广东省广州市人民检察院
吴 辉	贵州省松桃苗族自治县人民检察院

李　鹏（女）　重庆市渝中区人民检察院
吴　晨　　　　四川省成都市高新区人民检察院
孙旭慧（女）　新疆生产建设兵团农二师乌鲁克垦
　　　　　　　区人民检察院
葛庆峰　　　　天津市滨海新区人民检察院
钟芳萍（女）　海南省琼海市人民检察院
孙德权　　　　黑龙江省哈尔滨市道里区人民检
　　　　　　　察院

第二届"全国侦查监督优秀
检察官提名"名单（26 名）

王晓楠（女）　河北省衡水市人民检察院
芦李萍（女）　山西省长治市城区人民检察院
王海红（女）　山西省河津市人民检察院
刘文光　　　　内蒙古自治区包头市稀土高新区人
　　　　　　　民检察院
任勇飞　　　　内蒙古自治区人民检察院
郭　歌（女）　吉林省九台市人民检察院
王丹丹（女）　吉林省长春市宽城区人民检察院
张　博　　　　河南省洛阳市西工区人民检察院
杨莹洁（女）　湖南省湘潭市人民检察院
肖晋丹（女）　广西壮族自治区桂林市七星区人民
　　　　　　　检察院
杨　丽（女）　广西壮族自治区兴安县人民检察院
杨　莎（女）　四川省攀枝花市市东区人民检察院
刘　娟（女）　贵州省黔西南苗族布依族自治州兴
　　　　　　　义市人民检察院
舒　敏　　　　西藏自治区人民检察院山南分院
次仁央吉（女）西藏自治区拉萨市人民检察院
王　萍（女）　陕西省人民检察院
王　婕（女）　甘肃省张掖市甘州区人民检察院
龚岩梅（女）　甘肃省白银市平川区人民检察院
周　晋　　　　青海省格尔木市人民检察院
叶革萍（女）　青海省尖扎县人民检察院
刘爱娟（女）　宁夏回族自治区石嘴山市人民检
　　　　　　　察院
张　君（女）　新疆维吾尔自治区乌鲁木齐市沙区
　　　　　　　人民检察院
王瑞霞（女）　新疆维吾尔自治区库尔勒市人民检
　　　　　　　察院
熊　军　　　　空军军事检察院

付晓婷（女）　新疆生产建设兵团农二师库尔勒市
　　　　　　　垦区人民检察院
方　芳（女）　广州铁路运输检察分院

第二届"全国检察机关侦查监督
业务竞赛组织奖"名单（5 个）

河北省人民检察院
内蒙古自治区人民检察院
四川省人民检察院
广西壮族自治区人民检察院
甘肃省人民检察院

（最高人民检察院侦查监督厅　黄　琳）

公诉工作　2010 年，最高人民检察院召开了全国检察机关第四次公诉工作会议，会议对新形势下的公诉职能进行了明确定位，对今后一个时期公诉工作进行了部署，对加强以公诉人建设为核心的高素质公诉队伍建设提出了新的要求。一年来，全国检察机关公诉部门认真贯彻落实党中央和最高人民检察院的决策部署，深入学习实践科学发展观，按照第四次公诉工作会议要求，围绕中心、服务大局，深入推进三项重点工作，加大办案力度，提高办案质量，强化诉讼监督，强化自身监督，强化高素质公诉队伍建设，各项工作取得新的进展。

一、围绕中心、服务大局，为社会和谐稳定和经济平稳较快发展提供有力的司法保障

2010 年，各级公诉部门切实发挥公诉职能作用，依法妥善办理乌鲁木齐"7·5"事件相关案件、重庆文强涉黑案等一批危害国家安全和社会稳定的严重刑事犯罪案件，妥善处理吉林通钢案、福建范艳琼等诽谤案、央视火灾系列案、河北"毒饺子"案、多起杀害幼儿园学生案等网络媒体热炒、社会广泛关注的案件，成功办理了澳大利亚力拓案、国美黄光裕案、足球"赌球"系列案、"问题奶粉"系列案等涉及民生和影响经济平稳较快发展的经济犯罪大案要案，着力加强和改进职务犯罪公诉工作，依法妥善办理朱志刚、黄松有、王益、陈绍基、王华元等省部级干部职务犯罪案件，为社会和谐稳定和经济平稳较快发展提供了强有力的司法保障。2010 年，全国检察机关公诉部门共受理各类侦查机关（部门）移送案件 873864 件 1379969 人，同比上

升 1.24% 和 0.22%。其中受理公安、国家安全等侦查机关移送起诉案件 837601 件 1331198 人，受理检察机关侦查部门移送案件 36263 件 48771 人。审结案件 794939 件 1230199 人，提起公诉 766394 件 1189198 人。其中审结公安、国家安全等侦查机关移送起诉案件 761907 件 1185894 人，提起公诉 736256 件 1148409 人；审结检察机关侦查案件 33032 件 44305 人，提起公诉 30138 件 40789 人。

二、着力强化对刑事诉讼活动的法律监督，促进公正廉洁执法

2010 年，各级公诉部门认真贯彻落实最高人民检察院《关于进一步加强对诉讼活动法律监督工作的意见》，始终把人民群众反映强烈的执法不公、执法不廉问题作为公诉环节诉讼监督工作的重点，坚持经常性监督与专项监督相结合，加大监督力度，完善监督机制，注重监督实效，诉讼监督工作全面强化。为解决一些地方职务犯罪缓免刑比例过高问题，最高人民检察院下发了《关于加强对职务犯罪案件第一审判决法律监督的若干规定（试行）》，指导各地公诉部门建立健全对职务犯罪案件第一审判决实行上下两级人民检察院同步审查的新机制，加强对职务犯罪判决的法律监督工作。为解决抗诉案件调卷难问题，最高人民检察院办公厅与最高人民法院办公厅联合下发了《关于调阅诉讼卷宗有关问题的通知》。2010 年，全国检察机关公诉部门共纠正漏起诉 15843 件 36486 人，同比分别上升81.87% 和 89.64%；书面纠正侦查活动违法 15300件 23475 人，同比分别上升 31.15% 和 31.21%，侦查机关（部门）采纳意见已纠正 14184 件 21564 人，采纳意见率为 92.71%，同比增加 5.07 个百分点。向人民法院提出刑事抗诉 5425 件，同比上升36.89%，人民法院同期审结 3880 件，采纳抗诉意见 3945 件，采纳意见率为 75.90%，同比增加 5.18个百分点；书面提出纠正审判活动违法意见 6628件次，同比上升 64.26%，审判机关采纳意见纠正6209 件次，采纳意见率为 93.68%，同比增加 8.80个百分点。最高人民检察院向最高人民法院提出抗诉 1 件、监督意见 1 件，发挥了示范带动作用。

三、延伸职能、深化内涵，深入推进三项重点工作

2010 年，各级公诉部门在坚持把执法办案作为深入推进三项重点工作最根本、最直接途径的基础上，更加注重公诉职能的延伸和内涵的深化，积极

开展不起诉、不抗诉答疑说理，建立完善刑事和解和检调对接机制，加快推进刑事被害人救助制度，进一步完善轻微犯罪依法从宽处理机制和未成年人犯罪公诉工作专业化，研究探索未成年人轻罪犯罪记录消灭制度，建立健全公诉环节执法办案风险评估和预警机制，积极配合相关部门做好对相对不起诉人的帮教工作，并结合办案加大检察建议力度，帮助其他单位消除隐患、堵塞漏洞、健全制度、强化管理，不断推动社会矛盾化解和社会管理创新，促进源头性、根本性、基础性问题的解决。最高人民检察院公诉厅及时下发了《关于认真做好公诉环节敏感案件依法处理有关工作的通知》，并建立涉公诉网络舆情监控机制，定期整理《涉公诉网络舆情》，推动完善执法办案风险评估与应急处置机制。各级检察机关还积极参与重点时期、重点地区的社会治安综合治理行动，确保世博会、亚运会的顺利举办。

四、狠抓执法规范化建设，着力提高办案质量

各级公诉部门高度重视案件质量，认真学习贯彻"两个证据规定"，建立健全对涉及"刑讯逼供"证据的应对处置机制，严格错案追究和协调案件、事项报告制度，强化案件承办人、公诉部门负责人、分管检察长的案件责任，按照中央政法委"百万案件评查"活动的统一部署，认真开展公诉环节的自查和评查工作，努力提高案件质量、增强执法效果。最高人民检察院公诉厅制定下发了《公诉工作操作规程（试行）》，结合贯彻"两个证据规定"，牵头起草了检察机关贯彻实施"两个证据规定"的指导意见，并对近年来典型刑事错案进行总结分析，形成 4万余字的分析报告。为增强执法办案指导工作的针对性和有效性，最高人民检察院公诉厅参与起草了《关于办理侵犯知识产权案件若干问题的意见》、《检察机关公诉部门办理经济犯罪案件指导意见》、《在办理走私犯罪案件中加强诉侦配合的意见》等指导性文件。2010 年，全国检察机关公诉部门共撤回起诉 958 件 1489 人，同比下降 33.3% 和37.86%，撤回起诉率为 0.13%（人），同比减少0.08 个百分点；全国法院审结公诉案件 698269 件1067809 人，共作出无罪判决 183 人，同比下降24.07%，无罪判决率为 0.17‰，同比减少 0.06 个千分点，案件质量得到进一步提升。

五、深化公诉改革，推动公诉工作全面健康发展

2010 年，各级公诉部门积极认真落实涉及公诉

环节的各项改革任务,在继续深化完善轻微刑事案件快速办理、未成年人办案方式改革、公诉介入侦查引导取证工作机制等已有改革措施的基础上,着眼于公诉实践需要,以循序渐进、积极稳妥的精神,着重加强了对以下几项公诉改革措施的探索与规范:一是深化量刑建议改革。为推动这项改革深入开展,最高人民检察院与有关部门会签了《关于规范量刑程序若干问题的意见(试行)》和《关于协调配合积极推进量刑规范化改革的通知》,并下发了《关于积极推进量刑规范化改革全面开展量刑建议工作的通知》。最高人民检察院公诉厅下发了《人民检察院开展量刑建议工作的指导意见(试行)》。二是健全完善简易程序审理案件法律监督工作机制。最高人民检察院公诉厅在分析汇总2003至2009年办理简易程序案件工作的基础上,下发了《关于加强适用简易程序公诉案件诉讼监督工作的通知》,进一步强化对薄弱环节的监督。三是进一步落实完善检察长列席审判委员会会议制度。各级公诉部门认真贯彻落实最高人民检察院与最高人民法院联合下发的关于检察长列席审判委员会相关规定,加强与法院的沟通协调,明确列席审判委员会的案件范围、程序和职责,提高列席质量。四是完善主诉检察官办案责任制。

六、着力加强公诉队伍建设,不断提高执法水平和执法公信力

2010年,各级公诉部门认真贯彻落实最高人民检察院检察长曹建明关于"强化法律监督、强化自身监督、强化高素质检察队伍建设"的重要讲话精神,以公诉人建设为重点,以公正廉洁执法为核心,大力加强公诉队伍的思想政治、职业道德、执法能力、纪律作风和自身反腐倡廉建设,执法水平和执法公信力有了新的提高。

一是加强党建工作。紧紧围绕检察中心工作,全面推进公诉部门党的建设,切实加强思想理论、组织保障、党员管理和纪律作风建设,党建工作水平不断提高,基层党组织战斗堡垒作用和党员队伍先锋模范作用充分发挥,有效保证了党中央和最高人民检察院的重大决策部署在公诉工作中的贯彻落实,带动和促进了队伍建设的全面加强。

二是科学谋划公诉队伍建设思路。根据全国检察机关第四次公诉工作会议精神,最高人民检察院作出了关于加强公诉人建设的决定,提出了以公诉人建设为重点带动整个公诉队伍建设的总体思路,明确了公诉人建设的指导思想、工作原则和总体目标,并从思想政治建设、职业能力建设、专业化建设、纪律作风建设、管理机制建设五个方面对公诉人建设提出了明确要求。

三是加强公诉队伍专业化建设。各级公诉部门深入贯彻落实关于开展大规模检察教育培训的部署,认真贯彻落实关于全员岗位练兵与业务竞赛活动指导意见,坚持覆盖全员、突出重点、统筹兼顾的原则,全面开展公诉业务培训和岗位练兵活动,积极创新培训、实战和实务技能训练形式,不断提高公诉队伍法律监督能力。最高人民检察院公诉厅联合政治部开展了全国检察机关公诉人员全员电视网络培训活动,对全国26000余名公诉人进行了为期5天9个专题的培训;组织了第二期优秀公诉人高级研修班,对全国73个公诉工作联系点负责人和西部地区公诉骨干共113人进行了培训;在新疆、青海等地开展了全国十佳公诉人西部巡讲活动,组织6名全国十佳公诉人进行巡讲,通过三级视频网直播;开展了第四届全国十佳公诉人暨全国优秀公诉人业务竞赛,并联合中央电视台、政治部组织了首届全国优秀公诉人电视论辩大赛,受到社会各界的好评,有力地促进了公诉队伍业务素质的提高。为适应工作需要,最高人民检察院公诉厅初步建立了办理全国有影响大要案在全国范围内调配优秀公诉人的工作机制,有效整合全国公诉资源,确保在全国有重大影响案件的正确、高效办理。

四是加强公诉队伍纪律作风建设。各级公诉部门坚持将公诉队伍纪律作风建设摆在与业务工作同等重要的位置,坚持"两手抓、两手都要硬",严格落实"一岗双责"机制和建立健全惩治和预防腐败体系工作规划在公诉部门中的各项任务,着力提高公诉队伍公正廉洁执法水平。最高人民检察院公诉厅在武汉召开了检察机关公诉队伍纪律作风建设座谈会,围绕防范和降低公诉人员违法违纪,研究建立纪律作风建设长效机制。继续坚持并完善公诉人员违法违纪上报与定期通报制度,对全国检察机关公诉人员违法违纪情况及时统计分析,定期通报,切实加强公诉队伍纪律作风建设,防止违纪违法问题的发生。

(最高人民检察院公诉厅　周　颖)

全国检察机关第四次公诉工作会议　2010年6月30日至7月2日,最高人民检察院在吉林省长春市

召开全国检察机关第四次公诉工作会议。各省、自治区、直辖市人民检察院和新疆生产建设兵团人民检察院分管副检察长、公诉部门负责人,上海市人民检察院未成年人检察工作处处长,军事检察院刑事检察厅副厅长,中央政法委、最高人民法院、公安部、国家安全部、司法部、海关总署等有关部门和最高人民检察院有关部门负责同志以及公诉业务咨询专家和公诉工作咨询专家等,共150余人参加了会议。

会议的主要任务是:总结全国检察机关第三次公诉工作会议以来的工作,分析形势,贯彻落实党中央关于维护社会和谐稳定的决策部署,紧紧围绕深入推进社会矛盾化解、社会管理创新、公正廉洁执法三项重点工作,研究部署进一步加强和改进公诉工作,努力开创公诉工作新局面。

最高人民检察院检察长曹建明在会上讲话。他充分肯定了2005年以来的公诉工作,强调公诉是我国检察机关核心的标志性的职能之一,是法律监督的重要组成部分。要求全国各级检察机关要正确把握公诉工作面临的新形势,进一步增强使命感、责任感和紧迫感;紧紧围绕深入推进三项重点工作,全面加强和改进公诉工作;切实加强领导,推动公诉工作取得新的更大进步。最高人民检察院副检察长朱孝清在会上作了题为《充分发挥公诉职能作用,深入推进三项重点工作,维护社会和谐稳定和公平正义》的讲话,最高人民检察院公诉厅厅长彭东在会议结束时作了总结讲话。

会议认真学习了曹建明检察长和朱孝清副检察长的重要讲话,对《最高人民检察院关于加强公诉人建设的决定(稿)》进行了讨论和研究,上海、江苏、浙江等七个省级检察院作了大会发言,北京、江西、河南等七个省级检察院作了书面交流,从不同侧面介绍了五年来本地区开展公诉工作积累的经验和做法。会议结束时举行了公诉理论征文活动获奖论文颁奖仪式,并邀请清华大学法学院教授张明楷同志作专题学术报告。

2005年以来公诉工作的成功经验,主要有:必须坚持中国特色社会主义的政治方向,始终围绕党和国家工作大局推进公诉工作;必须坚持执法为民,把维护和保障人民群众根本利益作为出发点和落脚点;必须坚持检察机关职能定位,突出强化公诉工作的法律监督属性;必须坚持数量、质量、效率、效果的统一,确保执法办案效果;必须注重公诉

理论研究和工作机制改革创新,确保公诉工作更加充满生机与活力;必须注重公诉队伍建设,切实提高公诉队伍法律监督能力。

会议根据公诉工作的地位、作用、特点和面临的形势,明确了当前和今后一个时期公诉工作的总体思路:以邓小平理论和三个代表重要思想为指导,深入贯彻落实科学发展观,以依法指控犯罪和强化诉讼监督为抓手,以提高办案质量为核心,以加强公诉人建设为保障,深入推进社会矛盾化解、社会管理创新、公正廉洁执法三项重点工作,努力开创公诉工作新局面,维护社会和谐稳定和公平正义。

会议提出,正确认识三项重点工作与公诉工作的关系,注重公诉理念的与时俱进,着力在六个"更加注重"上下工夫:

第一,更加注重指控犯罪和诉讼监督职能的发挥。会议强调,一是要强化指控犯罪工作,坚持"严打"方针不动摇,保持对严重犯罪的高压态势,强化出庭公诉工作,在更大范围调配公诉人,认真总结办理新类型犯罪案件的经验,切实提高审查起诉和出庭公诉水平;二是要认真贯彻落实最高人民检察院《关于进一步加强对诉讼活动法律监督工作的意见》,遵循"坚决、准确、及时、有效"的诉讼监督原则,加大诉讼监督力度,突出监督重点,注重监督实效,完善监督机制,务必使诉讼监督落到实处。

第二,更加注重办案质量的提高。一是要进一步提高对办案质量极端重要性的认识,无论审查起诉还是诉讼监督,都要树立"准"字当头、质量第一的观念,以更高的标准、更严的要求,精心办好每一起案件,确保经得起法律和历史的检验。二是要严格证据标准,凡案件事实不清的不能定案,凡证据不确实充分的不能起诉。特别是死刑案件,人命关天,必须实行最严格的证据标准,真正做到不枉不纵、不错不漏。三是要强化责任,认真审查把关。案件承办人、公诉部门负责人、分管检察长都要高度负责地对待每一起案件,并对案件的事实证据、定性、适用法律和诉或不诉意见负全部责任。一旦发现错案,要实行责任倒查,并严肃追究存在过失的有关责任人的责任。四是要严格落实协调案件、事项报告制度,明知事实不清、证据不足而不提出意见或协调后不及时向上级检察院汇报,造成冤错案件或者某一事项(某一类问题)处理错误的,要严肃追究有关人员的责任。五是要强化业务指导,严

格执行行之有效的办案机制和制度,尤其是备案审查制度。精心选编典型案例,以指导和规范办案工作,提高办案质量和水平。六是要认真贯彻中央政法委关于开展"百万案件评查"活动的部署,贯彻有错必纠原则,发现冤错案件及时纠正,并做好善后工作。

第三,更加注重公诉职能的延伸和内涵的深化。会议强调,新形势新任务对公诉工作提出了新的更高要求,各级检察机关公诉部门一是要向修复社会关系延伸职能、深化内涵,把化解矛盾纠纷贯穿于公诉工作始终,在审查起诉、出庭公诉、抗诉等各个环节,采取多种形式化解矛盾,解决合理诉求,切实做到案结事了。二是要向预防和减少犯罪延伸职能、深化内涵,加强对被告人认罪服法教育,充分发挥公诉的教育感化功能;要确定专人办理未成年人审查起诉案件,有条件的要成立专门的办案机构,推进未成年人犯罪公诉工作专业化;要做好与社区矫正机构的衔接,督促落实对相对不起诉对象的帮教措施,使其尽早回归社会。三是要向防范办案风险延伸职能、深化内涵,加强释法说理,建立办案风险评估机制,落实稳控、疏导、化解矛盾等措施。四是要向社会治安综合治理延伸职能、深化内涵,结合办案认真落实公诉环节的社会治安综合治理措施,积极参加社会治安重点地区整治,通过典型个案和类案深入分析犯罪态势、特点和规律,积极提出强化特殊人群管理、"两新组织"(新经济组织、新社会组织)管理、网络虚拟社会管理等社会管理的检察建议,推动社会治安防控体系建设,促进提高社会管理水平。会议同时强调,公诉部门推进三项重点工作应当坚持三个原则:一是要积极探索,开拓创新;二是要立足职能,结合执法办案;三是要严格依法,坚守法律底线。

第四,更加注重宽严相济刑事政策的贯彻。会议强调,一是要认真贯彻"两减少、两扩大"原则,对初犯、偶犯、未成年犯、老年犯中犯罪情节轻微的人员,依法减少判刑,扩大非罪处理;非判刑不可的,依法减少监禁刑,扩大适用非监禁刑和缓刑。二是要建立检调对接机制,促进刑事和解。对双方达成和解的,公诉部门要认真审查,认为符合自愿、合法原则的,应依法从宽处理,可诉可不诉的不诉,必须起诉的建议法院从宽处理。三是要注意把握众多嫌疑人案件的政策,坚持打击少数,教育挽救多数,最大限度地减少定罪判刑的人数,重点打击组织、

策划、指挥者和骨干分子,对一般参与者和被裹挟、蒙蔽者,重在教育挽救,以分化瓦解违法犯罪。四是要准确把握死刑案件的政策,贯彻少杀、慎杀的原则。对罪行非常严重且具有法定从重情节的,要坚决依法判处死刑;对具有法定从轻情节的,则要综合全案事实、情节进行衡量。对严重危害国家安全和社会治安,严重影响人民群众安全感的犯罪案件,特别是其中主观恶性深、人身危险性大的,要依法严惩;对于因民间矛盾纠纷激化导致的犯罪,事后真诚悔罪,主观恶性较小的,判处死刑要慎重。

第五,更加注重公诉制度机制的改革完善。会议就公诉改革创新重点强调了以下几个方面:一是要认真落实检察长列席审判委员会会议制度,特别是对一些重点案件,要主动提出列席,坚持中立立场,认真履行客观公正义务。二是要深化量刑建议工作,按照"积极稳妥、循序渐进、注重质量"的原则,根据《人民检察院开展量刑建议工作的指导意见(试行)》的要求,进一步深化量刑建议工作,并不断总结经验,提高质量和水平。三是要对职务犯罪案件一审判决实行两级检察院同步审查,切实加强对职务犯罪量刑的监督制约。四是要完善考评机制,要对考评机制进行一次检查,根据有利于办准办好审查起诉和出庭公诉案件、有利于体现诉讼监督实效、有利于推进三项重点工作的原则,加以修改完善,以促进公诉工作科学发展。

第六,更加注重涉诉舆情的研判、应对和运用。一是要充分认识舆情在新形势下的地位、作用,高度重视和关注舆情特别是网络舆情,充分发挥舆情在公诉工作中的作用。二是要认真做好涉诉舆情的收集、研判和应对工作,指定专人负责对涉及公诉舆情的检索收集,并及时进行分析研判,回应舆论关切,并积极引导,使舆论向理性和法治方向发展。三是要正确处理接受舆论监督与依法独立行使检察权的关系。

会议强调要加强领导,完善服务,为公诉工作创新发展提供有力保障。要选好配强公诉部门的领导班子,尽快落实公诉部门的主要负责人担任检察委员会委员的规定。要探索公诉工作规律,研究公诉理论,加强调查研究,增强工作的科学性和预见性。会议提出,各级检察长要亲自办案,特别对重大、疑难、复杂案件以及各方关注的敏感案件,要亲自组织指挥。从2010年起,省、市、县三级分管检察长每年出庭应分别不少于一、二、三件。

会议指出，公诉人是公诉队伍的主体和核心，是指控犯罪和诉讼监督职责的直接承担者。会议强调要加强思想政治建设，努力提高公诉队伍政治素质，确保公诉人员始终坚持"三个至上"，切实做到"四个在心中"；要加强职业能力建设，切实提高公诉人的审查判断运用证据能力、指控犯罪能力、诉讼监督能力、化解矛盾能力和做群众工作的能力；要加强专业化建设，推进公诉人才库建设，按照案件类型实行专业化再分工，并积极开展十佳、优秀公诉人巡讲和社会宣讲活动，完善主诉检察官办案责任制；要加强纪律作风建设，探索建立公诉、政工、纪检监察部门加强公诉队伍党风廉政建设联系与协调机制，加强对自身监督制约，主动接受公安、法院等政法机关和院内自侦、监所检察、控申检察等部门的监督。

会议强调，要充分体现对公诉人的厚爱：一要加强对公诉部门的力量配备，争取地方党委、政府的支持，为公诉部门招录速录员等办案辅助人员，缓解案多少人矛盾。二要拴心留人，会议要求各级检察院要高度重视和加强对公诉干部的培养，在晋职晋级、评先评优、学习考察等方面向公诉骨干倾斜，并在政策允许的范围内，想方设法给公诉人一定的出庭补贴，同时强化出庭安全保障措施，确保公诉人安全。三要加强科技装备建设，为公诉部门配备必要的交通工具、多媒体示证、案卷传输、远程讯问、信息化等设备，以提高工作质量和效率。

（最高人民检察院公诉厅 高锋志）

第四届全国十佳公诉人暨全国优秀公诉人业务竞赛活动 从 2010 年 4 月开始，最高人民检察院公诉厅联合政治部在全国检察机关开展了第四届全国十佳公诉人暨全国优秀公诉人业务竞赛活动。全国 33 个省级检察院（含军检）及铁路检察系统按照要求推选了 100 名候选人参加竞赛。经过初评阶段的资格审查和出庭、办案情况评审，10 月 18 日至 26 日，在北京集中开展了公诉论文写作、公诉业务笔试、公诉业务答辩、论辩赛和决赛等竞赛活动。最终评选出"全国十佳公诉人"、62 名"全国优秀公诉人"和 28 名"全国优秀公诉人提名奖"。评选出"最佳论文奖"、"最佳论辩奖"等单项奖。

活动期间，最高人民检察院检察长曹建明、副检察长朱孝清、政治部主任李如林亲临活动现场视察。

本次业务竞赛活动共分六个阶段，即办案数量、质量和出庭音像资料初评、公诉论文写作、公诉业务笔试、公诉业务答辩、论辩赛和决赛附加论辩赛。对参赛资格、比赛内容、比赛规则、评审工作等各方面进行了更加科学的改进。一是更加注重比赛的公平公正。既考理论水平，又考实务技能；既考文字水平，又考语言表达能力；既考临场应变，又考逻辑思维。二是更加注重比赛的程序合理。比赛全程由最高人民检察院监察局派专员参加，公诉业务答辩、论辩及附加论辩赛均由国内法律实务界和学术界知名的专家、教授独立评判。三是更加尊重公诉人才培养的规律性。提高了候选人的工作资历要求，增加了对办案数量和质量的考察。四是更加注重公诉工作的社会性和实战性。增加了对政治素质的考核，提高了笔试的难度和强度，笔试考试时间长达 11 个小时。

业务竞赛期间，最高人民检察院公诉厅还邀请往届十佳公诉人进行先进事迹报告。决赛中，增设了专家讲解环节，由出题者张明楷教授对两组案例进行了详细的分析和讲解。活动结束时，公诉厅对六个比赛阶段情况进行了全面总结，对各个比赛阶段存在的问题进行了深入的评析。

通过竞赛活动，加强了交流、锻炼了队伍，检验了公诉队伍建设的成果；选拔了人才、树立了典型，明确了公诉人努力的方向；扩大了影响、展示了形象，促进了全国检察机关公诉人建设。本届业务竞赛活动引起了新闻媒体的广泛关注，人民日报、中央人民广播电台、法制日报等中央媒体不同程度地做了相应报道，正义网等网络媒体还对比赛进行了全程直播，检察日报、公诉人杂志等媒体对比赛全程和 10 名第四届全国十佳公诉人进行了深度采访。

第四届"全国十佳公诉人"包括：上海市人民检察院陈茜茜、北京市人民检察院姜淑珍、广东省广州市人民检察院李晓玲、江苏省人民检察院徐莉、广西壮族自治区南宁市人民检察院宁宇、浙江省温州市人民检察院高峰、江苏省南京市人民检察院余红、广东省深圳市福田区人民检察院周旭、北京市海淀区人民检察院叶衍艳、江苏省苏州工业园区人民检察院王勇。2010 年 12 月最高人民检察院对上述获奖者进行了颁奖和表彰。

（最高人民检察院公诉厅 韩炳勋）

反贪污贿赂工作 2010 年，全国检察机关反贪污贿赂部门认真履行贪污贿赂犯罪侦查职责,办案力度进一步加大,办案质量和效率稳步提高,为促进社会和谐稳定和经济平稳较快发展作出了积极贡献。一年来,全国检察机关反贪污贿赂部门共受理案件线索38350件,初查32814件,立案侦查案件25560件33858人,挽回经济损失59.8亿元。最终决定起诉32221人,人民法院判决有罪30391人,工作取得了新成效。

一、紧密围绕三项重点工作,推动反贪污贿赂办案工作平稳健康发展

充分发挥反贪污贿赂工作在推进三项重点工作中的职能作用,加大办案力度,延伸办案职能,通过依法办案直接消除引发社会矛盾的腐败根源。一是明确工作思路,强化宏观指导。最高人民检察院召开了全国检察机关查办和预防职务犯罪工作会议,围绕深入推进三项重点工作、推动查办和预防职务犯罪工作健康深入发展作出了全面部署。最高人民检察院反贪污贿赂总局结合综合量化考评,建立了办案工作预警机制,从立案、起诉和有罪判决三个方面加强动态监控,确保办案工作平稳发展。二是围绕化解社会矛盾,努力加大办案力度。突出查办大案要案,全国有16个省查办大案数量上升;突出查办利用人事权、司法权、行政执法权、行政审批权谋取非法利益的贪污贿赂犯罪,全年共立案侦查国家机关工作人员8750人,占立案总人数的25.8%;突出查办容易引发社会矛盾的民生领域贪污贿赂犯罪,集中查处了一批企业改制、征地拆迁、抗震救灾、环境保护、安全生产、食品药品安全等领域发生的贪污贿赂犯罪案件;突出查办严重行贿犯罪案件。全年共立案侦查行贿案件4162人,同比上升了22.5%,有力遏制了贿赂犯罪的发展蔓延。三是进一步加大境内外追逃追赃工作力度。充分发挥防范外逃工作机制的作用,注重研究职务犯罪嫌疑人外逃案件的规律、特点,主动向防范外逃工作机制领导小组提供切实有效的防逃对策。积极开展境内追逃工作,全年全国检察机关共抓获境内外潜逃职务犯罪嫌疑人1293人。充分发挥境外缉捕联络机制的作用,运用境外缉捕工作联络平台,成功缉捕境外职务犯罪嫌疑人8人。充分发挥职务犯罪境外追赃工作协调机制作用,成功追回赃款近2亿元。四是积极延伸办案职能,努力增强办案效果。各地检察机关认真贯彻落实最高人民检察院《关于深入推进社会矛盾化解、社会管理

创新、公正廉洁执法的实施意见》,正确把握宽严相济的刑事政策,主动把执法办案工作向化解社会矛盾延伸。

二、深入开展专项治理工作,为经济平稳较快发展服务

各级检察机关反贪污贿赂部门坚持把办案作为保障经济平稳较快发展的基本手段,紧紧围绕中央的重大决策部署,深入开展专项治理活动,为国家的中心工作服务。一是工程建设领域专项治理工作取得新的成效。2010年4月召开电视电话会议,对深入推进工程建设领域专项治理工作进行再部署,坚持每月通报办案进展情况,先后派出13个督导组督促检查办案工作,挂牌督办重大典型案件70件,全年共立案查办工程建设领域贪污贿赂犯罪案件7597件9259人,其中大案6010件,要案889人,涉案总金额21.5亿余元。二是治理商业贿赂专项工作深入推进。最高人民检察院反贪污贿赂总局下发《关于深入推进检察机关治理商业贿赂专项工作的通知》,建立健全行贿与受贿统筹查办、区域联动办案等机制,全年共立案侦查商业贿赂犯罪案件10533件11587人,其中大案8132件。三是国土资源领域腐败问题治理工作取得初步成效。2010年8月,最高人民检察院会同国土资源部召开深入开展国土资源领域腐败问题治理工作电视电话会议,对检察机关查办国土资源领域腐败案件工作作出专门部署。各地加强与纪检监察、国土资源等执纪执法部门的联系协调,充分发挥侦查一体化机制的整体优势,集中力量查办了一批群众反映强烈、党政领导高度重视、社会舆论广泛关注的国土资源领域重点案件,推动了治理工作的健康发展。全年共立案查办国土资源领域贪污贿赂案件1097件1499人。

三、全面加强侦查信息化和装备现代化建设,反贪污贿赂侦查改革稳步推进

一是反贪污贿赂侦查信息工作取得新进展。最高人民检察院反贪污贿赂总局研究起草了《关于加强反贪侦查信息工作的意见》和《关于加强反贪侦查信息工作的实施方案》,明确侦查信息工作的目标、重点和具体措施,指导和推动侦查信息工作全面深入开展。各级检察机关反贪污贿赂部门把反贪污贿赂侦查信息工作作为反贪污贿赂侦查基础建设的重点,加强软硬件建设,不断提升反贪污贿赂侦查工作信息化水平。二是着力推进侦查装

备现代化建设。抓住最高人民检察院举办全国检察科技装备展览的有利时机,组织各省级检察院反贪污贿赂局负责人带队参观展览,并召开推进侦查装备建设现场会,对进一步推动反贪污贿赂侦查装备现代化建设作出部署。研究起草了《反贪污贿赂侦查装备参考名录》,指导各地结合实际需要配置完善侦查装备。着手制定《2011—2013 年全国检察机关职务犯罪侦查装备建设指导规划》,指导各地进一步加强侦查装备建设。三是侦查一体化机制建设稳步推进。最高人民检察院反贪污贿赂总局下发了《关于加强案件督办工作的通知》,成功指挥查办、督办了一批在全国有影响的大案要案,起到了表率示范作用。省市两级检察院运用侦查一体化机制突破了一大批贪污贿赂犯罪大案要案。四是认真落实检察改革任务。按照司法体制和工作机制改革分工,完成"完善查办职务犯罪的程序和措施"和"完善上下级人民检察院之间案件管辖制度"等改革项目研究工作,先后起草、修改了《人民检察院直接受理侦查案件初查工作规定(试行)》等规范性文件,就对人大代表采取强制措施许可、延长办案时限、赋予检察机关技术侦察手段等问题组织了专题调研,积极解决制约反贪污贿赂工作发展的突出问题。

四、加强执法公信力建设,反贪污贿赂队伍执法水平不断提高

各级检察机关反贪污贿赂部门始终坚持以公正廉洁执法为核心,深入开展各种主题教育活动,不断强化队伍建设、执法规范化建设和自身监督制约,有力推动了执法公信力的提高。一是深入开展主题教育活动,加强思想政治和纪律作风建设。最高人民检察院制定下发了《最高人民检察院关于加强职务犯罪侦查队伍执法公信力建设确保公正廉洁执法的意见》,建立反贪污贿赂干警违纪违法情况分析通报制度。最高人民检察院反贪污贿赂总局召开电视电话会议,以山西省繁峙县检察院穆新成违纪违法案件为反面典型,开展警示教育,采取有力措施解决执法办案和队伍建设中存在的突出问题。二是加强专业化建设,努力提高队伍专业化水平。加强反贪污贿赂业务培训基础建设,开展专项业务培训和岗位练兵活动,组建反贪污贿赂业务培训骨干教师队伍,加大高层次职务犯罪侦查人才培养力度。三是进一步规范执法行为,确保办案质量和办案安全。认真学习贯彻修改后的《国家赔偿

法》和两个"证据规定",进一步规范执法行为。高度重视办案安全防范工作,召开全国检察机关加强办案安全防范工作电视电话会议,分析通报发生的涉案人员非正常死亡事故,提出五项硬性措施,办案安全防范工作进一步加强。四是强化对反贪污贿赂工作的监督制约,确保反贪污贿赂侦查权依法正确行使。积极推动讯问全程同步录音录像制度的贯彻落实,认真落实职务犯罪审查逮捕程序改革、人民监督员和立案报备、撤案审批等制度,建立健全执法办案工作制度。

(最高人民检察院反贪污贿赂总局 武 鹏)

全国检察机关查办和预防职务犯罪工作会议

2010 年 7 月 13 日,最高人民检察院反贪污贿赂总局、渎职侵权检察厅、职务犯罪预防厅、铁路运输检察厅联合召开了全国检察机关查办和预防职务犯罪工作会议。会议的主要任务是,全面贯彻落实党中央关于推进反腐倡廉建设和三项重点工作的重大决策部署,深入分析查办和预防职务犯罪工作面临的形势,总结近年来的工作,部署当前和今后一个时期的主要任务,进一步开创检察机关查办和预防职务犯罪工作新局面。

最高人民检察院检察长曹建明出席会议并讲话,副检察长邱学强在会议结束时作了讲话,反贪污贿赂总局局长陈连福在反贪污贿赂部门分组会上作了讲话。曹建明检察长全面分析了当前查办和预防职务犯罪工作面临的新形势,围绕深入推进反腐倡廉建设和三项重点工作,深刻阐明了当前和今后一个时期查办和预防职务犯罪工作的指导思想、目标任务与工作要求,为加强和改进新形势下的职务犯罪侦查、预防工作指明了方向。邱学强副检察长对抓好会议精神的贯彻落实提出了明确要求:一是深入学习领会会议精神,全面加强和推进新形势下的职务犯罪侦查与预防工作;二是始终坚持以执法办案为中心,推动查办职务犯罪工作深入健康发展;三是充分发挥职务犯罪预防职能,积极推动惩防体系建设和社会管理创新;四是努力建设高素质侦查预防队伍,提高执法公信力;五是坚持党的领导,争取各方支持,积极营造良好执法环境;六是加强理论研究和建设,为职务犯罪侦查预防工作发展提供理论支撑。

陈连福局长在分组会上总结了"六侦会"以来的反贪污贿赂工作,根据中央反腐败总体部署和人

民群众的新期待新要求,针对反贪污贿赂工作中存在的一些现实问题,明确了"围绕深入推进反腐倡廉建设和三项重点工作,坚持以执法办案为中心,以把贪污贿赂犯罪遏制和减少到最低程度为价值目标,以办案力度大、质量优、效率高、效果好为评价标准,以侦查信息化、装备现代化为切入点,全面加强侦查一体化、执法规范化和队伍专业化建设,推动全国检察机关反贪污贿赂工作持续深入健康发展"的反贪污贿赂工作的发展思路。

(最高人民检察院反贪污贿赂总局 武 鹏)

深入推进工程建设领域突出问题专项治理工作和治理商业贿赂专项工作 2010年年初,最高人民检察院反贪污贿赂总局召开会议,对2009年8月中央部署开展的工程建设领域突出问题专项治理工作,再次进行部署和动员。各级检察机关反贪污贿赂部门始终坚持以执法办案为中心,扎实履行检察机关惩治和预防职务犯罪职能,突出办案重点,加强组织领导,强化工作措施,积极加大查办工程建设领域贪污贿赂案件力度,取得了明显的阶段性成效。2010年1至12月,全国检察机关反贪污贿赂部门共立案侦查工程建设领域贪污贿赂犯罪案件7597件9259人,涉案总金额21.5亿余元。

2010年,全国检察机关反贪污贿赂部门紧紧围绕党和国家工作的大局,不断增强责任感、使命感和紧迫感,进一步推动治理商业贿赂工作深入发展。最高人民检察院反贪污贿赂总局先后六次在全国性业务会议上对治理商业贿赂工作进行动员、部署,并通过视频会议形式召开三次办案推进会,加强督促推动治理商业贿赂工作,取得新的明显成效。2010年1至12月,全国检察机关反贪污贿赂部门共立案侦查商业贿赂犯罪案件10533件11587人,其中大案8132件,同比上升4.1%;县处级以上干部要案1350人,涉案总金额28.7亿余元。有效运用"抓系统、系统抓"的办案方法,加强重点领域案件查处工作,查办发生在工程建设、土地出让、医药购销、产权交易、政府采购、资源开发和经销六个重点领域和银行信贷等九个方面商业贿赂犯罪案件7156件,占立案总数的67.9%,有力推动了治理商业贿赂工作深入发展,为深入推进反腐倡廉建设,促进经济社会科学发展、维护社会和谐稳定作出了积极贡献。

(最高人民检察院反贪污贿赂总局 刘 岳)

深入开展国土资源领域腐败问题治理工作电视电话会议 2010年8月19日,中央纪委、最高人民检察院、监察部、国土资源部联合召开深入开展国土资源领域腐败问题治理工作电视电话会议。会议主要任务是贯彻落实中央领导同志对国土资源领域反腐败工作的批示精神,部署在全国范围内开展国土资源领域腐败问题治理工作,进一步加大国土资源领域违纪违法案件查办工作力度。

最高人民检察院副检察长邱学强在会上讲话,强调要充分认识国土资源领域腐败问题的严重性及危害性,切实增强深入开展治理工作的责任感和紧迫感,加强组织领导,突出重点,强化措施,切实加大查办国土资源领域职务犯罪力度,确保治理工作取得实效。

各级检察机关认真贯彻落实会议部署,加大查办国土资源领域职务犯罪案件力度,全年共立案查办国土资源领域贪污贿赂案件1097件,1499人,在一定程度上遏制了国土资源领域贪污贿赂案件易发多发的势头。

(最高人民检察院反贪污贿赂总局 刘 岳)

全国检察机关反贪污贿赂部门防范外逃、境外追逃和追赃工作电视电话会议 2010年4月1日,最高人民检察院反贪污贿赂总局召开了全国检察机关反贪污贿赂部门防范外逃、境外追逃和追赃工作电视电话会议。最高人民检察院反贪污贿赂总局局长陈连福从反腐败工作大局的高度,深刻阐述了检察机关反贪污贿赂部门做好防范外逃、境外追逃和追赃工作的重要意义,全面总结了近年来检察机关反贪污贿赂部门开展防范外逃、境外追逃和追赃工作取得的成绩和主要做法,既充分肯定了工作成绩,也指出了存在问题。陈连福局长还从应对当前腐败分子潜逃境外现象不断增多的严峻形势,依法打击贪污贿赂犯罪、保障刑事诉讼顺利进行,落实《联合国反腐败公约》、维护我国良好国际形象和声誉三个方面,阐述了当前开展防范外逃、境外追逃和追赃工作的重要性、紧迫性。明确提出要按照中央的统一部署,充分发挥防范外逃机制、境外缉捕联络机制和境外追赃协调机制的作用,深入开展这项工作。

陈连福局长要求各级反贪污贿赂部门要进一步强化措施,切实加强对防范外逃、境外追逃和追赃工作的组织领导,不断取得防范外逃、境外追逃和追赃工作的新成效。

（最高人民检察院反贪污贿赂总局 周晓永）

反渎职侵权检察工作 2010年，胡锦涛总书记主持中央政治局常委会专项听取最高人民检察院检察长曹建明关于反渎职侵权工作汇报并决定由中央办公厅、国务院办公厅转发最高人民检察院与中央纪委等部门会签的《关于加大惩治和预防渎职侵权工作力度的若干意见》；吴邦国、贺国强、周永康等中央领导同志亲临军事博物馆参观"法治与责任——全国检察机关惩治和预防渎职侵权犯罪展览"；第十一届全国人大常委会第十四次会议、第十七次会议继续跟踪审议最高人民检察院改进渎职侵权检察工作的情况，对取得的成绩给予充分肯定；全国检察机关惩治和预防渎职侵权犯罪展览成功举办，在社会各界引起强烈反响，收到良好效果。

一、加大查办案件工作力度。坚持以执法办案为中心，深入开展查办工程建设领域和国土资源领域渎职犯罪专项工作，重点查办危害"三农"建设、危害能源资源和生态环境以及发生在重大生产安全事故、重大食品药品安全事件和重大环境污染事件背后的渎职犯罪，深入查办执法不严、司法不公背后的徇私舞弊、枉法裁判以及包庇纵容黑恶势力有组织犯罪等"保护伞"犯罪。2010年，全国检察机关渎职侵权检察部门共受理各类渎职侵权犯罪案件11619件，立案侦查7349件10227人，同比立案件数上升4.5%，人数上升9.3%。立案查办重特大案件3508件，同比上升10.5%，占47.7%；县处级以上干部犯罪要案336人，同比上升9.8%，特别是集中突破了一批发生在行政管理部门、行政执法部门、公安机关、审判机关等重点部门的渎职侵权犯罪案件，反映立案质量的起诉数量上升，不起诉数量、撤案数量下降。

二、推进机制制度创新。围绕解决制约渎职侵权检察工作发展的犯罪线索发现难、立案难、查证难、处理难等突出问题，着力加强机制制度建设，特别是中央办公厅、国务院办公厅转发最高人民检察院与中央纪委等部门会签的《关于加大惩治和预防渎职侵权工作力度的若干意见》，强调将反渎职侵权工作纳入反腐败斗争的总体格局和领导机制之中，建立健全查办重大复杂渎职侵权违法犯罪案件联席会议制度、专案调查机制、行政执法与刑事司法相衔接机制、领导干部和国家机关工作人员非法干预查办渎职侵权违法犯罪案件党纪处分与行政问责制度，完善惩治和预防渎职侵权犯罪立法和司法解释。最高人民检察院渎职侵权检察厅进一步加强对跨区域案件、重大复杂疑难案件的组织指挥，灵活运用提办、参办、领办和异地交办、挂牌督办措施，强力推进重点案件查办；加强与纪检监察和有关行政执法部门、司法部门的协调配合，建立案件线索移交和办案协作机制，与公安部会签涉警命案通知检察机关出席现场制度；建立渎职侵权检察工作月度分析和情况通报制度，着力引导地方检察院多办案、办好案；探索建立办案风险预警、涉渎舆情预研机制，安排专人负责涉渎网络舆情的采集与分析；开展渎职侵权犯罪"轻刑化"问题调研、参与刑法修正案（八）研究论证，向有关部门提出《关于完善刑法有关规定的建议》。

三、着力加强业务指导。与反贪污贿赂、职务犯罪预防部门共同召开全国检察机关查办和预防职务犯罪工作会议，制定下发《关于加强和改进新形势下惩治和预防渎职侵权犯罪工作若干问题的决定》和《关于贯彻落实十一届全国人大常委会第十一次会议审议意见切实改进渎职侵权检察工作的方案》，先后三次召开查办案件座谈会、工作情况分析会，派出12个调研督导组，数十个案件督办组赴各地指导工作。渎职侵权检察厅全年直接办案8起，交办、督办案件230余件，帮助各级检察院协查个案130余件，直接介入上海"11·15"火灾等9起特别重大责任事故调查，发挥示范带头作用。

四、加强机构队伍和能力建设。坚持把机构队伍和能力建设作为重点，紧密结合开展"恪尽职守、公正执法"主题实践活动和创先争优活动，着力加强渎检干部的思想政治建设、工作作风和纪律作风建设、廉政勤政建设；制定开展学习型反渎职侵权队伍建设指导意见，认真开展大练兵、大比武活动；举办查办新领域渎职侵权犯罪培训班和西部地区反渎局长培训班加强业务培训；强化内部制约，认真落实查办职务犯罪改革措施，实行讯问渎职侵权犯罪嫌疑人全程同步录音录像，推行阳光执法，自觉接受人大、政协和社会各界的监督。首次组织省级检察院反渎局长向最高人民检察院渎职侵权检察厅述职述廉。

五、全力做好重点工作。筹备全国检察机关惩治和预防渎职侵权犯罪展览，先后五次下发通知、数次召开协调会，收集各类文件4000多份，案例

772多个，影视资料50多部，查阅档案近千本，草拟文案、设计文稿、解说词和各类报告，确保展览成功举办；邀请人大代表、政协委员视察检察机关渎职侵权检察工作，广泛听取各方面意见建议，做好向全国人大常委会报告改进渎职侵权检察工作的情况报告。

六、积极参与社会矛盾化解、社会管理创新和公正廉洁执法。结合办案开展预防工作，深入剖析导致发案的体制机制和管理制度原因，积极向党委、政府和有关部门提出加强防范和管理的意见建议，与农业部草原中心共同研讨破坏草原渎职犯罪的惩治与预防，与国家林业局联合调研、编写涉林渎职犯罪法制教育读本，与国家保密局共同研讨失密泄密犯罪预防对策，应邀为国土资源部、商务部、卫生部、国家审计署等部门举行专题法制讲座，认真履行推进三项重点工作的职责。

（最高人民检察院渎职侵权检察厅）

法治与责任——全国检察机关惩治和预防渎职侵权犯罪展览 2010年9月13日至9月27日，"法治与责任——全国检察机关惩治和预防渎职侵权犯罪展览"在中国人民革命军事博物馆举办。中共中央政治局常委、全国人大常委会委员长吴邦国，中共中央政治局常委、中央纪委书记贺国强，中共中央政治局常委、中央政法委员会书记周永康，中共中央政治局委员、中央政法委副书记王乐泉，中共中央政治局委员、国务院副总理张德江等领导同志到中国人民革命军事博物馆参观展览。中央领导同志充分肯定了这次展览和渎职侵权检察工作取得的成绩，从党和国家事业发展全局的高度，对进一步加强检察工作特别是反渎职侵权工作提出了新的更高的要求。

举办以惩治和预防渎职侵权犯罪为专题的全国性展览，是新中国成立以来的第一次。最高人民检察院高度重视，先后五次召开党组会，研究办展的指导思想、目标定位、展品制作和组织协调事宜。成立由副检察长胡泽君为组长的领导小组。展览坚持以党的十七大和十七届四中全会精神为指导，以检察机关贯彻落实中央反腐倡廉、惩治和预防渎职侵权犯罪的方针、政策、国家法律法规，严格依法履行职责为主线，以近年来检察机关办案的渎职侵权犯罪典型案例为主要内容，着力揭示渎职侵权犯罪的严重社会危害性，警示教育党员领导干部牢记全心全意为人民服务宗旨，坚持做到勤政廉政，反对渎职侵权，着力展示检察机关开展惩治和预防渎职侵权工作取得的成效，调动社会各界参与和支持反渎职侵权工作的积极性，促进经济社会科学发展与和谐稳定。展览以"法治与责任"为主题，设计《宗旨·使命》、《犯罪·危害》、《惩治·成效》、《警示·启迪》、《预防·治本》和《建设·发展》六个专题展区。共展出案例62个，各类图片资料800多张，影像20部。

2010年9月13日展览开幕。展览期间，党和国家领导人，在京全国人大常委、全国政协常委以及中央、国家机关和国务院直属机关工作人员，北京市直机关工作人员，在京国有大中型企业、金融单位负责人等1300多个单位、10万余人前往中国人民革命军事博物馆参观了展览。北京展览结束后，最高人民检察院决定在全国各省、自治区、直辖市巡展。

展览取得了良好的社会效果。一是使社会公众更加全面地了解了党和政府坚决惩治和预防渎职侵权犯罪的决心和行动，增强了党风廉政建设和反腐败斗争的信心。二是揭示了渎职侵权犯罪的严重社会危害性，增进了社会公众对惩治和预防渎职侵权犯罪重要性和紧迫性的认识。三是使社会公众进一步了解了什么是渎职侵权犯罪，渎职侵权犯罪的主要表现以及检察机关履行查办和预防渎职侵权犯罪的情况，提升了社会公众对渎职侵权犯罪的认知度。四是振奋了检察机关和检察干部的工作热情，增强了做好反渎职侵权工作的信心和决心。五是激发了社会公众参与和支持反渎职侵权工作的积极性，为检察机关查办和预防渎职侵权犯罪创造了良好的社会环境和群众基础。

（最高人民检察院渎职侵权检察厅）

全国检察机关反渎职侵权工作电视电话会议

2010年2月8日，最高人民检察院召开全国检察机关反渎职侵权工作电视电话会议，总结深入查办危害能源资源和生态环境渎职犯罪专项工作，部署反渎职侵权部门参与工程建设领域突出问题专项治理、查办渎职侵权犯罪工作，进一步明确面临的形势和任务，突出强调2010年的办案工作、机制创新和队伍建设，推动反渎职侵权工作再上新台阶。最高人民检察院渎职侵权检察厅全体同志和各省、市、县级检察院分管反渎职侵权工作的院领导、反渎职侵权部门全体同志出席会议。最高人民检察院渎职侵权检察厅厅长李文生在会议上讲话。会议通报表彰了在深入查办危害能源资源和生态环境渎职犯罪专项工作中表现突出的 100 个先进集体和 100 名先进个人。

会议指出,2008 年 4 月以来,各级检察机关按照最高人民检察院的部署,深入查办危害能源资源和生态环境渎职犯罪专项工作,立案侦查危害能源资源和生态环境渎职犯罪案件 5603 件 6513 人,提起公诉 2831 件 3391 人,不起诉 138 件 156 人,法院作出有罪判决 2306 件 2748 人,挽回经济损失 4.33 亿元,实现了法律效果、社会效果、政治效果的有机统一。在专项工作中,各地不断创新工作机制,用侦查办案一体化推动专项工作发展,在推进专项工作中完善侦查办案一体化机制。各省级检察院强化带头办案、指导办案和督办案件工作,积极发挥指挥、指导职能作用。各市、分、州检察院积极发挥主体作用,灵活运用提办、交办、参办、督办的方法,切实提高突破案件的能力。健全和完善与司法机关、行政执法机关的联系协作机制,强化检察机关各内设职能部门的协调配合机制等,充分显示出机制创新给反渎职侵权工作带来的生机和活力。主动向当地党委、人大和政府汇报,争取领导和支持,营造良好的执法环境。坚持以专项带动全面工作,推动反渎职侵权工作整体发展。

会议要求各级检察机关深刻认识工程建设领域突出问题专项治理工作的重大意义,进一步增强大局意识、服务意识,积极参与工程建设领域突出问题专项治理工作,认真发挥法律监督职能,严肃查办工程建设领域渎职侵权犯罪案件,突出查办七个方面的犯罪案件:一是国家机关工作人员特别是领导干部利用职权违反规定插手干预土地出让、矿产开发、规划审批、招标投标等渎职犯罪案件;二是在工程项目规划、立项审批中违反决策程序,未批先建、违规审批、决策失误、造成重大损失或恶劣影响的渎职犯罪案件;三是项目层层转包、施工偷工减料,工程质量低劣,给国家造成重大损失,人民群众反映强烈的渎职犯罪案件;四是违反国家有关政策规定,非法审批出让土地、矿业权、违规征地拆迁,违反法定权限和程序擅自改变城乡规划、改变土地用途,违规调整容积率,严重损害国家和群众利益的渎职犯罪案件;五是不正确履行职责,导致发生重大生产安全责任事故的渎职犯罪案件;六是

在项目审批、环评审查、日常监管等工作中徇私舞弊、滥用职权、玩忽职守,造成重大损失的渎职犯罪案件;七是在工程建设、征地拆迁等过程中利用职权侵犯公民人身权利的职务犯罪案件。要加强领导,主动与政府职能部门、行政执法机关、司法机关加强协调联系,形成合力,确保工作取得实效。

会议强调,各级检察机关要进一步振奋精神,加大力度,抓好查办渎职侵权犯罪案件工作,在保证办案质量的前提下,实现办案数量规模较大增长,用强劲的办案力度保持惩治腐败的高压态势,遏制职务犯罪的发展蔓延。要抓好机制建设,努力实现制度创新,努力在深化侦查办案一体化机制、司法与行政执法和行政问责衔接机制、检察机关内设机构查办渎职侵权犯罪协作机制、重大案件专案调查机制、信息引导侦查机制以及保障工作机制等方面取得新进展。要抓好反渎职侵权队伍和机构建设,提高反渎职侵权能力。以实际行动迎接全国人大常委会跟踪审议渎职侵权检察工作,重点抓好四项具体工作:一是配合全国人大常委会及其内司委的调研工作,全面汇报检察机关加强和改进反渎职侵权工作的情况、措施和取得的成效;二是主动邀请自觉接受人大代表、政协委员视察反渎职侵权工作;三是深入开展反渎职侵权法制建设调研活动,做好相关司法解释和立法建议工作;四是大力加强反渎职侵权宣传工作,举办好惩治与预防渎职侵权违法犯罪成就展览。

(最高人民检察院渎职侵权检察厅)

监所检察工作 2010 年,全国检察机关监所检察部门紧紧围绕深入推进三项重点工作和 2010 年全国监所检察工作要点,坚持"抓安全、抓办案、抓基层、抓应对、抓规范",进一步加大刑罚执行和监管活动监督力度,积极完善监督机制,突出强化监管场所重大事件的检察和应对工作,监所检察各项工作都取得了新的进展。

一、加大对刑罚执行和监管活动的日常监督力度,纠正违法情况增幅明显。2010 年,全国监所检察部门针对监管改造场所违法情况,提出书面纠正 20181 人次,已纠正 19942 人次,纠正率 98.8%,同比上升 3.2%。针对减刑、假释、暂予监外执行不当提出纠正 10928 人,已纠正 10813 人,同比上升 9.4%。

二、扎实开展专项法律监督活动,成效显著。

2010 年，全国检察机关组织开展了久押不决案件集中清理活动和保外就医专项检察活动。对羁押期限较长的，最高人民检察院直接进行挂牌督办，并结合清理工作，积极建立久押不决案件报告制度、分级督办制度等长效机制。对 555 名罪犯不符合保外就医条件、程序或脱管漏管情况依法进行了监督纠正。此外，还会同公安部等中央八部门联合开展了全国看守所安全大检查活动。

三、以查办案件为抓手，切实维护刑罚执行和监管活动的公平正义。坚持把加强办案工作作为深入推进三项重点工作，促进刑罚执行和监管机关公正廉洁执法的一项重要任务来抓，进一步强化办案意识，加大办案力度，提高发现案件线索和突破案件的能力，加强分类指导，努力解决一些地方办案工作长期打不开局面的问题。2010 年，全国监所检察部门共立案侦查职务犯罪案件 642 件 748 人，同比上升 16.1%，其中查办贪污贿赂案件 391 件 446 人，查办渎职侵权案件 251 件 302 人，有力打击和遏制了刑罚执行和监管活动中的职务犯罪。在查办职务犯罪大要案和有较大影响案件，以及解决一些地方办案工作长期滞后等方面有新的突破。依法查办了广东茂名监狱原监狱长成加增等监管干警职务犯罪案件等。

四、积极推进派驻检察机构建设，夯实监所检察工作的基础。2010 年，针对监所检察基层基础相对薄弱的现状，重点加强派驻检察室建设，切实发挥其在化解监管场所矛盾纠纷、维护刑罚执行和监管活动公平正义方面的作用。一是针对全国 83 个监所派出检察院和 3000 多个派驻检察室的机构设置、人员配备等情况开展了一次普查，为进一步加强派驻检察室建设打下了基础。二是配合最高人民检察院检务督察部门对全国 10 个省市 53 个派驻检察室履行监督职责和纪律作风情况开展了专项督察，针对存在的突出问题，积极督促整改。三是重点就提高派驻检察监督能力开展了普遍培训。2010 年 4 月，最高人民检察院监所检察厅会同政治部、国家检察官学院联合举办了专题培训班，各地也加强了派驻检察人员的培训。四是认真落实最高人民检察院办公厅、公安部办公厅关于认真做好驻所检察室与看守所监控设施联网建设工作的通知精神，制定监控联网规范，全面落实派驻检察室与看守所监控联网工作，截至 2010 年年底，全国已有 1800 多个派驻检察室与监管场所实现了监控联网，对于加强对监管活动的实时和动态监督，及时了解、有效化解和消除各类监管矛盾、安全隐患和事故苗头发挥了积极作用。

五、突出抓好监管场所重大事件应对和防范工作，切实保障在押人员合法权益。各级监所检察部门高度重视监管场所事故的检察监督工作，坚持依法查明事实，分清责任，妥善处理，履行好监督职责。积极完善事故检察特别是在押人员死亡的检察处理机制，进一步明确监督职责，规范监督程序，使应对工作由被动走向主动。2010 年 12 月，最高人民检察院出台了有关规定，全面规范了被监管人死亡检察职责、程序、方法等，突出了检察监督的重点。

六、积极开展监外执行、社区矫正法律监督工作。2010 年，全国检察机关监所检察部门认真贯彻《关于加强和规范监外执行工作的意见》和《关于在全国试行社区矫正的意见》，加强对监外执行、社区矫正各执法环节的法律监督。2010 年 8 月，最高人民检察院监所检察厅建立了监外执行（社区矫正）重大事件报告制度，强化了对监外执行检察业务的管理。地方各级检察机关及监所检察部门结合本地实际，积极探索并建立健全监外执行检察和社区矫正法律监督机制。如上海市检察院牵头联合其他政法部门制定了《非监禁刑罚执行衔接工作规定》，从监外执行的判、交、送、接、管、帮、罚等环节健全了各部门的衔接制约机制。重庆市检察院联合其他政法部门制定并全面推行《重庆市监外执行罪犯刑罚执行流程卡》制度，从机制上保证了社区矫正各环节的有机衔接。各地监所检察部门将监外执行定期检察作为主要检察方式，同时在日常工作中实行不定期的随机检察、巡回检察，有效预防和减少了监外执行罪犯脱管漏管。

（最高人民检察院监所检察厅　谢　佳）

全国检察机关监所检察部门查办职务犯罪案件电视电话会议　2010 年 4 月 12 日，最高人民检察院监所检察厅召开全国检察机关监所检察部门查办职务犯罪案件电视电话会议。会议的主要任务是：通报 2007 年以来全国检察机关监所检察部门查办刑罚执行和监管活动中职务犯罪案件工作情况，对下一步抓好办案工作提出要求。最高人民检察院监所检察厅和各省级人民检察院监所检察处全体人员、部分市级人民检察院监所检察处和监所派出检察院负责同志参加了会议。河南、河北、黑龙江、湖南、宁夏五省(区)介绍了办案经验和做法。最高人民检察院监所检察厅厅长袁其国在会上作了讲话。

会议指出,要改变当前一些地区办案工作薄弱的状况,把办案工作再向前推进一步,首先必须解决好思想认识问题,切实提高对办案工作重要性、必要性和紧迫性的认识。要重点处理好三个方面的关系:一是要正确处理办案与监督的关系。要树立办案也是监督而且是一种重要的监督方式的思想,纠正违法是监督,查办职务犯罪也是监督,不能把两者割裂开来,对立起来。办案对于监所检察来说尤其重要,是职责所在,使命所在。解决监督不力问题,解决监督"由软变硬"的问题,都需要从加强办案工作入手。当前既要按照监所检察"四个办法"要求,抓好日常监督工作,同时又要借助办案工作增强监督的力度和效果。把日常监督作为发现案件线索的重要途径,把查办案件作为推动日常监督的有力抓手。二是要正确处理办案与队伍的关系。切实把办案工作抓起来,通过办案锻炼队伍,提高队伍。随着办案数量的增加和实战锻炼机会的增多,发现线索、突破案件等各方面的能力都会得到锻炼和提高,监所检察部门和广大干警的战斗力会大大加强,整个法律监督能力和水平就会有大的提升,监所检察的队伍建设就会得到明显加强。三是要正确处理办案与考核的关系。

会议提出,2010年办案工作的总体要求是在保持平稳发展、保证办案质量的前提下,力求在查办案件数量和有影响的大要案方面有新的突破,在改变地区之间发展严重不平衡方面有明显起色,在提高自办案件能力方面有明显提高。同时,要通过加强分类指导,推动地区间办案工作平衡发展。各地要围绕这一总体要求,结合本地实际,拿出具体、可行、有效的措施来,找准切入点和着力点,把办案工作再向前推进一步。一是要明确下一步努力目标和任务。各省级检察院监所检察处结合全国监所检察三年办案工作情况通报,查找工作差距和不足,明确努力的方向。要切实强化办案措施,集中查办一批职务犯罪案件。二是要抓紧摸排案件线索,争取尽快立案一批案件。要强化捕捉线索的意识。特别是派驻检察人员,处在执法监督一线,要注意发现和收集案件线索,努力拓宽案源。要加强对案件线索的规范管理,省级检察院监所检察处要

把全省监所检察部门的案件线索统筹管起来,为下一步做好交办工作、整合办案力量打下基础。要在提高初查水平上下工夫,防止一些有价值的案件线索由于初查失当或工作不到位而造成流失,或者大案查小、小案查无。要进一步突出办案重点,不仅要重点查处办理减刑、假释、暂予监外执行案件过程中收受贿赂、徇私舞弊案件和监狱布局调整过程中监管场所改扩建工程领域发生的职务犯罪案件,也要着力查处监管事故背后的职务犯罪案件。办案一定要做到文明、规范、安全。三是各省级检察院监所检察处要切实发挥办案主导作用。要加强对办案工作的督办指导,加强内外协调,根据需要指定管辖,必要时要直接领办案件,真正把全省办案工作统管起来。要注意选择办案工作相对滞后地区,通过座谈、调研、走访、一起办案等多种手段,认真查找分析问题和原因,帮助其尽快扭转落后局面。对一些有影响的案件,要亲自上阵。四是要建立健全适合本地办案工作的机制,特别是监所检察部门独立办案机制。要紧紧围绕线索管理、案源调度、指挥协作、侦查保障、激励机制等方面,进一步探索推进监所检察办案机制建设的措施。要结合自身实践,探索一些好的经验和做法。

会议强调,要把加强事故检察与严肃查办事故背后的职务犯罪案工作结合起来。既要扎实细致、实事求是地做好监管事故的检察处理工作,也要注意查办重大监管事故背后的职务犯罪。通过查办这方面案件,把事故彻底查清,把责任彻底搞准,做到依法依纪妥善处理,保证事故检察取得良好的效果。

(最高人民检察院监所检察厅　刘继国)

民事行政检察工作　2010年,全国各级民事行政检察部门按照全国检察长会议和全国检察机关第二次民事行政检察工作会议的部署,深入学习实践科学发展观,以推进"三项重点工作"为载体,以"恪守检察职业道德,促进公正廉洁执法"主题实践活动为契机,不断加大工作力度,工作呈现了新局面。

一、采取有效措施,深入推进"三项重点工作"

各地民事行政检察部门采取有效措施深入推进三项重点工作。一是健全机制,加强管理。最高人民检察院民事行政检察厅制定了民事行政申诉案件息诉、和解、风险评估预警指导意见三个规范性文件,很多省级检察院也制定了检调对接、和解

息诉、公正执法等制度，对检察机关推进三项重点工作从制度上加以规范，起到了指导作用。二是围绕大局，服务民生，着力化解社会矛盾。各级民事行政检察部门围绕"保增长、保民生、保稳定"的工作大局，突出监督重点，着力化解社会矛盾。三是加大行政检察力度，促进社会管理创新。2010年各级民事行政检察部门加大了行政检察监督力度，对在办案中发现的事关全局或事关社会管理的问题，及时向有关部门提出检察建议，促进社会管理创新。

二、组织召开第二次全国民事行政检察工作会议，抓好会议精神的贯彻落实

2010年7月23日至24日，第二次全国民事行政检察工作会议在江西省井冈山市召开。会议总结了2001年以来民事行政检察工作的经验，统一了思想，深化了对民事行政检察工作的认识，明确了民事行政检察工作的发展方向和今后一段时期的主要任务。

各地在会后采取了一系列措施，积极贯彻落实会议精神。二十多个省级人民检察院召开了全省民事行政检察工作会议，并根据本省实际情况，制定了具体的贯彻落实措施。19个省级人民检察院检察长在《检察日报》上发表关于理解和领会第二次全国民事行政检察工作会议精神的署名文章。各省市普遍加强了民事行政检察机构建设和人员配备。湖北省检察院实现了民事与行政检察机构分设，上海、海南等省、市增加了民事行政检察人员。

民事行政检察厅采取多种措施，积极贯彻会议精神。一是及时印发《最高人民检察院关于加强和改进民事行政检察工作的决定》，制定《关于贯彻落实全国第二次民事行政检察工作会议精神的意见和措施》，对加强和改进民事行政检察工作做了具体部署。二是加大宣传力度。在《检察日报》和《人民检察》等报刊设立专栏，组织撰写文章深入解读会议精神。三是加强指导，以《民事行政检察情况》为载体，编发专刊26期，指导各地更好地理解和贯彻会议精神。四是加强对有关问题的专项研究。在2010年9月和11月相继召开部分省市行政检察工作座谈会和检察机关民事行政检察部门贯彻落实人大加强诉讼监督工作决定情况座谈会，对相关问题进行研讨。

三、加大办案力度，构建以抗诉为中心的多元化监督格局

2010年，各级民事行政检察部门继续强化办案工作，抗诉案件稳中有升，受理申诉、再审检察建议及纠正违法、督促和支持起诉等案件大幅增长。全国检察机关受理民事、行政申诉147968件，立案审查81451件，提出抗诉12139件，同比上升5％。提出再审检察建议11290件，经过调查以建议、意见、通知等方式提出纠正违法行为的案件33929件，督促和支持起诉54565件。人民法院再审民事、行政抗诉案件9719件，改判、撤销原判发回重审、调解7402件，维持原判1863件，原判改变率为76.16％。

办案中，一是采取多种措施，稳定抗诉案件规模。各地畅通申诉受理渠道，抗诉了一大批质量高、效果好的案件。其中山东、河南、河北等省抗诉案件在原有基数较高的情况上仍有新的增长。二是注意抗诉与其他监督手段的综合运用和有效衔接。首先是注重运用再审检察建议。2010年各级民事行政检察部门提出再审检察建议11290件，同比上升68.2％，人民法院采纳9326件，采纳率82.6％，同比提高12.7％。其次，注重把纠正错误裁判与纠正违法行为有机结合起来，积极开展诉讼违法监督调查工作，建立与侦查、控申等部门协作配合机制，发挥检察机关整体监督合力。三是突出监督立案、调解、执行等环节。加强对民事审判和行政诉讼各个环节和过程的监督，特别是针对立案、调解、执行、诉讼保全等问题多发的环节加强了监督，取得一定成效。四是探索督促起诉、支持起诉等监督方式。2010年各级民事行政检察部门办理督促和支持起诉案件54565件，法院采纳34870件，采纳率63.9％。五是探索开展类案监督。针对民事、行政诉讼活动中适用法律不统一、同案不同判等问题，各地积极开展类案监督研究，逐步建立了类案监督工作机制。

四、加强同有关部门的沟通交流，积极推进民事行政检察理论研究和司法体制改革

最高人民检察院牵头组织，浙江省检察院承办了主题为"司法改革与民事诉讼监督制度完善"的民事诉讼法学会2010年年会。全国检察系统共提交467篇论文，其中86篇入选年会论文集，激发了学术界深入研究民事检察制度的热情。

五、加强队伍建设，促进公正廉洁执法

各级民事行政检察部门通过深入开展"创先争优"活动及"恪守检察职业道德、促进公正廉洁执法"主题实践活动，增强民事行政检察干警的职业

荣誉感和使命感,进一步完善内外监督制约机制,保障依法公正廉洁履行职责。通过大力加强业务培训和队伍专业化建设,努力提升民事行政检察队伍业务素质。自2010年11月中旬开始,国家检察官学院连续举办了四期民事行政检察专项培训班,围绕第二次全国民事行政检察工作会议精神,集中轮训省级检察院民事行政检察干部和分州市院民事行政检察处长600多人。最高人民检察院民事行政检察厅于2010年12月中旬在云南省昆明市举办了全国民事行政检察业务培训班,培训干警300人。各地积极举办各种专题培训班,采取在办案时进行专业分工、开展优秀法律文书评比活动、举办民事行政检察业务辩论赛等措施加强队伍的专业化建设。

（最高人民检察院民事行政检察厅 刘小艳）

全国检察长座谈会暨全国检察机关第二次民事行政检察工作会议 2010年7月20日至24日,最高人民检察院在江西省井冈山市召开全国检察长座谈会暨全国检察机关第二次民事行政检察工作会议。最高人民检察院领导、检察委员会专职委员,各省、自治区、直辖市人民检察院,军事检察院,新疆生产建设兵团人民检察院检察长、分管民事行政检察工作的院领导、民事行政检察部门负责人,最高人民检察院各内设机构、直属事业单位负责人参加了会议,最高人民检察院检察长曹建明出席会议并讲话。山东、云南等8个省级人民检察院检察长作了大会发言,江苏、宁夏等6个省级人民检察院的经验作了书面交流。

会议的主要任务是,认真学习贯彻胡锦涛总书记等中央领导同志对检察工作的一系列重要指示,深入贯彻落实科学发展观,总结近年来的民事行政检察工作,分析面临的形势和任务,研究当前和今后一个时期加强和改进工作的措施,努力开创检察机关民事行政检察工作新局面。

会议认为,2001年第一次民事行政检察工作会议以来,全国检察机关紧紧围绕党和国家工作大局,坚持以执法办案为中心,忠实履行宪法和法律赋予的职责,不断强化对民事审判、行政诉讼活动的法律监督,依法办理了一大批民事行政申诉案件,为维护司法公正和法制统一、维护社会和谐稳定、促进经济社会又好又快发展作出了重要贡献。民事行政检察工作从无到有、逐步发展,在困难中发展,在挫折中探索,在改革中创新,已成为中国特色社会主义检察制度不可或缺的重要组成部分,而且在今后的发展过程中,将越来越显示出、发挥出更加重要的作用。二十年来,尤其是最近十年的发展,所取得的成绩来之不易,所积累的经验弥足珍贵。

会议指出,民事行政检察工作起步较晚,相关法律规定比较原则,客观上存在监督范围不明确、监督手段不完善、监督环境不理想等问题,仍然是检察工作相对薄弱的环节。但随着司法体制和工作机制改革不断深化,民事行政诉讼法律监督制度逐步完善,一些制约民事行政检察工作开展的深层次问题正在得到解决,民事行政检察工作面临前所未有的发展机遇。特别是党中央、全国人大和各级党委、人大以及社会各界对民事行政检察工作高度重视、大力支持,为民事行政检察工作创新发展提供了强大动力和根本保证。要充分认识新形势下大力加强和改进民事行政检察工作的重要性和紧迫性。加强和改进民事行政检察工作,是维护社会主义市场经济秩序、保障经济又好又快发展的需要,是深入推进三项重点工作、维护社会和谐稳定的需要,是关注和保障民生、维护社会公平正义的需要,是坚持和完善中国特色社会主义检察制度、推动检察工作科学发展的需要。会议要求,各级检察机关一定要增强信心和决心,以高度的责任感、紧迫感和攻坚克难的勇气,把握机遇,迎接挑战,努力实现民事行政检察工作跨越式发展。

会议指出,民事行政检察工作要大力弘扬井冈山精神,最关键的就是要在困难中坚持正确的发展道路。要准确把握民事行政检察工作的法律监督属性、职能定位和基本要求,解决好发展理念和发展模式的问题。民事行政检察工作的基本职责是对民事审判、行政诉讼活动进行法律监督,在性质上是对公权力的监督,是居中监督,其基本要求是:在法律授权范围内对发生的违法情形或生效的错误裁判进行监督。在现行法律框架下,民事行政检察监督的效力主要是依法启动相应的法律程序、提出相应的司法建议或意见,促使人民法院启动再审程序和纠正违法情形,既不代行审判权,也不代行行政权。民事行政检察监督的基本目标是通过依法监督纠正诉讼违法和裁判不公问题,维护司法公正,维护社会主义法制统一、尊严、权威。为此,一要始终把民事行政检察工作放在党和国家工作大局中谋划和推进。二要切实从人民群众的新要求新期待出发加强和改进民事行政检察工作。三要不断深化对民事行政检察工作规律性的认识。四要坚持把改革作为推动民事行政检察工作创新发展的动力。五要加强与人民法院的沟通协调。

会议要求，要紧紧围绕强化法律监督职能、推进三项重点工作，进一步加强和改进民事行政检察工作。一是着力加大办理民事行政申诉案件力度。进一步畅通申诉渠道，重点加大办理不服二审生效裁判的申诉案件力度，大力推进检察一体化办案机制建设。二是着力构建以抗诉为中心的多元化监督格局。把抗诉与再审检察建议、纠正错误裁判与纠正违法行为、办理民事行政申诉案件与发现、移送司法不公背后的职务犯罪线索有机结合起来。三是着力提高抗诉案件质量。探索实行合议制度，完善专家咨询制度，加强对抗诉案件特别是重大疑难复杂案件的集体研究。全面推行抗诉书说理制度，完善跟踪监督机制，加强与再审法院各环节的联系沟通。健全办案质量评查机制，建立民事行政诉讼监督案例指导制度。四是着力加强和改进对行政诉讼的法律监督。五是着力发挥民事行政检察工作化解社会矛盾的职能作用。

会议要求，要加强改革探索和理论研究，不断完善民事行政检察体制和工作机制。继续推进强化民事行政检察监督的改革探索，高度重视民事行政检察工作监督制约机制建设，大力加强民事行政检察理论研究。

会议强调，要切实加强领导，推动民事行政检察工作取得更大成效。一是要把民事行政检察工作放在更加突出的位置来抓，各级检察院党组特别是检察长要把民事行政检察工作摆上重要议事日程。二是进一步加强民事行政检察机构建设和人员配备。适应工作发展需要，健全民事行政检察机构，有条件的省、市级检察院可以增设机构，逐步实行民事检察部门、行政检察部门分设。适当增加地市级以上检察院民事行政检察部门人员编制，提高民事行政检察人员的比例。三是大力提高民事行政检察队伍的整体素质。四是自觉接受党的领导和人大监督。

（最高人民检察院民事行政检察厅　肖正磊）

全国部分地区检察机关贯彻落实省级人大加强诉讼监督工作决定座谈会　2010年11月23日至24日，最高人民检察院在湖北省咸宁市嘉鱼县召开了

全国部分地区检察机关贯彻落实省级人大加强诉讼监督工作决定座谈会。座谈会主题是检察机关民事行政检察部门如何贯彻落实省级人大加强诉讼监督工作的决定。最高人民检察院副检察长姜建初，全国人大常委会法工委民法室副主任贾东明，湖北省人大常委会副主任蒋大国，湖北省人民检察院检察长敬大力，咸宁市委书记、人大常委会主任黄楚平，最高人民检察院民事行政检察厅有关同志，北京、上海、山西等16个省级人民检察院分管民事行政检察工作的副检察长和民事行政检察处处长以及南京、青岛、郑州等市人民检察院代表参加会议。

与会代表介绍了各自省、市人大常委会出台的关于加强检察机关对诉讼活动的法律监督工作的决议或决定情况，着重对其中加强民事行政检察监督的内容进行了解读。同时交流了各自贯彻落实人大加强诉讼监督工作决定的基本情况及经验。会议还就如何深入贯彻落实各省人大加强诉讼监督工作决定，构建多元化监督格局，健全和完善诉讼监督工作机制，提高诉讼监督工作质量和效率，增强和改善诉讼监督效果等问题进行了充分讨论。

会议指出，自1999年9月22日，吉林省第九届人大常委会第十二次会议通过了《关于加强检察机关法律监督工作切实维护司法公正的决议》，至2010年11月底，共有河南、北京、四川、湖北、辽宁、上海、黑龙江、江西、山东、宁夏、山西、福建、浙江、云南、广东、西藏等21个省、市、自治区人大常委会制定了关于加强人民检察院法律监督工作的决议或决定。

会议认为，已经出台的各省级人大常委会关于加强检察机关法律监督工作的决定等地方性法规，是将分散于不同法律中的法律监督规定系统进行了梳理、归纳、概括、整合，将实践中行之有效的监督方式和手段确定下来，理顺和巩固了相关机制制度，有力推动了检察工作科学发展。一是这些决议和决定拓展了民事行政检察监督的范围。大部分省的决议和决定都规定要将民事调解、民事执行活动纳入监督范围，部分省的决议和决定要求对民事、行政诉讼活动全过程进行监督，如浙江提出要探索对适用特别程序、督促程序等诉讼活动进行监督。二是这些决议和决定巩固和完善了民事行政诉讼监督手段。如各省决定普遍对再审检察建议、督促起诉、支持起诉的监督方式予以认可，对检察

机关调查取证权、借调阅案宗权进行了确认。三是规范了检察机关的诉讼监督。这些决议和决定加强了对检察权的监督制约，强调检察机关要自觉接受人大监督和其他司法机关的制约，并加强自身执法的内部监督。

各省级检察院民事行政检察部门在各地决议、决定出台后，及时制定监督细则，通过构建三级检察院联动办案机制，探索开展类案监督机制，完善与其他部门的沟通协调机制，加强民事行政检察队伍建设等措施，贯彻落实决议、决定中关于民事行政诉讼监督的内容。

会议对今后大力加强民事行政检察工作提出建议：

一是必须坚持和把握宪法定位及法律监督属性，保证民事行政检察工作的正确方向。各级检察院必须始终坚持国家法律监督机关的宪法定位，在工作中坚持主动向人大报告重大工作部署和重大工作事项，争取人大支持，保证法律监督工作的正确方向。

二是要适时总结提升地方立法经验，加强立法调研，积极向全国人大常委会报告，推动民事行政检察立法的完善。各省级人大常委会关于加强检察机关诉讼监督工作的决议或决定弥补了现有法律规定的不足，检察机关应该充分抓住这一有利形势，对各省法律监督工作地方立法的成果和动向进行研究总结，充分吸收各省地方立法经验，以中央司法体制和工作机制改革为契机，抓住民事诉讼法和行政诉讼法修改的历史机遇，推动全国人大或全国人大常委会对检察机关法律监督工作进行必要的立法完善，从根本上解决民事行政检察监督范围不明、监督措施手段不强的问题。

三是加强沟通协调，进一步建立协作机制。民事行政检察工作的高效有序开展离不开其他部门的支持和配合。因此，各地检察机关应积极加强与人大、法院及政府的沟通协调，完善向同级人大常委会和人大代表的汇报制度，建立与法院的沟通协调机制，正确处理同其他司法机关和行政机关之间的协调配合与监督制约的关系，共同维护司法公正和司法权威。

（最高人民检察院民事行政检察厅　刘小艳）

全国部分地区检察机关行政检察工作座谈会

2010 年 9 月 27 日至 28 日，最高人民检察院在山东省新泰市召开了全国部分地区检察机关行政检察工作座谈会。最高人民检察院副检察长姜建初，民事行政检察厅有关同志，部分专家学者，北京、上海、辽宁、吉林、浙江、湖北、海南、四川、山东等省、市人民检察院分管民事行政检察工作的副检察长或民事行政检察处处长以及部分基层检察院代表参加了会议。会议就各地开展行政检察工作的基本情况、工作经验等进行了交流，与会代表就行政检察监督的必要性、可行性以及行政检察监督的形式与措施等问题进行了充分讨论。

会上，各地检察院分管民事行政检察工作的副检察长、民事行政检察处处长对本地区行政检察工作开展的主要做法、经验进行了总结和交流。一是在机构设立方面，部分有条件的省、市检察院设立了行政检察专门机构，实现了民事检察与行政检察机构分设。其中，吉林省人民检察院设立了行政检察处，吉林六个地区实现了行政检察与民事检察机构的分设。山东省人民检察院、辽宁省人民检察院设立了民事行政检察二处，负责开展行政检察工作，大连市人民检察院设行政检察处，建立起了行政检察监督的长效机制。海南省人民检察院第一分院、第二分院将民事行政检察机构分设为民事检察处和行政检察处。机构的分设，有利于对行政检察监督工作进行专门的研究和探索，有利于促进行政检察工作的规范化和制度化发展。二是在人才引进方面，面对行政检察专业人才匮乏的现象，北京市人民检察院从人民法院引进了行政诉讼、知识产权的专门人才充实到民事行政检察队伍中，以此带动行政检察人才的培养和成长。三是在行政执法监督方面，浙江省义乌市人民检察院、永康市人民检察院、海宁市人民检察院分别采取介入行政投诉举报线索统一管理机制、建立行政执法信息库、将行政机关执法单位纳入信息共享体系等措施，对行政执法活动开展了及时、有效的监督。山东省人民检察院探索建立行政检察与行政执法相衔接机制，加强与行政执法部门的沟通，全省有 83 个基层检察院与行政机关或其职能部门会签文件。山东省新泰市人民检察院积极拓展多种途径切入行政执法检察，与自侦部门建立双向移送机制，立体推进行政执法检察工作。这些工作方式创新了监督思路，扩大了监督范围，提高了监督实效，充分发挥行政检察职能，积极参与社会管理创新。四是在行政检察监督的方式方面，各地根据实际情况，采用了包括督促起诉、检察建议、纠正违法通知、检察报告等多种形式，取得了较好的监督效果。

会议指出，加强行政检察工作是落实全国检察机关第二次民事行政检察工作会议精神的有力举措。曹建明检察长在全国检察机关第二次民事行政检察工作会议上强调，要着力加强和改进对行政诉讼的法律监督。检察机关依法妥善处理行政争议案件，不仅事关当事人合法权益，也事关社会公共利益和社会和谐稳定。姜建初副检察长指出，要加强对行政诉讼的监督，探索建立民事行政检察与行政执法相衔接的机制，不断促进社会管理体系的完善。与会代表一致认为，应当坚持理论与实践相结合，加大行政检察工作力度，明确当前和今后一个时期行政检察工作的发展方向和目标，认真贯彻落实第二次民事行政检察工作会议精神，充分发挥民事行政检察监督职能作用。

会议认为，加强行政检察工作是民事行政检察部门深入推进三项重点工作的重要抓手。行政检察工作虽然比较薄弱，但其在深入推进三项重点工作中能够起到更直接、更典型的作用，发展空间更大，前景更为广阔。行政诉讼案件性质特殊，纠纷涉及面广、反映的社会矛盾层次深、情况复杂，容易引发群体性事件，直接影响社会稳定，行政案件的处理具有较强的政策性、复杂性和社会性。因此，行政诉讼检察监督是化解社会矛盾、维护司法公正的重要一环。同时，行政争议所涉及矛盾往往反映出社会管理中存在的一些问题，通过深入挖掘这些问题产生的深层次原因，可以推动行政机关堵塞漏洞、改进工作作风、完善管理方式，从而促进社会管理创新。

会议强调，加强行政检察工作是民事行政检察事业实现科学发展的内在要求。行政诉讼与民事审判遵循不同的司法规律，行政诉讼的当事人和法律关系均具有特殊性，对行政诉讼活动与民事审判活动的监督在监督原则、执行、调解、证据规则、证明标准和抗诉事由等各个方面均存在差异。因此，应当将两者分开进行研究和讨论。民事检察和行政检察业务分开、机构分设，是民事行政检察工作科学发展的内在要求，是民事行政检察工作跨越式发展的必要途径。

会议要求，各级检察机关要认清形势、总结经验、厘清目标、勇于探索。认清形势就是要认清行政检察工作目前的薄弱状况，提高对加强这项工作重要性的认识；总结经验就是各地要勤于思考、善于总结，最高人民检察院要适时出台实施意见和指导方案；厘清目标就是要立足于法律监督机关的定位，在行政领域积极发挥检察监督的职能；勇于探索就是要积极稳妥地探索行政检察工作新的发展路径，认真研究行政检察机构设置、专业培训等问题，加强与理论界的沟通与交流。行政检察工作的开展要坚持正确定位不偏离，继续探索不停步，逐步分设不含糊，坚持发展不动摇的原则，力争实现行政检察工作积极稳健的向前发展。

（最高人民检察院民事行政检察厅 王 菁）

控告检察工作 2010年，全国控告检察部门继续完善控告举报工作制度，开展带案下访、联合接访、举报宣传等活动，认真处理来信来访439750件次。

一、高标准严要求，清积评查有成效

（一）及时传达贯彻中央部署。清积评查活动是中央政法委部署的专项工作，全国检察机关控告检察部门高度重视。最高人民检察院指派专人分别参加中央联席会议、中央政法委召开的集中处理信访工作和群体性事件联席会议、清积评查活动专项会议、涉法涉诉工作例会，及时将会议精神书面报告院领导并提出具体贯彻意见。为加强对下指导，最高人民检察院先后下发通知，组织召开信访工作领导小组会议，及时传达贯彻中央精神，对两项工作提出明确要求。各地采取召开电视电话会议、召集部分地市工作推进会等多种形式将中央的部署和最高人民检察院的要求原原本本传达好、贯彻好。

（二）加强督察督办。为搞准涉检信访积案数据，最高人民检察院加强与中央政法委涉法办和各省级检察院的沟通联系，对涉检访积案情况进行核对，做到底数清、情况明。各地确定专人管理积案上报、销案等工作，确保数据统一无误。省级以上检察院控告部门坚持月通报制度，加强对积案化解和评查工作的日常督办。

为增强督察督办实效，最高人民检察院采取走下去、请上来的办法举上下之合力进行疑难案件攻坚。一方面，分批组织由咨询委员和厅处长带队的8个督察调研组30余人次赴河北等16个省（区、市）督察调研，对38件重大疑难积案进行了专家会诊、联合接访。另一方面，请陕西、宁夏、湖南等6个省（区）人民检察院带案卷进京汇报，共同研究处理办法或评查结论。

（三）认真组织最高人民检察院自身的案件评查工作。在涉检信访工作领导小组的直接领导下，筛选25起涉检信访案件作为评查对象，组织相关业务厅局16名检察人员分8个小组，集中时间、全力承办案件评查工作。各评查小组通过审阅卷宗、接待信访人、察看现场、召开座谈会、进行调查等方式，坚持严格依法、客观公正、实事求是、有错必纠的原则，对案件的事实认定、证据采信、法律适用和文书质量等进行全面审查评判，提出初步评查意见。经案件评查组全体人员连续三天逐案评议，并报院领导审批同意后，作出正式的评查结论。目前，各有关地方检察院正在纠正执法过错，对涉嫌违纪人员进行责任追究。

通过上下级检察院的共同努力，一年来共妥善化解涉检信访积案3959件次，评查涉检信访案件42229件，对其中确有错误的163件依法予以纠正，对存在执法过错的91名检察人员严肃追究责任。

二、加强涉检信访案件协调办理，确保上海世博会、广州亚运会顺利进行

为确保上海世博会和广州亚运会的顺利进行，最高人民检察院要求上海、广东两地检察机关认真排查涉检信访案件，尤其是有极端信访行为或倾向的案件，明确责任主体，加强息诉罢访工作。在准确掌握人案分离的案件情况后，分别在上海、广东组织召开涉检信访案件协调会，请环沪、环粤或上访人户籍地检察机关控告检察部门负责人参加会议，建立案发地和户籍地检察机关共同包案处理机制，要求案发地检察机关包结案、户籍地检察机关协助做好劝返稳控工作。相关省级检察院高度重视，确定专人加强信息沟通和协作，密切关注有上访苗头的重点群体和重点人员，及时做好事前防范和突发事件应急处理，确保在涉检信访工作环节不发生影响社会稳定、危及世博会和亚运安全、损害国家形象的事件。

三、坚持和完善便民利民措施，保障群众诉求渠道畅通

积极开展巡回接访工作。最高人民检察院在"两会"期间派出3个巡回接访组赴河北、河南、山西、内蒙古、辽宁接访，共接访107人次，化解涉检信访案件34件。相关省级检察院积极配合巡回接访工作，确保问题解决在当地。

继续拓展联系和服务群众的平台。通过举办

三期12309举报平台技能培训班，加强对举报线索的加密管理，进一步提高了业务水平，加快了12309举报电话推广进程。目前，各省级检察院、分市级检察院和1300多个县级检察院已开通12309举报电话。各地还积极推行民生服务热线，推行"一站式"受理接待中心和网上查询平台，进一步畅通群众控告举报渠道。

四、提高评比标准，深化文明接待室创建活动

为进一步提高创建水平，最高人民检察院在充分调查研究的基础上，对评比标准进行了反复修改，经检察长办公会审议通过下发。新的评比标准基本解决了评比项目设置不科学、硬件建设标准比较低、动态管理比较弱等问题。按照新的评比标准，最高人民检察院下发《开展文明接待室评比活动通知》。在各地申报、推荐的基础上，组成10个工作组赴30个省（区、市）进行交叉检查，最后确定新授予69个检察院为文明接待示范窗口、313个检察院为文明接待室，重新确认了一批过去已评上的检察院，298个检察院被摘牌。

五、加强规范化建设，提高工作质量和水平

制定下发检察机关加强涉检信访工作的实施意见，进一步规范了涉检信访工作，提出了加强源头治理和队伍建设的要求。各省级检察院结合实际，制定了落实的具体细则。举办首届全国检察机关举报工作论坛，邀请宪法学界、刑诉法学界的知名学者和检察举报实务工作者共同畅谈近年来的理论研究成果和举报工作的创新发展。编撰了《全国首届检察举报工作论坛文集》，为进一步完善举报立法、深入推进举报工作提供了强有力的理论支持，受到媒体和公众高度关注。积极推广"融入群众、公正执法、情理兼容、促进和谐"的张章宝工作模式，汇编总结张章宝等一批新时期控告检察系统先进个人和集体事迹，总结他们的工作经验，号召控告检察干警学习榜样，以更好的精神状态投入工作。

（最高人民检察院控告检察厅）

刑事申诉检察工作 2010年，各级刑事申诉检察部门以深入推进三项重点工作为主线，坚持把申诉案件办理作为服务大局、化解矛盾、维护稳定的基本途径，进一步加大办理案件力度和息诉力度，积极推进刑事申诉检察工作机制的改革创新，深入学习贯彻修改后国家赔偿法，全面开展刑事被害人救助

工作,刑事申诉检察工作取得了新成效、新进步。

一、加大申诉案件办理力度,努力化解社会矛盾纠纷

2010年,各级刑事申诉检察部门按照中央政法委关于"把社会矛盾化解在当地、化解在基层"的要求,在毫不松懈地抓好办案的同时,加大息诉工作力度,深入推进社会矛盾化解。

最高人民检察院刑事申诉检察厅办理各类刑事申诉、刑事赔偿案件278件,其中交办的案件52件。按照"受理一件、办理一件、息诉一件"的办案要求,严格按时限办结了243件,努力做到息诉罢访。

办案中,各级刑事申诉检察部门实事求是,不搞无原则的妥协,力争做到维护司法公正和达到群众满意二者的有机统一。2010年8月,最高人民检察院刑事申诉检察厅办案人员在湖南对申诉人李某不服郴州市宜章县检察院对其儿子不起诉决定申诉案进行评查时发现,此案申诉人属于典型的恶人先告状。李某一家在当地比较强势,其儿子实施了抢劫,因司法机关办案不规范,工作不到位,收集证据不充分,宜章县检察院作出不起诉决定。李某对此不服,以其子被"错误"羁押为由,要求各项赔偿合计高达200万元。在评查中,刑事申诉检察厅办案人员发现李某的儿子犯罪事实确实存在,对其不起诉可能存在错误,于是坚决支持宜章县检察院立案复查。后经调查,李某儿子犯罪事实证据确凿,被批捕起诉,受到了法律的严惩。此案圆满解决,不仅有效地制止不法分子的缠访、闹访,更重要的是保护了弱势群体的利益,维护了社会公平正义。2010年,全国刑事申诉检察部门受理不服法院生效刑事裁判申诉案件6718件,同比上升117%;提出抗诉意见1450件,同比上升523%;息诉3386件,同比上升181.6%。受理不服检察机关处理决定申诉案件6329件,同比上升313.7%;息诉5997件,同比上升222.1%。

二、积极推进办案机制改革创新,不断提升监督制约质量

为认真解决新形势下刑事申诉检察对内对外监督所面临的新情况、新矛盾、新问题,各级刑事申诉检察部门认真总结司法实践经验,深入推进办案机制改革和工作方法创新,着力从体制机制上提升监督制约质量,深入推进三项重点工作。

最高人民检察院刑事申诉检察厅就近年来刑事申诉案件公开审查工作开展情况进行总结,对《人民检察院刑事申诉案件公开审查程序规定(试行)》提出了具体的修改意见。针对案件办理中存在的就案办案等问题,制定《刑事申诉案件息诉标准的意见》,规范申诉案件息诉标准,促使各地努力做好案件的息诉罢访工作。2010年,刑事申诉检察厅还紧紧围绕"充分发挥刑事申诉检察职能,深入推进社会矛盾化解"进行专题调研,指导各地在调查研究的基础上,总结一批有价值的实践经验通过《人民检察》予以推广,为充分发挥刑事检察职能,努力构建社会矛盾化解新机制提供了理论支持。

最高人民检察院刑事申诉检察厅还派出业务骨干参加涉检信访案件评查和全国检察机关文明接待室评比抽查活动。针对重点案件评查发现的执法办案理念存在偏差、程序不规范等问题及时进行了纠正,并就建立健全办案相关机制提出了意见和建议,着力从制度层面防范申诉案件的发生。积极探索新形势下申诉案件办理的新途径。2010年,最高人民检察院刑事申诉检察厅办理的辽宁省杨某不服法院生效刑事判决申诉案件,在最高人民检察院信息中心的支持下,利用电视电话会议系统,对身处辽宁的申诉人杨某进行视频接访。这一工作方式的创新,避免了申诉人奔波之苦,提高了工作效率,节约了司法成本。针对2010年年底部分地区案件上报数字异常情况,派出调研小组分赴相关省份进行调查研究,就改进案件报表和规范案件的上报提出了改进意见。

三、深入推进国家赔偿工作和刑事被害人救助工作,着力维护社会和谐稳定

2010年4月29日,修改后的国家赔偿法通过后,最高人民检察院于5月18日召开了全国检察机关学习贯彻修改后国家赔偿法的电视电话会议,并及时下发了《关于认真学习贯彻修改后国家赔偿法的通知》;9月17日至19日,在江苏省无锡市召开了全国检察机关国家赔偿暨刑事被害人救助工作座谈会。根据修改后国家赔偿法,对《人民检察院刑事赔偿工作暂行规定》进行了修订,于11月22日下发了《人民检察院国家赔偿工作规定》,并就下一步的贯彻落实作出了部署。

2010年,各级刑事申诉检察部门在深入学习贯彻修改后的国家赔偿法的同时,积极清理赔偿积案。各级检察机关受理赔偿申请1569件,给予赔偿1305件,支付赔偿金2892.76万元,同比上升了

102.8％；返还财产 2214.33 万元，同比上升了173.7％。2010 年，刑事申诉检察厅督加大了督察力度，促使一些案件得到纠正和赔偿。1999 年福建省宁德市人民检察院在查处谢某挪用公款案中，扣押了谢某为股东之一的福安市白云出租汽车公司的 7 部"桑塔纳"轿车。在侦查阶段，即将价值 100多万元的车辆做了处理。后又对谢某做了撤案决定。白云公司随即要求返还轿车。但宁德市检察院多年来对此不予确认，致使该公司长期申诉不止。督察中，刑事申诉检察厅明确指出原办案单位的行为构成侵权，要求必须进入确认程序。福建省检察院检察委员会于 2010 年 11 月撤销了宁德市人民检察院不予确认的决定，对白云出租汽车公司的赔偿请求依法予以确认，收到良好的社会效果和法律效果。

2010 年年初，最高人民检察院刑事申诉检察厅下发了《2009 年全国检察机关办理刑事被害人救助案件情况通报》，总结开展刑事被害人救助工作的经验教训，及时指导各地完善制度规定，积极与党委政府协调，努力打开刑事被害人救助工作局面。对刑事被害人救助工作开展比较好的单位和典型案例进行集中宣传报道，推进刑事被害人救助工作创新发展。2010 年，全国检察机关救助刑事被害人及其近亲属 5845 人，金额 4087.59 万元。与2009 年相比，救助人数和金额大幅上升，改变了以往对犯罪嫌疑人和刑事被害人权利保护失衡的状况，对维护公平正义、促进社会和谐稳定发挥了不可或缺的作用。

四、全面加强队伍建设，促进刑事申诉检察事业可持续发展

2010 年，各级刑事申诉检察部门始终把队伍建设作为一项重要任务紧抓不放，在狠抓办案的同时，积极开展专题教育，并采取主题党日活动、党小组民主生活会、撰写党建研讨征文等形式，加强思想政治教育；最高人民检察院刑事申诉检察厅配合政治部、控告检察厅，与内蒙古自治区检察院一道，总结归纳了张章宝工作模式的思想精髓，即"融入群众，公正执法，情理兼容，促进和谐"，并于 2010年 9 月 26 日至 27 日在包头市召开了张章宝工作模式研讨会，向全国检察机关和全体检察干警发出了学习张章宝工作模式的倡议书。通过先进典型学习推广，不断强化刑事申诉检察干警的思想政治素质。在日常的执法办案中，各级刑事申诉检察部门

坚持把各项廉政建设规定落到实处，不断敲警钟、提个醒，发现违纪苗头及时纠正，有效杜绝了重大违法违纪问题的发生。

各级刑事申诉检察部门在抓思想建设的同时，还注重抓好业务建设。在全系统，组织省检察院主管副检察长、控申处处长、刑事赔偿办公室负责人及计划单列市和省会城市检察院控申处处长近 200人，在江苏省无锡市就修改后的国家赔偿法贯彻落实和深入推进刑事被害人救助工作进行了专题培训。最高人民检察院刑事申诉检察厅多次派出厅领导、业务骨干分赴全国各地进行调研指导，为各级培训班进行业务授课和专题讲座二十余次。为扩大培训规模和效果，许多省通过视频系统，将培训一直扩展到基层检察院。各级刑事申诉检察部门积极采取办班轮训、案例分析、专题辅导等形式加强业务培训。为解决教材短缺问题，最高人民检察院刑事申诉检察厅组织力量及时编著了《国家刑事赔偿法律解读》，为准确适用法律，有效开展刑事赔偿工作提供了有力指导。

（最高人民检察院刑事申诉检察厅）

全国检察机关学习贯彻修改后国家赔偿法电视电话会议　2010 年 5 月 18 日，最高人民检察院召开全国检察机关学习贯彻修改后国家赔偿法电视电话会议。最高人民检察院副检察长柯汉民主持会议，副检察长张耕出席会议并讲话，副检察长邱学强、朱孝清、孙谦，检察委员会专职委员童建明、杨振江出席会议。最高人民检察院机关相关内设机构、直属事业单位负责同志，军事检察院分管院领导及刑事检察厅负责同志，最高人民检察院刑事申诉检察厅、控告检察厅全体人员在最高人民检察院主会场参加会议。各省、自治区、直辖市人民检察院，新疆生产建设兵团人民检察院领导及相关部门人员，二、三级网已建成视频会议系统的地市级人民检察院和县区级人民检察院领导及相关部门人员在各地分会场参加会议。

会议认为，国家赔偿法的修改是党和国家进一步完善中国特色社会主义法律体系、推进社会主义民主法治建设的重要举措，是落实宪法尊重和保障人权原则、维护社会公平正义的客观需要。在深入推进三项重点工作的新形势下，检察机关贯彻落实修改后国家赔偿法，有利于保障公民合法权益，推进社会矛盾化解；有利于预防和减少社会管理风

险，推进社会管理创新；有利于加强检察队伍建设，促进公正廉洁执法；有利于检察机关更加有效地履行法律监督职责。各级检察机关要认真抓好学习宣传工作，抓紧修改完善配套规定，加强赔偿队伍建设。

会议指出，各级检察机关要牢固树立依法赔偿观念，积极主动地做好赔偿工作，特别是要坚决破除有罪推定、疑罪不赔的思维，切实做好刑事赔偿工作。一要积极支持当事人依法行使赔偿请求权。对当事人提出的赔偿申请依法受理，不能在受理阶段以形式审查代替实质审查，把赔偿请求人拒之门外。对逮捕后作无罪处理、符合赔偿条件的，要主动帮助他们及时获得赔偿。对胁迫当事人放弃赔偿、滥用权力打击报复赔偿请求人的，要严肃处理。二要提高赔偿办案质量和效率。正确理解法律本意，不能滥用免责条款，对当事人做过有罪供述的案件，要区别情况，不能一律免责不赔。三要高度重视赔偿金支付工作。作出赔偿决定后，要想方设法保证赔偿决定及时执行。四要认真做好善后息诉工作。对赔偿案件，要端正态度，有错认错，赔礼道歉，消除影响，自觉做好赔偿请求人的精神安抚工作。对不予赔偿或者赔偿请求人不服的案件，要耐心细致地做好释法说理等工作。五要加强沟通协调。

会议强调，国家赔偿法的修改，增设了检察机关对法院赔偿委员会决定的监督职责，进一步丰富、拓展了法律监督的途径和方式。各级检察机关要适应这一变化，全面履行赔偿监督职责，促进依法行政和公正司法。既要依法加强对赔偿工作的法律监督，纠正该赔不赔等问题，又要通过监督发现和查处隐藏在赔偿案件背后的职务犯罪。要在赔偿程序中加强对人民群众和社会各界反映强烈的问题的监督，以保障当事人的合法权益，维护公平正义。

会议要求，在依法保护赔偿请求人合法权益的同时，要高度重视对刑事被害人权益的保护。对被害人死亡或重伤残疾的案件，因为证据不足作出无罪处理的，检察机关在依法履行对犯罪嫌疑人、被告人赔偿责任的同时，要全力做好受害方的安抚、疏导工作，对家庭经济困难、确实需要救助的，要争取党委政府的支持，积极主动地给予救助。

会议最后强调，要强化素质，规范办案，努力提高办案质量和执法水平。修改后的国家赔偿法，对

检察机关的执法办案工作提出了新的更高的要求。各级检察机关要创新工作思路，完善工作机制，进一步规范执法办案行为，强化业务素质，不断提高执法水平和办案质量，从源头上防止和减少赔偿案件的发生。

（最高人民检察院刑事申诉检察厅　赵景川）

全国检察机关国家赔偿暨刑事被害人救助工作座谈会　2010年9月17日至19日，最高人民检察院在江苏省无锡市召开全国检察机关国家赔偿暨刑事被害人救助工作座谈会。各省、自治区、直辖市人民检察院，军事检察院，新疆生产建设兵团人民检察院分管副检察长，刑事申诉检察处或者控告申诉检察处处长；各省会城市和计划单列市人民检察院刑事申诉检察处或者控告申诉检察处处长参加了会议。会议的主要任务是：全面贯彻落实深入推进三项重点工作的重大决策部署和全国检察长座谈会精神，以科学发展观为指导，深入分析国家赔偿和刑事被害人救助工作面临的形势和任务，研究部署当前和今后一个时期的工作，大力推进检察机关国家赔偿暨刑事被害人救助工作。最高人民检察院副检察长柯汉民出席会议并讲话。最高人民检察院刑事申诉检察厅厅长王晋作了"关于做好修改后国家赔偿法贯彻实施工作的若干问题"的专题讲座。刑事申诉检察厅副厅长尹伊君在会议结束时作了总结讲话。会议还邀请了全国人大常委会法工委国家法室和最高人民法院赔偿办的有关负责同志进行专题讲座，讨论了《人民检察院赔偿工作规定（征求意见稿）》，湖南、四川、河南、浙江、辽宁和广东珠海、江苏无锡7个省、市人民检察院介绍了开展刑事被害人救助工作的情况。

会议指出，要以学习贯彻修改后国家赔偿法和深入推进三项重点工作为契机，牢固树立依法、及时赔偿的思想观念。国家赔偿法修改，是党和国家贯彻科学发展观、落实宪法关于尊重和保障人权的规定、推进社会主义民主法治建设的重要举措，有利于保障公民、法人和其他组织的合法权益，推进社会矛盾化解；有利于预防和减少社会管理风险，推进社会管理创新；有利于加强对权力的监督制约，推进公正廉洁执法。各级检察机关要深入贯彻修改后国家赔偿法的新规定、新要求，进一步规范执法行为，提高执法水平和办案质量，并把化解矛盾、促进公正廉洁执法贯穿赔偿工作始终，充分发

挥国家赔偿在深入推进三项重点工作,促进检察工作科学发展中的积极作用。

会议要求,要严格执法,规范办案,进一步提高办理刑事赔偿案件的质量和效率。一是要主动、及时地办理刑事赔偿案件,对赔偿请求及时受理、依法立案。二是要改进办案方式方法,将严格按程序、时限办理与简便快捷相结合,书面审理与公开审查、调查取证相结合,依法决定与相互协商相结合,切实提高办案质量和效率。三是要强化复议的监督把关作用,进一步增强复议工作的公开性和公正性,充分发挥复议的监督、纠错功能。四是要准确理解和把握法律界限,严禁滥用免责条款规避赔偿责任,依法合理适用精神损害赔偿条款。五是要加强协调配合和对下指导。主动向党委、人大、政府汇报赔偿工作情况,争取支持。加强与人民法院赔偿委员会的沟通协调,建立经常性工作联系、协调机制。重视与财政部门的协调,确保赔偿决定及时执行。

会议强调,要依法履行修改后国家赔偿法赋予检察机关的职责,加强对人民法院赔偿委员会决定的法律监督,促进依法赔偿和司法公正。要准确把握赔偿监督的任务、范围和方式方法,客观理性、依法规范地进行监督。要突出监督重点,严格依法启动法院重新审查程序,重点监督该赔不赔的案件,影响重大、明显错误的案件,可能存在司法人员贪赃枉法、严重失职渎职的案件。要正确处理监督权与申诉权的关系,依法规范上下级之间的分工合作,既要依法合理行使申诉权,又要防止滥用申诉权规避、拖延赔偿。要正确处理监督与配合的关系,主动加强与人民法院赔偿委员会的联系和协调,树立共同的赔偿理念,统一执法标准,积极构建和谐的赔偿监督环境。

会议进一步要求,各级检察机关要从化解矛盾纠纷、推进民生建设、维护社会和谐稳定的高度,积极开展刑事被害人救助工作。一是要处理好规范和发展的关系,做好实际救助工作。已经有救助文件和救助经费的,要积极进行个案救助。还没有制定救助文件的,要积极争取党委政府支持,对确有救助需要的,先行给予救助,同时抓紧制定文件、争取经费,把救助工作纳入规范化、制度化、常态化轨道。二是要处理好救助范围与救助标准的关系,进一步突出救助重点。条件好的地区,可以根据实际需要,在保证重点救助对象能得到有效救助的基础

上,适当拓宽救助面。三是要强化部门间协调配合。刑事申诉检察部门与公诉等相关部门要加强沟通协调,形成工作合力,共同做好救助工作。四是要积极争取党委政府的重视、支持,为救助工作创造有利条件。

会议还指出,要根据国家赔偿工作变化,以及开展刑事被害人救助工作的实际需要,尽快加强人员配备,完善机构设置。各省级检察院至少要配备两名专职赔偿业务骨干,省会城市、计划单列市和赔偿案件较多的地级市检察院,也可适当配备专职赔偿干部。要调配适应工作需要的精干力量,选配一定的熟悉民行法律业务的人才。最高人民检察院和省级检察院要配齐配强赔偿办负责人。赔偿工作量大、有条件的地方,可以通过争取组织人事部门支持,配备相当部门副职的赔偿办负责人。

会议最后强调,国家赔偿和刑事被害人救助工作都涉及经济利益,都要与当事人打交道。各级检察机关要高度重视,加强教育,严明纪律,规范程序,强化监督管理,切实防止利用国家赔偿、刑事被害人救助工作谋取私利,坚决做到公正廉洁执法。

(最高人民检察院刑事申诉检察厅 赵景川)

铁路运输检察工作 2010年,全国铁路运输检察机关紧紧围绕服务铁路发展大局,深入推进三项重点工作,进一步加大上级铁路运输检察机关的指导工作力度,充分发挥了铁路检察机关的职能作用,为构建平安和谐铁路提供了有力的司法保障。

一、以服务铁路经济发展大局为核心,积极探索推进三项重点工作的新思路和新举措,为铁路发展创造良好的法治环境

(一)坚持把执法办案工作向化解社会矛盾延伸,全力维护铁路和谐稳定

一是全面贯彻宽严相济刑事政策,依法严厉打击各类涉铁刑事犯罪。2010年,全国铁路运输检察机关受理审查批捕案件4049件6065人,起诉案件4522件7208人。在办理案件过程中,各级铁路运输检察机关严把案件证据关、政策关和程序关,确保案件的质量、社会效果和法律效果,刑事案件有罪判决率为99.89%,有效维护了铁路的安全稳定。

二是坚持将执法办案向有利于社会矛盾化解延展,把社会矛盾化解政策,落实到具体案件。各级铁路运输检察院立足检察职能,认真贯彻宽严相济刑事政策,认真开展重信重访专项治理、集中清

理涉检信访积案活动和"案件评查"工作。对控告申诉、立案侦查、批捕、起诉、诉讼监督等各环节案件，注意及时给予风险评估，努力化解社会矛盾于萌芽状态，防止在检察环节激化矛盾。2010年，铁路运输检察受理刑事申诉、控告举报线索、来访案件等1159件，都得到了依法处理。

三是积极关注和服务大局，切实履行职能，开展铁路重点时期、重要阶段维稳安保工作。切实发挥铁路运输检察职能作用，确保上海世博会及广州亚运会期间铁路运输安全稳定。最高人民检察院下发了世博、亚运期间铁路运输检察机关加强维护稳定安全工作的通知，对铁路运输检察机关配合有关部门做好相关安保工作作出了具体部署，提出了具体措施。在杭州召开会议进行专门部署。各级铁路运输检察机关高度重视，制定和细化了相关工作方案，严格落实工作责任，加强协调配合和信息通报，全力维护铁路站车治安秩序。

四是集中精力，深入查办涉及国家投资安全和民生民利的职务犯罪案件。各级铁路运输检察机关始终坚持把查办涉及国家发展大局、关系民生民利案件，作为推进社会矛盾化解的基本途径和手段。集中力量查办了工程建设领域、涉及铁路社会保障、职工住房、医疗卫生等关系民生的职务犯罪案件以及群众反映强烈的徇私舞弊、滥用职权、玩忽职守等渎职犯罪案件。2010年下半年，在铁路系统开展了查办和预防铁路工程建设领域职务犯罪专项行动，深入推进了工程建设领域突出问题专项治理工作。2010年，全国铁路运输检察机关立案侦查职务犯罪案件271件317人，其中大案171件，要案26人（含厅级2人）。

在办案同时，铁路运输检察机关还以侦防一体化为方向，推进预防工作的规范化建设。积极介入铁路重大建设项目职务犯罪预防工作。最高人民检察院铁路运输检察厅和职务犯罪预防厅联合在山西省太原市召开了太中银铁路工程建设专项预防工作经验交流会，推动了全国铁路运输检察机关职务犯罪预防工作的科学发展。在巩固铁路"大预防"工作格局，夯实预防基本面的基础上，积极开展"阳光工程"、"平安工程"和"双优工程"活动。注重加强犯罪分析、对策研究、预防建议、警示教育和预防调查、宣传、咨询、行贿犯罪档案规范化建设和查询等工作，实现预防工作的职能化和常态化。

（二）坚持把参与铁路治安重点地区集中整治行动当作切入点，深入推进社会管理创新

一是配合铁道部，重点对全路50个车站、50对列车和50个重点区段开展了治安集中整治行动。适应高速铁路快速发展的新形势，积极主动维护高速铁路运输安全。最高人民检察院在广州召开了部分铁路运输检察分院检察长座谈会，就打击和预防维护高铁刑事犯罪工作进行研究和部署。各级铁路运输检察机关积极主动与铁路综治办和铁路公安、法院等部门沟通联系，立足职能，多策并举，全力保障高铁运输安全。

二是积极探索铁路运输检察机关社会管理创新新模式。部分铁路运输检察机关开通了检察民生服务热线，受理群众控告申诉，收集分析社情民意，向群众提供法律咨询和服务。延伸和拓展检察工作的执法领域和途径，向网络犯罪等新型犯罪领域延伸打击职能，向社区矫正等新的监督领域延伸监督职能，向刑满释放解教人员等特殊人群、青少年群体、流动人口等新的服务对象延伸预防和保护职能。一些铁路运输检察院在管内铁路单位相对集中的地区设立了基层检察工作站，检察工作在基层更有效地开展起来。

三是加大铁路舆情的收集、整理、上报和研判工作。为更好地履行好铁路运输检察专门监督职能，服务铁路运输中心工作，最高人民检察院铁路运输检察厅加强了对铁路相关信息的收集和整理，创办了《铁路要情摘报》月刊。各级铁路运输检察机关高度关注网络涉检舆情，建立健全了应对、引导工作机制，对涉及铁路运输检察的敏感信息和案件，能及时、有效分析、研判和处理，切实掌握了舆论宣传主导权。

（三）多管齐下促进公正廉洁执法

一是强化诉讼监督工作力度，确保司法公正。探索试点检察官派驻公安办案支队制度，监督引导重大疑难复杂案件，从"事后审查"逐步向"同步监督"转变。不断完善和强化站车刑事案件立案监督工作机制。多层面开展刑事诉讼审判监督，积极拓展抗诉源。认真贯彻落实第二次民事行政检察工作会议精神，充分发挥基层检察院民事行政部门的主渠道作用，积极探索多元化的民事案件监督工作路子。2010年，受理立案监督案件43件，监督纠正公安机关不应当立案而立案35件，监督纠正检察机关内部立案侦查职务犯罪案件14件。纠正漏捕43人，纠正漏诉55人，通知补充侦查案件2120件。

书面纠正侦查活动违法 57 件次。全年提出刑事二审和再审抗诉案件 26 件。受理民事申诉案件 138 件，经审查提起抗诉 2 件，提出再审检察建议 4 件。向看守所提出纠正违法情况 86 人次，监督监外执行罪犯 400 人次。

二是强化对自身的监督工作。首先，抓好检察职业道德建设，引导检察人员自警、自省、自励，时刻注意维护检察机关和自身执法的良好形象。其次，加强内外监督。进一步加强对班子和领导干部的监督，对执法活动的监督，加强了检务督察工作。大力推行阳光检务，及时将两级检察机关的执法办案程序、重大工作部署、重大执法活动等事项向社会公布，主动将检察工作置于社会监督之下。以公开促公正，以透明保廉洁，提升执法公信力。第三，持续推进规范化建设。2010 年以来，两级铁路运输检察院严格执行最高人民检察院关于规范执法的相关规定，加强案件质量督察和执法检查，细化业务工作流程，形成了规范文明执法的浓厚氛围和自觉意识。第四，从严治检。认真开展"反特权思想、反霸道作风"专项教育活动，从队伍的执法思想、执法行为、执法作风等方面进行深刻的查摆和剖析，及时加以整改，坚决纠正队伍建设中的突出问题。

二、认真开展主题实践活动与创先争优活动，进一步推进铁路运输检察队伍建设和基层检察院建设

一是深入贯彻落实全国检察机关深入推进"恪守检察职业道德、促进公正廉洁执法"主题实践活动电视电话会议精神，进一步提高对开展主题实践活动的认识，切实解决好本机关和人员在思想、工作和作风方面存在的突出问题。将开展主题实践活动、创先争优活动和"反特权思想、反霸道作风"专项教育活动与铁路检察业务工作、铁路运输检察队伍建设紧密结合，把活动的目标要求贯穿于推进落实三项重点工作中，二者合一，同思考、同谋划、同推进，促进了铁路运输检察工作科学、健康发展。同时上级机关也加大督导和检查工作力度，最高人民检察院铁路运输检察厅派出三个工作组，到西安、广州等分院开展了督导工作，确保活动取得实效。

二是抓素质，推动干部业务能力建设。2010 年，最高人民检察院铁路运输检察厅组织开展了首届全国铁路运输检察机关优秀公诉人竞赛和铁路运输检察机关侦查监督优秀检察官竞赛活动，极大调动了全国铁路运输检察干警学业务、提素质的热情。选派五名铁路运输检察系统代表分别参加全国十佳优秀公诉人和全国侦查监督优秀检察官竞赛活动，取得了较好成绩。加强铁路运输检察理论研究工作，创办了《人民检察》铁路运输检察版，铁路运输检察机关理论研究工作水平得到了进一步的提高。举办了全国铁路运输检察分院领导班子推进三项重点工作培训班和机要员培训班。

三是抓基础，铁路运输检察机关规范化建设取得新突破。铁路运输检察机关作为一个独立的系统，单独考核评价铁路运输检察业务工作和基层检察院建设工作。召开铁路运输检察机关信息工作会议，进一步规范了铁路运输检察机关信息工作。开通了铁路运输检察机关专门的机要通道和铁路运输检察专门网。

三、认真做好铁路运输检察体制改革的各项工作

一是要加强对铁路运输检察体制改革工作的组织领导。为保障铁路运输检察体制改革的顺利进行，要求相关省级人民检察院要成立专门的领导小组，确定具体工作部门和联系人。对移交工作加大了指导力度。二是指导各铁路运输检察分院做好各项移交前的准备工作。三是加强了对铁路运输检察制度的研究工作。对移交后的检察业务、队伍管理和保障等问题，进行了深入的论证研究。鼓励一些铁路运输检察院在拓宽专门法律监督领域探索、试点工作。四是配合有关部门全面部署对铁路检察院管理体制改革工作。为正确贯彻落实中央六部门联合签发的《关于铁路法院检察院管理体制改革若干问题的意见》，最高人民检察院下发了《最高人民检察院关于铁路检察院管理体制改革的实施意见》，对移交后铁路检察院管理体制机制等问题进行明确。召开了由各省级人民检察院检察长和 17 个铁路运输检察分院检察长参加的全国铁路检察院管理体制改革工作会议。

（最高人民检察院铁路运输检察厅 束纯剑）

全国铁路运输检察分院检察长座谈会 2010 年 5 月 18 日，全国铁路运输检察分院检察长座谈会在浙江省杭州市召开。会议对铁路运输检察机关服务和保障上海世博会、广州亚运会期间的铁路维稳安保工作，深入推进三项重点工作，扎实做好铁路运输检察体制改革工作，认真开展"恪守检察职业

道德、促进公正廉洁执法"主题实践活动进行了研究部署。全国铁路运输检察分院检察长参加了会议，最高人民检察院副检察长姜建初参加会议并讲话，铁路运输检察厅厅长阎敏才在会议结束时作了总结。

会议要求，切实发挥铁路运输检察职能作用，确保上海世博会及广州亚运会期间铁路运输安全稳定。铁路运输检察机关一方面要进一步增强政治意识、大局意识和忧患意识，增强紧迫感和责任感，切实提高对做好世博会、亚运会期间铁路安全保卫各项工作重要性的认识，要坚决克服麻痹和松懈思想，清醒地认识到世博会、亚运会期间政法维稳工作所面临的严峻形势，清醒地认识到作为全国交通运输的大动脉，铁路也可能会成为敌对势力和恐怖分子袭击和破坏的目标。另一方面，要严密部署，狠抓各项工作措施的落实。严格执行最高人民检察院《关于世博、亚运期间铁路运输机关加强维护稳定安全工作的通知》要求，切实加强协作配合，共同做好铁路安全保卫工作。

会议强调，要围绕深入推进三项重点工作，扎实做好铁路运输检察各项业务工作，确保铁路运输检察工作平稳健康发展。一要切实提高认识，统筹做好深入推进三项重点工作的部署；二要充分发挥执法办案的基础作用，努力从源头上预防和化解各类社会矛盾；三要深入做好涉检信访工作，建立健全具有铁路运输检察特色的维稳形势研判和社情民意调查工作机制；四要积极发挥职能作用，主动参与铁路辖区社会管理工作，特别是要高度重视、积极参与近期铁道部开展的铁路治安重点地区集中整治行动。

会议指出，要认真做好铁路运输检察体制改革各项基础工作，为新体制运行奠定坚实基础。铁路运输检察机关的移交在即，各级铁路运输检察机关一要加强领导，精心组织，确保铁路运输机关顺利移交；二要就移交过程中和移交后队伍保障和待遇等问题，积极争取有关方面的支持；三要以开拓创新的精神，深入思考移交后的检察业务、队伍管理和保障等问题。

会议要求，要认真开展"恪守检察职业道德、促进公正廉洁执法"主题实践活动，不断加强对自身的监督。各级铁路运输检察机关要深刻认识加强自身监督的极端重要性，牢固树立监督者必须接受监督的观念，切实把强化自身监督摆到与强化法律

监督同等重要的位置来抓，认真加强组织领导，确保"恪守检察职业道德、促进公正廉洁执法"主题实践活动取得实效。要紧紧围绕党和国家工作大局和全面正确履行法律监督职能，以领导班子和领导干部队伍建设为龙头，以法律监督能力建设为核心，大力加强和改进铁路运输检察机关党的建设，用党的建设成效带动铁路运输检察队伍建设，促进公正廉洁执法。

（最高人民检察院铁路运输检察厅　束纯剑）

预防职务犯罪工作　2010年，各级检察机关预防部门面对预防工作面临的新形势、新情况、新问题和新要求，着眼预防工作的历史定位和历史把握，努力实现预防职务犯罪工作重点的战略性转移，围绕党和国家工作大局，围绕促进惩防腐败体系建设和社会管理创新，按照"在更高起点、更高层次、更高水平上加强和改进预防工作"的总体要求，全面推动检察机关预防职务犯罪工作深化发展，为促进廉政建设，有效服务经济社会发展和社会和谐稳定作出了积极贡献。

一、加强对新形势和新任务的研判，把握预防工作的历史定位和根本走向，着力实现预防职务犯罪工作重点的战略性转移

面对经济社会发展重要机遇期出现的新情况、新特点，新问题，针对民生问题突出和社会矛盾集中凸现的现实情况，依科学发展观的要求，着力围绕经济社会科学发展、社会和谐稳定的工作大局，围绕深入推进社会矛盾化解、社会管理创新、公正廉洁执法三项重点工作，加强调查研究，强化对形势的分析研究和判断，把握预防工作发展规律、历史定位和历史机遇，精心谋划加强和改进预防职务犯罪工作，鲜明地提出把推进惩防腐败体系建设和社会管理创新作为当前和今后一个时期检察机关预防职务犯罪工作更新更高的目标任务和重点工作，并明确了工作重点战略性转移的基本思路，即：更加重视对一县一市一省乃至全国一个时期职务犯罪发生特点、发案规律、犯罪原因及发展变化趋势的深入分析，对反复发生的问题从规律上找原因，普遍发生的问题从机制上找原因，深入研究职务犯罪多发易发的体制性原因和机制上漏洞，以及政策、法律、制度和社会管理层面存在的突出问题，寻求解决源头性、根本性、基础性问题的办法，提出惩治和预防职务犯罪的体制机制改革、政策调整、

制度健全、法律完善和社会管理创新等具有全局意义的防治对策,并在 2010 年 7 月召开的全国检察机关查办和预防职务犯罪工作会议上进行了部署,统一认识,强化措施,加强指导,推动工作。

二、紧紧围绕党和国家大局,重点抓好集中开展专项预防工作、探索开展年度综合报告工作、办好惩治和预防渎职侵权犯罪展览和巡展三项重大工作,带动各项业务工作全面深化发展

(一)集中开展"预防工程建设领域职务犯罪,推进社会管理创新"专项预防工作,取得阶段性进展。按中央关于开展工程建设领域突出问题专项治理工作总体部署,组织成立了专项工作领导小组,在全国范围内统一组织、统一指挥、统一协调,集中开展"预防工程建设领域职务犯罪,推进社会管理创新"专项预防工作。一是制定下发《专项预防工作实施方案》,要求各地提高认识,统一思想,成立专项预防工作领导小组,制订预防工作方案。二是加强专项预防宣传工作力度。与最高人民检察院举报中心联合策划、编辑、出版了"惩治和预防工程建设领域职务犯罪宣传挂图"、"预防工程建设领域职务犯罪,推进社会管理创新"专项预防工作宣传手册,在全国范围开展专项宣传活动。三是加强专项预防工作指导。创办《工程建设领域预防工作专刊》,作为专项业务指导平台,抓紧提炼专项预防工作好做法、好经验,促进相互之间的交流、学习。四是开展实地检查,现场指导。五是及时总结检查,推动专项工作。

专项预防工作得到了各级检察机关的迅速响应、普遍重视。在各级检察机关预防部门的共同努力下,专项预防工作取得阶段性成果。2010 年,全国各级检察机关共在 15013 个工程建设项目中开展职务犯罪预防工作。其中,国家级工程项目 1667 个、省级工程项目 2930 个、省级以下工程项目 10416 个,通过预防,发现不符合资质要求的单位 1343 个,有效防范了职务犯罪的风险。

(二)改革创新,探索建立"职务犯罪发生情况、发展趋势和预防对策综合报告"制度。预防职务犯罪年度报告制度是在新的历史时期实现预防工作重点战略性转移的一项重大举措。明确要求各级检察院在每年年底都要在广泛收集职务犯罪信息、深入开展预防调查,深刻剖析典型案件,加强预防对策研究的基础上起草年度综合报告,对辖区内职务犯罪总体形势、规律特点、演变趋势等作出深度

分析,针对职务犯罪发展变化的情况、趋势和易发多发领域、类型、部位等进行预警预测,提出具有战略性、全局性、针对性和可操作性的预防职务犯罪的思路、重点和对策措施的建议,提交党委、人大、政府及有关部门作为决策参考,以增强预防工作的综合效应。为了切实做好这项工作,召开了"预防职务犯罪综合报告制度高级研讨班",广泛听取了意见和建议,全面研讨预防年度综合报告的性质定位、内容结构和具体要求,有力推动了年度综合报告工作的开展。

(三)积极做好"全国检察机关惩治和预防渎职侵权犯罪展览"展览和巡展工作。最高人民检察院职务犯罪预防厅积极配合渎职侵权检察厅,共同做好"全国检察机关惩治和预防渎职侵权犯罪成就展览"的筹备和服务工作。认真承办和组织在全国范围内开展"全国检察机关惩治和预防渎职侵权犯罪成就展览"巡展工作。河北、上海、广东等省市已于 12 月举办了巡展,有 26 万多人参观了展览,取得了良好的政治和社会效果。各地党政主要领导出席开展仪式或参观展览,对最高人民检察院组织巡展工作给予大力支持,对展览的内容和取得的成效给予充分肯定。创办《全国检察机关惩治和预防渎职侵权犯罪展览巡展工作简报》,加强对各地工作情况进行通报、指导,推动各地巡展工作迅速有序进行。

三、坚持解放思想,实事求是,奋力推动和不断深化各项预防业务有效开展

各级检察机关预防部门通过抓三项重大预防工作,以重点带一般、促全局,使得预防工作全面推进,各项基础预防职务犯罪工作均取得明显成效:

一是深入开展犯罪分析,把握犯罪特点规律更加深刻。各地通过查阅案件卷宗,走访发案单位,讯问犯罪嫌疑人等,主动查找犯罪的主客观原因,进行典型职务犯罪案例剖析。各级预防部门结合执法办案,深入进行典型职务犯罪分析 28189 次。

二是积极提出预防建议和提供预防咨询,努力消除犯罪隐患。各级预防部门结合办案共提出预防建议 55628 件;提出预防咨询 97345 次。其中,针对多发、易发行业、部门、单位的建议和咨询均受到有关方面的重视和肯定。

三是深入开展警示教育和宣传工作,预防宣传工作的力度得到加强,社会各界对预防工作关注度

不断提升。加大了对警示教育基地建设的指导力度，督促和规范了警示教育基地建设。目前，由基层检察院单独设立的警示教育基地就有 686 个，面积达 222402 平方米。改变过去"走出去"为现在的"请进来"，实现了集中式、主动式的警示教育新格局，警示教育的效果明显增强。各级检察机关预防部门共开展警示教育 84216 次，受教育人数 9558582 人。最高人民检察院职务犯罪预防厅与上海《检察风云》杂志社合作创办了《预防职务犯罪》专刊，加强预防宣传和警示教育工作。

四是完善行贿犯罪档案查询系统，查询工作影响力不断扩大。共受理行贿犯罪档案查询 328375 次，对有行贿犯罪记录的 1461 家单位或个人，均由有关行业主管（监管）部门和业主单位作了相应处置。

五是及时发现和移送职务犯罪线索，以防促打。预防部门结合开展预防工作发现线索，处置线索，办案部门根据预防移送的线索予以立案，增强了检察机关自主发现、查办案件的能力，拓宽了法律监督的渠道。

积极探索开拓预防工作新领域方面也取得了一定的进展。一是加强渎职侵权犯罪预防。配合查处渎职侵权案件，重点加强对渎职侵权犯罪的分析。最高人民检察院职务犯罪预防厅引导各地开展矿难背后的渎职等犯罪和引发司法不公渎职犯罪两个专题研究。二是积极探索开展行贿犯罪的源头治理。按《最高人民检察院关于进一步加大查办严重行贿犯罪力度通知》的要求，加强对行贿犯罪的规律特点、发案原因和预防对策的研究。加强对外资企业在境内行贿犯罪行为研究，探索在非公机构集中地区开展预防行贿犯罪工作。

四、健全机制，强化协作，为预防工作发展奠定基础

为了保证预防工作的健康、高效、协调发展，加强了机制建设、信息化建设和预防协作联络等工作。一是出台了《关于推进职务犯罪侦查和预防一体化工作机制建设的指导意见（试行）》，以切实解决预防与侦查工作两张皮、相脱节、信息不通畅、针对性不强、效率不高等问题，努力追求法律监督的整体效能和综合效果。二是结合检察机关信息化应用软件统一工作，开展预防工作软件需求分析，规范流程，统一文书，规划机构设置，积极搭建预防职务犯罪信息化平台。三是加强与国家预防腐败局的工作联系，通过预防腐败联席会议协调有关预防事项，推进预防工作的效果转化。四是不断完善与有关国家机关、部委预防职务犯罪联席会议机制，增强预防工作合力。

（最高人民检察院职务犯罪预防厅）

司法解释工作 2010 年，司法解释工作围绕党和国家工作大局，以推进社会矛盾化解、社会管理创新、公正廉洁执法三项重点工作为重点，着力研究解决司法实践中亟需解决、广大人民群众关注的法律适用问题，新制发司法解释和规范性文件 6 件；同时，开展了司法解释清理工作，废止司法解释和规范性文件 63 件，废止工作文件 13 件。

一、制发司法解释

1.2010 年 2 月 4 日起施行的《最高人民法院、最高人民检察院关于办理利用互联网、移动通讯终端、声讯台制作、复制、出版、贩卖、传播淫秽电子信息刑事案件具体应用法律若干问题的解释（二）》。该解释厘清了网站建立者、直接负责的管理者、电信业务经营者、互联网信息服务提供者、广告主、广告联盟、第三方支付平台等各方在制作、复制、出版、贩卖、传播淫秽电子信息犯罪中应承担的法律责任，明确规定了相应的定罪量刑标准，特别是针对利用互联网、移动通讯终端、声讯台制作、复制、出版、贩卖、传播内容含有不满十四周岁未成年人的淫秽电子信息行为，制定了更为严厉的定罪量刑标准，突出了对未成年人的保护。该解释对于净化网络环境，保护未成年人身心健康，打击通过网络实施的淫秽电子信息犯罪具有重要意义。

2.2010 年 3 月 15 日印发的《最高人民法院、最高人民检察院、公安部、司法部关于依法惩治拐卖妇女儿童犯罪的意见》。该意见针对近年来拐卖妇女儿童犯罪出现的新情况新特点，从管辖、立案、证据审查、案件认定、刑罚适用等方面提出了指导性意见，有利于打击拐卖妇女儿童犯罪，保护妇女儿童权益，维护社会和谐稳定。

3.2010 年 3 月 26 日起施行的《最高人民法院、最高人民检察院关于办理非法生产、销售烟草专卖品等刑事案件具体应用法律若干问题的解释》。该解释进一步明确了非法生产、销售烟草专卖品等犯罪行为所适用的罪名及定罪量刑标准，完善了犯罪金额的计算方法，对于依法惩治非法生产、销售烟草专卖品犯罪活动，维护社会主义市场经济秩序具

有积极作用。

4.2010 年 5 月 7 日印发的《最高人民检察院、公安部关于公安机关管辖的刑事案件立案追诉标准的规定（二）》。这个追诉标准（二）对 2001 年 4 月《关于经济犯罪案件追诉标准的规定》进行了全面修订，明确了 86 个经济犯罪罪名的立案追诉标准，有利于统一、规范执法，有利于维护社会主义市场经济秩序。

5.2010 年 8 月 31 日印发的《最高人民法院、最高人民检察院、公安部关于办理网络赌博犯罪案件适用法律若干问题的意见》。该意见就办理网络赌博案件的定罪量刑标准、网上开设赌场共同犯罪的认定、案件的管辖和证据的收集等问题提出了指导性意见，为打击网络赌博犯罪及时提供了法律武器。

6.2010 年 11 月 26 日印发的《最高人民法院、最高人民检察院关于办理国家出资企业中职务犯罪案件具体应用法律若干问题的意见》。该意见明确规定了国企改制过程以及国家出资企业中比较突出的贪污、受贿、挪用公款、渎职等犯罪行为的认定处理，进一步明确了国家出资企业以及其中国家工作人员的界定标准，同时对在办理国家出资企业中职务犯罪案件中贯彻宽严相济刑事政策提出了具体意见。该意见的制发，对于依法正确处理此类案件，充分有效地保护国有资产，深入推动反腐败工作的开展，具有积极意义。

二、清理司法解释和规范性文件

为落实十一届全国人大三次会议关于集中清理司法解释的要求，最高人民检察院协同最高人民法院对 2008 年年底以前单独或者联合其他部门制发的司法解释和规范性文件进行了集中清理，经 2010 年 5 月 31 日最高人民检察院第十一届检察委员会第 36 次会议、2010 年 11 月 8 日最高人民法院审判委员会第 1500 次会议分别审议通过，联合制发了《最高人民法院、最高人民检察院关于废止部分司法解释和规范性文件的决定》，最高人民检察院还制发了《最高人民检察院关于废止部分司法解释和司法解释性文件的决定》和《最高人民检察院关于废止部分工作文件的决定》。

《最高人民法院、最高人民检察院关于废止部分司法解释和规范性文件的决定》废止"两高"联合发布以及"两高"和其他部门联合发布的文件 37 件，其中，28 件系因与现行法律、法规、司法解释的

规定不一致或者因内容被涵盖而废止，4 件系因现行刑法作出新的规定而废止，5 件系因所依据的文件被废止而废止。

《最高人民检察院关于废止部分司法解释和司法解释性文件的决定》废止最高人民检察院单独制发的司法解释和司法解释性文件 14 件，废止最高人民检察院与公安部、司法部联合制发的司法解释性文件 2 件。其中，8 件系因与现行法律、法规、司法解释的规定不一致或者因内容被涵盖而废止，5 件系因相关司法解释、司法解释性文件中已有明确规定而被代替，3 件系因所依据或者转发的文件被废止而废止。同时，为便于工作和查询，对最高人民检察院单独或者联合制发的文件中已经命令废止的 10 件，予以统一公布。

《最高人民检察院关于废止部分工作文件的决定》废止最高人民检察院制发的工作文件 13 件。同时，为便于工作和查询，对最高人民检察院制发的文件中已经明确规定废止的 6 件工作文件，予以统一公布。

（最高人民检察院法律政策研究室
韩耀元　王文利）

检察专题调研工作　2010 年，检察专题调研工作认真贯彻全国政法工作会议和全国检察长会议精神，深入贯彻落实科学发展观，紧紧把握检察工作发展的新机遇，努力适应检察工作面临的新形势、新要求，重点关注深入推进三项重点工作，不断研究检察业务工作中的新情况、新问题，积极参与立法研究，推进完善检察制度，充分发挥为领导业务决策服务、为检察业务工作服务的职能作用，检察应用专题调研工作取得了新的成绩。

上级人民检察院切实做好专题调研的指导、组织工作。一是通过下发重点调研题目开展对下指导工作。2010 年 1 月，最高人民检察院法律政策研究室经过认真研究，反复讨论，抓住检察工作科学发展中的重点、难点、热点问题，拟订了 26 个检察应用理论研究重点题目，下发了《关于印发〈2010 年检察应用理论研究重点题目〉的通知》，要求各省检察机关研究室根据本地实际，组织好专题调研和检察应用理论研究工作，切实发挥为检察工作和领导决策服务的积极作用，推动检察工作更好地服务经济社会科学发展。重点题目涵盖检察机关服务大局、服务构建和谐社会、刑事实体、刑事程序，民

事、行政诉讼法律监督以及检察工作机制等几大方面，如充分发挥检察职能、为经济平稳较快发展服务，在检察环节化解社会矛盾的新方式、新措施等，对全国检察机关开展专题调研工作发挥了很好的指导作用。地方检察机关领导和研究室同志对专题调研工作高度重视，精心组织和协调本院各部门和下级人民检察院，围绕检察工作中的新情况、新问题，结合本地区、本部门的实际情况，积极申请承担重点调研题目的研究工作。二是通过实地走访、召开座谈会、研讨会等方式加强专题调研工作。2010年，最高人民检察院法律政策研究室重视到地方检察机关开展实地调研工作，通过实地调研、召开座谈会等，加强对地方检察机关专题调研工作的指导力度。三是积极推广宣传优秀调研成果。最高人民检察院法律政策研究室和省级检察院通过向全国或全省转发、向领导专报、在内部刊物上刊载等方式，积极向全国或者本地区宣传推广优秀调研成果，不仅推动了调研成果的转化应用，也极大地鼓舞了专题调研工作者的士气，调动了检察干警进行专题调研的积极性。

全国检察机关有重点地开展了专题调研工作，组织有关部门和人员，围绕检察工作中的新情况、新问题，开展调查研究，推出了一批有数据、有情况、有分析、有建议、高质量、对检察业务工作有重要参考价值的调研成果。如，各地检察机关围绕深入推进三项重点工作有关问题进行了广泛而深入的调研，认真研究推进三项重点工作的理论和实践问题，最高人民检察院法律政策研究室主任在2010年7月召开的中央政法委政法工作专题研讨会上，就检察机关深入推进三项重点工作以及如何在经济社会又好又快发展中更好地发挥职能作用等几个重要问题进行了发言。各地检察机关深入开展了刑事和解办案机制的调研。最高人民检察院法律政策研究室通过调研，撰写了关于检察机关开展刑事和解办案机制的研究报告，提交最高人民检察院检察委员会研究讨论，起草了《最高人民检察院关于办理当事人达成和解的轻微刑事案件的若干意见（试行）》。各地检察机关结合许多省级人大常委会通过的关于加强检察机关法律监督工作的决议、决定，就加强检察机关诉讼监督工作进行调研，撰写了大量检察机关诉讼监督工作情况的调研报告，为领导决策提供了重要的参考依据。最高人民检察院法律政策研究室重点就《最高人民检察院关

于进一步加强对诉讼活动法律监督工作的意见》的实施情况进行了专题调研，认真分析了检察机关诉讼监督工作中存在的问题和困难，撰写了六篇不同专题的研究论文在检察日报连续发表，对检察机关开展诉讼监督工作发挥了重要的指导作用。

（最高人民检察院法律政策研究室 石献智）

检察委员会工作 2010年，最高人民检察院继续加强和改进检察委员会工作，高度重视、切实发挥检察委员会的职能作用，加强对重大案件、重大业务问题的讨论和决定，注重检察委员会的专业化建设和制度建设，强化检察委员会工作机制建设，检察委员会议事质量和效率得到进一步提高。

一、最高人民检察院检察委员会工作

2010年，最高人民检察院检察委员会共召开会议27次（第十一届第二十七次至第五十三次），讨论议题63件次。

全年共审议案件18件次（其中民事案件4件次）。在审议的案件中，包括国家开发银行原副行长王益受贿案，第十一届全国人大常委会原委员、全国人大财经委员会原副主任委员、全国人大常委会预算工作委员会原主任朱志刚受贿案，吉林省人大常委会原副主任、原党组副书记米凤君受贿案，广东省政协原主席陈绍基受贿案，公安部原部长助理、经济犯罪侦查局原局长郑少东受贿案，中共天津市委原常委、天津市滨海新区管理委员会原主任皮黔生受贿、滥用职权案，中共浙江省委原常委、省纪委原书记王华元受贿、巨额财产来源不明案，中国核工业集团原总经理、原党组书记康日新受贿案，贵州省政协原主席黄瑶受贿案，辽宁省人大常委会原副主任宋勇受贿案，吉林省人民检察院提请核准追诉的陈彪故意杀人案，山东省人民检察院提请抗诉的王进田诈骗案，湖南省人民检察院提请抗诉的徐健抢劫案，扬州大学申诉案，重庆索特盐化股份有限公司申诉案等。

全年共审议司法解释和规范性文件34件次。审议的司法解释和规范性文件主要有：《最高人民法院、最高人民检察院关于办理利用互联网、移动通讯终端、声讯台制作、复制、出版、贩卖、传播淫秽电子信息刑事案件具体应用法律若干问题的解释（二）》、《最高人民法院、最高人民检察院关于办理非法生产、销售烟草专卖品等刑事案件具体应用法律若干问题的解释》、《人民检察院扣押、冻结涉案

款物工作规定》、《最高人民检察院、公安部关于公安机关管辖的刑事案件立案追诉标准的规定（二）》、《最高人民检察院、公安部、国家安全部关于人民检察院对搜查、扣押、冻结等侦查措施进行法律监督的规定（试行）》、《最高人民法院、最高人民检察院关于办理诈骗刑事案件具体应用法律若干问题的解释》、《最高人民检察院关于适用〈关于办理死刑案件审查判断证据若干问题的规定〉和〈关于办理刑事案件排除非法证据若干问题的规定〉的指导意见）》、《最高人民法院、最高人民检察院关于对民事审判活动与行政诉讼实行法律监督的若干规定（试行）》、《最高人民法院、最高人民检察院关于对民事执行活动实行法律监督的若干意见（试行）》、《最高人民检察院关于办理当事人达成和解的轻微刑事案件的若干意见》、《最高人民检察院关于实行人民监督员制度的规定》、《最高人民检察院关于加强对职务犯罪案件第一审判决法律监督的若干规定（试行）》、《最高人民检察院关于废止部分工作文件和工作规范性文件的决定》、《人民检察院国家赔偿工作规定》、《人民检察院检察委员会议题标准（试行）》、《最高人民检察院关于规范检察人员与律师交往行为的暂行规定》、《最高人民检察院关于强化上级人民检察院对下级人民检察院执法办案活动监督的若干意见（审议稿）》、《最高人民法院、最高人民检察院关于对死刑判决提出上诉的被告人在第二审开庭后宣判前提出撤回上诉人民法院是否准许的批复》、《中华人民共和国检察官宣誓规定（试行）》、《检察机关文明用语规范》、《人民检察院文明接待室评比标准》、《最高人民检察院关于案例指导工作的规定》、《检察官职业行为基本规范（试行）》、《人民检察院司法警察押解工作规则》、《人民检察院调用司法警察暂行规则》、《检察机关执法工作基本规范》（2010 年版）、《人民检察院司法警察宣誓规定（试行）》、《关于开展案例指导工作有关情况的报告》等。

其他议题 11 件审议了曹建明检察长拟向第十一届全国人民代表大会第三次会议作的《最高人民检察院工作报告》、《法律政策研究室 2010 年就重要立法项目开展研究和提出立法建议工作计划》、《关于检察机关在执法办案中开展调解工作问题的研究报告》、《关于探索建立检察机关刑事和解办案机制问题的研究报告》、《关于建立检察机关案例指导制度的工作方案》、《关于清理司法解释有关工作

情况的报告》、《关于对〈刑法修正案（八）（草案）〉提出修改意见及其他完善刑法建议的报告》、《刑法、司法解释关于犯罪数额规定的研究意见》等议题。

二、检察委员会办事机构工作

召开全国检察机关检察委员会工作会议。2010 年 11 月 23 日至 24 日在重庆召开了全国检察机关检察委员会工作会议。会议对今后一个时期全面加强和改进检察委员会工作，充分发挥检察委员会的职能作用，切实推进检察工作科学发展，进一步加强检察委员会建设提出了明确要求。

认真做好检察委员会服务工作。全年共审核检察委员会议题 130 余件次，起草会议纪要 63 件，认真督办检察委员会决定的执行，分别于年中和年末向检察委员会提交督办报告。

认真开展法律核稿工作。全年共办理业务规范性文件法律核稿 21 件。

组织协调检察委员会集体学习活动。全年最高人民检察院检察委员会共举办集体学习 2 次。为了扩大学习范围，建立了局域网直播讲座的工作机制。

进一步加强检察委员会制度建设。起草了全国检察机关统一适用的《人民检察院检察委员会专职委员选任及职责暂行规定》和《人民检察院检察委员会议题标准（试行）》及相关文书，进一步规范了专职委员工作制度和检察委员会议题工作。

承担检察机关案例指导具体工作。研究起草了《关于建立检察机关案例指导制度的工作方案》、《最高人民检察院关于案例指导工作的规定》和《关于设立最高人民检察院案例指导工作委员会的通知》，就检察机关开展案例指导工作相关问题进行了调研，研究提出指导性案例，经检察委员会通过，发布了施连串等 17 人聚众斗殴不起诉案等 3 个最高人民检察院第一批指导性案例。

组织检察委员会理论研究和专题调研。在《人民检察》杂志开辟专栏，组织首次检察委员会理论研究征文活动。2010 年初，在全国范围内组织了"检察委员会制度改革相关问题"专题调研。

加强工作指导。创办《检察委员会工作情况》内刊。对 2010 年上半年省级检察院检察委员会会议纪要备案情况进行统计和分析，促进了省级检察院检察委员会工作的规范开展。

（最高人民检察院法律政策研究室　谢晓歌）

全国检察机关检察委员会工作会议 2010年11月23日至24日，最高人民检察院在重庆市召开了全国检察机关检察委员会工作会议，这次会议是全国检察机关第一次专门研究、部署检察委员会工作的会议。最高人民检察院副检察长胡泽君到会讲话，检察委员会专职委员杨振江作工作报告，法律政策研究室主任陈国庆作大会总结。各省、自治区、直辖市人民检察院分管检察长（检察委员会专职委员）和法律政策研究室主任（检察委员会办事机构负责同志）参加会议。16个省级检察院、6个地市级检察院和县级检察院提交了书面经验交流材料。7个省级检察院和1个基层检察院的代表在大会上介绍了近年来发挥检察委员会职能作用、加强检察委员会建设、规范检察委员会工作等方面的经验。

会议认为，近年来检察委员会工作取得了新进展。一是检察委员会制度建设取得明显进展。最高人民检察院对《检察委员会组织条例》修订后，又审议通过了《检察委员会议事和工作规则》、《检察委员会专职委员选任及职责暂行规定》、《检察委员会议题标准》以及检察委员会工作文书，建立了全国统一的检察委员会制度和规范体系。二是检察委员会组织建设和能力建设进一步加强。全国已选任检察委员会专职委员2000多名。一批业务部门负责人进入检察委员会，检察委员会委员专业化进一步增强。检察委员会办事机构实现了从无到有并逐步健全。省、市两级检察院基本上建立了办事机构或者配备了专职人员，有的还单独设立了检察委员会办公室。最高人民检察院和不少地方检察院建立了检察委员会集体学习制度。三是检察委员会议事和工作程序进一步规范。从议题提请到议题审核、议题汇报、会议讨论、发言顺序、形成决定、决定执行、督办落实、列席会议等各个环节，都有明确的规定。四是检察委员会职能作用进一步发挥。检察委员会开会次数和议题数量不断增加，议题范围进一步扩大，"重议案轻议事"现象有所改变，对宏观业务的指导进一步加强，有效地促进了检察权的正确行使。五是检察委员会理论研究进一步深化。

会议提出，要充分发挥检察委员会宏观指导、讨论决定重大案件和内部监督三大方面的职能作用。要把宏观业务决策摆在更加突出的位置，全面发挥检察委员会既议案又议事的职能，加强对检察工作中贯彻执行国家法律、政策，本级人民代表大会及其常务委员会决议，上级人民检察院工作部署、决定等重大问题的审议；加强对重要业务规范性文件的审议；加强对重大专项工作和重大业务工作部署的审议。要更加充分地发挥检察委员会研究决定重大案件的作用。检察委员会要加强对上级交办的重大案件、有关部门组织协调的案件、社会广泛关注的热点敏感案件、相关办案部门有重大意见分歧的案件的集体讨论，提高办案质量，增强办案效果。要更加充分地发挥检察委员会的内部监督作用，加强集体领导和集体监督，加强对检察权行使的监督，确保检察权依法正确行使。

会议要求，要充分认识加强检察委员会工作的重要意义，充分发挥检察委员会的职能作用，切实推进检察工作科学发展。一是充分运用检察委员会决策平台，切实发挥检察委员会在推动检察工作科学发展中的重要作用。凡属检察委员会议题范围的，原则上都要提交检察委员会审议。专职委员、办事机构要对本院检察委员会既往议题情况进行梳理，查找本院执行议题范围中存在的不规范问题，专题向检察长和上一级检察院报告。要加大检察委员会研究重大问题的议题比重和进行宏观业务指导的工作力度，并注意通过检察委员会全面总结工作经验，及时把握工作规律，深入分析突出问题。要认真坚持例会制，一般每两周举行一次会议。上级检察院要加大指导、检查力度，发现问题及时纠正。二是狠抓制度落实，提高检察委员会工作规范化水平。要严格遵循会前程序，严格执行议题标准，做好议题准备工作。要统一制作和使用检察委员会工作文书。要严格执行有关报告和备案规定，发现检察委员会委员人数不足法定人数、委员任免、委员职务发生变动等情况，及时报告上级检察院。要按照规定的格式和要求认真制作会议纪要并及时报上级检察院备案，上级检察院检察委员会办事机构要对报备的纪要进行分析。要严格掌握列席人员的范围，不得擅自扩大。上级检察院派员旁听下级检察院检察委员会，发现问题的要在会后向主持会议的检察长提出建议。三是选好配强检察委员会委员和专职委员。要按照组织条例规定的条件和员额标准选任委员，员额不足的要及时增补。选任委员时，要优先考虑主要业务部门负责人。要健全工作机制，强化委员责任，探索实行委员履行职责考核制，对委员出席会议、讨论发言、发表意见、提出议题等情况进行评价。未配备专职委员的地方，要尽快向当地党委、人大报告，争取支持；已经配备的，要明确职责，合理分工，切实发挥其作用。对专职委员的分工和职责，上级检察院要及时通知下级检察院，下级检察院要及时报告上级检察院。四是重视业务学习和培训。全国各级检察机关都要实现检察委员会集体学习的经常化和制度化，上级检察院举行检察委员会集体学习时，有条件的要与下级检察院共享资源。加大对专职委员、检察委员会委员和办事机构的教育培训力度。对新选任的专职委员和检察委员会委员，上级检察院要及时组织培训，帮助他们尽快熟悉检察委员会工作程序，尽快提高议事决策能力。对办事机构工作人员，上级检察院要有计划地组织专项业务、专门技能培训，促进岗位练兵和经验交流，不断提高服务检察委员会工作的能力和水平。要按照最高人民检察院教育培训规划要求，实行市级检察院集中轮训、省级检察院重点直训基层的机制，不断加大培训力度。要探索建立检察委员会参谋咨询机制，形成对某方面专业问题进行深入研究的稳定机制和精干力量，为检察委员会科学决策服务。五是加强理论研究。要立足于推动检察委员会工作改革创新和检察委员会制度进一步完善，深入进行理论研究，在深刻阐述重大理论问题上下工夫，在增强理论深度、建立理论体系、强化理论说服力上下工夫。

（最高人民检察院法律政策研究室　孟燕菲）

纪检监察工作　2010年，全国各级检察机关坚持把党风廉政建设和自身反腐败工作摆上重要位置，以改革创新精神全面推进检察机关反腐倡廉建设，取得了新成效，为全面正确履行法律监督职能提供了有力保证。

一、贯彻中央决策部署坚决有力。最高人民检察院党组专题学习胡锦涛总书记在十七届中央纪委五次全会上的重要讲话和中央纪委五次全会精神，研究了贯彻落实的具体意见和措施。向全国检察机关下发《关于认真学习贯彻胡锦涛总书记重要讲话和十七届中央纪委五次全会精神的通知》。制定落实了《中央和国家机关贯彻落实2010年反腐倡廉工作任务的分工意见》。召开全国检察机关纪检监察工作会议，曹建明检察长就贯彻落实胡锦涛总书记重要讲话精神，进一步加强检察机关反腐倡廉建设特别是制度建设作了重要讲话。各级检察机关结合实际，采取有效措施落实最高人民检察院的部署和要求，有力地推进了检察机关党风廉政建设和自身反腐倡廉工作。

二、党风廉政建设责任制全面落实。各级检察机关认真学习贯彻中央新修订的《关于实行党风廉政建设责任制的规定》，紧紧围绕强化责任分解、责任考核、责任追究三个关键环节，狠抓党风廉政建设责任制落实。最高人民检察院机关召开党风廉政建设会议，院领导与新任厅（局）长签订党风廉政建设责任书。各省级检察院检察长与领导班子成员和分市院检察长层层签订党风廉政建设责任书，明确了各级领导班子、领导干部在党风廉政建设中的政治责任。组织对落实党风廉政建设责任制情况进行专项检查，最高人民检察院对五个省级检察院进行了重点抽查。采取多种形式组织学习《中国共产党党员领导干部廉洁从政若干准则》、"十个严禁"并开展自查自纠。全国地市级以上检察机关共派员参加下级检察院党组民主生活会3537次，进行任前廉政谈话9245人次，诫勉谈话1005人次，领导干部述职述廉26936人次，报告个人有关事项36413人次，接受质询1053人次。对298名领导干部进行了任期经济责任审计，其中正副检察长112人。有251名领导干部主动上缴收受的礼金、有价证券、支付凭证。

三、惩防体系建设取得阶段性成果。全面落实《建立健全惩治和预防腐败体系2008—2012工作规划》（以下简称《工作规划》）及《检察机关贯彻落实〈工作规划〉实施办法》（以下简称《实施办法》），分别召开了最高人民检察院牵头任务协办单位联席会和最高人民检察院机关落实《工作规划》情况汇报会，认真组织开展惩防体系建设年度自查、重点抽查和问卷调查。《工作规划》确定由最高人民检察院牵头的3项任务顺利推进，《实施办法》提出的50项工作稳步开展，70项制度机制建设任务已累计完成47项。法律监督职能不断加强，最高人民检察院会同有关部门制定下发了关于加强立案监督、对司法工作人员渎职行为加强法律监督等规定，以及关于完善民事、行政诉讼和民事执行工作法律监督范围和程序的改革方案；会同中央纪委等9个部门制定了《关于加大惩治和预防渎职侵权违法犯罪工作力度的若干意见》，建立了13个部门参加的职务犯罪境外追赃协调机制；制定实施关于进一步加强对诉讼活动法律监督工作的意见，22 个省级人大常委会作出关于加强检察机关诉讼监督工作的决议。

四、反腐倡廉教育成效明显。制定了《2010年—2012年检察机关反腐倡廉教育实施意见》，明确了检察机关反腐倡廉教育的目标、责任和内容、重点。举办检察机关自身反腐倡廉教育展览，展示自身反腐倡廉建设的成果，剖析 40 件检察人员特别是领导干部违纪违法典型案例，周永康、贺国强等中央领导同志参观展览并作重要指示。各省级检察院结合实际充实内容，积极组织巡展。开展"反特权思想、反霸道作风"专项教育活动。最高人民检察院召开电视电话会议，胡泽君副检察长对深入推进专项教育活动提出了明确要求。各级检察机关开门征求意见，认真对照检查，落实整改措施，扎实推进"两反"活动深入开展。最高人民检察院派出 12 个工作组，对各地开展"两反"专项教育活动情况进行了督导检查。通过 6 个多月的专项教育活动，一些深层次的问题得到清理和纠正，检察队伍纪律作风明显改进。

五、制度机制建设有新突破。一是积极探索廉政风险防控机制建设。先后在北京市崇文区检察院和山东省即墨市检察院召开全国检察机关廉政风险防控机制建设现场会，总结交流经验。28 个省级检察机关开展了廉政风险防控机制建设试点。二是积极推进党风廉政制度建设。依据《廉政准则》等有关规定，制定了《检察机关领导干部廉洁从检若干规定（试行）》。三是加强内部监督制度建设。积极探索上级院对下级检察院监督的有效途径和方法，起草《关于强化上级人民检察院对下级人民检察院执法办案活动监督的若干意见》，最高人民检察院检察委员会已审议通过。四是推进内部管理制度建设。制定《关于规范检察官与律师交往行为的暂行规定》，对检察人员与律师交往行为进行规范。制定《关于严禁检察人员违规使用机动车辆的六项规定》，对检察人员借用、占用发案单位机动车辆等六种情形作出明确的禁止性规定。五是反腐倡廉制度执行力得到提高。注重运用执法监察、巡视和检务督察等平台，加强对制度执行情况的监督检查，发现问题提出整改建议并对整改情况进行回访，促进了各项制度的贯彻落实。

六、内部监督工作不断强化。召开全国检察机关内部监督工作经验交流会，13 个省、市、县检察院介绍了加强内部监督工作的经验，120 个检察院书面交流了工作中的做法和体会，曹建明检察长对推进检察机关内部监督工作作出全面部署。各级检察机关认真贯彻落实曹建明检察长的重要讲话精神，努力推进机制制度创新，不断加强和改进内部监督工作。一是继续加大对各级检察机关领导班子的监督力度。北京等 11 个省级检察院检察长到最高人民检察院述职述廉并接受评议。最高人民检察院对浙江、陕西和四川 3 个省级检察院领导班子开展巡视，对内蒙古、黑龙江、山东和福建 4 个省级检察院进行了回访。18 个省级检察院设立巡视工作机构，21 个省级检察院开展了巡视工作。二是强化对检察机关执法办案活动的监督。认真落实"一案三卡"、流程管理、网上监督、重点案件跟踪回访等行之有效的制度，积极探索建立检察人员执法档案，强化对重点执法岗位、执法环节、执法人员的监督，进一步规范了检察人员执法办案行为。三是进一步加强对重大决策部署和规章制度执行情况、干部选拔任用工作以及"三重一大"的监督。全国31 个省级检察院开展督察活动 247 次，促进了重大决策部署和规章制度的落实。最高人民检察院组织对江苏、山东、四川等 6 个省检察机关执行《关于严禁检察人员违规使用机动车辆的六项规定》和《禁酒令》等制度落实情况进行交叉督察。

七、纠风工作取得新成效。一是组织开展扣押冻结涉案款物专项清理检查"回头看"。对查出的问题进行集中整改。推动修订《人民检察院扣押、冻结涉案款物工作规定》，健全了规范扣押冻结涉案款物工作的长效机制。向中央政法委报送了专项检查情况及改革完善检察经费保障机制的报告。二是针对开霸道车、酒后驾车等突出问题，在全国检察机关开展为期六个月的警车违规问题专项治理活动，共排查制式警车 35335 台，发现问题警车1235 台（次），已整改 1156 台（次），进一步规范了检察机关警车管理使用工作。三是认真开展庆典、论坛、研讨会专项清理摸底和自查工作。四是积极探索检务督察为业务工作服务的新路子，最高人民检察院组织对上海、浙江等 10 个省（市）检察机关53 个派驻监所检察室进行督察，促进了驻所检察室规范化建设。

八、查办违纪违法案件力度加大。坚持从严治检，严肃查办检察人员特别是领导干部违纪违法案件，全年共受理检察人员违纪违法线索 2719 件，初核 2115 件,立案查处检察人员违纪违法案件 212 件 267 人,同比分别上升 5% 和 6.4%;结案 215 件 272 人(含上年积存案件),同比分别上升 11.4% 和 10.1%;给予党纪处分 95 人,检纪处分 227 人,其中双重处分 61 人,移送司法机关 38 人。加大对重大违纪案件的交办督办力度,最高人民检察院督办中央政法委要结果案件 10 件,向省级检察院交办案件 50 件,已办结 102 件(含上年积存案件)。严格执行案件线索集中管理、重要线索集体排查、查审分离等制度。坚持依纪依法办案,为一些受到诬告、错告的检察人员澄清了事实,理直气壮地保护检察人员的合法权益。结合办案查找容易发生问题的薄弱环节和原因,并有针对性地提出完善规章制度的监察建议。运用典型案例开展警示教育,对检察机关领导干部严重违法犯罪案件进行剖析,提出防范对策,向中央政法委报送了专题报告。

九、纪检监察队伍整体素质有新提高。最高人民检察院党组高度重视纪检监察队伍建设,在机构、人员编制十分紧张的情况下,为纪检组、监察局增设了党风廉政建设室。中央纪委驻最高人民检察院纪检组、监察局运用"做党的忠诚卫士、当群众的贴心人"主题实践活动的成功经验,研究制定了建设学习型组局的意见。注重围绕自身反腐倡廉建设以及纪检监察工作全局性、战略性、前瞻性问题开展调查研究,对司法人员职务犯罪情况、"小官大腐败"问题以及检察机关党员领导干部违规从事营利活动、地方检察机关纪检组在派驻(出)机构管理体制改革中被撤并情况等进行专题调研,向中央纪委、中央政法委报送了调研报告。开展创先争优活动,组织评选全国检察机关纪检监察工作先进集体和先进个人。举办了省级检察院和部分分市检察院监察处长培训班。

(最高人民检察院监察局 张晓玉)

全国检察机关纪检监察工作会议 2010 年 3 月 24 日至 25 日,最高人民检察院在北京召开全国检察机关纪检监察工作会议。会议的主要任务是,深入学习贯彻党的十七届四中全会、中央纪委五次全会精神,回顾总结 2009 年检察机关党风廉政建设和自身反腐败工作,研究部署 2010 年的任务。最高人民检察院检察长曹建明就贯彻落实胡锦涛总书记在中央纪委五次全会上的重要讲话精神,进一步加强检察机关反腐倡廉建设特别是制度建设作了

重要讲话。莫文秀组长作了题为《全面贯彻中央纪委五次全会精神,深入推进检察机关反腐倡廉建设》的工作报告。会议期间,在北京市崇文区检察院召开廉政风险防控机制建设现场会,最高人民检察院副检察长张耕作讲话。在京的最高人民检察院领导、检察委员会专职委员出席会议。各省级检察院纪检组长、监察处长,军事检察院有关负责同志,各省会市、自治区首府和计划单列市检察院纪检组长,最高人民检察院有关部门负责同志参加了会议。中央纪委、中央政法委等有关部门的同志应邀出席了会议。

会议认为,2009 年,全国检察机关高度重视自身反腐倡廉工作,全面落实党风廉政建设责任制,扎实推进惩治和预防腐败体系建设,着力强化党员干部党性修养和作风建设,大力加强内部监督,积极开展专项治理,严肃查处检察人员违纪违法行为,各项工作取得新的成效,一些群众反映强烈的突出问题得到进一步解决,检察机关执法形象和公信力不断提升。

会议强调,胡锦涛总书记在中央纪委五次全会上突出强调了抓好反腐倡廉制度建设的重要性,对进一步加强反腐倡廉教育、监督、预防和惩治制度建设提出了明确要求。检察机关要全面把握和落实党中央的要求,把加强制度建设作为惩治和预防腐败体系建设的重要内容,以建立健全惩治和预防腐败体系各项制度为重点,以制约和监督权力为核心,以提高制度执行力为抓手,整体规划,重点突破,逐步形成内容科学、有效管用的检察机关反腐倡廉制度体系。广大检察人员特别是领导干部一定要把抓好制度执行放在更加突出的位置,真正做到人人认真学习制度,人人严格遵守制度,人人切实维护制度。要大力加强对制度执行的组织领导、教育培训和监督检查,充分发挥领导干部的表率作用,真正做到一级带一级、一级抓一级,形成自觉遵守和维护制度的良好风气。

会议对 2010 年检察机关党风廉政建设和自身反腐败工作进行了部署。一是认真学习贯彻胡锦涛总书记重要讲话和十七届中央纪委五次全会精神,加强对检察机关贯彻落实中央重大决策部署情况的监督检查。要切实加强对最高人民检察院关于为加快经济发展方式转变、保持经济平稳较快发展服务的各项工作部署落实情况的监督检查,加强对检察机关充分履行法律监督职责,深入推进社会

矛盾化解、社会管理创新、公正廉洁执法三项重点工作落实情况的监督检查。要严格遵守党的纪律特别是政治纪律，始终坚持党对检察工作的绝对领导，确保党的路线方针政策在检察工作中不折不扣地贯彻执行。二是深入开展反腐倡廉教育，加强检察机关领导干部作风建设。要在全国检察机关集中开展一次"反特权思想、反霸道作风"专项教育活动，坚决纠正特权思想、霸道作风和损害人民群众利益的行为。要认真学习理解和深入贯彻执行中共中央最近颁布的《中国共产党党员领导干部廉洁从政若干准则》，加强对检察机关领导干部廉洁自律情况的监督检查。要加强对领导干部作风状况的监督检查，及时发现和纠正领导干部在社会交往、生活作风方面的突出问题。三是大力推进反腐倡廉制度创新，从源头上防治腐败。要以建立健全惩治和预防腐败体系各项制度为重点，制定2010—2012年检察机关党风廉政教育实施意见，建立健全拒腐防变教育长效机制；制定加强检察机关内部监督工作的意见，健全和完善对执法办案活动的监督机制；积极探索对检察机关领导班子和领导干部加强监督的渠道和方式，完善巡视领导体制和工作机制；探索建立检察人员廉政风险防控机制，建立健全融教育、制度、监督于一体的有效防控廉政风险新机制；制定严禁检察人员违规使用机动车的规定和检察人员与律师交往行为规范。四是进一步强化内部监督工作，确保检察权的正确行使。要加强对领导班子和领导干部的监督，认真落实党员领导干部报告个人有关事项、上级检察院负责人同下级检察院负责人谈话、下级检察院负责人到上级检察院述职述廉制度，并着力抓好对相关制度执行情况的检查；加强对执法办案活动的监督，完善《人民检察院执法办案内部监督暂行规定》，以执法监察为平台，重点强化对重点执法岗位、执法环节、执法人员的监督，重点强化对直接立案侦查案件的监督，重点强化对不立案、不批捕、不起诉、撤销案件和变更强制措施的监督；加强对最高人民检察院重大决策部署、决议决定贯彻落实情况的监督，确保检令畅通；加强对干部选拔任用工作的监督。坚决防止和纠正干部选拔任用工作中跑风漏气、跑官要官、买官卖官等不正之风；加强对重大经费开支、政府采购、重大工程建设项目的监督，严格执行"收支脱钩"和扣押、冻结款物管理规定。五是严肃检风检纪，坚决纠正损害群众利益的不正之风。要着力纠

正刑讯逼供、暴力取证、非法拘禁、滥用强制措施和变相体罚等侵犯当事人人身权利的行为；着力纠正开霸道车、酒后驾车等违规问题，严格执行"禁酒令"，大力加强对公务用车特别是警用车辆的管理；着力纠正利用检察权吃请受礼的问题；着力纠正受利益驱动，越权办案，违法违规查封、扣押、冻结、处理涉案款物的问题；着力纠正有令不行、有禁不止、检令不畅等问题。六是加大查办检察人员违纪违法案件力度。要重点查处检察机关领导干部违反"十个严禁"规定的案件，利用检察权以案谋私、贪赃枉法的案件，检察人员滥用职权违规违法办案、侵犯当事人人身权、财产权的案件，充当黑恶势力保护伞的案件，渎职失职导致案件当事人脱逃、自杀、死亡的案件，以及严重违反政治纪律和组织人事纪律的案件。要充分发挥查办案件的治本功能，针对办案中发现的工作机制、管理制度方面存在的问题和薄弱环节，及时提出完善规章制度的监察建议，做到查处一起案件，教育一批干部，完善一套制度。

会议要求，要把落实党风廉政建设责任制作为推进检察机关反腐倡廉建设的"总抓手"，紧紧抓住责任分解、责任考核、责任追究三个重点环节，形成党组统一领导、检察长负总责、副检察长各负其责、纪检监察部门组织协调、各部门齐抓共管的工作格局。纪检监察部门要坚持围绕检察工作全局，深入研究新形势下反腐倡廉建设的特点和规律，积极协助党组研究、部署和督促反腐倡廉和队伍建设各项举措的落实。各级检察院领导要高度重视加强纪检监察队伍建设，配齐配强纪检监察队伍，认真落实纪检监察干部的政治、工作、生活待遇。对符合条件的纪检监察干部要依法任命法律职务，对工作成绩突出的要进行表彰。广大纪检监察干部要大力加强思想政治建设和能力建设，努力打造一支政治坚强、公正清廉、纪律严明、业务精通、作风优良的纪检监察队伍。

（最高人民检察院监察局　张晓玉）

部分省级检察院检察长向最高人民检察院述职述廉报告工作　2010年1月13日，最高人民检察院召开部分省级检察院检察长向最高人民检察院述职述廉报告工作会，北京市人民检察院检察长慕平、山东省人民检察院检察长国家森和贵州省人民检察院检察长陈俊平分别作了述职述廉报告，最高人民检察院领导进行了认真的评议。最高人民检

察院检察长曹建明在评议结束后作了讲话。最高人民检察院副检察长张耕主持会议，副检察长朱孝清、孙谦、姜建初、张常韧、柯汉民，政治部主任李如林，检察委员会专职委员童建明、杨振江，最高人民检察院各内设机构和直属事业单位主要负责人出席会议。

会议指出，省级检察院检察长向最高人民检察院述职述廉报告工作，在共和国检察史上还是第一次。建立下级检察院检察长向上级院述职述廉报告工作制度，是落实中央要求，加强对领导班子、领导干部监督管理的重要举措；是落实宪法法律规定、完善我国检察制度的重要举措；是促进检察机关党风廉政建设，推动检察工作科学发展的重要举措。近年来，各地检察机关按照最高人民检察院制定的《关于检察机关领导干部述职述廉的暂行规定》，不断完善和落实下级检察院检察长向上级检察院述职述廉报告工作制度，取得了积极成效，创造了有益经验。实践证明，这一制度有利于上级检察院对下级检察院领导班子、领导干部的监督管理，有利于中央决策部署在检察工作中的贯彻落实，有利于及时发现、解决检察工作和队伍建设中的突出问题，促进廉政建设，提高检察工作的整体效能和水平。

会议强调，加强对领导班子和领导干部的监督管理，是党中央的明确要求，也是检察工作科学发展的重要保证。最高人民检察院党组对此高度重视，出台了不少加强检察机关领导班子、领导干部监督管理的制度和措施，述职述廉报告工作制度就是其中的一项重要举措。各级检察机关要把述职述廉报告工作制度与其他监督制度和措施有机结合起来，高度重视加强制度建设，认真执行和不断完善各项监督制度，切实强化对领导班子和领导干部全方位的监督。一要逐步全面推行下级检察院检察长向上级检察院述职述廉报告工作制度。坚持突出重点，把检察长履行职责、贯彻党的路线方针政策和上级检察院的重大决策部署、完成检察业务工作、加强领导班子自身建设、推进检察队伍建设、按照党风廉政建设责任制要求抓好廉政建设以及检务保障等方面的情况作为述职述廉报告的主要内容。二要切实加强和改进党内监督。加强民主集中制建设，完善党组议事规则和决策程序，健全党内政治生活制度，抓好领导干部廉政谈话、诫勉谈话、个人有关事项报告、党风廉政建设责任追

究等制度的落实。三要切实加强和改进上级检察院对下级检察院的领导和监督。认真执行上级检察院派员参加下级检察院党组民主生活会、领导干部任职前双重谈话等制度，探索开展对下级检察院党组民主生活会质量测评工作，建立检察机关领导班子民主生活会情况通报制度和领导干部廉政档案制度，加大巡视工作力度。四要切实加强和改进执法监督。认真贯彻落实《人民检察院执法办案内部监督暂行规定》，把领导干部行使执法决策权等关键环节作为执法监督的重点，进一步完善内部监督体系，严格执行领导干部"十个严禁"的规定，确保依法正确行使检察权。五要切实加强和改进对领导班子、领导干部的考察任用。把监督与干部考察和选拔任用相结合，完善检察机关干部选拔任用机制，增强监督管理的有效性和干部工作的科学性。

会议要求，要认真贯彻落实党的十七大、十七届四中全会和党中央关于加强领导班子、领导干部队伍建设的要求，认真贯彻落实胡锦涛总书记在十七届中央纪委第五次全体会议上的重要讲话，认真贯彻落实全国政法工作电视电话会议精神，坚持以执法办案为中心，强化法律监督，强化自身监督制约，强化高素质队伍建设，认真研究推动检察工作科学发展和服务经济社会科学发展的新思路、新举措，不断提高检察工作水平，不断提高执法公信力，不断满足人民群众的新期盼，努力维护社会公平正义。

（最高人民检察院监察局　张晓玉）

全国检察机关直接立案侦查案件扣押冻结款物专项检查工作总结电视电话会议　2010年3月1日，最高人民检察院召开全国检察机关直接立案侦查案件扣押冻结款物专项检查工作总结电视电话会议。最高人民检察院副检察长张耕出席会议并作了讲话，副检察长邱学强主持会议，副检察长张常韧、柯汉民出席会议。中央纪委驻最高人民检察院纪检组组长莫文秀对专项检查工作进行了总结。吉林、江苏、湖北和广东省检察院负责同志在分会场发言，介绍了开展专项检查活动的经验和成效。

会议指出，这次扣押冻结款物专项检查工作是2009年最高人民检察院部署的一项重点工作。专项检查工作集中解决了一批扣押冻结涉案款物工作中存在的问题，使人民群众真切感受到检察机关

为维护和实现社会公平正义做出的努力。各级检察机关和广大检察人员要充分认识到，规范扣押冻结、管理和处理涉案款物工作是检察机关端正执法理念的必然要求，是加强检察队伍建设、强化自身监督的必然要求，是维护人民群众切身利益的必然要求，是提高检察机关执法公信力的必然要求。各级检察机关要把规范扣押冻结、管理和处理涉案款物工作，作为强化自身监督的重要抓手，进一步加强执法规范化建设；广大检察人员要真正做到依法依规依纪办案，坚决防止和纠正违规违法扣押冻结、管理和处理涉案款物的问题，促进公正廉洁执法。

会议强调，各级检察机关要从源头上研究和解决扣押冻结、管理和处理涉案款物工作中存在的突出问题。要加强思想教育，引导广大检察人员进一步端正执法理念，强化职业道德约束。要加强建章立制，做到用制度管权、按制度办事、依制度管人。最高人民检察院将在总结各地经验的基础上，修订和完善《人民检察院扣押冻结款物工作规定》，各地要依照这个规定，结合当地实际制定具体的实施办法。要严肃查处执法办案中违法违规扣押冻结、管理和处理涉案款物的行为，促进执法规范化建设和内部监督制约制度的落实。任何单位绝不能以办案经费不足为借口，违规违法扣押冻结和处理涉案款物。

会议要求，各级检察机关要巩固专项检查工作成果，认真开展"回头看"活动。一要看广大检察人员特别是各级领导干部对规范扣押冻结、管理和处理涉案款物工作重大意义的认识是否到位；二要看对扣押冻结、管理和处理涉案款物的自侦案件是否进行了全面清理；三要看对专项检查中发现的突出问题是否及时纠正整改；四要看在扣押冻结、管理和处理涉案款物中严重违纪违法人员是否得到了严肃查处；五要看这次专项检查中发现的薄弱环节是否得到了加强，完善了相关制度，建立健全了长效工作机制。各级检察机关党组要高度重视，加强组织领导，各部门相互配合，形成合力，确保"回头看"活动取得实效。

（最高人民检察院监察局　张晓玉）

强化办案措施和加强办案安全防范工作电视电话会议　2010年4月9日，最高人民检察院召开强化办案措施和加强办案安全防范工作电视电话会议，要求全国检察机关采取更加有力措施，进一步加大办案力度，强化办案安全防范，确保办案质量和办案安全，切实保障涉案人员合法权益，不断提升检察机关执法公信力，推动办案工作平稳健康发展。最高人民检察院副检察长张耕主持会议，副检察长邱学强作了讲话，中央纪委驻最高人民检察院纪检组组长莫文秀出席会议。军事检察院的有关负责同志，最高人民检察院反贪污贿赂总局、渎职侵权检察厅、政治部警务处、纪检组监察局全体人员在最高人民检察院主会场参加会议。各省级检察院和已建成视频会议系统的地市级和县区级检察院的有关领导和相关部门负责同志，在各地分会场参加会议。

会议指出，中央领导近日要求各级政法机关要加强办案安全防范工作，强化督查落实，确保办案安全防范各项制度、规定落到实处，维护涉案人员的合法权益。最高人民检察院党组对此高度重视，曹建明检察长明确指示要认真抓好落实，切实强化办案措施和加强办案安全防范工作，完善规范办案的各项规章制度，提高制度执行力，从根本上防止和杜绝办案安全事故，推动办案工作平稳健康发展。

会议强调，强化办案措施和加强办案安全防范关系到检察机关执法公信力建设，是切实维护社会和谐稳定、实现国家长治久安的迫切需要，是全面落实宪法精神、切实保障人权的迫切需要，也是深入推进办案工作、确保检察工作科学发展的迫切需要。检察机关作为法律监督机关，要切实强化自身监督，加强办案安全防范工作，维护涉案人员的合法权益，防止因违规违法办案引发社会矛盾，推动办案工作在科学发展的正确道路上前进。

会议要求，各级检察机关要切实把思想和行动统一到中央的要求和最高人民检察院的工作部署上来，进一步端正执法思想，特别是在进一步加大办案力度的情况下，必须克服麻痹、侥幸心理，切实防止办案安全事故，把执法为民的宗旨落实到办案工作的各个方面，真正做到严格、公正、文明、廉洁执法。要立即在全国范围内认真组织开展办案安全防范专项检查，全面对照中央政法委和最高人民检察院有关办案安全防范的规定，对涉及办案安全防范工作的各个环节要进行深入检查，最大程度地消除办案安全事故隐患。要进一步细化措施，把办案安全防范各项制度融入办案全过程，做到用狠抓制度落实保安全、防事故、防意外。要建立办案安全事故风险评估和预警机制，增强忧患意识，始终保持警惕，提高办案安全事故的处置能力。要建立倒查责任追究制度，对办案安全意识不强、工作不负责任的领导和办案干警，要进行诫勉谈话，该调整的要予以调整。要以深入开展"恪守检察职业道德，促进公正廉洁执法"主题实践活动为载体，狠抓职务犯罪侦查队伍的思想政治、职业道德和纪律作风建设，全面提升队伍的整体素质和执法水平，确保侦查队伍始终坚持"党的事业至上、人民利益至上、宪法法律至上"，做到"党在心中、人民在心中、法在心中、正义在心中"，真正做党和人民的忠诚卫士。

（最高人民检察院监察局　张晓玉）

全国检察机关内部监督工作经验交流会　2010年8月2日至3日，最高人民检察院在山东省烟台市召开全国检察机关内部监督工作经验交流会。会议的主要任务是：总结交流各地加强内部监督工作的新做法新经验，研究部署进一步强化检察机关内部监督制约，确保公正廉洁执法，为检察工作科学发展提供有力保证。最高人民检察院检察长曹建明出席会议并讲话。他深刻阐述了加强检察机关内部监督的重大意义，明确提出了内部监督工作的总体思路、基本原则、重点任务和途径方法，突出强调了内部监督制度和机制建设的核心内容和着力点，对在新形势下进一步强化监督主体作用、深入推进检察机关内部监督工作提出了具体明确的要求，为在新的起点上开创检察机关内部监督工作新局面指明了方向。山东省政协主席、省委副书记刘伟出席会议并致词。中央纪委驻最高人民检察院纪检组组长莫文秀主持会议并作总结讲话。山东省委常委、政法委书记柏继民，山东省人民检察院检察长国家森出席会议。12个单位介绍了加强内部监督工作的经验，120个单位书面交流了工作中的做法和体会。中央纪委、中央政法委有关部门负责人，各省、自治区、直辖市人民检察院、军事检察院和新疆生产建设兵团人民检察院的纪检组长、监察处处长，副省级市检察院、省会城市检察院的纪检组长，最高人民检察院有关部门的负责同志出席会议。

会议指出，强化内部监督制约，是检察机关加强队伍建设、推进党风廉政建设和自身反腐倡廉工作的基本要求。近年来，最高人民检察院坚持把强化内部监督制约放在与强化法律监督同等重要的位置来抓，各地检察机关认真贯彻落实最高人民检察院的部署要求，积极探索和采取有效措施，完善监督制约机制，改进监督制约方法，加大监督制约力度，内部监督工作明显加强，内部监督体系更加健全，为强化法律监督职能，促进公正廉洁执法，提升检察机关执法形象和公信力发挥了重要作用。检察机关作为国家法律监督机关和反腐败的重要职能部门，只有首先把自己监督好，才能履行好法律监督职责；只有坚持把自身反腐倡廉工作抓紧抓好，才能提高严格、公正、文明、廉洁执法水平。各级检察机关尤其是领导干部，一定要统一思想，提高认识，认真学习、深刻领会党中央和中央领导同志的重要指示精神，充分认识检察机关自身反腐败斗争的长期性、复杂性、艰巨性，充分认识检察队伍中、执法中的突出问题及其严重危害性，充分认识强化内部监督制约的极端重要性，切实从保障检察权依法公正行使、强化高素质检察队伍建设出发，坚持不懈地把强化内部监督制约作为促进公正廉洁执法的关键环节来抓，推动内部监督工作取得新的更大成效。

会议强调，全面加强和改进内部监督工作，要正确把握内部监督工作的总体思路和基本原则。始终坚持把加强内部监督制约、加强队伍自身建设作为确保公正廉洁执法的关键环节来抓；始终坚持从严治检的方针，切实做到对广大检察人员特别是党员干部严格要求、严格教育、严格管理、严格监督，确保权力不被滥用，确保廉洁从检；始终坚持突出监督重点，加强制度建设，完善监督体系，切实把防止腐败的要求落实到检察权运行的全过程和各个环节；始终坚持统筹兼顾，把上级监督与下级监督、专门监督与群众监督、日常监督与专项监督、内部监督与外部监督有机结合起来，增强监督合力和实效；始终坚持努力建设一支政治坚定、纪律严明、执法为民、恪尽职守、清正廉洁的高素质检察队伍。

会议强调，全面加强和改进内部监督工作，要进一步加大内部监督工作力度。既要实行全面监督，防止监督缺位，又要突出监督重点，增强监督的针对性和有效性。要强化对领导班子和领导干部的监督，始终把对领导班子、领导干部尤其是"一把手"的监督作为重中之重；强化对执法办案活动的监督，紧紧抓住侦查监督、公诉、反贪污贿赂、渎职侵权检察、控告申诉、民事行政检察等执法办案重点部门，立与不立、捕与不捕、诉与不诉、撤与不撤和强制措施的适用与变更等重点环节，以及办关系案、人情案、金钱案和受利益驱动办案等重点案件，切实加强执法监督，促进公正廉洁执法；强化对重大决策部署和制度执行的监督；强化对干部选拔任用工作的监督；强化对重大经费开支等工作的监督。

会议指出，全面加强和改进内部监督工作，要不断完善内部监督制约的途径和方式方法。坚持把中央的部署要求与检察机关实际紧密结合起来，完善检察机关党内监督的有效方式；拓宽上级检察院对下级检察院监督的有效途径；积极探索执法办案内部监督制约的有效方法。要着力加强内部监督制约制度和机制建设，完善对领导班子和领导干部的监督机制；健全执法办案内部监督制度；完善选人用人监督机制；完善重大经费开支、政府采购、重大工程建设项目的监督制度；完善内部监督责任制度。逐步建立起科学完备、衔接配套、有效管用的内部监督制度体系，真正形成强化预防、及时发现、严肃查处的内部监督长效机制。

会议强调，要进一步加强领导，落实责任，增强内部监督工作合力和实效。强化内部监督制约，关键是落实。各级检察机关在加强内部监督制约的同时，必须加强领导，落实责任，对发现的问题要坚决纠正，决不护短；对群众反映的情况，要及时核实，决不遮掩；对违纪违法行为，要严肃追究，决不姑息。强化内部监督制约，要从小事、细节管起抓起。发现小问题也要早核实、早提醒、早打招呼。

会议要求，各级检察院领导班子、领导干部特别是"一把手"既要加强组织领导，又要自觉接受监督，带头开展监督。要自觉把自己置于各方面监督之下，牢固树立在检察机关内部没有不受监督的权力、没有不受监督的个人的观念，习惯于在监督下行使职权，干干净净地为党和人民工作。纪检监察部门要充分发挥内部监督职能作用。要积极营造人人参与监督、人人接受监督的良好氛围。要把内部监督与外部监督有机结合起来，完善监督体系。

（最高人民检察院监察局　张晓玉）

"反特权思想、反霸道作风"专项教育电视电话会议
2010年9月13日，最高人民检察院召开深入推进"反特权思想、反霸道作风"专项教育电视电话会

议。最高人民检察院副检察长胡泽君出席会议并讲话。副检察长邱学强主持会议，中央纪委驻最高人民检察院纪检组组长莫文秀对前段"两反"教育情况进行了总结，并对做好下阶段工作提出要求。天津市人民检察院检察长于世平、山西省人民检察院检察长王建明、云南省人民检察院检察长王田海在各地分会场通过会议视频系统介绍了教育活动开展以来的主要做法和下一步工作打算。

会议指出，深入开展"反特权思想、反霸道作风"专项教育活动，是最高人民检察院作出的一项重大决策，符合党中央的要求和人民群众的期待，是落实三项重点工作、提高检察机关执法公信力的迫切需要，是加强高素质检察队伍建设的必然要求，也是推进主题实践活动的重要抓手，各级检察机关和广大检察人员要把思想和行动统一到最高人民检察院的决策部署上来，以高度的自觉性和紧迫感，扎实推进"两反"教育的深入开展。

会议强调，要认真查摆特权思想、霸道作风的现实表现及原因，切实在解决突出问题上用真功、见实效。各地要按照实施方案提出的对照检查的七个方面，认真查摆存在的突出问题。要坚持边教育、边整改的原则，建立健全防止和纠正特权思想、霸道作风的长效机制。检察机关和检察人员要把边学边改贯穿教育活动的始终，既要认真学习有关文件和规定，又要结合自己的思想和工作实际，认真查摆存在的问题；既要在本单位、本部门查找问题，又要开门纳谏，虚心听取各方面的意见；既要查找普遍存在的共性问题，又要查找本单位、本部门存在的个性问题；既要查找问题的表现，又要深入分析存在问题的原因。对存在的突出问题，各级检察机关一定要高度重视，采取得力措施，用真功、动真格，认真加以解决，做到什么问题突出就集中解决什么问题，切实通过学习整改，做到认识上不去不撒手，问题找不准不撒手，原因查不透不撒手，不见到实际效果不撒手。同时，要注重制度建设，认真梳理存在的突出问题，深入查找工作中的薄弱环节，有针对性地制定和完善相关规章制度。树立制定制度重要、落实制度更重要的观念，加强对制度执行情况的监督检查。对有令不行、有禁不止、有章不循的，要发现一起严肃查处一起，切实维护制度的严肃性和权威性。

会议要求，各级检察机关要切实加强组织领导，进一步在统一思想上下工夫，进一步在解决突

出问题上下工夫,进一步在建立健全长效机制上下工夫,确保专项教育活动取得实实在在的成效。要正确处理教育活动同各项工作的关系,把"两反"教育同主题实践活动相结合,同推进三项重点工作相结合,同深化检察改革相结合,不断提升检察机关执法公信力,以"两反"教育的实际成效回报党中央的亲切关怀和人民群众的殷切期望,为检察工作科学发展提供更加有力的思想和组织保证。

(最高人民检察院监察局 张晓玉)

全国检察机关廉政风险防控机制建设座谈会
2010年12月15日至16日,最高人民检察院在山东省即墨市召开全国检察机关廉政风险防控机制建设座谈会。会议的主要任务是,学习贯彻党的十七届五中全会精神,总结交流各地加强廉政风险防控机制建设的做法和经验,研究探讨扎实推进廉政风险防控机制建设的思路和措施,努力提高检察机关党风廉政建设和反腐败工作水平。中央纪委驻最高人民检察院纪检组组长莫文秀出席会议并讲话。全国11个省、直辖市检察机关的代表观摩了即墨市检察院内部监督管理系统演示和规范化建设情况,交流了加强廉政风险防控机制建设的经验做法。山东省人民检察院检察长国家森,青岛市委有关领导出席会议并致辞。

会议指出,推进廉政风险防控机制建设,是落实中央"三个更加注重"要求、拓展预防腐败工作领域的有效措施,是建立健全具有检察特色的惩治和预防腐败体系的有效途径,是推进高素质检察队伍建设的迫切需要,是创新反腐倡廉工作方式的有益探索。各级检察机关要深刻认识廉政风险防控机制建设的重要性和紧迫性,切实增强做好这项工作的主动性和自觉性,努力提高检察人员拒腐防变和抵御风险能力,进一步推进自身反腐倡廉建设,全面提升检察队伍的整体素质和执法水平,促进公正廉洁执法。

会议强调,廉政风险防控机制建设,是一项涉及检察机关各个部门、各个岗位和全体检察人员的系统工程。推进廉政风险防控机制建设,必须紧密结合检察权运行的特点和规律,遵循科学评估、超前预防、实事求是、改革创新、务求实效等基本原则,重点抓好三个关键环节:一是切实找准廉政风险,这是建立廉政风险防控机制的前提和基础;二是严密防范廉政风险,这是防控机制建设的关键;

三是有效监控廉政风险,这是防控机制建设的最终目标。同时,各级检察机关要紧密结合工作实际,突出重点,推进制度创新,不断健全和完善检察机关廉政风险防控机制的有效途径和方法,努力提高对廉政风险的预判、防范和化解能力。主要做好四个方面的工作:突出防控重点,强化对领导干部和执法办案活动的监管;加强制度机制建设,使廉政风险防控有章可循;建立健全考核问责机制,不断巩固防控效果;坚持从严治检,发挥查办案件的促进作用。

会议要求,各级检察机关要切实加强对廉政风险防控机制建设工作的领导,形成党组统一领导、主要领导亲自抓、分管领导具体抓、纪检监察部门组织协调、有关部门分工负责、全体检察人员积极参与的廉政风险防控体制和工作机制。检察机关各级组织、各个部门和广大检察人员尤其是领导干部要增强廉政风险防控意识,积极查找风险,制定防控措施,营造人人参与防控的良好氛围。注意廉政风险防控机制建设与反腐倡廉各项工作的紧密结合,把廉政风险防控机制建设作为推进自身反腐倡廉建设的重要抓手和重要措施,融入检察工作、检察改革、队伍建设的各个方面,贯穿于执法办案的各个环节,切实抓好各项任务的落实。要不断完善廉政风险防控措施,健全内控机制,加快推进惩治和预防腐败体系建设,着力解决检察队伍存在的突出问题,促进检察事业科学发展。要注意研究新形势下廉政风险防控机制建设工作的特点、规律和发展趋势,增强工作的前瞻性、主动性和创造性。要开阔工作思路,创新工作举措,丰富形式载体,不断完善检察机关廉政风险防控机制建设。

(最高人民检察院监察局 张晓玉)

计划财务装备工作 2010年,全国检察机关计划财务装备部门紧紧围绕检察工作主题,主动服务三项重点工作,以贯彻落实中央政法经费保障体制改革为主线,切实履行"服务、保障、管理"三项基本职能,突出重点,统筹兼顾,各项检务保障工作取得新成效。

一、召开全国检察经费保障工作会议,全面部署检察经费保障体制改革工作。为贯彻落实中央办公厅、国务院办公厅《关于加强政法经费保障工作的意见》精神,2010年2月5日,最高人民检察院在北京组织召开了四级检察长参加的全国检察经费保障工作会议。最高人民检察院检察长曹建明在会上深刻阐述了进一步加强检察经费保障工作的重要意义，对全面落实经费保障体制改革任务，大力推进检察经费保障工作提出了明确要求。最高人民检察院副检察长张常韧对抓好经费保障体制改革各项任务的落实，统筹抓好各项计财装备工作，进一步加强计财装备队伍建设作出了具体部署。

二、加强政策调研，推进政法经费保障体制改革工作。为贯彻全国检察经费保障工作会议精神，推进检察经费保障体制改革工作，最高人民检察院于2010年3月和11月先后组织开展了检察经费保障情况大调研和中央财政转移支付资金使用管理情况大检查。一年来，最高人民检察院向中央政法委和财政部积极反映情况，提出工作建议，努力争取工作支持，为全面贯彻检察经费保障体制改革工作提供政策依据，取得较好效果。2010年12月29日，最高人民检察院在海南组织召开全国检察经费保障工作座谈会，总结一年来检察经费保障体制改革的推进情况，提出了今后一个时期检务保障工作的总体思路、主要任务和工作中需要牢牢把握的"十个统筹"的明确要求，就进一步推进检察保障体制改革、全面提高检务保障水平作出新的部署。

三、大力争取财政部支持，中央财政转移支付资金进一步增加。2010年财政部安排检察机关中央政法转移支付资金41.54亿元，比2009年增加7亿元，增长20.27%。同时，各地积极努力，省级财政转移支付资金和市县级财政对检察机关的投入也明显增加。

四、大力争取国家发改委支持，中央预算内补助投资显著增加。经过努力争取，检察系统中央补助投资共590个项目，投资总额16.49亿元，与2009年相比，建设项目增加206个，投资数额增长145.92%。为做好2010年中央补助投资落实工作，最高人民检察院向省级检察院发出通知，就"两房"建设等基础设施建设工作提出要求。

五、强化保障机制建设，落实经费保障体制改革配套措施取得新进展。一是制定出台三个标准。2010年9月，最高人民检察院会同财政部制定出台了《县级人民检察院基本业务装备配备指导标准（试行）》，为分配使用中央和省级政法转移支付资金、推进科技装备建设提供了政策依据。2010年9月，最高人民检察院会同发改委、建设部修订了《人

民检察院办案用房和专业技术用房建设标准》。此外，会同发改委、建设部新编制了《国家检察官学院地方分院建设标准》。三个标准是落实经费保障体制改革的重要配套措施，对检察机关装备建设和基础设施建设具有重要意义。二是建立健全管理制度。最高人民检察院积极配合发改委制定了《关于进一步加强地方政法基础设施建设规范投资保障机制的意见》，提出了规范地方政法基础设施建设投资保障机制的主要措施。在财政部指导下，制定了《人民检察院财务管理办法》征求意见稿，修订了《检察业务费开支范围》征求意见稿。一年来，最高人民检察院指导有关省级检察院制定县级检察院公用经费保障标准和考核管理办法，总结推进了基础设施投资保障机制、公用经费正常增长机制、财务管理机制、绩效考评机制和涉案款物管理机制等五项机制建设。

六、推进科技强检，成功举办首届全国检察科技装备展览。为推动《2008—2010年检察机关科技装备发展规划纲要》的贯彻实施，加快推进检察机关科技装备建设现代化进程，2010年10月13日，最高人民检察院在北京举办了首届全国检察科技装备展览。展览为推动县级检察院装备配备标准的落实、引导装备资金投向、开阔视野、促进现代科技装备在执法办案活动中的应用起到了积极作用，受到了地方各级检察院的广泛欢迎。

七、强化管理措施，各项装备管理工作稳步推进。一是制定了检察服技术标准，顺利完成了第二次全面换发检察服工作，制定下发了《人民检察院检察制服着装管理规定》，并拍摄编辑了《人民检察院检察制服着装规范图册》，进一步规范检察人员着装行为，加强检察机关规范化建设；二是强化枪支管理，组织开展了全国检察机关枪支安全大检查，消除枪支管理安全隐患；三是进一步强化警用车辆管理，全系统更新警车3096辆。

八、加大援助力度，组织开展援藏援疆和青海玉树抗震救灾工作。争取财政部安排西藏、新疆检察机关中央财政转移支付资金均比上年增长20%以上；争取国家发改委安排西藏、新疆、兵团检察机关中央补助投资均比上年增长50%以上。此外，最高人民检察院调剂安排1000多万元援助资金，支持西藏、新疆、兵团、甘肃舟曲泥石流灾区、青海玉树地震灾区等遭受灾害的检察机关。

九、加强队伍建设，在提高计财装备工作服务

检察工作科学发展的能力与水平上取得新进步。一是以"恪守检察职业道德、促进公正廉洁执法"主题实践活动为载体，结合"讲党性、重品行、作表率"活动，大力加强队伍思想政治、纪律作风和反腐倡廉建设，增强大局意识、责任意识、服务意识。二是以"创先争优"活动和"反特权思想、反霸道作风"教育活动为契机，围绕"服务到位、保障有力、管理规范"的总体目标，切实将计财装备工作置于检察工作大局中来谋划和推进，大力加强政治素质和业务能力建设，进一步提高了服务检察工作科学发展的能力与水平。

（最高人民检察院计划财务装备局 吕 斌）

全国检察经费保障工作会议 2010年2月5日，最高人民检察院在北京召开全国检察经费保障工作会议。会议的主要任务是：全面贯彻落实党的十七大、十七届四中全会和全国政法工作电视电话会议精神，深入贯彻落实中央办公厅、国务院办公厅印发的《关于加强政法经费保障工作的意见》，扎实推进检察经费保障体制改革，全面加强检察经费保障工作，更好地服务检察工作和队伍建设。最高人民检察院检察长曹建明出席会议并讲话，副检察长邱学强主持会议，副检察长张常韧作部署讲话。副检察长朱孝清、姜建初、柯汉民，中央纪委驻最高人民检察院纪检组组长莫文秀，最高人民检察院检委会专职委员童建明、杨振江出席会议。会议以电视电话形式直接开至基层检察院，最高人民检察院机关各内设机构、直属事业单位负责人，各省级检察院和计划单列市检察院分管副检察长、计财装备部门负责同志在主会场参加会议。地方各级检察院领导班子成员、内设机构负责人和计财装备部门全体同志在各地分会场参加会议。中央政法委有关部门负责同志应邀出席会议。

会议指出，在检察工作总体格局中，业务工作是中心，队伍建设是根本，检务保障是基础，三者相辅相成，相互促进，密不可分。实现检察工作科学发展，必须正确处理三者的关系，始终坚持业务工作、队伍建设和检务保障全面协调发展。近年来，在党中央、国务院和地方各级党委、政府的大力支持下，全国检察机关经费保障水平不断提高，"两房"建设取得历史性成绩，信息化建设快速发展，科技装备建设进一步加快，执法办案条件明显改善，为检察事业发展提供了良好的物质保障。但总体

上看，检察机关经费来源单一、保障起点低、基础差，经费困难问题比较突出，经费保障水平与检察工作科学发展的要求仍有较大差距，特别是中西部地区一些检察院经费不足、装备落后问题突出，仍然是影响检察机关正常运转、制约检察事业发展的重要"瓶颈"之一。各级检察机关要充分认识加强检察经费保障工作的重要性和紧迫性，全面加强检察经费保障工作，更好地服务检察工作和队伍建设。

会议认为，在全部检察工作中，检务保障是基础，在整个保障建设中，经费保障是核心。加强政法经费保障是深化司法体制和工作机制改革的一项重要内容。党中央、国务院对政法经费保障问题历来十分重视，不断加大对政法工作经费投入，不断完善政法经费保障体制机制。中央办公厅、国务院办公厅《关于加强政法经费保障工作的意见》对加强政法经费保障工作提出了明确意见，标志着政法经费保障体制改革进入全面实施阶段，为当前和今后一个时期加强检察经费保障工作指明了方向。加强检察经费保障工作，是更好地服务经济社会科学发展的客观要求，是推动检察工作科学发展的必然要求，是确保公正廉洁执法的迫切要求，各级检察机关要充分认识落实政法经费保障体制改革任务、加强检察经费保障工作的重大意义，切实增强推进检察经费保障体制改革的责任感和使命感，紧紧抓住政法经费保障体制改革的历史性机遇，扎实推进检察机关经费保障体制改革，不断加强和改进检察经费保障工作，建立更加科学的检察经费保障体制，为推动检察工作全面协调可持续发展提供坚实的物质保障。

会议强调，2010年是实施政法经费保障体制改革的关键之年，各级检察机关要认真贯彻中央关于政法经费保障体制改革的重大部署，抓住机遇，破解难题，不断提高检察经费保障水平。一要进一步吃透改革精神，牢牢把握政法经费保障体制改革的主要内容，领会好、把握好中央有关文件精神，紧密结合本地区实际，更加主动、更加有效地做好实施改革的各项工作。二要进一步明确责任，充分发挥各级检察院的积极性，上下一心、形成合力，切实推进检察经费保障工作。最高人民检察院要发挥好"龙头"作用，省级检察院要发挥好关键作用，市县级检察院要发挥好全力抓落实的作用，确保各项政策要求落到实处。三要进一步突出重点，切实解决制约检察工作发展的保障难点，充分利用中央、省

级和市县级财政专项资金，突出经费保障重点，紧紧围绕满足执法办案需要、提高法律监督能力、实施"科技强检"战略、加强业务基础设施四个方面做好经费保障工作。四要进一步加快工作进度，抓紧完善和规范相关配套标准。五要进一步加强检察经费管理，充分发挥资金使用效益。牢固树立勤俭持家过紧日子的思想，始终牢记越是困难时期，越要厉行节约，越是对检察经费投入增大，越要加强经费管理和监督。健全检察机关内部财务管理办法，建立符合检察经费特点的财务核算体系，加强内部财务管理，保证检察经费的安全有效使用。

会议要求，各级检察院党组要把经费保障工作纳入重要议事日程、摆在突出位置来抓。切实加强领导，切实加强沟通协调，切实加强调查研究，切实加强计财装备机构和队伍建设。要以落实政法经费保障体制改革为新的契机，统筹抓好各项计财装备工作，把检务保障工作提高到新的水平。

会议期间，讨论修改了修订后的《人民检察院办案用房和专业技术用房建设标准》和新编制的《国家检察官学院地方分院建设标准》，布置了全国检察机关2009年度财务报表编报工作。

（最高人民检察院计划财务装备局 李满旺）

全国检察科技装备展览 最高人民检察院于2010年10月13日至14日在北京举办了首届全国检察科技装备展览。最高人民检察院副检察长胡泽君、张常韧出席了展览开幕式并剪彩。各省、市、自治区、新疆生产建设兵团、计划单列市检察机关主管计财装备工作的副检察长，计划财务、反贪污贿赂、铁路检察、技术、信息等部门负责人以及部分市县级检察院有关人员，共700余人参观了展览。这次展览吸引了多达60家厂商参展，参展设备达1000余件，展品涉及侦查取证、通讯指挥、检验鉴定、现代办公、信息安全和业务用车等多个方面。展出面积达8000平方米，设有涉密区、非涉密区和车辆区三个展览区。总参五十六、五十七所、空六所、公安部一所和江苏金陵等国内顶尖科研机构在涉密区展示了他们带来的高精尖设备。除参观展品外，代表们还与参展商进行了技术交流座谈，就科技装备性能和检察业务需求作了进一步交流。

大力推进现代科技装备建设，是提升检察机关法律监督能力的客观需要，也是促进检察事业创新发展的重要保障。近年来，最高人民检察院作出了全面深入实施科技强检战略的重大决策，明确提出了装备现代化的奋斗目标。举办这次展览，是深入贯彻落实最高人民检察院战略决策、加快推进检察机关装备建设现代化进程的重要举措。同时，随着中央司法体制改革逐渐深入，中央财政对检察机关转移支付资金大幅增加，2010年业务装备经费补助达20亿元，为检察机关科技装备建设提供了有力的资金保障。最高人民检察院、财政部联合下发了《县级人民检察院基本业务装备配备指导标准》，为科技装备建设勾画了清晰路径。举办这次展览，对检察机关深入落实司法体制改革要求、研究指导检察机关今后一个时期科技装备发展具有重要意义。这次展览，既为检察机关和参展厂商之间搭建一个相互沟通交流的平台，也对今后现代科技装备在检察机关执法活动中的广泛应用发挥重要的引导和促进作用。展览进一步拓展检察机关科技装备建设的视野，进一步激励检察科技装备生产厂商科技创新的动力。

（最高人民检察院计划财务装备局 侯若英）

全国检察经费保障工作座谈会 2010年12月29至30日，最高人民检察院在海南省三亚市召开全国检察经费保障工作座谈会。会议的主要任务是：以党的十七大、十七届五中全会、全国政法工作会议和全国检察长会议精神为指导，总结2010年的检务保障工作，安排部署2011年和今后一个时期的工作任务，全面提升检务保障水平。最高人民检察院副检察长张常韧出席会议并讲话。会议以电视电话形式直接开至基层检察院，各省级检察院和计划单列市检察院分管副检察长、计财装备部门负责同志在主会场参加会议。地方各级检察院分管副检察长和计装部门全体同志在各地分会场参加会议。

会议认为，一年来，在中央高度重视下，全国检察机关抓住政法经费保障体制改革机遇，以深入实施经费保障体制改革为主线，突出重点，统筹兼顾，各项检务保障工作取得了新的成效。通过组织开展检察经费保障情况大调研和中央财政转移支付资金管理使用情况大检查，加大争取支持力度，2010年地方检察机关中央财政转移支付资金达到41.54亿元，比上年增加7亿元，增长20.27%；中央补助基建投资达到16.49亿元，比上年增加近10亿元，增长145.92%，项目达到590个，比上年增加

206 个, 增长 53.65%。省级财政转移支付资金 26.39 亿元, 比上年增加 3.79 亿元, 增长 16.76%。最高人民检察院修订了《人民检察院办案用房和专业技术用房建设标准》, 充实建设内容, 增加建设面积指标, 为继续推进 "两房" 建设提供了新的政策依据; 组织编制了《国家检察官学院分院建设标准》, 为推动检察教育培训基地规范化建设提供政策依据; 会同财政部制定下发了《县级人民检察院基本业务装备配备指导标准 (试行)》, 为分配使用中央和省级财政转移支付装备资金、加强检察科技装备建设提供了政策依据。成功举办首届检察科技装备展览, 为推动装备配备标准的落实、引导装备资金投向、开阔视野、促进现代科技装备在执法办案活动中的应用起到了积极作用。认真落实全国检察机关援藏援疆工作座谈会精神, 加大对西藏、新疆、新疆生产建设兵团、青海玉树地震灾区、甘肃舟曲泥石流灾区检察机关的支持力度, 促进了边疆和灾区检察工作的发展。各级检察机关坚持 "保障" 和 "管理" 两手抓, 严格管理措施, 财务和资产管理工作进一步加强。制定检察服技术标准, 顺利完成第二次全面换发检察制服。组织开展枪支安全大检查, 进一步强化了安全管理措施。认真贯彻落实部门预算、国库集中支付、"收支两条线"、政府收支科目分类等改革措施, 严格执行预算、财务和资产管理、政府采购、招投标等各项规章制度, 严格规范各项工作程序, 强化管理措施, 进一步提高了经费和物资装备的使用效益。落实改革要求, 计财装备机构和队伍建设也有了新的加强。

会议指出, 2011 年是全面实施 "十二五" 规划的开局之年, 也是政法经费保障体制改革全面深化的关键一年, 检务保障工作要适应新形势新任务的需要, 着力完成好六个方面的目标任务: 一是以完善检察经费保障机制为重点, 加快制定完善市县级检察院公用经费保障标准, 在完善经费保障稳定增长机制上有新进步; 二是以大力争取中央和省级财政转移支付资金为重点, 加大各级经费投入, 在检察经费保障总体水平上有新提高; 三是以认真落实新的政法基础设施投资保障机制为重点, 严格执行修订后的各项建设标准, 在检察业务基础设施建设上有新加强; 四是以制定 "十二五" 时期计财装备工作规划、深入实施科技强检战略为重点, 在装备现代化上有新发展; 五是以强化管理为重点, 狠抓精细化、科学化、规范化, 在财务管理、资产管理和后勤管理水平上有新提升; 六是以加强教育培训为重点, 深入开展主题教育实践活动, 进一步加强计财装备队伍的能力建设和专业化建设, 努力打造一支讲大局、善协调、会管理、业务精、律己严、作风硬的计财装备队伍。

会议要求, 做好 2011 年和今后一个时期的检察经费保障工作, 必须进一步牢固树立机遇意识、大局意识、服务意识、创新意识、责任意识, 增强主动性, 把握规律性, 发挥创造性, 牢牢把握并始终坚持 "十个统筹": 一要统筹处理好检务保障与检察业务、队伍建设的关系, 在树立科学发展理念上下工夫; 二要统筹处理好抓好当前工作与做好长远规划的关系, 在理清工作思路上下工夫; 三要统筹处理好全面推进与重点突破的关系, 在解难题、求实效上下工夫; 四要统筹处理好贯彻执行中央政策与结合本地实际的关系, 在提高政策执行力上下工夫; 五要统筹处理好争取上级更大支持与争取同级财政更多投入的关系, 在做大 "蛋糕" 上下工夫; 六要统筹处理好抓本院保障与抓系统保障的关系, 在整体提升保障水平上下工夫; 七要统筹处理好贯彻政策原则与制定具体标准的关系, 在细化深化实化上下工夫; 八要统筹处理好开源与节流的关系, 在创建节约型机关上下工夫; 九要统筹处理好落实责任与考评考核的关系, 在创新保障工作评价体系上下工夫; 十要统筹处理好抓检务保障工作与加强自身建设的关系, 在内强素质上下工夫。

会议期间, 讨论修改了《最高人民检察院关于进一步加强和改进检察经费保障工作的意见》《人民检察院财务管理办法》和修订后的《检察业务费开支范围》。吉林、山东、湖北、四川、甘肃 5 个省人民检察院在会上作了大会发言, 从不同的侧面、不同的角度介绍了近年来认真贯彻最高人民检察院部署, 大力推进经费保障体制改革、大力加强检务保障工作的做法和经验。

(最高人民检察院计划财务装备局　李满旺)

检察改革工作　2010 年是深化司法体制改革和检察改革攻坚克难的关键之年。最高人民检察院认真贯彻落实中央司法体制改革部署, 加强与院外有关牵头、协办单位的沟通协调, 在全国各级检察机关的共同努力下, 检察改革取得了新的进展。

一、为落实最高人民检察院牵头改革任务, 2010 年推出了以下改革措施:

（一）健全对刑事立案活动的法律监督制度。为了解决检察机关对于公安机关不应立案而违法立案的情形进行监督缺乏明确规定的问题，2010年7月，最高人民检察院会同公安部制定下发了《关于刑事立案监督有关问题的规定（试行）》，明确规定检察机关对于公安机关不应立案而违法立案的情形应当进行监督，从而将违法动用刑事手段插手民事、经济纠纷，或者办案人员利用立案实施报复陷害、敲诈勒索以及谋取其他非法利益等违法立案情形有效纳入了检察监督范围。

（二）依法明确、规范检察机关调查违法、建议更换办案人等程序，完善法律监督措施。针对检察机关诉讼监督手段单一、监督刚性不足的问题，2010年7月，最高人民检察院会同最高人民法院、公安部、国家安全部、司法部制定下发了《关于对司法工作人员在诉讼活动中的渎职行为加强法律监督的若干规定（试行）》，明确检察机关对司法工作人员在诉讼活动中的渎职行为可以采取调查、建议更换办案人等方式进行监督，强化了对司法工作人员在诉讼活动中的渎职行为的法律监督工作，使检察机关依法对诉讼活动实行法律监督的手段更加完备。

（三）健全完善审查逮捕时讯问犯罪嫌疑人，听取犯罪嫌疑人申辩和委托律师意见的制度。2010年8月，最高人民检察院会同公安部制定下发了《关于审查逮捕阶段讯问犯罪嫌疑人的规定》，对检察机关审查逮捕阶段讯问犯罪嫌疑人工作作了进一步明确和细化，明确了该阶段必须讯问犯罪嫌疑人的四种情形，规定了听取律师意见的情形及方式，从而确保审查逮捕案件质量，有效防止错捕。

（四）深化人民监督员制度改革。最高人民检察院于2010年10月制定下发了《最高人民检察院关于实行人民监督员制度的规定》，决定在全国检察机关全面推行人民监督员制度，同时将人民监督员的选任方式改革为由上级检察院统一选任，将人民监督员的监督范围扩大到检察机关查办职务犯罪案件工作中具有终局性决定权的主要环节，进一步增强了人民监督员制度的公信力与监督活动的公正性，有利于更好地规范检察执法行为，并为人民监督员制度的法制化积累经验。

（五）依法明确、规范人民检察院调阅审判卷宗的程序。为进一步加强人民法院、人民检察院之间的工作配合，保证检察机关依法履行法律监督职责，规范调卷的程序，2010年6月，最高人民检察院办公厅与最高人民法院办公厅会签下发了《关于调阅诉讼卷宗有关问题的通知》。

二、积极推动最高人民检察院协办改革任务和检察改革规划任务的落实。2010年，最高人民检察院配合有关协办单位会签发布或者单独发布了《关于办理死刑案件审查判断证据若干问题的规定》、《关于办理刑事案件排除非法证据若干问题的规定》、《关于规范量刑程序若干问题的意见（试行）》、《人民检察院开展量刑建议工作的指导意见（试行）》、《县级人民检察院基本业务装备配备指导标准（试行）》、《检察官职业行为基本规范（试行）》、《检察机关执法工作基本规范（2010年版）》、《人民检察院办案用房和专业技术用房建设标准（修订）》以及《关于加强适用简易程序公诉案件诉讼监督工作的通知》、《基层人民检察院建设考核办法（试行）》、《最高人民检察院关于推进职务犯罪侦查和预防一体化工作机制建设的指导意见（试行）》和《关于进一步加强和规范检察机关延伸法律监督触角，促进检力下沉工作的指导意见》等一系列改革文件，有力地推动了各项改革的进程。

三、对已出台改革措施的贯彻落实情况进行检查评估。按照中央的统一部署，2010年6月，最高人民检察院组织力量对职务犯罪案件审查逮捕程序改革、检察建议改革等六项已出台改革措施的贯彻落实情况及改革成效进行了检查评估。8月，根据最高人民检察院领导的指示，司法体制改革领导小组办公室又组织力量对全国各地检察机关近年来的改革试点工作以及执行改革宣传纪律的情况进行了自查和总结，就完善改革试点报批报备制度，严肃检察改革宣传纪律，提出了工作建议。10月，司法体制改革领导小组办公室牵头，会同侦查监督厅、反贪污贿赂总局、渎职侵权检察厅组成联合调研组，赴河南、四川等地，对职务犯罪案件审查逮捕程序改革实施中出现的新情况新问题进行深入调研，提出了进一步完善改革的意见和建议，推动这项重大改革措施健康发展。

四、对改革涉及的法律修改问题进行调研论证。2010年6至8月，对"职务犯罪案件审查逮捕程序改革后的办案时限问题"等9个涉及刑事诉讼法修改的专题进行了调研。12月，成立最高人民检察院刑事诉讼法修改研究小组，集中力量开展刑事诉讼法再修改的研究论证工作。

（最高人民检察院司法体制改革领导小组办公室）

死刑复核检察工作　2010 年,死刑复核检察工作以邓小平理论和"三个代表"重要思想为指导,深入贯彻落实科学发展观,以深化检察体制和工作机制改革为动力,加强执法办案,积极推动改革,强化队伍建设,各项工作取得了新的进步。

一、积极推动死刑复核法律程序的完善,改革成效明显

2010 年,是实施"完善死刑复核的法律程序"改革第三年,最高人民检察院继续认真贯彻落实中央关于完善死刑复核的法律程序的改革精神,主动加强与改革主办单位最高人民法院的沟通协调,积极调研,提出改革意见,积极稳妥地推动改革进程。一是继续完善最高人民检察院的改革意见,提出对最高人民法院拟不予核准和长期不能核准的死刑案件进行法律监督的意见。二是加强与最高人民法院的沟通协调。最高人民检察院死刑复核检察工作办公室在与最高人民法院刑庭进行工作层面沟通的同时,协助院领导与最高人民法院分管副院长进行了领导层面的会谈,促进了相互理解沟通,增强了共识。三是积极主动向中央政法委汇报改革进展情况。2010 年 11 月,中央司法体制改革领导小组第三次全体会议。对于完善死刑复核法律程序改革作出具体部署,改革将进入司法实践阶段。四是做好落实改革任务的相关准备工作。制定办理死刑复核监督案件工作规程,健全完善落实改革任务所要求的相关工作机制。

二、充分发挥法律监督职能,执法办案业务有新拓展

继续在现有法律框架内,积极履行监督职能,加强最高人民检察院内部相关职能部门的协作配合,增强监督合力,切实提高案件质量和效率。一是探索新类型案件的办理模式。最高人民法院首次就是否核准死刑向最高人民检察院征求意见。中央政法委首次将最高人民法院请示的核准后长期不能执行死刑的案件征求最高人民检察院意见。上述案件的研究办理,为今后此类业务的正式展开提供了经验和实证。二是更加注重监督的实效性。不断加强备案审查工作和申诉案件的办理,认真研究并及时提出监督意见。其中,办理的湖南省人民检察院报送备案的一起故意杀人案,最高人民法院已经采纳最高人民检察院的检察意见;对申诉理由存在合理性的案件,及时函转最高人民法院审查处理。三是加强协作配合形成监督合力。最高人民

检察院死刑复核检察工作办公室与公诉厅互相配合,赴新疆办理"7·5"事件后续案件,对相关案件进行审查把关;与监所检察厅联合组成工作组,分赴湖南、甘肃、陕西、新疆等省、自治区督办相关死刑复核案件。

三、加强调查研究,提高死刑复核检察工作理论水平

一是深入开展调查研究。结合办理死刑复核监督案件的实际和司法改革的要求,向 13 个省级人民检察院书面调研,赴江西、山东省人民检察院及 4 个市级人民检察院实地调研,起草了《关于当前死刑复核法律监督工作存在的问题及其建议的报告》,为领导决策提供参考。二是积极为刑法修改提出建议。重点就"死刑和刑罚制度"提出了"逐步减少死刑罪名,调整刑罚结构"的修改建议草案。加强对刑法修正案(八)草案的研究论证,对草案征求意见稿中关于老年人不适用死刑的年龄界定、拟取消的死刑罪名等条文提出具体意见,部分意见得到立法机构采纳。三是加强对古今中外死刑制度比较研究。梳理现行各国死刑制度的相关法律,收集相关典型案例,起草了完善死刑复核法律监督程序立法建议草案,为刑事诉讼法修改提前做好理论和实证准备。四是进一步加强对死刑案件审查判断证据标准、非法证据排除规则的研究。积极派员参加最高人民检察院关于适用《关于审理死刑案件审查判断证据若干问题的规定》和《关于办理刑事案件排除非法证据若干问题的规定》的指导意见的起草工作。结合办案实践,重点对死刑案件证据审查判断及其监督标准提出研究意见并被文件所采纳。

四、强化死刑复核检察队伍建设,提高政治业务素质

针对死刑复核检察队伍年轻同志多、业务工作新和素质要求高等实际情况,积极探索突出岗位特色的管理、监督、教育、培养模式,坚持以党建带队建,大力加强思想政治建设、职业道德建设、队伍专业化建设、纪律作风建设和反腐倡廉建设,努力提高队伍的综合素质。一是结合死刑复核检察工作实际,组织开展"恪守检察职业道德、促进公正廉洁执法"主题实践活动和"反特权思想、反霸道作风"专项教育活动,落实建立健全惩治和预防腐败体系建设的任务,努力提高队伍的政治素质。二是深入开展创先争优活动,大力建设学习型党组织,学习新知识新技能的积极性明显提高,队伍凝聚力、战

斗力不断增强。通过集体讨论分析典型案例、组织参加研讨会以及学习相关法学理论等形式，提高队伍的政策理论水平、执法办案能力及综合研究能力。三是在办案实践中强化群众观点教育，真切体察被告人、被害人亲属的合理诉求，增强责任感和使命感。选派年轻干部到最高人民检察院控告检察厅来访接待室锻炼，培养群众工作能力。

（最高人民检察院死刑复核检察工作办公室）

地方、军事检察工作

北京市检察工作　2010 年，全市检察机关认真落实上级部署，全面履行法律监督职能，共审查批捕各类刑事犯罪 20894 人，审查起诉 26485 人；立案侦查贪污贿赂犯罪 356 件 418 人，查办渎职侵权犯罪 57 件 60 人，为国家挽回经济损失 1.5 亿余元；受理群众举报、控告、申诉案件 10243 件，受理民事行政申诉案件 1640 件，扎实推进各项检察工作。

一、围绕首都中心工作，着力保障经济社会平稳较快发展

一是维护社会主义市场经济秩序。重点打击非法吸收公众存款、集资诈骗、非法传销、电信诈骗等涉众型经济犯罪，开展打击侵犯知识产权和制售假冒伪劣商品犯罪专项活动，打击涉及证券等新型犯罪。批准逮捕破坏市场经济秩序类犯罪 1175 件 1582 人、提起公诉 1425 件 1989 人。成功办理了黄光裕等人非法买卖外汇、内幕交易、单位行贿涉案金额 22 亿元等影响重大的案件。二是加大查办职务犯罪力度。立案侦查县处级以上要案 108 人，占查办案件总数的 22.6%；百万元以上大案 57 件，同比上升 42.5%。查办辽宁省人大常委会原副主任宋勇（副部级）涉嫌受贿 1025 万元，昌平区财政局工作人员杨立强涉嫌挪用、贪污公款 5000 余万元等案件。立案侦查商业贿赂犯罪 115 件 121 人，工程建设领域职务犯罪 80 件 97 人。三是开展服务城乡结合部建设专项活动。北京市检察院制定拆迁领域职务犯罪风险防控对策，向各级党委、政府提出预防建议，发布了《充分发挥检察职能积极服务保障城乡结合部建设的实施意见》。查办城乡建设拆迁整治中的职务犯罪，批准逮捕和决定逮捕 47 件 93 人。四是服务农村发展稳定大局。深化涉农案件快速办理、专业化办案组等举措，立案侦查涉农职务犯罪 37 件 54 人。深化"法制村长"、"检察官联络室"工作机制，设立乡镇联络室 37 个。在村党支部委员会、村民委员会和社区党支部委员会、社区居委会换届期间，13 个区县检察院开展法律咨询、教育培训 195 次，受理信访举报 402 件。五是改进执法办案方式。加强职务犯罪预警预测研究，形成北京地区职务犯罪趋势预测等多个专题报告；与国有资产管理委员会等部门建立共同预防职务犯罪的制度平台，为企业、单位招投标等活动提供行贿档案查询 2850 次。采取提前介入侦查等措施，做好涉众型经济犯罪追缴赃款和挽回被害人损失工作。出台开展刑事被害人救助工作实施办法。落实检察官职业行为规范，慎用强制性侦查措施，努力提升执法规范化水平。

二、围绕三项重点工作，着力保障社会和谐稳定

一是全力化解社会矛盾。开展排查化解涉检信访积案和案件评查专项工作，排查出涉检信访案件 106 件，化解积案 31 件。开展涉法涉诉案件评查工作，对 364 起案件逐案剖析，分析原因，提出对策。完善矛盾化解工作机制。出台加强释法说理工作的规定，将其贯穿执法办案全程。与法院、司法局、劳动仲裁等部门加强协作，把刑事和解、民事申诉和解、息诉罢访纳入社会大调解工作格局。推动执法办案风险评估预警工作，重点排查重大敏感案件和执法办案关键环节的风险。依法对轻微犯罪从宽处理，对没有逮捕必要的不予批准逮捕 1791人，情节轻微的决定不起诉 456 人。成立检务接待中心，推广"一站式"接待模式。二是积极参与社会管理创新。加强与综合治理、维护稳定部门的配合，针对社会管理漏洞，发出检察建议 1206 件，收到整改回复 997 件。推动重点人群的服务和管理工作，提出流动人口犯罪对策，探索成立少年检察

处,引入专业力量开展涉案未成年人品行调查、心理疏导。在监狱、看守所建立检察官信箱和约谈检察官等制度,加强刑罚执行监督,对监管场所发生的死亡事件、重大事故依法独立调查。建立检察官办公室、巡回检察工作站,加强对社区矫正的法律监督。坚决打击利用网络实施的犯罪,努力净化网络环境。三是以强化诉讼监督促进公正廉洁执法。加大监督力度,要求侦查机关说明不立案理由218人、监督立案161人,纠正漏捕218人、漏诉251人,纠正侦查活动违法80件;提出刑事抗诉80件,提出民事行政抗诉62件,发出再审检察建议41件;纠正刑罚执行和监管活动中违法情形796次。完善监督工作机制,建立由市属22家成员单位参加的联席会议制度,启动行政执法与刑事司法衔接的网络平台建设。北京市人民检察院与北京市高级人民法院、北京市公安局分别签订文件,为加强诉讼活动监督提供制度保障。重视监督效果,对1752件不支持抗诉的民行申诉案件开展息诉罢访工作。通过评选诉讼监督精品案和举办首个全国性诉讼监督论坛,形成一批有较大影响的研究成果。

三、围绕提高执法水平和公信力,着力加强检察机关自身建设

一是推进队伍专业化建设,从严治检。开展"恪守检察职业道德、促进公正廉洁执法"主题实践活动和"反特权思想、反霸道作风"专项教育,举办自身反腐倡廉教育展。涌现一批优秀人才,其中全国检察业务专家5人、检察理论研究人才24人、"十佳公诉人"2人、"侦查监督十佳检察官"1人。二是检力资源向基层下沉,夯实检察工作根基。充实基层检察院政法专项编制,分、市二级检察院从基层检察院选拔处级以上领导干部22人,遴选检察官23名,选派上级院到基层检察院任职15人。三是强化内外部监督制约,提升执法水平。完善重点案件、敏感案件备案复查、请示汇报制度,落实执法档案、执法过错责任追究等制度。深化检务公开,完善答疑说理、公开听证制度。建立向人大及其常委会报告工作、重大监督事项报备制度,完善特约监督员和专家咨询监督员制度,人民监督员参与监督职务犯罪"三类案件"29件。

(北京市人民检察院 马含序)

天津市检察工作 2010年,全市检察机关深入贯彻落实科学发展观,努力践行"强化法律监督,维护公平正义"的检察工作主题,推动检察工作取得了新的进展。

一、紧紧围绕全市工作大局,全力促进经济又好又快发展

坚持把检察工作纳入全市工作大局,努力为经济社会又好又快发展提供坚强有力的司法保障。一是坚持把司法调研活动作为服务发展的有效载体。集中开展了"解难题、促转变、上水平暨深入推进三项重点工作司法调研服务活动",组成30个工作组,深入辖区企业、街道、村镇和重点建设单位提供司法服务,帮助协调解决重点法律问题50余件。一些基层检察院通过出台服务意见、开展"服务年"活动等方式,增强了工作的针对性和有效性。二是坚持把强化执法办案作为服务发展的主要途径。依法打击走私、偷税骗税、制假售假、非法集资等严重经济犯罪,查办发生在工程建设、社会保障、劳动就业、征地拆迁、医疗卫生、招生考试等重点领域的职务犯罪。三是坚持把提升办案效果作为服务发展的重要标准。坚持实体与程序、打击与保护、办案与预防、惩治与教育并重,依法慎用强制措施,对不构成犯罪的及时澄清事实,主动维护正常工作秩序,努力实现法律、政治和社会效果的有机统一。

二、突出抓好三项重点工作,切实维护社会和谐稳定

天津市人民检察院及时制定《深入推进三项重点工作实施意见》,部署开展"法律监督工作向基层延伸"活动。一是深入推进社会矛盾化解。坚持把化解社会矛盾贯穿执法办案始终,向有关方面提出消除隐患、强化管理的检察建议752件次,在最高人民检察院院转发我市检察机关采取"五步工作法"开展刑事和解工作的经验材料上,市委书记张高丽作出批示给予充分肯定。二是高度重视涉检信访工作。坚持"大信访"工作格局,依法妥善办理涉检信访案件6509件,连续四年保持涉检进京非正常上访为"零",同时与有关单位协调处理了一大批涉法涉诉问题。三是积极参与社会管理创新。强化对特殊人群的帮教管理,加强对弱势群体和困难群众的司法保护,与市委政法委、市高级人民法院等七家单位会签了《天津市刑事被害人救助工作实施办法》。在城市社区和农村乡镇建立派驻检察工作室126个,深入150余个村镇开展对农村支部委员会和村民自治委员会班子巡查工作,接待来访群众3100余人次,化解各类矛盾纠纷420余件,受

到欢迎和好评。

三、依法履行法律监督职责，充分发挥检察职能作用

坚持加大监督力度、提升质量效果，推动检察工作取得新成效。一是依法打击刑事犯罪营造和谐稳定的社会环境。共批准逮捕9918人，提起公诉14151人，决定不批捕510人，不起诉243人。认真落实检察环节社会治安综合治理措施，积极参与平安天津创建活动，配合有关部门共同做好学校、幼儿园及周边地区治安秩序的专项整治和夏季达沃斯论坛等重要会议的安保工作。二是严肃查办职务犯罪营造廉洁高效的政务环境。共立案侦查职务犯罪案件350件448人，其中大案270件，要案27人，通过办案为国家挽回直接经济损失4.9亿元。更加注重预防职务犯罪工作，创办《预防职务犯罪专刊》，深化预防职务犯罪百人宣讲团活动，举办预防职务犯罪报告会426场次，受教育人数达3万余人。与市国土房管局等单位建立工作联席会议制度，向天津文化中心工程派驻预防职务犯罪工作联络站，提供行贿犯罪档案查询2821次。三是强化诉讼法律监督营造公平正义的司法环境。监督立案、撤案126件，追加逮捕171人，追加起诉79人。对量刑畸轻畸重等认为确有错误的刑事裁决提出抗诉41件，与市高级人民法院会签《关于人民检察院检察长列席人民法院审判委员会会议的实施办法》。在民行检察监督中，依法提出抗诉86件，再审检察建议18件，法院改变原裁决56件，对法院作出正确裁决的案件，主动做好服判息诉工作。组织开展监外执行罪犯重新犯罪问题等专项检查活动，依法维护在押服刑人员的合法权益和监管秩序。

四、全面加强检察队伍建设，提升执法形象和公信力

以公正廉洁执法为核心，持之以恒抓好队伍建设。一是突出抓好思想政治建设。深入开展创先争优、创建学习型检察院和加强政法队伍建设学习教育活动，组织开展"恪守检察职业道德、促进公正廉洁执法"主题实践活动，举行检察官集体宣誓仪式，不断夯实检察队伍建设的思想基础。二是重点加强领导班子建设。认真落实民主集中制、述职述廉等制度规定，启动对两个区县检察院领导班子的巡视工作，加强对领导干部特别是检察长的监督。加强检察委员会建设，在全国检察机关率先制定了

检察委员会工作考核办法。完善领导干部选拔任用机制和检察干警职级晋升机制，团结凝聚、干事创业的清风正气更加浓厚。三是大力强化执法能力建设。深入开展大规模教育培训和岗位练兵活动，培训检察人员4183人次。围绕"检察职能与三项重点工作"这一重要课题，举办"天津检察论坛"和"天津检察讲坛"。加强检察业务专家和办案能手的培养工作，去年又有2人被评为全国检察业务专家，2人分别荣获"全国侦查监督十佳检察官"和"优秀检察官"称号，3人在"第四届全国优秀公诉人业务竞赛"中获奖。四是高度重视反腐倡廉建设。26名局级领导干部递交《党风廉政建设责任书》，全体干警签订《责任状》和《保证书》。深入开展"反特权思想、反霸道作风"专项教育活动，举办自身反腐倡廉教育巡展，全市检察系统2200余人参观。坚持从严治检，严肃处理违纪干警3人。五是全面加强基层基础建设。市检察院认真落实联系基层制度，深入基层调研，解决实际问题。各单位加快推进办案和技术用房建设、经费等检务保障水平显著提高。河西区检察院被评为全国模范检察院，北辰区检察院荣立集体一等功。

五、强化对执法活动的监督，确保检察权正确行使

坚持把强化自身监督放在与强化法律监督同等重要的位置，自觉接受外部监督，不断强化自身监督。一是依法接受人大监督。认真负责地向人大及其常委会报告工作，配合开展专题调研和刑事审判法律监督工作专项检查活动，邀请市人大代表、政协委员专题视察渎职侵权检察工作，认真办理人大和人大代表提出的议案和关注的重点案件。二是认真接受民主监督。高度重视市政协组织的协商视察活动，认真接受政协的民主监督。三是广泛接受社会监督。统一组织开展"检察开放日"活动，完善和落实当事人权利义务告知、不起诉不抗诉案件答疑说理、重信重访案件公开听证等办案公开机制，与人民网天津视窗联合开办"基层院检察长话争创"栏目。四是着力强化内部监督。认真落实巡视工作、执法档案、检务督察等内部监督制度，探索建立廉政风险防控新机制，坚持和完善特约检察员、特邀监督员和人民监督员制度，成立专家咨询委员会。认真做好检察长向最高人民检察院的述职述廉工作，最高人民检察院领导在评议中对天津检察队伍建设、办案和预防、检察工作室、检委

会、司法统计、理论调研和检务保障等工作给予充分肯定。五是深入推进检察改革。认真落实中央、市委和最高人民检察院关于检察改革的部署，全面推行未成年人犯罪案件亲情会见、品行调查、分案起诉等工作制度，实行职务犯罪审查逮捕权上提一级，制定了关于审查逮捕阶段讯问犯罪嫌疑人、快速办理轻微刑事案件、民事申诉案件调处等工作的指导意见。配合滨海新区行政管理体制改革，建立滨海新区人民检察院及三个派出院的检察机构新模式。

（天津市人民检察院研究室）

河北省检察工作　2010 年，在省委和最高人民检察院的领导下，全省检察机关深入贯彻落实科学发展观，紧紧围绕全省工作大局，大力推进三项重点工作，不断强化法律监督、强化自身监督、强化高素质检察队伍建设，突出重点、全面发展、不断规范、注重实效，各项工作都取得了新的成就。

2010 年，全省检察机关共批准、决定逮捕各类刑事犯罪嫌疑人 37230 人，提起公诉 44957 人。查办贪污贿赂、渎职侵权等职务犯罪 2508 人，其中大案 837 件、要案 58 人，为国家挽回经济损失 7.3 亿元。对侦查机关应当立案而不立案、不应当立案而立案以及漏捕、漏诉问题，依法提出了监督意见；对认为确有错误的判决、裁定，提出刑事抗诉 324 件，提出民事行政抗诉 721 件、再审检察建议 954 件；查办司法人员职务犯罪 189 人。受理群众来信来访 6659 件次，受理刑事申诉案件 234 件；评查涉检信访积案 258 件，依法终结 117 件。

一、围绕中心、服务大局的指导思想更加明确

围绕全省工作大局，依法严厉打击破坏市场经济秩序、危害能源资源和生态环境、危害政府投资安全、制售假冒伪劣商品等犯罪，开展"预防工程建设领域职务犯罪、推进社会管理创新"、"打击侵犯企业合法权益犯罪、服务企业发展"专项活动，深化重大项目建设预防工作责任制，促进我省经济平稳较快发展。扎实开展涉农检察工作，2010 年全省 711 支农村检察工作队深入村镇 56175 次，宣传法制 12738 次，接待来访 7809 人次，受理举报 1653 件，查办涉农职务犯罪 1415 人，为农民挽回经济损失 1651.4 万元。强化对涉农资金管理使用的检察监督，开展国土资源和农机补贴领域职务犯罪专项调查，督促有关部门加强整改和监管，省委、省政府

领导和有关部门高度重视，收到了很好的效果。

二、"强化法律监督、维护公平正义"的工作主题更加突出

坚持检察机关宪法定位，坚持以业务工作为中心、以执法办案为依托，深入推进三项重点工作，统筹做好各项检察工作。重视发挥惩治犯罪在推进三项重点工作中的重要作用，开展打黑除恶等专项斗争，积极查办和预防职务犯罪，办案力度、质量和效果都有新的提高。参加社会治安综合治理，推进对重点地区的排查整治和对学校、幼儿园及周边社会治安秩序的专项整治活动，探索完善社区矫正的检察监督机制，结合办案向有关单位和部门提出检察建议，促进社会建设和社会管理创新。紧紧围绕人民群众反映强烈的执法不严、司法不公等问题，全面加强诉讼监督工作，积极探索对民事执行活动开展法律监督，会同有关部门开展"清理久押不决案件"、"清查事故隐患、促进安全监管"等专项活动。注重优化监督环境，创新监督机制。唐山市检察机关在实践中形成了党委领导、人大监督、政法委协调、其他政法部门配合、检察机关发挥专门职能作用的法律监督工作大格局。抽调领导干部和业务骨干，集中时间、集中精力开展清积查评工作，纠正执法过错，妥善解决群众合法诉求。在全省范围内成功举办了"全国检察机关惩治和预防渎职侵权犯罪展览巡展"，14 万多人参观了展览，取得了良好的社会反响。

三、理性、平和、文明、规范执法的理念更加牢固

在办理各类案件的过程中，严格掌握立案、逮捕、起诉、抗诉条件，认真把好事实、证据、程序和适用法律关。正确贯彻宽严相济的刑事政策，对严重刑事犯罪当严则严，对轻微犯罪、未成年人和老年人犯罪依法从宽处理。全面推行释法说理、检调对接、刑事被害人救助等措施，加强对自身执法办案活动的监督制约，认真落实办案纪律和安全防范的各项规定，促进严格、公正、文明、廉洁执法。去年全省检察机关没有发生办案安全事故，没有发生因办案方式不当引发群体上访的问题。在诉讼监督工作中，突出重点，注重质量，改进方式方法，创新工作机制，执法规范化水平不断提高。

四、检察改革扎实推进

围绕强化法律监督和加强自身监督两个重点，认真学习贯彻有关法律规定、司法解释和已经出台

的司法改革措施，着力提高收集、审查、判断、运用证据的能力；加强对随意立案撤案、立而不侦、侦而不结、暴力取证、刑讯逼供等违法行为的监督；制定实施《河北省人民检察院量刑建议实施细则（试行）》，依照有关规定开展量刑建议工作，促进实体裁判公正；落实职务犯罪审查逮捕权上提一级改革措施，省市两级检察院办理下级检察院提请职务犯罪逮捕案件498人，经审查决定逮捕452人，决定不捕46人，加强了对下级检察院办理职务犯罪案件的监督制约。落实经费保障改革措施，基层检察院办案经费、装备经费困难的状况有了较大改善。

五、队伍整体素质不断提高

坚持把队伍建设作为根本性的任务来抓。开展"创先争优"、"建设学习型党组织、创建学习型检察院"和"恪守检察职业道德、促进公正廉洁执法"等活动，举行全省检察官集体宣誓活动，着力培育和提升检察人员的政治素质和职业道德素养。开展大规模检察教育培训，通过岗位练兵、业务竞赛、"检察官教检察官"、"百师百课百案"教学等措施，提高检察人员的服务大局能力、法律监督能力和群众工作能力。举办全省检察机关反腐倡廉教育巡回展，开展"反特权思想、反霸道作风"、扣押冻结款物专项检查"回头看"活动，加大检务督察工作力度，落实从严治检措施，严肃查处违法违纪案件。加强对领导干部的日常监督管理，首次开展了市级检察院检察长向省级检察院述职述廉工作。扎实推进基层检察院建设，全省有35个院被评为全省先进基层检察院，20多个集体、160多名个人受到省级以上表彰。

（河北省人民检察院研究室）

山西省检察工作　2010年，山西省检察机关全面实施山西检察工作科学发展五年规划，各项检察工作取得了新进步，为全省经济社会又好又快发展提供了有力的司法保障。

一、坚持检察工作正确方向，积极服务转型跨越发展大局

（一）着力服务企业发展。山西省人民检察院出台《服务企业发展意见》，提出二十条具体措施，全力保障企业正常经营发展。依法打击危害企业生产经营的犯罪活动，批准逮捕破坏企业生产经营、损害企业利益犯罪436件679人，查办侵害国有企业资产职务犯罪332件415人。

（二）着力服务新农村建设。山西省人民检察院制定实施《派驻乡镇检察室管理办法》和《开展巡回检察服务农村工作办法》，全省检察机关派驻乡镇检察室69个，成立巡回检察小组389个，在673个乡村开展巡回检查864次。深入查办涉农领域职务犯罪，查办发生在征地补偿、粮食直补、退耕还林和农村基础设施建设等环节的职务犯罪216件268人。会同公安机关在全省范围内深入开展打击制售假冒、伪劣农资产品犯罪专项行动，批准逮捕此类犯罪50件105人，提起公诉48件101人。

（三）着力服务创优发展环境。2010年，山西省检察机关批准逮捕破坏市场经济秩序犯罪450件678人，提起公诉554件912人，查办商业贿赂犯罪173件200人。深入推进工程建设领域突出问题专项治理工作，查办该领域职务犯罪109件136人。积极开展国土资源领域腐败问题专项治理，查办该领域职务犯罪57件63人；依法严厉打击破坏环境资源犯罪，批准逮捕重大环境污染事故、非法采矿、盗伐滥伐林木等犯罪133件225人，提起公诉189件334人。

二、深入推进三项重点工作，全力维护社会和谐稳定

（一）严厉打击严重刑事犯罪。2010年，山西省检察机关共批准逮捕各类刑事犯罪13602件21603人，提起公诉18833件29992人。突出打击重大恶性暴力犯罪和多发性侵财犯罪，批准逮捕此类犯罪8604件13339人，提起公诉10892件16782人。深化打黑除恶专项斗争，批准逮捕黑社会性质组织犯罪嫌疑人19人，提起公诉38人，查处为黑社会性质组织提供保护的职务犯罪9件9人。

（二）妥善处理轻微刑事案件。全面贯彻宽严相济刑事政策，认真落实中央提出的"两减少、两扩大"原则，依法不逮捕3326人、不起诉1581人。

（三）积极化解社会矛盾。2010年，山西省检察机关在检察环节促进息诉民商事申诉案件690件。积极开展刑事被害人救助工作，对35名特别贫困的刑事被害人进行了救助。办结涉检信访2402件，中央政法委交办我省涉及检察机关的55件信访积案全部化解。

（四）努力促进社会管理创新。配合有关部门对城中村、城乡结合部等重点区域开展专项排查活动，针对发现的问题发出检察建议397件，被有关管理部门采纳371件。

三、依法查办和预防职务犯罪,促进反腐倡廉建设

(一)依法严肃查办职务犯罪。2010 年,山西检察机关共查办职务犯罪 1248 件 1538 人,与去年同期相比分别上升 1.8% 和 8.8%,追缴赃款赃物 1.6 亿元。针对人民群众反映强烈的突出问题,重点查办危害严重、影响恶劣的职务犯罪大案要案,查办大案 763 件;查办县处级以上领导干部要案 98 人,与去年同期相比上升 44.1%,其中厅级干部 4 人。积极参与煤焦领域反腐败斗争,查办该领域职务犯罪 146 件 183 人。着力服务和保障民生,严肃查办教育、就业、医疗卫生、征地拆迁等领域的职务犯罪 66 件 81 人。

(二)努力提高侦查水平和办案质量。完善职务犯罪线索管理办法,开通 12309 举报电话,健全与执法执纪部门的情况通报、案件移送机制,与金融管理部门建立工作协作机制,不断增强发现犯罪、侦破案件的能力。完善侦查办案机制,加强对侦查工作的统一指挥协调,山西省人民检察院组织下级检察院查办 5 起重大职务犯罪案件。建立职务犯罪立案、撤案、不起诉报备报批等制度,严把立案、逮捕、起诉关,案件有罪判决率达到 99.4%。

(三)加强办案安全防范。2010 年,山西省检察人民检察院对达标的 103 个办案工作区准予使用。建立办案安全督察员制度,专门负责检查办案安全工作。严格实行办案安全责任制,逐层签订《办案安全责任状》。为市、县两级检察院配备了 134 辆办案专用囚车,消除犯罪嫌疑人押解过程中的安全隐患。

(四)深化预防职务犯罪工作。2010 年。山西省人民检察院与省人大内司委共同开展了预防职务犯罪"五个一"宣传活动,积极营造预防职务犯罪的社会氛围。完善行贿犯罪档案查询系统,将查询范围从工程建设、政府采购等 5 个领域扩大到所有领域,向工程招标单位等提供查询 8992 件次。

四、全面强化诉讼监督,努力维护司法公正

(一)进一步加强刑事立案和侦查活动监督。2010 年,山西省人民检察院共监督纠正侦查机关应当立案而不立案的案件 968 件,不应当立案而立案的案件 284 件,与去年同期相比上升 8.8%;对侦查活动中的违法行为提出书面纠正意见和检察建议 1805 件;对应当逮捕而未提请逮捕的,依法追捕 651 人;对应当起诉而未移送起诉的,依法追诉 693

人。会同省公安厅对全省公安派出所、刑警队、经侦队 2009 年以来所办案件进行专项检查,监督立案 160 件,监督撤案 106 件。

(二)进一步加强审判监督。2010 年,山西省检察机关对认为确有错误的刑事裁判提出抗诉 270 件,与去年同期相比上升 26.8%,法院已审结 135 件,原审改变率为 63.7%。在民事行政检察工作中,对认为确有错误的民事行政裁判提出抗诉 241 件,法院已审结 162 件,综合改变率为 83.3%。提出再审建议 228 件,采纳率为 62.3%,与去年同期相比增加 23.4 个百分点。对侵害国家利益、社会公共利益和弱势群体利益案件的监督,共办理此类案件 1632 件。在加大监督力度的同时,注重做好息诉服判工作,有效维护了司法权威。

(三)进一步加强刑罚执行和监管活动监督。重点监督纠正违法减刑、假释、暂予监外执行等问题,建立刑罚变更执行同步监督机制,纠正减刑、假释、暂予监外执行不当 222 人,与去年同期相比上升 7.7%。认真开展保外就医专项检察活动,对处于保外就医期间的人员进行全面清查。注重保障被监管人合法权益,深入开展清理久押不决专项工作,清理纠正久押不决案件 78 案 128 人。

五、创新自身监督制约机制,确保检察权依法正确行使

(一)自觉接受人大监督。山西检察机关坚持重大工作部署、重大工作情况向人大及其常委会报告,2010 年,共向各级人大常委会报告工作 480 次,办结各级人大及其常委会转办交办案件 350 件。加强与人大代表的联系,召开人大代表座谈会 380 次,邀请人大代表视察工作 290 次,主动邀请 1600 余名各级人大代表视察反渎职侵权工作,促进了反渎职侵权工作深入开展。

(二)自觉接受民主监督和社会监督。充分发挥人民监督员在促进公正廉洁执法方面的重要作用,监督"三类案件"和"五种情形"220 件。积极开展"检察开放日"活动,山西省人民检察院开通互联网门户网站,建立涉检舆情收集、研判机制,主动回应社会关切。

(三)切实加强内部监督。2010 年,山西省检察机关建立案件集中管理机制,省检察院成立案件管理中心,出台案件管理改革决定,并在 5 个市级检察院和 10 个县级检察院开展试点工作,扎实开展案件评查活动,对 2004 年以来诉讼程序终结的

职务犯罪案件等五类案件进行评查,目前已评查案件2597件,提出整改建议92件。认真落实逮捕职务犯罪嫌疑人报上一级检察院审查决定制度,审查逮捕职务犯罪嫌疑人458人,不捕47人,不捕率为9.3%,与去年同期相比增加7.5个百分点。

六、加强检察队伍建设,提高公正廉洁执法水平

(一)大力加强思想政治建设。2010年,山西省检察机关有5个先进集体、7名先进个人受到最高人民检察院和国家有关部门的表彰,119个检察院被评为文明和谐单位,山西省人民检察院连续6年荣获省直机关文明和谐单位标兵称号。

(二)深入抓好纪律作风和自身反腐倡廉建设。加大对下级检察院领导班子监督力度,上级检察院列席下级检察院领导班子民主生活会196次,省检察院对1个市级检察院进行了巡视。坚持从严治检,查处检察人员违纪违法案件17件22人,给予党纪政纪处分18人,其中追究刑事责任1人。

(三)不断强化队伍专业化建设。山西省人民检察院制定了《“351人才选拔培养工程”实施意见》,计划用3年时间在全省检察机关培养出30名业务专家、500名业务尖子和1000名办案能手,首批1093名培养对象已经确定;举办各类培训班18期,培训2439人次,与去年同期相比增加2.7倍。加大司法考试培训力度,全省有181名检察人员通过了国家司法考试。建立检校合作机制,开展检察机关与高等院校双向挂职工作,选聘4名法学专家、教授到省检察院业务部门挂职,选派13名检察业务专家到高校担任兼职教师或实践导师。

(四)扎实推进基层基础建设。开展基层检察院建设专题调研,针对存在的突出问题,研究提出了解决的措施。统一招录公务员522名,充实到基层检察院,进一步缓解了人员短缺的问题。加大公用经费保障标准落实力度,全省有102个基层检察院年初预算落实了保障标准,落实率达到82.9%,与去年同期相比增加22.7个百分点。省检察院积极争取财政支持,为基层检察院集中采购发放了一批现代科技装备。加强检察信息化建设,制定了《信息化建设总体规划》,购置了部分网络基础设备,启动了检察专线网建设。

(山西省人民检察院　尹桂珍)

内蒙古自治区检察工作　2010年,全区检察机关强化法律监督、强化自身监督、强化高素质检察队伍建设、强化基层检察院建设,推动检察工作科学发展,为促进自治区经济平稳较快发展、实现富民强区提供了有力的司法保障。

深入推进三项重点工作,着力化解社会矛盾。自治区检察院制定了深入推进三项重点工作的措施,把开展社会矛盾化解专项工作作为首要任务。对检察环节的信访积案进行了深入细致的排查。对列入专项工作范围的302件案件,分别交办,落实责任。自治区检察院专门召开会议,就50件重点案件的办理工作与各盟市检察分院检察长签订了责任书,逐案定领导、定人员、定时限。对一些累积多年、化解难度大的案件,自治区检察院领导亲自约谈相关盟市检察分院检察长,推动案件的办理。各检察院坚持多措并举,综合运用法律、经济、行政和教育等手段,通过复查复核、公开听证、心理疏导、救助救济等方法,努力做到案结事了、息诉罢访。到年底,中央政法委和最高人民检察院交办的18件案件全部办结息诉;自行排查列入自治区检察院本级和盟市检察分院台账的案件95%办结息诉。

依法严惩严重刑事犯罪,全力维护社会和谐稳定。全年共批准逮捕刑事犯罪嫌疑人15652人,提起公诉20166人。深入开展打黑除恶专项斗争,依法起诉黑社会性质组织犯罪5件59人。起诉了涉嫌组织领导参加黑社会性质组织、强奸、敲诈勒索、寻衅滋事、开设赌场等12项罪名,称霸一方、残害群众、社会影响恶劣的乌兰察布市武永福等19名被告人。法院一审判处武永福有期徒刑20年,其他被告人均判处了有期徒刑。落实中央“两减少、两扩大”的精神,依法决定不批捕2166人、不起诉978人。

严肃查办、积极预防职务犯罪,推进反腐倡廉建设。全年共立案侦查职务犯罪案件611件887人,其中,贪污贿赂大案226件,渎职侵权重特大案件56件,涉嫌犯罪的县处级干部34人,厅级干部3人,大要案比例为52.2%。依法起诉了锡盟盟委原副书记蔚小平,法院已判处无期徒刑。立案查办了民航内蒙古空管中心原主任陈庆元(副厅级)贪污案,天津市滨海国际机场原党委副书记、纪委书记、工会主席云德普(副厅级、包头民航站原站长)贪污、巨额财产来源不明案,呼和浩特市委原副秘书长张志新涉嫌贪污、受贿、玩忽职守案等大要案。集中开展了治理商业贿赂和工程建设领域突出问题专项工作,查办了文化教育、医药购销、土地征用、房屋拆迁、工程建设中的职务犯罪案件173件224人。开展了查办非法认定驰名商标案件专项工作,立案侦查25件25人。开展了查办涉农涉牧职务犯罪专项工作,查办了发生在征地补偿、退耕还林、涉农涉牧款发放等环节的基层组织人员犯罪案件186件338人。全面加强和改进渎职侵权检察工作,全年共查办渎职侵权案件171件225人,通过办案为国家挽回经济损失7681.12万元。

进一步强化预防职务犯罪工作,召开了自治区第七次预防职务犯罪工作联席会议,在联席会议成员单位中继续开展了"无职务犯罪单位"创建活动。全区新建成预防职务犯罪警示教育基地31个,开展警示教育2560次,受教育人数达30万余人次。继续全面推行贿赂犯罪档案查询工作,提供查询单位3223个。

强化对诉讼活动的法律监督,促进公正廉洁执法。

一是加强对刑事立案、侦查活动和刑事审判活动的监督。对应当立案而不立案的,监督立案447件;对不应当立案而立案的,监督撤案237件。对应当逮捕而未提请逮捕、应当起诉而未移送起诉的,追捕追诉1067人。与公安厅和工商局、国税局、海关等行政执法部门召开联席会议,建立了立案监督线索移送制度。以加强抗诉为重点,加大审判监督力度。对认为确有错误的刑事判决裁定提出抗诉86件。纠正侦查、审判活动中的违法情况1005件次。由锡盟人民检察分院提出抗诉的一起造成被害人死亡、在当地社会影响较大的强奸案,经自治区人民检察院两次依法支持抗诉,被告人由原判10年有期徒刑被改判为无期徒刑。二是加强民事审判和行政诉讼监督。立案审查各类民事行政案件1266件,决定抗诉181件,抗诉案件改变率为81.3%。全区检察机关共办理民事执行监督案件208件,发出纠正违法检察建议182份,法院采纳106份。三是加强刑罚执行和监管活动监督。配合监狱管理机关,开展了监狱清查事故隐患、促进安全监管多项专项活动。

深化检察改革,加强执法规范化建设,提高执法水平和办案质量。全面实施了职务犯罪案件审查逮捕上提一级的改革,加强上级检察院对下级检察院查办职务犯罪案件的监督。加强检察委员会工作规范化建设,完善工作制度和程序,落实学习

培训制度,突出加强民事行政检察工作知识的学习,提高了决策水平和议事效率。推行检察长列席同级法院审判委员会制度,推广刑事案件量刑建议改革,开展民事行政抗诉案件审查方式改革。

深入推进执法规范化建设。自治区检察院制定了《关于加强和改进业务指导工作的意见》,强化了上级检察院及其业务部门对下级检察院业务工作的指导和管理。继续实施《内蒙古检察机关业务重点指标体系运行监控暂行办法》,加强自治区检察院对盟市检察分院重点办案指标运行情况的监控和预警,推进办案流程管理和业务工作考评机制建设。坚持案件复查制度,细化执法标准,开展规范执法专项活动。举办了以"执法规范化与案件质量管理"为主题的"正义论坛",编辑下发了80多万字的《执法办案相关法律法规规范性文件汇编》。深入开展了"百万案件评查"活动,三级检察院共自查各类案件5882件,复查5864件。认真学习贯彻最高人民法院、最高人民检察院、公安部等部门制定的《关于办理死刑案件审查判断证据若干问题的规定》和《关于办理刑事案件排除非法证据若干问题的规定》,强化证据意识,改进证据收集和使用工作,进一步提高办案质量。

大力开展学习宣传张章宝同志先进事迹活动,树立了新时期执法为民的时代楷模。土默特右旗检察院控告申诉检察科科长张章宝同志作为全国重大先进典型,荣膺了2010年中国十年法治人物特别贡献奖。按照中央宣传部、中央政法委、最高人民检察院和自治区党委的要求,承办和参与筹备了张章宝同志"全国模范检察官"和"全区优秀共产党员"荣誉称号命名表彰大会,在人民大会堂举办的张章宝先进事迹报告会和先进事迹学习座谈会、张章宝工作模式研讨会等系列活动,编辑了张章宝先进事迹和工作模式读本及光盘;组织了以张章宝为原型的话剧《乡村检察官》全区巡演,协调制片单位着手拍摄张章宝题材的电影和电视剧;协调配合中央、自治区各大媒体进行了集中采访报道活动。通过这些工作,向社会展现了基层政法工作人员扎根基层、执法为民的时代风貌,宣传了检察机关和检察工作,宣传了内蒙古自治区深入推进三项重点工作,努力化解社会矛盾、边疆安宁、民族团结、社会稳定的大好形势。全区检察机关和检察人员以张章宝同志为榜样,广泛深入地开展了学先进、赶先进、做先进活动,大力宣传、推广以"融入群众、公

正执法、情理兼容、促进和谐"为内涵的张章宝工作模式，进一步弘扬亲民、爱民、为民的精神，推进了全区检察工作的创新发展。

加强队伍建设，着力打造高素质检察队伍。认真贯彻党的十七届四中全会决定，以加强党的建设带动队伍建设。制定了我区检察机关加强党的建设的措施，在自治区检察院和盟市检察分院建立党建工作领导小组，完善了系统抓党建工作的机制和责任制，加强了各党组建设、基层党组织建设、党员队伍建设和反腐倡廉建设。积极开展了创先争优和"建设学习型党组织、创建学习型检察院"活动。利用井冈山革命历史资源，举办了检察机关党员领导干部、党务干部培训班，深入进行革命传统教育和忠诚教育，召开了党的建设暨政治工作座谈会，推进了以党建带队建工作思路的落实。

认真开展了"恪守检察职业道德、促进公正廉洁执法"主题实践活动，大力弘扬"忠诚、公正、清廉、文明"的检察职业道德；扎实开展了"反特权思想、反霸道作风"专项教育活动，认真查摆、着力解决不符合检察职业道德要求的突出问题。积极探索建立检察职业道德教育培训、奖惩、自律、监督制约以及考核评价机制，着力构建检察职业道德建设的长效机制。

开展大规模检察教育培训，提高队伍的专业化水平。针对队伍换茬、骨干短缺的突出问题，下力推进全员培训和骨干培养。全年共举办各类业务培训班68期，培训7586人次，其中网络培训2458人次。开展了首届全区检察业务专家和专门人才评审工作；举办了全区十佳公诉人暨全区优秀公诉人、全区十佳侦查监督优秀检察官评选活动；启动了全区检察机关反渎职侵权部门大练兵、大比武活动；组织开展了以基层赛、全员赛、网络赛为特点的第五届全区检察业务技能竞赛，全区105个基层检察院8个业务系统人员参赛率达到97.3%。通过公开招录和定向培养引进高素质人才377人，其中硕士研究生和通过司法考试的占67.6%。创办网络学校支持各院进行司法考试培训，呼伦贝尔、赤峰、锡盟等盟市检察分院还自办了司法考试培训班。全区有443名检察人员参加司法考试，通过率达到36.6%。选派年轻干部在系统内外挂职锻炼，并聘请高等院校法学教师到检察机关挂职。

强化自身监督制约，确保检察权正确行使。把强化自身监督放在与强化法律监督同等重要的位置。落实和完善领导干部述职述廉、报告个人有关事项和巡视盟市检察分院领导班子、上级检察院负责人与下级检察院检察长谈话等制度，强化对领导班子和领导干部特别是"一把手"的监督。自治区检察院检察长与其他领导班子成员和盟市检察分院检察长，分别签订了党风廉政建设责任书。自治区检察院领导与15个盟市检察分院检察长进行了廉政谈话，派员参加了8个盟市检察分院党组民主生活会，对2个盟市检察分院的领导班子进行了巡视。自治区检察院检察长向最高人民检察院进行了述职述廉。自治区检察院召开了以"贯彻落实《廉政准则》加强领导干部作风建设"为主题的党组民主生活会和处级以上党员领导干部民主生活会。举办了"检察机关自身反腐倡廉教育巡回展览"。利用自治区检察院立案查办的乌兰察布市集宁区检察院原检察长付有强滥用职权、贪污、受贿犯罪和严重违法违纪的反面典型，在全系统、重点是领导干部中开展了警示教育。继续在全区查办职务犯罪工作中推行"一案三卡"监督制度，试行了检察人员执法档案，在自治区检察院机关、14个盟市检察分院和29个基层检察院、22个派驻监管场所检察室，进行了检务督察。对"一案三卡"制度落实不到位、派驻检察工作不规范、办案安全防范工作整改不彻底、警车违规等方面的问题作出严肃处理并进行了集中督促整改。坚持从严治检，严肃查处违纪检察人员4人。

强化基层基础建设，夯实检察工作根基。继续巩固和深化2009年"基层检察院建设年"活动成果。充分发挥盟市检察分院"一线指挥部"的作用和基层检察院自身的主观能动性，促进了基层检察院建设的深入发展。推行基层检察院检察长任职备案制度，配合盟市、旗县党委选好配强基层检察院领导班子。着眼于提高领导素能，对基层检察院领导班子成员进行了全面培训。为基层检察院招录法律人才（含蒙汉语兼通"双语"人才）261人。积极稳妥地推进基层检察院工作向乡镇地区延伸。全区已有74个旗县检察院，以派驻检察室和巡回检察室为基本形式，设立延伸机构254个，开展了调处矛盾纠纷、收集职务犯罪案件线索、协助初查案件和法律宣传、咨询等工作，在服务新农村新牧区建设中发挥了积极作用。开展争创先进检察院活动，全区基层检察院共有42个集体和120名个人受到省级以上表彰。

继续强化检务保障建设。与财政厅联合开展了调研督查,促进中央和自治区政法转移支付资金及时、足额拨付到位,推进基层检察院经费保障标准的落实,基层经费保障状况明显改善。大力加强信息化建设。制定了全区检察机关2010—2013年信息化发展规划。着手进行检察二、三级涉密专线网和分支网建设。加强网上培训学校、网上举报系统建设,完善升级了自治区检察院门户网站。开展了司法鉴定实验室申请认可工作,自治区检察院司法鉴定实验室成为全国省级检察机关第四个、中西部地区省级检察机关第一个、全区政法机关第一个通过国家认可的司法鉴定机构。

(内蒙古自治区人民检察院研究室)

辽宁省检察工作　2010年,辽宁检察不断强化法律监督,强化对自身执法活动的监督,强化检察队伍建设,各项检察工作取得新的进展。

一、坚持围绕中心、服务大局,充分发挥检察职能作用

认真履行批捕、起诉等职责,维护社会和谐稳定。全省检察机关共批准逮捕各类犯罪嫌疑人35573人,提起公诉54195人,与去年同期相比分别上升13.6%和22.6%。一是深化打黑除恶专项斗争,批捕黑恶势力犯罪嫌疑人169人,起诉510人,与去年同期相比分别上升37.4%和266.9%。二是认真开展打击破坏市场经济秩序犯罪以及打击侵犯知识产权、制售假冒伪劣商品等专项行动,批捕破坏市场经济秩序犯罪嫌疑人1638人,起诉2561人,与去年同期相比分别上升17.4%和41.6%。三是加大打击严重暴力犯罪、多发性侵财犯罪和毒品犯罪力度,批捕故意杀人、强奸、抢劫、绑架、放火、爆炸等犯罪嫌疑人4747人,起诉5462人;批捕抢夺、盗窃、诈骗犯罪嫌疑人11373人,起诉12794人,与去年同期相比分别上升34.6%和23.1%;批捕毒品犯罪嫌疑人2586人,起诉2745人,与去年同期相比分别上升29.7%和42.1%。四是全面贯彻宽严相济刑事政策。对涉嫌犯罪但无逮捕必要的,依法决定不批准逮捕4043人;对犯罪情节轻微,依照刑法规定不需要判处刑罚或者免除刑罚的,决定不起诉2153人。

深入查办和预防职务犯罪,促进反腐倡廉建设。共立案侦查各类职务犯罪案件1656件2313人。其中立案侦查贪污贿赂大案751件;查处县处

级以上国家工作人员224人(厅局级10人);通过办案为国家挽回经济损失3.9亿余元。一是深入推进工程建设领域突出问题专项治理工作,查办该领域职务犯罪案件169件252人,涉案金额7616万元。二是深入推进治理商业贿赂专项工作,立案侦查涉及国家工作人员的商业贿赂犯罪案件339件355人,涉案金额1.3亿元。三是严肃查处涉农领域职务犯罪案件,查办在征地补偿、退耕还林、"村村通"建设、村级财务管理等环节发生的职务犯罪212件347人。四是严肃查处损害民生的职务犯罪,查办教育、医疗卫生、土地、林业、环境保护等领域的职务犯罪158件186人。五是严肃查处渎职侵权犯罪,查办渎职侵权犯罪案件474件592人,与去年同期相比分别上升21.9%和20.6%。六是深化职务犯罪预防。全省检察机关坚持"查办职务犯罪非常重要,预防职务犯罪更加重要"的工作理念,深入开展"系统预防、专项预防、个案预防"三大预防工程。共开展重大工程专项预防301项,涉及工程资金2692亿元;帮助有关部门落实预防措施897项,开展职务犯罪案例剖析344件;结合办案提出书面纠正违法502件,发出检察建议320件。

积极化解社会矛盾,着力满足人民群众的司法需求。一是下大力气清理涉检信访积案。省检察院加大督办指导力度,直接指挥和协调各级检察院将38件重大疑难涉检信访积案妥善化解。全省检察机关历年来沉淀的涉检信访积案已基本处理完毕。二是完善司法便民措施。充分利用12309举报电话,畅通群众举报渠道;推行预约接访,开展网上受访,及时受理群众诉求,为群众排忧解难。设立检务公开大厅和服务窗口,邀请社会各界参加"检察开放日"活动,大力推行"阳光检务",增强检察工作透明度。共有12个单位被最高人民检察院评为"文明接待示范窗口",46个单位被评为"国家级文明接待室"。三是加强对特殊群体的司法保护。推行未成年人犯罪案件专人办理、分案起诉等制度,加强教育、感化和挽救。落实刑事被害人救助制度,深化农民工法律维权机制。对劳动争议案件、社会弱势群体利益受侵害案件以及督促与支持起诉案件开展专项工作,共办理此类案件2877件。依法妥善处理涉军案件,切实维护国防和军队利益及军人军属合法权益。高度重视涉港澳、涉台、涉侨案件,依法维护港澳同胞、台湾同胞和归侨侨眷的合法权益。四是探索开展社区矫正试点工作。

对监外执行罪犯等社区矫正对象进行全程监督，配合有关部门解决社区矫正对象家庭就业、就学以及经济困难等问题。五是积极参与市场信用管理体系建设。完善行贿犯罪档案查询系统，将查询范围从工程建设、政府采购等领域扩展到所有市场领域。

二、认真贯彻省人大常委会《决议》，全面强化诉讼监督

加强组织领导，积极营造诉讼监督良好社会氛围。动员全体检察人员特别是各级领导干部深刻领会《决议》精神，准确把握检察机关的职能定位，切实增强做好诉讼监督工作的责任感和使命感，着力解决"不愿监督、不敢监督、不善监督"的问题。制定全省检察机关贯彻《决议》的24条实施意见和具体措施。共同召开检察机关与审判机关、公安机关、司法行政机关的联席会议，取得各政法机关的理解、支持与配合。注重利用新闻媒体大力宣传，使社会各界和人民群众更加广泛、全面地了解《决议》的内容以及检察机关诉讼监督的职能和作用。专门聘请100名省人大代表和763名市、县（区）人大代表作为诉讼监督工作特邀监督员，虚心听取建言献策，自觉接受代表监督。

突出监督重点，强化监督力度。一是强化对侦查活动的监督，重点监督有罪不究、违法办案、侵犯人权等问题。对侦查机关应当立案而不立案的刑事案件监督立案2953件；对不应当立案而立案的督促撤案1817件。对应当逮捕而未提请逮捕、应当起诉而未移送起诉的，决定追加逮捕2182人、追加起诉2411人。对不符合法定逮捕、起诉条件的，决定不批准逮捕4371人、不起诉415人。二是强化对审判活动的监督，重点监督有罪判无罪、量刑畸轻畸重，以及因徇私枉法和严重违反法定程序影响公正审判的问题。共提出刑事抗诉376件。提出民事行政抗诉838件、再审检察建议1167件；对当事人到检察机关申诉经审查认为法院裁判正确的13607件民事行政诉讼案件，切实做好息诉服判工作。三是强化对刑罚执行和监管活动的监督，重点监督违法减刑、假释和监管不当等问题。共监督纠正减刑、假释、暂予监外执行不当998人。坚持对看守所和监狱的监管活动进行专项检查和专项监督，及时对"牢头狱霸"、安全隐患等突出问题提出纠正意见。

坚决查处司法不公背后的职务犯罪。在大力加强诉讼监督的同时，坚决查处隐藏在司法不公、执法不严背后的司法人员职务犯罪案件，特别是查处了一批在立案、侦查、批捕、起诉、审判、执行、监管等环节的贪污受贿、徇私舞弊、枉法裁判等犯罪案件。全年共查处司法人员职务犯罪228人。

积极探索建立诉讼监督长效机制。省检察院与法院、公安、司法行政等机关进行沟通协调，就建立诉讼监督长效机制形成了会议纪要。全省各级检察院共建立、健全和完善各项诉讼监督机制147项，初步实现了诉讼监督工作由静态监督向动态监督、由事后监督向同步监督、由一案一纠错式的监督向规范化监督的转变。辽宁检察机关加强诉讼监督工作的成效得到了最高人民检察院和省委政法委的充分肯定。

三、切实加强检察机关自身建设，促进公正廉洁执法

强化思想政治建设。全面开展"创先争优"活动，"恪守检察职业道德，促进公正廉洁执法"和"我的岗位我负责，我的工作请放心"主题实践活动，引导检察人员坚定理想信念，端正执法思想，筑牢拒腐防线。全省检察机关共有57个集体和69名个人获得省级以上表彰，被荣记集体和个人一等功12个、二等功59个。省检察院被省委、省政府授予全省"文明机关标兵"荣誉称号，被省直工委授予省直机关"文明标兵"荣誉称号。

强化领导班子建设。积极争取和协助省委逐步配齐配强省检察院领导班子，积极配合地方党委对各市检察院领导班子和领导干部人选进行考核。开展市级院检察长向省检察院述职述廉工作，健全省、市两级院党组成员参加下级院民主生活会制度。严格执行领导干部个人有关事项报告制度。

强化队伍专业化建设。省检察院举办四期领导干部政治业务素能培训班，培训三级检察院正、副检察长400余人次。市、县两级检察院共开展诉讼监督教育培训活动887次，接受培训的检察人员达13297人次。

强化自身监督制约建设。加强对职务犯罪侦查权的监督制约，全面实施职务犯罪案件审查逮捕程序改革。全省市、县两级检察院立案侦查的职务犯罪案件需执行逮捕的，一律报上一级检察院审查决定。开展为期三年的"万案评查"专项活动，认真查找和整改执法不规范、不文明特别是因执法不当引发涉检上访等问题。坚决执行检察人员违法违

纪行为惩处制度,严明办案纪律。

强化基层基础和检务保障建设。坚持办案力量向基层倾斜,逐步改善基层检察队伍的专业结构、知识结构和年龄结构。全省新招录 470 名检察人员,90% 充实到执法办案第一线,并为基层检察院选调 63 名优秀大学毕业生。整合检察资源,增强诉讼监督的机构和人员力量。全省各级检察院共增设诉讼监督业务机构 21 个,调整、充实人员404 人。继续加强"两房"建设,全省检察机关"两房"建设达标率达 90%。

四、自觉接受人大监督,不断改进和加强检察工作

认真执行向同级人大常委会报告工作制度。省人大常委会作出《关于加强人民检察院对诉讼活动的法律监督工作的决议》后,省检察院党组认真学习《决议》精神,深入研究工作措施,及时向省人大常委会主任会议汇报贯彻落实《决议》的总体部署,得到了充分肯定。全省检察机关全年共向地方各级人大常委会报告专项工作 140 余次。

认真办理人大代表建议、批评和意见。重新制定《省人大代表建议承办制度》,采取领导督办、各有关办案部门和下级检察院承办、召开疑难案件协调会和公开听证会、办理结果当面答复代表等方法,在规定期限内将省人大交办和代表直接提出的42 件代表建议全部办复,与代表见面率和代表满意率均达到 100%。

认真开展与人大代表联络工作。制定了《关于加强与人大代表联络工作的实施意见》,成立了人大代表联络办公室。坚持定期向人大代表送阅《辽宁检察工作汇报》专刊。一年来共走访代表征求意见 1700 余人次。

在自觉接受人大监督的同时,全省检察机关注重主动向政协汇报检察工作情况,听取政协委员对检察工作的意见并认真研究落实。对省政协提出的 1 件提案省检察院已按期办结。

(辽宁省人民检察院研究室)

吉林省检察工作 2010 年全省检察机关深入贯彻落实科学发展观,坚持以服务发展为第一要务,以保障民生为第一目标,以维护稳定为第一责任,认真履行法律监督职责,深入推进三项重点工作,为全省经济社会发展提供了良好的服务保障。

一、强化服务措施,着力保障经济平稳较快发展

坚持"有限职责,无限服务",积极促进经济发展良好环境形成。根据吉林省委"三化"建设、"三动"战略等重大部署,适时调整服务重点,2010 年 6月,三级检察院统一时间、统一形式、统一内容,向社会作出改进办案方式、解决企业和群众诉求等 11项促进软环境建设公开承诺。坚持执法促进发展、办案确保稳定,充分发挥打击、预防、监督、保护职能,严格区分经济纠纷与经济犯罪、合法收入与犯罪所得、合法融资与非法集资的界限;慎重采取强制措施,慎重扣押企业资金,慎重冻结企业账户;严禁受利益驱动办案,严禁私自插手投标采购,严禁到企业报销费用。组织评选"软环境建设十佳基层检察院",开展软环境建设大检查,确保公开承诺落到实处。坚持"外创环境,内抓预防",持续服务重大项目建设。进一步扩大服务重大项目的范围,新增公路、铁路、汽车、石化、电力、煤炭等领域服务项目 605 个。全程跟踪服务 3000 万元以上重大项目1569 个。坚持"以防助企,以打护企",平等保护民营经济健康发展。在工业集中区设立 46 个检察服务站,走进 537 户民营企业深度调研,组织检察官送法进企业,提供法律咨询、法律服务,支持企业依法维权,引导企业守法经营。

二、深入推进三项重点工作,全力维护社会和谐稳定

全面落实宽严相济刑事政策,切实做到"严到位、宽适度"。坚持打击保稳定,与法院、公安、国家安全、司法行政等政法机关密切配合,重点打击严重暴力犯罪、多发性侵财犯罪、涉众型经济犯罪和跨国犯罪等影响群众安全感的刑事犯罪,共批准逮捕各类犯罪嫌疑人 15408 人,提起公诉 23560 人。坚持宽缓促和谐,进一步转变执法理念,按照中央"两减少、两扩大"的要求,对初犯、偶犯、过失犯、未成年犯、老年犯和"民转刑"案件中的一些犯罪情节轻微人员,依法非罪化处理,不批捕、不起诉 5085人。切实把化解矛盾贯穿执法办案始终,尽最大努力实现案结了人和。注重发挥办案化解矛盾的基础作用,统筹考量案件中的各种因素,探索形成了具有"吉林检察特色"的刑事和解、民事调解、控申疏解"三解路线图",引导群众采取非诉讼手段解决矛盾纠纷。扎实开展"百万案件评查",集中清理涉检信访积案。开展三级检察院联合接访、检察长下访、检察官走访,采取巡回办案、公开听证、专家

评议等办法,对 2004 年以来的 1266 件涉检信访案件进行集中评查。全省检察机关有 36 个信访窗口被评为"全国文明接待室",涉检进京访多年保持全国最少。延伸检察工作触角,积极参与社会管理创新。坚持检力下沉、重心下移,在乡镇、社区共设立 333 个检察联络室,搭建服务管理的一线平台。省检察院制定了加强社区矫正法律监督的指导意见,协同有关部门综合运用法律、政策、教育等手段,加强对监外执行人员的教育改造,帮助其融入社会。注重把工作触角延伸到案后案外,对不起诉的未成年人进行心理矫治,落实帮教措施,努力使其走上正路。

三、依法查处和积极预防职务犯罪,有力推进反腐倡廉工作

注重力度、质量、效果协调统一,平稳健康推进查办职务犯罪工作。坚决贯彻中央、省委关于深入开展反腐败斗争的重要部署,在省纪委的组织协调下,忠诚履行宪法和法律赋予的职责,正确处理打击与保护的关系,力求办理的每一起案件都实现法律效果、社会效果和政治效果有机统一。全年查处各类职务犯罪 1609 人,其中大案要案 1180 人,占总数的 73.3%。最高人民检察院抽调我省 50 多名骨干人员组成专案组,历时 20 个月,圆满完成了重大案件侦办任务。突出查办侵害民生职务犯罪,切实维护群众权益。紧紧围绕关乎百姓生计、群众利益的民生问题开展专项活动,共查办教育就业、安居工程、医疗卫生、征地拆迁、矿产资源、粮食直补、林权改革等民生领域职务犯罪 832 人,依法保护群众利益,保障惠民富民政策落到实处。认真落实省人大常委会决议,全面加强反渎职侵权工作。省人大常委会听取并审议了省检察院关于查办和预防渎职侵权犯罪工作情况的报告,作出了《关于加强查办和预防渎职侵权犯罪工作的决议》,为检察工作发展提供了重要机遇。省检察院抓住机遇、用好机遇,及时召开视频会议部署贯彻落实,认真从健全机制、提升能力等方面改进工作,全年查处渎职侵权犯罪 593 人。坚持查办是职责、预防也是职责,扎实开展预防工作。把预防摆到与查办同等重要的位置,结合执法办案,向有关单位发检察建议 1982 份,开展预防调查、预防咨询、预防教育 5648 次,与行政执法机关、金融系统会签预防工作意见 270 份,尽最大努力遏制和减少职务犯罪发生。在全国检察机关率先建立了职务犯罪信息收集、分析、评估和预测预警机制,系统研究防范对策,有效提升了工作的主动性、针对性和科学性。

四、切实强化诉讼监督,努力维护法律统一正确实施

深化监督机制改革,狠抓监督薄弱环节。针对侦查监督法律规定过于原则,积极推进刑事立案监督等工作机制改革;进一步完善了行政执法与刑事司法衔接机制,省检察院与 16 个行政执法部门召开联席会议,形成了信息共享、线索移送、协助调查、联合预防等会议纪要;开展了对行政执法机关移送涉嫌犯罪案件专项监督活动,有关部门向司法机关移送案件 79 件。针对审判监督手段单一,对全省 72% 的公诉案件提出量刑建议,列席法院审判委员会 781 次,延伸了监督关口。加大诉讼监督力度,维护司法公正公信。监督纠正侦查机关有案不立、立案不当 843 件。对刑事裁判提出抗诉 163 件,对民事审判和行政诉讼提出抗诉 469 件。坚持监督与支持并举,维护法制权威。认真贯彻分工负责、互相配合、互相制约的原则,更加注重在监督中协调、沟通和支持。对一般诉讼违法行为,通过检察建议督促有关部门自行纠错。对裁判得当但当事人申诉上访的,主动释疑解惑,促使当事人服判息诉 928 件。自觉接受其他司法机关的依法制约,认真办理公安机关提请复议复核案件 126 件,接受审判机关司法建议 51 份。

五、创新自身建设载体,大力提高执法为民水平

持续开展"四走进"活动,不断增强群众工作能力。全省 7000 名检察人员持续走进农村、走进社区、走进企业、走进基层,了解社情民意,体察群众情感,掌握司法需求,学会用群众观点思考问题和处理问题,增强了服务群众的本领,筑牢了执法为民的思想根基。去年,面对突如其来的重大洪涝灾害,全省三级检察机关总动员,挺身而出,冲锋在前,有 2 个单位和 2 名个人被最高人民检察院荣记一等功,11 个单位和个人受到省委、省政府表彰,队伍经受住了考验,"四走进"活动成果得到体现。

深入开展"恪守检察职业道德、公正廉洁为民执法"主题实践活动,不断提升检察公信力。认真开展了"反特权思想、反霸道作风"专项教育,集中整治办案不文明、凭借身份摆事、违规扣押款物等方面的问题,促进理性、平和、文明、规范执法。坚持治检先治长、治检必从严,认真落实《吉林省检察

机关领导干部问责制》，出台了廉洁从检"十不准"，开展了廉政风险防控机制试点，举办了自身反腐倡廉教育巡回展，设置"高压线"，常念"紧箍咒"；加强执法办案全程信息化监控，有98%的案件实现网上管理、同步纠偏，防止案件带病流转；建立了案例指导制度，规范检察裁量权正确行使。认真开展标准化基层检察院建设试点，不断夯实基层基础。坚持省级院主导、市级院主责、基层院主体，探索形成了基层检察院标准化建设基本模式。坚持省检察院班子成员联系基层制度，把更多人力、财力、物力投向基层，在组织、人事、编制、财政和发改委等部门的大力支持下，为基层选调充实专业人才189人，争取办案和专业技术用房资金1.09亿元。大力开展全员培训，着力提升专业素质，省检察院举办检察长轮训、处科长集训、业务骨干普训24期，联合北京大学举办研修班6期，共培训4691人次；认真开展创先争优活动，积极开展职务犯罪侦查、审查逮捕、出庭公诉等大练兵大比武，继续推行检察人员上下挂职、内外交流锻炼；举办了第五期检察人员司法考试培训班，通过率高出全国29.4个百分点；有4名检察官被评为第二批"全国检察业务专家"。

一年来，全省检察工作取得了新的进步。荣立三等功以上的共有31个集体和137名个人，其中一等功集体和个人19个，二等功集体和个人63个。受到国务院、最高人民检察院、全国总工会表彰的先进、模范集体和个人有5个。

（吉林省人民检察院法律政策研究室）

黑龙江省检察工作　2010年，黑龙江省检察机关在最高人民检察院和黑龙江省委的正确领导下，深入贯彻科学发展观，紧紧围绕经济社会发展大局，以三项重点工作为载体，不断强化法律监督、强化自身监督、强化高素质检察队伍，全省检察工作取得了新的成绩和进步。

一、服务发展稳定大局，依法履行维护社会稳定职责

1. 对严重刑事犯罪依法从重从快，突出打击重点。全省检察机关坚决遏制刑事犯罪高发的势头，严厉打击暴力犯罪、恐怖犯罪、毒品犯罪、有组织犯罪和多发性侵财犯罪，维护社会治安秩序，保障了良好的社会治安环境，为平安龙江建设做出了积极贡献。2010年共批捕刑事犯罪15398件20553人，

与2009年相比批捕人数减少0.4%，提起公诉19706件28419人，同比提起公诉人数增长6.8%，其中批捕严重刑事犯罪2420件3132人，提起公诉2596件3554人。决定不批准逮捕1936件3044人，不批准逮捕率为12.7%，不起诉347件402人，不起诉率为1.4%。

2. 落实"三项重点工作"，深入推进社会矛盾化解。黑龙江省检察院制定了《检察机关处理涉法上访有关问题的实施意见》。目前，全省排查的168起涉检信访积案已化解152起，化解率90.5%，其中，三级检察院领导包案的59起重点案件已息诉55起，息诉率为93.2%。深入推进社会管理创新，积极参加社会治安防控体系建设，落实检察环节的综合治理措施。加强对特殊人群的帮教管理，探索适应社区矫正特点的检察工作方式。深入推进公正廉洁执法，加强对自身执法活动的监督，规范执法流程，完善管理制度，强化管理措施，着力解决执法中存在的群众反映强烈的突出问题。评查案件391件，清理积案213件。查办司法人员和行政执法人员职务犯罪571人，占职务犯罪案件的34.8%。

二、加大诉讼监督力度，依法履行法律监督的职责

1. 突出监督重点。在刑事立案监督中，监督公安机关应当立案而未立案430件；监督不应当立案而立案342件。在侦查活动监督中，着重监督纠正刑讯逼供、违法取证以及漏捕、漏诉等问题。纠正漏捕1027人，与2009年相比增长12%，追诉漏犯896人，同比增长27.3%。在刑事审判监督中，提出刑事抗诉141件，法院审结98件，其中改判43件，撤销原判发回重审33件，采纳率77.6%。在刑罚执行和监管活动监督中，纠正减刑、假释、暂予监外执行实体和程序违法及不当77人，查办监管人员职务犯罪案件16件16人。在民事行政诉讼监督中，提出抗诉608件，与2009年相比上升0.3%，改变率达到74.3%，同比上升28.8%。提出再审检察建议889件，采纳率95.2%，同比上升11.8%。

2. 拓展监督方式。全省绝大多数基层院实行了量刑建议，提出量刑建议8721件，法院采纳率87.7%。积极推进与监管场所信息和监控联网，目前，全省140个驻看守所检察室已对121个看守所实现了刑罚执行和监管活动的动态监督。

3. 加强内外部监督。加强案件质量预警、重点

备案审查和职务犯罪案件个案跟踪。自觉接受人大和社会监督，全省各级院共向人大报告工作426次。10月，省检察院向省人大常委会报告了贯彻落实省人大常委会关于加强检察机关法律监督工作的决定的情况。人民监督员监督"三类案件"20件22人。

三、严查职务犯罪，履行职务犯罪侦查职责

2010年，全省检察机关共查办职务犯罪案件1144件1640人。其中大案702件、要案70人（厅局级4人）。追捕在逃职务犯罪嫌疑人134人。开展预防调查354次，形成调研报告299份，地方主要领导批示226件。对176件典型职务犯罪案件的致罪因素、犯罪特点进行了分析，向有关单位或部门提出176份检察建议，配合相关部门或单位制定整改措施233项。

查办重点领域案件取得新进展。2010年，全省开展了工程建设领域突出问题专项治理，查办案件272件349人；开展了打击涉农职务犯罪专项工作，查办案件126件203人；开展了治理商业贿赂专项行动，查办案件110件125人。积案清理取得新突破。2010年全省各级反贪部门对2003—2008年的189件296人进行了清理，共清理积案185件290人，全省积案问题得到有效解决。

全省检察机关将不断提高维护社会和谐稳定、维护人民群众权益、维护社会公平正义水平，为"十二五"规划的良好开局创造和谐稳定的社会环境、廉洁高效的政务环境和公平正义的法治环境。

（黑龙江省人民检察院研究室）

上海市检察工作 2010年，上海市检察机关深入贯彻落实科学发展观，以推进社会矛盾化解、社会管理创新、公正廉洁执法为重点，全力服务保障世博会，加强法律监督，加强自身监督，加强领导班子建设，全面推进各项检察工作的科学发展，为世博会的成功举办和社会和谐稳定提供服务保障。

一、全力以赴服务保障世博会。全市检察机关按照中央提出的"六个确保"的总体目标，坚持把服务保障平安世博、廉洁办世博作为首要任务，正确把握宽严相济刑事政策，注重化解社会矛盾，维护社会和谐稳定，集中整治治安混乱地区和突出治安问题，开展打击多发性侵财犯罪、保护世博会知识产权等专项治理活动。全年共批准逮捕22260人，提起公诉19116件28452人。其中，批准逮捕危害国家安全、公共安全以及故意杀人、抢劫、绑架等严重暴力犯罪3289人，提起公诉2884件3941人。贯彻宽严相济刑事政策，对未成年人犯罪和一些轻微犯罪案件实施区别对待，依法不批准逮捕1744人，不起诉304人。上海市检察院为世博会成功举办制定了《上海检察机关加强世博案件办理工作的指导意见》，健全了"涉博"刑事案件集中办理、依法快速办理等工作机制。依法批准逮捕扰乱世博会秩序、破坏世博会场馆及配套设施、侵犯世博知识产权等犯罪嫌疑人159人，提起公诉63件113人。在世博场馆、世博配套设施等重大工程建设中同步开展创"双优"工作，协助参建单位建立廉政保障机制。选派13名检察干部到世博局挂职，直接参与世博局纪检、监察和审计等工作。市检察院与市纪委、世博局等单位共同对运营项目采购、合同款支付、证件制发、世博特许商品经销等环节加强监管，提出预警意见；世博会后，又对撤展、拆馆、资金支付、工程结算、资产处置、后续开发等环节提出预防犯罪的建议。深入排查化解矛盾纠纷，对困难群众予以司法救助，共排查矛盾突出的涉检信访案件72件，息诉44件，实现了世博场馆及周边地区的涉检上访率为零、影响世博稳定的涉检信访案件发生率为零。

二、查办和预防职务犯罪工作平稳发展。坚持惩防并举、注重预防。全市共立案侦查贪污贿赂案件336件393人，人数与去年同期相比上升2.6%，其中大案315件，查处局级干部3人、处级干部要案39人，挽回国家经济损失7960.9万元。立案侦查国家工作人员渎职侵权犯罪案件26件29人。加大群众反映强烈的发生在民生领域职务犯罪的查处力度，共立案侦查社会保障、劳动就业、环境保障、征地拆迁、医疗卫生等涉及民生领域职务犯罪64件75人。积极探索职务犯罪预测预警工作，重视和研究因体制、机制和管理层面诱发职务犯罪的特点规律，与市纪委共同制定《关于建立党员干部违纪违法和职务犯罪预警机制的指导意见》；深化为专家型人才提供法律服务工作，加强与专家型人才主管部门合作，搭建预防工作平台，形成长效机制。积极发挥华东六省一市行贿犯罪档案查询系统的作用，在市重点行业、政府采购、工程招投标中引入行贿犯罪档案查询，共受理查询2076人次，与去年同期相比增加244.3%，有效遏制商业贿赂行为。

三、围绕贯彻上海市人大常委会《决议》，全面加强法律监督。2009年，市人大常委会通过《关于加强人民检察院法律监督工作的决议》（以下简称《决议》）。各级院以贯彻落实《决议》为契机，紧紧抓住人民群众反映强烈、影响司法公正的突出问题，不断加大法律监督力度，促进司法公正、维护法制权威，取得明显成效。全年要求公安机关说明不立案理由246件，公安机关共立案165件；决定追捕442人，追诉380人；依法提出刑事抗诉42件；纠正不当刑罚变更执行193件，对刑罚执行和监管活动的违法情况提出书面纠正意见519件，与去年同期相比上升33%。一是切实抓好类案监督。制定《关于进一步加强和规范民事行政类案监督工作的意见》，进一步明确类案监督的范围、程序、方法和措施。就劳教人员滞留看守所、侦查活动中扣押物品管理不善、民事案件立案不及时等问题向有关司法、行政机关提出监督建议121份。二是积极回应群众对加强民事行政审判监督的迫切要求，民事检察工作有新突破。提出民事行政抗诉103件，与去年同期相比上升14.4%；对1379件不符合抗诉条件的申诉案件，耐心细致地做好当事人的释法服判息诉工作。探索对裁判执行不公、开具支付令不当以及虚假调解等损害公共利益和案外人合法权益的行为开展监督，探索对造成国有财产和公共利益严重损害的行为督促提起民事起诉。三是扩大对公安派出所刑事执法活动监督的试点。在全市选择23个派出所开展试点，与市公安局会签了《关于本市开展对公安派出所监督工作的实施意见》。通过监督检查，针对公安派出所在刑事案件受理、留置候问室使用、强制措施变更等环节存在的执法办案不规范的问题，通过检察建议、公检联席会议、情况通报等形式加强监督。

四、围绕三项重点工作，拓展法律监督职能。各级检察院注重提升检察机关推进三项重点工作的广度和深度，取得良好效果。一是加强检察建议工作。制定了《关于加强检察建议工作的若干规定》，规范检察建议制发工作程序。向行政、司法机关制发检察建议366份，并注重检察建议发出后的整改落实工作。二是注重运用重要情况反映及时向市委、人大、政府及有关职能部门反映办案中发现的突出社会管理问题，制发《检察情况反映》50期，中央、市委、最高人民检察院领导先后21次批示。三是进一步加强对涉罪未成年人的帮教管理，

推动实现涉罪未成年人社会关心爱护体系全市覆盖，深化涉罪未成年人的教育、感化、挽救工作。四是坚持从全局上推进社区矫正工作。对2007年以来5172名社区矫正对象进行全面核查，发现脱漏管控罪犯256名，已有250名脱漏管控罪犯列入管控。五是探索设立社区（街镇）检察室。在部分街道或乡镇进行试点，设立了12家社区（街镇）检察室，促进监督触角向基层延伸。

五、大力加强队伍职业道德建设。各级检察院深入开展"恪守检察职业道德、促进公正廉洁执法"主题实践活动，提高队伍职业道德素养，开展"忠诚、公正、清廉、文明"的检察职业道德大学习、大讨论，举办全国模范检察官寿志坚同志先进事迹报告会，组织百名检察官宣誓仪式，开展向身边人身边事学习的活动，开门听取党委、政府、人大代表、政协委员以及社会各界人士的意见。在开展正面学习、教育的同时，开展"反特权思想、反霸道作风"专项教育活动，举办"检察机关反腐倡廉教育展"，汇编下发《本市检察人员违纪违法案例选编》，加强对办案纪律、警车使用、检风检纪等问题的监督和检查。

六、加强队伍建设，不断提高法律监督能力和水平。着力提高队伍的法律素养、实践能力，继续深化"套餐式"全员培训工作，共举办各类检察业务培训班33期，培训干警3357人次；深化"两岗"活动，将听庭评议、案件讲评、一案一总结等作为有效载体，不断提高队伍的实战能力。积极推进专业化建设，在浦东、黄浦等检察院成立了金融、航运、知识产权案件办案部门，各级检察院都对金融、知识产权等案件实行专人办理。为加快专业人才培养，与中欧陆家嘴国际金融研究院举办金融法律高级培训班，与上海大学、上海对外贸易学院、上海外国语大学等举办外贸、知识产权、英语等培训，400余名检察干部参加培训。选派第三批16名民事检察干部到法院办案实践，选派6名业务骨干到金融机构学习培养。加大青年干部的培养力度，制定《关于加强检察机关青年干部培养锻炼工作的若干意见》，明确用5年时间完成全市检察机关1000多名无社会工作经验的青年干部的基层锻炼任务，安排140多名青年干部到社区锻炼，增进青年干部对社情民意的了解。

七、大力加强领导班子和领导干部建设。加强对领导班子的管理监督，安排4名区级院检察长到

上海市检察院进行述职述廉；建立上海市检察院对基层检察院巡视工作制度，对8个区县检察院党组班子进行巡视；制定《上海检察机关市管领导干部任期经济责任审计实施办法（试行）》，对2名基层检察院检察长开展经济责任审计。切实转变工作作风，上海市检察院党组成员牵头开展"加强对下级业务指导"、"专业化办案"等11个调研课题，着力攻克检察工作的瓶颈难题；推进检察长直接办理案件工作，促进领导干部提高自身执法水平。加强后备干部培养，选调了39名青年干部异地挂职锻炼。组织开展领导干部政治轮训，55名区县院副检察长参加培训。

八、加强检务保障，为检察工作发展提供有力支撑。坚持围绕检察业务工作，加强信息化建设，全面建成上海市检察院、上海市检察分院、基层检察院三级办案信息互联互通、案件管辖与审级完整的办案辅助管理系统；初步完成起诉书、抗诉书、检察建议书"三库系统"框架建设，为提高干警法律文书写作水平、指导办理疑难复杂案件等提供信息平台。积极推进队伍管理和业务管理系统的衔接，建成反贪、侦监、公诉等检察人员执法（工作）档案管理系统，全面记录干警执法办案、职业培训、奖惩信息等情况，为干部考核提供依据。进一步加大技术办案力度，推进电子证据的收集、固定、鉴别研究，推进心理测试和司法鉴定一类实验室建设。继续办好东方网的网络直播节目，安排12个区、县检察院检察长参加东方网"上海检察机关区县检察院检察长系列访谈"节目，选择部分典型案例进行网络庭审直播。

（上海市人民检察院研究室）

江苏省检察工作 2010年江苏省检察机关紧紧围绕全省工作大局，全面履行检察职能，以社会矛盾化解、社会管理创新、公正廉洁执法三项重点工作为着力点，统筹带动各项检察工作取得全面进步。

一是积极服务转变经济发展方式，有效保障经济平稳较快发展。面对江苏省加快转变经济发展方式的新形势，省检察院及时制定了深入推进三项重点工作的二十条意见，指导各级检察院在执法办案中着力解决源头性、根本性、基础性问题。各级检察院突出打击危害经济发展的严重经济犯罪，共批准逮捕破坏社会主义市场经济秩序犯罪2592人，提起公诉4878人；其中起诉侵犯知识产权犯罪

97件186人，与2009年同期相比分别上升32.9%和28.3%。在征地拆迁、土地管理、环境保护等领域立案查办了一批影响经济发展方式转变的贪污贿赂、渎职失职犯罪。积极开展支持起诉、督促起诉工作，共办理相关案件4531件，挽回国有资产损失42.5亿元。各级检察院还建立健全社会风险排查研判机制，共向党委政府和有关部门报送风险研判报告780多份，推动开展专项整治行动58项。

二是积极履行检察职能，切实维护社会和谐稳定。共批准逮捕各类犯罪嫌疑人53926人，提起公诉82780人，其中，批准逮捕黑恶势力犯罪、杀人、抢劫等严重暴力犯罪8936人，提起公诉12205人。全面贯彻宽严相济刑事政策，共依法不批准逮捕各类犯罪嫌疑人15490人，决定不起诉2287人。省检察院与省综治委等六部门共同下发了《江苏省"检调对接"工作实施办法（试行）》，共促成轻微刑事案件和解2433件，民事申诉案件息诉1400余件，促成涉检信访案件息诉罢访932件。在检察环节对特困刑事被害人实行司法救助，全省检察机关共发放救助资金近300万元，救助了1017件刑事案件的特困被害人。开展涉检信访积案化解攻坚战，化解重点信访积案130件，办结率达94.9%。

三是积极延伸检察职能，深入推进社会管理创新。全省检察机关坚持延长工作链条，延伸工作触角，全力参与社会建设，促进社会管理。向发案单位及有关部门提出检察建议235份。省检察院制定了《关于进一步加强社区矫正法律监督工作的意见》，指导全省基层检察院在乡镇、街道设立了社区矫正检察机构282个，深入监督社区矫正工作，积极探索涉罪外来人员管护教育制度。无锡等9个市在企业和社区建立了130多家管护教育基地，已有300余名涉罪外来人员接受了管护教育。全省基层检察院在社情较为复杂、司法诉求集中的乡镇、社区设立派驻检察室185个，建立乡镇社区检察工作站568个，对基层一线执法活动就地开展法律监督，对群众的投诉来访直接受理。派驻检察机构广泛开展法制宣传和预防犯罪活动，共发现涉案线索1174件，化解农村社会矛盾纠纷2347件。

四是积极查办和预防职务犯罪，扎实推进反腐倡廉建设。全省检察机关共立案侦查贪污贿赂犯罪案件1522人，渎职侵权犯罪案件419人，挽回直接经济损失4.1亿元。共立案查处县处级以上干部要案101人，涉案金额一百万元以上的贪污贿赂

大案 69 件。开展工程建设领域突出问题专项治理行动,立案侦查工程建设项目规划审批、土地出让、征地拆迁过程中职务犯罪案件 821 件 934 人。查处行贿犯罪 199 人。开展"举报宣传周"活动,加大实名举报奖励力度,对 214 名举报有功人员给予奖励。全省检察机关职务犯罪案件移送起诉率为 97.1%,法院有罪判决率为 100%。各级检察院结合办案开展专项预防分析和调查,共向各级党委、人大、政府及发案部门提出预防检察建议 1239 份。会同有关部门对投资达 6800 亿元的全省百项在建重大项目开展专项预防。

五是积极推进诉讼监督工作,努力促进公正廉洁执法。共监督公安机关立案 1162 件 1788 人,监督撤销案件 1018 件 1618 人,纠正漏捕 2131 人,纠正漏诉 2143 人。提出刑事抗诉 234 件,法院审结 145 件,其中改判 44 件,发回重审 35 件。提出民事行政抗诉 499 件,提出再审检察建议 513 件。组织对全省被判处缓刑的 11702 名罪犯交付执行情况进行专项检查,立案查处刑罚执行及监管活动中的职务犯罪案件 16 件 17 人。

六是积极推进检察改革创新,进一步提高法律监督水平。全面推行量刑建议制度。加强检察委员会建设,充分发挥检察委员会在重大复杂案件和重要法律政策问题上的民主决策、科学决策作用。加大工作机制创新力度,省检察院确定 38 项重点创新项目,已经总结推广了"检调对接"、社会风险排查研判等 20 余项创新机制,得到最高人民检察院的充分肯定。省检察院建成了司法鉴定实验室,顺利通过了国家认可。

七是积极抓好自身建设,全面提升队伍素能。深入开展"恪守检察职业道德、促进公正廉洁执法"主题实践活动和"反特权思想、反霸道作风"专项教育活动。召开第五次全省检察机关先进集体、先进个人表彰大会,大力弘扬秉公执法的优秀典型;举办全省检察机关自身反腐倡廉教育展览,警示教育全体检察人员。全面落实省级以下检察院立案侦查职务犯罪案件由上一级人民检察院审查逮捕制度,对市、县(市、区)两级检察院提请逮捕的 875 件 950 人职务犯罪案件,上级检察院审查决定不予逮捕的有 59 件 71 人。2010 年人民群众投诉检察机关办案不规范、不公正、不文明的情况与 2009 年同期相比下降了 10.4%。继续开展全员岗位大练兵活动,共举办各类培训班 681 期,组织开展了全省

优秀公诉人评选等活动,我省有三名干警当选第四届全国十佳公诉人。

八是积极改进接受人大监督和政协民主监督方式,不断提高执法公信力。进一步加强与人大代表、政协委员的沟通联系,省检察院邀请部分省人大代表、政协委员视察全省反渎职侵权工作,旁听庭审、评议出庭工作;举办"代表联络月"活动,听取各级人大代表的意见、建议;对各民主党派也建立了定期通报检察工作情况的制度。各级检察院认真办理人大代表提交的建议和政协委员提交的提案 112 件,转交的案件 134 件,均已全部办结。积极推进人民监督员制度,全省 180 件拟作撤案、不起诉处理等案件和违法搜查、扣押等情形全部进入人民监督员监督程序接受监督。举办"检察开放日"等活动,共有 12000 余名各界群众走进各级检察院,人民群众的满意率进一步提高。

(江苏省人民检察院研究室)

浙江省检察工作　2010 年,浙江省人民检察院以推进三项重点工作和贯彻落实省人大常委会《关于加强检察机关法律监督工作的决定》(以下简称《决定》)为载体,全面履行法律监督职责,各项工作取得了新的进展。

一、着力推进三项重点工作,维护社会和谐稳定成效明显。研究制定《关于深入推进三项重点工作的若干意见》,明确重点抓好的 15 项工作。会同有关部门深入开展打黑除恶专项斗争、禁毒禁赌、打击电信诈骗等专项活动,深化提前介入、挂牌督办、案件报备指导等工作机制。全省共批捕各类刑事犯罪嫌疑人 75699 人,起诉 94763 人。注重检察职能延伸,深化轻微犯罪刑事和解、未成年人案件办理、外来人员平等适用不捕不诉等工作,试点推进附条件不起诉、老年人犯罪从宽处理等工作,积极推进检调对接机制建设,共对 2728 人与 2067 人分别作出无逮捕必要不捕、相对不起诉决定。同时,建立全省涉检网络舆情监测技术平台,全面开通 12309 举报电话和全省涉检信访网上受理系统,检察环节矛盾纠纷排查处置机制进一步健全。把保障平安世博作为重要任务,与上海、江苏检察院建立协作机制,加强重大信访信息报送、研判以及突发事件联络。

二、坚持惩防并举,查处和预防职务犯罪工作健康发展。加大查办与预防职务犯罪工作力度。

全年共立案查处贪污贿赂犯罪案件 1005 件 1249 人，其中大案 840 件，占 83.6%；立案查办渎职侵权犯罪案件 224 件 324 人，其中重特大案件 105 件，占 46.9%；深入开展治理商业贿赂、工程建设领域突出问题专项治理，分别查处相关人员 862 人和 622 人；紧紧围绕群众反映强烈的问题和关系经济发展，在土地管理、城建、医疗、教育等领域查处 232 人。立足职务犯罪预防，会同有关部门认真组织开展《浙江省预防职务犯罪条例》实施三周年宣传活动，对杭州萧山机场等"三个千亿"在建重点工程的预防督导。结合办案中发现的苗头性、倾向性问题积极向党委政府及有关部门提出预防调查、预防建议，行贿犯罪档案查询实现了华东六省一市数据实时共享，作为公共资源领域的准入环节，侦防信息库建设进入试运行，侦防一体的机制逐步健全。

三、积极推动出台并贯彻落实《关于加强检察机关法律监督工作的决定》，诉讼监督工作全面加强。以省人大常委会专题审议刑事诉讼监督工作为契机，积极争取出台了《关于加强检察机关法律监督工作的决定》（以下简称《决定》），会同相关省级政法部门召开了贯彻落实《决定》电视电话会议，加强诉讼监督情况排查，制定贯彻《决定》方案，诉讼监督力度进一步加大。共监督侦查机关立案 1171 件；追捕 941 人、追诉 2094 人；对认为确有错误的刑事裁判提出抗诉 234 件，法院已改判 76 件、发回重审 62 件；对认为确有错误的民事行政裁判提出抗诉 835 件，法院已改判 231 件、发回重审 35 件，调解结案 305 件；对监管活动和刑罚执行中的违法行为提出监督意见；查处司法人员职务犯罪案件 53 人。单独或会同有关部门开展看守所安全管理大检查、久押不决案件专项监督、保外就医专项检查等，监督成效进一步提升。明确贯彻《决定》十三项近期计划及二十项中长期计划，积极稳步推进，联合法院出台《关于办理虚假诉讼案件具体适用法律的指导意见》，联合省环保厅出台《关于积极运用民事行政检察职能加强环境保护的意见》，开展看守所在押人员非正常死亡情况专题调研，扩大刑事拘留监督试点，诉讼监督的制度措施进一步加强。

四、深化创新强检，检察改革与工作机制创新取得新进展。认真落实职务犯罪审查批捕上提一级、量刑建议、人民监督员制度等司法改革任务，加强工作调研，完善配套制度，确保改革成效。积极

推进基层检察室建设，目前已有 88 个检察室通过审批，20 个检察室挂牌运行。积极推进工作机制创新，舟山市两级检察院建立的不捕不诉风险评估机制，绍兴、温州市两级检察院、慈溪、桐乡市检察院建立的检调对接机制，嘉兴、湖州市检察院建立的环境保护公益诉讼机制，浦江、余姚检察院建立的追诉信息库，海宁市检察院建立的行政执法监督机制等，得到了最高人民检察院和浙江省委的充分肯定。着力加强内部管理机制创新，积极开展检务大厅建设，积极推进集检察业务、行政事务、赃款赃物等方面管理于一体的信息化管理机制建设，制度执行力与管理现代化得到有效提升。

五、认真开展主题教育活动，检察队伍和基层基础建设扎实推进。组织开展"恪守检察职业道德、促进公正廉洁执法"、"反特权思想、反霸道作风"专项教育活动以及"之江先锋"创先争优、深化作风建设年等主题教育活动。开展检察官宣誓活动，认真接受最高人民检察院巡视并做好巡视意见整改工作，以领导班子和领导干部、执法办案活动、"三重一大"监督为重点加强内部监督，认真开展案件评查并依法纠正瑕疵案件 57 件，查处违纪人员 3 人。开展全省第三届优秀检察官评选，加强对全国模范检察官、省优秀共产党员陈长华等先进典型事迹的宣传，进一步树立队伍正气。加强教育培训，省检察院组织培训 24 期 2500 余人。组织开展公诉、侦监、反贪等项业务的全省竞赛，提升检察队伍法律监督的实战技能，全省共有 5 名干警被授予第二批"全国检察业务专家"称号，5 名干警分别被评为全国十佳公诉人、全国优秀公诉人和全国侦查监督优秀检察官。不断完善对口联系基层、考核评价等机制，激励和引导基层院创先争优。检察三级专线网全面优化升级，全省统一的多条线网上办案系统进入运行或试运行，省检察院司法鉴定实验室通过国家认可，科技强检战略深入实施。

（浙江省人民检察院研究室）

安徽省检察工作 2010 年，全省检察机关紧紧围绕全面转型、加速崛起、兴皖富民大局，以深入推进三项重点工作为载体，全面履行法律都督职能，各项检察工作取得了新成绩。

一、坚持围绕中心、服务大局。着眼服务安徽经济社会发展大局，加大打击破坏市场经济秩序、危害政府投资和金融安全、危害能源资源和生态环

境等犯罪力度,深入开展治理商业贿赂、工程建设领域和国土资源领域突出问题专项治理以及查办涉农职务犯罪专项行动,依法惩治侵犯知识产权犯罪。正确处理查办涉企职务犯罪和维护企业正常生产经营的关系,主动为企业尤其是中小企业提供法律服务,为促进经济平稳较快发展提供了有力的司法保障。

二、坚持以人为本、执法为民。严肃查办涉及民生领域的职务犯罪,严厉打击危害人民群众生命财产安全的各类犯罪,依法介入重大责任事故调查,着力解决司法实践中涉及群众得利益的热点难点问题,维护了人民群众合法权益。加大对特殊群体的司法保护力度,制定并实施了《刑事被害人救助工作实施办法》,全年共对 95 名刑事被害人及其近亲属进行了司法救助,救助金额达 126.41 万元。积极探索联系基层、服务群众的新形式,建立检察工作室、检察联络员等制度,推行下访巡访、预约接访等措施。

三、坚持推进社会矛盾化解和社会管理创新,维护全省社会大局稳定。突出打击严重刑事犯罪,全年批准逮捕各类刑事犯罪嫌疑人 24192 人,提起公诉 34602 人。贯彻落实宽严相济刑事政策,依法决定不批捕 4876 人,不起诉 1522 人。制定了《关于深入推进社会矛盾化解工作的指导意见》,主动将法律监督的触角向化解矛盾、预防和减少犯罪等方面延伸。深入开展"涉检信访案件督办年"和"信访积案清理"专项活动,全面推行执法办案风险评估预警机制,着力从源头上防止和减少涉检信访发生。主动参与社会治安防控体系建设,配合有关部门深入开展上海世博会安保、打击非法集资、保障校园安全等专项活动,加强对治安混乱地区和突出治安问题的集中整治,促进了平安安徽建设。

四、坚持查办和预防职务犯罪数量、质量、效率、效果有机统一。全年共立案侦查职务犯罪案件 1277 件 1781 人,职务犯罪侦查呈现"三个双增长、一个双下降"的良好态势,即反贪和反渎立案数双增长、大案和要案数双增长、起诉率和有罪判决率双增长、不诉率和撤案率双下降。组织开展邀请人大代表、政协委员视察反渎职侵权工作活动,提高了反渎职侵权工作的社会认知度和影响力。推进侦防一体化机制建设,紧密结合办案,深入分析职务犯罪的规律特点和发案原因,督促协助有关部门搞好防控治理。注重围绕皖江城市带承接产业转

移示范区,合肥、芜湖、蚌埠自主创新综合试验区建设等开展同步预防,保障了党委政府重大部署、重点工作的顺利实施。建立职务犯罪预防年度报告制度,积极开展工程建设领域职务犯罪专项预防活动,拓展了预防工作的深度和广度。

五、坚持把集中开展查办司法不公背后职务犯罪专项行动作为促进公正廉洁执法的重要抓手。诉讼法律监督进一步强化。着眼于解决影响司法公正的突出问题,在全国检察机关中率先组织开展了查办司法不公背后职务犯罪专项行动。全省检察机关按照省检察院部署和要求,精心组织实施专项行动,突出主攻方向,加大查办力度,取得了明显的阶段性成效,得到了省委、最高人民检察院的充分肯定和高度评价。全年共立案侦查司法人员索贿受贿、徇私枉法等职务犯罪案件 102 人。坚持把专项行动和纠正违法情况结合起来,把经常性监督和专项监督结合起来,全面加强诉讼监督工作,维护司法公正。2010 年 12 月,省检察院就诉讼监督工作向省人大常委会作了专题报告,常委会审议后专门作出《关于加强人民检察院诉讼活动法律监督工作的决定》,这在全省检察工作历史上还是第一次。

六、坚持强化自身监督与强化法律监督并重,执法公信力有了新提升。深入开展"两反"专项教育活动,解决检察干警执法思想、执法行为、执法作风方面存在的问题。全面推行检务督察制度,集中开展办案工作区建设、办案安全防范等专项检查,以及职务犯罪案件扣押冻结款物专项检查活动。省检察院组织督察组深入市县(区)检察院,明察暗访,对发现的问题及时通报、限期整改,有力促进了各项执法规范和管理制度的落实。制定实施《安徽省检察机关查办职务犯罪工作监察办法(试行)》,开展案件评查工作,推进执法档案建设,进一步强化自身执法办案监督制约。认真学习贯彻党领导干部廉政准则,举办反腐倡廉教育巡回展览,深化党风廉政建设,提高干警廉洁从检意识。2010 年,全省受理检察干警违法违纪投诉数、查处违法违纪案件数同比下降。

七、坚持以党建带队建、抓班子带队伍,队伍整体素质和执法水平有了新提高。深入开展创先争优和"建设学习型党组织、创建学习型检察院"活动。扎实开展"恪守检察职业道德,促进公正廉洁执法"主题实践活动,积极推行检察官职业行为基

本规范和文明用语规则，广泛学习宣传王世杰等英模先进事迹，有效提升了检察干警的职业道德修养。进一步完善领导班子和领导干部考核考评工作机制，加强对下级院领导班子和领导干部的考察和监督。认真落实教育培训规划，开展分类培训、岗位练兵和业务技能竞赛，组织第二批"检察业务讲师团"赴基层开展巡讲活动，开通安徽省检察官教育培训网，推广在线学习，提高检察干警专业知识水平。2010年，全省有20余名检察干警在全国检察业务竞赛中获奖，3名干警被评为全国检察业务专家。

八、坚持抓基层打基础，基层检察院建设工作进一步加强。落实领导干部联系基层制度，深入开展调查研究，帮助解决基层检察工作面临的问题。加大基层人才选拔培养力度，定向招录培养基层检察干警41名，为贫困县检察院申报优秀大学生选调计划20名。省检察院深化干部人事制度改革，首次面向全省检察机关选拔正处级领导干部。推进检察经费保障体制改革，加大政法转移支付资金争取力度，改善了基层院装备建设、经费保障。加强基层检察文化建设，首次组织开展文化建设先进检察院评选，举办全省检察机关首届体育运动会。2010年，全省检察队伍中涌现出以"全国模范检察官"王世杰、刘擎为代表的一批先进典型，太和县院、太湖县院荣获省委省政府表彰的全省"人民满意的公务员集体"称号。

（浙江省人民检察院研究室）

福建省检察工作　2010年，福建省检察机关深入推进三项重点工作，强化法律监督、强化自身监督、强化队伍建设，推动各项检察工作取得了新的进展。

一、服务保障经济社会科学发展。全省检察机关发挥检察职能作用，全年共批准逮捕走私、金融诈骗、非法经营等破坏市场经济秩序犯罪嫌疑人1562人，提起公诉2544人；批准逮捕盗伐滥伐林木、重大环境污染等严重破坏环境资源犯罪嫌疑人494人，提起公诉1539人；依法查办商业贿赂犯罪案件350件387人，工程建设领域职务犯罪案件502件699人，国土资源领域受贿渎职犯罪案件182件296人。省检察院举办首届两岸检察实务研讨会，在两岸司法互助上先行先试。全力做好第八次上海合作组织成员国总检察长会议的服务和保障工作，展示福建改革开放的成就和良好形象。

二、深入推进三项重点工作。全省检察机关立足检察职能，研究提出推进三项重点工作的意见措施，切实把检察工作融入三项重点工作总体格局。一是深入推进社会矛盾化解。集中开展清理涉检信访积案活动，推行12309举报电话，完善巡回接访、下访巡访、联合接访和检察长接待日等制度，全年排查涉检信访积案291件，已化解236件，化解率为81.1%；受理群众来信来访、控告申诉13506件次，同比上升12.9%。二是深入推进社会管理创新。省检察院就办理关于社区矫正工作重点建议的情况向省人大常委会专题报告，全省检察机关监督做好21472名监外执行人员的监管矫正工作，对29名涉嫌再犯罪的监外执行人员批准逮捕、提起公诉。三是深入推进公正廉洁执法。针对出现的司法不公、执法不严问题，坚持监督纠正违法与查办职务犯罪相结合，立案侦查涉嫌贪赃枉法、徇私舞弊犯罪的司法人员62人，行政执法人员300人。开展行政执法机关移送涉嫌犯罪案件专项监督，督促移送涉嫌犯罪案件337件。省市两级检察院实行职务犯罪案件逮捕报上一级检察院审查决定制度，决定逮捕职务犯罪嫌疑人488人、决定不逮捕22人。开展"严格落实制度，公正廉洁执法"专项检务督察，组织对1388件涉检信访案件、职务犯罪案件和不批捕、不起诉等案件的评查，纠正了个别执法不规范的问题。

三、维护社会和谐稳定。全年共批准逮捕各类刑事犯罪嫌疑人34525人，提起公诉44444人，比2009年分别下降0.9%和3.6%。一是严厉打击严重刑事犯罪。共批准逮捕故意杀人、放火、爆炸、绑架等严重暴力犯罪嫌疑人5903人，提起公诉7866人；批准逮捕抢劫、抢夺、盗窃等多发性侵财犯罪嫌疑人12303人，提起公诉13607人。深入推进打黑除恶专项斗争，批准逮捕黑社会性质组织犯罪嫌疑人216人，提起公诉452人。认真落实检察环节社会稳控措施，参与"护城河"工程，切实维护上海世博会、广州亚运会、全国特奥会等重大活动期间的稳定。二是依法稳妥办理重大敏感案件。对办理的热点敏感案件、涉众型经济犯罪案件、群体性事件所涉案件，认真评估可能产生的不稳定因素，及时做好预警、防范和矛盾化解工作。对重大案件适时介入侦查、引导取证，加快诉讼运转，增强打击效果。三是贯彻落实宽严相济刑事政策。对初犯、偶犯、未成年犯和轻微刑事案件，依法认真审查，决定不批准逮捕3146人,不起诉1842人,探索非羁押诉讼、附条件不起诉等办案方式。

四、依法查办和预防职务犯罪。共立案侦查职务犯罪案件927件1250人,其中贪污贿赂等犯罪案件773件1075人,渎职侵权犯罪案件154件175人。一是突出查办职务犯罪大案要案。共立案侦查贪污贿赂等职务犯罪大案555件,其中百万元以上案件37件。查办涉嫌职务犯罪的县处级以上国家工作人员52人,其中厅级干部6人。查办行贿犯罪嫌疑人83人。抓获和敦促77名在逃职务犯罪嫌疑人归案。二是加强渎职侵权检察工作。严肃查办危害能源资源、破坏生态环境背后的职务犯罪,立案侦查涉嫌滥用职权、渎职失职的国家机关工作人员93人。突出查办渎职、受贿相交织的职务犯罪案件62件63人。依法适时介入重大事故调查,立案侦查严重渎职失职造成国家和人民利益重大损失的国家机关工作人员17人。三是深入开展职务犯罪预防工作。加强犯罪分析、预防建议和预防咨询,开展犯罪分析1616件,提出检察建议1698件,开展警示教育4011场次。加强行贿犯罪档案查询,实现查询系统华东六省一市联网,共向有关单位提供查询14831次。

五、维护司法公正廉洁。全省检察机关认真贯彻最高人民检察院关于加强对诉讼活动法律监督的部署和省人大常委会《关于加强人民检察院对诉讼活动的法律监督工作的决定》,进一步抓好对诉讼活动的法律监督。一是对侦查活动的监督。对应当立案而不立案的,监督侦查机关立案511件;对不应当立案而立案的,监督侦查机关撤案368件。对应当逮捕而未提请逮捕、应当起诉而未移送起诉的,决定追加逮捕1492人、追加起诉1065人。对侦查活动中的违法情况提出纠正意见717件次。二是对审判活动的监督。对认为确有错误的刑事裁判提出抗诉120件,对刑事审判活动中的违法情况提出纠正意见317件次;提出量刑建议13957件;办理文证审查8720件,纠正454件。受理民事行政申诉案件1575件,提出抗诉102件,法院已再审改判、调解、发回重审83件;提出再审检察建议81件,法院已采纳58件。三是对刑罚执行活动的监督。落实同级监管场所对应派驻检察制度,推进派驻监管场所检察室规范化建设,推行与监管场所信息、监控系统联网,实施刑罚变更执行同步监督。

六、加强检察队伍和基层检察院建设。一是突出思想政治建设。深入开展创先争优活动和"恪守检察职业道德、促进公正廉洁执法"主题实践活动,涌现出全国模范检察官、全省优秀共产党员省检察院下派驻村干部李彬同志和因公殉职的全国模范检察官、全省人民满意公务员侯国城的先进典型。全省检察机关有34个集体和51名个人受到省级以上表彰,7个单位被最高人民检察院评为全国模范检察院、全国先进基层检察院,4人荣获全国模范检察官称号,6个集体和个人被最高人民检察院记一等功,省检察院连续五届被省委评为党建工作先进单位。二是抓好党风廉政建设。严格执行《中国共产党党员领导干部廉洁从政若干准则》,深入开展"反特权思想、反霸道作风"专项教育,举办检察机关自身反腐倡廉教育巡回展览,严肃查处违纪违法的检察人员18人。三是注重执法能力建设。推进大规模检察教育培训,举办领导素能培训班3期,对371名市县两级检察院领导班子成员进行轮训;组织公诉人、侦查监督检察官业务竞赛,开展反贪、反渎职侵权、民事行政检察等岗位比武练兵。省检察院举办全省检察业务培训班24期,培训检察人员2415人次。四是推进基层检察院建设。继续完善对基层检察院分类考核和规范管理、基层检察院结对帮扶等机制,中央新增政法编制和中央、省财政安排的专项资金,全部分配落实到基层检察院,全省有73个基层检察院落实了公用经费保障标准。基本完成数据、语音、视频"三网合一"专用网络平台建设,国家检察官学院福建分院建设进展顺利。

(福建省人民检察院研究室)

江西省检察工作 2010年,江西检察机关深入贯彻落实科学发展观,不断推进三项重点工作,依法履行法律监督职责,大力加强队伍建设,各项工作取得了新的进展。

一是服务发展大局积极主动。省检察院制定了服务鄱阳湖生态经济区建设的20条指导意见,市、县两级检察院细化了服务措施。全省检察机关在218个重大项目中开展了职务犯罪预防和法律服务,深入项目建设单位开展法律宣传和咨询285次,为工程招投标提供行贿犯罪档案查询1559次,向建设单位和主管部门提出检察建议294件。查办发生在政府投资和重大项目建设中的职务犯罪案件254件。依法批准逮捕生产销售伪劣商品、金融诈骗、扰乱市场秩序等犯罪嫌疑人766人,提起公诉 825 人；批准逮捕盗伐滥伐林木、非法占用农用地、非法采矿等犯罪嫌疑人 415 人，提起公诉 946 人。依法立案侦查国家工作人员商业贿赂犯罪案件 262 件 281 人，贪污、挪用、私分国有资产或者收受贿赂的国有企业人员 188 人，玩忽职守、滥用职权破坏能源资源和生态环境的国家机关工作人员 70 人。通过检察建议、督促起诉等方式，与国土、城建、环保等部门健全联系协调机制，形成保护生态环境的执法合力。积极响应省委、省政府的决策部署，全力参加抗洪抢险工作，维护灾区秩序和社会稳定，积极投身灾后重建工作。

二是三项重点工作扎实推进。在认真落实最高人民检察院三十条实施意见的基础上，省检察院制定了 139 条具体措施。全面贯彻宽严相济刑事政策，一方面依法严厉打击严重影响社会稳定的犯罪，批准逮捕各类刑事犯罪嫌疑人 20022 人，提起公诉 23059 人；另一方面，对主观恶性较小、犯罪情节轻微的初犯、偶犯、过失犯和未成年犯依法从宽处理，决定不批准逮捕 1266 人、不起诉 1148 人。坚持把化解社会矛盾贯穿执法办案始终，建立检调对接机制，运用和解方式处理轻微刑事案件 1060 件，调解息诉民事行政申诉案件 330 件；建立执法办案风险评估和法律监督说理机制，有效防范执法办案可能引发的社会矛盾。扎实做好涉检信访工作，依法处理群众来信来访 9449 件，排查涉检信访积案 58 件，已化解息诉 48 件。全省各级检察院全部开通"检察民生服务热线"，妥善处理群众诉求 2200 多件。积极参与社会管理创新，针对执法办案中发现的问题，向有关部门提出加强社会管理的检察建议 527 件。

三是查办和预防职务犯罪工作平稳发展。立案侦查各类职务犯罪案件 915 件 1229 人，立案人数同比上升 3.3%；提起公诉 1082 人，侦结后起诉率为 91.5%；其中立案侦查贪污贿赂大案 528 件、县处级以上领导干部 82 人（其中厅级干部 6 人）；立案侦查国家机关工作人员滥用职权、玩忽职守等犯罪案件 175 件，重特大案件 65 件。严肃查办发生在民生领域的职务犯罪案件 169 件，立案侦查涉农职务犯罪案件 261 件，为农民挽回损失 1800 余万元。结合办案积极开展预防职务犯罪工作，向有关单位和主管部门提出预防建议 695 件，开展预防宣传和警示教育 572 场次，配合省纪委举办了全省反腐倡廉警示教育展览；建立预防职务犯罪年度综合

报告制度，为党委、人大和政府提供决策参考，促进了惩治和预防腐败体系建设。

四是诉讼监督能力增强。进一步加大监督力度，完善监督机制，增强监督实效。依法对侦查机关监督立案 598 件，监督撤案 142 件，依法追加逮捕 1525 人，追加起诉 1671 人。对认为确有错误的刑事和民事行政判决、裁定分别提出抗诉 120 件和 179 件；对侦查、审判、刑罚执行和监管活动中的违法情况提出书面纠正意见 2224 件次。落实量刑规范化改革要求，提出量刑建议 900 多件。严肃查办执法、司法不公背后的职务犯罪，立案侦查涉嫌职务犯罪的行政执法人员 192 人、司法人员 51 人。

五是自身监督工作进一步强化。认真落实重大事项报告、述职述廉、诫勉谈话等制度，坚持和完善上级检察院派员参加下级检察院党组民主生活会制度和巡视制度。把执法办案活动作为监督的重点环节，就举报线索管理、扣押冻结涉案款物、办案安全防范、讯问同步录音录像、"一案三卡"等制度执行情况进行检查，部分市、县检察院探索建立了廉政风险防控机制。认真实施职务犯罪案件审查逮捕程序改革，省、市两级检察院共受理提请审查逮捕职务犯罪案件 451 件 516 人，决定不予逮捕 45 人，不捕率为 8.7%，同比上升 5.2 个百分点。进一步加强检务督察工作，采取日常督察与专项督察相结合，重点对遵守检风检纪、警车使用和管理、执行"禁酒令"等情况进行督察。进一步加强与人大代表、政协委员的联系，省检察院创办了《人大代表政协委员联络专报》，定期通报全省检察机关的重大工作部署和重要工作情况；邀请人大代表、政协委员就全省检察机关反渎职侵权工作进行了专题视察；邀请人民监督员、特约检察员担任省检察院机关处级领导干部竞争上岗面试评委，拓宽了监督的广度和深度。

六是检察队伍建设和基层基础建设深入推进。扎实开展创先争优活动、"建设学习型党组织、创建学习型检察院"活动，和"恪守检察职业道德、促进公正廉洁执法"主题实践活动，组织全省三级院检察长集体宣誓，举办检察职业道德主题论坛大会和网络论坛，表彰"江西检察职业道德标兵"和抗洪抢险先进模范。加强引进人才工作，为基层检察院招录优秀法律人才 220 名。探索实行检察官遴选制度，省检察院面向基层遴选了 10 名优秀检察官。推进大规模教育培训，省检察院共举办各类培训班

20 期,培训 2300 多人次,与江西财经大学、西南政法大学、新加坡南洋理工大学开展了合作培训。加强检察人才的培养和选拔,全省有 24 名检察官分别荣获全国检察业务专家、全国十佳(优秀)侦查监督检察官、全国优秀公诉人和全国检察理论研究人才称号。突出抓好基层基础建设,开展基层检察院"一院一品"和结对共建等活动,并积极争取办案用房和专业技术用房建设国债资金以及业务装备转移支付资金,加大基层基础建设力度。狠抓党风廉政建设和纪律作风建设,开展"反特权思想、反霸道作风"专项教育活动,探索建立廉政风险防控机制,实行领导干部廉政档案和检察人员执法档案制度,举办了检察机关自身反腐倡廉教育江西巡回展。

(江西省人民检察院研究室)

山东省检察工作 一、认真履行检察职责,努力为经济社会又好又快发展提供有力的司法保障

着力营造平安稳定的社会环境。全年批捕43059 人、起诉 65781 人,其中依法批捕破坏市场秩序、侵犯知识产权等犯罪嫌疑人 2064 人起诉 3173人。深化打黑除恶专项斗争,严惩黑恶势力犯罪团伙 390 个。

着力营造高效廉洁的政务环境。共立查职务犯罪嫌疑人 2973 人,其中大案要案 1763 件,县处级干部 113 人,厅级干部 4 人;提起公诉 2933 人,法院已判决 2904 人。全省建成警示教育展室 154 个,协助党委开展警示教育 68 万余人;协助 2583 个发案单位健全完善预防措施;与 32 个部门建立了社会化预防协作网络。

着力营造公平宽松的发展环境。制定了《服务经济社会又好又快发展的意见》,与 777 个重点工程建设单位建立了联系服务制度,与项目单位共同制定防范措施 2878 项,建议取消了 189 个单位的招投标资格;通过检察建议、督促起诉等方式,协助有关部门为政府收缴土地出让金 52.6 亿元。

二、坚持把群众工作与三项重点工作相结合,深入推进社会矛盾化解和社会管理创新

着力维护社会公平正义。查办教育、医疗卫生领域的商业贿赂犯罪 140 件,查办国家工作人员放纵制售伪劣商品和假农资等渎职犯罪 189 件,查办城市拆迁、土地征用过程中的职务犯罪 440 件。查办养老、低保、医保等领域侵吞、截留社保资金的职务犯罪 240 件。组织开展查惠农资金发放领域

职务犯罪专项行动,查处贪污、挪用惠农资金的职务犯罪 392 人。

着力创新和谐执法方式。认真落实宽严相济刑事政策,对 5283 名犯罪情节轻微的初犯、偶犯、未成年犯作出不捕不诉决定;探索实行"公诉三书"制度,全面推行检调对接制度,依法促成刑事、民事和解 2633 件。创建了"事前防范、事中化解、事后修复"的三段式信访处理机制,全省检察机关到省进京涉检访减少 50.7%,有 172 个检察院实现了涉检进京零上访。

着力延伸执法办案功能。积极参与社会治安防控体系建设,配合有关部门加强对校园周边安全、城乡结合部突出治安问题的集中整治。加强对未成年人等特殊群体的司法保护,强化对监外执行和社区矫正的法律监督,依法纠正违法行为 4936人次,其中重新收监执行 126 人。结合执法办案,向党委、政府和有关部门提出检察建议 1607 份。

着力搭建群众工作平台。用心办好民生检察服务热线,建立了热线受理群众诉求快速办理机制和与法院、公安、社保等部门的联动协作机制。一年来,共解决群众诉求 7.4 万件,提供困难救助、化解矛盾纠纷 4693 起。坚持检力下沉,在基层乡镇、街道建立民生检察联络室 1734 个,在村居聘请民生联络员 4922 名,形成了畅通民意、化解矛盾的群众工作网络体系。

三、加大诉讼监督力度,有效促进公正廉洁执法

强化刑事诉讼监督。监督立案 1071 件,监督撤案 910 件,追捕追诉 3980 人,起诉后法院已判决3113 人,其中判处 10 年以上有期徒刑以上刑罚的371 人。抗诉刑事案件 346 件,法院已改判和发回重审 281 件。监督纠正违法减刑、假释、保外就医等案件 669 件,监督纠正监管活动违法 1225 件,惩治牢头狱霸 23 人。

强化民事审判和行政诉讼监督。提出民事行政抗诉和再审检察建议 3287 件,法院已改判、发回重审、调解结案和采纳检察建议 1912 件。探索对民事执行、调解案件的监督方式,监督执行案件 642件,监督纠正恶意调解、虚假调解等案件 545 件。对不服法院正确裁判的 2056 起申诉案件,耐心做好服判息诉工作。

严惩司法腐败犯罪。坚持强化诉讼监督与查办职务犯罪相结合,深挖执法不严、司法不公背后

的腐败犯罪。依法查办司法人员职务犯罪192人。

四、大力加强自身建设，努力提高队伍素质和执法公信力

深化思想道德建设。深入开展"恪守检察职业道德，促进公正廉洁执法"、"反特权思想、反霸道作风"和创先争优等活动以及感恩教育，采取自查、互查、上下协查、面向社会开门查，以及召开民主生活会、案件评查等方式，查摆整改党性观念、宗旨意识、执法作风、执法行为和廉洁从检等方面的问题2150个，复查各类案件1933件，依法纠正错误的处理决定12件。

加强监督制约机制建设。探索形成了以"制度规范、过程监控、外部监督、绩效考核、责任查究"为主要内容的监督制约体系。省市两级院用明察暗访的方式开展检务督察297次，对发现的869个问题，对4名违纪检察人员作了严肃处理。采取随机抽签方式确定考核对象，对两个基层检察院进行深度考评。先后790次邀请人大代表、政协委员视察工作。

强化业务学习培训。广泛开展检察官教检察官活动，组织业务培训班1087期，培训3.4万人次，以案析理403次。为基层选调招录应届大学生和初任检察官763名，定向招录培养22人。积极实施高层次人才培养工程，有5名同志被评为"全国检察业务专家"，2名同志荣获"全国侦查监督十佳检察官"称号。全省有111个检察院、270名检察人员受到省级以上表彰；有69个市县党委作出向检察院或检察人员学习的决定。

（山东省人民检察院研究室　朱会民）

河南省检察工作　2010年，全省检察机关认真履行法律监督职责，各项检察工作都取得了新成效。

一、牢记重大使命，服务科学发展。一是进一步明确指导思想，突出服务重点，依法打击妨碍经济发展的刑事犯罪，批准逮捕金融诈骗、侵犯知识产权、非法经营、破坏环境资源等犯罪895人，提起公诉1878人，依法立案侦查项目审批、贷款发放、土地征用、规划设计等领域和环节发生的职务犯罪，维护规范有序的市场环境、高效廉洁的政务环境和公平正义的法治环境。二是深入推进社会矛盾化解、社会管理创新、公正廉洁执法三项重点工作，建立矛盾纠纷预防、处置、和解、跟踪回访机制，全面推行检察环节诉讼理由说明、办案风险评估、

阳光执法等制度，探索建立检调对接机制，积极参与平安建设、社会治安综合治理和重点地区严打整治活动，配合公安、司法等部门加强对监外执行等特殊人群考察帮教和社区矫正工作，加强刑事犯罪和社情动态分析研判，在财政、民政等部门配合支持下，救助生活确有困难的刑事被害人2463人次；在省委政法委统一组织下，开展"千起案件异地大评查"工作，共评查政法各部门案件1308件，组织评查检察系统案件1238件，解决了一批久访不息案件。三是着力保障改善民生，突出查办社会保障、征地拆迁、教育、就业、医疗、移民等领域发生的职务犯罪案件，深入开展工程建设、国土、涉农、新农合、安全生产等领域专项查案工作，深挖矿难事故背后官商勾结、滥用职权、徇私舞弊等职务犯罪，共查办国家机关工作人员职务犯罪101件189人；坚持检察长接待日制度，完善12309举报电话功能，在基层检察院推行群众点名接访制度，规范视频接访系统，共排查涉检信访积案728件，已化解668件，2010年全省112个基层检察院所办案件实现无越级赴省进京访，最高人民检察院接待我省涉检信访下降19.1%；认真落实检察机关公开承诺为民办好的10件实事，稳妥推进在重点乡镇设立检察室试点工作，在较大社区和行政村建立检民联系点，做到发现矛盾在基层、解决纠纷在一线、便民服务在身边。

二、强化法律监督，维护公平正义。一是依法履行审查逮捕、审查起诉职责，共批准逮捕各类刑事犯罪嫌疑人51760人，提起公诉72673人。突出打击黑恶势力犯罪，故意杀人、抢劫等严重暴力犯罪和盗窃、抢夺等多发性侵财犯罪，批准逮捕上述刑事犯罪嫌疑人29135人，提起公诉39218人；推行轻微刑事案件快速办理机制，共对涉嫌犯罪但无逮捕必要的6835人作出不批准逮捕决定，对犯罪情节轻微、社会危害较小的2051人作出不起诉决定；强化证据意识，坚持凡是事实不清的不定案，凡是证据不足的不起诉，完善重大疑难案件提前介入、引导侦查工作机制，规范案件审批决定程序，批捕、起诉案件质量进一步提高。二是加大查办和预防职务犯罪工作力度。共立案侦查职务犯罪案件2868件4063人，其中，贪污贿赂案件1967件2655人，渎职侵权案件901件1408人，通过办案为国家挽回直接经济损失3.01亿元，立案侦查涉嫌职务犯罪的县处级以上国家工作人员182人，其中厅级

干部16人;坚持惩防并举,更加注重预防,深入职务犯罪易发多发行业和领域开展预防调查1700余次,向发案单位和相关行业提出预防检察建议3907个,建立行贿犯罪档案查询系统,向社会宣讲预防职务犯罪教育课3763次,在1690个国家和省重点工程建设项目开展同步预防。三是强化对诉讼活动的法律监督,对侦查机关应当立案而未立案的,依法监督立案2607人,对应当逮捕而未提请逮捕、应当起诉而未移送起诉的,决定追加逮捕4180人、追加起诉3608人,对不应当立案而立案的,依法监督撤案,对经审查不构成犯罪的,依法决定不批准逮捕,对认为量刑畸轻畸重等确有错误的刑事判决、裁定提出抗诉387件,监督纠正了一批在减刑、假释、暂予监外执行环节及监管活动中的违法问题;对认为确有错误的民事行政判决、裁定提出抗诉883件,依法提出再审检察建议1626件;坚持日常监督与抓案办案促监督并重,严肃查办执法不严、司法不公背后的职务犯罪,共立案侦查涉嫌滥用职权、徇私枉法、索贿受贿等职务犯罪的执法、司法人员379人。

三、强化自身监督,公正廉洁执法。一是坚持重大问题和重要事项及时向省委、省人大常委会请示报告,自觉接受党委领导、人大监督和政协民主监督;高度重视、依法办理人大代表建议、政协委员提案及人大常委会转交案事件,省检察院办理代表建议连续11年达到办结率、满意率两个百分之百;建立三级院检察长联系全国、省人大代表制度,定期向人大代表、政协委员通报检察工作重要情况,不断拓展加强联系、接受监督的途径和渠道。二是深化检务公开,设置检务公开大厅、开展举报宣传周、召开新闻发布会、组织检察开放日、建立案件公开查询系统,保障群众知情权、监督权;认真落实人民监督员制度,人民监督员依法监督检察机关拟作撤案、不起诉处理决定等职务犯罪案件192件;强化涉检网络舆情收集处置工作,自觉接受舆论监督;认真接受公安机关、人民法院的办案制约,积极采纳正确意见,共同维护司法公正。三是加强执法规范化建设,建立检察人员执法档案,落实错案、安全事故、涉检信访案件责任倒查追究、办案回访等制度,加强对执法活动的动态管理、同步监督;认真落实职务犯罪案件审查逮捕由上一级检察院决定、作撤案和不起诉处理的案件报上一级检察院批准、职务犯罪案件讯问犯罪嫌疑人全程同步录音录像

等工作制度;建立下级检察院检察长向上级检察院述职述廉制度和基层检察院检察长任免向省检察院备案制度,实行巡视制度和派员列席下级检察院党组民主生活会制度,省检察院先后对12个市级检察院、24个基层检察院,就遵守检察工作纪律等进行集中督察;建立举报检察干警违法违纪案件必查和实名举报投诉限期答复制度,共依法严肃处理违法违纪检察干警36人。

四、加强队伍建设,提高执法水平。一是切实加强思想政治建设。认真开展"恪守检察职业道德、促进公正廉洁执法"、"反特权思想、反霸道作风"等专项教育活动,建立检察官集体宣誓制度;深入开展创先争优活动,在全国检察机关第七次"双先"表彰会议上,我省有7个集体和14名个人受到表彰;灵宝市检察院副检察长白洁被评为全国先进工作者,省检察院主诉检察官蒋汉生、王道云分别被评为全国"十年法治人物"和全省首届"十大法治人物";周永康、曹建明同志分别对汝阳县检察院检察官程建宇和郑州市中原区检察院副检察长蒙凡事迹作出批示,新闻媒体对他们的先进事迹进行了集中采访报道。二是突出抓好领导班子建设。坚持党组中心组学习制度和民主生活会制度,建立检察委员会委员集体学习制度、集中轮训基层检察院领导班子成员制度;组织三级检察院中层以上干部6000余人参观自身反腐倡廉教育展览,实行领导干部开展廉政专题教育制度,提高拒腐防变能力。三是扎实推进队伍专业化建设。省检察院举办各类培训班28期,培训干警5506人次;组织全省十佳公诉人、侦查监督十佳检察官、检察业务专家等评选活动,与省司法厅、律师协会联合举办全省公诉人、律师电视论辩赛,有449名检察人员通过司法考试,检察干警法律监督能力得到进一步提升。四是着力加强基层基础建设。修订完善基层检察院建设考核标准,组织全国、全省先进基层检察院评选活动,认真落实省检察院帮扶基层检察院六项措施,积极为基层检察院争取中央财政转移支付资金,省检察院支持贫困基层检察院干警培训经费100余万元;严格职业准入标准,规范招录程序,2010年向社会公开招录406名初任检察官,充实了基层办案力量。

(河南省人民检察院 周登敏 聂增福)

湖北省检察工作 2010年,全省检察机关全面落实

27项重点工作,忠实履行法律监督职责,统筹推进检察工作取得了新的成效。

维护社会和谐稳定成效明显。依法打击各类刑事犯罪,认真贯彻宽严相济刑事政策,全省共批捕各类刑事犯罪19985件29950人,提起公诉21094件32249人,保持了对严重刑事犯罪的高压态势。严厉打击危害国家安全犯罪、严重暴力犯罪、多发性侵财犯罪、毒品犯罪等,深入开展打黑除恶等专项斗争,积极参与各类专项整治活动。依法推进未成年人办案方式改革等工作,对轻微犯罪依法不捕2414人、不诉1026人。认真履行控告申诉检察职能,共受理刑事申诉165件,已办理131件,受理刑事赔偿26件,决定给予赔偿22件,妥善处理群众诉求。全省检察机关继续组织开展排查化解信访积案专项活动,办理最高人民检察院、省委政法委集中交办涉检信访积案234件,已化解201件,尚未办结的逐案登记建档、明确责任主体、落实包案领导、制定化解方案,力争全部按时办结。

服务经济平稳较快发展取得新的进展。积极参加整顿和规范市场经济秩序工作,起诉制假售假、金融诈骗、非法传销等犯罪1462人。严肃查办职务犯罪,共立案1950人,同比上升4.39%,其中大案1039件,要案133人。围绕中央、省委部署,加大专项工作力度,共查办民生领域职务犯罪655人、涉农职务犯罪416人、危害能源资源和生态环境渎职犯罪96人;加大查办行贿犯罪案件力度,集中查处了一批行贿案件。正确处理数量、质量、效率、效果、规范、安全等关系,认真执行"三个有利于"要求和五条办案原则,不断提高服务大局的水平和实效。

发挥检察职能促进社会建设、创新社会管理稳步推进。制定并经省委转发《省人民检察院关于充分发挥检察职能作用促进社会建设、创新社会管理、化解社会矛盾、公正廉洁执法的意见》,推动完善社会管理,努力维护社会和谐稳定。严肃查办社会管理领域的职务犯罪,促进有关部门和国家工作人员正确履行管理职责,完善社会管理体系。结合执法办案和法律监督工作向发案单位、主管部门提出检察建议2153件,促使其堵塞漏洞、健全制度、加强管理。举办预防职务犯罪巡回展览,开展预防咨询3704次,开展警示教育3060场次,促进社会管理创新。积极参与对特殊人群、网络虚拟社会管理,配合加强社会治安重点地区和突出问题的整治,定期分析社会治安形势,结合执法办案积极向党委、政府提出对策建议,促进提高社会管理水平。

对诉讼活动的法律监督全面加强。认真贯彻落实省人大常委会《关于加强检察机关法律监督工作的决定》和最高人民检察院《关于进一步加强对诉讼活动法律监督工作的意见》,加大监督力度、强化监督措施,对各项诉讼活动的监督全面加强。全省共监督公安机关立案1088件,撤案409件,提出刑事抗诉119件。对认为确有错误的民事、行政裁判提出抗诉432件、再审检察建议196件。监督纠正违法违规减刑、假释、暂予监外执行162人次,立案侦查监管场所职务犯罪案件8件11人。深化法律监督调查工作,全省共开展调查1723件次,通过调查移送职务犯罪案件线索45件。组织开展刑事立案和侦查活动专项监督等专项活动,增强了监督实效。健全诉讼监督工作机制,与省司法厅联合制定《关于在刑罚执行和监管活动工作中加强协调配合、监督制约的规定(试行)》,细化和落实与人民法院、公安机关加强监督制约、协调配合的工作机制。

检察机关执法公信力稳步提高。省检察院提出要努力构建以执法办案为中心、以制度规范为基础、以执法管理为前提、以监督制约为关键、以执法保障为条件的"五位一体"工作格局,扎实开展"提高执法公信力,我该做什么?"集中评查活动和争当"十型"检察官活动,组织开展弘扬检察职业道德先进事迹报告团巡讲活动,健全职业道德自律机制。部署开展"反特权思想、反霸道作风"专项教育暨检风检纪整肃活动,强调并落实"四个绝对禁止、一个必须实行"的办案纪律,加强对执法办案工作的监督制约。认真开展巡视和检务督察,组织检察机关自身反腐倡廉教育巡回展,进一步推动党风廉政建设和自身反腐败工作。认真执行省检察院《关于统筹全员培训的意见》,促进了队伍整体素质的提高。认真贯彻省委转发的《关于加强检察机关群众工作的指导意见》,成立群众工作专门机构,以检察发展研究论坛第三次会议为载体,深入推进检察机关群众工作理论和实践问题的研究。深化检务公开,全省130个检察院同步开展"公众开放日"活动,社会反映良好。省检察院制定并重点落实20件实事,深入推进基层检察院执法规范化、队伍专业化、管理科学化、保障现代化建设。

检察改革和工作机制建设不断深化。认真落实中央、省委、最高人民检察院部署的职务犯罪逮捕权上提一级、量刑规范化改革、加强简易程序监督等改革措施。深入推进检察工作一体化、法律监督调查等机制建设，完善配套制度，提升工作实效。探索实行诉讼职能和诉讼监督职能适当分离、案件办理职能和案件管理职能适当分离，推进省检察院部分机构职责调整和宜昌、黄石、神农架林区 13 个基层院内部整合改革试点等工作，取得了良好效果。部署开展规范性文件专项清理工作，进一步明确了制发权限和程序，确保了检令畅通、执法统一。

（湖北省人民检察院法律政策研究室　徐泽坤）

湖南省检察工作　2010 年，全省检察机关按照强化法律监督、强化自身监督、强化高素质队伍建设的要求，努力加强和改进检察工作。

一、致力于服务全省经济社会又好又快发展，依法全面履行法定职责

坚决依法打击严重刑事犯罪。共批准逮捕各类刑事犯罪嫌疑人 39942 人，其中职务犯罪嫌疑人 800 人；提起公诉 44433 人，其中职务犯罪被告人 1284 人（大要案 804 人，厅级 10 人）。

对轻微犯罪落实依法从宽处理的刑事政策。对无逮捕必要的 3634 人决定不批准逮捕（其中职务犯罪嫌疑人 68 人），对情节轻微的 4154 人决定不起诉。运用刑事和解办理轻微刑事案件 1820 件 2249 人。

加大查办和预防职务犯罪力度。共立案侦查职务犯罪嫌疑人 1812 人，其中贪污贿赂犯罪 1256 人，渎职侵权犯罪 556 人，大案 911 人，要案 102 人（厅级 10 人）。立案侦查司法人员职务犯罪 118 人，已起诉 106 人，法院已判决 103 人。

深化侦防一体化机制，更加注重结合办案开展职务犯罪预防。开展预防调查 696 件、犯罪分析 1041 篇、警示教育 1750 次，完成个案预防、重点预防、预防建议 1361 件。

依法开展刑事诉讼监督。对不构成犯罪的 1330 人决定不批准逮捕，对法定不究的 184 人、证据不足的 318 人决定不起诉。监督侦查机关不应当立案而立案案件 345 件，应当立案而不立案案件 604 件。对应当提请逮捕、移送起诉而未提请逮捕、移送起诉的案件，追加逮捕 1632 人，追加起诉 1118 人。对认为确有错误的刑事判决、裁定抗诉 174 件，法院已改判 55 件 84 人、发回重审 55 件。

依法开展民事审判和行政诉讼监督。受理不服民事行政判决、裁定的申诉 2054 件，和解息诉 1400 件，提出抗诉 299 件，提出再审检察建议 125 件。法院已改判、发回重审、调解结案 206 件。针对执行等环节提出检察建议 312 件。

依法开展刑罚执行和监管活动监督。发现减刑、假释、暂予监外执行不当 1852 人，已督促纠正 1837 人。对社区矫正工作进行监督，督促纠正监外执行罪犯脱管漏管 529 人。

二、致力于落实三项重点工作，切实加强和改进检察工作

改进执法办案引导和评价机制。制定了加强和改进检察工作的 24 条指导意见，完善《执法质量考评办法》，将 100 多个执法环节的规范化要求列入考评范围，用三个效果有机统一来衡量执法状况。根据基层检察院的客观差异实行分类考核，防止盲目攀比带来执法躁动。开展优秀案件评选，在评选的过程中培养正确的业绩观。

改进法律监督的方式方法。通过开展专项工作，加大查办职务犯罪和诉讼监督工作力度；加强对社会治安和反腐败形势的分析研判，对苗头性、倾向性问题深入调研，把决策建立在对情况准确把握的基础上；把改进监督方式作为提高法律监督效果的着力点，注意发挥检察建议的作用；对复杂敏感案件，加强与有关部门协调、沟通，稳妥处理。在执法办案的过程中注重化解案中案外的矛盾，着力解决"案结事不了"的问题。

加强内部监督管理。对职务犯罪案件审查逮捕权上提一级和讯问职务犯罪嫌疑人全程同步录音录像等改革项目，加强督促检查。对问题多发的扣押、冻结、追缴涉案款物等执法环节，制订操作细则，加强内部制约和检务督察。完善机关科学化管理与考核，将推进三项重点工作的任务分解到各职能部门，明晰干警的岗位责任；建立部门工作月讲评制度，使各项工作日清、月结；建立干警执法档案，把个人执法状况作为考核考评的重要依据；依托检察专网，实行网上办案、动态管理。加强调研指导，省检察院班子成员带着课题下基层调研，与第一线的同志共同探索提高执法水平的途径和方法，帮助下级院研究和解决问题；省检察院各职能部门跟踪指导市、县二级院办理重大、疑难复杂案件 661 件。

加强执法技能培训。省检察院举办各类培训班 15 期 3047 人，受训接近全员的三分之一。组织

不具有检察官资格的 498 名检察人员参加全国统一司法考试，通过率为 45.38%。广泛开展岗位练兵和业务竞赛活动，重视培养专家型人才和业务标兵，全省又有 2 人被评为全国检察业务专家，4 人被评为全国优秀公诉人、业务能手。开展了全省首届检察业务专家评选活动，授予 5 名检察官为全省检察业务专家。依托"一体化"办案机制，对下级院办案人员在实战中进行"传帮带"。加强检察理论研讨，完成本省理论调研课题 40 余项，承担国家、省重点课题 9 项，在核心、知名期刊发表研究成果 135 篇。

加强执法作风建设。开展"恪守检察职业道德，促进公正廉洁执法"、"反特权思想，反霸道作风"和创先争优三项活动，举办自身反腐倡廉教育展览，开展"百万案件评查"活动，共评查案件 2333 件。办结涉检信访案件 427 件，息诉 401 件。清理排查积案 142 件，办结息诉 130 件。立案复查刑事申诉案件 200 件，改变原决定 39 件。办结刑事赔偿案件 43 件，给予赔偿 37 件，支付赔偿金 70.38 万元。加大对突出问题的调研督察力度，省检察院直接督察案件 33 件，发现和纠正违法问题 15 起，依法返还当事人财物 315 万余元。查处违法违纪检察人员 18 人。

三、致力于确保依法行使检察权，不断强化接受监督意识

自觉接受人民代表大会及其常委会的监督。吸纳人大代表的建议、批评和意见，将改进的责任明确到各职能部门。遵照省人大常委会听取查办和预防职务犯罪工作专题报告的审议意见，落实了整改措施；积极配合人大内务司法委员会开展专题调研和执法检查；向省人大常委会专题报告了诉讼监督工作情况。重视人大代表的意见，加强与人大代表的经常性联系，在门户网站开设征询代表意见专栏。邀请部分全国、省人大代表视察反渎职侵权工作。办理省人大交办、转办件 3 件，办理人大代表建议、批评和意见 5 件。

加大司法民主推进力度。自觉接受政协的民主监督，认真听取政协委员的建议、批评和意见，邀请部分全国、省政协委员视察反渎职侵权工作，与有关部门共同办理政协提案 1 件，及时报告了办理情况。坚持向民主党派、工商联和无党派人士定期通报情况。深化人民监督员制度，改进选任方式，落实监督权力，共启动人民监督员程序监督职务犯

罪案件 336 件。听取特约检察员、专家咨询委员对检察决策事项的意见，邀请他们列席检察委员会讨论重大疑难复杂案件。

探索深化检务公开和接受公众监督的新途径。从执法信息查询、门户网站建设、新闻发言人制度和加强检察宣传等方面深入推进检务公开；开通 12309 举报专线电话，在门户网站设置检察长邮箱和举报投诉专栏，接受群众举报、投诉，听取建议、批评和意见。建立涉检舆情回应处理机制，重视网络舆情，省检察院领导共批示办理涉检舆情 152 件。运用民调机制测评检察工作，把公众评价作为加强和改进检察工作的重要依据。

（湖南省人民检察院　欧春燕）

广东省检察工作　2010 年，广东省检察机关紧紧围绕经济社会发展大局，深入推进社会矛盾化解、社会管理创新、公正廉洁执法三项重点工作，不断强化法律监督，强化自身监督，强化高素质检察队伍建设，各项检察工作取得了新的进展。

一、以服务经济社会发展为中心，保障经济发展方式加快转变

（一）积极维护市场经济秩序和企业合法权益。省检察院制定《关于服务和保障加快经济发展方式转变的若干意见》，依法打击妨碍加快经济发展方式转变的刑事犯罪，全年批捕走私、金融诈骗、非法经营等破坏社会主义市场经济秩序犯罪嫌疑人 6251 人，起诉 6566 人。查办行政执法机关、金融保险系统人员职务犯罪 316 人。坚持严格依法办案的同时，对发生在经济发展方式转变过程中的各类案件，准确把握法律政策界限，改进办案方式方法，维护企业正常的生产经营秩序。

（二）积极服务和保障创新型广东建设。重视对知识产权的刑事保护，省检察院召开以加强知识产权保护为主题的珠三角九市检察长会议和外商投资企业知识产权刑事保护交流会，研究建立保护知识产权长效机制。加大对侵犯知识产权犯罪打击的力度，全年批捕假冒注册商标、假冒专利等侵犯知识产权犯罪嫌疑人 657 人，起诉 614 人。

（三）积极服务和保障生态文明建设。依法打击严重破坏生态环境的刑事犯罪，全年共批捕重大环境污染事故等破坏环境资源犯罪嫌疑人 364 人，起诉 515 人。查办国土、林业、环保等领域职务犯罪 124 人。探索开展环境公益诉讼，检察机关以原

告身份成功起诉 5 件破坏生态环境案件,切实维护环境公共利益。

二、以创建平安亚运为载体,深入推进社会矛盾化解和社会管理创新

(一)依法坚决打击刑事犯罪。依法打击黑恶势力犯罪、严重暴力犯罪以及严重危害公共安全犯罪。全年批捕各类刑事犯罪嫌疑人 110086 人,起诉 109359 人。其中,批捕黑恶势力犯罪嫌疑人 555 人,起诉 471 人;批捕故意杀人、放火、强奸、绑架等严重暴力犯罪嫌疑人 4069 人,起诉 4044 人;批捕抢劫、抢夺、盗窃犯罪嫌疑人 41854 人,起诉 42481 人。

(二)深入化解社会矛盾纠纷。认真贯彻落实宽严相济刑事政策,对未成年人犯罪和老年人、初犯、偶犯、过失犯中情节轻微的人员,依法适度从宽。积极开展轻微刑事案件快速办理、刑事被害人救助和不起诉、不抗诉说理等工作。严格落实《广东省检察机关信访案件首办责任制实施细则》《广东省检察机关执法办案信访风险评估预警工作办法》。开展"化矛盾、保平安、迎亚运"清理涉检信访积案活动和"迎亚运涉检信访专项排查百日行动",没有发生涉检进京非正常访和到省群体性上访事件。坚持检察长接访和带案下访、定期巡访等制度,全省各级检察长接待群众来访 1247 件 2386 人,妥善处理集体访 160 批 1782 人。深入推进检调对接工作,全年共办理刑事和解案件 1836 件 2321 人,其中依据刑事和解协议决定不起诉 1009 人,对 140 件民事申诉案件通过调解实现了息诉。

(三)积极参与社会管理创新。积极参加"综治信访维稳中心"三级平台建设,省检察院派出督导组对四个市"综治信访维稳中心"建设工作进行督导。广泛开展进社区、进企业、进学校、进农村活动,加大法制宣传教育力度,预防和减少违法犯罪。坚持办案分析制度,对执法办案中发现社会管理方面的问题和漏洞,及时提出改进管理的检察建议,促进相关部门提高管理水平。制定《关于加强广东省检察机关社区矫正法律监督工作的意见》,建立与相关部门信息共享机制和社区服刑人员谈话、约见制度,推进对社区矫正的法律监督。积极延伸基层法律监督触角,全省设立派出检察室 224 个、检察工作联络站和联系点 1322 个,充分发挥其联系基层、服务群众的一线平台作用。

三、以建设惩防体系为重点,深入查办和积极预防职务犯罪

(一)依法查办贪污贿赂犯罪。突出查办重点领域、重点人员和人民群众反映强烈的贪污贿赂犯罪。全年立案侦查贪污贿赂犯罪案件 1462 件 1712 人,涉嫌犯罪的县处级干部 109 人,厅级干部 14 人,为国家挽回经济损失 3.6 亿元。加大查办行贿犯罪力度,共查处行贿犯罪案件 284 件 317 人。继续推进商业贿赂专项治理,深化涉农职务犯罪和工程建设领域突出问题专项治理,共立案侦查商业贿赂案件 668 件 710 人,涉农贪污贿赂犯罪案件 336 件 422 人,工程建设领域贪污贿赂案件 401 件 450 人。加强追逃和案件协查工作,共抓获在逃职务犯罪嫌疑人 83 人,协助外省检察机关查办案件 2706 件。

(二)加大查办渎职侵权犯罪力度。全年立案侦查渎职侵权犯罪案件 339 件 401 人,为国家挽回经济损失 1.1 亿元。共立案侦查行政执法人员失职渎职、徇私舞弊案件 130 件 135 人;查办司法不公背后的渎职犯罪案件 73 件 88 人;查办涉及重大安全生产事故的渎职犯罪案件 20 件 20 人。

(三)立足检察职能积极预防职务犯罪。积极推进侦查工作与预防工作的紧密衔接,全年开展预防咨询 1907 次,开展警示教育 1843 场次,提出预防建议 763 份,受理行贿犯罪档案查询 2528 次。推进廉政文化建设,举办粤港澳青少年反腐倡廉广告片创作比赛,组织广东省 150 多所学校 5000 多名学生参赛,拓展三地反腐倡廉教育合作。举办全国检察机关惩治和预防渎职侵权犯罪展览广东巡展,共有 569 个单位 2 万多人参观展览。积极保障政府投资安全,以重大基础设施、亚运工程建设项目为重点,对政府投资的 208 个重大工程建设项目开展专项预防。在全省推广河源仙塘镇涉农职务犯罪预防模式,推动基层组织职务犯罪预防工作深入开展。

四、以维护司法公正为目标,加强对诉讼活动法律监督

(一)进一步完善诉讼监督机制。2010 年广东省人大常委会通过《关于加强人民检察院对诉讼活动的法律监督工作的决定》,明确了诉讼监督范围、强化监督手段、保障监督效果等内容,为广东省诉讼监督工作提供了强有力的支持。广东省检察院会同广东省公安厅、司法厅制定《广东省监管场所被监管人员死亡处理办法》,规范在押人员死亡处理程序;与广东省法院联合制定量刑程序指导意见,全面推进量刑建议工作,促进量刑规范化。

（二）进一步加强刑事诉讼监督工作。全省检察机关对侦查机关应当立案而不立案的，督促侦查机关立案 322 件；对不应当立案而立案的，监督撤案 555 件。对应当逮捕而未提请逮捕、应当起诉而未移送起诉的，决定追加逮捕 104 人、追加起诉 90 人；对不符合逮捕、起诉条件的，决定不批准逮捕 11237 人、不起诉 2736 人。对侦查活动中的违法情况提出纠正意见 141 件次。对认为确有错误的刑事判决、裁定提出抗诉 201 件。

（三）加大民事审判和行政诉讼法律监督工作力度。对认为确有错误的民事、行政判决和裁定提出抗诉 472 件，提出再审检察建议 69 件。对裁判正确的，做好申诉人的息诉罢访工作。积极开展民事执行监督工作，运用检察建议、纠正违法通知书、执行监督函等形式进行监督 129 件。积极开展督促起诉、支持起诉工作，切实维护国家利益和群众权益。

（四）强化刑罚执行和监管活动监督工作。联合相关部门开展看守所安全管理大检查活动。加大对牢头狱霸行为的打击力度，依法监督监管场所在押人员死亡事件，保障在押人员合法权益。共审查减刑、假释、暂予监外执行案件 57439 件，纠正提请减刑、假释、暂予监外执行等不当案件 170 件。核查刑事案件诉讼期限 47220 件次，依法向办案单位提出纠正意见 1295 件次，清理久押不决案件 147 件 333 人。查办刑罚执行和监管活动中的职务犯罪案件 9 件 9 人。

五、以加强内外部监督制约为关键，切实提高司法公信力

（一）主动接受人民监督。积极推进人大代表、政协委员联络工作，深入开展走访人大代表活动，充分听取意见建议。积极配合人大常委会组织的专题调研和执法检查，认真办理代表委员提出的议案、提案和建议。全省检察机关共向人大专题报告工作 273 次，走访人大代表 5726 人次。广东省十一届人大三次会议交办的 6 件代表建议案已全部办理完毕。邀请代表委员专题视察反渎职侵权工作 398 次，针对代表委员提出的意见建议，进一步加强和改进反渎职侵权工作。全面推行人民监督员制度，人民监督员监督职务犯罪案件中拟作撤案、不起诉处理和犯罪嫌疑人不服逮捕决定的共 377 件 420 人，不同意检察机关拟定意见的 15 件，检察机关采纳的 4 件，对未采纳的及时向人民监督员作了

说明。

（二）自觉加强内部监督制约。继续推进职务犯罪案件审查逮捕权上提一级改革措施，加强对职务犯罪案件侦查监督。大力推进案件管理机制改革，省检察院、19 个市级检察院和 70 个基层检察院成立了案件管理部门，实行案件统一管理、实时监督。认真开展案件评查活动，加强执法监督，已完成案件评查 1539 件，针对评查中发现的执法薄弱环节，完善执法规范和制度。加强检务督察工作，开展督察活动 981 次，提出督察建议 364 条。严肃查处检察人员违法违纪案件 4 件 4 人。

（三）扎实推进阳光检务。省检察院制定《关于进一步深化阳光检务工作的意见》，推动落实检务告知、案件办理情况查询、公开审查、检察文书说理、检察工作通报、检察开放日、代表委员联络和检察宣传八项制度。尤其是注重运用群众易懂的语言进行释法说理，采用网上查询、电话查询、触摸屏查询和服务岗位查询等形式方便群众查询案件，扎实开展检察开放日活动，推进检务公开大厅和检察门户网站建设，拓宽群众了解、监督检察工作的渠道，保障了群众的知情权、参与权和监督权，提高了工作透明度和执法公信力。全省省有 18 个市级检察院和 100 个基层检察院建立了检务公开大厅，132 个检察院开通了案件网上查询或电话查询系统，举办检察开放日活动 319 次，有近 5 万名社会各界人士参加。

六、以提高法律监督能力为核心，全面加强检察队伍建设

（一）突出抓好检察职业道德建设。深入开展"恪守检察职业道德、促进公正廉洁执法"主题实践活动和"反特权思想、反霸道作风"专项教育，立足检察实际，突出实践特色，创新教育载体，以举行一次检察官集体宣誓仪式、举办一场检察职业道德警示教育报告会等"十个一"活动为抓手，引导检察人员牢固树立理性、平和、文明、规范执法的新理念，积极践行忠诚、公正、清廉、文明的检察职业道德。

（二）切实加强监督抓好领导班子建设。省检察院制定《关于进一步加强对全省各级检察长监督的意见》，加强对各级检察长的监督和规范。积极推行下级检察院检察长向上级检察院述职述廉制度，首次组织市级检察院检察长到省检察院述职述廉报告工作，强化对下级检察院领导班子履行职责和廉洁从检情况的监督。加强领导干部素质能力

培训,对 73 名市级检察院领导班子成员和新任基层检察院检察长进行轮训,提高推动检察工作科学发展的能力。加大干部协管力度,调整交流 18 名年富力强的同志到市级检察院领导岗位,进一步优化领导班子结构。

(三)大力加强法律监督能力建设。省检察院制定《关于加强法律监督能力建设三年规划》,明确提升法律监督能力的具体目标和推进措施。开展大规模教育培训,通过任职资格、领导素能、专项业务和岗位技能等方式培训全省检察干警 7 万多人次,队伍专业化水平不断提高。组织开展全省侦查监督十佳检察官、反贪十大精品案件、优秀公诉人等评选,以赛促训,提升检察队伍实战技能。在全国检察机关十佳公诉人竞赛中,广东省 2 名检察干警被评为全国十佳公诉人。

(四)全面加强基层检察院建设。坚持固本强基,建立了体现基层检察工作特点的考评体系,引导基层检察院全面建设、规范管理、科学发展。积极争取中央和省级财政转移支付资金 1.76 亿元,努力解决基层经费不足问题。创新检察人员招录调剂模式,省检察院为全省 19 个基层检察院一次性调剂补录 35 人,欠发达地区检察机关招录难问题得到缓解。全省检察机关有 63 个集体和 203 名个人受到省级以上表彰,涌现出潘媚、杨斌等一批执法为民、无私奉献的先进典型。

(广东省人民检察院研究室)

广西壮族自治区检察工作 2010 年,广西检察机关充分发挥检察职能,切实抓好社会矛盾化解、社会管理创新、公正廉洁执法三项重点工作,不断强化法律监督、自身监督和高素质检察队伍建设,深入推进建设社会和谐稳定模范区活动,各项检察工作取得了新进展。

一、围绕中心、服务大局,保障全区经济平稳较快发展。坚持把保障全区经济社会又好又快发展作为首要任务,不断完善和落实为经济发展服务的措施,提高服务大局的能力和水平。自治区检察院制定了《关于充分发挥检察职能为我区保增长、保民生、保稳定,保持和扩大经济社会发展良好势头服务的意见》,各级检察院改进执法办案方式方法,积极探索为企业提供法律保障和服务的新措施,加大对工程项目资金的法律监督力度,积极服务非公经济发展,着力维护经济秩序。创新服务载体,以

开展"工作落实年"活动为抓手,开展"走进企业、走进社区、走进农村、走进基层,服务经济、服务社会、服务基层、服务群众"的"四走进四服务"活动,与企业、社区(村、屯)等建立工作联系点,为企业解决了一批涉法涉诉问题。全力协助配合各级党委、政府开展抗击特大干旱、洪涝灾害,为灾区群众抗灾救灾、灾后重建工作提供服务和保障。

二、深入推进三项重点工作,维护社会和谐稳定。充分发挥批捕、起诉等职能,严厉打击黑恶势力犯罪、严重暴力犯罪、多发性侵财犯罪和"黄赌毒"犯罪。配合有关部门集中整治治安混乱地区和突出治安问题,积极参与对学校、幼儿园及周边治安秩序等专项整治。共批准逮捕刑事犯罪嫌疑人 40202 人,起诉 42372 人,分别比上年减少 3.7% 和增加 11.9%。其中批准逮捕"两抢一盗"犯罪嫌疑人 15962 人,起诉 16308 人;批准逮捕"黄赌毒"犯罪嫌疑人 5089 人,起诉 4881 人。坚持把化解社会矛盾贯穿于执法办案始终,推行刑事和解工作机制和检调对接工作机制,受理的民事行政申诉案件 78.5% 通过和解、调解等方式息诉。深入贯彻宽严相济刑事政策,依法不批准逮捕犯罪嫌疑人 7964 人,不起诉 1473 人。推行快速办理轻微刑事案件工作机制,对未成年人犯罪案件采取适合未成年人生理、心理特点的办案方式办理,加强刑事案件不抗诉、不起诉的答疑说理。建立完善维稳形势研判和社情民意调查机制,制定了社会矛盾排查、执法办案风险评估预警、检察环节应急事件处置等 20 多项工作制度,从源头上发现和化解社会矛盾。集中清理排查重信重访问题和涉检信访积案,共处理群众来信来访 14403 件,排查涉检信访积案 87 件,已办结 83 件,息诉化解 63 件。

三、坚持执法为民宗旨,全力保障和服务民生。围绕服务和保障全区实施的民生项目,自治区检察院出台了《关于充分发挥检察职能服务民生工作的意见》,指导全区检察机关通过履行检察职能服务和保障民生。依法查办损害民生的犯罪案件,确保国家支农惠民政策和资金落实到老百姓身上。全年立案查办涉农职务犯罪案件 318 件 501 人,涉案总金额 3840.6 万元。完善和落实执法便民利民措施,畅通群众诉求渠道。加强对社会弱势群体的司法保护,切实维护当事人合法权益。

四、依法查办和预防职务犯罪,促进反腐倡廉建设。全年共立案侦查贪污贿赂职务犯罪案件 892

件 1223 人，分别比上年下降 6.2% 和 4.2%，其中大案 576 件。立案侦查渎职侵权犯罪案件 234 件 243 人，分别比上年增加 7.8% 和 8.5%，其中大案 88 件。查办涉嫌犯罪的副处级以上国家工作人员 47 人（其中厅级 2 人），与 2009 年持平。依法重点查办了 2010 年广西公务员考试试题泄密案、网络广泛关注的"日记门"事件当事人广西烟草局销售处原处长韩峰受贿案等影响较大的案件。进一步加强和改进预防职务犯罪工作，把 2010 年确定为职务犯罪预防年，举办了全自治区检察机关预防职务犯罪巡回展览，有 10 万多名国家工作人员参观了展览。全年共提出预防检察建议 4093 件，已被采纳 3810 件；开展预防咨询 9481 次，向工程招标单位等提供行贿犯罪档案查询 36492 次；开展预防调查 2300 件，得到各级党委、政府领导批示 736 件。

五、加强对诉讼活动法律监督，促进公正廉洁执法。强化诉讼监督，重点加强对有罪不究、以罚代刑、超期羁押、量刑畸轻畸重等问题的监督，依法查处司法工作人员涉嫌职务犯罪 71 人，促进公正执法。强化内部监督，加强执法规范化建设，建立完善执法工作规范，加强对重点执法岗位和关键环节的监督，保证依法公正行使检察权。扎实开展"案件评查活动"，共评查历年来的案件 1977 件，发现并监督纠正确有瑕疵的案件 112 件。自觉接受人大监督、政协民主监督和社会各界监督。全面推行人民监督员制度，人民监督员共对全区检察机关立案查办的 127 件 154 人"三类案件"进行了监督。

六、强化队伍建设，整体素质有新的提高。加强思想政治建设，重点加强各级检察院党组织建设，认真开展创先争优活动和"恪守检察职业道德、促进公正廉洁执法"主题实践活动，深化社会主义法治理念教育，涌现出"全国模范检察官"、"自治区优秀共产党员"、原桂林市秀峰区检察院反渎职侵权局局长杜云同志等一批先进典型，促使广大检察人员逐步养成忠诚、公正、清廉、文明的检察职业道德。加强执法能力建设，以业务骨干和执法办案一线检察官为重点，组织开展"业务大培训、岗位大练兵、大比武"活动，大力提高队伍执法办案水平和群众工作能力、信息化应用能力。加强纪律作风建设，深入开展反腐倡廉教育和"反特权思想、反霸道作风"专项教育，首次开展市级检察长向自治区检察院述职述廉工作，严格落实执法过错责任、违法违纪责任和领导干部失职渎职责任追究制度，加大

检务督察力度，促进自身公正廉洁执法。

（广西壮族自治区人民检察院研究室）

海南省检察工作　2010 年，海南省检察机关深入推进三项重点工作和环境综合整治，忠实履行检察机关的法律监督职责，各项工作取得了新成效。

一、把握大局需求，服务保障国际旅游岛建设。制定加强和改进法律监督工作的 29 项措施和 38 个规范性指导文件，发挥打击、监督、教育、预防、保护等职能作用。开展工程建设领域突出问题、商业贿赂等专项治理，批捕对建设项目和投资者敲诈勒索、寻衅滋事的犯罪案件 40 件 75 人，起诉 51 件 92 人，立案查办商业贿赂犯罪案件 102 件 140 人。加强对重大公共投资项目的监督预防，有效保护公共资金安全和建设项目顺利推进。深化职务犯罪预防，积极开展预防调查，提出检察建议和调查报告 186 份。开展预防"进机关、进企业、进乡镇"活动，举办法制警示教育讲座 283 场次，制作播出《检察视窗》30 集，受教育面达 150 余万人次。推行受理行贿档案查询制度，共提供查询 1861 次。严肃查办职务犯罪，共立案查办贪污贿赂、渎职侵权等职务犯罪案件 210 件 315 人，通过办案为国家和集体挽回直接经济损失 3017.79 万元。依法打击经济犯罪，批捕制假售假、侵犯知识产权、偷税漏税等犯罪案件 44 件 88 人，起诉 27 件 55 人，批捕侵占、诈骗等危害企业权益的犯罪案件 74 件 86 人，起诉 83 件 101 人。积极参与旅游环境整治，加强对生态资源的司法保护，受理、审查涉旅民事、行政诉讼申诉 26 件，调解平息诉讼纠纷 17 件，批捕破坏旅游秩序的"两抢一盗"、伤害等犯罪案件 315 件 358 人，起诉 305 件 394 人，批捕对游客敲诈勒索等侵财犯罪案件 33 件 57 人，起诉 29 件 48 人，批捕盗伐滥伐林木、非法占地、非法猎捕等破坏自然资源犯罪案件 98 件 185 人，起诉 104 件 197 人。立案查办国家机关工作人员玩忽职守、滥用职权致使生态资源遭受重大破坏的职务犯罪案件 10 件 15 人，发出检察建议和纠正违法通知书 15 份，督促有关行政管理和执法机关依法履职，确保资源的可持续利用和生态环境安全。

二、保障改善民生，维护人民权益。严肃查处危害民利的职务犯罪，依法解决群众反映强烈的问题。批捕涉及食品药品安全、劳动安全等危害群众生命健康的犯罪案件 4 件 5 人，起诉 7 件 7 人，立案

查办国家工作人员纵容导致重大责任事故、非法拘禁、破坏选举等渎职侵权犯罪案件4件8人。立案查办惠农补贴发放、劳动就业、社会保障、征地拆迁等领域直接侵害群众切身利益的职务犯罪案件,追缴涉案款1184.97万元,发还给2195名受害群众。进一步加强对人民群众反映强烈的执法不严、司法不公问题的法律监督,重点纠正有罪不究、违法办案、侵犯人权、有罪判无罪、重罪轻判、违法减刑、假释、保外就医、超期羁押、监外执行的罪犯脱管漏管等问题。重点加强对国有、集体和公共资产的监督保护,通过办理民事督促起诉案件,督促协助挽回流失的国有、集体资产。依法惩治司法不公背后的腐败,立案查办司法人员索贿受贿、徇私枉法等职务犯罪案件10件16人。构建服务民生新平台,努力为群众排忧解难,以检察信访接待和派驻乡镇检察室为平台,开通"检察服务民生热线",认真受理群众控告申诉。在防汛抢险救灾中,广大检察干警深入91个联系点,协助转移疏散、安置群众,排查化解灾区矛盾隐患,对救灾款物管理发放和灾后重建开展跟踪预防,提出预防建议,为灾区群众捐献款物价值67.2万元。

三、做好检察环节的维稳工作,维护社会安定和谐。深化严打整治工作,严厉打击严重破坏治安和影响人民群众安全感的刑事犯罪活动,共批准逮捕各类刑事犯罪案件5926件8750人,起诉5897件8588人。认真贯彻宽严相济刑事司法政策,依法对初犯、偶犯、未成年犯和轻微刑事案件犯罪嫌疑人作出不逮捕、不起诉决定,对因邻里、家庭纠纷引发的轻微刑事犯罪案件促成和解,减少对抗,增进和谐。重视处理涉检信访,努力化解各类矛盾纠纷,坚持带案下访、定期巡访、预约接访、联合接访和检察长接访,共接待来访2848人次,来信2966件,解决涉法问题4315个。集中开展涉检信访积案排查化解和案件评查工作,努力把群众信访处理在基层和初访、个访阶段。以监督促管理,开展法律监督调查,加强对社会治安动态、变化趋势及治理对策的分析研判,提出整治改进的检察建议和调查报告318份,为各级党委政府推进社会管理创新提供决策依据和法律支持。

四、延伸法律监督触角,服务新农村建设。派驻乡镇检察室明确职责任务,完善涉农检察工作机制,提供及时便捷的法律服务,保障农村稳定发展,配合服务村级组织换届工作,促进农村民主法治建设。基层检察工作重心下移,检力下沉,把法律监督的触角延伸到广大农村,为社会主义新农村建设发挥了积极作用。

五、加强自身建设,狠抓检察队伍教育、管理和监督。加强思想政治建设,扎实抓好人才培养和业务培训,贯彻党风廉政责任制,坚持从严治检。创新监督制约机制,更加自觉接受人大、政协和社会各界监督。强化内部监督制约,全面落实职务犯罪审查逮捕上提一级、量刑建议等检察改革,健全完善网上执法办案机制。完善绩效考核评价机制,以正确的政绩观和执法导向引领和激励广大干警。

(海南省人民检察院)

重庆市检察工作 2010年,全市检察机关紧紧围绕"稳增长、调结构、惠民生"和"平安重庆"建设,以三项重点工作为载体,以机制创新为动力,强化法律监督,强化自身监督,强化检察队伍建设,各项工作取得新成效。

一、维护稳定工作扎实有效。坚持在执法办案中化解矛盾纠纷、促进社会和谐稳定,共批捕刑事犯罪嫌疑人23023人,起诉32539人,与2009年相比分别上升6%和12.8%。保持对黑恶犯罪的高压态势,继续落实重大案件挂牌督办、提前介入引导侦查等措施,批捕涉黑涉恶犯罪920人、起诉1335人,打掉了46个盘踞在建筑、娱乐、运输等行业为非作歹、欺行霸市的涉黑团伙。积极投入缉枪治爆、禁毒扫黄等专项整治,批捕严重暴力犯罪、多发性侵财犯罪以及"黄赌毒"犯罪17873人、起诉20879人。依法宽缓处理轻微犯罪,对罪行轻微的初犯、偶犯和未成年犯,不批捕2069人、不起诉1469人。努力推动矛盾化解,促成和解轻微刑事案件1005件、息诉民事申诉297件;扎实开展涉检信访积案清查攻坚行动,对清理出的135件重点案件,综合运用依法纠正、公开听证、心理疏导等措施,息诉119件,实现了无涉检群体性事件和进京非正常访的目标。中央政法委员会和最高人民检察院挂牌督办的4件信访案件全部办结息诉。

二、查办和预防职务犯罪力度加大。保持惩治腐败强劲势头,进一步畅通举报渠道,深入开展专项治理,打黑反腐同步推进,共查办职务犯罪1153人,与2009年相比上升12.3%。其中贪污贿赂犯罪976人、渎职侵权犯罪177人;大案565件,大案率78.3%;查处副部级干部1人、厅级干部14人、处级干部 235 人，要案率 21.7%。结合办案强化预防，提出检察建议 3725 件，被采纳 3184 件；组织宣讲团深入交通、林业、社保等重点部门开展宣传教育 565 场，受教育干部群众 5.6 万余人。推动预防职务犯罪关口前移，26 个基层检察院在 36 个水利项目中跟进预防，共促工程优质、资金安全；一些院与辖区工业园携手共创"廉洁园区"，迈出可喜步伐。

三、诉讼监督不断强化。强化立案和侦查活动监督，共监督立案 287 件、追捕追诉 1543 人，与 2009 年相比分别上升 10% 和 80.3%，全面推行"两跟踪"监督制度，督促公安机关依法处理"在逃"、"另案处理"人员 37 人；专项检查公安机关延长刑拘期限至 30 日情况，监督纠正刑拘延期不当 225 人；集中清理存疑不捕案件处理情况，督促补证后批捕 72 人。强化审判监督，提出刑事抗诉 77 件，法院再审改变 59 件。提出民行抗诉 255 件，改变 190 件，提出民行再审检察建议 380 件，法院采纳 321 件。对 32 件当事人之间虚假调解、串通损害第三方利益的调解提出纠正意见被法院采纳。强化刑罚执行和监管活动监督，监督纠正监管活动违规 286 人次，与 2009 年相比上升 11.3%，纠正减刑、假释、暂予监外执行不当 667 人次，与 2009 年相比上升 55.5%；会同有关部门开展监狱、劳教场所、看守所安全监管专项活动，督促消除安全隐患 285 起；云阳、荣昌等检察院试点看守所在押人员羁押表现评鉴制度，防止"牢头狱霸"产生。

四、保民生促发展成效明显。认真落实重庆市人民检察院《关于充分发挥检察职能努力服务当前民生工作的意见》，抓住关系民生的突出问题加大监督力度，在养老、低保、新农合等社会保障领域查办职务犯罪 71 人，在退耕还林、扶贫开发、种粮直补等涉农领域查办职务犯罪 365 人，认真办理法律援助机构移送案件 3983 件，支持 4654 名农民工起诉讨薪 1930 万元，为 167 名困难群众提供司法救助 28 万余元。努力做好检察环节服务经济平稳较快增长的各项工作，加大行政执法与刑事司法相衔接力度，建议移送司法处理 582 人；批捕金融诈骗、非法吸收公众存款等破坏市场经济秩序犯罪嫌疑人 853 人，起诉 1004 人；积极参与工程建设领域突出问题专项治理，在土地征用、招标投标、质量管理等环节查办职务犯罪 350 人。

五、机制创新深入推进。检务联络室建设初见成效，36 个区县检察院在 61 个社情较复杂的乡镇（街道）设立了检务联络室，宣传法制 246 次，接待来访 2612 人次，受理举报 216 件，化解纠纷 647 件，检务联络室已成为检察机关联系基层、服务群众的重要窗口。微罪不起诉人员帮教制度积极推广，26 个基层检察院试点，以未成年人和因亲属邻里纠纷引发的轻微刑事案件被不起诉人为帮教对象，纳入综治平台，依托社区、学校和所在单位加强教育、帮助，促进悔过自新，实施帮教 291 人，重庆市委政法委已将该机制纳入社会管理创新项目。防范和化解信访风险的机制进一步健全，建立办案风险评估预警制度，对 64 件网络媒体关注、当事人及其亲属可能采取过激行为的案件，预先评估风险，防患于未然；建立下沉一级研究控告申诉案件制度，对 68 件越级访、进京访及重大认识分歧的案件，上下级检察院共同研究息诉稳控办法，合力推动矛盾化解。"阳光检务"工程亮点凸显，统一开展"检察开放日"活动，开通网上案件查询系统，建立涉检网络舆情处置机制，拓展了检务公开的形式和内容。

六、内部执法监督制约进一步完善。深入推进执法规范化建设，在 5 个检察分院和 20 个区县检察院抽选 548 件案件，重点对办案程序和法律文书实施检查，分条线进行通报，督促整改落实。全面推行检察官执法档案建设，强化执法责任意识。持续强化扣押、冻结、处理款物专项检查，进一步巩固了近年来治理违规扣押处理涉案款物的成果。在一线执法部门推行廉政监督员制度，强化对办案工作的常态化监督。完善执法过错责任追究制度，建立办案检察院实施调查、上一级检察院纪检部门认定责任的查处机制，增强了责任查究的刚性。

七、队伍建设全面加强。不断丰富思想政治工作载体，扎实开展公正廉洁执法主题实践和教育整顿活动，评选"十大检察职业道德模范"并组织巡回宣讲，用身边可信可学的先进典型引领干警践行"忠诚廉明、守护正义"的重庆检察精神。深入推进执法能力建设，分类分层举办业务培训和新进人员培训共 19 期 2050 人；通过组织参办大要案件，汇编典型案例强化办案指导，开展"示范庭"、"考核庭"，评选精品案件和优秀法律文书等形式，战训结合、磨砺素能；分级开展优秀侦查员、优秀侦查监督检察官评选、法警技能比武和民行业务竞赛，着力打造业务领军人物。进一步加强基层基础工作，采取结对共创、分批推进等方式，推动首批 11 个基层检察院建成"规范化建设检察院";面向全国公开招录 259 名大学生、选调 85 名专业人才充实基层,促进基层队伍年龄、知识结构持续改善。扎实推进纪律作风建设,结合实际开展"反特权、反霸道、反腐败"专项教育,通过巡回播放检察干警违纪违法案例专题片《迟来的忏悔》、纪检组长全覆盖上廉政课、举办反腐倡廉教育巡展等形式,强化警示教育;严格执行"十条禁令",查处违法违纪人员 7 人,其中司法处理 3 人、清出检察队伍 4 人。

全市检察机关坚持统筹兼顾,检察理论研究成果丰硕、检察宣传创新发展、检察信息实现新突破,技术、警务和计财装备等工作都取得新成绩。

（重庆市人民检察院研究室）

四川省检察工作　一、强化服务大局意识,立足职能促进经济平稳较快发展

着力强化服务经济发展的措施。结合四川实际,出台服务深入实施西部大开发战略、藏区跨越式发展和长治久安的意见以及援藏援彝工作实施意见,指导全省检察机关综合运用检察职能,做好服务经济社会发展的各项工作。

着力维护市场经济秩序。依法打击破坏社会主义市场经济秩序的犯罪,批捕 1379 人,起诉 1591 人。深入推进治理商业贿赂工作,立案查办国家工作人员商业贿赂犯罪 628 人。开展工程建设领域职务犯罪专项预防活动,对省委、省政府确定的 60 个重大建设项目、地方重大投资项目,进行了全程预防跟踪服务。深入重点行业、重点领域,开展预防咨询 1991 次、警示教育 1464 次,提出预防建议 853 件,被党委、政府及有关单位采纳 721 件。

着力加强对能源资源、生态环境和知识产权的司法保护。依法打击破坏环境资源的犯罪,批捕 309 人,起诉 498 人。积极参与国土资源领域腐败问题专项治理,立案查办 316 人。积极参与 2010 年世博会知识产权保护专项行动,批捕侵犯知识产权的犯罪嫌疑人 200 人,起诉 165 人。

着力保障企业正常经营发展。依法妥善处理涉及企业特别是中小企业的案件,平等保护各类市场主体的合法权益。慎重使用扣押、冻结和拘留、逮捕等措施。

二、强化维护稳定意识,结合执法办案依法化解社会矛盾

全力做好藏区维稳工作,预防和减少不稳定因素。坚决打击分裂国家、破坏民族团结的犯罪活动,化解社会矛盾,维护藏区稳定。

全面落实宽严相济刑事政策,预防和减少社会矛盾。突出打击刑事犯罪。共批捕 41491 人,起诉 51019 人。同时,着眼于化解因轻微犯罪引发的矛盾纠纷,对没有逮捕必要的,依法不捕 2272 人;对犯罪情节轻微的,决定不诉 1333 人。

加强查办职务犯罪工作,深层次化解社会矛盾。共立案查办职务犯罪 2066 人。其中,贪污贿赂犯罪 1651 人,渎职侵权犯罪 415 人。

建立检调对接工作机制,合力化解社会矛盾。积极参与"大调解"工作体系,引导轻微刑事案件和解 1643 件,化解涉检信访积案 45 件,通过释法说理,促成 436 件民事行政申诉案件的当事人和解,306 件息诉罢访。

三、强化执法为民意识,扎扎实实做好民生检察工作

依法保障灾后恢复重建。灾区六个市（州）检察机关加大对侵害灾区群众利益、破坏灾后重建、影响灾区稳定的刑事犯罪的打击力度,共批捕各类刑事犯罪 18606 人,起诉 22108 人。查办妨害灾后恢复重建的职务犯罪 117 人。

坚决惩治侵害民生的犯罪。依法严厉打击制假售假犯罪,批捕生产、销售伪劣商品的犯罪嫌疑人 134 人,起诉 151 人。依法打击侵犯公民人身、民主权利的犯罪,批捕 7025 人,起诉 8618 人。依法打击非法吸收公众存款、集资诈骗、传销等涉众型经济犯罪,批捕 96 人,起诉 135 人。深化查办涉农职务犯罪工作,立案查办 842 人。突出查办社会保障、征地拆迁、移民补偿、医疗卫生等民生领域的职务犯罪 513 人。依法介入重特大安全事故调查,查办事故背后的失职渎职犯罪 86 人。

完善和落实便民利民措施。开展民事行政检察"服务民生、促进和谐"主题宣传服务月活动,深化文明接待室创建,充分利用 12309 举报电话和举报网站。办理支持农民工讨薪、工伤赔偿等起诉案件 440 件。推进与司法行政机关共建法律援助工作机制。

稳妥开展乡镇（街道）检察联络工作试点。积极深入乡镇（街道）、地震灾民集中安置点等,设立了 1865 个检察联络站,受理举报控告申诉 2842 件,接待群众来访 11051 人（次）。

四、强化开拓创新意识,着力推进社会管理法

治化进程

建立健全检察机关参与社会管理创新的工作机制。开展行政执法机关移送涉嫌犯罪案件专项监督活动。推进行政执法与刑事司法相衔接机制。查办行政执法人员职务犯罪 352 人。

加强对监管场所和特殊人群管理的监督。加强刑罚执行和监管活动监督，纠正刑罚执行和监管活动中的违法行为 3551 人。开展保外就医专项检察活动，会同有关部门开展看守所安全管理大检查、监狱"清查事故隐患、促进安全监管"等活动。加强对社区服刑人员的监管监督。加强对刑释解教、吸毒人员及艾滋病患者犯罪的调查分析。

加强对未成年人和刑事被害人的司法保护。严厉打击侵害在校学生、农村留守儿童安全的犯罪。建立健全适合未成年人身心特点的办案机制。积极推进刑事被害人救助工作，认真贯彻修改后的国家赔偿法，切实维护当事人合法权益。

五、强化监督配合意识，大力促进公正廉洁执法

不断强化诉讼监督。加强立案监督和侦查活动监督，监督侦查机关立案 1064 件，纠正不应当立案而立案 543 件，追捕 1569 人，追诉 767 人。加强刑事审判监督，提出刑事抗诉 207 件。加强民事审判和行政诉讼监督，提出民事行政抗诉 403 件，提出再审检察建议 500 件。监督民事执行、调解案件 375 件。

自觉接受人大监督和政协民主监督。主动向人大及其常委会报告工作，全省各级检察机关向同级人大及其常委会报告工作 410 次。主动向政协通报检察工作情况。有 610 件刑事、民事、行政抗诉和 500 件民事行政再审检察建议报同级人大常委会备案。

主动接受司法制约和社会监督。全面推行人民监督员制度，对 588 件应当提交人民监督员监督的案件全部提交监督。开展检察开放日活动，增强检察工作透明度。落实检察环节保障律师执业权利的工作机制。

切实加强内部监督制约。省检察院设立侦查监督二处专司职务犯罪案件侦查监督工作，全面落实职务犯罪案件逮捕报上一级检察院审查决定制度。推进讯问职务犯罪嫌疑人同步录音录像工作。

深入推进检察管理机制建设。全省三级检察院基本建成了局域网、检察专线网，接入全国、全省

检察机关网络视频会议系统。深化网上办公办案应用，建立健全检察机关政务管理、办案管理、后勤管理、队伍管理信息化管理体系，促进由传统经验管理向现代科学管理转变。

六、强化人才保障意识，切实加强班子队伍建设

加强思想政治和职业道德建设。广泛开展创先争优活动和"建设学习型党组织、创建学习型检察院"活动。落实检察官职业行为基本规范，认真开展"恪守检察职业道德、促进公正廉洁执法"主题实践活动。

突出抓好领导班子建设。强化领导班子民主集中制建设和监督管理，认真落实巡视、领导干部报告个人有关事项、任前廉政谈话、任期经济责任审计检查、下级检察院检察长向上级检察院述职述廉、上级检察院派员参加和指导下级检察院领导班子民主生活会等制度。

狠抓自身反腐倡廉和纪律作风建设。健全领导班子成员和中层干部的廉政档案。举办检察机关自身反腐倡廉教育展览。开展廉政风险防控机制建设试点工作。开展"反特权思想、反霸道作风"专项教育活动。创新检务督察方式，开展督察 481 次。

推进队伍专业化建设。新补充检察人员 585 人。扎实推进大规模检察教育培训，组织各类培训班 1736 期，培训检察人员 11764 人（次）。广泛开展技能练兵、业务竞赛活动。12 名检察干警获得省部级以上表彰。

加强基层基础建设。深入推进基层院执法规范化、队伍专业化、管理科学化、保障现代化建设。武胜县检察院、成都市锦江区检察院被评为"全国模范检察院"，大英县检察院等 6 个基层检察院被最高人民检察院荣记集体一等功。

（四川省人民检察院研究室）

贵州省检察工作 2010 年，贵州省检察机关深入贯彻落实科学发展观，紧紧围绕全省工作大局，全面履行检察职责，加强检察队伍建设，深入推进社会矛盾化解、社会管理创新、公正廉洁执法三项重点工作，各项检察工作取得了新进展。

服务全省工作大局。一是着力服务经济平稳较快发展。坚持把维护良好的市场经济秩序、企业正常生产经营作为检察机关促进经济平稳较快发

展的首要任务。依法打击破坏市场经济秩序的犯罪，批准逮捕走私、破坏金融管理秩序、危害税收征管、集资诈骗、非法经营等犯罪嫌疑人243人，提起公诉310人。深入开展打击侵犯知识产权和生产销售假冒伪劣商品专项行动，批准逮捕假冒注册商标、假冒专利等侵犯知识产权犯罪嫌疑人41人，提起公诉50人；批准逮捕生产、销售伪劣商品犯罪嫌疑人82人，提起公诉92人。深化治理商业贿赂工作，依法查办资源开发、产权交易、政府采购等领域，涉及国家工作人员的商业贿赂犯罪案件468件524人，提起公诉473人。二是着力服务农村改革发展和城镇化建设。坚持把促进农村改革发展作为检察机关服务经济平稳较快发展的重要任务，通过设立乡镇检察室、检察联络点、聘请检察联络员等方式，积极探索检察工作服务"三农"的工作机制。突出查办发生在农村征地补偿、退耕还林、合作医疗、救济款物发放等环节中的涉农职务犯罪，立案查办此类案件243件347人，挽回经济损失2100万余元。积极服务城镇化建设，深入开展工程建设领域突出问题专项治理工作，配合有关部门加强对教育、卫生、文化、体育等公共服务建设项目资金使用的监督，立案查办职务犯罪案件290件318人，提起公诉292人。对造成国有资产流失和损害公共利益的民事案件，督促、支持有关部门和单位履行职责、提起诉讼案件2361件。三是着力服务能源资源合理开发和生态环境保护。依法打击破坏环境资源犯罪，批准逮捕非法采矿、盗伐滥伐林木、造成重大环境污染事故等犯罪嫌疑人505人，提起公诉898人。依法查办国家机关工作人员渎职导致能源资源和生态环境遭到严重破坏、非法批准征用土地等渎职犯罪案件60件67人，提起公诉60人。

防范和打击刑事犯罪。坚持把维护社会和谐稳定放在首位，重点打击危害国家安全犯罪、黑恶势力犯罪、严重暴力犯罪、多发性侵财犯罪及"黄赌毒"犯罪，积极参与对学校、幼儿园及周边治安秩序的专项整治，增强人民群众安全感。共批准逮捕各类犯罪嫌疑人30692人，提起公诉35909人。其中，批准逮捕黑恶势力犯罪嫌疑人349人，提起公诉1109人；批准逮捕抢劫、抢夺、盗窃犯罪嫌疑人13689人，提起公诉14774人；批准逮捕毒品犯罪嫌疑人3064人，提起公诉2952人；批准逮捕其他犯罪嫌疑人13590人，提起公诉17074人。在严厉打击

严重刑事犯罪的同时，对犯罪情节轻微的初犯、偶犯、过失犯和未成年人、老年人犯罪案件等，慎重逮捕和起诉，可捕可不捕的不捕，可诉可不诉的不诉。依法对2049名犯罪情节轻微、无逮捕必要的，决定不批准逮捕；对718名犯罪情节轻微、社会危害较小的决定不予起诉，提出检察意见并移送有关主管机关处理。加强对犯罪的未成年人教育、感化、挽救工作，回访358人（次）。坚持把化解矛盾纠纷贯穿于执法办案始终，主动把执法办案工作向化解社会矛盾延伸，认真开展释法说理、心理疏导等工作，努力修复受损社会关系，防范和减少犯罪。建立健全执法办案风险评估机制，推进"检调对接"，积极促成当事人以平和方式解决矛盾纷争。开展刑事被害人救助工作，共救助生活确有困难的刑事被害人及其近亲属176人。开通12309举报电话，进一步畅通控告申诉举报渠道。认真落实首办责任制和检察长接访、定期巡访等制度，组织开展化解信访积案专项活动。共办理群众来信来访9180件（次），其中检察长接待1548件（次）。排查信访积案89件，已化解息诉63件。

查办和预防职务犯罪。全省检察机关坚决贯彻中央、省委关于推进新形势下反腐倡廉建设的决策部署，坚持把查办和预防职务犯罪摆在突出位置。共立案查办各类职务犯罪案件983件1217人，其中贪污贿赂犯罪791件995人，渎职侵权犯罪192件222人。通过办案，挽回直接经济损失2.2亿元。突出查办大案要案和重大特大案件。按照"一要坚决、二要慎重，务必搞准"的原则，重点查办发生在领导机关和领导干部中的贪污贿赂、渎职侵权案件。共立案查办贪污贿赂大案725件，渎职侵权重大特大案件94件；查办涉嫌犯罪的县处级以上国家工作人员66人，其中厅级3人。严肃查办社会关注的行业和领域发生的职务犯罪案件。立案查办发生在工程建设、房地产开发、土地管理和矿产资源开发、国有资产管理、金融等领域的职务犯罪案件351件371人。立案查办重大责任事故背后的职务犯罪案件27件33人。在坚决惩治受贿犯罪的同时，加大查办行贿犯罪力度，共办理行贿案件179件191人。着力加强预防职务犯罪工作。推进侦防一体化机制建设，加强对职务犯罪的原因分析，积极提出防范对策和预防建议，向有关单位和部门提出检察建议2519件，帮助发案单位建章立制，推动落实预防措施。结合办案深入开展预防职务犯罪宣传和警示教育，创

建了 33 个预防职务犯罪警示教育基地。扎实开展预防工程建设领域职务犯罪专项工作，全面推行行贿犯罪档案查询工作，为工程招标单位、建设主管部门等提供查询服务。

诉讼活动法律监督。加强刑事诉讼法律监督，对有罪不究、以罚代刑等应当立案而不立案的，依法监督侦查机关立案 864 件；对不应当立案而立案的，提出纠正意见 711 件。对应当逮捕而未提请逮捕、应当起诉而未移送起诉的，决定追加逮捕 1229人、追加起诉 830 人；对不符合逮捕条件、不符合起诉条件的，决定不批准逮捕 5818 人、不起诉 989 人。坚持以抗诉促监督，对认为确有错误的刑事判决、裁定提出抗诉 170 件。强化对刑罚执行和监管活动的监督，加强派驻检察室建设，认真落实安全防范检查等制度，对超期羁押和违法减刑、假释、保外就医、不按规定交付执行以及监管活动中的违法情况依法提出纠正意见。积极开展民事审判和行政诉讼法律监督。重点做好对困难群体保护、劳动争议、保险纠纷等涉及民生的确有错误案件的审查抗诉工作，对认为确有错误的生效民事行政判决、裁定提出抗诉 170 件；向法院提出启动再审程序的检察建议 89 件。注重维护法院正确裁判，认真做好申诉人服判息诉工作，共息诉 1016 件。坚持以办案促监督。严肃查办执法不严、司法不公背后的职务犯罪，共立案查办行政执法人员涉嫌职务犯罪229 人，司法人员涉嫌职务犯罪 50 人。

检察改革。切实推进强化法律监督职能的改革，积极开展侦查监督改革活动，建立健全刑事立案监督、审查逮捕讯问犯罪嫌疑人和听取律师意见等制度。积极开展量刑建议、刑事和解改革活动，省检察院制定了《贵州省检察机关开展量刑建议实施意见》和《贵州省检察机关适用刑事和解办理刑事案件指导意见》。进一步完善刑事证据制度，贯彻执行《关于办理死刑案件审查判断证据若干问题的规定》和《关于办理刑事案件非法证据若干问题的规定》。建立健全监外执行、社区矫正和刑罚执行变更同步监督等制度，规范监督行为。切实推进强化自身执法活动监督制约的改革。建立健全对查办职务犯罪工作的监督制约机制，全面推行讯问职务犯罪嫌疑人全程同步录音录像制度，落实省级以下检察院办理直接立案侦查案件由上一级检察院审查决定逮捕制度。省检察院和市州分检察院共受理下级检察院提请逮捕职务犯罪案件 576 件

642 人，决定逮捕 588 人，不予逮捕 46 人。探索建立符合司法规律的检察业务工作考评体系，开展执法业绩档案试点工作。进一步推进检务公开，认真开展"检察开放日"活动，增加工作透明度。完善和落实特约检察员、专家咨询委员制度，全面推行人民监督员制度，在检察决策和执法办案过程中充分听取意见，自觉接受监督。人民监督员共参与监督检察机关直接受理立案侦查案件 69 件 71 人。

检察队伍和基层检察院建设。一是加强队伍思想政治建设。认真开展"忠实践行宗旨、勤政廉政为民"专项教育活动和"牢固树立社会主义法治理念，忠实践行执法为民宗旨，保障经济社会又好又快、更好更快发展"大讨论活动，进一步转变执法作风，规范执法行为，牢固树立理性、平和、文明、规范的执法理念。认真开展"恪守检察职业道德、促进公正廉洁执法"主题实践活动和"反特权思想、反霸道作风"专项教育活动，切实加强检察人员忠诚、公正、清廉、文明的职业道德教育，提高公正廉洁执法能力。二是加强队伍专业化建设。按照系统化、规范化的要求，从法律监督工作实际出发，大规模推进检察教育培训工作，积极开展"岗位练兵、业务竞赛年"活动，提高队伍执法办案的综合素质和专业技能。共举办各类业务培训班 15 期，培训检察人员 1855 人（次），组织 556 人参加全国统一司法考试，其中 247 人通过考试取得初任检察官任职资格。三是加强党风廉政建设。认真学习贯彻执行《中国共产党党员领导干部廉洁从政若干准则》，举办自身反腐倡廉教育展览，落实党风廉政建设责任制，推行述职述廉、诫勉谈话、巡视等制度，加强对下级检察院领导班子和领导干部的监督。毕节检察分院、黔南州检察院、贵阳市检察院和黔东南州检察院检察长向省检察院述职述廉报告工作，接受评议。坚持从严治检方针，严肃查处检察人员违纪违法 8 人。四是加强检察基础设施建设。按照基层检察院建设考核办法要求，深入推进基层检察院执法规范化、队伍专业化、管理科学化、保障现代化建设。目前，全省有 96 个检察院建成办案用房和专业技术用房，实现了检察系统专线网的互联互通，执法办案条件明显改善。位于金阳新区的省检察院新办公楼已于 2010 年 4 月投入使用。

（贵州省人民检察院办公室）

云南省检察工作 2010 年，全省检察机关紧紧围绕

中央深入实施西部大开发的战略部署和省委、省政府"建设绿色经济强省、民族文化强省和中国面向西南开放桥头堡"的战略目标，坚持在服务大局中谋划和推进检察工作，为经济社会发展提供了有力的司法保障。

一、打击各类严重刑事犯罪，维护社会和谐稳定

2010年，全省共依法批捕刑事犯罪嫌疑人35385人，起诉40894人，与2009年相比分别上升0.5%和1.5%，其中：批捕故意杀人、故意伤害、抢劫、黑恶势力、毒品、盗窃等严重危害治安秩序的刑事犯罪嫌疑人24586人，起诉26867人；批捕非法吸收公众存款、合同诈骗、非法经营等破坏市场经济秩序犯罪嫌疑人1398人，起诉1571人；批捕非法行医、生产销售有毒有害食品等危害群众身体健康、生命安全以及拐卖妇女儿童、强迫职工劳动等侵犯弱势群体合法权益的犯罪嫌疑人1488人，起诉1841人；批捕盗伐滥伐林木和重大环境污染事故等破坏环境资源保护的犯罪嫌疑人689人，起诉1249人；配合有关部门严厉打击利用互联网实施的各种犯罪，净化网络环境；全面落实服务企业发展的措施，依法打击危害企业生产经营的犯罪，切实维护企业合法权益，支持企业改革发展。大力支持和帮助藏区检察机关提高执法水平和维稳能力，促进了藏区社会稳定、民族团结。积极与老挝周边四省检察机关举行司法会晤、开展案件协查，建立健全共同打击跨国犯罪、维护边境安宁的司法协作机制。

二、依法查办和预防职务犯罪，促进经济平稳较快发展

共立案查办职务犯罪案件1445件1541人（贪污贿赂案件1141件1209人、渎职侵权案件304件332人），大案1032件，县处级以上领导干部92人（厅级2人），大案要案占职务犯罪案件的77.8%，通过办案为国家挽回经济损失5.7亿余元，其中：立案查办利用工程审批、资金拨付等职权贪污受贿犯罪案件408件423人，立案查办贪污、挪用国家支农惠农资金等案件438件478人，立案查办商业贿赂犯罪案件601件605人，立案查办国家机关工作人员环境监管失职等渎职犯罪案件168件173人。

各级检察机关紧密结合执法办案，对各行业系统可能引发职务犯罪的苗头性、倾向性问题开展预防调查8420次，形成了一批高质量的调查报告。

对典型案例进行犯罪分析，提出堵漏建制的检察建议2568份，绝大部分得到相关单位的采纳。受理行贿犯罪档案查询19317次，232个单位和个人因有行贿记录受到取消投标资格、投标评比扣分等处理。组织警示教育、法制宣讲等活动5199次，49人在警示教育中自首，当场收到举报83件。省检察院《关于云南省新型农村合作医疗领域职务犯罪调查分析报告》，引起省委领导高度重视并作出重要批示，省卫生厅迅速落实批示精神，采取有力措施加强监管，提高了新农合资金使用效率，赢得了参合农民的信任。云铜集团新一届领导班子根据省检察院的《预防职务犯罪检察建议书》，认真落实党风廉政建设责任制，建章立制，优化管理，企业的经营管理日趋规范，效益稳步增长。省检察院和省委宣传部共同举办了全国检察机关惩治和预防渎职侵权犯罪展览云南巡展，在社会上产生积极影响。

三、把三项重点工作落实到检察工作的各个环节

一是深入推进社会矛盾化解。依法对2168名无逮捕必要的犯罪嫌疑人决定不批捕，对346名情节轻微的犯罪嫌疑人决定不起诉，对2244件案件提出从轻、减轻处罚的量刑意见。积极做好1271名申诉人的服判息诉工作，及时消除案件当事人及其家属对司法机关正确裁判、决定的疑虑，化解矛盾纠纷465件。协调有关部门向生活确有困难的刑事被害人提供救助金575.2万元。促成439件刑事案件、490件民事案件达成和解。依法办理属于检察机关管辖的信访12823件，办理刑事赔偿案件60件，支付赔偿金52.59万元。认真开展涉检信访积案排查、办理工作，努力做到案结事了人和。

二是参与社会管理创新。全年共检查发现监外执行罪犯脱管失控531人，漏管799人，因条件消失或违法违规应收监执行10人，再犯罪37人。对检查发现的问题，经提出口头和书面纠正意见，已纠正脱管489人，纠正漏管790人，收监执行10人；监督监狱、公安机关对176名刑期及考验期届满的罪犯按期办理释放手续，监督公安机关对重新犯罪的37人依法追究了刑事责任。同时，积极探索在乡镇设立"社区矫正检察室"、"社区矫正工作站"等多种形式，加强对社区矫正各执法环节的法律监督，提高教育矫正效果。加强对违法犯罪青少年的教育挽救，对784名未成年犯进行回访帮教。建立健全涉检网络舆情分析研判、重大事件快速应对等

机制,及时、客观发布信息,营造有利于社会稳定的网络舆论环境。认真落实检察环节的社会治安综合治理措施,开展检察工作进社区、进企业、进学校等法制宣传活动 799 次,参与社会治安重点地区整治 426 次,省检察院被省委、省政府评为社会治安综合治理先进单位。

三是强化法律监督促进公正廉洁执法。共依法适时介入侦查 2711 件(其中参加重大案件讨论 2024 件,出席勘查现场 687 件),对侦查机关办案活动中的不合法行为发出书面《纠正违法通知书》246 件次,提出检察建议 212 件 393 人,追捕漏犯 1523 人;共办理立案监督案件 2821 件,监督立案后批准或决定逮捕 493 件 959 人,移送起诉 658 件 1214 人,起诉 533 件 851 人,法院作出有罪判决 416 件 620 人。大力加强诉讼监督工作,适时向省人大常委会报告全省检察机关诉讼监督工作情况。省人大常委会高度重视,作出《关于进一步加强全省各级人民检察院对诉讼活动法律监督的决议》。加强上级检察院对下级检察院诉讼监督工作的领导和指导,理顺各业务部门的协作关系,形成监督合力;完善外部监督制约机制,积极探索和完善检察官派驻侦查机关、量刑纳入法庭审理、检察长列席审委会、刑罚变更执行同步监督等机制;各级检察院在人大的监督和法院等有关部门的支持配合下,建立以抗诉为中心、多种监督方式并举的多元化监督模式,依法对 485 件已经发生法律效力的刑事、民事、行政判决、裁定提出抗诉,取得了良好的社会效果。在促进生态文明建设中积极开展环境资源司法保护的调研,支持环境行政机关提起首例水污染环境公益诉讼,支持弱势群体提起民事行政诉讼 460 件,挽回经济损失 2087 万余元。

四、强化自身监督确保依法行使检察权

一是自觉接受外部监督。为进一步加强与人大代表、政协委员的联系,省检察院建立了院领导分片联系代表、委员制度,通过定期报告工作、邀请视察座谈、组织评议出庭公诉工作以及发送手机工作简报等方式,不断拓宽接受监督的渠道。对代表、委员的意见建议,各级检察院按照省检察院的专门部署,查找问题,整改工作,扎实开展相关议案、提案的办理,省检察院被省政协评为提案办理先进单位。全面推进人民监督员制度,确保应当纳入监督范围的案件和事项全部接受人民监督员的监督,不断改进特约检察员、专家咨询委员工作,认

真倾听来自社会不同层面、不同领域的意见。进一步深化检务公开,广泛开展"检察开放日"、检察长与网民在线沟通等活动,增强检察工作的透明度。

二是切实加强内部监督。全面实行职务犯罪案件审查逮捕报上一级检察院审查决定,撤案、不起诉报上一级检察院批准以及同一检察院内部各办案环节相互监督制约等制度。省、州(市)两级检察院对下级检察院提请逮捕不当的 24 件职务犯罪案件决定不批捕,通过案件评查发现和纠正程序不当案件 34 件。

三是坚持把办案工作重心放在依法、全面收集和固定证据上,确保办理的每一件案件事实清楚、证据确凿,杜绝错案发生。全年职务犯罪案件撤案率为 0.26%,与 2009 年相比下降 0.36 个百分点;不起诉率为 3.3%,与去年同期相比下降 0.27 个百分点;无罪判决案件继续保持"零"记录。

五、狠抓队伍建设不断提高法律监督能力

积极开展创先争优活动,95 个集体、81 名个人受到省级以上表彰。深入开展"恪守检察职业道德、促进公正廉洁执法"主题实践活动,忠诚、公正、清廉、文明的检察职业道德得到进一步弘扬。认真开展巡视和上级检察院派员参加下级检察院党组民主生活会工作,加强对领导干部的监督、管理和考核。委托中国政法大学对全省 149 个检察院的 521 名领导干部和业务骨干进行领导素能培训。重视学历教育,支持 176 人攻读在职硕士、博士学位。选拔培养检察专家人才和业务尖子,在全国性评比和竞赛中,7 人当选为"全国检察业务专家",1 人被评为"全国十佳侦查监督检察官",2 人被评为"全国十佳反渎侦查业务标兵"。定向招录培养少数民族"双语"检察人员 139 人,为进一步缓解边疆少数民族地区检察官短缺问题奠定了良好基础。

(云南省人民检察院　聂荣发)

西藏自治区检察工作　2010 年,中央召开的第五次西藏工作座谈会,最高人民检察院召开的全国检察机关援藏工作座谈会,以及自治区人大常委会作出的《关于加强检察机关法律监督工作的决定》,为我们做好新形势下西藏自治区检察工作指明了方向。

一、践行科学发展观,更新执法理念,积极服务经济发展

牢固树立大局观念,为实施"一产上水平、二产抓重点、三产大发展"经济发展战略服务。坚持服

务国企与民企并举,坚持外创环境、内抓预防,自治区检察机关相继与 36 家企业建立重点联系服务关系。

牢固树立尊重和保障人权的思想,为建设社会主义法治服务。自治区检察院制定了《关于自治区检察院以下人民检察院立案侦查的案件由上一级人民检察院审查决定逮捕的实施细则》。

牢固树立执法为民的思想,为维护和实现人民群众的根本利益服务。2010 年自治区检察机关共受理群众诉求 202 件,涉及民事、经济、刑事、行政各个方面。

二、践行科学发展观,依法打击犯罪,全力维护社会和谐稳定

依法打击达赖集团的分裂破坏活动。自治区检察机关始终高举维护社会稳定、维护社会主义法制、维护人民群众根本利益、维护祖国统一、维护民族团结的旗帜,坚持中央关于达赖集团的定性和对达赖集团的斗争方针,把旗帜鲜明、针锋相对作为深入开展反分裂斗争的根本立场和态度,把掌握主动、争取人心作为深入开展反分裂斗争的根本方式和方法,把强基固本作为深入开展反分裂斗争的根本目标和要求,坚持稳、准、狠,主动快速重拳打击达赖集团的分裂破坏活动。

依法打击严重刑事犯罪,维护社会和谐稳定。2010 年自治区检察机关受理侦查机关提请批准逮捕的犯罪嫌疑人 1950 人,受理移送审查起诉 1181 件 1783 人;经审查,批准逮捕 1684 人,提起公诉 1099 件 1707 人。严厉打击各类严重刑事犯罪,共批准逮捕故意杀人、放火、爆炸、强奸等暴力犯罪嫌疑人 246 人,提起公诉 290 人;批准逮捕抢劫、盗窃等侵财犯罪嫌疑人 823 人,提起公诉 783 人;批准逮捕黑恶势力犯罪案件 59 人,提起公诉 47 人。积极参与整顿和规范市场秩序专项活动,加大对生产销售假劣商品、危害税收征管、诈骗等犯罪行为的打击力度,共批准逮捕此类犯罪嫌疑人 93 人,提起公诉 90 人。

依法查办和预防职务犯罪,促进反腐败斗争的深入开展。通过办案,自治区检察机关为国家挽回经济损失 4310 余万元;依据法律政策,对 4 名犯罪数额不大、认罪态度好的关键岗位人员和业务技术骨干依法作了宽缓处理。

积极开展警示教育,通过以案释法和建立警示教育基地、举办廉政展览等进行法制宣传教育 282 次,受教育 44068 人次,发放宣传资料 32940 余份。

认真贯彻宽严相济刑事政策。2010 年自治区检察机关共对 261 名嫌疑犯罪但无逮捕必要的犯罪嫌疑人不批准逮捕;对 118 名犯罪情节轻微、社会危害小的犯罪嫌疑人依法不起诉。坚持"教育、感化、挽救"的方针,对 152 名涉罪未成年人进行了跟踪考察帮教。

三、践行科学发展观,强化法律监督、努力维护公平正义

强化刑事立案和侦查活动监督。2010 年自治区检察机关监督侦查机关立案 14 件,与去年同期相比上升 40%,依法决定追加逮捕 8 人,追加起诉 8 人。依法加强侦查活动监督,提前介入重大案件侦查 12 件次,与去年同期相比上升 200%。对侦查活动中违法取证、违反办案程序、滥用强制措施等违法行为提出纠正意见 97 次。

强化审判监督。全区各级检察院检察长列席法院审判委员会 41 次。对认为确有错误的民事行政裁判提出抗诉 4 件,法院审结 6 件(含积案),其中改判 4 件,发回重审 2 件。对不服法院正确裁判的 18 件申诉。

强化对刑罚执行和监管活动的监督。自治区检察机关对 1719 件提请减刑、假释等案件进行了审查,纠正变更刑罚不当 2 件;监督纠正监外服刑人员脱管漏管等问题 24 人次,重新收监执行 4 人。在全区组织开展监管场所监管执行专项检查和监狱"清查事故隐患、促进安全监管"等专项活动,共开展巡回检察 1182 次,发现并纠正各类安全隐患 164 次,提出检察建议 17 次。依法查办监管民警职务犯罪案件 1 件 3 人。

积极推进自治区人大常委会《关于加强检察机关法律监督工作的决定》贯彻落实。自治区人大常委会《关于加强检察机关法律监督工作的决定》颁布施行后,迅速研究工作意见,召开贯彻落实推进会,广泛宣传发动,狠抓《决定》贯彻落实。

四、践行科学发展观,强化自身建设,不断提高队伍政治素质和业务水平

加强领导班子建设。自治区检察机关制定了服务大局、保障民生、强化法律监督、强化自身建设、提高法律监督能力 5 个方面 17 项整改措施。对 51 名处级干部进行交流,其中分市检察院和基层检察院检察长 19 名。选派 25 名优秀青年干部到基层进行跨部门、跨岗位挂职锻炼。

全面推进队伍专业化建设。西藏自治区检察

院制定了《西藏检察机关三年教育培训规划》，全区检察干警参加业务培训2456人次。选派169名检察干警到吉林、重庆、云南、四川等省市检察机关参加司法考试培训，有80人通过司法考试，通过率为47.34%。制定了《西藏自治区人民检察院机关各部门2010年年度分类工作目标及考评办法》、《西藏自治区人民检察院审查逮捕工作规定》、《公诉办案工作流程》等各项检察业务工作规范。

扎实开展基层基础工作。中央政法转移支付资金比2009年增加1900万元，对"两房"建设补助资金增长189%。积极开展创先争优活动，共有193个集体和317名个人受到区地县表彰。涌现出全国模范检察院日喀则市人民检察院和全国先进工作者次旺晋美等先进典型。

认真开展"恪守检察职业道德、促进公正廉洁执法"主题实践活动。严格遵守《检察官职业道德基本准则》，确保检察干警做到自身正、自身硬、自身净。

加大受援力度，形成内外合力。全国22个省区市和5个计划单列市检察机关负责人来藏搞调研、搞规划、带项目、带资金。共落实援藏项目32个，落实援藏资金3690万元。与全国27个检察院协调确定了结对关系。

五、践行科学发展观，坚持党的领导和自觉接受人大监督，确保检察权依法正确行使

全自治区检察机关召开160次人大代表、政协委员座谈会，听取代表、委员的意见、建议，邀请339名人大代表、政协委员等社会各界人士到检察机关视察指导工作。

六、践行科学发展观，锐意进取，努力开创检察工作新局面

各级党委、人大、政府、政协高度重视和关心支持检察工作，区党委主要领导经常听取检察机关重要工作情况的汇报。自治区人大及其常委会高度重视检察工作，在广泛调研的基础上作出了《关于加强检察机关法律监督工作的决定》。自治区政府全力支持检察工作，帮助解决了队伍建设和执法保障方面的大量实际困难。自治区政协以其联系广泛的优势，带动和影响社会各界加强对检察机关的民主监督和工作支持。

（西藏自治区人民检察院　廖红荣）

陕西省检察工作　2010年全省检察机关紧紧围绕陕西省工作大局，强化法律监督、强化自身监督、强化检察队伍建设，切实改进作风、深入基层、服务群众，各项检察工作取得了新的成绩。

一、依法履行批捕、起诉职责，全力维护社会和谐稳定

全省检察机关坚持把维护社会和谐稳定作为首要任务，依法严厉打击严重刑事犯罪，全面贯彻落实宽严相济刑事政策，积极参与社会管理创新，着力化解社会矛盾。共批捕各类刑事犯罪嫌疑人21267人，起诉23194人，与2009年相比分别上升6.4%和12.9%。其中批准逮捕黑恶势力犯罪、严重暴力犯罪、多发性侵财犯罪和毒品犯罪，集资诈骗、非法吸收公众存款、制售假冒伪劣商品、非法传销等涉嫌众型犯罪嫌疑人16952人，起诉17803人。对涉嫌犯罪但无逮捕必要的依法不批捕461人，对涉嫌犯罪情节轻微、社会危害小的依法不起诉630人。

坚持首办责任制、检察长接待日和下访巡访等制度，共处理来信来访7528件，各级检察院检察长接待2198人次，及时就地解决初访问题。全省156件涉检信访积案已经全部化解，涉检赴省进京访案件与2009年相比下降6.3%；111个基层检察院中，90个检察院辖区内无涉检赴省访，占到81.1%；100个检察院辖区内无涉检赴京访，占到90.1%，连续四年实现涉检赴省进京访预期控制目标。

二、依法查办和预防职务犯罪，促进惩防腐败体系建设

全省检察机关把查办和预防职务犯罪作为深入推进三项重点工作的重要方面，不断加大力办案力度，更加注重预防工作，更加注重服务经济平稳较快发展，更加注重保障民生建设、维护社会和谐稳定。共查办职务犯罪嫌疑人1431人，与2009年相比上升1.9%，其中大案381件，要案44人，办案质量进一步提高，有罪判决率为100%，为国家和集体挽回直接经济损失1.6亿余元，与2009年相比上升53.3%。查办发生在经济建设的重点领域、部位和环节的职务犯罪案件518件和601人；查办发生在工程审批、招标投标等环节的职务犯罪案件179件237人；查办产权交易、经销、采购等领域的商业贿赂犯罪案件197件207人；查办发生在土地审批、资源开发等环节的职务犯罪案件、危害能源资源和生态环境渎职犯罪案件27件36人；查办发生在社会保障、劳动就业、房屋拆迁、移民安置、抢险救灾、

医疗卫生、招生考试等民生领域的职务犯罪案件 92 件 105 人；查办发生在征地补偿、粮食直补、退耕还林和农村基础设施建设等环节的涉农职务犯罪 283 件 447 人；查办严重失职渎职犯罪、利用职权实施侵犯公民权利犯罪的国家机关工作人员 270 人。在专项工作中，省、市检察院充分发挥侦查一体化机制的作用，对 63 件重点案件实行了挂牌督办，参与下级院查办复杂疑难案件 93 件，增强了办案的整体效能。不断深化预防职务犯罪工作。共开展预防调查 333 件，与 2009 年相比上升 83%；向发案单位发送检查建议 587 件，已被采纳 549 件，与 2009 年相比分别上升 1.2 倍和 1.3 倍。协助有关单位落实预防措施 2234 项，与 2009 年相比上升 1.4 倍。选择 220 个工程项目开展专项预防工作，涉及建设资金 2009 亿元，为工程招标投资提供行贿犯罪档案查询 3553 次，与 2009 年相比上升 3.2 倍。积极联系将预防教育纳入党校学习、公务员培训的课程计划，列为部门单位廉政教育的重要内容，在机关、院校、企业事业单位授课和预防教育 1191 次，与 2009 年相比上升 1.2 倍；通过网络互动、手机短信等形式送法服务，扩大预防职务犯罪教育的覆盖面。新华社、陕西日报等多家中央和省级新闻媒体对我省预防职务犯罪工作做了系列专题报道。

三、切实强化对诉讼活动的法律监督，促进司法公正

全省检察机关认真履行对诉讼活动的法律监督职责，突出监督重点，加大监督力度，改进监督方式，增强监督效果，努力维护司法公正。

刑事立案监督方面，制定下发了刑事监督立案有关问题的规定，坚决防止和纠正有案不立和违法立案。监督侦查机关立案 1393 件；对不应当立案而立案的，监督撤案 864 件。侦查活动监督方面，决定追加逮捕 1423 人、追加起诉 785 人；对不应当追究刑事责任或证据不足的，决定不批捕 750 人、不起诉 89 人；对侦查活动中的违法情况提出纠正意见 1527 件次。刑事审判监督方面，对认为确有错误的刑事裁判提出抗诉 82 件。对刑事审判活动中的违法情况提出纠正意见 613 件，已纠正 580 件。刑罚执行和监管活动监督方面，共监督纠正减刑、假释、暂予监外执行不当 735 人，对刑罚执行、监管活动的违法情况提出纠正意见 2910 人次。民事审判和行政诉讼监督方面，对认为确有错误的生

效民事行政判决、裁定，提出抗诉 218 件；提出再审检察建议 344 件，法院已裁定再审 298 件。对法院裁判正确的申诉案件，主动做好申诉人的服判息诉工作。在诉讼监督工作中注意发现案件线索，依法查办司法不公背后的职务犯罪，共查办涉嫌职务犯罪的司法工作人员 77 人。

四、大力加强检察队伍建设，促进公正廉洁执法

全省检察机关以公正廉洁执法为核心，大力加强检察队伍思想政治、领导班子、执法能力和反腐倡廉建设，强化自身监督，夯实基层基础，努力造就人民群众满意的高素质检察队伍，深入开展"走千家、访万户、送法律、送服务"活动，全省检察干警走访乡村、社区、基层单位 2 万余个，走访接待各界群众 97 万余人次，帮助群众解决实际问题 1500 余件。大力加强领导班子和领导干部队伍建设，分级举办领导素能培训班，培训各级检察院领导班子成员 265 人。认真落实领导干部廉政任前谈话，上级检察院对下级检察院领导班子巡视、派员参加下级检察院领导班子民主生活会，下级检察院向上级检察院报告工作、述职述廉等制度，切实加强法律监督能力建设。省检察院派员参加了各市、分检察院的领导班子民主生活会，对 2 个市检察院领导班子履职情况进行了巡视。分级培训侦监、公诉、反贪、反渎、纪检等业务骨干 2119 人，检校合作举办检察系统在职法律硕士研究生班，培训研究生 184 人。加强司法考试的组织和指导工作，去年全省检察机关共有 227 人通过司法考试，通过率超过全省、全国平均水平。狠抓内部监督和自身反腐倡廉建设。认真落实党风廉政建设责任制，层层签订责任书，强化责任分解、责任考核、责任追究。认真开展了"反特权思想、反霸道作风"专项教育活动，围绕办案安全防范、警车和警械使用管理等进行了专项督察，及时发现和纠正存在的问题。举办了全省检察机关自身反腐倡廉教育巡展，对检察干警特别是各级检察院领导干部进行了警示教育。认真核查群众举报、媒体反映的问题，严肃查处检察人员的违法违纪问题。扎实推进基层检察院建设。坚持省、市检察院工作重心下移，加大了对基层检察院建设的指导、帮扶力度，为了进一步缓解基层检察官及专业人才短缺的问题，为基层检察院补充通过司法考试、具有法律经验的检察官任职人选 79 名。积极争取中、省财政转移支付改善基层检察院办公办

案条件。截至目前，省、市、县三级检察专线网全面开通，85%的基层检察院建成办案用房和专业技术用房，配发举报自动受理系统、法庭示证系统、法律法规查询系统等各类装备4900余台套。

全省检察机关以提升人民群众满意度为根本目标，全省推行业务工作和队伍建设考评考核，大力开展争创"西部一流，全国先进"检察工作活动，各项检察工作都取得了新的成绩，主要检察业务工作中有9个单项指标进入全国前10位，48个集体、96名个人受到省级以上表彰奖励。

五、自觉接受人大监督，努力改进检察工作

全省检察机关不断强化人大意识，认真接受人大监督，努力加强和改进检察工作。一是认真向人大及其常委报告工作，对最高人民检察院的重要会议精神、全省检察机关的重要部署和重要工作情况，都及时向人大进行报告。对省十一届人大三次会议精神和省人大常委会关于加强诉讼监督工作的决议等，省检察院都迅速召开了全省检察机关电视电话会议，认真贯彻落实，并及时将贯彻情况向省人大常委会进行汇报。二是认真办理人大及其人大代表交办案件，所承办的9件案件均以结办，并及时反馈了办理结果。三是自觉接受人大代表视察和监督，省人大代表对省检察院的渎职侵权检察工作、自身反腐倡廉建设、办案工作区建设、侦查监督和公诉部门大练兵技能竞赛等七项工作进行了视察，出席了检察机关的重要会议、重大活动以及观摩公诉出庭等业务活动，人大代表的视察和监督，进一步促进了检察队伍建设和检察业务工作的深入开展。四是切实加强与人大代表的联系工作。坚持定期走访人大代表，并确定代表联络员。全省各级检察院共走访各级人大代表万余人次，同时主动接受政协民主监督和社会各界监督，深化检务公开，广泛开展检察开放日、举报宣传周等活动，增强检察工作的透明度，密切检察机关与社会各界的联系。重视接受新闻媒体舆论监督，积极回应社会关注的热点、焦点问题。通过自觉主动接受监督，认真贯彻落实人大代表、政协委员和社会各界对检察工作的新要求、新期待，有力地促进和加强了检察工作。

（陕西省人民检察院研究室）

甘肃省检察工作 2010年，全省检察机关以深入推进三项重点工作为载体，以执法办案为中心，依法履行宪法和法律赋予的监督职责，检察工作取得了

新进展。

一、立足检察职能，积极服务经济社会平稳较快发展

着力维护良好发展环境。省、市两级检察院出台服务经济平稳较快发展、促进生态环境保护等方面13个工作指导意见，为招商引资等全局工作营造良好"软环境"。依法批准逮捕破坏金融管理秩序、危害税收征管秩序、扰乱市场秩序犯罪嫌疑人220人，提起公诉301人，同比分别上升5.3%和36.2%。立案侦查发生商业贿赂案件141件152人，工程建设领域职务犯罪案件107件134人。

着力保障政府投资安全。制定《甘肃省检察机关开展重大建设项目专项预防工作实施方案》，主动联系重大项目128个。紧紧围绕公共资金使用、公共项目实施等重点领域和环节开展跟踪预防，运用预防咨询、检察建议帮助堵塞制度和监管漏洞，确保"工程优质、干部廉洁、资金安全"。

着力服务农村改革发展。出台《关于充分发挥检察职能作用积极服务农村改革发展的意见》，立案侦查涉农职务犯罪案件219件398人。依法严厉打击农村黑恶势力、"两抢一盗"犯罪，打击制售伪劣农药、化肥、种子等坑农害农犯罪。

二、认真履行法律监督职责，推动执法办案工作平稳健康发展

（一）打击刑事犯罪工作进一步加强。共批准逮捕各类刑事犯罪嫌疑人11997人，提起公诉15553人，同比分别上升6.28%和5.33%。

依法打击严重刑事犯罪。批准逮捕故意杀人、爆炸、放火、抢劫、强奸、绑架等严重刑事犯罪嫌疑人2110人，提起公诉2432人；批准逮捕盗窃、抢夺、诈骗等侵财犯罪嫌疑人5344人，提起公诉6235人；批准逮捕毒品犯罪嫌疑人1711人，提起公诉1699人；深入开展"打黑除恶"专项活动，批准逮捕黑恶势力犯罪嫌疑人134人，提起公诉64人。

深入推进社会矛盾化解。共受理群众来信来访3114件次，接待群众1038人次。深入开展"重大社会矛盾纠纷积案化解年"活动，积极推行领导包案、下访巡访、挂牌督办制度，评查涉检信访案件31件，化解涉检信访积案30件。积极推进刑事被害人救助工作，协调有关方面对54名生活确有困难的刑事被害人及其近亲属予以救助。

积极参与社会管理创新。全面贯彻宽严相济刑事政策，落实中央"两减少、两扩大"的要求，依法

决定不批捕 891 人、不起诉 177 人。建立健全重大案件及时报告、敏感案件审慎办理机制。会同有关部门制定《甘肃省试行社区矫正工作实施办法》，改进对社区矫正和监外执行的法律监督，加强对刑释解教人员、涉案未成年人等特殊人群的帮教管理，促进社会建设和社会管理创新。

（二）查办和预防职务犯罪工作稳步发展。立案侦查国家工作人员职务犯罪案件 640 件 942 人，同比分别上升 11.1% 和 12.3%。抓获潜逃职务犯罪嫌疑人 22 人；挽回直接经济损失 1.3 亿元；为 164 名受到错告、诬告的同志澄清了事实。

突出查办贪污贿赂大要案。共立案侦查贪污贿赂案件 532 件 787 人。其中，大案 294 件，要案 59 件，大要案数和大要案比例同比分别上升 20% 和 6.1 个百分点。

严肃查办渎职侵权犯罪。共立案侦查渎职侵权案件 108 件 155 人，同比分别上升 22.7% 和 26%。其中，查办涉农领域渎职案件 37 件 51 人，工程建设领域渎职案件 4 件 9 人，司法不公背后渎职案件 22 件 31 人。

积极开展预防职务犯罪工作。开展预防调查 937 项，向发案单位和主管部门提出检察建议 1029 件。加强预防教育，举办媒体宣传、法制讲座、警示教育活动 6337 次，受教育人员达 200 万余人，接受预防咨询 2520 余人次，印发《甘肃省预防职务犯罪专刊》等预防资料 4.2 万余册，向社会提供行贿犯罪档案查询 1.18 万次，推动了预防职务犯罪工作深入开展。

（三）诉讼监督工作扎实推进。监督侦查机关立案 423 件，纠正不当立案 336 件；追加逮捕犯罪嫌疑人 722 人，追加起诉被告人 189 人；对认为确有错误的刑事裁判提出抗诉 108 件，法院审结 86 件，其中改判 31 件、发回重审 32 件；对侦查和审判活动中的违法情形提出书面纠正意见 723 件次。立案审查民事行政申诉案件 1277 件，抗诉 269 件。法院审结 194 件，其中改变原判决 135 件；提出再审检察建议 125 件。积极开展教育疏导和息诉服判工作，依法息诉 33 件。监督纠正减刑、假释、暂予监外执行不当 1140 人。对刑罚执行和监管活动中各类违法行为提出书面纠正意见 2619 人次，已纠正 2614 人次。

三、强化监督制约，切实提高执法公信力

（一）建立完善监督制约工作机制。全面落实普通刑事案件拟不起诉报市级检察院审核、命案提前介入、重大案件备案审查和派员指导等制度；进一步规范市、县检察院办理职务犯罪案件备案、批准程序；认真落实职务犯罪案件拟不起诉、撤案报省检察院批准等制度。切实规范人民监督员的产生方式、职责权限、组织形式和监督程序。

（二）着力构建监督制约制度体系。围绕建立健全民主集中制，进一步健全检委会、检察长办公会制度，规范议事程序和民主决策程序。围绕执法办案活动，全面推行"一案三卡"、网上监督和建立执法档案等措施，加强对办案的流程管理；围绕人、财、物管理，建立健全干部选拔任用、重大经费开支、物资采购的监督机制。

（三）大力加强执法规范化建设。组织力量编订《甘肃省检察机关工作规程》和《检察业务实用手册》。修订完善《甘肃省检察机关绩效考评办法》。会同省财政厅制定《甘肃省检察机关涉案款物管理办法》，明确了涉案款物管理方式和处理程序，规范了涉案款物的管理。

（四）进一步深化检务公开。建立健全不起诉、不抗诉案件答疑说理和重信重访案件公开听证制度。坚持和完善特约检察员、专家咨询委员制度，邀请特约检察员参与专项执法检查、参加案件听证会、列席检委会会议。建立人大代表、政协委员联络员制度及联络专网，开展检察开放日活动，主动为社会各界监督、支持检察工作提供平台，确保检察权正确行使。

四、加强检察队伍和基层基础建设，不断提升法律监督能力

（一）大力推进思想政治建设。认真开展"创先争优"、"恪守检察职业道德、促进公正廉洁执法"等教育活动，通过主动走访征求意见、领导带头查找问题、群众监督整改落实等方式，推进执法规范化体系、队伍专业化体系和管理科学化体系建设，为加强和改进检察工作奠定了坚实的思想基础。

（二）大力推进领导班子建设。健全完善党组会议事规则，坚持重要工作决策、人事任免、大额经费开支由领导班子集体讨论决定。对 91 名基层检察院领导班子成员进行了宏观决策、组织管理、业务技能、群众工作等方面的培训。省检察院先后对白银市检察院和临夏州检察院领导班子进行了巡视考察。认真履行干部协管职责，积极配合做好市、县两级检察院班子考察、检察长调整以及领导

班子成员、检委会专职委员配备等工作。

（三）大力推进专业化建设。举办各类业务培训班23期，培训干警1757人次。组织开展全省检察机关公诉人论辩赛、第二届侦查监督业务竞赛，继续开展析案学法、优秀办案能手和优秀法律文书评选、示范庭和观摩庭等多种形式的岗位练兵活动。有1名干警被评定为全国检察业务专家。实施选拔10名专家、20名尖子、20名能手的人才培养工程。调整补充617名干警进入全省检察机关侦查监督、公诉、职务犯罪侦查人才库。136人通过考试，通过率达到45%。组织92名干部到党政部门和上下级检察院之间挂职锻炼。

（四）大力推进基层基础建设。选调招录102名大学生充实基层。绝大多数县级检察院经费保障标准得到落实。林区、矿区检察院管理体制改革取得实质性进展。完成全省检察机关三级专线网和三级机要通道建设。全面推行办公办案等重点应用系统软件。

（甘肃省人民检察院研究室）

青海省检察工作 2010年，全省检察机关，以科学发展观为统领，坚持"强化法律监督，维护公平正义"的工作主题，全面履行检察职能，各项检察工作取得了新的进展。

一、坚持人民检察为人民，全力以赴参加抗震救灾

青海省玉树州7.1级强烈地震发生后，最高人民检察院党组心系灾区，曹建明检察长和最高人民检察院领导询问灾情，下拨救灾专款，并及时派出工作组到灾区慰问干警，协调山东、上海、江苏、浙江四省市检察机关安排80余名灾区干警疗养。省检察院坚决贯彻省委和最高人民检察院的部署，迅速成立领导小组，下发紧急通知，要求全省检察机关全力以赴投入抗震救灾，并派出由副检察长带队的工作组立即赶赴灾区组织开展抗震救灾工作；随后又由主要领导带队到灾区看望慰问干警、指导灾后重建工作。目前，省检察院已为灾区检察机关投入价值80余万元的救灾物资，9辆总价值300余万元的办案、通勤车辆，300余万元的维稳装备及取暖经费。及时研究制定了《关于充分履行检察职能，在抗震救灾中同步开展查办和预防职务犯罪的意见》，全力保障救灾物资和资金安全。

灾区检察机关和全体干警在大灾面前，主动向当地党委领受任务，到地震最严重、路途最远的乡镇查看灾情；主动担负居住人口多、受灾面积大、发放物资任务重的玉树县结古镇团结村的抗震救灾任务，及时发放各类救灾物资，抢救被埋人员和转运伤员240名。与此同时，灾区检察机关克服种种困难，尽力恢复正常的工作秩序，全力维护灾区稳定，玉树州、县两级检察机关配合公安和武警部队及时将108名人犯安全转移到治多县，将其中31名已决犯再次转移到西宁。干警经常往返500公里执法办案，确保刑事案件在法定期限内办结，防止了超期羁押问题的发生。对地震前取保候审的人员是否存在死亡或脱逃情况逐一进行了调查核实。对犯罪情节轻微、家中受灾严重的4名犯罪嫌疑人依法作出取保候审决定。玉树州检察院与州纪委、中铁二局集团纪委联合开展了灾后重建"三优一安"企地共建活动，促进灾后重建项目管理优良、工程优质、干部优秀、资金安全。两名检察官被省委授予"玉树抗震救灾优秀共产党员"荣誉称号，一名检察官被命名为全国、全省抗震救灾模范，玉树州检察院被命名为全省抗震救灾模范集体。省检察院对抗震救灾两个先进集体和16名先进个人进行了隆重表彰，彰显了检察队伍的良好形象。

二、坚持以促进公正廉洁执法为重点，深入推进三项重点工作

根据省委、最高人民检察院的总体部署和省委政法委的具体要求，全省检察机关把深入推进公正廉洁执法作为全面加强和改进检察工作、服务全省工作大局的重中之重，深入推进三项重点工作。一是紧密联系青海检察工作实际，研究出台了《青海省检察机关关于促进公正廉洁执法的若干意见》，从10个方面提出44项具体措施，着力在提高认识、明确任务、完善机制、落实责任上下工夫。二是狠抓《意见》的落实工作，及时召开全省检察机关促进公正廉洁执法工作会议进行全面动员和部署。各级检察院切实加强组织领导，强化工作措施，把推进公正廉洁执法工作任务逐项细化分解，把重点任务变成具体的工作项目，一级抓一级，层层抓落实，有力促进了三项重点工作的深入开展。

三、坚持把维护稳定作为第一职责，严厉打击严重刑事犯罪

始终把维护稳定作为全省检察工作的首要政治任务，认真总结近年来藏区维稳工作的经验，强化措施，健全机制，开拓思路，创新工作，推动维稳

工作从应急状态向常态建设转变。继续加大对黑恶势力犯罪、严重暴力犯罪、多发性侵财犯罪、涉众型经济犯罪和涉枪涉毒犯罪的打击力度，坚决遏制严重刑事犯罪的高发态势。共受理各类提请批准逮捕犯罪嫌疑人3936人，经审查批准逮捕3496人；受理移送起诉5113人，经审查提起公诉4673人。出席一、二审法庭2237件，各级法院对3992人作了有罪判决，有罪判决率为99.9%。认真贯彻宽严相济刑事司法政策，与省公安厅会签了《关于办理逮捕案件适用"逮捕必要性双向说明"条件的实施意见》，对无逮捕必要的犯罪嫌疑人决定不批准逮捕417人，与去年同期相比上升8%；对情节轻微、社会危害小的224名犯罪嫌疑人决定不起诉，不诉率为4.6%。

在全省范围内组织开展了"举报宣传周"活动，首次举办了以"深入推进检务公开，主动接受社会监督"为主题的"检察开放日"活动，增进了人民群众对检察机关的认同感。加强控告申诉检察工作，认真开展文明接待室评比活动。推荐城中区检察院等11个检察院控告申诉接待室为全国检察机关文明接待室，评选西宁市检察院等22个检察院控告申诉接待室为全省检察机关文明接待室。建立健全检察环节社会矛盾化解、执法办案风险评估、督查专员制度、检调对接等工作机制，深入开展"清积案、化新访"和案件评查专项活动，共排查积案25件，已息诉罢访18件，息诉率达到83.3%；评查重点案件69件，对发现的1件有执法过错和3件执法瑕疵案进行了坚决纠正。认真落实检察环节的各项综合治理措施，积极参与"扫黄打非"、学校及周边安全专项整治活动，加强对未成年违法犯罪人员的教育、感化和挽救，积极配合有关部门开展社区矫正试点工作，努力预防和减少重新犯罪。

四、坚持严格执法办案，加大查办和预防职务犯罪的力度

全省检察机关把查办和预防职务犯罪放在更加突出的位置来抓，针对人民群众反映强烈的腐败问题，依法查处发生在群众身边、损害群众利益、社会影响恶劣的职务犯罪案件，特别是涉及社会保障、征地拆迁、医疗卫生等行业和领域的职务犯罪案件，深入开展查办危害能源资源和生态环境渎职犯罪专项工作。共立查贪污贿赂犯罪案件122件181人，与去年同期相比上升2.8%。其中，大案77件，要案14人。在立查案件中，涉农职务犯罪案件

46件71人，占立案总数的37.7%和39.2%；工程建设领域职务犯罪案件43件60人，占立案总数的35.3%和33.2%；商业贿赂职务犯罪案件36件42人，占立案总数的29.5%和23.2%。向省人大常委会主任会议汇报了全省检察机关加强反渎职侵权工作，促进依法行政和公正司法情况，在全省检察机关首次组织开展了"反渎职侵权工作宣传月"活动，其间受理举报、控告以及相关部门移送案件120件。立查渎职侵权案件20件31人，与去年同期相比上升34.8%，起诉率、有罪判决率均列全国检察机关前茅。首次实现了反渎案件无空白地区。

始终把办案质量作为检察工作的生命线抓住不放，在全省检察机关组织开展了"执法办案质量年"活动，取得了明显成效。认真开展办案安全防范专项检查工作，印发了检察机关职务犯罪案件办案安全手册，对存在的隐患进行了整改，强化了安全措施。

深入开展职务犯罪预防工作。针对家电下乡、农村危房改造、农机补贴等支农惠农政策的实施，省检察院编印《乡村干部职务犯罪预防宣传资料》，并在省委组织部举办的村"两委"班子培训示范班上，对各州地市委组工部门负责人和村"两委"干部等400余人进行了职务犯罪警示教育；针对全省金融系统发生的职务犯罪案件，对十一家金融单位的3000多名职工进行了警示教育，与省三江源办公室共同下发了《关于在三江源工程建设项目中进一步开展职务犯罪案件预防工作的决定》；针对工程建设领域职务犯罪开展专项预防活动，继续在"共和—茶卡"高速公路项目建设、"两基"攻坚寄宿制学校建设项目、三江源生态保护和建设工程等投资在5000万元以上的工程项目中强化预防工作。省检察院邀请省发改委、省建设厅、省交通厅等50家单位召开全省工程建设领域职务犯罪案件情况通报分析会，并向州地市党委、政府发出利用典型案件进行警示教育的检察建议，各地相继召开了警示教育大会。省检察院制作了六集警示教育宣传片，联同省纪委下发了《关于认真组织党员领导干部和国家公职人员观看预防职务犯罪警示教育片的通知》，向省直机关、企事业单位，各州、地、市、县党政机关及预防联系单位赠送了1500套警示教育光盘，目前，已有4.2万余人观看警示教育宣传片。全年共开展警示教育280次，提出检察建议68件，提供行贿犯罪档案查询134次，预防职务犯罪工作

健康深入发展。

五、坚持维护司法公正，进一步强化诉讼监督

以依法监督有案不立、有罪不究、以罚代刑为重点，纠正司法活动中的违法行为，促进司法公正。共受理刑事立案监督案件67件，要求公安机关说明不立案理由61件，公安机关主动立案35件40人，通知公安机关立案12件。对认为确有错误的刑事判决、裁定提出抗诉19件。共受理不服民事行政申诉案件342件，立案审查132件，运用检察和解方式办结4件，督促起诉4件，发出再审检察建议15件，提出提请抗诉42件，其中，向最高人民检察院提请抗诉2件，1件已由最高人民法院发回重审。同时，对法院裁判正确的214件申诉案件主动做好服判息诉工作。召开全省检察机关首次民事行政检察工作会议，制定了《关于加强和改进民事行政检察工作的实施意见》，进一步明确职能定位和基本要求，落实当前和今后一个时期强化民事行政检察监督的任务和措施。不断加大对刑罚执行和监管活动的监督力度，会同司法行政机关开展清查监狱事故隐患、促进安全监管专项活动，与公安部门联合开展看守所监管执法专项检查活动，发现监管安全隐患问题71个，提出纠正意见52次，发出检察建议2件。监督和纠正了存在的突出问题。

六、坚持创新工作机制，深入推进检察改革

一是坚持不懈地推进侦查一体化机制建设。召开全省检察机关侦查指挥中心第二次会议，确定了进一步加强和完善的措施。去年仅省检察院侦查指挥中心交办、领办、挂牌督办案件多达25件，突破了河南县财政局会计杜萍贪污86万元等一批大案要案。

二是全面实施职务犯罪案件审查逮捕权上提一级改革。制定下发了《青海省检察机关办理人民检察院直接立案侦查的案件审查逮捕工作流程规定》，从受案、审查、决定、执行、延长侦查羁押期限等8个方面，对自侦案件审查逮捕权上提一级工作进行了细化规范，并在西宁市人民检察院先期进行了试点。目前已在全省检察机关全面实施。

三是积极推进巡视工作。为加强对州市检察分院工作的领导，强化对州市检察分院领导班子和成员的监督，省检察院研究制定了巡视工作方案，组成了由党组成员担任组长的3个巡视工作组，对7个州市分院（除玉树州院）领导班子及成员首次开展了巡视工作。省检察院党组专题听取了巡视工作汇报，形成了反馈意见，提出了整改要求。对州市检察分院的各项工作起到了有力的推动作用。

四是大力加强检察信息化建设。在省委、省政府的高度重视及财政部门的大力支持下，按照统一规划、统一标准、统一设计、统一实施的原则，经过两年的不懈努力，投资1.2亿元，全面完成了检察机关二、三级网络数据中心、56个派驻监管场所分支网络、47个远程提讯系统、同步录音录像系统、网络安全以及全省各级检察院互通的内部IP电话等基础设施建设，开通了青海省检察机关对外门户网站和各级检察院的高清视频会议系统。召开全省检察机关首次信息化工作会议，对重点推进信息化应用工作作出了部署，为全面履行检察职能提供了有力的技术支撑。

七、坚持从严治检，加强队伍建设

始终把队伍建设作为检察工作的永恒主题，坚持以党建带队建，着力推进以公正廉洁执法为核心的高素质检察队伍建设。一是加强思想政治建设。深入开展创先争优、"恪守检察职业道德、促进公正廉洁执法"主题实践活动、"反特权思想、反霸道作风"专项教育活动，各级院精心组织，周密部署，扎实推进，组织检察官宣誓活动，学习检察官职业行为基本规范、检察机关文明用语规则，着力增强检察人员的职业道德意识和法律素养。二是继续深入开展"大学习、大培训、大练兵"活动。全省检察机关共举办各类培训班和业务竞赛活动86期次，培训人数1815人次，占干警总数的99%。省检察院组织了公诉、侦监、监所业务比武竞赛，举办了晋升高级检察官、反贪、控申、信息技术等培训班，组织了青、甘、宁三省区公诉业务论辩赛和全省反渎干警统一业务知识考试。在西北政法大学举办了两期82人参加的州市分院领导班子成员和业务部门负责人培训班。选派29名同志到北京、上海、浙江等地检察机关挂职锻炼，安排青南地区30名业务骨干到海东、西宁检察机关以案代训。加强高素质人才培养，首次在全省评选出了8名检察业务专家。坚持不懈地抓好司法考试培训工作，举办了84人参加的司法考试集中培训班，36人通过考试，通过率为42.9%，比上年提高了2个百分点。三是切实加强内部监督工作。把强化对自身监督制约放在与强化法律监督同等重要的位置，层层签订了党风廉政建设目标责任书，汇编印发了内部监督制度手册,做到了党风廉政建设与检察业务工作同研究、同部署、同落实、同检查、同考核。举办了检察机关自身反腐倡廉教育展览,1500 余名检察干警参观了展览。坚持从严治检方针,依法严肃查处了发生在检察队伍内部的违法违纪案件,深入开展岗位警示教育,加大检务督察力度,推动了纪律作风建设。四是加强执法考评工作。根据最高人民检察院对省级检察院业务进行考评的《实施意见》,省检察院进一步修订完善了对州市分院业务工作和队伍建设考评办法,制定了《青海省基层人民检察院分类考评办法(试行)》,首次组织海西、黄南两个州级检察院检察长到省检察院述职述廉和报告工作,加强对检察业务工作的全面管理。五是进一步加强基层建设。坚持上级检察院领导联系基层制度,认真研究解决基层面临的突出困难和问题,开展了检察干警双向交流工作,遴选基层检察官到省检察院机关工作。对基层检察院经费保障情况进行深入调研,召开专门会议对加强和改进检察经费保障工作作了安排落实。及时全额给各级检察院下达了中央办案补助专款,基层检察院办案经费紧张的状况显著改善。增加了检察队伍专项编制,与省有关部门配合协调,启动了检察干警全省统一招录工作,去年公开招录了 120 名检察人员,为基层检察队伍注入了活力,促进了基层检察院建设总体水平的提高。两个先进集体、两个先进个人受到最高人民检察院表彰。据省统计局抽样调查,人民群众对检察机关满意度达 93.1%,比上年提高了近一个百分点。

八、认真贯彻落实曹建明检察长来青视察时的重要讲话精神

去年 8 月份,曹建明检察长来青视察调研工作时,对做好我省各项检察工作和玉树灾后重建,特别是切实加强藏区检察工作和援藏工作,更好地服务我省经济社会发展和藏区跨越式发展及长治久安提出了更加明确要求。省检察院党组迅速研究制定了青海省检察机关贯彻落实曹建明检察长在青视察时重要讲话精神的 8 个方面 33 条意见,对全省检察工作作出了新的部署。各地按照省检察院的要求,认真传达学习、深刻领会讲话精神,深化、细化、实化贯彻落实的工作思路和措施,进一步把全省检察干警的思想统一到曹建明检察长的讲话精神上来,统一到最高人民检察院和省委对青海检察工作的新任务、新要求上来,有力地促进了各

项检察业务工作的开展。

(青海省人民检察院研究室)

宁夏回族自治区检察工作　2010 年,全区检察深入贯彻落实科学发展观,突出"强化法律监督,维护公平正义"的检察工作主题,各项检察工作取得新的进步,为促进全区经济社会发展发挥了应有作用。

一、以推进三项重点工作为载体服务大局

始终坚持把发展这个第一要务作为检察工作的着力点,完善和落实服务大局的措施。认真开展了深入实施西部大开发大学习活动,制定了《宁夏回族自治区检察机关为深入实施西部大开发战略服务的意见》。

结合检察职能,积极化解社会矛盾。进一步深化"关注民生,走近群众"主题实践活动,探索开展在乡镇设立检察室工作,检察机关群众工作有所加强。全年受理群众举报、控告、申诉案件线索超过 3000 件,评查涉检重复信访案件,化解涉检信访积案。建立举报奖励制度,共奖励举报人 5 批 65 案 17.6 万元。

突出工作重点,扎实推进社会管理创新。联合土地管理部门开展专项检查工作,促进了土地行政执法监管长效机制的进一步完善。针对工程建设领域和环保领域拖欠土地出让金、排污费导致国有资产流失问题,部署开展了督促起诉专项活动,共发出督促起诉意见书 435 件,目前有关部门已清理、收回拖欠土地出让金、排污费近 20 亿元。结合办案,深入开展调查研究,先后就农村基层组织人员职务犯罪问题、土地领域违法犯罪问题等撰写调查报告,引起党委政府领导同志高度重视,分别做出重要批示。

加大办案力度,促进公正廉洁执法。查处行政执法人员、司法人员职务犯罪;注重加强对自身执法活动的监督,建立检察权运行内部监督机制,开展了全区检察机关相对不起诉普通刑事案件、不起诉职务犯罪案件、撤回起诉案件和捕后不起诉、撤案案件等五类重点案件的专项检查活动,共查出有瑕疵案件 22 件,对不起诉不当的 7 件案件已予以纠正。

二、认真做好依法打击刑事犯罪工作

坚持依法严厉打击危害国家安全和社会稳定犯罪、黑恶势力犯罪、危害人民群众人身财产安全的严重暴力犯罪和多发性侵财犯罪。积极参与打

黑除恶专项斗争和打击拐卖儿童妇女等专项行动，以及对学校、幼儿园及周边治安秩序的专项整治。探索开展了青少年违法犯罪案件专门办理机构试点工作。结合办案，注重加强对本地区突出社会治安问题的分析研究，及时提出对策建议，推动社会治安防控体系建设。

三、严肃查办和积极预防职务犯罪

发挥侦查一体化办案机制作用，不断加大办案力度。全年立案侦查贪污贿赂犯罪案件的件数和人数与去年同期相比分别上升11％和32.1％；立案侦查渎职侵权犯罪案件的件数和人数与去年同期相比分别上升4.1％和1.4％。通过办案挽回经济损失2940余万元。查办职务犯罪案件大要案比重上升。采取"系统抓、抓系统"的方法，针对税务系统"三代费用"中的问题开展专项治理活动，组织查办了"高考移民"系列案件。加大对涉农、商业贿赂、工程建设领域、国土资源系统等重点领域、行业的职务犯罪查处力度。积极开展行贿犯罪档案查询工作，向社会提供查询服务5314件次，共提出预防检察建议1074件次。部分基层检察院在党校设立预防警示教育基地，强化预防教育。

四、不断强化对诉讼活动的法律监督

刑事立案监督、刑事审判监督与2009年同期相比均有大幅增长，开展了对公安机关"另案处理"案件监督专项活动，督促追捕逃犯。加大民事行政检察监督力度。民事行政申诉案件立案数与去年同期相比上升102.6％；抗诉案件与去年同期相比上升82.9％，法院改变率为84.6％。开展了对减刑、假释、暂予监外执行实行建档跟踪检查和"清查事故隐患、促进安全监管"专项活动，共向监管场所发出检察建议书、纠正违法通知书393件，已全部纠正。

五、深入推进检察改革创新

进一步推进检察委员会制度改革，制定了《关于提高自治区检察院检察委员会议事效能的意见》，检委会工作规范化建设得到加强。诉讼监督工作机制有所创新。自治区检察院与自治区公安厅联合制定了《关于加强侦捕诉工作配合与制约机制的实行办法（试行）》，会签了《关于在公安派出所设立检察官监督办公室的实施意见》。部分市、县检察院开展了对车管所、交警队行政执法活动的监督工作，以及对民事执行活动的监督。积极推行量刑建议、刑事和解、轻微刑事案件快速办理等制

度，开展对被害人请求抗诉而检察机关不抗诉案件释法说理工作和对不上诉死刑案件的法律监督工作。与自治区高级法院、司法厅、民政厅联合制定《宁夏监狱罪犯死亡善后处理工作规定》，规范罪犯死亡的善后处理工作。积极推行了上级检察院与下级检察院双向考评制度。

六、切实加强检察队伍和基层基础建设

突出抓好检察队伍思想政治建设和领导班子建设，制定下发了《关于加强和改进新形势下全区检察机关党的建设的意见》，认真开展创先争优活动、各项主题实践活动、专项教育活动。举办了全区侦查监督优秀检察官、公诉人业务竞赛，会同青海、甘肃共同在西宁举办了甘、宁、青三地第二届检察机关公诉人辩论赛。进一步加强闽宁两地检察协作关系，在宁举办了首届闽宁两省区检察长论坛。注重文化育检，开展了全区十佳道德模范评选、全区检察文化周、巾帼宣讲团巡讲、全区检察机关第二届文艺汇演等活动。认真落实党风廉政建设责任制，查找党风廉政和执法办案风险点，举办自身反腐倡廉教育展，开展检务督察，普遍建立了检察干警执法档案。大力弘扬和表彰先进，全年共有74名个人和43个集体受到省级以上表彰奖励。

七、自觉主动接受人大及其常委会的监督

积极争取各级人大及其常委会对检察工作的监督和支持。去年年初，自治区人大常委会颁布了《关于加强检察机关法律监督工作的决定》。自治区检察院以此为契机，将2010年确定为"诉讼监督年"，并下发了贯彻落实意见。自治区人大常委会上半年、下半年分别听取了关于开展民事行政检察工作、落实《决定》和《刑事被害人救助条例》的专题报告，并就加强和改进检察工作提出了意见建议。全区80％以上的基层检察院就查办渎职侵权工作向地方人大常委会作了专题汇报。各级检察院共认真办理人大代表、政协委员提出的意见、建议和议案69件。

目前全区检察工作仍存在一些不足和问题，与党和人民群众的要求还有很大差距。主要是：法律监督职能发挥得仍不够充分、正确和有效，不敢监督、不善监督、监督不规范等问题不同程度存在；检察工作发展还不平衡，深入推进三项重点工作的领域有待进一步拓宽；检察工作管理机制建设及保障能力建设还比较落后，基层基础工作亟须加强；检察队伍整体素质有待提高，执法能力和作风还存在

不少问题,办案质量和执法水平尚有较大差距。

(宁夏回族自治区人民检察院研究室)

新疆维吾尔自治区检察工作 2010年新疆检察机关在自治区党委和最高人民检察院的坚强领导下,认真贯彻落实科学发展观,紧紧围绕新疆跨越式发展和长治久安的战略目标,各项检察工作取得新的成效。

一、推进四项重点工作有进展

新疆检察机关深入开展反恐严打斗争,社会矛盾化解,社会管理创新,公正廉洁执法四项重点工作,全力提升检察工作水平。坚持反暴力、讲法制、讲秩序,严厉打击分裂、暴力恐怖犯罪活动。注重把化解矛盾贯穿于执法办案始终,深入开展矛盾纠纷排查,化解涉检信访积案专项活动,办理来信来访1901件次,其中涉检信访51件次。积极参与重点地区、重点领域社会治安综合治理,加强对重点特殊人群的帮教,改进监外执行法律监督,促进社会管理创新。

二、服务经济社会发展有举措

围绕净化营造自治区良好发展环境,加大打击破坏市场经济秩序、危害政府投资和金融安全、危害能源资源和生态环境等犯罪力度。深入推进治理商业贿赂、工程建设领域突出问题,国土资源领域腐败问题和农村合作医疗领域职务犯罪专项治理工作,立案查办上述领域中的职务犯罪案件186件189人。

三、打击刑事犯罪工作有力度

召开第四次全疆检察机关公诉工作会议和第三次全疆检察机关侦查监督工作会议,进一步改进和加强批捕、起诉工作。派出多批业务骨干深入各地督导办理"7·5"事件后续案件,得到中央政法委员会、新疆维吾尔自治区党委和最高人民检察院的肯定。严厉打击严重刑事犯罪活动,依法批准逮捕各类刑事犯罪嫌疑人15731人,提起公诉20677人。正确把握宽严相济刑事政策,落实"两减少、两扩大"(减少判刑、减少监禁,扩大非罪处理,扩大非监禁刑和缓刑)的要求,决定不批准逮捕1867人、不起诉1320人。

四、查办和预防职务犯罪有效果

加大办案力度,注重办案质量和办案效果。立案侦查职务犯罪案件534件586人,其中大案250件、要案35人(其中厅局级2人),会同有关部门抓

获在逃职务犯罪嫌疑人16人,为国家挽回经济损失4300余万元。完善落实讯问职务犯罪嫌疑人全程同步录音录像制度,强化办案安全措施,不断规范侦查活动。深入推进职务犯罪预防工作,重点开展了工程建设领域职务犯罪专项预防,结合办案提出预防建议196件,开展警示教育966场(次),收到良好社会效果。

五、诉讼监督工作有所加强

对应当立案而不立案、不应当立案而立案的,督促侦查机关立案187件、撤案35件;追加逮捕100人、追加起诉176人;对确有错误的刑事裁判提出抗诉76件;召开第二次全疆民行检察工作会议,进一步强化民事行政检察监督,依法提出抗诉153件、再审检察建议45件。针对执法、司法活动中存在的突出问题,认真开展了行政执法机关移送涉嫌犯罪案件专项监督和保外就医专项检察活动、全区监狱"清查事故隐患、促进安全监督"专项活动。

六、队伍建设和基层基础工作有所提升

认真开展创先争优活动,坚持以党的建设带动队伍建设。深入开展"恪守检察职业道德、促进公正廉洁执法"和"热爱伟大祖国、建设美好家园"主题教育及"反特权思想、反霸道作风"专项教育活动,弘扬忠诚、公正、清廉、文明的检察职业道德,涌现出了玛利亚木·尼牙孜、巴特那生·托卡等全国模范检察官,办理"7·5"案件中作出突出成绩的乌鲁木齐市检察院等42个先进集体和161名先进个人。制定《全疆检察机关开展岗位练兵业务竞赛活动的实施意见》,大力开展各类检察业务的岗位练兵活动,突出加强教育培训,采取外派内培、岗位练兵等多种方式,培训检察人员3800人次。组织开展自治区检察院业务专家赴南北疆巡讲,全疆公诉人、侦查监督检察官业务竞赛和反渎职侵权部门"大练兵、大比武"活动,坚持抓基层打基础,制定下发《关于分州市级检察院推进基层检察院建设工作的意见》,规范加强基层基础工作,组织完成了2010年全疆检察机关面向社会统一招录工作,共招录330名检察人员。对各分州市检察院党组成员、基层检察院党组书记和检察长以及自治区检察院内设机构负责人等400人参加的主题实践活动集中学习教育培训,起草《2010—2020年新疆检察机关人才队伍建设规划》。对2009、2010年新招录的515名检察人员进行上岗前的培训,选派148名基层党组书记、检察长参加全国基层院检察长轮训,

365名检察业务骨干赴国家检察官学院进行研修和学习。举办第四、第五期少数民族检察人员汉语强化培训班，共培训100名检察人员。2010年接受脱产培训人员达3000人次，占全疆检察干警人数50%，超过前三年的总和。向最高人民检察院推荐全国检察机关第二届业务专家评审人选，完成了全疆检察机关首届检察业务专家复审工作。开展司法考试试点工作，有14个地州217名检察人员参加了试点考试。组织全疆检察系统354名干警参加国家统一司法考试，其中82人通过司法考试，通过率为23.2%。选派50名检察业务骨干赴江西、陕西等五省市进行岗位实践锻炼。对全疆检察机关检察官等级评定工作进行清理、审核和工作规范。组织新闻媒体采访、策划重大专题报道，在中央和新疆媒体发稿201篇。全疆共发稿5480篇，其中省级以上媒体发稿2632篇。

七、自身执法监督力度有所加大

各级检察院坚持把检察工作置于党的领导和人大及社会各界监督之下，主动报告工作、听取意见，积极改进检察工作。落实人民监督员制度，检务公开活动稳步推进。开展扣押、冻结款物专项检查"回头看"，进一步规范扣押冻结款物管理工作。加大纪检监察巡视、检务督察力度，分别派出5个督察组对全疆各级检察院党风廉政建设和执法办案情况进行全面检查，严肃查处违法违纪检察人员12件14人。其中，2人被开除党籍、公职，4人被移送司法机关。

八、检察理论调研工作不断提升

2010年成功举办了由自治区人民检察院、新疆检察官协会主办，吐鲁番地区检察分院协办，以"履行检察职责，服务跨越式发展和长治久安"为主题的全疆检察理论研究年会。年会共收到征文326篇，比上年的128篇增加了255%，共有35篇论文获奖，74篇论文收入《2010年新疆检察理论研究年会征文选集》，表彰了阿克苏地区检察分院等3个先进单位。各级检察院举办各种类型的检察理论年会、研讨会、论坛等16次，参加各类学术性会议124人次。有6个分州市级检察院、42个县级检察院建立了课题制，共立项研究课题57个；有80个检察院建立了研究成果评奖或激励机制；有71个检察院将研究成果列入部门考核和个人年度考评；有33个检察院为检察理论研究提供专门的经费保障；有7个检察院与6个高等院校建立了学术交流

合作机制。在各级各类期刊发表论文678篇，有23项研究成果获得当地党政机关或检察机关的表彰，为领导决策提供了依据。自治区检察院研究室完成的《对健全完善检察机关法律监督机制的思考》调研课题，获自治区政法委政法工作调研成果二等奖。启动典型案例报送工作，报送典型案例、汇总编写案例10件，向最高人民检察院报送指导性案例5件。自治区检察院研究室编辑《新疆检察参考》3期。改进检察委员会办公室建设，完善工作制度和工作机制，注重结合检察工作形势特点、重点和办案难点研究解决问题。加强检察官协会、女检察官协会工作。在全疆女检察干警中开展了绘画、书法、摄影、剪纸、刺绣才艺比赛活动，全疆报送了167件作品。对《新疆检察》的栏目作了调整，全年共收到各类稿件700多篇，编辑印发《新疆检察》四期，采用稿件136篇，约65万字，采用图片70幅。做好年鉴编纂工作。由自治区检察院研究室承担了《新疆通志·检察志》的撰写工作，收集相关资料30余万字，《艰辛的探索，辉煌的历程——新疆检察机关恢复重建30年》，约10万余字，图片600余幅。

认真落实政法经费保障体制改革措施，积极推进信息化建设，检务保障水平和检察工作科技含量不断提高。

（新疆维吾尔自治区人民检察院研究室　张　艺）

军事检察工作 2010年，全军和武警部队检察机关全面贯彻落实中央军委、总政治部和最高人民检察院的决策部署，深入落实科学发展观，不断围绕中心、服务大局，不断强化法律监督，强化自身监督，强化高素质检察队伍建设，各项工作取得了新成效，为维护部队安全稳定，促进部队全面建设作出了新贡献。

一、查办职务犯罪案件成效明显。坚决贯彻落实党中央、中央军委和胡主席关于加强反腐倡廉建设的决策部署，始终把查办职务犯罪案件摆在突出位置来抓，全年为部队挽回直接经济损失上亿元。加强案件线索管理和初查。严格落实案件线索管理制度，认真分析评估每一起案件线索，对有价值的线索及时进行初核，有针对性地提出处理意见；严密组织初查工作，努力提高成案率。集中力量突破重大疑难案件。对影响重大、复杂疑难的职务犯罪案件，认真筹划组织，集中力量查处，为突破案

件、快侦快结提供了组织保障。加大办案指导力度。上级检察院及时协调部队领导帮助解决启动立案、事实认定、定罪定性，以及办案保障等方面的问题，确保办案工作顺利进行；充分发挥侦查一体化优势，及时派员跟踪指导，形成整体合力；院领导坚持深入办案一线，亲自组织和参加调查取证工作，促进了办案工作深入开展。

二、维护部队安全稳定及时有效。充分发挥诉讼监督职能，全力做好检察环节维护部队安全稳定工作。及时打击刑事犯罪。坚持提前介入、快捕快诉，最大限度帮助发案单位消除影响、减轻压力，迅速恢复部队正常秩序。切实加强对审查逮捕、审查起诉和出庭公诉工作的指导，严格证据标准，严守办案程序，严把案件质量，确保办案法律效果、社会效果和政治效果的有机统一。推进量刑建议和职务犯罪案件一审判决两级检察院同步审查新机制，组织开展刑罚执行、移送犯罪案件和保外就医监督检查活动，重视把监督的触角向除名、开除军籍等行政处分方面延伸，及时追捕追诉漏犯漏案，有力维护了法律权威和统一正确实施。狠抓案后综合治理。结合办案，帮助发案单位分析原因教训、查找薄弱环节，针对存在问题提出检察建议，开展警示教育，指导帮助整改，扩大办案效果。剖析的黄某某、范某某抢劫杀人案原因教训，受到中央军委和总政治部领导高度重视，并通报全军。着力化解矛盾纠纷。部署开展涉检信访积案清理和排查化解工作，及时转办和处理信访申诉积案，逐案分析具体诉求，切实找准问题症结，认真做好释法说理、精神抚慰和心理疏导工作，基本做到了息诉罢访。深入开展法律服务和咨询活动，帮助部队和官兵解决涉法问题，注重发挥民事检察化解矛盾纠纷、维护部队官兵合法权益、促进部队和社会和谐稳定的职能作用。

三、预防职务犯罪工作扎实推进。以贯彻落实四总部预防职务犯罪工作《规定》和《意见》为抓手，以筹备召开全军预防职务犯罪工作座谈会为契机，扎实推进预防工作深入开展，检察机关协调指导和检查职能得到有效发挥。深入开展宣传教育。积极开展送法进机关、下基层、到边防活动，持续推动在新兵和基层分队进行预防军职教育，组织开展预防职务犯罪警示教育巡回宣讲，共为部队授课1500余场次，举办案例展览230多次，受教育官兵47万人次，编发教材110种7万余份（册），教育覆

盖面和影响力进一步扩大。大力推广典型经验。经中央军委、总政治部领导批准，组织承办全军预防职务犯罪工作座谈会。18个典型单位介绍了工作经验，大单位政治部领导和检察长及部分大单位保卫部长作了研讨发言，会议研究了深化预防工作措施，推动了预防工作深入开展。各军事检察院紧密结合部队实际，深入开展预防职务犯罪工作调研，针对预防工作形势和特点规律，加强对权力运行的监督制约，扎实开展重点领域、重点对象、重点部位、重要环节和时机的预防工作。依托《解放军报》、大单位机关报、政工网和《军事检察工作》，宣传推广预防职务犯罪典型经验，海军总结的《立足源头打基础，预防教育进课堂》经验做法，被总政治部转发全军，形成了依靠典型引领抓预防的鲜明导向。积极创新工作机制。积极探索实践源头预防、家庭协防、军地联防、技术设防和合力同防等工作机制，济南军区建立军区预防职务犯罪工作领导小组和基层预防工作队伍，兰州军区建立西北五省（区）军地检察机关协作机制，湖北省军区与湖北省人民检察院建立查处和预防征兵工作中职务犯罪协作机制，总直属队军事检察院建立预防职务犯罪联系点制度，为提高预防工作质量效益提供了良好机制保障。南京军区军事检察院积极探索源头预防新路子，指导海防第三团开展军营法律文化建设试点的经验做法，受到总政治部充分肯定，并将此经验做法转发全军。

四、多样化军事任务中检察工作积极主动。着眼服务保障部队圆满完成重大任务，扎实开展各项检察工作。及时跟进提供法律服务。根据部队担负任务实际，对做好抗击玉树地震、舟曲特大泥石流灾害、防洪抗旱和世博、亚运安保等任务中的检察工作作出部署，提出明确要求。兰州、成都军区和武警部队检察院针对任务需要，组织编印法律服务手册，主动开展法制教育和咨询服务。各院共提出法律工作建议72项，授课190场，听课7万余人次，接受官兵法律咨询2300余人次，解决涉法问题174个，为任务部队提供及时有效的法律服务保障。深入开展宣传群众工作。充分发挥宣传队、工作队作用，与有关部门密切配合，向任务区群众宣传党的路线方针政策和国家法律法规。驻西藏、新疆军事检察院着眼维稳任务实际，采取进村入户、社区设点等形式，向各族群众宣讲党的民族宗教政策、民族区域自治法规和有关刑事政策法律，全力配合

部队做好宣传群众、教育群众、争取群众工作。积极派员参加重大任务。选派15批76人次，参加军事斗争准备检验评估、海军远航训练、亚丁湾护航等重大任务。广州军区军事检察院首次派员以军事司法组演练要素形式，参加战役演习，全面提升了检察干部遂行重大任务服务保障能力。

五、检察机关自身建设明显加强。紧紧扭住队伍和基础建设不放松，切实打牢检察工作发展进步的根基。着力加强思想政治建设。组织检察干部深入学习党的创新理论、胡主席关于新形势下加强国防和军队建设重要论述，结合培育当代革命军人核心价值观和深化学习实践科学发展观活动，扎实开展"恪守检察职业道德、促进公正廉洁执法"主题实践活动，引导检察干部自觉践行"忠诚、公正、清廉、文明"的检察职业道德，大力改进领导作风、工作作风和执法作风，确保检察干部政治信仰坚定和思想道德纯洁。沈阳军区军事检察院扎实开展主题实践活动的做法和成效，中央电视台等新闻媒体给予了宣传报道。着力开展创先争优活动。按照党组织"五个好"和党员干部"五个带头"的标准条件，认真组织开展创先争优活动。大力宣传荣获"全国模范检察院"称号的成都军区直属军事检察院和荣获"全国模范检察官"称号的兰州军区陕西军事检察院检察长闫永健的先进事迹，组织开展向广州军区直属军事检察院检察长黄正德等先进典型学习活动，有力推动创先争优活动深入开展。着力强化业务学习培训。组织48名检察长参加国家检察官学院进修轮训，集中办班培训检察干部345人次，举办全军检察机关办文工作培训班，有效提升了检察干部业务素质。在参加最高人民检察院专项业务竞赛中，2人荣获"全国优秀公诉人"称号，1人荣获"全国侦查监督优秀检察官"称号。着力抓好基层基础建设。认真落实基层检察院建设工作会议精神，基层检察院规范化建设进一步加强。在中央军委、总部首长亲切关怀和有关部门大力支持下，解决了检察机关专用装备列装和增加业务经费问题，"两房"建设正在加紧落实，有的院已经建成使用，办公、办案条件得到明显改善。

（解放军军事检察院　王晓国）

新疆生产建设兵团检察工作　2010年，新疆生产建设兵团检察机关紧紧围绕兵团改革发展稳定大局，进一步提高执法水平和办案质量，提高检察队伍综合素质，深入推进三项重点工作，不断强化法律监督、强化自身监督、强化高素质检察队伍建设，依法履行各项检察职能，各项检察工作取得了新的进展。

一、坚持中心工作不动摇，努力维护兵团社会稳定。兵团检察机关始终把维护社会稳定作为首要任务和中心工作，切实履行批捕起诉职能，依法批准逮捕944人，提起公诉1319人。以高度的政治责任感和使命感，认真办理兵团涉"7·5"案件和"2·7"分裂国家、非法制造枪支、爆炸物案件。扎实做好乌鲁木齐"7·5"事件一周年敏感节点时期的各项维稳工作，确保兵团社会大局稳定。

二、加大查办和预防职务犯罪力度，促进反腐倡廉建设。兵团检察机关共立案查处贪污贿赂渎职务犯罪案件78件88人，为国家挽回经济损失1666万元。深入查办商业贿赂犯罪、涉农职务犯罪、积极参与工程建设领域突出问题专项治理，共办理三类案件39件40人。紧密结合办案开展职务犯罪预防工作，提出预防检察建议75件，被采纳36件，开展预防咨询78件，被采纳24件，建立警示教育和廉政教育基地29个。举办预防职务犯罪法制讲座，开展预防警示教育97次，参加人数15547人次。全面推行行贿犯罪档案查询工作，提供查询服务11次。

三、强化对诉讼活动的法律监督，进一步提升监督质量。兵团检察机关依法决定不批捕51人、不起诉32人；受理刑事立案监督案件7件，通知公安机关立案3件3人，公安机关均予采纳；依法提出刑事抗诉5件，法院改判3件；受理民事行政申诉案件59件，提出抗诉1件，提出检察建议3件，法院采纳2件；开展保外就医、监外执行、久押不决专项检察活动，审查减刑案件10646件、假释135人、保外就医47人，纠正不当减刑85件，办理狱内犯罪案件18件18人，向监管场所提出书面检察建议13份。

四、深入推进三项重点工作，统筹抓好各项检察工作。做好涉检信访工作，对受理的516件群众举报、控告、申诉线索进行分流处理，对排查出的6件涉检信访案件全部办结。坚持把化解社会矛盾贯穿于执法办案的始终，重视抓好延伸办案服务，对案内、案外涉及的矛盾纠纷不回避、不推诿，引导和帮助当事人化解积怨，解决问题，真正实现案结事了。配合有关部门加强特殊人群帮教管理，妥善安置刑释解教人员。建立青少年维权岗联系制度，积极开展校内预防青少年犯罪工作，加强对违法犯罪青少年的教育挽救。积极融入兵团各级党委主导的社会管理大格局，配合相关部门加强社会治安重点地区综合治理，在重点维稳地区设立检察联络站，设置"检察服务箱"，聘请检察联络员，成立社情民意和维稳排查工作小组，协助党委把重点地方管起来，控制住。

五、以提高执法水平和办案质量为关键，狠抓执法规范化建设。制定了《兵团检察院关于提高执法水平和办案质量的实施意见》，出台了《兵团基层人民检察院建设考核实施细则（试行）》，进一步规范业务建设和基层检察院建设考核评价体系。认真组织开展"百万案件评查"活动，共评查各类案件244件。组织开展扣押冻结款物专项检查"回头看"工作，制定《兵团检察机关扣押、冻结款物实施办法》。针对问题案件，向各院检察长致信，通报案件情况，督促"一把手"重视办案质量问题，加强办案纪律，强化办案责任。

六、深入推进公正廉洁执法，进一步加强检察队伍建设。认真组织开展"恪守检察职业道德、促进公正廉洁执法"、"反特权思想、反霸道作风"、"热爱伟大祖国、建设美好家园"、"创先争优"等主题实践教育活动，统筹推进检察干警先进事迹宣讲、检察官宣誓、业务知识竞赛、"送温暖、献爱心"等活动。完成新建师分院党组班子的配备工作，全系统共调整干部49人。推进大规模检察教育培

训，全年共举办培训班46期，培训检察人员900余人次，选派8名检察骨干赴山西进行岗位实践锻炼。积极参加全国侦查监督系统十佳检察官和优秀公诉人业务竞赛活动，其中1人获"全国侦查监督优秀检察官"称号，1人获"全国优秀公诉人"称号。加大人才建设力度，积极参加全国检察业务专家和检察理论人才评选，1人当选全国检察业务专家，3人被评为全国检察理论研究人才，为基层检察院招录21名应届毕业大学生。组织开展巡视和检务督察工作，健全内部监督制约机制。

七、扎实做好检察援疆工作。认真贯彻最高人民检察院援藏援疆工作会议精神，制定兵团检察机关深入推进检察受援工作实施方案和受援需求方案，成立兵、师、垦区三级受援工作领导小组和办事机构。积极邀请对口支援省市检察机关到兵团实地考察和对接。截至12月底，承担援助兵团任务的10个省市检察机关已全部到12个检察分院、27个基层院进行了调研考察和对接，其中有2个院已完成援疆协议签订工作，有8个院的援疆协议草案基本完成。

八、狠抓基层基础工作，夯实检察工作发展根基。完善基层检察院工作规范和考核评价体系。把来兵团挂职的6名援疆干部全部充实到基层院领导班子岗位。深入推进"两房"、信息化和办案装备建设，为基层院配备了21台办案用车和一批办案设备。

（新疆生产建设兵团人民检察院研究室　贺胤应）

第 五 部 分

最高人民检察院重要文件选载

最高人民法院 最高人民检察院
印发《关于人民检察院检察长列席人民法院审判委员会会议的实施意见》的通知

2010 年 1 月 12 日 法发〔2010〕4 号

全国地方各级人民法院、人民检察院,各级军事法院、检察院,各铁路运输中级人民法院和基层法院、检察院,各海事法院、检察院,新疆生产建设兵团各级法院、检察院:

落实并完善人民检察院检察长、受检察长委托的副检察长列席人民法院审判委员会会议的规定,是中办有关文件规定的改革任务之一。最高人民法院、最高人民检察院在深入调研的基础上,制定

了《最高人民法院、最高人民检察院关于人民检察院检察长列席人民法院审判委员会会议的实施意见》,已于 2009 年 10 月 12 日由最高人民法院审判委员会第 1475 次会议、2009 年 8 月 11 日由最高人民检察院第十一届检察委员会第十七次会议讨论通过。现予以印发,自 2010 年 4 月 1 日起施行。请结合本地实际贯彻执行,在实施过程中如有问题,请分别向最高人民法院、最高人民检察院报告。

最高人民法院 最高人民检察院
关于人民检察院检察长列席人民法院审判委员会会议的实施意见

(2009 年 10 月 12 日最高人民法院审判委员会第 1475 次会议、

2009 年 8 月 11 日最高人民检察院第十一届检察委员会

第十七次会议讨论通过)

为进一步落实和规范人民检察院检察长列席人民法院审判委员会会议制度,根据《中华人民共和国人民法院组织法》等法律的有关规定,提出如下意见:

一、人民检察院检察长可以列席同级人民法院审判委员会会议。

检察长不能列席时,可以委托副检察长列席同级人民法院审判委员会会议。

二、人民检察院检察长列席人民法院审判委员会会议的任务是,对于审判委员会讨论的案件和其

他有关议题发表意见,依法履行法律监督职责。

三、人民法院审判委员会讨论下列案件或者议题,同级人民检察院检察长可以列席:

(一)可能判处被告人无罪的公诉案件;

(二)可能判处被告人死刑的案件;

(三)人民检察院提出抗诉的案件;

(四)与检察工作有关的其他议题。

四、人民法院院长决定将本意见第三条所列案件或者议题提交审判委员会讨论的,人民法院应当通过适当方式告知同级人民检察院。人民检察院

检察长决定列席审判委员会会议的，人民法院应当将会议议程、会议时间通知人民检察院。

对于人民法院审判委员会讨论的议题，人民检察院认为有必要的，可以向人民法院提出列席审判委员会会议；人民法院认为有必要的，可以邀请人民检察院检察长列席审判委员会会议。

五、人民检察院检察长列席审判委员会会议的，人民法院应当将会议材料在送审判委员会委员的同时送人民检察院检察长。

六、人民检察院检察长列席审判委员会会议，应当在会前进行充分准备，必要时可就有关问题召开检察委员会会议进行讨论。

七、检察长或者受检察长委托的副检察长列席审判委员会讨论案件的会议，可以在人民法院承办人汇报完毕后、审判委员会委员表决前发表意见。

审判委员会会议讨论与检察工作有关的其他议题，检察长或者受检察长委托的副检察长的发言程序适用前款规定。

检察长或者受检察长委托的副检察长在审判委员会会议上发表的意见，应当记录在卷。

八、人民检察院检察长列席审判委员会会议讨论的案件，人民法院应当将裁判文书及时送达或者抄送人民检察院。

人民检察院检察长列席的审判委员会会议讨论的其他议题，人民法院应当将讨论通过的决定文本及时送给人民检察院。

九、出席、列席审判委员会会议的所有人员，对审判委员会讨论内容应当保密。

十、人民检察院检察长列席审判委员会会议的具体事宜由审判委员会办事机构和检察委员会办事机构负责办理。

最高人民检察院关于印发《基层人民检察院建设考核办法（试行）》的通知

2010 年 3 月 26 日　　高检发政字〔2010〕31 号

各省、自治区、直辖市人民检察院，军事检察院，新疆生产建设兵团人民检察院：

《基层人民检察院建设考核办法（试行）》已经2010 年 3 月 17 日最高人民检察院党组第十一届第一百零七次会议讨论通过，现印发你们，请结合实际，认真贯彻执行。

基层人民检察院建设考核办法（试行）

第一章　总　则

第一条　为指导和规范基层检察院建设考核评价工作，提高基层检察院建设水平，制定本办法。

第二条　基层检察院建设考核坚持以邓小平理论和"三个代表"重要思想为指导，深入贯彻落实科学发展观，以业务建设为中心，以队伍建设为根本，以强化管理为动力，以检务保障为支撑，遵循基层检察院建设客观规律，通过考核引导和督促基层检察院全面履行法律监督职责，推进基层检察院执法规范化、队伍专业化、管理科学化和保障现代化建设，促进基层检察院建设科学发展。

第三条　基层检察院建设考核坚持以下基本原则：

（一）客观公正，公开透明；

（二）导向正确，标准科学；

（三）突出重点,统筹兼顾;

（四）简便易行,注重实效。

第二章　主要内容

第四条　基层检察院建设考核的主要内容:

（一）检察业务建设;

（二）检察队伍建设;

（三）管理机制建设;

（四）检务保障建设。

第五条　检察业务建设主要考核以下项目:

（一）履行各项检察职能;

（二）执法规范化建设;

（三）执法质量;

（四）执法效果。

第六条　检察队伍建设主要考核以下项目:

（一）思想政治建设;

（二）领导班子建设;

（三）专业化建设;

（四）法律监督能力建设;

（五）职业道德和文化建设;

（六）党风廉政和纪律作风建设。

第七条　管理机制建设主要考核以下项目:

（一）制定管理制度;

（二）管理制度运转及改进;

（三）管理创新。

第八条　检务保障建设主要考核以下项目:

（一）经费保障和管理、资产管理;

（二）"两房"等基础设施建设;

（三）落实装备配备标准;

（四）网络系统建设、管理、应用以及网络安全保密建设;

（五）推进办案、办公、保障和管理信息化及检察技术应用。

第三章　基本方法

第九条　省级检察院或地（市）级检察院每年对所属基层检察院进行一次考核。由地（市）级检察院对基层检察院进行考核的,省级检察院应当采取抽查、复查等方式进行检查指导。

第十条　考核采取量化考核方式。量化考核项目包括基础分项目和加分、减分项目。完成考核任务的得基础分,未完成考核任务的不得基础分,存在减分项目的相应减分,完成特定执法办案任务

和改革创新目标的加分,对同一事由不得重复评价。

第十一条　上级检察院对基层检察院工作进行全面综合考核,单项工作考核纳入综合考核之中。上级检察院各内设机构不单独对基层检察院部门单项工作进行考核。

第十二条　省级检察院直接对基层检察院进行考核的,可以根据基层检察院的实际进行分类考核。

第十三条　省级检察院应当把对基层检察院建设考核情况作为考核评价地（市）级检察院工作的重要内容。

第十四条　考核工作应当增强透明度,扩大民主参与,引入社会评价机制,通过民意调查,对执法形象、群众满意度等进行测评,提高考核公信度。

第十五条　不断改进和完善考核方式,实行书面考核与实地考核、年度考核与日常考核有机结合,提高考核方式的完整性和系统性。

第十六条　考核工作应当充分运用现代信息技术手段,发挥检察专线网的作用,提高考核效率,降低考核成本。逐步建立网上考核信息平台,实行网上动态考核。

第四章　基本程序

第十七条　负责考核的上级检察院制定考核标准和方案,并通知基层检察院。

第十八条　基层检察院对考核年度的工作进行总结,形成书面自评材料,报送负责考核的上级检察院。

第十九条　负责考核的上级检察院按照考核方案确定的方法和步骤进行考核,统计考核信息,计算考核得分,确定考核结果。

第二十条　负责考核的上级检察院针对每个基层检察院考核情况形成基层检察院建设考核分析报告,并把考核分析报告作为考核结果通报的重要内容。

第二十一条　基层检察院根据考核分析报告,制作整改报告,报送负责考核的上级检察院。

第二十二条　基层检察院发生违法违纪等问题正在被调查处理的,应当先进行年度考核,待查明问题并作出正式结论后,再确定其考核结果。

第二十三条　负责考核的上级检察院应当先向基层检察院通报考核结果,基层检察院对考核结

果无异议的,报告上一级检察院,抄送基层检察院同级地方党委和人大常委会。

基层检察院对考核结果有异议的,可以在收到通报之日起七日内申请复查,负责考核的上级检察院应当认真复查,十五日内作出复查决定。

第二十四条　在评比表彰完毕后发现先进单位在受表彰奖励年度有取消评选先进资格情形的,应当撤销对该单位的表彰奖励决定。授予荣誉称号的,应当取消荣誉称号。

第五章　组织实施

第二十五条　负责考核的上级检察院应当组成基层检察院建设考核领导机构和监督机构,分别由分管院领导担任负责人。可以吸收基层检察人员代表和人大代表、政协委员、特约检察员代表、人民监督员参加考核和监督工作。

第二十六条　考核领导机构负责制订考核计划,协调考核工作,审查考核结果,受理复查申请,作出复查决定,向院党组提出考核意见。

第二十七条　考核领导机构下设非常设办公室,负责组织实施考核工作。考核监督机构应当严格监督考核活动,对考核结果提出监督意见。

第二十八条　提高考核人员专业水平。实行基层检察院建设考核人员培训和资格认证机制,由通过培训或资格认证的人员担任考核人员。

第六章　结果运用

第二十九条　对考核结果可以排名。排名分为基层检察院综合排名、基层检察院单项工作排名。对基层检察院进行分类考核的,排名可分为基层检察院分类综合排名、基层检察院分类单项工作排名。

第三十条　上级检察院应当把基层检察院建设考核结果作为对基层检察院表彰奖励和基层检察人员任用奖惩的主要依据。

(一)评选先进基层检察院和对基层检察院集体记功、嘉奖或授予荣誉称号应当以基层检察院建设考核结果为依据。

(二)基层检察院被上级检察院评定为先进基层检察院或者授予模范检察院称号的,应当对检察长和作出突出贡献的检察人员予以表彰奖励,并在提拔任用方面优先考虑。

(三)基层检察院建设考核结果连续三年排列末位的,上级检察院应当对该院检察长进行诫勉,必要时应当按照干部管理权限对该院检察长及领导班子成员提出调整意见。

(四)基层检察院被取消年度评选先进资格的,应当列为重点帮促院进行整改,并视情节轻重对检察长和相关责任人员作出相应处理。

第三十一条　基层检察院在考核年度具有下列情形之一的,取消评选先进资格:

(一)检察院工作报告在人民代表大会上表决未通过的;

(二)检察人员因故意犯罪被依法追究刑事责任的;

(三)发生刑讯逼供、违法取证或者其他严重执法过错行为并被上级检察院认定的;

(四)由于违反规定或者失职,发生涉案人员自杀身亡等办案安全事故的;

(五)检察长因违法违纪被依法罢免或者给予党纪政纪、刑事处分的;

(六)对违法违纪、办案安全事故和错案等问题隐瞒不报,或者在工作成绩上弄虚作假的。

第三十二条　在考核过程中弄虚作假或者有其他违法违纪行为、对考核监督失职渎职的,要依法依纪追究有关人员的责任。

第七章　附　则

第三十三条　考核年度时间为上年度的12月26日至本年度的12月25日。

第三十四条　省级检察院应当根据本办法,制定本地区基层检察院建设考核办法和考核标准,并报最高人民检察院备案。对于履行各项检察职能情况的具体考核标准和要求,按照最高人民检察院考核评价各省、自治区、直辖市检察业务工作实施意见的相关规定执行。

军事检察院、最高人民检察院铁路运输检察厅可参照本办法,制定基层军事检察院、基层铁路运输检察院建设考核办法。

第三十五条　本办法由最高人民检察院负责解释。

第三十六条　本办法自公布之日起实施,《基层人民检察院规范化建设考核办法》同时废止。

最高人民检察院　公安部
关于印发《最高人民检察院、公安部关于公安机关管辖的刑事案件立案追诉标准的规定（二）》的通知

2010 年 5 月 7 日　公通字〔2010〕23 号

各省、自治区、直辖市人民检察院，公安厅、局，军事检察院，新疆生产建设兵团人民检察院、公安局：

为及时、准确打击经济犯罪，根据《中华人民共和国刑法》《中华人民共和国刑事诉讼法》等有关法律规定，最高人民检察院、公安部制定了《最高人民检察院、公安部关于公安机关管辖的刑事案件立案追诉标准的规定（二）》，对公安机关经济犯罪侦查部门管辖的刑事案件立案追诉标准作出了规定，现印发给你们，请遵照执行。各级公安机关应当依照此规定立案侦查，各级检察机关应当依照此规定审查批捕、审查起诉。各地在执行中遇到的问题，请及时分别报最高人民检察院和公安部。

最高人民检察院　公安部
关于公安机关管辖的刑事案件立案追诉标准的规定（二）

一、危害公共安全案

第一条　**［资助恐怖活动案（刑法第一百二十条之一）］**资助恐怖活动组织或者实施恐怖活动的个人的，应予立案追诉。

本条规定的"资助"，是指为恐怖活动组织或者实施恐怖活动的个人筹集、提供经费、物资或者提供场所以及其他物质便利的行为。"实施恐怖活动的个人"，包括预谋实施、准备实施和实际实施恐怖活动的个人。

二、破坏社会主义市场经济秩序案

第二条　**［走私假币案（刑法第一百五十一条第一款）］**走私伪造的货币，总面额在二千元以上或者币量在二百张（枚）以上的，应予立案追诉。

第三条　**［虚报注册资本案（刑法第一百五十八条）］**申请公司登记使用虚假证明文件或者采取其他欺诈手段虚报注册资本，欺骗公司登记主管部门，取得公司登记，涉嫌下列情形之一的，应予立案追诉：

（一）超过法定出资期限，实缴注册资本不足法定注册资本最低限额，有限责任公司虚报数额在三十万元以上并占其应缴出资数额百分之六十以上的，股份有限公司虚报数额在三百万元以上并占其应缴出资数额百分之三十以上的；

（二）超过法定出资期限，实缴注册资本达到法定注册资本最低限额，但仍虚报注册资本，有限责任公司虚报数额在一百万元以上并占其应缴出资数额百分之六十以上的，股份有限公司虚报数额在一千万元以上并占其应缴出资数额百分之三十以上的；

（三）造成投资者或者其他债权人直接经济损失累计数额在十万元以上的；

（四）虽未达到上述数额标准，但具有下列情形之一的：

1. 两年内因虚报注册资本受过行政处罚二次

以上，又虚报注册资本的；

2. 向公司登记主管人员行贿的；

3. 为进行违法活动而注册的。

（五）其他后果严重或者有其他严重情节的情形。

第四条 ［虚假出资、抽逃出资案（刑法第一百五十九条）］ 公司发起人、股东违反公司法的规定未交付货币、实物或者未转移财产权，虚假出资，或者在公司成立后又抽逃其出资，涉嫌下列情形之一的，应予立案追诉：

（一）超过法定出资期限，有限责任公司股东虚假出资数额在三十万元以上并占其应缴出资数额百分之六十以上的，股份有限公司发起人、股东虚假出资数额在三百万元以上并占其应缴出资数额百分之三十以上的；

（二）有限责任公司股东抽逃出资数额在三十万元以上并占其实缴出资数额百分之六十以上的，股份有限公司发起人、股东抽逃出资数额在三百万元以上并占其实缴出资数额百分之三十以上的；

（三）造成公司、股东、债权人的直接经济损失累计数额在十万元以上的；

（四）虽未达到上述数额标准，但具有下列情形之一的：

1. 致使公司资不抵债或者无法正常经营的；

2. 公司发起人、股东合谋虚假出资、抽逃出资的；

3. 两年内因虚假出资、抽逃出资受过行政处罚二次以上，又虚假出资、抽逃出资的；

4. 利用虚假出资、抽逃出资所得资金进行违法活动的。

（五）其他后果严重或者有其他严重情节的情形。

第五条 ［欺诈发行股票、债券案（刑法第一百六十条）］ 在招股说明书、认股书、公司、企业债券募集办法中隐瞒重要事实或者编造重大虚假内容，发行股票或者公司、企业债券，涉嫌下列情形之一的，应予立案追诉：

（一）发行数额在五百万元以上的；

（二）伪造、变造国家机关公文、有效证明文件或者相关凭证、单据的；

（三）利用募集的资金进行违法活动的；

（四）转移或者隐瞒所募集资金的；

（五）其他后果严重或者有其他严重情节的情形。

第六条 ［违规披露、不披露重要信息案（刑法第一百六十一条）］ 依法负有信息披露义务的公司、企业向股东和社会公众提供虚假的或者隐瞒重要事实的财务会计报告，或者对依法应当披露的其他重要信息不按照规定披露，涉嫌下列情形之一的，应予立案追诉：

（一）造成股东、债权人或者其他人直接经济损失数额累计在五十万元以上的；

（二）虚增或者虚减资产达到当期披露的资产总额百分之三十以上的；

（三）虚增或者虚减利润达到当期披露的利润总额百分之三十以上的；

（四）未按照规定披露的重大诉讼、仲裁、担保、关联交易或者其他重大事项所涉及的数额或者连续十二个月的累计数额占净资产百分之五十以上的；

（五）致使公司发行的股票、公司债券或者国务院依法认定的其他证券被终止上市交易或者多次被暂停上市交易的；

（六）致使不符合发行条件的公司、企业骗取发行核准并且上市交易的；

（七）在公司财务会计报告中将亏损披露为盈利，或者将盈利披露为亏损的；

（八）多次提供虚假的或者隐瞒重要事实的财务会计报告，或者多次对依法应当披露的其他重要信息不按照规定披露的；

（九）其他严重损害股东、债权人或者其他人利益，或者有其他严重情节的情形。

第七条 ［妨害清算案（刑法第一百六十二条）］ 公司、企业进行清算时，隐匿财产，对资产负债表或者财产清单作虚伪记载或者在未清偿债务前分配公司、企业财产，涉嫌下列情形之一的，应予立案追诉：

（一）隐匿财产价值在五十万元以上的；

（二）对资产负债表或者财产清单作虚伪记载涉及金额在五十万元以上的；

（三）在未清偿债务前分配公司、企业财产价值在五十万元以上的；

（四）造成债权人或者其他人直接经济损失数额累计在十万元以上的；

（五）虽未达到上述数额标准，但应清偿的职工

的工资、社会保险费用和法定补偿金得不到及时清偿,造成恶劣社会影响的;

(六)其他严重损害债权人或者其他人利益的情形。

第八条 [隐匿、故意销毁会计凭证、会计账簿、财务会计报告案(刑法第一百六十二条之一)]隐匿或者故意销毁依法应当保存的会计凭证、会计账簿、财务会计报告,涉嫌下列情形之一的,应予立案追诉:

(一)隐匿、故意销毁的会计凭证、会计账簿、财务会计报告涉及金额在五十万元以上的;

(二)依法应当向司法机关、行政机关、有关主管部门等提供而隐匿、故意销毁或者拒不交出会计凭证、会计账簿、财务会计报告的;

(三)其他情节严重的情形。

第九条 [虚假破产案(刑法第一百六十二条之二)]公司、企业通过隐匿财产、承担虚构的债务或者以其他方法转移、处分财产,实施虚假破产,涉嫌下列情形之一的,应予立案追诉:

(一)隐匿财产价值在五十万元以上的;

(二)承担虚构的债务涉及金额在五十万元以上的;

(三)以其他方法转移、处分财产价值在五十万元以上的;

(四)造成债权人或者其他人直接经济损失数额累计在十万元以上的;

(五)虽未达到上述数额标准,但应清偿的职工的工资、社会保险费用和法定补偿金得不到及时清偿,造成恶劣社会影响的;

(六)其他严重损害债权人或者其他人利益的情形。

第十条 [非国家工作人员受贿案(刑法第一百六十三条)]公司、企业或者其他单位的工作人员利用职务上的便利,索取他人财物或者非法收受他人财物,为他人谋取利益,或者在经济往来中,利用职务上的便利,违反国家规定,收受各种名义的回扣、手续费,归个人所有,数额在五千元以上的,应予立案追诉。

第十一条 [对非国家工作人员行贿案(刑法第一百六十四条)]为谋取不正当利益,给予公司、企业或者其他单位的工作人员以财物,个人行贿数额在一万元以上的,单位行贿数额在二十万元以上的,应予立案追诉。

第十二条 [非法经营同类营业案(刑法第一百六十五条)]国有公司、企业的董事、经理利用职务便利,自己经营或者为他人经营与其所任职公司、企业同类的营业,获取非法利益,数额在十万元以上的,应予立案追诉。

第十三条 [为亲友非法牟利案(刑法第一百六十六条)]国有公司、企业、事业单位的工作人员,利用职务便利,为亲友非法牟利,涉嫌下列情形之一的,应予立案追诉:

(一)造成国家直接经济损失数额在十万元以上的;

(二)使其亲友非法获利数额在二十万元以上的;

(三)造成有关单位破产、停业、停产六个月以上,或者被吊销许可证和营业执照、责令关闭、撤销、解散的;

(四)其他致使国家利益遭受重大损失的情形。

第十四条 [签订、履行合同失职被骗案(刑法第一百六十七条)]国有公司、企业、事业单位直接负责的主管人员,在签订、履行合同过程中,因严重不负责任被诈骗,涉嫌下列情形之一的,应予立案追诉:

(一)造成国家直接经济损失数额在五十万元以上的;

(二)造成有关单位破产、停业、停产六个月以上,或者被吊销许可证和营业执照、责令关闭、撤销、解散的;

(三)其他致使国家利益遭受重大损失的情形。

金融机构、从事对外贸易经营活动的公司、企业的工作人员严重不负责任,造成一百万美元以上外汇被骗购或者逃汇一千万美元以上的,应予立案追诉。

本条规定的"诈骗",是指对方当事人的行为已经涉嫌诈骗犯罪,不以对方当事人已经被人民法院判决构成诈骗犯罪作为立案追诉的前提。

第十五条 [国有公司、企业、事业单位人员失职案(刑法第一百六十八条)]国有公司、企业、事业单位的工作人员,严重不负责任,涉嫌下列情形之一的,应予立案追诉:

(一)造成国家直接经济损失数额在五十万元以上的;

(二)造成有关单位破产、停业、停产一年以上,或者被吊销许可证和营业执照、责令关闭、撤销、解散的；

（三）其他致使国家利益遭受重大损失的情形。

第十六条　[国有公司、企业、事业单位人员滥用职权案（刑法第一百六十八条）] 国有公司、企业、事业单位的工作人员，滥用职权，涉嫌下列情形之一的，应予立案追诉：

（一）造成国家直接经济损失数额在三十万元以上的；

（二）造成有关单位破产，停业、停产六个月以上，或者被吊销许可证和营业执照、责令关闭、撤销、解散的；

（三）其他致使国家利益遭受重大损失的情形。

第十七条　[徇私舞弊低价折股、出售国有资产案（刑法第一百六十九条）] 国有公司、企业或者其上级主管部门直接负责的主管人员，徇私舞弊，将国有资产低价折股或者低价出售，涉嫌下列情形之一的，应予立案追诉：

（一）造成国家直接经济损失数额在三十万元以上的；

（二）造成有关单位破产，停业、停产六个月以上，或者被吊销许可证和营业执照、责令关闭、撤销、解散的；

（三）其他致使国家利益遭受重大损失的情形。

第十八条　[背信损害上市公司利益案（刑法第一百六十九条之一）] 上市公司的董事、监事、高级管理人员违背对公司的忠实义务，利用职务便利，操纵上市公司从事损害上市公司利益的行为，以及上市公司的控股股东或者实际控制人，指使上市公司董事、监事、高级管理人员实施损害上市公司利益的行为，涉嫌下列情形之一的，应予立案追诉：

（一）无偿向其他单位或者个人提供资金、商品、服务或者其他资产，致使上市公司直接经济损失数额在一百五十万元以上的；

（二）以明显不公平的条件，提供或者接受资金、商品、服务或者其他资产，致使上市公司直接经济损失数额在一百五十万元以上的；

（三）向明显不具有清偿能力的单位或者个人提供资金、商品、服务或者其他资产，致使上市公司直接经济损失数额在一百五十万元以上的；

（四）为明显不具有清偿能力的单位或者个人提供担保，或者无正当理由为其他单位或者个人提供担保，致使上市公司直接经济损失数额在一百五

十万元以上的；

（五）无正当理由放弃债权、承担债务，致使上市公司直接经济损失数额在一百五十万元以上的；

（六）致使公司发行的股票、公司债券或者国务院依法认定的其他证券被终止上市交易或者多次被暂停上市交易的；

（七）其他致使上市公司利益遭受重大损失的情形。

第十九条　[伪造货币案（刑法第一百七十条）] 伪造货币，涉嫌下列情形之一的，应予立案追诉：

（一）伪造货币，总面额在二千元以上或者币量在二百张（枚）以上的；

（二）制造货币版样或为他人伪造货币提供版样的；

（三）其他伪造货币应予追究刑事责任的情形。

本规定中的"货币"是指流通的以下货币：

（一）人民币（含普通纪念币、贵金属纪念币）、港元、澳门元、新台币；

（二）其他国家及地区的法定货币。

贵金属纪念币的面额以中国人民银行授权中国金币总公司的初始发售价格为准。

第二十条　[出售、购买、运输假币案（刑法第一百七十一条第一款）] 出售、购买伪造的货币或者明知是伪造的货币而运输，总面额在四千元以上或者币量在四百张（枚）以上的，应予立案追诉。

在出售假币时被抓获的，除现场查获的假币应认定为出售假币的数额外，现场之外在行为人住所或者其他藏匿地查获的假币，也应认定为出售假币的数额。

第二十一条　[金融工作人员购买假币、以假币换取货币案（刑法第一百七十一条第二款）] 银行或者其他金融机构的工作人员购买伪造的货币或者利用职务上的便利，以伪造的货币换取货币，总面额在二千元以上或者币量在二百张（枚）以上的，应予立案追诉。

第二十二条　[持有、使用假币案（刑法第一百七十二条）] 明知是伪造的货币而持有、使用，总面额在四千元以上或者币量在四百张（枚）以上的，应予立案追诉。

第二十三条　[变造货币案（刑法第一百七十三条）] 变造货币，总面额在二千元以上或者币量在二百张（枚）以上的，应予立案追诉。

第二十四条　[擅自设立金融机构案(刑法第一百七十四条第一款)]未经国家有关主管部门批准,擅自设立金融机构,涉嫌下列情形之一的,应予立案追诉:

(一)擅自设立商业银行、证券交易所、期货交易所、证券公司、期货公司、保险公司或者其他金融机构的;

(二)擅自设立商业银行、证券交易所、期货交易所、证券公司、期货公司、保险公司或者其他金融机构筹备组织的。

第二十五条　[伪造、变造、转让金融机构经营许可证、批准文件案(刑法第一百七十四条第二款)]伪造、变造、转让商业银行、证券交易所、期货交易所、证券公司、期货公司、保险公司或者其他金融机构的经营许可证或者批准文件的,应予立案追诉。

第二十六条　[高利转贷案(刑法第一百七十五条)]以转贷牟利为目的,套取金融机构信贷资金高利转贷他人,涉嫌下列情形之一的,应予立案追诉:

(一)高利转贷,违法所得数额在十万元以上的;

(二)虽未达到上述数额标准,但两年内因高利转贷受过行政处罚二次以上,又高利转贷的。

第二十七条　[骗取贷款、票据承兑、金融票证案(刑法第一百七十五条之一)]以欺骗手段取得银行或者其他金融机构贷款、票据承兑、信用证、保函等,涉嫌下列情形之一的,应予立案追诉:

(一)以欺骗手段取得贷款、票据承兑、信用证、保函等,数额在一百万元以上的;

(二)以欺骗手段取得贷款、票据承兑、信用证、保函等,给银行或者其他金融机构造成直接经济损失数额在二十万元以上的;

(三)虽未达到上述数额标准,但多次以欺骗手段取得贷款、票据承兑、信用证、保函等的;

(四)其他给银行或者其他金融机构造成重大损失或者有其他严重情节的情形。

第二十八条　[非法吸收公众存款案(刑法第一百七十六条)]非法吸收公众存款或者变相吸收公众存款,扰乱金融秩序,涉嫌下列情形之一的,应予立案追诉:

(一)个人非法吸收或者变相吸收公众存款数额在二十万元以上的,单位非法吸收或者变相吸收公众存款数额在一百万元以上的;

(二)个人非法吸收或者变相吸收公众存款三十户以上的,单位非法吸收或者变相吸收公众存款一百五十户以上的;

(三)个人非法吸收或者变相吸收公众存款给存款人造成直接经济损失数额在十万元以上的,单位非法吸收或者变相吸收公众存款给存款人造成直接经济损失数额在五十万元以上的;

(四)造成恶劣社会影响的;

(五)其他扰乱金融秩序情节严重的情形。

第二十九条　[伪造、变造金融票证案(刑法第一百七十七条)]伪造、变造金融票证,涉嫌下列情形之一的,应予立案追诉:

(一)伪造、变造汇票、本票、支票,或者伪造、变造委托收款凭证、汇款凭证、银行存单等其他银行结算凭证,或者伪造、变造信用证或者附随的单据、文件,总面额在一万元以上或者数量在十张以上的;

(二)伪造信用卡一张以上,或者伪造空白信用卡十张以上的。

第三十条　[妨害信用卡管理案(刑法第一百七十七条之一第一款)]妨害信用卡管理,涉嫌下列情形之一的,应予立案追诉:

(一)明知是伪造的信用卡而持有、运输的;

(二)明知是伪造的空白信用卡而持有、运输,数量累计在十张以上的;

(三)非法持有他人信用卡,数量累计在五张以上的;

(四)使用虚假的身份证明骗领信用卡的;

(五)出售、购买、为他人提供伪造的信用卡或者以虚假的身份证明骗领的信用卡的。

违背他人意愿,使用其居民身份证、军官证、士兵证、港澳居民往来内地通行证、台湾居民来往大陆通行证、护照等身份证明申领信用卡的,或者使用伪造、变造的身份证明申领信用卡的,应当认定为"使用虚假的身份证明骗领信用卡"。

第三十一条　[窃取、收买、非法提供信用卡信息案(刑法第一百七十七条之一第二款)]窃取、收买或者非法提供他人信用卡信息资料,足以伪造可进行交易的信用卡,或者足以使他人以信用卡持卡人名义进行交易,涉及信用卡一张以上的,应予立案追诉。

第三十二条　[伪造、变造国家有价证券案(刑法第一百七十八条第一款)]伪造、变造国库券或者国家发行的其他有价证券,总面额在二千元以上的,应予立案追诉。

第三十三条 ［伪造、变造股票、公司、企业债券案(刑法第一百七十八条第二款)］伪造、变造股票或者公司、企业债券,总面额在五千元以上的,应予立案追诉。

第三十四条 ［擅自发行股票、公司、企业债券案(刑法第一百七十九条)］未经国家有关主管部门批准,擅自发行股票或者公司、企业债券,涉嫌下列情形之一的,应予立案追诉:

(一)发行数额在五十万元以上的;

(二)虽未达到上述数额标准,但擅自发行致使三十人以上的投资者购买了股票或者公司、企业债券的;

(三)不能及时清偿或者清退的;

(四)其他后果严重或者有其他严重情节的情形。

第三十五条 ［内幕交易、泄露内幕信息案(刑法第一百八十条第一款)］证券、期货交易内幕信息的知情人员、单位或者非法获取证券、期货交易内幕信息的人员、单位,在涉及证券的发行,证券、期货交易或者其他对证券、期货交易价格有重大影响的信息尚未公开前,买入或者卖出该证券,或者从事与该内幕信息有关的期货交易,或者泄露该信息,或者明示、暗示他人从事上述交易活动,涉嫌下列情形之一的,应予立案追诉:

(一)证券交易成交额累计在五十万元以上的;

(二)期货交易占用保证金数额累计在三十万元以上的;

(三)获利或者避免损失数额累计在十五万元以上的;

(四)多次进行内幕交易、泄露内幕信息的;

(五)其他情节严重的情形。

第三十六条 ［利用未公开信息交易案(刑法第一百八十条第四款)］证券交易所、期货交易所、证券公司、期货公司、基金管理公司、商业银行、保险公司等金融机构的从业人员以及有关监管部门或者行业协会的工作人员,利用因职务便利获取的内幕信息以外的其他未公开的信息,违反规定,从事与该信息相关的证券、期货交易活动,或者明示、暗示他人从事相关交易活动,涉嫌下列情形之一的,应予立案追诉:

(一)证券交易成交额累计在五十万元以上的;

(二)期货交易占用保证金数额累计在三十万元以上的;

(三)获利或者避免损失数额累计在十五万元以上的;

(四)多次利用内幕信息以外的其他未公开信息进行交易活动的;

(五)其他情节严重的情形。

第三十七条 ［编造并传播证券、期货交易虚假信息案(刑法第一百八十一条第一款)］编造并且传播影响证券、期货交易的虚假信息,扰乱证券、期货交易市场,涉嫌下列情形之一的,应予立案追诉:

(一)获利或者避免损失数额累计在五万元以上的;

(二)造成投资者直接经济损失数额在五万元以上的;

(三)致使交易价格和交易量异常波动的;

(四)虽未达到上述数额标准,但多次编造并且传播影响证券、期货交易的虚假信息的;

(五)其他造成严重后果的情形。

第三十八条 ［诱骗投资者买卖证券、期货合约案(刑法第一百八十一条第二款)］证券交易所、期货交易所、证券公司、期货公司的从业人员,证券业协会、期货业协会或者证券期货监督管理部门的工作人员,故意提供虚假信息或者伪造、变造、销毁交易记录,诱骗投资者买卖证券、期货合约,涉嫌下列情形之一的,应予立案追诉:

(一)获利或者避免损失数额累计在五万元以上的;

(二)造成投资者直接经济损失数额在五万元以上的;

(三)致使交易价格和交易量异常波动的;

(四)其他造成严重后果的情形。

第三十九条 ［操纵证券、期货市场案(刑法第一百八十二条)］操纵证券、期货市场,涉嫌下列情形之一的,应予立案追诉:

(一)单独或者合谋,持有或者实际控制证券的流通股份数达到该证券的实际流通股份总量百分之三十以上,且在该证券连续二十个交易日内联合或者连续买卖股份数累计达到该证券同期总成交量百分之三十以上的;

(二)单独或者合谋,持有或者实际控制期货合约的数量超过期货交易所业务规则限定的持仓量百分之五十以上,且在该期货合约连续二十个交易日内联合或者连续买卖期货合约数累计达到该期货合约同期总成交量百分之三十以上的；

（三）与他人串通，以事先约定的时间、价格和方式相互进行证券或者期货合约交易，且在该证券或者期货合约连续二十个交易日内成交量累计达到该证券或者期货合约同期总成交量百分之二十以上的；

（四）在自己实际控制的账户之间进行证券交易，或者以自己为交易对象，自买自卖期货合约，且在该证券或者期货合约连续二十个交易日内成交量累计达到该证券或者期货合约同期总成交量百分之二十以上的；

（五）单独或者合谋，当日连续申报买入或者卖出同一证券、期货合约并在成交前撤回申报，撤回申报量占当日该种证券总申报量或者该种期货合约总申报量百分之五十以上的；

（六）上市公司及其董事、监事、高级管理人员、实际控制人、控股股东或者其他关联人单独或者合谋，利用信息优势，操纵该公司证券交易价格或者证券交易量的；

（七）证券公司、证券投资咨询机构、专业中介机构或者从业人员，违背有关从业禁止的规定，买卖或者持有相关证券，通过对证券或者其发行人、上市公司公开作出评价、预测或者投资建议，在该证券的交易中谋取利益，情节严重的；

（八）其他情节严重的情形。

第四十条　[背信运用受托财产案（刑法第一百八十五条之一第一款）] 商业银行、证券交易所、期货交易所、证券公司、期货公司、保险公司或者其他金融机构，违背受托义务，擅自运用客户资金或者其他委托、信托的财产，涉嫌下列情形之一的，应予立案追诉：

（一）擅自运用客户资金或者其他委托、信托的财产数额在三十万元以上的；

（二）虽未达到上述数额标准，但多次擅自运用客户资金或者其他委托、信托的财产，或者擅自运用多个客户资金或者其他委托、信托的财产的；

（三）其他情节严重的情形。

第四十一条　[违法运用资金案（刑法第一百八十五条之一第二款）] 社会保障基金管理机构、住房公积金管理机构等公众资金管理机构，以及保险公司、保险资产管理公司、证券投资基金管理公司，违反国家规定运用资金，涉嫌下列情形之一的，应予立案追诉：

（一）违反国家规定运用资金数额在三十万元以上的；

（二）虽未达到上述数额标准，但多次违反国家规定运用资金的；

（三）其他情节严重的情形。

第四十二条　[违法发放贷款案（刑法第一百八十六条）] 银行或者其他金融机构及其工作人员违反国家规定发放贷款，涉嫌下列情形之一的，应予立案追诉：

（一）违法发放贷款，数额在一百万元以上的；

（二）违法发放贷款，造成直接经济损失数额在二十万元以上的。

第四十三条　[吸收客户资金不入账案（刑法第一百八十七条）] 银行或者其他金融机构及其工作人员吸收客户资金不入账，涉嫌下列情形之一的，应予立案追诉：

（一）吸收客户资金不入账，数额在一百万元以上的；

（二）吸收客户资金不入账，造成直接经济损失数额在二十万元以上的。

第四十四条　[违规出具金融票证案（刑法第一百八十八条）] 银行或者其他金融机构及其工作人员违反规定，为他人出具信用证或者其他保函、票据、存单、资信证明，涉嫌下列情形之一的，应予立案追诉：

（一）违反规定为他人出具信用证或者其他保函、票据、存单、资信证明，数额在一百万元以上的；

（二）违反规定为他人出具信用证或者其他保函、票据、存单、资信证明，造成直接经济损失数额在二十万元以上的；

（三）多次违规出具信用证或者其他保函、票据、存单、资信证明的；

（四）收受贿赂违规出具信用证或者其他保函、票据、存单、资信证明的；

（五）其他情节严重的情形。

第四十五条　[对违法票据承兑、付款、保证案（刑法第一百八十九条）] 银行或者其他金融机构及其工作人员在票据业务中，对违反票据法规定的票据予以承兑、付款或者保证，造成直接经济损失数额在二十万元以上的，应予立案追诉。

第四十六条　[逃汇案（刑法第一百九十条）] 公司、企业或者其他单位，违反国家规定，擅自将外汇存放境外，或者将境内的外汇非法转移到境外，单笔在二百万美元以上或者累计数额在五百万美元以上的，应予立案追诉。

第四十七条 ［骗购外汇案（全国人民代表大会常务委员会《关于惩治骗购外汇、逃汇和非法买卖外汇犯罪的决定》第一条）］骗购外汇，数额在五十万美元以上的，应予立案追诉。

第四十八条 ［洗钱案（刑法第一百九十一条）］明知是毒品犯罪、黑社会性质的组织犯罪、恐怖活动犯罪、走私犯罪、贪污贿赂犯罪、破坏金融管理秩序犯罪、金融诈骗犯罪的所得及其产生的收益，为掩饰、隐瞒其来源和性质，涉嫌下列情形之一的，应予立案追诉：

（一）提供资金账户的；

（二）协助将财产转换为现金、金融票据、有价证券的；

（三）通过转账或者其他结算方式协助资金转移的；

（四）协助将资金汇往境外的；

（五）以其他方法掩饰、隐瞒犯罪所得及其收益的来源和性质的。

第四十九条 ［集资诈骗案（刑法第一百九十二条）］以非法占有为目的，使用诈骗方法非法集资，涉嫌下列情形之一的，应予立案追诉：

（一）个人集资诈骗，数额在十万元以上的；

（二）单位集资诈骗，数额在五十万元以上的。

第五十条 ［贷款诈骗案（刑法第一百九十三条）］以非法占有为目的，诈骗银行或者其他金融机构的贷款，数额在二万元以上的，应予立案追诉。

第五十一条 ［票据诈骗案（刑法第一百九十四条第一款）］进行金融票据诈骗活动，涉嫌下列情形之一的，应予立案追诉：

（一）个人进行金融票据诈骗，数额在一万元以上的；

（二）单位进行金融票据诈骗，数额在十万元以上的。

第五十二条 ［金融凭证诈骗案（刑法第一百九十四条第二款）］使用伪造、变造的委托收款凭证、汇款凭证、银行存单等其他银行结算凭证进行诈骗活动，涉嫌下列情形之一的，应予立案追诉：

（一）个人进行金融凭证诈骗，数额在一万元以上的；

（二）单位进行金融凭证诈骗，数额在十万元以上的。

上的。

第五十三条 ［信用证诈骗案（刑法第一百九十五条）］进行信用证诈骗活动，涉嫌下列情形之一的，应予立案追诉：

（一）使用伪造、变造的信用证或者附随的单据、文件的；

（二）使用作废的信用证的；

（三）骗取信用证的；

（四）以其他方法进行信用证诈骗活动的。

第五十四条 ［信用卡诈骗案（刑法第一百九十六条）］进行信用卡诈骗活动，涉嫌下列情形之一的，应予立案追诉：

（一）使用伪造的信用卡，或者使用以虚假的身份证明骗领的信用卡，或者使用作废的信用卡，或者冒用他人信用卡，进行诈骗活动，数额在五千元以上的；

（二）恶意透支，数额在一万元以上的。

本条规定的“恶意透支”，是指持卡人以非法占有为目的，超过规定限额或者规定期限透支，并且经发卡银行两次催收后超过三个月仍不归还的。

恶意透支，数额在一万元以上不满十万元的，在公安机关立案前已偿还全部透支款息，情节显著轻微的，可以依法不追究刑事责任。

第五十五条 ［有价证券诈骗案（刑法第一百九十七条）］使用伪造、变造的国库券或者国家发行的其他有价证券进行诈骗活动，数额在一万元以上的，应予立案追诉。

第五十六条 ［保险诈骗案（刑法第一百九十八条）］进行保险诈骗活动，涉嫌下列情形之一的，应予立案追诉：

（一）个人进行保险诈骗，数额在一万元以上的；

（二）单位进行保险诈骗，数额在五万元以上的。

第五十七条 ［逃税案（刑法第二百零一条）］逃避缴纳税款，涉嫌下列情形之一的，应予立案追诉：

（一）纳税人采取欺骗、隐瞒手段进行虚假纳税申报或者不申报，逃避缴纳税款，数额在五万元以上并且占各税种应纳税总额百分之十以上，经税务机关依法下达追缴通知后，不补缴应纳税款、不缴纳滞纳金或者不接受行政处罚的；

（二）纳税人五年内因逃避缴纳税款受过刑事

处罚或者被税务机关给予二次以上行政处罚，又逃避缴纳税款，数额在五万元以上并且占各税种应纳税总额百分之十以上的；

（三）扣缴义务人采取欺骗、隐瞒手段，不缴或者少缴已扣、已收税款，数额在五万元以上的。

纳税人在公安机关立案后再补缴应纳税款、缴纳滞纳金或者接受行政处罚的，不影响刑事责任的追究。

第五十八条 ［抗税案（刑法第二百零二条）］以暴力、威胁方法拒不缴纳税款，涉嫌下列情形之一的，应予立案追诉：

（一）造成税务工作人员轻微伤以上的；

（二）以给税务工作人员及其亲友的生命、健康、财产等造成损害为威胁，抗拒缴纳税款的；

（三）聚众抗拒缴纳税款的；

（四）以其他暴力、威胁方法拒不缴纳税款的。

第五十九条 ［逃避追缴欠税案（刑法第二百零三条）］纳税人欠缴应纳税款，采取转移或者隐匿财产的手段，致使税务机关无法追缴欠缴的税款，数额在一万元以上的，应予立案追诉。

第六十条 ［骗取出口退税案（刑法第二百零四条第一款）］以假报出口或者其他欺骗手段，骗取国家出口退税款，数额在五万元以上的，应予立案追诉。

第六十一条 ［虚开增值税专用发票、用于骗取出口退税、抵扣税款发票案（刑法第二百零五条）］虚开增值税专用发票或者虚开用于骗取出口退税、抵扣税款的其他发票，虚开的税款数额在一万元以上或者致使国家税款被骗数额在五千元以上的，应予立案追诉。

第六十二条 ［伪造、出售伪造的增值税专用发票案（刑法第二百零六条）］伪造或者出售伪造的增值税专用发票二十五份以上或者票面额累计在十万元以上的，应予立案追诉。

第六十三条 ［非法出售增值税专用发票案（刑法第二百零七条）］非法出售增值税专用发票二十五份以上或者票面额累计在十万元以上的，应予立案追诉。

第六十四条 ［非法购买增值税专用发票、购买伪造的增值税专用发票案（刑法第二百零八条第一款）］非法购买增值税专用发票或者购买伪造的增值税专用发票二十五份以上或者票面额累计在十万元以上的，应予立案追诉。

第六十五条 ［非法制造、出售非法制造的用于骗取出口退税、抵扣税款发票案（刑法第二百零九条第一款）］伪造、擅自制造或者出售伪造、擅自制造的可以用于骗取出口退税、抵扣税款的非增值税专用发票五十份以上或者票面额累计在二十万元以上的，应予立案追诉。

第六十六条 ［非法制造、出售非法制造的发票案（刑法第二百零九条第二款）］伪造、擅自制造或者出售伪造、擅自制造的不具有骗取出口退税、抵扣税款功能的普通发票一百份以上或者票面额累计在四十万元以上的，应予立案追诉。

第六十七条 ［非法出售用于骗取出口退税、抵扣税款发票案（刑法第二百零九条第三款）］非法出售可以用于骗取出口退税、抵扣税款的非增值税专用发票五十份以上或者票面额累计在二十万元以上的，应予立案追诉。

第六十八条 ［非法出售发票案（刑法第二百零九条第四款）］非法出售普通发票一百份以上或者票面额累计在四十万元以上的，应予立案追诉。

第六十九条 ［假冒注册商标案（刑法第二百一十三条）］未经注册商标所有人许可，在同一种商品上使用与其注册商标相同的商标，涉嫌下列情形之一的，应予立案追诉：

（一）非法经营数额在五万元以上或者违法所得数额在三万元以上的；

（二）假冒两种以上注册商标，非法经营数额在三万元以上或者违法所得数额在二万元以上的；

（三）其他情节严重的情形。

第七十条 ［销售假冒注册商标的商品案（刑法第二百一十四条）］销售明知是假冒注册商标的商品，涉嫌下列情形之一的，应予立案追诉：

（一）销售金额在五万元以上的；

（二）尚未销售，货值金额在十五万元以上的；

（三）销售金额不满五万元，但已销售金额与尚未销售的货值金额合计在十五万元以上的。

第七十一条 ［非法制造、销售非法制造的注册商标标识案（刑法第二百一十五条）］伪造、擅自制造他人注册商标标识或者销售伪造、擅自制造的注册商标标识，涉嫌下列情形之一的，应予立案追诉：

（一）伪造、擅自制造或者销售伪造、擅自制造的注册商标标识数量在二万件以上，或者非法经营数额在五万元以上，或者违法所得数额在三万元以上的；

（二）伪造、擅自制造或者销售伪造、擅自制造两种以上注册商标标识数量在一万件以上，或者非法经营数额在三万元以上，或者违法所得数额在二万元以上的；

（三）其他情节严重的情形。

第七十二条 ［假冒专利案（刑法第二百一十六条）］假冒他人专利，涉嫌下列情形之一的，应予立案追诉：

（一）非法经营数额在二十万元以上或者违法所得数额在十万元以上的；

（二）给专利权人造成直接经济损失在五十万元以上的；

（三）假冒两项以上他人专利，非法经营数额在十万元以上或者违法所得数额在五万元以上的；

（四）其他情节严重的情形。

第七十三条 ［侵犯商业秘密案（刑法第二百一十九条）］侵犯商业秘密，涉嫌下列情形之一的，应予立案追诉：

（一）给商业秘密权利人造成损失数额在五十万元以上的；

（二）因侵犯商业秘密违法所得数额在五十万元以上的；

（三）致使商业秘密权利人破产的；

（四）其他给商业秘密权利人造成重大损失的情形。

第七十四条 ［损害商业信誉、商品声誉案（刑法第二百二十一条）］捏造并散布虚伪事实，损害他人的商业信誉、商品声誉，涉嫌下列情形之一的，应予立案追诉：

（一）给他人造成直接经济损失数额在五十万元以上的；

（二）虽未达到上述数额标准，但具有下列情形之一的：

1. 利用互联网或者其他媒体公开损害他人商业信誉、商品声誉的；

2. 造成公司、企业等单位停业、停产六个月以上，或者破产的。

（三）其他给他人造成重大损失或者有其他严重情节的情形。

第七十五条 ［虚假广告案（刑法第二百二十二条）］广告主、广告经营者、广告发布者违反国家规定，利用广告对商品或者服务作虚假宣传，涉嫌下列情形之一的，应予立案追诉：

（一）违法所得数额在十万元以上的；

（二）给单个消费者造成直接经济损失数额在五万元以上的，或者给多个消费者造成直接经济损失数额累计在二十万元以上的；

（三）假借预防、控制突发事件的名义，利用广告作虚假宣传，致使多人上当受骗，违法所得数额在三万元以上的；

（四）虽未达到上述数额标准，但两年内因利用广告作虚假宣传，受过行政处罚二次以上，又利用广告作虚假宣传的；

（五）造成人身伤残的；

（六）其他情节严重的情形。

第七十六条 ［串通投标案（刑法第二百二十三条）］投标人相互串通投标报价，或者投标人与招标人串通投标，涉嫌下列情形之一的，应予立案追诉：

（一）损害招标人、投标人或者国家、集体、公民的合法利益，造成直接经济损失数额在五十万元以上的；

（二）违法所得数额在十万元以上的；

（三）中标项目金额在二百万元以上的；

（四）采取威胁、欺骗或者贿赂等非法手段的；

（五）虽未达到上述数额标准，但两年内因串通投标，受过行政处罚二次以上，又串通投标的；

（六）其他情节严重的情形。

第七十七条 ［合同诈骗案（刑法第二百二十四条）］以非法占有为目的，在签订、履行合同过程中，骗取对方当事人财物，数额在二万元以上的，应予立案追诉。

第七十八条 ［组织、领导传销活动案（刑法第二百二十四条之一）］组织、领导以推销商品、提供服务等经营活动为名，要求参加者以缴纳费用或者购买商品、服务等方式获得加入资格，并按照一定顺序组成层级，直接或者间接以发展人员的数量作为计酬或者返利依据，引诱、胁迫参加者继续发展他人参加，骗取财物，扰乱经济社会秩序的传销活动，涉嫌组织、领导的传销活动人员在三十人以上且层级在三级以上的，对组织者、领导者，应予立案追诉。

本条所指的传销活动的组织者、领导者，是指在传销活动中起组织、领导作用的发起人、决策人、操纵人，以及在传销活动中担负策划、指挥、布置、协调等重要职责，或者在传销活动实施中起到关键作用的人员。

第七十九条　[非法经营案(刑法第二百二十五条)]违反国家规定,进行非法经营活动,扰乱市场秩序,涉嫌下列情形之一的,应予立案追诉:

(一)违反国家有关盐业管理规定,非法生产、储运、销售食盐,扰乱市场秩序,具有下列情形之一的:

1. 非法经营食盐数量在二十吨以上的;

2. 曾因非法经营食盐行为受过二次以上行政处罚又非法经营食盐,数量在十吨以上的。

(二)违反国家烟草专卖管理法律法规,未经烟草专卖行政主管部门许可,无烟草专卖生产企业许可证、烟草专卖批发企业许可证、特种烟草专卖经营企业许可证、烟草专卖零售许可证等许可证明,非法经营烟草专卖品,具有下列情形之一的:

1. 非法经营数额在五万元以上,或者违法所得数额在二万元以上的;

2. 非法经营卷烟二十万支以上的;

3. 曾因非法经营烟草专卖品三年内受过二次以上行政处罚,又非法经营烟草专卖品且数额在三万元以上的。

(三)未经国家有关主管部门批准,非法经营证券、期货、保险业务,或者非法从事资金支付结算业务,具有下列情形之一的:

1. 非法经营证券、期货、保险业务,数额在三十万元以上的;

2. 非法从事资金支付结算业务,数额在二百万元以上的;

3. 违反国家规定,使用销售点终端机具(POS机)等方法,以虚构交易、虚开价格、现金退货等方式向信用卡持卡人直接支付现金,数额在一百万元以上的,或者造成金融机构资金二十万元以上逾期未还的,或者造成金融机构经济损失十万元以上的;

4. 违法所得数额在五万元以上的。

(四)非法经营外汇,具有下列情形之一的:

1. 在外汇指定银行和中国外汇交易中心及其分中心以外买卖外汇,数额在二十万美元以上的,或者违法所得数额在五万元以上的;

2. 公司、企业或者其他单位违反有关外贸代理业务的规定,采用非法手段,或者明知是伪造、变造的凭证、商业单据,为他人向外汇指定银行骗购外汇,数额在五百万美元以上或者违法所得数额在五十万元以上的;

3. 居间介绍骗购外汇,数额在一百万美元以上

或者违法所得数额在十万元以上的。

(五)出版、印刷、复制、发行严重危害社会秩序和扰乱市场秩序的非法出版物,具有下列情形之一的:

1. 个人非法经营数额在五万元以上的,单位非法经营数额在十五万元以上的;

2. 个人违法所得数额在二万元以上的,单位违法所得数额在五万元以上的;

3. 个人非法经营报纸五千份或者期刊五千本或者图书二千册或者音像制品、电子出版物五百张(盒)以上的,单位非法经营报纸一万五千份或者期刊一万五千本或者图书五千册或者音像制品、电子出版物一千五百张(盒)以上的;

4. 虽未达到上述数额标准,但具有下列情形之一的:

(1)两年内因出版、印刷、复制、发行非法出版物受过行政处罚二次以上的,又出版、印刷、复制、发行非法出版物的;

(2)因出版、印刷、复制、发行非法出版物造成恶劣社会影响或者其他严重后果的。

(六)非法从事出版物的出版、印刷、复制、发行业务,严重扰乱市场秩序,具有下列情形之一的:

1. 个人非法经营数额在十五万元以上的,单位非法经营数额在五十万元以上的;

2. 个人违法所得数额在五万元以上的,单位违法所得数额在十五万元以上的;

3. 个人非法经营报纸一万五千份或者期刊一万五千本或者图书五千册或者音像制品、电子出版物一千五百张(盒)以上的,单位非法经营报纸五万份或者期刊五万本或者图书一万五千册或者音像制品、电子出版物五千张(盒)以上的;

4. 虽未达到上述数额标准,两年内因非法从事出版物的出版、印刷、复制、发行业务受过行政处罚二次以上的,又非法从事出版物的出版、印刷、复制、发行业务的。

(七)采取租用国际专线、私设转接设备或者其他方法,擅自经营国际电信业务或者涉港澳台电信业务进行营利活动,扰乱电信市场管理秩序,具有下列情形之一的:

1. 经营去话业务数额在一百万元以上的;

2. 经营来话业务造成电信资费损失数额在一百万元以上的;

3. 虽未达到上述数额标准,但具有下列情形之

一的：

（1）两年内因非法经营国际电信业务或者涉港澳台电信业务行为受过行政处罚二次以上，又非法经营国际电信业务或者涉港澳台电信业务的；

（2）因非法经营国际电信业务或者涉港澳台电信业务行为造成其他严重后果的。

（八）从事其他非法经营活动，具有下列情形之一的：

1. 个人非法经营数额在五万元以上，或者违法所得数额在一万元以上的；

2. 单位非法经营数额在五十万元以上，或者违法所得数额在十万元以上的；

3. 虽未达到上述数额标准，但两年内因同种非法经营行为受过二次以上行政处罚，又进行同种非法经营行为的；

4. 其他情节严重的情形。

第八十条　[非法转让、倒卖土地使用权案（刑法第二百二十八条）] 以牟利为目的，违反土地管理法规，非法转让、倒卖土地使用权，涉嫌下列情形之一的，应予立案追诉：

（一）非法转让、倒卖基本农田五亩以上的；

（二）非法转让、倒卖基本农田以外的耕地十亩以上的；

（三）非法转让、倒卖其他土地二十亩以上的；

（四）违法所得数额在五十万元以上的；

（五）虽未达到上述数额标准，但因非法转让、倒卖土地使用权受过行政处罚，又非法转让、倒卖土地的；

（六）其他情节严重的情形。

第八十一条　[提供虚假证明文件案（刑法第二百二十九条第一款、第二款）] 承担资产评估、验资、验证、会计、审计、法律服务等职责的中介组织的人员故意提供虚假证明文件，涉嫌下列情形之一的，应予立案追诉：

（一）给国家、公众或者其他投资者造成直接经济损失数额在五十万元以上的。

（二）违法所得数额在十万元以上的。

（三）虚假证明文件虚构数额在一百万元且占实际数额百分之三十以上的。

（四）虽未达到上述数额标准，但具有下列情形之一的：

1. 在提供虚假证明文件过程中索取或者非法接受他人财物的；

2. 两年内因提供虚假证明文件，受过行政处罚二次以上，又提供虚假证明文件的。

（五）其他情节严重的情形。

第八十二条　[出具证明文件重大失实案（刑法第二百二十九条第三款）] 承担资产评估、验资、验证、会计、审计、法律服务等职责的中介组织的人员严重不负责任，出具的证明文件有重大失实，涉嫌下列情形之一的，应予立案追诉：

（一）给国家、公众或者其他投资者造成直接经济损失数额在一百万元以上的；

（二）其他造成严重后果的情形。

第八十三条　[逃避商检案（刑法第二百三十条）] 违反进出口商品检验法的规定，逃避商品检验，将必须经商检机构检验的进口商品未报经检验而擅自销售、使用，或者将必须经商检机构检验的出口商品未报经检验合格而擅自出口，涉嫌下列情形之一的，应予立案追诉：

（一）给国家、单位或者个人造成直接经济损失数额在五十万元以上的；

（二）逃避商检的进出口货物货值金额在三百万元以上的；

（三）导致病疫流行、灾害事故的；

（四）多次逃避商检的；

（五）引起国际经济贸易纠纷，严重影响国家对外贸易关系，或者严重损害国家声誉的；

（六）其他情节严重的情形。

三、侵犯财产案

第八十四条　[职务侵占案（刑法第二百七十一条第一款）] 公司、企业或者其他单位的人员，利用职务上的便利，将本单位财物非法占为己有，数额在五千元至一万元以上的，应予立案追诉。

第八十五条　[挪用资金案（刑法第二百七十二条第一款）] 公司、企业或者其他单位的工作人员，利用职务上的便利，挪用本单位资金归个人使用或者借贷给他人，涉嫌下列情形之一的，应予立案追诉：

（一）挪用本单位资金数额在一万元至三万元以上，超过三个月未还的；

（二）挪用本单位资金数额在一万元至三万元以上，进行营利活动的；

（三）挪用本单位资金数额在五千元至二万元以上，进行非法活动的。

具有下列情形之一的，属于本条规定的"归个

人使用":

（一）将本单位资金供本人、亲友或者其他自然人使用的；

（二）以个人名义将本单位资金供其他单位使用的；

（三）个人决定以单位名义将本单位资金供其他单位使用，谋取个人利益的。

第八十六条 ［挪用特定款物案（刑法第二百七十三条）］挪用用于救灾、抢险、防汛、优抚、扶贫、移民、救济款物，涉嫌下列情形之一的，应予立案追诉：

（一）挪用特定款物数额在五千元以上的；

（二）造成国家和人民群众直接经济损失数额在五万元以上的；

（三）虽未达到上述数额标准，但多次挪用特定款物的，或者造成人民群众的生产、生活严重困难的；

（四）严重损害国家声誉，或者造成恶劣社会影响的；

（五）其他致使国家和人民群众利益遭受重大损害的情形。

附　则

第八十七条　本规定中的"多次"，是指三次以上。

第八十八条　本规定中的"虽未达到上述数额标准"，是指接近上述数额标准且已达到该数额的百分之八十以上的。

第八十九条　对于预备犯、未遂犯、中止犯，需要追究刑事责任的，应予立案追诉。

第九十条　本规定中的立案追诉标准，除法律、司法解释、本规定中另有规定的以外，适用于相应的单位犯罪。

第九十一条　本规定中的"以上"，包括本数。

第九十二条　本规定自印发之日起施行。2001年4月18日最高人民检察院、公安部印发的《关于经济犯罪案件追诉标准的规定》（公发〔2001〕11号）和2008年3月5日最高人民检察院、公安部印发的《关于经济犯罪案件追诉标准的补充规定》（高检会〔2008〕2号）同时废止。

最高人民检察院关于印发《人民检察院扣押、冻结涉案款物工作规定》的通知

2010年5月9日　高检发〔2010〕9号

各省、自治区、直辖市人民检察院，军事检察院，新疆生产建设兵团人民检察院：

《人民检察院扣押、冻结涉案款物工作规定》已经2010年4月7日最高人民检察院第十一届检察委员会第三十三次会议通过，现印发你们，请认真贯彻执行。

人民检察院扣押、冻结涉案款物工作规定

第一章　总　则

第一条　为了规范人民检察院扣押、冻结涉案款物工作，提高执法水平和办案质量，保护公民、法人和其他组织合法权益，根据刑法、刑事诉讼法及其他有关规定，制定本规定。

第二条　本规定所称扣押、冻结的涉案款物，是指人民检察院在依法行使检察职权过程中扣押、

冻结的违法所得、与犯罪有关的款物、作案工具和非法持有的违禁品等。

犯罪嫌疑人、被告人实施违法犯罪行为所取得的财物及其孳息属于违法所得。

第三条 违法所得的一切财物，应当予以追缴或者责令退赔。对被害人的合法财产，应当依法及时返还。违禁品和供犯罪所用的财物，应当予以扣押、冻结，并依法处理。

第四条 人民检察院扣押、冻结、保管、处理涉案款物，必须严格依法进行。严禁以虚假立案或者其他非法方式扣押、冻结款物。对涉案单位私设账外资金但与案件无关的，不得扣押、冻结，可以通知有关主管机关或者其上级单位处理。严禁扣押、冻结与案件无关的合法财产。

第五条 严禁在立案之前扣押、冻结款物。立案之前发现涉嫌犯罪的款物，如果符合立案条件的，应当及时立案，并采取扣押、冻结措施，以保全证据和防止涉案款物转移。

个人或者单位在立案之前向人民检察院自首时携带涉案款物的，人民检察院可以先行接收，并向自首人开具接收凭证，根据立案和侦查情况决定是否扣押、冻结。

人民检察院扣押、冻结涉案款物后，应当对案件及时进行侦查，不得在无法定理由情况下撤销案件或者停止对案件的侦查。

第六条 人民检察院扣押、冻结犯罪嫌疑人、被告人的涉案款物，应当为犯罪嫌疑人、被告人及其所扶养的家属保留必需的生活费用和物品。

扣押、冻结单位的涉案款物，应当尽量不影响该单位正常的办公、生产、经营等活动。

第七条 人民检察院实行扣押、冻结款物与保管款物相分离的原则，账实必须相符。

第八条 人民检察院扣押、冻结、保管、处理涉案款物，实行办案部门和保管部门分工负责、相互制约的原则，并接受侦查监督、公诉、控告申诉、纪检监察等部门的监督。

第九条 人民检察院扣押、冻结、保管、处理涉案款物，应当书面告知当事人或者其近亲属有权按照有关规定进行投诉。

当事人、其他直接利害关系人或者其近亲属认为人民检察院扣押、冻结、保管、处理涉案款物侵犯自身合法权益或者有违法情形的，可以向该人民检察院投诉，也可以直接向其上一级人民检察院投

诉。接到投诉的人民检察院应当按照有关规定及时进行审查并作出处理和答复。

刑事诉讼程序终结后，当事人认为人民检察院违法扣押、冻结涉案款物而申请刑事赔偿的，尚未办结的投诉程序应当终止，负责办理投诉的部门应当将相关材料移交刑事赔偿工作部门。

第十条 人民检察院扣押、冻结、保管、处理涉案款物，应当按照有关规定接受人民监督员的监督。

第十一条 人民检察院扣押、冻结、处理涉案款物应当使用最高人民检察院统一制定的法律文书，填写必须规范、完备，文书存根必须完整。

禁止使用"没收决定书"、"罚款决定书"等不符合规定的文书扣押、冻结、处理涉案款物。

第十二条 扣押、冻结、保管、处理涉及国家秘密、商业秘密、个人隐私的款物，应当严格遵守有关保密规定。

第二章 扣押、冻结涉案款物的程序

第十三条 扣押、冻结涉案款物，应当报经检察长批准，由两名以上检察人员执行。

第十四条 在现场勘查、搜查、拘留、逮捕过程中发现的可用以证明犯罪嫌疑人有罪或者无罪的各种物品，非法持有的违禁品，可能属于违法所得的款项，应当扣押；与案件无关的，不得扣押。不能立即查明是否与案件有关的可疑款物，可以先行扣押并按照本规定第二十一条审查处理。

需要扣押犯罪嫌疑人到案时随身携带的物品的，按照前款规定办理。对于与案件无关的个人用品，逐件登记，随人移交或者退还其家属。

第十五条 需要扣押、冻结的涉案款物不在本辖区的，办理案件的人民检察院应当依照有关法律及本规定，持相关法律文书及简要案情等材料，商请被扣押、冻结款物所在地的人民检察院协助执行，被请求的人民检察院应当协助执行。

被请求协助的人民检察院有异议的，可以向办理案件的人民检察院提出。双方达不成一致意见的，应当逐级报请上级人民检察院进行协商；必要时，报请共同的上级人民检察院决定。

第十六条 对于扣押的款物，检察人员应当会同在场见证人和被扣押款物持有人查点清楚，经拍照或者录像后予以扣押，并当场开列扣押清单一式四份，注明扣押物品的名称、型号、规格、数量、质

量、颜色、新旧程度、包装等主要特征,由检察人员、见证人和持有人签名或者盖章。持有人拒绝签名、盖章或者不在场的,应当在清单上注明。

扣押、冻结市场价格波动较大的股票、债券、基金、权证、期货、仓单、黄金等,应当书面告知当事人或者其近亲属有权按照本规定第三十二条第二款的规定申请出售。

第十七条　对于应当扣押但不便提取或者不必提取的不动产、生产设备或者其他财物,应当扣押其权利证书,经拍照或者录像后原地封存,或者交持有人或者其近亲属保管,并开列扣押(原地封存)清单一式四份,注明相关物品的详细地址和相关特征,同时注明已经拍照或者录像以及其权利证书已被扣押,由检察人员、见证人和持有人签名或者盖章。启封时应当有见证人、持有人在场并签名或者盖章。持有人拒绝签名、盖章或者不在场的,应当在清单上注明。

被扣押的财物交持有人或者其近亲属保管的,检察人员应当书面告知保管人对被扣押的财物必须妥善保管,不得转移、变卖、毁损、出租、抵押、赠予等。

第十八条　办案部门扣押、冻结下列款物,应当进行相应的处理:

(一)扣押外币、金银珠宝、文物、字画以及其他不易辨别真伪的贵重物品,应当开列清单注明特征经拍照或者录像后当场密封,由检察人员、见证人和被扣押物品持有人在密封材料上签名或者盖章。根据办案需要及时委托具有资质的部门出具鉴定报告。启封时应当有见证人或者持有人在场并签名或者盖章;

(二)对存折、存单、信用卡、股票、债券、基金、权证、期货、其他有价证券以及具有一定特征能够证明案情的现金或者实物,应当注明特征、编号、种类、面值、张数、金额等,经拍照或者录像后作为实物进行封存,由检察人员、见证人和被扣押物品持有人在密封材料上签名或者盖章,并且冻结相应的账户。启封时应当有见证人或者持有人在场并签名或者盖章;

(三)对录音带、录像带、磁盘、光盘、优盘、移动硬盘等磁质、电子存储介质,应当注明案由、内容、规格、类别、应用长度、文件格式、制作或者提取时间、制作人或者提取人等;

(四)对易损毁、灭失、变质以及其他不宜长期

保存的物品,应当采取笔录、绘图、拍照、录像等方法加以保全后进行封存;

(五)按照本规定第十七条原地封存或者交持有人或者其近亲属保管的财物,应当将扣押决定书复印件送达当地不动产或者生产设备等财物的登记、管理部门,告知其在解除扣押之前,禁止办理出售、转让、抵押等;

(六)对单位的涉密电子设备、文件等物品,应当在拍照或者录像后当场密封,由检察人员、见证人、单位有关负责人在密封材料上签名或者盖章。启封时应当有见证人、单位有关负责人在场并签名或者盖章。

对于有关人员拒绝按照前款有关规定签名或者盖章的,人民检察院应当在相关文书上注明。

第十九条　对犯罪嫌疑人用违法所得与合法收入共同购置的不可分割的财产,可以先行扣押、冻结,并按照本规定第二十一条审查处理。对无法分开退还的财产,应当在案件办结后予以拍卖、变卖,对不属于违法所得的部分予以退还。

第二十条　犯罪嫌疑人被拘留、逮捕后,其亲友受犯罪嫌疑人委托或者主动代为向检察机关上交或退赔涉案款物的,参照本规定第十六条、第十七条办理,由检察人员、代为上交款物人员、见证人在扣押清单上签名或者盖章。

代为上交款物人员应当在清单上注明系受犯罪嫌疑人委托或者主动代替犯罪嫌疑人上交或者退赔。

第二十一条　对扣押、冻结的款物,办案部门应当及时进行审查。经查明确实与案件无关的,应当在三日内作出解除或者退还决定,并通知有关当事人或者其近亲属办理相关手续。

第二十二条　人民检察院侦查监督、公诉部门发现侦查部门有违法扣押、冻结、处理涉案款物情形的,可以依法提出纠正意见。

第三章　扣押、冻结涉案款物的保管

第二十三条　人民检察院对于扣押、冻结的涉案款物及其孳息,应当如实登记,妥善保管。

第二十四条　人民检察院负责财务装备的部门是扣押款物的管理部门,负责对扣押款物统一管理。法律和有关规定另有规定的除外。

第二十五条　办案部门扣押款物后,应当在三日内移交管理部门,并附扣押清单复印件。由于特

殊原因不能按时移交的,经检察长批准,可以由办案部门暂时保管,在原因消除后及时移交。

第二十六条 下列扣押款物可以不移交本院管理部门,由办案部门拍照或者录像后及时按照有关规定处理:

（一）对不便提取或者不必提取的不动产、生产设备或者其他财物,可以按照本规定第十七条的规定交持有人或者其近亲属保管;

（二）对珍贵文物、珍贵动物及其制品、珍稀植物及其制品,按照国家有关规定移送主管机关;

（三）对毒品、淫秽物品等违禁品,及时移送有关主管机关,或者根据办案需要严格封存,不得使用或者扩散;

（四）对爆炸性、易燃性、放射性、毒害性、腐蚀性等危险品,及时移送有关部门或者根据办案需要委托有关主管机关妥善保管;

（五）对易损毁、灭失、变质以及其他不宜长期保存的物品,可以经检察长批准后及时委托有关部门拍卖、变卖;

（六）对单位的涉密电子设备、文件等物品,可以在密封后交被扣押物品的单位保管。

第二十七条 办案部门向管理部门移交扣押的款物时,应当列明物品的名称、规格、特征、质量、数量或者现金的数额等,出具本规定第十八条要求的手续。管理部门应当当场审验,对不符合规定的,应当要求办案部门立即补正;符合规定的,应当在移交清单上签名并向办案部门开具收据。

第二十八条 对扣押款应当逐案设立明细账,并及时存入指定银行的专用账户,严格收付手续。

第二十九条 对扣押的实物应当建账设卡,一案一账,一物一卡。

办案部门对于细小物品,可以根据物品种类分袋、分件、分箱设卡。

第三十条 对扣押物品应当设立符合防火、防盗、防潮、防尘等安全要求的专用保管场所,并配备必要的计量和存储设备。严格封存登记和出入库手续。管理人员应当定期对扣押款物进行检查,防止挪用、丢失、损毁等。

第三十一条 为了核实证据,需要临时调用扣押款物时,应当经检察长批准。加封的款物启封时,办案部门和管理部门应当同时派员在场,并应当有见证人或者持有人在场,当面查验。归还时,应当重新封存,由管理人员清点验收。管理部门应

当对调用和归还情况进行登记。

第四章 扣押、冻结涉案款物的处理

第三十二条 扣押、冻结的款物,除依法应当返还被害人或者经查明确实与案件无关的以外,不得在诉讼程序终结之前处理。法律和有关规定另有规定的除外。

权利人申请出售被扣押、冻结的股票、债券、基金、权证、期货、仓单、黄金等,不损害国家利益、被害人利益,不影响诉讼正常进行的,经检察长批准或者检察委员会决定,在案件终结前可以依法出售,所得价款由管理部门保管。

扣押、冻结汇票、本票、支票的,应当在有效期限内作出处理。经检察长批准或者检察委员会决定,在案件终结前依法变现的,所得价款由管理部门保管,并及时书面告知当事人或者其近亲属。

第三十三条 处理扣押、冻结的涉案款物,应当由办案部门提出意见,报请检察长决定。负责保管扣押、冻结涉案款物的管理部门会同办案部门办理相关的处理手续。

人民检察院向其他机关移送的案件需要随案移送扣押、冻结的涉案款物的,按照前款的规定办理。

第三十四条 决定撤销案件的,侦查部门应当在撤销案件决定书中写明对扣押、冻结的涉案款物的处理结果。扣押的违法所得需要没收的,应当提出检察意见,移送有关主管机关处理。需要返还原主或者被害人的,应当解除扣押、冻结,直接返还。

因犯罪嫌疑人死亡而撤销案件,被冻结的存款、汇款应当依法予以没收或者返还被害人的,可以申请人民法院裁定通知冻结犯罪嫌疑人存款、汇款的金融机构上缴国库或者返还被害人;因其他原因撤销案件的,直接通知冻结机构上缴国库或者返还被害人。需要返还犯罪嫌疑人的,应当解除冻结并返还犯罪嫌疑人或者其合法继承人。

第三十五条 侦查部门移送审查起诉时,应当在侦查终结报告、移送审查起诉意见书中提出对扣押、冻结的涉案款物的处理意见,并列明款物去向存入案卷。

公诉部门审查案件时,应当对随案移送的扣押、冻结涉案款物清单、处理意见进行审查。对账实不符的,应当要求侦查部门进行核实、更正。经审查认为不应当扣押、冻结的,公诉部门应当提出

处理意见,报检察长批准后解除扣押、冻结,返还原主或者被害人。

第三十六条　决定不起诉的案件,公诉部门应当在不起诉决定书中写明对扣押、冻结的涉案款物的处理结果。需要没收被不起诉人违法所得的,应当提出检察意见,连同不起诉决定书一并移送有关主管机关处理。需要返还原主或者被害人的,应当解除扣押、冻结,直接返还。

第三十七条　提起公诉的案件,公诉部门应当在起诉书中写明对扣押、冻结的涉案款物的处理情况。对作为证据使用的扣押物品,应当随案移送。对不宜移送的,应当将其清单、照片或者其他证明文件随案移送。

人民检察院冻结的犯罪嫌疑人存在金融机构的款项,应当向人民法院随案移送该金融机构出具的证明文件。

扣押的涉案款物,对依法不移送的,应当待人民法院作出生效判决后,按照人民法院的通知上缴国库。

人民检察院应当严格按照人民法院的生效判决、裁定处理扣押、冻结的款物。对于起诉书中未认定的扣押、冻结款物以及起诉书中已经认定、但人民法院判决、裁定中未认定的扣押、冻结款物,参照本规定第三十六条、第四十条的规定处理。

第三十八条　犯罪嫌疑人在审查起诉中死亡,对其被冻结的存款、汇款应当依法予以没收或者返还被害人的,可以申请人民法院裁定通知冻结犯罪嫌疑人存款、汇款的金融机构上缴国库或者返还被害人。需要返还犯罪嫌疑人的,应当解除冻结并返还其合法继承人。

第三十九条　人民检察院作出撤销案件决定书、不起诉决定书或者收到人民法院生效判决、裁定书后,应当在三十日以内对扣押、冻结的款物依法作出处理,并制作扣押、冻结款物的处理报告,详细列明每一项款物的来源、去向并附有关法律文件复印件,报检察长审核后存入案卷。情况特殊的,经检察长决定,可以延长三十日。

第四十条　扣押、冻结的涉案款物,经审查属于被害人的合法财产,不需要在法庭出示的,人民检察院应当及时返还。诉讼程序终结后,经查明属于犯罪嫌疑人、被不起诉人以及被告人的合法财产的,应当及时返还。领取人应当在返还款物清单上签名或者盖章。返还清单、物品照片应当附入

卷宗。

第四十一条　对于应当返还被害人的扣押、冻结款物,无人认领的,应当公告通知。公告满一年无人认领的,依法上缴国库。

无人认领的款物在上缴国库后有人认领,经查证属实的,人民检察院应当向人民政府财政部门申请退库或者返还。原物已经拍卖、变卖的,应当退回价款。

第四十二条　对于贪污、挪用公款犯罪案件中扣押、冻结的涉案款物,除法院判决上缴国库的以外,应当归还原单位。原单位已不存在或者虽然存在但对被贪污、挪用的款项已经作为损失核销的,应当上缴国库。

第四十三条　人民检察院处理扣押、冻结的款物,应当制作扣押、冻结款物处理决定书并送达当事人或者其近亲属,由当事人或者其近亲属在处理清单上签名或者盖章。当事人或者其近亲属不签名的,应当在处理清单上注明。处理扣押、冻结的单位款物,应当由单位有关负责人签名并加盖公章,单位负责人不签名的,应当在处理清单上注明。

第四十四条　扣押、冻结的涉案款物应当依法上缴国库或者返还有关单位和个人的,如果有孳息,应当一并上缴或者返还。

第五章　监督检查与责任追究

第四十五条　人民检察院纪检监察部门应当会同本院其他有关部门对本院的扣押、冻结、保管、处理涉案款物工作进行定期检查。每年至少检查一次。

人民检察院扣押、冻结、保管、处理涉案款物的相关法律文书送达或者制作完成后,办案部门应当在五日内将法律文书复印件送本院纪检监察部门。纪检监察部门应当及时进行审查,认为违法的,及时提出纠正意见;必要时报请检察长处理或者向上一级人民检察院纪检监察部门报告。

上级人民检察院纪检监察部门应当对下级人民检察院的扣押、冻结、保管、处理涉案款物工作进行监督,并适时会同有关部门进行检查。

第四十六条　人民检察院负有扣押、冻结、保管、处理涉案款物权限、职责的人员岗位变动时,其所在部门应当会同本院纪检监察、财务装备等部门对扣押、冻结的有关款物进行检查并办理工作交接手续。

第四十七条 人民检察院工作人员在扣押、冻结、保管、处理涉案款物工作中违反本规定的,应当区别情形,按照检察人员纪律处分规定追究责任;构成犯罪的,依法追究刑事责任。

因违反规定导致国家赔偿的,应当依照国家赔偿法的规定向有关责任人员追偿部分或者全部赔偿费用。

第六章 附 则

第四十八条 其他机关随案移送人民检察院的涉案款物的扣押、冻结、保管、处理,依照本规定执行。

第四十九条 对扣押、冻结款物的保管、鉴定、估价、公告等支付的费用,列入人民检察院办案经费,不得向当事人收取。

第五十条 设立案件管理部门的人民检察院,可以根据有关规定确定案件管理部门、纪检监察部门、财务装备部门在扣押、冻结款物的保管、处理、监督工作中的职责与分工。

第五十一条 本规定所称犯罪嫌疑人、被告人、被害人,包括自然人、单位。

第五十二条 本规定所称有关主管机关,是指对犯罪嫌疑人违反法律、法规的行为以及对有关违禁品、危险品具有行政管理、行政处罚、行政处分权限的机关和纪检监察部门。

第五十三条 本规定由最高人民检察院解释。

第五十四条 本规定自发布之日起施行。最高人民检察院 2006 年 3 月 27 日发布的《人民检察院扣押、冻结款物工作规定》同时废止。

中共中央组织部 最高人民法院
最高人民检察院 人力资源和社会保障部
关于切实解决法官、检察官提前离岗、离职问题的通知

2010 年 5 月 12 日 法发〔2010〕14 号

各省、自治区、直辖市党委组织部、高级人民法院、人民检察院、人力资源社会保障厅(局),新疆生产建设兵团党委组织部、人事局,新疆维吾尔自治区高级人民法院生产建设兵团分院、新疆生产建设兵团人民检察院:

近年来,地方各级人民法院、人民检察院的法官、检察官普遍存在提前离岗、离职现象,在一定程度上加剧了人民法院、人民检察院案多人少的矛盾,也加大了队伍管理的难度。为落实党的十七届四中全会关于"合理使用各年龄段干部,切实解决领导干部任职年龄层层递减问题"的要求,进一步加强人民法院、人民检察院队伍建设,根据法官、检察官的职业特点,现就切实解决法官、检察官提前离岗、离职问题通知如下:

一、严格执行国家关于公务员退休年龄的规定,今后对未达到退休年龄的法官、检察官不得强制提前离岗退养,也不得简单地划分年龄界限使得担任院级或内设机构领导职务的法官、检察官改任非领导职务。尚未达到退休年龄、不再担任领导职务的法官、检察官,可以改任同一职务层次的审判员、检察员,继续从事执法办案工作。

二、对符合提前退休条件的人员自愿提前退休的,应严格按照干部管理权限审批。

三、各级人民法院、人民检察院要充分发挥现已提前离岗、离职的法官、检察官经验丰富、业务熟练的优势,针对提前离岗、离职后的管理特点,科学合理地安排他们的工作内容。

四、各级人民法院、人民检察院应当严格按照公务员法、法官法、检察官法的规定,对现已提前离岗、离职的法官、检察官进行管理和考核,明确考勤纪律,要求其做到正常履行工作职责。

五、现已提前离岗、离职的法官、检察官要严格

执行有关规定，一律不得从事诉讼代理人、辩护人等法律服务工作。各级人民法院、人民检察院要采取严格的监督落实措施。

六、为缓解当前东部地区人民法院、人民检察院案多人少和中西部地区法官、检察官断层的突出矛盾，地方各级人民法院、人民检察院可以根据当地的实际情况，组织本院身体健康的退休法官、检

察官帮助工作。

七、地方各级组织人事部门以及人民法院、人民检察院应当严格执行本通知规定，上级相关部门应加强监督检查。对于违反本通知规定的，要立即坚决纠正。未予及时纠正的，将追究相关人员责任。

八、本通知自下发之日起施行。

最高人民法院　最高人民检察院　公安部关于严厉打击发票违法犯罪活动的通知

2010 年 6 月 1 日　公通字[2010]28 号

各省、自治区、直辖市高级人民法院，人民检察院，公安厅、局，新疆维吾尔自治区高级人民法院生产建设兵团分院，新疆生产建设兵团人民检察院、公安局：

近年来，各级公安机关、人民检察院、人民法院始终把严厉打击发票违法犯罪作为一项重要任务，依法查处了一批发票违法犯罪案件，打击处理了一批发票违法犯罪分子，为维护国家税收征管秩序，保证财政收入稳定增长作出了重要贡献。但是，受各方面因素的影响，当前发票违法犯罪形势仍然十分严峻，发案数量居高不下，作案手法日趋隐蔽，打击难度越来越大。为依法严厉打击发票违法犯罪，有效遏制发票违法犯罪活动蔓延，现就有关要求通知如下：

一、充分认识打击发票违法犯罪的重要性。发票违法犯罪不仅直接诱发各类涉税违法犯罪，危害国家税收管理秩序，造成税收和财政收入大量流失，而且为贪污、贿赂、洗钱、诈骗等其他违法犯罪提供便利条件，对党风廉政建设和国家经济安全构成严重威胁。严厉打击发票违法犯罪，事关国计民生，事关维护社会经济秩序大局，意义特别重大。各级公安机关、人民检察院、人民法院要深刻认识当前发票违法犯罪的严重危害性，切实把打击发票违法犯罪作为一项重要任务，始终摆在突出位置抓紧抓好。

二、加强协作配合，形成打击合力。在办理发票犯罪案件中，各级公安机关、人民检察院、人民法

院要加强协调配合，及时沟通情况，形成打击合力，提高工作成效。公安机关要主动加强与检察机关的沟通，重大案件商请检察机关提前介入；对依法应当由公安机关补充侦查的，要根据检察机关的补充侦查提纲尽快补充侦查。检察机关对公安机关立案侦查的发票犯罪案件，要根据办案工作的需要适时介入，参加对重大案件的讨论，对案件的法律适用和证据的收集、固定等提出意见和建议。人民法院对于重大发票犯罪案件，要加强审理力量，依法快审快结。

发票犯罪案件由犯罪地的公安机关管辖。发票犯罪案件中的犯罪地，包括伪造地、非法制造地、出售地、购买地，也包括运输假发票的途经地。几个公安机关都有管辖权的，由最初受理的公安机关管辖。必要时，可以由主要犯罪地的公安机关管辖。如果由犯罪嫌疑人居住地的公安机关管辖更为适宜的，可以由犯罪嫌疑人居住地的公安机关管辖。发票犯罪案件中的犯罪嫌疑人居住地，包括犯罪嫌疑人经常居住地、户籍所在地，也包括其临时居住地。对管辖有争议或者情况特殊的，可以由共同的上级公安机关指定管辖。如需人民检察院、人民法院指定管辖的，公安机关要及时提出相关建议。经审查需要指定管辖的，人民检察院、人民法院要依法指定管辖。普通发票的真伪鉴定，参照国家税务总局《关于普通发票真伪鉴定问题的通知》（国税函[2008]948 号）的规定执行。

三、充分运用法律武器，依法从严打击。各级公安机关、人民检察院、人民法院办理发票犯罪案件要坚持依法严惩的原则，杜绝以罚代刑、以拘代刑、重罪轻判或降格处理。公安机关对符合最高人民检察院、公安部《关于公安机关管辖的刑事案件立案追诉标准的规定（二）》规定的发票犯罪案件，要迅速立案侦查，全面查清犯罪事实；对有证据证明有犯罪事实，可能判处有期徒刑以上刑罚的犯罪嫌疑人，要尽快提请批准逮捕并抓紧侦办，及时移送审查起诉。对伪造、倒卖增值税专用发票、可抵扣税款发票和普通发票的行为，情节显著轻微，尚不构成犯罪的，由公安机关依法给予拘留、罚款等治安管理处罚；符合劳动教养条件的，依法给予劳动教养。

人民检察院对于公安机关提请批准逮捕、移送审查起诉的发票犯罪案件，符合批捕、起诉条件的，要依法尽快予以批捕、起诉；对于确实需要补充侦查的案件，要制作具体、详细的补充侦查提纲。人民法院对于发票犯罪要依法从严惩处，对于发票犯罪累犯、惯犯、涉案假发票数量巨大或者大量流入社会的犯罪分子，要坚决重判。上级人民法院要加强对下级人民法院审判工作的指导，保障依法及时正确审判发票犯罪案件。

要充分运用没收犯罪工具、追缴违法所得等措施，以及没收财产、罚金等财产刑，加大对犯罪分子的经济制裁力度，彻底剥夺犯罪分子非法获利和再次犯罪的资本。要注重铲除"买方市场"，从源头上遏制发票犯罪。对于购买、使用假发票实施逃避缴纳税款、骗税、行贿、洗钱、诈骗等行为，应当追究刑事责任的，要坚决依法追究。对于国家工作人员购买、使用假发票实施贪污、受贿、挪用公款等行为，应当追究刑事责任的，要依法从严惩处。

四、强化宣传力度，营造舆论声势。各级公安机关、人民检察院、人民法院要利用各种新闻媒体，采取多种形式，公开曝光一批典型案例，充分发挥刑罚的震慑力。要大力宣传有关法律和政策，让机关、团体、企事业单位和广大群众充分认识发票犯罪的实际危害，提高诚信纳税意识，自觉抵制假发票。公安机关要建立举报奖励制度，动员广大群众积极检举、揭发发票犯罪，形成严厉打击发票犯罪的强大舆论声势。

各地接此通知后，请迅速传达至各基层人民法院、人民检察院、公安机关，并认真贯彻执行。执行中遇到的重大问题，请分别报最高人民法院、最高人民检察院、公安部。

最高人民检察院关于印发《2010—2012 年检察机关反腐倡廉教育实施意见》的通知

2010 年 6 月 9 日　高检发〔2010〕11 号

各省、自治区、直辖市人民检察院，新疆生产建设兵团人民检察院：

现将《2010—2012 年检察机关反腐倡廉教育实施意见》印发你们，请结合实际认真贯彻落实。

2010—2012 年检察机关反腐倡廉教育实施意见

为进一步加强检察机关反腐倡廉教育工作，增强检察人员的廉洁从检意识，充分发挥反腐倡廉教育在检察机关党风廉政建设和自身反腐败工作中的重要作用，扎实推进具有检察特点的惩治和预防腐败体系建设，促进公正廉洁执法，根据中共中央《建立健全教育、制度、监督并重的惩治和预防腐败体系实施纲要》和《建立健全惩治和预防腐败体系2008—2012年工作规划》，现就2010—2012年检察机关反腐倡廉教育提出如下意见：

一、充分认识检察机关反腐倡廉教育的重要性

1. 反腐倡廉教育是检察机关党风廉政建设和自身反腐败工作的重要任务。加强反腐倡廉教育，在检察机关反腐倡廉建设全局中居于十分重要的地位。胡锦涛总书记多次强调，反腐倡廉建设必须从教育抓起，不断夯实党员干部廉洁从政思想道德基础，筑牢拒腐防变思想道德防线。曹建明检察长指出，要着力强化对检察人员特别是领导干部的廉政教育，把反腐倡廉教育作为一项基础性工作抓紧抓好。各级检察机关要按照党中央和最高人民检察院的部署和要求，把反腐倡廉教育摆在重要位置，采取有力措施，切实抓出成效。

2. 反腐倡廉教育是检察机关正确履行法律监督职能的必然要求。检察机关作为国家法律监督机关，担负着打击犯罪、惩治腐败、诉讼监督等重要职责，决定了对检察人员的思想道德素质和拒腐防变能力必须要有更高的要求。各级检察机关要通过深入开展反腐倡廉教育，引导检察人员牢固树立执法为民的宗旨意识，自觉加强职业道德修养，进一步端正执法理念和作风，切实做到自身正、自身硬、自身净，为正确行使法律监督职责奠定坚实的思想基础。

3. 反腐倡廉教育是加强检察机关队伍建设的现实需要。近年来，各级检察机关高度重视自身反腐倡廉工作，积极推进惩治和预防腐败体系建设，检察机关执法形象和公信力不断提升。但检察队伍中仍然存在一些执法不严格、不公正、不廉洁等突出问题，其中一个重要原因就是反腐倡廉教育的针对性、实效性还不强，有的地方甚至流于形式。各级检察机关要把扎实开展反腐倡廉教育作为加强检察队伍建设的重要举措，切实把反腐倡廉教育融入队伍建设各项措施之中，促进公正廉洁执法。

二、指导思想

4. 2010—2012年检察机关反腐倡廉教育的指导思想是：高举中国特色社会主义伟大旗帜，以邓小平理论和"三个代表"重要思想为指导，深入贯彻落实科学发展观，紧密结合检察机关自身反腐倡廉实际，以构建具有检察特点的惩治和预防腐败体系为目标，以强化内部监督为主线，以领导干部和重要岗位检察人员为重点，坚持教育与制度、监督、改革、纠风、惩处相结合，大力开展理想信念、党性党风党纪和检风检纪、职业道德、岗位廉政和示范警示教育，积极推进检察机关廉政文化建设，筑牢检察人员拒腐防变的思想道德防线，为检察机关履行法律监督职能和推进社会矛盾化解、社会管理创新、公正廉洁执法三项重点工作提供思想保障。

三、基本原则

5. 坚持围绕中心服务大局。反腐倡廉教育要始终围绕检察中心工作和检察事业发展大局，切实解决检察人员特别是领导干部在党性党风党纪和执法理念、作风方面存在的突出问题，切实纠正检察机关和检察人员在执法思想上存在的模糊认识和错误观念，为检察机关履行法律监督职能营造良好的思想文化氛围。

6. 坚持以人为本突出重点。从关心爱护干部的角度出发，因人施教，因岗施教，因时施教，因事施教，不断提高反腐倡廉教育的针对性和实效性。把反腐倡廉教育纳入检察教育培训的总体规划，贯穿于干部培养、选拔、管理和使用的全过程。同时，要加强对领导班子和领导干部以及重点岗位检察人员的教育，确保检察权的正确行使。

7. 坚持与时俱进继承创新。紧紧围绕检察工作的发展和检察机关自身反腐倡廉的实际，把专项教育和日常教育、示范教育和警示教育、传统方式和现代手段结合起来，增强教育的感染力和吸引力。加强反腐倡廉教育方式方法创新，不断加强制度化和规范化建设，积极探索建立反腐倡廉教育的长效机制。

四、总体目标

8. 2010—2012年检察机关反腐倡廉教育的总体目标是：反腐倡廉教育制度机制进一步健全，成效更加明显，检察人员特别是领导干部对反腐倡廉教育重要性的认识进一步提高，执法思想和作风进一步端正，拒腐防变的自觉性进一步增强，加强检察机关惩治和预防腐败体系建设，促进高素质检察队伍建设，进一步提升检察机关执法公信力。

五、主要内容

9. 理想信念教育。坚定的政治立场和理想信念是检察人员履行好法律监督职责的根本保障。要深入学习马列主义、毛泽东思想、邓小平理论和"三个代表"重要思想，深刻领会科学发展观的科学内涵、精神实质和根本要求，认真学习贯彻党和国家领导人对党风廉政建设和反腐败斗争的重要论述,用中国特色社会主义理论体系武装头脑、指导检察实践,坚定理想信念和中国特色社会主义共同理想,牢记"两个务必",坚持"三个至上",做到"四个在心中",树立正确的世界观、人生观、价值观和权力观、地位观、利益观。

10. 党性党风党纪教育。认真学习党章和党纪法规,增强政治意识、宗旨意识、执政意识、大局意识和责任意识。深入开展社会主义法治理念教育,加强对检察人员特别是领导干部的执法理念和廉洁从检教育,引导检察机关党员干部讲党性、重品行、作表率,自觉践行社会主义荣辱观。特别是要加强政治纪律教育,严明党的纪律,教育检察人员在思想上、政治上、行动上同以胡锦涛同志为总书记的党中央保持高度一致。

11. 检察纪律教育。认真学习《中国共产党党员领导干部廉洁从政若干准则》《检察人员纪律处分条例(试行)》检察机关领导干部必须遵守的"十个严禁"规定、廉洁从检十项纪律等各项规章制度,端正执法作风,规范执法行为。严肃检察纪律,确保最高人民检察院重大决策部署、决议决定、规章制度得到贯彻落实,做到检令畅通、令行禁止。

12. 职业道德教育。以"忠诚、公正、清廉、文明"的检察官职业道德基本要求为重点,积极开展检察人员职业道德教育。教育引导检察人员严格要求自己,注意小节,谨慎交友,保持高尚的精神追求,耐得住寂寞;慎用权力,不存私心,不谋私利,坚决禁止利用职务上的便利为本人或特定关系人谋取好处;严格依法规范与下级检察机关的关系,决不容许以权谋私,干扰、影响办案;领导干部带头严格要求自己的子女家属和身边工作人员,做到清正廉洁。

13. 廉政文化建设。按照中央纪委等部门《关于加强廉政文化建设的意见》的有关精神和要求,大力推进检察机关廉政文化建设。把反腐倡廉教育与廉政文化建设有机结合起来,坚持社会主义核心价值体系,组织创作题材新颖、教育意义强、干警喜闻乐见的廉政文艺作品,开展形式多样的廉政文化活动,扩大覆盖面,增强影响力,营造以廉为荣、以贪为耻的良好风尚,提高检察人员廉洁从检意识和拒腐防变能力,推动反腐倡廉教育向纵深发展。

六、工作措施

14. 加强组织领导。反腐倡廉教育是党风廉政建设的重要组成部分,要实行党组统一领导,纪检监察部门、政工部门组织协调,相关部门密切配合,广大检察人员积极参与的领导体制和工作机制。各级检察院党组要把反腐倡廉教育作为一项重要任务,摆上议事日程,常抓不懈;党组书记、检察长作为反腐倡廉教育的第一责任人,要高度重视加强对反腐倡廉教育工作的领导;分管院领导要根据分工对职责范围内的反腐倡廉教育加强指导督促。各级检察院纪检监察部门、政工部门要加强组织协调,科学合理制定教育方案,丰富教育内容,创新教育手段和形式,提高教育实效;其他部门要积极协助,根据反腐倡廉教育方案和岗位特点开展各有特色的教育活动,做到教育和业务"两手抓,两手都要硬";广大检察人员特别是领导干部要认真参与各项教育活动,加强学习党风廉政理论知识,提高政治理论水平和思想道德素养。

15. 突出教育重点。2010年要重点抓好"恪守检察职业道德、促进公正廉洁执法"主题实践活动和"反特权思想、反霸道作风"专项教育活动,办好检察机关自身反腐倡廉教育巡回展览。2011年要以学习贯彻《中国共产党党员领导干部廉洁从政若干准则》和最高人民检察院制定的检察人员廉洁从政相关规定为重点开展反腐倡廉教育。2012年要以检察纪律为重点,开展专项教育活动。各级检察院要按照最高人民检察院的部署安排,制定实施方案,采取有力措施,确保各年度重点反腐倡廉教育活动取得实效。各级检察院也要根据党风廉政建设的新形势和人民群众的新要求、新期待,选择具有针对性的教育主题,在不同范围内定期或者不定期开展反腐倡廉教育活动。

16. 创新教育机制。不断建立健全反腐倡廉教育制度,坚持党组理论中心组专题学习、领导干部讲党课、廉政谈话、诫勉谈话等制度,建立检察机关新进人员反腐倡廉教育必修课制度,健全检察机关违纪违法案件情况和反面典型案例通报制度。加强反腐倡廉教育阵地建设,大力发挥各级各类廉政教育基地、警示教育基地和爱国主义教育基地的作用,在报纸、期刊、杂志、网络等各类媒体和内部工作简报上开设廉政教育专栏,设置机关内部廉政教育电子屏,推动反腐倡廉教育深入开展。高检院纪检组、监察局要会同国家检察官学院以检察机关自身反腐倡廉教育展览为基础,抓紧建设检察人员警示教育基地。创新反腐倡廉教育形式,在继续丰富廉政知识竞赛、撰写廉政格言警句对联、廉政歌咏比赛、观看廉政教育影视、主题教育活动等传统教育形式的同时，要充分发挥现代科技在反腐倡廉教育中的作用，运用声、光、电等科技手段，扩大影响力，增强感染力。

17. 注重典型教育。正反典型事例教育是反腐倡廉教育的有效手段。要大力挖掘检察机关和检察人员的反腐倡廉先进事迹，树立正面典型，弘扬廉洁从检主旋律，以先进的事迹鼓舞人，以先进的典型凝聚人，以先进的模范带动人，进一步增强模范践行检察官职业道德基本准则的自觉性和坚定性，全面提高检察人员思想道德素质。要定期汇编检察人员违纪违法典型案例，组织开展警示教育活动，深刻剖析反面典型人物的思想道德轨迹，达到

以案明纪、以案说法、以案警人的目的，引导教育检察人员特别是领导干部警钟长鸣。通过正反典型事例的鲜明对照，使检察人员从正面典型中受到感染，找到差距，明确方向，从反面典型中看到危害，举一反三，引以为戒。

18. 加强督促检查。坚持将反腐倡廉教育作为党风廉政建设的重要内容，纳入任务分解、检查和考核。对反腐倡廉教育工作到位，取得经验成果的，要及时总结交流推广；对反腐倡廉教育走过场，搞形式主义和花架子，导致出现重大腐败问题的，要根据《检察机关党风廉政建设责任制责任追究暂行规定》，严肃追究相关责任人的责任。

最高人民法院　最高人民检察院
公安部　国家安全部　司法部
印发《关于办理死刑案件审查判断证据若干问题的规定》和《关于办理刑事案件排除非法证据若干问题的规定》的通知

2010 年 6 月 13 日　法发〔2010〕20 号

各省、自治区、直辖市高级人民法院、人民检察院、公安厅（局）、国家安全厅（局）、司法厅（局），解放军军事法院、军事检察院、总政治部保卫部，新疆维吾尔自治区高级人民法院生产建设兵团分院、新疆生产建设兵团人民检察院、公安局、司法局、监狱管理局：

为进一步完善我国刑事诉讼制度，根据中央关于深化司法体制和工作机制改革的总体部署，经过广泛深入调查研究，最高人民法院、最高人民检察院、公安部、国家安全部和司法部近日联合制定了《关于办理死刑案件审查判断证据若干问题的规定》和《关于办理刑事案件排除非法证据若干问题的规定》（以下简称两个《规定》），现印发给你们，请遵照执行。

为了在司法实践中严格贯彻执行两个《规定》，

现提出以下意见：

一、充分认识制定、执行两个《规定》的重要意义

两个《规定》对政法机关办理刑事案件特别是死刑案件提出了更高的标准、更严的要求，对于完善我国刑事诉讼制度，提高执法办案水平，推进社会主义法治建设，具有十分重要的意义。中央对两个《规定》高度重视，中央政治局常委、中央政法委书记周永康同志主持召开中央政法委员会全体会议暨司法体制改革专题汇报会，认真讨论了两个《规定》，要求各级人民法院、人民检察院、公安机关、国家安全机关和司法行政机关要依法履行职责，严格执行两个《规定》，讲事实、讲证据、讲法律、讲责任，确保办案质量，依法惩治犯罪、切实保障人权、维护司法公正，确保办理的每一起刑事案件都

能经得起法律和历史的检验。各省、自治区、直辖市相关部门要从全面准确执行国家法律，贯彻党和国家刑事政策的高度，积极加强宣传工作，充分认识出台两个《规定》的重要意义。

二、认真组织开展对两个《规定》的培训

各级人民法院、人民检察院、公安机关、国家安全机关、司法行政等单位和部门应当根据实际情况，通过不同途径，采取不同方式，认真、及时地开展对两个《规定》的培训和学习工作，要精心组织相关办案人员参加专项培训，确保使每一名刑事办案人员都能够全面掌握两个《规定》的具体内容。

三、严格贯彻执行两个《规定》

两个《规定》不仅全面规定了刑事诉讼证据的基本原则，细化了证明标准，还进一步具体规定了对各类证据的收集、固定、审查、判断和运用；不仅

规定了非法证据的内涵和外延，还对审查和排除非法证据的程序、证明责任等问题进行了具体的规范。切实把两个《规定》贯彻好、执行好，对于进一步提高执法办案水平，进一步强化执法人员素质，必将发挥重要作用。各相关部门在司法实践中要严格贯彻落实两个《规定》，牢固树立惩罚犯罪与保障人权并重的观念、实体法与程序法并重的观念，依法、全面、客观地收集、审查、判断证据，严把事实关、证据关，切实提高刑事案件审判质量，确保将两个《规定》落到实处，把每一起刑事案件都办成铁案。在贯彻执行中遇到的新情况、新问题和探索出的新经验、新做法，要认真总结，并及时报告中央主管部门。

另，办理其他刑事案件，参照《关于办理死刑案件审查判断证据若干问题的规定》执行。

最高人民法院　最高人民检察院
公安部　国家安全部　司法部
关于办理死刑案件审查判断证据若干问题的规定

为依法、公正、准确、慎重地办理死刑案件，惩罚犯罪，保障人权，根据《中华人民共和国刑事诉讼法》等有关法律规定，结合司法实际，制定本规定。

一、一般规定

第一条 办理死刑案件，必须严格执行刑法和刑事诉讼法，切实做到事实清楚，证据确实、充分，程序合法，适用法律正确，确保案件质量。

第二条 认定案件事实，必须以证据为根据。

第三条 侦查人员、检察人员、审判人员应当严格遵守法定程序，全面、客观地收集、审查、核实和认定证据。

第四条 经过当庭出示、辨认、质证等法庭调查程序查证属实的证据，才能作为定罪量刑的根据。

第五条 办理死刑案件，对被告人犯罪事实的认定，必须达到证据确实、充分。

证据确实、充分是指：

（一）定罪量刑的事实都有证据证明；

（二）每一个定案的证据均已经法定程序查证属实；

（三）证据与证据之间、证据与案件事实之间不存在矛盾或者矛盾得以合理排除；

（四）共同犯罪案件中，被告人的地位、作用均已查清；

（五）根据证据认定案件事实的过程符合逻辑和经验规则，由证据得出的结论为唯一结论。

办理死刑案件，对于以下事实的证明必须达到证据确实、充分：

（一）被指控的犯罪事实的发生；

（二）被告人实施了犯罪行为与被告人实施犯罪行为的时间、地点、手段、后果以及其他情节；

（三）影响被告人定罪的身份情况；

（四）被告人有刑事责任能力；

（五）被告人的罪过；

（六）是否共同犯罪及被告人在共同犯罪中的地位、作用；

（七）对被告人从重处罚的事实。

二、证据的分类审查与认定

1. 物证、书证

第六条 对物证、书证应当着重审查以下内容：

（一）物证、书证是否为原物、原件，物证的照片、录像或者复制品及书证的副本、复制件与原物、原件是否相符；物证、书证是否经过辨认、鉴定；物证的照片、录像或者复制品和书证的副本、复制件是否由二人以上制作，有无制作人关于制作过程及原件、原物存放于何处的文字说明及签名。

（二）物证、书证的收集程序、方式是否符合法律及有关规定；经勘验、检查、搜查提取、扣押的物证、书证，是否附有相关笔录或者清单；笔录或者清单是否有侦查人员、物品持有人、见证人签名，没有物品持有人签名的，是否注明原因；对物品的特征、数量、质量、名称等注明是否清楚。

（三）物证、书证在收集、保管及鉴定过程中是否受到破坏或者改变。

（四）物证、书证与案件事实有无关联。对现场遗留与犯罪有关的具备检验鉴定条件的血迹、指纹、毛发、体液等生物物证、痕迹、物品，是否通过DNA鉴定、指纹鉴定等鉴定方式与被告人或者被害人的相应生物检材、生物特征、物品等作同一认定。

（五）与案件事实有关联的物证、书证是否全面收集。

第七条 对在勘验、检查、搜查中发现与案件事实可能有关联的血迹、指纹、足迹、字迹、毛发、体液、人体组织等痕迹和物品应当提取而没有提取，应当检验而没有检验，导致案件事实存疑的，人民法院应当向人民检察院说明情况，人民检察院依法可以补充收集、调取证据，作出合理的说明或者退回侦查机关补充侦查，调取有关证据。

第八条 据以定案的物证应当是原物。只有在原物不便搬运、不易保存或者依法应当由有关部门保管、处理或者依法应当返还时，才可以拍摄或者制作足以反映原物外形或者内容的照片、录像或者复制品。物证的照片、录像或者复制品，经与原物核实无误或者经鉴定证明为真实的，或者以其他方式确能证明其真实的，可以作为定案的根据。原物的照片、录像或者复制品，不能反映原物的外形和特征的，不能作为定案的根据。

据以定案的书证应当是原件。只有在取得原件确有困难时，才可以使用副本或者复制件。书证

的副本、复制件，经与原件核实无误或者经鉴定证明为真实的，或者以其他方式确能证明其真实的，可以作为定案的根据。书证有更改或者更改迹象不能作出合理解释的，书证的副本、复制件不能反映书证原件及其内容的，不能作为定案的根据。

第九条 经勘验、检查、搜查提取、扣押的物证、书证，未附有勘验、检查笔录，搜查笔录，提取笔录，扣押清单，不能证明物证、书证来源的，不能作为定案的根据。

物证、书证的收集程序、方式存在下列瑕疵，通过有关办案人员的补正或者作出合理解释的，可以采用：

（一）收集调取的物证、书证，在勘验、检查笔录，搜查笔录，提取笔录，扣押清单上没有侦查人员、物品持有人、见证人签名或者物品特征、数量、质量、名称等注明不详的；

（二）收集调取物证照片、录像或者复制品，书证的副本、复制件未注明与原件核对无异，无复制时间，无被收集、调取人（单位）签名（盖章）的；

（三）物证照片、录像或者复制品，书证的副本、复制件没有制作人关于制作过程及原物、原件存放于何处的说明或者说明中无签名的；

（四）物证、书证的收集程序、方式存在其他瑕疵的。

对物证、书证的来源及收集过程有疑问，不能作出合理解释的，该物证、书证不能作为定案的根据。

第十条 具备辨认条件的物证、书证应当交由当事人或者证人进行辨认，必要时应当进行鉴定。

2. 证人证言

第十一条 对证人证言应当着重审查以下内容：

（一）证言的内容是否为证人直接感知。

（二）证人作证时的年龄、认知水平、记忆能力和表达能力，生理上和精神上的状态是否影响作证。

（三）证人与案件当事人、案件处理结果有无利害关系。

（四）证言的取得程序、方式是否符合法律及有关规定：有无使用暴力、威胁、引诱、欺骗以及其他非法手段取证的情形；有无违反讯问证人应当个别进行的规定；笔录是否经证人核对确认并签名（盖章）、捺指印；询问未成年证人，是否通知了其法定

代理人到场,其法定代理人是否在场等。

（五）证人证言之间以及与其他证据之间能否相互印证,有无矛盾。

第十二条 以暴力、威胁等非法手段取得的证人证言,不能作为定案的根据。

处于明显醉酒、麻醉品中毒或者精神药物麻醉状态,以致不能正确表达的证人所提供的证言,不能作为定案的根据。

证人的猜测性、评论性、推断性的证言,不能作为证据使用,但根据一般生活经验判断符合事实的除外。

第十三条 具有下列情形之一的证人证言,不能作为定案的根据:

（一）询问证人没有个别进行而取得的证言;

（二）没有经证人核对确认并签名（盖章）、捺指印的书面证言;

（三）询问聋哑人或者不通晓当地通用语言、文字的少数民族人员、外国人,应当提供翻译而未提供的。

第十四条 证人证言的收集程序和方式有下列瑕疵,通过有关办案人员的补正或者作出合理解释的,可以采用:

（一）没有填写询问人、记录人、法定代理人姓名或者询问的起止时间、地点的;

（二）询问证人的地点不符合规定的;

（三）询问笔录没有记录告知证人应当如实提供证言和有意作伪证或者隐匿罪证要负法律责任内容的;

（四）询问笔录反映出在同一时间段内,同一询问人员询问不同证人的。

第十五条 具有下列情形的证人,人民法院应当通知出庭作证;经依法通知不出庭作证证人的书面证言经质证无法确认的,不能作为定案的根据:

（一）人民检察院、被告人及其辩护人对证人证言有异议,该证人证言对定罪量刑有重大影响的;

（二）人民法院认为其他应当出庭作证的。

证人在法庭上的证言与其庭前证言相互矛盾,如果证人当庭能够对其翻证作出合理解释,并有相关证据印证的,应当采信庭审证言。

对未出庭作证证人的书面证言,应当听取出庭检察人员、被告人及其辩护人的意见,并结合其他证据综合判断。未出庭作证证人的书面证言出现矛盾,不能排除矛盾且无证据印证的,不能作为定

案的根据。

第十六条 证人作证,涉及国家秘密或者个人隐私的,应当保守秘密。

证人出庭作证,必要时,人民法院可以采取限制公开证人信息、限制询问、遮蔽容貌、改变声音等保护性措施。

3. 被害人陈述

第十七条 对被害人陈述的审查与认定适用前述关于证人证言的有关规定。

4. 被告人供述和辩解

第十八条 对被告人供述和辩解应当着重审查以下内容:

（一）讯问的时间、地点、讯问人的身份等是否符合法律及有关规定,讯问被告人的侦查人员是否不少于二人,讯问被告人是否个别进行等。

（二）讯问笔录的制作、修改是否符合法律及有关规定,讯问笔录是否注明讯问的起止时间和讯问地点,首次讯问时是否告知被告人申请回避、聘请律师等诉讼权利,被告人是否核对确认并签名（盖章）、捺指印,是否有不少于二人的讯问人签名等。

（三）讯问聋哑人、少数民族人、外国人时是否提供了通晓聋、哑手势的人员或者翻译人员,讯问未成年同案犯时,是否通知了其法定代理人到场,其法定代理人是否在场。

（四）被告人的供述有无以刑讯逼供等非法手段获取的情形,必要时可以调取被告人进出看守所的健康检查记录、笔录。

（五）被告人的供述是否前后一致,有无反复以及出现反复的原因;被告人的所有供述和辩解是否均已收集入卷;应当入卷的供述和辩解没有入卷的,是否出具了相关说明。

（六）被告人的辩解内容是否符合案情和常理,有无矛盾。

（七）被告人的供述和辩解与同案犯的供述和辩解以及其他证据能否相互印证,有无矛盾。

对于上述内容,侦查机关随案移送有录音录像资料的,应当结合相关录音录像资料进行审查。

第十九条 采用刑讯逼供等非法手段取得的被告人供述,不能作为定案的根据。

第二十条 具有下列情形之一的被告人供述,不能作为定案的根据:

（一）讯问笔录没有经被告人核对确认并签名（盖章）、捺指印的;

（二）讯问聋哑人、不通晓当地通用语言、文字的人员时，应当提供通晓聋、哑手势的人员或者翻译人员而未提供的。

第二十一条 讯问笔录有下列瑕疵，通过有关办案人员的补正或者作出合理解释的，可以采用：

（一）笔录填写的讯问时间、讯问人、记录人、法定代理人等有误或者存在矛盾的；

（二）讯问人没有签名的；

（三）首次讯问笔录没有记录告知被讯问人诉讼权利内容的。

第二十二条 对被告人供述和辩解的审查，应当结合控辩双方提供的所有证据以及被告人本人的全部供述和辩解进行。

被告人庭前供述一致，庭审中翻供，但被告人不能合理说明翻供理由或者其辩解与全案证据相矛盾，而庭前供述与其他证据能够相互印证的，可以采信被告人庭前供述。

被告人庭前供述和辩解出现反复，但庭审中供认的，且庭审中的供述与其他证据能够印证的，可以采信庭审中的供述；被告人庭前供述和辩解出现反复，庭审中不供认，且无其他证据与庭前供述印证的，不能采信庭前供述。

5. 鉴定意见

第二十三条 对鉴定意见应当着重审查以下内容：

（一）鉴定人是否存在应当回避而未回避的情形。

（二）鉴定机构和鉴定人是否具有合法的资质。

（三）鉴定程序是否符合法律及有关规定。

（四）检材的来源、取得、保管、送检是否符合法律及有关规定，与相关提取笔录、扣押物品清单等记载的内容是否相符，检材是否充足、可靠。

（五）鉴定的程序、方法、分析过程是否符合本专业的检验鉴定规程和技术方法要求。

（六）鉴定意见的形式要件是否完备，是否注明提起鉴定的事由、鉴定委托人、鉴定机构、鉴定要求、鉴定过程、检验方法、鉴定文书的日期等相关内容，是否由鉴定机构加盖鉴定专用章并由鉴定人签名盖章。

（七）鉴定意见是否明确。

（八）鉴定意见与案件待证事实有无关联。

（九）鉴定意见与其他证据之间是否有矛盾，鉴定意见与检验笔录及相关照片是否有矛盾。

（十）鉴定意见是否依法及时告知相关人员，当事人对鉴定意见是否有异议。

第二十四条 鉴定意见具有下列情形之一的，不能作为定案的根据：

（一）鉴定机构不具备法定的资格和条件，或者鉴定事项超出本鉴定机构项目范围或者鉴定能力的；

（二）鉴定人不具备法定的资格和条件、鉴定人不具有相关专业技术或者职称、鉴定人违反回避规定的；

（三）鉴定程序、方法有错误的；

（四）鉴定意见与证明对象没有关联的；

（五）鉴定对象与送检材料、样本不一致的；

（六）送检材料、样本来源不明或者确实被污染且不具备鉴定条件的；

（七）违反有关鉴定特定标准的；

（八）鉴定文书缺少签名、盖章的；

（九）其他违反有关规定的情形。

对鉴定意见有疑问的，人民法院应当依法通知鉴定人出庭作证或者由其出具相关说明，也可以依法补充鉴定或者重新鉴定。

6. 勘验、检查笔录

第二十五条 对勘验、检查笔录应当着重审查以下内容：

（一）勘验、检查是否依法进行，笔录的制作是否符合法律及有关规定的要求，勘验、检查人员和见证人是否签名或者盖章等。

（二）勘验、检查笔录的内容是否全面、详细、准确、规范：是否准确记录了提起勘验、检查的事由，勘验、检查的时间、地点，在场人员、现场方位、周围环境等情况；是否准确记载了现场、物品、人身、尸体等的位置、特征等详细情况以及勘验、检查、搜查的过程；文字记载与实物或者绘图、录像、照片是否相符；固定证据的形式、方法是否科学、规范；现场、物品、痕迹等是否被破坏或者伪造，是否是原始现场；人身特征、伤害情况、生理状况有无伪装或者变化等。

（三）补充进行勘验、检查的，前后勘验、检查的情况是否有矛盾，是否说明了再次勘验、检查的原因。

（四）勘验、检查笔录中记载的情况与被告人供述、被害人陈述、鉴定意见等其他证据能否印证，有无矛盾。

第二十六条　勘验、检查笔录存在明显不符合法律及有关规定的情形，并且不能作出合理解释或者说明的，不能作为证据使用。

勘验、检查笔录存在勘验、检查没有见证人的，勘验、检查人员和见证人没有签名、盖章的，勘验、检查人员违反回避规定的等情形，应当结合案件其他证据，审查其真实性和关联性。

7. 视听资料

第二十七条　对视听资料应当着重审查以下内容：

（一）视听资料的来源是否合法，制作过程中当事人有无受到威胁、引诱等违反法律及有关规定的情形；

（二）是否载明制作人或者持有人的身份，制作的时间、地点和条件以及制作方法；

（三）是否为原件，有无复制及复制份数；调取的视听资料是复制件的，是否附有无法调取原件的原因、制作过程和原件存放地点的说明，是否有制作人和原视听资料持有人签名或者盖章；

（四）内容和制作过程是否真实，有无经过剪辑、增加、删改、编辑等伪造、变造情形；

（五）内容与案件事实有无关联性。

对视听资料有疑问的，应当进行鉴定。

对视听资料，应当结合案件其他证据，审查其真实性和关联性。

第二十八条　具有下列情形之一的视听资料，不能作为定案的根据：

（一）视听资料经审查或者鉴定无法确定真伪的；

（二）对视听资料的制作和取得的时间、地点、方式等有异议，不能作出合理解释或者提供必要证明的。

8. 其他规定

第二十九条　对于电子邮件、电子数据交换、网上聊天记录、网络博客、手机短信、电子签名、域名等电子证据，应当主要审查以下内容：

（一）该电子证据存储磁盘、存储光盘等可移动存储介质是否与打印件一并提交；

（二）是否载明该电子证据形成的时间、地点、对象、制作人、制作过程及设备情况等；

（三）制作、储存、传递、获得、收集、出示等程序和环节是否合法，取证人、制作人、持有人、见证人等是否签名或者盖章；

（四）内容是否真实，有无剪裁、拼凑、篡改、添加等伪造、变造情形；

（五）该电子证据与案件事实有无关联性。对电子证据有疑问的，应当进行鉴定。

对电子证据，应当结合案件其他证据，审查其真实性和关联性。

第三十条　侦查机关组织的辨认，存在下列情形之一的，应当严格审查，不能确定其真实性的，辨认结果不能作为定案的根据：

（一）辨认不是在侦查人员主持下进行的；

（二）辨认前使辨认人见到辨认对象的；

（三）辨认人的辨认活动没有个别进行的；

（四）辨认对象没有混杂在具有类似特征的其他对象中，或者供辨认的对象数量不符合规定的；尸体、场所等特定辨认对象除外。

（五）辨认中给辨认人明显暗示或者明显有指认嫌疑的。

有下列情形之一的，通过有关办案人员的补正或者作出合理解释的，辨认结果可以作为证据使用：

（一）主持辨认的侦查人员少于二人的；

（二）没有向辨认人详细询问辨认对象的具体特征的；

（三）对辨认经过和结果没有制作专门的规范的辨认笔录，或者辨认笔录没有侦查人员、辨认人、见证人的签名或者盖章的；

（四）辨认记录过于简单，只有结果没有过程的；

（五）案卷中只有辨认笔录，没有被辨认对象的照片、录像等资料，无法获悉辨认的真实情况的。

第三十一条　对侦查机关出具的破案经过等材料，应当审查是否有出具该说明材料的办案人、办案机关的签字或者盖章。

对破案经过有疑问，或者对确定被告人有重大嫌疑的根据有疑问的，应当要求侦查机关补充说明。

三、证据的综合审查和运用

第三十二条　对证据的证明力，应当结合案件的具体情况，从各证据与待证事实的关联程度、各证据之间的联系等方面进行审查判断。

证据之间具有内在的联系，共同指向同一待证事实，且能合理排除矛盾的，才能作为定案的根据。

第三十三条　没有直接证据证明犯罪行为系

被告人实施,但同时符合下列条件的可以认定被告人有罪:

(一)据以定案的间接证据已经查证属实;

(二)据以定案的间接证据之间相互印证,不存在无法排除的矛盾和无法解释的疑问;

(三)据以定案的间接证据已经形成完整的证明体系;

(四)依据间接证据认定的案件事实,结论是唯一的,足以排除一切合理怀疑;

(五)运用间接证据进行的推理符合逻辑和经验判断。

根据间接证据定案的,判处死刑应当特别慎重。

第三十四条 根据被告人的供述、指认提取到了隐蔽性很强的物证、书证,且与其他证明犯罪事实发生的证据互相印证,并排除串供、逼供、诱供等可能性的,可以认定有罪。

第三十五条 侦查机关依照有关规定采用特殊侦查措施所收集的物证、书证及其他证据材料,经法庭查证属实,可以作为定案的根据。

法庭依法不公开特殊侦查措施的过程及方法。

第三十六条 在对被告人作出有罪认定后,人民法院认定被告人的量刑事实,除审查法定情节外,还应审查以下影响量刑的情节:

(一)案件起因;

(二)被害人有无过错及过错程度,是否对矛盾激化负有责任及责任大小;

(三)被告人的近亲属是否协助抓获被告人;

(四)被告人平时表现及有无悔罪态度;

(五)被害人附带民事诉讼赔偿情况,被告人是否取得被害人或者被害人近亲属谅解;

(六)其他影响量刑的情节。

既有从轻、减轻处罚等情节,又有从重处罚等情节的,应当依法综合相关情节予以考虑。

不能排除被告人具有从轻、减轻处罚等量刑情节的,判处死刑应当特别慎重。

第三十七条 对于有下列情形的证据应当慎重使用,有其他证据印证的,可以采信:

(一)生理上、精神上有缺陷的被害人、证人和被告人,在对案件事实的认知和表达上存在一定困难,但尚未丧失正确认知、正确表达能力而作的陈述、证言和供述;

(二)与被告人有亲属关系或者其他密切关系的证人所作的对该被告人有利的证言,或者与被告人有利害冲突的证人所作的对该被告人不利的证言。

第三十八条 法庭对证据有疑问的,可以告知出庭检察人员、被告人及其辩护人补充证据或者作出说明;确有核实必要的,可以宣布休庭,对证据进行调查核实。法庭进行庭外调查时,必要时,可以通知出庭检察人员、辩护人到场。出庭检察人员、辩护人一方或者双方不到场的,法庭记录在案。

人民检察院、辩护人补充的和法庭庭外调查核实取得的证据,法庭可以庭外征求出庭检察人员、辩护人的意见。双方意见不一致,有一方要求人民法院开庭进行调查的,人民法院应当开庭。

第三十九条 被告人及其辩护人提出有自首的事实及理由,有关机关未予认定的,应当要求有关机关提供证明材料或者要求相关人员作证,并结合其他证据判断自首是否成立。

被告人是否协助或者如何协助抓获同案犯的证明材料不全,导致无法认定被告人构成立功的,应当要求有关机关提供证明材料或者要求相关人员作证,并结合其他证据判断立功是否成立。

被告人有检举揭发他人犯罪情形的,应当审查是否已经查证属实;尚未查证的,应当及时查证。

被告人累犯的证明材料不全,应当要求有关机关提供证明材料。

第四十条 审查被告人实施犯罪时是否已满十八周岁,一般应当以户籍证明为依据;对户籍证明有异议,并有经查证属实的出生证明文件、无利害关系人的证言等证据证明被告人不满十八周岁的,应认定被告人不满十八周岁;没有户籍证明以及出生证明文件的,应当根据人口普查登记、无利害关系人的证言等证据综合进行判断,必要时,可以进行骨龄鉴定,并将结果作为判断被告人年龄的参考。

未排除证据之间的矛盾,无充分证据证明被告人实施被指控的犯罪时已满十八周岁且确实无法查明的,不能认定其已满十八周岁。

第四十一条 本规定自 2010 年 7 月 1 日起施行。

最高人民法院　最高人民检察院
公安部　国家安全部　司法部
关于办理刑事案件排除非法证据若干问题的规定

为规范司法行为，促进司法公正，根据刑事诉讼法和相关司法解释，结合人民法院、人民检察院、公安机关、国家安全机关和司法行政机关办理刑事案件工作实际，制定本规定。

第一条　采用刑讯逼供等非法手段取得的犯罪嫌疑人、被告人供述和采用暴力、威胁等非法手段取得的证人证言、被害人陈述，属于非法言词证据。

第二条　经依法确认的非法言词证据，应当予以排除，不能作为定案的根据。

第三条　人民检察院在审查批准逮捕、审查起诉中，对于非法言词证据应当依法予以排除，不能作为批准逮捕、提起公诉的根据。

第四条　起诉书副本送达后开庭审判前，被告人提出其审判前供述是非法取得的，应当向人民法院提交书面意见。被告人书写确有困难的，可以口头告诉，由人民法院工作人员或者其辩护人作出笔录，并由被告人签名或者捺指印。

人民法院应当将被告人的书面意见或者告诉笔录复印件在开庭前交人民检察院。

第五条　被告人及其辩护人在开庭审理前或者庭审中，提出被告人审判前供述是非法取得的，法庭在公诉人宣读起诉书之后，应当先行当庭调查。

法庭辩论结束前，被告人及其辩护人提出被告人审判前供述是非法取得的，法庭也应当进行调查。

第六条　被告人及其辩护人提出被告人审判前供述是非法取得的，法庭应当要求其提供涉嫌非法取证的人员、时间、地点、方式、内容等相关线索或者证据。

第七条　经审查，法庭对被告人审判前供述取得的合法性有疑问的，公诉人应当向法庭提供讯问笔录、原始的讯问过程录音录像或者其他证据，提

请法庭通知讯问时其他在场人员或者其他证人出庭作证，仍不能排除刑讯逼供嫌疑的，提请法庭通知讯问人员出庭作证，对该供述取得的合法性予以证明。公诉人当庭不能举证的，可以根据刑事诉讼法第一百六十五条的规定，建议法庭延期审理。

经依法通知，讯问人员或者其他人员应当出庭作证。

公诉人提交加盖公章的说明材料，未经有关讯问人员签名或者盖章的，不能作为证明取证合法性的证据。

控辩双方可以就被告人审判前供述取得的合法性问题进行质证、辩论。

第八条　法庭对于控辩双方提供的证据有疑问的，可以宣布休庭，对证据进行调查核实。必要时，可以通知检察人员、辩护人到场。

第九条　庭审中，公诉人为提供新的证据需要补充侦查，建议延期审理的，法庭应当同意。

被告人及其辩护人申请通知讯问人员、讯问时其他在场人员或者其他证人到庭，法庭认为有必要的，可以宣布延期审理。

第十条　经法庭审查，具有下列情形之一的，被告人审判前供述可以当庭宣读、质证：

（一）被告人及其辩护人未提供非法取证的相关线索或者证据的；

（二）被告人及其辩护人已提供非法取证的相关线索或者证据，法庭对被告人审判前供述取得的合法性没有疑问的；

（三）公诉人提供的证据确实、充分，能够排除被告人审判前供述属非法取得的。

对于当庭宣读的被告人审判前供述，应当结合被告人当庭供述以及其他证据确定能否作为定案的根据。

第十一条　对被告人审判前供述的合法性，公诉人不提供证据加以证明，或者已提供的证据不够

确实、充分的,该供述不能作为定案的根据。

第十二条 对于被告人及其辩护人提出的被告人审判前供述是非法取得的意见,第一审人民法院没有审查,并以被告人审判前供述作为定案根据的,第二审人民法院应当对被告人审判前供述取得的合法性进行审查。检察人员不提供证据加以证明,或者已提供的证据不够确实、充分的,被告人该供述不能作为定案的根据。

第十三条 庭审中,检察人员、被告人及其辩护人提出未到庭证人的书面证言、未到庭被害人的书面陈述是非法取得的,举证方应当对其取证的合法性予以证明。

对前款所述证据,法庭应当参照本规定有关规定进行调查。

第十四条 物证、书证的取得明显违反法律规定,可能影响公正审判的,应当予以补正或者作出合理解释,否则,该物证、书证不能作为定案的根据。

第十五条 本规定自2010年7月1日起施行。

最高人民检察院关于印发《检察机关文明用语规则》的通知

2010 年 6 月 25 日 高检发政字〔2010〕57 号

各省、自治区、直辖市人民检察院,军事检察院,新疆生产建设兵团人民检察院:

《检察机关文明用语规则》已经最高人民检察院第十一届检察委员会第三十八次会议通过,现印发给你们,请认真贯彻执行。执行中遇到的重要问题请及时报告最高人民检察院政治部。

检察机关文明用语规则

(2010 年 6 月 9 日最高人民检察院第十一届检察委员会第三十八次会议通过)

第一条 为促进检察机关执法规范化,增强检察人员职业道德素质,提升文明执法水平,根据《中华人民共和国检察官法》、《中华人民共和国检察官职业道德基本准则(试行)》等有关规定,制定本规则。

第二条 全国检察机关应当制定、推广和使用文明用语,规范检察人员执法和工作文明语言,塑造检察队伍良好执法形象。

第三条 检察人员在履行法律监督职责及从事相关活动中,应当自觉使用文明规范用语。

第四条 检察机关文明用语应当遵循宪法和法律规定,尊重和保障人权,体现社会主义法治理念要求和人文关怀,符合法律监督工作特点和民族、宗教及社会风俗习惯。

第五条 检察机关文明用语以国家通用语言普通话为基本载体,同时尊重、使用少数民族语言、聋哑人语言以及地方方言。

第六条 检察机关文明用语包括检察业务和综合工作中涉及的接待、询问、讯问、出庭、宣传和群众工作等执法和工作用语。

第七条 接待用语应当文明、礼貌、亲和、诚恳。做到主动问候,热情周到,细心询问,耐心解释,明确告知权利义务、检察机关的职责范围和取得答复及处理结果的方式、途径,礼貌送别。

第八条 通讯语言应当使用礼貌称谓,做到准确通报本单位名称和个人身份,认真询问或者说明来电、去电事由，问话和气简洁，答话明确具体，结束通话客气礼貌。

第九条 询问用语，应当明示身份，告知权利义务，明确询问事由，笔录送阅或者宣读，应全面细致，告诉联系方式，做到言语得体，态度和蔼。

第十条 讯问用语，应当合法、规范，称谓严肃。应当依法表明身份，明确告知权利义务，讯问案情客观严谨，笔录应当送阅或者宣读。

第十一条 出席法庭用语应当严谨、理性、规范。宣读起诉书、发表公诉意见声音洪亮，吐字清晰。尊重法庭、服从审判长主持庭审活动，出示证据，询问证人、质证，讯问被告人时用语规范、文明。尊重辩护人，答辩合法、礼貌、说理。

第十二条 宣传用语应当准确、生动，富有亲和力、感染力、说服力，诠释法律和检察业务规范严谨、周密，发布检察工作、案件或事件信息客观、真实。

第十三条 群众工作用语应当适应群众工作的特点和变化，以法为据、以理服人、以情感人，态度亲近平和，表达通俗易懂，让群众听得懂、听得进、听得信服。

第十四条 检察机关文明用语的基本规范由最高人民检察院制定。最高人民检察院各内设机构按照其业务工作的不同特点、不同需求，制定文明用语基础文本。

第十五条 各级人民检察院结合本地实际，特别是当地语言风俗习惯和各岗位、各环节的具体情况，依据基本规范和基础文本，制定具体的文明用语。

第十六条 检察人员不得使用不文明语言，避免和防止因不当用语、不良表达使公众对检察机关执法公信力产生不良影响。

第十七条 违反文明用语规范，造成不良影响的，应给予批评、训诫或者责令公开道歉；造成严重后果的，依照党纪、政纪及有关规定给予处分。

第十八条 各级人民检察院应加强对检察文明用语推广使用的监督管理，将文明用语规范纳入检察职业道德教育，列入考核内容，选择适当场所向社会公布。

第十九条 本规则适用于各级人民检察院全体工作人员。

第二十条 本规则由最高人民检察院负责解释。

第二十一条 本规则自发布之日起施行。

附件

检察机关文明用语基本规范

一、接待用语基本规范

您好，请坐。

欢迎您向检察机关反映问题。

根据我国法律规定，公民有权向检察机关如实反映问题，但不得诬告陷害他人，否则要承担相应法律责任。

您反映的情况，检察机关会依法处理，结果会向您反馈。

根据我国法律规定，您反映的情况属于××单位管辖。您递交的材料我们会转给他们，您也可以直接向该单位反映。

再见，请慢走。

二、电话通讯用语基本规范

您好，这里是××人民检察院××科室，我是×××。

请问您有什么事？（或说明去电事由）

我说清楚了吗？

请留下联系方式，有需要我们会与您联系。

再见。

对不起，您打错了（即使接听错打电话，也要礼貌回复）。

三、询问用语基本规范

×××，我们是××检察院工作人员×××、×××，今天依法向你调查取证，请给予配合。

根据我国法律规定，证人有如实作证的义务，故意作伪证、隐匿罪证或者窝藏、包庇他人，应当负法律责任。

对××一案（一事），请如实谈谈知道的情况。

如果担心安全问题,我们会依法采取必要的保护措施。

请仔细核对笔录是否与你说的相符,如果有遗漏或者差错,可以补充或者改正;认为笔录没有错误,请逐页签名按指印或者盖章。

今天先谈到这里。你对今天的调查取证工作有什么意见或建议,可以向我们提出,也可以向检察院有关部门反映。

这是我们的联系电话,如果有什么情况想补充,或者因调查取证工作遇到困难及问题,请随时与我们联系。再见。

四、讯问用语基本规范

×××,我们是××检察院工作人员×××、×××,现在依法对你进行讯问,你要如实回答。

你可以进行有罪的陈述或者无罪的辩解,对与本案无关的问题,你有权拒绝回答。

根据我国法律规定,你有权聘请律师,为你提供法律咨询、代理申诉、控告,申请取保候审。你要聘请律师吗?

根据我国法律规定,你有申请回避的权利。你要求我们回避吗?

请仔细核对笔录是否和你说的相符,如果有遗漏或者差错,可以补充或者改正;认为笔录没有错误,请在笔录上逐页签名按指印或者盖章。

今天讯问就到这里。如果你对讯问工作有什么意见,可以向我们提出,也可以向检察院有关部门反映。

五、出庭用语基本规范

审判长,下面公诉人向法庭举证,证实指控被告人×××的犯罪事实。该证据是××公安局(检察院)于×年×月×日在××地方收集(或提取),主要证明本案××事实。该证据见××卷××页。

审判长,本案的有关证据已全部出示完毕。以上证据足以证实起诉书所指控的犯罪事实和情节,请法庭充分考虑并依法采纳。

被告人×××,公诉人现就起诉书指控的犯罪事实(就以下问题)对你进行讯问。根据我国法律规定,你应当如实回答,听清楚了吗?

审判长,公诉人对被告人×××的讯问暂时到此。

审判长,公诉人发问暂时到此。

审判长,公诉人要求继续发问。

审判长,鉴于被告人×××不如实供述犯罪事实,公诉人要求传唤同案被告人×××(或证人×××)到庭对质。

审判长,经当庭对质,被告人的辩解理由不能成立,请法庭不予采信。

公诉人提请法庭传证人×××到庭作证。

证人(被害人)×××,根据我国法律规定,你有如实提供证据的义务,伪造、隐匿或者毁灭证据的,要负法律责任。你听明白了吗?请你如实回答公诉人的提问。

审判长,证人×××当庭陈述与在侦查阶段、审查起诉阶段证词不一致,且与本案其他证据相互矛盾,不具有客观真实性,请法庭不予采信。

审判长,公诉人认为辩护人的提问方式(或内容)不当(或具有诱导性倾向),请审判长予以制止(或不予采纳)。

审判长,辩护人刚才……违反法律规定,请法庭予以制止。

请辩护人注意……辩护人刚才……违反法律规定,请正确行使辩护权。

公诉人认真听取了被告人×××及其辩护人的辩护意见,归纳起来,主要有以下×点,现分别答辩如下。

审判长,对上一轮答辩的×观点,为了使法庭对此有更加全面的了解,公诉人特作如下补充发言。

公诉人对本案有关意见均已作出答辩,答辩意见全部发表完毕。

鉴于……根据我国法律规定,公诉人提请法庭休庭,待相关事实查清后再开庭审理。

六、监所检察用语基本规范

我们是××人民检察院派驻××监狱(看守所、劳教所)检察室的工作人员×××、×××,负责对监狱(看守所、劳教所)的监管执法情况进行法律监督。

请问你的姓名、年龄,在什么时间、因涉嫌(犯)什么罪被关押?

根据我国法律规定,你在被监管期间主要有以下权利和义务。现在向你送达权利义务告知卡。如果监管场所内发生侵犯你合法权益的事情,可以随时向派驻检察官反映。

你在关押期间(被关押前)是否受到过殴打、体罚虐待(刑讯逼供)或者其他不公正待遇,请你如实讲。对你反映的情况我们负责保密。

你约见我们，有什么情况需要反映，请讲。

今天找你谈话，主要是了解有关情况，你要如实回答。

你对××监狱（看守所、劳教所）监管执法工作和派驻检察室的监督工作有什么意见和建议。欢迎通过检察信箱或者约见我们反映。

对你反映的问题，我们将认真进行调查，依法作出处理，调查结果会向你反馈。

请仔细核对谈话笔录是否与你说的相符，如有遗漏或者差错，可以补充或者改正；如果没有错误，请在谈话笔录上逐页签名按指印或者盖章。

最高人民法院　最高人民检察院
公安部　国家安全部　司法部
关于印发《关于对司法工作人员在诉讼活动中的渎职行为加强法律监督的若干规定（试行）》的通知

2010 年 7 月 26 日　高检会〔2010〕4 号

各省、自治区、直辖市高级人民法院、人民检察院、公安厅（局）、国家安全厅（局）、司法厅（局），解放军军事法院、军事检察院、总政治部保卫部，新疆维吾尔自治区高级人民法院生产建设兵团分院、新疆生产建设兵团人民检察院、公安局、司法局、监狱管理局：

为落实中央关于"依法明确、规范检察机关调查违法、建议更换办案人等程序，完善法律监督措施"的改革任务，进一步深化司法体制和工作机制改革，最高人民法院、最高人民检察院、公安部、国家安全部、司法部制定了《最高人民法院、最高人民检察院、公安部、国家安全部、司法部关于对司法工作人员在诉讼活动中的渎职行为加强法律监督的若干规定（试行）》。现印发给你们，请认真遵照执行。各地在执行中遇到的问题，请及时报告最高人民法院、最高人民检察院、公安部、国家安全部、司法部。

最高人民法院　最高人民检察院
公安部　国家安全部　司法部
关于对司法工作人员在诉讼活动中的渎职行为加强法律监督的若干规定（试行）

第一条　为加强对司法工作人员在诉讼活动中的渎职行为的法律监督，完善和规范监督措施，保证司法工作人员公正司法，根据《中华人民共和国刑法》、《中华人民共和国刑事诉讼法》、《中华人民共和国民事诉讼法》、《中华人民共和国行政诉讼法》等有关法律的规定，制定本规定。

第二条　人民检察院依法对诉讼活动实行法律监督。对司法工作人员的渎职行为可以通过依法审查案卷材料、调查核实违法事实、提出纠正违法意见或者建议更换办案人、立案侦查职务犯罪等措施进行法律监督。

第三条　司法工作人员在诉讼活动中具有下列情形之一的，可以认定为司法工作人员具有涉嫌渎职的行为，人民检察院应当调查核实：

（一）徇私枉法、徇情枉法，对明知是无罪的人而使其受追诉，或者对明知是有罪的人而故意包庇不使其受追诉，或者在审判活动中故意违背事实和法律作枉法裁判的；

（二）非法拘禁他人或者以其他方法非法剥夺他人人身自由的；

（三）非法搜查他人身体、住宅，或者非法侵入他人住宅的；

（四）对犯罪嫌疑人、被告人实行刑讯逼供或者使用暴力逼取证人证言，或者以暴力、威胁、贿买等方法阻止证人作证或者指使他人作伪证，或者帮助当事人毁灭、伪造证据的；

（五）侵吞或者违法处置被查封、扣押、冻结的款物的；

（六）违反法律规定的拘留期限、侦查羁押期限或者办案期限，对犯罪嫌疑人、被告人超期羁押，情节较重的；

（七）私放在押的犯罪嫌疑人、被告人、罪犯，或者严重不负责任，致使在押的犯罪嫌疑人、被告人、罪犯脱逃的；

（八）徇私舞弊，对不符合减刑、假释、暂予监外执行条件的罪犯，违法提请或者裁定、决定、批准减刑、假释、暂予监外执行的；

（九）在执行判决、裁定活动中严重不负责任或者滥用职权，不依法采取诉讼保全措施、不履行法定执行职责，或者违法采取诉讼保全措施、强制执行措施，致使当事人或者其他人的合法利益遭受损害的；

（十）对被监管人进行殴打或者体罚虐待或者指使被监管人殴打、体罚虐待其他被监管人的；

（十一）收受或者索取当事人及其近亲属或者其委托的人等的贿赂的；

（十二）其他严重违反刑事诉讼法、民事诉讼法、行政诉讼法和刑法规定，不依法履行职务，损害当事人合法权利，影响公正司法的诉讼违法行为和职务犯罪行为。

第四条　人民检察院在开展法律监督工作中，发现有证据证明司法工作人员在诉讼活动中涉嫌渎职的，应当报经检察长批准，及时进行调查核实。

对于单位或者个人向人民检察院举报或者控告司法工作人员在诉讼活动中有渎职行为的，人民检察院应当受理并进行审查，对于需要进一步调查核实的，应当报经检察长批准，及时进行调查核实。

第五条　人民检察院认为需要核实国家安全机关工作人员在诉讼活动中的渎职行为的，应当报经检察长批准，委托国家安全机关进行调查。国家安全机关应当及时将调查结果反馈人民检察院。必要时，人民检察院可以会同国家安全机关共同进行调查。

对于公安机关工作人员办理危害国家安全犯罪案件中渎职行为的调查，比照前款规定执行。

第六条　人民检察院发现检察人员在诉讼活动中涉嫌渎职的，应当报经检察长批准，及时进行调查核实。

人民法院、公安机关、国家安全机关、司法行政机关有证据证明检察人员涉嫌渎职的，可以向人民检察院提出，人民检察院应当及时进行调查核实并反馈调查结果。

上一级人民检察院接到对检察人员在诉讼活动中涉嫌渎职行为的举报、控告的，可以直接进行调查，也可以交由下级人民检察院调查。交下级人民检察院调查的，下级人民检察院应当将调查结果及时报告上一级人民检察院。

第七条　人民检察院调查司法工作人员在诉讼活动中的渎职行为，可以询问有关当事人或者知情人，查阅、调取或者复制相关法律文书或者报案登记材料、案卷材料、罪犯改造材料，对受害人可以进行伤情检查，但是不得限制被调查人的人身自由或者财产权利。

人民检察院通过查阅、复制、摘录等方式能够满足调查需要的，一般不调取相关法律文书或者报案登记材料、案卷材料、罪犯改造材料。

人民检察院在调查期间，应当对调查内容保密。

第八条　人民检察院对司法工作人员在诉讼活动中的涉嫌渎职行为进行调查，调查期限不得超过一个月。确需延长调查期限的，可以报经检察长批准，延长二个月。

第九条　人民检察院对司法工作人员在诉讼活动中的涉嫌渎职行为进行调查，在查证属实并由有关机关作出停止执行职务的处理前，被调查人不停止执行职务。

第十条　人民检察院对司法工作人员在诉讼活动中的涉嫌渎职行为调查完毕后，应当制作调查报告，根据已经查明的情况提出处理意见，报检察长决定后作出处理。

（一）认为有犯罪事实需要追究刑事责任的，应当按照刑事诉讼法关于管辖的规定依法立案侦查或者移送有管辖权的机关立案侦查，并建议有关机关停止被调查人执行职务，更换办案人。

（二）对于确有渎职违法行为，但是尚未构成犯罪的，应当依法向被调查人所在机关发出纠正违法通知书，并将证明其渎职行为的材料按照干部管理权限移送有关机关处理。对于确有严重违反法律的渎职行为，虽未构成犯罪，但被调查人继续承办案件将严重影响正在进行的诉讼活动的公正性，且有关机关未更换办案人的，应当建议更换办案人。

（三）对于审判人员在审理案件时有贪污受贿、徇私舞弊、枉法裁判或者其他违反法律规定的诉讼程序的行为，可能影响案件正确判决、裁定的，应当分别依照刑事诉讼法、民事诉讼法和行政诉讼法规定的程序对该案件的判决、裁定提出抗诉。

（四）对于举报、控告不实的，应当及时向被调查人所在机关说明情况。调查中询问过被调查人的，应当及时向被调查人本人说明情况，并采取适当方式在一定范围内消除不良影响。同时，将调查结果及时回复举报人、控告人。

（五）对于举报人、控告人捏造事实诬告陷害，意图使司法工作人员受刑事追究，情节严重的，依法追究刑事责任。调查人员与举报人、控告人恶意串通，诬告陷害司法工作人员的，一并追究相关法律责任。

对于司法工作人员涉嫌渎职犯罪需要立案侦查的，对渎职犯罪的侦查和对诉讼活动的其他法律监督工作应当分别由不同的部门和人员办理。

第十一条　被调查人不服人民检察院的调查结论的，可以向人民检察院提出申诉，人民检察院应当进行复查，并在十日内将复查决定反馈申诉人及其所在机关。申诉人不服人民检察院的复查决定的，可以向上一级人民检察院申请复核。上一级人民检察院应当进行复核，并在二十日内将复核决定及时反馈申诉人，通知下级人民检察院。

第十二条　人民检察院经过调查，认为作为案件证据材料的犯罪嫌疑人、被告人供述、证人证言、被害人陈述系司法工作人员采用暴力、威胁、引诱、欺骗等违法手段获取的，在审查或者决定逮捕、审查起诉时应当依法予以排除，不得作为认定案件事实的根据。有关调查材料应当存入诉讼卷宗，随案移送。

第十三条　人民检察院提出纠正违法意见或者更换办案人建议的，有关机关应当在十五日内作出处理并将处理情况书面回复人民检察院。对于人民检察院的纠正违法通知书和更换办案人建议书，有关机关应当存入诉讼卷宗备查。

有关机关对人民检察院提出的纠正违法意见有异议的，应当在收到纠正违法通知书后五日内将不同意见书面回复人民检察院，人民检察院应当在七日内进行复查。人民检察院经过复查，认为纠正违法意见正确的，应当立即向上一级人民检察院报告；认为纠正违法意见错误的，应当撤销纠正违法意见，并及时将撤销纠正违法意见书送达有关机关。

上一级人民检察院经审查，认为下级人民检察院的纠正违法意见正确的，应当及时与同级有关机关进行沟通，同级有关机关应当督促其下级机关进行纠正；认为下级人民检察院的纠正违法意见不正确的，应当书面通知下级人民检察院予以撤销，下级人民检察院应当执行，并依照本规定第十条第一款第四项的规定，说明情况，消除影响。

第十四条　有关机关在查处本机关司法工作人员的违纪违法行为时，发现已经涉嫌职务犯罪的，应当及时将犯罪线索及相关材料移送人民检察院。人民检察院应当及时进行审查，符合立案条件的，依法立案侦查，并将有关情况反馈移送犯罪线索的机关。

第十五条　检察人员对于司法工作人员在诉讼活动中的渎职行为不依法履行法律监督职责，造成案件被错误处理或者其他严重后果，或者放纵司法工作人员职务犯罪，或者滥用职权违法干扰有关司法机关依法办案的，人民检察院的纪检监察部门应当进行查处；构成犯罪的，依法追究刑事责任。

第十六条　本规定所称的司法工作人员，是指依法负有侦查、检察、审判、监管和判决、裁定执行职责的国家工作人员。

第十七条　本规定所称的对司法工作人员渎职行为的调查，是指人民检察院在对刑事诉讼、民事审判、行政诉讼活动进行法律监督中，为准确认

定和依法纠正司法工作人员的渎职行为,而对该司法工作人员违反法律的事实是否存在及其性质、情

节、后果等进行核实、查证的活动。

　　第十八条　本规定自公布之日起试行。

最高人民检察院　公安部
关于印发《最高人民检察院、公安部关于刑事立案
监督有关问题的规定(试行)》的通知

2010 年 7 月 26 日　　高检会[2010]5 号

各省、自治区、直辖市人民检察院、公安厅(局),解放军军事检察院、总政治部保卫部,新疆生产建设兵团人民检察院、公安局:

　　为落实中央关于深化司法体制和工作机制改革的部署,加强和规范刑事立案监督工作,最高人民检察院、公安部制定了《最高人民检察院、公安部关于刑事立案监督有关问题的规定(试行)》。现印发给你们,请认真遵照执行。各地在执行中遇到的问题,请及时报告最高人民检察院、公安部。

最高人民检察院　公安部
关于刑事立案监督有关问题的规定(试行)

　　为加强和规范刑事立案监督工作,保障刑事侦查权的正确行使,根据《中华人民共和国刑事诉讼法》等有关规定,结合工作实际,制定本规定。

　　第一条　刑事立案监督的任务是确保依法立案,防止和纠正有案不立和违法立案,依法、及时打击犯罪,保护公民的合法权利,保障国家法律的统一正确实施,维护社会和谐稳定。

　　第二条　刑事立案监督应当坚持监督与配合相统一,人民检察院法律监督与公安机关内部监督相结合,办案数量、质量、效率、效果相统一和有错必纠的原则。

　　第三条　公安机关对于接受的案件或者发现的犯罪线索,应当及时进行审查,依照法律和有关规定作出立案或者不予立案的决定。

　　公安机关与人民检察院应当建立刑事案件信息通报制度,定期相互通报刑事发案、报案、立案、破案和刑事立案监督、侦查活动监督、批捕、起诉等情况,重大案件随时通报。有条件的地方,应当建立刑事案件信息共享平台。

　　第四条　被害人及其法定代理人、近亲属或者行政执法机关,认为公安机关对其控告或者移送的案件应当立案侦查而不立案侦查,向人民检察院提出的,人民检察院应当受理并进行审查。

　　人民检察院发现公安机关可能存在应当立案侦查而不立案侦查情形的,应当依法进行审查。

　　第五条　人民检察院对于公安机关应当立案侦查而不立案侦查的线索进行审查后,应当根据不同情况分别作出处理:

　　(一)没有犯罪事实发生,或者犯罪情节显著轻微不需要追究刑事责任,或者具有其他依法不追究刑事责任情形的,及时答复投诉人或者行政执法机关;

　　(二)不属于被投诉的公安机关管辖的,应当将有管辖权的机关告知投诉人或者行政执法机关,并

建议向该机关控告或者移送；

（三）公安机关尚未作出不予立案决定的，移送公安机关处理；

（四）有犯罪事实需要追究刑事责任，属于被投诉的公安机关管辖，且公安机关已作出不立案决定的，经检察长批准，应当要求公安机关书面说明不立案理由。

第六条　人民检察院对于不服公安机关立案决定的投诉，可以移送立案的公安机关处理。

人民检察院经审查，有证据证明公安机关可能存在违法动用刑事手段插手民事、经济纠纷，或者办案人员利用立案实施报复陷害、敲诈勒索以及谋取其他非法利益等违法立案情形，且已采取刑事拘留等强制措施或者搜查、扣押、冻结等强制性侦查措施，尚未提请批准逮捕或者移送审查起诉的，经检察长批准，应当要求公安机关书面说明立案理由。

第七条　人民检察院要求公安机关说明不立案或者立案理由，应当制作《要求说明不立案理由通知书》或者《要求说明立案理由通知书》，及时送达公安机关。

公安机关应当在收到《要求说明不立案理由通知书》或者《要求说明立案理由通知书》后七日以内作出书面说明，客观反映不立案或者立案的情况、依据和理由，连同有关证据材料复印件回复人民检察院。公安机关主动立案或者撤销案件的，应当将《立案决定书》或者《撤销案件决定书》复印件及时送达人民检察院。

第八条　人民检察院经调查核实，认为公安机关不立案或者立案理由不成立的，经检察长或者检察委员会决定，应当通知公安机关立案或者撤销案件。

人民检察院开展调查核实，可以询问办案人员和有关当事人，查阅、复印公安机关刑事受案、立案、破案等登记表册和立案、不立案、撤销案件、治安处罚、劳动教养等相关法律文书及案卷材料，公安机关应当配合。

第九条　人民检察院通知公安机关立案或者撤销案件的，应当制作《通知立案书》或者《通知撤销案件书》，说明依据和理由，连同证据材料移送公安机关。

公安机关应当在收到《通知立案书》后十五日以内决定立案，对《通知撤销案件书》没有异议的应当立即撤销案件，并将《立案决定书》或者《撤销案件决定书》复印件及时送达人民检察院。

第十条　公安机关认为人民检察院撤销案件通知有错误的，应当在五日以内经县级以上公安机关负责人批准，要求同级人民检察院复议。人民检察院应当重新审查，在收到《要求复议意见书》和案卷材料后七日以内作出是否变更的决定，并通知公安机关。

公安机关不接受人民检察院复议决定的，应当在五日以内经县级以上公安机关负责人批准，提请上一级人民检察院复核。上级人民检察院应当在收到《提请复核意见书》和案卷材料后十五日以内作出是否变更的决定，通知下级人民检察院和公安机关执行。

上级人民检察院复核认为撤销案件通知有错误的，下级人民检察院应当立即纠正；上级人民检察院复核认为撤销案件通知正确的，下级公安机关应当立即撤销案件，并将《撤销案件决定书》复印件及时送达同级人民检察院。

第十一条　公安机关对人民检察院监督立案的案件应当及时侦查。犯罪嫌疑人在逃的，应当加大追捕力度；符合逮捕条件的，应当及时提请人民检察院批准逮捕；侦查终结需要追究刑事责任的，应当及时移送人民检察院审查起诉。

监督立案后三个月未侦查终结的，人民检察院可以发出《立案监督案件催办函》，公安机关应当及时向人民检察院反馈侦查进展情况。

第十二条　人民检察院在立案监督过程中，发现侦查人员涉嫌徇私舞弊等违法违纪行为的，应当移交有关部门处理；涉嫌职务犯罪的，依法立案侦查。

第十三条　公安机关在提请批准逮捕、移送审查起诉时，应当将人民检察院刑事立案监督法律文书和相关材料随案移送。人民检察院在审查逮捕、审查起诉时，应当及时录入刑事立案监督信息。

第十四条　本规定自 2010 年 10 月 1 日起试行。

最高人民检察院关于印发《最高人民检察院关于加强公诉人建设的决定》的通知

2010 年 8 月 19 日　　高检发〔2010〕15 号

各省、自治区、直辖市人民检察院,军事检察院,新疆生产建设兵团人民检察院:

现将《最高人民检察院关于加强公诉人建设的决定》印发给你们,请结合实际,认真贯彻落实。

最高人民检察院关于加强公诉人建设的决定

公诉是我国检察机关核心的标志性职能之一,是法律监督的重要组成部分。国家公诉人是依法行使公诉和诉讼监督权的检察官,担负着指控犯罪与诉讼监督的职能,既处在同犯罪斗争的第一线,又处于诉讼监督的第一线;既是侦查活动的监督者,又是审判程序的启动者和诉讼活动的纠错匡正者,对于打击犯罪,保障人权,维护社会和谐稳定和公平正义发挥着重要作用。为全面提高公诉人的整体素质和执法水平,保障公诉人依法正确履行法律赋予的职责,维护司法公正,保证法律统一正确实施,现就加强公诉人建设作如下决定:

一、深刻认识加强公诉人建设的重要意义和总体要求

1. 加强公诉人建设的必要性。当前,我国正处在深刻变革之中,公诉工作面临着一系列新的挑战,工作任务越来越重,工作要求越来越高,工作难度越来越大。公诉人队伍在执法水平和能力建设方面还存在许多不适应。加强公诉人建设,是检察机关依法正确履行指控犯罪职能和依法进行诉讼监督的需要,是提高办案质量和公诉工作整体水平的需要,是提高执法公信力和树立检察机关良好形象的需要。各级检察院要充分认识加强公诉人建设的重要意义,通过加强公诉人建设,推动全国公诉队伍建设,以更高的素质和更好的精神状态履行职能,完成国家法律赋予的神圣使命。

2. 加强公诉人建设的指导思想。坚持以邓小平理论、"三个代表"重要思想为指导,深入贯彻落实科学发展观,牢固树立科学的人才观,紧紧围绕"强化法律监督,维护公平正义"的检察工作主题,坚持以依法指控犯罪和强化诉讼监督为抓手,以提高办案质量为核心,以推进公诉人专业化建设为重点,以改革公诉人培养模式为动力,以完善公诉人管理机制为保证,始终把公诉人建设摆在重要位置。作为检察机关的基础工作和战略任务抓紧抓好。

3. 加强公诉人建设的基本原则。加强公诉人建设要坚持组织培养和个人努力相结合,统筹规划和分级负责相结合,全面建设和专业化建设相结合,普遍提高与重点培养相结合等原则。

4. 加强公诉人建设的总体目标。按照政治坚定、业务精通、执法公正、作风优良的要求,通过五年左右的时间,努力培养和造就一支门类齐全、结构合理、素质优良、纪律严明、能打硬仗的专业化公诉人队伍,为依法正确履行法律监督职能,维护司法公正,维护社会和谐稳定,保证法律统一正确实施提供坚强的人才保证。

——思想政治素质进一步提高。理想信念更加坚定,政治意识、大局意识、群众意识、法治意识、职业意识进一步增强,真正做到忠诚于党、忠诚于人民、忠诚于宪法法律、忠诚于检察事业。

——专业化程度显著提高。各地检察机关都拥有一定数量的擅长办理职务犯罪、有组织犯罪、毒品犯罪、证券犯罪、网络信息犯罪、知识产权犯罪、涉众型犯罪等专业性较强案件的专门型公诉人，初步形成一支能办理各种类型案件的公诉人队伍。其中，最高人民检察院和省级、地市级检察院公诉部门的专门型公诉人一般应占所在部门公诉人员总数的 20% 以上，县级检察院公诉部门的专门型公诉人一般应占所在部门公诉人员总数的 15% 以上。

——专家型公诉人数量稳步增长。公诉人队伍中全国检察业务专家和省级检察业务专家占公诉人的比例达到 6‰ 以上，总人数达到 170 人以上；全国优秀公诉人和省级优秀公诉人占公诉人的比例达到 15% 以上，总人数达到 4000 人以上，拥有一批具有深厚理论功底、丰富办案经验的专家型公诉人。

——公诉职业能力建设得到全面加强。审查判断运用证据、适用法律和运用政策、出庭指控犯罪、开展诉讼监督等能力显著提高，办案质量和执法水平明显提升，保障公诉职业能力建设的培训机制更加科学规范，公诉人教育培训体系基本形成。

——知识结构和人员素质得到进一步优化。具有本科以上学历的公诉人占全体公诉人员的比例达到 85% 以上，其中具有硕士研究生以上学历的公诉人占全体公诉人员的比例达到 13% 以上。

——违纪违法案件显著下降，纪律作风明显改进，执法形象明显改善。公诉队伍违纪违法人员数占公诉队伍总人数的比例低于检察人员违纪违法数占检察人员总人数的比例。

二、加强思想政治建设，努力提高公诉人的政治素质

5. 把思想政治建设放在公诉人建设的首位。始终坚持用马克思主义中国化的最新理论成果武装公诉人，全面掌握中国特色社会主义理论体系和中国特色社会主义检察理论体系，努力培养和提高公诉人的政治素养、理论水平、大局意识和职业道德，不断增强政治敏感性和政治鉴别力，确保公诉工作始终坚持正确的政治方向。

6. 坚持公诉理念与时俱进。按照科学发展观的要求，坚持执法办案数量、质量、效率、效果相统一。转变不适应公诉工作发展要求的思想观念，做到理性、平和、文明、规范执法。解决影响和制约公诉工作科学发展的突出问题，坚持把执法办案和化解矛盾纠纷、促进社会管理有机结合起来，推动公诉工作科学发展，努力实现法律效果、政治效果和社会效果的有机统一。

7. 树立社会主义法治理念。牢固树立依法治国、执法为民、公平正义、服务大局、党的领导的社会主义法治理念，确保每名公诉人始终坚持党的事业至上、人民利益至上、宪法法律至上，始终做到党在心中、人民在心中、法在心中、正义在心中。

8. 恪守检察官职业道德。认真执行《中华人民共和国检察官职业道德基本准则（试行）》，以忠诚、公正、清廉、文明为核心，大力加强公诉人职业道德建设。不断丰富职业道德实践活动载体，建立"公诉人主题日"制度，通过开展重温检察官誓词和党性忠诚教育等活动，努力培育公诉职业精神，增强公诉人的职业使命感、责任感和荣誉感。

9. 全面加强公诉部门的党组织建设。健全党的组织生活制度，加强思想政治工作，充分发挥党组织的战斗堡垒作用和党员公诉人的先锋模范作用，以党建带队建，不断提高公诉人的思想政治素质。

三、加强职业能力建设，大力提高公诉人依法履行职责的能力

10. 加强职业能力建设的基本途径。坚持以提高公诉人法律监督能力为核心，以强化教育培训和岗位练兵为主要手段，以提高审查判断证据、运用法律政策、出庭指控犯罪、开展诉讼监督、做好群众工作、化解矛盾纠纷等能力为主要内容，全面提高公诉人依法履行职责的能力。

11. 提高证据审查判断能力。坚持全面客观审查、甄别、判断证据材料。提高对重大复杂疑难案件的审查能力，正确审查、判断涉及罪与非罪、轻罪与重罪、此罪与彼罪的各种证据。提高对新类型案件的审查能力，善于综合运用新知识、新成果审查判断证据。提高对物证、书证、鉴定结论、视听资料等证据的审查能力，尤其要提高对专业性、技术性较强的证据的审查能力。提高引导侦查机关（部门）根据出庭公诉的要求，依法收集、固定和完善证据的能力，对侦查活动中存在的违法取证行为，及时提出纠正意见。提高对非法证据的审查能力，依法排除非法证据。

12. 提高法律适用和政策运用的能力。正确理解法律和司法解释，准确认定犯罪性质和情节。善于从犯罪的本质特征即行为社会危害性方面把握行为性质，正确区分罪与非罪的界限。善于科学把握犯罪构成要件，按照主客观相统一的原则，正确区分罪与非罪，此罪与彼罪，准确适用法律。善于研究司法实践中出现的新情况、新问题，准确把握行为性质，既依法准确打击犯罪，又保障无辜的人不受刑事追究。善于正确把握执行法律与贯彻刑事政策的关系，全面理解宽严相济刑事政策的内涵，对不同的犯罪行为和犯罪分子，对严重犯罪中的从宽情节和轻微犯罪中的从严情节，对实体处理和程序适用，都充分体现宽严相济的要求，做到宽中有严、严中有宽、严惩有据、宽处有理、宽严适度、不枉不纵。

13. 提高出庭公诉指控犯罪能力。提高庭前预测能力，针对案件的重点和争议焦点，制定周密的出庭预案，对于重大复杂敏感案件要制定临庭处置预案。提高庭上指控犯罪能力，做到讯问犯罪嫌疑人重点突出、针对性强，示证质证组织编排证据合理明晰，增强指控犯罪的效果。提高庭上辩驳能力，做到条理清楚、说理充分、论证严谨、讲究策略。提高庭上应变能力，善于运用事实证据、法律规定和刑事政策，妥善应对被告人当庭翻供、证人翻证等情况。提高语言表达能力，做到用语规范、表述准确，增强语言的感染力和说服力，增强社会公众的认同感，树立公诉人可亲、可信、可敬的执法形象。提高出庭的综合效果，善于结合案件事实揭露犯罪，开展法制宣传，促使被告人认罪悔罪。上级检察机关要加强对出庭工作的指导、协调，充分发挥检察一体化优势，凡在什么范围有影响的案件，就要在什么范围调配优秀公诉人审查案件并出庭支持公诉，确保出庭指控犯罪效果。

14. 提高诉讼监督能力。强化监督意识，突出监督重点，坚持将刑讯逼供、暴力取证、有罪判无罪、无罪判有罪、量刑畸重畸轻，特别是人民群众反映强烈的问题和司法不公背后的职务犯罪作为监督的重点。坚持监督原则，讲究监督方法，既要敢于监督、敢于碰硬、秉公执法，忠实履行宪法和法律赋予的职责，又要善于监督、规范监督、理性监督，积极营造与侦查、审判机关的和谐关系。提高监督质量，坚持以事实为依据、以法律为准绳，依法正确行使权力，注重监督效果。拓宽监督思路，综合运用抗诉、纠正违法通知书、纠正违法审理意见书、检察建议等多种形式进行监督；既重视对错误轻判的监督，又重视对错误重判的监督；既重视对实体问题的监督，又重视对程序问题的监督。

15. 提高应对突发敏感事件、化解社会矛盾和做群众工作的能力。建立突发敏感事件预警机制，进一步规范处置程序，提高公诉人应对突发敏感事件的预见性、主动性、针对性和时效性，做到处置快速有力，应对妥善有效，程序公开透明，方式慎重稳妥。注重公诉职能向修复社会关系延伸，坚持把化解矛盾纠纷贯穿于公诉工作始终，在审查起诉、出庭公诉、抗诉等各个环节采取多种方式化解矛盾，解决合理诉求，做到案结事了。努力提高做群众工作的能力，善于运用心理疏导等方式缓解当事人因案件产生的心理压力，善于运用通俗语言和群众易于接受的方式释法说理，善于引导群众采取理性合法的方式表达诉求，善于在依法办案过程中积极为当事人和解创造条件。

16. 加强教育培训，构建公诉人教育培训工作体系。深入推进学习型公诉部门建设，研究制定"全国检察机关公诉人教育培训实施办法"和"全国检察机关公诉人岗位练兵指导意见"，实现全国公诉人教育培训和岗位练兵工作的规范化、制度化。依托国家检察官学院及其分院等培训基地，积极推进公诉业务技能实训基地建设试点工作。讲究教育培训的方式方法，坚持理论与实践相结合、讲授式培训与研讨式培训相结合、面授教学与网络教学相结合，切实提高培训的实际效果。建立公诉人全员轮训机制，最高人民检察院负责省级检察院分管检察长、公诉部门负责人、地市级检察院分管检察长的轮训工作，每三年轮训一遍；省级检察院负责地市级检察院公诉部门负责人、县级检察院分管检察长及本省(自治区、直辖市)公诉业务骨干的轮训工作，每三年轮训一遍；地市级检察院和县级检察院要抓好本辖区内公诉人的常规培训，确保每名公诉人每年脱岗参加业务培训的时间不少于15天。鼓励公诉人参加法律类学历学位教育并为其创造条件。

17. 建立公诉人出庭观摩制度，促进相互学习借鉴。省级检察院每年至少要组织一次全省范围的观摩庭，地市级检察院每年至少要组织二次全市范围的观摩庭，县级检察院每年至少要组织三次本院范围的观摩庭，并认真组织评议。各级检察院公诉部门负责人要带头办理案件，带头出庭支持公诉。提倡各级检察院检察长亲自办理案件，亲自出庭支持公诉。省、市、县三级分管检察长办理案件、出庭公诉每年应分别不少于一、二、三件。建立公诉人出庭抽查和考核制度，促使公诉人能够随时接受出庭检验，不断提高出庭水平。有条件的地方，可以建立公诉人出庭社会考核制度，组织人大代表、政协委员、人民监督员等社会各界人士旁听庭审，并在庭后进行评议。

四、加强专家型和专门型公诉人的培养，以专业化建设推动执法水平提升

18. 培养一批专家型公诉人才。最高人民检察院和省级检察院要以精英化的思路，培养一批具有较高政治素质和政策水平、深厚法学理论特别是刑事法学理论功底、丰富公诉经验，在公诉系统内外有较高声望、较大影响的专家型公诉人。五年内，公诉人队伍中全国检察业务专家达到50人以上、省级检察业务专家达到120人以上，充分发挥专家型公诉人才在办理大案要案、疑难复杂案件和研究重大业务问题中的重要作用。

19. 培养大批专门型公诉人。各地检察机关要根据工作需要，有计划地培养一批擅长办理职务犯罪、有组织犯罪、毒品犯罪、证券犯罪、网络信息犯罪、知识产权犯罪、涉众型犯罪等案件的专门型公诉人，实现公诉工作的专业化分工。这些专门型公诉人既要具有刑事法律专业素养，又要具有相关领域的专门知识和办理专门领域犯罪案件的实践经验。

20. 推进公诉人才库建设。建立各种层级的公诉人才库。对各层级人才要进行高起点选拔、高强度培养、高标准考核，充分发挥他们的骨干和示范作用。对纳入人才库的公诉人，所在检察院要充分发挥其人才优势和在办案实践中的作用。公诉人才库实行开放式动态管理，通过考核定期调整人员，切实保证公诉人才库的质量。

21. 建立公诉人业务竞赛制度，突出打造品牌公诉人。以开展"全国十佳公诉人暨优秀公诉人"业务竞赛活动为龙头，带动全国公诉人业务竞赛广泛开展。最高人民检察院一般每三年组织一次"全国十佳公诉人暨优秀公诉人"业务竞赛活动，打造一批品牌公诉人。省级、地市级检察院也要根据实际，定期组织开展竞赛活动。要积极开展十佳、优秀公诉人巡讲和社会宣讲活动，加大对典型事例和先进人物的宣传力度。

22. 巩固完善主诉检察官办案责任制。继续巩固和完善主诉检察官办案责任制，明确选任条件、职权范围和履职程序，强化对主诉检察官的制约机制和办案考核机制，逐步建立符合主诉检察官办案责任制特点的主诉检察官晋级、淘汰管理机制和激励保障机制，充分发挥主诉检察官办案责任制在公诉工作中的重要作用。

23. 建立专家型公诉人培训机制。通过举办主诉检察官研修班、优秀公诉人高级研修班等形式，加大对专家型公诉人才在法治理念、刑事政策、理论前沿、公诉疑难问题研究等方面的培训力度。最高人民检察院和各省级检察院至少每年组织一次专家型公诉人培训。各省级检察院还可以通过定期举办公诉人论坛、公诉人沙龙等方式，为专家型公诉人才提供相互学习交流的平台，全面提升综合素质和解决疑难复杂问题的能力。

24. 建立公诉人专业化培训机制。按照专门型公诉人建设的要求，研究制定专门型公诉人培养办法。根据不同犯罪类型，建立专业化培训机制，并对公诉人进行证据审查、文书制作、多媒体示证、出庭公诉等方面专业化培训。最高人民检察院、各省级检察院至少每年组织一次专业化培训。

25. 完善公诉人理论研究机制。大力倡导公诉人加强理论研究，积极参与国内法学研究，加强与境外检察机关的交流，注重理论联系实际，努力提高理论研究的水平和研究成果的质量。重点加强对公诉基础理论、公诉应用理论、公诉政策理论、公诉前沿理论和公诉疑难问题的研究，进一步阐述中国特色社会主义公诉制度的必然性、合理性和优越性，推动公诉工作科学发展。每名公诉人都应确定自己的研究方向，努力成为某一领域研究解决理论和实务问题、办理专门案件的人才。最高人民检察院每三年组织一次公诉理论研究成果评比，提倡各省级检察院积极开展公诉理论成果评选，推动公诉理论研究的深入开展。

五、加强纪律作风建设，切实提高公诉人的执法公信力

26. 严明公诉人职业纪律。各级检察院要严格执行《党员领导干部廉洁从政若干准则》、《检察机关党风廉政建设责任制实施办法》和《公诉人员六条纪律规定》等有关纪律规定，紧紧围绕人民群众反映强烈的突出问题，开展以遵守办案纪律为内容的专项检查，对突出的违规问题进行专项整治，切实改进作风，自觉规范自身行为，进一步增强公诉人纪律观念,筑牢拒腐防变的思想防线,确保公正廉洁执法。严格落实一岗双责制度、诫勉谈话制度和违纪违法通报制度,保证公诉人的职业纪律要求得到贯彻落实。

27. 建立公诉人岗位风险防范机制。突出重点、分类指导、综合治理,抓住执法办案中容易产生风险的重点岗位、关键环节和特殊时段,加大防范力度,建立具有针对性、科学性、系统性和前瞻性的风险防范机制,确保公诉人在办案纪律、办案质量、办案安全、办案效果等方面的风险得到有效防范。提倡在公诉部门设立专职或兼职廉政监督员,加强对公诉人纪律作风的督察,对可能发生违法违纪的苗头性、倾向性问题,及早提示及时防范。

28. 落实内部监督制约机制。把强化自身监督放在与强化法律监督同等重要的位置来抓,认真执行党风廉政建设责任制,完善廉政谈话和廉政教育制度;配合纪检监察部门深入开展检务督察工作,进一步加大整改工作力度;建立执法档案制度,促使公诉人依法正确行使职权。自觉接受检察机关职务犯罪侦查、侦查监督、控告申诉检察、纪检监察等部门对公诉人执法办案的事前、事中与事后监督制约。

29. 自觉接受外部监督制约。始终把公诉工作置于党的领导和人大的监督之下,自觉接受政协民主监督、人民群众监督和新闻舆论监督,依法接受公安、法院等机关的制约,广泛听取人大代表、政协委员、专家学者、律师和基层群众的意见和建议。各级检察院每年至少组织一次座谈会,听取有关部门和人民群众对本院公诉工作和公诉人纪律作风建设的意见和建议,及时发现和解决存在的问题,促进公诉人提高执法办案水平。

30. 严肃查处违纪违法行为。坚持从严治检,各级检察院对滥用公诉权,以案谋私、贪赃枉法,严重损害人民群众利益的行为,要发现一起、查处一起,绝不姑息迁就,更不能袒护包庇。对违纪违法人员,一经发现先予停职,再区分性质和情节,依照检察纪律严肃处理,构成犯罪的依法追究刑事责任。完善重大违纪违法案件剖析和通报制度,加大预防公诉人违纪违法工作力度。

31. 建立健全违纪违法情况通报制度。建立健全违纪违法情况上报与定期通报制度,公诉人发生违纪违法行为的,相关部门作出处理决定后 5 日内,所在检察院公诉部门要层报最高人民检察院公诉厅。省级检察院应将违纪违法情况和上报情况纳入公诉工作考评体系。年度违纪违法情况突出的省份,要向最高人民检察院说明情况并提交书面报告。最高人民检察院将定期对违纪违法情况进行通报,加大指导力度。

六、加强管理机制建设,促进公诉人的全面发展

32. 加强对公诉人建设的领导。各级检察院检察长和党组要高度重视公诉工作,关心公诉人的成长和进步,把公诉人建设摆上重要议事日程,每年至少听取一次关于公诉工作和公诉人建设的专题汇报,认真研究加强公诉人建设的思路和措施。要在干部使用、评比表彰、人员配备、设施建设等方面给公诉人员必要的倾斜,建立健全公诉人激励机制,认真解决存在的突出问题,为公诉人创造良好的工作条件。要把政治上靠得住、业务上有本事、作风上过得硬、人民群众信得过的公诉人配备到领导岗位,公诉部门主要负责人应当担任检察委员会委员。对在工作中取得突出成绩的主诉检察官和优秀公诉人,该提拔重用的要提拔重用,该评功授奖的要评功授奖。要按照责权利相统一的原则,在政策允许的范围内,给公诉人一定的出庭补贴。要提高公诉人办案的科技含量,为公诉人提供必要的学习资料和办案参考资料,配备出庭电脑和出庭公文包。上级检察院要加强对公诉人建设工作的指导,及时总结交流经验,解决工作进程中存在的问题。

33. 合理确定公诉人员数量和检察官职数。各级检察院要根据"精简后方,保障一线"的原则,加强对公诉部门的人员配备,使人员配备与工作任务相适应。要根据年受理移送起诉案件的数量等工作任务,合理确定公诉部门人员编制。刑事案件发案率较高、起诉案件数量多的地方,应当相应增设公诉机构,增加公诉人员编制。专门类型案件数量较多的地方,应当研究探索设立专门机构或由专门人员负责办理。案多人少矛盾突出的地方应为公诉人配备速录员等办案辅助人员,以减轻公诉人从事事务性工作的负担。要合理设置公诉部门检察官职数和职级比例,保持公诉业务骨干的相对稳定,避免优秀公诉人才流失。对全国、省级、地市级优秀公诉人以及专家型、专门型公诉人调离公诉部门的,应当听取上一级检察机关公诉部门的意见。

34. 建立严格的公诉人准入制度。公诉人应由具有良好政治、业务素质和良好品行、具有大学本科以上文化程度、通过国家统一司法考试、取得助理检察员以上法律职称的检察官担任。新录用的人员在公诉部门锻炼后，要经过岗前培训和实习方可正式担任公诉人。单独组织公诉人招录的，公诉部门负责人应协助政治部门做好招录工作，确保录入人员的质量。

35. 加强公诉人才交流。积极开展公诉人跨区域交流活动，各省级、地市级检察院可以组织公诉人跨地、县交流办案。提倡上下级检察院公诉人相互交流承办案件，使下级检察院公诉人有机会到上级检察院承办更加重大复杂疑难的案件，上级检察院公诉人有机会到下级检察院承办更多类型的刑事案件。最高人民检察院公诉厅每年要选派干部

到地方检察机关独立承办公诉案件。要完善落实对口支援制度，加强对西部地区公诉人帮助扶持力度，加强对使用少数民族语言进行诉讼的公诉人才的培养。积极创造条件，组织公诉人到党政部门挂职锻炼。

36. 保障公诉人办案安全。办理涉恐怖犯罪、涉黑社会性质组织犯罪、涉邪教犯罪、涉众型犯罪、重大职务犯罪等可能发生矛盾冲突的案件，要建立公诉活动应急处置机制，制定调查取证、出庭公诉等环节的安全防范应急预案，必要时指派法警协助公诉人开展工作。落实公诉人出庭安全通道和交通工具等，为公诉人的办案、出庭、监督等执法活动提供安全保障措施，确保公诉人执法办案活动安全。

中央综治委预防青少年违法犯罪工作领导小组
最高人民法院　最高人民检察院
公安部　司法部　共青团中央
关于进一步建立和完善办理未成年人
刑事案件配套工作体系的若干意见

2010 年 8 月 28 日　综治委预青领联字〔2010〕1 号

为进一步贯彻落实对违法犯罪未成年人"教育、感化、挽救"的方针及"教育为主，惩罚为辅"的原则，贯彻落实《中华人民共和国未成年人保护法》《中华人民共和国预防未成年人犯罪法》和"宽严相济"的刑事政策，完善我国未成年人司法制度，现就进一步建立和完善办理未成年人刑事案件相互配套工作体系的若干问题，提出如下意见。

一、进一步建立、巩固和完善办理未成年人刑事案件专门机构

建立健全办理未成年人刑事案件的专门机构，是做好未成年人司法保护，预防、矫治、减少未成年人违法犯罪工作的重要保障。各级公安机关、人民检察院、人民法院、司法行政机关应当充分重视，加强办理未成年人刑事案件专门机构和专门队伍建设。

1. 公安部、省级和地市级公安机关应当指定相应机构负责指导办理未成年人刑事案件。区县级公安机关一般应当在派出所和刑侦部门设立办理未成年人刑事案件的专门小组，未成年人刑事案件数量较少的，可以指定专人办理。

2. 最高人民检察院和省级人民检察院应当设立指导办理未成年人刑事案件的专门机构。地市级人民检察院和区县级人民检察院一般应当设立办理未成年人刑事案件的专门机构或专门小组，条件不具备的，应当指定专人办理。

3. 最高人民法院和高级人民法院应当设立少年法庭工作办公室。中级人民法院和基层人民法院一般应当建立审理未成年人刑事案件的专门机构，条件不具备的，应当指定专人办理。

4. 司法部和省级司法行政机关应当加强对办

理未成年人刑事案件配套工作的指导,成立相关工作指导小组。地市级和区县级司法行政机关所属法律援助机构应当成立未成年人法律援助事务部门,负责组织办理未成年人的法律援助事务,条件不具备的,应当指定专人办理。司法行政机关社区矫正工作部门一般应当设立专门小组或指定专人负责未成年人的社区矫正工作。

5. 各级公安机关、人民检察院、人民法院、司法行政机关应当选任政治、业务素质好,熟悉未成年人特点,具有犯罪学、社会学、心理学、教育学等方面知识的人员办理未成年人刑事案件,并注意通过加强培训、指导,提高相关人员的专业水平。对办理未成年人刑事案件的专门人员应当根据具体工作内容采用不同于办理成年人刑事案件的工作绩效指标进行考核。

6. 有条件的地区,办理未成年人刑事案件的专门机构可以根据实际情况办理被害人系未成年人的刑事案件。

二、进一步加强对涉案未成年人合法权益的保护

在办理未成年人刑事案件中,加强对涉案未成年人的保护,是维护人权、实现司法公正的客观要求,是保障刑事诉讼活动顺利进行的需要。各级公安机关、人民检察院、人民法院、司法行政机关应当在办理未成年人刑事案件的各个阶段积极采取有效措施,尊重和维护涉案未成年人的合法权益。

(一)对未成年犯罪嫌疑人、被告人、罪犯合法权益的保护

1. 办理未成年人刑事案件,在不违反法律规定的前提下,应当按照最有利于未成年人和适合未成年人身心特点的方式进行,充分保障未成年人合法权益。

2. 办理未成年人刑事案件过程中,应当注意保护未成年人的名誉,尊重未成年人的人格尊严,新闻报道、影视节目、公开出版物、网络等不得公开或传播未成年人的姓名、住所、照片、图像以及可能推断出该未成年人的其他资料。

对违反此规定的单位,广播电视管理及新闻出版等部门应当提出处理意见,作出相应处理。

3. 办理未成年人刑事案件,应当在依照法定程序办案和保证办理案件质量的前提下,尽量迅速办理,减少刑事诉讼对未成年人的不利影响。

4. 未成年人与成年人共同犯罪的案件,一般应当分案起诉和审判;情况特殊不宜分案办理的案件,对未成年人应当采取适当的保护措施。

5. 在未成年犯罪嫌疑人、被告人被讯问或者开庭审理时,应当通知其法定代理人到场。看守所经审核身份无误后,应当允许法定代理人与办案人员共同进入讯问场所。

对未成年人采取拘留、逮捕等强制措施后,除有碍侦查或者无法通知的情形以外,应当在24小时以内通知其法定代理人或家属。

法定代理人无法或不宜到场的,可以经未成年犯罪嫌疑人、被告人同意或按其意愿通知其他关系密切的亲属朋友、社会工作者、教师、律师等合适成年人到场。

讯问未成年犯罪嫌疑人、被告人,应当根据该未成年人的特点和案件情况,制定详细的讯问提纲,采取适宜该未成年人的方式进行,讯问用语应当准确易懂。讯问时,应当告知其依法享有的诉讼权利,告知其如实供述案件事实的法律规定和意义,核实其是否有自首、立功、检举揭发等表现,听取其有罪的供述或者无罪、罪轻的辩解。讯问女性未成年犯罪嫌疑人、被告人,应当由女性办案人员进行或者有女性办案人员参加。讯问未成年犯罪嫌疑人、被告人一般不得使用戒具,对于确有人身危险性,必须使用戒具的,在现实危险消除后,应当立即停止使用。

6. 办理未成年人刑事案件,应当结合对未成年犯罪嫌疑人背景情况的社会调查,注意听取未成年人本人、法定代理人、辩护人、被害人等有关人员的意见。应当注意未成年犯罪嫌疑人、被告人是否有被胁迫情节,是否存在成年人教唆犯罪、传授犯罪方法或者利用未成年人实施犯罪的情况。

7. 公安机关办理未成年人刑事案件,对未成年人应优先考虑适用非羁押性强制措施,加强有效监管;羁押性强制措施应依法慎用,比照成年人严格适用条件。办理未成年人刑事案件不以拘留、逮捕率或起诉率作为工作考核指标。

对被羁押的未成年人应当与成年人分别关押、管理,有条件的看守所可以设立专门的未成年人监区。有条件的看守所可以对被羁押的未成年人区分被指控犯罪的轻重、类型分别关押、管理。

未成年犯罪嫌疑人、被告人入所后服从管理、依法变更强制措施不致发生社会危险性,能够保证诉讼正常进行的,公安机关、人民检察院、人民法院

应当及时变更强制措施;看守所应提请有关办案部门办理其他非羁押性强制措施。

在第一次对未成年犯罪嫌疑人讯问时或自采取强制措施之日起,公安机关应当告知未成年人及其法定代理人有关诉讼权利和义务,在告知其有权委托辩护人的同时,应当告知其如果经济困难,可以向法律援助机构申请法律援助,并提供程序上的保障。

8. 人民检察院办理未成年人刑事案件,应当讯问未成年犯罪嫌疑人,坚持依法少捕慎诉。对于必须起诉的未成年人刑事案件,查明未成年被告人具有法定从轻、减轻情节及悔罪表现的,应当提出从轻或者减轻处罚的建议;符合法律规定的缓刑条件的,应当明确提出适用缓刑的量刑建议。办理未成年人刑事案件不以批捕率、起诉率等情况作为工作考核指标。

在审查批捕和审查起诉阶段,人民检察院应当告知未成年犯罪嫌疑人及其法定代理人有关诉讼权利和义务,在告知其有权委托辩护人的同时,应当告知其如果经济困难,可以向法律援助机构申请法律援助,并提供程序上的保障。

人民检察院应当加强对未成年人刑事案件侦查、审判、监管和刑罚执行活动的法律监督,建立长效监督机制,切实防止和纠正违法办案、侵害未成年人合法权益的行为。

9. 未成年犯罪嫌疑人及其法定代理人提出委托辩护人意向,但因经济困难或者其他原因没有委托的,公安机关、人民检察院应当依法为其申请法律援助提供帮助。

开庭时未满十八周岁的未成年被告人没有委托辩护人的,人民法院应当指定承担法律援助义务的律师为其提供辩护。

10. 对开庭审理时未满十六周岁的未成年人刑事案件,一律不公开审理。对开庭审理时已满十六周岁未满十八周岁的未成年人刑事案件,一般也不公开审理;如有必要公开审理的,必须经本级人民法院院长批准,并应适当限制旁听人数和范围。

11. 看守所、未成年犯管教所和司法行政机关社区矫正工作部门应当了解服刑未成年人的身心特点,加强心理辅导,开展有益未成年人身心健康的活动,进行个别化教育矫治,比照成年人适当放宽报请减刑、假释等条件。

12. 对于未成年犯罪嫌疑人、被告人及其法定

代理人的法律援助申请,法律援助机构应当优先审查;经审查符合条件的,应当提供法律援助。人民法院为未成年被告人指定辩护的,法律援助机构应当提供法律援助。

（二）未成年被害人、证人合法权益的保护

1. 办理未成年人刑事案件,应当注意保护未成年被害人的合法权益,注意对未成年被害人进行心理疏导和自我保护教育。

2. 办理未成年人刑事案件,应当注意保护未成年被害人的名誉,尊重未成年被害人的人格尊严,新闻报道、影视节目、公开出版物、网络等不得公开或传播该未成年被害人的姓名、住所、照片、图像以及可能推断出该未成年人的资料。

对违反此规定的单位,广播电视管理及新闻出版等部门应当提出处理意见,作出相应处理。

3. 对未成年被害人、证人,特别是性犯罪被害人进行询问时,应当依法选择有利于未成年人的场所,采取和缓的询问方式进行,并通知法定代理人到场。

对性犯罪被害人进行询问,一般应当由女性办案人员进行或者有女性办案人员在场。

法定代理人无法或不宜到场的,可以经未成年被害人、证人同意或按其意愿通知有关成年人到场。应当注意避免因询问方式不当而可能对其身心产生的不利影响。

4. 办理未成年人刑事案件,应当告知未成年被害人及其法定代理人诉讼权利义务、参与诉讼方式。除有碍案件办理的情形外,应当告知未成年被害人及其法定代理人案件进展情况、案件处理结果,并对有关情况予以说明。

对于可能不立案或撤销案件、不起诉、判处非监禁刑的未成年人刑事案件,应当听取被害人及其法定代理人的意见。

5. 对未成年被害人及其法定代理人提出委托诉讼代理人意向,但因经济困难或者其他原因没有委托的,公安机关、人民检察院、人民法院应当帮助其申请法律援助,法律援助机构应当依法为其提供法律援助。

6. 未成年被害人、证人经人民法院准许的,一般可以不出庭作证;或在采取相应保护措施后出庭作证。

7. 公安机关、人民检察院、人民法院、司法行政机关应当推动未成年犯罪嫌疑人、被告人、罪犯与

被害人之间的和解,可以将未成年犯罪嫌疑人、被告人、罪犯赔偿被害人的经济损失、取得被害人谅解等情况作为酌情从轻处理或减刑、假释的依据。

三、进一步加强公安机关、人民检察院、人民法院、司法行政机关的协调与配合

公安机关、人民检察院、人民法院、司法行政机关在办理未成年人刑事案件中建立的相互协调与配合的工作机制,是我国未成年人司法制度的重要内容,也是更好地维护未成年人合法权益、预防和减少未成年人违法犯罪的客观需要。为此,各级公安机关、人民检察院、人民法院、司法行政机关应当注意工作各环节的衔接和配合,进一步建立、健全配套工作制度。

(一)对未成年犯罪嫌疑人、被告人的社会调查

公安机关、人民检察院、人民法院、司法行政机关在办理未成年人刑事案件和执行刑罚时,应当综合考虑案件事实和社会调查报告的内容。

1. 社会调查由未成年犯罪嫌疑人、被告人户籍所在地或居住地的司法行政机关社区矫正工作部门负责。司法行政机关社区矫正工作部门可联合相关部门开展社会调查,或委托共青团组织以及其他社会组织协助调查。

社会调查机关应当对未成年犯罪嫌疑人的性格特点、家庭情况、社会交往、成长经历、是否具备有效监护条件或者社会帮教措施,以及涉嫌犯罪前后表现等情况进行调查,并作出书面报告。

对因犯罪嫌疑人不讲真实姓名、住址,身份不明,无法进行社会调查的,社会调查机关应当作出书面说明。

2. 公安机关在办理未成年人刑事案件时,应当收集有关犯罪嫌疑人办案期间表现或者具有逮捕必要性的证据,并及时通知司法行政机关社区矫正工作部门开展社会调查;在收到社会调查机关作出的社会调查报告后,应当认真审查,综合案情,作出是否提请批捕、移送起诉的决定。

公安机关提请人民检察院审查批捕或移送审查起诉的未成年人刑事案件,应当将犯罪嫌疑人办案期间表现等材料和经公安机关审查的社会调查报告等随案移送人民检察院。社区矫正工作部门无法进行社会调查的或无法在规定期限内提供社会调查报告的书面说明等材料也应当随案移送人民检察院。

3. 人民检察院在办理未成年人刑事案件时,应

当认真审查公安机关移送的社会调查报告或无法进行社会调查的书面说明、办案期间表现等材料,全面掌握案情和未成年人的身心特点,作为教育和办案的参考。对于公安机关没有随案移送上述材料的,人民检察院可以要求公安机关提供,公安机关应当提供。

人民检察院提起公诉的未成年人刑事案件,社会调查报告、办案期间表现等材料应当随案移送人民法院。

4. 人民法院在办理未成年人刑事案件时,应当全面审查人民检察院移送的社会调查报告或无法进行社会调查的书面说明、办案期间表现等材料,并将社会调查报告作为教育和量刑的参考。对于人民检察院没有随案移送上述材料的,人民法院可以要求人民检察院提供,人民检察院应当提供。

人民法院应当在判决生效后,及时将社会调查报告、办案期间表现等材料连同刑罚执行文书,送达执行机关。

5. 执行机关在执行刑罚时应当根据社会调查报告、办案期间表现等材料,对未成年罪犯进行个别化教育矫治。人民法院没有随案移送上述材料的,执行机关可以要求人民法院移送,人民法院应当移送。

6. 司法行政机关社区矫正工作部门、共青团组织或其他社会组织应当接受公安机关、人民检察院、人民法院的委托,承担对未成年人的社会调查和社区矫正可行性评估工作,及时完成并反馈调查评估结果。

社会调查过程中,公安机关、人民检察院、人民法院应为社会调查员提供必要的便利条件。

(二)未成年犯罪嫌疑人、被告人年龄的查证与审核

1. 公安机关在办理未成年人刑事案件时,应当查清未成年犯罪嫌疑人作案时的实际年龄,注意农历年龄、户籍登记年龄与实际年龄等情况。特别是应当将未成年犯罪嫌疑人是否已满十四、十六、十八周岁的临界年龄,作为重要案件事实予以查清。

公安机关移送人民检察院审查批捕和审查起诉的未成年人刑事案件,应当附有未成年犯罪嫌疑人已达到刑事责任年龄的证据。对于没有充分证据证明未成年犯罪嫌疑人作案时已经达到法定刑事责任年龄且确实无法查清的,公安机关应当依法作出有利于未成年人的认定和处理。

2. 人民检察院在办理未成年人刑事案件时，如发现年龄证据缺失或者不充分，或者未成年犯罪嫌疑人及其法定代理人基于相关证据对年龄证据提出异议等情况，可能影响案件认定的，在审查批捕时，应当要求公安机关补充证据，公安机关不能提供充分证据的，应当作出不予批准逮捕的决定，并通知公安机关补充侦查；在审查起诉过程中，应当退回公安机关补充侦查或自行侦查。补充侦查仍不能证明未成年人作案时已达到法定刑事责任年龄的，人民检察院应当依法作出有利于未成年犯罪嫌疑人的认定和处理。

3. 人民法院对提起公诉的未成年人刑事案件进行审理时，应当着重审查未成年被告人的年龄证据。对于未成年被告人年龄证据缺失或者不充分，应当通知人民检察院补充提供或调查核实，人民检察院认为需要进一步补充侦查向人民法院提出建议的，人民法院依法可以延期审理。没有充分证据证明被告人实施被指控的犯罪时已经达到法定刑事责任年龄且确实无法查明的，人民法院应当依法作出有利于未成年被告人的认定和处理。

（三）对未成年犯罪嫌疑人、被告人的教育、矫治

1. 公安机关、人民检察院、人民法院、司法行政机关在办理未成年人刑事案件和执行刑罚时，应当结合具体案情，采取符合未成年人身心特点的方法，开展有针对性的教育、感化、挽救工作。

对于因犯罪情节轻微不立案、撤销案件、不起诉或判处非监禁刑、免予刑事处罚的未成年人，公安机关、人民检察院、人民法院应当视案件情况对未成年人予以训诫、责令具结悔过、赔礼道歉、责令赔偿等，并要求法定代理人或其他监护人加强监管。同时，公安机关、人民检察院、人民法院应当配合有关部门落实社会帮教、就学就业和生活保障等事宜，并适时进行回访考察。

因不满刑事责任年龄不予刑事处罚的未成年人，应当责令法定代理人或其他监护人加以管教，并落实就学事宜。学校、法定代理人或其他监护人无力管教或者管教无效，适宜送专门学校的，可以按照有关规定将其送专门学校。必要时，可以根据有关法律对其收容教养。

2. 公安机关应当配合司法行政机关社区矫正工作部门开展社区矫正工作，建立协作机制，切实做好未成年社区服刑人员的监督，对脱管、漏管等

违反社区矫正管理规定的未成年社区服刑人员依法采取惩戒措施，对重新违法犯罪的未成年社区服刑人员及时依法处理。人民检察院依法对社区矫正活动实行监督。

3. 人民检察院派员出庭依法指控犯罪时，要适时对未成年被告人进行教育。

4. 在审理未成年人刑事案件过程中，人民法院在法庭调查和辩论终结后，应当根据案件的具体情况组织到庭的诉讼参与人对未成年被告人进行教育。对于判处非监禁刑的未成年人，人民法院应当在判决生效后及时将有关法律文书送达未成年人户籍所在地或居住地的司法行政机关社区矫正工作部门。

5. 未成年犯管教所可以进一步开展完善试工试学工作。对于决定暂予监外执行和假释的未成年犯，未成年犯管教所应当将社会调查报告、服刑期间表现等材料及时送达未成年人户籍所在地或居住地的司法行政机关社区矫正工作部门。

6. 司法行政机关社区矫正工作部门应当在公安机关配合和支持下负责未成年社区服刑人员的监督管理与教育矫治，做好对未成年社区服刑人员的日常矫治、行为考核和帮困扶助、刑罚执行建议等工作。

对未成年社区服刑人员应坚持教育矫正为主，并与成年人分开进行。

对于被撤销假释、缓刑的未成年社区服刑人员，司法行政机关社区矫正工作部门应当及时将未成年人社会调查报告、社区服刑期间表现等材料送达当地负责的公安机关和人民检察院。

7. 各级司法行政机关应当加大安置帮教工作力度，加强与社区、劳动和社会保障、教育、民政、共青团等部门、组织的联系与协作，切实做好刑满释放、解除劳动教养未成年人的教育、培训、就业、戒除恶习、适应社会生活及生活保障等工作。

8. 对未成年犯的档案应严格保密，建立档案的有效管理制度；对违法和轻微犯罪的未成年人，有条件的地区可以试行行政处罚和轻罪纪录消灭制度。非有法定事由，不得公开未成年人的行政处罚记录和被刑事立案、采取刑事强制措施、不起诉或因轻微犯罪被判处刑罚的记录。

四、建立健全办理未成年人刑事案件配套工作的协调和监督机制

建立健全办理未成年人刑事案件配套工作的

协调和监督机制,开展规范有序的协调监督工作,是促进未成年人司法配套工作体系建设,形成工作合力的重要举措。

1. 各级预防青少年违法犯罪工作领导小组是办理未成年人刑事案件配套工作的综合协调机构,应当定期主持召开未成年人司法工作联席会议,及时研究协调解决存在的问题和困难,总结推广成熟有效的工作经验。

2. 各级预防青少年违法犯罪工作领导小组应

当协调有关部门和社会组织做好被帮教未成年人的就学、就业及生活保障等问题。

3. 预防青少年违法犯罪工作领导小组负责每年对公安机关、人民检察院、人民法院、司法行政机关执行《意见》及未成年人司法制度建设的情况进行考评,考评结果纳入平安建设、社会治安综合治理目标考核体系。对于在办理未成年人刑事案件过程中涌现出的先进集体和个人予以表彰。

最高人民法院　最高人民检察院　公安部
关于办理网络赌博犯罪案件适用法律若干问题的意见

2010 年 8 月 31 日　公通安〔2010〕40 号

各省、自治区、直辖市高级人民法院、人民检察院、公安厅、局,新疆维吾尔自治区高级人民法院生产建设兵团分院、新疆生产建设兵团人民检察院、公安局:

为依法惩治网络赌博犯罪活动,根据《中华人民共和国刑法》、《中华人民共和国刑事诉讼法》和《最高人民法院、最高人民检察院关于办理赌博刑事案件具体应用法律若干问题的解释》等有关规定,结合司法实践,现就办理网络赌博犯罪案件适用法律的若干问题,提出如下意见:

一、关于网上开设赌场犯罪的定罪量刑标准

利用互联网、移动通讯终端等传输赌博视频、数据,组织赌博活动,具有下列情形之一的,属于刑法第三百零三条第二款规定的"开设赌场"行为:

(一)建立赌博网站并接受投注的;

(二)建立赌博网站并提供给他人组织赌博的;

(三)为赌博网站担任代理并接受投注的;

(四)参与赌博网站利润分成的。

实施前款规定的行为,具有下列情形之一的,应当认定为刑法第三百零三条第二款规定的"情节严重":

(一)抽头渔利数额累计达到三万元以上的;

(二)赌资数额累计达到三十万元以上的;

(三)参赌人数累计达到一百二十人以上的;

(四)建立赌博网站后通过提供给他人组织赌博,违法所得数额在三万元以上的;

(五)参与赌博网站利润分成,违法所得数额在三万元以上的;

(六)为赌博网站招募下级代理,由下级代理接受投注的;

(七)招揽未成年人参与网络赌博的;

(八)其他情节严重的情形。

二、关于网上开设赌场共同犯罪的认定和处罚

明知是赌博网站,而为其提供下列服务或者帮助的,属于开设赌场罪的共同犯罪,依照刑法第三百零三条第二款的规定处罚:

(一)为赌博网站提供互联网接入、服务器托管、网络存储空间、通讯传输通道、投放广告、发展会员、软件开发、技术支持等服务,收取服务费数额在 2 万元以上的;

(二)为赌博网站提供资金支付结算服务,收取服务费数额在一万元以上或者帮助收取赌资二十万元以上的;

(三)为十个以上赌博网站投放与网址、赔率等信息有关的广告或者为赌博网站投放广告累计一百条以上的。

实施前款规定的行为,数量或者数额达到前款规定标准五倍以上的,应当认定为刑法第三百零三条第二款规定的"情节严重"。

实施本条第一款规定的行为，具有下列情形之一的，应当认定行为人"明知"，但是有证据证明确实不知道的除外：

（一）收到行政主管机关书面等方式的告知后，仍然实施上述行为的；

（二）为赌博网站提供互联网接入、服务器托管、网络存储空间、通讯传输通道、投放广告、软件开发、技术支持、资金支付结算等服务，收取服务费明显异常的；

（三）在执法人员调查时，通过销毁、修改数据、账本等方式故意规避调查或者向犯罪嫌疑人通风报信的；

（四）其他有证据证明行为人明知的。

如果有开设赌场的犯罪嫌疑人尚未到案，但是不影响对已到案共同犯罪嫌疑人、被告人的犯罪事实认定的，可以依法对已到案者定罪处罚。

三、关于网络赌博犯罪的参赌人数、赌资数额和网站代理的认定

赌博网站的会员账号数可以认定为参赌人数，如果查实一个账号多人使用或者多个账号一人使用的，应当按照实际使用的人数计算参赌人数。

赌资数额可以按照在网络上投注或者赢取的点数乘以每一点实际代表的金额认定。

对于将资金直接或间接兑换为虚拟货币、游戏道具等虚拟物品，并用其作为筹码投注的，赌资数额按照购买该虚拟物品所需资金数额或者实际支付资金数额认定。

对于开设赌场犯罪中用于接收、流转赌资的银行账户内的资金，犯罪嫌疑人、被告人不能说明合法来源的，可以认定为赌资。向该银行账户转入、转出资金的银行账户数量可以认定为参赌人数。如果查实一个账户多人使用或多个账户一人使用的，应当按照实际使用的人数计算参赌人数。

有证据证明犯罪嫌疑人在赌博网站上的账号设置有下级账号的，应当认定其为赌博网站的代理。

四、关于网络赌博犯罪案件的管辖

网络赌博犯罪案件的地域管辖，应当坚持以犯罪地管辖为主、被告人居住地管辖为辅的原则。

"犯罪地"包括赌博网站服务器所在地、网络接入地，赌博网站建立者、管理者所在地，以及赌博网站代理人、参赌人实施网络赌博行为地等。

公安机关对侦办跨区域网络赌博犯罪案件的管辖权有争议的，应本着有利于查清犯罪事实、有利于诉讼的原则，认真协商解决。经协商无法达成一致的，报共同的上级公安机关指定管辖。对即将侦查终结的跨省（自治区、直辖市）重大网络赌博案件，必要时可由公安部商最高人民法院和最高人民检察院指定管辖。

为保证及时结案，避免超期羁押，人民检察院对于公安机关提请审查逮捕、移送审查起诉的案件，人民法院对于已进入审判程序的案件，犯罪嫌疑人、被告人及其辩护人提出管辖异议或者办案单位发现没有管辖权的，受案人民检察院、人民法院经审查可以依法报请上级人民检察院、人民法院指定管辖，不再自行移送有管辖权的人民检察院、人民法院。

五、关于电子证据的收集与保全

侦查机关对于能够证明赌博犯罪案件真实情况的网站页面、上网记录、电子邮件、电子合同、电子交易记录、电子账册等电子数据，应当作为刑事证据予以提取、复制、固定。

侦查人员应当对提取、复制、固定电子数据的过程制作相关文字说明，记录案由、对象、内容以及提取、复制、固定的时间、地点、方法，电子数据的规格、类别、文件格式等，并由提取、复制、固定电子数据的制作人、电子数据的持有人签名或者盖章，附所提取、复制、固定的电子数据一并随案移送。

对于电子数据存储在境外的计算机上的，或者侦查机关从赌博网站提取电子数据时犯罪嫌疑人未到案的，或者电子数据的持有人无法签字或者拒绝签字的，应当由能够证明提取、复制、固定过程的见证人签名或者盖章，记明有关情况。必要时，可对提取、复制、固定有关电子数据的过程拍照或者录像。

最高人民检察院　公安部
关于印发《最高人民检察院、公安部关于审查逮捕阶段讯问犯罪嫌疑人的规定》的通知

2010 年 8 月 31 日　（高检会〔2010〕6 号）

各省、自治区、直辖市人民检察院、公安厅（局），解放军军事检察院、总政治部保卫部，新疆生产建设兵团人民检察院、公安局：

为落实中央关于深化司法体制和工作机制改革的部署，进一步规范人民检察院审查逮捕阶段讯问犯罪嫌疑人工作，最高人民检察院、公安部制定了《最高人民检察院、公安部关于审查逮捕阶段讯问犯罪嫌疑人的规定》。现印发给你们，请认真遵照执行。各地在执行中遇到的问题，请及时报告最高人民检察院、公安部。

最高人民检察院　公安部
关于审查逮捕阶段讯问犯罪嫌疑人的规定

为进一步规范人民检察院审查逮捕阶段讯问犯罪嫌疑人工作，保证办理审查逮捕案件的质量，依法打击犯罪，保障犯罪嫌疑人的合法权利，依照《中华人民共和国刑事诉讼法》等规定，结合工作实际，制定本规定。

第一条　人民检察院办理审查逮捕案件，必要时应当讯问犯罪嫌疑人，公安机关应当予以配合。

第二条　人民检察院审查逮捕，对下列案件应当讯问犯罪嫌疑人：

（一）犯罪嫌疑人是否有犯罪事实、是否有逮捕必要等关键问题有疑点的，主要包括：罪与非罪界限不清，是否达到刑事责任年龄需要确认的，有无逮捕必要难以把握的，犯罪嫌疑人的供述前后矛盾或者违背常理的，据以定罪的主要证据之间存在重大矛盾的；

（二）案情重大疑难复杂的，主要包括：涉嫌造成被害人死亡的故意杀人案、故意伤害致人死亡案以及其他可能判处无期徒刑以上刑罚的，在罪与非罪认定上存在重大争议的；

（三）犯罪嫌疑人系未成年人的；

（四）有线索或者证据表明侦查活动可能存在刑讯逼供、暴力取证等违法犯罪行为的。

对被拘留的犯罪嫌疑人不予讯问的，应当送达听取犯罪嫌疑人意见书，由犯罪嫌疑人填写后及时收回审查并附卷。犯罪嫌疑人要求讯问的，一般应当讯问。

第三条　讯问犯罪嫌疑人时，检察人员不得少于二人，且其中至少一人具有检察官职务。

第四条　检察人员讯问被拘留的犯罪嫌疑人时，应当出具提讯凭证（注明审查逮捕起止日期）、公安机关提请批准逮捕书、人民检察院报请逮捕书或者逮捕犯罪嫌疑人意见书。

讯问未被拘留的犯罪嫌疑人，讯问前应当征求公安机关或者人民检察院侦查部门的意见。

第五条　检察人员讯问犯罪嫌疑人前，应当做好以下准备工作：

（一）全面审阅案卷材料，熟悉案情及证据情况；

（二）掌握与本案有关的法律政策和专业知识；

（三）针对犯罪嫌疑人的心理状态和案件整体情况做好应对预案和相关准备，必要时应当听取案件侦查人员的意见；

（四）制作讯问提纲。

第六条 检察人员讯问犯罪嫌疑人，应当注意方法与策略，防止因讯问不当造成犯罪嫌疑人不正常地推翻有罪供述，影响侦查活动顺利进行。

严禁逼供、诱供。

第七条 检察人员讯问犯罪嫌疑人时，应当依法告知其诉讼权利和义务，认真听取其供述和辩解，并根据案件具体情况特别是阅卷中发现的疑点，确定需要核实的问题。其中，以下几个方面应当重点核实：

（一）犯罪嫌疑人的基本情况，如：是否系未成年人，是否患有不宜羁押的严重疾病，是否系人大代表或者政协委员等；

（二）犯罪嫌疑人被采取强制措施的时间和原因；

（三）犯罪嫌疑人供述存在的疑点；

（四）主要证据之间存在的疑点及矛盾；

（五）侦查活动是否存在违法情形。

犯罪嫌疑人检举揭发他人犯罪线索的，应当予以记录，并依照有关规定移送有关部门处理。

第八条 检察人员讯问犯罪嫌疑人应当制作讯问笔录，并交犯罪嫌疑人核对或者向其宣读，经核对无误后逐页签名（盖章）、捺印并存卷。犯罪嫌疑人要求自行书写供述的，应当准许，但不得以自行书写的供述代替讯问笔录。

第九条 检察人员讯问未成年犯罪嫌疑人，应当通知其监护人到场，并告知监护人依法享有的诉讼权利和应当履行的义务。无法通知监护人或者经通知未到场，或者监护人具有有碍侦查的情形而不通知的，应当记录在案。

第十条 犯罪嫌疑人系聋、哑人或者不通晓当地通用语言文字的少数民族、外国籍人等，人民检察院应当为其聘请通晓聋、哑手势或者当地通用语言文字，且与本案无利害关系的人员进行翻译。翻译人员应当在讯问笔录上签字。

第十一条 检察人员当面讯问犯罪嫌疑人有困难的，可以通过检察专网进行视频讯问。视频讯问时，应当确保网络安全、保密。负责讯问的检察人员应当做好讯问笔录，协助讯问的其他检察人员应当配合做好提押、讯问笔录核对、签名等工作。

第十二条 检察人员讯问犯罪嫌疑人时，发现侦查活动有违法情形的，应当依照有关规定提出纠正意见。有刑讯逼供、暴力取证等违法犯罪情形的，应当及时移送有关部门处理。

第十三条 犯罪嫌疑人委托的律师提出不构成犯罪、无逮捕必要、不适宜羁押、侦查活动有违法犯罪情形等书面意见以及相关证据材料的，检察人员应当认真审查。必要时，可以当面听取受委托律师的意见。对律师提出的意见及相关证据材料，应当在审查逮捕意见书中说明是否采纳的情况和理由。

第十四条 检察人员违反本规定的，应当根据其过错事实、情节及后果，依照有关法律和《检察人员执法过错责任追究条例》、《检察人员纪律处分条例（试行）》等规定，追究其纪律责任或者法律责任。

第十五条 本规定自 2010 年 10 月 1 日起施行。

最高人民检察院关于印发
《最高人民检察院关于加强和改进民事行政检察工作的决定》的通知

2010 年 9 月 1 日　　高检发〔2010〕16 号

各省、自治区、直辖市人民检察院，军事检察院，新疆生产建设兵团人民检察院：

《最高人民检察院关于加强和改进民事行政检察工作的决定》已于 2010 年 8 月 27 日经最高人民

检察院第十一届第一百二十七次党组会议讨论通过,现印发给你们,请认真贯彻执行。

最高人民检察院关于加强和改进
民事行政检察工作的决定

2001年全国第一次民事行政检察工作会议以来,各级检察机关紧紧围绕党和国家工作大局,坚持以执法办案为中心,忠实履行宪法和法律赋予的职责,不断强化对民事审判、行政诉讼活动的法律监督,为维护司法公正和法制统一、维护社会和谐稳定、促进经济社会又好又快发展作出了积极贡献。但是,民事行政检察工作仍然是检察工作的薄弱环节,与党中央的要求和人民群众的司法需求还有差距。为贯彻落实党中央对新时期检察工作的一系列重要指示精神,深入推进社会矛盾化解、社会管理创新、公正廉洁执法三项重点工作,适应经济社会发展和人民群众新要求、新期待,推动民事行政检察工作在新的起点上实现跨越式发展,现就加强和改进民事行政检察工作作出如下决定:

一、明确新形势下大力加强和改进民事行政检察工作的总体思路

1. 充分认识加强和改进民事行政检察工作的重要性和紧迫性。对民事审判和行政诉讼活动实行法律监督,是宪法和法律赋予检察机关的重要职责,是中国特色社会主义检察制度不可或缺的重要组成部分。党的十七大以来,胡锦涛总书记等中央领导同志多次强调,要加强对诉讼活动的法律监督,切实解决执法不严、司法不公问题。加强和改进民事行政检察工作,是维护社会主义市场经济秩序、保障经济社会又好又快发展的需要,是深入推进三项重点工作、维护社会和谐稳定的需要,是关注和保障民生、维护社会公平正义的需要,是坚持和完善中国特色社会主义检察制度、推动检察工作科学发展的需要。各级检察机关要把思想和行动统一到中央要求上来,从全局和战略的高度,充分认识新形势下大力加强和改进民事行政检察工作的重大意义,进一步增强做好这项工作的责任感和紧迫感。

2. 准确把握民事行政检察工作的法律监督属性和职能定位。民事行政检察工作的基本职责是对民事审判、行政诉讼活动进行法律监督。民事行政检察工作在改革发展中必须立足并坚持法律监督属性。一是,民事行政检察监督作为检察机关法律监督的重要组成部分,在性质上是对公权力的监督,监督对象是民事审判、行政诉讼活动;二是,民事行政检察监督是居中监督,检察机关代表国家行使法律监督权,在当事人之间保持客观、中立、公正立场,不代表任何一方当事人;三是,在对民事审判、行政诉讼的多元化监督体系中,民事行政检察监督发挥着其他监督不可替代的重要作用,与其他监督相辅相成、分工制约;四是,民事行政检察监督的范围、方式和方法有待进一步探索完善,但其基本要求仍然是:在法律授权范围内对发生的违法情形或生效的错误裁判进行监督;五是,在现行法律框架下,民事行政检察监督主要是依法启动相应的法律程序、提出相应的司法建议或意见,促使人民法院启动再审程序和纠正违法情形,既不代行审判权,也不代行行政权;六是,民事行政检察监督的基本目标是通过依法监督纠正诉讼违法和裁判不公问题,维护司法公正,维护社会主义法制统一、尊严、权威。与此同时,在开展民事行政检察监督的过程中,检察机关还承担着维护人民权益、维护社会和谐稳定、服务经济社会发展的重大责任。

3. 准确把握民事行政检察工作的主要任务。当前和今后一个时期,全国检察机关要认真学习贯彻胡锦涛总书记等中央领导同志对检察工作的一系列重要指示精神,深入贯彻落实科学发展观,紧紧围绕推进三项重点工作,始终坚持"强化法律监督,维护公平正义"的检察工作主题,准确把握民事行政检察工作的法律监督属性、职能定位和基本要求,积极构建以抗诉为中心的多元化监督格局,不断深化民事行政检察体制和工作机制改革,努力探索完善中国特色民事行政检察监督的理论与实践,使监督范围更加明确,监督措施更加有效,监督程序更加规范,监督机制更加科学,监督效果更加明显，推动民事行政检察工作实现新的跨越式发展。

4. 准确把握民事行政检察监督的基本要求。坚持以科学发展观为指导，认真总结实践经验，不断探索工作规律，在工作中准确把握以下基本要求：

——始终把民事行政检察工作放在党和国家工作大局中谋划和推进。认真贯彻中央关于加快转变经济发展方式、保持经济平稳较快发展和深入推进三项重点工作等决策部署，着力转变执法观念、完善执法机制、改进执法方式，更加注重发挥民事行政检察工作在促进经济社会又好又快发展、维护社会和谐稳定中的职能作用。

——切实从人民群众的新要求新期待出发加强和改进民事行政检察工作。关注群众的诉求，把加强法律监督同维护人民权益紧密结合起来，把监督的重点放在人民群众反映强烈的突出问题上，把执法为民体现到执法态度、行为、作风等各个方面。

——不断深化对民事行政检察工作规律性的认识。坚持遵循司法规律，符合诉讼原理，有利于民事、行政诉讼活动有序高效运行，实现办案数量、质量、效率、效果有机统一；坚持遵循当事人意思自治原则，尊重当事人在法律规定范围内的处分权；坚持遵循当事人平等原则，保障双方当事人平等对抗的权利，维护诉讼结构的平衡；坚持遵循民事审判和行政诉讼的不同规律，尊重审判机关根据双方举证和证据的证明力依法作出的裁判；坚持正确处理加强法律监督与维护裁判稳定性的关系，既反对把裁判的既判力绝对化，又充分考虑维护生效裁判既判力的需要，准确行使抗诉等监督权，努力寻求公正与效率的合理平衡。

——坚持把改革作为推动民事行政检察工作创新发展的动力。继续按照中央关于深化司法体制和工作机制改革的部署，紧紧围绕强化法律监督和加强自身监督，推动完善民事行政检察监督范围和程序，不断创新民事行政检察监督机制和方式。

——加强与人民法院的沟通协调。既把握检察权运行的内在规律，又尊重审判权运行的内在规律，不断改进监督方式和方法，建立健全正常有序的工作机制，实现良性互动，保障检法两家协调有序有效地开展工作，共同维护司法公正和法制权威。

二、紧紧围绕强化法律监督职能、推进三项重点工作，进一步加强和改进民事行政检察工作

5. 着力加大办理民事行政申诉案件力度。坚持把办理民事行政申诉案件作为强化民事行政检察监督的主要途径，逐步扩大办案规模，提高办案质量和效率，形成更加有力的监督态势。进一步畅通申诉渠道，加强职能宣传，加强信访工作，加强与司法行政机关、律师事务所、法律服务所、乡镇司法所等单位的联系，充分发挥民生热线、派出检察室等新平台的作用，落实便民措施，方便群众诉讼，进一步建立健全相关程序和工作制度，切实做到有诉必理、有案必办、及时答复。重点加大办理不服二审生效裁判的申诉案件力度，逐步调整抗诉案件结构。大力推进检察一体化办案机制建设，认真总结实践经验，进一步明确职责分工，加强协作配合，整合检察资源。高度重视发挥基层检察院在执法办案中的基础性作用，实现工作重心下沉，增强办案工作合力。加快推行网上办案，切实依靠科技提高办案效率、加大办案力度。

6. 着力构建以抗诉为中心的多元化监督格局。坚持把抓好抗诉作为民事行政检察监督的中心任务，充分运用抗诉手段监督纠正错误裁判。同时，注意抗诉与其他监督手段的综合运用和有效衔接，注意发挥各种监督手段的整体效能。把抗诉与再审检察建议有机结合起来，灵活运用这两种监督手段，进一步规范适用范围、标准和程序，加强跟踪监督，促使错误裁判依法得到纠正。把纠正错误裁判与纠正违法行为有机结合起来，既要依法提出抗诉，又要通过发出纠正违法通知书、更换办案人建议书，及时监督纠正法院和法官在诉讼中的违法行为。把办理民事行政申诉案件与发现、移送司法不公背后的职务犯罪线索有机结合起来，建立民事行政检察与职务犯罪侦查部门的案件线索双向移送、处理结果双向反馈机制，充分发挥检察机关整体监督的优势、合力与实效。

7. 着力提高抗诉案件质量。坚持把办案质量作为取得良好监督效果的前提和基础，牢固树立办案质量是生命线的意识，进一步建立健全办案质量保障机制。探索实行合议制度，完善专家咨询制度，加强对抗诉案件特别是重大疑难复杂案件的集体研究，充分发挥检察委员会的审查把关作用。全面推行抗诉书说理制度，提高说理性，增强说服力，促进法院依法改判。完善跟踪监督机制，认真履行出席再审法庭的监督职责，充分发挥检察长、副检察长列席审判委员会的监督作用，对再审结论确属错误的视情启动后续监督程序。健全办案质量评查机制,重点加强对再审维持原判案件的质量评查,重视查找自身不足,有针对性地改进工作。建立案例指导制度,加强类案研究,总结成功经验,正确掌握抗诉标准,提高整体工作水平

8. 着力化解社会矛盾。坚持把化解矛盾贯穿执法办案始终,牢固树立抗诉与息诉并重的观念,依法妥善处理申诉案件,积极化解当事人之间、当事人与司法机关、行政机关之间的矛盾,防止矛盾叠加、升级。对不立案、不提请抗诉、不抗诉、终结审查等案件,耐心释疑解惑,加强心理疏导,引导当事人服判息诉。探索依托"大调解"工作体系,建立健全检调对接工作机制,加强与人民调解、司法调解和行政调解的衔接、配合。对当事人双方有和解意愿、符合和解条件的,积极引导和促使当事人达成和解,配合人民法院及相关部门做好有关工作。建立风险评估预警机制,及时对各类案件可能导致的社会稳定风险进行评估,科学制定处理预案,妥善采取应对措施,防止因执法办案不当引发涉检信访。探索将息诉、和解工作纳入考评范围,进一步规范工作程序和要求。

9. 着力推动社会管理创新。在办理民事行政申诉案件中,注重分析案件发生的深层次原因,发现普遍性、倾向性、事关全局的社会管理问题,及时向党委、政府和有关部门提出完善制度、加强管理的建议,促使相关部门不断提高社会管理水平。加强对行政诉讼的监督,深入研究行政诉讼的特点和规律,积极探索对该受理不受理、该立案不立案、违反审理期限等侵害当事人诉讼权利的违法行为进行法律监督的途径和措施,建立行政检察与行政执法相衔接机制,保障行政诉讼依法进行。既认真履行监督职责,该抗诉的依法抗诉,又对行政机关工作人员的失职渎职和侵权行为加强监督,注意发现政府部门在行政行为中存在的违法情况并提出检察建议,帮助政府部门改进工作作风、完善管理方式。

10. 着力促进公正廉洁执法。通过强化民事行政检察监督促进解决执法不严、司法不公问题,维护和提升执法公信力。坚持程序公正与实体公正并重,加强对诉讼活动中程序违法行为的监督,促进审判权、执行权的规范行使。善于发现申诉案件反映和隐藏的执法不公、不廉问题,及时移送职务犯罪线索,提出加强整改的检察建议,推动惩治和预防执法、司法腐败。积极开展类案监督研究,使民事行政检察监督由个案监督向类案监督拓展,促

进公正司法。

三、加强改革探索和理论研究,完善民事行政检察体制和工作机制

11. 继续推进强化民事行政检察监督的改革探索。紧紧围绕中央确定的"完善检察机关对民事、行政诉讼实施法律监督的范围和程序","明确对民事执行工作实施法律监督的范围和程序"的改革任务,深化各项改革论证和试点,稳妥推进民事行政检察体制和工作机制改革。注意根据民事行政诉讼规律和检察监督职能定位探索监督的范围、程序和手段,充分考虑检察监督对诉讼进程和审判活动的影响,认真研究不同情况下检察监督的合理、有效方式,保证检察机关的监督既有利于维护司法公正,又有利于诉讼的顺利进行。继续开展民事执行监督、调解监督、督促起诉、支持起诉等改革探索,总结经验,加强规范,确保取得良好效果。

12. 高度重视民事行政检察工作监督制约机制建设。大力加强执法规范化建设,修订完善办案工作规则,建立健全受理、立案、审查和抗诉等各个环节的制度规范,细化工作流程,明确执法标准,强化办案责任,建立健全立审分离、案件审批等制度。加强检察机关各部门之间的相互制约,认真落实抗诉工作与职务犯罪侦查工作内部监督制约机制,坚持实行民事行政申诉案件分别由控申部门负责受理、民事行政检察部门负责审查制度。强化上级院对下级院办案工作的监督,进一步完善抗诉案件备案制度,注意加强对申诉人不服下级检察院不立案、不提请抗诉等决定的复查。重视征求人民法院对监督工作的意见、建议,完善和落实听取各方当事人及律师意见、回访当事人等制度。把民事行政检察工作作为深化检务公开的重要内容,除执法依据、办案程序要全部公开以外,还要实行审查结果、法律文书公开,接受社会各界和人民群众监督。

13. 构建各级检察院各有侧重、各负其责、密切配合的工作格局。在民事行政检察工作中,最高人民检察院和省级检察院的工作职责主要是办理申诉案件,加强对下指导,加强理论研究和立法调研,加强工作规范化建设和制度建设;地市级检察院的工作职责主要是办理申诉案件,加强工作调研,加强本地区案件的协调办理,采取交办、转办等方式统一组织基层检察院办案工作;基层检察院的工作职责主要是办理申诉案件和上级检察院交办、转办案件,积极开展调解监督、执行监督、督促起诉、支

持起诉、违法调查，以及受上级院指派出庭等工作。

14. 加强理论研究。把民事行政检察理论作为检察理论研究工作的重点之一，积极开展对民事行政检察重大理论和实践问题的研究，高度重视民事行政检察基础理论研究、立法研究以及实务研究。建立健全理论人才建设、理论成果宣传转化等机制。确定一批有针对性的重大研究课题，约请检察系统的专家和法学领域的专家共同开展研究，为民事行政检察工作的改革发展提供有力的理论支持。

四、加强民事行政检察队伍建设，提高队伍素质和法律监督能力

15. 加强思想政治建设。坚持用中国特色社会主义理论体系武装头脑，不断深化社会主义法治理念教育，加强理想信念、宗旨意识教育，深入开展创先争优活动和"恪守检察职业道德、促进公正廉洁执法"主题实践活动，教育和引导民事行政检察人员牢固树立正确的执法理念，牢固树立"忠诚、公正、清廉、文明"的检察职业道德，增强政治意识、大局意识、责任意识。

16. 加强专业化建设。重视对民事行政检察专业人才的培养，分级建立民事行政检察人才库。最高人民检察院和各省级检察院分别建立一类、二类人才库，加强民事行政检察人才的评选和民事行政检察业务专家的评审复审工作，培养造就一批在司法界、法学界有影响的高层次专家型人才。根据各类民商事和行政案件的专业特点，确定民事行政检察干部的专业培养方向，努力提高专业化水平。加强民事行政检察业务培训特别是新知识、新技能的培训，开展形式多样、贴近实际的岗位练兵活动，实现分级全员培训，提高民事行政检察人员适用法律能力、证据审查能力、文书说理能力、再审出庭能力以及做好群众工作、化解社会矛盾等能力。

17. 加强反腐倡廉建设。高度重视民事行政检察队伍的反腐倡廉建设，始终做到防微杜渐、警钟长鸣。增强防腐蚀、拒拉拢、抗干扰的意识和能力，提高遵纪守法、廉洁从检的自觉性。严明办案纪律，强化监督管理，严格规范检察人员与当事人、律师、法官的关系，及时发现和纠正影响公正执法的苗头性问题，坚决查处人情案、关系案、金钱案，树立公正廉洁执法的良好形象。

五、加强领导，推动民事行政检察工作取得更大成效

18. 紧紧依靠党的领导、人大监督和社会支持开展民事行政检察工作。各级检察院要坚持主动向党委、人大报告民事行政检察工作的重大部署、重大事项和重大案件办理情况，紧紧依靠党委领导和人大的重视支持，协调解决监督工作中的困难和问题。深入学习贯彻人大常委会关于加强法律监督工作的决议、决定，认真研究落实人大代表提出的意见和建议，认真办理并及时反馈人大交办的申诉案件，不断加强和改进民事行政检察工作。加强民事行政检察宣传工作，充分运用各种媒体和活动载体，大力宣传民事行政检察职能和改革成效，扩大民事行政检察工作的社会认知度和影响力，积极争取社会各界的理解和支持。

19. 坚持把民事行政检察工作放在更加突出的位置来抓。各级检察院党组特别是检察长要高度重视和大力支持民事行政检察工作，经常听取汇报，深入调查研究，采取有力措施，着力解决影响民事行政检察工作发展的突出问题，努力形成民事审判监督、行政诉讼监督与刑事诉讼监督协调发展的工作格局。各级检察院检察委员会要注意增加熟悉民事行政检察业务的委员，加强对民商事和行政法律法规的学习，加强对民事行政检察业务工作重大理论和实践问题的研究。进一步规范检察委员会研究讨论民事行政抗诉案件制度，明确抗诉案件提交检察委员会讨论的范围，加强对重大疑难复杂案件的讨论，切实发挥集体决策、审查把关作用。相关业务部门要加强与民事行政检察部门的协作配合，共同推动民事行政检察工作全面协调发展。

20. 加强机构设置和人员配备。适应民事行政检察工作的发展需要，根据民事审判和行政诉讼的规律与业务特点，科学设置机构，保障民事检察与行政检察两项职能充分履行、协调发展。有条件的省、市级检察院可以增设机构，逐步实行民事检察部门和行政检察部门分设。采取充实、调整、引进并举的办法，增加办案力量，改善队伍结构。配强各级院民事行政检察部门负责人，符合条件的应当任命为检察委员会委员。适当增加地市级以上检察院民事行政检察部门人员编制，新增政法专项编制要向民事行政检察部门倾斜，提高民事行政检察人员的比例。注重内部挖潜，把具有较强民事行政法律功底的人员调整、安排到民事行政检察部门工作。招录、引进检察人员时，要把熟悉民商事和行政法律专业的人员作为重点。争取从法官和律师队伍中引进一批政治素质好、理论水平高、办案经验丰富的骨干。有条件的地方可以配备一定比例的办案辅助人员。积极创造条件,选派民事行政检察业务骨干到法院挂职办案,在上下级检察院、东中西部检察院之间互派骨干挂职锻炼。完善激励表彰机制,保持民事行政检察队伍特别是业务骨干的相对稳定,为加强和改进民事行政检察工作提供有力的组织保障。

最高人民检察院关于印发《最高人民检察院关于加强和改进新形势下惩治和预防渎职侵权犯罪工作若干问题的决定》的通知

2010 年 9 月 10 日 高检发〔2010〕17 号

各省、自治区、直辖市人民检察院,军事检察院,新疆生产建设兵团人民检察院:

现将《最高人民检察院关于加强和改进新形势下惩治和预防渎职侵权犯罪工作若干问题的决定》印发给你们,请结合实际,认真贯彻落实。

最高人民检察院关于加强和改进新形势下惩治和预防渎职侵权犯罪工作若干问题的决定

为深入贯彻落实党的十七大、十七届四中全会、中央纪委五次全会精神和十一届全国人大常委会第十一次会议关于加强渎职侵权检察工作的审议意见,现就加强和改进新形势下惩治和预防渎职侵权犯罪工作决定如下:

一、充分认识新形势下惩治和预防渎职侵权犯罪工作的重要意义

(一)各级检察机关必须把反渎职侵权工作摆到党和国家中心工作中去谋划、去推进,切实承担起推进三项重点工作,保障科学发展与社会和谐稳定的历史责任。渎职侵权犯罪直接侵害民生民利,危害社会公平正义,人民群众反映十分强烈,加强和改进反渎职侵权工作,促进依法行政和公正司法,维护和保障民生是检察机关化解社会矛盾、服务社会管理创新的责任。加大查办违纪违法案件工作力度,保持惩治腐败高压态势,坚决遏制腐败现象易发多发势头,决不让腐败分子逃脱党纪国法

惩处,是党中央对反腐败斗争提出的新要求,惩治和预防渎职侵权犯罪是反腐败斗争的重要内容,检察机关必须增强责任感和紧迫感,切实采取有力措施,加大工作力度。

(二)当前渎职侵权犯罪的新特点。一些领导干部滥用职权、失职渎职,危害后果严重,而且不断发展蔓延,渎职侵权犯罪易发多发领域呈增多趋势;犯罪类型、性质和手段出现新变化,日趋复杂化、隐蔽化、智能化;窝案、串案、案中案增多,与贪污贿赂犯罪交织,与其他刑事犯罪纠合,有的甚至充当地方黑恶势力"保护伞",引发群体性事件和重大责任事故增多。渎职侵权犯罪不仅使人民群众生命财产和公共财产、国家利益遭受重大损失,扰乱市场秩序,破坏资源环境,损害国计民生,而且危害公平正义,损坏党和政府形象,破坏科学发展与和谐稳定大局。

(三)反渎职侵权工作在检察机关法律监督中

具有十分重要的作用,始终是检察机关促进科学发展与社会和谐稳定的职责所在,是法律监督体系中的一项重要工作,是实现法律监督由"软"变"硬",树立法律监督权威的重要抓手。全面加强和改进反渎职侵权工作,对促进依法行政、公正司法、维护社会公平正义、保障宪法和法律统一正确实施具有十分重要的意义。

(四)党的十七届四中全会强调要加大查办违纪违法案件工作力度,并把重视查办滥用职权、失职渎职案件提到前所未有的高度。十一届全国人大常委会第十一次会议听取并审议了最高人民检察院关于加强渎职侵权检察工作,促进依法行政公正司法情况的报告,要求加大查办力度,健全办案机制,重视犯罪预防,加强工作协调,完善法制建设,全面加强和改进反渎职侵权工作。最高人民检察院会同中央有关部门制定了《关于加大惩治和预防渎职侵权违法犯罪工作力度的若干意见》,这些都给检察机关全面加强和改进反渎职侵权工作带来了空前的发展机遇,提出了更新、更高的要求。

(五)各级检察机关要以对党和人民高度负责的精神,从推进中国特色社会主义建设事业的高度出发,以更加清醒的认识、更加坚决的态度、更加有力的措施、更加扎实的工作,全面加强和改进反渎职侵权工作。当前和今后一个时期,要深入学习中国特色社会主义理论,全面贯彻科学发展观,坚决落实党中央惩治和预防腐败的决策部署,紧紧围绕党和国家工作大局,把反渎职侵权工作作为重大战略任务,摆在突出位置,采取积极措施,尽快扭转反渎职侵权工作相对薄弱的状况,加大惩治和预防渎职侵权犯罪工作力度,着力在办案力度、质量、效率、效果上达到有机统一,着力在职务犯罪预防工作上实现新的拓展和深化,着力在强化自身监督和队伍建设上取得明显进步,使反渎职侵权工作有新发展,为深入开展反腐败斗争,扎实推进社会矛盾化解、社会管理创新、公正廉洁执法,为维护社会和谐稳定,促进经济社会又好又快发展发挥更加积极主动的作用。

二、进一步加大惩治渎职侵权犯罪工作力度

(六)始终坚持以执法办案为中心。紧紧围绕党和国家工作大局,不断加大办案力度,严肃查办发生在领导机关和领导干部中的滥用职权、失职渎职犯罪案件;严肃查办滥用人事权、司法权、行政执法权、行政审批权和徇私舞弊的犯罪案件;严肃查办群体性事件和重大责任事故涉及的渎职侵权犯罪案件;严肃查办造成人民群众生命财产重大损失的失职渎职犯罪案件;严肃查办工程建设、房地产开发、土地管理、矿产资源开发等领域发生的渎职侵权犯罪案件;严肃查办为黑恶势力充当"保护伞"的犯罪案件,从源头上减少可能引发和激化社会矛盾的各种不稳定因素。突出抓好工程建设领域突出问题专项治理和严肃查处司法不公背后的腐败问题等专项工作。坚持有案必办,严格执法,无论涉及谁、涉及哪些部门都要坚决查处。

(七)着力破解发现难、查证难、处理难等突出问题。

——加大工作力度,广泛收集案件线索。注重在国家重大投资项目和建设项目中发现渎职案件线索;积极探索同步介入重大事故、事件、案件的调查工作,重点做好检察机关同步介入重大生产安全事故、重大食品药品安全事故、重大环境污染事件、重大国土资源案件和重大工程建设中发生案件的调查工作;探索建立反渎职侵权联络员、线索有偿收集制度;加强检察机关之间以及各职能部门的联系配合,完善内部发现和移送渎职侵权案件线索的机制。

——加强案件线索管理。对收到的案件线索必须进行审查或初查后再作出处理决定,不得随意搁置和流转;对于检察机关受理的渎职侵权犯罪案件举报、控告和申诉中有可查性的案件线索,反渎职侵权部门要主动与控告、申诉检察等部门沟通,防止线索流失;对涉及贪污贿赂和渎职侵权交叉的线索,可视情先交由反渎职侵权部门查办;认真执行案件线索及时上报备案制度。

——强化渎职侵权犯罪案件线索的初查工作。探索完善检察调查的程序和方法。对发现或接到反映、举报司法人员在办案过程中有枉法裁判、徇私舞弊、以权谋私、刑讯逼供等损害当事人合法权益行为的,以及其他国家机关工作人员可能存在重大、有影响的渎职侵权违法行为的,要适时开展调查。

——加强立案工作。对涉嫌渎职侵权犯罪依法应予立案的,要及时立案,启动侦查程序,并探索相关工作机制。对管辖一时难以分清、后果严重的犯罪案件,经省级以上检察院批准后可予立案。要完善并案侦查的操作程序,涉及渎职侵权犯罪的相关证据的,检察机关可直接进行调查,对重特大渎职侵权犯罪案件所涉及的必须及时查清的案件,经上级检察机关同意,可以并案查处。健全不立案监督机制,对瞒案不报、压案不查的要实行诫勉、问责,严肃追究责任。

——提高运用证据与渎职侵权犯罪作斗争的能力。增强查办案件的策略性、主动性和预见性。围绕调查取证,依法运用侦查手段和侦查措施,及时、果断使用强制措施,灵活使用、及时变更强制措施,保障侦查取证工作顺利进行。增强证据意识,提高收集证据、固定证据和使用证据的水平,严格执行《关于办理死刑案件审查判断证据若干问题的规定》和《关于办理刑事案件排除非法证据若干问题的规定》,依法、全面、客观地收集、审查、判断证据。主动告知公民依法作证义务,对作伪证和阻挠取证的依法查处,对拒不作证的国家工作人员,应商请其上级主管部门或纪检(监察)部门作出处理。

——加强对办案工作的组织领导。坚持上级检察院带头办案,用上级检察院的带头作用,调动基层院的办案积极性。强化对办案工作的宏观指导和分类指导,坚持侦查办案一体化,对重大、复杂、疑难案件,以及基层检察院查处确有困难的案件,采用交办、督办、领办、提办和异地查办等多种形式突破案件。

——加强案件处理的协调工作。各级检察院要统筹协调机关内设部门,解决分歧,统一认识。逐步建立由专门型公诉人对渎职侵权犯罪案件进行审查的制度,加强与侦查部门、侦查监督部门的沟通合作,全程跟踪案件处理。加强与法院的协调沟通,跟踪法院的审判活动,对适用法律错误、量刑不当的,要依法实行监督。

(八)正确处理办案数量与质量的关系,强化保障反渎职侵权工作科学健康发展的措施。

——加强上级检察院对下级检察院办案工作的宏观掌控和重点指导。要高度注重办案质量、办案效率,做到准确打击、及时打击,用办案数量与质量的有机统一体现办案力度,把办案的法律效果、政治效果和社会效果有机地结合起来。

——加强对立案的管理。坚持以事实为根据,以法律为准绳,实事求是,依法办案,坚决反对为追求办案数而草率立案、违反法律规定随意立案,更不能虚假立案。

——加强侦查与审查批捕、公诉和抗诉的衔接,既协作配合,又强化内部监督制约,严把事实

关、证据关、法律关,综合考虑和有效保障办案数量和质量、效率、效果。

——加强案例指导,总结和推广查办渎职侵权犯罪的成功案例。及时总结犯罪构成、犯罪形态、犯罪特点以及侦查取证等方面具有规律性、指导性的经验,用典型案例引导和示范同类犯罪的查办工作。

——建立健全办案质量考评体系,下大力提高案件侦结率、起诉率和有罪判决率,降低缓免刑率,有效推动反渎职侵权工作科学健康发展。

(九)强化办案安全保障措施。把安全防范措施融入办案全过程,落实到办案工作的各个环节,狠抓制度落实,规范执法程序,加强监督检查,建立健全办案风险评估及预警机制,最大程度地消除办案安全事故隐患,提高办案安全事故的处置能力,严防办案安全事故发生。

(十)准确把握刑事政策,注重办案方式方法。把宽严相济刑事政策贯彻到办案工作中,正确处理打击与保护的关系,准确把握改革探索与违法犯罪的界限,严格区分罪与非罪,依法惩治犯罪者,教育失误者,保护无辜者,支持改革者。坚持实体与程序并重,查办在建重大项目、工程的案件,注意把握办案时机,慎重采取强制措施,尽量减少、避免和消除负面影响。对窝案、串案,要分别情况,区别对待,重点惩办主犯和要犯。对给个体民营企业、外商独资合资企业等非国有企业造成重大损害的案件,要认真依法查办,平等地保护各类市场主体。妥善处理涉及稳定的案件,维护社会主义市场经济秩序,维护国家机关正常工作秩序,维护企业正常生产经营秩序。保护涉案人员合法权益,落实举报人和证人保护制度。切实防止机械执法,孤立办案,努力做好群众工作,通过办案排查和化解社会矛盾。

三、积极开展渎职侵权犯罪预防工作

(十一)把推动社会矛盾化解、社会管理创新作为渎职侵权犯罪预防工作的重要任务。认真贯彻"标本兼治、综合治理,惩防并举、注重预防"的方针,紧紧围绕查办渎职侵权犯罪的重点开展预防工作。通过查办渎职侵权犯罪案件,注意从反复发生的问题中发现规律上的原因,从普遍发生的问题中发现机制上的原因,推动发案单位整章建制,堵塞漏洞。针对一个时期人民群众反映强烈,各级党委、政府关注的突出问题,集中开展专项惩治和预

防工作，形成专项工作报告通报相关部门，必要时提交党委、人大、政府参考。主动思考在政策、制度、法律等方面解决带有全局意义的问题，促进国家机关工作人员依法行政、公正执法，特别是深入研究分析社会管理制度上存在的普遍性问题，有针对性地提出完善政策、制度和法律方面的意见和建议，促进社会管理创新。

（十二）积极推动惩治和预防腐败体系建设。建立风险防控的预测预警机制，通过研究个案、类案、行业发案的特点规律，提出积极性、建设性的预防对策，促进职务犯罪易发多发领域排查整治，重点行业环节整章建制，最大限度地防止违法犯罪的发生。把职务犯罪预防工作与社会管理创新融合起来，积极探索对渎职侵权犯罪易发多发的重点人员、重点岗位、重要事项的有效监督途径和办法，推进权力运行的程序化、公开化和透明化，把预防犯罪的措施落实到权力结构和运行机制的各个环节，积极推进内容科学、程序严密、配套完备、有效管用的反腐倡廉制度体系建设。

（十三）积极探索创新侦防一体化机制。紧密结合办案工作开展预防，通过预防巩固、转化和扩大办案成果。充分发挥检察机关惩治和预防渎职侵权犯罪的综合效应，实现发现、侦查、防范渎职侵权犯罪的有效衔接，形成查办和预防犯罪互相促进、互为补充、整体联动的工作格局。

（十四）加强反渎职侵权宣传工作。把宣传工作作为渎职侵权犯罪预防的一个抓手，大力宣传渎职侵权犯罪的严重性和危害性，惩治和预防犯罪的重要性和紧迫性，加强事后宣传，适时公布办理的重大渎职侵权犯罪案件，及时回应网络舆论反映的热点问题。实现反渎职侵权宣传工作常态化，动员社会各界共同参与惩治和预防渎职侵权犯罪，努力营造检察机关反渎职侵权工作的良好舆论氛围。

四、不断完善反渎职侵权工作机制

（十五）建立健全渎职侵权案件调查工作机制。遇有重大复杂案件，邀请纪检（监察）、公安、审计或相关行政执法部门共同参加调查。

（十六）建立检察机关内设机构查办渎职侵权犯罪协作机制。建立由主管副检察长牵头，相关内设机构负责人参加的查办渎职侵权犯罪工作协作会议制度，加强对查办案件工作的协调。反渎职侵权部门要通过查办案件，积极促进诉讼监督工作。

（十七）完善侦查办案一体化机制。规范督办、领办、提办、交办工作制度，重点加强市（分、州）院的主体作用，依托侦查指挥中心，做到线索统一管理、人员统一调配、行动统一指挥、经费统一保障。

（十八）健全完善考评机制。建立健全以办案力度、侦查效率、案件质量效果和办案规范为要素的，符合反渎职侵权办案工作特点的考核评价体系，推进常态化考核，实行年底没有有罪判决案件的检察院检察长到上级检察院说明情况制度。

（十九）探索建立渎职侵权犯罪信息情报引导侦查工作机制。有条件的地方，可设立专门工作机构或指定专人负责信息的收集、研判、管理工作，把情报信息作为启动侦查的源头，把占有情报信息作为侦查决策的依据，形成情报信息引导侦查的工作机制。

（二十）完善反渎职侵权法制建设。深入研究法律适用及刑事政策，加强司法解释工作；加强与最高人民法院的沟通，解决渎职侵权犯罪的定罪量刑标准、数罪并罚、徇私舞弊认定和损失后果认定、侦查管辖和审判管辖衔接等问题；充分研究论证渎职侵权犯罪构成、刑罚结构、缓刑免刑的适用条件和侦查手段不足等问题，积极提出立法建议。

五、努力提高反渎职侵权队伍的整体素质

（二十一）加强思想政治建设。深入实践科学发展观，坚持用中国特色社会主义理论武装全体反渎干警的头脑，坚持正确的人生观、价值观、世界观，坚持社会主义法治理念，坚持"三个至上"和"四个在心中"，确保在思想上、政治上、行动上与党中央保持高度一致，牢固树立服务大局意识，始终保持反渎职侵权工作正确的政治方向。

（二十二）加强素能建设。结合侦查办案实际，采取全员素能培训、岗位练兵和实战训练等多种形式，全面提高侦查能力、侦查水平和执法公信力，大力培养具有专业技能、善于攻坚克难的侦查专家和办案能手；引进高素质人才，培养后备人才，打造一支年龄、知识结构合理的智能型、专业型、复合型、高层次的反渎职侵权专业队伍。

（二十三）加强组织建设。从有利于反渎职侵权工作科学发展的角度，推动和完善各项改革措施。加强反渎职侵权局建设，争取机构编制主管部门支持，反渎职侵权局的规格和内设机构可比照反贪局设置。设立重大责任事故调查协调工作机构，建立检察专员介入重大责任事故调查工作机制。完善侦查指挥中心设置，加强办案指挥协调工作。

坚持稳定骨干、充实力量、调整结构、保障办案的原则，切实解决各级检察院反渎职侵权干警配备不足问题。把政治强、业务精、具有较高组织指挥能力、有实战经验的优秀干警充实到反渎职侵权部门的领导岗位，争取干部主管部门支持，反渎局长参照反贪局长配备和管理。反渎局长每年要向上级检察院反渎部门递交述职报告。

（二十四）坚持从优待检。建立激励和保护机制，切实落实办案津贴、出差补助等相关规定。开展创先争优活动，对工作出色、办案成绩突出的单位、个人予以表彰；对因秉公执法而遭受打击报复及其他不公正待遇的，要采取措施予以保护。

（二十五）坚持从严治检。坚持把强化自身监督放在与强化法律监督同等重要的位置，不断完善内部监督制约机制，把接受监督和自我监督贯穿执法办案的每个环节。坚持从严治检，廉洁从检，严格管理，严肃纪律，严防受利益驱动违规违法扣押冻结款物，强化办案安全防范工作。认真开展"反特权思想，反霸道作风"教育活动，严肃查处反渎队伍中发生的滥用职权、以权谋私、徇私枉法等违法违纪案件。加强监督检查、检务督察，防止权力失控、决策失误、行为失范。

（二十六）加强保障工作。认真落实办案经费保障。加强技术装备建设，将查办案件工作的技术保障、信息化建设需求纳入财政预算。保证办案交通工具，有条件的地区配备技术侦查车。

六、切实加强对反渎职侵权工作的领导

（二十七）主动依靠党的领导和接受人大的监督。及时向党委汇报一个时期反渎职侵权工作的总体思路、安排部署、大要案查办情况以及办案中遇到的干扰阻力等问题，上级检察机关要加强与下级检察机关同级党委的沟通和协调，支持下级检察机关的办案工作。要主动向人大及其常委会汇报反渎职侵权工作情况，认真贯彻人大及其常委会的决定、决议。要注意加强与党政部门的沟通，服务中心工作，取得理解和支持。

（二十八）认真学习、全面贯彻中央有关部门关于加大惩治和预防渎职侵权违法犯罪工作力度的精神，把惩治和预防渎职侵权犯罪纳入反腐败总体格局，努力营造良好的执法办案环境。加强与有关部门的沟通、协调、配合协作，广泛发动群众，善于引导和团结更广泛的力量，形成惩治和预防渎职侵权犯罪的合力。

（二十九）各级检察院党组特别是检察长要切实加强对反渎职侵权工作的领导。各级检察院检察长对解决发现难、查证难、处理难和干扰阻力大，推进反渎职侵权工作负有首要责任，要定期召开会议，专门研究反渎职侵权工作；要亲自指挥大要案查办，亲自出面协调有关问题，排除干扰阻力；要亲自解决力量配备、工作协调和办案经费、装备、设施等保障问题。要把反渎职侵权工作的推进情况列为检察长工作绩效考核的重要内容。上级检察院要转变工作作风，加强调查研究，强化对办案工作的分类指导，重视基层，深入基层，服务基层，主动为基层院办案出谋划策，帮助分析和解决工作中遇到的实际困难和问题。

（三十）注意分析、研究面临的新形势、新情况、新问题，增强工作的预见性和系统性，提高决策能力，牢牢把握工作主动权。提高新形势下依法办事能力和应急管理、舆论引导、网络媒体应用等方面的能力，建立突发事件和网络舆情的应对机制，重视对社会舆情的分析研究，及时了解掌握信息，迅速反应，积极应对，坚持实事求是，不回避问题，不推脱责任，不随意表态，避免引起不必要的炒作，造成被动局面，给工作带来负面影响。

最高人民检察院关于印发《关于进一步加强和规范检察机关延伸法律监督触角促进检力下沉工作的指导意见》的通知

2010 年 10 月 2 日　高检发政字〔2010〕95 号

各省、自治区、直辖市人民检察院，新疆生产建设兵团人民检察院：

《关于进一步加强和规范检察机关延伸法律监督触角促进检力下沉工作的指导意见》已经高检院党组研究同意，现印发给你们，请结合实际，认真贯彻执行。

关于进一步加强和规范检察机关延伸法律监督触角促进检力下沉工作的指导意见

为深入贯彻落实党的十七大、十七届三中、四中全会和全国政法工作电视电话会议精神，切实畅通群众诉求渠道，推动三项重点工作深入开展，促进依法行政和公正司法，现就延伸法律监督触角、促进检力下沉工作提出如下指导意见：

一、深刻认识延伸法律监督触角、促进检力下沉的重要意义

（一）延伸法律监督触角、促进检力下沉是深入推进三项重点工作的需要。深入推进社会矛盾化解、社会管理创新、公正廉洁执法，是党中央从更好维护重要战略机遇期的社会和谐稳定出发作出的重大战略部署。各级检察机关要站在服从和服务于党和国家工作大局的高度，深刻认识深入推进三项重点工作对检察工作提出的新要求，高度重视检察环节维护社会和谐稳定的源头性、根本性、基础性问题，通过延伸法律监督触角，下沉检力，切实把三项重点工作摆在突出位置，确保中央的要求和部署落实到基层。

（二）延伸法律监督触角、促进检力下沉是服务社会主义新农村建设的需要。中共中央《关于推进农村改革发展若干重大问题的决定》，对社会主义新农村建设作出了全面安排，要求各级、各部门工作重心下移，为新农村建设提供服务和保障。中央政治局常委、中央政法委书记周永康同志在全国基层检察院建设工作会议上明确要求，检察机关要"着力抓好涉农检察工作，把法律监督的触角延伸到广大农村，全力服务农村改革发展"。各级检察机关要认真贯彻落实，积极探索加强涉农检察工作的有效举措，把法律监督的触角延伸到基层，实现检察工作重心下移，在检察工作中充分体现人民的愿望、适应人民的需要、维护人民的利益。

（三）延伸法律监督触角、促进检力下沉是进一步强化法律监督职能的需要。党的执政根基在基层，检察事业发展的根基也在基层。服务基层改革发展稳定，为基层建设营造良好的法治环境，是检察机关的重要任务。当前，一些农村基层政权建设较为薄弱，有的基层组织负责人贪污、受贿、挪用土地征用补偿款、支农惠农资金，有的基层政法干警违法违纪，侵害农民权益，直接影响群众对党的信任，事关基层政权的稳固。实践证明，通过延伸法律监督触角，强化基层法律监督工作，有利于深入查办和预防基层各类职务犯罪，推进基层反腐倡廉和民主法治建设,符合人民群众对检察工作的新期待和新要求。

(四)延伸法律监督触角、促进检力下沉是深化检察改革,完善中国特色社会主义检察制度的需要。延伸法律监督触角、促进检力下沉,有利于通过积极的实践和探索,丰富法律监督的方式、方法,为检察机关依法全面正确行使检察权提供健全的组织体系保障,推动中国特色社会主义检察制度的自我完善和发展。

二、进一步明确延伸法律监督触角、促进检力下沉的指导思想和基本原则

(五)延伸法律监督触角、促进检力下沉工作,要高举中国特色社会主义伟大旗帜,以邓小平理论和"三个代表"重要思想为指导,深入贯彻落实科学发展观,紧紧围绕党中央关于农村改革发展的一系列重大决策部署和"强化法律监督,维护公平正义"的检察工作主题,牢固树立社会主义法治理念,始终坚持党的事业至上、人民利益至上、宪法法律至上,不断创新工作方法,改进工作方式,大力推进检察工作重心下移、检力下沉,进一步推动检察工作科学发展。

(六)延伸法律监督触角、促进检力下沉工作,既要总结和发扬实践的成功经验,又要汲取和借鉴以往的教训;既不能因噎废食,又不能一哄而上;既要在改革中发展,逐步实现统一规范,又要根据各地经济社会发展实际具体对待,不搞一刀切。要坚持解放思想,实事求是,与时俱进,通过延伸法律监督触角,为加强基层检察工作、推进三项重点工作落实,提供坚强的组织保障。要边探索、边总结、边规范、边完善,切实做到积极探索、加强规范、不断推进。

(七)延伸法律监督触角、促进检力下沉,必须坚持依法进行和强化职能的基本原则,做到在检察机关职权范围内配置职责任务,制定工作规范,确保各项执法活动、每个执法环节都能有章可循。要强化对执法活动的监督,通过健全接受内外部监督制约机制,深化检务公开,确保依法正确行使职权,坚决防止超越职权、超越职能,大包大揽;防止权力失控、行为失范,违法乱纪。要正确处理履行职能与服务改革发展的关系,把履行职能作为服务工作的立足点和切入点,通过依法正确履行法律监督职能,为基层改革发展提供司法保障。

(八)延伸法律监督触角、促进检力下沉,必须切实转变执法作风。法律监督触角能不能真正延伸到基层,能不能取得实实在在的成效,关键在各级检察机关和广大检察人员的执法作风。广大检察人员特别是领导干部,要真正树立执法为民的思想,防止和克服官僚主义、特权思想、衙门作风,深入基层、深入社区、深入农村,坚持到一线了解掌握情况,发现解决问题,查办处理案件。要切实采取为民、便民、利民的有效措施,建立健全深入基层、为民服务的制度体系,形成长效机制,真正实现法律监督触角向基层延伸,以充分发挥法律监督的应有作用。

三、逐步规范延伸法律监督触角、促进检力下沉的组织形式

(九)继续坚持因地制宜、多措并举。各地经济社会发展水平不同,基层检察院基础、条件各异。因此,向基层延伸法律监督触角,必须因地制宜、量力而行,要充分考虑基层检察机关现有人力、物力、财力和基层当前的执法环境、群众认可程度等多方面因素,实事求是,逐步推进。没有设置派出检察室的,可以采取多种组织形式下沉检力,通过相对固定或定期、不定期巡回方式开展基层检察工作。

(十)加强和规范派出检察室建设。对现有检察室,要充实力量,规范管理,进一步完善保障条件,充分发挥其作用。新设检察室,要考虑工作需要和实际可能,解决好办公场所、机构设置、人员编制、办公经费等保障条件,做到成熟一个、设置一个、规范一个。设置布局重点是人口较多、信访总量较大、治安问题突出、辐射功能强的地区,原则上可与人民法院派出法庭对应设置。检察室由基层检察院派出,其名称可统一为"××人民检察院派驻××(驻在地名称)检察室"。检察室的设立、更名和撤销,应报省级人民检察院审批。要加强检察室队伍建设,严禁从社会上聘请人员行使检察权。检察室不得自行处理信访举报案件线索。

四、正确把握延伸法律监督触角、促进检力下沉的主要职责和工作重点

(十一)延伸法律监督触角、促进检力下沉,应结合实际、突出重点、加强规范、逐步统一职责任务。要重点在以下工作职责内发挥应有作用:1. 接收群众举报、控告、申诉,接待群众来访;2. 发现、受理职务犯罪案件线索;3. 开展职务犯罪预防;4. 受理、发现执法不严、司法不公问题,对诉讼中的违法问题依法进行法律监督;5. 开展法制宣传,化解社会矛盾,参与社会治安综合治理和平安创建;6. 监督并配合开展社区矫正工作,参与并促进社会管理创新;7. 派出院交办的其他事项。

(十二)延伸法律监督触角、促进检力下沉,要紧紧围绕维护人民群众合法权益、促进基层和谐稳定和推进三项重点工作,积极探索有效措施,不断提高法律监督的能力和水平。要坚持以执法办案为中心,以化解社会矛盾、推进社会管理创新为重点,充分发挥打击、预防、监督、保护的职能作用,不断拓宽诉求渠道,切实解决广大人民群众反映强烈的突出问题,真正实现好、维护好、发展好广大人民群众的根本利益。要坚持以人民群众满意为标准,贴近基层,依靠群众,服务改革发展、维护和谐稳定,切实把严格、公正、文明执法统一到为民执法的工作上来。

五、切实加强对延伸法律监督触角、促进检力下沉工作的调查研究和分类指导

(十三)高度关注和深入研究延伸法律监督触角、促进检力下沉工作的新情况、新问题。科学界定法律监督触角的职责任务,进一步规范其履职方式、工作程序和服务方法。加强对检察室的管理和监督,在鼓励基层积极探索实践的同时,上级检察机关要开展多种方式的调查研究,既要总结推广经验做法,又要注意发现问题,及时帮助解决,不断增强工作的主动性、预见性和对下指导的科学性、针对性,体现时代性、规律性、创造性。

(十四)积极争取各级党委、人大和政府的重视支持。要勤汇报,多沟通,主动把延伸法律监督触角、促进检力下沉工作置于党的领导和人大监督之下,依靠政府及其有关部门,解决好人员编制、基础设施和经费保障等问题,推动此项工作深入健康开展。

最高人民检察院关于印发《检察官职业行为基本规范(试行)》的通知

2010 年 10 月 9 日　　高检发〔2010〕19 号

各省、自治区、直辖市人民检察院,军事检察院,新疆生产建设兵团人民检察院:

《检察官职业行为基本规范(试行)》已经 2010

年 9 月 3 日最高人民检察院检察委员会第十一届第四十二次会议讨论通过,现印发给你们,请结合实际,认真贯彻执行。

检察官职业行为基本规范(试行)

为规范检察官职业行为,保障和促进检察官严格、公正、文明、廉洁执法,根据《中华人民共和国公务员法》《中华人民共和国检察官法》等法律,制定本规范。

一、职业信仰

第一条　坚定政治信念,坚持以马克思列宁主义、毛泽东思想、邓小平理论和"三个代表"重要思想为指导,认真学习中国特色社会主义理论体系,深入贯彻落实科学发展观,建设和捍卫中国特色社

会主义事业。

第二条　热爱祖国,维护国家安全、荣誉和利益,维护国家统一和民族团结,同一切危害国家的言行作斗争。

第三条　坚持中国共产党领导,坚持党的事业至上,始终与党中央保持高度一致,自觉维护党中央权威。

第四条　坚持执法为民,坚持人民利益至上,密切联系群众,倾听群众呼声,妥善处理群众诉求,

维护群众合法权益,全心全意为人民服务。

第五条　坚持依法治国基本方略,坚持宪法法律至上,维护宪法和法律的统一、尊严和权威,致力于社会主义法治事业的发展进步。

第六条　维护公平正义,忠实履行检察官职责,促进司法公正,提高检察机关执法公信力。

第七条　坚持服务大局,围绕党和国家中心工作履行法律监督职责,为改革开放和经济社会科学发展营造良好法治环境。

第八条　恪守职业道德,铸造忠诚品格,强化公正理念,树立清廉意识,提升文明素质。

二、履职行为

第九条　坚持依法履行职责,严格按照法定职责权限、标准和程序执法办案,不受行政机关、社会团体和个人干涉,自觉抵制权势、金钱、人情、关系等因素干扰。

第十条　坚持客观公正,忠于事实真相,严格执法,秉公办案,不偏不倚,不枉不纵,使所办案件经得起法律和历史检验。

第十一条　坚持打击与保护相统一,依法追诉犯罪,尊重和保护诉讼参与人和其他公民、法人及社会组织的合法权益,使无罪的人不受刑事追究。

第十二条　坚持实体与程序相统一,严格遵循法定程序,维护程序正义,以程序公正保障实体公正。

第十三条　坚持惩治与预防相统一,依法惩治犯罪,立足检察职能开展犯罪预防,积极参与社会治安综合治理,预防和减少犯罪。

第十四条　坚持执行法律与执行政策相统一,正确把握办案力度、质量、效率、效果的关系,实现执法办案法律效果、社会效果、政治效果的有机统一。

第十五条　坚持强化审判监督与维护裁判稳定相统一,依法监督纠正裁判错误和审判活动违法,维护生效裁判既判力,保障司法公正和司法权威。

第十六条　坚持重证据,重调查研究,依法全面客观地收集、审查和使用证据,坚决杜绝非法取证,依法排除非法证据。

第十七条　坚持理性执法,把握执法规律,全面分析情况,辩证解决问题,理智处理案件。

第十八条　坚持平和执法,平等对待诉讼参与人,和谐处理各类法律关系,稳慎处理每一起案件。

第十九条　坚持文明执法,树立文明理念,改进办案方式,把文明办案要求体现在执法全过程。

第二十条　坚持规范执法,严格依法办案,遵守办案规则和业务流程。

第二十一条　重视群众工作,了解群众疾苦,熟悉群众工作方法,增进与群众的感情,善于用群众信服的方式执法办案。

第二十二条　重视化解矛盾纠纷,加强办案风险评估,妥善应对和处置突发事件,深入排查和有效调处矛盾纠纷,注重释法说理,努力做到案结、事了、人和,促进社会和谐稳定。

第二十三条　重视舆情应对引导,把握正确舆论导向,遵守舆情处置要求,避免和防止恶意炒作。

第二十四条　自觉接受监督,接受其他政法机关的工作制约,执行检务公开规定,提高执法透明度。

第二十五条　精研法律政策,充实办案所需知识,保持专业水准,秉持专业操守,维护职业信誉和职业尊严。

三、职业纪律

第二十六条　严守政治纪律,不发表、不散布不符合检察官身份的言论,不参加非法组织,不参加非法集会、游行、示威等活动。

第二十七条　严守组织纪律,执行上级决定和命令,服从领导,听从指挥,令行禁止,确保检令畅通,反对自由主义。

第二十八条　严守工作纪律,爱岗敬业,勤勉尽责,严谨细致,讲究工作质量和效率,不敷衍塞责。

第二十九条　严守廉洁从检纪律,认真执行廉洁从政准则和廉洁从检规定,不取非分之财,不做非分之事,保持清廉本色。

第三十条　严守办案纪律,认真执行办案工作制度和规定,保证办案质量和办案安全,杜绝违规违纪办案。

第三十一条　严守保密纪律,保守在工作中掌握的国家秘密、商业秘密和个人隐私,加强网络安全防范,妥善保管涉密文件或其他涉密载体,坚决防止失密泄密。

第三十二条　严守枪支弹药和卷宗管理纪律,依照规定使用和保管枪支弹药,认真执行卷宗管理、使用、借阅、复制等规定,确保枪支弹药和卷宗安全。

第三十三条　严守公务和警用车辆使用纪律，不私自使用公务和警用车辆，不违规借用、占用车辆。遵守道路交通法规，安全、文明、礼貌行车，杜绝无证驾车、酒后驾车。

第三十四条　严格执行禁酒令，不在执法办案期间、工作时间和工作日中午饮酒，不着检察制服和佩戴检察徽标在公共场所饮酒，不酗酒。

四、职业作风

第三十五条　保持和发扬良好思想作风，解放思想，实事求是，与时俱进，锐意进取，开拓创新，研究新情况，解决新问题，创造性地开展工作。

第三十六条　保持和发扬良好学风，坚持理论联系实际，提高理论水平和解决实际问题的能力。

第三十七条　保持和发扬良好工作作风，密切联系群众，遵循客观规律，注重调查研究，察实情，讲实话，办实事，求实效，不搞形式主义，不弄虚作假。

第三十八条　保持和发扬良好领导作风，坚持民主集中制，充分发扬民主，维护集中统一，自觉开展批评与自我批评，坚持真理，修正错误，以身作则，率先垂范。

第三十九条　保持和发扬良好生活作风，艰苦奋斗，勤俭节约，克己奉公，甘于奉献，反对奢侈浪费。

第四十条　保持和发扬良好执法作风，更新执法理念，注重团结协作，提高办案效率，不耍特权、逞威风。

五、职业礼仪

第四十一条　遵守工作礼仪，团结、关心和帮助同事，爱护工作环境，营造干事创业、宽松和谐、风清气正的工作氛围。

第四十二条　遵守着装礼仪，按规定着检察制服、佩戴检察徽标。着便装大方得体。

第四十三条　遵守接待和语言礼仪，对人热情周到，亲切和蔼，耐心细致，平等相待，一视同仁，举止庄重，精神振作，礼节规范。使用文明礼貌用语，表达准确，用语规范，不说粗话、脏话。

第四十四条　遵守外事礼仪，遵守国际惯例，尊重国格人格和风俗习惯，平等交往，热情大方，不卑不亢，维护国家形象。

六、职务外行为

第四十五条　慎重社会交往，约束自身行为，不参加与检察官身份不符的活动。从事教学、写作、科研或参加座谈、联谊等活动，不违反法律规定、不妨碍司法公正、不影响正常工作。

第四十六条　谨慎发表言论，避免因不当言论对检察机关造成负面影响。遵守检察新闻采访纪律，就检察工作接受采访应当报经主管部门批准。

第四十七条　遵守社会公德，明礼诚信，助人为乐，爱护公物，保护环境，见义勇为，积极参加社会公益活动。

第四十八条　弘扬家庭美德，增进家庭和睦，勤俭持家，尊老爱幼，团结邻里，妥善处理家庭矛盾和与他人的纠纷。

第四十九条　培养健康情趣，坚持终身学习，崇尚科学，反对迷信，追求高尚，抵制低俗。

七、附则

第五十条　检察官违反本规范，情节轻微的，予以批评教育；构成违纪的，依据检察人员纪律处分条例予以惩戒；构成犯罪的，依法追究刑事责任。

第五十一条　人民检察院的其他工作人员参照本规范执行。

第五十二条　本规范由最高人民检察院负责解释。

第五十三条　本规范自发布之日起试行。

最高人民检察院关于印发《人民检察院司法警察押解工作规则》的通知

2010 年 10 月 24 日 高检发政字〔2010〕105 号

各省、自治区、直辖市人民检察院,军事检察院,新疆生产建设兵团人民检察院:

《人民检察院司法警察押解工作规则》已经 2010 年 10 月 11 日最高人民检察院第十一届检察委员会第四十四次会议通过,现印发给你们,请认真贯彻执行。

人民检察院司法警察押解工作规则

第一条 为规范人民检察院司法警察押解工作,保障办案工作顺利进行,根据《中华人民共和国人民警察法》、《人民检察院刑事诉讼规则》和《人民检察院司法警察暂行条例》等有关规定,结合工作实际,制定本规则。

第二条 本规则所称押解是指人民检察院司法警察根据办案需要,依法将被羁押和抓获的犯罪嫌疑人、被告人强制提解、押送到指定地点或场所,接受讯问、辨认、提取证据和赃物,保证办案工作顺利进行的执法行为。

第三条 司法警察执行押解任务,应当坚持依法、文明、安全、准确的原则,做到恪尽职守、秉公执法,严守纪律,保守秘密。

第四条 司法警察执行押解任务,应当持相关法律文书及证明本人身份的相关证件,并按规定着装。

第五条 司法警察执行押解任务,应当根据《中华人民共和国人民警察使用警械和武器条例》的规定配备和使用警械、武器。

第六条 司法警察执行押解任务,应当根据案件性质、押解人数、押解路程及危险程度配备警力。

押解一名犯罪嫌疑人、被告人的司法警察必须在二人以上;押解二人以上时,押解警力的配备必须为被押解人的一倍以上。押解女性犯罪嫌疑人、被告人,应当有女性司法警察或者女性检察人员。

第七条 司法警察执行押解任务,应当做好如下准备:

(一)指定执行押解任务的负责人;

(二)检查提押票及相关法律文书是否齐全、有效、符合要求,发现问题及时报告承办案件的检察官予以纠正;

(三)了解犯罪嫌疑人、被告人的基本情况、案由、有无疾病和异常情况等;

(四)对提解和押送途中的环境状况进行分析,研究制定提解和押送的实施方案和处置紧急情况的预案;

(五)检查囚车、警械、武器和通讯设备等警用装备是否安全可靠;

(六)需要准备的其他工作。

第八条 司法警察执行押解任务,应当遵守羁押场所的有关规定,按照《提押票》的内容逐项核对犯罪嫌疑人、被告人的姓名、年龄、性别、住址、案由等,并对其人身和物品进行检查,防止携带危险物品。

执行押解的行为和技术操作应当符合规范,严防犯罪嫌疑人、被告人脱逃、自杀、自伤或者向押解人员行凶等事故的发生。

押解时,对犯罪嫌疑人、被告人应当使用戒具。

第九条　对不同性别、未成年人、同案犯以及其他需要分别押解的犯罪嫌疑人、被告人，应当实行分车押解。对重、特大案件的犯罪嫌疑人、被告人，应当实行一人一车押解。不具备一人一车押解条件的，要采取严密的防范措施，严防意外事故的发生。

第十条　司法警察执行押解时，要保持高度戒备，注意观察犯罪嫌疑人、被告人的动态，发现犯罪嫌疑人、被告人有行凶、脱逃、自杀或串供等迹象时，要立即进行警告或制止，事后要及时报告。

第十一条　司法警察执行押解时，如遇突发事件，应当保护犯罪嫌疑人、被告人的安全，迅速将其转移到安全地点看管，并及时报告。

第十二条　司法警察执行押解时，不得随意与犯罪嫌疑人、被告人交谈或询问案情，不得辱骂、体罚、虐待或变相体罚犯罪嫌疑人、被告人，不得从事与押解工作无关的活动。

第十三条　司法警察执行长途异地押解需要住宿的，应当与当地公安机关或检察机关取得联系，凭逮捕证副本或押解证明，将犯罪嫌疑人、被告人交由当地看守所羁押，严禁让犯罪嫌疑人、被告人在宾馆、酒店、招待所等其他场所住宿。

第十四条　在距离较近、交通不便或者车辆无法继续行进等特殊情况下，经批准，司法警察可以执行徒步押解。

第十五条　具备使用囚车押解条件的，应当使用囚车执行押解。数辆囚车执行押解任务时，应当编队行进，并配置备用车辆随行。囚车严禁搭乘与押解工作无关的人员。

押解途中遇到交通事故、车辆故障或者交通堵塞时，要在囚车周围部署警戒。必要时，可以请求交通警察协助。

第十六条　需要进行长距离、跨省区押解的，司法警察可以选择乘坐公共汽车、火车、轮船和飞机等公共交通工具执行押解。

司法警察选择乘坐公共交通工具执行押解，应当事先与相关部门及司乘人员取得联系。

根据被押解人数量和旅途时间等因素确定押解人员的数量，以保证能够昼夜轮流值班看管。

需要与旅客混乘押解时，应当将犯罪嫌疑人、被告人安置在远离车窗、舱门等便于控制的位置。

第十七条　司法警察押解犯罪嫌疑人、被告人到达指定地点后，应当及时交与办案人员或移送羁押场所羁押。

第十八条　司法警察执行还押时，应当核对犯罪嫌疑人、被告人的身份，办理登记与交接手续，由看守人员在提押票证签字盖章后带回，交还办案人员。

第十九条　押解任务完成后，司法警察要及时将提押票及有关诉讼文书、警械和武器装备等移交相关人员，并办理移交登记手续。

第二十条　司法警察执行押解，如违反本规则，情节轻微的，应当给予批评教育；情节严重的，应当根据《中华人民共和国人民警察法》和最高人民检察院有关规定给予组织处理或者纪律处分；构成犯罪的，依法追究刑事责任。

第二十一条　本规则由最高人民检察院负责解释。

第二十二条　本规则自下发之日起施行。

最高人民检察院关于印发《人民检察院调用司法警察工作规则（试行）》的通知

2010 年 10 月 24 日　　高检发政字〔2010〕106 号

各省、自治区、直辖市人民检察院，军事检察院，新疆生产建设兵团人民检察院：

《人民检察院调用司法警察工作规则（试行）》已经 2010 年 10 月 11 日最高人民检察院第十一届检察委员会第四十四次会议通过，现印发给你们，请认真贯彻执行。

人民检察院调用司法警察工作规则(试行)

第一条　为规范人民检察院调用司法警察工作,根据《中华人民共和国人民检察院组织法》、《中华人民共和国人民警察法》和《人民检察院司法警察暂行条例》等有关规定,结合工作实际,制定本规则。

第二条　人民检察院遇有下列情况,可以从下级人民检察院调用司法警察:

(一)执行重大案件警务保障警力不足的;

(二)处置涉检群体性突发事件警力不足的;

(三)跨区域执行任务需要警力协助的;

(四)其他情况需要调用司法警察的。

第三条　调用司法警察,应当坚持依法用警、严格审批的原则。任何组织或者个人不得违反规定调用司法警察。对违反规定调用司法警察的,人民检察院应当拒绝执行,并同时向上级机关报告。

第四条　调用司法警察,应当填写《人民检察院调用司法警察审批表》,由本院检察长批准。情况紧急时,可以采用电话或者其他形式提出申请。

下级人民检察院申请上一级人民检察院调用司法警察,应当填写《人民检察院申请调用司法警察表》,经本院检察长批准后,报上一级人民检察院决定。

调用司法警察需要携带枪支的,应当报省级人民检察院检察长批准。

第五条　人民检察院调用司法警察一般以人民检察院调用司法警察命令的形式逐级下达。遇有紧急情况,经检察长批准,可以采用电话或其他形式下达调用司法警察命令,完成任务后,及时补报审批手续。

调用司法警察命令应当写明调警人数、携带装备、集结时间、集结地点及其他具体要求,明确现场指挥员及联络方式。

第六条　被调用司法警察的人民检察院接到调用司法警察命令后,应当迅速组织警力,确定负责人,做好相应准备,按照调用司法警察命令要求及时出警。

第七条　被调用的司法警察在被调用期间应当做到:

(一)按规定时间到达集结地点,并立即向现场指挥员报到;

(二)服从指挥和管理;

(三)依法履行职责;

(四)依法使用警械和武器;

(五)团结协作,密切配合;

(六)保守工作秘密,确保警务活动安全。

第八条　司法警察在被调用期间的后勤保障等由用警人民检察院负责。

第九条　被调用的司法警察完成任务后应当及时返回,并报告履行职责情况。

第十条　对完成任务过程中表现突出的司法警察,应当按照《中华人民共和国人民警察法》、《人民检察院司法警察暂行条例》等有关规定给予奖励。

第十一条　对违反本规则,情节轻微的,应当给予批评教育;情节严重的,应当根据《中华人民共和国人民警察法》和最高人民检察院有关规定给予组织处理或者纪律处分;构成犯罪的,依法追究刑事责任。

第十二条　本规则由最高人民检察院负责解释。

第十三条　本规则自下发之日起施行。

附件:1. 人民检察院调用司法警察的命令(略)

2. 人民检察院申请调用司法警察表(略)

3. 人民检察院调用司法警察审批表(略)

最高人民检察院关于印发《最高人民检察院关于实行人民监督员制度的规定》的通知

2010 年 10 月 29 日　高检发〔2010〕21 号

各省、自治区、直辖市人民检察院,军事检察院,新疆生产建设兵团人民检察院:

《最高人民检察院关于实行人民监督员制度的规定》(以下简称《规定》)已经最高人民检察院第十一届检察委员会第四十五次会议通过,现印发给你们,请遵照执行。现就有关问题通知如下:

一、高度重视,确保全面推行人民监督员制度工作顺利进行。全面推行人民监督员制度,是贯彻落实中央决策部署、深化检察体制和工作机制改革的一项重要任务,对于发展和完善中国特色社会主义检察制度,保证检察机关依法独立公正行使检察权,更加扎实有效地做好新形势下的各项检察工作,具有十分重要的意义。各级检察机关要深刻认识全面推行人民监督员制度的必要性和重要性,把这项工作摆上重要议事日程,精心组织,周密部署,确保各项工作顺利推进,取得实效。

二、加强指导,认真落实各项部署和要求。各级检察机关要根据中央要求和最高人民检察院部署,认真做好全面推行人民监督员制度的各项工作,特别是要做好全面推行与试点工作的衔接,确保平稳过渡、有序推进。已经开展试点工作的检察院,要根据新的规定和要求,进一步规范人民监督员工作;尚未开展试点工作的检察院,要尽快启动人民监督员工作,从一开始就保证各项工作规范运行、良性发展。对试点期间已经选任的人民监督员,任期未届满的,要由上级检察院按照新的要求予以确认,以保证工作的连续性和严肃性。

三、加强调查研究,及时研究解决工作中的问题。各级检察机关特别是上级检察院要深入基层、深入实际,认真开展调查研究,针对全面推行人民监督员制度工作中出现的新情况、新问题,及时研究提出解决问题的对策和意见。最高人民检察院要加强对《规定》执行情况的调查研究,在总结经验的基础上,适时对《规定》进行修订和完善。

四、加强理论研究,积极推进人民监督员制度法制化。各级检察机关要结合工作实际,及时总结实践经验,认真开展理论研究和立法论证工作,积极推进人民监督员制度的法制化,努力形成长效机制。

各地在执行《规定》中遇到的重要问题,要及时层报最高人民检察院。

最高人民检察院关于实行人民监督员制度的规定

(2010 年 10 月 26 日最高人民检察院第十一届检察委员会第四十五次会议通过)

第一章　总　则

第一条　为了加强对人民检察院办理直接受理立案侦查案件工作的监督,提高执法水平和办案质量,确保依法公正履行检察职能,维护社会公平正义,根据宪法、人民检察院组织法等有关法律,结合检察工作实际,制定本规定。

第二条　人民检察院办理直接受理立案侦查

案件,实行人民监督员制度。

人民监督员依照本规定对人民检察院办理直接受理立案侦查案件工作实施监督。

第三条 地市级以上人民检察院应当确定相关机构负责人民监督员工作,县级人民检察院可以确定相关机构或者专人负责人民监督员工作。

第二章 人民监督员的选任

第四条 人民监督员应当具备下列条件:

(一)拥护中华人民共和国宪法;

(二)有选举权和被选举权;

(三)年满二十三周岁;

(四)公道正派,有一定的文化水平;

(五)身体健康。

第五条 下列人员不得担任人民监督员:

(一)受过刑事处罚或者正在受到刑事追究的;

(二)受过劳动教养或者行政拘留处罚的;

(三)被开除公职或者开除留用的。

第六条 下列人员不宜担任人民监督员:

(一)党委、政府及其组成部门的负责人;

(二)人民代表大会常务委员会组成人员;

(三)人民法院、人民检察院、公安机关、国家安全机关、司法行政机关的在职人员;

(四)执业律师、人民陪审员;

(五)其他因职务原因可能影响履行人民监督员职责的人员。

第七条 省级以下人民检察院人民监督员由上一级人民检察院组织选任;有条件的省、自治区、直辖市可以由省级人民检察院统一组织选任人民监督员。

省级人民检察院可以选择一个或者两个地市开展"人民监督员选任委员会"选任、管理人民监督员试点工作。试点办法另行规定。

第八条 省级、地市级人民检察院应当根据本辖区案件数量、人口、民族等因素合理确定人民监督员的名额及分布。

第九条 省级、地市级人民检察院可以商请机关、团体、企业事业单位和基层组织推荐人民监督员人选;公民个人可以向本人工作单位所在地或者住所地的人民检察院自荐报名。

第十条 选任人民监督员,应当提前向社会公告人民监督员的选任条件、程序和名额、任职期限等相关事项。

第十一条 省级、地市级人民检察院根据本规定第四条至第六条的规定,组织对推荐和自荐人选进行考察,提出拟任人民监督员人选并向社会公示,公示时间不少于七日。公示中发现有不符合人民监督员选任条件的,应当取消其拟任资格。

第十二条 拟任人民监督员人选经过公示后,由省级、地市级人民检察院作出选任决定并颁发证书。

省级、地市级人民检察院应当将选任的人民监督员名单向社会公布。

第十三条 人民监督员每届任期五年,连续任职不得超过两届。

第十四条 具有下列情形之一的,人民监督员可以辞去职务:

(一)因职务调整,出现本规定第六条规定情形的;

(二)不愿继续担任人民监督员的。

人民监督员辞去职务的,作出选任决定的人民检察院应当向社会公布。

第十五条 人民监督员具有下列情形之一的,作出选任决定的人民检察院应当解除其职务并向社会公布:

(一)不再符合本规定第四条规定条件的;

(二)具有本规定第五条规定情形的;

(三)违反本规定,造成不良后果的。

第十六条 增补人民监督员依照本规定执行。

第三章 人民监督员的职责

第十七条 人民监督员对人民检察院办理直接受理立案侦查案件的下列情形实施监督:

(一)应当立案而不立案或者不应当立案而立案的;

(二)超期羁押或者检察机关延长羁押期限决定不正确的;

(三)违法搜查、扣押、冻结或者违法处理扣押、冻结款物的;

(四)拟撤销案件的;

(五)拟不起诉的;

(六)应当给予刑事赔偿而不依法予以赔偿的;

(七)检察人员在办案中有徇私舞弊、贪赃枉法、刑讯逼供、暴力取证等违法违纪情况的。

第十八条 人民监督员应邀参加人民检察院组织的有关执法检查活动,发现有违法违纪情况的,可以提出意见和建议。

第十九条 人民监督员可以对其他检察工作、检察队伍建设等提出意见和建议。

第二十条 人民监督员履行监督职责,应当遵守国家法律、法规和有关纪律规定,不得妨碍案件公正处理。

第四章 监督工作程序

第二十一条 省级以下人民检察院提交人民监督员监督的案件,由上一级人民检察院组织人民监督员监督。

省级人民检察院统一选任人民监督员的,省级以下人民检察院提交人民监督员监督的案件,可以由地市级或者由省级人民检察院组织人民监督员监督。

省级、地市级人民检察院应当根据交通、区域等情况确定本辖区人民检察院承办案件的监督地点。

第二十二条 省级以下人民检察院承办的案件具有本规定第十七条第四项或者第五项情形的,承办部门应当在提出拟处理决定之日起三日内将拟处理决定、主要证据目录、相关法律规定等材料通过本院人民监督员办事机构或者专人报送上一级人民检察院,并做好接受监督的准备。

第二十三条 人民监督员认为人民检察院办理直接受理立案侦查案件具有本规定第十七条第一项、第二项、第三项、第六项或者第七项情形,要求启动人民监督员监督程序的,人民监督员办事机构或者专人应当进行审查,并在三日内提出拟办意见报检察长批准。不属于本院管辖的,移送有管辖权的人民检察院按本规定办理;属于本院管辖的,按照下列分工移送有关部门办理:

(一)应当立案而不立案或者不应当立案而立案的,由侦查监督部门承办。

(二)办案中超期羁押的,由监所检察部门承办;延长羁押期限不当的,由侦查监督部门承办。

(三)违法搜查、扣押、冻结的,根据诉讼阶段分别由侦查监督、公诉、控申部门会同计财部门承办。

(四)涉案款物处理不当的,由涉案款物处理部门会同计财部门承办。

(五)应当给予刑事赔偿而不依法予以赔偿的,由赔偿工作部门承办。

(六)检察人员在办案中有徇私舞弊、贪赃枉

法、刑讯逼供、暴力取证等违法违纪情形的,由纪检监察部门承办。

人民监督员反映的情况不属于上述情形之一的,由人民监督员办事机构根据业务分工情况报检察长批准后移送有关部门处理。

第二十四条 省级以下人民检察院相关部门承办第二十三条规定情形的,应当在收到人民监督员办事机构或者专人移送的相关材料之日起三十日内将拟处理意见、主要证据目录、相关法律规定等材料通过本院人民监督员办事机构或者专人报送上一级人民检察院,并做好接受监督的准备。

第二十五条 人民监督员办事机构或者专人收到案件承办部门移送的有关案件材料后,应当及时审查。对于材料不齐备的,应当要求承办部门补充移送。

第二十六条 上一级人民监督员办事机构在受理案件后,一般应当确定三名人民监督员参加案件监督工作。重大案件或者在当地有重大影响的案件,应当确定五名以上人民监督员参加案件监督工作。

第二十七条 参加案件监督的人民监督员,应当以随机抽选的方式确定。

参加案件监督的人民监督员确定后,人民监督员办事机构应当及时通知参加案件监督的人民监督员和案件承办部门,并告知监督案件的时间和地点。

第二十八条 案件监督工作应当依照下列步骤进行:

(一)人民监督员办事机构向人民监督员提交拟处理决定(意见)书、主要证据目录、相关法律规定及有关材料;

(二)案件承办人向人民监督员介绍案情,说明拟处理决定(意见)的理由和依据;

(三)案件承办人回答人民监督员提出的问题;

(四)人民监督员进行评议和表决。

第二十九条 案件监督中,案件承办人必要时可以向人民监督员出示相关案件材料,或者播放相关视听资料。

第三十条 人民监督员应当推举一人主持会议,并根据案件情况独立进行评议和表决。

人民监督员在评议时,可以对案件事实、证据和法律适用情况、办案程序、是否同意检察机关拟

处理决定（意见）及案件的社会反映等充分发表意见。

人民监督员在评议后，应当形成表决意见，制作《人民监督员表决意见书》，说明表决情况、结果和理由。

人民监督员进行评议和表决时，案件承办人和其他工作人员应当回避。

第三十一条　人民检察院应当根据案件诉讼程序、办案期限等实际，及时组织人民监督员进行监督，不得因人民监督员的监督而超过法定办案期限；犯罪嫌疑人在押的，不得因人民监督员的监督而超期羁押。

第三十二条　组织案件监督的人民监督员办事机构应当及时将人民监督员评议情况和表决意见移送承办案件的人民检察院。

第三十三条　承办案件的人民检察院应当对人民监督员的表决意见进行审查。检察长不同意人民监督员表决意见的，应当提交检察委员会讨论决定。检察委员会应当根据案件事实和法律规定，全面审查、认真研究人民监督员的评议和表决意见，依法作出决定。

第三十四条　组织案件监督的人民监督员办事机构应当在检察长或者检察委员会作出决定之日起二日内，将检察长或者检察委员会决定告知参加监督的人民监督员。检察委员会的决定与人民监督员表决意见不一致的，应当向参加监督的人民监督员作出必要的说明。

第三十五条　依照本规定应当接受人民监督员监督而迳行作出处理决定的，上级人民检察院应当予以通报，必要时可以责令下级人民检察院依照本规定启动人民监督员监督程序。

第五章　人民监督员履行职责的保障

第三十六条　人民检察院应当为人民监督员履行职责提供下列条件：

（一）适时通报人民检察院重大工作部署、决策和其他检察工作情况；

（二）每年至少一次向人民监督员通报办理直接受理立案侦查案件工作情况；

（三）邀请人民监督员参加、列席有关会议，参与执法检查、案件公开审查和听证等活动；

（四）提供履行监督职责所需的工作场所；

（五）帮助人民监督员了解和掌握相关法律知识、检察业务知识；

（六）提供履行职责所必需的其他条件。

第三十七条　人民检察院应当严格遵照本规定接受人民监督员的监督，不得诱导、限制、规避人民监督员对案件的监督，不得干扰人民监督员对案件的评议和表决，不得泄露人民监督员的评议、表决情况。

第三十八条　对于打击报复人民监督员或者阻碍其履行职责的，应当交有关部门依法依纪处理；构成犯罪的，依法追究刑事责任。

第三十九条　人民检察院应当加强与人民监督员工作单位或者有关部门的沟通协商，取得支持，确保人民监督员有条件参加监督活动。

第四十条　人民监督员因履行职责所支出的交通、住宿、就餐、通讯等费用，人民检察院应当给予适当补助。

第四十一条　人民检察院为实施人民监督员制度所必需的经费，列入人民检察院公用经费保障范围。

第六章　人民监督员办事机构的职责

第四十二条　人民监督员办事机构应当履行下列职责：

（一）承办人民监督员的选任、解除、增补等工作；

（二）受理人民监督员或者案件承办部门提交、移送的有关案件材料，组织人民监督员监督、评议案件，向案件承办部门通报案件监督情况，向人民监督员反馈监督案件处理结果；

（三）受理、移送和督办人民监督员对检察工作及检察队伍建设提出的意见和建议，反馈办理情况；

（四）总结分析人民监督员工作，开展工作调研和理论研究；

（五）承办检察长、检察委员会以及上级人民检察院人民监督员办事机构交办的其他相关工作。

第四十三条　省级以下人民检察院人民监督员办事机构应当在检察长或者检察委员会作出决定后七日内，将已监督的案件有关情况报上一级人民检察院人民监督员办事机构备案。

第四十四条　人民监督员办事机构应当定期对案件监督质量和效果进行分析，向检察长或者检察委员会报告，同时书面报告上一级人民检察院人民监督员办事机构。

第四十五条 依照《人民检察院诉讼文书立卷归档办法》等规定，明确由相关业务部门归档的，由业务部门按照监督流程，将有关文书及材料按照目录顺序归档。

没有明确由业务部门归档的其他文书及材料，由组织案件监督的人民检察院人民监督员办事机构归档。对交由业务部门归档的文书和材料，人民监督员办事机构应当复印，并按照案件监督的流程整理归档。

附 则

第四十六条 本规定所称"省级以下人民检察院"，不包括省级人民检察院。

第四十七条 军事检察院、铁路运输检察院参照本规定执行。

第四十八条 本规定自发布之日起施行。2004年7月5日修订的《最高人民检察院关于实行人民监督员制度的规定（试行）》，2005年12月27日施行的《最高人民检察院关于人民监督员监督"五种情形"的实施规则（试行）》同时废止。

第四十九条 本规定由最高人民检察院负责解释。

附件：人民监督员工作文书样式（略）

最高人民法院　最高人民检察院
公安部　国家安全部　司法部
关于加强协调配合积极推进量刑规范化改革的通知

2010年11月6日　法发〔2010〕47号

各省、自治区、直辖市高级人民法院、人民检察院、公安厅（局）、国家安全厅（局）、司法厅（局），解放军军事法院、军事检察院，新疆维吾尔自治区高级人民法院生产建设兵团分院、新疆生产建设兵团人民检察院、公安局、国家安全局、司法局：

"规范裁量权，将量刑纳入法庭审理程序"（以下简称量刑规范化改革）是中央确定的重大司法改革项目。根据中央关于深化司法体制和工作机制改革的总体部署要求，在深入调研论证、广泛征求各方面意见的基础上，最高人民法院制定了《人民法院量刑指导意见（试行）》，最高人民法院、最高人民检察院、公安部、国家安全部、司法部联合制定了《关于规范量刑程序若干问题的意见（试行）》。经中央批准同意，从2010年10月1日起在全国全面推行量刑规范化改革。为认真贯彻落实中央的重大决策部署，积极推进量刑规范化改革，确保改革取得成效，现就有关问题通知如下：

一、充分认识量刑规范化改革的重要意义，全面开展量刑规范化改革

1. 量刑规范化改革是规范裁量权，实现量刑公正和均衡，提高执法公信力和权威的重要保证，是推动社会矛盾化解、完善社会管理创新、促进公正廉洁执法的重要举措。量刑规范化改革是中央根据新时期新形势，认真总结司法实践经验，倾听人民群众对司法公正的呼声，作出的决策部署。中央决定实施量刑规范化改革，是对时代呼唤、群众心声和现实需要的积极回应，事关人心向背，事关党的执政基础。改革的主要目的，是进一步规范法官审理刑事案件的刑罚裁量权，通过将量刑纳入法庭审理程序，增强量刑的公开性与透明度，统一法律适用标准，更好地贯彻落实宽严相济的刑事政策。这项改革的顺利施行，将更加有利于依法准确惩罚刑事犯罪，更加有利于依法保障公民的诉讼权利，更加有利于维护社会和谐稳定，更加有利于刑事司法工作的科学发展，意义重大。各级人民法院、人民检察院、公安机关、国家安全机关和司法行政机关,一定要从全局高度认识中央这一决策部署的重大意义,进一步统一思想,提高认识,认真学习有关文件,准确把握改革内容,积极开展量刑规范化改革,确保取得良好的法律效果和社会效果。

二、更新执法理念,加强协作配合,深入推进量刑规范化改革

2. 要更新刑事执法理念。量刑规范化改革是一项新的工作,对执法人员的执法理念、程序意识、执法能力都提出了新的更高的要求。各级人民法院、人民检察院、公安机关、国家安全机关和司法行政机关要通过深入开展社会主义法治理念教育,彻底清理和摒弃那些不符合、不适应社会主义法治理念要求的陈旧观念,牢固树立打击犯罪与保障人权并重、定罪与量刑并重、实体公正与程序公正并重的社会主义刑事执法理念,切实提高执法办案的能力和水平,实现办案法律效果和社会效果有机统一。

3. 要高度重视调查取证工作。侦查机关、检察机关不但要注重收集各种证明犯罪嫌疑人、被告人有罪、罪重的证据,而且要注重收集各种证明犯罪嫌疑人、被告人无罪、罪轻的证据;不但要注重收集各种法定量刑情节,而且要注重查明各种酌定量刑情节,比如案件起因、被害人过错、退赃退赔、民事赔偿、犯罪嫌疑人、被告人一贯表现等,确保定罪量刑事实清楚,证据确实充分。为量刑规范化和公正量刑,以及做好调解工作、化解社会矛盾奠定基础。

4. 要进一步强化审查起诉工作。人民检察院审查案件,要客观全面审查案件证据,既要注重审查定罪证据,也要注重审查量刑证据;既要注重审查法定量刑情节,也要注重审查酌定量刑情节;既要注重审查从重量刑情节,也要注重审查从轻、减轻、免除处罚量刑情节。在审查案件过程中,可以要求侦查机关提供法庭审判所必需的与量刑有关的各种证据材料。对于量刑证据材料的移送,依照有关规定进行。

5. 要全面执行刑事诉讼法规定的各种强制措施。在侦查活动中,对于罪行较轻,社会危害性较小的犯罪嫌疑人,如果符合取保候审、监视居住条件,要尽量适用取保候审、监视居住等强制措施,减少羁押性强制措施的适用;人民检察院、人民法院在审查起诉、审判过程中,发现羁押期限可能超过所应判处刑罚的,可以根据案件情况变更强制措施,避免羁押期超过判处的刑期,切实保障被告人的合法权益。

6. 要继续完善量刑建议制度。检察机关要坚持积极、慎重、稳妥的原则,由易到难,边实践边总结,逐步扩大案件适用范围。要依法规范提出量刑建议,注重量刑建议的质量和效果。提出量刑建议,一般应当制作量刑建议书。对于人民检察院不派员出席法庭的简易程序案件,应当制作量刑建议书。量刑建议一般应当具有一定的幅度,但对于敏感复杂的案件、社会关注的案件、涉及国家安全和严重影响局部地区稳定的案件等,可以不提出具体的量刑建议,而仅提出依法从重、从轻、减轻处罚等概括性建议。

7. 要加强律师辩护工作指导,加大法律援助工作力度。各级司法行政机关、律师协会要加强对律师辩护工作的指导,完善律师办理刑事案件业务规则,规范律师执业行为。律师办理刑事案件,要依法履行辩护职责,切实维护犯罪嫌疑人、被告人的合法权益。司法机关应当充分保障律师执业权利,重视辩护律师提出的量刑证据和量刑意见。司法行政机关要进一步扩大法律援助范围,加大法律援助投入,壮大法律援助队伍,尽可能地为那些不认罪或者对量刑建议有争议、因经济困难或者其他原因没有委托辩护人的被告人提供法律援助,更好地保护被告人的辩护权。

8. 要进一步提高法庭审理的质量和水平。在法庭审理中,应当保障量刑程序的相对独立性,要合理安排定罪量刑事实调查顺序和辩论重点,对于被告人对指控的犯罪事实和罪名没有异议的案件,可以主要围绕量刑和其他有争议的问题进行调查和辩论;对于被告人不认罪或者辩护人作无罪辩护的案件,应当先查明定罪事实和量刑事实,再围绕定罪和量刑问题进行辩论。公诉人、辩护人要积极参与法庭调查和法庭辩论。审判人员对量刑证据有疑问的,可以对证据进行调查核实,必要时也可以要求人民检察院补充调查核实。人民检察院应当补充调查核实有关证据,必要时可以要求侦查机关提供协助。

三、加强组织协调,确保量刑规范化改革取得实效

9. 加强组织领导,形成工作合力。量刑规范化改革牵涉到政法工作全局,必须依靠党委领导、人大监督和政法各部门的相互支持、相互配合,才能保证各项改革措施落到实处。各级人民法院、人民检察院、公安机关、国家安全机关、司法行政机关要高度重视,严格按照中央的部署要求,切实加强组织领导,认真抓好工作落实。要建立完善工作联席机制,加强相互沟通协调,形成工作合力,及时协调研究解决量刑规范化改革过程中遇到的问题和困难,确保量刑规范化改革顺利推进。

10. 加强业务培训,提高素质能力。量刑规范化改革对调查取证、审查起诉、律师辩护、法律援助、法庭审理等工作提出了新的更高的要求。各级人民法院、人民检察院、公安机关、国家安全机关、司法行政机关要根据工作实际,通过不同途径,采取不同方式,加强业务培训,确保相关刑事办案人员正确理解量刑规范化改革的重要性和必要性,强化量刑程序意识,掌握科学量刑方法,不断提高执法办案的能力和水平,确保刑事办案质量。

11. 加大宣传力度,不断总结提高。量刑规范

化改革需要社会各界的理解和支持,要进一步加强宣传解释工作,积极传播量刑规范化改革的重要意义和实际成效,让人民群众充分感受到量刑规范化改革带来的成果。量刑规范化改革目前还处在试行阶段,需要有一个不断总结完善的过程。各级人民法院、人民检察院、公安机关、国家安全机关、司法行政机关要及时总结经验,发现问题,加以改进。上级机关要加强对下级机关的监督指导,及时掌握工作进展情况,切实解决试行工作中存在的问题,不断提高量刑规范化工作水平。对于重大问题,要及时层报最高人民法院、最高人民检察院、公安部、国家安全部和司法部。将于明年对各地量刑规范化改革试行情况进行全面检查总结,修改完善试行文件,不断深化量刑规范化改革。

最高人民检察院关于印发《最高人民检察院
关于废止部分工作文件的决定》的通知

2010 年 11 月 19 日 高检发研字〔2010〕8 号

各省、自治区、直辖市人民检察院,军事检察院,新疆生产建设兵团人民检察院:

《最高人民检察院关于废止部分工作文件的决

定》已经 2010 年 11 月 11 日最高人民检察院第十一届检察委员会第四十六次会议通过,现予印发。

最高人民检察院关于废止部分工作文件的决定

(2010 年 11 月 11 日最高人民检察院第十一届检察委员会第四十六次会议通过)

最高人民检察院对 2008 年年底以前制发的工作文件进行了集中清理。现决定:

一、对最高人民检察院制发的《最高人民检察院关于认真贯彻落实"收支两条线"规定的通知》等 13 件工作文件予以废止(见附件 1)。

二、为便于工作和查询,对最高人民检察院制发的文件中已经明确规定废止的《关于下级检察院向最高人民检察院请示报告工作和报送材料的暂行规定》等 6 件工作文件目录,予以统一公布(见附件 2)。

附件1

最高人民检察院决定废止的部分工作文件目录(13件)

序号	工作文件名称	发文日期、文号	废止理由
1	最高人民检察院关于认真贯彻落实"收支两条线"规定的通知	1998年6月8日高检发〔1998〕11号	该通知已被2010年5月9日《人民检察院扣押、冻结涉案款物工作规定》代替
2	最高人民检察院关于印发《对违法办案、渎职失职若干行为的纪律处分办法》的通知	1998年6月8日高检发〔1998〕12号	该办法所依据的1995年9月21日《检察官纪律处分暂行规定》已被2002年2月25日《最高人民检察院关于废止部分司法解释和规范性文件的决定》废止
3	最高人民检察院关于加强基层检察院建设的意见	1998年11月16日高检发〔1998〕32号	该意见已被2009年2月27日《2009—2012年基层人民检察院建设规划》代替
4	最高人民检察院检察委员会议事规则	1998年12月6日高检发〔1998〕33号	该规则被2003年7月3日《最高人民检察院检察委员会议事规则》(高检发研字〔2003〕9号)修订,现被2009年10月13日《人民检察院检察委员会议事和工作规则》代替
5	最高人民检察院关于开展以"五好"为主要内容的"争创人民满意的检察院、争当人民满意的检察干警"活动的通知	1999年4月7日高检发政字〔1999〕19号	该通知已被2009年2月27日《2009—2012年基层人民检察院建设规划》代替
6	最高人民检察院关于进一步推进基层检察院建设若干问题的意见	2000年5月30日高检发〔2000〕15号	该意见已被2009年2月27日《2009—2012年基层人民检察院建设规划》代替
7	最高人民检察院关于在地级以上人民检察院开展争创"五好"厅处室活动的通知	2001年3月9日高检发政字〔2001〕15号	该通知已被2009年2月27日《2009—2012年基层人民检察院建设规划》代替
8	最高人民检察院关于印发《检察官职业道德规范》的通知	2002年2月26日高检发政字〔2002〕10号	该通知已被2009年9月29日《最高人民检察院关于印发〈中华人民共和国检察官职业道德基本准则(试行)〉的通知》代替
9	人民检察院基层建设纲要	2002年3月5日高检发〔2002〕3号	该文件已被2009年2月27日《2009—2012年基层人民检察院建设规划》代替

序号	工作文件名称	发文日期、文号	废止理由
10	最高人民检察院关于人民检察院直接受理侦查案件实行人民监督员制度的规定（试行）	2003 年 10 月 15 日高检发〔2003〕9 号	该规定已被 2004 年 8 月 26 日《最高人民检察院关于实行人民监督员制度的规定（试行）》代替
11	最高人民检察院关于进一步做好检察援藏工作的意见	2004 年 5 月 31 日高检发〔2004〕10 号	该意见已被 2010 年 8 月 4 日《最高人民检察院关于加强和推进新形势下检察援藏工作的意见》代替
12	最高人民检察院关于印发《检察人员纪律处分条例（试行）》的通知	2004 年 6 月 21 日高检发〔2004〕11 号	该通知已被 2007 年 5 月 14 日《最高人民检察院关于印发修改后的〈检察人员纪律处分条例（试行）〉的通知》代替
13	最高人民检察院关于确定上级检察院领导同志基层检察院联系点的通知	2004 年 7 月 5 日高检发政字〔2004〕29 号	该通知已被 2008 年 7 月 16 日《最高人民检察院关于进一步坚持和完善上级检察院领导干部联系基层检察院制度的通知》等文件代替

附件 2

最高人民检察院制发的文件中已明确规定废止的工作文件目录（6 件）

序号	工作文件名称	发文日期、文号	说　　明
1	关于下级检察院向最高人民检察院请示报告工作和报送材料的暂行规定	1994 年 6 月 17 日高检发办字〔1994〕24 号	该暂行规定已被 2002 年 4 月 22 日《关于下级检察院向最高人民检察院报送公文的规定》废止
2	最高人民检察院司法解释工作暂行规定	1996 年 12 月 9 日高检发研字〔1996〕7 号	该规定已被 2006 年 5 月 10 日《最高人民检察院司法解释工作规定》废止
3	人民检察院错案责任追究条例（试行）	1998 年 6 月 26 日高检发〔1998〕7 号	该条例已被 2007 年 9 月 26 日《检察人员执法过错责任追究条例》废止
4	最高人民检察院机关公文处理规定	1998 年 12 月 10 日高检发办字〔1998〕18 号	该规定已被 2005 年 11 月 18 日《最高人民检察院公文处理办法》废止
5	基层检察院建设考核暂行办法	2002 年 9 月 29 日高检发政字〔2002〕67 号	该暂行办法已被 2004 年 9 月 30 日《基层人民检察院规范化建设考核办法》废止
6	基层人民检察院规范化建设考核办法	2004 年 9 月 30 日高检发政字〔2004〕45 号	该办法已被 2010 年 3 月 26 日《基层人民检察院建设考核办法（试行）》废止

最高人民法院　最高人民检察院
印发《关于办理国家出资企业中职务犯罪案件具体应用法律若干问题的意见》的通知

2010 年 11 月 26 日　　法发〔2010〕49 号

各省、自治区、直辖市高级人民法院、人民检察院，解放军军事法院、军事检察院，新疆维吾尔自治区高级人民法院生产建设兵团分院、新疆生产建设兵团人民检察院：

现将《最高人民法院、最高人民检察院关于办理国家出资企业中职务犯罪案件具体应用法律若干问题的意见》印发给你们，请认真贯彻执行。

最高人民法院　最高人民检察院
关于办理国家出资企业中职务犯罪案件具体应用法律若干问题的意见

法发〔2010〕49 号

随着企业改制的不断推进，人民法院、人民检察院在办理国家出资企业中的贪污、受贿等职务犯罪案件时遇到了一些新情况、新问题。这些新情况、新问题具有一定的特殊性和复杂性，需要结合企业改制的特定历史条件，依法妥善地进行处理。现根据刑法规定和相关政策精神，就办理此类刑事案件具体应用法律的若干问题，提出以下意见：

一、关于国家出资企业工作人员在改制过程中隐匿公司、企业财产归个人持股的改制后公司、企业所有的行为的处理

国家工作人员或者受国家机关、国有公司、企业、事业单位、人民团体委托管理、经营国有财产的人员利用职务上的便利，在国家出资企业改制过程中故意通过低估资产、隐瞒债权、虚设债务、虚构产权交易等方式隐匿公司、企业财产，转为本人持有股份的改制后公司、企业所有，应当依法追究刑事责任的，依照刑法第三百八十二条、第三百

八十三条的规定，以贪污罪定罪处罚。贪污数额一般应当以所隐匿财产全额计算；改制后公司、企业仍有国有股份的，按股份比例扣除归于国有的部分。

所隐匿财产在改制过程中已为行为人实际控制，或者国家出资企业改制已经完成的，以犯罪既遂处理。

第一款规定以外的人员实施该款行为的，依照刑法第二百七十一条的规定，以职务侵占罪定罪处罚；第一款规定以外的人员与第一款规定的人员共同实施该款行为的，以贪污罪的共犯论处。

在企业改制过程中未采取低估资产、隐瞒债权、虚设债务、虚构产权交易等方式故意隐匿公司、企业财产的，一般不应当认定为贪污；造成国有资产重大损失，依法构成刑法第一百六十八条或者第一百六十九条规定的犯罪的，依照该规定定罪处罚。

二、关于国有公司、企业在改制过程中隐匿公司、企业财产归职工集体持股的改制后公司、企业所有的行为的处理

国有公司、企业违反国家规定，在改制过程中隐匿公司、企业财产，转为职工集体持股的改制后公司、企业所有的，对其直接负责的主管人员和其他直接责任人员，依照刑法第三百九十六条第一款的规定，以私分国有资产罪定罪处罚。

改制后的公司、企业中只有改制前公司、企业的管理人员或者少数职工持股，改制前公司、企业的多数职工未持股的，依照本意见第一条的规定，以贪污罪定罪处罚。

三、关于国家出资企业工作人员使用改制公司、企业的资金担保个人贷款，用于购买改制公司、企业股份的行为的处理

国家出资企业的工作人员在公司、企业改制过程中为购买公司、企业股份，利用职务上的便利，将公司、企业的资金或者金融凭证、有价证券等用于个人贷款担保的，依照刑法第二百七十二条或者第三百八十四条的规定，以挪用资金罪或者挪用公款罪定罪处罚。

行为人在改制前的国家出资企业持有股份的，不影响挪用数额的认定，但量刑时应当酌情考虑。

经有关主管部门批准或者按照有关政策规定，国家出资企业的工作人员为购买改制公司、企业股份实施前款行为的，可以视具体情况不作为犯罪处理。

四、关于国家工作人员在企业改制过程中的渎职行为的处理

国家出资企业中的国家工作人员在公司、企业改制或者国有资产处置过程中严重不负责任或者滥用职权，致使国家利益遭受重大损失的，依照刑法第一百六十八条的规定，以国有公司、企业人员失职罪或者国有公司、企业人员滥用职权罪定罪处罚。

国家出资企业中的国家工作人员在公司、企业改制或者国有资产处置过程中徇私舞弊，将国有资产低价折股或者低价出售给其本人未持有股份的公司、企业或者其他个人，致使国家利益遭受重大损失的，依照刑法第一百六十九条的规定，以徇私舞弊低价折股、出售国有资产罪定罪处罚。

国家出资企业中的国家工作人员在公司、企业改制或者国有资产处置过程中徇私舞弊，将国有资产低价折股或者低价出售给特定关系人持有股份或者本人实际控制的公司、企业，致使国家利益遭受重大损失的，依照刑法第三百八十二条、第三百八十三条的规定，以贪污罪定罪处罚。贪污数额以国有资产的损失数额计算。

国家出资企业中的国家工作人员因实施第一款、第二款行为收受贿赂，同时又构成刑法第三百八十五条规定之罪的，依照处罚较重的规定定罪处罚。

五、关于改制前后主体身份发生变化的犯罪的处理

国家工作人员在国家出资企业改制前利用职务上的便利实施犯罪，在其不再具有国家工作人员身份后又实施同种行为，依法构成不同犯罪的，应当分别定罪，实行数罪并罚。

国家工作人员利用职务上的便利，在国家出资企业改制过程中隐匿公司、企业财产，在其不再具有国家工作人员身份后将所隐匿财产据为己有的，依照刑法第三百八十二条、第三百八十三条的规定，以贪污罪定罪处罚。

国家工作人员在国家出资企业改制过程中利用职务上的便利为请托人谋取利益，事先约定在其不再具有国家工作人员身份后收受请托人财物，或者在身份变化前后连续收受请托人财物的，依照刑法第三百八十五条、第三百八十六条的规定，以受贿罪定罪处罚。

六、关于国家出资企业中国家工作人员的认定

经国家机关、国有公司、企业、事业单位提名、推荐、任命、批准等，在国有控股、参股公司及其分支机构中从事公务的人员，应当认定为国家工作人员。具体的任命机构和程序，不影响国家工作人员的认定。

经国家出资企业中负有管理、监督国有资产职责的组织批准或者研究决定，代表其在国有控股、参股公司及其分支机构中从事组织、领导、监督、经营、管理工作的人员，应当认定为国家工作人员。

国家出资企业中的国家工作人员，在国家出资企业中持有个人股份或者同时接受非国有股东委托的，不影响其国家工作人员身份的认定。

七、关于国家出资企业的界定

本意见所称"国家出资企业"，包括国家出资的国有独资公司、国有独资企业，以及国有资本控股公司、国有资本参股公司。

是否属于国家出资企业不清楚的,应遵循"谁投资、谁拥有产权"的原则进行界定。企业注册登记中的资金来源与实际出资不符的,应根据实际出资情况确定企业的性质。企业实际出资情况不清楚的,可以综合工商注册、分配形式、经营管理等因素确定企业的性质。

八、关于宽严相济刑事政策的具体贯彻

办理国家出资企业中的职务犯罪案件时,要综合考虑历史条件、企业发展、职工就业、社会稳定等因素,注意具体情况具体分析,严格把握犯罪与一般违规行为的区分界限。对于主观恶意明显、社会危害严重、群众反映强烈的严重犯罪,要坚决依法从严惩处;对于特定历史条件下、为了顺利完成企业改制而实施的违反国家政策法律规定的行为,行为人无主观恶意或者主观恶意不明显,情节较轻、危害不大的,可以不作为犯罪处理。

对于国家出资企业中的职务犯罪,要加大经济上的惩罚力度,充分重视财产刑的适用和执行,最大限度地挽回国家和人民利益遭受的损失。不能退赃的,在决定刑罚时,应当作为重要情节予以考虑。

最高人民检察院关于印发《最高人民检察院关于加强检察文化建设的意见》的通知

2010 年 12 月 1 日　　高检发政字〔2010〕120 号

各省、自治区、直辖市人民检察院,军事检察院,新疆生产建设兵团人民检察院:

现将《最高人民检察院关于加强检察文化建设的意见》印发给你们,请结合实际,认真贯彻执行。

最高人民检察院关于加强检察文化建设的意见

检察文化是检察机关在长期法律监督实践和管理活动中逐步形成的与中国特色社会主义检察制度相关的思想观念、职业精神、道德规范、行为方式以及相关载体和物质表现的总和,是社会主义先进文化的重要组成部分,是检察事业不断发展的重要力量源泉。为认真贯彻落实中央关于加强社会主义先进文化建设的要求,坚持用先进文化提高检察队伍的思想境界、职业操守、法律素养,提升检察机关法律监督能力和执法公信力,深入推进社会矛盾化解、社会管理创新、公正廉洁执法三项重点工作,促进各项检察工作科学发展,现就加强检察文化建设提出以下意见:

一、充分认识加强检察文化建设的重要意义

1. 加强检察文化建设是服务社会主义文化大发展大繁荣的客观需要。党的十七大明确提出,要"坚持社会主义先进文化前进方向,兴起社会主义文化建设新高潮,激发全民族文化的创造活力,提高国家文化软实力"。十七届五中全会强调,文化是一个民族的精神和灵魂,是国家发展和民族振兴的强大力量。并对进一步推动文化大发展大繁荣、提升国家文化软实力提出明确要求。检察机关作为国家法律监督机关,在推动经济社会发展和文化繁荣方面肩负着重要职责。各级检察机关要从讲政治、讲大局的战略高度,加强检察文化建设,为推动社会主义文化大发展大繁荣做出积极贡献。

2. 加强检察文化建设是推动检察工作和检察队伍建设科学发展的内在要求。检察文化建设涵盖检察思想政治建设、执法理念建设、行为规范建设、职业道德建设、职业形象建设等方面,是一项宏大的系统工程。实践证明,检察文化具有独特的教育、引导、规范、凝聚、激励等功能,加强检察文化建设,对于提升检察人员的综合素质,促进各项业务工作健康发展具有基础性、长期性推动作用。各级检察机关要高度重视,从检察事业发展的本质要求出发,准确把握检察文化建设的规律和特点,以改革创新的精神,认真研究检察文化建设的新思路、新举措、新办法,推动检察工作和队伍建设的科学发展。

二、准确把握检察文化建设的指导思想、总体目标和基本原则

3. 检察文化建设的指导思想。高举中国特色社会主义伟大旗帜,深入贯彻落实科学发展观,坚持党的事业至上、人民利益至上、宪法法律至上,以社会主义核心价值体系为指导,以牢固树立社会主义法治理念为根本,着眼于培育检察精神、提升职业素养、规范执法行为、塑造良好形象、陶冶高尚情操,以群众性文化活动为载体,以改革创新为动力,坚持以人为本,紧贴检察工作和队伍建设实际,求真务实,勇于开拓,大力加强检察文化建设,逐步探索建立起中国特色社会主义检察文化理论体系,为推动中国特色社会主义检察事业科学发展提供精神动力、舆论支持、文化保障。

4. 检察文化建设的总体目标。对检察文化建设重要性认识更加深刻,检察文化建设工作思路更加清晰,活动载体更加丰富,基础设施更加齐备,工作机制更加健全;通过加强检察文化建设,检察人员职业信仰进一步坚定,检察职业精神进一步弘扬,检察职业素质进一步提高,检察职业行为进一步规范,检察职业形象进一步提升;中国特色社会主义检察文化理论体系逐步确立,为推进检察文化建设提供有力的理论支撑;在围绕中心、服务大局方面成效明显,为推动社会主义文化大发展、大繁荣,促进各项检察工作健康发展发挥积极作用。

5. 检察文化建设的基本原则。坚持服务检察中心工作,切实把文化建设融入检察工作各个方面,提升检察队伍整体素质,促进检察事业科学发展;坚持以人为本,突出检察官的主体地位,贴近检察人员思想、工作和生活实际,促进人的全面发展;坚持突出基层文化建设,尊重基层的首创精神,充分发挥基层文化建设的主观能动性和创造性;坚持因地制宜,全员参与,依托当地文化、历史等资源,开展独具特色的文化活动;坚持继承创新,大力弘扬中华民族优秀传统文化,借鉴其他行业先进文化,借鉴国外法治文化的先进成果,不断创新工作思路、载体、机制,提高检察文化建设的科学化水平。

三、牢牢把握检察文化建设的正确方向和核心

6. 深入学习实践社会主义核心价值体系。社会主义核心价值体系是社会主义文化建设的根本,是检察文化建设的基本遵循和行动指南。要把社会主义核心价值体系融入检察文化建设的全过程,坚持用马克思主义中国化最新成果武装头脑,用中国特色社会主义共同理想凝聚力量,用以爱国主义为核心的民族精神和以改革创新为核心的时代精神鼓舞斗志,用社会主义荣辱观引领风尚,真正使马克思主义价值观成为检察人员的主导意识和精神支柱,巩固检察人员共同奋斗的思想基础。

7. 深化社会主义法治理念教育。社会主义法治理念是社会主义核心价值体系在法治建设中的具体体现,是检察工作的指导思想。要把牢固树立和自觉践行社会主义法治理念作为重要任务,不断深化社会主义法治理念理论研究,进一步建立健全社会主义法治理念经常性教育长效机制、"以案析理"活动机制、巡回宣讲机制、考核激励机制等,抓好各项制度落实,真正使社会主义法治理念在检察人员中内化于心、外践于行。

8. 大力弘扬和培育检察职业精神。检察职业精神以忠诚为基石,以为民为宗旨,以公正为核心,以服务大局为使命,以清廉为操守,是检察文化的精髓和灵魂,是检察文化建设的核心。要结合检察工作的生动实践,加强对检察职业精神的研究,深刻阐述检察职业精神的科学内涵、重要意义和实践要求,不断总结提炼富有时代气息、具有检察特点、社会普遍认同的检察职业精神。要将检察职业精神纳入检察人员教育培训的内容体系,确保检察职业精神进教材、进课堂,入心入脑。

四、始终坚持突出检察文化建设的重点

9. 加强职业道德建设。要认真贯彻实施《检察官职业道德基本准则(试行)》,以深化"恪守检察职业道德、促进公正廉洁执法"主题实践活动为抓手,以推广实施检察官宣誓制度为载体,大力加强职业道德建设,建立健全教育、宣传、自律、监督、考核并重的职业道德建设机制。坚持典型引路,深入开展创先争优活动,大力宣传恪守检察职业道德、公正廉洁执法的检察官先进典型。

10. 加强法律监督能力建设。要坚持以队伍专业化推动能力建设，深入推进大规模教育培训，有针对性地加强专门培训和实践锻炼。认真贯彻落实全国人才会议精神，切实加强检察业务专家、业务尖子、办案能手和高层次法律人才培养。广泛开展"建设学习型党组织、创建学习型检察院"活动，大兴学习之风，建立长效学习机制，积极营造浓厚的学习氛围，引导广大检察人员树立终身学习理念，不断更新知识结构，提高法律监督能力和执法办案水平。

11. 加强执法规范化建设。要抓好已经出台的《检察职业行为基本规范（试行）》、《检察机关文明用语规范》和即将出台的《检察机关执法工作规范》的贯彻实施，注重规范检察执法行为，突出重点岗位和关键环节，把各种规范要求融入执法办案流程、岗位职责和办案质量标准之中，以信息化为手段，通过细化执法标准、严密执法程序、加强执法监督、完善执法考评，实现对执法办案的动态管理、实时监督和科学考评，促进公正规范执法。

12. 加强纪律作风和自身廉政建设。要坚持"从严治检"，不断深化"反特权思想、反霸道作风"专题教育活动，大力加强廉政文化建设，制定出台《检察机关领导干部廉洁从检若干规定》，建设科学严密、完备管用的检察机关惩治和预防腐败体系。广泛开展岗位廉政教育、纪律作风教育等主题活动，筑牢检察人员拒腐防变、廉洁从检的思想防线。

13. 加强职业形象建设。要加强与中央和地方主流新闻媒体的密切联系，充分运用报刊、杂志、电视、广播特别是互联网等新闻传媒，通过合作设立专栏、制作专题节目等，搭建检察宣传平台，拓展宣传渠道，打造宣传品牌，大力宣传检察机关的性质、职能，宣传检察工作的新成绩、检察队伍的新面貌、检察改革的新进展，营造良好的社会舆论环境。建立和完善检察机关新闻发布制度，积极推行"检务公开"、"阳光检察"、"检察开放日"活动，不断提高检察工作的透明度，树立检察机关良好的执法形象。

五、不断丰富检察文化建设的内容和载体

14. 深化检察文化理论研究。要在实践的基础上，不断总结检察文化建设规律，加强对检察文化的基本内涵、基本范畴、基本特征以及检察文化建设与检察事业科学发展的关系等理论研究，逐步形成中国特色社会主义检察文化理论体系，为检察文化建设提供理论支撑和科学指导。

15. 开展各类文化活动。要广泛开展形式活泼、寓教于乐、深受检察人员喜闻乐见的经常性书画、摄影、文艺表演、球类、棋类等文化体育活动。倡导开展不受环境条件和时间限制、便于检察人员参与、适合机关工作特点的文化活动，培养检察人员良好的生活作风和健康的生活情趣。要组织成立各类文体协会、文艺团体和兴趣小组，通过举办"检察艺术节"、"文化建设巡礼"等形式，推动群众性文化活动蓬勃开展。

16. 繁荣检察文艺创作。要加强与文化界等社会各界的沟通联系，鼓励检察文艺作品创作。适时邀请和组织检察文艺工作者、专业作家、文艺创作者深入基层、深入办案一线，体验生活，吸取养分，创作出主题鲜明、内涵深刻、表现形式新颖、感召力强的优秀检察文艺作品，弘扬主旋律，扩大检察机关的影响力和受众面。

17. 倡导和谐文化。要建立和落实领导干部联系检察人员、日常交流谈心等制度，畅通交流渠道，及时掌握检察人员的思想动态。坚持以人为本，制定科学合理的工作目标和考核标准，落实好检察人员休假、定期体检等各项规定，帮助解决工作和生活中遇到的实际困难，从多方面为检察人员鼓劲减压。注重人文关怀，加强检察人员的心理健康教育和疏导，积极营造和谐健康的人际关系和工作氛围。

18. 营造文化氛围。要加强检察机关办公场所法治文化建设，组织检察人员用身边人、身边事、自己的语言精心设计制作反映检察工作理念、廉政勤政要求的"文化橱窗"、"文化长廊"、"文化墙"。加强检察历史资料的收集、整理、积累、研究和利用，通过建立检察博物馆、荣誉室、院史室，编辑检察志等，展示检察文化的深厚底蕴和文化传承，激发检察人员的职业使命感、职业荣誉感和归属感。

六、切实加强对检察文化建设的组织领导和机制建设

19. 强化领导责任。要把检察文化建设纳入检察工作整体部署来思考和筹划，摆上重要议事日程，研究制定加强检察文化建设的具体规划和措施。要成立检察文化建设领导小组，明确专人负责，检察政工部门作为牵头部门和责任部门具体抓，相关部门协作抓，形成职责明晰、分工负责、齐抓共管的工作格局。要把检察文化建设纳入工作考核体系，建立健全目标管理、考核评价和激励机制。检察文联、工会、妇委会、共青团等党群组织要发挥各自优势，积极参与组织开展各项特色活动。

20. 发挥典型示范作用。上级检察院要加强对下指导，及时总结推广检察文化建设的好经验好做法，树立榜样，以点带面推动检察文化建设。最高人民检察院将适时推出一批全国检察文化建设示范单位，充分发挥先进典型的示范作用。

21. 抓好文化建设队伍。要把政治思想坚定、组织协调能力强、具有开拓精神、懂检察业务、熟悉文化工作的优秀干部和文艺人才挑选到文化建设岗位。加强检察文化工作者专业化培训，不断提高做好文化工作的能力和水平。要及时帮助解决文化工作中遇到的实际困难，支持文化工作者大胆开展特色文化活动。要善于发现和利用本系统、本单位、本部门的检察文化资源，发掘各类检察文艺人才，引导他们积极投身检察文化建设，凝聚各方面人才共同推动检察文化事业繁荣发展。

22. 加大物质保障。要按照规模适当、庄重实用、布局规范、功能齐全的总体要求，在"两房"建设中，加强检察机关公用区域的文化设施建设。要把文化建设经费纳入年度预算，积极争取财政支持，确保逐步提高对文化建设的投入，为检察文化的繁荣发展提供有力的物质保障。

最高人民检察院关于印发《人民检察院检察委员会议题标准（试行）》的通知

2010 年 12 月 30 日　高检发研字〔2010〕11 号

各省、自治区、直辖市人民检察院，军事检察院，新疆生产建设兵团人民检察院：

《人民检察院检察委员会议题标准（试行）》已经 2010 年 11 月 15 日最高人民检察院第十一届检察委员会第四十七次会议通过，现印发给你们，请认真贯彻执行。试行中遇到的问题请报告最高人民检察院。

人民检察院检察委员会议题标准（试行）

（2010 年 11 月 15 日最高人民检察院第十一届检察委员会第四十七次会议通过）

第一条　为了规范人民检察院检察委员会审议的议题材料，确保检察委员会议事质量，提高工作效率，根据《人民检察院检察委员会组织条例》、《人民检察院检察委员会议事和工作规则》等规定，结合工作实际，制定本标准。

第二条　提请检察委员会审议的议题，应当属于《人民检察院检察委员会议事和工作规则》第三条规定的事项和案件。

第三条　提请检察委员会审议的事项，应当主题明确，内容清楚，经过全面研究论证，议题材料齐备；提请检察委员会审议的案件，应当事实清楚，证据确实、充分，或者符合规定的条件，议题材料齐备。

第四条　提请检察委员会审议的议题，承办部门应当向检察委员会办事机构提交议题材料。议题材料包括议题呈批件或者登记表、议题报告，以及其他与议题有关的材料组成的附件。

第五条　提请检察委员会审议的司法解释、规范性文件等事项，议题报告应当包括司法解释、规范性文件审议稿和起草情况说明。

起草情况说明的主要内容包括：

（一）立项来源或者事项缘由和背景；

（二）研究起草和修改过程；

（三）征求有关部门、地方检察机关或者专家意见情况；

（四）具体说明文件审议稿的主要条文，包括各方面提出的意见、争议焦点、承办部门研究意见和理由。

第六条　提请检察委员会审议的人民检察院工作报告等其他事项，议题报告应当包括文件审议稿和起草情况说明。

起草情况说明的主要内容包括：

（一）事项缘由和背景；

（二）研究起草和修改过程；

（三）征求意见情况；

（四）对有关问题的研究意见和理由。必要时，具体说明审议稿主要条文或者主要部分，包括各有关部门提出的意见、争议焦点等。

第七条　提请检察委员会审议的司法解释、规范性文件和其他事项，根据议题的具体情况，提供以下材料作为附件：

（一）下级人民检察院的请示以及该院检察委员会会议纪要；

（二）有关单位、部门回复的书面意见或者电话记录；

（三）本院有关内设机构、下级人民检察院回复的书面意见或者回复意见综述；

（四）检察委员会专职委员或者本院检察委员会办事机构的审查意见；

（五）调查研究报告、座谈会以及专家咨询会等相关会议综合材料；

（六）反映有关社会影响的书面材料；

（七）法律、法规、司法解释以及其他规范性文件等有关规定。必要时，附相关指导性案例或者具有参考价值的典型案例等。

第八条　提请检察委员会审议的刑事案件，议题报告的主要内容包括：

（一）提请检察委员会审议决定的问题；

（二）案件来源和案件基本情况；

（三）诉讼过程，以及相关单位、部门认定的基本案件事实和适用法律情况；

（四）分歧意见或者诉争要点；

（五）承办部门工作情况、审查认定的案件事实

和证据；

（六）其他需要说明的问题；

（七）承办检察官意见、承办部门讨论情况；

（八）承办部门的审查结论和理由。

根据议题具体情况，征求有关部门或者专家等意见的，议题报告还应当写明有关部门、专家等意见；依据有关规定应当接受人民监督员监督的案件，议题报告还应当写明人民监督员监督、评议情况和表决意见。

刑事申诉案件，议题报告还应当写明：原生效法律文书认定的事实和适用法律情况，申诉理由、依据和要求等。

刑事赔偿案件，议题报告还应当写明：原生效法律文书认定的事实和适用法律情况，申请赔偿的理由、依据和要求，与赔偿请求人协商的情况等。向人民法院赔偿委员会提出重新审查意见的，议题报告还应当写明人民法院赔偿委员会决定的内容，提出重新审查意见的理由、法律依据等。

下级人民检察院提请抗诉的刑事案件，议题报告还应当写明：人民法院判决、裁定内容，提请抗诉理由和申诉理由，提请抗诉的人民检察院检察委员会审议的情况和意见以及检察长的意见。

第九条　提请检察委员会审议的民事、行政抗诉案件，议题报告的主要内容包括：

（一）提请检察委员会审议决定的问题；

（二）案件来源和案件基本情况；

（三）诉讼过程，以及有关人民法院裁判、执行的情况；

（四）申诉人申请抗诉或者下级人民检察院提请抗诉的理由、证据和法律依据；

（五）分歧意见或者诉争要点；

（六）承办部门工作情况、审查认定的案件事实和证据；

（七）其他需要说明的问题；

（八）承办检察官意见、承办部门讨论情况；

（九）承办部门的审查结论和理由。

征求有关部门或者专家等意见的，议题报告还应当写明有关部门、专家等意见。

第十条　提请检察委员会审议的刑事案件和民事、行政抗诉案件，根据议题的具体情况，提供以下材料作为附件：

（一）下级人民检察院的请示以及该院检察委员会会议纪要；

（二）此前本院检察委员会有关本案的会议纪要以及其他有关研究审议本案的会议综合材料，起诉书稿、不起诉决定书稿、抗诉书稿等。抗诉案件、申诉案件，还应当附判决书、裁定书、不起诉决定书等有关法律文书以及申诉书等；

（三）承办部门集体讨论会议纪要或者记录，专家咨询意见或者专家咨询会等相关会议综合材料；

（四）有关单位、部门、本院有关内设机构回复的书面意见或者回复意见综述；

（五）检察委员会专职委员或者本院检察委员会办事机构的审查意见；

（六）诉讼当事人及其代理人的辩护或者代理意见；

（七）反映有关社会影响的书面材料；

（八）法律、法规、司法解释以及其他规范性文件等有关规定。必要时，附案件重要证据，案件事实或者法律关系示意图，相关指导性案例或者具有参考价值的典型案例。

第十一条 检察委员会办事机构依据《人民检察院检察委员会议事和工作规则》和本标准对议题材料进行审查，不符合标准的，应当提出意见并退回承办部门修改、补充。承办部门提交的议题报告，应当标明密级。

第十二条 提请检察委员会审议的议题材料，应当按照统一格式印制纸质文本或者制作电子文本。

第十三条 本标准自发布之日起试行。1999年12月30日最高人民检察院第九届检察委员会第五十次会议通过的《最高人民检察院检察委员会议案标准（试行）》同时废止。

附件：1.《人民检察院检察委员会议题》封面样式（略）

2.《人民检察院检察委员会会议纪要》样式（略）

3.《人民检察院检察委员会决定事项通知书》样式（略）

4.《人民检察院检察委员会决定事项执行情况反馈表》样式（略）

最高人民检察院关于印发第一批指导性案例的通知

2010 年 12 月 31 日　高检发研字〔2010〕12 号

各省、自治区、直辖市人民检察院，军事检察院，新疆生产建设兵团人民检察院：

经 2010 年 12 月 15 日最高人民检察院第十一届检察委员会第五十三次会议讨论决定，现将施某某等 17 人聚众斗殴案、忻元龙绑架案和林志斌徇私舞弊暂予监外执行案等三个案例印发给你们，供参考。

施某某等 17 人聚众斗殴案

（检例第 1 号）

【要旨】

检察机关办理群体性事件引发的犯罪案件，要从促进社会矛盾化解的角度，深入了解案件背后的各种复杂因素，依法慎重处理，积极参与调处矛盾纠纷，以促进社会和谐，实现法律效果与社会效果的有机统一。

【基本案情】

犯罪嫌疑人施某某等 9 人系福建省石狮市永宁镇西岑村人。

犯罪嫌疑人李某某等 8 人系福建省石狮市永

宁镇子英村人。

福建省石狮市永宁镇西岑村与子英村相邻，原本关系友好。近年来，两村因土地及排水问题发生纠纷。永宁镇政府为解决两村之间的纠纷，曾组织人员对发生土地及排水问题的地界进行现场施工，但被多次阻挠未果。2008年12月17日上午8时许，该镇组织镇干部与施工队再次进行施工。上午9时许，犯罪嫌疑人施某某等9人以及数十名西岑村村民头戴安全帽，身背装有石头的袋子，手持木棍、铁锹等器械到达两村交界处的施工地界，犯罪嫌疑人李某某等8人以及数十名子英村村民随后也到达施工地界，手持木棍、铁锹等器械与西岑村村民对峙。双方互相谩骂、互扔石头。出警到达现场的石狮市公安局工作人员把双方村民隔开并劝说离去，但仍有村民不听劝说，继续叫骂并扔掷石头，致使二辆警车被砸损（经鉴定损失价值人民币761元），三名民警手部被打伤（经鉴定均未达轻微伤）。

【诉讼过程】

案发后，石狮市公安局对积极参与斗殴的西岑村施某某等9人和子英村李某某等8人以涉嫌聚众斗殴罪向石狮市人民检察院提请批准逮捕。为避免事态进一步扩大，也为矛盾化解创造有利条件，石狮市人民检察院在依法作出批准逮捕决定的同时，建议公安机关和有关部门联合两村村委会做好矛盾化解工作，促成双方和解。2010年3月16日，石狮市公安局将本案移送石狮市人民检察院审查起诉。石狮市人民检察院在办案中，抓住化解积怨这一关键，专门成立了化解矛盾工作小组，努力

促成两村之间矛盾的化解。在取得地方党委、人大、政府支持后，工作小组多次走访两村所在的永宁镇党委、政府，深入两村争议地点现场查看，并与村委会沟通，制订工作方案。随后协调镇政府牵头征求专家意见并依照镇排水、排污规划对争议地点进行施工，从交通安全与保护环境的角度出发，在争议的排水沟渠所在地周围修建起护栏和人行道，并纳入镇政府的统一规划。这一举措得到了两村村民的普遍认同。化解矛盾工作期间，工作小组还耐心、细致地进行释法说理、政策教育、情绪疏导和思想感化等工作，两村相关当事人及其家属均对用聚众斗殴这种违法行为解决矛盾纠纷的做法进行反省并表示后悔，都表现出明确的和解意愿。2010年4月23日，西岑村、子英村两村村委会签订了两村和解协议，涉案人员也分别出具承诺书，表示今后不再就此滋生事端，并保证遵纪守法。至此，两村纠纷得到妥善解决，矛盾根源得以消除。

石狮市人民检察院认为：施某某等17人的行为均已触犯了《中华人民共和国刑法》第二百九十二条第一款、第二十五条第一款之规定，涉嫌构成聚众斗殴罪，依法应当追究刑事责任。鉴于施某某等17人参与聚众斗殴的目的并非为了私仇或争霸一方，且造成的财产损失及人员伤害均属轻微，并未造成严重后果；两村村委会达成了和解协议，施某某等17人也出具了承诺书，从惩罚与教育相结合的原则出发以及有利于促进社会和谐的角度考虑，2010年4月28日，石狮市人民检察院根据《中华人民共和国刑事诉讼法》第一百四十二条第二款之规定，决定对施某某等17人不起诉。

忻元龙绑架案

（检例第2号）

【要旨】

对于死刑案件的抗诉，要正确把握适用死刑的条件，严格证明标准，依法履行刑事审判法律监督职责。

【基本案情】

被告人忻元龙，男，1959年2月1日出生，汉族，

浙江省宁波市人，高中文化。2005年9月15日，因涉嫌绑架罪被刑事拘留，2005年9月27日被逮捕。

被告人忻元龙因经济拮据而产生绑架儿童并勒索家长财物的意图，并多次到浙江省慈溪市进行踩点和物色被绑架人。2005年8月18日上午，忻元龙驾驶自己的浙B3C751通宝牌面包车从宁波市

至慈溪市浒山街道团圈支路老年大学附近伺机作案。当日下午1时许，忻元龙见女孩杨某某（女，1996年6月1日出生。浙江省慈溪市浒山东门小学三年级学生，因本案遇害，殁年9岁）背着书包独自一人经过，即以"陈老师找你"为由将杨某某骗上车，将其扣在一个塑料洗澡盆下，开车驶至宁波市东钱湖镇"钱湖人家"后山。当晚10时许，忻元龙从杨某某处骗得其父亲的手机号码和家中的电话号码后，又开车将杨某某带至宁波市北仑区新碶镇算山村防空洞附近，采用捂口、鼻的方式将杨某某杀害后掩埋。8月19日，忻元龙乘火车到安徽省广德县购买了一部波导S1220型手机，于20日凌晨0时许拨打杨某某家电话，称自己已经绑架杨某某并要求杨某某的父亲于当月25日下午6时前带60万元赎金到浙江省湖州市长兴县交换其女儿。尔后，忻元龙又乘火车到安徽省芜湖市打勒索电话，因其将记录电话的纸条丢失，将被害人家的电话号码后四位2353误记为7353，电话接通后听到接电话的人操宁波口音，而杨某某的父亲讲普通话，由此忻元龙怀疑是公安人员已介入，遂停止了勒索。2005年9月15日忻元龙被公安机关抓获，忻元龙供述了绑架杀人经过，并带领公安人员指认了埋尸现场，公安机关起获了一具尸骨，从浙B3C751通宝牌面包车上提取了杨某某头发两根（经法医学DNA检验鉴定，是被害人杨某某的尸骨和头发）。公安机关从被告人忻元龙处扣押波导S1220型手机一部。

【诉讼过程】

被告人忻元龙绑架一案，由浙江省慈溪市公安局立案侦查，于2005年11月21日移送慈溪市人民检察院审查起诉。慈溪市人民检察院于同年11月22日告知了忻元龙有权委托辩护人等诉讼权利，也告知了被害人的近亲属有权委托诉讼代理人等诉讼权利。按照案件管辖的规定，同年11月28日，慈溪市人民检察院将案件报送宁波市人民检察院审查起诉。宁波市人民检察院依法讯问了被告人忻元龙，审查了全部案件材料。2006年1月4日，宁波市人民检察院以忻元龙涉嫌绑架罪向宁波市中级人民法院提起公诉。

2006年1月17日，浙江省宁波市中级人民法院依法组成合议庭，公开审理了此案。法庭审理认为：被告人忻元龙以勒索财物为目的，绑架并杀害他人，其行为已构成绑架罪。手段残忍、后果严重，依法应予严惩。检察机关指控的罪名成立。

2006年2月7日，宁波市中级人民法院作出一审判决：一、被告人忻元龙犯绑架罪，判处死刑，剥夺政治权利终身，并处没收个人全部财产。二、被告人忻元龙赔偿附带民事诉讼原告人杨宝风、张玉彬应得的被害人死亡赔偿金317640元、丧葬费11380元，合计人民币329020元。三、供被告人忻元龙犯罪使用的浙B3C751通宝牌面包车一辆及波导S1220型手机一部，予以没收。

忻元龙对一审刑事部分的判决不服，向浙江省高级人民法院提出上诉。

2006年10月12日，浙江省高级人民法院依法组成合议庭，公开审理了此案。法庭审理认为：被告人忻元龙以勒索财物为目的，绑架并杀害他人，其行为已构成绑架罪。犯罪情节特别严重，社会危害极大，依法应予严惩。但鉴于本案的具体情况，对忻元龙判处死刑，可不予立即执行。2007年4月28日，浙江省高级人民法院作出二审判决：一、撤销浙江省宁波市中级人民法院（2006）甬刑初字第16号刑事附带民事判决中对忻元龙的量刑部分，维持判决的其余部分；二、被告人忻元龙犯绑架罪，判处死刑，缓期二年执行，剥夺政治权利终身。

被害人杨某某的父亲不服，于2007年6月25日向浙江省人民检察院申诉，请求提出抗诉。

浙江省人民检察院经审查认为，浙江省高级人民法院二审判决改判忻元龙死刑缓期二年执行确有错误，于2007年8月10日提请最高人民检察院按照审判监督程序提出抗诉。最高人民检察院派员到浙江专门核查了案件相关情况。最高人民检察院检察委员会两次审议了该案，认为被告人忻元龙绑架犯罪事实清楚，证据确实、充分，依法应当判处死刑立即执行，浙江省高级人民法院以"鉴于本案具体情况"为由改判忻元龙死刑缓期二年执行确有错误，应予纠正。理由如下：

一、忻元龙绑架犯罪事实清楚，证据确实、充分。本案定案的物证、书证、证人证言、被告人供述、鉴定结论、现场勘查笔录等证据能够形成完整的证据体系。公安机关根据忻元龙的供述找到被害人杨某某尸骨，忻元龙供述的诸多隐蔽细节，如埋尸地点、尸体在土中的姿势、尸体未穿鞋袜、埋尸坑中没有书包、打错勒索电话的原因、打勒索电话的通话次数、通话内容、接电话人的口音等，得到了其他证据的印证。

二、浙江省高级人民法院二审判决确有错误。

二审改判是认为本案证据存在两个疑点。一是卖给忻元龙波导 S1220 型手机的证人傅世红在证言中讲该手机的串号与公安人员扣押在案手机的串号不一致,手机的同一性存有疑问;二是证人宋丽娟和艾力买买提尼牙子证实,在案发当天看见一中年妇女将一个与被害人特征相近的小女孩带走,不能排除有他人作案的可能。经审查,这两个疑点均能够排除。一是关于手机同一性问题。经审查,公安人员在询问傅世红时,将波导 S1220 型手机原机主洪义军的身份证号码误记为手机的串号。宁波市人民检察院移送给宁波市中级人民法院的《随案移送物品文件清单》中写明波导 S1220 型手机的串号是350974114389275,且洪义军将手机卖给傅世红的《旧货交易凭证》等证据,清楚地证明了从忻元龙身上扣押的手机即是索要赎金时使用的手机,且手机就在宁波市中级人民法院,手机同一性的疑点能够排除。二是关于是否存在中年妇女作案问题。案卷原有证据能够证实宋丽娟、艾力买买提尼牙子证言证明的"中年妇女带走小女孩"与本案无关。宋丽娟、艾力买买提尼牙子证言证明的中年妇女带走小女孩的地点在绑架现场东侧 200 米左右,与忻元龙绑架杨某某并非同一地点。艾力买买提尼牙子证言证明的是迪欧咖啡厅南边的电脑培训学校门口,不是忻元龙实施绑架的地点;宋丽娟证言证明的中年妇女带走小女孩的地点是迪欧咖啡厅南边的十字路口,而不是老年大学北围墙外的绑架现场,因为宋丽娟所在位置被建筑物阻挡,看不到老年大学北围墙外的绑架现场,此疑问也已经排除。此外,二人提到的小女孩的外貌特征等细节也与杨某某不符。

三、忻元龙所犯罪行极其严重,对其应当判处死刑立即执行。一是忻元龙精心预谋犯罪、主观恶性极深。忻元龙为实施绑架犯罪进行了精心预谋,多次到慈溪市"踩点",并选择了相对僻静无人的地方作为行车路线。忻元龙以"陈老师找你"为由将杨某某骗上车实施绑架,与慈溪市老年大学剑桥英语培训班负责人陈老师的姓氏相符。忻元龙居住在宁波市的鄞州区,选择在宁波市的慈溪市实施绑架,选择在宁波市的北仑区杀害被害人,之后又精心实施勒索赎金行为,赴安徽省广德县购买波导 S1220 型手机,使用异地购买的手机卡,赴安徽省宣城市、芜湖市打勒索电话并要求被害人父亲到浙江省长兴县交付赎金。二是忻元龙犯罪后果极其严重、社会危害性极大。忻元龙实施绑架犯罪后,为

使自己的罪行不被发现,在得到被害人家庭信息后,当天就将年仅 9 岁的杨某某杀害,并烧掉了杨某某的书包,扔掉了杨某某挣扎时脱落的鞋子,实施了毁灭罪证的行为。忻元龙归案后认罪态度差。开始不供述犯罪,并隐瞒作案所用手机的来源,后来虽供述犯罪,但编造他人参与共同作案。忻元龙的犯罪行为不仅剥夺了被害人的生命、给被害人家属造成了无法弥补的巨大痛苦,也严重影响了当地群众的安全感。三是二审改判忻元龙死刑缓期二年执行不被被害人家属和当地群众接受。被害人家属强烈要求判处忻元龙死刑立即执行,当地群众对二审改判忻元龙死刑缓期二年执行亦难以接受,要求司法机关严惩忻元龙。

2008 年 10 月 22 日,最高人民检察院依照《中华人民共和国刑事诉讼法》第二百零五条第三款之规定,向最高人民法院提出抗诉。2009 年 3 月 18 日,最高人民法院指令浙江省高级人民法院另行组成合议庭,对忻元龙案件进行再审。

2009 年 5 月 14 日,浙江省高级人民法院另行组成合议庭公开开庭审理本案。法庭审理认为:被告人忻元龙以勒索财物为目的,绑架并杀害他人,其行为已构成绑架罪,且犯罪手段残忍、情节恶劣,社会危害极大,无任何悔罪表现,依法应予严惩。检察机关要求纠正二审判决的意见能够成立。忻元龙及其辩护人要求维持二审判决的意见,理由不足,不予采纳。

2009 年 6 月 26 日,浙江省高级人民法院依照《中华人民共和国刑事诉讼法》第二百零五条第二款、第二百零六条、第一百八十九条第二项,《中华人民共和国刑法》第二百三十九条第一款、第五十七条第一款、第六十四条之规定,作出判决:一、撤销浙江省高级人民法院(2006)浙刑一终字第 146 号刑事判决中对原审被告人忻元龙的量刑部分,维持该判决的其余部分和宁波市中级人民法院(2006)甬刑初字第 16 号刑事附带民事判决;二、原审被告人忻元龙犯绑架罪,判处死刑,剥夺政治权利终身,并处没收个人全部财产,并依法报请最高人民法院核准。

最高人民法院复核认为:被告人忻元龙以勒索财物为目的,绑架并杀害他人的行为已构成绑架罪。其犯罪手段残忍,情节恶劣,后果严重,无法定从轻处罚情节。浙江省高级人民法院再审判决认定的事实清楚,证据确实、充分,定罪准确,量刑适

当,审判程序合法。

2009 年 11 月 13 日,最高人民法院依照《中华人民共和国刑事诉讼法》第一百九十九条和《最高人民法院关于复核死刑案件若干问题的规定》第二条第一款之规定,作出裁定;核准浙江省高级人民法院(2009)浙刑再字第 3 号以原审被告人忻元龙犯绑架罪,判处死刑,剥夺政治权利终身,并处没收个人全部财产的刑事判决。

2009 年 12 月 11 日,被告人忻元龙被依法执行死刑。

林志斌徇私舞弊暂予监外执行案

(检例第 3 号)

【要旨】

司法工作人员收受贿赂,对不符合减刑、假释、暂予监外执行条件的罪犯,予以减刑、假释或者暂予监外执行的,应根据案件的具体情况,依法追究刑事责任。

【基本案情】

被告人林志斌,男,1964 年 8 月 21 日出生,汉族,原系吉林省吉林监狱第三监区监区长,大学文化。2008 年 11 月 1 日,因涉嫌徇私舞弊暂予监外执行罪被刑事拘留,2008 年 11 月 14 日被逮捕。

2003 年 12 月,高俊宏因犯合同诈骗罪,被北京市东城区人民法院判处有期徒刑十二年,2004 年 1 月入吉林省吉林监狱服刑。服刑期间,高俊宏认识了服刑犯人赵金喜,并请赵金喜为其办理保外就医。赵金喜找到时任吉林监狱第五监区副监区长的被告人林志斌,称高俊宏愿意出钱办理保外就医,让林志斌帮忙把手续办下来。林志斌答应帮助沟通此事。之后赵金喜找到服刑犯人杜迎涛,由杜迎涛配制了能表现出患病症状的药物。在赵金喜的安排下,高俊宏于同年 3 月 24 日服药后"发病"住院。林志斌明知高俊宏伪造病情,仍找到吉林监狱刑罚执行科的王连发(另案处理),让其为高俊宏办理保外就医,并主持召开了对高俊宏提请保外就医的监区干部讨论会。会上,林志斌隐瞒了高俊宏伪造病情的情况,致使讨论会通过了高俊宏的保外就医申请,然后其将高俊宏的保外就医相关材料报到刑罚执行科。期间高俊宏授意其弟高俊卫与赵金喜向林志斌行贿人民币 5 万元(林志斌将其中 3 万元交王连发)。2004 年 4 月 28 日,经吉林监狱呈报,吉林省监狱管理局以高俊宏双肺肺炎、感染性休克、呼吸衰竭,批准高俊宏暂予监外执行一年。同年 4 月 30 日,高俊宏被保外就医。2006 年 5 月 18 日,高俊宏被收监。

【诉讼过程】

2008 年 10 月 28 日,吉林省长春市宽城区人民检察院对林志斌涉嫌徇私舞弊暂予监外执行一案立案侦查。2009 年 8 月 4 日,长春市宽城区人民检察院以林志斌涉嫌徇私舞弊暂予监外执行罪向长春市宽城区人民法院提起公诉。2009 年 10 月 20 日,长春市宽城区人民法院作出(2009)宽刑初字第 223 号刑事判决,以被告人林志斌犯徇私舞弊暂予监外执行罪,判处有期徒刑三年。

第六部分

最高人民检察院司法解释选载

最高人民法院　最高人民检察院
关于办理利用互联网、移动通讯终端、声讯台制作、
复制、出版、贩卖、传播淫秽电子信息刑事案件
具体应用法律若干问题的解释(二)

(2010 年 1 月 18 日最高人民法院审判委员会第 1483 次会议、2010 年 1 月 14 日
最高人民检察院第十一届检察委员会第二十八次会议通过　2010 年 2 月 2 日
最高人民法院、最高人民检察院公布　自 2010 年 2 月 4 日起施行)

法释〔2010〕3 号

为依法惩治利用互联网、移动通讯终端制作、复制、出版、贩卖、传播淫秽电子信息,通过声讯台传播淫秽语音信息等犯罪活动,维护社会秩序,保障公民权益,根据《中华人民共和国刑法》、《全国人民代表大会常务委员会关于维护互联网安全的决定》的规定,现对办理该类刑事案件具体应用法律的若干问题解释如下:

第一条　以牟利为目的,利用互联网、移动通讯终端制作、复制、出版、贩卖、传播淫秽电子信息的,依照《最高人民法院、最高人民检察院关于办理利用互联网、移动通讯终端、声讯台制作、复制、出版、贩卖、传播淫秽电子信息刑事案件具体应用法律若干问题的解释》第一条、第二条的规定定罪处罚。

以牟利为目的,利用互联网、移动通讯终端制作、复制、出版、贩卖、传播内容含有不满十四周岁未成年人的淫秽电子信息,具有下列情形之一的,依照刑法第三百六十三条第一款的规定,以制作、复制、出版、贩卖、传播淫秽物品牟利罪定罪处罚:

(一)制作、复制、出版、贩卖、传播淫秽电影、表演、动画等视频文件十个以上的;

(二)制作、复制、出版、贩卖、传播淫秽音频文件五十个以上的;

(三)制作、复制、出版、贩卖、传播淫秽电子刊物、图片、文章等一百件以上的;

(四)制作、复制、出版、贩卖、传播的淫秽电子信息,实际被点击数达到五千次以上的;

(五)以会员制方式出版、贩卖、传播淫秽电子信息,注册会员达一百人以上的;

(六)利用淫秽电子信息收取广告费、会员注册费或者其他费用,违法所得五千元以上的;

(七)数量或者数额虽未达到第(一)项至第(六)项规定标准,但分别达到其中两项以上标准一半以上的;

(八)造成严重后果的。

实施第二款规定的行为,数量或者数额达到第二款第(一)项至第(七)项规定标准五倍以上的,应当认定为刑法第三百六十三条第一款规定的"情节严重";达到规定标准二十五倍以上的,应当认定为"情节特别严重"。

第二条　利用互联网、移动通讯终端传播淫秽电子信息的,依照《最高人民法院、最高人民检察院关于办理利用互联网、移动通讯终端、声讯台制作、复制、出版、贩卖、传播淫秽电子信息刑事案件具体应用法律若干问题的解释》第三条的规定定罪处罚。

利用互联网、移动通讯终端传播内容含有不满十四周岁未成年人的淫秽电子信息,具有下列情形之一的,依照刑法第三百六十四条第一款的规定,以传播淫秽物品罪定罪处罚:

(一)数量达到第一条第二款第(一)项至第(五)项规定标准二倍以上的;

(二)数量分别达到第一条第二款第(一)项至第(五)项两项以上标准的;

（三）造成严重后果的。

第三条 利用互联网建立主要用于传播淫秽电子信息的群组，成员达三十人以上或者造成严重后果的，对建立者、管理者和主要传播者，依照刑法第三百六十四条第一款的规定，以传播淫秽物品罪定罪处罚。

第四条 以牟利为目的，网站建立者、直接负责的管理者明知他人制作、复制、出版、贩卖、传播的是淫秽电子信息，允许或者放任他人在自己所有、管理的网站或者网页上发布，具有下列情形之一的，依照刑法第三百六十三条第一款的规定，以传播淫秽物品牟利罪定罪处罚：

（一）数量或者数额达到第一条第二款第（一）项至第（六）项规定标准五倍以上的；

（二）数量或者数额分别达到第一条第二款第（一）项至第（六）项两项以上标准二倍以上的；

（三）造成严重后果的。

实施前款规定的行为，数量或者数额达到第一条第二款第（一）项至第（七）项规定标准二十五倍以上的，应当认定为刑法第三百六十三条第一款规定的"情节严重"；达到规定标准一百倍以上的，应当认定为"情节特别严重"。

第五条 网站建立者、直接负责的管理者明知他人制作、复制、出版、贩卖、传播的是淫秽电子信息，允许或者放任他人在自己所有、管理的网站或者网页上发布，具有下列情形之一的，依照刑法第三百六十四条第一款的规定，以传播淫秽物品罪定罪处罚：

（一）数量达到第一条第二款第（一）项至第（五）项规定标准十倍以上的；

（二）数量分别达到第一条第二款第（一）项至第（五）项两项以上标准五倍以上的；

（三）造成严重后果的。

第六条 电信业务经营者、互联网信息服务提供者明知是淫秽网站，为其提供互联网接入、服务器托管、网络存储空间、通讯传输通道、代收费等服务，并收取服务费，具有下列情形之一的，对直接负责的主管人员和其他直接责任人员，依照刑法第三百六十三条第一款的规定，以传播淫秽物品牟利罪定罪处罚：

（一）为五个以上淫秽网站提供上述服务的；

（二）为淫秽网站提供互联网接入、服务器托管、网络存储空间、通讯传输通道等服务，收取服务

费数额在二万元以上的；

（三）为淫秽网站提供代收费服务，收取服务费数额在五万元以上的；

（四）造成严重后果的。

实施前款规定的行为，数量或者数额达到前款第（一）项至第（三）项规定标准五倍以上的，应当认定为刑法第三百六十三条第一款规定的"情节严重"；达到规定标准二十五倍以上的，应当认定为"情节特别严重"。

第七条 明知是淫秽网站，以牟利为目的，通过投放广告等方式向其直接或者间接提供资金，或者提供费用结算服务，具有下列情形之一的，对直接负责的主管人员和其他直接责任人员，依照刑法第三百六十三条第一款的规定，以制作、复制、出版、贩卖、传播淫秽物品牟利罪的共同犯罪处罚：

（一）向十个以上淫秽网站投放广告或者以其他方式提供资金的；

（二）向淫秽网站投放广告二十次以上的；

（三）向十个以上淫秽网站提供费用结算服务的；

（四）以投放广告或者其他方式向淫秽网站提供资金数额在五万元以上的；

（五）为淫秽网站提供费用结算服务，收取服务费数额在二万元以上的；

（六）造成严重后果的。

实施前款规定的行为，数量或者数额达到前款第（一）项至第（五）项规定标准五倍以上的，应当认定为刑法第三百六十三条第一款规定的"情节严重"；达到规定标准二十五倍以上的，应当认定为"情节特别严重"。

第八条 实施第四条至第七条规定的行为，具有下列情形之一的，应当认定行为人"明知"，但是有证据证明确实不知道的除外：

（一）行政主管机关书面告知后仍然实施上述行为的；

（二）接到举报后不履行法定管理职责的；

（三）为淫秽网站提供互联网接入、服务器托管、网络存储空间、通讯传输通道、代收费、费用结算等服务，收取服务费明显高于市场价格的；

（四）向淫秽网站投放广告，广告点击率明显异常的；

（五）其他能够认定行为人明知的情形。

第九条 一年内多次实施制作、复制、出版、贩

卖、传播淫秽电子信息行为未经处理,数量或者数额累计计算构成犯罪的,应当依法定罪处罚。

第十条　单位实施制作、复制、出版、贩卖、传播淫秽电子信息犯罪的,依照《中华人民共和国刑法》、《最高人民法院、最高人民检察院关于办理利用互联网、移动通讯终端、声讯台制作、复制、出版、贩卖、传播淫秽电子信息刑事案件具体应用法律若干问题的解释》和本解释规定的相应个人犯罪的定罪量刑标准,对直接负责的主管人员和其他直接责任人员定罪处罚,并对单位判处罚金。

第十一条　对于以牟利为目的,实施制作、复制、出版、贩卖、传播淫秽电子信息犯罪的,人民法院应当综合考虑犯罪的违法所得、社会危害性等情节,依法判处罚金或者没收财产。罚金数额一般在违法所得的一倍以上五倍以下。

第十二条　《最高人民法院、最高人民检察院关于办理利用互联网、移动通讯终端、声讯台制作、复制、出版、贩卖、传播淫秽电子信息刑事案件具体应用法律若干问题的解释》和本解释所称网站,是指可以通过互联网域名、IP地址等方式访问的内容提供站点。

以制作、复制、出版、贩卖、传播淫秽电子信息为目的建立或者建立后主要从事制作、复制、出版、贩卖、传播淫秽电子信息活动的网站,为淫秽网站。

第十三条　以前发布的司法解释与本解释不一致的,以本解释为准。

最高人民法院　　最高人民检察院
关于办理非法生产、销售烟草专卖品等刑事案件
具体应用法律若干问题的解释

(2009年12月28日最高人民法院审判委员会第1481次会议、2010年
2月4日最高人民检察院第十一届检察委员会第二十九次会议通过　2010年
3月2日最高人民检察院出告公布　自2010年3月26日起施行)

法释〔2010〕7号

为维护社会主义市场经济秩序,依法惩治非法生产、销售烟草专卖品等犯罪,根据刑法有关规定,现就办理这类刑事案件具体应用法律的若干问题解释如下:

第一条　生产、销售伪劣卷烟、雪茄烟等烟草专卖品,销售金额在五万元以上的,依照刑法第一百四十条的规定,以生产、销售伪劣产品罪定罪处罚。

未经卷烟、雪茄烟等烟草专卖品注册商标所有人许可,在卷烟、雪茄烟等烟草专卖品上使用与其注册商标相同的商标,情节严重的,依照刑法第二百一十三条的规定,以假冒注册商标罪定罪处罚。

销售明知是假冒他人注册商标的卷烟、雪茄烟等烟草专卖品,销售金额较大的,依照刑法第二百一十四条的规定,以销售假冒注册商标的商品罪定罪处罚。

伪造、擅自制造他人卷烟、雪茄烟注册商标标识或者销售伪造、擅自制造的卷烟、雪茄烟注册商标标识,情节严重的,依照刑法第二百一十五条的规定,以非法制造、销售非法制造的注册商标标识罪定罪处罚。

违反国家烟草专卖管理法律法规,未经烟草专卖行政主管部门许可,无烟草专卖生产企业许可证、烟草专卖批发企业许可证、特种烟草专卖经营企业许可证、烟草专卖零售许可证等许可证明,非法经营烟草专卖品,情节严重的,依照刑法第二百二十五条的规定,以非法经营罪定罪处罚。

第二条　伪劣卷烟、雪茄烟等烟草专卖品尚未销售,货值金额达到刑法第一百四十条规定的销售

金额定罪起点数额标准的三倍以上的，或者销售金额未达到五万元，但与未销售货值金额合计达到十五万元以上的，以生产、销售伪劣产品罪（未遂）定罪处罚。

销售金额和未销售货值金额分别达到不同的法定刑幅度或者均达到同一法定刑幅度的，在处罚较重的法定刑幅度内酌情从重处罚。

查获的未销售的伪劣卷烟、雪茄烟，能够查清销售价格的，按照实际销售价格计算。无法查清实际销售价格，有品牌的，按照该品牌卷烟、雪茄烟的查获地省级烟草专卖行政主管部门出具的零售价格计算；无品牌的，按照查获地省级烟草专卖行政主管部门出具的上年度卷烟平均零售价格计算。

第三条 非法经营烟草专卖品，具有下列情形之一的，应当认定为刑法第二百二十五条规定的"情节严重"：

（一）非法经营数额在五万元以上的，或者违法所得数额在二万元以上的；

（二）非法经营卷烟二十万支以上的；

（三）曾因非法经营烟草专卖品三年内受过二次以上行政处罚，又非法经营烟草专卖品且数额在三万元以上的。

具有下列情形之一的，应当认定为刑法第二百二十五条规定的"情节特别严重"：

（一）非法经营数额在二十五万元以上，或者违法所得数额在十万元以上的；

（二）非法经营卷烟一百万支以上的。

第四条 非法经营烟草专卖品，能够查清销售或者购买价格的，按照其销售或者购买的价格计算非法经营数额。无法查清销售或者购买价格的，按照下列方法计算非法经营数额：

（一）查获的卷烟、雪茄烟的价格，有品牌的，按照该品牌卷烟、雪茄烟的查获地省级烟草专卖行政主管部门出具的零售价格计算；无品牌的，按照查获地省级烟草专卖行政主管部门出具的上年度卷烟平均零售价格计算；

（二）查获的复烤烟叶、烟叶的价格按照查获地省级烟草专卖行政主管部门出具的上年度烤烟调拨平均基准价格计算；

（三）烟丝的价格按照第（二）项规定价格计算标准的一点五倍计算；

（四）卷烟辅料的价格，有品牌的，按照该品牌辅料的查获地省级烟草专卖行政主管部门出具的价格计算；无品牌的，按照查获地省级烟草专卖行政主管部门出具的上年度烟草行业生产卷烟所需该类卷烟辅料的平均价格计算；

（五）非法生产、销售、购买烟草专用机械的价格按照国务院烟草专卖行政主管部门下发的全国烟草专用机械产品指导价格目录进行计算；目录中没有该烟草专用机械的，按照省级以上烟草专卖行政主管部门出具的目录中同类烟草专用机械的平均价格计算。

第五条 行为人实施非法生产、销售烟草专卖品犯罪，同时构成生产、销售伪劣产品罪、侵犯知识产权犯罪、非法经营罪的，依照处罚较重的规定定罪处罚。

第六条 明知他人实施本解释第一条所列犯罪，而为其提供贷款、资金、账号、发票、证明、许可证件，或者提供生产、经营场所、设备、运输、仓储、保管、邮寄、代理进出口等便利条件，或者提供生产技术、卷烟配方的，应当按照共犯追究刑事责任。

第七条 办理非法生产、销售烟草专卖品等刑事案件，需要对伪劣烟草专卖品鉴定的，应当委托国务院产品质量监督管理部门和省、自治区、直辖市人民政府产品质量监督管理部门指定的烟草质量检测机构进行。

第八条 以暴力、威胁方法阻碍烟草专卖执法人员依法执行职务，构成犯罪的，以妨害公务罪追究刑事责任。

煽动群众暴力抗拒烟草专卖法律实施，构成犯罪的，以煽动暴力抗拒法律实施罪追究刑事责任。

第九条 本解释所称"烟草专卖品"，是指卷烟、雪茄烟、烟丝、复烤烟叶、烟叶、卷烟纸、滤嘴棒、烟用丝束、烟草专用机械。

本解释所称"卷烟辅料"，是指卷烟纸、滤嘴棒、烟用丝束。

本解释所称"烟草专用机械"，是指由国务院烟草专卖行政主管部门烟草专用机械名录所公布的，在卷烟、雪茄烟、烟丝、复烤烟叶、烟叶、卷烟纸、滤嘴棒、烟用丝束的生产加工过程中，能够完成一项或者多项特定加工工序，可以独立操作的机械设备。

本解释所称"同类烟草专用机械"，是指在卷烟、雪茄烟、烟丝、复烤烟叶、烟叶、卷烟纸、滤嘴棒、烟用丝束的生产加工过程中,能够完成相同加工工序的机械设备。

第十条 以前发布的有关规定与本解释不一致的,以本解释为准。

最高人民法院 最高人民检察院
关于对死刑判决提出上诉的被告人在上诉期满后宣判前提出撤回上诉人民法院是否准许的批复

(2010 年 7 月 6 日最高人民法院审判委员会第 1488 次会议、2010 年 6 月 4 日最高人民检察院第十一届检察委员会第三十七次会议通过 2010 年 8 月 6 日最高人民法院、最高人民检察院出告公布 自 2010 年 9 月 1 日起施行)

法释〔2010〕10 号

各省、自治区、直辖市高级人民法院、人民检察院,解放军军事法院、军事检察院,新疆维吾尔自治区高级人民法院生产建设兵团分院、新疆生产建设兵团人民检察院:

近来,有的高级人民法院、省级人民检察院请示,对第一审被判处死刑立即执行的被告人提出上诉后,在第二审开庭审理中又要求撤回上诉的,是否允许撤回上诉。经研究,批复如下:

第一审被判处死刑立即执行的被告人提出上诉,在上诉期满后第二审开庭以前申请撤回上诉的,依照《最高人民法院、最高人民检察院关于死刑第二审案件开庭审理程序若干问题的规定(试行)》第四条的规定处理。在第二审开庭以后宣告裁判前申请撤回上诉的,第二审人民法院应当不准许撤回上诉,继续按照上诉程序审理。

最高人民法院、最高人民检察院以前发布的司法解释、规范性文件与本批复不一致的,以本批复为准。

最高人民检察院关于废止部分司法解释和司法解释性文件的决定

(2010 年 5 月 31 日最高人民检察院第十一届检察委员会第三十六次会议通过 2010 年 11 月 19 日最高人民检察院出告公布 自 2010 年 11 月 19 日起施行)

高检发释字〔2010〕1 号

为了适应形势发展的需要,保证国家法律的统一正确实施,最高人民检察院对 2008 年年底以前单独制发和联合其他部门制发的司法解释和司法解释性文件进行了集中清理。现决定:

一、对最高人民检察院单独制发的 14 件司法解释和司法解释性文件予以废止(见附件 1)。

二、经征得有关部门同意,对由最高人民检察院与有关部门联合制发的 2 件司法解释和司法解释性文件予以废止(见附件 2)。

三、为便于工作和查询,对最高人民检察院单独制发或者联合其他部门制发的文件中已经明确规定废止的 10 件司法解释和司法解释性文件目录,予以统一公布(见附件 3)。

附件 1

<h2 style="text-align:center">最高人民检察院决定废止的单独制发的司法解释和
司法解释性文件目录(14 件)</h2>

序号	司法解释和司法解释性文件名称	发文日期、文号	废止理由
1	最高人民检察院《关于缓刑期间被告人是否有政治权利等问题的批复》	1957 年 4 月 16 日〔57〕高检四字第 756 号	该批复的内容已被 1983 年 3 月 5 日全国人大常委会《关于县级以下人民代表大会代表直接选举的若干规定》、1984 年 3 月 24 日全国人大常委会法制工作委员会、最高人民法院、最高人民检察院、公安部、司法部、民政部《关于正在服刑的罪犯和被羁押的人的选举权问题的联合通知》和刑法的相关规定代替。
2	最高人民检察院《关于改判"死刑"案件的几点意见》	1983 年 9 月 14 日〔83〕高检发电 10 号	死刑的适用以及死刑案件的办理在刑法、刑事诉讼法和相关司法解释中已经作出明确规定。
3	最高人民检察院关于如何理解全国人大常委会《关于严惩严重危害社会治安的犯罪分子的决定》第一条第六项规定的答复	1984 年 8 月 2 日〔84〕高检研函第 12 号	该答复所依据的 1983 年 9 月 2 日全国人大常委全国人大常委会《关于严惩严重危害社会治安的犯罪分子的决定》已被废止。
4	最高人民检察院转发最高人民法院《关于个人非法制造、销售他人注册商标标识而构成犯罪的应按假冒商标罪惩处的批复》的通知	1985 年 6 月 3 日高检研发字〔1985〕第 16 号	该通知所转发的最高人民法院相关批复已被 1997 年 1 月 28 日《最高人民法院决定废止的 1979 年至 1989 年间发布的司法解释目录(第二批)》废止。
5	最高人民检察院《人民检察院控告申诉检察工作细则(试行)》	1986 年 12 月 10 日〔86〕高检发(信)字第 18 号	该工作细则(试行)的内容已被最高人民检察院 1998 年 6 月 16 日《人民检察院复查刑事申诉案件规定》、1999 年 1 月 18 日《人民检察院刑事诉讼规则》、2002 年 11 月 5 日《关于加强和改进控告申诉检察工作的决定》、2007 年 3 月 26 日《人民检察院信访工作规定》和 2009 年 4 月 23 日《人民检察院举报工作规定》等司法解释和规范性文件的规定代替。

续表

序号	司法解释和司法解释性文件名称	发文日期、文号	废止理由
6	最高人民检察院关于无证开采的小煤矿从业人员亦属于刑法第一百一十四条犯罪主体的批复	1987 年 7 月 10 日高检二发字〔1987〕第 36 号	《中华人民共和国刑法修正案（六）》已经扩大了重大责任事故罪的主体范围。
7	最高人民检察院《关于无照施工经营者能否构成重大责任事故罪主体的批复》	1988 年 3 月 18 日高检二发字〔1988〕第 10 号	《中华人民共和国刑法修正案（六）》已经扩大了重大责任事故罪的主体范围。
8	最高人民检察院《关于在押犯能否构成重大责任事故罪主体的批复》	1989 年 4 月 3 日高检监发字〔1989〕第 1 号	《中华人民共和国刑法修正案（六）》已经扩大了重大责任事故罪的主体范围。
9	最高人民检察院关于转发财政部《关于加强公检法部门罚没收入管理和保证办案经费的通知》的通知	1990 年 8 月 22 日高检发装字〔1990〕7 号	该通知所转发的财政部通知已被 1997 年 9 月 8 日财政部发布的《关于公布废止和失效的财政规章目录（第六批）的通知》废止。
10	最高人民检察院《人民检察院侦查贪污贿赂犯罪案件工作细则（试行）》	1991 年 4 月 8 日高检发〔1991〕23 号	该工作细则（试行）的内容已被最高人民检察院 1999 年 1 月 18 日《人民检察院刑事诉讼规则》、1999 年 11 月 8 日《关于检察机关反贪污贿赂工作若干问题的决定》、2004 年 6 月 24 日《关于人民检察院办理直接受理立案侦查案件实行内部制约的若干规定》等文件的规定代替。
11	最高人民检察院《奖励举报有功人员暂行办法》	1994 年 5 月 11 日高检发举字〔1994〕1 号	该暂行办法已被 2009 年 4 月 23 日最高人民检察院《人民检察院举报工作规定》的相关内容代替。
12	最高人民检察院《关于严格徇私舞弊案件免诉工作的通知》	1995 年 8 月 20 日高检办发〔1995〕31 号	刑事诉讼法已经取消免予起诉的规定，该通知不再适用。
13	最高人民检察院《人民检察院举报工作规定》	1996 年 9 月 4 日高检发举字〔1996〕2 号	该规定已被 2009 年 4 月 23 日最高人民检察院《人民检察院举报工作规定》代替。
14	最高人民检察院《关于认真做好署名举报答复工作的通知》	2001 年 3 月 29 日高检发控字〔2001〕1 号	该通知已被 2009 年 4 月 23 日最高人民检察院《人民检察院举报工作规定》的相关内容代替。

附件2

最高人民检察院决定废止的与有关部门联合制发的
司法解释和司法解释性文件目录（2件）

序号	司法解释和司法解释性文件名称	发文日期、文号	废止理由
1	最高人民检察院、公安部《关于人民检察院逮捕、拘留人犯由公安机关执行的通知》	1979 年 3 月 27 日〔79〕高检二字第 1 号公发〔1979〕第 50 号	刑事诉讼过程中采取逮捕、拘留措施的条件、程序在刑事诉讼法中已经作出明确规定。
2	司法部、最高人民检察院《关于认真办理公证人员玩忽职守案件的通知》	1992 年 3 月 21 日司发通〔1992〕037 号	《中华人民共和国公证法》已于 2006 年 3 月 1 日起施行，按照《中华人民共和国公证法》和刑法的规定，公证人员玩忽职守构成犯罪的行为应当适用刑法第二百二十九条第三款的规定。

附件3

最高人民检察院单独制发或者联合其他部门制发的文件中
已明确规定废止的司法解释和司法解释性文件目录（10件）

序号	司法解释和司法解释性文件名称	发文日期、文号	说　明
1	最高人民法院、最高人民检察院、公安部、总政治部《关于军队和地方互涉案件几个问题的规定》	1982 年 11 月 25 日〔1982〕政联字 8 号	该规定已被 2009 年 8 月 1 日起施行的"两高"、公安部、国家安全部、司法部、解放军总政治部《办理军队和地方互涉刑事案件规定》废止。
2	最高人民法院、最高人民检察院、司法部、公安部《人体重伤鉴定标准（试行）》	1986 年 8 月 15 日〔86〕司发研字 249 号	该标准已被 1990 年 7 月 1 日起施行的"两高"、司法部、公安部《人体重伤鉴定标准》废止。
3	最高人民检察院关于印发《看守所检察工作细则（试行）》、《劳改检察工作细则（试行）》和《劳教检察工作办法（试行）》的通知	1987 年 7 月 23 日〔87〕高检发（三）字第 17 号	该通知印发的文件已被 2008 年 3 月 23 日最高人民检察院《关于印发〈人民检察院监狱检察办法〉、〈人民检察院看守所检察办法〉、〈人民检察院劳教检察办法〉和〈人民检察院监外执行检察办法〉的通知》废止。
4	最高人民检察院、公安部、总政治部《关于军队和地方互涉案件侦查工作的补充规定》	1987 年 12 月 21 日〔1987〕政联字第 14 号	该规定已被 2009 年 8 月 1 日起施行的"两高"、公安部、国家安全部、司法部、解放军总政治部《办理军队和地方互涉刑事案件规定》废止。
5	最高人民检察院《关于完善人民检察院侦查工作内部制约机制的若干规定》	1998 年 10 月 21 日高检发〔1998〕27 号	该规定已被 2004 年 6 月 24 日最高人民检察院《关于人民检察院办理直接受理立案侦查案件实行内部制约的若干规定》废止。

续表

序号	司法解释和司法解释性文件名称	发文日期、文号	说　明
6	最高人民检察院、公安部《关于经济犯罪案件追诉标准的规定》	2001 年 4 月 18 日公发〔2001〕11 号	该规定已被 2010 年 5 月 18 日最高人民检察院、公安部《关于公安机关管辖的刑事案件立案追诉标准的规定(二)》废止。
7	最高人民检察院《人民检察院扣押、冻结款物管理规定》	2001 年 4 月 29 日高检发研字〔2001〕1 号	该规定已被 2006 年 3 月 27 日最高人民检察院《人民检察院扣押、冻结款物工作规定》废止。
8	最高人民检察院《人民检察院办理未成年人刑事案件的规定》	2002 年 4 月 22 日高检发〔2002〕8 号	该规定已被 2007 年 1 月 9 日最高人民检察院《人民检察院办理未成年人刑事案件的规定》废止。
9	最高人民检察院《人民检察院扣押、冻结款物工作规定》	2006 年 3 月 27 日高检发研字〔2006〕1 号	该工作规定已被 2010 年 5 月 9 日最高人民检察院《人民检察院扣押、冻结涉案款物工作规定》废止。
10	最高人民检察院、公安部《关于经济犯罪案件追诉标准的补充规定》	2008 年 3 月 5 日高检会〔2008〕2 号	该规定已被 2010 年 5 月 18 日最高人民检察院、公安部《关于公安机关管辖的刑事案件立案追诉标准的规定(二)》废止。

最高人民法院　最高人民检察院
关于废止部分司法解释和规范性文件的决定

(2010 年 11 月 8 日最高人民法院审判委员会第 1500 次会议、2010 年 5 月 31 日
最高人民检察院第十一届检察委员会第三十六次会议通过　2010 年 12 月 13 日
最高人民法院、最高人民检察院出告公布　自 2010 年 10 月 22 日起施行)

法释〔2010〕17 号

　　为适应形势发展变化,保证国家法律统一正确适用,最高人民法院、最高人民检察院会同有关部门,对 2008 年年底以前制发的司法解释和规范性文件进行了集中清理。现决定将已实际废止或者不再适用的 37 件司法解释和规范性文件予以明令废止。

最高人民法院、最高人民检察院决定废止的
部分司法解释和规范性文件目录（37 件）

序号	司法解释和规范性文件名称	发文日期、文号	废止理由
1	最高人民法院、最高人民检察院、司法部《关于判处徒刑的反革命分子准许上诉的通知》	1955 年 12 月 29 日〔55〕法行字第 17379 号〔55〕高检四字第 1315 号〔55〕司普字第 2789 号	刑事诉讼法对刑事案件的上诉问题已作出明确规定。
2	最高人民检察院、最高人民法院、内务部、司法部、公安部《对少年犯收押界限、捕押手续和清理等问题的联合通知》	1956 年 2 月 7 日〔56〕高检五字第 3 号〔56〕法行字第 748 号内城〔56〕字第 36 号〔56〕司普字第 130 号〔56〕公劳联字第 2 号	该通知所依据的 1954 年 9 月《中华人民共和国劳动改造条例》已被 2001 年 10 月国务院《关于废止 2000 年底以前发布的部分行政法规的决定》废止。
3	最高人民法院、最高人民检察院《关于死缓减刑等有关问题的联合批复》	1956 年 11 月 6 日法研字第 11375 号高检四字第 1591 号	该批复的内容与刑法、刑事诉讼法及相关司法解释的规定不一致。
4	最高人民法院、最高人民检察院《关于死缓减刑等问题的联合批复》	1956 年 11 月 20 日〔56〕法研字第 11848 号〔56〕高检四字第 1601 号	该批复的内容与刑法的相关规定不一致。
5	最高人民检察院、最高人民法院、公安部关于《执行全国人民代表大会常务委员会"关于对反革命分子的管制一律由人民法院判决的决定"中若干具体问题的联合指示》	1957 年 2 月 6 日〔57〕法行字第 2088 号〔57〕四字第 191 号〔57〕公治字第 15 号	刑法、刑事诉讼法对管制刑的相关问题已作出明确规定，且该指示所依据的全国人民代表大会常务委员会《关于对反革命分子的管制一律由人民法院判决的决定》已被 1987 年 11 月全国人大常委会《关于批准法制工作委员会关于对 1978 年底以前颁布的法律进行清理的情况和意见的报告的决定》宣布失效。
6	最高人民法院、最高人民检察院《关于基层人民法院判处死刑缓期二年执行已经高级人民法院核准的案件人民检察院发现在认定事实适用法律上有错误应由哪一级人民检察院向哪一级人民法院提出抗议问题的联合批复》	1957 年 2 月 22 日法研字第 3685 号〔57〕高检四字第 275 号	刑法、刑事诉讼法及相关司法解释对死刑案件的审判和审判监督程序已作出明确规定，且该批复的部分内容与相关规定不一致。
7	最高人民检察院、最高人民法院、公安部《关于简化管制法律手续问题的指示》	1957 年 10 月 26 日公发酉字第 177 号	刑法、刑事诉讼法对管制刑的相关问题已作出明确规定，且该指示的部分内容与相关规定不一致。

序号	司法解释和规范性文件名称	发文日期、文号	废止理由
8	最高人民法院、最高人民检察院、公安部《关于对少年儿童一般犯罪不予逮捕判刑的联合通知》	1960 年 4 月 21 日〔60〕法行字第 87 号〔60〕高检二字第 48 号〔60〕公劳联字第 5 号	刑法及相关司法解释、规范性文件已对办理未成年人犯罪案件的有关问题作出明确规定。
9	最高人民法院、最高人民检察院、公安部《关于公、检、法三机关受理普通刑事案件的职责范围的试行规定》	1962 年 11 月 30 日〔62〕法行字第 261 号高检发〔62〕17 号公发〔62〕122 号	刑法、刑事诉讼法及相关司法解释、规范性文件对刑事案件的职能管辖问题已作出明确规定。
10	最高人民法院、最高人民检察院、公安部《关于死缓罪犯减刑的处理程序问题的联合批复》	1963 年 4 月 16 日〔63〕法研字第 37 号高检发〔63〕11 号〔63〕公发(厅)245 号	刑法、刑事诉讼法及相关司法解释对死缓罪犯的减刑问题已作出明确规定。
11	最高人民法院、最高人民检察院、公安部《关于死缓罪犯执行死刑、再缓期一年、减刑的处理程序问题的联合批复》	1963 年 7 月 22 日〔63〕法研字第 93 号高检发〔63〕24 号〔63〕公发(厅)523 号	刑法、刑事诉讼法对死缓罪犯缓期二年执行期满后的处理问题已作出明确规定,且该批复的部分内容与相关规定不一致。
12	最高人民法院、最高人民检察院、公安部《关于劳改犯再犯罪的刑期执行问题的联合批复》	1963 年 7 月 26 日〔63〕法研字第 101 号高检法发〔63〕25 号〔63〕公发(劳)538 号	刑法对判决宣告后发现漏罪、新罪如何确定刑罚的问题已作出明确规定。
13	最高人民法院、最高人民检察院、公安部《关于过去对劳改犯再犯罪判处的刑期超过二十年是否改判的联合批复》	1963 年 12 月 6 日〔63〕法研字第 166 号高检发〔63〕37 号〔63〕公发(劳)字 920 号	该批复的内容与刑法的相关规定不一致。
14	最高人民法院、最高人民检察院、公安部《关于甘肃省公安厅劳改局请示对群众要求保释劳改犯人问题的批复》	1964 年 1 月 7 日〔64〕法研字第 1 号〔64〕高检发字第 1 号〔64〕公发(劳)28 号	刑法、刑事诉讼法对罪犯在刑罚执行过程中减刑、假释、暂予监外执行的条件、程序问题已作出明确规定。
15	最高人民法院、最高人民检察院、公安部《关于死缓罪犯减刑问题的联合批复》	1964 年 4 月 7 日〔64〕法研字第 30 号〔64〕高检发字第 9 号〔64〕公发(劳)字第 217 号	刑法及相关司法解释、规范性文件对死缓罪犯的减刑问题已作出明确规定。

续表

序号	司法解释和规范性文件名称	发文日期、文号	废止理由
16	最高人民法院、最高人民检察院、公安部《关于死缓和无期徒刑减为有期徒刑的刑期计算问题的联合批复》	1964 年 5 月 30 日〔64〕法研字第 53 号〔64〕高检发字第 20 号〔64〕公发（劳）字第 323 号	刑法及相关司法解释、规范性文件对判处死缓和无期徒刑后在刑罚执行期间的减刑刑期计算问题已作出明确规定。
17	最高人民法院、最高人民检察院、公安部《关于管制适用的对象和管制的法律手续问题的联合通知》	1964 年 8 月 28 日〔64〕法研字第 55 号〔64〕高检发字第 27 号〔64〕公发（厅）579 号	该通知的内容与刑法、刑事诉讼法的有关规定不一致。
18	最高人民法院、最高人民检察院、公安部、财政部《关于没收和处理赃款赃物若干问题的暂行规定》	1965 年 12 月 1 日〔65〕法研字 40 号〔65〕高检法 13 号〔65〕公发（审）691 号〔65〕财预 168 号	刑法、刑事诉讼法及相关司法解释、规范性文件对没收和处理赃款赃物的问题已作出明确规定。
19	最高人民法院、最高人民检察院、公安部《关于死缓犯和无期徒刑犯减刑问题的联合通知》	1979 年 10 月 10 日〔79〕法研字第 22 号〔79〕高检三字 39 号公发〔1979〕148 号	刑法、刑事诉讼法及相关司法解释、规范性文件对判处死缓和无期徒刑后在刑罚执行期间的减刑条件、幅度、程序等问题已作出明确规定。
20	最高人民法院、最高人民检察院、公安部《关于无期徒刑减为有期徒刑的罪犯假释问题的批复》	1979 年 11 月 23 日〔79〕法研字第 23 号〔79〕高检三字第 42 号公劳〔79〕1329 号	刑法及相关司法解释、规范性文件对无期徒刑罪犯的减刑、假释问题已作出明确规定。
21	最高人民法院、最高人民检察院、公安部《关于执行刑事诉讼法规定的案件管辖范围的通知》	1979 年 12 月 15 日〔79〕法研字第 28 号〔79〕高检经字 6 号公发〔1979〕177 号	刑法、刑事诉讼法及相关司法解释、规范性文件对刑事案件的职能管辖问题已作出明确规定。
22	最高人民法院、最高人民检察院、公安部《关于执行刑法、刑事诉讼法中几个问题的联合通知》	1979 年 12 月 17 日〔79〕法研字第 29 号〔79〕高检一字 66 号公发〔79〕179 号	该通知的内容已被刑事诉讼法施行后，最高人民法院、最高人民检察院、公安部出台的有关司法解释、规范性文件的相关规定所替代。
23	最高人民法院、最高人民检察院、公安部《关于已减为有期徒刑的原死缓犯和无期徒刑犯减刑问题的批复》	1979 年 12 月 31 日〔79〕法研字第 31 号〔79〕高检三字 45 号公发〔1979〕188 号	该批复所依据的 1979 年 10 月最高人民法院、最高人民检察院、公安部《关于死缓犯和无期徒刑犯减刑问题的联合通知》此次同时废止。
24	最高人民法院、最高人民检察院、公安部《关于侦查羁押期限从何时起算问题的联合通知》	1981 年 3 月 18 日〔81〕法研字第 5 号〔81〕高检发（研）10 号〔81〕公发（研）36 号	该通知的内容与 1996 年修订的刑事诉讼法的相关规定不一致。

续表

序号	司法解释和规范性文件名称	发文日期、文号	废止理由
25	最高人民法院、最高人民检察院、公安部《关于重婚案件管辖问题的通知》	1983 年 7 月 26 日〔83〕法研字第 14 号	该通知的内容与 1997 年修订的刑法及相关司法解释的规定不一致。
26	最高人民法院、最高人民检察院、公安部《关于判处无期徒刑、死刑的第一审普通刑事案件管辖问题的通知》	1983 年 8 月 16 日〔83〕法研字第 15 号	该通知的内容与 1996 年修订的刑事诉讼法的有关规定不一致。
27	最高人民法院、最高人民检察院、公安部《关于当前处理自首和有关问题具体应用法律的解答》	1984 年 4 月 16 日〔84〕法研字第 6 号	该解答的内容已被 1998 年 5 月最高人民法院《关于处理自首和立功具体应用法律若干问题的解释》及相关规范性文件所替代。
28	最高人民法院、最高人民检察院《关于当前办理流氓案件中具体应用法律的若干问题的解答》	1984 年 11 月 2 日〔84〕法研字第 13 号	1979 年刑法规定的流氓罪已被 1997 年修订的刑法取消。
29	最高人民法院、最高人民检察院《关于当前办理盗窃案件中具体应用法律的若干问题的解答》	1984 年 11 月 2 日〔84〕法研字第 14 号	该解答的基本内容已被 1992 年 12 月最高人民法院、最高人民检察院《关于办理盗窃案件具体应用法律的若干问题的解释》和 1998 年 3 月最高人民法院《关于审理盗窃案件具体应用法律若干问题的解释》所替代。
30	司法部、最高人民法院、最高人民检察院、公安部《关于新疆生产建设兵团劳改机关在押死缓犯执行死刑的处理程序问题的联合批复》	1985 年 9 月 21 日〔85〕司发劳改字第 383 号	该批复的内容与最高人民法院 2007 年 1 月 1 日起施行的《关于统一行使死刑案件核准权有关问题的决定》的规定不一致。
31	最高人民法院、最高人民检察院、公安部、司法部《关于律师参加诉讼的几项补充规定》	1986 年 6 月 26 日〔86〕司发公字第 196 号	该规定所依据和补充的 1981 年 4 月最高人民法院、最高人民检察院、公安部、司法部《关于律师参加诉讼的几项具体规定的联合通知》已被司法部 2002 年 8 月《关于废止 2000 年底以前发布的部分规章规范性文件的规定》废止。
32	最高人民法院、最高人民检察院《关于依法严肃惩处国家机关企业事业单位走私犯罪活动的通知》	1986 年 6 月 27 日法（研）发〔1986〕19 号	1997 年修订的刑法及相关司法解释对单位走私犯罪的定罪量刑问题已作出明确规定。

序号	司法解释和规范性文件名称	发文日期、文号	废止理由
33	最高人民法院、最高人民检察院《〈关于挪用公款归个人使用或者进行非法活动以贪污论处的问题〉的修改补充意见》	1987 年 3 月 14 日法（研）发〔1987〕6 号	该意见施行后,有关立法和 1997 年修订的刑法已规定独立的挪用公款罪。
34	最高人民法院、最高人民检察院《关于依法严惩非法出版犯罪活动的通知》	1987 年 11 月 27 日法（研）发〔1987〕33 号	该通知涉及的投机倒把罪、制作、贩卖淫书淫画罪已被 1997 年修订的刑法取消。
35	最高人民法院、最高人民检察院《关于公开审理再审案件的通知》	1988 年 4 月 30 日法（刑二）发〔1988〕10 号	1998 年 6 月最高人民法院《关于执行〈中华人民共和国刑事诉讼法〉若干问题的解释》对刑事再审案件的审理程序已作出明确规定。
36	最高人民法院、最高人民检察院《关于当前处理企业事业单位、机关、团体投机倒把犯罪案件的规定》	1989 年 3 月 15 日法（研）发〔1989〕5 号	该规定涉及的投机倒把罪已被 1997 年修订的刑法取消。
37	最高人民法院、最高人民检察院、公安部《关于严厉打击非法出版犯罪活动的通知》	1991 年 1 月 30 日法（研）发〔1991〕5 号	该通知所依据的 1987 年 11 月最高人民法院、最高人民检察院《关于依法严惩非法出版犯罪活动的通知》此次同时废止。

第七部分

案例选载

何洪达受贿、巨额财产来源不明案

被告人何洪达，男，1954年2月16日出生，汉族，大学文化，原系铁道部党组成员、政治部主任，曾任哈尔滨铁路局副局长、党委书记、局长兼党委副书记。2008年12月8日，因涉嫌受贿罪被逮捕。

被告人何洪达受贿、巨额财产来源不明案，由最高人民检察院于2008年12月3日立案侦查，2009年3月4日侦查终结。2009年3月9日，最高人民检察院将该案经北京市人民检察院移交北京市人民检察院第一分院审查起诉。北京市人民检察院第一分院受理案件后，在法定期限内告知了何洪达有权委托辩护人等诉讼权利，讯问了何洪达，审查了全部案件材料。在审查起诉期间，依法两次退回补充侦查，并三次延长审查起诉期限。2009年9月28日，北京市人民检察院第一分院依法向北京市第一中级人民法院提起公诉。被告人何洪达犯罪事实如下：

一、受贿罪

1997年9月至2007年，被告人何洪达利用担任哈尔滨铁路局副局长、党委书记、局长兼党委副书记和铁道部党组成员、政治部主任的职务便利，先后为北亚实业（集团）股份有限公司等单位和宫建秋等个人在违规发行股票，职务晋升、调整等方面谋取利益，直接或通过其妻姚光、其弟何洪儒收受上述单位或个人给予的人民币38.5万元、美元13.4万元、住房一套和欧米茄牌女士手表一块，以上财物折合人民币共计1906233.9元。

（一）2000年6月至2002年11月，被告人何洪达利用担任哈尔滨铁路局局长兼党委副书记的职务便利，接受北亚实业（集团）股份有限公司原总经理刘贵亭（另案处理）的请托，多次指示哈尔滨铁路局及该局下属多元经营资产管理中心等单位为北亚实业（集团）股份有限公司进行虚假资金转账，并采用出具虚假证明等手段为该公司违规增发股票及规避监管提供帮助。为此，何洪达收受北亚实业（集团）股份有限公司通过刘贵亭给予的人民币5万元、美元7000元。2003年1月，何洪儒收受北亚实业（集团）股份有限公司给予的房屋一套，并告知何洪达。上述款物折合人民币共计454216.7元。

（二）被告人何洪达利用担任哈尔滨铁路局局长兼党委副书记的职务便利，为哈尔滨铁路局自备车管理办公室原副主任兼黑龙江虹通运输服务有限责任公司原副总经理宫建秋，担任哈尔滨铁路局运输处总调度室主任、黑龙江虹通运输服务有限责任公司总经理兼哈尔滨铁路局自备车管理办公室主任提供帮助，并于2004年年初，接受宫建秋的请托，利用担任铁道部党组成员、政治部主任的职务便利，承诺为其工作调整提供帮助。为此，2001年初至2006年，何洪达收受宫建秋给予的人民币12万元、美元3万元，2001年5月，姚光收受宫建秋通过其妻李秋娥给予的人民币1万元，并告知何洪达。上述钱款折合人民币共计376092元。

（三）被告人何洪达利用担任哈尔滨铁路局局长兼党委副书记的职务便利，为哈尔滨铁路局牡丹江分局绥芬河车站原站长刘殿文担任哈尔滨铁路局对外合作处副处长和分配住房方面提供帮助。为此，2001年9月至2002年8月，何洪达收受刘殿文给予的人民币1万元、美元2万元，2004年年初至2007年年初，姚光收受刘殿文给予的美元1万元，并告知何洪达。何洪儒将刘殿文以庆贺何洪达之女结婚名义给予的欧米茄牌女士手表一块转交给何洪达。上述款物折合人民币共计326398元。

（四）被告人何洪达利用担任哈尔滨铁路局局长兼党委副书记，铁道部党组成员、政治部主任的职务便利，为哈尔滨铁路局哈尔滨分局原副分局长郝雪斌（另案处理）担任哈尔滨铁路局运输处处长兼自备车管理办公室主任、黑龙江虹通运输服务有限责任公司总经理、哈尔滨铁路局总调度长兼运输处处长、哈尔滨铁路局副局长提供帮助。为此，1997年9月至2004年年底，何洪达收受郝雪斌给予的人民币3万元、美元2.2万元，2001年5月至2003年上半年，姚光收受郝雪斌给予的人民币9万元，并告知何洪达。上述钱款折合人民币共计302083.2元。

（五）被告人何洪达利用担任哈尔滨铁路局局长兼党委副书记的职务便利，为哈尔滨铁路牡丹江分局原副分局长王长东担任哈尔滨铁路局对外合作处处长兼局对外经济技术合作公司副总经理以及分配住房方面提供帮助。为此，2000年夏至2003年下半年，何洪达收受王长东给予的美元3万元，折合人民币248296.5元。

（六）被告人何洪达利用担任哈尔滨铁路局局长兼党委副书记的职务便利，为哈尔滨铁路局货运营销处原副处长周长胜担任货运营销处处长提供帮助。为此，1999—2001 年 5 月姚光收受周长胜之妻陈云给予的人民币 1.5 万元，并告知何洪达，2002 年 5 月、8 月间，何洪达收受陈云、周长胜给予的人民币 1 万元、美元 1 万元，上述钱款折合人民币共计 107765 元。

（七）何洪达利用担任哈尔滨铁路局局长兼党委副书记的职务便利，接受刘思臣的请托，为哈尔滨铁路局海拉尔分局满洲里换装所改变隶属关系，并按较大型单位配备干部提供帮助。为此，2002 年，何洪达收受该换装所通过原所长刘思臣给予的人民币 2 万元、美元 5000 元，上述钱款折合人民币 61382.5 元。

（八）被告人何洪达利用担任哈尔滨铁路局局长兼党委副书记的职务便利，为牡丹江铁路运输检察院原副检察长费聿滨担任黑龙江省人民检察院哈尔滨铁路运输分院教育处处长提供帮助。为此，2000 年 2 月，何洪达收受费聿滨给予的人民币 2 万元。

（九）被告人何洪达利用担任哈尔滨铁路局局长兼党委副书记的职务便利，为哈尔滨铁路局社会保险事业管理中心原副主任常永胜担任该中心主任提供帮助。为此，2002 年 7—8 月，何洪达收受常永胜给予的人民币 1 万元。

二、巨额财产来源不明罪

被告人何洪达家庭财产、支出折合人民币共计 1135 万余元，除去违法犯罪所得及合法收入，另有折合人民币共计 397 万余元的财产不能说明来源。

案发后，被告人何洪达及家属将全部赃款、赃物退缴。

2009 年 10 月 27 日，北京市第一中级人民法院依法组成合议庭，公开审理了此案。法庭审理认为：

被告人何洪达身为国家工作人员，利用职务上的便利，为他人谋取利益，非法收受他人财物，其行为已构成受贿罪；其财产、支出明显超过合法收入，差额特别巨大，且本人不能说明来源，其行为已构成巨额财产来源不明罪。北京市人民检察院第一分院指控被告人何洪达犯受贿罪、巨额财产来源不明罪的事实清楚，证据确实、充分，指控罪名成立。何洪达所犯受贿罪行，侵害了国家工作人员职务行为的廉洁性，败坏了国家工作人员的声誉，依法应予惩处；其所犯巨额财产来源不明罪，差额特别巨

大，依法亦应惩处，与所犯受贿罪实行数罪并罚。

2009 年 11 月 24 日，北京市第一中级人民法院依照《中华人民共和国刑法》第三百八十五条第一款，第三百八十六条，第三百八十三条第一款第一项、第二款，第三百九十五条第一款，第六十九条，第六十一条，第六十四条的规定，作出如下判决：

一、被告人何洪达犯受贿罪，判处有期徒刑十三年，并处没收个人财产人民币三十万元；犯巨额财产来源不明罪，判处有期徒刑五年，决定执行有期徒刑十四年，并处没收个人财产人民币三十万元。

二、在案扣押的款、物予以没收。

一审宣判后，被告人何洪达在法定期限内没有提出上诉，检察机关也没有提起抗诉，一审判决发生法律效力。

陈少勇受贿案

被告人陈少勇，男，1955 年 12 月 19 日出生，汉族，中共党员，原系福建省委常委、秘书长。曾任共青团福建省委书记、莆田市委副书记、莆田市政协主席、莆田市人民政府市长、宁德市委书记，第十一届福建省人民代表大会代表和全国人民代表大会代表（2008 年 11 月 27 日和 12 月 2 日，被依法罢免福建省人民代表大会代表和全国人民代表大会代表职务）。2009 年 1 月 22 日，因涉嫌受贿罪被逮捕。

被告人陈少勇受贿案，由最高人民检察院于 2009 年 1 月 21 日立案侦查，2009 年 6 月 18 日侦查终结。同日，最高人民检察院将该案经江苏省人民检察院移交江苏省南京市人民检察院审查起诉。江苏省南京市人民检察院受理后，在法定期限内依法告知陈少勇有权委托辩护人等诉讼权利，讯问了陈少勇，听取了陈少勇委托的辩护人的意见，审查了全部案卷材料。因案情重大复杂，经南京市人民检察院检察长批准，两次延长审查起诉期限各半个月。因案件事实不清、证据不足，于 2009 年 8 月 2 日、10 月 16 日两次退回侦查部门补充侦查，同年 9 月 1 日、11 月 13 日重新移送审查起诉。2009 年 11 月 26 日，南京市人民检察院依法向南京市中级人民法院提起公诉。被告人陈少勇犯罪事实如下：

1992 年 11 月至 2008 年 5 月，被告人陈少勇利

用担任中共莆田市委副书记、莆田市人民政府市长，中共宁德市委书记，中共福建省委常委、秘书长职务上的便利，在职务晋升、企业经营、土地使用以及案件处理等方面为他人谋取利益，收受、索取福建森坤投资集团有限公司董事长郑坤山、宁德市海洋与渔业局原局长薛世平等26人给予的人民币513.7万元、美元34.78万元、港币12万元、加拿大元3000元、欧米茄牌手表和百达翡丽牌手表各一块，共计折合人民币819.31万元。

一、2006年8月至2008年春节前，被告人陈少勇利用担任中共福建省委常委、秘书长职务上的便利，接受福建森坤投资集团有限公司董事长郑坤山的请托，为该公司以优惠价格购买厦门市中闽大厦写字楼9层1单元、参与龙海市"东海明珠"综合开发建设项目等事项谋取利益。陈少勇本人或通过其妻黄瑶茜先后6次索取、收受郑坤山给予的人民币135万元、美元8万元。

二、2003年11月至2004年下半年，被告人陈少勇利用担任中共宁德市委书记职务上的便利，接受福建省福安市闽东亚南电机有限公司董事长郭健的请托，为该公司在闽东工业园区投资设立宁德市三力机电设备有限公司建设用地、郭健与他人筹建奶牛育种项目以及其参与福安保税仓库项目等事项谋取利益。陈少勇先后4次收受郭健给予的人民币70万元、美元4万元。

三、1992年11月至2006年年底，被告人陈少勇利用担任中共莆田市委副书记，莆田市人民政府市长职务上的便利，承诺为莆田市金高威实业有限公司港方代表黄赛平提供关照，并接受黄赛平请托，为黄赛平涉嫌重大责任事故罪的处理和福建省安特半导体有限公司项目投产以及莆田市天九湾项目开发补偿等事项提供帮助。陈少勇先后18次收受黄赛平给予的人民币65万元、美元2万元和港币8万元。

四、2003年下半年至2007年8月，被告人陈少勇利用担任中共宁德市委书记，福建省委常委、秘书长职务上的便利，接受薛世平的请托，为薛世平由中共宁德市委副秘书长、市委办公室主任调任福安市市长、留任福安市市长和调任宁德市海洋业与渔业局局长等事项提供帮助。为此，陈少勇先后6次收受薛世平给予的人民币60万元、港币3万元。

五、2002年5月至2004年3月，被告人陈少勇利用担任中共宁德市委书记职务上的便利，接受福

建德亚集团公司总裁阮希玮的请托，为阮希玮担任福建省工商业联合会副会长、谋求担任宁德市政协副主席、福建德亚集团公司在闽东华侨经济开发区有关土地补偿、德亚大酒店施工用电等事项提供了帮助。为此，陈少勇先后5次收受阮希玮给予的人民币30万元、美元2万元。

六、2004年春节至2008年春节前，被告人陈少勇利用担任中共宁德市委书记职务上的便利，为福建德和集团有限公司收购宁德市蕉城区国有资产投资经营有限公司所持有的福建洪口水电有限公司部分股权提供了帮助。为此，陈少勇本人或通过其妻黄瑶茜、其子陈某先后7次收受该公司总经理林森给予的人民币5万元、美元3万元、价值人民币3万元的购物卡。

七、2003年春节至2007年6月，被告人陈少勇利用担任中共宁德市委书记，福建省委常委、秘书长职务上的便利，接受时任中共宁德市委副秘书长、市信访局局长叶武文的请托，承诺为其涉嫌违纪问题的处理提供帮助，并为其担任宁德市台办主任和宁德市港口开发建设管理委员会办公室主任、宁德市港务局局长等事项提供了帮助。为此，陈少勇本人或通过其妻黄瑶茜先后7次收受叶武文给予的人民币31万元、美元800元。

八、2002年11月至2004年春节，被告人陈少勇利用担任中共宁德市委书记职务上的便利，承诺为时任中共福安市委书记林旭荣提供关照，并接受林旭荣请托，为其留任中共福安市委书记提供了帮助。为此，陈少勇本人或通过其母亲先后4次收受林旭荣给予的人民币1万元、美元2.5万元和价值人民币5.9万元的欧米茄手表一块。

九、2003年11月至2007年年底，被告人陈少勇利用担任中共宁德市委书记，福建省委常委、秘书长职务上的便利，承诺为黄锦华提供关照，并接受黄锦华请托，为其担任董事长的福安市瑞晟环境工程有限公司建设福安市城市污水处理厂项目提供了帮助。为此，陈少勇先后4次收受、索取黄锦华人民币6万元、美元2万元、加拿大元3000元。

十、2003年5—12月，被告人陈少勇利用担任中共宁德市委书记职务上的便利，接受福建省金龙工贸集团有限公司总经理郭智惠的请托，为该公司筹建鞍钢集团福建龙安钢铁有限公司项目提供了帮助。为此，陈少勇先后2次收受郭智惠给予的人民币15万元、美元1万元。

十一、2006年春节前至2008年春节前，被告人陈少勇利用担任中共宁德市委书记职务上的便利，接受闽东丛贸船舶实业有限公司董事长刘丛生的请托，为刘丛生与宁德市港务有限公司等筹建福建三都澳白马集装箱航运港务有限公司、闽东丛贸船舶实业有限公司船舶进口业务申报不实的处理等事项提供了帮助。为此，陈少勇本人或通过其妻黄瑶茜先后3次收受刘丛生给予的美元3万元。

十二、2004年8月，被告人陈少勇利用担任中共宁德市委书记职务上的便利，为时任中共霞浦县委副书记、副县长林峰提拔为中共宁德市委副秘书长、市委办公室主任提供了帮助。为此，陈少勇收受林峰给予的人民币20万元。

十三、2003年春节前至2008年3月，被告人陈少勇利用担任中共宁德市委书记，福建省委常委、秘书长职务上的便利，承诺为时任中共福鼎市委书记叶干铃提供关照，并接受叶干铃请托，为其涉嫌违纪问题的处理提供了帮助。为此，陈少勇先后6次收受叶干铃给予的人民币20万元。

十四、2004年夏天至2007年年初，被告人陈少勇利用担任中共宁德市委书记职务上的便利，接受时任福鼎市市长陈铭生的请托，为其担任宁德市蕉城区委书记提供了帮助。为此，陈少勇先后4次收受陈铭生给予的人民币1万元、美元1.8万元。

十五、2003年春节前至2006年年底，被告人陈少勇利用担任中共宁德市委书记，福建省委常委、秘书长职务上的便利，接受时任宁德市劳动和社会保障局副局长苏树波的请托，为其担任中共屏南县委副书记、福建东侨经济开发区管理委员会主任等事项提供了帮助。为此，陈少勇先后7次收受苏树波给予的人民币2万元、美元1.4万元。

十六、2002年11月至2005年下半年，被告人陈少勇利用担任中共宁德市委书记职务上的便利，接受福建海洁保税有限公司董事长、鑫宏达（福建）投资集团有限公司总裁郑少清的请托，为郑少清涉嫌走私普通货物罪的处理、福建鑫宏达（福建）投资发展有限公司投资重汽集团福建专用车项目等事项提供了帮助。为此，陈少勇本人或通过其妻黄瑶茜先后4次收受郑少清给予的港币1万元、美元1.5万元。

十七、2004年春节前，被告人陈少勇利用其担任中共宁德市委书记职务上的便利，接受时任宁德市中级人民法院副院长伍勇的请托，为伍勇担任宁德市中级人民法院党组副书记提供了帮助。为此，陈少勇收受伍勇给予的人民币10万元。

十八、2003年下半年，被告人陈少勇利用担任中共宁德市委书记职务上的便利，接受时任宁德市国土资源局局长高胜慈的请托，为高胜慈留任该局局长提供了帮助。为此，陈少勇收受高胜慈给予的人民币10万元。

十九、2004年夏天至2007年1月，被告人陈少勇利用担任中共莆田市委副书记、莆田市市长职务上的便利，接受时任福建林学院团委书记蔡伟民的请托，为蔡伟民担任莆田市林业局副局长、局长以及其妻子工作调动等事项提供了帮助。为此，陈少勇先后收受蔡伟民给予的人民币5000元以及由蔡伟民支付差价款为人民币9.2万元的红木仿古家具一套。

二十、2004年春节至2006年下半年，被告人陈少勇利用担任中共宁德市委书记职务上的便利，为时任平南县县长薛成康担任中共平南县委书记提供了帮助。为此，陈少勇本人或通过其妻黄瑶茜先后3次收受薛成康给予的人民币2万元、美元8000元。

二十一、2004年上半年，被告人陈少勇利用担任中共宁德市委书记职务上的便利，接受泰禾（香港）集团有限公司董事长黄其森的请托，承诺为该公司收购福建闽东电力股份有限公司部分国有股提供帮助。为此，陈少勇收受黄其森给予的价值港币8万元的百达翡丽手表一块。

二十二、2005年春节前，被告人陈少勇利用担任中共宁德市委书记职务上的便利，为时任中共寿宁县委副书记、组织部长张水松调任中共周宁县委副书记、常务副县长和县长等事项提供了帮助。为此，陈少勇收受张水松给予的美元1万元。

二十三、2005年年初至2008年春节前，被告人陈少勇利用担任中共宁德市委书记，福建省委常委、秘书长职务上的便利，为时任中共宁德市委办公室秘书科科长林昭辉担任宁德市人民政府驻北京联络处副主任提供了帮助，并接受林昭辉的请托，为其担任宁德市经济贸易委员会调研员、市商业总公司总经理和其妻子工作调动等事项提供了帮助。为此，陈少勇先后4次收受林昭辉给予的人民币7万元。

二十四、2006年下半年至2008年春节前，被告人陈少勇利用担任中共福建省委常委、秘书长职务上的便利,接受时任中共永定县委副书记余德辉的请托,为其担任永定县县长提供了帮助。为此,陈少勇先后3次收受余德辉给的人民币6万元。

二十五、2005年春节前和2006年春节前,被告人陈少勇利用担任中共宁德市委书记职务上的便利,接受福安市闽东安波电器有限公司董事长陈少波的请托,为该公司投资的宁德鹏康电机有限公司办理土地使用证并承诺为该公司减免土地滞纳金等事项提供了帮助。为此,陈少勇先后2次收受陈少波给予的美元7000元。

二十六、2003年6月至2005年10月,被告人陈少勇利用担任中共宁德市委书记职务上的便利,接受时任宁德市政府秘书长郑其桂的请托,为其担任福鼎市市长提供了帮助。为此,陈少勇先后4次收受郑其桂给予的人民币5万元。

2010年1月8日,江苏省南京市中级人民法院依法组成合议庭,公开审理了此案。法庭审理认为:

被告人陈少勇身为国家工作人员,利用职务便利,为他人谋取利益,非法索取、收受他人财物,折合人民币共计819.31万元,其行为已构成受贿罪。公诉机关指控被告人陈少勇犯受贿罪的事实清楚,证据确实、充分,指控罪名成立。根据被告人陈少勇受贿数额和情节,考虑到其能够坦白办案机关不掌握的大部分受贿事实和退缴了全部赃款赃物,依照《中华人民共和国刑法》第十二条第一款,第三百八十五条第一款,第三百八十六条,第三百八十三条第一款第一项、第二款,第五十七条第一款,第五十九条,第六十四条及《最高人民法院关于处理自首和立功具体应用法律若干问题的解释》第四条之规定,作出如下判决:

一、被告人陈少勇犯受贿罪,判处无期徒刑,剥夺政治权利终身,并处没收个人全部财产。

二、扣押在案的受贿赃款人民币515.59万元、美元34.78万元、港币12万元,赃物百达翡丽牌手表一块、欧米茄牌手表一块予以没收,上缴国库。

一审宣判后,被告人陈少勇在法定期限内未上诉,检察机关也没有提出抗诉,一审判决发生法律效力。

田丰受贿案

被告人田丰,男,1959年6月15日出生,原系浙江省司法厅党委委员,浙江省监狱管理局局长、党委书记。2009年4月24日,因涉嫌受贿罪,被刑事拘留,2009年5月6日被逮捕。

被告人田丰受贿案,由浙江省杭临平地区人民检察院于2009年4月23日立案侦查,2009年8月31日侦查终结。2009年9月14日,浙江省人民检察院将该案交杭州市人民检察院审查起诉。杭州市人民检察院受理案件后,于2009年9月14日依法告知了田丰有权委托辩护人等诉讼权利,讯问了田丰,审查了全部案件材料,其间,延长办案期限半个月。2009年10月28日,杭州市人民检察院向杭州市中级人民法院提起公诉。被告人田丰犯罪事实如下:

被告人田丰1997—2009年,利用担任浙江省乔司监狱政委、党委书记,浙江省监狱管理局政委、党委副书记,监狱管理局局长、党委书记等职务的便利,为他人在工程款结算、任职升职、工作调动、罪犯服刑等方面谋取利益,非法收受李文良、胡东萍、赵宁波等31人现金、银行卡、超市卡、白金项链、液晶电视、手表、家具、字画、玉器等财物,共计价值人民币64.2万余元。

一、2002年春节,被告人田丰收受浙江东联钱江实业有限公司第六分公司经理李文良所送钻石白金项链1条,价值人民币6310元。2003—2007年,田丰多次收受李文良所送购物卡,共计价值人民币1.1万元。2006年9月,田丰收受李文良给予的新房装修款人民币6万元。田丰收受上述财物后,受李文良托请,为李文良向浙江省第一监狱结算工程款提供了帮助。2007年下半年,田丰任浙江省监狱管理局局长前,为逃避组织调查,将人民币6万元归还李文良。

二、2006年8月,被告人田丰收受浙江省监狱管理局干部胡东萍所送飞利浦液晶电视机一台,价值人民币7800元。2007年2月,田丰收受胡东萍现金人民币5万元,并为胡东萍在职务升迁上提供帮助。

三、2004—2007年,被告人田丰多次收受浙江中天集团置业有限公司赵宁波所送的礼卡,合计价值人民币9000元,并受赵宁波所托,在浙江省第一监狱、十里坪监狱基建工程发包等事项上予以帮助。2006年年底,田丰收受赵宁波所送"缅甸花梨木"沙发1套及"鸡翅木"床1张,价值人民币4万元。2007年下半年,田丰在任浙江省监狱管理局局长前，为逃避组织调查，将人民币4万元退还赵宁波。

四、2005年，被告人田丰收受德清县集通实业有限公司董事长方定所送由文怀沙题写的"正清和"字1幅，价值人民币2.9万余元。2006年，田丰再次收受方定所送的由文怀沙题写的内容为"金刚经偈联引"字1幅，价值人民币1.7万余元。田丰受方定所托，为方定在金华监狱的相关业务问题上与金华监狱领导打招呼。

五、2003年8月，被告人田丰收受浙江省乔司监狱原副监狱长李恩高为感谢田丰在其职务升迁上提供帮助所送现金人民币1万元。2003年9月，田丰收受李恩高所送银行卡1张，金额为人民币4000元。2002—2008年，田丰多次收受李恩高所送礼卡，合计价值人民币1.5万元。

六、2008年7月，被告人田丰收受新疆生产建设兵团监狱管理局原副局长贺丰朝所送的奥运金条2根、金项链1条、金手镯2个，价值人民币2.6万余元，利用职务之便，接受贺丰朝所托，将徐文奎从新疆监狱调至浙江省金华监狱工作。2009年1月，田丰得知有关部门对其进行调查，遂将所收金器通过徐文奎退还。

七、2008年9月，被告人田丰收受浙江省警官职业学院干部潘燕所送卡地亚女表1块，价值人民币2.5万余元，并为潘燕调动工作提供帮助。2008年年底，田丰得知有关部门对其进行调查，遂让妻子将表退还给潘燕。

八、2006年，被告人田丰装修新房时，收受杭州辉煌家私有限公司孙金根所送各类板材，价值人民币2万元。2007年下半年，田丰收受孙金根所送现金人民币3000元，并为孙金根在乔司监狱内厂区扩建等请托事项上提供帮助。

九、2004年春节，被告人田丰收受浙江省十里丰监狱副监狱长张仁浩为感谢田丰在其职务升迁上提供帮助，送郭仲选题写的对联1副，价值人民币2000元。2006年，田丰在装修新房期间，收受张仁浩所送价值人民币2万元木地板。2009年年初，田丰得知有关部门对其进行调查后，退还张仁浩现金人民币2万元。

十、2003年，被告人田丰收受浙江省十里坪监狱原副监狱长钱旭平为感谢田丰在其职务升迁上提供帮助，送吴山明所画"春华秋实"1幅，价值人民币1.2万元。2004年春节，田丰收受钱旭平所送现金人民币2000元。2005年春节，田丰收受钱旭平所送的银行卡1张，内有现金人民币4000元。2006—2007年，田丰收受钱旭平以看望其母亲名义所送现金人民币4000元。

十一、2005年，被告人田丰收受杭州富日物流公司董事长高志明所送现金人民币3000元。2006年，收受高志明所送现金人民币2000元，并受高志明所托将杨人树从乔司监狱二分监狱调到九分监狱工作。

十二、2005—2008年，被告人田丰4次收受与浙江省监狱系统有业务往来的温州艾柏士精密金属有限公司总经理翁国栋所送现金人民币共计1.5万元。

十三、2006—2008年，被告人田丰收受浙江省第三监狱监狱长吴建国为感谢田丰在其职务升迁上提供帮助所缴纳的杭州假日大酒店神秘石屋休闲有限公司健身房3年年费，价值人民币1万元。2007年，田丰收受吴建国所送价值人民币5000元加油卡1张。2009年1月，田丰得知有关部门对其调查后，将尚余500元加油卡及现金4500元退还吴建国。

十四、2006—2008年，被告人田丰收受浙江省乔司监狱副监狱长黄宏为感谢田丰在其职务升迁上提供帮助所送的超市卡、购物卡，合计价值人民币1.2万元。

十五、2006年，被告人田丰收受刘仕玲所送购物卡，价值人民币1万元，并接受刘仕玲所托，将刘仕玲的女儿从省金华监狱调到杭州工作提供帮助。

十六、2005—2008年，被告人田丰收受中国农业银行杭州浙大支行行长娄国海为感谢其帮助拉存款所送的礼卡，合计价值人民币8000元。

十七、2006年，被告人田丰在装修新房期间，收受杭州经济开发区信宇厨房设备厂厂长梁金根送整体厨柜1套，价值人民币7000元，并受梁金根所托，为其在浙江省长湖监狱工程招投标时提供帮助。

十八、2006年，被告人田丰收受浙江省第二监狱副政委揭国松为感谢田丰在其职务升迁上提供帮助所送现金人民币6600元。

十九、2006年，被告人田丰收受浙江省乔司监狱组织人事科科长傅正平为感谢田丰在其职务升迁上提供帮助，为田丰支付了购置窗帘布款，价值人民币2400元。2007年和2008年春节，田丰2次收受傅正平所送购物卡,合计价值人民币4000元。

二十、2005年,被告人田丰收受杭州基督教青年会社区服务部傅建陈送的按摩椅1张,价值人民币3000元。2007年,田丰收受傅建陈所送银行卡1张,金额为人民币3000元,并为傅建陈向浙江省十里坪监狱等单位介绍购买健身器材业务。

二十一、2008年,被告人田丰收受浙江富春江通信集团董事长孙庆炎所送银行卡1张,金额为人民币5000元,并受孙所托,在罪犯姜云服刑事项上提供帮助。2009年年初,田丰得知有关部门对其进行调查后,遂将现金5000元退还孙庆炎。

二十二、2007年春节前,被告人田丰收受浙江省第四监狱监狱长赵国其为感谢田丰在其职务升迁上提供帮助所送现金人民币6000元。

二十三、2007—2008年,被告人田丰收受浙江省乔司监狱民警杨子恒为感谢田丰在杨招干过程中提供帮助所送现金人民币4000元。

二十四、2003年,被告人田丰收受浙江省监狱管理局干部徐雯所送尼维达手表1块,价值人民币3000余元。2006年,田丰收受徐雯所送现金人民币3000元,并受徐所托,在罪犯吕桂泉服刑事项上提供帮助。

二十五、2006—2009年,被告人田丰多次收受新昌广源化工有限公司总经理俞树盛所送礼卡,合计价值人民币9000元,并受俞请托,在罪犯王敏勇投送乔司监狱服刑事项上予以帮助。

二十六、1997年,被告人田丰收受浙江康仕成文化礼品有限公司董事长楼灿仕所送"样样红"家具,价值人民币5400元,并受楼灿仕请托,在罪犯楼春生服刑事项上提供帮助。

二十七、2008年春节,被告人田丰收受浙江省临海监狱筹建办主任廖士生为感谢田丰在其职务升迁上提供帮助所送的购物卡1张,5000元。

二十八、2004—2006年,被告人田丰多次收受浙江省南湖监狱监狱长施志仁为感谢田丰在其职务升迁上提供帮助所送的礼卡,价值人民币4500元。

二十九、2006年和2007年春节,被告人田丰收受浙江省第一监狱副监狱长董生青为感谢田丰在其职务升迁上提供帮助所送的购物卡,合计价值人民币4000元。

三十、2002年,被告人田丰收受浙江省监狱管理局干部邱祖萍为获取田丰的帮助、关照所送的礼卡,价值人民币4000元。

三十一、2002年,被告人田丰收受余匡群所送玉观音1个及玉香炉、玉弥勒佛、翡翠珍珠等物,并受余匡群所托,承诺为余的儿子今后工作提供帮助。2006年,田丰将余匡群所送玉观音以人民币12万元的价格转让他人。

2009年11月13日,浙江省杭州市中级人民法院依法组成合议庭,公开开庭审理了本案。法庭审理认为:

被告人田丰身为国家机关工作人员,利用职务便利,在工程款结算、任职升职、工作调动、罪犯服刑等方面为他人谋取利益,非法收受他人财物,其行为构成受贿罪。公诉机关指控罪名成立。被告人田丰主动向有关部门交代办案单位尚不掌握的受贿犯罪事实,具有自首情节,且归案后认罪态度好,具有悔罪表现,依法可以减轻处罚。

2010年1月21日,杭州市中级人民法院依照《中华人民共和国刑法》第三百八十五条第一款、第三百八十六条、第三百八十三条第一项、第六十七条第一款、第五十九条、第六十四条之规定,作出如下判决:

一、被告人田丰犯受贿罪,判处有期徒刑七年,并处没收个人财产10万元。

二、扣押的奥运金条2条,金手镯2个,金项链1条,卡地亚手表1块,pt900钻石项链1条,文怀沙书写"正清和"、"金刚经偈联引"字2幅,郭仲选书对联1幅,吴山明"春华秋实"画1幅,玉香炉1只,玉弥勒佛1件,翡翠珍珠以及赃款现金人民币525150元予以追缴,上缴国库。

一审法院判决后,被告人田丰在法定期限内未提出上诉,检察机关也未提出抗诉,一审判决发生法律效力。

黄松有受贿、贪污案

被告人黄松有,男,1957年12月21日出生,广东省汕头市人,汉族,中共党员,在职博士研究生,原系最高人民法院副院长,曾任中共广东省湛江市中级人民法院党组书记、湛江市中级人民法院院长、湛江市法官协会会长。2009年8月21日,因涉嫌受贿罪、贪污罪被逮捕。

被告人黄松有受贿、贪污案,由最高人民检察院于2009年8月20日立案侦查。2009年11月17日侦查终结,2009年11月18日,最高人民检察院将该案经河北省人民检察院移交河北省廊坊市人民检察院审查起诉。河北省廊坊市人民检察院受理案件后,于当日依法告知了黄松有有权委托辩护人等诉讼权利,并在法定期限内讯问了黄松有,听取了黄松有委托辩护人的意见,审查了全部案件材料。2009年12月30日,河北省廊坊市人民检察院依法向河北省廊坊市中级人民法院提起公诉。被告人黄松有犯罪事实如下:

一、受贿罪

2005—2008年,被告人黄松有利用担任最高人民法院副院长的职务便利,接受请托,为他人谋取利益,或者利用职权、地位形成的便利条件,通过其他国家工作人员的职务行为,为他人谋取不正当利益,非法收受广东法制盛邦律师事务所陈卓伦、广州佳德利房地产开发有限公司董事长肖渊韬、四川冠宇投资有限公司董事长林寻东、北京某高校教师赵某某、广东正大方略律师事务所律师陈文等人给予的人民币360万元和港币30万元,共计折合人民币390.066万元。

(一)2005年1月至2006年下半年,黄松有利用担任最高人民法院副院长职务上的便利,接受广东法制盛邦律师事务所律师陈卓伦的请托,希望黄松有帮助促成其代理的一起执行案件双方当事人执行和解。黄松有利用职务便利,向最高人民法院执行工作办公室的案件承办人打招呼,并作出书面批示,使该案件达成了执行和解。为此,黄松有于2008年5月,收受陈卓伦给予的人民币300万元。

(二)2006年5—7月,黄松有利用担任最高人民法院副院长职务上的便利,接受广州佳德利房地产开发有限公司董事长肖渊韬的请托,为该公司与广州建南房地产开发有限公司债务纠纷案的处理,请求广州市中级人民法院有关领导提供帮助。黄松有即向广州市中级人民法院相关领导打招呼,为肖渊韬提供了帮助。为此,黄松有于2006年5月至2007年年初,先后3次收受肖渊韬给予的港币30万元,折合人民币30.066万元。

(三)2006年9月,黄松有利用担任最高人民法院副院长职权、地位形成的便利条件,接受四川冠宇投资有限公司董事长林寻东的请托,为其兄林作万涉嫌行贿被广东省佛山市人民检察院立案侦

查事宜,希望黄松有通过该院有关领导提供帮助,使林作万由监视居住变更为取保候审。通过黄松有向佛山市人民检察院负责人打招呼,林作万被取保候审。为此,黄松有于2008年春节前,收受林寻东给予的人民币30万元。

(四)2006年年底,黄松有利用担任最高人民法院副院长职务上的便利,接受北京某高校教师赵某某为最高人民法院民一庭审理的一起土地转让合同纠纷案件,向其提出的请托,希望黄松有对一方当事人的利益给予关照。黄松有对该案提出明确意见,合议庭因此改变了原处理意见。为此,黄松有于2007年下半年,收受赵某某给予的人民币10万元。

(五)2007年5、6月,黄松有利用担任最高人民法院副院长职务上的便利,接受广州正大方略律师事务所律师陈文的请托,为广东省廉江市信用投资发展公司与广州南亚房地产发展有限公司执行案提供了帮助。为此,黄松有收受陈文给予的人民币20万元。

二、贪污罪

1997—1998年,广东省湛江市中级人民法院审理的中美公司破产还债一案,由广东粤法拍卖有限公司、广东法建拍卖有限公司进行了资产拍卖。被告人黄松有利用担任湛江市中级人民法院党组书记、院长的职务便利,隐瞒事实真相,伙同时任湛江市司法局副局长的陈文、粤西代办处负责人项光文,以粤西代办处参与中美公司资产拍卖操作的名义,将湛江市中级人民法院取得的对该资产拍卖佣金中的人民币308万元,通过湛江市法官协会转入粤西代办处账户,由三人非法占有,黄松有分得人民币120万元。

2010年1月14日,河北省廊坊市中级人民法院依法组成合议庭,公开审理了此案,法庭审理认为:

被告人黄松有身为国家工作人员,利用职务便利为他人谋取利益,利用职权、地位形成的便利条件,通过其他国家工作人员的职务行为,为他人谋取不正当利益,非法收受他人财物,其行为构成受贿罪;黄松有利用职务便利,伙同他人骗取本单位公款的行为还构成贪污罪。检察机关指控被告人黄松有犯受贿罪、贪污罪的事实清楚,证据确实、充分,指控的罪名成立。黄松有受贿数额巨大,虽具有在被调查期间主动坦白办案部门不掌握的部分

受贿犯罪事实,认罪态度较好,且案发后大部分赃款已追缴的酌定从轻处罚情节,但其身为最高人民法院大法官,所犯受贿罪社会影响恶劣,应依法从严惩处。黄松有伙同他人共同贪污数额巨大,情节严重,系主犯,亦应依法惩处。对黄松有所犯受贿罪、贪污罪,依法应数罪并罚。

2010年1月19日,河北省廊坊市中级人民法院依照《中华人民共和国刑法》第三百八十五条第一款,第三百八十八条,第三百八十二条第一款,第三百八十六条,第三百八十三条第一款第一项、第二款,第二十五条第一款,第二十六条第一款、第四款,第五十七条第一款,第五十九条,第六十九条,第六十四条之规定,作出如下判决:

一、被告人黄松有犯受贿罪,判处无期徒刑,剥夺政治权利终身,并处没收个人全部财产;犯贪污罪,判处有期徒刑十五年,并处没收个人财产人民币50万元,决定执行无期徒刑,剥夺政治权利终身,并处没收个人全部财产。

二、在案扣押的受贿款项人民币300万元上缴国库,贪污款项人民币278万元发还湛江市中级人民法院。

三、其余赃款继续追缴。

被告人黄松有不服一审判决,向河北省高级人民法院提出上诉。

河北省高级人民法院依法组成合议庭审理了该案。法庭审理认为:

上诉人黄松有身为国家工作人员,利用职务便利,为他人谋取利益,或者利用职权、地位形成的便利条件,通过其他国家工作人员的职务行为,为他人谋取不正当利益,非法收受他人财物,其行为已构成受贿罪。受贿数额巨大,犯罪的社会影响极其恶劣,虽有主动坦白部分受贿犯罪事实、认罪态度好、大部分赃款已追缴等情节,亦不足以从轻处罚。黄松有利用职务便利,伙同他人骗取本单位公款的行为还构成贪污罪。贪污数额巨大,情节严重,且系主犯,亦应依法惩处。对黄松有所犯受贿罪、贪污罪,依法应予数罪并罚。一审判决认定事实和适用法律正确,量刑适当,审判程序合法。上诉理由和辩护意见法院均不予采纳。

2010年3月9日,河北省高级人民法院依照《中华人民共和国刑事诉讼法》第一百八十九条第一项、第一百九十七条之规定,作出如下裁定:驳回上诉,维持原判。

孙善武受贿案

被告人孙善武,男,1948年10月15日出生,汉族,大专文化,原系河南省政协副主席、党组副书记。曾任中共河南省委常委、洛阳市委书记。2008年9月27日,因涉嫌受贿罪被逮捕。

被告人孙善武受贿案,由最高人民检察院于2008年9月22日立案侦查,2009年4月26日侦查终结移送审查起诉。2009年4月27日,最高人民检察院将案件移交山东省人民检察院审查,该院于同日告知了孙善武有权委托辩护人等诉讼权利。2009年5月26日,山东省人民检察院将案件移交山东省潍坊市人民检察院审查起诉。潍坊市人民检察院受理案件后,审查了全部案件材料,依法讯问了孙善武,复核了主要证据,听取了孙善武委托的辩护人的意见。因案情重大、复杂,经潍坊市人民检察院检察长批准,两次延长审查起诉期限各半个月。2009年7月10日、9月25日,案件两次退回侦查部门补充侦查,2009年10月24日,潍坊市人民检察院再次受理审查起诉。2009年12月9日,潍坊市人民检察院依法向潍坊市中级人民法院提起公诉。被告人孙善武犯罪事实如下:

2002年9月至2006年6月,被告人孙善武利用担任中共河南省委常委、洛阳市委书记的职务便利,为洛阳中泰集团公司董事长李义超、洛阳凯瑞集团公司董事长王新立等9人谋取房地产项目开发、拆迁补偿、职务晋升、项目投资等方面的利益,单独或伙同其女儿刘宇萍、女婿邵志成非法收受上述人员所送人民币、美元、英镑、宝马轿车及以低于市场的价格购商品房,收受财物共计折合人民币910.49万元。

一、2002—2004年,被告人孙善武利用担任中共河南省委常委、洛阳市委书记职务上的便利,帮助洛阳中泰集团下属的洛阳中泰房地产置业有限公司解决了与中泰新城一期业主之间的纠纷,使该公司中泰新城二期工程能够顺利开发;接受该集团公司董事长李义超的请托,为其担任洛阳市政协副主席提供了帮助。为此,孙善武先后2次收受李义超给予的美元20万元及人民币200万元。

二、2002—2006年,被告人孙善武利用担任中共河南省委常委、洛阳市委书记职务上的便利,为洛阳凯瑞集团下属的洛阳凯瑞房地产置业有限公司解决拆迁困难和开发君临广场房地产项目提供帮助；并接受该集团公司董事长王新立的请托，为其父王根成担任法定代表人的洛阳古城机械有限公司增加搬迁补偿款和新厂用地等事项提供了帮助。为此，孙善武先后7次收受王新立给予的人民币30万元，美元27万元，英镑2万元，共计折合人民币2798970元。

三、2003年年底至2004年年初，被告人孙善武利用担任中共河南省委常委、洛阳市委书记职务上的便利，接受时任洛阳市建委副主任郭杰的请托，为郭杰晋升为洛阳市建委党组书记、主任提供了帮助。为此，孙善武先后5次收受郭杰给予的人民币共计35万元。

四、2004年上半年至2006年6月，被告人孙善武利用担任中共河南省委常委、洛阳市委书记职务上的便利，接受时任洛阳市公路局副局长兼洛阳路桥建设总公司总经理李纯营的请托，为洛阳路桥建设总公司升格并解决李纯营的职级晋升问题提供了帮助。为此，孙善武先后3次收受李纯营给予的人民币共计15万元。

五、2004年2月，被告人孙善武利用担任中共河南省委常委、洛阳市委书记职务上的便利，帮助郑州市丹尼斯百货有限公司董事长王任生解决在洛阳经营的丹尼斯百货商场门前交通不畅等问题。为此，孙善武收受了王任生给予的美元1万元。

六、2004年9月，时任中共河南省委常委、洛阳市委书记的被告人孙善武，对栾川县委书记张献会处理栾川钼都矿业公司改制问题不力造成亏损一事表示不满，并向洛阳市有关领导提出要调整张献会的职务。张献会得知这一消息后，送给孙善武人民币5万元。为此，孙善武没有调整张献会的职务。

七、2006年春节前，被告人孙善武利用担任中共河南省委常委、洛阳市委书记职务上的便利，接受中共洛阳市嵩县县委副书记郝东升关于职级晋升的请托，收受郝东升给予的美元5000元。

八、2005年年底至2006年年初，被告人孙善武利用担任中共河南省委常委、洛阳市委书记职务上的便利，接受时任洛阳市房屋管理局副局长的王运洲通过孙善武的女儿刘宇萍、女婿邵志成转达的请托，为王运洲晋升为洛阳市房屋管理局局长提供了

帮助。为此，王运洲应邵志成的要求，为邵购买了价值人民币57万元的宝马牌Z4型轿车一辆，邵将购车一事告诉了孙善武，2006年年初，刘宇萍又将该车以人民币62万元的价格出售。

九、2005年，被告人孙善武利用担任中共河南省委常委、洛阳市委书记职务上的便利，接受香江集团有限公司董事长刘志强通过孙善武的女儿刘宇萍、女婿邵志成转达的请托，帮助协调解决了该公司投资的洛阳香江万基铝业有限公司与合作方洛阳市新安县新安电力集团公司在氧化铝项目建设过程中存在的资金注入、用水用电、人事安排等事项合作不顺畅的问题。为此，孙善武向刘志强提出刘宇萍想在广州刘志强下属公司开发的楼盘购房，并要求给予优惠。2005年9月，刘宇萍以低于市场价人民币141.02万元的价格，购买了香江集团有限公司下属的广州番禺锦江房地产有限公司商品房两套。孙善武得知有关部门在调查其问题后，要求刘志强提高上述房屋的售价。其后，孙善武又要求刘宇萍夫妇将该房退购。

起诉书指控被告人孙善武归案后认罪态度恶劣，拒不交代绝大部分赃款下落，目前仅追回赃款169万余元。

2010年1月25日，潍坊市中级人民法院依法组成合议庭，公开审理了此案。法庭审理认为：

被告人孙善武身为国家工作人员，利用职务便利，为他人谋取利益，单独或者伙同家人多次非法收受他人财物，数额特别巨大，其行为严重侵害了国家工作人员职务行为的廉洁性，构成受贿罪。公诉机关指控孙善武犯受贿罪的事实清楚，证据确实、充分，指控罪名成立。孙善武受贿数额特别巨大，情节特别严重，论罪应当判处死刑，但根据孙善武犯罪的情节和对社会的危害程度，对其判处死刑，可不立即执行。

2010年2月9日，潍坊市中级人民法院依照《中华人民共和国刑法》第三百八十五条第一款，第三百八十六条，第三百八十三条第一款第一项、第二款，第四十八条第一款，第五十七条第一款，第五十九条第一款，第六十四条之规定，作出如下判决：

一、被告人孙善武犯受贿罪，判处死刑，缓期二年执行，剥夺政治权利终身，并处没收个人全部财产。

二、追缴在案的赃款人民币169万元，予以没收。

三、继续追缴孙善武的犯罪所得,予以没收。

一审判决后,孙善武向山东省高级人民法院提出上诉。

山东省高级人民法院依法组成合议庭审理了该案。法庭审理认为:

上诉人(原审被告人)孙善武身为国家工作人员,利用职务便利,收受他人财物,为他人谋取利益,构成受贿罪。上诉人孙善武收受贿赂,数额特别巨大,情节特别严重,应当依法惩处。原审判决认定事实清楚,证据确实充分,定罪准确,量刑适当,审判程序合法。

2010年3月25日,山东省高级人民法院依照《中华人民共和国刑事诉讼法》第一百八十九条第一项之规定,作出终审裁定:

驳回上诉,维持原判。

根据《中华人民共和国刑事诉讼法》第二百零一条之规定,此裁定即为核准山东省潍坊市中级人民法院以受贿罪判处被告人孙善武死刑,缓期二年执行,剥夺政治权利终身,并处没收个人全部财产的刑事裁定。

朱志刚受贿案

被告人朱志刚,男,1950年5月30日出生,硕士研究生学历,中共党员。原系第十一届全国人民代表大会常务委员会委员,全国人民代表大会财政经济委员会副主任委员,全国人民代表大会常务委员会预算工作委员会主任(正部长级),曾任财政部部长助理、财政部副部长。2008年10月28日,第十一届全国人民代表大会常务委员会第五次会议决定免去朱志刚的全国人民代表大会常务委员会预算工作委员会主任职务;2008年12月12日,陕西省第十一届全国人民代表大会常务委员会第五次会议决定接受朱志刚辞去第十一届全国人民代表大会代表职务的请求;2008年12月27日,全国人民代表大会常务委员会发布公告,依照代表法的规定终止朱志刚的全国人民代表大会代表资格,同时依照选举法的规定,其在全国人民代表大会常务委员会和专门委员会的职务相应终止。2009年6月12日,朱志刚因涉嫌受贿罪被逮捕。

被告人朱志刚受贿案,由最高人民检察院于2009年6月9日立案侦查,2009年11月17日侦查终结。2009年11月23日,最高人民检察院将该案经河南省人民检察院移交河南省信阳市人民检察院审查起诉。河南省信阳市人民检察院受理案件后,在法定期限内依法告知朱志刚有权委托辩护人等诉讼权利,讯问了朱志刚,并听取了其辩护人的意见,审查了全部案件材料。其间,因案情重大复杂,两次延长审查起诉期限各半个月,并两次退回侦查部门补充侦查。2010年4月8日,信阳市人民检察院依法向信阳市中级人民法院提起公诉。被告人朱志刚犯罪事实如下:

2000—2008年2月,被告人朱志刚利用担任财政部部长助理、副部长职务上的便利,为北京百慧勤投资管理有限公司、中基投资管理有限责任公司、北京新富投资有限公司等单位和个人谋取利益,索取和非法收受寇文峰、汤凌、王福生三人给予的财物共计折合人民币7441861.88元。

一、2000年1月至2007年下半年,被告人朱志刚接受北京百慧勤投资管理有限公司总经理寇文峰的请托,利用担任财政部部长助理、副部长职务上的便利,签发有关财政部批文,为北京百慧勤投资管理有限公司承揽的长春高新技术产业(集团)股份有限公司回购国家股股权、北京天桥北大青鸟科技股份有限公司股权变动、太极集团有限公司收购西南药业有限公司国家股股权的咨询顾问业务顺利开展提供了帮助;通过向财政部监管的中国华润总公司、中国信达资产管理公司、中国华融资产管理公司、中国石油天然气集团公司、中国粮油食品(集团)有限公司的有关人员打招呼,为寇文峰投资的北京百慧勤投资管理有限公司、中发国际资产评估有限公司、北京中发道勤会计事务所承揽业务或解决项目运作中的困难以及寇文峰妻子调动工作等事项提供了帮助。为此,被告人朱志刚索取和非法收受寇文峰给予的财物共计折合人民币205.5万元。

(一)2000年9月,被告人朱志刚收受寇文峰给予的价值人民币40.5万元的丰田佳美轿车一辆。

(二)2001年,被告人朱志刚收受寇文峰以为朱志刚妻子的药店提供周转金名义给予的人民币20万元。

(三)2002年下半年,被告人朱志刚收受寇文峰以购买家具费用名义给予的人民币25万元。

(四)2004年下半年,被告人朱志刚收受寇文峰以看望为由,给予的人民币30万元。

（五）2007年上半年,被告人朱志刚以其女儿想在香港买房为由,向寇文峰索要人民币50万元。

（六）2007年下半年,被告人朱志刚收受寇文峰给予的人民币40万元。

二、2000年12月至2008年3月,被告人朱志刚接受中基投资管理有限责任公司法定代表人汤凌的请托,利用担任财政部副部长职务上的便利,为安徽省宣城市争取广祠高速公路车辆购置税中央补助款和该市副市长之子调入安徽省财政厅工作等事项提供了帮助;通过向财政部监管的中国石油天然气集团公司、全国社会保障基金理事会的有关人员打招呼,以两个单位给相关银行揽储的方法,为中基投资管理有限责任公司获得银行贷款提供了帮助。为此,朱志刚索取和非法收受汤凌给予的财物共计折合人民币2891361.88元。

（一）2000年12月,朱志刚为与其情妇田宏见面方便,向汤凌索要位于北京市朝阳区慧忠里210楼2单元301室的住房一套,价值人民币446397.54元,并要求汤凌对该房屋进行装修,其中电器价值人民币19982元,其他装修材料价值人民币31105.7元,以上共计折合人民币497485.24元。

（二）2002年6月,朱志刚通过田宏收受汤凌以提供炒股资金名义给予的人民币30万元。

（三）2003年3月至2008年3月,朱志刚通过田宏以每月领取工资和报销费用的形式,收受汤凌给予的人民币403381元。

（四）2003年4月,朱志刚为田宏向汤凌索要价值人民币171234元的大众波罗轿车一辆;2007年10月,朱志刚要求汤凌将该台旧大众波罗轿车更换为一台新丰田凯美瑞轿车,丰田凯美瑞轿车价值人民币270697元,旧大众波罗轿车经鉴定价值人民币73100元,两车差价人民币197597元;两台车辆的保险、养路费人民币21664.64元均由汤凌公司支付。综上,朱志刚索取了上述两台车辆及相关费用共计折合人民币390495.64元。

（五）2003年国庆节期间,朱志刚收受汤凌以装修费用名义给予的人民币20万元。

（六）2005年上半年,朱志刚收受汤凌以为朱志刚女儿的航空售票点提供周转金名义给予的人民币20万元。

（七）2006年1月,朱志刚收受汤凌以朱志刚女儿在香港工作需要用钱为由给予的人民币20

万元。

（八）2006年年底,朱志刚收受汤凌以赞助朱志刚弟弟办画展名义给予的人民币20万元。

（九）2007年年初,朱志刚以其女儿想在香港买房为由,向汤凌索要人民币50万元。

三、2000年1月至2005年上半年,被告人朱志刚接受北京新富投资有限公司董事长王福生的请托,利用担任财政部部长助理、副部长职务上的便利,签发有关财政部批文,为北京新富投资有限公司收购重庆万里蓄电池有限公司部分国家股股权提供了帮助;通过向财政部监管的中国铝业公司有关人员打招呼,为北京新富投资有限公司下属的北京新美房地产开发有限公司推销楼盘一事提供帮助。为此,朱志刚非法收受王福生给予的财物共计折合人民币249.55万元。

（一）2000年下半年,朱志刚收受王福生给予的ST黔凯涤股票5万股,价值人民币99.55万元。

（二）2005年上半年,朱志刚分三次收受王福生给予的人民币150万元。

2010年4月26日,河南省信阳市中级人民法院依法组成合议庭,公开审理了此案。法庭审理认为:

被告人朱志刚身为国家工作人员,利用职务上的便利,为他人谋取利益,索取、收受他人财物折合人民币744万余元,其行为构成受贿罪。公诉机关指控被告人朱志刚犯受贿罪的事实清楚,证据确实、充分,指控罪名成立。根据被告人朱志刚受贿的数额和情节,考虑到其归案后主动坦白办案机关尚未掌握的部分受贿事实,如实交代全部受贿事实,并退缴了全部赃款赃物。依照《中华人民共和国刑法》第三百八十五条第一款,第三百八十六条,第三百八十三条第一款第一项、第二款,第五十七条第一款,第五十九条,第四十六条及《最高人民法院关于处理自首和立功具体应用法律若干问题的解释》第四条之规定,作出如下判决:

一、被告人朱志刚犯受贿罪,判处无期徒刑,剥夺政治权利终身,并处没收个人全部财产。

二、扣押在案的受贿款人民币665万元、港币13万余元;赃物丰田佳美轿车一辆、丰田凯美瑞轿车一辆,予以没收,依法上缴国库。

一审判决后,被告人朱志刚在法定期限内未提出上诉,检察机关亦未提出抗诉,一审判决发生法律效力。

王益受贿案

被告人王益,男,1956年4月1日出生,汉族,博士研究生学历,原系国家开发银行副行长。2009年1月22日,因涉嫌受贿罪被逮捕。

被告人王益受贿案,由最高人民检察院于2009年1月21日立案侦查,2009年7月13日侦查终结。2009年7月14日,最高人民检察院将该案经北京市人民检察院移交北京市人民检察院第一分院审查起诉。北京市人民检察院第一分院受理案件后,在法定期限内告知了王益有权委托辩护人等诉讼权利,讯问了王益,审查了全部案件材料。其间,退回补充侦查两次,延长审查起诉期限三次。2010年1月15日,北京市人民检察院第一分院依法向北京市第一中级人民法院提起公诉。起诉书认定被告人王益的犯罪事实如下:

1999年11月至2008年2月,被告人王益利用担任国家开发银行副行长职务上的便利,接受湖南利联安邵高速公路开发有限公司总经理李涛、云南昆钢朝阳钢渣开发有限责任公司董事长周宏(另案处理)和河南中裕煤层气开发利用有限公司北京办事处主任王磊等人的请托,为相关单位减少支出工程勘察设计费、增加地质勘察进尺量、继续经营钢渣处理业务、贷款申请和发放等事宜提供帮助,索取和非法收受上述3人给予的财物共计折合人民币11968668元。

一、被告人王益于1999年11月至2007年11月,利用担任国家开发银行副行长职务上的便利,接受湖南利联安邵高速公路开发有限公司总经理李涛的请托,通过向湖南省人民政府分管与国家开发银行贷款业务的副省长打招呼,为该公司减少支出高速公路工程勘察设计费人民币500余万元、增加地质勘察进尺量2万余延米提供帮助。为此,王益先后5次索取和非法收受李涛为取得和感谢其帮助而给予的人民币400万元、港币100万元、美元1万元,共计折合人民币5238668元。

二、被告人王益于2006年6月至2008年2月,利用担任国家开发银行副行长职务上的便利,接受云南昆钢朝阳钢渣开发有限责任公司董事长周宏的请托,通过向云南省人民政府分管与国家开发银行贷款业务的副省长打招呼,为该公司继续经营云南省昆明钢铁集团有限责任公司下属公司的钢渣处理业务提供帮助。为此,王益先后13次通过其弟王磊(另案处理)在昆明等地收受周宏以入股分红的名义给予的人民币643万元。

三、被告人王益于2000年至2005年3月,利用担任国家开发银行副行长职务上的便利,接受河南中裕煤层气开发利用公司北京办事处主任王磊的请托,为河南省郑州市经济技术开发区、河南正和实业有限公司向国家开发银行申请贷款人民币3亿元提供帮助,使王磊从中获得好处费人民币300万元。为此,王益以急需用钱为由向王磊索取人民币30万元。

案发后,被告人王益及其家属将全部赃款退缴。

2010年3月30日,北京市第一中级人民法院依法组成合议庭公开审理了此案。法庭审理认为:

被告人王益身为国家工作人员,利用职务上的便利,索取和非法收受他人财物,为他人谋取利益,其行为已构成受贿罪。北京市人民检察院第一分院指控被告人王益犯受贿罪的事实清楚,证据确实、充分,指控罪名成立。王益所犯受贿罪,数额特别巨大,为请托人谋取了不正当利益,且有索贿情节,其行为严重侵害了国家工作人员职务行为的廉洁性,败坏了国家工作人员的声誉,犯罪的情节、后果均特别严重,论罪应当判处死刑。鉴于其归案后能如实交代所犯罪行,认罪态度较好,赃款已全部追缴,对其判处死刑,可不立即执行。

2010年4月15日,北京市第一中级人民法院依照《中华人民共和国刑法》第三百八十五条第一款,第三百八十六条、第三百八十三条第一款第一项、第二款,第四十八条,第五十一条,第五十七条第一款,第五十九条,第六十一条,第六十四条的规定,作出如下判决:

一、被告人王益犯受贿罪,判处死刑,缓期二年执行,剥夺政治权利终身,并处没收个人全部财产。

二、在案冻结的昆明市滇池国家旅游度假区海韵枫丹15幢房产一套变价后清偿银行贷款余额和利息,剩余的款项连同在案冻结的其他款项及房产的变价款抵偿受贿赃款予以追缴,上缴国库。余款退回北京市人民检察院第一分院处理。

一审宣判后,被告人王益在法定期限内没有提出上诉,检察机关也没有提起抗诉,北京市第一中级人民法院将该案报送北京市高级人民法院核准。

北京市高级人民法院依法组成合议庭对案件进行了复核。法庭认为：

被告人王益身为国家工作人员，利用职务上的便利，索取和非法收受他人财物，为他人谋取利益，其行为已构成受贿罪。王益受贿数额特别巨大，为请托人谋取了不正当利益，且有索贿情节，其行为严重侵害了国家工作人员职务行为的廉洁性，败坏了国家工作人员的声誉，犯罪的情节、后果均特别严重，论罪应当判处死刑。鉴于其归案后能如实交代所犯罪行，认罪态度较好，赃款已全部追缴，对其判处死刑，可不立即执行。北京市第一中级人民法院根据王益犯罪的事实、犯罪的性质、情节及对于社会的危害程度所做的判决，事实清楚，证据确实、充分，定罪及适用法律正确，量刑适当，审判程序合法，应予核准。

2010年5月25日，北京市高级人民法院依照《中华人民共和国刑事诉讼法》第二百零一条的规定，作出如下裁定：

核准北京市第一中级人民法院（2010）一中刑初字第355号以受贿罪判处王益死刑，缓期两年执行，剥夺政治权利终身，并处没收个人全部财产的刑事判决。该裁定送达后即发生法律效力。

米凤君受贿案

被告人米凤君，男，1942年8月28日出生，回族，大学文化，系吉林省人民代表大会常务委员会原副主任。曾任中共吉林省长春市委副书记、长春市人民政府市长，中共吉林省委常委、长春市委书记、长春市人民代表大会常务委员会主任。2009年3月3日，因涉嫌受贿罪被逮捕。

被告人米凤君受贿案，由最高人民检察院于2009年2月6日立案侦查，2009年9月27日侦查终结，同日，最高人民检察院将案件经天津市人民检察院移交天津市人民检察院第一分院审查起诉。天津市人民检察院第一分院受理案件后，在法定期限内告知了米凤君有权委托辩护人等诉讼权利，讯问了米凤君，听取了米凤君辩护人的辩护意见，审查了全部案件材料。因案情重大复杂，案件三次延长审查起诉期限各半个月，二次退回侦查部门补充侦查。2010年4月2日，天津市人民检察院第一分院依法向天津市第一中级人民法院提起公诉。被告人米凤君的犯罪事实如下：

被告人米凤君在担任中共吉林省长春市委副书记、市长，中共吉林省委常委、长春市委书记、长春市人大常委会主任，吉林省人大常委会副主任期间，利用职务上的便利，为他人谋取利益，索取、非法收受孙玉德、金明南、周珍等16名个人和单位的人民币37.1万元、美元51.8万元、韩元30万元、房产四套、手表五块、钢琴一架、家具一套及房屋装修等财物，共计折合人民币6280885.13元，其中索取贿赂折合人民币3126092.85元。

一、1992年8、9月，被告人米凤君利用担任中共长春市委副书记、市长职务上的便利，接受长春市灯泡电线厂厂长孙玉德的请托，为该厂获得人民币1000万元银行贷款及该厂与韩国韩日电装公司合作等事项提供了帮助。为此，米凤君先后收受孙玉德给予的钱款共计美元1.1万元，折合人民币60400.9元。

二、1992年10月至2007年11月，被告人米凤君利用担任中共长春市委副书记、市长，中共吉林省委常委、长春市委书记、长春市人大常委会主任，吉林省人大常委会副主任职务上的便利，接受吉林省金豆实业集团有限公司董事长金明南的请托，为金明南的公司在合作开发、土地置换、抵扣土地使用权出让金人民币965万余元，减免城市基础设施配套费人民币34万元，以及承揽装修工程、推荐金明南为吉林省第十一届人大常委会内务司法委员会委员候选人等事项上提供了帮助。为此，米凤君先后向金明南索取财物折合人民币1430392.85元、非法收受人民币10万元，共计折合人民币1530392.85元。

三、1993年6月至1994年7月，被告人米凤君利用担任中共长春市委副书记、市长职务上的便利，接受长春市宽城房地产开发公司经理周珍的请托，要求相关单位支付了拖欠该公司的工程拆迁安置费人民币450万元及动迁安置费人民币700万元。为此，米凤君收受周珍给予的美元2万元，折合人民币166372元。

四、1992年2月至1998年3月，被告人米凤君利用担任中共长春市委副书记、市长，中共吉林省委常委、长春市委书记职务上的便利，接受吉林某股份有限公司董事长宋某某的请托，为该公司开发的两个商品房项目获得优惠政策及该公司兼并长春市双阳水泥厂等事项提供了帮助。为此，米凤君要求宋某某为其在美国的女儿米娜购买房产，宋某某遂给米娜汇款美元 20 万元，折合人民币 1655700 元，并告知了米凤君。

五、1996 年 7 月至 2001 年 1 月，被告人米凤君利用担任中共吉林省委常委、长春市委书记职务上的便利，接受长春大成玉米开发有限公司副董事长徐周文的请托，为该公司的玉米深加工项目取得当地政府支持、推荐徐周文担任长春市人民政府副秘书长以及该公司获得人民币 2400 万元银行贷款、与美国嘉吉公司合作等事项提供了帮助。为此，米凤君先后收受徐周文及该公司董事王铁光给予的财物，共计折合人民币 545100 元。

六、1998 年 4 月至 2007 年 9 月，被告人米凤君利用担任中共吉林省委常委、长春市委书记、长春市人大常委会主任，吉林省人大常委会副主任职务上的便利，接受吉林省某实业有限公司总经理崔某某的请托，为该公司取得住宅开发项目，并将该项目列入长春市经济适用房计划、免交土地使用权出让金人民币 906 万余元，指示长春市公安局解决施工纠纷、变更该项目二期工程规划方案、增加项目建筑面积 3148 平方米以及将崔某某提名为人大代表候选人等事项提供了帮助。为此，米凤君先后收受崔某某给予的财物，共计折合人民币 917229.28 元。

七、1997 年 11 月至 2000 年 6 月，被告人米凤君利用担任中共吉林省委常委、长春市委书记职务上的便利，接受时任吉林省长春市国家税务局副局长卢有富的请托，为其担任市财政局副局长（正局级）和局长提供了帮助。为此，米凤君先后收受卢有富给予的钱款共计美元 5000 元，折合人民币 41386.1 元。

八、1995 年 3 月至 2000 年 4 月，被告人利用米凤君担任中共长春市委副书记、市长，中共吉林省委常委、长春市委书记职务上的便利，接受长春某肉业股份有限公司董事长丛某某的请托，在确定丛某某的畜牧养殖场为首批定点屠宰厂，支持其公司的新项目投产以及洽谈出口肉类制品等事项上提供了帮助。为此，先后收受丛某某给予的钱款共计美元 4 万元，折合人民币 331100 元。

九、1999 年 5 月，被告人米凤君利用担任中共吉林省委常委、长春市委书记职务上的便利，接受长春建工晨光房地产开发有限公司董事长韩在林的请托，以省市领导的身份视察该公司兴建的晨光

花园小区并为该小区题字，且承诺对晨光公司给予关照。为此，米凤君收受韩在林给予的欧米茄女式手表一块，价值人民币 56940 元。

十、1993 年 6 月至 1998 年 11 月，被告人米凤君利用担任中共长春市委副书记、市长，中共吉林省委常委、长春市委书记职务上的便利，接受长春长顺体育综合开发集团公司董事长范日旭的请托，为该公司取得长春市体育用地开发权、组建长春北方五环实业股份有限公司及该公司上市、变更土地划拨方案等事项提供了帮助。为此，米凤君收受范日旭给予的人民币 10 万元。

十一、1998 年 8 月至 2004 年 6 月，被告人米凤君利用担任中共吉林省委常委、长春市委书记、长春市人大常委会主任职务上的便利，将政府机关的部分公务接待活动安排在梁兴禄经营的长春中日友好会馆，并为梁兴禄经营的侨兴公司与一汽集团合作建设职工宿舍楼项目等事项提供了帮助。为此，米凤君要求梁兴禄为其购买的长春市好景山庄小区的住房补交购房款人民币 4 万元。

十二、2006 年 4 月，被告人米凤君利用担任吉林省人大常委会副主任职务上的便利，接受东北亚总部经济开发有限公司董事长周华起的请托，为该公司获得吉林省及长春市政府的支持等事项提供了帮助。为此，米凤君先后收受周华起给予的钱款共计美元 2 万元，折合人民币 154385 元。

十三、2006 年 7 月，被告人米凤君利用担任吉林省人大常委会副主任职务上的便利，接受长春市水芙蓉洗浴中心总经理于丽的请托，为于丽的孙女就学提供了帮助。为此，米凤君收受于丽给予的两块欧米茄手表，价值人民币 41904 元。

十四、2006 年至 2007 年 9 月，被告人米凤君利用担任吉林省人大常委会副主任职务上的便利，接受吉林建工集团董事长江礼成的请托，通过参加该公司成立及项目开工剪彩仪式、将江礼成反映的问题写入省人大的专题调研报告等方式，为其公司提供了帮助，并指示省人大人事代表选举委员会将江礼成列为人事选举委员会委员候选人。为此，米凤君先后收受江礼成给予的钱款共计美元 5 万元，折合人民币 377236 元。

十五、2006 年年初，被告人米凤君利用担任吉林省人大常委会副主任职务上的便利，接受吉林省清华经贸有限责任公司总经理孙良玉的请托，为该公司在解决煤炭铁路运输困难、协调吉林省信用担

保投资有限公司为该公司提供贷款担保以及与吉林省有色金属地质勘察局下属单位签订合作协议等事项提供了帮助。为此，米凤君先后收受孙良玉给予的钱款美元3万元、人民币4万元共计折合人民币262699元。

案发后，被告人米凤君主动坦白了办案机关不掌握的其受贿折合人民币758393.9元的犯罪事实，并退缴赃款赃物共计折合人民币555.89万元。

2010年4月29日，天津市第一中级人民法院依法组成合议庭，公开审理了此案。法庭审理认为：

被告人米凤君身为国家工作人员，利用职务上的便利，为他人谋取利益，索取、非法收受他人财物，其行为已构成受贿罪。公诉机关指控被告人米凤君受贿628万余元的事实清楚，证据确实、充分，指控罪名成立。被告人米凤君受贿数额特别巨大，具有索贿情节，犯罪情节特别严重，论罪应当判处死刑。鉴于米凤君在被调查期间主动坦白了办案机关尚未掌握的部分犯罪事实，认罪态度较好，且受贿赃款、赃物已收缴在案，故对其判处死刑，可不立即执行。

2010年5月28日，天津市第一中级人民法院依照《中华人民共和国刑法》第三百八十五条第一款，第三百八十六条，第三百八十三条第一款第一项、第二款，第四十八条第一款，第五十一条，第五十七条第一款，第五十九条，第六十四条的规定，作出如下判决：

一、被告人米凤君犯受贿罪，判处死刑，缓期二年执行，剥夺政治权利终身，并处没收个人全部财产。

二、扣押在案的赃款、赃物依法上缴国库。

一审宣判后，被告人米凤君在法定期限内没有提出上诉，检察机关也没有提起抗诉。

天津市第一中级人民法院将该案件报送天津市高级人民法院核准。天津市高级人民法院依法组成合议庭进行了复核，法庭认为：

被告人米凤君身为国家工作人员，利用职务上的便利，为他人谋取利益，索取、非法收受他人财物，其行为已构成受贿罪。被告人米凤君受贿数额特别巨大，具有索贿情节，犯罪情节特别严重，论罪应判处死刑。鉴于米凤君在被调查期间主动坦白了办案机关尚未掌握的部分犯罪事实，认罪态度较好，且受贿赃款、赃物已收缴在案，故对其判处死刑，可不立即执行。天津市第一中级人民法院认定被告人米凤君的犯罪事实清楚，证据确实、充分，定罪准确，量刑适当，审判程序合法。

2010年7月5日，天津市高级人民法院依照《中华人民共和国刑事诉讼法》第二百零一条之规定，裁定如下：

核准天津市第一中级人民法院（2010）一中刑初第64号以受贿罪判处被告人米凤君死刑，缓期二年执行，剥夺政治权利终身，并处没收个人全部财产的刑事判决。

郑少东受贿案

被告人郑少东，男，1958年11月23日出生，汉族，在职研究生学历，原系公安部部长助理、经济犯罪侦查局局长，曾任广东省公安厅副厅长、党委委员、党委副书记。2009年12月23日，因涉嫌受贿罪被逮捕。

被告人郑少东受贿案，经最高人民检察院指定，由陕西省人民检察院于2009年12月18日立案侦查，2010年1月25日侦查终结，同日，最高人民检察院将案件经陕西省人民检察院移交陕西省西安市人民检察院审查起诉。西安市人民检察院受理后，在法定期限内告知了郑少东有权委托辩护人等诉讼权利，讯问了郑少东，听取了辩护人的意见，审查了全部案件材料。其间，退回补充侦查二次，延长审查起诉期限二次。2010年6月11日，西安市人民检察院依法向西安市中级人民法院提起公诉。被告人郑少东的犯罪事实如下：

2001年至2007年10月，被告人郑少东利用担任广东省公安厅副厅长、公安部部长助理兼经济犯罪侦查局局长等职务上的便利，为他人谋取案件查处、职务晋升、就业安排等方面的利益，索取或者收受香港海王集团董事局主席连卓钊、香港中投基金管理有限公司董事长郭奕忠二人给予的人民币658万元、港币16.8万元，翡翠观音挂件一个、翡翠摆件一个、组合型钻石戒指一套，宝莱轿车一辆，共计折合人民币8262076元，其中索贿人民币658万元。

一、2001—2005年，郑少东利用担任广东省公安厅副厅长、公安部部长助理、经济犯罪侦查局局长等职务上的便利，接受连卓钊的请托，先后三次为连卓钊谋取了利益。其中，2001年，海关总署缉私局在查办广东省汕头市"8·15"走私案时,连卓钊因与该案有牵连,即通过他人请托时任广东省公安厅副厅长兼"8·15"走私案专案组副组长的郑少东给予帮助,郑少东承诺为连卓钊不受案件牵连提供帮忙。2004年7月,连卓钊之兄连卓明经营的广东省珠海市迎宾广场百货公司发生员工被他人打伤的刑事案件,连卓钊请托时任广东省公安厅副厅长的郑少东给珠海市公安局领导打招呼以重视此案查办。郑少东随即给时任珠海市公安局领导打电话,要求陈英重视此案的侦破工作。后珠海市公安局及时侦办了此案。2005年,时任深圳市公安局刑侦支队下属的龙发实业公司副总经理的连卓钊之姐夫史志民欲谋任该公司总经理,连卓钊即请托时任公安部部长助理兼经济犯罪侦查局局长的郑少东帮忙。郑少东向时任深圳市公安局刑侦支队的领导推荐了史志民。同年10月,史志民被任命为龙发实业公司总经理。为此,郑少东向连卓钊索取人民币658万元,收受翡翠观音挂件一个,翡翠摆件一个,组合型钻石戒指一套,共计折合人民币784.12万元。

二、2001—2007年,郑少东利用担任广东省公安厅副厅长、公安部部长助理兼经济犯罪侦查局局长等职务上的便利,接受郭奕忠的请托,为郭奕忠谋取了利益。其中,2001年,海关总署缉私局在查办广东省汕头市"8·15"走私案时,准备找郭奕忠进行调查,郭奕忠请托时任广东省公安厅副厅长兼"8·15"走私案专案组副组长的郑少东给予帮助,郑少东承诺帮忙。2006年,郭奕忠为其外甥郭鑫沂参加深圳市公安局招警考试体重超标一事,请托时任公安部部长助理兼经济犯罪侦查局局长的郑少东帮忙,郑少东先后向时任深圳市公安局政治部领导和广东省公安厅政治部领导打招呼,后郭鑫沂被录用为警察并进入深圳市公安局工作。为此,郑少东收受郭奕忠给予的价值25.8万元的宝莱轿车一辆,港币16.8万元,共计折合人民币420876元。

2010年7月7日,西安市中级人民法院依法组成合议庭,公开审理了此案。法庭审理认为:

被告人郑少东身为国家工作人员,利用职务便利,为他人谋取利益,索取或收受他人财物共计折合人民币8262076元,其行为已构成受贿罪。陕西省西安市人民检察院指控郑少东犯受贿罪的事实清楚,证据确实、充分,指控罪名成立。郑少东受贿数额特别巨大,其中大部分是索贿,犯罪情节特别严重,论罪应当判处死刑,鉴于其认罪态度较好、赃款赃物已全部追缴,对其判处死刑可不立即执行。据此,西安市中级人民法院依照《中华人民共和国刑法》第三百八十五条第一款,第三百八十六条,第三百八十三条第一款第一项、第二款,第五十七条第一款,第五十九条第一款,第六十四条之规定,判决如下:

一、被告人郑少东犯受贿罪,判处死刑,缓期二年执行,剥夺政治权利终身,并处没收个人全部财产。

二、在案扣押和冻结的赃款赃物依法上缴国库。

一审判决后,郑少东提出上诉。

陕西省高级人民法院依法组成合议庭审理了该案,法庭审理认为:

上诉人郑少东身为国家工作人员,利用职务便利,索取或收受他人财物,为他人谋取利益,其行为已构成受贿罪。郑少东受贿数额特别巨大,其中索贿658万元,犯罪情节特别严重,论罪应当判处死刑,鉴于其认罪态度较好、赃款赃物已全部追缴,对其判处死刑,可不立即执行。对于郑少东及其辩护人提出郑少东具有法定从轻或在法定刑以下处罚情节的上诉理由及辩护意见,法院不予采纳。原审判决认定事实清楚,证据确实、充分,定罪准确,量刑适当,审判程序合法。

2010年9月27日,陕西省高级人民法院根据《中华人民共和国刑事诉讼法》第一百八十九条第一项的规定,作出裁定:驳回上诉,维持原判。

根据《中华人民共和国刑事诉讼法》第二百零一条的规定,核准西安市中级人民法院(2010)西刑二初字第88号刑事判决以被告人郑少东犯受贿罪,判处死刑,缓期二年执行,剥夺政治权利终身,并处没收个人全部财产。

张治安、汪成受贿、报复陷害案

被告人张治安,男,1963年10月10日出生,汉族,大专文化,原系中共安徽省阜阳市颍泉区区委书记、区人大常委会主任,兼任阜阳市泉北贸易区管理委员会主任。2008年7月17日,因涉嫌报复陷害罪被刑事拘留,2008年7月31日被逮捕,2009年3月13日被取保候审,2009年5月27日又因涉嫌受贿罪被逮捕。

被告人汪成，男，1962 年 11 月 7 日出生，汉族，大学文化，原系安徽省阜阳市颍泉区人民检察院检察长。2008 年 7 月 17 日，因涉嫌报复陷害罪被刑事拘留，2008 年 7 月 31 日被逮捕。

被告人张治安、汪成报复陷害案，经安徽省人民检察院指定，由安徽省芜湖市人民检察院于 2008 年 7 月 14 日立案侦查，2008 年 10 月 31 日侦查终结，2008 年 11 月 3 日案件移送审查。2008 年 12 月 15 日，安徽省人民检察院指定芜湖市弋江区人民检察院对案件审查起诉。其间，芜湖市人民检察院延长审查起诉期限一次；芜湖市弋江区人民检察院退回补充侦查二次，延长审查起诉期限二次。2009 年 3 月 2 日，芜湖市人民检察院发现张治安还有涉嫌受贿犯罪的事实，遂对其受贿犯罪继续侦查。2009 年 5 月 26 日，安徽省人民检察院再次指定芜湖市人民检察院对该案审查起诉。芜湖市人民检察院受理案件后，在法定期限内告知了张治安、汪成有权委托辩护人，告知了被害人有权委托诉讼代理人等诉讼权利，依法讯问了张治安、汪成，听取了被害人诉讼代理人和被告人委托的辩护人意见，审查了全部案件材料。2009 年 6 月 25 日，芜湖市人民检察院依法向芜湖市中级人民法院提起公诉。被告人张治安、汪成犯罪事实如下：

一、受贿罪

1994—2007 年，被告人张治安利用担任颍上县谢桥镇镇长、党委书记，颍上县人民政府副县长，阜阳市颍泉区人民政府代区长、区委副书记、区委书记、区人大常委会主任，阜阳市泉北贸易区管委会主任等职务上的便利，在企业经营、承揽工程、工作调动、职务晋升等方面，为他人谋取利益，先后收受或索取钱款，共计人民币 351.7 万元、美元 1 万元。

（一）1996—2001 年，被告人张治安利用职务之便和利用职权及地位形成之便利条件，为颍上县谢桥镇装潢总公司原经理王家山承揽谢桥镇有关装饰工程提供帮助，先后 3 次索取王家山人民币，共计 110 万元。

（二）2001—2003 年，被告人张治安利用职务之便，接受阜阳市国安房地产开发实业有限公司法定代表人韦士杰的请托，为该公司在颍泉区皖西北商贸城房地产开发项目上提供帮助，先后 3 次收受韦士杰给予的人民币，共计 40 万元。

（三）1995—1997 年，被告人张治安利用职务

之便，为颍上县第二建筑公司项目经理王家付承建有关工程提供帮助，多次收受王家付给予的人民币，共计 36 万元。

（四）2005 年 5 月和 2006 年 10 月，被告人张治安利用职务之便，接受阜阳市环球房地产开发公司董事长潘政祥请托，为该公司外滩国际城项目拆迁提供帮助，先后 2 次收受潘政祥给予的人民币，共计 30 万元。

（五）2006 年 9 月，被告人张治安利用职务之便，接受阜阳恒昌房地产开发有限公司董事长曹春风的请托，为该公司皖西北商贸城商业项目提供帮助，收受曹春风给予的人民币 30 万元。

（六）1999—2004 年，被告人张治安利用职务之便，接受安徽阜阳绿斗城物业公司、阜阳冠颖食品厂、阜阳饭店法定代表人闫涛的请托，为闫涛担任阜阳冠颖食品厂厂长、阜阳饭店总经理，以及承诺为绿斗城物业公司拆迁等事项提供帮助，先后 3 次收受闫涛给予的人民币，共计 25 万元。

（七）1995—2003 年 4 月，被告人张治安利用职务之便，为颍上县天源建筑公司项目经理兰草承建有关工程提供帮助，先后 2 次收受或索取兰草人民币，共计 23.5 万元。

（八）2006 年 5 月和 2007 年 6 月，被告人张治安利用职务之便，接受阜阳市南海房地产开发有限公司总经理施国伦请托，为该公司房地产开发项目提供帮助，先后 2 次收受施国伦给予的人民币，共计 10 万元。

（九）2007 年年初，被告人张治安利用职务之便，接受阜阳市康恩商贸有限公司总经理曹春雨请托，为该公司康恩平价商城房产证办理事项提供帮助，收受曹春雨人民币 10 万元。

（十）2003 年 6 月和 2003 年 11 月，被告人张治安利用职务之便，接受淮南奥斯特装饰材料开发中心王勇的请托，为王勇承建的颍泉区政府办公大楼外装饰工程款结算提供帮助，先后 2 次收受王勇给予的人民币，共计 2.4 万元。

（十一）2007 年 5 月，被告人张治安利用职务之便，接受安徽东方民生药业有限公司董事长肖庆云请托，为该公司在皖西北商贸城内搭建仓库提供帮助，收受肖庆云给予的人民币 2 万元。

（十二）2007 年 5 月，被告人张治安利用职务之便，接受阜阳市融昌房地产开发有限公司董事长李登瑾请托，为该公司泉水湾花园小区土地证办理

和拆迁等事宜提供帮助,收受李登瑾给予的人民币2万元。

(十三)1999年,被告人张治安利用职务之便,接受谢超一的请托,将谢超一之子安排到颍泉区公安分局工作,收受谢超一给予的美元1万元。

(十四)2000年7月,被告人张治安因颍泉区贸易开发区管委会搬迁受阻,迁怒于颍泉区泉北办事处泉北居委会书记陈继涛,并安排颍泉区地税分局到泉北居委会清查账目,为此,陈继涛给予张治安人民币2万元。

(十五)2002—2003年,被告人张治安利用职务之便,接受阜阳市国土资源局颍泉分局副局长周文礼的请托,为其担任该分局局长提供帮助,先后2次收受周文礼人民币,共计3万元。

(十六)2003年年初,被告人张治安利用职务之便,接受李炯的请托,为其担任颍泉区副区长提供帮助,收受李炯给予的人民币4万元。

(十七)2003年年初,被告人张治安利用职务之便,接受孙亚请托,为其担任颍泉区区委常委提供帮助,收受孙亚人民币3万元。

(十八)2003—2006年,被告人张治安利用职务之便,接受王飞请托,为其继续留任闻集镇党委书记提供帮助,先后2次收受王飞给予的人民币,共计2万元。

(十九)2003年5月,被告人张治安利用职务之便,接受张少鸿请托,为其担任颍泉区财政局副局长提供帮助,收受张少鸿给予的人民币1万元。

(二十)2003年下半年,被告人张治安利用职务之便,接受阜阳市颍泉区农委主任宁凤楼的请托,承诺为其亲属调动工作提供帮助,收受宁凤楼给予的人民币1万元。

(二十一)2003年下半年,被告人张治安利用职务之便,接受宁国梁请托,为其担任颍泉区财政局局长提供帮助,收受宁国梁给予的人民币2万元。

(二十二)2003年年底,被告人张治安利用职务之便,接受张明珍请托,为其担任颍泉区卫生局局长提供帮助,收受张明珍给予的人民币1万元。

(二十三)2005年下半年,被告人张治安利用职务之便,接受周庆祥为战友之子安排工作的请托,承诺予以帮忙,收受周庆祥给予的人民币2万元。

(二十四)2005年11月,被告人张治安利用职务之便,接受张筱林请托,为其担任颍泉区伍明镇党委书记提供帮助,收受张筱林给予的人民币1万元。

(二十五)2006年,被告人张治安利用职务之便,接受张文生请托,为其担任颍泉区行流镇党委书记提供帮助,先后2次收受张文生给予的人民币,共计1.6万元。

(二十六)2006年春节前,被告人张治安利用职务之便,接受史云龙请托,为其担任颍泉区区委常委提供帮助,收受史云龙给予的人民币2万元。

(二十七)2006年春节前,被告人张治安利用职务之便,接受王景堂请托,为其担任颍泉区中市街道办事处副主任提供帮助,收受王景堂给予的人民币1万元。

(二十八)2006年春节前,被告人张治安利用职务之便,接受赵玲请托,为其担任颍泉区政协副主席提供帮助,收受赵玲给予的人民币1万元。

(二十九)2006年年底,被告人张治安利用职务之便,接受盛亚请托,为其担任颍上县人民政府副县长提供帮助,收受盛亚人民币2万元。

(三十)2006年底至2007年上半年,被告人张治安利用职务之便,接受陈砚请托,为其担任颍泉区总工会主席提供帮助,先后2次收受陈砚给予的人民币共计1.2万元。

二、报复陷害罪

(一)张治安、汪成报复陷害举报人李国福。

被害人李国福,1948年5月出生,曾任阜阳市颍泉区老寨村支部书记,伍明镇镇长、书记,阜阳市泉北贸易区管委会经贸发展局局长,阜阳市安曙房地产开发公司董事长。

2005年8月及2007年4月,因有人反映李国福长期不上班等问题,为了"敲打"李国福,让其害怕,时任中共阜阳市颍泉区委书记的被告人张治安,安排时任颍泉区人民检察院检察长的被告人汪成,对李国福的经济问题进行调查,但因找不到有关案件当事人,没有查处结果。

2007年8月,被告人张治安收到阜阳市人民政府秘书肖华截留的一封关于检举其受贿、卖官、违法乱纪的举报信,张治安根据举报信内容,分析判定举报人就是李国福,遂产生报复李国福的念头。其后,张治安要求被告人汪成加大查处李国福案件的力度。8月20日,张治安得知李国福案件进展不大时,严厉斥责汪成并以撤免其检察长职务、卡其单位经费相威胁,要求汪成每天向其汇报李案查处情况。次日,汪成向张治安汇报李案查处情况时,张治安向汪成出示一封举报信并告诉汪成,李国福就是举报自己的人。

8月22日,被告人张治安搜集、摘抄了举报李国福的人民来信,编造成名为《特大举报!!!》的举报信,并安排区委工作人员将该举报信邮寄给阜阳市及颍泉区的司法、党政机关负责人。为了确保自己能对该举报信签批查处,还安排给自己邮寄一份。8月23日,张治安安排曾与李国福共事过的颍泉区农委主任王春献、区文化局局长宫光明编造李国福经济问题的材料。8月24日,张治安将《特大举报!!!》信中有关李国福所谓"雇凶杀人"的材料交由阜阳市公安局颍泉分局局长万传红查处;安排颍泉区纪委书记赵学民调查李国福在伍明镇机构改革中有无受贿问题;安排颍泉区人事局副局长徐旭等人调查李国福子女违规就业问题。

8月23日晚至8月24日上午,被告人汪成数次召集颍泉区人民检察院副检察长徐耘、反贪局局长郑涛等人开会,讨论李国福的立案问题,与会人员均认为李国福的问题不符合立案条件。汪成为了达到对李国福立案的目的,在召开检察委员会前,授意案件承办人员提出立案意见。在检察委员会上,汪成又作了颍泉区委领导十分重视该案的引导性发言,致使检察委员会形成对李国福立案并采取强制措施的一致意见。8月26日,颍泉区人民检察院抓获李国福,汪成即安排公诉科长王颍建审查逮捕李国福。王颍建屈于汪成旨意,违心提出逮捕李国福的审查意见。11月下旬,张治安将颍泉区人事局调查的李国福子女违规就业的有关材料交给汪成,指令汪成单独提讯李国福,向其施加压力,要李国福说出幕后举报人,并要求李国福不再举报张治安,否则将清退李国福子女的工作。据此,汪成违法单独提讯李国福,将张治安交给他的材料出示给李国福,转述了张治安的上述威胁,向李国福施加压力。汪成还建议张治安责令公安机关查处李国福所谓伪造公文、印章问题,以实现张治安对李国福重判的要求。张治安遂安排颍泉区公安分局查处此案。颍泉区公安分局迫于张治安的压力,于2008年1月7日对李国福以伪造国家机关公文、印章罪立案侦查;1月18日,颍泉区公安分局侦查终结,移送颍泉区人民检察院审查起诉。1月25日,李国福案移送审查起诉后,汪成要求公诉科长王颍

建尽快结案起诉。在检察委员会上,汪成不顾承办人和其他检察委员会委员对定性、犯罪数额有异议的意见,最终以移送《起诉意见书》认定的罪名和数额,决定对李国福提起公诉。3月4日,颍泉区人民检察院以李国福构成贪污罪、受贿罪,伪造国家机关公文、印章罪,伪造公司印章罪为由,向阜阳市颍泉区人民法院提起公诉。3月6日,李国福在收到颍泉区人民法院送达的起诉书后,于3月13日在阜阳监狱医院自缢死亡。经安徽省人民检察院刑事科学技术鉴定,李国福为机械性窒息死亡(缢死)。2008年4月8日,阜阳市颍泉区人民法院依法裁定对李国福案件终止审理。李国福涉嫌贪污罪、受贿罪,伪造国家机关公文、印章罪,伪造公司印章罪一案,经阜阳市人民检察院和安徽省人民检察院调卷审查认为,阜阳市颍泉区人民检察院指控李国福涉嫌贪污94.3万元、受贿11.15万元以及涉嫌伪造国家机关公文、印章罪,伪造公司印章罪,除了受贿5.9万元可以认定外,其他罪均不能认定。

(二)张治安、汪成报复陷害举报人李国福近亲属。

2007年8月26日,颍泉区人民检察院在抓获李国福时,还控制了李国福的妻子袁爱平、女婿张俊豪。被告人张治安、汪成商定不能放走袁、张二人,于是,张治安安排区纪委调查袁、张二人的问题,并要求区纪委对袁、张二人报批"双规",市纪委未予批准。张治安得知此消息非常恼火,指责纪委书记赵学民办事不力。张治安又安排汪成给颍泉区公安分局发《检察建议》,建议对袁、张二人以所谓帮助毁灭证据和窝藏罪进行查处。后公安分局对袁爱平、张俊豪立案侦查并采取监视居住措施。

2008年1月30日,颍泉区人民检察院以张俊豪涉嫌贪污罪、帮助毁灭证据罪、窝藏罪,以袁爱平涉嫌帮助毁灭证据罪向阜阳市颍泉区人民法院提起公诉。

李国福自杀死亡后,被告人张治安因担心报复陷害罪行败露,遂安排被告人汪成将张俊豪、袁爱平帮助毁灭证据案从法院撤诉。后张治安又召集汪成等人协调对张俊豪贪污、窝藏案作缓刑处理的事宜。同年8月15日,颍泉区公安分局撤销袁爱平、张俊豪帮助毁灭证据案。2009年4月1日,颍泉区人民检察院对张俊豪贪污案作出不起诉处理。

2009年11月19日,安徽省芜湖市中级人民法院依法组成合议庭,公开审理了此案。法庭审理

认为：

被告人张治安身为国家工作人员,利用职务之便为他人谋取利益,并利用职权和地位形成的便利条件为他人谋取不正当利益,索取和收受他人贿赂,其行为构成受贿罪。张治安身为阜阳市颍泉区区委书记,滥用职权,假公济私,通过编造举报信捏告罪名,指使被告人汪成借用这些信件指令下属人员对举报人员李国福及其亲属立案查处,并强令其他各有关部门对举报人李国福及其亲属进行查处,以刑事追究方法对举报人打击报复;被告人汪成身为阜阳市颍泉区人民检察院检察长,明知张治安报复陷害举报人李国福,与张治安共谋,滥用检察权、假公济私,违背事实和法律违法办案,对李国福及其亲属进行刑事追究,张治安、汪成的行为致使举报人及其亲属合法权利受到严重损害,并导致举报人李国福自缢死亡,其行为均已构成报复陷害罪,且系共同犯罪,犯罪情节严重。被告人张治安一人犯数罪,应予并罚。公诉机关指控被告人张治安犯受贿罪、报复陷害罪,被告人汪成犯报复陷害罪的事实和罪名成立。张治安受贿数额巨大,犯罪情节特别严重,且拒不认罪,毫无悔罪表现,论罪应当判处死刑。综合张治安受贿数额、情节及其亲属代为退缴大部分赃款的情况,对其判处死刑,可不立即执行。张治安、汪成犯报复陷害罪情节严重、社会影响极其恶劣,依法应予严惩。

2010年2月8日,安徽省芜湖市中级人民法院依照《中华人民共和国刑法》第三百八十五条第一款,第三百八十八,第三百八十六条,第三百八十三条第一款第一项、第二款,第四十八条,第五十七条第一款,第五十九条,第六十四条,第二百五十四条,第二十五条第一款,第六十九条之规定,作出如下判决：

一、被告人张治安犯受贿罪,判处死刑,缓期二年执行,剥夺政治权利终身,并处没收个人全部财产,犯报复陷害罪,判处有期徒刑七年,决定执行死刑,缓期二年执行,剥夺政治权利终身,并处没收个人全部财产。

二、被告人汪成犯报复陷害罪,判处有期徒刑六年。

三、对被告人张治安受贿犯罪所得予以追缴,上缴国库。

被告人张治安、汪成不服一审判决,向安徽省高级人民法院提出上诉。

安徽省高级人民法院依法组成合议庭审理了该案。法庭审理认为：

上诉人张治安身为国家工作人员,利用职务之便为他人谋取利益,或利用职权和地位形成的便利条件,通过其他国家工作人员为他人谋取不正当利益,索取和收受贿赂,共计人民币359.9772万元,其行为构成受贿罪且受贿数额巨大,犯罪情节特别严重。上诉人张治安、汪成身为国家工作人员,滥用职权、假公济私,以刑事追究方法对举报人及其亲属进行报复陷害,致使举报人李国福及其亲属合法权利遭受严重损害,并导致李国福自缢死亡,其行为均构成报复陷害罪,犯罪情节严重,依法应予严惩。张治安一人犯数罪,应予并罚,其在被审判期间始终拒不供认犯罪事实,毫无悔罪表现,论罪应当判处死刑。综合张治安的受贿数额、情节及其亲属代为退缴大部分赃款的情况对其判处死刑、可不立即执行。张治安、汪成在共同报复陷害犯罪中均起重要作用,不分主从,应当按照各自在共同犯罪中所起的作用予以处罚。张治安关于没有犯受贿罪、报复陷害罪的上诉理由不能成立,其辩护人关于此案事实、证据及犯罪情节方面的辩护意见不予采纳。汪成及其辩护人关于量刑方面的上诉理由及辩护意见均不能成立,不予采纳。一审法院所作的判决认定事实和适用法律准确,量刑适当,审判程序合法。

2010年3月31日,安徽省高级人民法院依照《中华人民共和国刑事诉讼法》第一百八十九条第一项之规定,作出如下裁定：驳回张治安、汪成的上诉,维持原判。

根据《中华人民共和国刑事诉讼法》第二百零一条的规定,此裁定即为核准以被告人张治安犯受贿罪判处死刑,缓期二年执行,剥夺政治权利终身,并处没收个人全部财产;犯报复陷害罪,判处有期徒刑七年,决定执行死刑,缓期二年执行,剥夺政治权利终身,并处没收个人全部财产的刑事裁定。

忻元龙绑架案

被告人忻元龙,男,1959年2月1日出生,汉族,高中文化,无业。2005年9月15日,因涉嫌绑架罪被刑事拘留,2005年9月27日被逮捕。

被告人忻元龙绑架案,由浙江省慈溪市公安局于 2005 年 8 月 21 日立案侦查，2005 年 11 月 21 日侦查终结，并于同日将该案移送慈溪市人民检察院审查起诉。慈溪市人民检察院于 2005 年 11 月 22 日告知了忻元龙有权委托辩护人等诉讼权利，也告知了被害人的近亲属有权委托诉讼代理人等诉讼权利。按照案件管辖的规定，2005 年 11 月 28 日，慈溪市人民检察院将案件报送宁波市人民检察院审查起诉。宁波市人民检察院受理该案后，依法讯问了被告人忻元龙，审查了全部案件材料。2006 年 1 月 4 日，宁波市人民检察院依法向宁波市中级人民法院提起公诉。被告人忻元龙犯罪事实如下：

被告人忻元龙因经济拮据而产生绑架儿童并勒索家长财物的意图，并多次到浙江省慈溪市进行踩点和物色被绑架人。2005 年 8 月 18 日上午，忻元龙驾驶自己的浙 B3C751 通宝牌面包车从宁波市至慈溪市浒山街道团圈支路老年大学附近伺机作案。当日下午 1 时许，忻元龙见 9 岁的女孩杨明睿（1996 年 6 月 1 日生，浙江省宁波市慈溪市浒山东门小学三年级学生，因本案遇害）经过，即将杨明睿骗上车，驶至宁波市东钱湖镇"钱湖人家"后山。当晚 10 时许，忻元龙从杨明睿处骗得杨明睿父亲的手机号码和家中的电话号码后，又开车将杨明睿带至宁波市北仑区新碶镇算山村防空洞附近，采用捂口、鼻的方式将杨明睿杀害，埋入事先挖好的洞中。次日下午，忻元龙至安徽省广德县购买了一部波导 S1220 型手机，于 20 日凌晨 0 时许拨打杨明睿家电话，称自己已经绑架杨明睿并要求杨明睿的父亲于当月 25 日前准备 60 万元赎金，送至浙江省湖州市长兴县交换其女儿。后又在安徽省芜湖市多次给杨家打勒索电话，因故未成。2005 年 9 月 15 日，公安人员在宁波市江东区将忻元龙抓获归案。之后，公安机关从被告人忻元龙处扣押浙 B3C751 通宝牌面包车一辆、波导 S1220 型手机一部、"戈一平"身份证一张等物。

2006 年 1 月 17 日，浙江省宁波市中级人民法院依法组成合议庭，公开审理了此案，法庭审理认为：

被告人忻元龙以勒索财物为目的，绑架并杀害他人，其行为已构成绑架罪。手段残忍、后果严重，依法应予严惩。公诉机关指控的罪名成立。忻元龙辩称其没有实施绑架，是"戈一平"用凶器顶住其背部，威胁其开车的辩解，以及其辩护人提出本案可能存在漏犯的辩护意见，经查，与事实和法律不

符，不予采纳。由于忻元龙的犯罪行为致被害人杨明睿死亡，给附带民事诉讼原告人杨宝风、张玉彬造成了经济损失，依法应由忻元龙承担民事赔偿责任。

2006 年 2 月 13 日，宁波市中级人民法院作出（2006）甬刑初字第 16 号一审刑事附带民事判决：一、被告人忻元龙犯绑架罪，判处死刑，剥夺政治权利终身，并处没收个人全部财产。二、被告人忻元龙赔偿附带民事诉讼原告人杨宝风、张玉彬应得的被害人死亡赔偿金 317640 元、丧葬费 11380 元，合计人民币 329020 元。三、被告人忻元龙犯罪使用的浙 B3C751 通宝牌面包车一辆及波导 S1220 型手机一部，予以没收。

忻元龙对一审刑事部分的判决不服，向浙江省高级人民法院提出上诉。一审附带民事部分的判决已发生法律效力。

2006 年 10 月 12 日，浙江省高级人民法院依法组成合议庭，公开审理了此案。法庭审理认为：

被告人忻元龙以勒索财物为目的，绑架并杀害他人，其行为已构成绑架罪。犯罪情节特别严重，社会危害极大，依法应予严惩。但鉴于本案的具体情况，对忻元龙判处死刑，可不予立即执行。原判定罪和适用法律正确。审判程序合法。唯量刑不当，予以改判。

2007 年 5 月 23 日，浙江省高级人民法院作出（2006）浙刑一终字第 146 号刑事判决：一、撤销浙江省宁波市中级人民法院（2006）甬刑初字第 16 号刑事附带民事判决中对忻元龙的量刑部分，维持判决的其余部分；二、被告人忻元龙犯绑架罪，判处死刑，缓期二年执行，剥夺政治权利终身。

判决发生法律效力后交付执行。被害人杨明睿的父亲杨宝风不服，于 2007 年 6 月 25 日向浙江省人民检察院提出申诉，请求提出抗诉。

浙江省人民检察院经审查认为，浙江省高级人民法院二审判决改判忻元龙死刑缓期二年执行确有错误，遂于 2007 年 8 月 10 日以（2007）浙检刑提抗字第 1 号提请抗诉报告书提请最高人民检察院按照审判监督程序抗诉。

最高人民检察院审查认为，原审被告人忻元龙绑架犯罪事实清楚，证据确实、充分，依法应当判处死刑立即执行，浙江省高级人民法院以"鉴于本案具体情况"为由改判忻元龙死刑缓期二年执行确有错误，应予纠正。理由如下：

一、忻元龙绑架犯罪事实清楚，证据确实、充分。本案系公安机关通过技术侦查手段破获，并根据忻元龙供述找到的被害人杨明睿尸骨，定案的物证、书证、证人证言、被告人供述、鉴定结论、现场勘查笔录等证据能够形成完整的证据体系。忻元龙供述的诸多隐蔽细节，如埋尸地点、尸体在土中的姿势、尸体未穿鞋袜、埋尸坑中没有书包、打错勒索电话的原因、打勒索电话的通话次数、通话内容、接电话人的口音等，得到了其他证据的印证。

二、浙江省高级人民法院二审判决确有错误。经了解，二审判决书中"鉴于本案具体情况"是认为本案证据存在两个疑点：一是卖给忻元龙波导S1220型手机的证人傅世红在证言中讲该手机串号为342523751127671，而公安人员扣押在案手机的串号是350974114389275，手机的同一性存在疑问；二是宋丽娟和艾力买买提尼牙子证实，在案发当天看见一中年妇女将一个与被害人特征相近的小女孩带走，不能排除有他人参与作案的可能。经我院审查，这两个疑问均能够排除。一是关于手机串号问题。经我院审查，公安人员在询问傅世红时，将波导S1220型手机原机主洪义军的身份证号码342523751127671误记为手机的串号。宁波市人民检察院移送给宁波市中级人民法院的《随案移送物品文件清单》中写明波导S1220型手机的串号是350974114389275，且手机就在宁波市中级人民法院，对该疑问调取手机核查后就可以查清。据此，手机串号疑问已经排除。二是关于是否存在中年妇女参与作案的问题。案卷原有证据能够证实宋丽娟、艾力买买提尼牙子证言证明的"中年妇女带走小女孩"与本案无关。宋丽娟、艾力买买提尼牙子证言证明的中年妇女带走小女孩的地点在绑架现场东侧200米左右，与忻元龙绑架杨明睿并非同一地点。艾力买买提尼牙子证言证明的是迪欧咖啡厅南边的电脑培训学校门口，不是忻元龙实施绑架的地点；宋丽娟证言证明的中年妇女带走小女孩的地点是迪欧咖啡厅南边的十字路口，而不是老年大学北围墙外的绑架现场，因为宋丽娟所在位置被建筑物阻挡，看不到老年大学北围墙外的绑架现场。经我院实地查看绑架案发现场，此疑问也已经排除。二审庭审中，出庭检察员已经明确指出宋丽娟、艾力买买提尼牙子证言证明的地点与忻元龙绑架杨明睿的地点不同，两个证人见到的情形与忻元龙绑架案件无关。此外，二人提到的小女孩的外貌

特征等细节也与杨明睿不符。

三、忻元龙所犯罪行极其严重，对其应当判处死刑立即执行。一是忻元龙精心预谋犯罪、主观恶性极深。忻元龙为实施绑架犯罪进行了精心预谋，多次到慈溪市"踩点"，并选择了相对僻静无人的地方作为行车路线。忻元龙以"陈老师找你"为由将杨明睿骗上车实施绑架，与慈溪市老年大学剑桥英语培训班负责人陈老师的姓氏相符。忻元龙居住在宁波市鄞州区，选择在宁波市慈溪市实施绑架，选择在宁波市北仑区杀害被害人，之后又精心实施勒索赎金行为，赴安徽省广德县购买波导S1220型手机，使用异地购买的手机卡，赴安徽省宣城市、芜湖市打勒索电话并要求被害人父亲到浙江省长兴县交付赎金。二是忻元龙犯罪后果极其严重、社会危害性极大。忻元龙实施绑架犯罪后，为使自己的罪行不被发现，在得到被害人家庭信息后，当天就将年仅9岁的杨明睿杀害，并烧掉了杨明睿的书包，扔掉了杨明睿挣扎时脱落的鞋子，实施了毁灭罪证的行为。忻元龙归案后认罪态度差。开始不供述犯罪，并隐瞒作案所用手机的来源，后来虽供述犯罪，但编造他人参与共同作案。忻元龙的犯罪行为不仅剥夺了被害人的生命、给被害人家属造成了无法弥补的巨大痛苦，也严重影响了当地群众的安全感。三是二审改判忻元龙死刑缓期二年执行不被被害人家属和当地群众接受。被害人家属强烈要求判处忻元龙死刑立即执行，当地群众对二审改判忻元龙死刑缓期二年执行亦难以接受，要求司法机关严惩忻元龙。

2008年10月22日，最高人民检察院依照《中华人民共和国刑事诉讼法》第二百零五条第三款的规定，以高检刑抗字(2008)2号刑事抗诉书向最高人民法院提出抗诉。

2009年3月18日，最高人民法院作出(2008)刑抗字第2号决定，指令浙江省高级人民法院另行组成合议庭，对忻元龙案件进行再审。

2009年5月14日，浙江省高级人民法院另行组成合议庭公开开庭审理本案。法庭审理认为：

被告人忻元龙以勒索财物为目的，绑架并杀害他人，其行为已构成绑架罪，且犯罪手段残忍、情节恶劣，社会危害极大，无法定从轻处罚情节，归案后还编造了一个虚假的同案犯"戈一平"，意图逃避应有的惩罚，无任何悔罪表现，依法应予严惩。二审判决鉴于原二审阶段的证据状况，为慎重起见改判

忻元龙死缓，妥当。现检察机关经事后核查补证，本案二审阶段证据方面存在的主要问题已基本消除，证据确实、充分，检察机关要求纠正二审判决的意见能够成立。忻元龙以及辩护人要求维持二审判决的意见，理由不足，不予采纳。

2009年6月26日，浙江省高级人民法院依照《中华人民共和国刑事诉讼法》第二百零五条第二款、第二百零六条、第一百八十九条第二项，《中华人民共和国刑法》第二百三十九条第一款、第五十七条第一款、第六十四条之规定，作出（2009）浙刑再字第3号刑事判决：一、撤销浙江省高级人民法院（2006）浙刑一终字第146号刑事判决中对原审被告人忻元龙的量刑部分，维持该判决的其余部分和宁波市中级人民法院（2006）甬刑初字第16号刑事附带民事判决；二、原审被告人忻元龙犯绑架罪，判处死刑，剥夺政治权利终身，并处没收个人全部财产，并依法报请最高人民法院核准。

最高人民法院复核认为：被告人忻元龙以勒索财物为目的，绑架并杀害他人的行为已构成绑架罪。其犯罪手段残忍，情节恶劣，后果严重，无法定从轻处罚情节。浙江省高级人民法院再审判决认定的事实清楚，证据确实、充分，定罪准确，量刑适当，审判程序合法。

2009年11月13日，最高人民法院依照《中华人民共和国刑事诉讼法》第一百九十九条和《最高人民法院关于复核死刑案件若干问题的规定》第二条第一款的规定，作出（2009）刑监复05126077号裁定：核准浙江省高级人民法院（2009）浙刑再字第3号以原审被告人忻元龙犯绑架罪，判处死刑，剥夺政治权利终身，并处没收个人全部财产的刑事判决。

2009年12月11日，被告人忻元龙被依法执行死刑。

孙伟铭以危险方法
危害公共安全案

被告人孙伟铭，男，1979年5月9日出生，汉族，原系四川省成都市奔腾电子信息技术有限公司职员。2008年12月15日，因涉嫌交通肇事罪被刑事拘留，2008年12月25日，以涉嫌以危险方法危害公共安全罪被逮捕。

被告人孙伟铭以危险方法危害公共安全案，由四川省成都市公安局于2008年12月15日立案侦查，2009年2月25日侦查终结，2009年2月26日，四川省成都市公安局将该案移送成都市人民检察院审查起诉。成都市人民检察院受理案件后，于2009年2月28日告知了孙伟铭有权委托辩护人等诉讼权利，告知了被害人以及被告人近亲属有权委托诉讼代理人等诉讼权利，讯问了孙伟铭，审查了全部案件材料。经成都市人民检察院检察长批准依法延长审查期限十五日。2009年4月1日，成都市人民检察院向成都市中级人民法院提起公诉。起诉书认定孙伟铭犯罪事实如下：

2008年5月28日，被告人孙伟铭购买了车牌号为川A43K66的别克轿车一辆，之后在未取得合法驾驶资格的情况下，长期无驾驶证驾驶该车，并有多次交通违法的记录。2008年12月14日中午，孙伟铭与其父母在位于成都市市区东侧的成华区万年场"四方阁"酒楼为亲属祝寿，其间大量饮酒。酒后孙伟铭又驾驶川A43K66别克轿车送其父母前往位于成都市市区北侧的火车北站搭乘火车，而后驾车折返至位于成都市市区东侧的成龙路，沿成龙路往成都市龙泉驿区方向行驶。当日17时许，孙伟铭行至成龙路"蓝谷地"路口时，从后面冲撞与其同向行驶的川A9T332比亚迪轿车尾部。事故发生以后，孙伟铭为逃避处罚不顾公共安全，立即高速驾车往龙泉驿方向逃逸，当行至限速60km/h的成龙路"卓锦城"路段时，以超过130m/h的速度，越过道路中心黄色双实线，先后撞向对面正常行驶的川AUZ872长安奔奔轿车、川AKl769长安奥拓轿车、川AVD241福特蒙迪欧轿车、川AMC337奇瑞QQ轿车，直至孙伟铭驾驶的川A43K66别克轿车不能动弹。造成川AUZ872长安奔奔轿车内驾驶员张景全，乘客尹国辉、金亚民、张成秀死亡，代玉秀重伤，公私财产损失5万余元。

2009年7月22日，四川省成都市中级人民法院依法组成合议庭，公开审理了此案。法庭审理认为：

被告人孙伟铭作为受过一定教育、具有完全刑事责任能力的人，明知必须经过相关培训并经考试合格，取得驾驶执照后才能驾驶机动车辆，但其无视国家交通安全法规和公共安全，在未领取驾驶执照的情况下，长期无证驾驶机动车辆并多次违反交通法规。且在醉酒后，驾车行驶于车辆、人群密集之处,对公共安全构成直接威胁,在发生追尾交通事故后,仍置不特定多数人的生命财产安全于不顾,继续驾车超速行驶,跨越禁止超越的道路中心黄色双实线,与对方正常行驶的多辆车辆相撞,造成四人死亡一人重伤、公私财产损失达数万元的严重后果,其行为已构成以危险方法危害公共安全罪,且其情节特别恶劣,后果特别严重,应依法予以严惩。公诉机关指控孙伟铭的犯罪事实和罪名成立,法院予以支持。

2009 年 7 月 23 日,四川省成都市中级人民法院依照《中华人民共和国刑法》第一百一十五条第一款、第五十七条第一款之规定,作出如下判决:

被告人孙伟铭犯以危险方法危害公共安全罪,判处死刑,剥夺政治权利终身。

一审宣判后,被告人孙伟铭当庭提出不服判决,向四川省高级人民法院提出上诉。

2009 年 9 月 4 日,四川省高级人民法院依法组成合议庭公开审理了此案,四川省人民检察院派员出席二审法庭履行职务。法庭审理认为:

本案事实清楚,证据确实、充分。上诉人(原审被告人)孙伟铭应以以危险方法危害公共安全罪定罪处罚。孙伟铭所提不是故意犯罪的辩解及其辩护人所提孙伟铭的行为应构成交通肇事罪的辩护意见,与查明的事实及相关法律规定不符,不予采纳。辩护人提出的原判存在重大事实遗漏的辩护意见,因证据不足且所提情节与本案事实及定性没有关联,不予采纳。孙伟铭及其辩护人所提的有真诚悔罪表现、原判量刑过重的意见成立,予以采纳。原判认定事实和定罪正确,审判程序合法,但量刑不当。

2009 年 9 月 8 日,四川省高级人民法院依照《中华人民共和国刑事诉讼法》第一百八十九条第二项和《中华人民共和国刑法》第一百一十五条第一款、第五十七条第一款之规定,作出如下判决:

一、维持四川省成都市中级人民法院(2009)成刑初字第 158 号刑事判决中对被告人孙伟铭的定罪部分;

二、撤销四川省成都市中级人民法院(2009)成刑初字第 158 号刑事判决中对被告人孙伟铭的量刑部分;

三、上诉人(原审被告人)孙伟铭犯以危险方法危害公共安全罪,判处无期徒刑,剥夺政治权利终身。

山东省昌邑市华星矿业有限责任公司诉姜光先股东资格确认和公司盈余分配权纠纷抗诉案

2001 年 11 月,山东省昌邑市铁矿改制为昌邑市华星矿业有限责任公司(以下简称"华星公司")。华星公司的公司章程载明,公司由姜光先等 49 名股东共同出资成立,注册资金为 50 万元,其中姜光先出资 14 万元,占注册资本的 28%。后因姜光先挪用昌邑市铁矿的财产 33.1 万元,被昌邑市人民检察院依法提起公诉。2003 年 6 月 2 日,昌邑市人民法院判决:1. 被告人姜光先犯挪用资金罪,判处有期徒刑三年;2. 赃款由昌邑市人民检察院发还给华星公司。姜光先挪用昌邑铁矿的 33.1 万,其中 14 万元作为自己向华星公司的出资。

2003 年 9 月,昌邑市体改委和经贸局组织有关部门召开会议决定,因姜光先已构成犯罪,不能再担任董事长,取消其股东资格,由其他人购其 14 万元出资。2003 年 10 月 4 日,华星公司召开第二次股东大会,39 名股东(无姜光先)出席会议,以举手表决方式一致通过了股东大会决议,其中决议第二条内容为"根据公司法和有关规定,以及(2003)昌刑重字第 1 号判决书的判决,姜光先因挪用企业资金,犯了挪用资金罪,不得担任公司的董事、经理、董事长,并因其 14 万元属于挪用的企业资金,所以不享有股权,取消其股东资格"。同日,该公司的董事会推选赵安会为新的董事长。2003 年 11 月 18 日,山东新华有限责任会计师事务所根据华星公司的申请验证:"根据公司章程及股东会议决议的规定,华星公司拥有的原姜光先投入资本 14 万元全部由其他 7 位投资人认购。其中赵安会占 11 万元,邱建平占 1 万元……上述股东已于 2003 年 11 月 18 日向贵公司缴足股权转让款。"2003 年 11 月 26 日,华星公司制定了新的公司章程,在新的股东名录中无姜光先之名。2003 年 11 月 26 日,华星公司向昌邑市工商行政管理局申请变更公司董事长、经理、并重新认购部分股权的登记,但该局只对董事长的变更进行了登记,对其他材料进行了备案。

根据华星公司提供的三个股东的出资证明书记载,华星公司已经进行了三次公司盈余分配,每 1000 元出资的分红分别是:2004 年 3 月 452.69 元,2004

年 7 月 476.73 元,2005 年 5 月 2800 元。但以上分红无股东会议决议佐证。另外,自华星公司成立以来,还按每 100 元每月 2 元支付股东股权利息。

为请求华星公司支付分红和股权利息,姜光先向潍坊市中级人民法院提起诉讼,并在一审的第二次庭审中增加确认其股东资格的诉讼请求。

潍坊市中级人民于 2006 年 10 月 20 日作出 (2005)潍民二初字第 241 号民事判决。认为,双方当事人争议的主要问题是:1. 姜光先是否还具有华星公司的股东资格? 2. 姜光先主张的分红和股权利息应否支持? 针对姜光先是否还具有华星公司的股东资格问题,虽然华星公司没有置备股东名册,但因华星公司设立时的公司章程中载明姜光先是股东之一,因此,应认定姜光先具有股东资格。在没有经过姜光先同意的前提下,华星公司通过股东会决议剥夺其股东资格的做法是不符合法律规定的。姜光先要求确认其为华星公司股东的诉讼请求合法,依法予以支持。关于姜光先主张的分红和股权利息应否支持问题,因姜光先投入到华星公司的 14 万元注册资金是挪用的公司资金,已构成刑事犯罪,因此,姜光先应承担公法责任,即姜光先的这种货币投资非法,不能合法地构成公司法人财产权。基于此,应认定姜光先的投资没有到位。根据修订前《中华人民共和国公司法》第三十三条"股东按照出资比例分取红利"的规定,姜光先没有向华星公司实际出资,也就无权分红。姜光先要求华星公司支付红利和股息的诉讼请求,于法无据,应予驳回。依照 1994 年 7 月 1 日生效的《中华人民共和国公司法》第二十五条、第二十三条,参照 2006 年 1 月 1 日生效的《中华人民共和国公司法》第三十三条、第三十五条之规定,判决:一、原告姜光先是被告华星公司的股东;二、驳回原告姜光先的其他诉讼请求。

姜光先不服一审判决,提出上诉。

山东省高级人民法院于 2007 年 3 月 23 日作出 (2007)鲁民二终字第 63 号民事判决。认为:从本案查明的事实来看,在华星公司成立时,姜光先已经按照章程规定缴纳了所认缴的 14 万元出资。虽然该 14 万元资金系姜光先挪用企业资金,但姜光先为此仅应承担相应的刑事责任或民事侵权责任,并不能由此否认姜光先出资的真实性。原审法院认定姜光先出资没有到位不当,应予纠正。华星公司在庭审答辩理由中主张姜光先不是华星公司的

股东,但原审法院已经确认姜光先具有股东资格,而华星公司并未提出上诉,因此对于该问题不予审理。本案的焦点问题是:姜光先能否要求华星公司支付分红及股权利息。1994 年 7 月 1 日施行的《中华人民共和国公司法》第四十六条规定"董事会对股东会负责,行使下列职权:……（五）制定公司的利润分配方案和弥补亏损方案";第三十七条规定"股东会行使下列职权:……（七）审议批准公司的利润分配方案和弥补亏损方案";第一百七十七条第四款同时规定"公司弥补亏损和提取公积金、法定公益金后所余利润,有限责任公司按照股东的出资比例分配,股份有限公司按照股东持有的股份比例分配"。通过上述规定可以看出,股东要求公司支付利润的,应符合两个条件,一是公司应当有可供分配的利润;二是必须有股东会的分配利润决议。本案中,姜光先并未提供华星公司有可分配利润以及华星公司股东会决议向其分配利润的证据。至于华星公司提供的 3 份出资证明书记载的盈余分配是否合法因不是本案审理的范围,不作处理,但姜光先不能以此作为对华星公司享有合法分红的依据。因此,姜光先要求华星公司支付分红,不符合法律规定,不予支持。同时,虽然华星公司自成立以来,一直按每 100 元每月 2 元支付股东股权利息,但该行为并不符合有限责任公司的利润分配条件,属于变相抽回出资行为,违反了《公司法》第三十四条"股东在公司登记后,不得抽回出资"的规定,姜光先据此要求华星公司支付股权利息,不予支持。综上所述,姜光先关于出资已经到位的上诉理由成立,但其要求华星公司支付分红及股权利息的上诉请求,不予支持。原审法院认定姜光先出资不到位有误,但实体判决结果并无不当,予以维持。驳回上诉,维持原判。

华星公司不服二审判决,向检察机关申诉,山东省人民检察院经审查后,提请最高人民检察院抗诉。最高人民检察院于 2008 年 7 月 23 日作出高检民抗字(2008)62 号民事抗诉书,认为山东省高级人民法院(2007)鲁民二终字第 63 号民事判决认定姜光先出资到位、具有股东资格,属于认定事实错误。

一、终审判决认为姜光先投资到位是错误的。

本案华星公司系由昌邑市铁矿改制而来。山东省昌邑市人民法院刑事判决书(2003)昌刑重字第 1 号认定:经审理查明,2001 年 10 月至 2001 年

12月，被告人姜光先作为公司的发起人为完成企业的改制工作，在昌邑市国有资产管理局已确认评估资产后，将应属于改制后的昌邑市华星矿业有限公司的预收土地承包费24.1万元和矿粉款9万元擅自挪用给本人及其他股东作为个人入股股金用以进行新成立企业的注册。姜所挪用的33.1万元，其中19.1万元借给了部分职工入股(该19.1万元已由昌邑市人民检察院向各借款人追还)，另14万元以其自己的名义入股。姜光先出借给职工的19.1万元，借款关系是合法的，职工以个人借款作为投资，是允许的。但姜光先投入的14万元并非姜个人财产，以其个人财产的名义投入，作为华星公司的注册资金，只是将改制前铁矿的自有资产又作为改制后华星公司的注册资金，终审判决认为姜光先投资到位是错误的。

二、终审判决认为姜光先具有股东资格是错误的。

终审判决认为姜光先在设立公司章程上作为股东签字，就应认定姜光先的股东资格是错误的，这一行为因姜光先的欺诈故意，且该虚假出资侵害了国家利益而无效。

姜光先于2001年11月20日在《昌邑市华星矿业有限责任公司章程》上作为股东签字。又据山东省昌邑市人民法院刑事判决书(2003)昌刑重字第1号："被告人姜光先供述，2001年10月至同年12月在昌邑市铁矿改制过程中，我把昌邑铁矿对外承包砖厂的24.1万元承包费以及向潍坊恒鑫铸造厂卖矿粉收回的9万元货款，共计33.1万元，不让财务上入账，把其中19.1万元借给部分职工入了改制后新企业的股，14万元作为我自己的股金入了股。"对这两笔现金，姜均不让会计入账，其中19.1万元于2001年11月19日以姜个人的名义出借给部分职工，并于2001年12月1日将包括33.1万元的共50万元人民币存入昌邑市太保村农村信用合作社设立的账户，作为华星公司的注册资金。依山东省昌邑市人民法院刑事判决书(2003)昌刑重字第1号认定，姜挪用公款的犯罪时间从2001年10月到12月这期间，姜在主观上明知自己是挪用国有企业的财产作为个人的出资，并没有实际出资，而虚构以自己个人资产出资的事实，构成欺诈的故意。同时该虚假出资行为损害的是国家利益，以下事实可证明：根据《昌邑市铁矿企业改制方案》第九条第一款，新公司成立后，评估净资产

-6076138.48元，政策性扣除3533609元，共计-9609747.48元，按零资产买断原企业全部产权，资产亏空额(-9609747.48元)，并根据昌发(99)31号文件第三部分第三条规定，给予新公司应交所得税返还弥补，即昌邑铁矿改制时，其债务以新公司成立后向国家应缴纳的所得税返还来偿还。又据华星公司的注册资本为50万元，即华星公司成立时实际资产应是-9109747.48(-9609747.48+500000)元。但因姜光先虚假出资14万元，华星公司成立时其真实的注册资本只有36万元，真实资产是-9249747.48(-9609747.48+360000)元。由此，国家就要多返还14万元的所得税，姜光先的虚假出资行为最终损害的是国家利益，而不仅是该公司的利益。当某欺诈行为损害的是国家利益时，该民事行为是无效的。因此，证明姜光先具有股东资格的系列文件，因姜光先的恶意欺诈行为，且该行为损害国家利益而无效，姜光先不具有华星公司的股东资格。任何人都不得因自己的犯罪行为而获利，如果承认姜以针对该公司犯罪行为获取的非法所得而形成的该公司的股东资格合法有效，损害了国家利益，对华星公司而言也是不公平的。

最高人民法院受理抗诉后，于2008年9月25日作出(2008)民抗字第63号民事裁定，指令山东省高级人民法院再审。

2009年11月17日，山东省高级人民法院作出(2009)鲁民再字第4号再审判决认为：华星公司系由政府主导下进行的国有企业改制而来，鉴于姜光先在华星公司的14万元出资系挪用改制前的国有企业资金的犯罪行为且已被判处刑罚，其14万元出资款已全部被没收追缴，昌邑市体改委和经贸局组织有关部门研究决定取消了姜光先的股东资格，由其他人认购该14万元出资份额，华星公司也就此召开股东会并形成决议，取消姜光先股东资格，由赵安会等人认购该部分出资并已完成出资验证。鉴于上述情况以及参照2006年施行的《中华人民共和国公司法》第二十七条关于非法财产不得作为出资的规定精神，应认定姜光先股东资格无效。根据修订前《中华人民共和国公司法》第三十三条"股东按实缴的出资比例分取红利"，参照修订后《中华人民共和国公司法》第三十五条"股东按实缴的出资比例分取红利"的规定，因姜光先在华星公司的14万元出资系挪用改制前的国有企业资金的犯罪行为，故姜光先请求按照出资比例分取红利的诉讼

请求,本院不予支持。原审判决认为姜光先在设立公司章程上作为股东签字,应认定其具有股东资格不妥,应予撤销。依照《中华人民共和国民事诉讼法》第一百八十六条第一款、第一百五十三条第一款第二项的规定,作出如下判决:一、撤销潍坊市中级人民法院(2005)潍民二初字第241号民事判决和本院(2007)鲁民二终字第63号民事判决。二、驳回姜光先的诉讼请求。

桂林市基本建设领导小组旧城改造办公室诉中国工商银行桂林分行借款合同纠纷抗诉案

1995年2月24日,中国工商银行桂林分行国际业务部(以下简称桂林工行)与桂林市汉欣物资公司(以下简称物资公司)、桂林市城市基本建设领导小组旧城改造办公室(以下简称旧城改造办)签订了一份借款合同,约定:由桂林工行贷给物资公司人民币600万元,用于购买出口原材料和设备,借款月利率为10.98%;借款期限为贷款发放之日起至1995年11月28日止,如物资公司到期不能偿还,由担保人旧城改造办无条件代为偿还。物资公司亦可向桂林工行提供经桂林工行认可的实物做抵押,如到期不能偿还债务,抵押物无条件归桂林工行所有。

1995年2月24日,旧城改造办在前述借款合同担保方栏内签字盖章后,又与桂林工行签订一份抵押合同,约定:旧城改造办愿意以其财产桂林市象山区地下商业街A段(桂房证字第03020429号),桂林市秀峰区解放东路正阳门商场(桂房证字第03020432号)为物资公司贷款600万元做抵押担保,并将两本房屋所有权证交给桂林工行。1995年2月25日,三方当事人将所签订的借款合同、抵押合同拿到桂林市公证处作了公证。2月28日,桂林工行将600万元人民币转入物资公司账户。借款期限届满后,物资公司未依约还款。

1996年4月18日,桂林工行向物资公司送达催贷收息通知书,物资公司未能按该通知要求偿还借款本息,而由桂林汉欣发展有限公司(以下简称发展公司)分别于1996年5月15日、1996年5月24日向桂林工行递交了申请延续贷款的报告和还款计划。同年8月29日,物资公司、发展公司及旧城改造办三方签订协议书,确认1996年物资公司向桂林工行借款600万元,因实际借款单位发展公司当时未取得合法的法人资格,故请物资公司为其办理借款手续,现发展公司已取得法人资格,借款单位应改为发展公司;600万元借款的使用权和偿还责任归发展公司,旧城改造办承担抵押担保责任,物资公司不承担任何责任。

1997年8月28日,桂林工行诉至法院,请求判令发展公司归还借款本金600万元及利息3058405.8元(计算至1997年8月31日,以后另计),旧城改造办承担连带还款责任。

1998年4月29日,桂林市中级人民法院作出(1997)桂市经初字第71号民事判决认为:借款合同、抵押合同的内容是经三方当事人自愿协商一致所达成的,除借款合同第十条中约定的"如甲方到期不能偿还债务,抵押物五条件归乙方所有"这一条款违反法律无效外,其余条款合法有效。桂林工行依约全面履行了合同义务,而物资公司、旧城改造办未依约履行合同,依法应承担违反合同的责任。物资公司将其应承担的责任转给发展公司,得到了债权人桂林工行的认可,因此,桂林工行要求发展公司偿还借款本息、旧城改造办承担担保责任的请求理由充分,予以支持。旧城改造办提出抵押合同无效的主张缺乏证据。根据《借款合同条例》第十六条,《中华人民共和国民法通则》第八十九条第一、第二款,第一百零八条和《中华人民共和国民事诉讼法》第一百三十条的规定,作出如下判决:1.发展公司偿还原告桂林工行借款本金600万元和利息3457572.57元(此利息计算至1998年3月20日止,以后依法另计)。2.旧城改造办在发展有限公司不能偿还上述债务时,则应以其提供的抵押物(桂林市象山区地下商业街A段、桂林市秀峰区解放东路正阳门商场)折价或者变卖所得价款,由桂林工行优先受偿。

旧城改造办不服一审判决,提出上诉。广西壮族自治区高级人民法院对一审判决认定的事实予以确认,另补充查明:旧城改造办用于抵押的地下商业街A段房产,所有权人系旧城改造办,房屋用途为铺面。1998年2月23日,桂林市人民防空办公室出具证明证实,其曾于1993年5月和1996年11月两次在旧城改造办的报告中批复同意将地下商业街列为人防工程,目的是使旧城改造办能享受用水用电的优惠。1998年7月31日广西壮族自治区人民防空办公室出具桂房办字（1998）50号文件证明"旧城改造办修建桂林市中山南路地下一条街，建设时未按人防工程建设程序报我办审批立案，我办从未确认该地下街为人防工程"。

桂林市工行国际业务部成立于1989年4月22日，具有营业执照和经营许可证。1997年6月4日，该部并人桂林工行营业部。旧城改造办为自收自支的事业单位法人。

1998年9月18日，广西壮族自治区高级人民法院作出（1998）桂经终字第222号民事判决，认为：本案借款合同除第十条"如甲方到期不能偿还债务，抵押物无条件归乙方所有"的约定，违反法律规定无效外，其余条款均合法有效。旧城改造办是自收自支的事业单位法人，具有代偿能力，作为担保主体合格，除其在借款合同担保栏内签字盖章，愿意无条件代为偿还借款外，还以其享有处分权的房产与桂林工行签订抵押合同，该抵押合同虽经公证部门公证，但未依法到房管部门办理抵押登记手续，该抵押合同未生效。旧城改造办、物资公司、发展公司三方签订协议，确认本案实际借款人为发展公司，由发展公司承担还款责任。旧城改造办承担抵押担保责任，桂林工行虽未参与签订该协议，其知情后对债务转让予以认可，但未放弃旧城改造办在借款合同中约定的保证责任。经二审核实质证，旧城改造办亦承认债务转移时其仍按借款合同约定承担一般保证责任。一审判决认定抵押合同有效错误，部分实体处理不当，本院依法予以纠正。依照《中华人民共和国民事诉讼法》第一百五十三条第一款第一、二项的规定，判决如下：1. 维持桂林市中级人民法院（1997）桂市初字第71号民事判决主文第一项及诉讼费负担；2. 撤销桂林市中级人民法院（1997）桂市经初字第71号民事判决主文第二项；3. 发展公司不能清偿本案债务，且强制执行其财产仍不足以清偿本案债务时，由旧城改造办承担赔偿责任。

旧城改造办不服二审判决，向广西壮族自治区高级人民法院申请再审。广西壮族自治区高级人民法院于2006年6月16日作出（2006）桂民申字第371号不予立案再审通知书，决定不予立案再审。

旧城改造办仍然不服，向广西壮族自治区人民检察院提出申诉，该院审查后提请最高人民检察院抗诉。

最高人民检察院经审查认为，广西壮族自治区高级人民法院（1998）桂经终字第222号民事判决认定的事实缺乏证据证明，适用法律错误。

一、终审判决认定的事实缺乏证据证明。

终审判决认定："经二审核实质证，旧城改造办亦承认债务转移时其仍按借款合同约定承担一般保证责任。"这一认定缺乏证据证明。在本案1998年7月21日的二审开庭及9月2日的质证询问中，对"本案自身应承担什么保证责任"这一问题，旧城改造办的上诉请求、开庭质证意见、辩论意见及最后陈述均表示"不应承担任何担保责任"。而在9月2日的质证询问中，旧城改造办的法定代表人仅表示"在借款合同中及原担保时是承担一般担保责任"，并未认可"对1996年8月29日三方债务转移协议仍承担一般担保责任"这一事实。

二、按照1995年借款合同判决旧城改造办承担保证责任，超过了保证期间，适用法律错误。

我国《担保法》第二十五条规定："一般保证的保证人与债权人未约定保证期间的，保证期间为主债务履行期届满之日起六个月。""在合同约定的保证期间和前款规定的保证期间，债权人未对债务人提起诉讼或者申请仲裁的，保证人免除保证责任；债权人已提起诉讼或者申请仲裁的，保证期间适用诉讼时效中断的规定。"原审判决已认定1995年借款合同约定的是一般保证责任，该合同未约定保证期间，因此本保证合同的保证期间为六个月。二审判决认定："1996年4月18日，桂林市工行国际业务部向物资公司送达催贷收息通知书，要求物资公司接到通知十日内将600万元本息划到该部账户。物资公司未能按该通知要求偿还借款本息，而由发展公司分别于1996年5月15日、1996年5月24日向桂林市工行国际业务部递交了延续借款的报告和还款计划。对前述报告和计划，该部均未盖章签字同意。"这说明不存在借款延期的约定，从而也不存在保证期间延长的问题。借款合同约定的借款期限至1995年11月28日，自该日起至桂林工行1997年11月起诉时，已经超过了六个月的保证期间，依法应免除保证人的保证责任。

三、终审判决将1995年借款合同和1996年三方协议糅合起来，判决旧城改造办依1996年三方协议承担保证责任，适用法律确有错误。

终审判决认为桂林工行可以主张其认可1996年三方协议，但并非放弃旧城改造办在借款合同中约定的保证责任。但是，1996年三方协议中约定旧城改造办承担"抵押担保"的责任，并非保证责任，三方协议关于变更债务人与旧城改造办承担抵押担保责任的约定是一个整体，不可分割，桂林工行要么全部认可，要么全部拒绝，不能有选择地部分认可，即不能只认可该协议中由发展公司承担责任和旧城改造办为发展公司担保的内容，但不认可该协议中旧城改造办承担"抵押担保"责任的内容。

由于合同的相对性，1995年借款协议与1996年三方协议虽有联系但相互独立，除另有明确约定外，不能把两个合同的责任糅合起来，让当事人承担，否则就会既违反1995年借款协议，又违反1996年三方协议。1996年三方协议中旧城改造办承担"抵押担保"责任，却判决旧城改造办承担保证责任；1995年借款协议旧城改造办为物资公司担保，却判决为发展公司担保。

2008年5月27日，最高人民检察院依照《中华人民共和国民事诉讼法》第一百八十七条第一款，第一百七十九条第一款第二项、第六项之规定，以高检民抗（2008）39号民事抗诉书向最高法院提出抗诉。

最高人民法院受理抗诉后，裁定提审该案。最高人民法院再审确认一、二审法院查明的事实，另补充查明：1994年4月24日，桂林工行向发展公司发出贷款利息催收通知书，发展公司签收时注明"97.5.4收到"，并盖章确认。1997年5月14日，桂林工行向发展公司发出催收贷款通知书，要求发展公司和担保单位旧城改造办履行义务，发展公司和旧城改造办分别在该通知书上的借款单位和担保单位处盖章。

发展公司成立于1995年4月14日，为中外合资企业。董事长苏守信，副董事长张敦严，副总经理高光华、王日庆当时分别担任旧城改造办的主任、副主任、科长。

最高人民法院再审认为：本案借款合同除第十条"如甲方到期不能偿还债务，抵押物无条件归乙方所有"的约定因违反法律规定无效外，其余条款均合法有效。旧城改造办在借款合同担保人处盖章，愿意无条件代为偿还借款。尽管旧城改造办在借款合同中依约承担保证责任，但其在三方协议中约定承担抵押担保责任，其法定代表人在二审中也未明确认可其在签订三方协议后仍承担一般担保责任且对此表示异议，原二审法院以旧城改造办在二审中关于"旧城改造办按借款合同承担一般保证

责任"的表述，推定其自认在签订三方协议后仍按借款合同承担一般保证责任，缺乏依据，最高人民检察院的相关抗诉理由成立。

旧城改造办的担保行为发生在1995年2月24日即我国担保法发布之前，该担保行为应适用此前的法律规定。借款合同中，债权人和保证人均未明确约定保证责任期间，根据最高人民法院1994年《关于审理经济合同纠纷案件有关保证的若干问题的规定》第十一条规定，保证人承担保证责任的最长期限应为被保证人承担还款责任的期限。而据我国《民法通则》第一百三十五条的规定，债权人请求保护民事权利的诉讼时效为两年。本案借款合同约定的借款期限至1995年11月28日，三方协议并未更改该期限，桂林工行1997年8月28日起诉之日仍在保证期间之内。旧城改造办关于超过保证期限的申诉理由不能成立。

物资公司等虽未经债权人同意签订三方协议，将借款单位改为发展公司。桂林工行知情后连续向发展公司发出催收贷款通知的行为，表明其事后追认了三方协议。在三方协议中，借款人和担保人仅明确表示旧城改造办对发展公司的借款提供抵押担保，而未对一般保证作出承诺，故桂林工行关于旧城改造办仍应承担一般保证责任的主张证据不足，不予支持。桂林工行与旧城改造办签订抵押合同后虽然作了公证，但未办理抵押登记。三方协议签订及桂林工行追认时，担保法已经实施，根据《担保法》第四十一条和第四十二条的规定，双方办理房地产抵押时，应当向县级以上地方人民政府规定的部门办理抵押登记，抵押合同自登记时生效。因未办理抵押登记，桂林工行与旧城改造办的抵押合同无效，且双方对此均有过错，故双方应对该抵押无效造成的损失各自承担50%的责任。

2009年8月19日，依照《中华人民共和国民事诉讼法》第一百八十六条、第一百五十三条第一款第三项之规定，最高人民法院作出（2008）民抗字第29号民事判决：一、维持广西壮族自治区高级人民法院原判决第一项和第二项，即发展公司偿还桂林工行借款本息。二、撤销原审判决第三项。三、发展公司不能清偿本案债务且强制执行其财产仍不足以清偿本案债务时，由旧城改造办承担50%的赔偿责任。四、驳回桂林工行的其他诉讼请求。

第八部分

对外交流与合作

检察外事工作 2010 年,在最高人民检察院党组的领导下,检察外事工作取得了一定成绩。

一是高层互访成效显著,有力配合了国家外交大局。2010 年,最高人民检察院在有关省级检察院的配合下,接待了匈牙利总检察长、安哥拉总检察长、美国司法部长、沙特阿拉伯国务大臣以及香港廉政公署专员等高级代表团。这些互访和交流有效加强了同有关国家和地区司法机关的了解和沟通,客观介绍了社会主义检察制度和中国民主法治建设进程,积极宣传了中国和平发展的政治主张。2010 年 6 月,最高人民检察院检察长曹建明访问欧洲期间,与比利时总检察院和挪威总检察院签署了合作谅解备忘录。11 月,曹建明检察长访问香港,这是香港回归以来内地检察机关最高首长第一次正式赴港访问。访问深化了内地检察机关与香港司法执法机关的务实合作,增进了两地司法界对"一国两制"框架下开展司法合作的认同与共识。

二是业务交流渠道进一步拓宽,切实服务了检察工作科学发展。精心组织全国检察机关业务部门工作人员赴境外考察、培训、参加会议及执行公务,在出国政策和资金安排上加大为业务工作的服务力度。2010 年,最高人民检察院先后组织公诉系统人员赴德国的"检察机关改革完善公诉制度"培训团、渎职侵权检察系统人员赴英国的"查办国家机关工作人员利用职权侵犯人权犯罪案件"培训团、反贪污贿赂系统人员赴瑞典的"反贪侦查业务"培训团。培训达到了预期目的,取得了多方面成果。积极推进既有的国际合作项目,与挪威议会行政监察官办公室在洛阳共同举办了"被羁押人的权利保护"国际研讨会,认真组织和积极实施与澳大利亚人权与平等机会委员会以及瑞典隆德大学、美国天普大学的合作项目,在合作与交流中为我国刑事诉讼与司法体制改革提供了大量有益的参考。

三是积极履行国际刑事司法协助义务,强化了我检察机关在国际执法合作中的职能与作用。2010 年,共办理涉港澳个案协查案件 45 件,国际刑事司法协助案件 162 件。案件涉及俄罗斯、乌克兰、墨西哥、美国、加拿大、意大利、韩国、日本等 26 个国家和地区,协助形式包括调查取证、派员取证、引渡、移管等。在涉港个案协查取证工作方面取得突破,与香港廉政公署在现有合作机制基础上,尝试以共同立案、共同调查的方式,解决调取金融机构资料难的问题。对涉及俄罗斯等独联体国家的

司法协助案件,尤其是 2008 年以来的积压案件进行了清理,有效提高了案件办理效率。同时,积极参与国家司法外交有关机制,强化检察机关在国际司法与执法合作中的地位与作用,先后派员参加中国—加拿大执法合作第三轮磋商、中美执法合作联络小组第八次会议、中国—澳大利亚刑事司法协助研讨会、粤港澳个案协查研讨会、中国区际刑事司法协助研讨会和中非法律论坛等执法合作会议,还积极派员参加外交部、公安部组织的有关涉外敏感案件的内部协调会,以实际行动维护和强化我检察机关在刑事司法协助和执法合作中的职能与作用。

四是认真办好重大国际会议,强化和维护我检察机关在多边检察国际合作组织中的主导地位。2010 年 10 月,第八次上海合作组织成员国总检察长会议在福建省厦门市召开。会议以加强务实合作,提高打击恐怖主义、分裂主义和极端主义的效率和成效,在国际金融危机背景下打击跨国经济犯罪,保护公民权利为主题。与会各国在打击"三股势力"及相关跨国犯罪、充分发挥职能作用为经济社会发展服务上达成了广泛共识,形成了工作合力。11 月,国际反贪局联合会第四次年会暨会员代表大会在中国澳门举行。会议主题是《联合国反腐败公约》第四章的"国际合作"。本次会议顺利完成了国际反贪局联合会主席职位的交接和执委会的换届工作,最高人民检察院检察长曹建明当选为新一届国际反贪局联合会主席。

(最高人民检察院国际合作局 韩 弋 彭 辉)

第八次上海合作组织成员国总检察长会议 2010 年 10 月 22 日,第八次上海合作组织成员国总检察长会在福建省厦门市召开。中共中央政治局常委、中央政法委书记周永康出席会议开幕式并讲话。这次会议以加强务实合作,提高打击恐怖主义、分裂主义和极端主义的效率和成效,在国际金融危机背景下打击跨国经济犯罪,保护公民权利为主题。13 个国家和地区以及有关国际组织的 102 名代表参加了会议,分别来自上海合作组织成员国哈萨克斯坦、中国(包括香港和澳门特别行政区)、吉尔吉斯斯坦、俄罗斯、塔吉克斯坦、乌兹别克斯坦,上海合作组织观察员国印度、伊朗、蒙古、巴基斯坦以及主席国客人阿富汗。上海合作组织秘书长,哈萨克斯坦、伊朗、蒙古驻华大使,俄罗斯驻广州总领事出席会议。会议期间,最高人民检察院与俄罗斯联邦

总检察院签署了《二〇一一年至二〇一二年合作计划》，与伊朗总检察院签署了两国检察机关《合作谅解备忘录》。会议结束时，上海合作组织成员国总检察长共同签署了《第八次上海合作组织成员国总检察长会议纪要》。

（最高人民检察院国际合作局 韩 弋 彭 辉）

国际反贪局联合会第四次年会暨会员代表大会
2010 年 11 月 2—5 日，国际反贪局联合会第四次年会暨会员代表大会在中国澳门举行。此次会议以《联合国反腐败公约》第四章——"国际合作"为主题，以《联合国反腐败公约》第四章第 44、第 45 条的"引渡与被判刑人移管"、第 46 条的"司法协助"、第 47、第 48 条的"执法合作"、第 49、第 50 条的"联合侦查和特殊侦查手段"等为专题，进行了 5 场大会研讨会、4 场分组讨论会和 16 场专题研讨会，深入、透彻地讨论了在《联合国反腐败公约》框架下、在国际反贪局联合会平台上开展反腐败国际合作的设想与措施。150 多个国家（地区）和 10 多个国际组织的 750 多名代表参加了会议，其中包括联合国秘书长代表、国际检察官联合会主席以及有关国家（地区）的总检察长、最高法院院长、司法部长、监察部长、审计署长、国际反贪污委员会主席、廉政公署专员等副部级以上官员 200 多名。澳门特别行政区特首崔世安出席会议开幕式并致辞。本次会议完成了国际反贪局联合会主席职位的交接和执委会的换届工作，最高人民检察院检察长曹建明当选为新一届国际反贪局联合会主席。会议通过了国际反贪局联合会澳门宣言。

（最高人民检察院国际合作局 韩 弋 彭 辉）

中国检察代表团访问埃及、坦桑尼亚、南非 以最高人民检察院副检察长张耕为团长的中国检察代表团于 2010 年 4 月 15—25 日应邀对埃及、坦桑尼亚和南非三国进行了友好访问。代表团成员包括：天津市人民检察院检察长于世平、最高人民检察院渎职侵权检察厅厅长李文生、检察日报社社长张本才等。在埃及期间，代表团访问了埃及总检察院、埃及行政监察署，与埃及总检察长阿卜杜勒·马吉德·马哈茂德进行了工作会谈。在坦桑尼亚期间，代表团访问了坦桑尼亚总检察院、坦桑尼亚终审法院，分别与坦桑尼亚副总检察长马萨居、司法部常务秘书姆海基，坦桑尼亚终审法院代理首席大法官

鲁塔康格瓦进行了工作会谈；参观了我国为坦桑尼亚援建的坦赞铁路火车站。在南非期间，代表团访问了南非总检察院，同南非总检察长蒙兹·西蒙拉尼、南非特别调查署署长威里·霍夫曼进行了座谈，重点围绕两国的司法改革和检察改革问题进行了深入交流。

（最高人民检察院国际合作局 龙 梅 汪 伟）

中国检察代表团访问加拿大、美国 以最高人民检察院政治部主任李如林为团长的中国检察代表团于 2010 年 5 月 27 日至 6 月 5 日对加拿大和美国进行了友好访问。代表团成员包括：北京市人民检察院政治部主任张幸民、最高人民检察院政治部办公室主任张巍等。访问加拿大期间，代表团参加了中加司法改革研讨会，与加拿大刑法改革与刑事政策国际中心执行主任凯瑟琳·麦克当娜、加拿大联邦检察院不列颠哥伦比亚省地区检察长罗伯特·普赖尔和不列颠哥伦比亚省检察院地区检察长马莉安·帕露柯等就两国司法和检察改革、检察官的教育培训等问题进行了研讨和交流。加拿大刑法改革与刑事政策国际中心与中国最高人民检察院有着良好的合作关系，双方是两国政府项目——中加检察改革合作项目的执行单位。访问美国期间，代表团分别与宾夕法尼亚州东部地区联邦检察官办公室检察官和联邦法院法官进行了会谈，重点了解了美国检察官管理培训、检察官与法官的关系及法官履行职责的情况。与天普大学就进一步深化双方合作项目——选派中国优秀检察官参加该校法学硕士班学习交换了意见。代表团还与美国联邦调查局费城部门的特别探员、美国司法部国际事务办公室和检察官办公室的官员分别进行了会谈。

（最高人民检察院国际合作局 龙 梅 汪 伟）

中国检察代表团访问丹麦、挪威、比利时 以最高人民检察院检察长曹建明为团长的中国检察代表团于 2010 年 6 月 12—23 日应邀对丹麦、挪威和比利时三国进行正式友好访问。代表团成员包括：山东省人民检察院检察长国家森、湖北省人民检察院检察长敬大力、甘肃省人民检察院检察长乔汉荣、最高人民检察院国际合作局局长郭兴旺等。访问丹麦期间，曹建明检察长会见了丹麦司法大臣巴弗兹，与丹麦总检察长索伦森举行了工作会谈。访问挪威期间，会见了挪威议会副议长妮巴克，与挪威

总检察长布什举行了工作会谈,共同签署了《中国最高人民检察院和挪威王国总检察院合作谅解备忘录》,与挪威议会行政监察官办公室的官员就被羁押人员权益保护问题深入交换了意见,并先后访问了奥斯陆地区法院和奥斯陆警察局。访问比利时期间,曹建明检察长会见了比利时副首相翁克林克斯和司法大臣德克拉克,与比利时最高法院院长吉斯兰、总检察长勒克莱克进行了会谈,签署了《中国最高人民检察院和比利时总检察院合作谅解备忘录》,并在布鲁日会见了西弗兰德斯省长布莱恩。代表团访问了根特大学,与根特大学校长、法学院院长和资深教授就加强中比两国法学交流和司法合作进行了深入探讨。

(最高人民检察院国际合作局　龙　梅　汪　伟)

中国检察代表团访问日本、韩国　以最高人民检察院副检察长朱孝清为团长的中国检察代表团于2010年6月8—17日对韩国、日本进行了友好访问。代表团成员包括:山西省人民检察院检察长王建明、安徽省人民检察院检察长崔伟、新疆维吾尔自治区人民检察院检察长哈斯木·马木提等。在韩国期间,代表团访问了韩国大检察厅,韩国检察总长金畯圭会见了代表团。在日本期间,代表团访问了仁川地方检察厅和日本最高裁判所、法务省、最高检察厅、大阪高等检察厅、大阪地方检察厅,参观考察了日本最高裁判所大法庭等。日本最高裁判所大法官竹崎博允、法务省事务次官大野恒太郎、最高检察厅检事总长樋渡利秋分别会见了代表团。代表团听取了两国法务部门人员、检察官和法官关于司法制度、检察制度、司法制度改革和刑事诉讼程序等内容所作的介绍,并就法务部门与检察机关的关系、司法制度改革及实施情况等内容进行了友好的会谈与深入的专业交流。

(最高人民检察院国际合作局　龙　梅　汪　伟)

中国检察代表团访问古巴、委内瑞拉　以最高人民检察院副检察长张常韧为团长的中国检察代表团于2010年6月18—27日对古巴、委内瑞拉进行了友好访问。代表团成员包括:青海省人民检察院检察长王晓勇,最高人民检察院反贪污贿赂总局局长陈连福、计划财务装备局局长吴松寿、国际合作局副局长李新等。在古巴期间,代表团访问了古巴总检察院、最高法院和总监察院,分别与总检察长达

里奥·德尔加多·库拉、最高法院的两名副院长、国务委员会副主席兼总监察院院长格拉迪斯·贝赫拉诺·波拉特等主要领导进行了工作会谈,实地考察了巴拉德罗市检察院。在委内瑞拉期间,代表团与委内瑞拉道德委员会主席兼总检察院检察长路易莎·奥尔特加·迪亚斯女士进行了工作会谈,双方相互表达了进一步加强两国检察机关交流与合作的愿望。代表团与总检察院刑事诉讼局局长、监察局局长、反贪局局长、禁毒局局长、普通犯罪局局长、科技犯罪局局长等业务部门负责人进行了深入的专业会谈。

(最高人民检察院国际合作局　龙　梅　汪　伟)

中国检察代表团赴荷兰、英国参加国际检察官联合会第十五届年会和第二十八届剑桥国际经济犯罪论坛　以北京市人民检察院检察长慕平为团长的中国检察代表团于2010年9月5—14日赴荷兰、英国参加国际检察官联合会第十五届年会和第二十八届剑桥国际经济犯罪论坛。代表团成员包括:河北省人民检察院检察长张德利、最高人民检察院反贪污贿赂总局副局长徐进辉等。参会期间,国际检察官联合会年会新任主席、爱尔兰检察长汉密尔顿先生,秘书长奎颇斯先生,荷兰总检察长哈姆·布劳威尔先生,巴瑞·瑞德教授与代表团成员进行了非正式会谈。代表团还访问了苏格兰检察院、英国皇家检察署,并正式会见了苏格兰检察院检察次长弗兰克·牧罗兰德博士、英国皇家检察署国际部主任帕特里克·史蒂文斯博士。国际检察官联合会第十五届年会的主题是"跨越国界",会议重点讨论了有组织犯罪、贩卖人口和资产追回的最新发展,改进和加快检察机关的合作等议题。本次会员大会选举产生了新一届国际检察官联合会理事会,爱尔兰检察长汉密尔顿当选主席,荷兰检察官奎颇斯当选秘书长。第二十八届剑桥国际经济犯罪论坛的主题是"新政—确保廉洁、稳定和生存",会议专题讨论了透视金融危机原因和影响、预防和控制金融机构内部滥用与自我交易、刑法在维护完整性方面的局限、商业活动中的腐败、海外行贿、银行在打击洗钱犯罪中的措施等。

(最高人民检察院国际合作局　龙　梅　汪　伟)

检察代表团访问港澳地区的情况　2010年11月,最高人民检察院检察长曹建明、副检察长胡泽君和贾

春旺同志分别率检察代表团赴澳门出席国际反贪局联合会第四次年会暨会员代表大会。在澳门期间，曹建明检察长、胡泽君副检察长和贾春旺同志分别会见了澳门特区行政长官崔士安、澳门特区检察院检察长何超明、澳门廉政公署廉政专员冯文庄。在国际反贪局联合会第四次年会暨会员代表大会上，曹建明检察长当选为新一届国际反贪局联合会主席。

2010 年 11 月，最高人民检察院检察长曹建明率团赴香港访问。在香港期间，代表团先后访问了香港特区廉政公署、终审法院、律政司、保安局和中国法律服务（香港）有限公司，拜访了香港特区行政长官曾荫权，会晤了香港中联办主任彭清华。曹建明检察长此次访港，是香港回归以来内地检察机关的最高首长第一次正式赴港访问，具有深远意义。陪同访问的有：江苏省人民检察院检察长徐安，浙江省人民检察院检察长陈云龙，福建省人民检察院检察长倪英达，最高人民检察院办公厅主任白泉民，最高人民检察院国际合作局局长郭兴旺等。

（最高人民检察院国际合作局　郭明聪）

港澳地区司法代表团来访情况 2010 年 5 月，澳门

特区检察院检察长何超明率团访问北京、湖南。在北京期间，最高人民检察院检察长曹建明会见了代表团一行。

2010 年 6 月，应监察部的邀请，澳门特区廉政公署廉政专员冯文庄访问北京。其间，代表团访问了最高人民检察院，并受到了最高人民检察院检察长曹建明的接见。同年 8 月，澳门特区廉政公署廉政专员冯文庄访问了国家检察官学院。

2010 年 9 月，应国务院港澳办的邀请，香港特区廉政公署廉政专员汤显明访问北京。在北京期间，最高人民检察院检察长曹建明会见了香港廉政公署代表团一行。

2010 年 11 月，香港特区廉政公署副专员、执行处首长李铭泽访问北京、福建。在北京期间，最高人民检察院检察长曹建明会见了代表团，在福建访问时，福建省人民检察院检察长倪英达会见了代表团。代表团还与福建省人民检察院、厦门市人民检察院进行了工作座谈。此次访问为今后内地与香港个案协查工作顺畅灵活的开展创造了良好条件。

（最高人民检察院国际合作局　郭明聪）

2010 年中华人民共和国最高人民检察院
与外国检察、司法机关签订的合作协议一览表

合作协议名称	签字日期	签字地点	我方签字人	对方签字人	生效日期
中华人民共和国最高人民检察院和挪威王国总检察院合作谅解备忘录	2010. 6. 16	奥斯陆	中华人民共和国最高人民检察院检察长曹建明	挪威王国总检察院总检察长托 - 阿克瑟·布什	2010. 6. 16
中华人民共和国最高人民检察院和比利时王国总检察院合作谅解备忘录	2010. 6. 18	布鲁塞尔	中华人民共和国最高人民检察院检察长曹建明	比利时王国总检察院总检察长让 - 弗朗索瓦·勒克莱克	2010. 6. 18
中华人民共和国最高人民检察院和伊朗伊斯兰共和国总检察院合作谅解备忘录	2010. 10. 21	厦　门	中华人民共和国最高人民检察院检察长曹建明	伊朗伊斯兰共和国检察院总检察长古兰姆·侯赛因·莫西尼·埃杰伊	2010. 10. 21

续表

合作协议名称	签字日期	签字地点	我方签字人	对方签字人	生效日期
中华人民共和国最高人民检察院和俄罗斯联邦总检察院2011—2012年合作计划	2010.10.21	厦门	中华人民共和国最高人民检察院检察长曹建明	俄罗斯联邦总检察院总检察长尤·雅·柴卡	2010.10.21
上海合作组织第八次会议纪要	2010.10.22	厦门	中华人民共和国最高人民检察院检察长曹建明	哈萨克斯坦共和国总检察长卡·阿·麻米吉尔吉斯斯坦共和国副总检察长巴·萨·奥斯莫纳列夫俄罗斯联邦总检察长尤·雅·柴卡塔吉克斯坦共和国总检察长舍·阿·萨利姆佐达乌兹别克斯坦共和国副总检察长舒·沙·乌扎科夫	2010.10.22

（最高人民检察院国际合作局　郭明聪）

中华人民共和国最高人民检察院和挪威王国总检察院合作谅解备忘录

　　中华人民共和国最高人民检察院和挪威王国总检察院（以下简称"双方"），为进一步加强友好合作关系，在相互尊重主权和平等互利的基础上，根据两国检察工作的实际需要，达成合作谅解备忘录如下：

　　第一条　双方在各自职权范围内，加强司法领域的合作。

　　第二条　双方可合作举办检察官研修班和专题研讨会，开展与检察工作有关的研究和理论学习。

　　第三条　双方可互派代表团访问，讨论双方工作中共同感兴趣的问题。

　　第四条　应一方要求，双方可交换法律文件、检察工作信息及法律出版物。

　　第五条　双方在侦查和起诉方面的司法协助请求及执行通过外交途径进行。但出于应急考虑，双方也可直接联络。

　　第六条　本谅解备忘录解释和执行中出现的问题，由双方代表本着互相谅解和互相尊重的精神予以协商解决。

　　第七条　应一方要求，双方可通过谈判对本谅解备忘录的内容进行修改。任何修改内容经双方的代表签字后即生效。

　　第八条　本谅解备忘录自签字之日起生效。

本谅解备忘录有效期五年。若在谅解备忘录期满前六个月，一方未以书面形式通知另一方终止谅解备忘录，本谅解备忘录将自动延长五年，并依此法顺延。

本谅解备忘录于 2010 年 6 月 16 日在奥斯陆签订。本谅解备忘录一式两份，每份用中文、英文写成，两种文本具有同等效力。

中华人民共和国　　　　　　挪威王国

最高人民检察院检察长　　　总检察院总检察长

曹建明　　　　　　　托－阿克瑟·布什

中华人民共和国最高人民检察院
和比利时王国总检察院合作谅解备忘录

中华人民共和国最高人民检察院和比利时王国总检察院（以下简称"双方"），为进一步加强两国检察机关之间的友好合作关系，在相互尊重主权和平等互利的基础上，根据两国检察工作的实际需要，达成合作谅解备忘录如下：

第一条 双方在各自职权范围内，加强司法领域合作。

第二条 双方应在不违背本国法律的前提下，严格遵守和执行两国间缔结的双边条约和共同批准加入的多边国际条约。

第三条 双方应通过外交途径或两国缔结条约所指定的中央机关开展司法协助。双方应加强联系和信息交流，增进对彼此法律和司法体系的理解，推动双边司法合作开展。

第四条 双方可互派代表团访问，讨论双方共同感兴趣的问题。

第五条 双方可合作举办检察业务研讨会，学习、交流与检察业务相关的理论问题。应对方请求或一方认为必要，双方可以交换或提供涉及合作事项的有关材料，交换或交流双方共同感兴趣的法律资料或检察工作信息，交换法学出版物。

第六条 对在解释和执行本谅解备忘录过程中出现的问题，双方应本着相互谅解和相互尊重的精神予以协商解决。

第七条 应一方要求，双方可通过谈判对本谅解备忘录的内容进行修改。有关谅解备忘录内容的任何修改都应通过双方签署书面协议的形式进行，并于双方代表签字后生效。

第八条 本谅解备忘录自签字之日起生效，有效期五年。谅解备忘录期满前六个月，一方未以书面形式通知另一方终止谅解备忘录，本谅解备忘录效力将自动延长五年，并依此法顺延。

本谅解备忘录于 2010 年 6 月 18 日在布鲁塞尔签订。本谅解备忘录一式两份，每份用中文、法文、荷兰文及英文写成，所有文本同等作准。

中华人民共和国　　　　　　比利时王国

最高人民检察院检察长　　　总检察院总检察长

曹建明　　　　让－弗朗索瓦·勒克莱克

中华人民共和国最高人民检察院和
伊朗伊斯兰共和国总检察院合作谅解备忘录

中华人民共和国最高人民检察院和伊朗伊斯兰共和国总检察院（以下简称"双方"），为进一步加强友好合作关系，在相互尊重主权和平等互利的基础上，根据两国检察工作的实际需要，达成备忘录如下：

第一条

双方在各自职权范围内，加强和扩大彼此之间的合作。

第二条

双方合作举办专业研修班和专题研讨会，开展与检察工作有关的研究和理论学习。

第三条

双方互派代表团访问，讨论双方工作中共同感兴趣的问题。

第四条

应一方要求，双方可交换法律文件、检察工作信息及法律出版物。

第五条

双方司法协助的请求和提供通过外交途径进行。但出于应急考虑，双方也可直接联络。

第六条

本备忘录解释和执行中出现的问题，由双方代表本着互相谅解和互相尊重的精神予以协商解决。

第七条

应一方要求，双方可通过谈判对本备忘录的内容进行修改。任何修改经双方代表签字后即生效。

第八条

本备忘录自签字之日起生效。本备忘录有效期五年。若在期满前六个月，一方未以书面形式通知另一方终止，则本备忘录将自动延长五年，并依此法顺延。

本备忘录于 2010 年 10 月 21 日在厦门签订。本备忘录一式两份，每份均用中文、波斯文和英文写成，三种文本同等作准。遇有分歧时，以英文文本作准。

曹建明	古兰姆·侯赛因·
中华人民共和国	莫西尼·埃杰伊
最高人民检察院	伊朗伊斯兰共和国
检察长	总检察长
代表	代表
中华人民共和国	伊朗伊斯兰共和国
最高人民检察院	总检察院

中华人民共和国最高人民检察院和俄罗斯联邦总检察院
2011 年至 2012 年合作计划

为落实《第八次上海合作组织成员国总检察长会议纪要》的精神,中华人民共和国最高人民检察院和俄罗斯联邦总检察院经过协商,同意在 2011 年至 2012 年共同开展以下检察业务交流活动:

2011 年

一、俄罗斯联邦总检察院举办圆桌会议,会议主题是"检察机关在打击有组织的跨国犯罪、非法贩运武器、麻醉药品、精神药物及其前体犯罪,恐怖主义犯罪和贪污贿赂犯罪中的协调作用"。(5 月,莫斯科)

二、中华人民共和国最高人民检察院举办研讨会,会议主题是"经济领域执法监督和打击经济犯罪(包括跨境经济犯罪)监督的实践"。(10 月,北京)

2012 年

三、俄罗斯联邦总检察院举办研讨会,会议主题是"交流中俄两国检察人员培训和提高业务素质的经验"。(7 月,伊尔库茨克)

四、中华人民共和国最高人民检察院举办圆桌会议,会议主题是"如何加强跨国案件的调查取证、缉捕和引渡罪犯、涉案款物的追缴与返还等方面的合作"。(9 月,地点待定)

2011 年至 2012 年

五、交换部门刊物、学术刊物和中俄两国关于检察机关组织活动的资料。

负责落实本合作计划的部门,中方是指中华人民共和国最高人民检察院国际合作局;俄方是指俄罗斯联邦总检察院国际司法合作总局。

本合作计划于 2010 年 10 月 21 日在厦门市签署,一式两份,每份由中文和俄文写成。

曹建明	尤·雅·柴卡
中华人民共和国	俄罗斯联邦总检察院
最高人民检察院检察长	总检察长
代表中华人民共和国	代表俄罗斯联邦
最高人民检察院	总检察院

第八次上海合作组织成员国
总检察长会议纪要

第八次上海合作组织成员国总检察长会议于 2010 年 10 月 22 日在中华人民共和国福建省厦门市举行。

出席会议的有:哈萨克斯坦共和国总检察长卡·阿·麻米、中华人民共和国最高人民检察院检察长曹建明、吉尔吉斯斯坦共和国副总检察长巴·萨·奥斯莫纳列夫、俄罗斯联邦总检察长尤·雅·柴卡、塔吉克斯坦共和国总检察长舍·阿·萨利姆佐达、乌兹别克斯坦共和国副总检察长舒·沙·乌

扎科夫。上海合作组织观察员国印度共和国、伊朗伊斯兰共和国、蒙古国、巴基斯坦伊斯兰共和国总检察院的代表以及阿富汗伊斯兰共和国总检察院的代表也参加了会议。

会议就上海合作组织成员国检察机关间加强务实合作,提高打击恐怖主义、分裂主义和极端主义的效率和成效以及在国际金融危机背景下打击跨国经济犯罪,保护公民权利两个专题进行了深入探讨和交流。

上海合作组织成员国总检察长达成一致共识：

对恐怖主义、分裂主义和极端主义在本地区的继续蔓延，以及毒品、走私、非法移民、贩卖人口等跨国犯罪问题日益突出表示严重关切。一致赞同加强各成员国检察机关间的务实合作，提高打击恐怖主义、分裂主义和极端主义的效率和成效。

认为全球金融危机负面影响的持续和经济领域犯罪的增长仍在影响国际贸易的正常秩序。一致认为应认真研究成员国检察机关在国际金融危机背景下合作打击经济领域跨国有组织犯罪的作用，以及为各成员国从事国际贸易的经济主体提供当地保护和便利的方法与途径，切实维护各成员国及其公民的合法利益。

根据《上海合作组织宪章》、《打击恐怖主义、分裂主义和极端主义上海公约》以及上海合作组织成员国加入的其他国际条约和协议的规定，

决定：

一、探索检察机关定期会晤以及直接合作的机制和便捷途径，提升合作打击跨国有组织犯罪、恐怖主义、分裂主义和极端主义的效率；

二、充分发挥检察机关的法律职能，打击麻醉药品、精神药物及其前体的贩运、贩卖人口、非法越境等本地区多发性跨国犯罪，加强与此相关的情报交流、引渡犯罪嫌疑人进行刑事追诉和（或）执行判决、犯罪资产返还等领域的务实合作；

三、采取国际研讨会、多边及双边论坛等形式，共同研究如何发挥检察监督职能，加强对履行打击走私、洗钱等跨国经济犯罪职能执法机关的监督，交流为上海合作组织成员国经济主体从事国际贸易提供保护和创造便利的经验；

四、有效利用检察机关教育培训资源，研究如何提高从事刑事司法协助和引渡工作的检察人员职业技能和专业化水平；

五、接受 _____ 总检察长的邀请，出席将于2011年 _____ 在 _____ 举行的第九次上海合作组织成员国总检察长会议。

2010 年 10 月 22 日于厦门市。

签字：

哈萨克斯坦共和国	中华人民共和国
总检察长	最高人民检察院检察长
卡·阿·麻米	曹建明
吉尔吉斯斯坦共和国	俄罗斯联邦
副总检察长	总检察长
巴·萨·奥斯莫纳列夫	尤·雅·柴卡
塔吉克斯坦共和国	乌兹别克斯坦共和国
总检察长	副总检察长
舍·阿·萨利姆佐达	舒·沙·乌扎科夫

第 九 部 分

检察理论研究 报刊出版
学院 技术信息 协会基金会

检察理论研究综述 2010 年,全国各级检察机关紧紧围绕检察机关的中心工作和构建科学完备的检察学理论体系开展理论研究,法学界积极参与检察改革中有关重大理论问题的研究,推出了许多很有见地的研究成果。其特点,一是检察理论研究的氛围更加浓厚。从最高人民检察院的领导到基层人民检察院的检察官,都有研究成果问世。法学界多位著名学者发表了检察理论方面的论文。二是研究的视野更加开阔。检察理论研究呈现出以检察学为重点的基础理论研究和以检察工作机制完善为重点的应用理论研究并重的态势。对检察制度中的一些重大问题,有的进行哲理性研究,如樊崇义发表的"法律监督职能哲理论纲"(《人民检察》2010 年第 1 期),江涌发表的"检察权研究的哲理性反思"(《法学论坛》2010 年第 3 期);有的进行溯源性研究,如王志坤发表的"'法律监督'探源"(《国家检察官学院学报》2010 年第 3 期);有的进行反思性研究,如龚佳禾发表的"'检察机关的性质':理论观点与初步反思"(《中国刑事法杂志》2010 年第 4 期),甘雷、谢志强发表的"检察机关'一般监督权'的反思与重构"(《河北法学》2010 年第 4 期);有的进行比较性研究,如甄贞等著的《检察制度比较研究》(法律出版社 2010 年 3 月版)。三是研究成果更加丰硕。2010 年,《法学研究》和《中国法学》等权威法学期刊上发表了《检察的内涵及其启示》《论量刑建议》《建立刑事司法案例指导制度的探讨》等检察基础理论文章,《法学》《华东政法大学学报》《河南社会科学》等知名期刊上相继开辟了"检察理论与实践"、"司法时评"等专栏,集中刊登了一批检察理论文章。中国检察出版社、法律出版社等相继出版了《检察学》《平和:司法理念与境界》《中国检察监督的政治性与司法性研究》《中国检察权实证研究》《执行监督论》《当代中国检察权性质与职能研究》《国家最高检察机关比较研究》、《中国检察权实证研究》等基础理论专著和《检察机关民事行政公诉论》《检察工作创新与机制研究》《法律监督权研究新视野》《法律监督运行机制研究》《人大监督与诉讼监督》等应用理论专著。

一、关于检察学的基本理论

2010 年出现了一些检察学研究的新成果,如《检察学》《检察学的基本范畴》《学科的秩序——关于检察学理论体系的一些基本问题》等。其中,

最具代表性的是朱孝清等主编的《检察学》。该书按照学科建设的基本要求,以概念为分析工具,着力阐述检察制度的基本原理,把理论与实践、应然与实然有机地结合起来,从而超越了对检察制度本身的简单描述,构建了比较完备的检察学理论体系。

2010 年,关于检察学基本理论的研究,主要围绕以下几个方面展开:

1. 挖掘"检察"一词的科学内涵

2010 年,有学者在权威法学期刊上发表论文,对其进行了深入的探讨,指出:作为现代司法活动的"检察",是检察机关代表国家与社会公益所进行的一种以公诉为主要职能、以监督为属性、以维护国家法制为目的的国家活动。首先,检察是一种以刑事公诉为主要职能的活动。其次,检察是一种具有监督属性的活动。再次,检察是一种以维护国家法制为目的的活动。最后,检察是一种代表国家和社会公益所进行的国家活动。检察概念在中国的特色主要表现在以下三个方面:一是检察的属性由"监督"提升为"法律监督";二是检察的职能比外国广泛,且统一于法律监督;三是检察主体的角色(身份)由"国家和社会公益的代表"提升为"国家法律监督机关"或"国家法律监督者"。检察的内涵给我们的基本启示有四:第一,我国检察机关定位于法律监督机关符合"检察"的内涵;第二,"法律监督"是检察内在的监督属性的发展,而不是检察制度的异类;第三,检察与法律监督之间可能出现的矛盾是非对抗性的,并非必须采取"消灭一方"的方法去解决;第四,要正视问题,多措并举,防止检察与法律监督出现矛盾。①

2. 阐述检察制度的理论基础

20 世纪 90 年代初,王桂五先生主编的《中华人民共和国人民检察制度研究》,对中国特色社会主义检察制度的理论基础作了系统的论述。2010 年出版的《检察学》一书中,在已有的研究成果的基础上,运用近年来检察理论研究的成果,进一步论证了中国特色社会主义检察制度的理论基础。强调支撑现代检察制度的分权制衡思想、保障人权思想和法治国家思想,同样是中国特色检察制度的理论基础。此外,中国传统的权力监督理论、列宁的法

---

① 朱孝清:《检察的内涵及其启示》,载《法学研究》2010 年第 2 期。

制统一思想、中国特色社会主义理论，更是为中国特色社会主义检察制度提供了坚实的理论基础。权力监督即设立专门的监督机构从而实现以权力监督权力的目的，是中国历代治理高度集中统一的多民族国家的传统观念，中国古代一直设立御史制度，孙中山先生也主张设监察院。权力监督理论与分权制衡理论，都是为了防止权力滥用而形成的，分权制衡理论更适合三权分立的国家政体，权力监督理论则更适应一元化权力架构的国家。列宁关于维护法制统一和检察监督的思想，对中国检察制度的确立发挥了直接的指导作用，但中国的检察制度是把列宁的思想和苏联检察制度的模式与中国的具体国情相结合，从中国的实际情况出发确立的。中国特色社会主义理论特别是其中的实事求是理论、人民民主专政理论和社会主义初级阶段理论，是我们在改革完善中国特色社会主义检察制度过程中必须始终坚持的指导思想。①

有学者从更宏观的角度强调，中国检察制度的形成和发展有其深厚的政治、经济、历史和文化基础。政治上，中国是中国共产党领导的，以人民代表大会制度为根本政治制度的社会主义国家，正处于并将长期处于初级阶段。中国检察制度的存在和发展有利于坚持共产党的领导，有利于坚持社会主义道路，有利于坚持人民代表大会制度。经济上，中国社会正处于经济发展整体上不平衡、人均经济水平较低、社会规则体系尚未完全建立的阶段，各种阻碍和干扰社会发展的不利因素还大量存在，国家需要通过设立专门的、集中的国家机关专负法律监督职责。从文化传统来看，中国自古实行一元化的统一权力结构，设置御史制度负责监察律令的遵行，注重国家对公民权益的保障，而比较缺少分权传统，人民代表大会制度下构建的检察制度与我国的历史文化传统一脉相承。②

亦有学者通过对"法律监督"、"诉讼规律"、"有中国特色的检察制度原理"等命题的哲理思考，提出有四个理论可以论证检察机关法律监督职能的科学性和必然性：一是"一元分立论"：在一元分立论的权力结构下，权力运行的基本逻辑起点与三权分立结构一样，都是以权力与规范间的关系为依据所作的划分，但由于人民代表大会作为一个定期性的议事机构，很难对经常性的、大量的行政活动和审判活动进行动态的有效监督，为了弥补这种不足，就需要由人民代表大会在行政权与审判权之外

设置一个经常性的法律监督权，以使之与人民代表大会的定期性监督权构成一个对行政权和审判权的监督网络。并且，由于审判机关被动性和行政机关难以避免的、较强的地方性，在实践中很难保障法律得以统一执行，这也需要一个独立与行政机关和审判机关的法律监督机关来保证法律的统一性。二是"对立控制论"：运用对立统一的世界观方法论来观察和研究我国一元分立的权力结构模式，检察机关的法律监督职能就是把辩证唯物主义关于对立统一的规律运用于国家权力机关的运行过程中，尤其是公检法三机关之间分工负责、互相配合、互相制约的办案过程中，以保证权力正常运行和科学、健康的发展。三是"存在决定论"：关于检察机关法律监督的科学性、正当性和必然性问题，另一个重要的理由就是回归现实、回归客观存在、回归司法现状。法律监督是客观存在之必需，客观要求之势在必然。四是"职权二元论"：从广义上理解"法律监督"职能，法律赋予检察机关的公诉职能、侦查职能以及其他权能，都可以囊括在法律监督职能之中。但是，法律监督与公诉职能，还是有相当差异，对这种差别如果不加以区分，就直接影响着两种职能的运作效果。因此，检察职权二元论比一元论更为合理。③

3. 探讨检察学的基本范畴

2010年，学者们进一步研究检察学的范畴，认为，检察权不仅是检察学的基本范畴之一，而且是检察学范畴体系的逻辑起点。以检察权为起点，依次可以推演出检察主体、检察活动、检察改革等基本范畴。其中，检察主体、检察活动是位于范畴体系起点之后终点之前，由起点逐步推演出终点的中介范畴，检察改革即检察权的发展则是检察学范畴体系的逻辑终点。因此主张：以检察权为基本范畴的逻辑起点，以检察权的行使为基本范畴的逻辑中介，以检察权的发展为基本范畴的逻辑终点，构建本体论—主体论—运行论—发展论"四位一体"的

---

① 参见朱孝清、张智辉：《检察学》，中国检察出版社2010年7月版，第146～169页。

② 孙谦：《平和：司法理念与境界》，中国检察出版社2010年5月版，第130～132页。

③ 参见樊崇义：《法律监督职能哲理论纲》，载《人民检察》2010年第1期。

检察学基本范畴体系。①

有的学者认为,在与检察制度有着不同关系的现象领域蕴涵着不同层级的范畴,其核心范畴为法律监督。检察制度不论是作为一种静态的社会现象还是作为一种动态的检察权运行来考量,其本质最显著的特征和高度抽象的概括,唯一凝练的表述就是"法律监督"。法律监督作为中国检察学的核心范畴,具有逻辑的当然性。②

有的学者认为,检察理论尚未形成一门大家认可的独立学科,最根本的原因是基石范畴的确立不准确。我国宪政制度背景下的检察理论体系中的基石范畴应具备三种功能:一是可以体现检察制度、检察机关、检察实践的最高价值追求;二是可以包含检察制度、检察机关和检察实践在整个发展过程中一切矛盾的胚芽,可以对我国检察制度之发生、发展规律,对检察机关和检察实践进行最高抽象;三是可以有逻辑地统合不同层面的理论研究成果。而目前我国检察理论研究中的"检察权"、"法律监督权"等范畴并不能承载这样的功能。其出路在于重新界定法律监督的内涵。对"法律监督"的内涵应当从三个层面去认识:第一个层面是检察机关承担的任务、使命。这个层面的内涵体现的是我国检察机关作为法律监督机关所追求的目的或价值追求,是政治层面的价值。第二个层面是检察职能或称法律监督职能,即检察机关应然状态的功能和作用,检察职能体现的是检察机关作为法律监督机关在规范层面的价值,也称规范价值。第三个层面在检察职能的实现机制、过程和检察机关实际发挥的功能和作用,也称实践价值。只有从政治使命、法律监督职能和职能的实现三个层面切入来理解作为检察机关性质界定的"法律监督",才能完整回答我国检察机关"做什么"、"为什么"和"怎么做"的问题,从而防止从个人或者部门利益出发歪曲检察机关的政治性、法律性和人民性的内涵及其相互关系。③ 也有人认为,"法律监督"的内涵并不如我们想象的那么确定,它是一个富有延展性的术语,其内涵有一个流变的过程,主要体现为维护秩序、维护国王或政府利益的权力工具。所以,法律监督是一个开放性的概念,也必然是一个工具性的功能性的阐释,具体到职权层面上就是各项检察职权。④

4. 深化检察权研究

有的学者提出,检察权究竟是司法权还是行政权之争,很大程度上是基于西方"三权分立"理论而提出的。然而,我国的政权组织形式根本不同于西方"三权分立"体制。在我国的国家权力体系中,行政权、审判权和检察权位于立法权之下,检察权是同行政权、审判权并列平行并且相互独立的权力,这和西方国家"三权分立"的权力配置及其相互关系明显不同。按照"三权分立"的理论预设来分析中国的检察权,当然不可能作出令人信服的解释。而我国的宪政体制和宪政实践表明,检察机关是国家的司法机关,依法独立行使检察权,检察权和审判权同属国家司法权。将检察权定位于司法权符合我国法治现状,符合检察权的现实构造,符合检察权的发展趋势。⑤

有的学者强调不能用"三权分立"的权力结构中司法权的概念来分析中国的检察权,主张从不同权力结构模式中考察司法权的权力边界与实质特征,但是结论却不相同。他们认为,在我国一元多立的权力架构下,检察权在权力本位上被定位为法律监督权。在三权分立的权力结构模式中,权力因子的设立和搭建天然体现了一种权力监督与制约,检察权作为行政权的二级权力或作为司法权的次级权力参与具体的权力运行。在一元多立的权力结构模式中,法律监督权是独立的权力结构因子,检察机关作为专门的法律监督机关,其在权力运行过程中一方面要监督其他职能主体的诉讼活动,另一方面又因诉讼程序的推进而与其他职能主体具有某种制约关系。因此不能用司法权的特质内容对检察权进行分析。⑥

也有学者认为,与其追问检察权的本质是什么

---

① 参见卢建平:《检察学的基本范畴》,中国检察出版社 2010 年 10 月版,第 9—10 页。

② 参见王顺义:《学科的秩序》,中国检察出版社 2010 年 12 月版,第 20—26 页。

③ 参见龚佳禾:《检察机关的性质:理论观点与初步反思》,载《中国刑事法杂志》2010 年第 4 期;《法律监督的基本原理研究论纲》,载《中南大学学报(社会科学版)》2010 年第 1 期。

④ 王志坤:《法律监督探源》,载《国家检察官学院学报》2010 年第 3 期。

⑤ 周菊:《我国检察权性质定位的再思考》,载《岭南学刊》2010 年第 2 期。

⑥ 王戬:《不同权力结构模式中的"司法权"——以另一视角分析检察权》,载《政治与法律》2010 年第 3 期。

而莫衷一是,不如厘清中国的检察权是什么,承载着什么样的价值与使命;与其在本体论的泥沼中挣扎,不如以价值论的视角重新审视中国的检察权。他们认为,社会转型中权力滥用、权力腐败的客观存在印证了当年制宪者的深谋远虑。宪法将检察权定位为法律监督权的规定,为我国监督、制约权力,反腐倡廉提供了现成的宪政资源。《宪法》第129条的明确规定已经指明了检察机关建设和发展的方向。但是在后续的制度建设中并没有按照法律监督机关的标准赋予检察机关各种应有的职权。这种制度跟进的断裂,导致法律监督机关在很长一段时间里名不副实,给人一种法律监督就是诉讼监督的错觉。这些学者进一步指出,如今我国的检察权研究中有某些形而上学的倾向:一是缺乏普遍联系的意识,孤立地看待检察权。二是缺乏发展意识,静止地看待检察权。三是缺乏矛盾的发展动力观,错误地对待矛盾。①

也有学者认为,检察权和法律监督权都是检察机关依法享有的权力,都担负着控制、约束国家权力的职责,但这是两种不同的权力,不能将其视为同一种权力。首先,从权力所针对的行为对象看,两者所针对的行为的时态不同:法律监督权可以针对未发生的行为,而检察权的对象是已经发生的行为。其次,对于已经发生的行为,两者所针对的法律性质不同。法律监督所针对的是违法行为,而检察权所针对的主要是犯罪行为。再次,两者的目的不同。法律监督权的目的是预防和纠正,检察权的目的是追究和惩罚。此外,两者的手段不同。法律监督权的手段同预防和纠正有关,而检察权的手段则与追究和惩罚有关。认识法律监督权和检察权的联系和区别,对于我们正确行使法律监督权和检察权,正确理解和把握宪法与法律规定的检察权和法律监督权的关系极有意义。②

5. 探索检察活动的规律

有学者认为,检察规律是指检察活动本身所要求的决定其发展趋势和质量的各要素之间的内在的本质联系。根据我国检察的本质属性及其价值目标、检察活动与其运行机制的内在逻辑关联,以及构成检察活动的各要素相互作用的过程和机理,可以推导出检察规律包括六个方面的内容:一是检察活动必须在与其价值目标相适应的机制中实施,表现出对其所依托的运行机制的依附性;二是检察主体在检察活动中要具备同等的法律地位,呈现地

位上的平等性;三是检察活动的实施要受到正当程序的规制,表现出程序上的正当性;四是检察活动的实施要排除外界因素的干扰,表现出意志上的独立性;五是检察活动的启动者要亲自接触和审查涉案事实,呈现出与涉案信息的亲历性;六是检察活动的启动者应当全面收集和认定涉案事实,呈现出信息掌握上的全面性。③ 也有学者认为,检察活动是检察机关依法履行法律监督职责、程序、方式和手段的总和,具有政治性和人民性相统一、司法性和政策性相统一、主动性和被动性相统一、规范性和实践性相统一、监督性和效力有限性相统一等特点。检察活动的基本规律包括五个方面的内容:一是坚持检察活动正确的政治方向;二是坚持以检察业务活动为核心,实现检察工作力度、质量、效率和效果有机统一;三是坚持统筹兼顾,促进检察工作科学发展;四是坚持以基层基础为重点,科学驾驭检察工作全局;五是坚持有限理性监督,维护司法公正和法制统一。④

二、关于检察职权的研究

1. 检察职能与法律监督的关系

我国宪法将检察机关定位为法律监督机关,并赋予其职务犯罪侦查、公诉、诉讼监督等具体的检察职能。对于这些检察职权是否具有法律监督性质,学术界始终有不同观点。如有学者认为有的检察职权不是法律监督职能,法律监督和公诉应是我国检察权的两个组成部分和两种基本职能,因而主张检察职能二元化的观点。⑤ 但主流的检察理论研究者的观点则认为,在检察机关法律监督定位与公诉等具体职能的关系上,前者是本,后者是末,检察机关的定位是检察职能的本源和根据,检察职能根据检察机关定位来配置,检察职能服从并服务于检察机关的定位。基于此,各项检察职能都可以统一到检察机关的法律监督属性上。有的论著将其概

---

① 江涌:《检察权研究的哲理性反思》,载《法学论坛》2010 年第 3 期。

② 蒋德海:《论我国检察机关的双重国家权力》,载《复旦学报(社会科学版)》2010 年第 5 期。

③ 向泽选、曹苏明:《检察规律及其启示》,载《华东政法大学学报》2010 年第 6 期。

④ 詹复亮:《论检察活动及其规律》,载《国家检察官学院学报》2010 年第 4 期。

⑤ 樊崇义:《法律监督职能哲理论纲》,载《人民检察》2010 年第 1 期。

括为检察权与法律监督的一元化观点,即检察机关所行使的检察权在国家权力体系中被定位为法律监督权,检察权在本质上具有法律监督的性质。也就是说,在我国,检察权和法律监督是一体的,检察机关行使检察权是实行法律监督的具体表现形式,法律监督则是检察权的本质属性,二者是一个事物的两个方面。① 无论是从理论层面还是操作层面看,这样定位都具有明显的优越性,即在法律监督与控诉、法律监督与控辩平等、法律监督与维护审判权威,以及控诉与维护国家法制、控诉与维护被告人合法权益等诸多检察制度根本价值之间,就不会出现矛盾。即使出现矛盾,也会更多地表现为统一性而非斗争性。因为法律监督有利于抑制检察官的片面控诉倾向,更好地落实客观义务,维护被告人权益,防止和纠正审判不公。即便是矛盾出现后,也应当通过协调、平衡的办法来解决,而不必通过消灭一方即取消法律监督的方法去解决。②

2. 职务犯罪侦查权

职务犯罪侦查权的归属,理论上和实践中一直存在各种争论。如有文章提出取消检察机关的侦查权,参照香港成立廉政公署类的国家机构,由其行使职务犯罪侦查权。③ 也有人撰文提出将纪委监察局与反贪局合署办公,形成纪委、监察局、反贪局三位一体的工作格局。④ 肯定的观点则认为,在国家侦查权的配置格局中,由检察机关行使职务犯罪侦查权具有其自身合理性。对国家工作人员利用职权实施的犯罪行为进行立案侦查本身,就具有维护国家法律统一正确实施的法律监督属性,由国家体制中具有较高地位和权威的检察机关来行使,不但符合其宪法地位,更具有制度上和实践中的独特优势。同时,对职务犯罪特别是司法人员职务犯罪的侦查,是检察机关对诉讼活动进行强有力监督从而更好地履行法律监督职责的有效保障。在世界上其他国家特别是一些发达国家,逐渐将原由警察负责的职务犯罪侦查权调整由检察官来行使,正成为一种趋势。⑤ 也有学者认为,检察机关行使职务犯罪侦查权是符合我国国情的权力配置方式,有利于准确及时地发现和挖掘职务犯罪事实,遏制其扩展和继续蔓延,有利于排除外部干扰,公平公正地适用法律,为进一步提起公诉做好铺垫,同时还有利于防止和惩治国家工作人员滥用职权侵害公民人身权利的行为,达到尊重人权保障人权的目的。⑥

3. 量刑建议权

有代表性的观点认为,量刑建议源于起诉权中的量刑请求权,具有启动量刑程序、制约量刑裁判、明确证明责任、预设监督标尺的效力,对于提高量刑的公开性、公正性和公信力,保障当事人诉讼权利,强化对量刑裁判的制约监督,提高公诉质量和水平,都具有重要意义。⑦ 也有学者认为,开展量刑建议可以增加庭审的对抗性和多样性,有利于提高当庭宣判率、促进法院统一量刑标准,保障当事人权益,减少检察机关不必要的抗诉,是全面充分履行控诉职责的要求,不宜将其立足点和出发点确定为监督法院量刑活动。⑧ 从试点和研究的情况看,目前检察机关实行量刑建议制度的主要做法是,检察机关以相对确定的量刑建议为原则,以绝对确定的量刑建议和概括的量刑建议为补充,有权对提起公诉的所有案件都提出量刑建议,提出量刑建议的时机以公诉人是否出庭为标准加以确定。⑨ 对于量刑建议制度的立法化,有论著认为,目前量刑建议在我国还停留在工作制度的层面上,还不能称之为法律制度,下一步应当在法律上做出明确规定,并将其作为权责统一体来定位。⑩ 有文章还强调,为规范量刑建议活动,应制定其在实体上的标准,包括量刑建议的指导原则、量刑建议的基本方法、常见情节对量刑的影响等内容,检察机关可以会同法

---

① 朱孝清、张智辉:《检察学》,中国检察出版社 2010 年 7 月版,第 326 页。

② 朱孝清,《检察的内涵及其启示》,载《法学研究》2010 年第 2 期。

③ 周菊:《我国检察权性质定位的再思考》,载《岭南学刊》2010 年第 2 期。

④ 钱昊平:《广东佛山 30 名纪委干部建议监察反贪合署办公》,载《新京报》2010 年 7 月 13 日。

⑤ 朱孝清、张智辉:《检察学》,中国检察出版社 2010 年 7 月版,第 352—359 页。

⑥ 谢佑平等:《中国检察监督的政治性与司法性研究》,中国检察出版社 2010 年 7 月版,第 334 页。

⑦ 参见朱孝清,《论量刑建议》,载《中国法学》2010 年第 3 期。

⑧ 张国轩:《检察机关量刑建议问题研究》,中国人民公安大学出版社 2010 年 7 月版,第 23—28 页、第 51 页。

⑨ 参见朱孝清,《论量刑建议》,载《中国法学》2010 年第 3 期。

⑩ 张国轩:《检察机关量刑建议问题研究》,中国人民公安大学出版社 2010 年 7 月版,第 50 页。

院共同制定。①

4. 诉讼监督问题

截至 2010 年 12 月，全国已有 19 个省市自治区人大常委会通过了关于加强检察机关诉讼监督的地方立法。2010 年 1 月 4 日，最高人民检察院印发了《关于进一步加强对诉讼活动法律监督工作的意见》。因此，诉讼监督问题成为 2010 年检察理论研究的热点问题之一。2010 年 7 月，北京市人民检察院举办了"诉讼监督论坛"，出版了《人大监督与诉讼监督》的论文集。《人民检察》设立了"加强诉讼监督专题"栏目，《河南社会科学》以"如何认识和加强诉讼监督"为专题发表了一组 8 篇相关论文。《人民检察》、《河北法学》、《国家检察官学院学报》也相继发表了有关诉讼监督方面的文章。这些研究成果，涉及诉讼监督与人大监督的关系、诉讼监督的外部工作机制和内部工作机制、诉讼监督的难点和对策、诉讼监督的基本理论等方面。

有的学者认为，诉讼监督要尊重诉讼规律。诉讼监督的作用场域限于诉讼程序，一般针对诉讼中公权力的运行状态而进行，具体监督活动的展开必然受制于诉讼场域自身运行的特殊性。因此要实现诉讼监督的既定效能，必须将诉讼监督机制置于诉讼程序之中进行根本性的考察，根据诉讼程序的特殊性来确定其具体的运行形态和作用方式。这就意味着，诉讼监督机制从设计到实施都必须遵照诉讼程序的运行规律，诉讼监督活动的开展不能偏离甚至违反诉讼规律，不能以牺牲诉讼参与人的利益为代价。只有按照诉讼规律的要求而实施的诉讼监督活动才能达到监督的目的。因此，诉讼监督应当无损于诉讼构造，应当涵盖刑事诉讼全程，应当以检察官客观义务为理论基础，以诉权为行使方式。② 有的学者认为，诉讼监督需要处理好五大关系，即监督与配合支持的关系、强化外部监督与完善被监督者内部监督的关系、监督者监督他人与完善对自身执法办案的监督的关系、监督内容与监督形式的关系、全面监督与重点监督的关系。③ 也有学者认为，诉讼监督需要注意八个问题，即明确监督职责、增强监督意识、提高监督能力、把握监督时机、讲究监督方法、解决监督问题、完善监督机制、注重监督效果。④ 有的学者提出，诉讼监督要坚持五个原则，即依法监督原则，及时、有效监督原则，监督与配合相结合原则，促进执法机关内部监督原则，接受党的领导和人大监督原则。⑤

更多的学者对立案监督和侦查监督提出了自己的看法。有的学者认为，要真正发挥立案监督的效用，必须首先完善立案监督的法律规定建立确保监督有力的机制。一是畅通立案监督的渠道。二是强化立案监督的手段。三是保证立案监督的救济。四是丰富立案监督的内容。⑥ 有的学者认为，在司法体制和司法权力的配置上，要强化公安机关的侦查能力，弱化公安机关的侦查权力，强化检察机关对公安机关的制约，弱化检察机关对公安机关的配合，使检察机关作为法律监督机关的法律地位与实际地位相符，真正发挥监督作用。⑦

有的学者在对现行刑事诉讼法的实际运行状况进行研究时发现，我国刑事诉讼呈现出"侦查决定型"的特点，即侦查程序成为刑事诉讼至关重要的环节，案件自侦查终结命运几乎不可逆转。由于缺乏有效的制约，侦查机关作出的决定存在滥用职权的极大可能性。所以，要对侦查程序进行改革，首先就要解决在这个节点上对侦查权的监督问题。具体思路是：废止公安机关与检察机关相互制约这一基本原则，理顺检察机关和公安机关之间监督和被监督的关系。侦查机关作出撤销案件的决定，应当通知检察机关和被害人，并说明理由。检察机关可以通过调阅案卷对侦查机关的撤销案件决定加以监督，认为撤销案件不妥的，可以要求公安机关移送审查起诉。如果被害人对侦查机关的撤销决定不服，可以向检察机关申请复制案卷中的

① 朱孝清：《论量刑建议》，载《中国法学》2010 年第 3 期。

② 汪建成：《论诉讼监督与诉讼规律》，载《河南社会科学》2010 年第 6 期。

③ 闵钐：《诉讼监督工作需要把握的几个关系》，载甄贞主编：《人大监督与诉讼监督》，法律出版社 2010 年 7 月版。

④ 李忠诚：《诉讼监督需要注意的问题》，载甄贞主编：《人大监督与诉讼监督》，法律出版社 2010 年 7 月版。

⑤ 甄贞、郭兴莲：《诉讼监督的原则》，载《国家检察官学院学报》2010 年第 4 期。

⑥ 黄永维：《关于立案监督的几点思考》，载《河南社会科学》2010 年第 6 期。

⑦ 顾永忠：《畅通监督渠道 强化过程监督——关于侦查监督的若干思考》，载《河南社会科学》2010 年第 6 期。

侦查文书和侦查结论,作为向法院提起自诉的证据。①

三、关于检察工作机制改革

目前,学术界对于加强检察机关的法律监督及检察机关推出的各项改革措施的正当性和必然性仍然存在质疑。对此,有学者认为,要从国家权力建设和构建和谐社会的高度认识对司法活动的监督和制约,要从我国宪政基础的权力机构模式中认识有中国特色的检察权,要以法律监督为重点,优化检察权,推动检察改革。② 有学者认为,应当加强检察院对行政机关的监督,对行政权进行强有力的制约监督,防范政府权力在司法领域的滥用和干扰,规范个性张扬、掌握分配国家资源的行政权力。③ 同时,构建以法院和检察院为核心的多元法治支点,让具有守护法律的宪政角色和权力职责的检察院充当司法审查者。④

1. 初查制度的价值目标

有学者撰文认为,初查是检察机关针对职务犯罪案件线索在立案前进行初步调查的制度,其核心与基础是初查权,是检察机关一种具体的法律监督权,其目的是防范、监督和制约公权力,维护公权力的正当行使,保障人权。初查权的正当性体现在两方面,一是对秩序价值的促进,即初查有利于维护权力运行秩序,通过初查控制侦查程序的启动,防范侦查权的滥用,对不存在犯罪但存在制度漏洞或有违法行为的跟进预防,实现权力制约权力,维护公权力正常运行。二是对自由价值的促进,即以初查的方式保证立案的准确性,避免对公民任意启动刑事追诉程序,客观上起到了准确筛选案件、防止无辜公民随时陷入被追诉人的不利境地的风险。但是,如果滥用初查权,就背离了初查权本质的价值追求,有破坏秩序价值和自由价值的可能。从初查制度的法律监督权性质出发,对初查制度做全面的价值考量可以发现,检察机关初查制度的价值目标旨在实现自由与秩序的动态平衡。要实现这一动态平衡,就要通过修改刑事诉讼法对初查制度予以形式合法化,发挥初查制度促进自由价值和秩序价值的积极作用,并通过正当程序、法律责任等制度对初查权进行监督制约,抑制其消极作用。⑤

2. 侦查监督工作机制改革

有文章指出,强化侦查监督,必须保障检察机关在侦查阶段的上位权力地位,以使检察机关有能力对侦查权进行控制。在监督模式上,要借鉴司法审查制度,依托检察机关在侦查阶段的客观中立地位,建立完全的检察官审查制度,对所有的强制侦查权力进行控制,限制侦查自由裁量权的范围,从制度层面消除侦查权过度膨胀的现象。同时,在侦查阶段构建类似诉讼状态的侦查结构模式,以侦查监督的权力,结合犯罪嫌疑人的合法权利,共同制约侦查权的行使,对受违法侦查行为侵害的相对人采取及时有效的救济。为保证侦查监督的效果,还应设置检察机关的特别侦查程序,即在侦查机关不立案的情况下,由检察机关介入行使普通刑事犯罪的立案权、侦查权,为检察机关通过公诉权追究犯罪提供程序前提和证据基础。⑥ 有文章对检警一体化的观点提出不同意见,认为,侦查监督制度改革的目标不应是构建更加紧密的检警关系,而是要使检察机关对公安机关刑事立案、侦查工作的监督更加及时有效,如果实行检警一体化,检察机关必然要深度介入公安机关的侦查过程,与公安机关形成共同的诉讼利害关系,虽然有可能增强公诉能力,但却背离了检察机关的基本定位。⑦

3. 强化公诉权的诉讼监督职能

有文章指出,指控犯罪和诉讼监督是我国公诉权的两项基本职能,其中指控犯罪、维护社会稳定是公诉的首要任务,而诉讼监督则是检察权的法律监督职能在公诉环节的重要体现和公诉权内涵的重要组成部分。根据我国法律的相关规定,检察机关公诉权的诉讼监督职能主要体现在侦查监督、审判监督和死刑执行临场监督等方面。根据现代司法规律的要求和我国司法现状,我国公诉权的诉讼

① 徐美君:《我国刑事诉讼运行状况实证分析》,载《法学研究》2010 年第 2 期。

② 樊崇义:《简论法律监督与检察改革》,载《河南社会科学》2010 年第 2 期。

③ 谢佑平等:《中国检察监督的政治性与司法性研究》,中国检察出版社 2010 年 7 月版,第 279—282 页。

④ 谢佑平等:《中国检察监督的政治性与司法性研究》,中国检察出版社 2010 年 7 月版,第 362 页。

⑤ 卢乐云:《检察机关初查制度之价值评析及其实现——以法律监督权为视角》,载《中国法学》2010 年第 1 期。

⑥ 王永法、曹大波:《侦查监督制度改革方向之思考》,载《人民检察》2010 年第 4 期。

⑦ 万春:《侦查监督制度改革若干问题》,载《河南社会科学》2010 年第 2 期。

监督职能需要从几方面加强，一是明确对死刑复核审判活动的法律监督；二是进一步明确死刑执行临场监督工作规则；三是进一步规范对检察机关自身侦查活动的监督；四是充分发挥检察监督的整体优势。①

4. 刑事执行检察监督模式

目前检察机关对刑事执行活动进行监督的职能部门是监所检察部门，有论著提出，"监所检察"这个名称虽然沿用多年，但已经不适应刑事执行监督统一化的要求，应借鉴目前检察机关其他有关职能部门名称的更改经验，将其在法律监督中的主要职责作为命名依据，将刑事执行法律监督工作作为重点的监所检察部门更名为刑事执行监督部门，使现有的财产刑、资格刑等刑罚执行监督空白获得部门归属，便于人民群众更好地理解刑事执行监督的职能。具体而言，建议在人民检察院现有的监所检察部门基础上构建刑事执行监督（厅、处、科）局，内设生命刑执行监督部门（处、科）、监禁刑执行监督部门（处、科）、非监禁刑监督部门（处、科）、非刑罚执行监督部门（处、科）。②

针对派驻检察本身的先天不足，有文章建议，修改现行巡回制与派驻制的关系，建立以监所检察官巡回监督模式为主、派驻检察监督为辅的创新模式。改变巡回制只适用于小型监管场所的做法，扩大巡回制至业已具有一定规范等级的监管场所，将派驻制限定为监管场所初建与尚未获得规范时期，在达到一定规范等级后即实施巡回检察。同时，成立以巡回制为基础的刑罚执行局或者专门检察院，由地市一级及其以上人民检察院承担，基层人民检察院监所检察部门只对监外执行行为实施检察监督。③

关于刑罚执行检察监督的手段，有论著建议，建立检察机关随时介入制度和与罪犯随时约谈制度，赋予检察机关一般司法调查权和要求协助调查权，赋予检察机关减刑、假释、暂予监外执行裁定程序提请建议权和抗诉权，同时赋予检察机关纠正违法通知的强制性法律效力。④

5. 民行检察监督的范围及方式

学者和来自于检察实务界的声音认为，对于影响当事人基本诉权的裁定以及严重违反程序的裁判，检察机关均应有权提起抗诉。⑤而对于法院在民事行政执行活动中的违法执行和不当执行的行为，检察机关也有权进行监督，其中，违法执行行为

包括执行主体违法、执行程序违法、执行裁定超越审判权、执行裁定认定事实或适用法律错误，不当执行行为包括明显消极执行行为、滥用执行权损害公民、法人及其他组织合法权益、严重的不文明执法、违反法律职业道德的执行行为等。⑥更有文章进一步指出，应以公益说和广义监督权说相结合的原则重新认识和界定我国民事检察监督的范围，检察机关作为专门的法律监督机关，有权对法院的审判和诉讼参与人的诉讼活动进行法律监督，也有权对公民、法人或其他组织的民事实体活动进行法律监督。⑦

有学者则以发展的眼光总结出我国民行检察监督制度的基本规律，即监督理念由传统型的对立监督、实体监督、绝对监督向现代型的协同监督、程序监督、相对监督转变，监督客体由实体型向程序型拓展，监督对象由法院审判权向当事人诉权延伸，监督方式由一元型向多元型转变，监督时点由诉后型向诉中型转变，监督规模由个案型向类案型发展。⑧这些规律用一句话概括，即中国的民事行政检察监督将从抗诉这种点状的监督出发，逐渐地扩展到诉讼的全过程，最终从有限监督演化为全面监督。由此，执行监督、诉中监督、非讼监督、调解监督等都将是民行检察监督的有效范围，督促起诉、支持起诉、公益诉讼、服判息诉、检察和解、检察建议等都将是民行检察监督的有效方式，检察监督还将通过诉讼监督提出有针对性的检察建议，致力于推动各行各业的社会管理制度及行政管理制度

---

① 彭东：《论现代司法规律与我国公诉权配置》，载《河南社会科学》2010年第1期。

② 田凯主编：《执行监督论》，中国检察出版社2010年8月版，第299—301页。

③ 冯仁强：《我国监管场所检察监督模式反思与创新》，载《河南社会科学》2010年第4期。

④ 田凯主编：《执行监督论》，中国检察出版社2010年8月版，第307—312页。

⑤ 王志坤、黄笔镜：《民事检察的面相》，载《法学家》2010年第3期。

⑥ 田凯主编：《执行监督论》，中国检察出版社2010年8月版，第176—177页。

⑦ 甄贞、温军：《检察机关在民事诉讼中的职权配置研究》，载《法学家》2010年第3期。

⑧ 汤维建：《论中国民事行政检察监督制度的发展规律》，载《政治与法律》2010年第4期。

的更新和完善。①

有文章特别指出,检察机关提起行政诉讼的根本目的是为了维护国家和社会公共利益,为了维护社会的正常秩序状态,因此检察机关在行政诉讼中是国家和社会的公益代表,不是行政诉讼中的利害关系人,与行政诉讼中的一般原告人是有原则区别的。②

6. 铁路运输检察院管理体制改革

有文章指出,应根据现行法律规定和我国现实国情,坚持将铁路运输检察制度纳入国家司法管理体系,改革现行的检察业务与人财物分别由上级检察机关和铁路部门双重领导管理的模式,使铁检人财物管理完全脱离开铁道部、各铁路局,实行属地管理,纳入国家公务员、地方机关管理体系。但属地管理是指在较大的司法区域(省、自治区、直辖市)保持铁检条线管理优势,不宜将铁检直接移交地市县管理消化,那样将改变铁路检察专门检察制度的性质,不符合铁路检察规律。③ 有学者考察了俄罗斯联邦运输检察制度的历史发展及现状之后,提出其正反两方面经验值得借鉴。一是不应以"接轨"为名取消专门检察机关,而是应当进一步强化和发展包括运输检察机关在内的专门检察机关;二是运输检察机关的发展应当与经济发展水平相适应,及时把单一种类的铁路运输检察院改组为统一的运输检察院,有权对铁路运输、高速公路运输、航空运输、内水水上运输、海洋运输和海关执行法律情况实施监督的运输检察院;三是将运输检察院划归相应的区域性检察院领导之后,要及时总结经验教训,逐步完善运输检察制度。④

7. 检察委员会制度改革

2010年,《人民检察》专门组织了"检察委员会制度理论研究征文"活动,陆续发表了一些有关检察委员会制度的理论文章。《法学》也发表了相关方面的文章。有学者撰文认为,检察委员会制度是有中国特色检察制度的重要组成部分,伴随着我国革命发展而产生,并随着我国检察制度的发展而不断完善,符合我国宪法对检察权行使主体的定位要求和民主集中制的要求,是对检察官进行有效监督的客观需要,在保证我国检察权正确行使、维护司法公正方面发挥着重要作用。现行检察委员会制度存在的问题,主要是缺乏对检察委员会委员任免条件的具体规定,容易造成检察委员会人员组成的行政化;列席检察委员会的人员范围有限,影响了

检察委员会审议活动的公开程度;缺乏对检察委员会办事机构设置和人员组成的规定,难以发挥办事机构的应用作用。应当通过完善我国人民检察院组织法、刑事诉讼法和相关司法解释,对我国现行的检察委员会制度进行司法化改造。首先,应明确检察委员会委员的资格条件、选任机制、考核机制、任期制度。除检察长、副检察长外,其他检察委员会委员应当从通过全国统一司法考试且从事检察工作5—10年以上的检察官中选任,任期应当与检察长的任期相同。其次,应完善检察委员会的议事规则,建立符合司法规律的诉讼程序。关键是要明确检察委员会讨论案件的发言顺序,由行政级别低和资历浅的委员先发言,有利于各委员独立并充分地发表自己的真实意见。案件的表决实行少数服从多数的原则,以过半数委员的意见作为决定意见,少数人的意见应当保留并记录在卷。如果发现因现有证据不足难以作出决定的案件或分歧较大的问题时,检察长可以建议补充证据或者待条件许可时再进行讨论决定。如果检察长与多数委员意见不一致时,应提请上级检察院决定。再次,应建立相关部门或人员列席制度,如下级检察院检察长或有关人员列席制度,本院相关部门负责人和承办人列席制度,本院各业务部门负责人列席制度等。此外,要完善检察委员会办事机构的有关规定,提高检察委员会的决议效率,完善检察委员会的其他有关制度,提高检察委员会决策的权威性。⑤

(最高人民检察院检察理论研究所
张智辉 张雪妲)

检察日报社工作 2010年,检察日报社在最高人民检察院党组的领导下,在兄弟部门和各级检察院的大力支持下,各项工作有了新进展。

———————

① 汤维建:《民行检察监督制度的新发展》,载《法学家》2010年第3期。

② 孙谦:《平和:司法理念与境界》,中国检察出版社2010年5月版,第66页。

③ 阎敏才:《我国铁路运输检察院管理体制改革若干问题》,载《河南社会科学》2010年第2期。

④ 刘向文:《俄罗斯联邦运输检察制度的历史发展及对我国的启示》,载《河南社会科学》2010年第2期。

⑤ 邓思清:《论我国检察委员会制度改革》,载《法学》2010年第1期;《再论我国检察委员会制度改革》,载《人民检察》2010年第11期。

一、紧紧围绕党和国家工作大局及检察中心工作，牢牢把握舆论导向，积极宣传最高人民检察院决策部署，深入服务基层，不断扩大传播力和影响力。

2010年年初，报社在一版开设了"深入推进三项重点工作"专栏，全年高频率、大篇幅刊发稿件。年底全国政法工作会议召开前，报社连续三天以一版头条、四版专版联动的方式进行集中宣传，效果良好。

2010年，报社先后对十七届五中全会、全国政法工作会议等中央重要会议，对党和国家领导人特别是周永康同志关于政法工作的重要讲话和活动，进行了充分报道，及时有力地传达了中央声音。

2010年，最高人民检察院举办了自身反腐展和反渎展两个大型展览，各界反响强烈。对自身反腐展，报社不但突出报道北京的主展和各地的巡展，还开设专栏，组织刊发30多位省级检察院检察长的署名文章，收到较好的传播效果。对反渎展，报社策划推出四个版的特刊，并以社论、消息、侧记、八篇系列评论等形式，进行全景式报道，一直延续到10月全国人大常委会听取审议最高人民检察院专项报告，形成持续升温的"舆论场"。

2010年报社还对全国检察长会议、全国检察长座谈会、主题实践活动、创先争优活动、"两反"专项教育活动等，进行了及时充分的宣传报道。特别是两会报道，连续九天推出特刊，出版五期《检察志》，受到两会代表委员的好评。

此外，报社图文并茂地宣传了张章宝、刘宝瑞、李斌、陈长华、杜云、侯国城、程建宇等一系列检察英模人物的先进事迹，全程宣传了十佳公诉人评选、侦查监督业务能手的评选，展现了检察官"忠诚、公正、清廉、文明"的良好形象。

2010年，报社坚持面向基层、深入基层、服务基层，在报纸二版头条常设"2010亮点"栏目，重点推荐基层先进经验；在《基层采风》专刊，围绕检察难点、热点、疑点，以讲故事的形式展现基层风貌，受到基层欢迎。

急难险重任务面前，记者冲锋在前。玉树地震后，报社迅速组织策划抗震救灾报道，第二天就特派记者赶赴灾区采访，发回大量一线检察机关的文字、图片。

2010年，报社还对上海世博会、广州亚运会，以及抗击舟曲特大山洪泥石流灾害等进行重点报道，

较好地宣传了检察工作和检察形象。

2010年，报社紧贴社会，关注热点，推出了一批社会法治类和检察工作类的影响力报道，如QQ与360纷争系列报道、上海大火问责报道、诽谤罪批捕上提一级、及时澄清七成举报人受打击报复报道等等，有力扩大了报业影响力。

二、"一体两翼"发展战略继续深入实施，报业母体取得良好经济效益，网络和影视两翼齐飞，软硬实力都得到了增强。

报社以质量求市场、以服务促发行，报纸订户达到46.5万，创下改日报以来的历史新高。《人民检察》完成扩版，组建新的编辑委员会；《方圆》杂志行业认同度和市场份额均有明显提升。

报社办公楼建设项目取得实质性进展，报纸进入公益报刊类别已初成定局。

正义网络传媒发展迅速，创办了法律微博、检察视频台，推出手机报上线和"正义在线"，政法网络舆情和反腐倡廉网络舆情影响不断扩大，全媒体传播格局初步形成。2010年12月23日，"正义十年汇"活动在中国大饭店举行，大大提升了正义网的社会影响力。在2010年年底召开的"阳光中国·2010传媒发展年会"上，本报正义网荣获"2010年度社会服务媒体"称号。

2010年，高清数字电影《你是我的兄弟》在广西拍摄完成，并被央视电影频道确定为2011年元旦献礼影片。

一年来，最高人民检察院影视中心的电影、电视剧项目运行数量多、质量高。数字电影《零口供追踪》也在央视电影频道播出；第一部全景式再现新中国检察制度的大型电视连续剧《正义的重量》拍摄完成；《法治中国》栏目在200多家电视台正常播出；预防未成年人犯罪的法治宣传栏目《青春防线》开始走进校园。

三、通过开展有针对性的思想政治工作和业务培训，强化队伍政治素质和业务素质，增强队伍活力，营造干事创业的良好氛围。

2010年6月3日，中国记协书记处书记顾勇华受邀到报社就"新闻工作者职业道德"作专题讲座，肯定报社开办业务讲座和加强采编队伍建设的成绩，并向报社赠送《中国新闻工作者职业道德准则》手册。

2010年，报社把加强新闻宣传纪律教育和职业道德建设，作为开展主题实践活动、创先争优活动

的重要抓手,向全体采编人员敲警钟、抓预防。年底,报社召开新闻职业道德专项教育动员会,最高人民检察院副检察长胡泽君到会讲话,中国记协网对这一活动进行了报道。

报社坚持每月召开一次工会午餐会,受到报社400多名职工的欢迎。工会午餐会成为社领导与普通职工沟通信息、理顺情绪、化解矛盾的一个有效渠道,有力推动了报社的科学管理和民主决策。

一年来,报社坚持结合新闻单位实际开展思想政治工作,举行形式活泼的主题党日活动,开展过生日、送贺卡、送祝福活动;多次组织召开青年编辑记者座谈会、驻站记者座谈会、聘用人员座谈会;开展拓展训练等有益身心健康的文体活动,团结向上、创先争优的氛围更加浓厚。

报社通过“双十佳”评选奖掖先进。通过部门推荐、全员投票、候选人演讲、党编委最后票决,评选出年度十佳采编明星和十大影响力报道,不仅颁发奖杯奖金,还让他们登上挂历,激发团队意识和荣誉感。

报社还广泛开展采编业务培训活动,分期轮训驻各省市记者,让他们参与总编室夜班,参加“实战演练”。报社分两批选拔任用了12名处级干部,有力促进了干部队伍结构的改善。

2010年,报社共有15件作品46人次获“中国人大新闻奖”、“全国综治新闻奖”等全国性新闻奖项。一人荣立个人一等功,一人被评为中国报业发行工作先进个人,一人获评全国维护妇女儿童权益先进个人,一个部门被中国报业协会评为先进单位。

（检察日报社）

检察日报社全国记者工作会议 2010年1月26—27日,检察日报社全国记者工作会议在北京召开。最高人民检察院副检察长张耕出席会议并讲话。

张耕在讲话中强调,要充分认识做好检察新闻宣传工作的重要性,进一步增强使命感、责任感,开拓创新,扎实工作,为服务党和国家工作大局,服务检察工作科学发展作出更大贡献。

张耕指出,2009年,检察日报社在最高人民检察院党组的领导下,各项工作取得了新成绩,迈上了新台阶。坚持正确的办报方向,在服务党和国家工作大局,服务检察工作科学发展中发挥了积极作用;报刊质量和发行数量进一步提高,为检察报业发展奠定了坚实基础;报社自身建设进一步加强,

网络、影视事业快速发展,“一体两翼”战略扎实推进。

张耕强调,网络技术的迅猛发展,给党的宣传工作和检察宣传工作增添了新的活力和重要载体,同时,也提出了新课题,带来了新挑战。各级检察机关要充分认识做好检察网络宣传工作的极端重要性,把加强和改进检察网络宣传工作作为新形势下检察宣传工作的重要内容,深入研究网络宣传特点,大力加强检察网络宣传阵地建设,以最高人民检察院门户网、正义网建设带动全国检察网络蓬勃健康发展,牢牢把握网络宣传的主动权和话语权,不断扩大检察宣传的渠道和覆盖面,确保检察宣传工作的正确方向。要继续做好网络舆情收集、整理和研判工作,为科学决策和正确应对提供依据。各级检察机关要认真从《涉检网络舆情》和《政法网络舆情》中获取信息、掌握情况。有条件的检察院可建立网络舆情监测预警和分析系统,实现网络舆情监测和研判工作资源共享,及时有效地做好应对、引导工作。要加强网络宣传人才队伍建设,努力培养造就一批网上名编辑、名版主和名主持人,努力培养造就一批善于掌握市场规则、富有竞争意识的网络新媒体经营管理人才,努力培养造就一批立足信息技术前沿、具备较强研发能力的网络专业技术人才。要不断提高网络舆论引导水平,切实引导人民群众把对公平正义的诉求和反腐败的热情,转化为对检察机关强化法律监督的支持,使网络舆论成为反映社情民意的窗口,成为检察机关各级领导决策的参谋。

张耕要求检察日报和各地记者站要充分认识检察宣传工作的重要性,努力做到:始终把正确的舆论导向放在首位,确保检察宣传的政治方向;始终把报刊质量放在核心位置来抓,确保检察宣传工作的生命力;始终把加强检察宣传队伍建设作为永恒主题来抓,确保检察宣传队伍的战斗力。报社和各地记者站要积极主动地为各级检察机关做好宣传服务工作;各级检察机关也要大力支持检察日报社和各地记者站的工作,齐心协力,共同推动检察事业科学发展。

会议还安排了交流座谈,邀请驻站记者为报社发展建言献策。检察日报社60余名驻各地记者站站长、记者参加了会议。

（检察日报社）

第八届全国检察长论坛·兰州会议 第八届全国检察长论坛·兰州会议于 2010 年 8 月 10—11 日在甘肃省兰州市召开,此次论坛会议以"检察工作与执法公信力建设"为主题,最高人民检察院副检察长胡泽君出席会议并发表讲话。

胡泽君在讲话中指出,此次会议主题抓住了推动检察事业科学发展的根本,通过研讨和交流,深化对加强检察机关执法公信力建设重要意义的认识,强化对自身执法活动的监督制约,切实树立检察机关忠诚、公正、清廉、文明的良好执法形象,不断开创检察工作新局面。

胡泽君强调,大力加强执法公信力建设是落实中央要求、赢得人民群众信赖的必然要求,是检察工作服务和保障经济社会平稳较快发展的必然要求,也是深入推进三项重点工作的必然要求,必须深刻认识其重要意义。

胡泽君指出,加强检察机关的执法公信力建设,是一项长期的基础性工作,各级检察机关要切实按照中央精神和最高人民检察院的要求,进一步完善和落实相关措施,着力推动执法公信力建设取得新的明显成效。一要进一步树立正确的执法理念;二要进一步规范执法办案行为;三要进一步提高队伍的综合素质和能力。当前,全国检察机关正在按照最高人民检察院的部署,深入开展"恪守检察职业道德、促进公正廉洁执法"主题实践活动,各级检察机关要结合加强执法公信力建设的实际,毫不松懈地铸造检察队伍的忠诚品格、公正理念、清廉意识、文明素养,不断增强人民群众对检察工作的理解和支持。

胡泽君强调,要充分发挥检察宣传工作在加强执法公信力建设中的重要作用。当前,各级检察机关要紧密联系深入推进三项重点工作的实际,紧密联系开展创先争优、主题实践活动等实际,扎扎实实做好对各项工作成果的宣传。胡泽君提出了三点要求:要不断加大检察宣传工作力度,引导和推动执法公信力建设深入开展;要不断拓展检察宣传渠道,进一步扩大执法公信力建设工作的影响;要高度重视检察宣传队伍建设,为扩大执法公信力建设工作影响提供组织保证。

胡泽君要求各级检察机关,在不断巩固和加强已有的检察宣传渠道,充分发挥《检察日报》的主力军、主阵地和主渠道作用的基础上,注重综合运用网络、影视等渠道来开展宣传工作,不断拓展检察宣传工作的覆盖面。要高度重视对检察网站、检察博客、检察手机报等新技术新媒体的运用,要突出强化最高人民检察院门户网站、正义网和各级检察网站集群的建设,抓紧抢占和打造检察宣传新的舆论阵地,牢牢把握网络涉检舆情的主导权。

会议开始前,与会代表为遭受特大山洪泥石流灾害的舟曲灾区进行捐款。

甘肃省委常委、政法委书记罗笑虎,甘肃省检察院检察长乔汉荣等出席会议并致辞。江西省上饶市检察院等 8 个检察院的代表作主题发言,四川大学教授、博士生导师龙宗智作了专题讲座,来自18 个省市检察院的 200 余名代表围绕会议主题展开热烈的研讨交流。会议还对 2010 年度部分检察宣传先进单位进行了表彰。

（检察日报社）

第八届全国检察长论坛·南宁会议 第八届全国检察长论坛·南宁会议于 2010 年 9 月 7—8 日在广西壮族自治区南宁市召开。此次会议以"强化法律监督与深入推进三项重点工作"为主题,最高人民检察院副检察长胡泽君出席会议并讲话。

胡泽君在讲话中强调,各级检察机关要进一步深化思想认识,紧密结合法律监督职能创新工作思路、总结工作规律、完善工作机制,深化细化实化各项工作措施,切实推动三项重点工作取得新的成效。

胡泽君指出,深入推进三项重点工作的最终目标,就是要维护广大人民群众的根本利益、维护社会和谐稳定、维护公平正义,这也是检察工作主题的根本要求所在。各级检察机关要进一步准确把握强化法律监督与深入推进三项重点工作的内在统一性,不断加深对法律监督职能内在要求的认识,进一步扎实有效地推进三项重点工作。

胡泽君要求,各级检察机关要切实把深入推进三项重点工作的基本要求贯穿到强化法律监督的全过程,全面深入地发挥检察职能作用。一要进一步加大执法办案力度,不断强化批捕起诉、查办职务犯罪、诉讼监督等职能。二要进一步完善和落实深入推进三项重点工作的有效途径和方法,深入探索健全各项工作机制和制度措施。三要进一步结合检察职能做好延伸服务,在修复社会关系、协调解决各方利益诉求、为党委政府提供决策参考等方面多做工作。同时要强化组织领导,强化基层基础工作,强化沟通协调,进一步推动形成工作合力。

胡泽君就深入学习领会周永康同志在政法宣传工作座谈会上的重要讲话精神提出明确要求,强调要深刻认识检察宣传对于强化法律监督和深入推进三项重点工作的重要意义,坚持将检察宣传与其他工作同步规划、同步部署、同步落实。要不断提升检察宣传的整体水平。坚持正确的舆论导向,切实提高舆论引导水平,不断增强传播能力。要不断拓展检察宣传渠道,努力扩大《检察日报》的社会影响力和覆盖面,强化对检察网络、手机报等新媒体的应用,为强化法律监督和深入推进三项重点工作营造良好的舆论氛围。

广西壮族自治区党委常委、自治区政府副主席陈武出席会议并讲话,自治区检察院检察长张少康在开幕式上致辞。河南省检察院等 8 个检察院的代表作交流发言,中央党校教授、博士生导师卓泽渊作了专题讲座。来自 17 个省市区、新疆生产建设兵团和军事检察院的三级检察院 200 余名代表围绕会议主题进行了深入研讨交流。会议还对2010 年度部分检察宣传先进单位进行了表彰。

（检察日报社）

中国检察出版社工作 2010 年,中国检察出版社紧紧围绕服务检察工作大局,坚持科学发展,坚持正确的出版导向,一手抓图书生产,一手抓转企改制,全社人员服从大局,努力拼搏,较为圆满地完成了各项工作任务。

2010 年,共发排新书 245 种,印制完成新书 218种,总印数 129.94 万册,出书总码洋 3173 万元;全年发货码洋 2475 万元,实现回款 1703 万元。

一、认真履行出版职能,为检察工作大局服务。

一是做好检察基础理论研究类图书的出版工作,宣传中国特色社会主义检察制度。2010 年,出版社将系统出版检察理论图书作为一个重点,作出规划,安排在 3—5 年,出版"检察基础文库"(已出版 2 种)等一系列图书,逐步形成规模,宣传中国特色社会主义检察制度,论证我国检察制度的科学性、合理性和优越性。编辑出版了《检察学》、《中国检察监督的政治性与司法性研究》、《检察管理论》、《检察学的基本范畴》、《当代中国检察权性质与职能研究》等图书,选题对象和图书质量都有所提高。

由检察出版社组织编写,并获得 2010 年度国家出版基金资助的"世界宪法全书"收集资料已基本结束,该项目已进入落实翻译阶段。

二是围绕检察业务工作,出版实战性强的指导类图书。出版社计划用 2 年左右时间,出版门类齐全的涵盖侦查监督、公诉、反贪污贿赂、渎职侵权检察、监所检察、民事行政检察、职务犯罪预防、控告申诉等业务的检察实务和检察工具书。2010 年,编辑出版了二十多种业务指导类图书。针对办案一线干警的工作需要,归纳办案中常见的问题,由办案专家骨干主笔,出版了《职务犯罪侦查实战指导丛书》(已出版 6 种)、《反贪侦查百问百答》(5种)。策划了侦查监督和公诉业务两套业务技能丛书。为保证图书内容贴近办案一线,起到实战性、操作性强的作用,采取召开论证会等多种形式,广泛听取各级办案业务骨干的意见,上下联动,几经反复,落实丛书的编写工作。

出版社创办了《预防职务犯罪学刊》,宣传推广检察机关的预防职务犯罪工作经验及做法,已被中央纪委、国家预防腐败局等单位转载转发 30 余篇稿件。

三是积极配合最高人民检察院开展的重点活动,做好服务保障。配合最高人民检察院机关创先争优活动及"恪守检察职业道德,促进公正廉洁执法"主题实践活动的深入开展,编辑出版了《"恪守检察职业道德,促进公正廉洁执法"主题实践活动学习读本》、《检察职业道德读本》等图书,以及《检察官礼仪》音像制品,在最短的时间内,将学习资料分发到广大检察干警手中。

为配合最高人民检察院举办的全国检察机关惩治和预防渎职侵权犯罪展览,出版社与有关部门密切配合,高标准,严要求,高质量地按时完成了"全国检察机关惩治和预防渎职侵权犯罪展览"所用的宣传画册、宣教读本、案件深度剖析等图书及宣传资料的编辑出版任务。除保障北京展览需要外,还为外省市检察院巡展提供了图书及资料。

二、加大服务力度,为检察干警办实事。

一是为大规模培训检察干警做好服务工作。为了配合好教育培训工作,出版社及时出版重印了一批培训教材;积极主动与各地培训部门沟通联系,提供教材信息和服务,全年共提供教材图书 3.9万册,同时针对检察官学院开展的不同层次培训班的情况,现场售书,制作有关联络卡,跟踪服务。

二是发挥出版主渠道作用,为干警出书提供优惠和便利条件。深入了解广大检察干警的理论文化需求,先后与数十个市级检察院联系合作,及时汇集各地在实践中的好经验、好办法,以及干警个人的研究成果。先后为浙江、北京等地检察院制作反腐专题片,参与基层检察院警示教育展览工程的设计、制作工作。

三是积极推进基层检察院图书资料室建设。为贯彻落实最高人民检察院提出的为贫困基层检察院援建图书室工作的要求,2010年,除继续抓好援建计划外,出版社将工作重点放在通过援建的示范作用,发挥地方检察院的积极性,上下结合,由点及面,形成辐射。出版社主动与各地检察院联系,先后为370多个地市、县级检察院图书资料室配书,共计6.6万多册,码洋309万元。根据基层干警的要求,及时更新书目,增加实务类图书品种。

三、面向读者和市场开发选题,为大众提供精神食粮。

2010年,出版社把调整选题结构,突出面向市场的策划图书作为出版社转变增长方式的重要内容。一是在市场调研的基础上,多次召开策划图书的选题会进行论证,形成了一批选题,多数已经和即将出版;二是形成选题确定后的筛选机制,保证选题质量;三是政策上给予倾斜。出版了《中国公民法律权利快读》、《话说检察权》等普法通俗读本,策划了"公民防范犯罪丛书"、"女性法律顾问书系"、"诉讼中的博弈"等图书,修订再版了"公民索赔手册丛书"。

2010年出版社继续积极响应中央有关部门推行的"农家书屋"和送书下乡工程,共向10多个省、市、自治区"农家书屋"配书15万册,码洋225万元。

在图书印制方面,通过提高装帧设计水平,改进工艺流程,加强质量监管等手段,高质量按时完成了218种图书的印制任务。并能够根据市场变化情况,及时掌握纸张市场信息,规避风险,有效地降低了图书印制成本。

四、积极稳妥地做好出版社转企改制工作。

2010年年底前完成部委出版社的转企改制工作是中央的要求。根据中央的精神和最高人民检察院党组的要求,出版社起草了"中国检察出版社转制工作方案",并提交全体员工大会讨论同意,经最高人民检察院党组讨论通过后上报。方案获批后,在政治部的具体指导下,制定了《中国检察出版社转制工作实施意见》。截至年底,已完成人员安置工作,事业编制已核销,清产核资审计报告已获财政部批准,中央各部门各单位出版社体制改革领导小组办公室已确认出版社转制工作基本完成。

在转制中,始终坚持把出版社的发展放在首位,切实关心员工的切身利益,一手抓改革,一手抓生产,认真做好思想政治工作,特别是抓好统一党员领导干部和业务骨干的思想,真正做到人心不散,热情不减,工作不乱,确保转制工作平稳顺利进行。由于党组的关怀、政策到位,工作细致,全社人员始终思想稳定,工作未受到大的影响。同时,严格按政策和程序清理核销资产,保证了国有资产的安全。

五、积极开展争先创优活动,以党建促队建。

深入开展创先争优活动和的主题实践活动。一是突出抓好党员领导干部,特别是领导班子建设。注重班子成员之间的团结,强调社领导的带头作用,贯彻民主集中制,在决定重大事项时,集体研究决定,必要时成立专门小组进行论证。在图书出版中,坚持政治第一,把社会效益放在首位,严把政治关,全年未出版任何有政治倾向性错误的图书和违规出版发行的行为。二是注重年轻同志的培养。全年共安排10余名员工,参加各种研讨交流活动,特别是有意识地安排与一线办案的检察官交流,了解检察工作,提高业务水平和选题策划能力。三是有针对性地做好不同年龄段员工思想工作,关心群众生活,搞好员工福利,通过组织各种活动,融洽员工感情,增强集体荣誉感和归属感。

（中国检察出版社）

国家检察官学院工作 2010年,国家检察官学院各项事业均实现了新发展、新突破,奠定了学院长远发展的坚实基础。

一、抓党建工作,促院风建设。2010年,党委把推进学习型党组织建设作为学院党建工作的重要载体,通过领导班子民主生活会、中心组学习等形式,组织带领全院教职工认真学习党的十七届四中、五中全会精神,深刻领会全国政法工作会议、全国检察长会议精神和最高人民检察院领导关于学院检察教育培训工作的重要指示,结合中央和最高人民检察院关于大规模培训的战略决策和部署,通过认真开展创先争优活动和积极推进惩治和预防腐败体系建设不断提高党政班子领导和带动学院科学发展的能力。

二、培训规模实现历史性跨越,培训质量进一步提高。2010年,学院实现了学院培训规模的跨越式发展和历史性突破。全年完成了61个班次的培训任务,直接培训6321人、网络培训9053人,总计15374人。在充分挖掘潜力,实现办学规模跨越式发展的同时,进一步在突出分类培训特色、完善课程设置、改进教学培训方式、提高培训质量上下工夫。同时,充分发挥学院的龙头、示范和辐射作用,较好地实施了对各省晋升高级检察官网络培训、初任检察官晋升资格培训的教学指导;通过举办分院院长会,密切了学院与分院的关系,扩大了学院对分院的影响。网络培训初见成效,全年参加培训人数达到9053人。上半年考试合格率达到93%。

三、科研水平和办刊质量不断提高。2010年,学院教师在公开刊物上发表论文90篇,在权威或核心刊物上发表论文16篇,个人撰写、主编或参编著作19部。学院成功举办了第六届国家高级检察官论坛、第二届中法国际学术研讨会、中美环境犯罪惩治与环境公益诉讼研讨会等国际国内重要学术会议。《国家检察官学院学报》被评为2008—2010年度"北京市高等人文社科优秀学报"。完成了《检察论丛》第十五卷的出版,根据需要增加了检察改革、民行检察等栏目。《中国检察官》发行量稳中有升,围绕检察工作主题与基层检察院合办了多次研讨会,促进了学院与基层检察院的交流。同时,学院取得了一项国家社科基金资助项目和两项省部级科研项目,这是学院近七年科研史上的重大突破。

四、拓宽合作途径,扩大学院影响。学院与各国的合作稳步进行,并与法国、德国等开展了新的合作意向。2010年,学院共组织及应邀出国(境)访问、讲学、学习考察及参加国际会议等共计26人次;接待国(境)外相关团组来访、国(境)外司法官来院研修、讲学、参加国际会议等共计97人次。学院高度关注与我国有关院校的交流与合作。与国家法官学院和中国人民大学法学院签订了三方全面合作战略框架协议,并将从2011年起与人大法学院合作培养法律硕士,学院具有副教授以上职称的教师将被人大聘任为法律硕士研究生导师。学院与国家法官学院、北大法学院、中国政法大学等国内的一些著名的法学院都保持着良好的合作关系,学院在国内法学界和司法界的地位不断提升。

五、进一步提升办学层次,确保学历教育质量。

2010年学院停止了大专学历教育招生,集中力量办好本科学历教育和法律硕士研究生教育,不断提升学院的办学层次。在重视检察教育培训质量的同时,还必须本着对学生高度负责的精神重视学历教育的质量。2010年,学院认真组织学历教育教学工作,坚持不懈地抓教学质量评估,确保了学历教育的教学质量,学生测评反馈教学质量在优良以上的教师达到了85%以上。

六、提高管理水平,服务保障有力。2010年,在学院直接培训的学员达到了6300多人,在校各类学生有1500多人。面对如此众多的学员与学生,能否做好学员和学生的管理工作,直接涉及培训任务的完成和教学秩序的稳定。学院在管理上分解细化了管理流程,规范了管理服务模式,实行科学化、人性化管理,给学员留下了良好的印象。初步建立了科学有效的后勤服务管理机制,并积极对网络、通信、多媒体教室及各种弱点设备进行日常保养和维护,保障了正常的教学秩序。

(国家检察官学院)

第六届国家高级检察官论坛 由国家检察官学院与中国人民大学法学院联合主办、南京市人民检察院协办的第六届国家高级检察官论坛于2010年11月3—4日在江苏省南京市成功举办。最高人民检察院副检察长孙谦出席开幕式并讲话。国家检察官学院党委书记刘佑生主持开幕式,院长石少侠在开幕式上致辞。中国人民大学法学院院长韩大元,江苏省检察院副检察长方晓林、邵建东,南京市委常委、政法委书记刘志伟,南京市检察院代检察长葛晓燕等领导出席论坛开幕式。

孙谦副检察长在讲话中指出,本次论坛旨在通过著名学者与高级检察官的交流,探讨如何在深入推进三项重点工作中充分发挥检察机关的法律监督职能,倡导和促进检察机关在深入推进三项重点工作中理论与实践的结合。他强调,要立足党和国家工作大局,深刻认识检察机关在深入推进三项重点工作中的重大责任;紧密联系检察工作实际,善于研究新情况、解决新问题;围绕如何充分发挥检察职能,积极关注和参与检察理论问题的研究。要准确抓住与充分发挥检察职能密切相关的源头性、根本性、基础性问题,以及理念、机制、政策等问题,形成有价值的研究成果,更好地指导和服务检察工作。

这次论坛是落实学院与国家法官学院、中国人民大学法学院全面合作框架协议的重要举措，是学院联系检察实务部门和法学院校拓展校检合作的新形式、新途径。来自中国人民大学的专家、学者和各级、各地检察院的高级检察官100余人，围绕"法律监督与三项重点工作"的主题，从检察工作如何化解社会矛盾、如何促进社会管理创新、制度建设与公正廉洁执法三个方面，进行了充分探讨和深入交流。论坛共收到论文近300篇，其中提交大会129篇。

（国家检察官学院）

检察技术信息工作 2010年检察技术信息部门按照全国检察长会议要求，围绕"社会矛盾化解，社会管理创新，严格公正执法"三项重点工作，按照"统一规划、统一标准、统一设计、统一实施"的工作原则和"推进建设、突出应用、加强管理"的工作思路，狠抓检察技术和信息化工作，以检察信息化促进执法规范化，以检察技术化推动执法科学化，为推动检察工作创新发展作出了积极贡献。

一、检察机关信息化应用软件统一工作

为解决检察机关在信息化建设过程中重复投资、重复开发、各自为战、条块分割问题，最高人民检察院作出了全国检察机关信息化应用软件统一的战略决策（以下简称软件统一），召开了检察机关信息化应用软件统一工作电视电话会，进行了总体动员和部署。各有关部门分别成立了软件统一推进小组，"一把手"亲自挂帅；各有关地方检察院积极推荐软件研发方面的专门人才参加研发工作。最高人民检察院检察技术信息研究中心（以下简称"中心"）积极运筹，大力推进软件统一工作：一是组织专人到中央各有关部门进行了多次专题调研，召开专题座谈会、专家论证会，研究制定了《全国检察机关信息化应用软件统一实施方案》。二是根据实施方案的要求，组建了软件研发队伍，举办了需求分析培训班，组织召开了最高人民检察院机关软件统一工作动员会议。三是在各内设机构的大力支持下，组织开展了业务需求分析工作，研究起草了统一业务应用软件总体设计方案、基础平台标准和数据交换标准，进行了专家论证，完成了研发环境搭建，举办了软件开发技术和建模工具等专业技术培训班，总体设计、软件设计和软件编程等项工作已经全面展开。

二、检察信息化工作

电子检务工程及科技支撑计划项目稳步推进。电子检务工程立项是检察信息化发展中一个最重要的阶段，是实现检察信息化跨越式发展的关键环节。"中心"大力推进电子检务工程立项工作：一是协助国家发展和改革委员会（以下简称国家发改委）有关部门召开《电子检务工程需求分析报告》专家评议会。根据专家评议意见，组织修改完善了《需求分析报告》和《项目建议书》并报国家发改委申请立项。二是组织有关专门机构研究编制了检察机关申请纳入《国家重点信息化工程建设规划(2011—2015)的项目建议书》并报送国家发改委。三是根据国家发改委《国家电子政务工程建设项目管理暂行办法》的要求，组织各省级检察院开展办理电子检务工程地方投资规模承诺的各项工作。四是结合应用软件统一实施方案，完成了"科技强检电子信息系统研发与示范"项目的申报工作，为软件统一工作的顺利进行提供了有力保障。五是派员参加并按计划完成了《全国检察机关十二五科技发展规划纲要》的编制工作。

信息化应用基础平台得到进一步优化。认真落实《2009—2013年全国检察信息化发展规划纲要》，继续加大信息化基础建设力度，信息化应用基础平台的覆盖面和质量得到进一步提高。一是依据《全国检察机关一级专线网线路扩容工程联合设计文档》，组织实施了全国检察机关一级专线网线路扩容工程，实现了"双星、双路"、数据传输带宽8M的目标任务。二是组织完成了最高人民检察院机关与来访接待室、驻秦城监狱检察室和驻燕城监狱检察室三个分支节点的联网工作，实现了最高人民检察院和军事检察院的联网。三是组织开展了一级网高清视频会议系统建设工程。

最高人民检察院机关各项日常技术保障工作完成良好。参与完成了最高人民检察院自恢复重建以来的第一次"检察开放日"活动中的技术保障工作；全年共保障各类会议（室）近300次；全年网络维护近90次，终端维护560次，其他维护处理174次。

三、检察技术工作情况

按照"推进建设、突出应用、加强管理"的工作思路，进一步加大工作力度，充分发挥检察技术在法律监督工作中的职能作用。一是加大办案力度，最高人民检察院司法鉴定中心全年办理各类检验鉴定案件 172 件,同比增加 91 件,实现了办案数量翻番的目标。在办案中,将社会矛盾化解贯穿始终,妥善解决了包括"贵州安顺枪案"、河南平顶山"喝水死"、"贵州黄瑶案"在内的一批有较大社会影响案件的检验鉴定问题,为案件的妥善、公正处理提供了科学的鉴定结论;全国检察技术部门全年受理检验鉴定案件 166762 件,办结 166168 件。二是按照《2009—2013 年人民检察院司法鉴定实验室建设规划》的部署,最高人民检察院司法鉴定中心建立了司法鉴定数据中心暨远程会检系统,建成了法医物证(DNA)实验室和微量物证实验室并具备了检验鉴定能力,使司法鉴定中心的专业实验室由六个增加到八个。司法鉴定中心成为首批 10 个国家级司法鉴定中心之一。辽宁、江苏、浙江、内蒙四个省级检察院及唐山、丹东两个地市级检察院的司法鉴定中心通过了中国合格评定国家认可委员会的认可。三是针对涉及法医鉴定的非正常死亡案件频发并引发网络热炒的问题,下发了《关于进一步做好监管场所非正常死亡法医鉴定有关工作的通知》,明确了相关要求。四是与最高人民检察院监所检察厅联合组织开展保外就医专项检查活动,利用全国检察机关专线网络视频会议系统对全国检察机关的监所检察干警和法医进行了有针对性的培训,进一步提高了处理监管场所保外就医和非正常死亡的能力,组织全国检察机关法医积极参加保外就医专项检察,发现并纠正保外就医工作中存在的问题,进一步完善保外就医工作机制,加强刑罚执行监督。五是加强检察技术规范化建设,进一步完善了与公诉、反贪污贿赂、渎职侵权检察、监所检察等部门的协作配合机制;组织检察系统专家和业务骨干对最高人民法院、公安部、司法部组织制定的《关于司法鉴定若干问题的规定(修改稿)》、《人体损伤程度鉴定标准》、《司法会计鉴定执业分类规范》等法规提出修改意见;《关于办理死刑案件审查判断证据若干问题的规定》和《关于办理刑事案件排除非法证据若干问题的规定》(以下简称"两个规定")颁发后,制定了贯彻落实"两个规定"推动检察技术工作深入开展的意见。

四、队伍建设情况

积极组织开展创先争优和"恪守检察职业道德、促进公正廉洁执法"主题实践活动,队伍建设进一步加强。组织制定了《检察技术信息研究中心参照公务员法管理实施方案》。安排三名同志参加到香港交流、挂职和干部援藏工作。"中心"检察技术处王宁敏同志荣获全国"三八红旗手"称号。充分践行"办案、科研、培训"的职能定位,大力开展对全国检察技术和信息化人员的培训工作,举办了省级检察院检察技术信息部门负责人综合能力培训班,培训省级检察院技术处长、信息处长 42 名;举办司法鉴定实验室认可知识培训班,首批担负司法鉴定实验室建设任务的 42 个单位的 76 人参加了培训;举办了第二期检察机关网络信息安全管理员培训班,培训各地网络安全管理员 80 名;举办了第二期全国检察机关电子证据检验鉴定培训班,培训电子证据方面的专门人才 63 名。

(最高人民检察院检察技术信息研究中心)

全国检察机关推进检察信息化应用软件统一工作电视电话会议 为贯彻落实全国检察长座谈会和全国检察机关技术信息工作会议精神,进一步统一思想,提高认识,明确任务,落实责任,保障《全国检察机关信息化应用软件统一实施方案》顺利实施,推动检察机关信息化应用软件统一工作扎实开展,最高人民检察院于 2010 年 9 月 6 日组织召开了全国检察机关推进检察信息化应用软件统一工作电视电话会。最高人民检察院副检察长胡泽君、柯汉民出席会议,最高人民检察院信息化领导小组人员在主会场参加了会议,各省级检察院信息化领导小组成员在分会场参加了会议。

会议由柯汉民副检察长主持,胡泽君副检察长讲话。胡泽君副检察长指出,检察信息化是我国信息化战略的重要组成部分,是促进检察事业创新发展的强大动力。各级检察机关要从贯彻实施科技强检战略,提高检察机关的法律监督能力,提高检察机关执法公信力的高度,深刻认识检察信息化应用软件统一是检察信息化深入发展的内在要求,是执法办案规范化的必然要求,是提高法律监督整体效能的有效手段,切实增强做好检察信息化应用软件统一工作的责任感和使命感。

胡泽君强调,《全国检察机关信息化应用软件统一实施方案》(以下简称《实施方案》),是贯彻落实最高人民检察院关于信息化工作"四统一"决策的重要文件,对检察机关今后的信息化工作具有重要的指导意义。各级检察机关要按照《实施方案》确定的指导思想、基本原则、目标、任务和实施步骤逐项抓好落实,推动软件统一工作深入开展。要了解掌握《实施方案》关于软件统一工作的目标、关于软件的研发方式、关于软件统一工作的实施步骤和时间安排等主要内容，要明确职责、统一步调、统一行动、分工负责、密切配合，形成协调配合的工作格局。最高人民检察院要发挥"龙头"作用，统一研发应用软件、统一建设数据中心、统一规范基础平台建设、统一建设分级保护体系、统一建立运维保障体系和统一制定标准规范，实现最高人民检察院与各省级检察院之间信息系统的纵向互联共享和各省级检察院之间信息系统的横向互联共享，为建成覆盖各项检察业务的信息化综合体系奠定基础，同时为各省级检察院在统一业务应用软件基础上进行本地个性化开发留有空间。省级检察院要发挥"枢纽"作用，牢固树立大局观，打破地区之见、门户之见，对照《实施方案》的要求，对本地的信息化工作规划进行认真的梳理，对与《实施方案》不一致的地方及时加以调整，保证信息化建设的各项工作部署同《实施方案》相一致；市级检察院和县区检察院要发挥基础作用，为软件推广应用做好准备。

胡泽君要求，要加强对软件统一工作的组织领导，保障软件统一工作顺利进行。全国各级检察机关要共同努力，各个部门要协同作战，加强对这项工作的重视和领导，做到"三个到位"：一是组织保障到位。要高度重视，把软件统一摆上重要议事日程，抓紧、抓好、抓实。二是经费保障到位。最高人民检察院有关部门要把软件统一工作的经费投入作为检察经费保障工作的"重中之重"，积极协调，统筹规划，全力保障各项资金及时、足额到位。最高人民检察院力争做好电子检务工程的申报立项工作，为检察机关的信息化建设提供政策和资金保障，各地要积极主动地向地方党委和政府汇报检察信息化建设情况，争取把信息化建设经费纳入当地财政预算。三是人员保障到位。要解放思想，充分利用现有政策，通过面向社会公开招录、项目招聘和劳务合作等多种形式，大力引进一批技术精、责任心强和善钻研的信息技术人才；要加强对信息技术队伍的培训，采取岗位练兵、专题学习和业务竞赛等多种形式，提高信息技术工作人员的业务能力和工作水平；要关心信息技术人员的成长进步，认真解决信息技术人才的职级待遇等实际问题，充分调动信息技术人员的积极性、主动性和创造性；要加强软件统一工作过程中的廉政建设，建立健全有关制度，在政府采购和经费支出过程中严格照章办

事，以高度的事业心和责任心花好每一分钱，确保工作优质，干部优秀。

（最高人民检察院检察技术信息研究中心）

中国检察官协会工作 中国检察官协会于2010年7月23日，在江西省井冈山市召开常务理事会会议。会议由最高人民检察院副检察长、中国检察官协会副会长邱学强主持，最高人民检察院副检察长、中国检察官协会副会长孙谦作"关于增补中国检察官协会领导机构成员的说明"。常务理事会会议经表决，决定增补胡泽君（女）为中国检察官协会常务副会长，增补柯汉民、李如林、童建明、杨振江为中国检察官协会副会长。会议还决定增补胡泽君（女）、李如林、张少康、李晓峰、王少峰、万春、彭东、郭兴旺、穆红玉（女）、林建华（女）为中国检察官协会理事会理事、常务理事。

中国检察官协会于2010年1月21—22日，在海南省三亚市召开全国检察官协会秘书长工作会议。秘书长张智辉报告了中国检察官协会2009年工作，部署了2010年协会工作。会议通报表彰了参与全国普法万里行征集书画作品先进单位和先进个人。31个省、自治区、直辖市检察官协会（学会），新疆生产建设兵团检察官协会和部分地（市）级检察官协会（学会）的秘书长、副秘书长等共计45人参加了大会。会上，辽宁、上海等省级检察官协会，江西省抚州市等地（市）级检察官协会的代表作了大会发言。会议就检察官协会在提高检察官素质、培养检察官职业道德、活跃检察官的文化生活等方面，如何发挥行业社团的职能作用进行了研讨。

为进一步深化检察学研究，推进检察理论创新发展，提高检察理论研究人才的研究水平，中国检察官协会于2010年10月14—16日在天津市检察官学院举办了实证研究方法培训班。培训的主题是：实证研究方法在检察理论研究中的具体运用。培训班邀请了北京师范大学教授宋英辉、北京大学法学院教授陈瑞华和美国维拉司法研究所Megan Golden（梅根·戈尔登）、Jim Parsons（吉姆·帕森斯）、Thomas Stutsman（汤姆·斯特兹曼）等学者授课。最高人民检察院检察理论研究所所长张智辉、天津市人民检察院副检察长史建国、天津市人民检察院检察委员会专职委员朱静等出席了开班式。参加本次培训班的检察官来自31个省、自治区、直

辖市所属的各级检察机关,共计 208 人。

培训班上,中外专家进行了深入的学术交流。美国专家对维拉司法研究所进行的实证研究方法进行了详细的介绍,使与会者全面了解了美国实证研究的方法。专家学者与检察官共同研讨了实证研究方法。

中国检察官协会有单位会员 205 个,其中 2010 年新发展单位会员 11 个;协会在全系统共有个人会员 23954 名,其中 2010 年新发展个人会员 67 名。本年度为会员赠送资料 3425 册。

（中国检察官协会　田新朝）

中国女检察官协会工作　2010 年,中国女检察官协会完成了以下主要工作。

一、以助推女检察官成长为主题,开展了"成长·成才·成功"系列活动

（一）与检察日报、正义网联合举办征文活动。2010 年 3 月,协会印发了《关于举办全国女检察官"成长·成才·成功"征文活动的通知》,正义网、最高人民检察院门户网发布了"成长·成才·成功"活动征文启事,启动了为期四个月的征文活动。共收到来自全国各级各地检察机关的稿件 1642 篇。最终确定 160 篇获奖作品,其中一等奖 10 篇、二等奖 20 篇、三等奖 30 篇、优秀奖 100 篇。有 5 个省级女检察官协会组织工作成绩突出,获得优秀组织奖。

（二）在中国女检察官协会的引导下,各地积极配合开展各项有益活动。其中,北京市女检察官协会举办了"成长·成才·成功"演讲比赛;上海市女检察官协会组织开展了女性成才问题专题调研活动;湖北、山东、山西、辽宁等省级女检察官协会分别以组织大会交流、主题座谈、省内评奖等方式强化了活动的效果。

（三）在中国女检察官协会三届五次理事会上,开展了女检察官"成长·成才·成功"论坛,4 名征文获奖者到会交流发言。

二、开展岗位读书活动,引领女检察官在全面提升政治理论素质、法律知识水平、职业道德素养上下工夫

为了培养女检察官自我教育、自我提升和终生学习的习惯,结合建设学习型组织的需要,2010 年 7 月,协会印发了《关于在女检察官中开展岗位读书活动的通知》,正式启动了岗位读书活动。同时,

协会为女检察官精心推荐了一批书籍,旨在通过读书、钻研、思考,提升政治理论素质、法律知识水平、职业道德素养;拓宽眼界、增长才干;修身养性、陶冶情操,最终达到提高工作效率、思想境界、生活质量的目的。通知发出后,得到了积极热烈的响应,截至年底,收到来自女检察官的读书心得 2000 余篇。协会将其发布在检察机关局域网上供大家学习、借鉴。

三、积极组织和参加"三八"国际劳动妇女节100 周年纪念活动,热情参与公益和维权事业,承担应尽的社会责任

（一）积极参加妇联及社会各界开展的纪念活动,将纪念活动和社会公益、维权活动结合起来,进一步增强了广大女检察官的社会责任感。

（二）在中国女检察官协会的引领和倡导下,女检察官理论研究活动活跃,取得新的成果;越来越多的女检察官走进院校、机关、党校宣传职务犯罪预防工作。

（三）玉树大地震后,女检察官在各级协会的号召下,积极行动,捐款捐物献爱心。同时,各地女检察官协会将组织女检察官开展捐资助学活动、送法进校进村进社区活动、参与反对家庭暴力等维权公益活动作为分内职责,列入重要议事日程,扎扎实实地做好做细,发挥应有的作用。

四、利用网络媒体,为女检察官的发展不断开辟新空间

2010 年协会与人民网合作,在互联网上开辟了女检察官专栏,开展了系列宣传活动。特别是开通了模范女检察官系列访谈栏目,白洁、王岚、马俊缪、杨淑雅 4 位优秀女检察官先后接受了访谈。她们分别从如何做好三项重点工作、民事行政检察监督如何服务大局、恪守检察职业道德维护公平正义、职务犯罪与大要案查办问题等视角,向社会讲述了她们对事业的孜孜以求的精神和深刻精确的理解;讲述了她们对工作、对法律、对人民、对生活、对家庭那深深的热爱之情;讲述了社会普遍关注的法律热点问题。她们不仅宣传了法治、宣传了正义、以实际行动推动了检务公开的进程,也展示了女检察官的风采。

五、进一步加强组织建设,努力打造女检察官的温暖之家

中国女检察官协会将"坚强阵地、温暖之家"八个大字作为自身建设的纲领和目标,并围绕这个目

标开展了一些工作。

（一）深入基层开展调查研究，了解一线女检察官的疾苦和诉求，努力为她们提供帮助。

2010年3月，协会下发《关于广泛开展调研活动的通知》，启动了专题调查研究活动。各级女检察官协会纷纷行动起来，深入到基层检察院，深入到一线女检察官当中，倾心听取女检察官们对自身发展及对协会工作的意见和期盼，进一步探讨女检察官成长、成才、成功的途径和思路，探讨协会活动的内容、形式，以进一步突出协会工作的效果。

中国女检察官协会由会长、副会长带队组成调研组，深入山西、河北省的基层检察院开展调研活动。每到一地，都向当地党委、当地检察院党组呼吁，为女检察官的发展成长营造环境、更好地发挥女检察官的作用。

湖北、吉林、天津、浙江、江苏等省级女检察官协会认真深入地开展调查研究，对资料进行了数据整理和分析，形成了内容翔实、具体全面的调研报告，提交给本院党组并通报全省，作为党组开展工作的重要参考数据。

（二）各省级女检察官协会加大了自身建设力度。

由于加强了自身建设，确定了奋斗目标，各地女检察官协会在社会上取得了越来越高的信誉，山西省女检察官协会、浙江省女检察官协会、青海省女检察官协会被全国妇联授予"全国三八红旗集体"荣誉称号；云南省女检察官协会荣立集体三等功。山西省、湖北省女检察官协会被全国妇联授予"全国巾帼文明岗"称号。

六、组织召开了中国女检察官协会三届五次理事会

（中国女检察官协会 王凤琴）

中国检察官教育基金会工作 2010年中国检察官教育基金会紧紧围绕中央推进三项重点工作的部署和最高人民检察院大规模推进检察教育培训工作实施意见，以依法募集基金、合理使用基金、严格管理基金为重点，进一步创新募集基金思路，拓宽募集基金渠道，着力在加大募集基金力度、增强资助效果上下工夫，切实加强理事会能力建设和秘书处制度规范化建设，基金会各项工作取得了新的进展。

一、深入开展学习实践科学发展观活动，进一步明确基金会工作的指导思想、工作思路。按照中央的指示精神和最高人民检察院、民政部的部署要求，认真开展学习实践科学发展观活动和创先争优活动，专门召开了由理事、监事、特邀理事、检察业务骨干和企业家代表参加的专题座谈会，对基金会发展的定位、工作思路与主要措施进行了梳理，查找了影响和制约基金会工作发展的突出问题，提出了"积极稳妥、力争做大"的指导思想和"放下架子、真诚求人、搞好服务、适度宣传"的工作要求，研究制定了找准工作定位、深化工作机制改革、研发实施品牌资助项目、加强理事会能力建设和内部制度建设等六项改革措施，使基金会工作创新发展有了明确的方向和可遵循的依据。

二、采取积极稳妥的措施，检察教育基金募集工作取得新的突破。2010年，结合检察教育发展特别是西部和老少边穷地区检察教育的需要，把拓宽基金募集渠道、加大基金募集力度、提升本会资助能力作为首要任务，采取一系列有效措施，不断加强同社会各界热心检察教育事业人士的沟通与联系，鼓励动员他们积极开展捐赠，较好地调动了企业家捐赠检察教育事业的积极性，使基金募集工作取得新的突破。全年共有89家单位和个人向基金会捐赠资金和实物，折合人民币4948.68万元。截至年底，基金会在账资产共计7830.3万余元，资金规模进一步扩大，为更好地资助检察教育提供了资金支持。

三、突出资金使用重点，保证重大项目资金需求，进一步加大对西部贫困地区检察教育的资助力度。为扩大资助范围，集中有限的资金，资助更多的西部检察官，基金会筹资4000万元，于2010年5月正式启动了西部地区检察官专业培养工程，借助国家检察官院的办学条件和师资力量，计划通过5～8年的时间，对西部地区市、县两级检察机关的骨干力量进行一次系统的专项业务培训。继续把资助基层教育培训和司法考试培训作为重点，保持对西部和老少边穷地区教育培训的资助力度。2010年，共拨付各地教育培训、司法考试培训、基层检察院图书室建设等资助款940.7万元。2010年，共有7269名检察干警接受培训资助，其中参加司法考试培训的有2336人，共1311人取得检察官任职资格，司法考试通过率达56.12%。

四、增进与社会各界热心检察教育公益事业人士的联系沟通，加强基金会的推介宣传工作，为资金募集资助营造有益氛围。2010年1月25日，在

北京召开了由部分理事、特邀理事和企业家代表参加的座谈会,广泛听取了与会代表对基金会工作的意见和建议,共商本会发展大计,取得了良好效果。5月中下旬,组织贡献较大的38名企业家分两批赴上海参观世博会,既增进了与企业界人士的感情联系,也为沟通思想、共谋发展搭建了交流的平台,受到了捐赠企业的欢迎与好评。同时,结合基金会本身和检察教育宣传工作需要,创办了《中国检察官教育基金会会刊》,拍摄了展示西部地区检察官良好风貌、真实记录西部检察教育培训现状的《检察教育西部行》电视专题宣传片,编印了中国检察官教育基金会宣传册,筹备了《为了正义的誓言》大型主题文艺晚会,加强了基金会的推介宣传工作。

五、加强理事会能力建设和内部制度建设,推动基金会沿着正确的方向健康发展。依照章程规定,定时召开理事会会议。2010年6月23日,在贵阳召开了第四届理事会第二次会议暨联络员工作会议,充分发挥理事会的议事决策作用,推动基金募集、使用、管理依法运作;明确了联络员的职能作用和任务要求,促进了基金会工作的协调健康发展;研究制定了理事会议事规则、重大事项报告制度、接受社会捐赠暂行规定、资助项目管理暂行规定、联络员工作暂行规定等六项制度;进一步规范了资助项目申请审批和项目实施情况报告程序。按照五部委和最高人民检察院关于"小金库"专项治理统一部署,认真开展了自查自纠和财务检查清理工作,进一步完善了财务管理制度。这些制度措施的出台实施,健全和完善了基金会内部制度体系,推动了基金会工作规范化建设。

(中国检察官教育基金会 董同会)

中国检察官教育基金会第四届理事会第二次会议暨联络员工作会议 中国检察官教育基金会第四届理事会第二次会议暨联络员工作会议于2010年6月23日在贵州省贵阳市召开。出席会议的有理事16名,监事1名,部分特邀理事和捐赠企业家代表以及各地联络员。会议的主要任务是回顾总结基金会2010年上半年的工作,研究并安排下半年的任务,讨论加强基金会制度建设问题,研究提出加强联络员工作的措施,审议通过了人事任免事项。王振川理事长主持会议并向大会报告了2010年上半年的工作。

会议认为,中国检察官教育基金会第四届理事会自2009年12月成立以来,在最高人民检察院的领导下,紧紧围绕检察工作大局和最高人民检察院大规模推进检察教育培训工作实施意见,坚持"积极稳妥、力争做大"的指导思想,以依法募集基金、合理使用基金、严格管理基金为重点,进一步创新募集基金思路,拓宽募集基金渠道,着力在加大募集基金力度、增强资助教育培训效果上下工夫,各项工作都取得了新的进展。

王振川理事长从六个方面总结了上半年工作,一是采取新的有效措施,加大募集基金工作力度;二是加强基金会理财工作,探索建立募集基金长效机制;三是加强与企业界人士的联系,拓宽募集基金渠道;四是突出基金投放使用重点,进一步加强和改进资助检察教育培训工作;五是拓展基金会宣传方式,着力加强推介宣传工作;六是加强内部制度建设和自身能力建设,推进基金会工作科学发展。王振川理事长对基金会下半年工作作了部署,他强调,要始终把募集基金、扩大捐赠作为首要任务,抓好资助项目落实、督促和检查工作,改进和完善推介基金会的宣传方式,为募集基金营造良好的社会舆论氛围,加强基金会自身建设、能力建设和工作规范化建设,推动基金会工作深入健康发展。

王振川理事长还就联络员工作和联络员队伍建设作了重要指示。他指出,要正确把握好联络员的职能与任务,加强组织领导和联络员队伍建设,适应新时期检察队伍建设特别是检察教育培训工作的需要,紧紧围绕依法争取社会资源、科学发展检察教育这个主题,进一步加强和改进联络员工作、联络员队伍建设,努力开创中国检察官教育基金会工作的新局面。会议一致通过了王振川理事长所作的工作报告,讨论通过了《理事会议事规则》《重大事项报告制度》《关于接受社会捐赠的暂行规定》《关于资助项目管理的暂行规定》《关于信息发布的暂行规定》《检察系统联络员工作暂行办法》六项工作制度。

(中国检察官教育基金会 杜晓东)

中国检察官教育基金会第四届理事会第三次会议 中国检察官教育基金会第四届理事会第三次会议于2010年12月22日在北京召开。最高人民检察院副检察长孙谦出席会议并讲话,王振川理事长主持会议并作总结讲话,张有海副理事长兼秘书长作工作报告。理事会18名理事、4名高级顾问、

50 名特邀理事以及部分捐赠企业代表等共 140 多人参加会议。会议的任务是总结中国检察官教育基金会第四届理事会成立以来特别是 2010 年基金会的工作，交流依法争取社会资源、科学发展检察教育的经验和做法，部署 2011 年中国检察官教育基金会工作任务和措施。会议还审议通过了有关人事任免事项，举行了企业代表现场捐赠，组织承办了大型检察主题晚会。

孙谦副检察长以《认清形势把握机遇，努力开创中国检察官教育基金会工作新局面》为题发表了讲话。他充分肯定四届理事会成立以来，募集检察教育基金资助检察教育工作取得的新成绩。他强调，基金会要正确把握我国社会组织发展的形势与任务，增强做好中国检察官教育基金会工作的责任心、紧迫感；加大工作力度，积极联系社会各界人士开展爱心捐赠。要改革创新，提升检察教育基金规模和资助能力，进一步增强品牌意识，创新公益资助方式；突出使用重点，明确基金投向，创新基金管理模式，不断提高基金项目管理水平，努力把中国检察官教育基金会打造成一个阳光透明、守法诚信的公益性社会组织。

王振川理事长对会议作了总结。他指出，第四届理事会第三次会议的召开进一步认清了基金会工作面临的形势，明确了今后工作的发展方向，确立了 2011 年的工作任务和目标措施，达到了统一思想、坚定信心、鼓舞士气、推动工作的预期目的。他要求，要进一步提高对培训检察官工作的认识。加强对基金会工作的领导，切实把基金会工作摆上议事日程，作为一项重要工作来组织推动。要扎扎实实地做好工作。各位理事、特邀理事要及时向所在单位领导汇报关于第四届理事会第三次会议精神，认真学习孙谦副检察长的讲话精神，结合本地实际，积极主动争取领导的重视和支持，进一步创新基金募集思路，拓宽基金募集渠道，加大基金募集力度，将会议部署的各项任务落到实处，为全国检察教育特别是西部贫困地区检察教育科学发展作出新的更大贡献。

张有海副理事长在工作报告中全面总结了 2010 年中国检察官教育基金会工作取得的成果，部署了 2011 年的工作任务。会后，与会代表观看了由最高人民检察院政治部主办、中国检察官教育基金会承办的大型检察主题文艺晚会《为了正义的誓言》。

（中国检察官教育基金会　李君瑞）

2010 年部分检察理论检察工作文章目录

民检察》2010 年第 7 期

检察长列席审判委员会会议制度的几个问题　穆红玉　《人民检察》2010 年第 9 期

检察机关派出机关体制研究　广东省广州市人民检察院课题组　《人民检察》2010 年第 9 期

新时期检察工作主体的思考　向泽选　《人民检察》2010 年第 10 期

再论我国检察委员会制度改革　邓思青　《人民检察》2010 年第 11 期

人民监督员制度的完善　郑锦春　关雅红　《人民检察》2010 年第 12 期

基层检察院检察委员会制度改革研究　胡捷　《人民检察》2010 年第 12 期

论检察权定位中的制约因素　王俊　汪自成　卢山　《人民检察》2010 年第 12 期

检察委员会议事程序之思考　卞建林　李晶　《人民检察》2010 年第 17 期

完善检察委员会决策机制的思考　丁维群　张湘中　《人民检察》2010 年第 19 期

检察学的研究对象　朱孝清　《人民检察》2010 年第 21 期

论诉讼监督与程序公正　孙谦　童建明　《人民检察》2010 年第 22 期

专项法律监督制度的发展与规范　刘继国　《人民检察》2010 年第 22 期

我国检察制度的发展脉络与展望　金波　《人民检察》2010 年第 23 期

"检察机关的性质"：理论观点与初步反思　龚佳禾　《中国刑事法杂志》2010 年第 4 期

刑事和解再探　陈光中　《中国刑事法杂志》2010 年第 2 期

近代中国检察理论的演进　张培田　《中国刑事法杂志》2010 年第 4 期

论我国检察职能的转型发展　吕涛　《中国刑事法杂志》2010 年第 5 期

中国检察机关组织结构设置研究　李哲　《中国刑事法杂志》2010 年第 9 期

法律监督关系的结构　谢鹏程　《国家检察官学院学报》2010 年第 3 期

"法律监督"探源　王志坤　《国家检察官学院学报》2010 年第 3 期

诉讼监督的原则　甄贞　郭兴莲　《国家检察官学院学报》2010 年第 4 期

论检察活动及其规律　詹复亮　《国家检察官学院学报》2010 年第 4 期

检察业务考评机制探析　向泽选　《国家检察官学院学报》2010 年第 4 期

加强诉讼监督需要把握好的若干关系　童建明　《国家检察官学院学报》2010 年第 5 期

检察权配置的历史变迁与反思　闵钐　《国家检察官学院学报》2010 年第 5 期

也谈检察机关与行政执法机关衔接机制的完善　李云　《中国检察官》2010 年第 8 期

检察机关初查制度之价值评析及其实现　卢乐云　《中国法学》2010 年第 1 期

检察的内涵及其启示　朱孝清　《法学研究》2010 年第 2 期

公民维权意识重于守法意识情境下检察工作适应性研究　山东省青岛市人民检察院课题组　《法学杂志》2010 年第 4 期

论检察权内涵及其制度功能　潘牧天　《法学杂志》2010 年第 9 期

法律监督——检察权性质的应然性探讨　韩索华　吴锋　《法学杂志》2010 年第 12 期

我国刑事检察监督制度改革初探　朱立恒　《法学评论》2010 年第 1 期

论我国检察委员会制度改革　邓思清　《法学》2010 年第 1 期

《检察监督》评价（上）——中俄检察之比较　孙谦　《人民检察》2010 年第 1 期

《检察监督》评价（下）——中俄检察之比较　孙谦　《人民检察》2010 年第 2 期

柏拉图的监督权思想及其启示　曹呈宏　《人民检察》2010 年第 3 期

法国检察理论研究的特点、方法及前沿问题　施鹏鹏　《人民检察》2010 年第 3 期

中荷两国检察委员会制度的比较与启示　王建荣　刘志锋　《人民检察》2010 年第 15 期

美国检察机关起诉裁量权刍议　张鸿巍　《中国刑事法杂志》2010 年第 6 期

俄罗斯联邦检察制度及其对我国的启示　刘向文　王圭宇　《中国刑事法杂志》2010 年第 9 期

马来西亚的检察制度　徐汉明　《国家检察官学院学报》2010 年第 1 期

前苏联检察制度的几个问题　王立　宗源　《法学杂志》2010 年第 9 期

二、司法解释解读

三、职务犯罪检察

刑事法杂志》2010 年第 6 期

论检察机关行使职务犯罪侦查权的正当性　田凯　《中国刑事法杂志》2010 年第 8 期

从最高检工作报告看近三十年的反腐败工作　罗先觉　《国家检察官学院学报》2010 年第 1 期

职务犯罪案件审查逮捕程序的改革　刘慧玲　《国家检察官学院学报》2010 年第 1 期

自侦案件侦查监督研究　北京市人民检察院第二分院课题组　《国家检察官学院学报》2010 年第 2 期

职务犯罪侦查制度的完善　张雪樵　王晓霞　《国家检察官学院学报》2010 年第 2 期

贪污贿赂犯罪涉案人员如实作证的障碍及其突破方法　康书旭　杨坤范　《中国检察官》2010 年第 1 期

析职务犯罪侦查协同办案机制　翟德理　高慧　《中国检察官》2010 年第 3 期

当前金融领域职务犯罪的原因及防控　谢梅英　《中国检察官》2010 年第 7 期

检察机关渎职侵权犯罪侦查工作存在的问题及对策研究　王援东　《法学杂志》2010 年第 7 期

四、刑事诉讼法律监督

刑事撤案：从两方面完善监督制约机制　白春安　《检察日报》2010 年 1 月 17 日

检察裁量权：依法享有的行为选择权　王守安　《检察日报》2010 年 1 月 18 日

侦查监督实践中存在的三个突出问题　冯英菊　《检察日报》2010 年 1 月 24 日

强化立案监督保障依法追究犯罪　石献智　《检察日报》2010 年 1 月 27 日

强化侦查活动监督促进侦查行为规范　石献智　《检察日报》2010 年 1 月 29 日

全方位加强对刑事审判的法律监督　石献智　《检察日报》2010 年 2 月 8 日

全面加强对死刑案件的法律监督　吴孟栓　《检察日报》2010 年 2 月 10 日

刑罚执行监督：重在保障监管人权益　吴孟栓　《检察日报》2010 年 2 月 12 日

只有程序公正，才能实现实体公正　樊崇义　《检察日报》2010 年 6 月 30 日

监所检察：司法化解矛盾的前锋与后卫　罗欣　《检察日报》2010 年 7 月 5 日

论刑事抗诉的属性　朱孝清　《检察日报》2010 年 11 月 5 日

监所检察如何进一步强化职能监督　栗翠华　《检察日报》2010 年 11 月 16 日

检察官与禁止酷刑的义务担当　朱丽欣　《检察日报》2010 年 12 月 13 日

监所工作中强化诉讼监督的重点与措施　袁其国　《人民检察》2010 年第 3 期

撤案权与监督权的行使边界　高庆盛　《人民检察》2010 年第 4 期

证据监督与防范刑事错案　黄河　卢宇蓉　吕卫华　《人民检察》2010 年第 11 期

刑事诉讼中法律监督的完善　罗再红　《人民检察》2010 年第 11 期

直辖市派出检察院职能定位探析　甄贞　庞振东　《人民检察》2010 年第 18 期

刑事立案监督制度的改革与完善　巩富文　《人民检察》2010 年第 22 期

试析羁押必要性审查与看守所检察　但伟　《人民检察》2010 年第 24 期

对减刑案件检察监督权配置的思考　邢娜　郑锦春　《中国刑事法杂志》2010 年第 1 期

立案监督困境之破解　李斌　《国家检察官学院学报》2010 年第 4 期

刑罚执行法律监督改革　王丙成　《国家检察官学院学报》2010 年第 4 期

当前侦查监督工作需要重点把握的几个问题　朱孝清　《国家检察官学院学报》2010 年第 5 期

提高刑事审判法律监督能力之途径　徐彦丽　李文峰　《中国检察官》2010 年第 4 期

强化检察机关对强制措施监督权限的思考　田圣斌　沈杰　《中国检察官》2010 年第 5 期

检察机关与非法证据排除　谢佑平　《中国检察官》2010 年第 11 期

非法证据排除对维护程序尊严的意义　王敏远　《中国检察官》2010 年第 12 期

刑事审判法律监督的困境与立法完善　浙江省温州市人民检察院课题组　《法学杂志》2010 年第 3 期

自侦案件侦查监督体系之完善　许建丽　《法学杂志》2010 年第 6 期

检所检察与被羁押者的权利保障　周洪波　王虹　《法学杂志》2010 年第 9 期

八、检察机关刑事申诉与刑事赔偿

九、检察队伍建设

检察官》2010年第9期

检察官职业道德的地位、功能与意义　郭立新
《中国检察官》2010年第10期

试论检察官职业道德长效机制的建设　张红梅
《中国检察官》2010年第11期
（最高人民检察院法律政策研究室　吴晓冬）

2010年中国检察出版社出版的主要图书目录

职务犯罪侦查实务　任惠华主编　2010年1月

经济法概论　陈婉玲编著　2010年1月

我是医生不是人　史纪著　2010年1月

公诉答辩要点及应对实例　兰州市人民检察院编
　著　2010年1月

数罪并罚论　任彦君著　2010年1月

国际法与比较法论丛　李双元主编　2010年2月

人民检察院规范化管理体系理论与实务　高权主
　编　2010年2月

刑事诉讼前沿研究　徐静村主编　2010年2月

晚清选官制度变革研究　张靖著　2010年2月

缘法集　华东政法大学研究生教育院编　2010年
　2月

金融犯罪研究　李永升主编　2010年3月

检察官职业素养　刘佑生　石少侠主编　2010年
　3月

反腐败视角下的巨额财产来源不明罪与财产申报
　法　吴玉平著　2010年3月

法律的追求　尹晋华主编　2010年3月

法治新闻传播　赵信主编　2010年3月

诉讼法学研究　卞建林主编　2010年3月

反贪工作指导　最高人民检察院反贪污贿赂总局
　编　2010年4月

话说检察权　薛献斌主编　2010年4月

检察研究　王冠军主编　2010年4月

以诉制诉　王向和编著　2010年4月

局里局外　芝麻糊著　2010年4月

辩护律师调查取证权研究　朱德宏著　2010年
　4月

当代侦查学　张玉镶　文盛堂著　2010年4月

公诉运行机制实证研究　王昕著　2010年4月

跟说客学艺　毛屋堂主编　2010年4月

美国环境公益诉讼原告适格规则研究　陈亮著
　2010年4月

法治文明视野下的人权保障　陈佑武　张晓明著
　2010年4月

书证收集与程序保障　张友好著　2010年4月

"恪守检察职业道德　促进公正廉洁执法"主题实
　践活动学习读本　最高人民检察院编　2010年
　4月

个人破产制度研究　刘静著　2010年4月

简易程序改革研究　张智辉主编　2010年4月

腐败犯罪的司法控制　朱立恒著　2010年4月

让贪官开口　张京文等口述　2010年5月

中国洗钱犯罪对策学　宋泓均编著　2010年5月

破产重整控制权的法律配置　贺丹著　2010年
　5月

国际法与比较法论丛　李双元主编　2010年5月

图解公安部规范的151种治安案件案由　谷福生
　主编　2010年5月

平和　孙谦著　2010年5月

染血的官帽　徐风暴著　2010年5月

宽严相济刑事司法政策与监狱行刑改革研究　韩
　玉胜著　2010年5月

贪污贿赂案件取证参考与依据　王在胜主编
　2010年5月

俄罗斯法学研究论丛　刘向文主编　2010年5月

企业法务研究"首届全国法学专业研究生企业法务
　征文奖"组委会编　2010年6月

惊　王德合著　2010年6月

宪法与民法关系论　秦强著　2010年6月

强制措施立法问题研究　张智辉主编　2010年
　6月

侦查权原理　王德光著　2010年6月

传统犯罪的网络异化研究　于志刚著　2010年
　6月

官道　李广森著　2010年6月

检察官职业道德读本　最高人民检察院政治部编
　2010年6月

现场勘查　马丽霞主编　2010年6月

文书检验　贾治辉主编　2010年6月

司法鉴定学　贾治辉主编　2010年6

痕迹检验　韩均良主编　2010年6月

刑事影像技术　徐为霞主编　2010年6月

检察院机关委员会编　2010 年 12 月

公职人员腐败罪刑论　王春旭主编　2010 年 12 月

检察官心理健康教育研究　王大海主编　2010 年 12 月

犯罪学基础理论研究　王牧著　2010 年 12 月

侦查程序实证研究　刘方权著　2010 年 12 月

2011 年国家司法考试法律法规深度汇编　刘东根编著　2010 年 12 月

检察理论与实务热点研究　北京市门头沟区人民检察院法律政策研究室编　2010 年 12 月

公诉意见书写作与优秀范例研究　柏利民著　2010 年 12 月

优秀公诉人是怎样炼成的**　熊红文著　2010 年 12 月

和谐社会中的民事行政检察工作　东晓钟主编　2010 年 12 月

检察监督规范化问题专题研究　陶卫东等著　2011 年 1 月

反贪侦查僵局的破解　王德光著　2010 年 12 月

公章　肖正华著　2010 年 12 月

（中国检察出版社提供）

第十部分

大 事 记

2010 年检察机关大事记

一月

4 日　最高人民检察院印发《考核评价各省、自治区、直辖市检察业务工作实施意见（试行）》和《考核评价各省、自治区、直辖市检察业务工作项目及计分细则（试行）》（高检发〔2010〕1 号）。

12 日　最高人民检察院召开各民主党派中央、全国工商联负责人和无党派人士代表座谈会，最高人民检察院检察长曹建明主持并讲话，副检察长张耕通报 2009 年检察工作的基本情况和 2010 年检察工作的总体安排。全国政协副主席、民进中央常务副主席罗富和，全国政协副主席、农工党中央常务副主席陈宗兴，民革中央副主席修福金，民盟中央副主席索丽生，民建中央副主席辜胜阻，致公党中央副主席杨邦杰，九三学社中央副主席邵鸿，台盟中央副主席黄志贤，全国工商联法律部部长王媛，无党派人士代表、北京大成律师事务所主任彭雪峰在座谈会上分别发言。中央统战部副部长楼志豪出席座谈会并讲话。最高人民检察院副检察长朱孝清、孙谦、姜建初、张常韧、柯汉民，政治部主任李如林，检察委员会专职委员童建明、杨振江出席座谈会。

13 日　最高人民检察院召开部分省级检察院检察长述职述廉报告工作会，听取北京、山东、贵州省（市）人民检察院检察长述职述廉报告工作并进行评议。最高人民检察院检察长曹建明出席并讲话，副检察长张耕主持会议，副检察长朱孝清、孙谦、姜建初、张常韧、柯汉民，政治部主任李如林，检察委员会专职委员童建明、杨振江出席。

19 日　最高人民检察院召开全国检察机关党的建设工作电视电话会议，最高人民检察院检察长曹建明出席并讲话，副检察长张耕主持会议，副检察长孙谦、姜建初、柯汉民，中央纪委驻最高人民检察院纪检组组长莫文秀，最高人民检察院政治部主任李如林，检察委员会专职委员童建明、杨振江出席。

最高人民检察院召开特约检察员、专家咨询委员座谈会，最高人民检察院检察长曹建明主持会议并讲话，副检察长张耕向特约检察员、专家咨询委员通报 2009 年检察工作的基本情况和 2010 年检察工作的总体安排，副检察长邱学强、朱孝清、孙谦、

姜建初、张常韧、柯汉民，政治部主任李如林，检察委员会专职委员童建明、杨振江出席。

21—22 日　中共最高人民检察院机关召开第六次党员代表大会，最高人民检察院检察长曹建明，中央国家机关工委常务副书记杨衍银，最高人民检察院副检察长张耕、邱学强、孙谦、姜建初、张常韧、柯汉民，中央纪委驻最高人民检察院纪检组组长莫文秀，最高人民检察院检察委员会专职委员童建明、杨振江出席 22 日上午大会，曹建明、杨衍银同志分别讲话。会议选举产生中共最高人民检察院机关第六届委员会委员及机关纪委第六届委员会委员。李如林同志在第六届机关党委全委会上被选举为中共最高人民检察院机关第六届委员会书记。

25 日　最高人民检察院印发《关于认真学习贯彻中央领导同志新年对检察工作重要批示精神的通知》（高检发〔2010〕2 号）。

28 日　最高人民检察院印发《最高人民检察院关于加强和改进新形势下检察机关党的建设的意见》（高检发〔2010〕3 号）。

二月

1 日　最高人民检察院、内蒙古自治区党委联合召开授予内蒙古土默特右旗检察院控告申诉检察科科长张章宝同志"全国模范检察官"、"优秀共产党员"荣誉称号命名表彰大会，最高人民检察院检察长曹建明，内蒙古自治区党委书记、人大常委会主任胡春华出席并讲话，内蒙古自治区党委副书记、自治区主席巴特尔主持。最高人民检察院政治部主任李如林宣读《关于授予张章宝同志"全国模范检察官"荣誉称号的决定》，内蒙古自治区党委常委、组织部部长李佳宣读《关于授予张章宝同志"优秀共产党员"荣誉称号的决定》。

最高人民检察院召开全国检察机关刑事审判法律监督专项检查活动总结电视电话会议，最高人民检察院副检察长张耕出席并讲话，副检察长朱孝清、姜建初、柯汉民出席会议。

5 日　最高人民检察院在北京召开全国检察经费保障工作会议，最高人民检察院检察长曹建明，副检察长张常韧出席并讲话，副检察长邱学强、朱

孝清、姜建初、张常韧、柯汉民，中央纪委驻最高人民检察院纪检组组长莫文秀，最高人民检察院检察委员会专职委员童建明、杨振江出席会议。

最高人民检察院印发《最高人民检察院关于深入推进社会矛盾化解、社会管理创新、公正廉洁执法的实施意见》（高检发〔2010〕4号）。

8日　最高人民检察院召开在京部分全国人大代表和全国政协委员座谈会，最高人民检察院检察长曹建明出席并讲话，副检察长张耕、邱学强、朱孝清、姜建初、张常韧、柯汉民，政治部主任李如林，检察委员会专职委员童建明、杨振江出席座谈会。

24日　中共中央政治局常委、中央政法委书记周永康接见在北京参加全国检察机关第七次先进集体、先进个人表彰会议的先进集体、先进个人代表并座谈。

最高人民检察院召开全国检察机关第七次先进集体、先进个人表彰电视电话会议，最高人民检察院检察长曹建明出席并讲话，副检察长张耕主持会议，副检察长邱学强宣读表彰决定，副检察长朱孝清、孙谦、姜建初、张常韧、柯汉民，中央纪委驻最高人民检察院纪检组组长莫文秀，最高人民检察院政治部主任李如林，检察委员会专职委员童建明、杨振江出席会议。

25日　最高人民检察院召开全国检察机关政治部主任座谈会，最高人民检察院政治部主任李如林出席会议并讲话。

26日　最高人民检察院印发《关于认真学习贯彻周永康同志在全国检察机关先进集体、先进个人代表座谈会上的重要讲话精神的通知》（高检发〔2010〕5号）。

三月

1日　最高人民检察院召开全国检察机关直接立案侦查案件扣押冻结款物专项检查工作总结电视电话会议，最高人民检察院副检察长张耕出席并讲话，副检察长邱学强主持会议，副检察长张常韧、柯汉民出席会议，中央纪委驻最高人民检察院纪检组组长莫文秀作总结讲话。

最高人民检察院印发《检察机关贯彻〈中央政法委员会关于进一步加强和改进涉法涉诉信访工作的意见〉的实施意见》（高检发〔2010〕6号）。

8日　最高人民检察院印发《周永康同志在与全国检察机关先进集体、先进个人代表座谈时的讲

话》（高检发〔2010〕7号）。

11日　最高人民检察院检察长曹建明在第十一届全国人民代表大会第三次会议第四次全体会议上作最高人民检察院工作报告。

14日　第十一届全国人民代表大会第三次会议通过《第十一届全国人民代表大会第三次会议关于最高人民检察院工作报告的决议》。

19日　最高人民检察院印发《十一届全国人大三次会议〈关于最高人民检察院工作报告的决议〉和曹建明检察长在会上所作的〈最高人民检察院工作报告〉》（高检发〔2010〕8号）。

23日　最高人民检察院召开全国检察机关学习贯彻"两会"精神电视电话会议，最高人民检察院检察长曹建明出席并讲话，副检察长张耕主持会议，副检察长朱孝清、孙谦、姜建初、柯汉民，中央纪委驻最高人民检察院纪检组组长莫文秀，最高人民检察院政治部主任李如林，检察委员会专职委员童建明、杨振江出席会议。

24日至25日　最高人民检察院在北京召开全国检察机关纪检监察工作会议，最高人民检察院检察长曹建明出席会议并讲话，副检察长张耕主持会议，中央纪委驻最高人民检察院纪检组组长莫文秀作工作报告，最高人民检察院副检察长邱学强、朱孝清、孙谦、姜建初、柯汉民，政治部主任李如林，检察委员会专职委员童建明、杨振江出席会议。

四月

2日　最高人民检察院召开全国检察机关深入开展"恪守检察职业道德、促进公正廉洁执法"主题实践活动电视电话会议，最高人民检察院检察长曹建明出席并讲话，副检察长张耕主持会议，副检察长邱学强、朱孝清、孙谦、姜建初，中央纪委驻最高人民检察院纪检组组长莫文秀，最高人民检察院政治部主任李如林，检察委员会专职委员童建明、杨振江出席。

9日　最高人民检察院召开全国检察机关认真贯彻落实周永康同志重要批示精神，进一步加强办案安全防范工作电视电话会议，副检察长张耕主持会议，副检察长邱学强出席并讲话，中央纪委驻最高人民检察院纪检组组长莫文秀出席会议。

15日至28日　最高人民检察院副检察长张耕率中国检察代表团访问埃及、坦桑尼亚、南非。

25日至27日　最高人民检察院在山东省济南

市召开第十一届全国检察理论研究年会暨检察理论研究工作会议，最高人民检察院检察长曹建明，副检察长孙谦出席并讲话。

五月

7日　中共中央政治局常委、中央纪委书记贺国强，中共中央政治局常委、中央政法委书记周永康分别到最高人民检察院参观检察机关自身反腐倡廉教育展览并发表重要讲话。中央政治局委员、中央政法委副书记王乐泉，中央书记处书记、中央纪委副书记何勇，国务委员、中央政法委副书记孟建柱，最高人民检察院检察长曹建明等陪同参观。

10日　最高人民检察院印发《人民检察院扣押、冻结涉案款物工作规定》（高检发〔2010〕9号）。

11日　中央政治局委员、中央政法委副书记王乐泉视察最高人民检察院，最高人民检察院检察长曹建明汇报检察工作情况。

最高人民检察院召开全国省级人民检察院纪检组长座谈会，中央纪委驻最高人民检察院纪检组组长莫文秀出席并讲话。

18日　最高人民检察院召开全国检察机关学习贯彻修改后国家赔偿法电视电话会议，最高人民检察院副检察长张耕出席并讲话，副检察长邱学强、朱孝清、孙谦、柯汉民，检察委员会专职委员童建明、杨振江出席会议。

27日　最高人民检察院政治部主任李如林率中国检察代表团访问加拿大、美国。

28日　最高人民检察院举行主题为"深入推进检务公开，主动接受社会监督"的"检察开放日"活动，邀请60名媒体记者、学生、社区群众代表参观最高人民检察院，副检察长张耕向参观代表介绍情况。

六月

8日至17日　最高人民检察院副检察长朱孝清率中国检察代表团访问韩国、日本。

11日　最高人民检察院印发《王乐泉同志在最高人民检察院调研时的谈话要点》（高检发〔2010〕10号）。

12日至23日　最高人民检察院检察长曹建明率中国检察代表团访问丹麦、挪威、比利时。

13日　最高人民检察院印发《2010—2012年

检察机关反腐倡廉教育实施意见》（高检发〔2010〕11号）。

18日至27日　最高人民检察院副检察长张常韧率中国检察代表团访问古巴、委内瑞拉。

28日至29日　最高人民检察院在北京召开全国检察机关援藏援疆工作座谈会，最高人民检察院检察长曹建明出席并讲话，新疆维吾尔自治区党委副书记、政府常务副主席杨刚，西藏自治区党委常委、秘书长公保扎西，新疆生产建设兵团党委副秘书长、政法委副书记孙振同，最高人民检察院副检察长邱学强、朱孝清、孙谦、柯汉民，政治部主任李如林，检察委员会专职委员童建明、杨振江出席会议。

30日至7月2日　最高人民检察院在吉林省长春市召开全国检察机关第四次公诉工作会议，最高人民检察院检察长曹建明，副检察长朱孝清出席并分别讲话和作工作报告。

七月

13日至15日　最高人民检察院召开全国检察机关查办和预防职务犯罪工作会议，最高人民检察院检察长曹建明出席会议并讲话，副检察长邱学强主持会议，副检察长朱孝清、孙谦、姜建初、张常韧、柯汉民，检察委员会专职委员杨振江出席会议。

14日　中宣部、中央政法委员会、最高人民检察院、内蒙古自治区党委在人民大会堂联合举办张章宝同志先进事迹报告会，内蒙古土默特右旗人民检察院控申科科长张章宝，公诉科副科长马文萍，土默特右旗沟门镇北只图村村民贾丽春，土默特右旗招商局副局长刘利文，内蒙古日报社社会新闻部主任武彦敏分别作报告。报告会前，中央政治局常委、中央政法委员会书记周永康接见了张章宝同志及先进事迹报告团其他成员并作重要讲话，中央政治局委员、中央政法委员会副书记王乐泉，国务委员、中央政法委员会副书记孟建柱，最高人民检察院检察长曹建明，内蒙古自治区党委书记、人大常委会主任胡春华，中央政法委员会秘书长周本顺，最高人民检察院副检察长胡泽君、邱学强等陪同会见。

20日至21日　最高人民检察院在江西省井冈山市召开全国检察长座谈会，最高人民检察院检察长曹建明出席会议并在20日上午大会上讲话，副检察长胡泽君作总结讲话，副检察长邱学强、朱孝清、孙谦、姜建初、柯汉民，中央纪委驻最高人民检察院纪检组组长莫文秀,最高人民检察院政治部主任李如林,检察委员会专职委员童建明出席会议并分别就分管工作讲话,副检察长张常韧、检察委员会专职委员杨振江向会议提交书面讲话。

21日至23日 最高人民检察院在江西省井冈山市召开全国检察机关第二次民事行政检察工作会议,最高人民检察院检察长曹建明出席并讲话,副检察长姜建初作工作报告和总结讲话,副检察长胡泽君、邱学强、朱孝清、孙谦、柯汉民,中央纪委驻最高人民检察院纪检组组长莫文秀,最高人民检察院政治部主任李如林,检察委员会专职委员童建明出席会议。

23日 中国检察官协会在江西省井冈山市召开常务理事会,会议增补胡泽君、李如林、张少康、李晓峰、王少峰、万春、郭兴旺、穆红玉、林建华同志为中国检察官协会第四届理事会理事、常务理事,增补胡泽君、柯汉民、李如林、童建明、杨振江同志为中国检察官协会第四届理事会副会长。

28日 最高人民检察院印发《关于印发全国检察长座谈会文件的通知》(高检发〔2010〕12号)。

八月

2日至3日 最高人民检察院在山东省烟台市召开全国检察机关内部监督工作经验交流会,最高人民检察院检察长曹建明出席2日上午大会并讲话,中央纪委驻最高人民检察院纪检组组长莫文秀在会议结束时讲话。

3日 最高人民检察院召开全国检察机关深入推进"恪守检察职业道德、促进公正廉洁执法"主题实践活动电视电话会议,最高人民检察院检察长曹建明出席,副检察长胡泽君讲话,副检察长邱学强、孙谦、姜建初、张常韧、柯汉民,政治部主任李如林出席会议。

4日 最高人民检察院印发《关于加强和推进新形势下检察援藏工作的意见》(高检发〔2010〕13号)。

最高人民检察院印发《关于加强和推进新形势下检察援疆工作的意见》(高检发〔2010〕14号)。

19日 最高人民检察院作出《关于加强公诉人建设的决定》(高检发〔2010〕15号)。

九月

1日 最高人民检察院印发《关于加强和改进

民事行政检察工作的决定》(高检发〔2010〕16号)。

6日 最高人民检察院召开全国检察机关推进检察信息化应用软件统一工作电视电话会议,最高人民检察院常务副检察长胡泽君出席并讲话,副检察长张常韧、柯汉民出席会议。

10日 最高人民检察院作出《关于加强和改进新形势下惩治和预防渎职侵权犯罪工作若干问题的决定》(高检发〔2010〕17号)。

13日至27日 最高人民检察院在中国人民革命军事博物馆举办"法治与责任——全国检察机关惩治和预防渎职侵权犯罪展览"。26日,中共中央政治局常委、全国人大常委会委员长吴邦国,中共中央政治局常委、中央纪委书记贺国强,中共中央政治局常委、中央政法委书记周永康,中共中央政治局委员、中央政法委副书记王乐泉,中共中央政治局委员、国务院副总理张德江分别参观展览并作重要讲话。

13日 最高人民检察院召开全国检察机关深入推进"反特权思想、反霸道作风"专项教育活动电视电话会议,最高人民检察院副检察长胡泽君出席并讲话,副检察长邱学强主持会议,中央纪委驻最高人民检察院纪检组组长莫文秀讲话。

30日 最高人民检察院印发《关于认真学习贯彻中央领导同志参观全国检察机关惩治和预防渎职侵权犯罪展览时的重要讲话精神的通知》(高检发〔2010〕18号)。

十月

9日 最高人民检察院印发《检察官职业行为基本规范(试行)》(高检发〔2010〕19号)。

13日 最高人民检察院召开最高人民检察院咨询委员及离退休院领导座谈会,最高人民检察院检察长曹建明主持并讲话,副检察长胡泽君通报近年来检察工作情况,副检察长朱孝清、孙谦、姜建初、张常韧,政治部主任李如林,检察委员会专职委员童建明、杨振江出席座谈会和有关活动。

18日至26日 最高人民检察院举办第四届全国十佳公诉人暨全国优秀公诉人业务竞赛,最高人民检察院检察长曹建明、政治部主任李如林接见参赛选手,副检察长朱孝清在竞赛结束时讲话。

20日 最高人民检察院印发《关于认真学习贯彻党的十七届五中全会精神的通知》(高检发〔2010〕20号)。

22 日　第八次上海合作组织成员国总检察长会议在福建省厦门市召开，上海合作组织成员国、观察员国，主席国客人国代表，上海合作组织秘书长，部分成员国、观察员国驻华使节参加会议。中共中央政治局常委、中央政法委书记周永康会见了参加会议的各代表团团长、部分驻华使节及港澳代表并在会议开幕式上发表重要讲话，最高人民检察院检察长曹建明参加会见并主持开幕式和在闭幕式上讲话，福建省委书记、省人大常委会主任孙春兰参加会见并在开幕式上致辞，福建省委副书记、省长黄小晶，最高人民检察院副检察长胡泽君、邱学强等参加会见和出席会议。

25 日　中央政法委员会第二次专题学习在最高人民检察院机关举行，中共中央政治局常委、中央政法委书记周永康主持专题学习并作重要讲话，中共中央政治局委员、中央政法委副书记王乐泉，国务委员、中央政法委副书记孟建柱，最高人民法院院长王胜俊，最高人民检察院检察长曹建明等中央政法委全体成员和中央政法各单位局以上领导干部、北京市政法各单位和在京部分法学教育研究机构负责人参加学习。

27 日　最高人民检察院检察长曹建明向十一届全国人大常委会第十七次会议第二次全体会议作《关于改进渎职侵权检察工作情况的报告》。

28 日　最高人民检察院召开检察机关全面推行人民监督员制度电视电话会议，最高人民检察院检察长曹建明出席，副检察长胡泽君讲话，副检察长邱学强主持会议，副检察长柯汉民，政治部主任李如林，检察委员会专职委员杨振江出席会议。

十一月

2 日至 5 日　最高人民检察院检察长曹建明，副检察长胡泽君在澳门出席国际反贪局联合会第四次年会暨会员代表大会。5 日上午大会选举曹建明为国际反贪局联合会新任主席。会后，曹建明、胡泽君同志访问澳门。

3 日　最高人民检察院印发《最高人民检察院关于实行人民监督员制度的规定》（高检发〔2010〕21 号）。

4 日　最高人民检察院印发《最高人民检察院关于改进渎职侵权检察工作情况的报告》（高检发〔2010〕22 号）。

8 日至 9 日，最高人民检察院检察长曹建明率

检察代表团访问香港。

10 日　最高人民检察院印发《周永康同志在第八次上海合作组织成员国总检察长会议上的讲话》（高检发〔2010〕23 号）。

最高人民检察院作出《最高人民检察院关于表彰吉林省检察机关抗洪救灾先进集体、先进个人的决定》（高检发〔2010〕24 号）。

最高人民检察院作出《关于追授杜云同志"全国模范检察官"荣誉称号的决定》（高检发〔2010〕25 号）。

最高人民检察院作出《关于追授侯国城同志"全国模范检察官"荣誉称号的决定》（高检发〔2010〕26 号）。

最高人民检察院作出《关于追授王世杰同志"全国模范检察官"荣誉称号的决定》（高检发〔2010〕27 号）。

16 日　最高人民检察院印发《关于充分发挥检察职能为深入实施西部大开发战略服务的意见》（高检发〔2010〕28 号）。

22 日　最高人民检察院印发《人民检察院国家赔偿工作规定》（高检发〔2010〕29 号）。

23 日至 24 日，最高人民检察院在重庆召开全国检察机关检察委员会工作会议，最高人民检察院常务副检察长胡泽君出席并讲话，检察委员会专职委员杨振江作工作报告。

24 日　最高人民检察院作出《关于追授刘宝瑞同志"全国模范检察官"荣誉称号的决定》（高检发〔2010〕30 号）。

26 日　最高人民检察院、中共广西壮族自治区委联合召开追授杜云同志"全国模范检察官"、广西壮族自治区"优秀共产党员"荣誉称号命名表彰大会暨事迹报告会。最高人民检察院检察长曹建明，广西壮族自治区党委书记、自治区人大常委会主任郭声琨出席并讲话，广西壮族自治区党委副书记、自治区主席马飚主持会议，最高人民检察院政治部主任李如林宣读了《最高人民检察院关于追授杜云同志"全国模范检察官"荣誉称号的决定》，广西壮族自治区党委组织部长周新建宣读了《关于追授杜云同志自治区"优秀共产党员"荣誉称号的决定》。

29 日至 30 日　最高人民检察院召开全国检察机关人才工作会议，最高人民检察院副检察长胡泽君，副检察长孙谦、姜建初、张常韧，中央纪委驻最高人民检察院纪检组组长莫文秀，最高人民检察院

政治部主任李如林,检察委员会专职委员童建明、杨振江出席会议并为第二批"全国检察业务专家"颁发证书,胡泽君讲话,孙谦主持会议,李如林宣读《关于授予82名同志"全国检察业务专家"称号的决定》并作总结讲话。

十二月

1日　最高人民检察院召开全国检察机关打击侵犯知识产权和制售假冒伪劣商品专项行动电视电话会议,最高人民检察院副检察长胡泽君出席并讲话,副检察长朱孝清主持会议,检察委员会专职委员杨振江出席。

1日至3日　最高人民检察院举办第二届全国检察机关侦查监督业务竞赛,最高人民检察院检察长曹建明,副检察长胡泽君、朱孝清、孙谦、姜建初、张常韧、柯汉民,中央纪委驻最高人民检察院纪检组组长莫文秀,最高人民检察院政治部主任李如林,检察委员会专职委员杨振江接见参赛选手,朱孝清、李如林、杨振江为第二届全国侦查监督十佳检察官暨优秀检察官颁发证书,李如林同志在颁奖会上讲话。

14日　最高人民检察院作出《关于授予李彬同志"全国模范检察官"荣誉称号的决定》(高检发〔2010〕31号)。

17日　最高人民检察院作出《关于授予黄平亮同志"全国模范检察官"荣誉称号的决定》(高检发〔2010〕32号)。

最高人民检察院作出《关于授予陈长华同志"全国模范检察官"荣誉称号的决定》(高检发〔2010〕33号)。

20日至21日　最高人民检察院在北京召开全国检察长会议,最高人民检察院检察长曹建明出席并作工作报告,副检察长胡泽君作总结讲话,副检察长邱学强、朱孝清、孙谦、姜建初、张常韧、柯汉民,中央纪委驻最高人民检察院纪检组组长莫文秀,最高人民检察院政治部主任李如林,检察委员会专职委员童建明、杨振江出席会议。

20日　最高人民检察院召开专家咨询委员和特约检察员座谈会,最高人民检察院检察长曹建明讲话,副检察长胡泽君主持会议,副检察长孙谦出席会议。

21日　最高人民检察院在北京召开全国铁路检察院管理体制改革工作会议,最高人民检察院副

检察长胡泽君出席并讲话,副检察长姜建初作总结讲话,政治部主任李如林主持,检察委员会专职委员童建明出席会议。

22日　最高人民检察院召开部分省级人民检察院检察长向最高人民检察院述职述廉报告工作会,听取天津、内蒙古、黑龙江、福建、河南、湖南、广东、新疆等省、自治区、直辖市检察长述职述廉报告工作并进行评议。最高人民检察院检察长曹建明,副检察长胡泽君、朱孝清、姜建初、张常韧、柯汉民,中央纪委驻最高人民检察院纪检组组长莫文秀,最高人民检察院政治部主任李如林,检察委员会专职委员童建明、杨振江出席。

23日　最高人民检察院召开各民主党派中央、全国工商联和无党派人士代表座谈会,最高人民检察院检察长曹建明主持并讲话,副检察长胡泽君通报2010年检察工作的主要情况和2011年检察工作的总体安排。全国政协副主席、民进中央常务副主席罗富和,民革中央副主席郑建邦,民盟中央副主席索丽生,民建中央副主席辜胜阻,农工党中央副主席何维,致公党中央副主席杨邦杰,九三学社中央副主席丛斌,台盟中央副秘书长吴国华,全国工商联法律部副部长白连湘,无党派人士、清华大学法学院教授周光权出席座谈会。中央统战部副部长尤兰田,最高人民检察院副检察长姜建初、张常韧、柯汉民,中央纪委驻最高人民检察院纪检组组长莫文秀,最高人民检察院政治部主任李如林,检察委员会专职委员童建明、杨振江出席座谈会。

24日　最高人民检察院印发《关于印发全国检察长会议文件的通知》(高检发〔2010〕34号)。

29日至30日　最高人民检察院在海南省三亚市召开全国检察经费保障工作座谈会,最高人民检察院副检察长张常韧出席并讲话。

29日　最高人民检察院召开追授刘宝瑞同志荣誉称号命名表彰大会暨先进事迹报告会,最高人民检察院检察长曹建明在会上讲话,副检察长胡泽君主持会议,中央国家机关工委常务副书记杨衍银宣读《中央国家机关工委关于追授刘宝瑞同志"中央国家机关优秀共产党员"荣誉称号的决定》,中央政法委副秘书长王其江宣读《中央政法委员会关于开展向刘宝瑞同志学习活动的通知》,最高人民检察院政治部主任李如林宣读《最高人民检察院关于追授刘宝瑞同志"全国模范检察官"荣誉称号的决定》,副检察长孙谦、姜建初、柯汉民,中央纪委驻最

高人民检察院纪检组组长莫文秀,最高人民检察院检察委员会专职委员童建明出席。

30 日　最高人民检察院印发《检察机关执法工作基本规范(2010 年版)》(高检发〔2010〕35 号)。

31 日　最高人民检察院印发《铁路检察院管理体制改革的实施意见》(高检发〔2010〕36 号)。

(最高人民检察院办公厅)

第十一部分

统 计 资 料

全国检察机构统计表

截至 2010 年 12 月底　　　　　　　　　　　　　　　　　　单位:个

院　别		机　构　数
合　计		3643
最高人民检察院		1
省级人民检察院		33
分、州、市级人民检察院	小　计	400
	分、州、盟、市检察院	371
	军事检察院分院	12
	铁路运输检察院分院	17
县级人民检察院	小　计	2973
	县（市、旗、区）检察院	2861
	军事检察院	53
	铁路运输检察院	59
派出检察院	小　计	236
	工矿区检察院	6
	农垦区检察院	37
	林区检察院	54
	监狱劳教场所检察院	73
	油田检察院	1
	开发区检察院	35
	其他检察院	30

注:33 个省级检察院中包括解放军军事检察院 1 个和新疆生产建设兵团检察院 1 个。

全国检察机关人员统计表

截至 2010 年 12 月底　　　　　　　　　　　　　　　　　　单位:人

职　务		人　数
合　计		236918
检察人员	小　计	223334
	检察长	3538
	副检察长	11380
	检察委员会委员	16966
	检察员	91697
	助理检察员	25064
	书记员	24410
	司法警察	15848
	其他干部	34431
工勤人员		13584

2010 年人民检察院直接立案侦查案件情况统计表

| 案件类别 | 受案 | 立案 | | 其中 | | 结案 | |
| | 件 | 合计 | | 大案 | 要案 | 合计 | |
		件	人	件	人	件	人
合 计	49969	32909	44085	21732	2723	34821	46253
贪污贿赂案件小计	38350	25560	33858	18224	2387	27091	35559
贪污	16185	8707	14370	5555	406	9293	14991
贿赂	18458	13796	15422	10586	1810	14302	15968
挪用公款	3188	2833	3603	2083	113	3227	4037
集体私分	322	202	431		52	240	517
巨额财产来源不明	182	15	17	—	5	15	16
其他	15	7	15	—	1	14	30
渎职侵权案件小计	11619	7349	10227	3508	336	7730	10694
滥用职权	3871	2408	3168	1352	188	2517	3298
玩忽职守	4766	3457	4457	1594	79	3654	4688
徇私舞弊	1669	736	1050	255	43	829	1162
其他	1313	748	1552	307	26	730	1546

指标解释:

1. 人民检察院直接立案侦查案件:是指按照管辖的规定,由人民检察院直接立案侦查的贪污贿赂犯罪、渎职犯罪、国家机关工作人员利用职权实施的侵犯公民人身权利和民主权利的犯罪以及经省级人民检察院决定立案侦查的国家机关工作人员利用职权实施的其他重大犯罪案件。

2. 受案:指本年新受理的案件。

3. 立案:指人民检察院对受理的案件进行初步调查后,认为存在职务犯罪事实,应追究刑事责任,并决定作为刑事案件进行侦查的诉讼活动,是追究犯罪的开始。该指标主要反映人民检察院依法将职务犯罪线索作为刑事案件进行侦查的诉讼活动。

4. 结案:指侦查程序的结束。

5. 大案:指贪污贿赂案件数额在五万元以上,挪用公款数额在十万元以上,以及按照《人民检察院直接受理立案侦查的渎职侵权重特大案件标准(试行)》认定的案件。该指标主要反映人民检察院立案查办的职务犯罪案件中经济损失大、社会危害严重的案件。

6. 要案:指县、处级以上的干部犯罪案件。该指标主要反映职务犯罪案件中县、处级以上干部被人民检察院依法立案侦查的情况。

2010 年人民检察院审查批准逮捕、决定逮捕犯罪嫌疑人和提起公诉被告人情况统计表

案 件 类 别	批捕、决定逮捕		提起公诉	
	件	人	件	人
合 计	627642	931494	766394	1189198
公安、安全、监狱管理机关侦查小计	614220	916209	736256	1148409
危害国家安全案	424	1045	419	1223
危害公共安全案	52270	57563	89824	96964
破坏社会主义市场经济秩序案	25031	37532	30686	50775
侵犯公民人身、民主权利案	139023	186683	170905	238719
妨害社会管理秩序案	135980	228568	155242	297019
侵犯财产案	261319	404584	288987	463424
危害国防利益案	173	234	191	283
军人违反职责案	0	0	2	2
检察机关立案侦查小计	13422	15285	30138	40789
贪污贿赂案	12027	13635	24081	32221
渎职侵权案	1395	1650	6057	8568

指标解释:

1. 批准逮捕:指人民检察院对公安、国家安全机关、监狱管理机关提请逮捕的犯罪嫌疑人进行审查,根据事实,依法作出逮捕的决定。该指标主要反映人民检察院对提请逮捕的犯罪嫌疑人进行审查后依法作出批准逮捕决定的情况。

2. 决定逮捕:指人民检察院对直接立案侦查的案件,认为需要逮捕犯罪嫌疑人时,依据法律作出的逮捕决定。该指标主要反映人民检察院对直接受理的案件行使决定逮捕权的情况。

3. 提起公诉:指人民检察院对公安、国家安全机关、监狱管理机关和检察机关侦查部门移送起诉的案件进行审查,根据事实,作出提起公诉的案件。该指标主要反映人民检察院对各类刑事案件向人民法院提起公诉的情况。

2010 年人民检察院出庭公诉情况统计表

单位:件

案件分类	适用简易程序	出庭公诉					再审
		合 计	一 审	二 审			
				小 计	上诉案	抗诉案	
合　计	286837	464140	451451	11992	9307	2685	697
贪污贿赂	1900	23156	21859	1175	794	381	122
渎职侵权	786	4706	4558	127	65	62	21
刑事案件	284151	436276	425032	10690	8448	2242	554
军人违反职责	0	2	2	0	0	0	0

指标解释:

1. 刑事案件:指按照管辖的规定由公安机关、国家安全机关、监狱管理机关侦查的案件。

2. 适用简易程序:指人民法院对依法可能判处三年以下有期徒刑、拘役、管制、单处罚金的公诉案件,事实清楚,证据充分,人民检察院建议或者同意适用简易程序的;告诉才处理的案件;被害人起诉的有证据证明的轻微刑事案件。

3. 一审:指公诉案件的第一审程序。

4. 二审:指上级人民法院根据当事人及其法定代理人的上诉或人民检察院的抗诉,对下一级人民法院未生效的判决、裁定进行重新审判的程序。

5. 再审:指人民检察院按照审判监督程序重新审判的案件。

2010 年人民检察院办理刑事抗诉案件情况统计表

案件分类	提出抗诉	撤回抗诉	审判结果合计	改 判		维持原判	指令再审
				小 计			
	件	件	件	件	人	件	件
合　计	5425	505	3880	1506	2228	935	1439
二 审 小 计	4405	480	3016	1258	1906	856	902
贪污贿赂案件	582	72	453	151	179	128	174
渎职侵权案件	95	8	65	19	23	28	18
刑事案件	3728	400	2498	1088	1704	700	710
再 审 小 计	1020	25	864	248	322	79	537
贪污贿赂案件	126	1	103	27	38	13	63
渎职侵权案件	21	0	10	3	4	2	5
刑事案件	873	24	751	218	280	64	469

指标解释:

1. 提出抗诉:指人民检察院对人民法院的判决、裁定认为确有错误,向人民法院提出对案件重新进行审理的诉讼活动。包括按照第二审程序提出的抗诉和按照审判监督程序(再审程序)提出的抗诉。

2. 撤回抗诉:指上级人民检察院对下级人民检察院按照第二审程序提出的抗诉,经审查,认为抗诉不当时向同级人民法院撤回抗诉,同时通知提出抗诉的下级人民检察院。

2010 年人民检察院办理民事、行政抗诉案件情况统计表

单位：件

案件分类	立案	提请抗诉	抗诉	撤回抗诉	抗诉案件再审情况					
					合计	改判	发回重审	调解	维持原判	其他
合　计	81451	15367	12139	27	9719	3791	1023	2588	1863	454
民事案件	76642	14819	11751	26	9485	3691	1007	2578	1781	428
行政案件	4809	548	388	1	234	100	16	10	82	26

指标解释：

1. 立案：指决定立案审查的案件。

2. 提请抗诉：指本级人民检察院将本院有提请抗诉权的案件交下级人民检察院办理，下级人民检察院审查认为应当提请抗诉，建议上级人民检察院提请抗诉的案件。

3. 抗诉：指本级人民检察院提出抗诉的案件。

4. 撤回抗诉：指作出抗诉决定的人民检察院发现抗诉不当的，或接到上级人民检察院撤销抗诉决定后，向人民法院撤回抗诉的案件。

2010 年人民检察院纠正违法情况统计表

项　目	书面提出纠正		已纠正	
	件　次	人　次	件　次	人　次
合　计	84949	31634	80714	31284
立案监督小计	44141	—	41906	—
监督立案	32830	—	31203	—
监督撤案	11311	—	10703	—
侦查监督小计	34180	—	32599	—
审查批捕环节	18880	—	18415	—
审查起诉环节	15300	—	14184	—
刑事审判监督	6628	—	6209	—
刑罚执行监督小计	—	31634	—	31284
监管活动	—	20181	—	19942
超期羁押	—	525	—	529
"减假保"	—	10928	—	10813

指标解释：

1. 立案监督：指人民检察院对侦查机关刑事立案活动的监督。包括对应当立案而不立案的监督和不应当立案而立案的监督。

2. 监督立案：包括侦查机关接到要求说明不立案理由后主动立案和执行通知立案两个内容。

3. 监督撤案：指人民检察院对侦查机关不应当立案而立案的监督。

4. 监管活动：指人民检察院对监狱等监管改造场所的管理活动进行的监督。

5."减假保"：指人民检察院针对罪犯减刑、假释和保外就医中出现的违法情况进行的监督。

2010 年人民检察院办理刑事申诉案件情况统计表

单位:件

案 件 类 别	受 理	立案复查	结 案	
			小 计	其中改变原决定
合　计	13586	10701	10948	977
不服不批捕	1943	1735	1754	167
不服不起诉	2846	2573	2704	229
不 服 撤 案	86	75	79	19
不服原免予起诉	108	87	95	17
不服刑事判决	7003	5103	5124	536
其　他	1600	1128	1192	9

指标解释:

1. 受理:指人民检察院接受申诉的情况。包括来信和来访。

2. 立案复查:指人民检察院接受申诉后,经审查决定立案进行复查。

3. 结案:指立案复查有结果的案件。

2010 年人民检察院受理举报、控告、申诉案件情况统计表

单位:件

类　别	受 理	处 理	其 中	
			分送检察机关	转其他机关
合　计	357253	353670	209220	66686
首次举报	158995	157265	119723	10414
首次控告	75621	74939	26013	30660
首次申诉	122637	121466	63484	25612

指标解释:

1. 首次举报:指单位或个人以来信、来访形式检举国家工作人员涉嫌贪污、贿赂犯罪,国家机关工作人员涉嫌渎职、侵权犯罪。不包括重复举报数。

2. 首次控告:指单位或个人以来信、来访形式检举国家工作人员违法或涉嫌刑事犯罪。不包括重复控告数。

3. 首次申诉:不服人民检察院处理决定的或不服人民法院判决或裁定的以来信、来访形式的申诉。不包括重复申诉。

4. 分送检察机关:指人民检察院对受理的举报、控告、申诉案件,经审查,分不同情况,转本院有关业务部门或转其他人民检察院。

(以上表格由最高人民检察院办公厅提供)

第十二部分

名　　录

大检察官名单
（46名）

首席大检察官
曹建明　最高人民检察院检察长
一级大检察官
胡泽君（女）　最高人民检察院副检察长
李晓峰　解放军军事检察院检察长
二级大检察官
邱学强　最高人民检察院副检察长
朱孝清　最高人民检察院副检察长
孙　谦　最高人民检察院副检察长
姜建初　最高人民检察院副检察长
张常韧　最高人民检察院副检察长
柯汉民　最高人民检察院副检察长
李如林　最高人民检察院检察委员会委员
童建明　最高人民检察院检察委员会专职委员
杨振江　最高人民检察院检察委员会专职委员
慕　平　北京市人民检察院检察长
于世平　天津市人民检察院检察长
张德利　河北省人民检察院检察长
王建明　山西省人民检察院检察长
邢宝玉　内蒙古自治区人民检察院检察长
肖　声　辽宁省人民检察院检察长
姜　伟　黑龙江省人民检察院检察长
张金锁　吉林省人民检察院检察长
陈　旭　上海市人民检察院检察长
徐　安　江苏省人民检察院检察长
陈云龙　浙江省人民检察院检察长

崔　伟　安徽省人民检察院检察长
倪英达　福建省人民检察院检察长
曾页九　江西省人民检察院检察长
国家森　山东省人民检察院检察长
蔡　宁　河南省人民检察院检察长
敬大力　湖北省人民检察院检察长
龚佳禾　湖南省人民检察院检察长
郑　红　广东省人民检察院检察长
张少康　广西壮族自治区人民检察院检察长
马勇霞（女）　海南省人民检察院检察长
余　敏（女）　重庆市人民检察院检察长
邓　川　四川省人民检察院检察长
陈俊平　贵州省人民检察院检察长
王田海　云南省人民检察院检察长
倪慧芳（女）　云南省人民检察院副检察长
张培中　西藏自治区人民检察院检察长
胡太平　陕西省人民检察院检察长
乔汉荣　甘肃省人民检察院检察长
王晓勇　青海省人民检察院检察长
王雁飞　宁夏回族自治区人民检察院检察长
哈斯木·马木提　新疆维吾尔自治区人民检察院检察长
杨肇季　新疆维吾尔自治区人民检察院副检察长
张道发　解放军军事检察院副检察长
（最高人民检察院政治部干部部检察官管理处提供）

最高人民检察院检察长、副检察长名单

检　察　长　曹建明
常务副检察长　胡泽君（女）
副　检　察　长　邱学强　朱孝清　孙　谦　姜建初　张常韧　柯汉民

2010 年最高人民检察院新任常务副检察长简历

胡泽君,女,汉族,1955 年 3 月生,重庆人,1976 年 2 月加入中国共产党,1974 年 4 月参加工作,西南政法学院法律系中国法律思想史专业毕业,硕士研究生学历,法学硕士、副教授。现任最高人民检察院党组副书记、副检察长(正部长级)、检察委员会委员、一级大检察官。

　　1974 年 4 月—1977 年 6 月　四川省西充县仁和公社知青、团县委副书记

　　1977 年 6 月—1978 年 9 月　四川省南充地委知青工作领导小组副组长

　　1978 年 9 月—1982 年 7 月　西南政法学院师资班哲学专业学习

　　1982 年 7 月—1985 年 6 月　西南政法学院法律系中国法律思想史专业研究生学习

　　1985 年 6 月—1986 年 7 月　西南政法学院法律系助教、研究生处党总支副书记

　　1986 年 7 月—1988 年 12 月　西南政法学院团委书记

　　1988 年 12 月—1991 年 6 月　西南政法学院研究生处副处长、处长

　　1991 年 6 月—1995 年 2 月　西南政法学院党委副书记

　　1995 年 2 月—1995 年 11 月　西南政法学院党委书记(其间:1994 年 9 月—1995 年 7 月在中央党校一年制中青年干部培训班学习)

　　1995 年 11 月—1996 年 11 月　司法部政治部副主任(正局级)

　　1996 年 11 月—2001 年 4 月　司法部党组成员、政治部副主任(其间:1998 年 9 月—1999 年 7 月在中央党校一年制中青年干部培训班学习)

　　2001 年 4 月—2004 年 7 月　司法部副部长、党组成员

　　2004 年 7 月—2010 年 6 月　广东省委常委、组织部部长

　　2010 年 6 月至今　最高人民检察院党组副书记、常务副检察长(正部长级)(其间:2010 年 6 月最高人民检察院检察委员会委员,一级大检察官)

　　中共第十七届中央候补委员

中央纪委驻最高人民检察院纪检组组长名单

莫文秀(女)

最高人民检察院政治部主任名单

李如林

最高人民检察院检察委员会专职委员名单

童建明　杨振江

最高人民检察院检察委员会委员名单

曹建明	胡泽君(女)	邱学强	朱孝清	孙 谦	姜建初	张常韧	柯汉民
李如林	童建明	杨振江	张仲芳	王鸿翼	叶 峰	陈连福	白泉民
王 晋	阎敏才	陈国庆	彭 东	李文生	王晓新

最高人民检察院咨询委员名单

| 侯 磊 | 赵 虹 | 陈大豪 | 吴光裕 | 索维东 | 周振华 | 王尚宇 | 何素斌 |
| 郭永运 | 师梦雄 | 高来夫 | 胡克惠(女) | 王振川 | 林有海 | 董智明 | 郝银飞(女) |
| 张 耕 |

最高人民检察院各部门负责人名单

办公厅
　主　任　白泉民
　副主任　许山松　钱 舫　张红生
政治部
　副主任　王少峰　胡尹庐(女)　夏道虎
　干部部部长　张建军(正厅级)
　宣传部部长　马丽莉(女)
　办公室主任　张 巍
侦查监督厅
　厅　长　万 春
　副厅长　黄海龙　元 明　黄卫平
公诉厅
　厅　长　彭 东
　副厅长　王 军(正厅级)　聂建华　黄 河
反贪污贿赂总局
　局　长　陈连福

　副局长　徐进辉(正厅级)　马海滨　孙忠诚
　　　　　王利民
渎职侵权检察厅
　厅　长　李文生
　副厅长　李忠诚(正厅级)
监所检察厅
　厅　长　袁其国
　副厅长　王光辉　周 伟
民事行政检察厅
　厅　长　王鸿翼
　副厅长　贾小刚
控告检察厅
　厅　长　王晓新
　副厅长　王高生　孙立泉
刑事申诉检察厅
　厅　长　王 晋

副厅长　尹伊君　鲜铁可

铁路运输检察厅

　　厅　长　阎敏才

　　副厅长　徐向春

职务犯罪预防厅

　　厅　长　宋寒松

　　副厅长　陈正云　高云涛

法律政策研究室

　　主　任　陈国庆

　　副主任　王守安　韩耀元

监察局（与中央纪委驻最高人民检察院纪检组合署办公）

　　局长（中央纪委驻最高人民检察院纪检组副组长）

　　张振海

　　中央纪委驻最高人民检察院纪检组副组长

　　张志杰

　　副局长　段湘晖（女）

国际合作局

　　局　长　郭兴旺

　　副局长　李　新（女）

计划财务装备局

　　局　长　吴松寿

　　副局长　付志安（兼，正厅级）

　　　　　　李　晓（正厅级）

　　　　　　于洪滨

机关党委

　　书　记　李如林（兼）

　　常务副书记　穆红玉（女）

　　副书记兼纪委书记　张秀杰

离退休干部局

局　长　林建华（女）

　　副局长　刘伟东（女）

司法体制改革领导小组办公室

　　主　任　王洪祥

　　副主任　张新泽　张安平（女）

死刑复核检察工作办公室

　　主　任　叶　峰

　　副主任　王　军（兼，正厅级）　于　萍（女）

机关服务中心

　　主　任　付志安

　　副主任　时振祥（正厅级）　武金钟　张守文

国家检察官学院

　　名誉院长　张思卿

　　党委书记、院长　石少侠

　　党委副书记、副院长　胡卫列

　　党委副书记、副院长　陈德毅

　　副院长　朱建华　杨迎泽　刘　彦

　　纪委书记　王　鑫

检察日报社

　　社　长　张本才

　　总编辑　李雪慧

　　党委副书记兼纪委书记　刘金胜

　　副总编辑　王守泉　王松苗　赵　信

　　副社长　肖中扬

检察理论研究所

　　所　长　张智辉

　　副所长　向泽选　谢鹏程　单　民

检察技术信息研究中心

　　主　任　赵　扬（女）

　　副主任　王雪梅（女）　江一山　幸　生

最高人民检察院检察员名单

（按任命时间排列）

杨振江	王洪翼	阎敏才	王晓新	吴建平	付志安	杨　军	马丽莉（女）
刘佑生	叶　峰	王庆新	夏道虎	童建明	彭　伟	王　京（女）	宋寒松
刘永胜	俞元华（女）	于国庆（女）	郭素芬（女）	卢平权	邱学强	张建军	彭　东
张仲芳	王　晋	曹　康	于　萍（女）	刘小青（女）	张志杰	宋志伟	石秀琴（女）
王洪祥	陈国庆	王少峰	刘伟东（女）	时振祥	林建华（女）	李向京（女）	聂建华
徐进辉	王高生	周苏民（女）	张汝杰	郭瑞华（女）	黄海龙	王　军	王伦轩

尹伊君	李忠诚	骆满昌	戴中瑾(女)	王冰毅	刘雅清(女)	刘旭红(女)	金其荣
于 千(女)	穆红玉(女)	李 健	陈玉栋	王云河	刘吉恩	文盛堂	杨书文
孙 超(女)	王向东	冯 慧	李景晗	谢 鸣	孙立泉	朱建华	段湘晖(女)
绵 杰(女)	黄 河	关福金	刘慧玲(女)	董同会	鲁晓刚	陈正云	傅 侃(女)
张雪昆	王卫东	韩耀元	赖红军(女)	元 明	黄卫平	陈 波	马海滨
冯 进	陈连福	白泉民	李文生	张相军	王守安	霍亚鹏(女)	张振海
孙忠诚	王景琦(女)	赵 扬(女)	鲜铁可	吕洪涛	王光辉	曾洪强	肖亚军
王利民	周常志	李庆发	高景峰	史卫忠	钱 舫	杨兴国	贾小刚
张 巍	罗庆东	张凤艳(女)	许山松	曹 锋	陈雪芬(女)	田 力	孙加瑞
任长义	张玉梅(女)	万 春	顾义友	贺湘君(女)	马相哲	张志远	韩 英(女)
曲 璈(女)	王国平	杨 静	刘太宗	杜亚起	陈 东	向泽选	王建平
刘 枫(女)	杨虎德	张红霞(女)	韩晓峰	张鹏宇	许道敏	杜爱平	张晓津
赵武安	刘 岳	张晓玉	王德光	肖正磊	白会民	李 峰	邱利军
李 晓	周 伟	钱立华	肖中扬	侯亚辉	詹复亮	吴孟栓	刘 颖(女)
邹绯箭	王蜀青	王 莉(女,民事行政检察厅)			高 虎	李效安(女)	韩凤英(女)
王保权	张安平(女)	孙 明	邓 云	刘志远	钟得志	张寒玉(女)	李林虎
阿儒汗	任宜新	杨 钊(女)	黄 耕	欧阳春	王天颖(女)	马 滔	郭明聪
黄 岩(女)	张步洪	林礼兴	王光月	王 莉(女,法律政策研究室)			陈成霞(女)
李 辉	牛正良	王庆豹	何全印	代 锋	刘福谦	徐向春	李连成
王 健	顾 华(女)	王 洪	齐占洲	白凤云(女)	张红生	梁贵斌	田书彩(女)
孙 勤	孙林平(女)	王亚卿	荣晓宏	黄 璞	胡卫列	李金声	周惠永
袁其国	于双侠	陈 雷	卜大军	韩国光	申国君	史维军	钱永兰(女)
罗 箭(女)	苗 泽(女)	陈建华(女)	董桂文	何延安	郑建秋	王建义	陈 晓(女)
王凤琴(女)	韩晓黎(女)	姚 燕(女)	孟燕菲(女)	姜 郁(女)	张建红	曹龙阳	曹红虹(女)
刘桂平(女)	张华昌	李世明	郑立新(女)	芦庆辉	马 援	范文喜	张振东
马 锐	张立新(女)	熊少敏	柳晞春	殷 毅	卢宇蓉	杨洪川	穆爱华(女)
方剑明	李满旺						

（以上名单由最高人民检察院政治部干部部机关干部处提供）

最高人民检察院第五届特约检察员名单

党 派	姓 名	性 别	所在单位及职务
中国国民党革命委员会	温崇真	女	中国人民银行前参事、国家外汇管理局原总经济师
	林志远	女	国家发展改革委员会经济研究所研究员、经济学博士
中国民主同盟	黄景钧	男	第十届全国政协委员、民盟中央法律委员会原主任
	张克俭	男	第十届全国政协委员、北京证券有限责任公司高级经济师、民盟中央委员
	徐一帆	男	第十届、十一届全国政协委员、国家统计局副局长、高级统计师
	谢经荣	男	第十一届全国人大代表、第十届全国政协委员、全国工商联副主席、民盟中央委员、民盟北京市委副主任

中国民主建国会	曾广宇	男	北京市政协原副秘书长、民建北京市委副主委、中央财经大学金融证券研究所研究员
	刘宪秋	男	中国蓝星（集团）总公司原副总经理、总工程师、中国膜工业协会秘书长、北京市人大代表
	高文杰	男	中国水利电力对外公司原副总经济师、民建北京市委原常委
	张皎	男	第十届、十一届全国政协委员、民建中央秘书长、中国拉丁美洲友好协会理事、首都经济研究会理事、中国林业经济学会常务理事
中国民主促进会	张珩	男	中国科学院力学所研究员、博士生导师、民进中央委员、民进中央科技医卫委员会副主任、北京市人大代表
	蔡继明	男	第十届、十一届全国政协委员、民进中央常委、民进北京市委副主委、清华大学人文科学学院教授、博士生导师
	吴文彦	女	民进北京市委常务副主委、民进中央副秘书长、北京市政协常委
中国农工民主党	刘德洪	男	第九届、十届全国政协委员、交通部海事局原副局长、农工党北京市交通支部委员
	欧阳华	男	第十届、十一届全国政协委员、中国科学院地理科学与资源研究所副所长、农工党中央委员、农工党北京市委副主委
中国致公党	于长隆	男	第十届全国政协委员、北京大学运动医学研究所所长
	郑胜利	男	北京大学知识产权学院秘书长、法制研究中心主任、教授、北京市政协常委
九三学社	谢俊奇	男	第十届、十一届全国政协委员、北京市国土资源局副局长、研究员、中国农业资源与区划学会副理事长、中国国土经济学研究会常务理事
台湾民主自治同盟	蔡国斌	男	第十届、十一届全国政协委员、台盟中央组织部副部长、台盟中央委员
中华全国工商业联合会	王瑷	女	全国工商联法律部部长
无党派人士	李庆云	男	第十一届全国政协常委、国务院参事、北京大学经济学院教授、博士生导师

（最高人民检察院办公厅人大代表联络处提供）

地方各级(专门)人民检察院检察长名单

北京市

北京市人民检察院检察长		慕 平
北京市人民检察院副检察长		马剑光
		高保京
		方 工
		伦朝平
	甄 贞(女)	
		李新生
		王一俊
北京市人民检察院第一分院检察长		项 明
北京市人民检察院第二分院检察长	卢 希(女)	
东城区人民检察院检察长		殷 健
西城区人民检察院检察长		顾 军
朝阳区人民检察院检察长		王 立
丰台区人民检察院检察长		蔡柏林
石景山区人民检察院检察长		苗生明
海淀区人民检察院检察长		王振峰
门头沟区人民检察院检察长		许晓闽
房山区人民检察院检察长	王建平(代)	
通州区人民检察院检察长		东晓钟
顺义区人民检察院检察长		张守良
昌平区人民检察院检察长		韩索华
大兴区人民检察院检察长		赵 成
怀柔区人民检察院检察长		蓝向东
平谷区人民检察院检察长		刘旭东
密云县人民检察院检察长		陈 平
延庆县人民检察院检察长		张铁军
清河人民检察院检察长		孙存德
团河地区人民检察院检察长		张 博
北京市人民检察院北京铁路运输分院 检察长		高二江
北京铁路运输检察院检察长		孙晓刚
天津铁路运输检察院检察长		李 欣
石家庄铁路运输检察院检察长		刘苏建

天津市

天津市人民检察院检察长	于世平
天津市人民检察院副检察长	杨学工
	史建国
	王玉良
	王 东
天津市人民检察院第一分院检察长	刘宝霞(女)
天津市人民检察院第二分院检察长	张铁英
和平区人民检察院检察长	田建国
河东区人民检察院检察长	赵祥麟
河西区人民检察院检察长	王炳祥
南开区人民检察院检察长	高振江
河北区人民检察院检察长	王玉良
红桥区人民检察院检察长	赵云生
东丽区人民检察院检察长	侯 智
西青区人民检察院检察长	张福来
津南区人民检察院检察长	张俊奇
北辰区人民检察院检察长	王援东
武清区人民检察院检察长	孙学文
宝坻区人民检察院检察长	周建廷
蓟县人民检察院检察长	薛久如
宁河县人民检察院检察长	李 强
静海县人民检察院检察长	杨克兴
天津市滨海新区人民检察院检察长	李 杰
滨海新区塘沽人民检察院检察长	冯云翔
滨海新区汉沽人民检察院检察长	齐冠军
滨海新区大港人民检察院检察长	王 煜

河北省

河北省人民检察院检察长	张德利
河北省人民检察院副检察长	陈晓颖
	史建明
	孟繁浩
	申占群

	王立山	赤城县人民检察院检察长	郭文先
石家庄市人民检察院检察长	**蔡春和**	崇礼县人民检察院检察长	孟庆荣
长安区人民检察院检察长	李维	涿鹿县赵家蓬区人民检察院检察长	郝向忠
桥东区人民检察院检察长	梁瑞琴(女)	张家口市高新技术产业开发区人民	
桥西区人民检察院检察长	兰志伟(女)	检察院检察长	高圣慧
新华区人民检察院检察长	王建中	**承德市人民检察院检察长**	**庞祥海**
裕华区人民检察院检察长	臧玉平	双桥区人民检察院检察长	谭爱民
井陉矿区人民检察院检察长	吴正育	双滦区人民检察院检察长	陈焕新
辛集市人民检察院检察长	李延生	鹰手营子矿区人民检察院检察长	董延杰
藁城市人民检察院检察长	肖瑞海	承德县人民检察院检察长	陈若娟(女)
晋州市人民检察院检察长	高鲁民	兴隆县人民检察院检察长	郭玉峰(女)
新乐市人民检察院检察长	李景龙	平泉县人民检察院检察长	闫维奇
鹿泉市人民检察院检察长	王慧霞(女)	滦平县人民检察院检察长	许庆阳
井陉县人民检察院检察长	王国政	隆化县人民检察院检察长	王刚
正定县人民检察院检察长	张青山	丰宁满族自治县人民检察院检察长	蒲英华
栾城县人民检察院检察长	张森	宽城满族自治县人民检察院检察长	张宏民
行唐县人民检察院检察长	何步云(代)	围场满族蒙古族自治县人民检察院	
灵寿县人民检察院检察长	宋庆绵(女)	检察长	吕山
高邑县人民检察院检察长	郝增录	安定里地区人民检察院检察长	郑川
深泽县人民检察院检察长	张伟新	**秦皇岛市人民检察院检察长**	**高树勇**
赞皇县人民检察院检察长	任志晓	海港区人民检察院检察长	薛向东
无极县人民检察院检察长	张合乡	山海关区人民检察院检察长	刘延祥
平山县人民检察院检察长	李新成	北戴河区人民检察院检察长	赵振辉
元氏县人民检察院检察长	赵力	昌黎县人民检察院检察长	陈巍
赵县人民检察院检察长	李建敏	抚宁县人民检察院检察长	郝一众
石家庄市高新技术产业开发区人民		卢龙县人民检察院检察长	陈志平
检察院检察长	王世青	青龙满族自治县人民检察院检察长	熊伟
张家口市人民检察院检察长	**程元臣**	秦皇岛市经济技术开发人民检察	
桥西区人民检察院检察长	许正芳	院检察长	赵全海
桥东区人民检察院检察长	刘伟洪	**唐山市人民检察院检察长**	**梁文平**
宣化区人民检察院检察长	蒋燕鹏	路北区人民检察院检察长	方保坤
下花园区人民检察院检察长	裴玉生	路南区人民检察院检察长	张炳泽
宣化县人民检察院检察长	谢利军(女)	古冶区人民检察院检察长	伦慧津
张北县人民检察院检察长	王晢	开平区人民检察院检察长	冯博元
康保县人民检察院检察长	赵刚	丰润区人民检察院检察长	韩俊华
沽源县人民检察院检察长	张建军	丰南区人民检察院检察长	周春林
尚义县人民检察院检察长	徐光桥	遵化市人民检察院检察长	孙玉军
蔚县人民检察院检察长	赵云峰	迁安市人民检察院检察长	李瑛
阳原县人民检察院检察长	葛阿刚	滦县人民检察院检察长	王玉成
怀安县人民检察院检察长	张晓英(女)	滦南县人民检察院检察长	魏宝成
万全县人民检察院检察长	封志江	乐亭县人民检察院检察长	周金刚
怀来县人民检察院检察长	李践锋	迁西县人民检察院检察长	郑金宽(代)
涿鹿县人民检察院检察长	孙少平	玉田县人民检察院检察长	包频(女)

唐海县人民检察院检察长	张庆来	蠡县人民检察院检察长	安军旗
汉沽管理区人民检察院检察长	（空缺）	**沧州市人民检察院检察长**	**李 勤**
芦台经济技术开发区人民检察院检察长	李云飞	运河区人民检察院检察长	庞维华
		新华区人民检察院检察长	马树彬
海港经济开发区人民检察院检察长	陈长存	泊头市人民检察院检察长	张云卿
廊坊市人民检察院检察长	**乔静辉**	任丘市人民检察院检察长	郭新生
广阳区人民检察院检察长	杨 华（女）	黄骅市人民检察院检察长	贾 全
安次区人民检察院检察长	尹志国（代）	河间市人民检察院检察长	王亚非
霸州市人民检察院检察长	孙志义（代）	沧县人民检察院检察长	张义昌
三河市人民检察院检察长	张 平	青县人民检察院检察长	郝建波
固安县人民检察院检察长	王德峰（代）	东光县人民检察院检察长	樊树森
永清县人民检察院检察长	邱福星	海兴县人民检察院检察长	赵广杰
香河县人民检察院检察长	仇海全	盐山县人民检察院检察长	刘金铎
大城县人民检察院检察长	李金亭（代）	肃宁县人民检察院检察长	崔志华
文安县人民检察院检察长	李向海	南皮县人民检察院检察长	姜天力
大厂回族自治县人民检察院检察长	张瑞山	吴桥县人民检察院检察长	康 人（女）
廊坊市经济技术开发区人民检察院检察长	张国征（女）	献县人民检察院检察长	王志杰
		孟村回族自治县人民检察院检察长	赵俊杰
保定市人民检察院检察长	**周庆平**	渤海新区人民检察院检察长	（空缺）
新市区人民检察院检察长	赵炳山	**衡水市人民检察院检察长**	**贾振之**
北市区人民检察院检察长	卢彦芬（女）	桃城区人民检察院检察长	谷小兵
南市区人民检察院检察长	戴军峰	冀州市人民检察院检察长	杨金才
定州市人民检察院检察长	曹建国	深州市人民检察院检察长	孙秋明
涿州市人民检察院检察长	谷文力	枣强县人民检察院检察长	王淑娟（女）
安国市人民检察院检察长	宋进朝	武邑县人民检察院检察长	郭 华
高碑店市人民检察院检察长	聂卫新	武强县人民检察院检察长	吕新华
满城县人民检察院检察长	赵福顺	饶阳县人民检察院检察长	李兰生
清苑县人民检察院检察长	杨宗豪（代）	安平县人民检察院检察长	郑瑞华
易县人民检察院检察长	刘志刚	故城县人民检察院检察长	王占生
徐水县人民检察院检察长	腾秋安（代）	景县人民检察院检察长	常彦杰
涞源县人民检察院检察长	韩建强	阜城县人民检察院检察长	田 林
定兴县人民检察院检察长	刘宝山	**邢台市人民检察院检察长**	**张卷良**
顺平县人民检察院检察长	杨文萍（女）	桥东区人民检察院检察长	胡永奎
唐县人民检察院检察长	何俊乔（女）	桥西区人民检察院检察长	杲守强
望都县人民检察院检察长	何建刚	南宫市人民检察院检察长	董广生
涞水县人民检察院检察长	李玉龙	沙河市人民检察院检察长	姚献军
高阳县人民检察院检察长	张 炜（女）	邢台县人民检察院检察长	钱志民
安新县人民检察院检察长	王 宇	临城县人民检察院检察长	董文清
雄县人民检察院检察长	杨福增	内丘县人民检察院检察长	张掀坤
容城县人民检察院检察长	王立丁（代）	柏乡县人民检察院检察长	陈志刚
曲阳县人民检察院检察长	王 辉（代）	隆尧县人民检察院检察长	李少军
阜平县人民检察院检察长	孟良辉	任县人民检察院检察长	路恒福
博野县人民检察院检察长	李春青	南和县人民检察院检察长	苗永革（女）

宁晋县人民检察院检察长	许世峰	万柏林区人民检察院检察长	杨俊杰
巨鹿县人民检察院检察长	王德志	晋源区人民检察院检察长	常向东
新河县人民检察院检察长	要晓伟	古交市人民检察院检察长	田树平
广宗县人民检察院检察长	张雪彦	清徐县人民检察院检察长	王京江
平乡县人民检察院检察长	赵丽杰（女）	阳曲县人民检察院检察长	刘忠勇
威县人民检察院检察长	焦朝坤	娄烦县人民检察院检察长	孙向荣
清河县人民检察院检察长	吕登文	西峪地区人民检察院检察长	王宏亮
临西县人民检察院检察长	李晓波（女）	**大同市人民检察院检察长**	**霍永宁**
邯郸市人民检察院检察长	**王金国**	城区人民检察院检察长	韩　斌
丛台区人民检察院检察长	白新柱	矿区人民检察院检察长	张丽珍（女）
邯山区人民检察院检察长	王忠民	南郊区人民检察院检察长	冯志勇
复兴区人民检察院检察长	李秀连	新荣区人民检察院检察长	李易恩
峰峰矿区人民检察院检察长	韩文周	阳高县人民检察院检察长	韩贵福
武安市人民检察院检察长	曹子星	天镇县人民检察院检察长	王永明
邯郸县人民检察院检察长	余长江	广灵县人民检察院检察长	郭明哲
临漳县人民检察院检察长	韩世国	灵丘县人民检察院检察长	柳根宽
成安县人民检察院检察长	李清林	浑源县人民检察院检察长	靳玉祯
大名县人民检察院检察长	韩欣悦	左云县人民检察院检察长	苑曙光
涉县人民检察院检察长	郭宪中	大同县人民检察院检察长	杜玺元
磁县人民检察院检察长	蔡　玺	**朔州市人民检察院检察长**	**孙赞东**
肥乡县人民检察院检察长	黄亚军	朔城区人民检察院检察长	王吉贤
永年县人民检察院检察长	李建军	平鲁区人民检察院检察长	管　福
邱县人民检察院检察长	杨建生	山阴县人民检察院检察长	王　划
鸡泽县人民检察院检察长	赵海彬	应县人民检察院检察长	乔振文
广平县人民检察院检察长	毕骞晋	右玉县人民检察院检察长	吴占胜
馆陶县人民检察院检察长	任建民	怀仁县人民检察院检察长	梁海萍（女）
魏县人民检察院检察长	杨万庆	**阳泉市人民检察院检察长**	**胡克勤**
曲周县人民检察院检察长	申玉良	城区人民检察院检察长	张　启
		矿区人民检察院检察长	王永强

山西省

		郊区人民检察院检察长	贾建胜
		平定县人民检察院检察长	范海生
山西省人民检察院检察长	**王建明**	盂县人民检察院检察长	李锦宪
山西省人民检察院副检察长	**王满春**	荫营地区人民检察院检察长	叶晓利
	文晓平	**长治市人民检察院检察长**	**王建中**
	荣　彰	城区人民检察院检察长	史书义
	李　勃	郊区人民检察院检察长	张长兴
	曹改莲（女）	潞城市人民检察院检察长	张晓林
	严奴国	长治县人民检察院检察长	郜晋峰
太原市人民检察院检察长	**赵安灵**	襄垣县人民检察院检察长	郭建斌
杏花岭区人民检察院检察长	路效国	屯留县人民检察院检察长	魏国敏
小店区人民检察院检察长	王小燕（女）	平顺县人民检察院检察长	赵九大
迎泽区人民检察院检察长	何书生	黎城县人民检察院检察长	李皎明
尖草坪区人民检察院检察长	李根元	壶关县人民检察院检察长	王慧琴（女）

长子县人民检察院检察长	李 耀	曲沃县人民检察院检察长	贾凤岐
武乡县人民检察院检察长	史高峰	翼城县人民检察院检察长	张旭生
沁县人民检察院检察长	李国善	襄汾县人民检察院检察长	王福勇
沁源县人民检察院检察长	王东旭	洪洞县人民检察院检察长	刘俊明
晋城市人民检察院检察长	**张润才**	古县人民检察院检察长	李清秀
城区人民检察院检察长	赵贵炉	安泽县人民检察院检察长	杜振峰
高平市人民检察院检察长	赵仰政	浮山县人民检察院检察长	马兴元
泽州县人民检察院检察长	连雪堂	吉县人民检察院检察长	赵忠庆
沁水县人民检察院检察长	苏文革	乡宁县人民检察院检察长	张宁红
阳城县人民检察院检察长	王红玲（女）	蒲县人民检察院检察长	王登龙
陵川县人民检察院检察长	许关生	大宁县人民检察院检察长	张临生
晋普山地区人民检察院检察长	许凤荣	永和县人民检察院检察长	翟 海
忻州市人民检察院检察长	**王国宏**	隰县人民检察院检察长	曾新平
忻府区人民检察院检察长	牛 文	汾西县人民检察院检察长	刘俊茂
原平市人民检察院检察长	李秉玺	**运城市人民检察院检察长**	**郝跃伟**
定襄县人民检察院检察长	李书文	盐湖区人民检察院检察长	董兆庆
五台县人民检察院检察长	邢晋忻	永济市人民检察院检察长	杨富管
代县人民检察院检察长	田喜荣	河津市人民检察院检察长	朱文峰
繁峙县人民检察院检察长	（空缺）	芮城县人民检察院检察长	程建启
宁武县人民检察院检察长	栗俊岫	临猗县人民检察院检察长	吕茂川
静乐县人民检察院检察长	桑凡林	万荣县人民检察院检察长	刘少华
神池县人民检察院检察长	樊亚夫	新绛县人民检察院检察长	毛毓登
五寨县人民检察院检察长	郭耀庭	稷山县人民检察院检察长	鲁双良
岢岚县人民检察院检察长	安锐锋	闻喜县人民检察院检察长	张志坚
河曲县人民检察院检察长	郝贵清	夏县人民检察院检察长	段 浩
保德县人民检察院检察长	史秀云	绛县人民检察院检察长	王文荣
偏关县人民检察院检察长	徐晓兰（女）	平陆县人民检察院检察长	王战康
晋中市人民检察院检察长	**赵相成**	垣曲县人民检察院检察长	廉新纪
榆次区人民检察院检察长	张明武	董村地区人民检察院检察长	姚江华
介休市人民检察院检察长	干晋左	**吕梁市人民检察院检察长**	**张仲马**
榆社县人民检察院检察长	张群星	离石区人民检察院检察长	史晋斌
左权县人民检察院检察长	陈延延	孝义市人民检察院检察长	穆生富
和顺县人民检察院检察长	冯耀环	汾阳市人民检察院检察长	王太明
昔阳县人民检察院检察长	刘东升	文水县人民检察院检察长	段中梁
寿阳县人民检察院检察长	孟 勇	中阳县人民检察院检察长	薛晓云
太谷县人民检察院检察长	高 屹	兴县人民检察院检察长	林 毅
祁县人民检察院检察长	张如善	临县人民检察院检察长	高羊生
平遥县人民检察院检察长	魏智勇	方山县人民检察院检察长	王贵勇
灵石县人民检察院检察长	梁守义	柳林县人民检察院检察长	赵晓东
临汾市人民检察院检察长	**闫喜春**	岚县人民检察院检察长	刘新平
尧都区人民检察院检察长	董新平	交口县人民检察院检察长	薛金生
侯马市人民检察院检察长	王 华	交城县人民检察院检察长	白文兴
霍州市人民检察院检察长	张 俊	石楼县人民检察院检察长	张小玲（女）

山西省人民检察院太原铁路运输分院
检察长　　　　　　　　　　　　　　张双喜
大同铁路运输检察院检察长　　　　　南世勤
太原铁路运输检察院检察长　　　　　刘志军
临汾铁路运输检察院检察长　　　　　黄建华

内蒙古自治区

内蒙古自治区人民检察院检察长　　　邢宝玉
内蒙古自治区人民检察院副检察长　张　敏（女）
　　　　　　　　　　　　　　　　李茂林
　　　　　　　　　　　　　　　　郑锦春
呼和浩特市人民检察院检察长　　　　云布俊
新城区人民检察院检察长　　　　　胡　兰（女）
回民区人民检察院检察长　　　　　　闫政伟
玉泉区人民检察院检察长　　　　　　徐建斌
赛罕区人民检察院检察长　　　　　　云瑞鹏
托克托县人民检察院检察长　　　　　包吉林
武川县人民检察院检察长　　　　　　赵仟钧
和林格尔县人民检察院检察长　　　　查　干
清水河县人民检察院检察长　　　　　郭建华
土默特左旗人民检察院检察长　　　　修仕军
包头市人民检察院检察长　　　　　　乔青山
昆都仑区人民检察院检察长　　　　李世云（女）
东河区人民检察院检察长　　　　　　张少文
青山区人民检察院检察长　　　　　　李锡保
石拐区人民检察院检察长　　　　　　沈海秋
白云鄂博矿区人民检察院检察长　　　伏俊华
九原区人民检察院检察长　　　　　　石玉玺
固阳县人民检察院检察长　　　　　　韩向成
土默特右旗人民检察院检察长　　　　徐亚光
达尔罕茂明安联合旗人民检察院检察长　苏　德
包头稀土高新技术产业开发区人民检察
　院检察长　　　　　　　　　　　　钱亚洲
乌海市人民检察院检察长　　　　　　宝孟和
海勃湾区人民检察院检察长　　　　　段继荣
海南区人民检察院检察长　　　　　　魏玉柱
乌达区人民检察院检察长　　　　　　慕晓鹏
赤峰市人民检察院检察长　　　　　　张秀峰
红山区人民检察院检察长　　　　　　李金成
元宝山区人民检察院检察长　　　　　王占军
松山区人民检察院检察长　　　　　　潘喜龙
宁城县人民检察院检察长　　　　　　赵晓明

林西县人民检察院检察长　　　　　　张　栋
阿鲁科尔沁旗人民检察院检察长　　　韩　峰
巴林左旗人民检察院检察长　　　　　曲国峰
巴林右旗人民检察院检察长　　　　　吕鹏举
克什克腾旗人民检察院检察长　　　　徐国锋
翁牛特旗人民检察院检察长　　　　　王晓文
喀喇沁旗人民检察院检察长　　　　　尹玉臣
敖汉旗人民检察院检察长　　　　　　王慧泽
通辽市人民检察院检察长　　　　　　何　奇
科尔沁区人民检察院检察长　　　　　孙树军
霍林郭勒市人民检察院检察长　　　　刘文忠
开鲁县人民检察院检察长　　　　　　陈景忠
库伦旗人民检察院检察长　　　　　　潘　俊
奈曼旗人民检察院检察长　　　　　庄路轲（女）
扎鲁特旗人民检察院检察长　　　　　付　强
科尔沁左翼中旗人民检察院检察长　　邓广丰
科尔沁左翼后旗人民检察院检察长　　李玉良
呼伦贝尔市人民检察院检察长　　　　王汉武
海拉尔区人民检察院检察长　　　　　毛云恒
满洲里市人民检察院检察长　　　　　王希元
扎兰屯市人民检察院检察长　　　　　赵国章
牙克石市人民检察院检察长　　　　　孟昌光
根河市人民检察院检察长　　　　　　苗树成
额尔古纳市人民检察院检察长　　　　于建民
阿荣旗人民检察院检察长　　　　　　张雪岩
新巴尔虎右旗人民检察院检察长　　　白音巴拉
新巴尔虎左旗人民检察院检察长　　　白海清
陈巴尔虎旗人民检察院检察长　　　　冯伟卓
鄂伦春族自治旗人民检察院检察长　　邢占江
鄂温克族自治旗人民检察院检察长　　王殿元
莫力达瓦达斡尔族自治旗人民检察院
　检察长　　　　　　　　　　　　　李保华
满洲里市扎赉诺尔矿区人民检察院检
　察长　　　　　　　　　　　　　　杨振良
陈巴尔虎旗宝日希勒矿区人民检察院
　检察长　　　　　　　　　　　　　吴建民
鄂温克族自治旗大雁矿区人民检察院
　检察长　　　　　　　　　　　　　王永生
鄂伦春族自治旗大杨树地区人民检察
　院检察长　　　　　　　　　　　于建华（代）
鄂伦春族自治旗甘河地区人民检察院
　检察长　　　　　　　　　　　　　崔　杨
鄂尔多斯市人民检察院检察长　　　云　晓（女）

东胜区人民检察院检察长	乔占飞	苏尼特右旗人民检察院检察长	塔 娜(女)
达拉特旗人民检察院检察长	张万刚	东乌珠穆沁旗人民检察院检察长	达日汉夫
准格尔旗人民检察院检察长	贾昌兵	西乌珠穆沁旗人民检察院检察长	乌云毕力格
鄂托克前旗人民检察院检察长	菅志国	太仆寺旗人民检察院检察长	董建军
鄂托克旗人民检察院检察长	赵智明	镶黄旗人民检察院检察长	孙守臣
杭锦旗人民检察院检察长	弓斯迪	正镶白旗人民检察院检察长	李胜革
乌审旗人民检察院检察长	马韵波	正蓝旗人民检察院检察长	金建国
伊金霍洛旗人民检察院检察长	李唯东	**内蒙古自治区人民检察院阿拉善盟分院**	
乌兰察布市人民检察院检察长	**孙建民**	检察长	**董 贵**
集宁区人民检察院检察长	张亚平	阿拉善左旗人民检察院检察长	苏日图
丰镇市人民检察院检察长	李春济	阿拉善右旗人民检察院检察长	陶金玉
卓资县人民检察院检察长	姚志伟	额济纳旗人民检察院检察长	张尚明
化德县人民检察院检察长	周景国	**内蒙古自治区人民检察院呼和浩特铁路**	
商都县人民检察院检察长	张战英	运输分院检察长	**张富才**
兴和县人民检察院检察长	齐春雷	呼和浩特铁路运输检察院检察长	徐树山
凉城县人民检察院检察长	边 荣	包头铁路运输检察院检察长	霍建军
察哈尔右翼前旗人民检察院检察长	耿东风	集宁铁路运输检察院检察长	马炳和
察哈尔右翼中旗人民检察院检察长	吕建明	**小黑河地区人民检察院检察长**	**王 进**
察哈尔右翼后旗人民检察院检察长	郑瑞明	**保安沼地区人民检察院检察长**	**曲云清**
四子王旗人民检察院检察长	刘文辉		
巴彦淖尔市人民检察院检察长	**杜江涛**		

辽宁省

临河区人民检察院检察长	奇平祥		
五原县人民检察院检察长	王力军	辽宁省人民检察院检察长	肖 声
磴口县人民检察院检察长	何斯琴(女)	辽宁省人民检察院副检察长	闫建成
乌拉特前旗人民检察院检察长	杨利春		宋兴伟
乌拉特中旗人民检察院检察长	乌日图		胡 玉(女)
乌拉特后旗人民检察院检察长	苏远程		孙 黎
杭锦后旗人民检察院检察长	黄晨阳		吴 喆
内蒙古自治区人民检察院兴安盟分院			于 昆
检察长	**王秀春**	沈阳市人民检察院检察长	李 丰
乌兰浩特市人民检察院检察长	赵劲松	沈河区人民检察院检察长	王宇航
阿尔山市人民检察院检察长	张国庆	和平区人民检察院检察长	周 伟
突泉县人民检察院检察长	鲍国祥	大东区人民检察院检察长	郑允岐
科尔沁右翼前旗人民检察院检察长	郭玉发	皇姑区人民检察院检察长	黄 伟
科尔沁右翼中旗人民检察院检察长	韩哈斯	铁西区人民检察院检察长	史启林
扎赉特旗人民检察院检察长	李巴图	苏家屯区人民检察院检察长	徐宏捷
内蒙古自治区人民检察院锡林郭勒盟		东陵区人民检察院检察长	张晓力
分院检察长	**杨树林**	沈北新区人民检察院检察长	胡成山
锡林浩特市人民检察院检察长	韩平强	于洪区人民检察院检察长	张万军
二连浩特市人民检察院检察长	梁志坚	新民市人民检察院检察长	张丰才
多伦县人民检察院检察长	张艳军	辽中县人民检察院检察长	白敬实
阿巴嘎旗人民检察院检察长	米福利	康平县人民检察院检察长	石兴华
苏尼特左旗人民检察院检察长	伊拉图	法库县人民检察院检察长	张遂志

沈阳经济技术开发区人民检察院检察长	孙永利	溪湖区人民检察院检察长	秦晓杰（女）
沈阳高新技术产业开发区人民检察院		明山区人民检察院检察长	王建廷
检察长	朱　海	南芬区人民检察院检察长	赵　莉（女）
城郊地区人民检察院检察长	李亚光	本溪满族自治县人民检察院检察长	苏仲毅
朝阳市人民检察院检察长	**田家军**	桓仁满族自治县人民检察院检察长	李浩月
双塔区人民检察院检察长	盖永武	**辽阳市人民检察院检察长。**	**郑　辉**
龙城区人民检察院检察长	王　莹（女）	白塔区人民检察院检察长	冯　莹
北票市人民检察院检察长	穆德权	文圣区人民检察院检察长	曾宪琦
凌源市人民检察院检察长	罗　明	宏伟区人民检察院检察长	侯飞跃（女）
朝阳县人民检察院检察长	李国明	弓长岭区人民检察院检察长	韩志刚
建平县人民检察院检察长	蔡文兴	太子河区人民检察院检察长	刘永波（代）
喀喇沁左翼蒙古族自治县人民检察院检		灯塔市人民检察院检察长	许广龙
察长	景利伟	辽阳县人民检察院检察长	房德礼
城郊地区人民检察院检察长	戴亚江	城郊地区人民检察院检察长	兰艳平（女）
阜新市人民检察院检察长	**柳忠清**	**鞍山市人民检察院检察长**	**李开升**
细河区人民检察院检察长	杨　利	铁东区人民检察院检察长	李　勇
海州区人民检察院检察长	王志金	铁西区人民检察院检察长	王殿军
新邱区人民检察院检察长	徐晓波	立山区人民检察院检察长	孙巨博
太平区人民检察院检察长	张　剑	千山区人民检察院检察长	徐忠刚
清河门区人民检察院检察长	刘凤斌	海城市人民检察院检察长	王红日
彰武县人民检察院检察长	付海庭	台安县人民检察院检察长	王晋鲁
阜新蒙古族自治县人民检察院检察长	代　玲（女）	岫岩满族自治县人民检察院检察长	刘富民
铁岭市人民检察院检察长	**张顺元**	**丹东市人民检察院检察长**	**刘振兴**
银州区人民检察院检察长	王洪彬	振兴区人民检察院检察长	王学平
清河区人民检察院检察长	王忆祥	元宝区人民检察院检察长	常云龙
调兵山市人民检察院检察长	李广荣	振安区人民检察院检察长	邢永明
开原市人民检察院检察长	高海军	凤城市人民检察院检察长	范亚敏
铁岭县人民检察院检察长	薛桂芳（女）	东港市人民检察院检察长	王颖兰（女）
西丰县人民检察院检察长	刘铁军	宽甸满族自治县人民检察院检察长	孙继权
昌图县人民检察院检察长	付振和	**大连市人民检察院检察长**	**赵建伟**
抚顺市人民检察院检察长	**徐志飞**	西岗区人民检察院检察长	赵守才
顺城区人民检察院检察长	时为侠	中山区人民检察院检察长	王岩坡
新抚区人民检察院检察长	王　旭	沙河口区人民检察院检察长	路林勋
东洲区人民检察院检察长	谢连志	甘井子区人民检察院检察长	崔文胜
望花区人民检察院检察长	李　颜	旅顺口区人民检察院检察长	郑家为
抚顺县人民检察院检察长	任学庆	金州区人民检察院检察长	王　伟
新宾满族自治县人民检察院检察长	刘　莹（女）	瓦房店市人民检察院检察长	林　徽
清原满族自治县人民检察院检察长	孙绍杰	普兰店市人民检察院检察长	陈万德
抚顺经济技术开发区人民检察院检察长	梁乃峰	庄河市人民检察院检察长	林乐大
抚顺市矿区人民检察院检察长	曲　懿（女）	长海县人民检察院检察长	姜洪星
城郊地区人民检察院检察长	朱桂莲（女）	大连经济技术开发区人民检察院检察长	张连文
本溪市人民检察院检察长	**姜　科**	城郊地区人民检察院检察长	冯　涛
平山区人民检察院检察长	卢　晶（女）	**营口市人民检察院检察长**	**梅树清**

· 第十二部分 名 录 ·

站前区人民检察院检察长	王长余	辽河油田人民检察院检察长	张 悦
西市区人民检察院检察长	高 兵		
鲅鱼圈区人民检察院检察长	张继华	**吉林省**	
老边区人民检察院检察长	姜广勇		
大石桥市人民检察院检察长	王雨林	**吉林省人民检察院检察长**	**张金锁**
盖州市人民检察院检察长	刘 琪（女）		祝国治
城郊地区人民检察院检察长	王 鹏	**吉林省人民检察院副检察长**	**徐 明**
盘锦市人民检察院检察长	**刘铁鹰**		吕英儒
兴隆台区人民检察院检察长	刘荣志		张海胜
双台子区人民检察院检察长	张书合		李振华
大洼县人民检察院检察长	翟德理		吴玉琦（女）
盘山县人民检察院检察长	肖 俊		盛美军
城郊地区人民检察院检察长	王忠瑞	**长春市人民检察院检察长**	**陈凤超**
锦州市人民检察院检察长	**于守江**	南关区人民检察院检察长	平玉玺
太和区人民检察院检察长	钟 波	朝阳区人民检察院检察长	徐安怀
古塔区人民检察院检察长	王世元	宽城区人民检察院检察长	赵 军
凌河区人民检察院检察长	刘 洋	二道区人民检察院检察长	初连文
凌海市人民检察院检察长	王庆军	绿园区人民检察院检察长	刘志民
北镇市人民检察院检察长	张 丽（女）	双阳区人民检察院检察长	杨玉兰（女）
黑山县人民检察院检察长	孙月华	德惠市人民检察院检察长	李崇峰
义县人民检察院检察长	于 萍（女）	九台市人民检察院检察长	林晓光
经济技术开发区人民检察院检察长	赵万忱	榆树市人民检察院检察长	张颖彧
城郊地区人民检察院检察长	范 利	农安县人民检察院检察长	聂施恒
葫芦岛市人民检察院检察长	**慕 宁**	长春市汽车产业开发区人民检察院检察长	李岫春
龙港区人民检察院检察长	白银燕（女）	长春市经济技术开发区人民检察院检察长	王茂义
连山区人民检察院检察长	姜公臣	长春市高新技术开发区人民检察院检察长	张宏山
南票区人民检察院检察长	罗继双	城郊地区人民检察院检察长	卢 刚
兴城市人民检察院检察长	叶 蓬	**白城市人民检察院检察长**	**张喜林**
绥中县人民检察院检察长	刘海彬	洮北区人民检察院检察长	张跃云（女，代）
建昌县人民检察院检察长	杨忠伟	大安市人民检察院检察长	冯万林
辽宁省人民检察院沈阳铁路运输分院		洮南市人民检察院检察长	张国强
检察长	**倪吉盛**	镇赉县人民检察院检察长	张 华
沈阳铁路运输检察院检察长	张兆玉	通榆县人民检察院检察长	张绍福
大连铁路运输检察院检察长	李圣良	四方坨子人民检察院检察长	刘吉山
丹东铁路运输检察院检察长	李 伟	**松原市人民检察院检察长**	**吴长智**
锦州铁路运输检察院检察长	唐铁军	宁江区人民检察院检察长	关国军
长春铁路运输检察院检察长	张 锋	扶余县人民检察院检察长	谭继刚
吉林铁路运输检察院检察长	赵 军	长岭县人民检察院检察长	王首周
通辽铁路运输检察院检察长	曾庆新	乾安县人民检察院检察长	许柏峰
通化铁路运输检察院检察长	孙中兴	前郭尔罗斯蒙古族自治县人民检察院检	
图们铁路运输检察院检察长	冯文杰	察长	李文学
白城铁路运输检察院检察长	杜忠宝	**吉林市人民检察院检察长**	**谢茂田**
辽宁省人民检察院辽河油田分院检察长	**王爱军**	船营区人民检察院检察长	王爱民

龙潭区人民检察院检察长	贾圣光	龙井市人民检察院检察长	林永智
昌邑区人民检察院检察长	付　强	和龙市人民检察院检察长	金南浩
丰满区人民检察院检察长	赫　赤	汪清县人民检察院检察长	许龙范
磐石市人民检察院检察长	齐利民	安图县人民检察院检察长	韩应福
蛟河市人民检察院检察长	王　杨	**吉林省人民检察院延边林区分院检察长**	**张立华**
桦甸市人民检察院检察长	李　野	敦化林区人民检察院检察长	姜承军
舒兰市人民检察院检察长	原　满	大石头林区人民检察院检察长	李培宁
永吉县人民检察院检察长	杨　光	黄泥河林区人民检察院检察长	赵延民
吉林市高新技术开发区人民检察院检察长	朱红月	汪清林区人民检察院检察长	邢德志
城西地区人民检察院检察长	王跃臻	天桥岭林区人民检察院检察长	邢茂林
四平市人民检察院检察长	**李万山**	大兴沟林区人民检察院检察长	邹建新
铁西区人民检察院检察长	张志君	白河林区人民检察院检察长	杨　志
铁东区人民检察院检察长	戴守廉	和龙林区人民检察院检察长	史善斌
双辽市人民检察院检察长	薄守东	八家子林区人民检察院检察长	曹广林
公主岭市人民检察院检察长	王静彪	珲春林区人民检察院检察长	袁相宏
梨树县人民检察院检察长	（空缺）	**吉林省人民检察院白山林区分院**	
伊通满族自治县人民检察院检察长	（空缺）	**检察长**	
平东地区人民检察院检察长	（空缺）		**张书华（兼）**
辽源市人民检察院检察长	**刘志兵**	泉阳林区人民检察院检察长	田德彬
龙山区人民检察院检察长	周振利	松江河林区人民检察院检察长	连续军
西安区人民检察院检察长	赵俊峰	露水河林区人民检察院检察长	李树庆
东丰县人民检察院检察长	于伟光	三岔子林区人民检察院检察长	李　伟
东辽县人民检察院检察长	郭静波	临江林区人民检察院检察长	刘朝越
通化市人民检察院检察长	**薛国君**	湾沟林区人民检察院检察长	张海龙
东昌区人民检察院检察长	刁仁利	**吉林省人民检察院吉林林区分院检察长**	**何彦通**
二道江区人民检察院检察长	张君清	白石山林区人民检察院检察长	臧　琦
梅河口市人民检察院检察长	李志刚	红石林区人民检察院检察长	于长彦
集安市人民检察院检察长	崔胜实（女）		
通化县人民检察院检察长	许胜利	**黑龙江省**	
辉南县人民检察院检察长	姜景铭		
柳河县人民检察院检察长	柴国立	**黑龙江省人民检察院检察长**	**姜　伟**
白山市人民检察院检察长	**张书华**	**黑龙江省人民检察院副检察长**	**车承军**
浑江区人民检察院检察长	来立群		王　军
江源区人民检察院检察长	兰　波		**杨春雷**
临江市人民检察院检察长	王孝光		**张中华**
抚松县人民检察院检察长	赵玉珠	**哈尔滨市人民检察院检察长**	**孙克非**
靖宇县人民检察院检察长	林　勇	松北区人民检察院检察长	贺锡峰
长白朝鲜族自治县人民检察院检察长	孙振杰	道里区人民检察院检察长	姚恒经
延边朝鲜族自治州人民检察院检察长	**金光镇**	南岗区人民检察院检察长	刘达生
延吉市人民检察院检察长	朱一林	道外区人民检察院检察长	陈国湛
图们市人民检察院检察长	李柱善	香坊区人民检察院检察长	刘世波
敦化市人民检察院检察长	赵佰忠	平房区人民检察院检察长	刘宜俭
珲春市人民检察院检察长	金京日	呼兰区人民检察院检察长	孙长国

阿城区人民检察院检察长	卢亨喆	让胡路区人民检察院检察长	张洪利
双城市人民检察院检察长	韩凤华	大同区人民检察院检察长	张 斌
尚志市人民检察院检察长	杨孝清	红岗区人民检察院检察长	钟国庆
五常市人民检察院检察长	吕 清	肇州县人民检察院检察长	迟庆军
依兰县人民检察院检察长	李卓勋	肇源县人民检察院检察长	刘振魁
方正县人民检察院检察长	张玉明	林甸县人民检察院检察长	杨 威
宾县人民检察院检察长	关永吉（代）	杜尔伯特蒙古族自治县人民检察院检察长	姜凯志
巴彦县人民检察院检察长	王志福	大庆高新技术产业开发区人民检察院	
木兰县人民检察院检察长	李永志（代）	检察长	李儒彬
通河县人民检察院检察长	徐晓辉	**伊春市人民检察院检察长**	**聂生奎（代）**
延寿县人民检察院检察长	李 哲	伊春区人民检察院检察长	汪吉胜
滨江地区人民检察院检察长	王庆昆	南岔区人民检察院检察长	任凤忠
齐齐哈尔市人民检察院检察长	**王汝轩（代）**	友好区人民检察院检察长	温立君
建华区人民检察院检察长	李秀菲	西林区人民检察院检察长	王慧一
龙沙区人民检察院检察长	李宇光	翠峦区人民检察院检察长	李忠海
铁峰区人民检察院检察长	艾 勇	新青区人民检察院检察长	孟庆东
昂昂溪区人民检察院检察长	杨世鹏	美溪区人民检察院检察长	车志双
富拉尔基区人民检察院检察长	王 晶	金山屯区人民检察院检察长	赵志刚
碾子山区人民检察院检察长	赵福忠	五营区人民检察院检察长	何 利
梅里斯达斡尔族区人民检察院		乌马河区人民检察院检察长	于 伟
检察长		汤旺河区人民检察院检察长	张季林
	郝双春（女）	带岭区人民检察院检察长	华方君
讷河市人民检察院检察长	吴廷显	乌伊岭区人民检察院检察长	张铁峰
龙江县人民检察院检察长	李柏忠	红星区人民检察院检察长	田金荣
依安县人民检察院检察长	刘德强	上甘岭区人民检察院检察长	滕有才
泰来县人民检察院检察长	王孝明	铁力市人民检察院检察长	李富平
甘南县人民检察院检察长	李雪峰	嘉荫县人民检察院检察长	陈玉春
富裕县人民检察院检察长	刘 杨	双丰林区人民检察院检察长	郝 波
克山县人民检察院检察长	黄大力	铁力林区人民检察院检察长	彭文权
克东县人民检察院检察长	李 国	桃山林区人民检察院检察长	杨雪哲
拜泉县人民检察院检察长	王 艺	朗乡林区人民检察院检察长	周文峰
齐嫩地区人民检察院检察长	顾志祥	**鹤岗市人民检察院检察长**	**姜 廉**
黑河市人民检察院检察长	**赵英华**	向阳区人民检察院检察长	臧晓明
爱辉区人民检察院检察长	谷继军	兴山区人民检察院检察长	张文军
北安市人民检察院检察长	于树仁	工农区人民检察院检察长	肖红军
五大连池市人民检察院检察长	魏庆林	南山区人民检察院检察长	王桂艳（女）
嫩江县人民检察院检察长	曲钧杰	兴安区人民检察院检察长	于晓琳
逊克县人民检察院检察长	李江宏	东山区人民检察院检察长	张凤翔
孙吴县人民检察院检察长	王洪君	萝北县人民检察院检察长	尤丕琳
黑北地区人民检察院检察长	曹 军	绥滨县人民检察院检察长	姜铁成
大庆市人民检察院检察长	**陈德鹏**	**佳木斯市人民检察院检察长**	**李启凡**
萨尔图区人民检察院检察长	李宝山	前进区人民检察院检察长	吕伟东
龙凤区人民检察院检察长	刘力学	向阳区人民检察院检察长	朱闻喜

东风区人民检察院检察长	邹海峰	东宁县人民检察院检察长	郭书亮
郊区人民检察院检察长	周建国	林口县人民检察院检察长	邢艳安
同江市人民检察院检察长	张树伟	牡南地区人民检察院检察长	宋 江
富锦市人民检察院检察长	陈 强	**绥化市人民检察院检察长**	**闫 华**
桦南县人民检察院检察长	周绍忠	北林区人民检察院检察长	高乃谦
桦川县人民检察院检察长	刘涤非	安达市人民检察院检察长	刘仁杰
汤原县人民检察院检察长	张大赛	肇东市人民检察院检察长	经贵超
抚远县人民检察院检察长	佟 冶	海伦市人民检察院检察长	王双印
合江地区人民检察院检察长	唐加振	望奎县人民检察院检察长	杨富生
双鸭山市人民检察院检察长	**王 林**	兰西县人民检察院检察长	赵沂河
尖山区人民检察院检察长	钟瑞华（女）	青冈县人民检察院检察长	于建国
岭东区人民检察院检察长	王安忆	庆安县人民检察院检察长	刘喜江
四方台区人民检察院检察长	邢凯波	明水县人民检察院检察长	宋英德
宝山区人民检察院检察长	陈庆财	绥棱县人民检察院检察长	吕振元
集贤县人民检察院检察长	王振华	**黑龙江省人民检察院大兴安岭分院检察长**	**邹 鹏**
友谊县人民检察院检察长	王伟哲	呼玛县人民检察院检察长	魏永章
宝清县人民检察院检察长	王春福	塔河县人民检察院检察长	刘新生
饶河县人民检察院检察长	卢俊伟	漠河县人民检察院检察长	洪延伟
七台河市人民检察院检察长	**高伟力**	加格达奇区人民检察院检察长	赵德惠
桃山区人民检察院检察长	白福录	松岭区人民检察院检察长	王庆国
新兴区人民检察院检察长	张进学	新林区人民检察院检察长	李朝阳
茄子河区人民检察院检察长	李德喜	呼中区人民检察院检察长	王维国
勃利县人民检察院检察长	姜世兴	图强林区人民检察院检察长	吴书德
鸡西市人民检察院检察长	**高 杉**	阿木尔林区人民检察院检察长	徐殿学
鸡冠区人民检察院检察长	李秀琴（女）	十八站林区人民检察院检察长	孙希谦
恒山区人民检察院检察长	朱晓明	**黑龙江省人民检察院林区分院检察长**	**胡传义**
滴道区人民检察院检察长	张晓君	亚布力林区人民检察院检察长	陈克方
梨树区人民检察院检察长	王铁玉	沾河林区人民检察院检察长	李贵文
城子河区人民检察院检察长	王长林	兴隆林区人民检察院检察长	卓 君
麻山区人民检察院检察长	金连坤	鹤北林区人民检察院检察长	李 凯
虎林市人民检察院检察长	江吉成	东京城林区人民检察院检察长	胡相金
密山市人民检察院检察长	曲卫东	东方红林区人民检察院检察长	隋晓东
鸡东县人民检察院检察长	陈忠元	大海林区人民检察院检察长	李世铭
鸡台地区人民检察院检察长	汪海君	柴河林区人民检察院检察长	刘先根
牡丹江市人民检察院检察长	**阎世斌**	绥阳林区人民检察院检察长	叶永福
东安区人民检察院检察长	吴德毅	方正林区人民检察院检察长	徐遮民
爱民区人民检察院检察长	崔 珣（女）	苇河林区人民检察院检察长	董秀婕（女）
阳明区人民检察院检察长	周景国	山河屯林区人民检察院检察长	韩 非
西安区人民检察院检察长	张雪彤	绥棱林区人民检察院检察长	（空缺）
穆棱市人民检察院检察长	马进群	桦南林区人民检察院检察长	赵 凡
绥芬河市人民检察院检察长	刘德胜	穆棱林区人民检察院检察长	姜雪龙
海林市人民检察院检察长	刘 伟	海林林区人民检察院检察长	高燕军
宁安市人民检察院检察长	陈科军	通北林区人民检察院检察长	王静波

清河林区人民检察院检察长	孙润雨	宝山区人民检察院检察长	林　立
鹤立林区人民检察院检察长	王禹基	嘉定区人民检察院检察长	陆建强
双鸭山林区人民检察院检察长	刘维增	浦东新区人民检察院检察长	陈宝富
林口林区人民检察院检察长	周立博	金山区人民检察院检察长	龚培华
迎春林区人民检察院检察长	孙立新	松江区人民检察院检察长	徐金贵
八面通林区人民检察院检察长	马大力	青浦区人民检察院检察长	徐燕平
黑龙江省人民检察院农垦区分院检察长	（空缺）	奉贤区人民检察院检察长	孙　静（女）
红兴隆农垦区人民检察院检察长	刘　斌	崇明县人民检察院检察长	陈　明
宝泉岭农垦区人民检察院检察长	白柏林	浦东新区张江地区人民检察院检察长	许岳平
建三江农垦区人民检察院检察长	施　卉	军天湖农场区人民检察院检察长	杨恒祥
牡丹江农垦区人民检察院检察长	唐　健	白茅岭农场区人民检察院检察长	（空缺）
北安农垦区人民检察院检察长	孙登志	四岔河农场区人民检察院检察长	肖裕国
九三农垦区人民检察院检察长	李桂祥	川东农场区人民检察院检察长	（空缺）
齐齐哈尔农垦区人民检察院检察长	程远兴	青东农场区人民检察院检察长	何方荣
绥化农垦区人民检察院检察长	杨建华	**上海市人民检察院上海铁路运输分院**	
黑龙江省人民检察院哈尔滨铁路运输		**检察长**	苏华平
分院检察长	万　野	南京铁路运输检察院检察长	黄永铭
哈尔滨铁路运输检察院检察长	于俊和	上海铁路运输检察院检察长	谈信友
齐齐哈尔铁路运输检察院检察长	刘林阁	杭州铁路运输检察院检察长	石建国
牡丹江铁路运输检察院检察长	孙成毅	蚌埠铁路运输检察院检察长	杨益群（女）
佳木斯铁路运输检察院检察长	张　喆	徐州铁路运输检察院检察长	程锐锋
海拉尔铁路运输检察院检察长	刘博才		

上海市

江苏省

上海市人民检察院检察长	陈　旭	江苏省人民检察院检察长	徐　安
上海市人民检察院副检察长	李培龙	江苏省人民检察院副检察长	方晓林
	余啸波		陈剑虹
	郑鲁宁		邵建东
	许佩琴（女）		王方林
	柳小秋（女）	南京市人民检察院检察长	葛晓燕（女,代）
上海市人民检察院第一分院检察长	叶　青	玄武区人民检察院检察长	王少华
上海市人民检察院第二分院检察长	陈辐宽	白下区人民检察院检察长	薛　薇（女）
黄浦区人民检察院检察长	戴国建	秦淮区人民检察院检察长	郑　侃
卢湾区人民检察院检察长	王润生	建邺区人民检察院检察长	葛　冰
徐汇区人民检察院检察长	储国樑	鼓楼区人民检察院检察长	田跃初
长宁区人民检察院检察长	严明华	下关区人民检察院检察长	陆晓敏
静安区人民检察院检察长	罗昌平	浦口区人民检察院检察长	杨建萍（女）
普陀区人民检察院检察长	周骏如	六合区人民检察院检察长	王珍祥
闸北区人民检察院检察长	曾　勉	栖霞区人民检察院检察长	黄晓非
虹口区人民检察院检察长	周福明	雨花台区人民检察院检察长	张宁生
杨浦区人民检察院检察长	岳　杨	江宁区人民检察院检察长	王　俊
闵行区人民检察院检察长	潘祖全	溧水县人民检察院检察长	倪一斌
		高淳县人民检察院检察长	朱　赫

徐州市人民检察院检察长	**徐华成**	响水县人民检察院检察长	童加舟
云龙区人民检察院检察长	韩卫东	建湖县人民检察院检察长	胡立东
鼓楼区人民检察院检察长	蒋新生	大中地区人民检察院检察长	许正胜
贾汪区人民检察院检察长	曲 旭	**扬州市人民检察院检察长**	**闵正兵（代）**
泉山区人民检察院检察长	张成刚	维扬区人民检察院检察长	钱晓宝
邳州市人民检察院检察长	朱新南	广陵区人民检察院检察长	陈 俊
新沂市人民检察院检察长	孙 晋	邗江区人民检察院检察长	王亚民
铜山县人民检察院检察长	张成学	仪征市人民检察院检察长	张井宏
睢宁县人民检察院检察长	吴为民	江都市人民检察院检察长	于 力
沛县人民检察院检察长	佟光喜	高邮市人民检察院检察长	鞠 进
丰县人民检察院检察长	姚 辉	宝应县人民检察院检察长	李春青
连云港市人民检察院检察长	**朱 斌**	**泰州市人民检察院检察长**	**陈 勤**
新浦区人民检察院检察长	袁惠堂	海陵区人民检察院检察长	沙建国
连云区人民检察院检察长	孙志才	高港区人民检察院检察长	张 蓉（女）
海州区人民检察院检察长	李仲仪	靖江市人民检察院检察长	何建明
赣榆县人民检察院检察长	万树早（代）	泰兴市人民检察院检察长	蔡红卫
灌云县人民检察院检察长	郑云龙	姜堰市人民检察院检察长	童连芳
东海县人民检察院检察长	陆建国	兴化市人民检察院检察长	陆红梅（女）
灌南县人民检察院检察长	张克晓	**南通市人民检察院检察长**	**王向红**
宿迁市人民检察院检察长	**王 鹏**	崇川区人民检察院检察长	李 希（女）
宿城区人民检察院检察长	（空缺）	港闸区人民检察院检察长	毛 喆
宿豫区人民检察院检察长	王昌翔	通州区人民检察院检察长	李建国
沭阳县人民检察院检察长	刘俊祥（代）	海门市人民检察院检察长	严尚军
泗阳县人民检察院检察长	谢兆宝（代）	启东市人民检察院检察长	瞿 忠
泗洪县人民检察院检察长	徐卫东	如皋市人民检察院检察长	唐旭东
洪泽湖地区人民检察院检察长	仲淮滨	如东县人民检察院检察长	顾祖林
淮安市人民检察院检察长	**林伟明**	海安县人民检察院检察长	崔 勇
清河区人民检察院检察长	杨小平	南通市经济技术开发区人民检察院检察长	陈志泉
清浦区人民检察院检察长	刘 淮	**镇江市人民检察院检察长**	**蒋伟亮**
楚州区人民检察院检察长	徐蔚敏（女,代）	京口区人民检察院检察长	柳建华
淮阴区人民检察院检察长	黄学东	润州区人民检察院检察长	叶志发
金湖县人民检察院检察长	毛文博	丹徒区人民检察院检察长	高春荣
盱眙县人民检察院检察长	张建龙	扬中市人民检察院检察长	倪艳平（女）
洪泽县人民检察院检察长	范秋云（女）	丹阳市人民检察院检察长	景双彬
涟水县人民检察院检察长	王 刚	句容市人民检察院检察长	毛康林
盐城市人民检察院检察长	**唐元高**	镇江市经济技术开发区人民检察院	
亭湖区人民检察院检察长	吕志平	检察长	朱国忠
盐都区人民检察院检察长	张永娣（女）	湾山地区人民检察院检察长	张 斌
东台市人民检察院检察长	杨海滨	**常州市人民检察院检察长**	**邵长生**
大丰市人民检察院检察长	李 勤（女）	新北区人民检察院检察长	韩筱筠（女）
射阳县人民检察院检察长	姚 图	钟楼区人民检察院检察长	徐逸峰
阜宁县人民检察院检察长	徐 定	天宁区人民检察院检察长	范荣生
滨海县人民检察院检察长	张春山	戚墅堰区人民检察院检察长	蒋国强

武进区人民检察院检察长	金万新	滨江区人民检察院检察长	陆 珉
金坛市人民检察院检察长	王亚明	余杭区人民检察院检察长	程曙明
溧阳市人民检察院检察长	许岳华	萧山区人民检察院检察长	方新建
社渚竹簧地区人民检察院检察长	蔡和方	临安市人民检察院检察长	罗有顺
无锡市人民检察院检察长	**袁金彪**	富阳市人民检察院检察长	吕金芳
崇安区人民检察院检察长	李 赢	建德市人民检察院检察长	方顺才
南长区人民检察院检察长	胡洪平	桐庐县人民检察院检察长	郑建军
北塘区人民检察院检察长	张 媛(女)	淳安县人民检察院检察长	张哲峰
滨湖区人民检察院检察长	谢石飞	余杭临平地区人民检察院检察长	程曙明(兼)
惠山区人民检察院检察长	徐盛希	**湖州市人民检察院检察长**	**黄生林**
锡山区人民检察院检察长	黄懿斌	吴兴区人民检察院检察长	刘突飞
江阴市人民检察院检察长	丁正红	南浔区人民检察院检察长	戴立新
宜兴市人民检察院检察长	王玉珏	长兴县人民检察院检察长	吴志兴
无锡市开发区人民检察院检察长	陆剑凌	德清县人民检察院检察长	潘如新
苏州市人民检察院检察长	**王君悦**	安吉县人民检察院检察长	王武良
金阊区人民检察院检察长	朱 晓(代)	**嘉兴市人民检察院检察长**	**孙厚祥**
沧浪区人民检察院检察长	俞军民	南湖区人民检察院检察长	杜克强
平江区人民检察院检察长	皇甫觉新	秀洲区人民检察院检察长	黄 敏(女)
虎丘区人民检察院检察长	顾雪荣(代)	平湖市人民检察院检察长	郭军毅
吴中区人民检察院检察长	王建华	海宁市人民检察院检察长	陈建钢
相城区人民检察院检察长	钱云华	桐乡市人民检察院检察长	宋 跃
吴江市人民检察院检察长	朱文瑞	嘉善县人民检察院检察长	赵陆鸣
昆山市人民检察院检察长	薛国骏	海盐县人民检察院检察长	李 越
太仓市人民检察院检察长	徐 翔	**舟山市人民检察院检察长**	**周招社**
常熟市人民检察院检察长	林步东	定海区人民检察院检察长	虞英波
张家港市人民检察院检察长	钱根源	普陀区人民检察院检察长	王良军
苏州工业园区人民检察院检察长	薛盘霖	岱山县人民检察院检察长	王 彬
		嵊泗县人民检察院检察长	任建兴

浙江省

		宁波市人民检察院检察长	**陈长华**
		海曙区人民检察院检察长	陈 奋(女)
浙江省人民检察院检察长	陈云龙	江东区人民检察院检察长	周如郁(女)
浙江省人民检察院副检察长	何永星	江北区人民检察院检察长	高 杰
	庄建南	北仑区人民检察院检察长	李 钟
	刘建国	镇海区人民检察院检察长	吴巧森
	刘晓刚	鄞州区人民检察院检察长	华志苗
	顾雪飞	慈溪市人民检察院检察长	陈贺评
	张雪樵	余姚市人民检察院检察长	吴武忠
杭州市人民检察院检察长	**吴春莲(女)**	奉化市人民检察院检察长	毛纪华
拱墅区人民检察院检察长	邱关林	宁海县人民检察院检察长	沈海东
上城区人民检察院检察长	李森红(女)	象山县人民检察院检察长	吕海庆
下城区人民检察院检察长	潘松萍	宁波市大榭开发区人民检察院检察长	于国利
江干区人民检察院检察长	余国利	**绍兴市人民检察院检察长**	**胡东林**
西湖区人民检察院检察长	张 鸣	越城区人民检察院检察长	钱昌夫

诸暨市人民检察院检察长	苗 勇	苍南县人民检察院检察长	陈贤木
上虞市人民检察院检察长	周慧娟（女）	**丽水市人民检察院检察长**	**陈海鹰**
嵊州市人民检察院检察长	丁 飞	莲都区人民检察院检察长	王小刚
绍兴县人民检察院检察长	王荣彪	龙泉市人民检察院检察长	阙建平
新昌县人民检察院检察长	周 江	缙云县人民检察院检察长	吴林雄
衢州市人民检察院检察长	**金连山**	青田县人民检察院检察长	姚建峰
柯城区人民检察院检察长	黄耀奎	云和县人民检察院检察长	蔡建彧
衢江区人民检察院检察长	夏海涛	遂昌县人民检察院检察长	陈洪敏
江山市人民检察院检察长	陈国珠（女）	松阳县人民检察院检察长	朱小刚
常山县人民检察院检察长	郑慧胜	庆元县人民检察院检察长	谢云生
开化县人民检察院检察长	柯耀庚	景宁畲族自治县人民检察院检察长	夏逸敏
龙游县人民检察院检察长	吴 江		

安徽省

金华市人民检察院检察长	**毛建岳**	**安徽省人民检察院检察长**	**崔 伟**
婺城区人民检察院检察长	吴兰芳（女）	**安徽省人民检察院副检察长**	**陈怀安**
金东区人民检察院检察长	章宏军		**刘铁流**
兰溪市人民检察院检察长	徐洪彬		**鲍国友**
永康市人民检察院检察长	王宪峰（代）		**翟高潮**
义乌市人民检察院检察长	傅新民（代）		**高宗祥**
东阳市人民检察院检察长	徐仲军		
武义县人民检察院检察长	孙伟庆		
浦江县人民检察院检察长	方旭东	**合肥市人民检察院检察长**	**满铭安**
磐安县人民检察院检察长	汤向明	蜀山区人民检察院检察长	葛凤勤（女）
台州市人民检察院检察长	**黄秋生**	庐阳区人民检察院检察长	晏维友
椒江区人民检察院检察长	孙文彬	瑶海区人民检察院检察长	崔 萍（女）
黄岩区人民检察院检察长	戴 平	包河区人民检察院检察长	沈朝晖
路桥区人民检察院检察长	郑舟生	长丰县人民检察院检察长	左学和
临海市人民检察院检察长	黄钢亮	肥东县人民检察院检察长	李昌文
温岭市人民检察院检察长	虞 彪	肥西县人民检察院检察长	杨 兴
三门县人民检察院检察长	周尧正	城郊地区人民检察院检察长	苏仕球
天台县人民检察院检察长	张影雯（女）	合肥市高新技术产业开发区人民检察院	
仙居县人民检察院检察长	潘万贵	检察长	闫丹慧
玉环县人民检察院检察长	陈 青	**宿州市人民检察院检察长**	**张晓光**
温州市人民检察院检察长	**李泽明**	埇桥区人民检察院检察长	沈雪（女）
鹿城区人民检察院检察长	张纯亮	砀山县人民检察院检察长	胡崇实
龙湾区人民检察院检察长	陈士民	萧县人民检察院检察长	祝 冰
瓯海区人民检察院检察长	陈寿国	灵璧县人民检察院检察长	刘 擎（代）
瑞安市人民检察院检察长	王美鹏	泗县人民检察院检察长	杜艾洲
乐清市人民检察院检察长	梅山群	**淮北市人民检察院检察长**	**徐从锋**
永嘉县人民检察院检察长	林长汉	相山区人民检察院检察长	韦群庆
文成县人民检察院检察长	潘 勇	杜集区人民检察院检察长	崔兰军
平阳县人民检察院检察长	赵卫华	烈山区人民检察院检察长	张 忠
泰顺县人民检察院检察长	宣章良	濉溪县人民检察院检察长	施洪波
洞头县人民检察院检察长	金 依（女）	**阜阳市人民检察院检察长**	**陈 斌**

颍州区人民检察院检察长	石　磊	镜湖区人民检察院检察长	吴　敏
颍东区人民检察院检察长	丁　雷	弋江区人民检察院检察长	张先明
颍泉区人民检察院检察长	王家章	三山区人民检察院检察长	毕道群
界首市人民检察院检察长	田海林	鸠江区人民检察院检察长	陈胜天
临泉县人民检察院检察长	袁维彬	芜湖县人民检察院检察长	李晓玲（女）
太和县人民检察院检察长	赵亚东	繁昌县人民检察院检察长	马　卫
阜南县人民检察院检察长	朱兰清	南陵县人民检察院检察长	梁英斌
颍上县人民检察院检察长	艾　民	**铜陵市人民检察院检察长**	**张建军**
亳州市人民检察院检察长	**陶芳德**	铜官山区人民检察院检察长	俞　斌
谯城区人民检察院检察长	胡献春	狮子山区人民检察院检察长	管　杰
涡阳县人民检察院检察长	白　岩	郊区人民检察院检察长	夏乐安
蒙城县人民检察院检察长	梁德友	铜陵县人民检察院检察长	储　杨
利辛县人民检察院检察长	王效林	**安庆市人民检察院检察长**	**杨积满**
蚌埠市人民检察院检察长	**王永法**	大观区人民检察院检察长	柴　慎
蚌山区人民检察院检察长	樊志刚	迎江区人民检察院检察长	张伍梅
龙子湖区人民检察院检察长	张景胜	宜秀区人民检察院检察长	张造林
禹会区人民检察院检察长	王俊峰	桐城市人民检察院检察长	陶　元
淮上区人民检察院检察长	王　伟	怀宁县人民检察院检察长	杜象平
怀远县人民检察院检察长	杨敬扣	枞阳县人民检察院检察长	杨　靖（女）
五河县人民检察院检察长	张　野	潜山县人民检察院检察长	孙庆健
固镇县人民检察院检察长	汪邦玉	太湖县人民检察院检察长	何宏志
淮南市人民检察院检察长	**许治安**	宿松县人民检察院检察长	金落实
田家庵区人民检察院检察长	孙黎明	望江县人民检察院检察长	徐光华
大通区人民检察院检察长	李文敏	岳西县人民检察院检察长	吴才广
谢家集区人民检察院检察长	余正清	**黄山市人民检察院检察长**	**朱　俊**
八公山区人民检察院检察长	芮红军	屯溪区人民检察院检察长	张辉春
潘集区人民检察院检察长	张　鸣	黄山区人民检察院检察长	占斗星
凤台县人民检察院检察长	查政权	徽州区人民检察院检察长	胡　敏（女）
滁州市人民检察院检察长	**郑　光**	歙县人民检察院检察长	王绩城
琅琊区人民检察院检察长	陈少辉	休宁县人民检察院检察长	姚　勤
南谯区人民检察院检察长	卫晓霞（女）	黟县人民检察院检察长	毛建国
明光市人民检察院检察长	周寿忠	祁门县人民检察院检察长	臧世凯
天长市人民检察院检察长	张　斌	**六安市人民检察院检察长**	**张　棉**
来安县人民检察院检察长	吴　杰	金安区人民检察院检察长	石耀辉
全椒县人民检察院检察长	喻尊晏（女）	裕安区人民检察院检察长	邵　蔚
定远县人民检察院检察长	吴　伟	寿县人民检察院检察长	张文波
凤阳县人民检察院检察长	周红玉（女，代）	霍邱县人民检察院检察长	甄长建
马鞍山市人民检察院检察长	**魏邦贵**	舒城县人民检察院检察长	程宗林
花山区人民检察院检察长	冷玉梅（女）	金寨县人民检察院检察长	葛宜林
雨山区人民检察院检察长	干警非	霍山县人民检察院检察长	王维法
金家庄区人民检察院检察长	陈先银	**巢湖市人民检察院检察长**	**朱新武**
当涂县人民检察院检察长	龙家胜	居巢区人民检察院检察长	胡　斌
芜湖市人民检察院检察长	**胡胜友（代）**	庐江县人民检察院检察长	刘仁华

无为县人民检察院检察长	夏必桃（女）	平潭县人民检察院检察长	施建清
含山县人民检察院检察长	陈善华	鼓山地区人民检察院检察长	吴钟夏
和县人民检察院检察长	潘乔山	**南平市人民检察院检察长**	**娄彩敏**
池州市人民检察院检察长	**张 兵（代）**	延平区人民检察院检察长	李少峰
贵池区人民检察院检察长	唐志恩	邵武市人民检察院检察长	陈 旭
东至县人民检察院检察长	盛叶春	武夷山市人民检察院检察长	危庆辉
石台县人民检察院检察长	赵 恺	建瓯市人民检察院检察长	赵朝晖
青阳县人民检察院检察长	余文庆	建阳市人民检察院检察长	徐 斌
宣城市人民检察院检察长	**谢效珉（代）**	顺昌县人民检察院检察长	黄剑标
宣州区人民检察院检察长	卞东胜	浦城县人民检察院检察长	陈 斌
宁国市人民检察院检察长	吴小明	光泽县人民检察院检察长	洪运华
郎溪县人民检察院检察长	冯兴吾	松溪县人民检察院检察长	蔡振银（女）
广德县人民检察院检察长	徐大鹏	政和县人民检察院检察长	林忠怀
泾县人民检察院检察长	张迎春	**三明市人民检察院检察长**	**林丽玲（女）**
旌德县人民检察院检察长	尚昌虎	梅列区人民检察院检察长	罗建平
绩溪县人民检察院检察长	汪祥林	三元区人民检察院检察长	罗鸣春
安徽省白湖人民检察院检察长	祝胜应	永安市人民检察院检察长	李剑平
安徽省南湖人民检察院检察长	曹建德	明溪县人民检察院检察长	黄小斌
安徽省九成坂人民检察院检察长	洪卫东	清流县人民检察院检察长	乐绍勇
		宁化县人民检察院检察长	黄金丹（女）
		大田县人民检察院检察长	杨良文
福建省		尤溪县人民检察院检察长	余海波
		沙县人民检察院检察长	邱良植
福建省人民检察院检察长	**倪英达**	将乐县人民检察院检察长	谢复兴
福建省人民检察院副检察长	**何小敏**	泰宁县人民检察院检察长	陈国梁
	顾卫兵	建宁县人民检察院检察长	李新华
	郑京水	**莆田市人民检察院检察长**	**吴超英**
	林贻影	城厢区人民检察院检察长	陈 宁
	李明蓉（女）	涵江区人民检察院检察长	刘天星
	黄德安	荔城区人民检察院检察长	蒋福华
	王乃坚	秀屿区人民检察院检察长	朱伟平
福州市人民检察院检察长	**陈承平**	仙游县人民检察院检察长	蔡剑风
鼓楼区人民检察院检察长	叶爱国	**泉州市人民检察院检察长**	**李 建**
台江区人民检察院检察长	林 航	丰泽区人民检察院检察长	黄文铃
仓山区人民检察院检察长	陈秀云	鲤城区人民检察院检察长	程和平
马尾区人民检察院检察长	林 荣	洛江区人民检察院检察长	张维劲
晋安区人民检察院检察长	柯华强	泉港区人民检察院检察长	朱永峰
福清市人民检察院检察长	陈秋官	石狮市人民检察院检察长	张温龙
长乐市人民检察院检察长	严孟灿	晋江市人民检察院检察长	陈建安
闽侯县人民检察院检察长	卢志坚	南安市人民检察院检察长	陈世炎
连江县人民检察院检察长	郑龙清	惠安县人民检察院检察长	陈建强
罗源县人民检察院检察长	吴仰晗（女）	安溪县人民检察院检察长	许金约
闽清县人民检察院检察长	兰跃林	永春县人民检察院检察长	苏子凡
永泰县人民检察院检察长	郭有旭		

德化县人民检察院检察长	林建平	江西省人民检察院副检察长	薛江武（女）
厦门市人民检察院检察长	**林永星**		段景来
思明区人民检察院检察长	戴修俊		李　智
海沧区人民检察院检察长	张国丰		张国轩
湖里区人民检察院检察长	林育清		**罗晓泉**
集美区人民检察院检察长	吴华峰	**南昌市人民检察院检察长**	**沙闻麟**
同安区人民检察院检察长	洪智勇	东湖区人民检察院检察长	郭云水
翔安区人民检察院检察长	张尚清	西湖区人民检察院检察长	涂平贵
漳州市人民检察院检察长	**王鲁军**	青云谱区人民检察院检察长	余声汉
芗城区人民检察院检察长	苏李津	湾里区人民检察院检察长	詹太健
龙文区人民检察院检察长	吴文松	青山湖区人民检察院检察长	易志华
龙海市人民检察院检察长	周跃武	南昌县人民检察院检察长	张振川
云霄县人民检察院检察长	张亚明	新建县人民检察院检察长	刘献榜
漳浦县人民检察院检察长	胡亚金	安义县人民检察院检察长	刘立娜（女）
诏安县人民检察院检察长	刘锦太	进贤县人民检察院检察长	罗祥发
长泰县人民检察院检察长	柯立伟	南昌高新技术产业开发区人民检察院	
东山县人民检察院检察长	曾有才	检察长	徐仁杰
南靖县人民检察院检察长	林文井	南昌经济技术开发区人民检察院检察长	王林才
平和县人民检察院检察长	刘英俊	长堎地区人民检察院检察长	刘　敏
华安县人民检察院检察长	马　宁	**九江市人民检察院检察长**	**韩德胜**
龙岩市人民检察院检察长	**欧秀珠（女）**	浔阳区人民检察院检察长	吴义祥
新罗区人民检察院检察长	李加冰	庐山区人民检察院检察长	李修江
漳平市人民检察院检察长	陈日金	瑞昌市人民检察院检察长	彭　中
长汀县人民检察院检察长	胡毅杰	九江县人民检察院检察长	王建民
永定县人民检察院检察长	戴宇明	武宁县人民检察院检察长	向正荣
上杭县人民检察院检察长	张剑亮	修水县人民检察院检察长	陈新河
武平县人民检察院检察长	江　涛	永修县人民检察院检察长	王纪良
连城县人民检察院检察长	邓伟斌	德安县人民检察院检察长	肖　军
青草盂地区人民检察院检察长	柳春军	星子县人民检察院检察长	蔡官华
宁德市人民检察院检察长	**邬勇雷**	都昌县人民检察院检察长	彭文忠
蕉城区人民检察院检察长	杨明松	湖口县人民检察院检察长	姜金河
福安市人民检察院检察长	叶建飞	彭泽县人民检察院检察长	曹　繁
福鼎市人民检察院检察长	毋寿明	九江市共青地区人民检察院检察长	伍建平
寿宁县人民检察院检察长	张文杰	庐山人民检察院检察长	高学华
霞浦县人民检察院检察长	黄振朝	**景德镇市人民检察院检察长**	**徐胜平**
柘荣县人民检察院检察长	李启新	昌江区人民检察院检察长	伍　强
屏南县人民检察院检察长	林梓芳	珠山区人民检察院检察长	计新明
古田县人民检察院检察长	张聿雄	乐平市人民检察院检察长	王其建
周宁县人民检察院检察长	林　琦	浮梁县人民检察院检察长	朱璀琳（女）
		浮南地区人民检察院检察长	郑志刚

江西省

		鹰潭市人民检察院检察长	**熊金文**
		月湖区人民检察院检察长	杨高生
江西省人民检察院检察长	曾页九	贵溪市人民检察院检察长	方　成

余江县人民检察院检察长	王　湖	珠湖地区人民检察院检察长	吴建新
新余市人民检察院检察长	**蔡　田**	**抚州市人民检察院检察长**	**刘　炽**
渝水区人民检察院检察长	刘　云(代)	临川区人民检察院检察长	李仲学
分宜县人民检察院检察长	欧阳峰(代)	南城县人民检察院检察长	邹时来
望城工矿区人民检察院检察长	林小华	黎川县人民检察院检察长	熊惠光
萍乡市人民检察院检察长	**何　刚**	南丰县人民检察院检察长	蔡伟明
安源区人民检察院检察长	杨青林	崇仁县人民检察院检察长	周华阶
湘东区人民检察院检察长	程　杰	乐安县人民检察院检察长	何新华
莲花县人民检察院检察长	周克纯	宜黄县人民检察院检察长	陶英华(女)
上栗县人民检察院检察长	周连春	金溪县人民检察院检察长	雷　鸣
芦溪县人民检察院检察长	金景明	资溪县人民检察院检察长	傅壮伟
赣州市人民检察院检察长	**胡火箭(代)**	东乡县人民检察院检察长	衷建军
章贡区人民检察院检察长	吕端胜	广昌县人民检察院检察长	丁旴平
瑞金市人民检察院检察长	邓荣平	**宜春市人民检察院检察长**	**熊少健**
南康市人民检察院检察长	雷贻辉	袁州区人民检察院检察长	汤　萍(女)
赣县人民检察院检察长	肖征琦	丰城市人民检察院检察长	袁剑波
信丰县人民检察院检察长	赖黎明	樟树市人民检察院检察长	王小平
大余县人民检察院检察长	郭复彬	高安市人民检察院检察长	刘小平
上犹县人民检察院检察长	熊　程	奉新县人民检察院检察长	姜　彬
崇义县人民检察院检察长	蔡晓荣	万载县人民检察院检察长	王小龙
安远县人民检察院检察长	方立春	上高县人民检察院检察长	钱　骞
龙南县人民检察院检察长	马维新	宜丰县人民检察院检察长	卢小林
定南县人民检察院检察长	江　炜	靖安县人民检察院检察长	郑法才
全南县人民检察院检察长	王小荣	铜鼓县人民检察院检察长	杨　文
宁都县人民检察院检察长	陈京东	新华地区人民检察院检察长	任共华
于都县人民检察院检察长	谭年荣	**吉安市人民检察院检察长**	**谢　健**
兴国县人民检察院检察长	练继祥	吉州区人民检察院检察长	肖　键
会昌县人民检察院检察长	杜世助	青原区人民检察院检察长	王志军
寻乌县人民检察院检察长	陈新生	井冈山市人民检察院检察长	王　斌
石城县人民检察院检察长	林豪煜	吉安县人民检察院检察长	肖耀明
上饶市人民检察院检察长	**黄严宏**	吉水县人民检察院检察长	李康康
信州区人民检察院检察长	杨今才	峡江县人民检察院检察长	郭勉飞
德兴市人民检察院检察长	王照林	新干县人民检察院检察长	蔡新茂
上饶县人民检察院检察长	于靖南	永丰县人民检察院检察长	(空缺)
广丰县人民检察院检察长	吴伯翔	泰和县人民检察院检察长	刘林如
玉山县人民检察院检察长	汪建明	遂川县人民检察院检察长	宋智敏
铅山县人民检察院检察长	江健生	万安县人民检察院检察长	李干民
横峰县人民检察院检察长	郑章根	安福县人民检察院检察长	张银发
弋阳县人民检察院检察长	刘志勇	永新县人民检察院检察长	刘崇幼
余干县人民检察院检察长	章春明	**江西省人民检察院南昌铁路运输分院**	
鄱阳县人民检察院检察长	王长风	**　　检察长**	**丁高保**
万年县人民检察院检察长	吴　磊	南昌铁路运输检察院检察长	董　波
婺源县人民检察院检察长	郑良军	福州铁路运输检察院检察长	冯路平

山东省

山东省人民检察院检察长	国家森
山东省人民检察院副检察长	马永胜
	李少华(女)
	王　建
	周立军
	吕　涛
	李占国
济南市人民检察院检察长	**郭鲁生**
市中区人民检察院检察长	刘　春
历下区人民检察院检察长	宋新龙
槐荫区人民检察院检察长	张笑剑(代)
天桥区人民检察院检察长	韩　清
历城区人民检察院检察长	亓　浩
长清区人民检察院检察长	张　生
章丘市人民检察院检察长	辛全龙
平阴县人民检察院检察长	耿宝金
济阳县人民检察院检察长	吴　强
商河县人民检察院检察长	曲立春
济南市高新技术产业开发区人民检察院	
检察长	蒋忠平
城郊地区人民检察院检察长	孙进力
聊城市人民检察院检察长	**王　晨**
东昌府区人民检察院检察长	刘　勇
临清市人民检察院检察长	赵培林
阳谷县人民检察院检察长	王勇军
莘县人民检察院检察长	李进国
茌平县人民检察院检察长	邵景良
东阿县人民检察院检察长	隋　军
冠县人民检察院检察长	李纯广
高唐县人民检察院检察长	靖传忠
德州市人民检察院检察长	**丁福祥**
德城区人民检察院检察长	张利智
乐陵市人民检察院检察长	刘崇利
禹城市人民检察院检察长	李春江
陵县人民检察院检察长	李秀政
平原县人民检察院检察长	王宝庆
夏津县人民检察院检察长	姚永志
武城县人民检察院检察长	李景平
齐河县人民检察院检察长	何万国
临邑县人民检察院检察长	戴志军

宁津县人民检察院检察长	梁志宝
庆云县人民检察院检察长	范素霞(女)
东营市人民检察院检察长	**马英川**
东营区人民检察院检察长	李金宝
河口区人民检察院检察长	宋继圣
垦利县人民检察院检察长	刘忠太
利津县人民检察院检察长	王海鹰
广饶县人民检察院检察长	李守勤
淄博市人民检察院检察长	**马爱国**
张店区人民检察院检察长	牟春雷
淄川区人民检察院检察长	毕玉宝
博山区人民检察院检察长	王学强
临淄区人民检察院检察长	韩　敏
周村区人民检察院检察长	翟淑深
桓台县人民检察院检察长	万　华
高青县人民检察院检察长	刘恩泉
沂源县人民检察院检察长	赵长琳
淄博高新技术开发区人民检察院检察长	李家玉
城郊地区人民检察院检察长	刘洪海
潍坊市人民检察院检察长	**王卫东**
奎文区人民检察院检察长	王常青
潍城区人民检察院检察长	刘利宁
寒亭区人民检察院检察长	李俊杰
坊子区人民检察院检察长	王建利
安丘市人民检察院检察长	周金明
昌邑市人民检察院检察长	张　杰
高密市人民检察院检察长	邓树刚
青州市人民检察院检察长	高文军
诸城市人民检察院检察长	宋修栋
寿光市人民检察院检察长	王春吉
临朐县人民检察院检察长	张素敏(女)
昌乐县人民检察院检察长	李学军
城郊地区人民检察院检察长	梁　栩
烟台市人民检察院检察长	**李建新**
莱山区人民检察院检察长	王宏伟
芝罘区人民检察院检察长	王莫中
福山区人民检察院检察长	都新建
牟平区人民检察院检察长	刘明水
栖霞市人民检察院检察长	郑昌河
海阳市人民检察院检察长	陈　勇
龙口市人民检察院检察长	毕红光
莱阳市人民检察院检察长	李富宁
莱州市人民检察院检察长	徐志涛

蓬莱市人民检察院检察长	隋玉利	沂南县人民检察院检察长	臧得勇（代）
招远市人民检察院检察长	王嘉林	临沭县人民检察院检察长	王军廷
长岛县人民检察院检察长	林兰剑	**枣庄市人民检察院检察长**	**于家珍**
烟台市经济技术开发区人民检察院检察长	王培海	薛城区人民检察院检察长	赵　勇
威海市人民检察院检察长	**姜修健（女）**	市中区人民检察院检察长	李　斐
环翠区人民检察院检察长	孟　莲（女）	峄城区人民检察院检察长	曹茂法
荣成市人民检察院检察长	姜　勇	台儿庄区人民检察院检察长	周文珂
乳山市人民检察院检察长	毕新状	山亭区人民检察院检察长	张　伟
文登市人民检察院检察长	芮海波	滕州市人民检察院检察长	陈　东
威海火炬高技术产业开发区人民检察院检察长	王　健	**济宁市人民检察院检察长**	**张庆建**
		市中区人民检察院检察长	王宜海
威海经济技术开发区人民检察院检察长	耿建忠	任城区人民检察院检察长	张　斌
青岛市人民检察院检察长	**董以志**	曲阜市人民检察院检察长	谷　峪
市南区人民检察院检察长	薛振环	兖州市人民检察院检察长	郝　峰
市北区人民检察院检察长	王同庆	邹城市人民检察院检察长	孙东海
四方区人民检察院检察长	李克英	微山县人民检察院检察长	徐　新（女）
黄岛区人民检察院检察长	王大海	鱼台县人民检察院检察长	张则伟
崂山区人民检察院检察长	高明诚	金乡县人民检察院检察长	梁忠凯
城阳区人民检察院检察长	高　林	嘉祥县人民检察院检察长	王聿连
李沧区人民检察院检察长	杨光辉	汶上县人民检察院检察长	殷宪龙
胶州市人民检察院检察长	牟永和	泗水县人民检察院检察长	刘宏武
即墨市人民检察院检察长	陶卫东	梁山县人民检察院检察长	张义民
平度市人民检察院检察长	程宏谟	城郊地区人民检察院检察长	刘汉瑞
胶南市人民检察院检察长	栾成章	**泰安市人民检察院检察长**	**胡宗智**
莱西市人民检察院检察长	毛永强	泰山区人民检察院检察长	刘　民
日照市人民检察院检察长	**巩盛昌**	岱岳区人民检察院检察长	姚红秋（女）
东港区人民检察院检察长	陈为永	新泰市人民检察院检察长	黄建民
岚山区人民检察院检察长	高月清（代）	肥城市人民检察院检察长	张宏伟
五莲县人民检察院检察长	武传忠（代）	宁阳县人民检察院检察长	王序东
莒县人民检察院检察长	管锡露	东平县人民检察院检察长	卜静波（女）
日照市经济开发区人民检察院检察长	李建鸣（女）	泰安高新技术产业开发区人民检察院检察长	王敬政
临沂市人民检察院检察长	**张振忠（代）**	**莱芜市人民检察院检察长**	**郝广谦**
兰山区人民检察院检察长	王正海	莱城区人民检察院检察长	陈艺英
罗庄区人民检察院检察长	张玉新	钢城区人民检察院检察长	焦念强
河东区人民检察院检察长	赵琰琳（女）	**滨州市人民检察院检察长**	**赵继明**
郯城县人民检察院检察长	张宗涛	滨城区人民检察院检察长	刘源吉
苍山县人民检察院检察长	王纪起	惠民县人民检察院检察长	程志民
莒南县人民检察院检察长	苏　波	阳信县人民检察院检察长	马肃之
沂水县人民检察院检察长	朱广胜	无棣县人民检察院检察长	王俊民
蒙阴县人民检察院检察长	高文韶	沾化县人民检察院检察长	于　波
平邑县人民检察院检察长	曹卫军	博兴县人民检察院检察长	牛向阳
费县人民检察院检察长	张西军	邹平县人民检察院检察长	邹长恩

菏泽市人民检察院检察长	朱庆安（代）	灵宝市人民检察院检察长	杨红岩
牡丹区人民检察院检察长	张敬艳	渑池县人民检察院检察长	陈三奇
曹县人民检察院检察长	周文伟	陕县人民检察院检察长	王 峰
定陶县人民检察院检察长	吴三军	卢氏县人民检察院检察长	赵 荣
成武县人民检察院检察长	郑建生	洛阳市人民检察院检察长	种松志
单县人民检察院检察长	许澎涛	西工区人民检察院检察长	孙小军
巨野县人民检察院检察长	辛同军	老城区人民检察院检察长	李学华
郓城县人民检察院检察长	韩文进	瀍河回族区人民检察院检察长	牛宏伟
鄄城县人民检察院检察长	李爱国	涧西区人民检察院检察长	张 伟
东明县人民检察院检察长	张新德	吉利区人民检察院检察长	张新潮
菏泽经济开发区人民检察院检察长	杨依柱	洛龙区人民检察院检察长	宋胜杰
山东省人民检察院济南铁路运输分院		偃师市人民检察院检察长	蔡金良
检察长	刘日平	孟津县人民检察院检察长	谢晓阳
济南铁路运输检察院检察长	周传信	新安县人民检察院检察长	张金海
青岛铁路运输检察院检察长	徐荣初	栾川县人民检察院检察长	李汝浦
		嵩县人民检察院检察长	杨建刚
		汝阳县人民检察院检察长	赵宝红（女）
		宜阳县人民检察院检察长	刘赤炜

河南省

		洛宁县人民检察院检察长	郭现营
河南省人民检察院检察长	蔡 宁	伊川县人民检察院检察长	韩春阳
河南省人民检察院副检察长	张国臣	洛阳高新技术产业开发区人民检察院	
	李晋华	检察长	马治民
	贺恒扬	焦作市人民检察院检察长	胡保钢
	兰荣增	解放区人民检察院检察长	郭跃进
	贾世民	山阳区人民检察院检察长	林贵保
	牛学理	中站区人民检察院检察长	漆泽民
郑州市人民检察院检察长	杨祖伟	马村区人民检察院检察长	刘卫星
中原区人民检察院检察长	李伟杰	孟州市人民检察院检察长	王 勇（女）
二七区人民检察院检察长	梁 平	沁阳市人民检察院检察长	聂全武
管城回族区人民检察院检察长	吴景禹	修武县人民检察院检察长	刘 青
金水区人民检察院检察长	宁建海	博爱县人民检察院检察长	郑新年
上街区人民检察院检察长	程振胜	武陟县人民检察院检察长	张春峰
惠济区人民检察院检察长	裴文典	温县人民检察院检察长	王良坡
新郑市人民检察院检察长	翁 波	新乡市人民检察院检察长	阎河川
登封市人民检察院检察长	马玉东	卫滨区人民检察院检察长	邢吉顺
新密市人民检察院检察长	王 青（女）	红旗区人民检察院检察长	张 郁
巩义市人民检察院检察长	耿 红（女）	凤泉区人民检察院检察长	董 颖（女）
荥阳市人民检察院检察长	丁铁梅（女）	牧野区人民检察院检察长	卫安钢
中牟县人民检察院检察长	张捍卫	卫辉市人民检察院检察长	王 刚（代）
郑州高新技术产业开发区人民检察院		辉县市人民检察院检察长	王 峰
检察长	王 伟	新乡县人民检察院检察长	蔡 利（代）
三门峡市人民检察院检察长	张永键	获嘉县人民检察院检察长	任常明
湖滨区人民检察院检察长	杨 森	原阳县人民检察院检察长	刘 鹰
义马市人民检察院检察长	水宝泉		

延津县人民检察院检察长	安新生（代）	宁陵县人民检察院检察长	赵祖生
封丘县人民检察院检察长	卢玉峰	睢县人民检察院检察长	赵维冠
长垣县人民检察院检察长	唐建伟（代）	夏邑县人民检察院检察长	徐爱国
鹤壁市人民检察院检察长	**阎兴振**	柘城县人民检察院检察长	宋新法
淇滨区人民检察院检察长	（空缺）	**许昌市人民检察院检察长**	**张湘衡**
山城区人民检察院检察长	刘可民	魏都区人民检察院检察长	杨喜民
鹤山区人民检察院检察长	方国民	禹州市人民检察院检察长	殷志力
浚县人民检察院检察长	张春凯	长葛市人民检察院检察长	王 柯
淇县人民检察院检察长	许怀林	许昌县人民检察院检察长	任国强
安阳市人民检察院检察长	**高进学**	鄢陵县人民检察院检察长	李书勤（女）
北关区人民检察院检察长	李建军	襄城县人民检察院检察长	郑建民
文峰区人民检察院检察长	王 飞	**漯河市人民检察院检察长**	**赵顺宗**
殷都区人民检察院检察长	刘河泉	郾城区人民检察院检察长	袁 东
龙安区人民检察院检察长	赵保钢	源汇区人民检察院检察长	孙留喜
林州市人民检察院检察长	王劲晓	召陵区人民检察院检察长	郁梦喜
安阳县人民检察院检察长	肖建钢（代）	舞阳县人民检察院检察长	翟金林
汤阴县人民检察院检察长	路畅勇（代）	临颍县人民检察院检察长	王春华（女）
滑县人民检察院检察长	郝东生（代）	**平顶山市人民检察院检察长**	**刘新年**
内黄县人民检察院检察长	田万祥	新华区人民检察院检察长	任书铭
濮阳市人民检察院检察长	**郭建新**	卫东区人民检察院检察长	郭毅然
华龙区人民检察院检察长	乔永成	湛河区人民检察院检察长	张鹏飞
清丰县人民检察院检察长	张东升	石龙区人民检察院检察长	王建军
南乐县人民检察院检察长	赵西永	舞钢市人民检察院检察长	马国兴
范县人民检察院检察长	（空缺）	汝州市人民检察院检察长	乔义恩
台前县人民检察院检察长	赵子红	宝丰县人民检察院检察长	王明文
濮阳县人民检察院检察长	王方垠	叶县人民检察院检察长	刘新义
开封市人民检察院检察长	**张志超**	鲁山县人民检察院检察长	马东光
鼓楼区人民检察院检察长	冯建国（代）	郏县人民检察院检察长	徐遂根
龙亭区人民检察院检察长	李建义	**南阳市人民检察院检察长**	**刘在贤**
顺河回族区人民检察院检察长	石超亭（代）	卧龙区人民检察院检察长	梁跃进
禹王台区人民检察院检察长	唐 勇（代）	宛城区人民检察院检察长	王金荣（女）
金明区人民检察院检察长	王 剑（代）	邓州市人民检察院检察长	杜海宛
杞县人民检察院检察长	肖亚群（代）	南召县人民检察院检察长	齐 杰
通许县人民检察院检察长	宗永恒（代）	方城县人民检察院检察长	梁志敏
尉氏县人民检察院检察长	王 斌	西峡县人民检察院检察长	王伯钦
开封县人民检察院检察长	马全兴	镇平县人民检察院检察长	杜春江
兰考县人民检察院检察长	马华民	内乡县人民检察院检察长	胡殿信
商丘市人民检察院检察长	**王广军**	淅川县人民检察院检察长	李 毅
梁园区人民检察院检察长	吴 阳	社旗县人民检察院检察长	赵新强
睢阳区人民检察院检察长	林 红（女）	唐河县人民检察院检察长	刘海恩
永城市人民检察院检察长	路 鸣	新野县人民检察院检察长	曹建煜
虞城县人民检察院检察长	廉金英	桐柏县人民检察院检察长	冯景合
民权县人民检察院检察长	闫富强	**信阳市人民检察院检察长**	**刘建国**

浉河区人民检察院检察长	朱明义		王铁民
平桥区人民检察院检察长	熊建中		郑 青(女)
息县人民检察院检察长	彭宗海		许发民
淮滨县人民检察院检察长	张焕群	**武汉市人民检察院检察长**	孙应征
潢川县人民检察院检察长	徐晓明	江岸区人民检察院检察长	黄定海(代)
光山县人民检察院检察长	黄立鹏	江汉区人民检察院检察长	胡 捷
固始县人民检察院检察长	黄金山	硚口区人民检察院检察长	江巧云(女)
商城县人民检察院检察长	聂家君	汉阳区人民检察院检察长	金 鑫
罗山县人民检察院检察长	曹建华(女)	武昌区人民检察院检察长	王为民
新县人民检察院检察长	余 立	青山区人民检察院检察长	吴家峰
周口市人民检察院检察长	**禹星轸(代)**	洪山区人民检察院检察长	张继生
川汇区人民检察院检察长	朱自军	东西湖区人民检察院检察长	张汉杰
项城市人民检察院检察长	薄玉龙	汉南区人民检察院检察长	薛建颖(代)
扶沟县人民检察院检察长	郭 煜	蔡甸区人民检察院检察长	陈晓华(女)
西华县人民检察院检察长	郭金玉	江夏区人民检察院检察长	李小平
商水县人民检察院检察长	闫 勇	黄陂区人民检察院检察长	王海滨
太康县人民检察院检察长	范东亚	新洲区人民检察院检察长	查日平
鹿邑县人民检察院检察长	张松树	武汉市经济技术开发区人民检察院	
郸城县人民检察院检察长	顾 涛	检察长	常家爽
淮阳县人民检察院检察长	钱 诚	武汉东湖新技术开发区人民检察院	
沈丘县人民检察院检察长	周 威	检察长	邹建强
驻马店市人民检察院检察长	**李庆照**	城郊地区人民检察院检察长	张振国
驿城区人民检察院检察长	李奎卿	**十堰市人民检察院检察长**	**白章龙**
确山县人民检察院检察长	张海成	茅箭区人民检察院检察长	赵晓军
泌阳县人民检察院检察长	聂旭光	张湾区人民检察院检察长	徐宜斌
遂平县人民检察院检察长	闫 宝	丹江口市人民检察院检察长	万华庭
西平县人民检察院检察长	孟卫民	郧县人民检察院检察长	章海明
上蔡县人民检察院检察长	郭东升	竹山县人民检察院检察长	陆庆华
汝南县人民检察院检察长	黎梅香(女)	房县人民检察院检察长	伍兴海
平舆县人民检察院检察长	戴海建	郧西县人民检察院检察长	杨砚华
新蔡县人民检察院检察长	苏管学	竹溪县人民检察院检察长	尤兴品
正阳县人民检察院检察长	梁卫东	**襄阳市人民检察院检察长**	**彭胜坤**
河南省人民检察院济源分院检察长	**马修道**	襄城区人民检察院检察长	邹进康(代)
济源市人民检察院检察长	李宏民	樊城区人民检察院检察长	柳振华(代)
河南省人民检察院郑州铁路运输分院检		襄州区人民检察院检察长	叶先国
察长	**刘玉生**	老河口市人民检察院检察长	张欲晓
郑州铁路运输检察院检察长	杜永召	枣阳市人民检察院检察长	徐 东
洛阳铁路运输检察院检察长	杨保国	宜城市人民检察院检察长	胡芝春(代)
		南漳县人民检察院检察长	毛 伟(代)
		谷城县人民检察院检察长	王天稚
		保康县人民检察院检察长	李乡生

湖北省

		襄阳市高新技术产业开发区人民检察院	
湖北省人民检察院检察长	**敬大力**	检察长	肖 劲
湖北省人民检察院副检察长	**徐汉明**		

城郊地区人民检察院检察长	赵介富	崇阳县人民检察院检察长	朱希辉
荆门市人民检察院检察长	**刘光圣**	通山县人民检察院检察长	汪 隽
东宝区人民检察院检察长	欧阳可能	**荆州市人民检察院检察长**	**廖焱清**
掇刀区人民检察院检察长	卢良恳	沙市区人民检察院检察长	张家荣
钟祥市人民检察院检察长	黄明振	荆州区人民检察院检察长	夏叶林
沙洋县人民检察院检察长	刘天尧	石首市人民检察院检察长	聂祖美
京山县人民检察院检察长	官书云	洪湖市人民检察院检察长	张立宪
沙洋地区人民检察院检察长	刘尚君	松滋市人民检察院检察长	刘新洲
孝感市人民检察院检察长	**吴天宝**	江陵县人民检察院检察长	何山权
孝南区人民检察院检察长	张水学	公安县人民检察院检察长	杨昌桂（女）
应城市人民检察院检察长	雷 超	监利县人民检察院检察长	易贤准（代）
安陆市人民检察院检察长	周 伦	江北地区人民检察院检察长	周明洪
汉川市人民检察院检察长	程世明	**宜昌市人民检察院检察长**	**孙光骏**
孝昌县人民检察院检察长	胡 军	西陵区人民检察院检察长	范启敬
大悟县人民检察院检察长	龙华桥	伍家岗区人民检察院检察长	秦长友
云梦县人民检察院检察长	李 红（女）	点军区人民检察院检察长	汪文明
黄冈市人民检察院检察长	**黄六洲**	猇亭区人民检察院检察长	郑祥萍（女）
黄州区人民检察院检察长	易孝猛	夷陵区人民检察院检察长	田安友
麻城市人民检察院检察长	王国友	枝江市人民检察院检察长	李长红
武穴市人民检察院检察长	肖 波	宜都市人民检察院检察长	马晓黎
红安县人民检察院检察长	刘松青	当阳市人民检察院检察长	胡继坤
罗田县人民检察院检察长	沈向阳	远安县人民检察院检察长	陈杨林
英山县人民检察院检察长	董 昌（代）	兴山县人民检察院检察长	陈 侃
浠水县人民检察院检察长	喻艳如	秭归县人民检察院检察长	杨玉超
蕲春县人民检察院检察长	皮怀宇	长阳土家族自治县人民检察院检察长	李永华
黄梅县人民检察院检察长	杨 戩	五峰土家族自治县人民检察院检察长	冯 毅
团风县人民检察院检察长	李明柏	葛洲坝区人民检察院检察长	雷慧斌
鄂州市人民检察院检察长	**古 峰**	三峡坝区人民检察院检察长	李朝平
鄂城区人民检察院检察长	汪元金	**随州市人民检察院检察长**	**严红兵**
梁子湖区人民检察院检察长	何池生（代）	曾都区人民检察院检察长	陈国平
华容区人民检察院检察长	姚文忠（代）	广水市人民检察院检察长	潘 旭
黄石市人民检察院检察长	**杨武力**	随县人民检察院检察长	徐德超
下陆区人民检察院检察长	刘先德	**湖北省人民检察院汉江分院检察长**	**罗堂庆**
黄石港区人民检察院检察长	朱自启	仙桃市人民检察院检察长	颜其顺
西塞山区人民检察院检察长	刘金明	天门市人民检察院检察长	李序军
铁山区人民检察院检察长	王海峰	潜江市人民检察院检察长	周少宏
大冶市人民检察院检察长	袁群荣（女）	神农架林区人民检察院检察长	雷爱民
阳新县人民检察院检察长	万国东	**恩施土家族苗族自治州人民检察院**	
咸宁市人民检察院检察长	**鲁尔英（女）**	**检察长**	**石荣春**
咸安区人民检察院检察长	万 军	恩施市人民检察院检察长	刘全生
赤壁市人民检察院检察长	陈金保	利川市人民检察院检察长	房晓军
嘉鱼县人民检察院检察长	蒋志强	建始县人民检察院检察长	田崇忠
通城县人民检察院检察长	王义军	巴东县人民检察院检察长	郑雪松

宣恩县人民检察院检察长	朱志鸿	桃源县人民检察院检察长	柳立武
咸丰县人民检察院检察长	詹晓红（女,代）	石门县人民检察院检察长	荣 明
来凤县人民检察院检察长	刘仕华（代）	白洋堤地区人民检察院检察长	汪建保
鹤峰县人民检察院检察长	向朝敏	**益阳市人民检察院检察长**	**刘清生**
湖北省人民检察院武汉铁路运输分院		赫山区人民检察院检察长	易镇鑫
检察长	**肖知选**	资阳区人民检察院检察长	白 峰
武汉铁路运输检察院检察长	牛忠喜	沅江市人民检察院检察长	王 贤
襄樊铁路运输检察院检察长	倪勇毅	南县人民检察院检察长	王国余
		桃江县人民检察院检察长	肖新阶
		安化县人民检察院检察长	符大欣
		大通湖管理区人民检察院	王善谋
湖南省		**岳阳市人民检察院检察长**	**朱必达**
湖南省人民检察院检察长	龚佳禾	岳阳楼区人民检察院检察长	彭新文
湖南省人民检察院副检察长	吴立明	君山区人民检察院检察长	许乐平
	周世雄	云溪区人民检察院检察长	李建军
	卢乐云	汨罗市人民检察院检察长	徐迪辉
	常智余	临湘市人民检察院检察长	杨 晖
	白贵泉	岳阳县人民检察院检察长	段德平
	黎光明	华容县人民检察院检察长	付仲秋
	印仕柏	湘阴县人民检察院检察长	汤尧光
长沙市人民检察院检察长	**陈邵纯**	平江县人民检察院检察长	廖良忠
岳麓区人民检察院检察长	彭建华	屈原管理区人民检察院检察长	徐立泉
芙蓉区人民检察院检察长	周亚红（女）	荆剑地区人民检察院	余国宏
天心区人民检察院检察长	凌 云	**株洲市人民检察院检察长**	**魏启敏**
开福区人民检察院检察长	丁晓波	天元区人民检察院检察长	刘新文
雨花区人民检察院检察长	盛 磊	荷塘区人民检察院检察长	彭物明
浏阳市人民检察院检察长	陈立民	芦淞区人民检察院检察长	周小刚
长沙县人民检察院检察长	刘革强	石峰区人民检察院检察长	杨瑞斌
望城县人民检察院检察长	胡飞虎	醴陵市人民检察院检察长	李 大
宁乡县人民检察院检察长	谭剑辉	株洲县人民检察院检察长	陈毅清
星城地区人民检察院检察长	谭学军	攸县人民检察院检察长	王友武
张家界市人民检察院检察长	**曲科平**	茶陵县人民检察院检察长	周育平
永定区人民检察院检察长	刘三阳	炎陵县人民检察院检察长	刘永初
武陵源区人民检察院检察长	鲁礼平	湘潭市人民检察院检察长	潘爱民
慈利县人民检察院检察长	高云峰	岳塘区人民检察院检察长	陈文忠
桑植县人民检察院检察长	罗湘平	雨湖区人民检察院检察长	黄革跃
常德市人民检察院检察长	**陈海波**	湘乡市人民检察院检察长	张伟民
武陵区人民检察院检察长	田建中	韶山市人民检察院检察长	王建湘
鼎城区人民检察院检察长	汪泽云	湘潭县人民检察院检察长	曹海平
津市市人民检察院检察长	谢正平	**衡阳市人民检察院检察长**	**李 平**
安乡县人民检察院检察长	张美权	蒸湘区人民检察院检察长	黄茂林（女）
汉寿县人民检察院检察长	靳湘辉	雁峰区人民检察院检察长	王生元
澧县人民检察院检察长	苏基云	珠晖区人民检察院检察长	刘中柱
临澧县人民检察院检察长	卜兴炎		

石鼓区人民检察院检察长	贺晓斌	隆回县人民检察院检察长	唐志军
南岳区人民检察院检察长	贺安凡	洞口县人民检察院检察长	宋志刚
常宁市人民检察院检察长	董谢云	绥宁县人民检察院检察长	戴哲建
耒阳市人民检察院检察长	左才轩	新宁县人民检察院检察长	刘南霞（女）
衡阳县人民检察院检察长	杨晓春	城步苗族自治县人民检察院检察长	张小林
衡南县人民检察院检察长	陈文新	**怀化市人民检察院检察长**	**尹冠林**
衡山县人民检察院检察长	王一平	鹤城区人民检察院检察长	谭建菊（女）
衡东县人民检察院检察长	曾志平	洪江市人民检察院检察长	孙满红
祁东县人民检察院检察长	李波林	沅陵县人民检察院检察长	张立波
上堡地区人民检察院检察长	潭颂荣	辰溪县人民检察院检察长	刘永荫
华新地区人民检察院检察长	黄龙庆	溆浦县人民检察院检察长	米双文
郴州市人民检察院检察长	**王勋爵（代）**	中方县人民检察院检察长	田昌喜
北湖区人民检察院检察长	许建辉	会同县人民检察院检察长	刘 岗
苏仙区人民检察院检察长	李辉美	麻阳苗族自治县人民检察院检察长	董小韵
资兴市人民检察院检察长	曹三毛	新晃侗族自治县人民检察院检察长	黄 翔
桂阳县人民检察院检察长	朱志雄	芷江侗族自治县人民检察院检察长	江 超
永兴县人民检察院检察长	唐小琳	靖州苗族侗族自治县人民检察院检察长	杨 铧
宜章县人民检察院检察长	罗志卫	通道侗族自治县人民检察院检察长	向远江
嘉禾县人民检察院检察长	胡永庆	怀化市洪江人民检察院检察长	李泽龙
临武县人民检察院检察长	徐湘龙	**娄底市人民检察院检察长**	**刘孙承**
汝城县人民检察院检察长	汪德华	娄星区人民检察院检察长	梁巨热（女）
桂东县人民检察院检察长	王郴林	冷水江市人民检察院检察长	朱纪文
安仁县人民检察院检察长	林贵平	涟源市人民检察院检察长	刘雄辉
永州市人民检察院检察长	**王蓟零**	双峰县人民检察院检察长	梁飞跃
冷水滩区人民检察院检察长	章陵邵	新化县人民检察院检察长	刘新潮
零陵区人民检察院检察长	冯湘琳（女）	**湘西土家族苗族自治州人民检察院检察长**	**曾新善**
东安县人民检察院检察长	屈春苟	吉首市人民检察院检察长	李卫国
道县人民检察院检察长	蒋江陵	泸溪县人民检察院检察长	向宽宇
宁远县人民检察院检察长	刘繁荣	凤凰县人民检察院检察长	杨良文
江永县人民检察院检察长	胡远陵	花垣县人民检察院检察长	高从军
蓝山县人民检察院检察长	唐筱勇	保靖县人民检察院检察长	杨明礼
新田县人民检察院检察长	蒋大文	古丈县人民检察院检察长	麻宗福
双牌县人民检察院检察长	吕新陵	永顺县人民检察院检察长	李昌云
祁阳县人民检察院检察长	朱跃陆	龙山县人民检察院检察长	张清明
江华瑶族自治县人民检察院检察长	蒋大文		

广东省

邵阳市人民检察院检察长	**胡 波**		
大祥区人民检察院检察长	唐振林		
双清区人民检察院检察长	蒋恒西	**广东省人民检察院检察长**	**郑 红**
北塔区人民检察院检察长	张世杰	**广东省人民检察院副检察长**	**陈 武**
武冈市人民检察院检察长	贺益清		佟 缊
邵东县人民检察院检察长	陈青云		王学成
邵阳县人民检察院检察长	孙在启		梁德标
新邵县人民检察院检察长	姚柳荣		欧名宇

职务	姓名	职务	姓名
	许达雄	和平县人民检察院检察长	曾少平
	王雁林	东源县人民检察院检察长	骆德忠
	郑新俭	**梅州市人民检察院检察长**	**何梅林**
广州市人民检察院检察长	**王福成**	梅江区人民检察院检察长	钟兴周
越秀区人民检察院检察长	何元秀	兴宁市人民检察院检察长	黄明仰
荔湾区人民检察院检察长	蔡世葵	梅县人民检察院检察长	钟坚
海珠区人民检察院检察长	王雄飞	大埔县人民检察院检察长	梁振悦
天河区人民检察院检察长	张志强	丰顺县人民检察院检察长	张映文
白云区人民检察院检察长	黄兆鸣	五华县人民检察院检察长	陈清波
黄埔区人民检察院检察长	黎伟文	平远县人民检察院检察长	周福香
番禺区人民检察院检察长	晋中党	蕉岭县人民检察院检察长	蓝海
花都区人民检察院检察长	江伟松	**潮州市人民检察院检察长**	**来向东**
南沙区人民检察院检察长	匡乃安	湘桥区人民检察院检察长	谢照明
萝岗区人民检察院检察长	白建国	潮安县人民检察院检察长	石名烈
增城市人民检察院检察长	韩世彪	饶平县人民检察院检察长	庄鲁萍(女)
从化市人民检察院检察长	谭可为	**汕头市人民检察院检察长**	**赖德贵**
清远市人民检察院检察长	**陈盛华**	金平区人民检察院检察长	陈民
清城区人民检察院检察长	刘春	濠江区人民检察院检察长	吴胜球
英德市人民检察院检察长	郑灿光	龙湖区人民检察院检察长	刀震泉
连州市人民检察院检察长	卢跃科	潮阳区人民检察院检察长	张广生
佛冈县人民检察院检察长	何富添	潮南区人民检察院检察长	杨汉金
阳山县人民检察院检察长	曾德波	澄海区人民检察院检察长	李向东
清新县人民检察院检察长	李灶阳	南澳县人民检察院检察长	陈武松
连山壮族瑶族自治县人民检察院检察长	王运成	**揭阳市人民检察院检察长**	**罗卫**
连南瑶族自治县人民检察院检察长	林耀京	榕城区人民检察院检察长	詹新光
韶关市人民检察院检察长	**阙定胜**	普宁市人民检察院检察长	李国强
浈江区人民检察院检察长	饶纲奎	揭东县人民检察院检察长	李御荣
武江区人民检察院检察长	李亚军(女)	揭西县人民检察院检察长	朱喜荣
曲江县人民检察院检察长	陈实盟	惠来县人民检察院检察长	林楚峰
乐昌市人民检察院检察长	邵林	**汕尾市人民检察院检察长**	**张占忠**
南雄市人民检察院检察长	栾怀持	城区人民检察院检察长	陈嘉涛
始兴县人民检察院检察长	陈伟东(代)	陆丰市人民检察院检察长	蔡在扬
仁化县人民检察院检察长	肖建红	海丰县人民检察院检察长	黄友瑜(代)
翁源县人民检察院检察长	曾洪	陆河县人民检察院检察长	陈汉明
新丰县人民检察院检察长	刘坚	**惠州市人民检察院检察长**	**黄建明**
乳源瑶族自治县人民检察院检察长	袁瑞刚	惠城区人民检察院检察长	李建新
黄岗地区人民检察院检察长	潘维民	惠阳区人民检察院检察长	刘小军
中山地区人民检察院检察长	赖正志	博罗县人民检察院检察长	袁卫国
河源市人民检察院检察长	**刘祥福**	惠东县人民检察院检察长	孙仰前
源城区人民检察院检察长	吴志雄	龙门县人民检察院检察长	黄顺恒
紫金县人民检察院检察长	李小明	大亚湾经济技术开发区人民检察院检察长	曾伟标
龙川县人民检察院检察长	练裕民	**东莞市人民检察院检察长**	**黄文艾**
连平县人民检察院检察长	张佩玲(女)	第一市区人民检察院检察长	姚旭辉

第二市区人民检察院检察长	李 勇	新兴县人民检察院检察长	焦 庆
第三市区人民检察院检察长	刘满光	郁南县人民检察院检察长	梁锦裘（女）
深圳市人民检察院检察长	**白新潮**	**阳江市人民检察院检察长**	**王广珠**
福田区人民检察院检察长	宋继江	江城区人民检察院检察长	陈书菊
罗湖区人民检察院检察长	孟昭文（女）	阳春市人民检察院检察长	项颂标
南山区人民检察院检察长	王晋闽	阳西县人民检察院检察长	李希派
宝安区人民检察院检察长	叶 鹏	阳东县人民检察院检察长	马志成
龙岗区人民检察院检察长	胡 捷（女）	**茂名市人民检察院检察长**	**邢太安**
盐田区人民检察院检察长	王国宾	茂南区人民检察院检察长	李日清
珠海市人民检察院检察长	**金 波**	茂港区人民检察院检察长	丁永标
香洲区人民检察院检察长	彭小明	化州市人民检察院检察长	郑超民
斗门区人民检察院检察长	叶祖怀	信宜市人民检察院检察长	范李刚
金湾区人民检察院检察长	向少良	高州市人民检察院检察长	吴玲河
中山市人民检察院检察长	**关英彦**	电白县人民检察院检察长	朱冠恒
第一市区人民检察院检察长	彭郑波	**湛江市人民检察院检察长**	**黄黎明**
第二市区人民检察院检察长	潘雪亮	赤坎区人民检察院检察长	郑和平
江门市人民检察院检察长	**向 斌**	霞山区人民检察院检察长	黄宜端
蓬江区人民检察院检察长	蓝旭明	坡头区人民检察院检察长	胡连启
江海区人民检察院检察长	陈锡章	麻章区人民检察院检察长	李建明
新会区人民检察院检察长	林跃新	吴川市人民检察院检察长	廖志胜
恩平市人民检察院检察长	翁祥安	廉江市人民检察院检察长	张 明
台山市人民检察院检察长	何国航	雷州市人民检察院检察长	程 军
开平市人民检察院检察长	卢树图	遂溪县人民检察院检察长	龙志锋
鹤山市人民检察院检察长	方长江	徐闻县人民检察院检察长	李 军
佛山市人民检察院检察长	**廖东明**	湛江市经济技术开发区人民检察院	
禅城区人民检察院检察长	陈国生	检察长	陈兆明
南海区人民检察院检察长	戴景田	**广东省人民检察院广州铁路运输分院**	
顺德区人民检察院检察长	李国强	**检察长**	**董亚平**
三水区人民检察院检察长	黄兆凡	广州铁路运输检察院检察长	罗 强
高明区人民检察院检察长	郭俊峰	衡阳铁路运输检察院检察长	兰建平
肇庆市人民检察院检察长	**张平坦**	长沙铁路运输检察院检察长	申彦斐
端州区人民检察院检察长	何文强	怀化铁路运输检察院检察长	陈苏平
鼎湖区人民检察院检察长	陈维轩	肇庆铁路运输检察院检察长	王 虹
高要市人民检察院检察长	宋 明		
四会市人民检察院检察长	肖永康	**广西壮族自治区**	
广宁县人民检察院检察长	杨新华		
怀集县人民检察院检察长	陈保民	**广西壮族自治区人民检察院检察长**	**张少康**
封开县人民检察院检察长	苏 斌	**广西壮族自治区人民检察院副检察长**	**邓海华**
德庆县人民检察院检察长	黎更生		曾学愚
云浮市人民检察院检察长	**李庆协**		陈普生
云城区人民检察院检察长	何为民		蒙永山
罗定市人民检察院检察长	董家辉		刘继胜
云安县人民检察院检察长	陈华彬	**南宁市人民检察院检察长**	**黄健波**

青秀区人民检察院检察长	陈国庆	露塘地区人民检察院检察长	王春树
兴宁区人民检察院检察长	郭 魏	鹿寨地区人民检察院检察长	林福光
江南区人民检察院检察长	林 中	**梧州市人民检察院检察长**	**卢惠盛**
西乡塘区人民检察院检察长	黄朝科	长洲区人民检察院检察长	杨柳青
良庆区人民检察院检察长	黄 伟	万秀区人民检察院检察长	赖定金
邕宁区人民检察院检察长	玉明建	蝶山区人民检察院检察长	黎庆年
武鸣县人民检察院检察长	韦 穆	岑溪市人民检察院检察长	黄庆治
横县人民检察院检察长	王少华	苍梧县人民检察院检察长	彭永雄
宾阳县人民检察院检察长	孙华生	藤县人民检察院检察长	石世安
上林县人民检察院检察长	姜学庆	蒙山县人民检察院检察长	李海青
隆安县人民检察院检察长	贾健勇	**贵港市人民检察院检察长**	**肖昌村**
马山县人民检察院检察长	唐武英	港北区人民检察院检察长	陆石秋
茅桥地区人民检察院检察长	白 勇	港南区人民检察院检察长	黄初明
桂林市人民检察院检察长	**孟耀军**	覃塘区人民检察院检察长	卢海德
象山区人民检察院检察长	李劲松	桂平市人民检察院检察长	翁达华
叠彩区人民检察院检察长	胡川平	平南县人民检察院检察长	陈 勇
秀峰区人民检察院检察长	刘跃飞	**玉林市人民检察院检察长**	**杨天寿**
七星区人民检察院检察长	韦新华	玉州区人民检察院检察长	庞振钰
雁山区人民检察院检察长	邓锦波	北流市人民检察院检察长	许 安(女)
阳朔县人民检察院检察长	廖国忠	兴业县人民检察院检察长	刘翼飞
临桂县人民检察院检察长	罗昌勤	容县人民检察院检察长	覃广雄
灵川县人民检察院检察长	蒋小勇	陆川县人民检察院检察长	周雪操
全州县人民检察院检察长	王唐飞	博白县人民检察院检察长	(空缺)
兴安县人民检察院检察长	陶建立	**钦州市人民检察院检察长**	**梁 钢**
永福县人民检察院检察长	阳莉琳(女)	钦南区人民检察院检察长	黄 毅
灌阳县人民检察院检察长	刘冰轮	钦北区人民检察院检察长	张顺明
资源县人民检察院检察长	王荣利	灵山县人民检察院检察长	李 娟(女,代)
平乐县人民检察院检察长	龚金长	浦北县人民检察院检察长	(空缺)
荔浦县人民检察院检察长	秦荣科	**北海市人民检察院检察长**	**黄 坚**
龙胜各族自治县人民检察院检察长	唐陆林	海城区人民检察院检察长	宁子传
恭城瑶族自治县人民检察院检察长	蒋向东	银海区人民检察院检察长	邓毅昌
城郊区人民检察院检察长	徐铭周	铁山港区人民检察院检察长	杨伟才
柳州市人民检察院检察长	**陈祥江**	合浦县人民检察院检察长	韩 健
柳北区人民检察院检察长	陈德忠	**防城港市人民检察院检察长**	**金明华**
城中区人民检察院检察长	陈 燎	港口区人民检察院检察长	苏振文
鱼峰区人民检察院检察长	彭 志	防城区人民检察院检察长	王小清
柳南区人民检察院检察长	廖兰辉	东兴市人民检察院检察长	林京仪
柳江县人民检察院检察长	梁 钰	上思县人民检察院检察长	梁恪嘉
柳城县人民检察院检察长	邓雪刚	**崇左市人民检察院检察长**	**王 荐**
鹿寨县人民检察院检察长	吴永辉	江州区人民检察院检察长	李小林
融安县人民检察院检察长	陈雄彪	凭祥市人民检察院检察长	(空缺)
三江侗族自治县人民检察院检察长	(空缺)	扶绥县人民检察院检察长	周永贤
融水苗族自治县人民检察院检察长	赵文斌	大新县人民检察院检察长	(空缺)

天等县人民检察院检察长	钟德康	南宁铁路运输检察院检察长	杨怀民

海南省

宁明县人民检察院检察长	吴培光		
龙州县人民检察院检察长	邓一兵		
百色市人民检察院检察长	**文秋德**	**海南省人民检察院检察长**	马勇霞（女）
右江区人民检察院检察长	何中望	**海南省人民检察院副检察长**	黄卫国
田阳县人民检察院检察长	何耀林		贾志鸿
田东县人民检察院检察长	岑忠平		陈马林
平果县人民检察院检察长	黄建荥		
德保县人民检察院检察长	农忠纯	**海南省人民检察院第一分院检察长**	高海燕（女）
靖西县人民检察院检察长	黄朝忠	**海南省人民检察院第二分院检察长**	苟守吉
那坡县人民检察院检察长	岑 侃	**海口市人民检察院检察长**	**李 铭**
凌云县人民检察院检察长	岑咏桦	龙华区人民检察院检察长	徐 伟
乐业县人民检察院检察长	覃晓林	秀英区人民检察院检察长	廖检保
西林县人民检察院检察长	罗炳锋	琼山区人民检察院检察长	陈振生
田林县人民检察院检察长	黄 俊	美兰区人民检察院检察长	倪家壮
隆林各族自治县人民检察院检察长	韦景文	**三亚市人民检察院检察长**	**侯 伟**
河池市人民检察院检察长	**王大春**	城郊人民检察院检察长	王 庄
金城江区人民检察院检察长	李雄鹰	海南洋浦经济开发区人民检察院检察长	王会义
宜州市人民检察院检察长	梁 林	文昌市人民检察院检察长	李伟军（女）
南丹县人民检察院检察长	王积然	琼海市人民检察院检察长	张远南
天峨县人民检察院检察长	谭环宇	万宁市人民检察院检察长	赵喜和
凤山县人民检察院检察长	蓝廷周	五指山市人民检察院检察长	徐亚军
东兰县人民检察院检察长	何绍崇	东方市人民检察院检察长	戴 彦
巴马瑶族自治县人民检察院检察长	麦 雁（女）	儋州市人民检察院检察长	吴 彦
都安瑶族自治县人民检察院检察长	卢 锋	临高县人民检察院检察长	吴聿名
大化瑶族自治县人民检察院检察长	田华云	澄迈县人民检察院检察长	（空缺）
罗城仫佬族自治县人民检察院检察长	谭泽江	定安县人民检察院检察长	唐名兴
环江毛南族自治县人民检察院检察长	韦佩旭	屯昌县人民检察院检察长	林 山
来宾市人民检察院检察长	**赵建华**	昌江黎族自治县人民检察院检察长	陈 煦
兴宾区人民检察院检察长	吴任光	白沙黎族自治县人民检察院检察长	方建华
合山市人民检察院检察长	樊永福	琼中黎族苗族自治县人民检察院检察长	唐 论
象州县人民检察院检察长	谢启足	陵水黎族自治县人民检察院检察长	佟莉莉（女）
武宣县人民检察院检察长	覃凤红	保亭黎族苗族自治县人民检察院检察长	李 彪
忻城县人民检察院检察长	韦玉祥	乐东黎族自治县人民检察院检察长	范建绥
金秀瑶族自治县人民检察院检察长	李 帅		

重庆市

贺州市人民检察院检察长	**叶建辉**		
八步区人民检察院检察长	黄基盛		
昭平县人民检察院检察长	柳毅平	**重庆市人民检察院检察长**	余 敏（女）
钟山县人民检察院检察长	邱绍银	**重庆市人民检察院副检察长**	李元鹤
富川瑶族自治县人民检察院检察长	廖正聪		雷万亚（女）
广西壮族自治区人民检察院南宁铁路			王定顺
运输分院检察长	**杨 军**		彭安荣
柳州铁路运输检察院检察长	周琴台（女）	**重庆市人民检察院第一分院检察长**	于天敏

重庆市人民检察院第二分院检察长	陈祖德	检察长	李大槐
重庆市人民检察院第三分院检察长	冉孟辉	秀山土家族苗族自治县人民检察院	
重庆市人民检察院第四分院检察长	葛森林	检察长	杨 译(代)
重庆市人民检察院第五分院检察长	戴仕俸		

四川省

渝中区人民检察院检察长	王 冲		
大渡口区人民检察院检察长	张明生	四川省人民检察院检察长	邓 川
江北区人民检察院检察长	杨 平	四川省人民检察院副检察长	刘 勤
沙坪坝区人民检察院检察长	夏 阳		夏黎阳
九龙坡区人民检察院检察长	张新华		郭 彦
南岸区人民检察院检察长	刘 昕		张晓勇
北碚区人民检察院检察长	戴 萍(女,代)		朱晚林
万盛区人民检察院检察长	江克强		
双桥区人民检察院检察长	张泽洲	成都市人民检察院检察长	李 建
渝北区人民检察院检察长	钟 勇	青羊区人民检察院检察长	敬 川
巴南区人民检察院检察长	李荣辰	锦江区人民检察院检察长	连小可
万州区人民检察院检察长	张亚林	金牛区人民检察院检察长	刘庆华
涪陵区人民检察院检察长	周 军	武侯区人民检察院检察长	刘雄川
黔江区人民检察院检察长	谭祥文(代)	成华区人民检察院检察长	苏 云
长寿区人民检察院检察长	庹清文	龙泉驿区人民检察院检察长	李伟光
江津区人民检察院检察长	丁方毅	青白江区人民检察院检察长	伍 健
合川区人民检察院检察长	赵 凡	新都区人民检察院检察长	潘 昆
永川区人民检察院检察长	张明友	温江区人民检察院检察长	向 波
南川区人民检察院检察长	许创业	都江堰市人民检察院检察长	何 淼
綦江县人民检察院检察长	程 权	彭州市人民检察院检察长	王德运
潼南县人民检察院检察长	刘 吉	邛崃市人民检察院检察长	赵 峰
铜梁县人民检察院检察长	谭 闯	崇州市人民检察院检察长	何文全
大足县人民检察院检察长	孟卫红(女)	金堂县人民检察院检察长	景逢均
荣昌县人民检察院检察长	梁经顺	双流县人民检察院检察长	黄光柱
璧山县人民检察院检察长	张德江	郫县人民检察院检察长	孙成建
垫江县人民检察院检察长	李志军	大邑县人民检察院检察长	陈建勇
武隆县人民检察院检察长	曾廷全	蒲江县人民检察院检察长	邓贵杰
丰都县人民检察院检察长	赵 磊	新津县人民检察院检察长	姚广平
城口县人民检察院检察长	王子毅	成都高新技术产业开发区人民检察院	
梁平县人民检察院检察长	李家全	检察长	杜利民
开县人民检察院检察长	郭祖祥	广元市人民检察院检察长	许鹤岷
巫溪县人民检察院检察长	王鸣隆	利州区人民检察院检察长	李 磊
巫山县人民检察院检察长	陈 忠	元坝区人民检察院检察长	付丕林
奉节县人民检察院检察长	邓正平	朝天区人民检察院检察长	王绍连
云阳县人民检察院检察长	钟晓云	旺苍县人民检察院检察长	邹家荣
忠县人民检察院检察长	陈 康	青川县人民检察院检察长	李国平
石柱土家族自治县人民检察院检察长	石溅泉	剑阁县人民检察院检察长	邓国勤
彭水苗族自治县人民检察院检察长	刘 瑜	苍溪县人民检察院检察长	解占泽
酉阳土家族苗族自治县人民检察院		荣山地区人民检察院检察长	韩成环

嘉川地区人民检察院检察长	白跃生	市中区人民检察院检察长	裴运华
绵阳市人民检察院检察长	**支卫平**	东兴区人民检察院检察长	董 建
涪城区人民检察院检察长	赵开年	威远县人民检察院检察长	杨 宇
游仙区人民检察院检察长	杨德辉	资中县人民检察院检察长	蒋兴乐
江油市人民检察院检察长	杨育正	隆昌县人民检察院检察长	张 杰
三台县人民检察院检察长	陶 毅	**乐山市人民检察院检察长**	**陆广平**
盐亭县人民检察院检察长	张 伟	市中区人民检察院检察长	吕 健
安县人民检察院检察长	陈志勃	沙湾区人民检察院检察长	冯 桥
梓潼县人民检察院检察长	勾支洋	五通桥区人民检察院检察长	刘 卫
北川羌族自治县人民检察院检察长	李 成	金口河区人民检察院检察长	李 召
平武县人民检察院检察长	申 勇（代）	峨眉山市人民检察院检察长	李豫川
绵阳科学城人民检察院检察长	李兆森	犍为县人民检察院检察长	王世谋
绵阳高新技术开发区人民检察院检察长	陈 安	井研县人民检察院检察长	谯 民
德阳市人民检察院检察长	**陆广平（代）**	夹江县人民检察院检察长	施海平
旌阳区人民检察院检察长	余长清	沐川县人民检察院检察长	易思永
什邡市人民检察院检察长	郑存文	峨边彝族自治县人民检察院检察长	王雁飞
广汉市人民检察院检察长	周述强	马边彝族自治县人民检察院检察长	周发祥
绵竹市人民检察院检察长	杨剑川	**自贡市人民检察院检察长**	**刘红立**
罗江县人民检察院检察长	郭志华	自流井区人民检察院检察长	杨熙琳（女）
中江县人民检察院检察长	樊 平	大安区人民检察院检察长	潘 登
南充市人民检察院检察长	**周 力**	贡井区人民检察院检察长	胡晓明
顺庆区人民检察院检察长	贾成刚	沿滩区人民检察院检察长	黄卫东
高坪区人民检察院检察长	王朝富	荣县人民检察院检察长	齐 力
嘉陵区人民检察院检察长	何晓荣	富顺县人民检察院检察长	倪 果
阆中市人民检察院检察长	洪 峰	**泸州市人民检察院检察长**	**吕 杰**
南部县人民检察院检察长	敬永国	江阳区人民检察院检察长	赵 红（代）
营山县人民检察院检察长	唐恒博	纳溪区人民检察院检察长	徐 海
蓬安县人民检察院检察长	王 瑜	龙马潭区人民检察院检察长	张明贵
仪陇县人民检察院检察长	朱 瑛（女）	泸县人民检察院检察长	易从中
西充县人民检察院检察长	石耀忠	合江县人民检察院检察长	洪明贵
广安市人民检察院检察长	**孔凡示**	叙永县人民检察院检察长	胡运汉
广安区人民检察院检察长	吴 辉	古蔺县人民检察院检察长	张 聪
华蓥市人民检察院检察长	杨洪云	**宜宾市人民检察院检察长**	**国 建**
岳池县人民检察院检察长	李志春	翠屏区人民检察院检察长	陈 旭
武胜县人民检察院检察长	卿东进	宜宾县人民检察院检察长	毛兴刚
邻水县人民检察院检察长	（空缺）	南溪县人民检察院检察长	凌 华
遂宁市人民检察院检察长	**杨 辉（代）**	江安县人民检察院检察长	张 其
船山区人民检察院检察长	胡邦勇	长宁县人民检察院检察长	杨运康
安居区人民检察院检察长	何广川	高县人民检察院检察长	彭 林
蓬溪县人民检察院检察长	林宗祥	筠连县人民检察院检察长	苏 平
射洪县人民检察院检察长	戴雄莺（女）	珙县人民检察院检察长	闵建伟
大英县人民检察院检察长	王荣华	兴文县人民检察院检察长	岳 亮
内江市人民检察院检察长	**钟长鸣**	屏山县人民检察院检察长	向学军

芙蓉地区人民检察院检察长	周 青	汶川县人民检察院检察长	张海生(代)
攀枝花市人民检察院检察长	**卢旭东**	理县人民检察院检察长	万福清
东区人民检察院检察长	龚建元	茂县人民检察院检察长	周文波
西区人民检察院检察长	张克难	松潘县人民检察院检察长	周佃香(女)
仁和区人民检察院检察长	马明林	九寨沟县人民检察院检察长	侯定云
米易县人民检察院检察长	庄 严	金川县人民检察院检察长	刘晓虹(女)
盐边县人民检察院检察长	亢 锋	小金县人民检察院检察长	周贵龙
巴中市人民检察院检察长	**魏战海**	黑水县人民检察院检察长	呷尔玛
巴州区人民检察院检察长	熊 军	壤塘县人民检察院检察长	周 莲(女)
通江县人民检察院检察长	耿福琴	阿坝县人民检察院检察长	薛 伟
南江县人民检察院检察长	杨黎明	若尔盖县人民检察院检察长	刘兴亮
平昌县人民检察院检察长	李良彬(代)	红原县人民检察院检察长	王 西
达州市人民检察院检察长	**杨 辉**	**甘孜藏族自治州人民检察院检察长**	**郑继承**
通川区人民检察院检察长	王 勇	康定县人民检察院检察长	吴东阳(代)
万源市人民检察院检察长	王春明	泸定县人民检察院检察长	吴新春(女)
达县人民检察院检察长	刘文武	丹巴县人民检察院检察长	严渝康(代)
宣汉县人民检察院检察长	郭 强	九龙县人民检察院检察长	杨勇康
开江县人民检察院检察长	杨辉霞(女)	雅江县人民检察院检察长	彭晓辉
大竹县人民检察院检察长	陈建平	道孚县人民检察院检察长	孙向东
渠县人民检察院检察长	向可成	炉霍县人民检察院检察长	张长命
资阳市人民检察院检察长	**罗枝元**	甘孜县人民检察院检察长	杨学斌
雁江区人民检察院检察长	李 翔	新龙县人民检察院检察长	吴德裕
简阳市人民检察院检察长	潘 登	德格县人民检察院检察长	呷沙罗布
乐至县人民检察院检察长	杨 俊	白玉县人民检察院检察长	泽 多
安岳县人民检察院检察长	张 恒	石渠县人民检察院检察长	尼玛西日
眉山市人民检察院检察长	**陈 兵**	色达县人民检察院检察长	杨 阳
东坡区人民检察院检察长	杨华国	理塘县人民检察院检察长	许志春
仁寿县人民检察院检察长	申亚辉	巴塘县人民检察院检察长	李成昆
彭山县人民检察院检察长	高 茜(女)	乡城县人民检察院检察长	呷它四郎
洪雅县人民检察院检察长	李知易	稻城县人民检察院检察长	周华康(代)
丹棱县人民检察院检察长	何卫刚	得荣县人民检察院检察长	鲜 丽(女)
青神县人民检察院检察长	张勇勤	**凉山彝族自治州人民检察院检察长**	**蒋世林**
雅安市人民检察院检察长	**杨长云(代)**	西昌市人民检察院检察长	熊贵华
雨城区人民检察院检察长	吴双文	盐源县人民检察院检察长	张志军
名山县人民检察院检察长	赵学东	德昌县人民检察院检察长	赵 刚
荥经县人民检察院检察长	王 松	会理县人民检察院检察长	邱发喜
汉源县人民检察院检察长	杨 军	会东县人民检察院检察长	杨 新
石棉县人民检察院检察长	周富林	宁南县人民检察院检察长	黄 武
天全县人民检察院检察长	刘 奇	普格县人民检察院检察长	陈 莉(女)
芦山县人民检察院检察长	刘劲松	布拖县人民检察院检察长	李明烈(代)
宝兴县人民检察院检察长	吴超平	金阳县人民检察院检察长	熊佐德
阿坝藏族羌族自治州人民检察院检察长	**李邵林**	昭觉县人民检察院检察长	沙永福
马尔康县人民检察院检察长	王金泉	喜德县人民检察院检察长	毛泽禹

冕宁县人民检察院检察长	陈新建	仁怀市人民检察院检察长	刘贵凌
越西县人民检察院检察长	阿木尔举	遵义县人民检察院检察长	胡 静
甘洛县人民检察院检察长	刘合什布	桐梓县人民检察院检察长	刘红云
美姑县人民检察院检察长	陈映吉	绥阳县人民检察院检察长	念庆生
雷波县人民检察院检察长	曹文军	正安县人民检察院检察长	许 鹏
木里藏族自治县人民检察院检察长	张华晷(代)	凤冈县人民检察院检察长	罗议军
安宁地区人民检察院检察长	胡昌临	湄潭县人民检察院检察长	赵家铸
四川省人民检察院成都铁路运输分院		余庆县人民检察院检察长	班兴伟
检察长	**刘 刚**	习水县人民检察院检察长	张 杰
成都铁路运输检察院检察长	李民宪	道真仡佬族苗族自治县人民检察院	
重庆铁路运输检察院检察长	李玉林	检察长	陈昌余
西昌铁路运输检察院检察长	韩志成	务川仡佬族苗族自治县人民检察院	
贵阳铁路运输检察院检察长	冯 涛	检察长	谢陆臻
		安顺市人民检察院检察长	**李宏亚**

贵州省

		西秀区人民检察院检察长	陈 英(女)
		平坝县人民检察院检察长	张 豫
贵州省人民检察院检察长	**陈俊平**	普定县人民检察院检察长	杜学坤
贵州省人民检察院副检察长	**陈国明**	关岭布依族苗族自治县人民检察院	
	王 伟	检察长	蔡显利
	叶亚玲(女)	镇宁布依族苗族自治县人民检察院	
	杨发远	检察长	卢世华
	肖振猛	紫云苗族布依族自治县人民检察院	
贵阳市人民检察院检察长	**张勇建**	检察长	冉 明
乌当区人民检察院检察长	钱健民	**贵州省人民检察院毕节分院检察长**	**徐 坤**
南明区人民检察院检察长	黄 林	毕节市人民检察院检察长	徐 永
云岩区人民检察院检察长	饶红焰	大方县人民检察院检察长	江耀波(女)
花溪区人民检察院检察长	王筑生	黔西县人民检察院检察长	罗高峰
白云区人民检察院检察长	莫 智	金沙县人民检察院检察长	王荣波
小河区人民检察院检察长	杨宏兵	织金县人民检察院检察长	廖显东
清镇市人民检察院检察长	李 钧	纳雍县人民检察院检察长	康朝猛
开阳县人民检察院检察长	张 建	赫章县人民检察院检察长	余朝芳
修文县人民检察院检察长	丁泽军	威宁彝族回族苗族自治县人民检察院	
息烽县人民检察院检察长	钟 雷	检察长	王光强
筑城地区人民检察院检察长	魏 冀	**贵州省人民检察院铜仁分院检察长**	**乔冀安**
六盘水市人民检察院检察长	**王贵喜**	铜仁市人民检察院检察长	任玉华
钟山区人民检察院检察长	黄群力	江口县人民检察院检察长	文连伸
盘县人民检察院检察长	王 勇	石阡县人民检察院检察长	潘必忠
六枝特区人民检察院检察长	蒋金安	思南县人民检察院检察长	姚茂刚
水城县人民检察院检察长	韩贵安	德江县人民检察院检察长	罗 勇
遵义市人民检察院检察长	**袁成武**	玉屏侗族自治县人民检察院检察长	任康庭(代)
汇川区人民检察院检察长	吴 唸	印江土家族苗族自治县人民检察院	
红花岗区人民检察院检察长	任炳强	检察长	姚华权
赤水市人民检察院检察长	张宗刚	沿河土家族自治县人民检察院检察长	苏 维

松桃苗族自治县人民检察院检察长	杨 彬	安龙县人民检察院检察长	高文贵
万山特区人民检察院检察长	田国强		

云南省

黔东南苗族侗族自治州人民检察院			
检察长	**吴仕伦**	**云南省人民检察院检察长**	**王田海**
凯里市人民检察院检察长	张跃强	**云南省人民检察院副检察长**	**李定达**
黄平县人民检察院检察长	龙久顺		祁鹫昌
施秉县人民检察院检察长	徐锡南		倪慧芳(女)
三穗县人民检察院检察长	姜贵云		肖 卓
镇远县人民检察院检察长	李元祥		李若昆
岑巩县人民检察院检察长	白朝贵		李 波
天柱县人民检察院检察长	吴光金	**昆明市人民检察院检察长**	**沈曙昆**
锦屏县人民检察院检察长	向传奎	盘龙区人民检察院检察长	孙师泰
剑河县人民检察院检察长	杨洪冰	五华区人民检察院检察长	吕毅平
台江县人民检察院检察长	杨 俊	官渡区人民检察院检察长	朱彬彬(女)
黎平县人民检察院检察长	吴世鑫	西山区人民检察院检察长	景迎宾
榕江县人民检察院检察长	杨通辉	东川区人民检察院检察长	徐 勇
从江县人民检察院检察长	王辉良	安宁市人民检察院检察长	董 毅
雷山县人民检察院检察长	袁黔峰	呈贡县人民检察院检察长	李庆华
麻江县人民检察院检察长	吴永吉	晋宁县人民检察院检察长	傅轶讯
丹寨县人民检察院检察长	赵建军	富民县人民检察院检察长	许 楠
黔南布依族苗族自治州人民检察院		宜良县人民检察院检察长	崔庆林
检察长	**莫远江**	嵩明县人民检察院检察长	谭 虹(女,代)
都匀市人民检察院检察长	罗 平	石林彝族自治县人民检察院检察长	王凯石
福泉市人民检察院检察长	孙庆阳	禄劝彝族苗族自治县人民检察院检察长	尹 松
荔波县人民检察院检察长	朱启松	寻甸回族彝族自治县人民检察院检察长	杨瑞云
贵定县人民检察院检察长	金亦践	昆明市城郊地区人民检察院	陈 智
瓮安县人民检察院检察长	杨嗣春	**曲靖市人民检察院检察长**	**张边卫**
独山县人民检察院检察长	胡 鸿(女)	麒麟区人民检察院检察长	太祥红
平塘县人民检察院检察长	班南山	宣威市人民检察院检察长	徐正良(代)
罗甸县人民检察院检察长	雷学良	马龙县人民检察院检察长	施彩萍(女)
长顺县人民检察院检察长	李锻炼	沾益县人民检察院检察长	王 强
龙里县人民检察院检察长	吴劲松	富源县人民检察院检察长	陈 庚(代)
惠水县人民检察院检察长	韦 松	罗平县人民检察院检察长	鲍顺林
三都水族自治县人民检察院检察长	莫桂梅(女)	师宗县人民检察院检察长	张红梅(女)
黔西南布依族苗族自治州人民检察院		陆良县人民检察院检察长	何跃东(代)
检察长	**万庭祥**	会泽县人民检察院检察长	顾华斌
兴义市人民检察院检察长	余诗豪	曲靖市城郊地区人民检察院	孙跃周
兴仁县人民检察院检察长	龙大海	**玉溪市人民检察院检察长**	**张德勋**
普安县人民检察院检察长	龚德雄	红塔区人民检察院检察长	杨燕晨
晴隆县人民检察院检察长	张 宏	江川县人民检察院检察长	资云坤
贞丰县人民检察院检察长	潘建农	澄江县人民检察院检察长	褚绍明
望谟县人民检察院检察长	肖 芳(女)	通海县人民检察院检察长	李发桢
册享县人民检察院检察长	王夏林		

华宁县人民检察院检察长	龚德武	澜沧拉祜族自治县人民检察院检察长	郭江孟
易门县人民检察院检察长	曹立松	西盟佤族自治县人民检察院检察长	杨绍瑜
峨山彝族自治县人民检察院检察长	吕玉雄	**临沧市人民检察院检察长**	**杨永华**
新平彝族傣族自治县人民检察院检察长	尹贞宁	临翔区人民检察院检察长	杨荣忠
元江哈尼族彝族傣族自治县人民检察院		凤庆县人民检察院检察长	熊全斌
检察长	王政云	云县人民检察院检察长	姚 葵
保山市人民检察院检察长	**孙甸鹤**	永德县人民检察院检察长	杨云峰
隆阳区人民检察院检察长	杨 捷	镇康县人民检察院检察长	和汝军
施甸县人民检察院检察长	李利强	双江拉祜族佤族布朗族傣族自治县人民检察院检	
腾冲县人民检察院检察长	娄广文	察长	李向东
龙陵县人民检察院检察长	杨学东	耿马傣族佤族自治县人民检察院检察长	敬开策
昌宁县人民检察院检察长	陈玉华	沧源佤族自治县人民检察院检察长	唐国元
昭通市人民检察院检察长	**刘远清**	**德宏傣族景颇族自治州人民检察院检察长**	
昭阳区人民检察院检察长	熊 雁		**铁 楠（女）**
鲁甸县人民检察院检察长	王 进	芒市人民检察院检察长	徐江涛（代）
巧家县人民检察院检察长	吴 林	瑞丽市人民检察院检察长	杨 刃
盐津县人民检察院检察长	贺 焜	梁河县人民检察院检察长	康 磊（代）
大关县人民检察院检察长	唐 琨	盈江县人民检察院检察长	牛晓冬（代）
永善县人民检察院检察长	宋 兵	陇川县人民检察院检察长	李兴明
绥江县人民检察院检察长	罗宏文	**怒江傈僳族自治州人民检察院检察长 周晓铭（代）**	
镇雄县人民检察院检察长	毛孝华	泸水县人民检察院检察长	李润明
彝良县人民检察院检察长	迟焕平	福贡县人民检察院检察长	杨德光
威信县人民检察院检察长	王晓芹（女）	贡山独龙族怒族自治县人民检察院检察长	罗嘉堂
水富县人民检察院检察长	李文平	兰坪白族普米族自治县人民检察院检察长	杨金灿
丽江市人民检察院检察长	**卢银富**	**迪庆藏族自治州人民检察院检察长**	**王江华**
古城区人民检察院检察长	唐加荣	香格里拉县人民检察院检察长	和润天
永胜县人民检察院检察长	沙雄峰	德钦县人民检察院检察长	彭利红
华坪县人民检察院检察长	陈光军	维西傈僳族自治县人民检察院检察长	和庆华
玉龙纳西族自治县人民检察院检察长	和金红	**大理白族自治州人民检察院检察长**	**普赵辉**
宁蒗彝族自治县人民检察院检察长	洪继伟	大理市人民检察院检察长	文润祥
普洱市人民检察院检察长	**庄李全**	祥云县人民检察院检察长	蒙海燕
思茅区人民检察院检察长	颜仕鹏	宾川县人民检察院检察长	许仁旺
宁洱哈尼族彝族自治县人民检察院		弥渡县人民检察院检察长	马光平
检察长	谢鸿宾	永平县人民检察院检察长	王秀山
墨江哈尼族自治县人民检察院检察长	李志荣	云龙县人民检察院检察长	禹涌泉
景东彝族自治县人民检察院检察长	罗跃宇	洱源县人民检察院检察长	马卫平
景谷傣族彝族自治县人民检察院检察长	孔 华	剑川县人民检察院检察长	杨玉奇
镇沅彝族哈尼族拉祜族自治县人民检		鹤庆县人民检察院检察长	尹志贵
察院检察长	吴永红（代）	漾濞彝族自治县人民检察院检察长	杨 鸿
江城哈尼族彝族自治县人民检察院		南涧彝族自治县人民检察院检察长	赵成武
检察长	马维岗	巍山彝族回族自治县人民检察院检察长	（空缺）
孟连傣族拉祜族佤族自治县人民检察		**楚雄彝族自治州人民检察院检察长**	**李 宏**
院检察长	赵志荣	楚雄市人民检察院检察长	陈 剑

双柏县人民检察院检察长	施应遵
牟定县人民检察院检察长	刘建武
南华县人民检察院检察长	王德云
姚安县人民检察院检察长	李昌荣
大姚县人民检察院检察长	徐 艳(女)
永仁县人民检察院检察长	李全华
元谋县人民检察院检察长	段正明
武定县人民检察院检察长	周 康
禄丰县人民检察院检察长	李 云
红河哈尼族彝族自治州人民检察院检察长	**王亚锋**
蒙自市人民检察院检察长	李 黎
个旧市人民检察院检察长	万买富(代)
开远市人民检察院检察长	张 华
绿春县人民检察院检察长	羊 慎
建水县人民检察院检察长	余淑瑾(女)
石屏县人民检察院检察长	刘 俊
弥勒县人民检察院检察长	刘海兵(代)
泸西县人民检察院检察长	赵锡萍(女)
元阳县人民检察院检察长	吕 琨(代)
红河县人民检察院检察长	梁 伟(代)
金平苗族瑶族傣族自治县人民检察院	
检察长	杜培祥
河口瑶族自治县人民检察院检察长	徐 翔
屏边苗族自治县人民检察院检察长	崔 俊(代)
文山壮族苗族自治州人民检察院检察长	**周和玉**
文山市人民检察院检察长	吴太金
砚山县人民检察院检察长	朱瑞良(代)
西畴县人民检察院检察长	韦 东
麻栗坡县人民检察院检察长	王滇奇
马关县人民检察院检察长	廖忠玲(女,代)
丘北县人民检察院检察长	纳荣山(代)
广南县人民检察院检察长	韦功发
富宁县人民检察院检察长	普同山
西双版纳傣族自治州人民检察院检察长	**胡 跃**
景洪市人民检察院检察长	杨 锋
勐海县人民检察院检察长	李 青
勐腊县人民检察院检察长	高文佳(女)
云南省人民检察院昆明铁路运输分院	
检察长	王克勤
昆明铁路运输检察院检察长	易昆渝
开远铁路运输检察院检察长	陈卫平

西藏自治区

西藏自治区人民检察院检察长	张培中
西藏自治区人民检察院副检察长	索 达
	侯亚辉
	多 吉
	李九西(女)
	布尼玛
	王 平
	赤列晋美
拉萨市人民检察院检察长	次仁旺堆
城关区人民检察院检察长	谢延生
林周县人民检察院检察长	卓 越
当雄县人民检察院检察长	次仁多吉
尼木县人民检察院检察长	扎西(代)
曲水县人民检察院检察长	李 涛
堆龙德庆县人民检察院检察长	李 华
达孜县人民检察院检察长	尹维强(代)
墨竹工卡县人民检察院检察长	唐 凌
西藏自治区人民检察院那曲分院	
检察长	**赤列克珠**
那曲县人民检察院检察长	次仁占堆
嘉黎县人民检察院检察长	彭全意
比如县人民检察院检察长	丹增多吉
聂荣县人民检察院检察长	杨丽君(女)
安多县人民检察院检察长	达瓦次仁
申扎县人民检察院检察长	次仁罗布
索县人民检察院检察长	尼玛次仁
班戈县人民检察院检察长	扎西顿珠
巴青县人民检察院检察长	才嘎旺堆
尼玛县人民检察院检察长	彭措扎西
西藏自治区人民检察院昌都分院检察长	**晶 明**
昌都县人民检察院检察长	李建明
江达县人民检察院检察长	程 军
贡觉县人民检察院检察长	何 庆
类乌齐县人民检察院检察长	孙永杰
丁青县人民检察院检察长	杨 奎
察雅县人民检察院检察长	白雪峰
八宿县人民检察院检察长	张永春
左贡县人民检察院检察长	颜义勇
芒康县人民检察院检察长	四郎欧珠
洛隆县人民检察院检察长	达 瓦

边坝县人民检察院检察长	公秋次仁	普兰县人民检察院检察长	西次仁(代)
西藏自治区人民检察院林芝分院检察长	**陈宏东**	札达县人民检察院检察长	巴 桑(代)
林芝县人民检察院检察长	次仁罗布	日土县人民检察院检察长	刘保泉
工布江达县人民检察院检察长	林 建	革吉县人民检察院检察长	桑杰旦增
米林县人民检察院检察长	郑林川	改则县人民检察院检察长	李 新(代)
墨脱县人民检察院检察长	巩雷斌	措勤县人民检察院检察长	王 峰(代)
波密县人民检察院检察长	全 胜		
察隅县人民检察院检察长	秦茂智		
朗县人民检察院检察长	米 玛		

陕西省

西藏自治区人民检察院山南分院检察长	**雷书亮**	**陕西省人民检察院检察长**	**胡太平**
乃东县人民检察院检察长	潘华川	**陕西省人民检察院副检察长**	**崔明生**
扎囊县人民检察院检察长	张焰峰		毛 海
贡嘎县人民检察院检察长	次仁曲桑		程紫平
桑日县人民检察院检察长	蒋光全(代)		史建泉
琼结县人民检察院检察长	索朗顿珠		巩富文
曲松县人民检察院检察长	张 军		王英杰
措美县人民检察院检察长	旺 久	**西安市人民检察院检察长**	**任高潮**
洛扎县人民检察院检察长	朱建军	未央区人民检察院检察长	李亚军
加查县人民检察院检察长	梁勤举	莲湖区人民检察院检察长	邢成军
隆子县人民检察院检察长	索朗次仁	新城区人民检察院检察长	褚祝利
错那县人民检察院检察长	马文清(代)	碑林区人民检察院检察长	闫建孝
浪卡子县人民检察院检察长	格 桑	灞桥区人民检察院检察长	马 文
西藏自治区人民检察院日喀则分院检察长	**多 洛**	雁塔区人民检察院检察长	同振魁
日喀则市人民检察院检察长	扎西旺堆	阎良区人民检察院检察长	张发明
南木林县人民检察院检察长	刘英武	临潼区人民检察院检察长	孙 彪
江孜县人民检察院检察长	索 旦	长安区人民检察院检察长	张继锋
定日县人民检察院检察长	尼 琼	蓝田县人民检察院检察长	王 洪
萨迦县人民检察院检察长	达娃穷达	周至县人民检察院检察长	徐永安
拉孜县人民检察院检察长	普布次仁	户县人民检察院检察长	刘琪荣(女)
昂仁县人民检察院检察长	欧珠多吉	高陵县人民检察院检察长	王 君
谢通门县人民检察院检察长	达瓦次仁	沙坡地区人民检察院检察长	吴和平
白朗县人民检察院检察长	格桑次仁(代)	**延安市人民检察院检察长**	**陈建平**
仁布县人民检察院检察长	旺 久	宝塔区人民检察院检察长	杜安平
康玛县人民检察院检察长	李鹏珠	延长县人民检察院检察长	韩几凯
定结县人民检察院检察长	格桑旺堆	延川县人民检察院检察长	张庆功
仲巴县人民检察院检察长	普 琼	子长县人民检察院检察长	张彦学
亚东县人民检察院检察长	秦 静(女)	安塞县人民检察院检察长	赵 祥
吉隆县人民检察院检察长	朗 加(代)	志丹县人民检察院检察长	袁新昌
聂拉木县人民检察院检察长	次 旺	吴起县人民检察院检察长	王建成
萨嘎县人民检察院检察长	旦 增(代)	甘泉县人民检察院检察长	(空缺)
岗巴县人民检察院检察长	次仁顿珠(代)	富县人民检察院检察长	宗六一
西藏自治区人民检察院阿里分院检察长	**勇 扎**	洛川县人民检察院检察长	杨万耀
噶尔县人民检察院检察长	阮永红	宜川县人民检察院检察长	成芳萍(女)

黄龙县人民检察院检察长	王存财	陇县人民检察院检察长	刘亚琴（女）
黄陵县人民检察院检察长	闫富平	千阳县人民检察院检察长	张长全
铜川市人民检察院检察长	**杨天民**	麟游县人民检察院检察长	王　毅
耀州区人民检察院检察长	郝陆卿（代）	凤县人民检察院检察长	马宝峰
王益区人民检察院检察长	张宏甫	太白县人民检察院检察长	穆永强
印台区人民检察院检察长	王洪林	**汉中市人民检察院检察长**	**李　华**
宜君县人民检察院检察长	朱忠虎（代）	汉台区人民检察院检察长	杨习钢
崔家沟地区人民检察院检察长	王保成	南郑县人民检察院检察长	王建宁
渭南市人民检察院检察长	**刘伟发**	城固县人民检察院检察长	赵新平
临渭区人民检察院检察长	王万兴	洋县人民检察院检察长	何治安
华阴市人民检察院检察长	张　毅	西乡县人民检察院检察长	王　岗
韩城市人民检察院检察长	曹仲学	勉县人民检察院检察长	解苏中
华县人民检察院检察长	焦小潼	宁强县人民检察院检察长	王建庆
潼关县人民检察院检察长	高北慰	略阳县人民检察院检察长	郭仲林
大荔县人民检察院检察长	曹澄鸣	镇巴县人民检察院检察长	邵　波
蒲城县人民检察院检察长	石　烈	留坝县人民检察院检察长	廖庆海
澄城县人民检察院检察长	申江生	佛坪县人民检察院检察长	全玉安
白水县人民检察院检察长	周加强	**榆林市人民检察院检察长**	**梁　曦**
合阳县人民检察院检察长	柳英学	榆阳区人民检察院检察长	张玉林
富平县人民检察院检察长	任天利	神木县人民检察院检察长	王文生
咸阳市人民检察院检察长	**刘世民**	府谷县人民检察院检察长	折小利
秦都区人民检察院检察长	王一凡	横山县人民检察院检察长	李士贤
杨陵区人民检察院检察长	成永涛	靖边县人民检察院检察长	霍慧军
渭城区人民检察院检察长	芮克胜	定边县人民检察院检察长	乔跃华（女）
兴平市人民检察院检察长	杜　虎	绥德县人民检察院检察长	张旭东
三原县人民检察院检察长	田胜利	米脂县人民检察院检察长	杨国炜
泾阳县人民检察院检察长	魏　涛	佳县人民检察院检察长	谢安洲
乾县人民检察院检察长	雒　强	吴堡县人民检察院检察长	王海峰
礼泉县人民检察院检察长	张　辉	清涧县人民检察院检察长	田飞鹏
永寿县人民检察院检察长	惠　欣	子洲县人民检察院检察长	王　勇
彬县人民检察院检察长	郭云宏	**安康市人民检察院检察长**	**张绳清**
长武县人民检察院检察长	樊长征	汉滨区人民检察院检察长	徐仁敬
旬邑县人民检察院检察长	王兴文	汉阴县人民检察院检察长	王开富
淳化县人民检察院检察长	李养志	石泉县人民检察院检察长	孙自清
武功县人民检察院检察长	安　钢	宁陕县人民检察院检察长	余顺清（女）
宝鸡市人民检察院检察长	**黄　超**	紫阳县人民检察院检察长	杨小明
渭滨区人民检察院检察长	孙小为	岚皋县人民检察院检察长	唐　奇
金台区人民检察院检察长	张俊昆	平利县人民检察院检察长	王炳武
陈仓区人民检察院检察长	黄德仓	镇坪县人民检察院检察长	罗善斌
凤翔县人民检察院检察长	韩利明	旬阳县人民检察院检察长	李孝友
岐山县人民检察院检察长	刘金良	白河县人民检察院检察长	王保康
扶风县人民检察院检察长	贺昌林	**商洛市人民检察院检察长**	**常雁翔**
眉县人民检察院检察长	董　秦	商州区人民检察院检察长	张鹏波

洛南县人民检察院检察长	彭生民	秦安县人民检察院检察长	张　钊
丹凤县人民检察院检察长	冀俊英	甘谷县人民检察院检察长	刘　曦
商南县人民检察院检察长	赵　勇	武山县人民检察院检察长	高保德
山阳县人民检察院检察长	李书志	张家川回族自治县人民检察院检察长	郭怀炜
镇安县人民检察院检察长	郭　鹏	**武威市人民检察院检察长**	**陈其功**
柞水县人民检察院检察长	叶成有	凉州区人民检察院检察长	张爱星
陕西省人民检察院西安铁路运输分院		民勤县人民检察院检察长	张　栋
**　检察长**	**苑顺亭**	古浪县人民检察院检察长	张永生
西安铁路运输检察院检察长	赵　豫	天祝藏族自治县人民检察院检察长	姜立新
安康铁路运输检察院检察长	段高根	**酒泉市人民检察院检察长**	**蒋昱程**
		肃州区人民检察院检察长	邓志宏(代)

甘肃省

		玉门市人民检察院检察长	生启军
		敦煌市人民检察院检察长	石占全
甘肃省人民检察院检察长	**乔汉荣**	金塔县人民检察院检察长	郭　红(女)
甘肃省人民检察院副检察长	**张兴中**	瓜州县人民检察院检察长	咸思杰
	张　清	肃北蒙古族自治县人民检察院	
	高继明	检察长	斯琴巴依尔
	徐维忠	阿克塞哈萨克族自治县人民检察院	
兰州市人民检察院检察长	**李保刚**	检察长	王晋方(代)
城关区人民检察院检察长	赵银生	**张掖市人民检察院检察长**	**田　伟(女)**
七里河区人民检察院检察长	赵保民	甘州区人民检察院检察长	郎永生
西固区人民检察院检察长	张春葆	民乐县人民检察院检察长	徐宏继
安宁区人民检察院检察长	肖顺禄	临泽县人民检察院检察长	姚煜道
红古区人民检察院检察长	席正清	高台县人民检察院检察长	李存爱
永登县人民检察院检察长	蒲　军	山丹县人民检察院检察长	丁　勇
皋兰县人民检察院检察长	敬庆萍(女)	肃南裕固族自治县人民检察院检察长	王立庆
榆中县人民检察院检察长	王　锐	**庆阳市人民检察院检察长**	**任剑炜**
大沙坪地区人民检察院检察长	刘朝纯	西峰区人民检察院检察长	鄂廷印
嘉峪关市人民检察院检察长	**张　伟**	庆城县人民检察院检察长	郭旭文
金昌市人民检察院检察长	**谢剑魁**	环县人民检察院检察长	樊旺谋
金川区人民检察院检察长	顾长寿	华池县人民检察院检察长	勾宏一
永昌县人民检察院检察长	万建军	合水县人民检察院检察长	刘文宪
白银市人民检察院检察长	**孙兆麟**	正宁县人民检察院检察长	朱晓东
白银区人民检察院检察长	王云命(代)	宁县人民检察院检察长	陈建刚
平川区人民检察院检察长	魏正武(代)	镇原县人民检察院检察长	杨月平
靖远县人民检察院检察长	李江新	庆阳市子午岭林区人民检察院检察长	李天兴
会宁县人民检察院检察长	蒋志仁(代)	**平凉市人民检察院检察长**	**王　炜**
景泰县人民检察院检察长	强荣文	崆峒区人民检察院检察长	朱文义
寺儿坪地区人民检察院检察长	贺　晋	泾川县人民检察院检察长	肖树军
天水市人民检察院检察长	**钟智录**	灵台县人民检察院检察长	杨　青
秦州区人民检察院检察长	王全社	崇信县人民检察院检察长	黄正华
麦积区人民检察院检察长	王　德	华亭县人民检察院检察长	王建明
清水县人民检察院检察长	闫忠祥	庄浪县人民检察院检察长	姚崇平

静宁县人民检察院检察长	陈 龙	甘肃矿区人民检察院检察长	蔡玉霞(女)
定西市人民检察院检察长	**秦 华**	**甘肃省人民检察院兰州铁路运输分院**	
安定区人民检察院检察长	李文娟(女)	**检察长**	**张启锋**
通渭县人民检察院检察长	(空缺)	兰州铁路运输检察院检察长	孙峻林
临洮县人民检察院检察长	贺卫义	武威铁路运输检察院检察长	杜泽民
漳县人民检察院检察长	何轶群	西宁铁路运输检察院检察长	李俊德
岷县人民检察院检察长	张 武	银川铁路运输检察院检察长	尤自明
渭源县人民检察院检察长	李小平		
陇西县人民检察院检察长	蒋世雄		

青海省

陇南市人民检察院检察长	**高连城(代)**	**青海省人民检察院检察长**	**王晓勇**
武都区人民检察院检察长	卢学世	**青海省人民检察院副检察长**	**马德良**
成县人民检察院检察长	车 瑛		多 旦
宕昌县人民检察院检察长	李小军		李繁荣(女)
康县人民检察院检察长	张建明		张绍峰
文县人民检察院检察长	安成武	**西宁市人民检察院检察长**	**仝德祥**
西和县人民检察院检察长	南海生	城中区人民检察院检察长	尤祥民
礼县人民检察院检察长	杨 炳	城东区人民检察院检察长	刘万里
两当县人民检察院检察长	朱晓伟	城西区人民检察院检察长	李 格
徽县人民检察院检察长	李明全	城北区人民检察院检察长	李 伟
临夏回族自治州人民检察院检察长	**刘韶青**	大通回族土族自治县人民检察院检察长	孙向东
临夏市人民检察院检察长	柴继玲(女)	湟源县人民检察院检察长	孙文胜(代)
临夏县人民检察院检察长	安卫东(代)	湟中县人民检察院检察长	展 涛
康乐县人民检察院检察长	杨生东(代)	南滩地区人民检察院检察长	索玉兰(女)
永靖县人民检察院检察长	马忠贤	**青海省人民检察院海东分院检察长**	**周永国**
广河县人民检察院检察长	马忠良	平安县人民检察院检察长	李诗渭
和政县人民检察院检察长	冶成华	乐都县人民检察院检察长	吕有红
东乡族自治县人民检察院检察长	马学智(代)	民和回族土族自治县人民检察院检察长	(空缺)
积石山保安族东乡族撒拉族自治县		互助土族自治县人民检察院检察长	(空缺)
人民检察院检察长	马礼平	化隆回族自治县人民检察院检察长	(空缺)
甘南藏族自治州人民检察院检察长	**扎 西**	循化撒拉族自治县人民检察院检察长	权国麟
合作市人民检察院检察长	谢文斌	**海北藏族自治州人民检察院检察长**	**尚洪斌**
临潭县人民检察院检察长	马如海	海晏县人民检察院检察长	王 华(女)
卓尼县人民检察院检察长	黄正勇	祁连县人民检察院检察长	于建国
舟曲县人民检察院检察长	靳晓峥	刚察县人民检察院检察长	金保山
迭部县人民检察院检察长	李勇忠	门源回族自治县人民检察院检察长	张友海
玛曲县人民检察院检察长	贡保当知	**海南藏族自治州人民检察院检察长**	**周秦宁**
碌曲县人民检察院检察长	马 龙	共和县人民检察院检察长	周本加
夏河县人民检察院检察长	王晓潭	同德县人民检察院检察长	拉旦加
甘肃省人民检察院白龙江林区分院检察长	**董冀海**	贵德县人民检察院检察长	张文合
舟曲林区人民检察院检察长	陈育民	兴海县人民检察院检察长	才项仁增
迭部林区人民检察院检察长	龚文龙	贵南县人民检察院检察长	吴 广
洮河林区人民检察院检察长	张树科	**黄南藏族自治州人民检察院检察长**	**苟军德**
白水江林区人民检察院检察长	王继荣		

同仁县人民检察院检察长	郝林利	石嘴山市人民检察院检察长	**李际清**
尖扎县人民检察院检察长	张晓东	大武口区人民检察院检察长	张国军
泽库县人民检察院检察长	完么尖措	惠农区人民检察院检察长	徐光勤
河南蒙古族自治县人民检察院检察长	杨子平	平罗县人民检察院检察长	夏　明
果洛藏族自治州人民检察院检察长	**祁建新**	红果子地区人民检察院检察长	王　华
玛沁县人民检察院检察长	李　锋	**吴忠市人民检察院检察长**	**李桂兰（女）**
班玛县人民检察院检察长	何俊安	利通区人民检察院检察长	马　良
甘德县人民检察院检察长	太　哇	青铜峡市人民检察院检察长	庞立强
达日县人民检察院检察长	先　则	盐池县人民检察院检察长	张　晶
久治县人民检察院检察长	阿泽斯特	同心县人民检察院检察长	杜利冬
玛多县人民检察院检察长	恩　扎	红寺堡开发区人民检察院检察长	苏海东
玉树藏族自治州人民检察院检察长	**何占录**	**固原市人民检察院检察长**	**李学军**
玉树县人民检察院检察长	周建林	原州区人民检察院检察长	马占明
杂多县人民检察院检察长	邦　巴	西吉县人民检察院检察长	张静隆
称多县人民检察院检察长	周永文	隆德县人民检察院检察长	张建勋
治多县人民检察院检察长	扎　尕	泾源县人民检察院检察长	白万钧
囊谦县人民检察院检察长	欧要才仁	彭阳县人民检察院检察长	王金平
曲麻莱县人民检察院检察长	杨　延	**中卫市人民检察院检察长**	**杨少华**
海西蒙古族藏族自治州人民检察院		沙坡头区人民检察院检察长	刘定远
**　检察长**	**余国龙**	中宁县人民检察院检察长	高立柱
德令哈市人民检察院检察长	钱桂群（代）	海原县人民检察院检察长	李万刚
格尔木市人民检察院检察长	郭玉清（女）		
乌兰县人民检察院检察长	黎　伟	**新疆维吾尔自治区**	
都兰县人民检察院检察长	张耀山		
天峻县人民检察院检察长	黄　伟（代）	**新疆维吾尔自治区人民检察院**	
茫崖矿区人民检察院检察长	刘永胜	**　检察长**	**哈斯木·马木提**
冷湖矿区人民检察院检察长	杨瑞海	新疆维吾尔自治区人民检察院副检察长	杨肇季
大柴旦矿区人民检察院检察长	苏国富（代）		李　荣（女）
			肖明生
宁夏回族自治区			孙宝平
			托汗·胡马什
宁夏回族自治区人民检察院检察长	王雁飞		吕洪涛
宁夏回族自治区人民检察院副检察长	汪　敬	乌鲁木齐市人民检察院检察长	
	殷学儒		吾提库尔·阿不都热合曼
	戴向晖	天山区人民检察院检察长	松晓明
银川市人民检察院检察长	**王兆元**	沙依巴克区人民检察院检察长	李宝杰
兴庆区人民检察院检察长	赵立志	新市区人民检察院检察长	姚群山
金凤区人民检察院检察长	张学信	水磨沟区人民检察院检察长	张　远
西夏区人民检察院检察长	陈德山	头屯河区人民检察院检察长	田　升
灵武市人民检察院检察长	马京宁	达坂城区人民检察院检察长	蒋兴国
永宁县人民检察院检察长	王殿宏	米东区人民检察院检察长	邹学文
贺兰县人民检察院检察长	董克仁	乌鲁木齐县人民检察院检察长	侯强辉
上前城地区人民检察院检察长	单玉俊	八家户地区人民检察院检察长	赵新振

克拉玛依市人民检察院检察长　　　　王大军
克拉玛依区人民检察院检察长　　　　谢宏亮
独山子区人民检察院检察长　　　张　芳(女)
白碱滩区人民检察院检察长　　　　　赵永强
乌尔禾区人民检察院检察长　　　赵永强(兼)
石河子市人民检察院检察长　　　　　杨　将
阿拉尔市人民检察院检察长　　　　　刘新纪
图木舒克市人民检察院检察长　　　　汪新民
五家渠市人民检察院检察长　　　　　田相伟
新疆维吾尔自治区人民检察院喀什分院
　检察长　　　　　　　甫拉特·阿不力孜
喀什市人民检察院检察长　　　艾尔肯·吾拉音
疏附县人民检察院检察长
　　　　　　阿不力米提·阿不都热西提
疏勒县人民检察院检察长　　艾斯开尔·乌热依木
英吉沙县人民检察院检察长　　买买提江·依明
泽普县人民检察院检察长　　　吾拉木江·买买提
莎车县人民检察院检察长　阿布都沙塔尔·木一丁
叶城县人民检察院检察长　　　卡哈尔·胡达拜地
麦盖提县人民检察院检察长
　　　　　　　阿不都热合曼·阿那衣提
岳普湖县人民检察院检察长
　　　　　　买地尼叶提·司马义(女)
伽师县人民检察院检察长　　　　依明·那曼
巴楚县人民检察院检察长　　　艾尔肯·尤努斯
塔什库尔干塔吉克自治县人民检察院
　检察长　　　　　　夏迪曼·阿洪巴依
莎车牌楼地区人民检察院检察长　艾肯·艾沙
新疆维吾尔自治区人民检察院阿克苏
　分院检察长　　　　　帕塔尔·吐尔逊
阿克苏市人民检察院检察长　安尼瓦尔·坎吉
温宿县人民检察院检察长　　迪里夏提·司马义
库车县人民检察院检察长　　　阿力木·力提甫
沙雅县人民检察院检察长　　帕尔哈提·艾麦提
新和县人民检察院检察长　　　依明江·买买提
拜城县人民检察院检察长　　吾拉木江·热依木
乌什县人民检察院检察长　　　阿木提·马木提
阿瓦提县人民检察院检察长　艾合买提·库尔班
柯坪县人民检察院检察长　　　　　（空缺）
新疆维吾尔自治区人民检察院和田分院
　检察长　　　　　　亚力坤·买合木提
和田市人民检察院检察长　阿不都吉力力·长斯木
和田县人民检察院检察长　　热夏提·塔依尔

墨玉县人民检察院检察长　　凯撒尔·吾热孜阿力
皮山县人民检察院检察长　　　吐尔洪·米吉提
洛浦县人民检察院检察长　　努尔买买提·加玛力
策勒县人民检察院检察长　　艾科拜尔·喀迪尔
于田县人民检察院检察长　　艾斯卡尔·阿布都拉
民丰县人民检察院检察长　　　阿布来提·卡孜木
新疆维吾尔自治区人民检察院吐鲁番分院
　检察长　　　　　　　　　　韩界龙
吐鲁番市人民检察院检察长
　　　　　　　玛力亚木·尼亚孜(女)
鄯善县人民检察院检察长　　　　　陈　于
托克逊县人民检察院检察长　买买提·木特力甫
新疆维吾尔自治区人民检察院哈密分院
　检察长　　　　　　　　　李　玲(女)
哈密市人民检察院检察长　　　　　汤建伟
伊吾县人民检察院检察长　　　　白成林(代)
巴里坤哈萨克自治县人民检察院检察长　常玉群
克孜勒苏柯尔克孜自治州人民检察院
　检察长　　　　　　帕尔哈提·铁力米西
阿图什市人民检察院检察长　　玉素因·阿吉
阿克陶县人民检察院检察长　吐尔托合提·加开
阿合奇县人民检察院检察长　　　　（空缺）
乌恰县人民检察院检察长　　　　艾尼·托兰
博尔塔拉蒙古自治州人民检察院检察长　徐　刚
博乐市人民检察院检察长　　　　　申学林
精河县人民检察院检察长　　　　　李厚升
温泉县人民检察院检察长　　　　　张　钢
昌吉回族自治州人民检察院检察长　刘　明
昌吉市人民检察院检察长　　　　　孟兆侠
阜康市人民检察院检察长　　　　　田建华
呼图壁县人民检察院检察长　　　林　燕(女)
玛纳斯县人民检察院检察长　　　　洪　峰
奇台县人民检察院检察长　　　　　袁向东
吉木萨尔县人民检察院检察长　　　徐　虎
木垒哈萨克自治县人民检察院检察长　努尔巴拉提
巴音郭楞蒙古自治州人民检察院检察长　胡远征
库尔勒市人民检察院检察长　　　　朱　明
轮台县人民检察院检察长　　　　　李泞江
尉犁县人民检察院检察长　　　　晋　平(女)
若羌县人民检察院检察长　　　　　沈文涛
且末县人民检察院检察长　　　　　嵇友生
和静县人民检察院检察长　　　　　邓　波
和硕县人民检察院检察长　　　　　赵卫东

博湖县人民检察院检察长	王新伟	焉耆垦区人民检察院检察长	金 波
焉耆回族自治县人民检察院检察长	马辉民	乌鲁克垦区人民检察院检察长	范 杰
伊犁哈萨克自治州人民检察院		**新疆生产建设兵团人民检察院农三师**	
检察长	阿德勒别克·德肯	分院检察长	高建中
伊宁市人民检察院检察长	单保荣（女）	图木舒克垦区人民检察院检察长	汪新民
奎屯市人民检察院检察长	李 忠	喀什垦区人民检察院检察长	（空缺）
伊宁县人民检察院检察长	（空缺）	**新疆生产建设兵团人民检察院农四师**	
霍城县人民检察院检察长	李文泉	分院检察长	王玉杰
巩留县人民检察院检察长	乃比·艾买提	伊宁垦区人民检察院检察长	刘传东
新源县人民检察院检察长	伊力哈木江·木哈西	霍城垦区人民检察院检察长	李同宾
昭苏县人民检察院检察长	王慎江	昭苏垦区人民检察院检察长	张运新
特克斯县人民检察院检察长		**新疆生产建设兵团人民检察院农五师**	
	排孜热合曼·阿布都热合曼	分院检察长	周 平
尼勒克县人民检察院检察长	赛力克·阿德力汗	博乐垦区人民检察院检察长	丁永宏
察布查尔锡伯自治县人民检察院检察长	田 龙	塔斯海垦区人民检察院检察长	殷新云
伊犁哈萨克自治州人民检察院塔城分院		**新疆生产建设兵团人民检察院农六师**	
检察长	艾尔肯·阿不都卡德尔	分院检察长	柳德亮
塔城市人民检察院检察长	帕尔哈提	五家渠垦区人民检察院检察长	田相伟
乌苏市人民检察院检察长	艾山江·卡德尔	芳草湖垦区人民检察院检察长	胡春丽（女）
额敏县人民检察院检察长	古丽其开·沙力克（女）	奇台垦区人民检察院检察长	陈 疆
沙湾县人民检察院检察长	沈新华	**新疆生产建设兵团人民检察院农七师**	
托里县人民检察院检察长	努尔兰·乔开	分院检察长	于 军
裕民县人民检察院检察长	赵路胜	奎屯垦区人民检察院检察长	李茂林
和布克赛尔蒙古自治县人民检察院		车排子垦区人民检察院检察长	王 伟
检察长	巴特那生·托卡（女）	**新疆生产建设兵团人民检察院农八师**	
伊犁哈萨克自治州人民检察院阿勒泰分院		分院检察长	张 毅
检察长	焦勒保德·居马地力	莫索湾垦区人民检察院检察长	陈文君（女，代）
阿勒泰市人民检察院检察长	胡安别克·沙尼亚孜	下野地垦区人民检察院检察长	徐 坚
布尔津县人民检察院检察长	金恩斯·马木尔汗	**新疆生产建设兵团人民检察院农九师**	
富蕴县人民检察院检察长	阿克尔别克·哈巴西	分院检察长	杨满良
福海县人民检察院检察长	努尔兰·索尔坦尼亚	额敏垦区人民检察院检察长	勾程新
哈巴河县人民检察院检察长	叶克奔·库尔马汗	叶尔盖提垦区人民检察院检察长	杜 平（代）
青河县人民检察院检察长	哈力木·艾特克	**新疆生产建设兵团人民检察院农十师**	
吉木乃县人民检察院检察长	达吾力·孔盖	分院检察长	芦 剑
新疆生产建设兵团人民检察院检察长 肖明生（兼）		北屯区人民检察院检察长	孙明珠
新疆生产建设兵团人民检察院农一师		巴里巴盖垦区人民检察院检察长	姚智玉
分院检察长	李新建	**新疆生产建设兵团人民检察院农十二师**	
阿拉尔垦区人民检察院检察长	刘新纪	分院检察长	赵 刚
阿克苏垦区人民检察院检察长	朱 平	乌鲁木齐垦区人民检察院检察长	孙海波
沙井子垦区人民检察院检察长	窦新军	三坪垦区人民检察院检察长	覃 斌
新疆生产建设兵团人民检察院农二师		**新疆生产建设兵团人民检察院农十三师**	
分院检察长	邵庆云	分院检察长	任德军
库尔勒垦区人民检察院检察长	魏新红（女）	哈密垦区人民检察院检察长	（空缺）

巴里坤垦区人民检察院检察长	弯增喜	北京军区山西军事检察院检察长	靳 峰
新疆生产建设兵团人民检察院农十四师		北京军区内蒙古军事检察院检察长	靳明臣
分院检察长	何桂宝	兰州军区军事检察院检察长	孙 明
和田垦区人民检察院检察长	丁新革	兰州军区直属军事检察院检察长	张彦民
新疆维吾尔自治区人民检察院乌鲁木齐		兰州军区新疆军事检察院检察长	徐卫勇
铁路运输分院检察长	吴立新	兰州军区新疆军事检察院南疆分院检察长	闫好荣
乌鲁木齐铁路运输检察院检察长	尤国庆	兰州军区陕西军事检察院检察长	闫永健
哈密铁路运输检察院检察长	万 军(代)	兰州军区青海军事检察院检察长	姜立国
库尔勒铁路运输检察院检察长	吴 勇(代)	63600部队军事检察院检察长	高万翔
八家户地区人民检察院检察长	赵新振	63650部队军事检察院检察长	朱科峰
莎车牌楼地区人民检察院检察长	艾肯·艾沙	济南军区军事检察院检察长	陈化海
于田尔汉地区人民检察院		济南军区直属军事检察院检察长	卢树明
检察长	拜合提牙尔·吾拉木	济南军区河南军事检察院检察长	王跃亮

军事检察院

		南京军区军事检察院检察长	左安全
中国人民解放军军事检察院检察长	李晓峰	南京军区直属军事检察院检察长	梁 春
中国人民解放军军事检察院副检察长	张道发	南京军区上海军事检察院检察长	吴晓峰
中国人民解放军总直属队军事检察院检		南京军区浙江军事检察院检察长	吕柏超
察长	高建国	南京军区安徽军事检察院检察长	苏定方
中国人民解放军总直属队第二军事检察		南京军区福建军事检察院检察长	江小华
院检察长	曹定波	广州军区军事检察院检察长	周明华
海军军事检察院检察长	许子贤	广州军区直属军事检察院检察长	黄正德
海军直属军事检察院检察长	钟超学	广州军区湖北军事检察院检察长	王明勇
海军北海舰队军事检察院检察长	朱心雪	广州军区湖南军事检察院检察长	吉荣华
海军东海舰队军事检察院检察长	陈宏伟	广州军区广西军事检察院检察长	危玉华
海军南海舰队军事检察院检察长	徐冠添	广州军区海南军事检察院检察长	张 亮
空军军事检察院检察长	刘潘之	驻香港部队军事检察院检察长	王洪跃
空军直属军事检察院检察长	焦晓北	成都军区军事检察院检察长	程 洪
沈阳军区空军军事检察院检察长	朱秀成	成都军区直属军事检察院检察长	张云峰
北京军区空军军事检察院检察长	焦克坚	成都军区重庆军事检察院检察长	吴新元
兰州军区空军军事检察院检察长	张晓山	成都军区云南军事检察院检察长	汪 源
济南军区空军军事检察院检察长	李宪臣	成都军区西藏军事检察院检察长	邓 兵
南京军区空军军事检察院检察长	包明忠	武警部队军事检察院检察长	孙 宏
广州军区空军军事检察院检察长	吴 谋	武警部队北京军事检察院检察长	王云川
成都军区空军军事检察院检察长	周成军	武警部队沈阳军事检察院检察长	田祥荣
沈阳军区军事检察院检察长	张忠义	武警部队济南军事检察院检察长	欧阳向东
沈阳军区直属军事检察院检察长	刘海涛	武警部队上海军事检察院检察长	谢天凡
沈阳军区吉林军事检察院检察长	孙立金	武警部队广州军事检察院检察长	何汉华
沈阳军区黑龙江军事检察院检察长	傅爱民	武警部队西安军事检察院检察长	乌 楠
北京军区军事检察院检察长	李 军	武警部队成都军事检察院检察长	顾体军
北京军区直属军事检察院检察长	古海源	武警部队乌鲁木齐军事检察院检察长	初会军
北京军区天津军事检察院检察长	张静波	武警部队拉萨军事检察院检察长	蒋清平
北京军区河北军事检察院检察长	史雅杰		

（以上为最高人民检察院政治部干部部
地方干部处提供）

2010 年最高人民检察院表彰的先进集体和先进个人名单

模范检察院名单（38 个）

北京市顺义区人民检察院
天津市河西区人民检察院
河北省石家庄市裕华区人民检察院
河北省秦皇岛市海港区人民检察院
山西省阳城县人民检察院
内蒙古自治区包头市昆都仑区人民检察院
辽宁省本溪市桓仁县人民检察院
吉林省吉林市丰满区人民检察院
黑龙江省鸡西市恒山区人民检察院
黑龙江省鹤岗市向阳区人民检察院
上海市闵行区人民检察院
江苏省大丰市人民检察院
浙江省慈溪市人民检察院
安徽省芜湖县人民检察院
福建省福州市鼓楼区人民检察院
江西省南康市人民检察院
山东省滕州市人民检察院
山东省荣成市人民检察院
河南省郑州市金水区人民检察院
河南省南阳市宛城区人民检察院
湖北省阳新县人民检察院
湖南省岳阳市岳阳楼区人民检察院
广东省广州市天河区人民检察院
广西壮族自治区桂林市象山区人民检察院
海南省琼海市人民检察院
重庆市渝北区人民检察院
四川省武胜县人民检察院
四川省成都市锦江区人民检察院
贵州省贵阳市南明区人民检察院
云南省昆明市官渡区人民检察院
西藏自治区日喀则市人民检察院
陕西省西安市雁塔区人民检察院
甘肃省白银市白银区人民检察院
青海省西宁市城西区人民检察院
宁夏回族自治区中宁县人民检察院
新疆维吾尔自治区乌鲁木齐市沙依巴克区人民检察院
中国人民解放军成都军区直属军事检察院
新疆生产建设兵团五家渠垦区人民检察院

模范检察官名单（59 名）

北京市
彭　燕（女）　昌平区人民检察院公诉二处处长
天津市
郝　静（女）　河北区人民检察院公诉科科长
河北省
郑喜兰（女）　唐山市人民检察院副检察长兼反渎职侵权局局长
施晶宇　沧州市人民检察院反贪污贿赂局局长
张　华　保定市人民检察院反贪污贿赂局局长
山西省
史书义　长治市城区人民检察院检察长
贾兆琼（女）　寿阳县人民检察院反渎职侵权局局长
内蒙古自治区
张章宝　土默特右旗人民检察院控告申诉检察科科长
陈　文　赤峰市人民检察院反贪污贿赂局政委
辽宁省
田征明　鞍山市铁东区人民检察院副检察长
孙乃英　辽阳市人民检察院反贪污贿赂局副局长
吉林省
黄力杰　四平市铁东区人民检察院侦查监督科科长
张维忠　梅河口市人民检察院民事行政检察科科长
黑龙江
郭爱云（女）　嫩江县人民检察院控告申诉检察科接待室主任
纪少全　齐齐哈尔市人民检察院检察长
上海市
寿志坚　杨浦区人民检察院公诉科副科长

江苏省

张　林　新沂市人民检察院公诉科科长

袁建凌（女）　金湖县人民检察院控告申诉检察科科长

秦　彪　镇江市润州区人民检察院公诉科副科长

浙江省

周科庆　丽水市人民检察院反贪污贿赂局局长

王　彬　岱山县人民检察院检察长

安徽省

陈方方　淮北市人民检察院技术处正科级检察员

刘　擎　砀山县人民检察院副检察长

福建省

戴　静　厦门市人民检察院公诉处副科级检察员

吴丽仙（女）　莆田市秀屿区人民检察院副检察长

江西省

刘鸿斌　新余市人民检察院副检察长兼反贪污贿赂局局长

刘莉芬（女）　南昌市人民检察院副检察长

山东省

张敬艳　菏泽市牡丹区人民检察院检察长

刘汉瑞　邹城市人民检察院检察长

张素敏（女）　潍坊市人民检察院公诉处处长

河南省

王道云　省人民检察院公诉二处正处级检察员

程建宇（女）　汝阳县人民检察院侦查监督科副科长

闫咏雪（女）　卢氏县人民检察院反渎职侵权局局长

湖北省

邹进康　南漳县人民检察院检察长

袁群荣（女）　大冶市人民检察院检察长

湖南省

蒋冬林　永州市零陵区人民检察院民事行政检察科副科级检察员

唐如业　衡阳县人民检察院侦查监督科正科级检察员

广东省

潘　媚（女）　佛山市人民检察院未成年人案件检察科科长

唐刘欢　龙门县人民检察院检委会专职委员

欧春华（女）　汕尾市人民检察院民事行政检察科科长

广西壮族自治区

翁达华　桂平市人民检察院检察长

彭安明　南宁市人民检察院公诉二处处长

海南省

谢香孟　三亚市人民检察院控告申诉检察处处长

重庆市

龚　勇　市人民检察院职务犯罪侦查局侦查处副处长

四川省

李全林　井研县人民检察院侦查监督科正科级检察员

李　成　北川羌族自治县人民检察院检察长

赖卫国　攀枝花市人民检察院反贪污贿赂局副局长

贵州省

谭　虎　贵阳市人民检察院反贪污贿赂局局长

云南省

杨竹芳（女）　昆明市西山区人民检察院侦查监督科科长

明立丽（女）　德宏傣族景颇族自治州人民检察院公诉处副处长

西藏自治区

次旺晋美　拉萨市人民检察院反贪污贿赂局副局长

陕西省

王一凡　咸阳市礼泉县人民检察院检察长

王鹏飞　榆林市人民检察院副检察长兼反贪污贿赂局局长

甘肃省

朱　兵　酒泉市人民检察院预防处处长兼反贪污贿赂局副局长

青海省

白占恩　省人民检察院海东地区分院反渎职侵权局副局长

宁夏回族自治区

马　俊　同心县人民检察院副检察长

新疆维吾尔自治区

巴特那生·托卡（女）　和布克赛尔蒙古自治县人民检察院检察长

中国人民解放军

闫永健　兰州军区陕西军事检察院检察长

新疆生产建设兵团

丁永宏　博乐垦区人民检察院检察长

记一等功的先进集体名单（103 个）

北京市
西城区人民检察院
天津市
北辰区人民检察院
河北省
邯郸市峰峰矿区人民检察院
怀来县人民检察院
保定市新市区人民检察院
邢台市桥东区人民检察院
隆化县人民检察院
滦南县人民检察院
山西省
朔州市朔城区人民检察院
乡宁县人民检察院
平定县人民检察院
忻州市忻府区人民检察院
内蒙古自治区
呼和浩特市赛罕区人民检察院
奈曼旗人民检察院
乌兰浩特市人民检察院
鄂尔多斯市东胜区人民检察院
辽宁省
岫岩满族自治县人民检察院
东港市人民检察院
营口市老边区人民检察院
昌图县人民检察院
吉林省
扶余县人民检察院
长春市绿园区人民检察院
黑龙江省
东宁县人民检察院
大庆市红岗区人民检察院
拜泉县人民检察院
海林市人民检察院
伊春市南岔区人民检察院
方正县人民检察院
上海市
虹口区人民检察院
江苏省
如皋市人民检察院

东海县人民检察院
南京市秦淮区人民检察院
常熟市人民检察院
浙江省
永康市人民检察院
瑞安市人民检察院
绍兴县人民检察院
安徽省
金寨县人民检察院
阜南县人民检察院
太湖县人民检察院
宣城市宣州区人民检察院
福建省
石狮市人民检察院
永安市人民检察院
古田县人民检察院
江西省
吉安县人民检察院
婺源县人民检察院
抚州市临川区人民检察院
乐平市人民检察院
山东省
章丘市人民检察院
烟台市芝罘区人民检察院
新泰市人民检察院
临沂市兰山区人民检察院
青岛市市南区人民检察院
河南省
伊川县人民检察院
永城市人民检察院
滑县人民检察院
禹州市人民检察院
淮阳县人民检察院
湖北省
武汉市江汉区人民检察院
丹江口市人民检察院
英山县人民检察院
五峰土家族自治县人民检察院
湖南省
醴陵市人民检察院
长沙县人民检察院
常德市鼎城区人民检察院
凤凰县人民检察院

广东省
省人民检察院反渎职侵权局
深圳市福田区人民检察院
紫金县人民检察院
阳江市江城区人民检察院
中山市人民检察院民事行政检察科
广西壮族自治区
玉林市玉州区人民检察院
贵港市港北区人民检察院
柳州市柳南区人民检察院
南宁市青秀区人民检察院
海南省
屯昌县人民检察院
重庆市
巫山县人民检察院
四川省
大英县人民检察院
泸州市纳溪区人民检察院
宜宾县人民检察院
隆昌县人民检察院
富顺县人民检察院
资阳市雁江区人民检察院
贵州省
仁怀市人民检察院
毕节市人民检察院
石阡县人民检察院
云南省
省人民检察院反贪污贿赂局
曲靖市麒麟区人民检察院
巧家县人民检察院
个旧市人民检察院
西藏自治区
昌都县人民检察院
隆子县人民检察院
陕西省
蒲城县人民检察院
西乡县人民检察院
安康市汉滨区人民检察院
延安市宝塔区人民检察院
甘肃省
庆阳市西峰区人民检察院
兰州市七里河区人民检察院
陇西县人民检察院

青海省
格尔木市人民检察院
宁夏回族自治区
盐池县人民检察院
新疆维吾尔自治区
皮山县人民检察院
阜康市人民检察院
奎屯市人民检察院

记一等功的先进个人名单（122 名）

北京市
樊小光　怀柔区人民检察院驻看守所检察室检察员
任　哲　门头沟区人民检察院反渎职侵权局局长
天津市
边学文　天津市人民检察院第二分院公诉处副处长
河北省
梁瑞琴（女）　石家庄市桥东区人民检察院检察长
冯彦卿（女）　张家口市人民检察院反贪污贿赂局副局长
李文波　衡水市人民检察院政治部主任
张尚震　廊坊市人民检察院副检察长
白　峰　邯郸市人民检察院副检察长
姚献军　沙河市人民检察院检察长
山西省
赵正斌　太原市人民检察院公诉一处副处长
呼静波　汾阳市人民检察院反贪污贿赂局局长
王　虹　运城市盐湖区人民检察院副检察长
赵莉燕（女）　大同铁路运输检察院公诉科副科长
韩　斌　大同市城区人民检察院检察长
内蒙古自治区
毛云恒　呼伦贝尔市海拉尔区人民检察院检察长
奇平祥　巴彦淖尔市临河区人民检察院检察长
单佳宾　呼和浩特市人民检察院控告申诉检察处检察员
辽宁省
徐宏捷　沈阳市苏家屯区人民检察院检察长
汪　洋　大连市人民检察院公诉处副处长
张建新　阜新蒙古族自治县人民检察院检察长
姜增杰　北票市人民检察院检察长
张书合　盘锦市人民检察院技术处处长

姜公臣　葫芦岛市连山区人民检察院检察长

吉林省

安永植　延边州人民检察院控告申诉检察处处长

颜廷民　白山市人民检察院反贪污贿赂局侦查一处处长

杨会山　大石头林区人民检察院检察长

黑龙江省

赵德贵　绥化市人民检察院副检察长

付万祥　哈尔滨市南岗区人民检察院民事行政检察科科长

张继新（女）　佳木斯市东风区人民检察院公诉科副科长

郭　颖（女）　集贤县人民检察院公诉科助理检察员

李　林　七台河市桃山区人民检察院反贪污贿赂局局长

上海市

谢闻波　市人民检察院第一分院侦查监督处副处长

胡伟荣　黄浦区人民检察院监所检察科科长

江苏省

殷　勇　沭阳县人民检察院副检察长

卢　敏（女）　无锡市人民检察院公诉处副处长

王　成　泰兴市人民检察院副检察长

纪　萍（女）　常州市武进区人民检察院侦查监督科检察员

钱晓宝　扬州市维扬区人民检察院检察长

浙江省

方新建　杭州市萧山区人民检察院检察长

王玉庭　温岭市人民检察院控告申诉检察科检察员

刘建华　衢州市人民检察院反贪污贿赂局副局长

吴伯琼（女）　嘉兴市南湖区人民检察院公诉科科长

安徽省

王效林　利辛县人民检察院检察长

何帮华（女）　铜陵市狮子山区人民检察院侦查监督科科长

丁世龙　巢湖市人民检察院公诉处处长

张家敏　蚌埠市人民检察院公诉处副处长

福建省

张建森　南平市人民检察院林业检察处副处长

刘龙清　漳州市人民检察院技术处副处长

林伟红（女）　上杭县人民检察院公诉科科长

江西省

汤　萍（女）　宜春市袁州区人民检察院检察长

高全贵　九江市人民检察院公诉副处长

蔡　雪（女）　萍乡市人民检察院公诉处检察员

山东省

毕玉宝　淄博市淄川区人民检察院检察长

刘忠太　垦利县人民检察院检察长

陈为永　日照市东港区人民检察院检察长

于凤霞（女）　莱芜市人民检察院控告申诉检察处处长

李秀政　陵县人民检察院检察长

念以新　聊城市东昌府区人民检察院白云热线办公室主任

李松水　滨州市滨城区人民检察院检察长

程宏谟　平度市人民检察院检察长

河南省

丁　磊　驻马店市人民检察院副检察长兼反贪污贿赂局局长

杜海宛　邓州市人民检察院检察长

梁　平　郑州市二七区人民检察院检察长

袁　冬　漯河市人民检察院反贪污贿赂局副局长

布孝军　辉县市人民检察院检察长

李宏民　济源市人民检察院检察长

樊　帆　平顶山市卫东区人民检察院公诉科检察员

王　海　焦作市人民检察院反贪污贿赂局副局长

王振殿　开封市鼓楼区人民检察院民事行政检察科检察员

裴　波　鹤壁市山城区人民检察院反渎职侵权局局长

何玉斌　信阳市人民检察院侦查监督处检察员

湖北省

杨　旻　荆州市人民检察院侦查监督处副处长

陈阿妮（女）　荆门市人民检察院民事行政检察处副处长

魏红玲（女）　大悟县人民检察院侦查监督科副科长

杨希兵　嘉鱼县人民检察院副检察长兼反贪污贿赂局局长

刘仕华　恩施土家族苗族自治州人民检察院反贪污贿赂局副局长

华　丽（女）　天门市人民检察院公诉科检察员

湖南省

刘　辉（女）　娄底市人民检察院公诉一处处长

申文侠（女）　邵阳市人民检察院反贪污贿赂局局长

周裕阳　湘潭市人民检察院反贪污贿赂局政委

周　杰　郴州市北湖区人民检察院副检察长

唐唯淞　芷江侗族县人民检察院监所检察室主任

广东省

尹连明　雷州市人民检察院公诉科科长

赵　榕（女）　韶关市武江区人民检察院副检察长

姚旭辉　东莞市第一市区人民检察院检察长

魏良荣　珠海市人民检察院副检察长

苏　斌　封开县人民检察院检察长

董家辉　罗定市人民检察院检察长

赖德贵　汕头市人民检察院检察长

广西壮族自治区

石世安　藤县人民检察院检察长

潘　良　崇左市人民检察院反贪污贿赂局副局长

陆立泉　钦州市人民检察院反贪污贿赂局副局长

海南省

秦瑞静（女）　海口市人民检察院反贪污贿赂局副局长

重庆市

杨　平　江北区人民检察院检察长

梁经顺　荣昌县人民检察院检察长

四川省

郑小江　蓬安县人民检察院反贪污贿赂局局长

唐清泉　绵竹市人民检察院检察技术科副科级检察员

骆　丽（女）　凉山彝族自治州人民检察院公诉一处副处长

徐建国　眉山市人民检察院公诉处处长

唐　立　成都铁路运输检察分院反贪污贿赂局局长

杨　军　汉源县人民检察院检察长

贵州省

黄　伟　省人民检察院毕节分院副检察长

苟玉吉　遵义市人民检察院副检察长

王　勇　盘县人民检察院检察长

云南省

李志成　普洱市人民检察院检察委员会专职委员

杨群芳（女）　凤庆县人民检察院控告申诉检察科科长

何树云　丽江市人民检察院公诉处处长

马勇杰　大理白族自治州人民检察院反贪污贿赂局局长

西藏自治区

次仁拉姆（女）　区人民检察院阿里分院职务犯罪预防处处长

陕西省

鲜光辉　宝鸡市人民检察院控告申诉检察处正科级检察员

李长林　铜川市印台区人民检察院反渎职侵权局局长

冀俊英　丹凤县人民检察院检察长

甘肃省

张全民　陇南市人民检察院反渎职侵权局局长

柴继玲（女）　临夏市人民检察院检察长

王燕昕（女）　兰州市城关区人民检察院公诉科副科级检察员

青海省

先　则　达日县人民检察院检察长

宁夏回族自治区

张　东　银川市人民检察院反贪污贿赂局副局长

新疆维吾尔自治区

吾布力·买买提　莎车县人民检察院民事行政检察科科长

安志英（女）　自治区人民检察院吐鲁番地区分院侦查监督处处长

王秋丽（女）　自治区人民检察院公诉一处助理检察员

最高人民检察院

张雪昆　反贪污贿赂总局侦查二处副处长

肖　玮（女）　检察日报社新闻中心主任

（最高人民检察院政治部宣传部提供）

索 引

使 用 说 明

一、本索引采用内容分析索引法编制。除"大事记"外，年鉴中有实质检索意义的内容均予以标引，以供检索使用。

二、本索引基本上按汉语拼音音序排列。具体排列方法如下：以数字开头的标目，排在最前面；汉字标目则按首字的音序、音调依次排列。首字相同时则以第二个字排序，依此类推。

三、索引标目后的数字，表示检索内容所在的正文页码，数字后面的英文字母a、b，表示正文中的栏别，合在一起指该页码及左右两个版面区域。年鉴中以表格形式反映的内容，则在索引标目后用括号注明（表）字，以区别于文字标目。

四、为反映索引款目间的逻辑关系，对于二级标目，采取在一级标目下缩二格的形式编排，之下再按汉语拼音的音序、音调排列。

C·

G

J

Q

R

S

T

Y

Z

(王彦祥 毋栋 编制)

PROCURATORIAL YEARBOOK OF CHINA 2011

Contents

Part I   Special Edition

Part II   Selection of the Important Reports and Speeches of the Leaders of the Supreme People's Procuratorate

Contents

Part Ⅲ   Work Reports of the People's Procuratorates of Provinces, Autonomous Regions and Municipalities directly under the Central Government

Part IV Overview of the Procuratorial Work

National Procuratorial Work

Contents ·

Local and Military Procuratorial Work

Part V   Selection of Important Documents of the Supreme People's Procuratorate

Part VI Selection of the Judicial Interpretations of the Supreme People's Procuratorate

Part VII Selection of Cases

Part VIII Exchange and Cooperation

Part IX   Procuratorial Theories and Research, Newspaper and Periodicals Publication, College, Technological News, Association

Part X   Important Events

Part XI   Statistics

Part XII   Directory